H. 15508.

30 2 vol

Nat.ᵉ 97. Gose.

Act: de Myon N°. 24038.

EXTRAIT DES REGISTRES
du Conseil d'Eſtat.

Ur ce qui a eſté repréſenté au Roy eſtant en ſon Conſeil, que dans le Livre, *Hiſtoire Généalogique de la Maiſon d'Auvergne*, imprimé à Paris chez Antoine Dezallier en 1708. en deux volumes in folio : le Sr. Baluze autheur de cette Hiſtoire auroit non ſeulement oſé avancer differentes propoſitions ſans aucune preuve ſuffiſante ; mais encore que pour authoriſer pluſieurs faits avancez contre toute verité, il auroit inſeré dans le volume des Preuves, pluſieurs titres & pieces qui avoient eſté déclarées fauſſes par Arreſt ren-

du en la Chambre de l'Arsenal, le onziéme Juillet 1704. ce qui est une entreprise d'autant plus condamnable, qu'outre le mépris d'un Arrest si autentique, & rendu en si grande connoissance de cause, un pareil Ouvrage ne peut estre fait que pour appuyer une usurpation criminelle, & ménagée depuis longtemps par tous les artifices les plus condamnables, & pour tromper le public dans des matieres aussi importantes que le sont les droits ou les prétentions des grandes Maisons du Royaume : A quoy estant nécessaire de pourvoir ; & tout consideré. LE ROY ESTANT EN SON CONSEIL, a ordonné & ordonne, que le Privilege accordé par Sa Majesté pour l'impression de ladite *Histoire Généalogique de la Maison d'Auvergne*, en datte du huitiéme Février 1705. sera rapporté pour estre cancellé; & qu'il sera fait recherche exacte de tous les exemplaires dudit Ouvrage, qui seront déchirez & mis au pilon : Enjoint Sa Majesté au Sr. d'Argenson Conseiller d'Estat, & Lieutenant Général de Police à Paris, de tenir la main à l'éxécution du présent Arrest, & d'en certifier Mr. le Chancelier dans huitaine. FAIT au

Conseil d'Estat du Roÿ, Sa Majesté y estant, tenu à Versailles le premier jour de Juillet mil sept cens dix. *Signé*, PHELYPEAUX.

POUR LE ROY. } *Collationné à l'Original par Nous Conseiller Secretaire du Roy, Maison Couronne de France & de ses Finances.*

NOTICE

SUR LA MAISON

DE LA TOUR D'AUVERGNE,

Extraite du TOME SEPTIÈME des *Archives généalogiques et historiques de la Noblesse de France*;

PUBLIÉES PAR M. LAINÉ,

SUCCESSEUR DE M. DE COURCELLES,
Généalogiste des rois Louis XVIII et Charles X.

PARIS,

IMPRIMERIE DE MOQUET ET COMPAGNIE,

90, RUE DE LA HARPE.

1841.

DE LA TOUR D'AUVERGNE,

Vicomtes DE TURENNE, *ducs* DE BOUILLON, d'ALBRET et DE CHATEAU-THIERRY, *comtes* D'APCHIER, etc.

ARMES : *D'azur, semé de fleurs de lys d'or; à la tour d'argent, maçonnée de sable, brochante* (1). L'écu timbré d'une couronne de prince souverain.

Je n'ai pas ici le projet de donner un éloge de la maison de la Tour d'Auvergne ; ce que j'en pourrais dire ne rappellerait qu'imparfaitement ce qui est écrit à grands traits dans nos annales, et n'apprendrait à personne que le nom de cette race illustre est un des plus nobles échos de notre histoire.

Appelé par le plan de mon ouvrage à parler des la

---

(1) Ce semé de fleurs de lys d'or en champ d'azur, paraît pour la première fois sur un sceau de 1253. Ce fut vraisemblablement une concession du roi saint Louis, qui en accorda de semblables à beaucoup de grandes familles. Antérieurement, l'écu des seigneurs de la Tour était : *de gueules, à une tour d'argent, maçonnée de sable*. On peut voir dans *l'Histoire des Grands-Officiers de la Couronne*, t. IV, p. 529 à 546, les diverses écartelures et brisures adoptées dans les différentes branches de cette maison.

Tour d'Auvergne, ma tâche sera plus modeste; elle se bornera à retracer les principaux faits de deux procès qui ont eu beaucoup de retentissement, et à signaler quelques erreurs d'un livre souvent consulté, et qui m'a beaucoup servi à moi-même pour le *Nobiliaire d'Auvergne*. Simple narrateur d'événements qui, selon les époques, ont soulevé les passions ou excité la surprise, je dirai avec modération et franchise les causes de ces erreurs et les arrêts qui sont intervenus sur une des plus graves questions de titres et de propriété de nom qui aient encore été agitées.

Les deux causes dont il est ici question diviseront naturellement cette notice en deux parties. Dans la première on expliquera sommairement les prétentions de la maison de la Tour d'Auvergne, les erreurs de Baluze, et l'opinion des savants sur son ouvrage. La seconde résumera les arrêts récemment rendus.

MAISON DE LA TOUR D'AUVERGNE.

Il existait en Auvergne, dans le XIIIe siècle, des familles illustres par les dignités de leurs fiefs et puissantes par leur fortune et leur vasselage. Tels étaient après les vicomtes de Polignac, de Murat et de Thiers (ces derniers puînés des vicomtes, puis comtes d'Auvergne), les seigneurs de Montboissier, d'Apchon, de Mercœur, de Langeac, de la Tour, d'Aurillac, d'Oliergues, etc. Tout allait de pair dans ces familles, l'ancienneté, l'influence politique, l'éclat des fondations ou des faits d'armes, le lustre des alliances, tout était commun entre elles, et les plaçait sur le même rang, celui des premières maisons de la province après les deux branches dauphine et comtale.

Les seigneurs de la Tour demeurèrent dans cette position de simples barons, soit du comté d'Auvergne, soit de l'église de Clermont, jusqu'en 1422. A cette époque, Marie d'Auvergne, veuve de Bertrand IV, seigneur de la Tour, recueillit la succession de sa cousine Jeanne II, comtesse d'Auvergne et de Boulogne, succession qui passa, en 1437, à son fils Bertrand V de la Tour, Ier du nom, comme comte d'Auvergne et de Boulogne. Ce dernier eut deux fils, Bertrand VI (II) de la Tour, comte d'Auvergne et de Boulogne, (père du comte Jean III, dont la fille, Anne de la Tour, légua le comté d'Auvergne à la reine Catherine de Médicis, sa nièce, en 1524), et Godefroi I de la Tour, seigneur de Montgascon, dont le fils Godefroi II, mort en 1497, ne laissa que deux filles.

Une seule branche de la maison de la Tour survivait à celle qui avait gouverné pendant 3 générations le comté d'Auvergne, c'était celle des seigneurs d'Oliergues, formée par Bertrand de la Tour, second fils de Bertrand II, seigneur de la Tour, et de Béatrix, dame d'Oliergues, et arrière grand oncle de Bertrand IV, seigneur de la Tour, marié en 1389 avec Marie d'Auvergne. Une alliance porta dans cette branche d'Oliergues le comté de Beaufort et la vicomté de Turenne, en 1444, puis une autre, en 1591, le duché de Bouillon et la principauté de Sedan, en échange de laquelle Louis XIV donna à Frédéric-Maurice de la Tour, duc de Bouillon, les comtés d'Auvergne (1) et d'Évreux, avec les duchés d'Albret et de Château-Thierry, en 1651. Le dernier duc de Bouillon, qui fut aussi le dernier rejeton mâle de cette branche, est décédé en 1812 (2).

---

(1) C'est ce même comté d'Auvergne dont Vic était le chef-lieu, qu'avait possédé la branche aînée. La portion de territoire la plus considérable de cette province, appelée la terre ou grand comté d'Auvergne, dont Clermont était la capitale, fut l'apanage de princes de la maison de France depuis Alfonse, comte de Poitiers, jusqu'à sa réunion définitive à la couronne, en 1551. Lors de l'échange avec la principauté de Sedan, le ministère attachait un si haut prix à cette cession, qu'il avait songé un moment à céder au duc de Bouillon la totalité de la province d'Auvergne. Mais il y eut une si énergique opposition de la part des habitants et du gouverneur, le duc de Chaulnes, qu'on renonça à ce projet, en donnant au duc de Bouillon, avec le petit comté d'Auvergne, celui d'Évreux et les duchés pairies d'Albret et de Château-Thierry. L'abbé Expilly, dans son *Dictionnaire des Gaules et de la France*, t. I, p. 407 et 408, a imprimé la protestation du duc de Chaulnes.

(2) Le rameau des comtes d'Auvergne, formé par Frédéric-

Antoine-Raimond de la Tour, seigneur de Murat-le-Quaire, fils puiné d'Agne IV, seigneur d'Oliergues, et d'Anne de Beaufort; vicomtesse de Turenne, a formé la branche des comtes d'Apchier, la seule de cette illustre famille qui se soit continuée jusqu'à nos jours, car celle de la Tour d'Auvergne de Planchat, qui en était une ramification, a cessé d'exister au commencement du xviiie siècle.

La maison de la Tour, riche de plusieurs principautés en France, exerçant la souveraineté sur le duché de Bouillon, alliée aux maisons de Bourbon, de Stuart, de Médicis, d'Orange, de Lorraine, et de Bavière, et tenant par celles-ci à presque toutes les têtes couronnées, ne dut point résister à un sentiment de famille très-naturel et très-louable, celui de connaître son origine et de recueillir et conserver les titres qui honorent la mémoire de ses ancêtres. Justel, chargé de ces recherches par Frédéric-Maurice, duc de Bouillon, publia, en 1645, une *Histoire de la maison d'Auvergne* avec celle *de la maison de Turenne*. Vingt ans après, l'historiographe du Bouchet, très-versé dans la connaissance des titres et des familles de l'Auvergne, sa patrie, fit paraître une *Table généalogique des comtes d'Auvergne*, en six feuilles in-fol. Le cardinal de Bouillon (Emmanuel-Théodose de la Tour), fils du duc Frédéric-Maurice, homme éminent par son esprit et son savoir, mais haï à la cour par sa hauteur et les prétentions excessives qu'il prêtait à sa famille, peu satisfait de ces deux ouvrages, engagea le savant Baluze, qui partagea depuis son amitié et ses disgrâces, à le seconder dans de nouvelles recherches. Cette dernière exploration dut les occuper pendant plusieurs années, si l'on en juge par les immenses matériaux recueillis par Baluze. L'objet fondamental de ces recherches était d'établir, non plus sur de vagues

---

Maurice, second fils de Frédéric-Maurice, duc de Bouillon, d'Éléonore-Catherine-Febronie, comtesse de Berg, s'était éteint à la seconde génération en 1747.

inductions ou des témoignages plus ou moins douteux, mais sur des titres positifs, l'origine de la maison de la Tour de celle des comtes d'Auvergne. Ce résultat fut publié en 1695, un an après la mort de du Bouchet. C'est un procès-verbal dressé en l'abbaye royale de Saint-Germain des Prés, et signé de Baluze et des frères Jean Mabillon et Thierri Ruinart, hommes les plus versés dans la diplomatique, attestant que Geraud de la Tour, mari de Gausberge, était fils de Bernard, mari de Berthelde, ce dernier fils de Bertrand Ier, comte d'Auvergne, époux de Blitsende, et frère d'Acfred II et de Guillaume, successivement ducs d'Aquitaine et comtes d'Auvergne, et fils du duc et comte Acfred Ier. Cette filiation était expressément justifiée par trois chartes des années 928, 937 et 960, qu'on disait extraites du cartulaire de Brioude, et contenues dans 6 feuillets détachés de ce même cartulaire, représentés après la mort de du Bouchet, comme trouvés dans son cabinet par un sieur Pierre-Jean de Bar, son secrétaire.

Cette publication causa un grand étonnement parmi les savants et les gens du monde. On ne put pas comprendre comment du Bouchet aurait eu un seul moment dans les mains, et à plus forte raison pendant le long temps que l'on suppose, ces prétendus feuillets détachés d'un cartulaire de Brioude, sans en faire part à la maison de la Tour d'Auvergne, lui qui n'avait jamais cessé ses recherches sur cette grande famille, et qui, quoique différant d'opinion avec Justel, écrivait encore en 1681, dans sa *Table généalogique de la maison de Scorailles*, que Bernard de la Tour, époux de Béatrix de Rodez, était issu d'un puîné des comtes héréditaires d'Auvergne.

L'autorité des noms de Baluze, de D. Mabillon et D. Ruinart, ne put pas balancer les soupçons qui s'élevèrent de toute part contre l'authenticité de ces titres. Leur examen ouvrit le champ à une polémique dans laquelle Baluze fit briller toutes les ressources d'une érudition profonde et d'un esprit exercé. Mais il ne put pas parer tous les coups portés à son système, et les chartes de 928, 937 et 960 qui en faisaient la base, furent déclarées fausses par arrêt du 11 juillet 1704, rendu en la chambre souveraine établie à l'Arsenal.

Après cette décision, il semblait que cette affaire dût s'assoupir. Mais le but du cardinal de Bouillon n'était point rempli. Baluze cédant à ses instances et peut-être aussi à l'espoir de ramener ses adversaires par de nouveaux arguments, publia, en 1708, son *Histoire généalogique de la maison d'Auvergne*, en deux volumes in-folio, l'un de texte et l'autre de preuves. Cet ouvrage étant le développement du système condamné en 1704, et les pièces déclarées fausses y étant imprimées (p. 24, 25 et 475 des *Preuves*) un arrêt du conseil du mois de juin 1710 [arrêt du 1er juillet 1710] en ordonna la suppression, et Baluze, qui jusques là avait conservé ses places, les perdit et fut exilé.

Ces faits éloignés de nous de plus d'un siècle avaient à leur époque une importance telle qu'ils suffisaient pour captiver tous les esprits. On peut voir dans les écrits du temps, le *Journal des Savants*, juin 1709; le *Journal de Verdun*, juillet de la même année; les *Mémoires du P. Niceron*; le *Journal de Leipsick*, 1710; la *Bibliothèque de Clément*, t. II, p. 283; les *Mémoires de Trévoux*; les *Mémoires pour et contre la maison de Bouillon*, imprimés à Cologne, in-4°; le *Supplément à la méthode pour étudier l'histoire*, par l'abbé Lenglet du Fresnoy, in-4°, 1729, seconde partie, p. 181, avec quelle réserve les amis de Baluze défendirent son ouvrage, et quel emportement les critiques mettaient dans leur réfutation. On disait bien d'une part que l'arrêt de 1704, ne devait être considéré que comme une mortification infligée par Louis XIV à l'inflexible orgueil du cardinal de Bouillon; mais de l'autre, on ne voulait voir que corruption ou malhabileté dans la déclaration de 1695, et qu'une coupable témérité dans la reproduction de pièces dont la fausseté disait-on, sautait aux yeux des connaisseurs, indépendamment de leur condamnation juridique.

Aujourd'hui qu'on est, sinon entièrement indifférent, du moins de sang froid, pour apprécier ces sortes de matières, on peut résumer en peu de mots ce qu'il y a de fondé dans les objections et les éloges qui reviennent à Baluze.

On ne peut mettre en doute que l'amitié qui liait Baluze au cardinal de Bouillon n'ait quelquefois voilé cette admirable sagacité qu'il portait si loin dans les questions les plus ardues. Son travail en fournit plus d'une preuve. Mais Lenglet du Fresnoy a été beaucoup trop loin en disant qu'il avait trompé D. Mabillon et D. Ruinard, à l'égard de l'authenticité des titres. En réduisant au néant une foule d'objections, en apparence les plus accablantes, Baluze a fait voir que des hommes savants pouvaient se tromper sur la validité des chartes, et lui-même a pu de très bonne foi en donner un mémorable exemple, sans que sa réputation de savoir et de probité en ait souffert la moindre atteinte. En effet, malgré les clameurs d'une malveillance intéressée à rabaisser un écrivain si supérieur à tant d'autres, Baluze a pu voir qu'en dehors du champ litigieux sur lequel le combat s'était livré, tout le terrain lui était resté, et qu'il n'avait pas cessé un moment de conserver l'entière confiance et l'admiration des érudits et des gens de lettres. Aussi, malgré cette vive contestation, son livre est-il resté une source précieuse et sûre où ont puisé abondamment nos meilleurs historiens, et nommément les auteurs de l'*Art de vérifier les dates.*

Disons maintenant un mot du système de Baluze et des difficultés qu'il présente. Nous suivrons l'ordre des filiations.

I. Acfred Ier, comte DE CARCASSONNE et de Razès, mentionné dans des chartes de 873 et 883, mort en 904, était frère d'Oliba II, et tous deux, selon D. Vaissète, petits fils d'Oliba Ier, comte de Carcassonne en 819, de la famille de saint Guillaume, prince de la race de Charlemagne. D. Vaissète partage l'opinion de Baluze et des autres savants qui admettent la parenté d'Acfred avec Wifred ou Acfred, comte de Bourges en 828, et les raisons que donna l'abbé de Camps pour combattre ce sentiment n'ont aucune solidité. Acfred I mourut en 905, laissant de son mariage avec *Adelinde*, sœur de Guillaume le Pieux, comte d'Auvergne et duc d'Aquitaine :

- 1° Guillaume II, comte d'Auvergne et duc d'Aquitaine en 910, après le duc Guillaume le Pieux, son oncle, mort sans postérité le 16 décembre 926 ;
- 2° Acfred II, qui succéda à son frère, et mourut aussi sans enfants ;
- 3° Bernard Ier du nom, dont l'article suit.

Il se présente ici une grave difficulté que Baluze paraît avoir pressentie; c'est que Bernard qu'il place le 3e des fils d'Acfred Ier (p. 19 du texte), était l'aîné de Guillaume et par conséquent d'Acfred II, comme le prouvent plusieurs chartes, où il est rappelé, et entre autres celles de 927 et 930, rapportées p. 21 et 24 de ses *Preuves*. Or, ce Bernard n'ayant succédé ni aux droits de son père dans les comtés de Carcassonne et de Razès, ni à ceux du duc Guillaume le Pieux sur l'Aquitaine et l'Auvergne, a dû nécessairement mourir sans postérité, soit avant son père, soit avant son oncle, puisque, selon la remarque de D. Vaissète, ce sont ses frères, Guillaume II et Acfred, qui ont succédé immédiatement l'un après l'autre, sans qu'il soit fait mention de lui.

II. Bernard Ier du nom, comte, que Baluze fait intervenir dans la charte supprimée de 928, épousa *Blitsende*, rappelée avec lui dans une charte de 930, et seule dans une autre de 937, dans laquelle Joseph, prévôt de Brioude, se qualifie parent de cette comtesse. Dans ces deux chartes authentiques, il n'est fait nulle mention de leurs enfants. Baluze leur donne trois fils, mentionnés dans cet ordre :

- 1° Bernard, IIe du nom, dont nous allons parler;
- 2° Astorg, vicomte d'Auvergne, ainsi qualifié par du Bouchet. Baluze cite une charte de cet Astorg en faveur de l'église de Brioude, datée du règne de Louis d'Outremer (de 956 à 954). Il fut marié avec *Ascendane*, dont il eut cinq fils

A. Robert Ier, vicomte d'Auvergne, vivant en 927, allié, 1° avec *Adalgarde*; 2° avec *Hildegarde*. De la première sont provenus trois fils :

    a. Robert II, vicomte d'Auvergne, marié avec *Ingelberge*, dame de Beaumont en Châlonnais, et père de quatre enfants :

        I. Gui Ier, qui fut établi comte d'Auvergne en 979, par Guillaume Taillefer, comte de Toulouse, et mourut sans enfants en 989;

        II. Guillaume V, successeur de son frère dans le comté d'Auvergne, qu'il transmit à sa postérité. Il mourut vers l'an 1015;

        III. Robert III vicomte d'Auvergne, mort sans lignée;

        IV. Bertrand, vicomte;

    b. Eustorge;

    c. Étienne, évêque d'Auvergne dès 957. Il fit son testament en 976;

B. Eustorge;

C. Matfroid, tige des vicomtes de Thiers. L'évêque Étienne, son neveu, le rappelle avec ses frères Eustorge, Gui et Armand dans une charte de 945;

D. Gui;

E. Armand, nommé avec son fils Amblard, dans la charte de 945;

3° Guillaume vivant sous le règne de Louis le Débonnaire.

On a vu par les observations qui précèdent que le comte Bernard et son épouse Blitsende n'ont pas dû laisser de postérité, puisque tous les droits de ce comte sont échus à ses frères puînés, Guillaume et Acfred. C'est donc ailleurs qu'il faut désormais chercher l'origine de la maison de la Tour et celle des vicomtes d'Auvergne, devenus plus tard comtes d'Auvergne, dont nous venons d'esquisser la filiation d'après Baluze. Les chartes de cette filiation auraient besoin d'être revues, car c'est quelque chose de prodigieux qu'une suite de 6 générations pleines de virilité, dans un intervalle de moins d'un siècle. C'est ce que présente le tableau ci-dessus, en y ajoutant Robert Ier, comte d'Auvergne en 1016. (fils de Guillaume V) et

Guillaume VI (fils de Robert), lequel gouvernait déjà l'Auvergne en 1032, et avait pour quatrième aïeul le vicomte Astorg, vivant de 937 à 954.

III. Bernard II, surnommé d'Auvergne par Baluze. Sa filiation, son mariage avec *Berthelde*, et ses enfants ne sont connus que par les chartes de 937 et 960 supprimées, et qui lui donnent deux fils :

1° Geraud Ier, dont l'article suit ;

2° Étienne.

Justel, en faisant aussi descendre la maison de la Tour des anciens comtes d'Auvergne, avait bien senti qu'une pareille extraction supposait un apanage considérable. Aussi avait-il considéré la baronnie de la Tour, comme un fief démembré du comté d'Auvergne. Cette opinion, au moins très-rationnelle, est combattue par Baluze. Selon lui (p. 31 de sa défense), la terre de la Tour, dont Geraud Ier prit le nom, lui aurait été apportée par sa femme, opinion qui réduit à rien Bernard II, qu'il fait cependant aîné des vicomtes d'Auvergne, et lui retranche le seul bien qu'on pouvait supposer lui être provenu d'une aussi grande succession paternelle, car on ne voit pas que ce Geraud ni ses descendants aient eu pendant plus de deux cents ans aucune autre possession dont l'importance valût la peine qu'on la citât avec celle de la Tour.

IV. Geraud DE LA TOUR, Ier du nom. Les chartes de 937 et 960 qui marquaient sa filiation par Bernard II, Bernard Ier comte jusqu'à Acfred Ier, ont été supprimées par l'arrêt de 1704. Cependant une charte authentique de Sauxillanges prouve que son père s'appelait Bernard, et sa femme *Gasuberge*. Baluze la fait fille de Berlion, vicomte de Vienne, et lui donne pour enfants :

1° Bernard IIIe du nom, qui suit ;

2° Berlion, vicomte de Vienne en 1004, auteur de la maison *de la Tour du Pin*, en Dauphiné ;

3° N.... de la Tour, duquel sont descendus les *Torriani* ou *della Torre*, souverains de Milan dans le XIIIe siècle ;

4° Rotberge de la Tour, mariée à Dalmas, seigneur *de Baffie.*

Les Torriani prétendaient descendre de la maison de la Tour du Pin, et cela sur une simple ressemblance d'armoiries, comme si presque toutes les familles du nom de la Tour ne portaient pas des armes parlantes.

La charte de 1004 mérite quelque attention. Chorier, historien d'une véracité suspecte, et zélé pour toute espèce de système, avait dit expressément dans la première édition de son *Histoire de Dauphiné*, (1661, p. 809), que les seigneurs de la Tour du Pin n'étaient point descendus de la maison de la Tour d'Auvergne. Dans la seconde édition (livre II, p. 84), on fut fort étonné de lui voir citer cette charte de 1004, qui ruinait sa première assertion et établissait le contraire sans qu'il indiquât la source où il avait puisé la pièce qui l'obligeait à un si grave changement. Par cette charte, Berlion de la Tour donne à l'église de Vienne, pour sa construction, mille sous et un mas situé auprès de l'église Saint-Jean, et ce pour la rédemption de son âme et de celles du vicomte Geraud, son père, de Bernard de la Tour, son aïeul, et des comtes Guillaume et Acfred, et de tous ses parents. L'abbé de Camps ne doute point que cette charte ne soit fausse et n'ait été envoyée à Chorier pour une rectification jugée importante. Le président de Valbonnais, qui avait tant d'intérêt à éclaircir cette question pour son *Histoire des dauphins de la maison de la Tour du Pin*, et qui fit de longues et inutiles recherches dans les archives de l'église de Vienne, déclare également cette charte imaginaire et proteste avec force (t. I, pp. 556, 557), contre le faux système qu'on en voulait faire dériver.

Quant à l'alliance avec la maison de Baffie, elle ne repose sur aucun titre.

V. Bernard DE LA TOUR (III° du nom), est énoncé fils de Geraud et petit-fils de Bernard dans la charte de donation qu'il fit au monastère de Sauxillanges de la moitié des revenus de l'église de Planzat.

Cette charte fut donnée du temps que S. Odilon

gouvernait l'abbaye de Cluny (994 à 1049), et comme il y est fait mention de Dominique Caslans, de Léotald Cazapol, de Bernard Almerat, de Geraud de Sportiac et de Geraud Betserre, et qu'on ne trouve de noms de famille en si grand nombre dans les chartes que vers le milieu du xie siècle, on peut avancer avec une presque entière certitude que celle-ci n'est pas antérieure à 1030. Bernard III devait être vieux à cette époque si en effet son père Geraud eût vécu en 937, et cependant il ne parle dans cette donation importante ni de sa femme, ni de ses enfants, quoique leur présence eût été nécessaire pour la valider ou que leur mort dût y être rappelée, puisque Bernard fait surtout cette libéralité pour ceux de sa famille qui ne sont plus et qu'il nomme expressément dans la charte (1). Baluze lui donne quatre fils :

1° Geraud, IIe du nom, qui suit ;

2° Étienne } moines,
3° Bertrand }

4° Bernard.

VI. Geraud II de la Tour, chevalier, seigneur de la Tour, château situé dans la vallée de Tauves, dut naître au plus tard vers 1020, en admettant que son père eût été frère ainé de Berlion vicomte de Vienne, en 1004, et que ces deux derniers eussent été fils de Geraud Ier vivant en 937. Geraud II fit des donations considérables à l'abbaye de Sauxillanges, dont la plus ancienne est du temps de l'évêque Etienne (1056 à 1073), la seconde du temps de l'épiscopat de Guillaume de Chamalières (1074 à 1076), et la dernière souscrite par Durand, évêque de Clermont, en 1077, et qui eut pour successeur, en 1096, Guillaume de Baffie. Dans ces 4 chartes Geraud II intervint constamment avec ses frères. Dans aucune il n'est fait

---

(1) Cet argument est employé par Baluze, p. 485, des *Preuves*, pour la charte *Omnipotentis Dei*, etc., de la fin du xie siècle. Il fait observer que puisque Bernard IV n'y nomme ni sa femme ni ses enfants, c'est qu'il n'en avait pas et n'était pas encore marié.

mention de sa femme ni de ses enfants. Malgré ce silence extraordinaire, Baluze lui donne trois fils et une fille :

1° Bernard IV° du nom, qui suit ;

2° Bertrand;

3° Guillaume;

4° Petronille de la Tour, mariée en 1112, avec Bernard, vicomte *de Comborn* (rien ne prouve que cette Pétronille soit de la maison de la Tour en Auvergne, plutôt que de celle de la Tour en Rouergue, famille également puissante. D'ailleurs Pétronille, comme fille de Geraud II, aurait eu plus de 50 ans en 1112.)

VII. Bernard DE LA TOUR, IV° du nom, est qualifié chevalier dans une charte d'environ l'an 1090, par laquelle il confirma les donations faites au prieuré de Sauxillanges par son aïeul, son oncle et son père, qu'il ne nomma pas, non plus que sa femme ni ses enfants. Il était cependant en âge d'être marié et il est peu probable que si Geraud II eût eu des enfants, il se fût retiré dans un cloître à la fin de ses jours (comme c'était alors l'usage) avant d'avoir pourvu à leur établissement. Baluze le croit le même qu'un Bernard de la Tour, non qualifié chevalier, mais marié et ayant des enfants, et énoncé fils de feu Geraud de la Tour, dans une charte d'environ l'an 1120, portant donation aux religieux de Sauxillanges de la moitié d'un mas que tenait de lui Aymar de la Salzède. Baluze lui donne deux fils :

1° Bertrand Ier, qui suit ;

2° Guillaume de la Tour.

VIII. Bertrand Ier du nom, seigneur DE LA TOUR, fonda le couvent des dames de la Vaissy, ordre de Citeaux en Auvergne. L'obituaire de ce couvent porte qu'il eut pour femme *Matheline*, sœur de Bernard-Aton, vicomte de Béziers. D. Vaissète II (t. , p. 470) établit que Matheline de Béziers était déjà nubile en 1105, puisqu'elle fut mariée cette année avec Guillaume-Arnaud de Béziers. Elle vivait encore en 1152, alors établie en Vivarais. Elle a pu postérieurement épouser Bertrand de la Tour, mais certainement ce n'est pas d'elle que naquit, peu d'années avant l'an 1169, Bernard V, seigneur de la Tour, comme l'a cru Baluze. Bertrand Ier eut d'après cet historien :

1° Bernard V, seigneur de la Tour, qui renouvela, en 1191, en présence du roi Philippe-Auguste, l'hommage que son père et son oncle avaient fait à l'abbaye de Cluny. Il eut pour femme N... de Clermont, fille de Dauphin, comte de Clermont, et de G. comtesse de Monferrand;

2° Bertrand de la Tour, seigneur de la Tour en 1206, que tous les généalogistes, à partir de *l'Histoire des Grands-Officiers de la Couronne*, ont considéré comme le premier auteur certain de la maison de la Tour d'Auvergne;

3° Guillaume de la Tour, chantre de l'église de Brioude et doyen de Notre-Dame du Port, à Clermont, que Bernard VI appelle son oncle dans un acte de 1235;

4° Guillaume de Tour, prévôt de l'église de Brioude. Le roi Saint Louis, dans des lettres du mois de décembre 1226, dit que les *prédécesseurs* dudit Guillaume de la Tour, les ducs d'Aquitaine et comtes d'Auvergne, avaient été les défenseurs de cette église et de son royaume. Il mourut le 17 mars 1246.

L'authenticité de ces lettres de saint Louis a été vivement contestée. Baluze les a défendues avec une grande supériorité; mais il n'a satisfait personne quand il a dit que le mot *prédécesseurs*, pris même dans le sens plus précis d'*ancêtres*, devait, dans l'esprit de ces lettres s'entendre exclusivement des ancêtres paternels. Il y avait aux XIII, XIV et XVe siècles, des formules en apparence bien plus claires et bien plus positives, par exemple, celle *du sang royal*, qui ne signifiait pas qu'on en fût plutôt du côté paternel que du côté maternel; ainsi aux échiquiers tenus à Rouen en 1466 et 1469, Guillaume de Harcourt, comte de Tancarville, eut séance immédiatement après le président, non pas parce qu'il était comte, mais parce qu'il était *du sang royal* et parent du roi (La Roque, *Histoire de la maison de Harcourt*, t. I, pp. 641, 642 et 644; t. III, pp. 707, 709.)

Or, cette extraction du sang royal du comte de

Tancarville lui venait de Catherine d'Artois, sa trisaïeule, mère de Blanche de Ponthieu, femme, en 1340, de Jean V, comte de Harcourt. On en peut dire autant de ce passage de Pétrarque qui, en parlant du cardinal de Boulogne, vivant en 1350, dit qu'il était *regia stirpe progenitus* (préface de Baluze), parce qu'en effet ce prélat était fils de Marguerite de Flandre, petite-fille d'Alix de Dreux, princesse de sang royal, et qu'il était en outre arrière petit-fils de Mahaut de Bourgogne, fille du duc Eudes II, prince du sang royal.

En résumant les observations qui précèdent, on voit que la maison de la Tour en Auvergne, ne prouve ni par titres ni par traditions incontestables, une origine commune avec les anciens comtes d'Auvergne comme l'ont avancé Justel et Baluze, et que son extraction des vicomtes d'Auvergne, suivant le système de du Bouchet, n'est pas mieux fondée; que cette maison, quoique devenue par suite de riches héritages, la première de l'Auvergne, était cependant primée dans les XI, XII et XIIIe siècles, par plusieurs autres alors plus considérables par leurs possessions et le rang de leurs fiefs, comme les vicomtes de Polignac, de Murat, de Carlat et de Thiers, etc., que les premières alliances alléguées à l'appui de cette prétention à une origine souveraine, entre autres celles avec les maisons de Comborn, de Béziers et de Toulouse (1), ont été rejetées par tous les historiens comme plus que douteuses, de même que la communauté d'origine des maisons de la Tour d'Auvergne, de la Tour du Pin et de la Torre de Milan ; qu'enfin si l'ancienneté de cette maison se manifeste par des monuments hors de doute depuis le commen-

---

(1) Voir sur cette prétendue alliance de Bernard VI de la Tour, avec Jeanne de Toulouse, sœur de Raymond VII, les observations de D. Vaissète, t. III, de son *Hist. de Languedoc*, p. 550, col. 1, qui trouve douteux l'extrait d'un ancien obituaire du couvent de Vaissy, dont Baluze appuyait cette alliance. Quant au contre-scel à la croix de Toulouse, joint aux sceaux de Bernard VII et Bertrand de la Tour, en 1255 et 1280, plusieurs anciennes maisons portaient une croix semblable, et entre autres celle de Lille-Jourdain en Languedoc, et celle d'Oradour en Auvergne.

cement du xie siècle, il est également certain que dès ce même siècle et dans les suivants, elle était subdivisée en plusieurs branches, ainsi que le prouvent le cartulaire de Sauxillanges (1) et les pièces nombreuses rapportées par Baluze, d'où est résultée la difficulté jusqu'à présent insurmontable d'établir une filiation certaine et suffisamment justifiée au delà de Bertrand, seigneur de la Tour en 1206, point d'arrêt de tous les historiens qui se sont donné la peine d'examiner cette question. Mais nonobstant ces erreurs assez nombreuses, dont la source fut dans un dévouement trop aveugle, ennobli par le malheur et l'exil, on ne saurait trop répéter que cet essai de Baluze dans un genre au-dessous de la portée de son esprit et de ses lumières, restera comme un monument précieux pour l'histoire d'Auvergne, et on lui saura toujours un gré infini d'avoir publié ses savantes recherches, malgré le déchaînement des rivalités scientifiques et nobiliaires et les disgrâces de la cour.

MAISON DE LA TOUR SAINT-PAULET.

On lit ce qui suit dans le *Dictionnaire de la noblesse*, publié par la Chenaye des Bois, in-4° t. XII. p. 666, 1778:

« DE LA TOUR, en Lauraguais, maison qui a l'avan-
» tage peu commun de remonter, par titres authenti-
» ques, ses filiations dans la plus haute antiquité (2).
» Elle est redevable de cette *faveur* à la piété de ses
» ancêtres et à leur bienfaisance envers l'église.

» En effet, cette maison, établie depuis environ 600
» ans en Lauraguais, a recouvré la plus grande partie
» de ses titres dans les archives du prieuré de Notre-
» Dame de Prouille, dont les seigneurs de la Tour ont
» été les bienfaiteurs dans les siècles les plus reculés(3).

---

(1) Voir à la Bibliothèque du roi une copie de ce cartulaire revue et corrigée sur l'original, par Baluze.
(2) C'est-à-dire depuis le commencement du xiiie siècle.
(3) C'est-à-dire depuis 1207, date de la fondation de l'abbaye de Prouille par S. Dominique.

» Une source aussi pure est à l'abri de la critique et
» du plus léger soupçon; l'autre partie de ses titres est
» en originaux ou par copies en forme, émanées de ces
» dépôts dont l'authenticité est universellement re-
» connue. Ainsi on peut hardiment entreprendre
» d'écrire la généalogie de la maison de la Tour, et
» l'établir sur de solides fondements. C'est à la lueur
» du flambeau de la vérité que tout historien généalo-
» giste peut marcher d'un pas ferme dans les ténèbres
» de l'antiquité, et sortir victorieux de cette carrière,
» que quelques écrivains ont osé parcourir à la faveur
» du mensonge et de l'illusion la plus caractérisée. Si
» de pareils écrivains ont eu assez de force *pour en*
» *imposer au lecteur, par une vraisemblance com-*
» *binée dans leur propre imagination,* quel succès
» ne doit-on pas attendre de notre travail, qui sera
» appuyé des preuves les plus incontestables ! »

L'auteur de ce pompeux préambule se proposait d'établir que MM. de la Tour Saint-Paulet avaient une origine commune avec la maison de la Tour d'Auvergne. L'assurance avec laquelle il parle de ses preuves et le juste mépris qu'il déverse sur ces écrivains qui trompent le public et les familles par leurs illusions, m'avaient tout d'abord persuadé que cette origine était formellement justifiée par les titres. Mais mon désappointement a été grand quand, après avoir lu et relu son travail, j'ai vainement cherché, je ne dirai pas un titre, mais seulement l'ombre d'une vraisemblance en faveur de ce système. Voici sur quels fondements il repose.

La Faille, dans son *Traité des Capitouls de Toulouse*, édition de 1707, p. 111, en parlant de Guillaume et Bernard de la Tour, frères, compris dans une création de 200 chevaliers faits par Raymond VII, comte de Toulouse, en 1244, ajoute que ces deux frères *étaient des la Tour, anciens bienfaiteurs du prieuré de Prouille, dont la famille existe encore sous le nom de la terre de Saint-Paulet en Lauraguais.*

Observons d'abord que ce témoignage de la Faille, est implicitement contraire au système que nous examinons. Il est hors de doute que cet auteur connaissait parfaitement la maison de la Tour d'Auvergne, et cependant, au lieu de dire que ces deux frères descendaient de cette illustre famille, il dit expressément qu'ils étaient issus des anciens de la Tour en Lauraguais. Il n'y avait pas là, certes, de quoi s'étonner si après un témoignage aussi clair, le P. Anselme et Moreri n'ont pas confondu les deux familles.

Dans le même temps que Bernard et Guillaume de la Tour (1), et Pons, leur frère, vivaient en Lauraguais, dans la position d'anciens gentilshommes (2), mais n'ayant dans les trois branches de leur famille que la co-possession d'une seule terre, celle de Montauriol, paroisse de 39 feux, située à 2 lieues de Castelnaudary, Bernard VI (ou Ier du nom suivant le P. Anselme), fils de Bertrand, seigneur de la Tour, et de Judith de Mercœur, et père de Bernard VII (II), de Dauphine de la Tour, femme d'Ebles, vicomte de Ventadour, en 1236, de Gaillarde de la Tour, femme de Pierre, vicomte de Murat, et de Marguerite de la Tour, femme de Geraud de Rochefort, occupait en Auvergne le rang d'un des premiers barons de cette province, faisait des traités de paix, échangeait pour des châteaux des droits sur ses villes, et tenait par ses alliances à tout ce qu'il y avait de maisons les plus puissantes et les plus illustres du voisinage. Il y a eu bien certainement des auteurs dignes du blâme le plus sévère pour la témérité de leurs conjectures, mais je n'en connais aucun qui aurait osé hasarder que deux

---

(1) La Chenaye des Bois, p. 669, fait entendre que ce Guillaume de la Tour est nommé dans le testament de Guillaume de la Tour, prévôt de Brioude de l'année 1245. Ce testament ne porte pas d'autre désignation de nom que *G. de Turre*. Ce qui peut signifier Geraud ou Gui comme Guillaume. Au reste le prévôt le qualifie son cousin, et il eût été son grand-oncle dans le système de la Chenaye des Bois.

(2) On peut induire des premiers titres de cette famille, qu'elle est originaire du Lauraguais. Elle a probablement reçu son nom d'une terre de la Tour, située à 2 lieues de Castelnaudary. Il doit exister des titres sur ces seigneurs de la Tour dans les archives des diocèses de Narbonne et de Carcassonne.

gentilshommes dans des situations aussi distantes non seulement pour les pays qu'ils habitaient, mais pour les alliances et surtout pour les fortunes, que ces deux Bernard de la Tour, dis-je, fussent un seul et même personnage. C'est pourtant ce qu'affirme et soutient l'auteur du *Dictionnaire de la Noblesse*. J'ai longtemps cherché à pénétrer les raisons sur lesquelles on appuyait ce système; je n'en ai pas aperçu d'autres que celles-ci :

1° Baluze et le P. Anselme, trompés par une similitude de nom et par une idendité complète de qualité, ont cru que Bernard, seigneur de la Tour en Auvergne, qualifié chevalier dans plusieurs chartes, était le même que le Bernard compris dans la promotion de 200 chevaliers, faite en 1244 par le comte de Toulouse; or, il est certain, par le témoignage de la Faille, que ce dernier Bernard était des la Tour en Lauraguais, donc néanmoins ces derniers et les la Tour d'Auvergne descendent de ce même Bernard, co-seigneur pour un quart de Montauriol (1), et ne forment qu'une seule et même famille;

2° Les ancêtres de MM. de la Tour-Saint-Paulet faisaient quelques aumônes à l'abbaye de Prouille, dans les XIII° et XIV° siècle, et habitaient le Lauraguais. MM. de la Tour d'Auvergne sont devenus comtes de Lauraguais par échange avec Louis XI, pour le comté de Boulogne, et ont eu deux religieuses à Prouille en 1479 : nouvelle preuve de la continuité des rapports de famille par celle des bienfaits envers le même monastère;

3° MM. de la Tour en Lauraguais portent une tour (2) dans leurs armes (comme presque toutes les familles de leur nom); or, MM. de la Tour d'Auver-

---

(1) La Chenaye des Bois ne s'est pas borné aux conjectures les plus aventureuses, il s'est permis pour fortifier ses raisonnements d'emprunter des actes et des alliances qui appartiennent à Bernard de la Tour d'Auvergne. Mais cela est sans conséquence pour ceux qui ne jugent qu'après examen.

(2) Le marquis d'Aubais, dans ses pièces pour servir à l'histoire

gne portent aussi une tour, avec des fleurs de lys par concession particulière ; dernière preuve de l'identité des deux familles.

La question que je suis amené à traiter est trop grave pour que je n'aie pas mis la plus sérieuse attention dans cet examen. Je puis donc affirmer de nouveau que parmi toutes ces preuves annoncées avec tant d'assurance par la Chenaye des Bois comme devant convaincre les plus incrédules, et leur montrer comment on doit traiter cette matière, il n'y a pas un seul titre, pas un seul fait apparent, capable de donner quelque valeur à la nullité de ceux que l'on vient de lire.

J'ignore si les ducs de Bouillon et les comtes d'Apchier eurent connaissance de cette généalogie. La révolution qui survint dispersa les deux familles, et fit perdre la trace de cette affaire jusqu'au procès qui s'éleva en 1822.

A cette époque il n'existait plus de l'illustre maison de la Tour d'Auvergne, que Godefroi-Maurice-Marie-Joseph, comte d'Apchier, né le 3 mars 1785 (père de plusieurs fils). La famille de la Tour en Lauraguais était représentée par monseigneur Hugues-Robert-Jean-Charles de la Tour, évêque d'Arras, cardinal, né le 14 avril 1768, et ses neveux les comtes Melchior et Godefroi de la Tour.

Le comte d'Apchier forma une action contre MM. de la Tour en Lauraguais, tendante à ce qu'ils cessassent d'ajouter à leur nom celui *d'Auvergne*. Cette action repoussée en première instance, par un jugement du 2 juillet 1823, sur ce que le comte d'Apchier ne justifiait pas par des titres suffisants son origine commune avec

---

de France, *Jugements sur la noblesse de Languedoc*, généralité de Toulouse, p. 84, généalogie de la Tour-Saint-Paulet, décrit ainsi les armoiries : *d'azur, à 3 fasces d'or*. Il faut croire ou qu'il y a erreur, ou que ces armes ont été changées, car dans l'*Armorial général de Toulouse*, dressé en 1698 et années suivantes, fol. 471, les armes de Claude de la Tour de Saint-Paulet sont décrites : *d'azur, à la tour crénelée de 3 pièces d'argent, maçonnée de sable*.

la branche ducale de Bouillon, sortie comme la sienne de celle d'Oliergues, fut portée devant la cour royale de Paris. L'arrêt qui intervint le 26 janvier 1824, tout en reconnaissant la communauté d'origine du comte d'Apchier avec le dernier duc de Bouillon, a déclaré que le nom *d'Auvergne*, existant dans cette dernière branche seulement depuis 1654, s'était éteint avec elle et n'avait jamais existé de droit dans la branche d'Apchier; mais à l'égard de MM. de la Tour-Saint-Paulet, considérant que les questions de propriété de nom sont d'ordre public, et statuant par jugement nouveau, la cour leur fit défense de prendre le nom *d'Auvergne*, et ordonna que ce nom serait rayé de tous les actes où il aurait été introduit.

Monseigneur l'évêque d'Arras et ses neveux s'étant pourvus en cassation contre cet arrêt, la cour suprême, considérant que la cour royale avait excédé ses pouvoirs en statuant sur une question qui ne lui était pas soumise, a cassé et renvoyé la cause devant la cour royale d'Orléans.

Par son arrêt du 13 août 1827, cette cour :

Considérant que la possession suffisante pour conserver un titre ne l'est pas pour pouvoir le contester à ceux qui sont aussi en possession de le porter;

Considérant que les nouveaux titres et documents produits par le comte d'Apchier étaient insuffisants pour établir dans sa branche la possession immémoriale, notoire, publique et exclusive de porter le nom *de la Tour d'Auvergne*, qui seule pouvait rendre sa demande recevable ;

«Considérant en outre que par une délibération sous
» signature privée, enregistrée le 5 août 1807, la bran-
» che d'Apchier a expressément reconnu la branche *de
» la Tour d'Auvergne-Lauraguais* pour appartenir
» à la famille dont elle fait elle-même partie, et que
» cette reconnaissance a été confirmée par plusieurs
» faits postérieurs et par une correspondance enre-
» gistrée et rapportée devant la cour, a mis l'appel du
» comte d'Apchier au néant.»

Il résulte de l'esprit de l'arrêt de cassation et des termes de l'arrêt de la cour royale d'Orléans:

Que lorsqu'un nom, quel qu'il soit, s'éteint, il tombe aussitôt dans le domaine public, de manière que chacun peut en disposer selon sa convenance et sa volonté (1).

Que lorsqu'un nom s'éteint dans une branche d'une famille, une autre branche qui a relevé ce nom, même depuis plus d'un siècle, n'a pas pour cela une possession suffisante pour exclure toute autre famille qui veut s'attribuer le même nom, cette possession, pour avoir force d'exclusion, devant être *immémoriale* (2), notoire, publique;

Qu'il y a jusqu'ici deux possessions notoires, publiques du nom *de la Tour d'Auvergne*, celle du comte d'Apchier justifiée par une suite d'actes et de faits de notoriété publique depuis 1691 (3) et celle de

---

(1) D'après cette doctrine, toute personne qui s'appelle *Bourbon*, et le nombre en est grand, peut ajouter à son nom celui de *Condé*, et se faire appeler *de Bourbon-Condé* sans que nul ne puisse intervenir, pas même le procureur du roi pour cause d'ordre public.

(2) Cette doctrine qui a prévalu dans une autre cause, celle pour le nom *de Pons*, revendiqué par les marquis d'Asnières de la Châtaigneraye, comme juveigneurs de cette illustre famille, manque d'application dès qu'on remonte aux temps où les noms n'étaient point encore fixes (xie, xiie et xiiie siècles), et variaient dans une même famille autant de fois qu'il se formait une nouvelle branche ou un nouvel apanage. Il est arrivé souvent que lorsqu'une branche illustre s'est éteinte, une autre en a relevé le nom, par exemple, comme la maison d'Avaugour, puînée des ducs de Bretagne qui, depuis 1700, avait relevé le nom *de Bretagne*, que cette branche n'avait jamais porté. Ce n'est pas par droit de propriété, mais par droit d'agnation et pour indiquer une communauté d'origine et une continuation de la même race que cet usage s'est établi dans plusieurs grandes familles. On peut dire si l'on veut que cet usage ne constitue pas *un droit exclusif*; à la bonne heure, mais on saura toujours distinguer une possession de de nom fondée sur l'identité du sang, de la possession purement facultative. La cour royale de Paris elle-même avait fait cette distinction; car en déniant au comte de la Tour d'Auvergne d'Apchier le droit d'actionner MM. de la Tour-Saint-Paulet elle n'avait interdit qu'à ces derniers de porter le nom *de la Tour d'Auvergne*.

(3) Entre autres l'enregistrement à l'*Armorial de la généralité de Riom* (fol. 334, n° 247 et 335, n° 590), fait en 1698, devant les commissaires du roi, par Godefroi-Maurice *de la Tour d'Auvergne*, seigneur de Murat et de Margeride, et Maurice-Frédéric

MM. *de la Tour d'Auvergne-Lauraguais*, remontant à l'acte du 5 août 1807 (1).

Enfin et par conséquence forcée, il résulte encore que puisque la possession de 1691, appuyée de la consanguinité la moins contestable, n'a pas été jugée suffisante pour établir un droit exclusif à une famille, à bien plus forte raison la possession de 1807, assise sur une recognition sans valeur pour une question d'état, sera-t-elle impuissante à s'opposer à toute nouvelle possession qui pourra se former du nom *de la Tour d'Auvergne*.

Telle a été l'issue de ce procès, auquel un incident du plus haut intérêt a donné beaucoup d'éclat. Les parties se disputaient non seulement la possession d'un grand nom, mais encore celle des cœurs de Turenne et du premier grenadier de France. Un arrêt récent de la cour cour royale (mars 1841) a restitué le cœur *de la Tour d'Auvergne-Corect* (dernier rejeton d'une branche naturelle), à madame du Pontavice, née de Kersausie, comme légitime et unique héritière de ces précieux restes.

---

de la Tour d'Auvergne, seigneur de Planchat; plusieurs actes d'hommages rendus au roi en 1683 et 1685, par le même Maurice-Frédéric et son frère René, comme fils de René *de la Tour d'Auvergne*, et par Godefroi-Maurice *de la Tour d'Auvergne* en 1700 (*Chambre des comptes de Paris*, registre 503, p. 3; registre 504, p. 85; registre 506, p. 116.) enfin le brevet de duc accordé par Louis XV à Nicolas-Julie-Xiste *de la Tour d'Auvergne*, comte d'Apchier, né le 10 août 1720, aïeul du comte actuel, lequel avait été adopté par le dernier duc de Bouillon et lui eût succédé, si la révolution n'eût changé ces dispositions de famille. (*État des cours de l'Europe*, par l'abbé de la Roche-Tilhac, année 1786, p. 52.)

(1) Je ne connais point d'actes antérieurs de la possession du nom d'Auvergne, dans la famille de MM. de la Tour Saint-Paulet, du moins on n'en trouve pas la mention dans la généalogie publiée par la Chenaye des Bois, ni dans les actes de naissance des 19 mars 1767, 14 avril 1768 et 6 septembre 1770.

HISTOIRE
GENEALOGIQUE
DE LA MAISON
D'AUVERGNE

Justifiée par Chartes, Titres, Histoires anciennes,
& autres preuves authentiques.

Par Monsieur BALUZE.

TOME PREMIER.

A PARIS

Chez ANTOINE DEZALLIER, ruë S. Jacques, à la Couronne d'or.

───────────

MDCCVIII.

AVEC PRIVILEGE DU ROY.

PREFACE.

 E n'est pas une vaine curiosité ny une nouvelle invention que de rechercher l'ancienneté & la noblesse des maisons illustres. Un sçavant homme qui vivoit sous le regne des derniers Roys de la race des Valois a laissé par escrit qu'il estoit difficile de manier & traicter les affaires publiques d'un Estat avec dignité, si l'on n'avoit pas acquis la connoissance des genealogies des grandes & illustres maisons, & que les anciens Romains faisoient un si grand cas de cette connoissance qu'ils la mettoient au nombre des sciences liberales, c'est à dire des sciences ausquelles les esprits bienfaits se devoient appliquer. M. Loisel dans le dialogue qu'il a composé des Advocats du Parlement de Paris requiert parmy les bonnes qualitez d'un Advocat qu'outre les autres connoissances qu'il doit avoir, il sçache encore les genealogies & alliances de nos Roys & des principales maisons de France. Saluste nous apprend que le Dictateur Q. Fabius Maximus & Scipion avoient accoustumé de dire que lors qu'ils voyoient les portraicts de leurs ancestres, ils se sentoient excitez à faire de grandes actions, non pas neantmoins tant par la veuë de ces images que par le souvenir qui se renouvelloit en eux de la vertu & de la valeur de leurs ancestres. On faisoit tirer en cire leurs portraicts, lesquels on gardoit soigneusement dans des armoires. On les portoit aux funerailles de leurs descendans, & par ce moyen on voyoit toute la famille du defunt à ses obseques. Ce qui est une preuve tres certaine que la genealogie des maisons illustres estoit regardée parmy les Romains comme quelque chose de grand & de tres utile au public. Junie sœur de Brutus fils adoptif de Jules Cæsar

Fr. Balduin. in libro de instit. hist.

M. Loisel pag. 540.

Salust. in Jugurtha.

Plin. lib. 35. c. 2. Horat. Epod. 8.

Tome I.   â ij

PREFACE.

<small>Tacit. lib. 3. annal. extr. & lib. 4. c. 9.</small> estant morte du temps de Tibere, Tacite remarque qu'on porta à ses obseques les tableaux de vingt familles illustres de Rome qui luy estoient alliées. Il dit un peu plus bas que les funerailles de Drusus fils de Tibere furent fort magnifiques, que l'on y voyoit les portraicts d'Ænée, des Roys d'Albe, de Romulus, & enfin toute la famille Claudiene. Cette ceremonie servoit à deux fins, l'une pour donner aux survivans de grandes instructions pour leur conduite, & l'autre afin que ceux qui degeneroient de la vertu de leurs ayeulx vissent leur propre honte; la gloire des ancestres, comme dit encore Saluste, estant une lumiere qui esclaire leur posterité & met ses defauts en un grand jour; le plus grand & le plus riche heritage que <small>Cicero lib. 1. offic.</small> les peres puissent laisser à leurs enfans estant au sentiment de Ciceron la gloire qu'ils se sont acquise en faisant de belles actions; à laquelle il faut que leurs descendans correspondent, s'ils veulent ne pas encourir le blasme & le reproche qu'on leur pourroit faire d'estre indignes de porter le nom de leurs ancestres.

La science des genealogies a esté toujours fort estimée. Tous les siecles, tous les escrivains en font foy, mesme les livres sacrez, & les Peres de l'Eglise. En ces derniers temps, depuis la renaissance des letres, beaucoup de gens de merite de toutes les nations de l'Europe s'y sont adonnez avec une grande application. Les François sont ceux qui y ont le mieux reussi, & qui ont appris aux autres nations la maniere de bien traicter cette science.

Les occupations de ma vie ont paru dans le public avoir eu peu de liaison avec cette sorte d'estude, m'estant adonné principalement à l'estude des Conciles & de l'histoire ecclesiastique. Je suis neantmoins obligé de declarer icy que dez le commencement de mes estudes, comme l'ouvrage que M. Justel a composé de la genealogie des Vicomtes de Turenne estoit nouvellement imprimé, je pris plaisir à le lire, y estant porté par l'amour & par l'inclination qu'on a naturelement pour sa patrie, le chasteau de Turenne n'estant esloigné de la ville de Tulle, d'où je suis natif, que de quatre ou cinq lieües. Il est arrivé dans la suite que voyant la maison des Vicomtes de Turenne fonduë en celle de la Tour d'Auvergne, ma curiosité m'a poussé plus loin, & je me suis enfin trouvé engagé bien avant dans la connoissance de la genealogie de cette grande & illustre maison.

Mes premieres pensées n'avoient esté que de rechercher son origine & de la conduire jusques à nostre temps. Mais il m'est arrivé ce qui estoit arrivé avant moy à M. Justel. Car en travaillant à cette recherche, à mesure que j'ay avancé mon travail, j'y ay descouvert tant de lustre & de grandeur & une si grande liaison avec l'histoire des Comtes & des Dauphins d'Auvergne que cela m'a donné envie de penetrer plus avant & d'aller jusques à la source de l'ancienneté & de la noblesse de toute la maison d'Auvergne. Je me suis donc resolu de travailler aussi à l'histoire des Comtes & des Dauphins.

Je sçay que mon entreprise est grande, difficile, & perilleuse, estant quasi impossible d'escrire sur cette sorte de sujects sans s'exposer à la mauvaise humeur des meschants critiques,

PREFACE.

Qui cuident eslever leur nom
Blasmant les hommes de renom,

comme disoit Marot escrivant contre Sagon, lesquels *ne sçachant*, pour me servir du raisonnement & des paroles de Belleforest, *sur quoy discourir ny en quoy employer le temps & le papier*, n'ont autre estude que de denigrer la reputation des grandes & genereuses maisons & revoquer en doute leur ancienne noblesse. Ce qui ne m'estonne pourtant pas, & ne m'a pas empesché d'y travailler avec beaucoup de soin. *Est enim mihi pro fide satis animi*, comme dit Pline le jeune. Ayant toute ma vie fait profession de n'escrire rien que de vray, tout autant que j'ay sceu le connoistre, je me suis senti assez de cœur pour entreprendre un ouvrage si grand & si perilleux. Ma conscience & ma reputation me mettent à couvert des insultes de ceux qui croyent se pouvoir faire un nom dans la Republique des lettres en refutant les ouvrages d'autruy, & principalement les ouvrages de ceux qui se sont attirez l'estime & l'approbation du public. Saint Hierome s'en est plaint avant moy dans ses commentaires sur le Prophete Isaïe, disant qu'apres avoir achevé le huitiesme livre de ces commentaires, il va travailler au neufviesme, *non absque morsu & obtrectationibus invidorum, qui ignorantes quid audiant, quid loquantur, de eo audent judicare quod nesciunt, & antè despiciunt quàm probent, eruditosque se æstimant & disertos si de cunctis scriptoribus detrahant.* Il semble que ce passage ait esté fait exprez pour moy & pour l'ouvrage que j'ay entrepris. La malignité de ces escrivains ne m'empeschera pourtant pas de mettre mon ouvrage au jour. *Mea mihi conscientia*, comme dit Ciceron, *pluris est quàm hominum sermo.*

Annales de Belleforest, fol. 1411.

Plin. lib. 5. epist. 8.

J'entreprens donc d'escrire l'histoire genealogique de la maison d'Auvergne issuë des anciens Ducs d'Aquitaine & Comtes d'Auvergne, divisée autresfois en diverses branches de surnoms differens qui ont subsisté long-temps, & à present reduite à celle du surnom de la Tour, la seule aujourd'huy qui nous paroisse rester de ce grand corps. Il a fallu beaucoup de peine & de soin pour la faire exactement, les titres dont elle est composée n'estant pas ramassez tous en un endroit, mais estant au contraire dispersez en divers endroits bien esloignez les uns des autres. Car outre ce qui a esté tiré de l'Auvergne & de Turenne & de plusieurs autres endroits du royaume, la plus grande partye des preuves a esté prise du Tresor des chartes de France & des anciens registres du Parlement de Paris. Ce sont les principaux endroits qui m'ont fourni les materiaux de cet ouvrage, comme on le verra bien facilement en parcourant les titres imprimez dans le second tome.

Il n'est pas necessaire de s'estendre icy sur la grandeur de la maison d'Auvergne. Le titre seul en dit assez, & la matiere que je traicte est si connuë qu'elle n'a pas besoin de plus longs discours pour estre illustrée. Je diray seulement icy, pour faire voir l'excellence de cette maison, ce que Messieurs de Sainte-Marthe ont dit de celle de Lorraine, *qu'elle se trouve avantagée d'une tres ancienne origine, & à diverses autres marques d'honneur & de grandeur toute particuliere.* Car la maison d'Auvergne,

Messieurs de Sainte-Marthe to. 1. pag. 246. de l'edition de 1647.

ã iij

PREFACE.

outre ses alliances avec les principales maisons du royaume & avec plusieurs maisons souveraines de l'Europe, a encore cet avantage aussi bien que la maison de Lorraine de *s'estre alliée quinze fois avec la maison royale de France*, à laquelle on peut dire qu'elle a mesme *donné deux Reynes*, puisqu'outre Jeanne Comtesse d'Auvergne & de Boulogne femme du Roy Jean, l'on sçait assez que Catherine de Medicis estoit du sang d'Auvergne par Magdelene de la Tour sa mere; de laquelle maison elle faisoit tant d'estime qu'elle en porta toujours les armes escartelées avec celles de Medicis. C'est ainsi que l'a pratiqué depuis elle Marie de Medicis, qui escarteloit toujours avec les armoiries de son pere celles de sa mere Jeanne d'Austriche fille de l'Empereur Ferdinand I. de ce nom.

La maison d'Auvergne a aussi bien que celle de Lorraine produit plusieurs grands & renommez Chefs de guerre, bon nombre de Cardinaux, & d'autres grands Prelats. Et enfin lorsque les trois branches à present esteintes de la maison d'Auvergne ont fini, elles sont tombées dans la famille royale, nos Roys estant devenus Comtes d'Auvergne & Seigneurs de la Tour au moyen du mariage de Catherine de Medicis Comtesse d'Auvergne & Dame de la Tour avec Henry Duc d'Orleans, qui fut depuis Roy, & le Dauphiné d'Auvergne estant tombé en la maison de Bourbon par le mariage d'Anne Dauphine fille de Beraud II. dit le Grand Dauphin d'Auvergne avec Loüis II. Duc de Bourbon, & enfin en celle de Gaston fils de France Duc d'Orleans par son mariage avec Marie de Bourbon Duchesse de Montpencier, dont l'heritiere feuë Mademoiselle Anne Marie Louise d'Orleans mourant sans enfans instituta par son testament Philippe fils de France Duc d'Orleans son heritier universel : sans laquelle disposition Messieurs de Boüillon, qui avoient l'honneur d'estre les plus proches parents de cette Princesse du costé de Montpencier, seroient rentrez naturelement par le droit de succession dans le Dauphiné d'Auvergne.

<small>Tite Live lib. I. *Datur hæc venia antiquitati ut miscendo humana divinis primordia urbium augustiora faciat.* Preuves pag. 363.</small>

La branche des Dauphins d'Auvergne a esté d'une tres grande reputation; & il luy est arrivé ce que Tite Live a remarqué il y a longtemps au sujet des villes dont les commencemens ne sont pas connus, qu'on y a meslé des fables pour la rendre plus auguste & plus respectable, ayant esté avancé dans un arrest de l'an MCCCCLI. qui sera rapporté parmy les preuves que *Domus Dalfinorum Alverniæ multùm nobilis ac per ante adventum Christi & de tempore Julii Cæsaris erat*. Mais comme je n'ay rapporté ce passage que pour marquer la grande reputation & la grande noblesse de cette branche, je ne pretens pas m'y arrester ny soustenir cette ancienneté veritable.

<small>Preuves pag. 461.</small>

La branche mesme cadete des Dauphins, quoy qu'elle n'ait duré qu'environ quatre vingt ans, a esté neantmoins beaucoup illustrée pour le peu de temps qu'elle a duré, ayant esté feconde en evenemens singuliers & en grands personnages, lesquels se sont rendus recommandables par leurs grandes actions & par les services qu'ils ont rendus à nos Roys & à cet Estat dans des temps extremement difficiles, & nommement Guichard Dauphin I. du nom Grand Maistre des Arbalestriers de France,

PREFACE.

(charge à laquelle a succedé celle de Grand Maistre de l'Artillerie) & Guichard II. son fils Grand Maistre de France & Gouverneur du Dauphiné.

 Cette branche estant esteinte, aussi bien que toutes les autres, sans qu'il paroisse qu'il en reste rien, il nous faut presentement parler de celle du surnom de la Tour issuë comme les autres des anciens Ducs d'Aquitaine Comtes d'Auvergne. Je suis tres informé que ce que j'avance icy sera exposé aux traicts de l'envie & de la malignité. J'en ay trop de preuves pour qu'il me soit permis d'en douter. Mais comme en tout cet ouvrage je me suis principalement proposé la maxime enseignée par Tacite, qui dit que comme il n'est pas de la gravité d'un historien de controuver des fables & d'amuser ses lecteurs par des fictions, il ne doit pas aussi rejetter ce qu'il trouve establi, *Ut conquirere fabulosa*, dit-il, *& fictis oblectare legentium animos procul gravitate cœpti operis crediderim, ita vulgatis traditisque demere fidem non ausim*, je tiendray la mesme conduite que j'ay tenuë jusques à present. Je sçay que le public donne assez volontiers dans la fable, & qu'il adjouste facilement foy aux origines fabuleuses des grandes maisons; lesquelles peuvent bien contribuer à faire voir leur ancienneté, mais ne prouvent pas que ces origines soient veritables. Il n'en est pas de mesme de l'ouvrage que j'ay entrepris. Je n'avance rien sans preuve, non pas mesme les conjectures. Je n'en fais aucune qui ne soit bien fondée. Si je voulois faire comme bien d'autres ont fait, prendre sans discernement tout ce qui se presente d'avantageux & d'illustre pour une famille, je pourrois dire que la maison des seigneurs de la Tour, qui descend aussi bien que celle des Dauphins des Comtes d'Auvergne, est si ancienne qu'elle remonte jusques au temps de Jules Cæsar. Je le pourrois dire d'autant plus hardiment que je trouve dans une ancienne chronique MS. des Comtes d'Auvergne que Celtille pere du fameux Vercingentorix Roy des Auvergnats, qui fit tant de peine à Cæsar, estoit Comte d'Auvergne, & que Vercingentorix le fut aussi apres luy. Mais Tacite m'a deja appris qu'il n'est pas de la gravité d'un historien d'amuser ainsi ses lecteurs. Je ne fais donc point descendre les seigneurs de la Tour de Bituit Roy des Auvergnats ny de Vercingentorix, & encore moins des Roys de l'antiquité fabuleuse. Je les fais descendre d'où les anciennes chroniques & les anciens titres nous apprennent qu'ils sont issus. Ceux qui font leurs delices des vieux contes de ma mere l'oye ne trouveront pas icy ce qu'ils cherchent. *Sunt apinæ tricæque & si quid vilius istis.*

 C'est par la mesme raison que je ne les fais pas non plus descendre de la maison royale de France, la premiere du monde en toute sorte de grandeurs, quoy que plusieurs aucteurs estrangers & François l'ayent avancé. Petrarque parlant du Cardinal de Boulongne issu par masles des Comtes d'Auvergne, dont il portoit les armes pleines sans y mesler celles de Boulogne, dit qu'il estoit *regia stirpe progenitus*. Un autre escrivain tres connu & estimé des gens de lettres, Hierome Surita, a escrit il y a plus de six vingt ans que ce Cardinal estoit *regio genere ortus*. Les Chanoines de l'Eglise cathedrale d'Alby escrivant aux Peres du Concile de Basle en faveur de Robert Dauphin esleu Evesque d'Alby issu d'une branche de la mai-

Tacit. lib. 2. hist.

Preuves pag. 177.

Surita lib. 3. Judic. an 1359.

PREFACE.

<small>Preuves pag. 403.</small>
<small>Zassera to. 1. pag. 222.</small>
son d'Auvergne ne font pas de difficulté de leur dire qu'il estoit *de regio Francorum genere oriundus*. Enfin François Zassera, qui a escrit les genealogies des familles illustres d'Italie, dit que Magdelene de la Tour-Boulogne mere de la Reyne Catherine de Medicis estoit du sang royal, *de real sangue*. Et c'est sans doute sur quelque chose de semblable que dans les Memoires de la Ligue l'aucteur des Briefs & simples discours comme les François n'ont jamais peu souffrir estranger regner sur eux met la maison de la Tour, qui est une branche de celle d'Auvergne, parmy
<small>Tom. V. des Memoires de la Ligue pag. 77.</small>
celles qui sont du sang de France. *Une autre consideration y a*, dit-il, *que tandis qu'il s'en trouvera un de la maison de Bourbon, d'Orleans, & de la Tour, qui sont du sang de France, il est impossible qu'estranger soit receu à enjamber en ce royaume, sinon que Dieu par son juste jugement le laissat aller où la rage le precipite*. Je ne m'arreste pas à tout ce que ces aucteurs ont avancé sans en apporter les preuves, & je sçay le cas que j'en dois faire.

Je fais donc descendre la maison de la Tour de celle des anciens Ducs d'Aquitaine Comtes d'Auvergne. La preuve qu'elle en descend est divisée en deux parties, dont l'une est generale, & l'autre resulte des titres qui prouvent la descente des seigneurs de la Tour d'un Comte d'Auvergne frere de deux Ducs d'Aquitaine Comtes d'Auvergne & neveux de Guillaume le Pieux fondateur de la celebre abbaye de Clugny. La preuve generale est dans les letres du Roy saint Loüis qui confirment l'election de
<small>Preuves pag. 91.</small>
Guillaume de la Tour Prevost de l'Eglise de Brioude, dans lesquelles il est dit en termes formels que ce Prevost descendoit des anciens Ducs d'Aquitaine Comtes d'Auvergne. Cette preuve seule met l'affaire hors de difficulté; parce qu'estant certain & incontestable que les seigneurs de la Tour d'Auvergne d'aujourd'huy descendent en droicte ligne d'un seigneur de la Tour neveu de ce Prevost, il est aussi sans difficulté qu'ils sortent de la mesme tige de laquelle il estoit issu.

Il y en a encore une preuve generale dans une bulle du Pape Innocent VIII. donnée en faveur d'Antoine de la Tour dit le jeune, lequel le Pape dit estre issu *de nobili Comitum genere ex utroque parente*, c'est à dire des anciens Comtes d'Auvergne du costé paternel, & des Comtes de
<small>Preuves de M. Justel pag. 237.</small>
Beaufort de par sa mere, comme M. Justel l'a tres bien expliqué. Car on ne peut pas dire que par les Comtes du costé paternel il faut entendre les seigneurs de la Tour qui estoient alors Comtes d'Auvergne, attendu qu'encore qu'il soit vray que les seigneurs d'Oliergues, desquels Antoine descendoit, estoient emanez de la branche des seigneurs de la Tour qui estoient alors Comtes d'Auvergne, ils ne descendoient pas neantmoins des seigneurs de la Tour Comtes d'Auvergne, mais de ceux qui estoient seigneurs de la Tour longtemps auparavant que la Comté d'Auvergne tombat en la maison de la Tour.

L'autre preuve que les seigneurs de la Tour descendent des anciens Ducs d'Aquitaine Comtes d'Auvergne resulte des anciens titres qui justifient que Geraud surnommé de la Tour estoit petit fils du Comte Acfred & neveu de Guillaume II. & d'Acfred II. Ducs d'Aquitaine Comtes d'Auvergne.

PREFACE.

vergne. Car on ne peut pas nier que le titre de la fondation du monastere de Saucillanges en Auvergne, qui a esté donné au public il y a long-temps, & dont l'original ou au moins une copie aussi ancienne que l'original se trouve encore bien saine & bien entiere dans le Tresor de l'abbaye de Clugny, on ne peut pas, dis-je, nier que ce titre nous apprend qu'Acfred Duc d'Aquitaine fils du Comte Acfred & d'Adelinde sœur de Guillaume le Pieux Duc d'Aquitaine & Comte d'Auvergne avoit deux freres appellez Bernard & Guillaume, lesquels sont aussi nommez dans le mesme ordre dans un titre de l'Eglise de Brioude. On ne peut pas non plus nier que Guillaume & Acfred Ducs d'Aquitaine & Comtes d'Auvergne n'ayent esté neveux de Guillaume le Pieux, estant ainsi appellez dans un titre de Brioude qui contient la fondation de l'Eglise de Chanteuge en Auvergne, & en plusieurs autres titres de ce temps là. Et par consequent il faut demeurer d'accord que Bernard frere d'Acfred II. estoit aussi neveu de Guillaume le Pieux, comme il est marqué dans ces titres.

Preuves pag. 19. 21.

Preuves pag. 15. 16.

De tres anciens fragments d'un Cartulaire de Brioude trouvez dans le cabinet de feu M. Du Bouchet apres sa mort nous apprennent que ce Bernard est aucteur de la branche de la Tour d'Auvergne. Mais dautant que le soin que quelques inconnus, qui se cachent, pour me servir de la pensée de saint Fauste Evesque de Riez, & fuyent la lumiere comme les serpens, ont pris de descrier les titres qui sont contenus dans ces fragments a peuteftre fait quelque impression sur l'esprit de ceux qui ne les ont pas veus, & qui ne se mettent guere en peine d'entrer bien avant dans l'examen de ces matieres, la mesdisance & l'envie ayant cet avantage par dessus la verité qu'elles sont toujours receuës favorablement du public suivant la remarque de Tacite, *Obtrectatio & livor pronis auribus accipiuntur*, il faut faire voir qu'encore bien qu'on n'eut pas ces titres, on a dequoy prouver d'ailleurs que les seigneurs de la Tour d'Auvergne, c'est à dire Messieurs de Boüillon, descendent des anciens Ducs d'Aquitaine Comtes d'Auvergne, y ayant des preuves equivalentes qui les dessdommageroient de ces titres, s'ils ne les avoient pas.

Serpentinæ f audis est ad tenebrosa caverunas relicta luce transfugere. Faust. lib. 1. de lib. arbitrio cap. 13.

M. Chorier Advocat au Parlement du Dauphiné, qui fit imprimer en l'année MDCLXXIV. l'histoire du Dauphiné abregée, allegue un titre de l'Eglise cathedrale de Vienne qu'il dit estre infaillible pour prouver que les seigneurs de la Tour d'Auvergne descendent des premiers Comtes d'Auvergne Ducs d'Aquitaine. Ce titre, qui sera imprimé parmy les preuves sur une copie qu'on en a escrite de la main de M. Chorier, fut trouvée par luy dans les archives d'une ville celebre. C'est tout ce qu'on a peu tirer de luy lorsqu'apres l'impression de son histoire abregée du Dauphiné on luy demanda où il avoit trouvé ce titre. Il n'en voulut pas dire davantage, voulant avoir l'honneur de le donner le premier au public, comme il est assez ordinaire aux gens de letres; & exigea mesme pour cette raison, lorsqu'il donna cette copie, qu'elle ne seroit communiquée à personne. Or ce titre porte que Berilon seigneur de la Tour du Pin en Dauphiné donna en presence de Burchard Archevesque de Vienne & l'an dixiesme du regne de Rodolphe Roy de Bourgogne (qui commença

Preuves pag. 476.

Tome I.   ẽ

PREFACE.

de regner en l'an DCCCCXCIV.) à l'Eglise de Vienne pour sa construction mille sols & un mas auprez de l'Eglise saint Jean, que son pere le Vicomte Geraud avoit acquis de Serilon & d'Ave, & ce pour la redemption de son ame & de celles de Geraud son pere, de Bernard de la Tour son ayeul, des Comtes Guillaume & Egfred, & de tous ses parents. Voila qui est bien circonstancié & de la mesme maniere que dans les titres de Brioude, où Geraud de la Tour faisant une donation à l'Eglise de Brioude dit qu'il la fait pour luy, pour sa femme, pour son pere Bernard, pour Bernard son ayeul, pour Guillaume & Acfred Ducs d'Aquitaine, & pour tous ses autres parents & amis tant vivants que defunts. Il y a encore une charte de son pere Bernard, par laquelle il donne quelques biens à la mesme Eglise de Brioude pour la redemption de son ame & de celles du Comte Bernard son pere, de son ayeul Acfred & Adelinde sa femme, pour ses oncles Guillaume & Acfred Ducs d'Aquitaine, & pour tous ses parents & amis tant vivants que defunts.

Preuves pag. 25.

Preuves pag. 476.

Tout cela est bien conforme au titre de l'Eglise de Vienne. Et cependant l'ouvrage dans lequel M. Chorier a employé ce titre a esté imprimé longtemps auparavant qu'on eut aucune connoissance de ces titres de Brioude, lesquels n'ont paru dans le public que bien du temps apres l'impression de cet ouvrage & apres la mort de M. Chorier. Et par consequent on ne peut pas alleguer l'objection de faux, comme si ce titre avoit esté fabriqué pour auctoriser les chartes de Brioude, à moins qu'on veüille dire qu'il est faux parcequ'il est favorable à Messieurs de Boüillon; qui est l'argument dont ces inconnus se servent contre tous les titres qui prouvent que ces Messieurs sont issus des anciens Ducs d'Aquitaine Comtes d'Auvergne, en quelque endroit du monde que ces titres se trouvent.

Ammian. Marcell. initio libri 18.

Il y a dans Ammian Marcellin une belle instruction à ceux qui sont si prompts & si faciles à accuser. Un magistrat de province ayant esté accusé de concussion auprez de l'Empereur Julien, & l'affaire ayant esté agitée devant luy, l'accusé ayant nié les faits qu'on luy imputoit, l'Advocat des accusateurs adressant la parole à l'Empereur luy dit : Qui est ce qui se trouvera coupable, s'il suffit aux accusez de nier ce dont ils sont accusez? *Ecquis, florentissime Cæsar, nocens esse poterit usquam, si negare suffecerit?* A quoy l'Empereur respondit avec beaucoup de prudence, comme le remarque cet escrivain : Et qui est ce qui sera innocent, s'il suffit d'accuser? *Ecquis innocens esse poterit, si accusasse sufficiet?*

Auparavant de quitter l'histoire du Dauphiné de M. Chorier, il faut encore faire observer aux lecteurs curieux de la verité que les titres du Cartulaire de Brioude dont je viens de parler n'ayant pas encore paru lorsque l'ouvrage de M. Chorier fut imprimé ny de longtemps apres, ainsi que je l'ay deja dit, quoy qu'on sceut que le pere de Geraud de la Tour s'appelloit Bernard, on n'avoit pas neantmoins la preuve certaine que son pere fut de la race des Acfreds. C'est le titre de M. Chorier qui nous l'a fournie.

Cela estant ainsi, puisque Berilon de la Tour fils de Geraud compte parmi ses parents Guillaume & Acfred Ducs d'Aquitaine de la mesme

PREFACE.

maniere que Geraud son pere les compte dans la donation faite à l'Eglise de Brioude, & qu'auparavant de nommer Guillaume & Acfred, qui ne luy estoient pas si proches que son ayeul, il nomme Bernard son ayeul, il ne peut plus y avoir de difficulté que ce Bernard ne fut de la race de ces Ducs, c'est à dire leur neveu, comme il est marqué dans les titres de Brioude. Et par consequent voila la preuve de ce qui est attesté par saint Loüis, que les seigneurs de la Tour d'Auvergne descendent des anciens Ducs d'Aquitaine Comtes d'Auvergne.

A cela on peut adjouster qu'il y a à Clugny un titre d'Estienne Evesque d'Auvergne petit fils de Bernard I. Comte d'Auvergne aucteur de la branche de la Tour, dans lequel faisant quelques donations au monastere de Saucillanges, il y fait mention de ses parents à peu prez de la mesme maniere que son cousin Geraud surnommé de la Tour les nomme dans un titre de Brioude, en disant qu'il fait ces donations pour le salut de l'ame du Comte Acfred fondateur de Saucillanges, pour celle de Guillaume I. surnommé le Pieux, lequel il appelle Grand Duc, pour celle de Guillaume II. dit le jeune, & pour le repos de tous ses parents & fideles trespassez. Ce qui peut encore servir pour justifier que Geraud de la Tour estoit issu des anciens Ducs d'Aquitaine Comtes d'Auvergne, puisqu'il descendoit de la mesme tige de laquelle cet Evesque estoit issu, estant tous deux petits fils de Bernard I. Comte d'Auvergne. Cette preuve peut estre fortifiée par une charte de ce mesme Evesque dans laquelle il fait mention d'un autre Estienne son cousin, c'est à dire d'Estienne appellé frere de Geraud dans une charte de Brioude. Leur parenté est aisement prouvée par la table genealogique qui suit, laquelle a esté dressée tres exactement sur des titres de Brioude & de Saucillanges qui n'ont pas encore eu le malheur d'estre accusez de faux par ceux dont la temerité juge de la validité ou invalidité des anciens titres selon leur caprice ou leur malignité.

Preuves p. 40.

Preuves p. 25.

BERNARD COMTE D'AUVERGNE.

Bernard II.	Eustorge. — Asendane.		
Geraud I. surnommé Estienne. de LA TOUR.	Eustorge. Matfroy. Guy. Guillaume. Robert I. Vicomte.		
	Estienne Evesque d'Auvergne. Eustorge. Robert II. Vicomte.		
Bernard III. seigneur de la Tour.			
Geraud II seigneur Bertrand. Bernard. Estienne. de la Tour.	Guillaume IV. Guy I. Comte d'Auvergne apres mort sans lignée. Guy.	Bertrand Vicomte d'Auvergne comte.	Robert III. Vicomte.

Il est si aisé de persuader à ceux qui se rendent à la verité que Messieurs de Boüillon descendent des anciens Ducs d'Aquitaine Comtes d'Auvergne que dans les commencemens du regne de Henry le Grand deux grands personnages de ce temps là, M. le Procureur general de la Guesle, qui pouvoit bien en sçavoir la verité, ses ayeulx ayant esté gardes du Tresor des chartes de la maison d'Auvergne estant au chasteau de Mercurol, & M. le President Fauchet n'ont pas fait difficulté de le dire publiquement & de l'escrire longtemps auparavant que Messieurs de Boüillon rencontrassent des contradicteurs aussi violents que ceux qui se sont declarez de nos jours contre leur genealogie. Ces deux grands personnages disent

Tome I.   ē ij

PREFACE.

nettement qu'Henry de la Tour premier Duc de Boüillon eſtoit iſſu des Comtes d'Auvergne branche de l'ancien arbre de Guyenne, auquel depuis s'eſt enté celuy de Boulogne. Ce qui eſtoit encore ſi bien creu certain en l'année MDCXXIV. que l'auƈteur du neuvieſme tome du Mercure François imprimé cette année là dit poſitivement que la maiſon de la Tour, de laquelle eſtoit iſſu le Mareſchal de Boüillon, eſtoit deſcenduë de celle des Comtes de Boulogne, c'eſt à dire de la maiſon d'Auvergne, & M. d'Hozier dans la genealogie de la maiſon de Combaud imprimée en l'année MDCXXVIII. dit que l'illuſtre maiſon de la Tour eſt dite vulgairement d'Auvergne. Et certes il y auroit dequoy s'eſtonner ſi cette tradition eſtant receuë ſans difficulté, comme il paroit clairement par ce qui vient d'eſtre dit, ces Meſſieurs ſe fuſſent eſcartez de l'opinion commune ſouſtenuë d'ailleurs par l'erreur de quelques eſcrivains de reputation, aſſavoir de M. le Preſident Savaron, de Meſſieurs Chenu, Robert premier auƈteur de la Gaule Chreſtienne, & Severt Theologal de Lyon, leſquels ont ſur ce fondement donné le ſurnom de la Tour à quelques Comtes d'Auvergne & à quelques Eveſques de Clairmont qui n'eſtoient pas de la branche de la Tour, parcequ'ils eſtoient perſuadez que la maiſon des Comtes d'Auvergne & celle de la Tour n'eſtoient qu'une meſme choſe. *Error communis facit jus.*

To. IX. du Mercure François pag. 465.

Hiſt. de Combaut pag. 45.

Speculator tit. de legato §.18.

Auſſi ſemble il qu'apres que la branche des Comtes fut finie par la mort ſans enfans de Jeanne ſeconde du nom Comteſſe d'Auvergne Ducheſſe de Berry, & que la Comté d'Auvergne tomba dans celle de la Tour par le mariage de Marie d'Auvergne dite de Boulogne ſa tante à la mode de Bretagne avec Bertrand ſeigneur de la Tour V. du nom, on ne regarda pas en ce temps là cette affaire comme un ſimple droiƈt de ſucceſſion collaterale, quoy qu'elle le fut en effeƈt, mais comme un retour de cette dignité à ſon origine, la Comté d'Auvergne n'ayant fait que rentrer dans la maiſon d'où elle eſtoit ſortie par les mariages de la Princeſſe Jeanne. Ce qui fut aſſez ingenieuſement exprimé pourlors par la reunion des eſcuſſons des armes de la Tour & du gonfanon d'Auvergne comme venants d'une meſme tige nouvellement reunie par le mariage de Marie & de Bertrand, celuy qui imagina cette maniere de repreſenter la reunion de ces deux branches ayant fait ſortir ces eſcuſſons d'un anneau envoyé du Ciel pour ſignifier que le Ciel les avoit reunies, ainſi qu'ils ſe voyent encore aujourd'huy en pierre ſur le portail du chaſteau de Montgaſcon, ſeigneurie qui eſtoit autreſfois le titre des aiſnez de la maiſon d'Auvergne, & fut donnée en partage à Godefroy d'Auvergne dit de Boulogne fils de Robert VII. Comte d'Auvergne & de Boulogne lorſque ces deux grandes terres vinrent par ſucceſſion de ſang à Jean premier de ce nom apres la mort de Jeanne Comteſſe d'Auvergne & de Boulogne Reyne de France ſa niepce & de Philippe Duc de Bourgogne fils de cette Reyne. Apres la mort de Godefroy cette ſeigneurie & les autres biens de la maiſon d'Auvergne tomberent dans la maiſon de la Tour au moyen du mariage de ſa fille Marie avec Bertrand ſeigneur de la Tour V. du nom. Et ce fut pour lors que furent gravez les deux eſcuſſons d'Auvergne & de la Tour.

PREFACE.

Ce qui fut fuivy mefme par la branche des feigneurs d'Oliergues Vicomtes de Turenne, y ayant au Trefor des chartes de Turenne des letres de François de la Tour II. du nom Vicomte de Turenne données à Maringues le XVIII. Septembre MDXIX. par lefquelles il confirme les us & couftumes données par les feigneurs de Montgafcon fes predeceffeurs à la ville & communauté de Maringues, au haut defquelles il y a un efcuffon de fes armes en miniature my-party d'Auvergne & de la Tour porté par un ange en la maniere qu'on le voit icy.

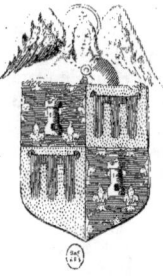

Ce n'eft donc pas Meffieurs de Boüillon d'aujourdhuy qui ont les premiers pretendu qu'ils eftoient iffus des anciens Ducs d'Aquitaine Comtes

é iij

PREFACE.

d'Auvergne, comme on le voudroit perfuader au public, puifqu'outre les preuves qu'on en a tirées de l'antiquité, Meffieurs de la Guefle & Fauchet rendent tefmoignage que c'eftoit une opinion commune receüe de leur temps que les feigneurs de la Tour eftoient puifnez de la maifon des anciens Comtes d'Auvergne branche de l'ancien arbre de Guyenne.

Mais dautant qu'ils n'ont pas donné les preuves de cette origine, on a creu dans la fuite qu'il eftoit à propos d'en informer le public. M. Juftel, perfonnage d'un grand fçavoir & d'un rare merite, fe chargea de ce foin il y a plus de foixante ans, & y travailla tres utilement & avec tout le fuccez qu'on en pouvoit efperer. Il auroit encore mieux reuffi, s'il avoit eu connoiffance des anciens titres qui ont efté defcouverts depuis l'impreffion de fon ouvrage. Il faut neantmoins avoüer qu'encore qu'il ait manqué de memoires affez inftructifs, cette opinion de l'origine des feigneurs de la Tour a efté favorablement receüe des perfonnes fçavantes, & nommément de Meffieurs de Sainte-Marthe dans leur hiftoire genealogique de la maifon de France, où ils ont mis que les feigneurs de la Tour du Pin eftoient iffus de l'illuftre maifon de la Tour, qui prenoit origine de celle des anciens Comtes d'Auvergne.

M. Durand pag. 311.

M. Durand, qui a fait reimprimer il y a environ cinquante ans les origines de la ville de Clairmont de M. le Prefident Savaron avec des remarques, dit qu'il ne faut dire autre chofe pour prouver que la maifon de la Tour eft des plus illuftres de la Chreftienté finon qu'elle eft entrée plufieurs fois dans l'alliance de France, & que Catherine de Medicis fille de Magdelene de la Tour fille de Jean de la Tour & de Jeanne de Bourbon nous a donné trois Roys qui ont confecutivement regné, & que cette branche des aifnez de la Tour eftans efteinte par le decez fans enfans de la Reyne Marguerite, qui avoit furvefcu & fuccedé à tous fes freres, les biens de cette branche ont efté tranfportez dans la maifon royale par la donation entre-vifs que fit cette Reyne au Roy Loüis XIII. lors Dauphin.

Hift. de Charles VII. du Louvre pag. 415.

Le nom de la Tour eftoit anciennement fi grand & fi haut que lors mefme que les Seigneurs de cette maifon eftoient Comtes d'Auvergne & de Boulogne, on les appelloit neantmoins quelquefois fimplement feigneurs de la Tour, comme fi le nom de feigneur de la Tour eftoit d'une auffi grande diftinction que celuy de Comte d'Auvergne & de Boulogne. La preuve de ce faict eft ayfée à faire. Berry premier Heraud ou Roy d'armes de France a laiffé par efcrit que lorfque le Roy Charles VII. affiegea la ville de Pontoife en l'année MCCCCXLI. il avoit en fon quartier les Comtes d'Eu, de la Marche, & de Tancarville, le Marefchal de Culant, le Sire de Moüy, l'un des enfans d'Albret, & *l'aifné fils du feigneur de la Tour d'Auvergne*. Dans le tournoy qui fut fait à Nancy en l'année MCCCCXLIV. pour le mariage de la Princeffe Marguerite fille du Roy de Sicile avec Henry VI. Roy d'Angleterre *Monfeigneur de la Tour*, c'eft à dire Bertrand de la Tour VI. du nom Comte d'Auvergne & de Boulogne, vint fur les rangs, & y rompit fix lances. Et il ne ferviroit de rien de dire icy qu'il faut entendre cela de Bertrand. VII. fon fils,

PREFACE.

auquel il fit de son vivant donation de la seigneurie de la Tour. Car outre que cette donation ne fut faite que l'année d'apres le tournoy, Bertrand VII. ne portoit en ce temps là que le nom de seigneur de Montgascon, comme les histoires & les titres le justifient amplement. Il y a dans le registre CCXXIV. de la Chancellerie des letres de legitimation accordées par le Roy Charles VII. à Jean le Bouteiller données au château de Montbason prez Tours au mois de May MCCCCXLVIII. dans lesquelles Charles d'Anjou Comte de Clairmont, *Dominus Bertrandus de Turre*, & autres sont nommez presens. On a des letres du mesme Roy datées de Lezignen le quatriesme Juin MCCCCLI. en faveur du Grand Maistre de Chabanes, expediées en presence de M. le Comte du Maine, de l'Evesque de Maguelonne, *du seigneur de la Tour*, de l'Admiral, & autres. Dans un arrest du Parlement donné le XXVI. Juillet MCCCCLI. au sujet de la succession des biens des Dauphins d'Auvergne Bertrand de la Tour VI. du nom Comte d'Auvergne & de Boulogne, qui y estoit interessé, & intervint au procez comme partie necessaire, est appellé simplement *Bertrandus dominus de Turre*. Au lict de justice tenu à Vendosme en l'année MCCCCLVIII. pour juger Jean II. Duc d'Alençon accusé de crime de leze majesté, *le seigneur de la Tour d'Auvergne*, c'est à dire le mesme Bertrand VI. Comte d'Auvergne & de Boulogne, y fut appellé, & y tint un rang considerable. En l'année MCCCCLXVIII. le Roy Loüis XI. voulant chastier Philippe de Savoye Comte de Bresse, lequel allant contre son serment & contre sa parole s'estoit ligué avec ses ennemys & luy faisoit la guerre, y envoya en Bresse deux mil hommes commandez par *la Tour d'Auvergne*, c'est à dire par Bertrand de la Tour VII. du nom Comte d'Auvergne & de Boulogne. J'ay trouvé dans un registre du Conseil du Roy Charles VIII. que le XVII. Juillet MCCCCLXXXIV. il fut ordonné une provision *pour Monsr de la Tour* pour le faire joüir de la Comté du Lauraguez, qui luy avoit esté baillée par le feu Roy Loüis XI. en recompense de la Comté de Boulogne. *Preuves p.383. Hist. de Savoye de M. Guichenon pag. 593. 594.*

La grandeur de cette maison estoit si bien reconnuë en ce temps là qu'apres qu'Alexandre Stuart Duc d'Albanie frere du Roy d'Escosse fut venu en France pour implorer la protection du Roy Loüis XI. contre son frere, qu'il pretendoit avoir usurpé le royaume d'Escosse sur luy, le Roy ne jugea pas à propos de la luy accorder à cause des anciennes alliances que les Roys de France avoient avec ceux d'Escosse; & neantmoins pour le consoler par quelque chose de grand, il luy fit espouser Anne de la Tour fille du Comte d'Auvergne & de Boulogne, *de prædiviti & illustri uxore lubentissimè prospexit*, comme dit le continuateur d'Hector Boethius historien d'Escosse. *Continuator Boethii fol. 391.*

La Reyne Catherine de Medicis, toute Reyne & toute puissante qu'elle estoit, vouloit bien qu'on sçeut qu'elle se faisoit honneur d'estre descenduë de la maison de la Tour, ayant un jour dit à Henry de la Tour Vicomte de Turenne, pour l'attirer à son party, qu'il estoit obligé d'affectionner ce qui la regardoit, *ayant cet honneur d'estre descendu de la maison* *Memoires d'Henry Duc de Boüillon p. 152.*

PREFACE.

que les Comtes d'Auvergne prirent le gonfanon pour leurs armoiries. Je voudrois bien en pouvoir dire icy quelque chose de particulier, mesmement à cause qu'il y a grande apparence qu'il leur a esté donné ou qu'ils l'ont pris pour quelque grande action faite en guerre, estant dit dans un Factum presenté à la Cour de Parlement de Paris en l'année MCCCLXXXIV. par Anne de Beaufort Canillac veuve de Godefroy de la Tour seigneur de Montgascon que *les Comtes d'Auvergne ont esté moult vaillants & hauts en grand honeur, & encores en sont les enseignes à leurs armes, dequoy ils portent le fanon, qui estoit anciennement & est signe de excellente vertu & honeur.* Mais on n'en sçait pas l'origine. Le Feron la rapporte à un Aubry Comte de Dammartin fils de Renaud Comte de Dammartin & de Boulogne Mareschal de France, auquel il dit que le gonfanon de l'Eglise militante fut donné par le Pape comme à celuy qui estoit vray defenseur de l'Eglise de Rome. D'autres disent que le Pape Felix qui seoit à Rome l'an CCCLXXXVI. le donna à Leger fils du Comte d'Auvergne, & qu'il le fit Gonfalonnier de l'Eglise. Et d'autres enfin estiment que les Comtes d'Auvergne prirent ces armoiries pour avoir esté Gonfalonniers de l'Eglise aux guerres de la terre sainte. S'il m'est permis de dire mon sentiment en une matiere si obscure & si embroüillée & de tirer quelque chose de vraysemblable de ces diverses opinions, je suivrois volontiers celle qui dit que les Comtes d'Auvergne prirent ces armoiries à l'occasion des guerres de la terre sainte. Ce qui donneroit ouverture à penser que Guillaume VI. Comte d'Auvergne a esté le premier qui a pris le gonfanon pour ses armoiries, attendu qu'il fut à la premiere guerre sainte, & par consequent le premier Comte d'Auvergne qui a esté en la terre sainte pour la defense de l'Eglise contre les infideles. Et c'est sans doute sur ce fondement que Philippes Moreau a mis par escrit dans le Tableau des armoiries de France page 340. que les seigneurs de la Tour Vicomtes de Turenne ont blasonné leurs armes d'un gonfanon de gueules pour avoir esté d'autresfois Gonfalonniers de l'Eglise.

A cette occasion j'adjousteray icy un seau de Jean I. du nom Comte d'Auvergne & de Boulogne qui m'a esté envoyé de l'abbaye du Bouschet en Auvergne apres que le volume des preuves, où il auroit peu estre employé, a esté imprimé. Il est singulier à cause des tours qui accompagnent le gonfanon. Pour la mesme raison je mettray de suite un reliquaire qui est conservé dans l'Eglise paroissiale de Vic le Comte, où se voyent les mesmes ornemens d'architecture, c'est à dire des tours, sur lesquelles sont arborez les gonfanons. Je n'ay pas peu trouver le nom du Comte d'Auvergne qui a fait ce present à cette Eglise. Et c'est pour cela que je n'en ay pas parlé dans l'histoire. Mais ces ornemens pourroient bien donner lieu de conjecturer que ce fut ce Comte Jean qui le donna.

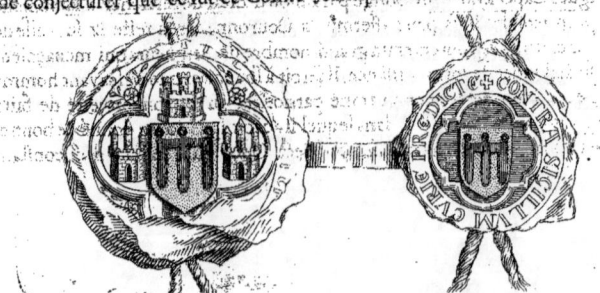

PREFACE.

Reliquaire du chef de Saint Jean Baptiste qui est dans l'Eglise parroissiale de Vic le Comte en Auvergne.

PREFACE.

Les armoiries des Dauphins d'Auvergne auroient deu estre le gonfanon, attendu qu'ils descendoient d'un aisné des Comtes d'Auvergne. Mais ils le quitterent, & prirent un Dauphin à l'exemple des Comtes d'Albon & de Vienne, qui ont esté depuis appellez Dauphins de Viennois.

La branche des Vicomtes de Thiern, qui sont en suite devenus Comtes de Chalon, portoit d'or au lyon de gueules.

Celles des seigneurs de la Tour estoient une tour, comme on le voit en un seau de Bernard V. seigneur de la Tour.

La branche des seigneurs de la Tour du Pin, devenus en suite Dauphins de Viennois, portoit une tour avec un avantmur pour brisure.

Celle de la Tour qui fut souveraine de l'Estat de Milan portoit une tour & pour brisure deux sceptres en sautoir surmontez d'une fleur de lys.

Il faut revenir maintenant aux armoiries de la Tour d'Auvergne, dont je n'ay dit qu'un mot en passant. Les anciennes armoiries de cette maison estoient une tour, à laquelle on ajousta les fleurs de lys qui l'accompagnent aujourdhuy sous le regne du Roy Philippe Auguste, & non pas sous le regne de Philippe de Valois, comme l'a escrit le R. P. Marc Gilbert de Varennes dans l'ouvrage qu'il a intitulé *Le Roy d'armes*. Ce que Messieurs de Sainte-Marthe attribuent à une concession du Roy. Sur quoy M. du Cange fait une reflexion, que le privilege de porter les armes ou une partie des armes du Prince a esté de tout temps estimé tres particulier, n'ayant esté conferé qu'à ceux qui avoient beaucoup merité de l'Estat, & qui luy avoient rendu de signalés services. En suite dequoy il rapporte le tesmoignage qu'a rendu M. Justel qu'avant que le chasteau de la Tour fut ruiné on y voyoit deux escussons des armes de la maison de la Tour gravez sur une cheminée bastie en l'année MCCXVIII. l'un avec la tour simple, qui sont les anciennes armoiries de la maison, & l'autre avec la tour & les fleurs de lys, comme ils sont representez icy.

Mrs de Sainte Marthe to. 2. pag. 57. de l'edition de 1647.

Histoire de S. Louis pag. 364.

M. Justel pag. 247.

Il est tres important de remarquer en cet endroit que l'ancien blason des armoiries de la Tour estoit bien different de celuy d'aujourdhuy. Car au lieu qu'aujourdhuy la tour est d'argent en champ d'azur, elle estoit autresfois de gueules en champ d'argent, & non pas de gueules à la tour d'argent, comme M. Justel l'a mis au commencement du cinquiesme livre, & comme il a esté aussi imprimé en cet ouvrage page 247. par inadvertance. C'est ce que nous apprenons de l'historien du petit Jean de Saintré, qui dit que le Seigneur de la Tour d'Auvergne portoit de France à la tour de gueules, & de Sansovin & autres historiens d'Italie, qui attestent que les

PREFACE.

Seigneurs de la Tour souverains de l'Estat de Milan portoient d'argent à la tour de gueules. Messieurs de Sainte Marthe dans la premiere edition de l'histoire genealogique de la maison de France imprimée en l'année MDCXIX. certifient qu'ils ont veu un ancien recueil d'armoiries dans lequel il estoit marqué que la maison de la Tour en Dauphiné portoit d'argent à la tour de gueules. Ce qui a fait, ajoustent-ils, qu'aucuns doutent qu'ils fussent issus des Barons de la Tour en Auvergne, lesquels portent autres armoiries, sçavoir d'azur semé de fleurs de lys d'or à la tour d'argent. On voit en l'abbaye du Bouschet & en plusieurs autres endroits d'Auvergne les armoiries de la maison de la Tour où la tour est de gueules. Il n'est pas difficile de tirer de là une preuve, principalement quand on en a d'autres, que les Seigneurs de la Tour du Pin se ressouvenoient si bien en tous temps qu'ils estoient issus de la maison de la Tour d'Auvergne que lorsque les armoiries ont commencé d'estre usitées, quoy qu'en ce temps là ils fussent dans un assez grand esloignement de leur origine, ils y refleschirent neantmoins, & prirent la tour à trois creneaux, deux fenestres & une porte comme ceux d'Auvergne, ainsi que nous l'avons marqué au commencement du quatriesme livre en parlant de Geraud I. surnommé de la Tour, & ont en suite pris soin d'en changer le blason à mesure qu'il a changé dans la maison de laquelle ils estoient issus, ayant dans les anciens temps blasonné la tour de gueules comme eux, & puis d'argent lorsque ceux d'Auvergne ont changé les gueules en argent. On pourroit conjecturer que le champ estant d'argent, c'est à dire blanc, on mettoit les gueules, qui marquent la couleur rouge, pour assortir les armoiries conformement aux habits ; l'usage estant anciennement, comme M. de Casenueve l'a observé en expliquant le mot de gueules, de faire accompagner de peaux de gueules les habits d'ermines, dont ils habilloient les grands Seigneurs & les Dames aux mariages & autres solemnitez.

On en peut dire autant des Seigneurs de la Tour de Milan que j'en viens de dire des Seigneurs de la Tour du Pin, estant tres certain que ceux de Milan portoient anciennement en leurs armoiries une tour à trois creneaux, deux fenestres, & une porte, & qu'ils les blasonnoient selon l'ancien blason des Seigneurs de la Tour d'Auvergne, c'est à dire d'argent à la tour de gueules ; à quoy ils ajousterent deux sceptres en sautoir, au bout desquels il y a une fleur de lys, comme si par cette brisure ils avoient voulu laisser à la posterité une marque eternele de leur origine.

Auparavant de quitter la matiere des armoiries il est à propos de faire remarquer aux lecteurs que les Seigneurs de la Tour mettoient assez sou-

PREFACE.

Marie de Boulogne Dame de la Tour, qui fut du depuis Comtesse d'Auvergne & de Boulogne, mettoit pour support deux cygnes & pour timbre un lyon passant dans un seau de l'an MCCCCXXI. qui a esté oublié à la page 620. des preuves, tel qu'il est representé icy.

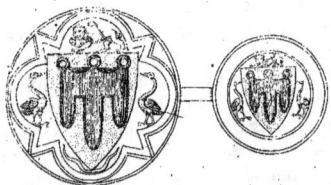

Pour donner encore une preuve que les supports & les timbres n'estoient pas autresfois fixes j'ajousteray icy deux seaux de Pierre de Beaufort Vicomte de Turenne, dans l'un desquels il y a deux sauvages pour support, & dans un autre deux lyons, & pour timbre une teste de licorne arrachée ayant à son col un lambel de trois pieces.

Aux supports & aux timbres on a ajousté les cris de guerre ou d'armes. Ce qui n'est autre chose qu'une clameur conceuë en deux ou trois paroles prononcées au commencement ou au fort du combat & de la meslée par
un

PREFACE.

un Chef ou par tous les soldats ensemble suivant les rencontres & les occasions. Comme le bruit & le tintamarre que le tonnerre fait dans les nuës en mesme temps que le carreau de la foudre vient se lancer sur la terre adjouste beaucoup à l'estonnement que ce meteore a accoustumé de former dans les esprits, il en est de mesme des cris des soldats qui vont à la charge. Car ces voix confuses poussées avec alegresse augmentent l'effroy & l'espouvante des ennemys, qui les prennent pour des preuves indubitables de courage, comme Cæsar l'a remarqué il y a longtemps dans le septiesme livre des commentaires qu'il a composez de la guerre des Gaules, où il dit : *Multùm ad terrendos hostes nostros valuit clamor qui post tergum pugnantibus extitit, quòd suum periculum in aliena vident virtute consistere.* Et ailleurs il nous apprend qu'il a esté sagement institué de faire ces clameurs dans le temps du combat. *Neque frustra*, dit il, *antiquitus institutum est ut signa undique concinerent, clamoremque universi tollerent, quibus rebus & hostes terreri & suos incitari existimaverunt.* Froissart remarque que Loüis de Sancerre, qui fut depuis Connestable de France, ayant en l'année MCCCLXXXII. conduit un corps d'armée vers Comines contre les Flamans beaucoup inferieur en nombre à leurs troupes, qui estoient d'ailleurs postées avantageusement, les vaillans hommes qui estoient avec luy furent d'avis de ne les pas attaquer & d'attendre qu'il fut jour. *Car voirement viendront ils sur nous, disoient ils, & quand ils viendront, nous crierons nos cris tous d'une voix, chascun son cry ou le cry de son seigneur à qui il est, jasoit que tous les seigneurs ne soient pas icy. Par cette voix & cris nous les esbahirons ; & puis fraperons en eux de grande volonté.* Aussi firent ils. Car le mesme auctuer adjouste que cet avis ayant esté suivy, il fut resolu que quand les Flamans viendroient, *chascun escrie l'enseigne de son seigneur dessous qui il est, jasoit que ce seigneur ne soit pas icy, & le cry que nous ferons & la voix que nous entr'eux espandrons les esbahira tellement qu'ils s'en devront desconfire.* Ce qui reussit merveilleusement bien. Ces gens là sçavoient leur mestier. Car Vegece nous apprend qu'il ne faut faire cette clameur qu'apres que les deux armées sont jointes, les ennemys estant plus effrayez lorsque les coups marchent avec la clameur. Aussi estoit ce l'usage des anciens Gaulois de chanter & de faire un grand bruit d'alegresse lorsqu'ils alloient au combat, de frapper leurs escus les uns contre les autres, le tout à dessein de jetter la terreur parmy leurs ennemys. Il y avoit anciennement diverses sortes de cris d'armes & de guerre. Mais le plus souvent, comme M. de Boissieu & M. Du Cange l'ont remarqué, le cry d'armes estoit le nom de la maison ou de la principale terre. Nous voyons dans l'histoire du petit Jean de Saintré, en l'endroit où il descrit le voyage de Prusse, que *le Seigneur de la Tour d'Auvergne y fut, qui portoit de France à une tour de gueules, & crioit* LA TOUR. Aussi ay je trouvé dans l'ancien armorial que je viens de citer que Bertrand seigneur de la Tour VII. du nom Comte d'Auvergne & de Boulogne & Godefroy de la Tour seigneur de Montgascon son frere crioient LA TOUR, comme on le voit dans la planche cy dessus imprimée.

J'aurois peu adjouster icy l'observation que j'ay faite à la page 327. tou-

PREFACE.

chant l'origine de la cordeliere que les femmes veuves mettent à l'entour de leurs armoiries. Mais comme j'en ay parlé amplement en l'endroit que je viens de citer, il seroit inutile de repeter ce que j'en ay dit. Je me contenteray donc de dire icy ce que j'ay appris apres que l'impression du premier tome de cet ouvrage a esté achevée, qu'on voit sur la porte du logis abbatial de l'abbaye de Bonport en Normandie l'escusson des armoiries de la Reyne Catherine de Medicis en losange, où la cordeliere est marquée en la maniere qu'elle se voit icy. Où il faut observer que l'on n'a mis dans cet escusson que ses armoiries, comme si elle avoit esté encore fille, sans y joindre ny mesler celles du Roy son mary, quoyqu'on y ait mis la couronne qui a accoustumé d'estre mise au dessus des armoiries des Reynes de France.

J'ay mis au commencement de chasque livre la table genealogique des Seigneurs dont il y est traicté. En quoy j'ay suivy l'exemple de M. Du Chesne & des autres Genealogistes & le sentiment de Messieurs de Sainte-Marthe, qui disent que les tables genealogiques qu'on met à la teste des livres sont infiniment necessaires pour l'intelligence de l'histoire & pour comprendre les degrez de generation. M. Justel en a usé de mesme dans l'histoire genealogique de la maison d'Auvergne & dans celle des Vicomtes de Turenne. Mais il n'a mis precisément à chasque livre que la table des Seigneurs qui le composent. Et moy, j'ay jugé à propos d'estendre un peu plus ces tables & de mettre à la teste de chasque livre l'origine & la suite des Seigneurs de chasque branche, afin que le lecteur puisse voir d'un coup d'œil que toutes les branches de la maison d'Auvergne descendent en ligne directe & masculine du Comte Acfred premier du nom. Ceux

Messieurs de Sainte-Marthe to. 1. pag. 154. de l'edition de 1647.

PREFACE.

qui en voudront sçavoir davantage n'auront qu'à prendre la peine de lire le corps de l'histoire.

J'ay mis dans le second tome, qui est celuy des preuves, beaucoup d'anciens titres qui avoient esté deja imprimez, parce qu'ils estoient necessaires à mon sujet. Je me suis neantmoins abstenu d'en imprimer quelques uns de ceux qui sont dans l'ouvrage de M. Justel, non que je ne les trouve tres bons, mais parceque ne pouvant pas imprimer tout, j'ay esté obligé de ne prendre que ceux qui estoient les plus importans. Ceux qui voudront voir les autres les trouveront dans l'ouvrage de M. Justel. Par la mesme raison je me suis abstenu d'imprimer quantité d'anciens titres & arrests du Parlement que j'ay citez dans le corps de l'histoire. J'en dis de mesme de quelques titres imprimez parmy les preuves dont je n'ay pas fait mention dans le corps de l'histoire, parceque je ne les avois pas lorsqu'elle a esté imprimée. La raison qui m'a obligé à ne pas imprimer plusieurs titres & arrests que je cite dans l'histoire est que j'aurois fait un trop gros volume si j'avois voulu imprimer tout ce que je cite. Comme je mets exactement les dates de ces titres & de ces arrests, les curieux pourront facilement les voir au long aux lieux que je cote en les citant.

J'aurois bien voulu pouvoir mettre dans cet ouvrage la genealogie des Seigneurs de la Tour du Pin, d'où sont issus les derniers Dauphins de Viennois, & celle des Seigneurs de la Tour souverains de l'Estat de Milan. Mais n'en ayant jusques à present peu recouvrer d'autres memoires que ce qui s'en trouve dans l'ouvrage de M. Justel & dans les historiens d'Italie, je n'ay peu remplir entierement mon projet. Si dans la suite je me trouve en estat d'y travailler, & que Dieu me donne assez de vie & de santé pour cela, je fairay imprimer un troisiesme volume, où je mettray l'histoire de ces Seigneurs. J'y joindray aussi pour l'amour de mon pays l'histoire des Vicomtes de Turenne, dont j'ay beaucoup de titres que M. Justel n'avoit pas veus. J'en attends encore d'autres. Et pourlors je rendray, s'il plaist à Dieu, complete l'histoire de la maison d'Auvergne.

Et dautant que dans le premier tome, qui est celuy de l'histoire, je n'ay pas refuté certaines propositions avancées par ceux qui ont respandu leur bile sur les titres de la maison de la Tour nouvellement descouverts, je suis obligé d'avertir le lecteur que je n'ay pas voulu me donner la peine de les y refuter, l'ayant deja fait tres pertinemment dans la letre que je fis imprimer il y a dix ans sur ce sujet.

On trouvera peut-estre à redire que je ne dise rien de M. le Cardinal de Bouillon ny des autres Seigneurs de cette maison qui sont encore vivants. Mais outre que ceux qui y ont ou qui y prennent interest m'ont fait connoistre par de bonnes raisons qu'il ne falloit pas parler des vivants, j'estois assez de cet avis par moy mesme, sçachant la maxime de Tacite, qui nous apprend en plus d'un endroit qu'il n'est pas de la prudence d'un historien d'escrire la vie des Princes vivants. Ceux qui viendront apres moy sçauront bien relever les grandes actions de ceux dont je ne parle point. Et peuteftre en laisseray je quelque chose apres moy.

Auparavant que de finir cette preface je suis bien aise de faire remar-

PREFACE.

quer au lecteur qu'on a mis au commencement une vignete qui marque toutes les branches de la maison d'Auvergne issues du Comte Acfred & de sa femme Adelinde sœur de Guillaume le Pieux Duc d'Aquitaine & Comte d'Auvergne. La vignete du premier livre contient la veüe de la celebre abbaye de Clugny fondée par ce devot Prince. Celle du second livre fait voir la ceremonie du mariage de Loüis Comte de Montpencier avec Anne Comtesse de Clairmont & de Forez, Dauphine d'Auvergne, laquelle a porté le Dauphiné dans la maison royale de Bourbon. Celle du troisiesme represente la desastreuse bataille d'Azincourt, en laquelle Guichard Dauphin Grand Maistre de France & Beraud Dauphin premier du nom seigneur de saint Ilpise & de Combronde & ses deux enfans furent tuez. Dans la quatriesme on voit le mariage d'Henry Duc d'Orleans, qui fut du depuis Roy, avec Catherine de Medicis. Et enfin dans celle du cinquiesme comme se passa l'audience dans laquelle le Pape Urbain VIII. donna le commandement des troupes de l'Eglise à feu M. le Duc de Bouillon.

La memoire de feu M. de Turenne est en une si grande veneration parmy toutes les nations de l'Europe que je suis asseuré que personne ne trouvera mauvais que je conserve en faveur du public & de sa famille le bel eloge que feu M. le Premier President de Lamoignon, personnage tres distingué par son rang, par son grand sçavoir, par sa probité, & par sa pieté, fit de luy à l'ouverture du Parlement en l'année MDCLXXV. apres son decez. Et pour la mesme raison je joindray icy l'eloge que M. de Saint Evremont a fait de ce Prince & un fragment d'un autre discours où il destaille une action de M. de Turenne qu'il n'avoit, pour ainsi dire, qu'esbauchée dans l'eloge. Ces pieces meritent bien d'estre jointes à ce volume.

Apres avoir rendu un compte exact de mon ouvrage, dans lequel j'ay pris grand soin de ne mettre rien que de vray & dont je n'eusse les preuves, il me semble que la mauvaise humeur des meschants critiques qui se pourroient declarer contre ce que j'ay escrit ne doit pas m'estonner. Cassien, ce celebre solitaire, tout Scythe qu'il estoit, m'a appris une bonne maxime dont je crois devoir profiter en cette occasion. Il dit donc que n'ayant rien escrit de sa teste, mais seulement fait une simple narration de ce qu'il rapporte, comme il ne pretendoit tirer aucune gloire de l'approbation qu'on pourroit luy donner, aussi n'estoit il pas d'avis de se faire de la peine de l'envie de ceux qui le blasmeroient. *Ego autem, qui non meam super hac re sententiam prompsi, sed rei gestæ historiam simplici narratione complexus sum, æquum est ut sicut mihi de eorum qui hoc factum probant laude nihil vindico, ita eorum qui id improbant non pulser invidia.*

Cassian. collat. 21. cap. 10.

HISTOIRE
GENEALOGIQUE
DE LA MAISON
D'AUVERGNE.

LIVRE PREMIER

Contenant les Comtes d'Auvergne, dont aucuns ont esté Princes & Ducs d'Aquitaine, depuis l'an DCCCLXXXVI. *jusques en l'année* MCCCCXVI.

Les armoiries de la Maison d'Auvergne sont d'or au gonfanon de gueules frangé de sinople.

TABLE GENEALOGIQUE
DES COMTES D'AUVERGNE.

Bernard Comte d'Auvergne & de Bourges, Marquis de Nevers.

- Raculphe Comte de Mascon.
- Guerin Comte d'Auvergne & Duc d'Aquitaine.
- Guillaume I. Comte d'Auvergne & Duc d'Aquitaine.
- Ave Abbesse.
- Adelinde.
- Acfred I. Comte de Bourges & de Carcassonne.

Guillaume II. Comte d'Auvergne & Duc d'Aquitaine. — Acfred II. Comte d'Auvergne & Duc d'Aquitaine. — Bernard I. Comte d'Auvergne. — Blitsende.

Bernard II. souche des Seigneurs DE LA TOUR D'AUVERGNE. — Eustorge Vicomte d'Auvergne. — Asindane.

Adalgarde — Robert I. Vicomte d'Auvergne. Eustorge. Matfroy tige des VICOMTES DE THIERN. Guy. Armand.

Ingelberge — Robert II. Vicomte d'Auvergne. Estienne Evesque d'Auvergne.

Humberge — Guillaume IV. Comte d'Auvergne apres Guy son frere. Robert III. Vicomte d'Auvergne mort sans lignée. Guy Vicomte & puis Comte d'Auvergne mort sans lignée. Bertrand Vicomte.

Ermengarde d'Arles — Robert I. Comte d'Auvergne. Guillaume. Estienne Evesque d'Auvergne.

Philippie de Givaudan — Guillaume V. Comte d'Auvergne. Ermengarde mariée à Eudes II. Comte de Blois.

Judith de Melgueil — Robert II. Comte d'Auvergne. Ponce. Begon. Estienne. Guillaume. Philippie Dame de Bourbon.

Jeanne — Guillaume VI. Comte d'Auvergne. Judith accordée au Comte de Crespy.

Robert III. Comte d'Auvergne. N. mere de Guillaume Comte du Puy. Guillaume VIII. Comte d'Auvergne. — Anne de Nevers.

Guillaume VII. Comte d'Auvergne tige des DAUPHINS D'AUVERGNE. Guillaume Prevost de Clairmont. Judith Dame de Mercueur. Agnes Comtesse de Rhodez. Robert IV. Comte d'Auvergne. — Mahault de Bourgogne.

Guillaume IX. Comte d'Auvergne mort sans lignée. Robert Archevesque de Lyon. Marie Dame de la Tour du Pin. Guy II. Comte d'Auvergne. — Pernelle du Chambon.

Alix de Brabant — Guillaume X. Comte d'Auvergne. Hugues. Guy. Heliz Vicomtesse de Turenne. N. accordée à Guy IV. Comte de Forez. Marguerite Dame de Montlaur.

Eleonor de Baffie — Robert V. Comte d'Auvergne & de Boulogne. Guy Archevesque de Vienne. Guillaume Archidiacre de Liege. Henry. Marie Dame de Malines.

Beatrix de Montgascon — Robert VI. Comte d'Auvergne & de Boulogne. Guillaume XI. mort sans lignée. Godefroy. Guy Evesque de Tournay & de Cambray. Mahault Dame du Mont saint Jean. Marie Religieuse.

Blanche de Clermont petite fille de S. Louis — Robert VII. Comte d'Auvergne & de Boulogne. — Marie de Flandres fille de Guillaume de Flandres seigneur de Dendermonde frere de Robert surnommé de Bethune Comte de Nevers & de Flandres.

Marguerite d'Evreux — Guillaume XII. Comte d'Auvergne & de Boulogne. Marguerite Religieuse. Mahault Comtesse de Geneve, mere du Pape Clement VII. Robert Evesque de Lyon & Cardinal. Guy Archevesque de Montgascon. Godefroy Seigneur de Montgascon. Jean I. Comte d'Auvergne & de Boulogne. — Jeanne de Clermont petite fille de S. Louis.

Jeanne I. Comtesse d'Auvergne & de Boulogne, Reyne de France. Marie femme de BERTRAND V. SEIGNEUR DE LA TOUR, devenuë Comtesse d'Auvergne & de Boulogne apres la mort sans enfans de Jeanne Duchesse de Berry sa niece à la mode de Bretagne. Eleonor de Comminges. — Jean II. Comte d'Auvergne & de Boulogne. Marie Vicomtesse de Turenne. Jeanne Dauphine d'Auvergne.

Philippe Duc de Bourgogne, Comte d'Auvergne & de Boulogne de par sa mere. Jeanne II. Comtesse d'Auvergne & de Boulogne, Duchesse de Berry.

HISTOIRE GENEALOGIQUE DE LA MAISON D'AUVERGNE.

LIVRE PREMIER.

Bernard Comte d'Auvergne, de Mascon, & de Chalon.

CHAPITRE PREMIER.

A Comté d'Auvergne, qui fait le sujet de cet ouvrage, n'estoit pas anciennement bornée par les limites de l'ancien diocese de Clairmont, elle s'estendoit jusques dans les dioceses de Lyon, d'Autun, & de Nevers. Quoy qu'il nous reste peu de preuves de sa vaste estenduë, nous en avons neantmoins assez pour justifier qu'elle comprenoit une partie des dioceses que je viens de nommer. Car outre les preuves que nous en trouvons dans les anciens actes qui seront imprimez parmi les Preuves de cette histoire, Me Guy Coquille homme fort versé dans l'histoire du Nivernois nous en fournit une autre en nous apprenant

Preuves page 1. 2. 3.

Hist. de Nivernois. p. 302.

Tome I.   A ij

que Moulins estoit il n'y a pas encore deux cens ans compris dans l'Auvergne, c'est à dire, dans la Comté d'Auvergne. Car à l'esgard du diocese, on ne peut pas dire que Moulins fut de celuy de Clairmont, estant certain que le pays où Moulins est situé a tousjours esté du diocese d'Autun. Mais cette Comté a souffert dans la suite des temps de grands desmembremens, soit par la faute ou par la negligence des Comtes, soit à cause de l'instabilité des choses humaines.

Mon dessein n'estant pas de rapporter icy tous les Comtes d'Auvergne qu'on trouve dans la premiere & dans la seconde race de nos Roys, mais seulement ceux qui l'ont esté par le sang, je commenceray cette histoire par le Comte Bernard pere d'Adelinde, de laquelle sont issus de masle en masle & sans interruption toutes les differentes branches de la Maison d'Auvergne, c'est à dire, les Comtes & les Dauphins d'Auvergne & les Seigneurs de la Tour, desquels sont issus les Seigneurs de l'Estat de Milan du surnom de la Tour & les Seigneurs de la Tour du Pin tige des derniers Dauphins de Viennois. Car encore qu'il y ait eu dans le dixiesme siecle quelque interruption dans la suite des Comtes, il n'y en a pas eu dans le sang, & enfin la Comté d'Auvergne est rentrée dans la Maison d'Auvergne environ quarante ans apres qu'elle en estoit sortie.

Je mets donc ce Comte Bernard pere d'Adelinde à la teste de cet ouvrage, parce que c'est de luy que descendent sans difficulté les anciens Comtes d'Auvergne dont j'entreprens d'escrire l'histoire. Il estoit fils de Bernard Comte de Poictiers & frere de Ranulphe I. du nom aussi Comte de Poictiers & Duc d'Aquitaine. C'estoit un Seigneur de marque & de grande consideration sous le regne de Charles le Chauve que ce Bernard Comte d'Auvergne dont nous traitons icy, communément appellé Bernard Plantepeluë. Il avoit beaucoup de part dans le maniement des affaires publiques, estant,

Annales de Bourgogne de Paradin.p.116. comme dit Paradin, *un sage & experimenté Chevalier*. Ce qui fut cause que le Roy Loüis le Begue fils de l'Empereur Charles le Chauve luy confia en mourant la tutele & le gouvernement de Loüis III. son fils, & que le Roy Carloman, qui succeda à Loüis son frere, luy donna en l'année

Annales Bertiniani an. 879. Continuator Aymoni lib. 5. cap. 39. DCCCLXXXIV. l'investiture de la Comté de Mascon pour recompense de ses grands & signalez services. Il defendit vaillamment le royaume contre les entreprises du tyran Boson, ainsi appellé dans les annales de Fulde, lequel s'estoit quelque temps auparavant fait couronner Roy de Bourgogne, & pensoit à envahir le reste du royaume & en priver les enfans du Roy Loüis le Begue. Ce fut par la bonne conduite & par la valeur de nostre Comte Bernard qu'il fut chassé du Duché de Bourgogne, pour me servir encore des termes de Paradin. Mais il perdit la vie en cette guerre en l'année DCCCLXXXVI. se portant tres vaillamment contre Boson,

Preuves pag. 4. comme l'atteste l'Empereur Charles le Gras dans une charte de l'Eglise cathedrale de Nevers, laquelle sera imprimée parmi les preuves de cette histoire.

Ce Comte Bernard fut marié deux fois. Sa premiere femme s'appelloit

Hist. de Vergy de M.Du Chesne pag. 16. Lieudgarde, de laquelle il ne paroist pas qu'il ait eu des enfans, à moins que Raculphe Comte de Mascon le fut, pensée qui peut estre fortifiée par une letre escrite au Pape Urbain II. par les religieuses de Blesle en Auvergne, dans laquelle elles disent que leur abbaye a esté fondée par la Comtesse Ermengarde femme du Comte Bernard pour les ames de Guerin & de Guillaume ses enfans, sans faire aucune mention de Raculphe, duquel il n'est non plus fait aucune mention dans les diverses chartes que nous avons des enfans & descendans de Bernard & d'Ermengarde, dans lesquelles neantmoins ils font un grand destail de leurs proches. Ce qui peut nous auctoriser pour croire que Raculphe estoit fils de Lieudgarde.

<small>Tom. 3. annal. Bened. Mabill. p. 8. 335.</small>

La seconde femme du Comte Bernard fut Ermengarde fille de Guerin Comte d'Auvergne, de laquelle il eut des enfans. La preuve de ce fait resulte d'un titre de Frotaire Archevesque de Bourges & Abbé de l'Eglise de Brioude en Auvergne, contenant une donation faite pour le repos de l'ame de ce Comte *ejusque conjugis Irmengardis gratia Dei Comitissæ horumque prolis*, & encore d'un autre titre de Guillaume leur fils Comte d'Auvergne & Duc d'Aquitaine, où il se dit fils de Bernard & d'Ermengarde; de laquelle saint Odon Abbé de Clugny fait aussi mention dans la vie de saint Geraud d'Aurillac. Mesme il semble qu'il nous enseigne au mesme endroit que la sœur de Guillaume le Pieux, laquelle ce Prince avoit eu dessein de marier à saint Geraud, estoit aussi fille d'Ermengarde.

<small>Preuves pag. 3.</small>
<small>Mabillon. lib. 6. diplom. cap. 124.</small>
<small>Vita S. Geraldi lib. 1. cap. 34.</small>

Ermengarde fonda l'abbaye de Blesle en Auvergne. C'est ce que nous apprenons de la letre des religieuses de cette abbaye citée cy-dessus, dans laquelle elles alleguent qu'elles ont esté fondées par la Comtesse Ermengarde femme du Comte Bernard pour le salut de son ame & de celle de son mary *& pro animabus filiorum suorum defunctorum, Vvarini scilicet & Vvilelmi*; où le mot *defunctorum* est de trop. Ceux qui ont dicté cette letre au nom de ces bonnes religieuses ayant veu dans les titres anciens d'où ils ont tiré leur relation que cette Princesse avoit fait cette fondation *pro animabus filiorum suorum* ont estimé qu'ils estoient deja morts au temps qu'elle la fit. S'ils avoient sceu, ce que le R. P. Mabillon a demonstré bien clairement, que quand on voit dans les anciens titres quelque fondation *pro anima*, il ne s'ensuit pas delà que ceux pour l'ame desquels on la faisoit fussent deja morts, ils se seroient contentez d'y mettre les noms de ses enfans, sans y adjouster qu'ils estoient defunts. Ainsi il faut se servir de ce qui paroit le plus vray-semblable & rejetter le reste.

<small>Annales ord. S. Bened. to. 3. pag. 335.</small>
<small>Acta SS. ord. S. Bened. to. 7. pag. 81.</small>

On voit encore aujourd'huy en l'Eglise de Brioude une croix fort ancienne de vermeil doré, garnie de diverses pierreries, aux bras de laquelle sont escrits ces mots en caracteres de ce temps-là. IN CHRISTI NOMINE ET IN HONORE SANCTI JULIANI MARTIRIS HANC CRUCEM BERNARDUS COMES ET LIUTGARDIS CONJUX FIERI JUSSERUNT.

Enfans de Bernard Comte d'Auvergne, de Mascon, & de Chalon.

GUERIN Comte d'Auvergne, qui aura son chapitre.

GUILLAUME surnommé le Pieux, Comte d'Auvergne, & Duc d'Aquitaine, qui aura aussi son chapitre.

Acta SS. ord. S. Bened. to.7. pag. 76.

RACULPHE Comte de Mascon. Le titre de la donation du lieu de Clugny faite à Guillaume le Pieux par sa sœur Ave nous apprend que Raculphe, qui y est nommé, estoit appellé Vicomte en l'année DCCCLXXXVIII. c'est à dire l'année que le Roy Eudes fut mis sur le throne, *anno primo certantibus duobus Regibus de regno, Odone videlicet & Karolo.* Et neantmoins il y a dans le Cartulaire de saint Bernon Abbé de Clugny une charte du mesme temps, donnée au mois de Juillet *anno primo Karolo Rege regnante*, où Raculphe est appellé Comte. Il ne laissa apres luy qu'une fille, dont le nom se trouve bien diversement escrit. Bugnon & Paradin l'ont appellée *Colatia* au lieu de *Colana*, si je ne me trompe. Car elle se trouve appellée *Ecolana* & *Escolana* en quelques endroits de l'ancien Cartulaire de Clugny, & *Tolosana* en un autre. Il y a dans l'Eglise de Mascon un titre de l'année DCCCCXLII. où son fils le Comte Leotaud l'appelle *Detolana* en ces termes : *Ut pius Dominus animam matris meæ Detolanæ de pœnis inferni eripere dignetur.* On conserve encore aujourd'huy dans les archives de l'Eglise cathedrale de Bezançon un titre original où elle est appellée *Attala*, comme le R. P. André Carme me l'a certifié, m'assurant qu'elle est appellée ailleurs *Attalana*. Et ainsi il sembleroit que son vray nom estoit *Attala* & *Attalana*, corrompu en suite & converti en *Ecolana* par des gens qui ne sçavoient pas bien deschiffrer les originaux dont ils se sont servis en les transcrivant. La maniere dont le nom de cette Dame est escrit dans l'original de Bezançon me paroist d'autant meilleure que ce nom a esté fort commun dans le royaume, & principalement dans les grandes maisons, *Attala* estant la mesme chose qu'*Adela* ou *Alix*. Alix de Peronne fille d'Herbert II. Comte de Vermandois & femme d'Arnoul II. Comte de Flandres est appellée *Athala* dans un titre de son mary pour l'Eglise de saint Donatien de Bruges. Alix ou Adele femme de Baudoüin Comte de Guisnes est appellée *Athela* dans le titre de la fondation de l'abbaye d'Andres. Et sa fille Adele mariée à Eustache de Fielnes se trouve appellée *Adalais* en un endroit de la chronique d'Andres & *Athalais* en un autre. Alix fille du Roy Robert & de la Reyne Constance est nommée *Athala* dans le panegyrique d'Emme Reyne d'Angleterre, & *Hadala* ou *Adala* par Orderic Vital. Raymond Comte de Melgueil faisant son testament environ l'an MIX. parlant de sa sœur Alix, il la nomme une fois *Attala*, & puis *Adala*. Mais pour revenir à Attale fille de Raculphe, elle fut mariée à Alberic fils de Maiol Vicomte de Narbonne. Il y a preuve au Cartulaire de l'Eglise de Mascon qu'Alberic de Narbonne espousa la fille de Raculphe & qu'il fut Comte de Mascon apres la mort de l'Evesque Bernon ; & M. Catel nous apprend que Maiol Vicomte de Narbonne avoit

Chartular. S. Bernonis c. 129.

Memoires de Bourgogne de Pierre S. Julien p. 309.

Bibliotheca Sebusiana pag. 236. 296.
Preuves pag. 6.
Preuves pag. 7.

Codex donat. piar. Maræi. pag. 136.

To. 1x. Specileg. pag. 367.

Ibid. pag. 366. 384.

Scriptores hist. Norm. pag. 176. 526. 638. To.1x.Spicil. pag. 135.

Sever. in Episc. Matisc.pag. 56. 64.
Memoires de Bourgogne de S. Julien p 254.

D'AUVERGNE. Liv. I.

en l'année DCCCCXI. un fils appellé Alberic. Il se fonde sur un ancien titre de l'Eglise de saint Paul de Narbonne dont j'ay copié. Ce qui fait voir clairement que M. Guichenon s'est grandement trompé lors qu'il a escrit qu'Alberic Comte de Mascon mary de Tolosane vivoit en l'année DCCCLX. & estoit fils de Manasses Comte de Mascon & de sa femme Ermengarde. Il fait encore une faute en ce que se fondant sur la fausse date qu'il a donnée à un titre de Clugny, il donne à Alberic & Tolosane un fils appellé Leotaud Comte de Mascon en l'année DCCCXCIX. ce titre estant de l'année douziesme du Roy Raoul, c'est à dire, de l'an de JESUS-CHRIST DCCCXXXII. du temps de saint Odon Abbé de Clugny. Et à ceux-cy il donne encore un fils appellé Alberic II. mary d'Ecolane. *Memoires de Languedoc pag. 575. Bibliot. Sebus. pag. 138. Ibid. pag. 168.*

NORBERT Evesque du Puy en Vellay. M. Robert & le R. P. Odo de Gissey ont escrit qu'il estoit frere de Guillaume Duc de Guyenne fondateur de l'abbaye de Clugny. Messieurs de Sainte-Marthe, qui luy ont donné le surnom de Poictiers, ont un peu plus esclairci son origine, & ont dit qu'il estoit fils de Bernard Comte de Poictou, de Bourges, & d'Auvergne, & qu'Ermengarde estoit sa mere. En quoy ils se sont tant soit peu trompez, estant certain que Bernard n'a pas esté Comte de Poictou. Norbert fut Evesque du Puy environ l'an DCCCLXXX.

ADELINDE mariée au Comte Acfred I. du nom, qui aura son chapitre apres Guillaume le Pieux.

AVE Abbesse, auparavant mariée, laquelle donna le lieu de Clugny à son frere Guillaume. Il y a des aucteurs qui ont estimé que cette Dame estoit la mesme qu'Albane ou Albe femme de Guerin Comte d'Auvergne. Mais le R. P. Mabillon a si bien fait voir qu'elles sont differentes que je ne crois pas qu'on en puisse desormais douter. *Acta SS. ord. S. Bened. to. VII. pag. 75. 78.*

M. Besly met au nombre des enfans de ce Comte Bernard un Gerfroy Comte de Nevers. Mais il n'en rapporte aucune preuve. Ce qui m'empesche de le mettre parmy les enfans de ce Prince. Il adjouste encore qu'aucuns, c'est à dire, du Tillet & Chopin, luy donnent un autre fils appellé Ebbon ou Ebles aussi Comte de Nevers, Sire de Deols & du bas Berry. Mais M. Besly n'est pas de cet avis. *Hist. des Comtes de Poictou. pag. 26. 38.*

M. Chenu luy donne encore un autre fils, assavoir Geronce Archevesque de Bourges, qu'il dit avoir esté frere de Guillaume Comte de Bourges. En quoy M. de la Thaumassiere le reprend tres justement. Car il n'en rapporte aucune preuve. *Chenu in Archiepisc. Bitur. n. 51. Hist. de Berry pag. 12.*

Guerin Comte d'Auvergne.
CHAPITRE II.

Il ne faut pas confondre ce Comte Guerin avec celuy qui fut Comte d'Auvergne du temps de l'Empereur Louis le Debonnaire. Ils font bien differents. Celuy-cy estoit petit fils du premier, & estoit deja Comte d'Auvergne en la seconde & en la troisiesme année du regne de Louis Roy d'Aquitaine fils du Roy Charles le Chauve, c'est à dire de Louis surnommé le Begue, auquel le Roy son pere donna la qualité de Roy d'Aquitaine environ la my-Caresme

Hist. des Comtes de Poictou p.37. DCCCLXVII. apres la mort de Charles son frere, qui estoit Roy d'Aquitaine, comme M. Besly l'a tres-bien remarqué.

Hist. de Vergy pag. 25. Il se presente icy une difficulté au sujet de la succession en la Comté d'Auvergne. Car il sembleroit d'abord que Guerin succeda à son grand pere, qui mourut en l'année DCCCLVI. ou la suivante, ainsi que M. Du Chesne l'a marqué. Il ne succeda pourtant pas à son grand pere, mais à Estienne Comte d'Auvergne. Or cet Estienne ne succeda pas par droit de sang, n'ayant pas esté fils de Guerin I. mais d'un Seigneur appellé Hugues dans les annales de saint Bertin. M. Justel a avancé que cet Estienne estoit cousin du Comte Bernard. Mais il le dit sans preuve.

Annal. Bertin. an. 864.

Preuves pag. 7. Il est fait mention de nostre Guerin en trois anciens titres de l'Eglise de Brioude & du monastere de Saucillanges en Auvergne, dans lesquels Acfred II. Comte d'Auvergne & Duc de Guyenne faisant des fondations pour le repos des ames de ses parents, il nomme Guerin & Guillaume ses oncles, assavoir Guerin duquel nous traitons presentement, & Guillaume le Pieux son frere.

Il fut Comte d'Auvergne jusques à la fin du regne de Carloman, si mes conjectures ne me trompent pas, ou jusques au commencement du

Preuves pag. 9. Roy Eudes, y ayant au Cartulaire de Brioude & ailleurs plusieurs chartes qui prouvent que Guillaume le Pieux son frere estoit Comte d'Auvergne & Abbé de Brioude dans les commencemens de Charles le Simple & du Roy Eudes, c'est à dire avant que ces deux Roys eussent partagé les provinces du royaume.

Preuves pag. 7. Il ne faut pas obmettre que Guerin en qualité de Comte d'Auvergne ou de petit fils de Guerin I. estoit aussi Abbé de Brioude suivant la pra-

Annal. Bertin. an. 867. tique de ces temps-là. Car pourlors les grands Seigneurs, & mesme les femmes mariées, joüissoient des revenus des abbayes comme de leur patrimoine, & n'en laissoient qu'une modique portion à ceux qui y faisoient

Hist. de Vergy pag. 25. le service divin ; estant vray, suivant l'observation de M. Du Chesne, que

les

D'AUVERGNE. LIV. I.

en l'année DCCCCXI. un fils appellé Alberic. Il se fonde sur un ancien titre de l'Eglise de saint Paul de Narbonne dont j'ay copie. Ce qui fait voir clairement que M. Guichenon s'est grandement trompé lors qu'il a escrit qu'Alberic Comte de Mascon mary de Tolosane vivoit en l'année DCCCLX. & estoit fils de Manasses Comte de Mascon & de sa femme Ermengarde. Il fait encore une faute en ce que se fondant sur la fausse date qu'il a donnée à un titre de Clugny, il donne à Alberic & Tolosane un fils appellé Leotaud Comte de Mascon en l'année DCCCXCIX. ce titre estant de l'année douziesme du Roy Raoul, c'est à dire, de l'an de Jesus-Christ DCCCXXXII. du temps de saint Odon Abbé de Clugny. Et à ceux-cy il donne encore un fils appellé Alberic II. mary d'Ecolane. Memoires de Languedoc pag. 575. Bibliot. Sebus. pag. 138. Ibid. pag. 168.

NORBERT Evesque du Puy en Vellay. M. Robert & le R. P. Odo de Gissey ont escrit qu'il estoit frere de Guillaume Duc de Guyenne fondateur de l'abbaye de Clugny. Messieurs de Sainte-Marthe, qui luy ont donné le surnom de Poictiers, ont un peu plus esclairci son origine, & ont dit qu'il estoit fils de Bernard Comte de Poictou, de Bourges, & d'Auvergne, & qu'Ermengarde estoit sa mere. En quoy ils se sont tant soit peu trompez, estant certain que Bernard n'a pas esté Comte de Poictou. Norbert fut Evesque du Puy environ l'an DCCCLXXX.

ADELINDE mariée au Comte Acfred I. du nom, qui aura son chapitre apres Guillaume le Pieux.

AVE Abbesse, auparavant mariée, laquelle donna le lieu de Clugny à son frere Guillaume. Il y a des aucteurs qui ont estimé que cette Dame estoit la mesme qu'Albane ou Albe femme de Guerin Comte d'Auvergne. Mais le R. P. Mabillon a si bien fait voir qu'elles sont differentes que je ne crois pas qu'on en puisse desormais douter. Acta SS. ord. S. Bened. to. vii. pag. 75. 78.

M. Besly met au nombre des enfans de ce Comte Bernard un Gerfroy Comte de Nevers. Mais il n'en rapporte aucune preuve. Ce qui m'empesche de le mettre parmy les enfans de ce Prince. Il adjouste encore qu'aucuns, c'est à dire, du Tillet & Chopin, luy donnent un autre fils appellé Ebbon ou Ebles aussi Comte de Nevers, Sire de Deols & du bas Berry. Mais M. Besly n'est pas de cet avis. Hist. des Comtes de Poictou. pag. 26. 38.

M. Chenu luy donne encore un autre fils, assavoir Geronce Archevesque de Bourges, qu'il dit avoir esté frere de Guillaume Comte de Bourges. En quoy M. de la Thaumassiere le reprend tres justement. Car il n'en rapporte aucune preuve. Chenu in Arch. episc. Bitur. n. 52. Hist. de Berry pag. 12.

Guerin Comte d'Auvergne.

CHAPITRE II.

Il ne faut pas confondre ce Comte Guerin avec celuy qui fut Comte d'Auvergne du temps de l'Empereur Louis le Debonnaire. Ils sont bien differents. Celuy-cy estoit petit fils du premier, & estoit deja Comte d'Auvergne en la seconde & en la troisiesme année du regne de Louis Roy d'Aquitaine fils du Roy Charles le Chauve, c'est à dire de Louis surnommé le Begue, auquel le Roy son pere donna la qualité de Roy d'Aquitaine environ la my-Caresme

Hist. des Comtes de Poictou p.37. DCCCLXVII. apres la mort de Charles son frere, qui estoit Roy d'Aquitaine, comme M. Besly l'a tres-bien remarqué.

Il se presente icy une difficulté au sujet de la succession en la Comté d'Auvergne. Car il sembleroit d'abord que Guerin succeda à son grand *Hist. de Vergy* pere, qui mourut en l'année DCCCLVI. ou la suivante, ainsi que M. *pag. 25.* Du Chesne l'a marqué. Il ne succeda pourtant pas à son grand pere, mais à Estienne Comte d'Auvergne. Or cet Estienne ne succeda pas par droit de sang, n'ayant pas esté fils de Guerin I. mais d'un Seigneur ap-*Annal. Bertin.* pellé Hugues dans les annales de saint Bertin. M. Justel a avancé que cet *an. 864.* Estienne estoit cousin du Comte Bernard. Mais il le dit sans preuve.

Preuves pag. 7. Il est fait mention de nostre Guerin en trois anciens titres de l'Eglise de Brioude & du monastere de Saucillanges en Auvergne, dans lesquels Acfred II. Comte d'Auvergne & Duc de Guyenne faisant des fondations pour le repos des ames de ses parents, il nomme Guerin & Guillaume ses oncles, assavoir Guerin duquel nous traitons presentement, & Guillaume le Pieux son frere.

Il fut Comte d'Auvergne jusques à la fin du regne de Carloman, si mes conjectures ne me trompent pas, ou jusques au commencement du *Preuves pag. 9.* Roy Eudes, y ayant au Cartulaire de Brioude & ailleurs plusieurs chartes qui prouvent que Guillaume le Pieux son frere estoit Comte d'Auvergne & Abbé de Brioude dans les commencemens de Charles le Simple & du Roy Eudes, c'est à dire avant que ces deux Roys eussent partagé les provinces du royaume.

Preuves pag. 7. Il ne faut pas obmettre que Guerin en qualité de Comte d'Auvergne ou de petit fils de Guerin I. estoit aussi Abbé de Brioude suivant la pra-*Annal. Bertin.* tique de ces temps-là. Car pourlors les grands Seigneurs, & mesme les *an. 867.* femmes mariées, joüissoient des revenus des abbayes comme de leur patrimoine, & n'en laissoient qu'une modique portion à ceux qui y faisoient *Hist. de Vergy* le service divin; estant vray, suivant l'observation de M. Du Chesne, que *pag. 25.*
les

les grands benefices s'entretenoient ordinairement ez familles quand ils avoient esté concedez une fois à un Seigneur d'icelles. Dequoy il y a plusieurs exemples tant en l'histoire de ce siecle là que dans les chartes & registres des monasteres anciens.

Hist. du Provence de M. Bouche to. 1. pag. 747. 759.

Il ne paroist pas que Guerin ait esté marié, ny qu'il ait eu des enfans. On ne sçait pas mesme le temps de sa mort. Mais attendu que son frere Guillaume se trouve Comte d'Auvergne incontinent apres la mort de leur pere arrivée en l'année DCCCLXXXVI. il seroit peutestre bien permis de conjecturer que Guerin perdit la vie dans la mesme bataille où son pere fut tué.

Hist. d'Auvergne de M. Justel pag. 10.

Guillaume I. surnommé le Pieux, Comte d'Auvergne, Marquis de Mascon, Duc d'Aquitaine.

CHAPITRE III.

LE nom de ce Prince est devenu si celebre dans l'Eglise de Dieu à cause de la fondation de l'abbaye de Clugny, & il est d'ailleurs si loüé par les anciens, qu'il merite bien que nous fassions une particuliere attention sur l'histoire de sa vie. Car outre la grandeur de son extraction, qui estoit tres illustre & tres distinguée, il est recommandé pour sa valeur dans la vie de saint Odon Abbé de Clugny, où il est appellé *Comes robustissimus*, & en un autre endroit *virtute conspicuus & potens armis, in quo militiæ splendor & fidei mira similitudinis arte convenerant.* Et saint Odon luy mesme atteste qu'il estoit *vir bonus & per multa laudabilis.*

Bullar. Cluniac. pag. 104.

Vita S. Odonis lib. 1. cap. 1. & lib. 3. c. 11.

Vita S. Geraldi lib. 1. c. 32.

Il estoit fils de Bernard Comte d'Auvergne & de la Comtesse Ermengarde sa femme, & succeda à son frere Guerin sur la fin du regne de Carloman, ou au commencement de celuy du Roy Eudes, comme je l'ay dit au chapitre precedent. Mais ce qui decide que ce fut à la fin du regne de Carloman est qu'en l'année DCCCLXXXVI. il se trouve appellé Comte de Clairmont par le Moine Abbon dans le poëme qu'il a composé du siege que les Normands mirent devant la ville de Paris.

Preuves p. 4. 12.

Il fut donc premierement Marquis de Nevers apres la mort de son pere arrivée en l'année DCCCLXXXVI. comme il appert de la charte de l'Eglise cathedrale de Nevers dont j'ay fait mention en parlant de son pere, & en mesme temps Comte d'Auvergne. La preuve de ce fait resulte, comme je l'ay dit, du tesmoignage du Moine Abbon ; duquel on apprend que le Comte Guillaume ayant pris party contre le nouveau Roy Eudes, lequel il regardoit sans doute comme un usurpateur, ce Prince luy osta ses honneurs, c'est à dire ses charges & benefices, & donna la

Preuve p. 4.

Comté de Bourges à un Seigneur appellé Hugues. Ce present luy cousta bien cher, dit M. Besly. Car pour cette occasion Guillaume & Hugues entrerent en guerre & se livrerent bataille en Auvergne, en laquelle moururent plus de douze cens hommes du costé du Comte d'Auvergne, & beaucoup moins du costé du Berruyer, qui neantmoins y perdit la vie. Car ayant esté pris par les gens de Guillaume & mené devant luy, il eut beau implorer sa clemence en le priant de luy donner la vie. Il n'en voulut rien faire; & luy reprochant qu'il s'en estoit avisé trop tard, il le perça d'un coup de lance, & le tua. Ainsi Guillaume demeura desormais paisible dans ses Estats, horsmis la ville de Bourges, laquelle revint neantmoins dans la maison d'Auvergne apres sa mort, comme nous le dirons en son lieu.

Hist. des Comtes de Poictou p. 28.

Encore crois-je qu'on seroit bien fondé à dire qu'il en demeura possesseur, le titre de la fondation de Clugny ayant esté passé à Bourges, & les titres de la fondation des priorez de Saucillanges & de Maissac faisant voir qu'il s'estoit accommodé avec le Roy Eudes & qu'ils estoient bons amys, puisque longtemps apres la mort de ce Roy il fit des fondations pour le repos de son ame. Mesme M. de la Thaumassiere a avancé que ce Roy crea en l'année DCCCXCII. Guillaume Duc de la premiere Aquitaine. Mais sans doute cette ville fut enlevée apres sa mort à Guillaume II. son heritier & successeur. Hugues pleura sa mort, dit Abbon, & Guillaume sa victoire, donnant par là à entendre que cette journée ne fut guere moins cuisante au Comte d'Auvergne victorieux qu'au Comte de Bourges vaincu & tué.

Hist. de Berry pag. 19.

L'Aquitaine ou Guyenne dont Guillaume estoit Duc n'estoit pas ce que nous avons appellé depuis la Duché de Guyenne, dont la capitale est Bourdeaux. C'estoit l'Aquitaine premiere, dont Bourges est la capitale, *Dux Aquitanorum primorum Celtica provinciæ*, comme dit l'aucteur de la vie de saint Odon. Cet aucteur sçavoit sans doute que Bourges estoit autresfois la capitale de la Gaule Celtique. *Celtarum* dit Tite Live, *quæ pars Galliæ tertia est, penes Bituriges summa imperii fuit. Ii Regem Celtico dabant.* Car comme les Comtes de Poictou estoient appellez Ducs de Guyenne, de mesme les Comtes d'Auvergne estoient appellez Ducs d'Aquitaine comme une annexe de leur Comté. D'où vient que dans une charte de Louis le Debonnaire de l'an DCCCXXV. il est fait mention de la Duché d'Auvergne, *in Ducatu Alverniæ*, & qu'Aymar de Chabanois parlant de la mort de Guillaume II. Comte d'Auvergne dit : *Guillelmus quoque Dux Arvernis mortuus est.* Et dans le panegyrique de Pierre le Venerable Abbé de Clugny composé de son temps par un Moine de Poictou appellé Pierre il est dit qu'il descendoit des Ducs d'Auvergne. Voici comme il parle de cet Abbé.

Tit. Livius. lib. 5.

Notæ ad Bibliot. Cluniac. pag. 13. Preuves de l'hist. de Vergy pag. 7.

> *Hunc Latiæ gentes Regum de stirpe potentes*
> *Arverni populi progenuere Duces.*

Cependant Ranulphe II. Comte de Poictiers estant au lict de la mort & laissant son fils Ebles fort jeune, il le mit ez mains de saint Geraud

Comte d'Aurillac, qui estoit pourlors à la Cour, pour le mener à son cousin Guillaume Comte d'Auvergne, comme il est marqué dans une Notice de Charroux imprimée par M. Besly. Saint Geraud l'enleva secre- *Hist. des Comtes de Poictou pag. 103.* tement, & le mena au Comte d'Auvergne, qui prit soin de son education. Il y a apparence que Ranulphe s'avisa de mettre son fils ez mains de saint Geraud, parce qu'il estoit Auvergnat, & qu'ainsi il luy seroit aisé d'emmener cet enfant sous pretexte de s'en retourner en son pays. Car le Roy Eudes ayant entierement oublié l'attachement que Ranulphe avoit eu pour luy, & ne se souvenant plus des services qu'il luy avoit rendus, donna incontinent apres sa mort la Comté de Poictou à Aymar, sans aucuns esgards pour son fils Ebles.

Le Duc Guillaume avoit dans le mesme temps dans sa maison un autre illustre esleve, assavoir saint Odon Abbé de Clugny. Car il est marqué dans sa vie qu'il fut nourry dans la maison de ce Prince. Or comme il est constant qu'il nasquit en l'année DCCCLXXIX. ou la suivante selon la remarque de Dom Jean Mabillon, & qu'en la dixiesme année de son aage il fut tonsuré à saint Martin de Tours, il semble qu'on doit estimer qu'il estoit demeurant dans la maison de ce Duc dans le mesme temps qu'Ebles y estoit. Il avoit passé les premieres années de sa vie chez un Prestre de la campagne, qui avoit pris soin de son education, & l'avoit fait estudier. Mais estant devenu grand, & son pere voulant luy faire apprendre la vie du monde & le mestier de la guerre, il le mit au service du Comte Guillaume. Il abandonna pour lors l'estude, & s'occupa à la chasse. Cela ne dura pourtant pas bien long temps, Dieu l'ayant destiné à d'autres emplois.

En l'année DCCCCX. le Duc fit deux fondations considerables. La *Preuves p. 11.* premiere fut celle du riche prioré de Saucillanges en Auvergne, qu'il fonda en l'honneur de la tres sainte Trinité & de la Vierge Marie pour le repos de l'ame de son pere Bernard & de sa mere Ermengarde, de son Seigneur Eudes, c'est à dire, comme je le crois, du Roy Eudes, avec lequel il s'estoit accommodé apres la mort du Comte Hugues, pour le repos des ames de ses freres, de sa sœur Adelinde, & de ses enfans, c'est à dire de Guillaume II. & Acfred II. Comtes d'Auvergne & Ducs d'Aquitaine apres luy, laquelle fut ensuite beaucoup augmentée par ledit Acfred, comme nous le dirons en son lieu. L'autre fondation faite en l'année DCCCCX. fut celle de l'abbaye de Clugny, que ce Prince sousmit *Preuves p. 11.* au saint siege apostolique par l'acte de la fondation.

Il se presente icy une difficulté au sujet du cens que le fondateur de l'abbaye de Clugny ordonne estre payé à l'Eglise de Rome, voulant que *per quinquennium Romæ ad limina Apostolorum ad luminaria concinnanda decem solidos præfati monachi persolvant.* Ce qui se trouve auctorisé par le tesmoignage des Papes Jean XI. Agapet II. & Pie IV. dans les bulles qui ont confirmé les privileges de cette abbaye. Une semblable redevance fut ordonnée en mesmes termes en l'année MLXVIII. par les fondateurs de l'abbaye d'Ager en Catalogne, laquelle fut soumise au *Marca Hisp.* saint siege à la charge *ut Romana Ecclesia habeat inde censum per quinquennium* *p. 1143. 1146.*

decem solidos. Il est difficile de se determiner sur l'interpretation de ce *quinquennium*, assavoir si ce cens devoit estre payé tous les ans pendant cinq ans, ou bien seulement une fois en cinq ans, attendu qu'Orderic Vital remarque que le Duc Guillaume estant allé à Rome lors de la fondation de l'abbaye de Clugny, il offrit au Pape douze deniers d'or, & ordonna qu'on luy en donneroit autant tous les ans, *& exinde totidem singulis annis dari decrevit*. Ce qui semble estre auctorisé par une quittance de l'Evesque de Maguelonne Tresorier du Pape en l'année MCCCLXXVI. à l'Abbé de Clugny, dans laquelle il est dit que *Abbas & conventus monasterii Cluniacensis singulis annis in festo beatorum Apostolorum Petri & Pauli ratione census unam unciam auri Cameræ apostolicæ solvere tenentur*, & que l'Abbé qui estoit pourlors la paya pour cinq années.

<small>Orderic. Vital. p. 562.</small>

Cette maniere de s'expliquer forme une autre difficulté, assavoir qu'est ce qu'il faut entendre par une once d'or en la Cour de Rome, comme parle le Pape Gregoire VII. dans le privilege qu'il accorda à l'abbaye de saint Benoist sur le Pô, *una Romana uncia auri in pensionem reddatur*. Il est certain que du temps des anciens Romains l'once estoit la douziesme partye de l'as, & que l'once estoit aussi divisée en douze partyes. D'où on pourroit conjecturer que les douze deniers qu'Orderic Vital dit que le Duc Guillaume offrit au Pape estoient precisement ce qui est appellé ailleurs une once d'or, & que s'il n'y avoit que dix sols, ainsi que l'acte de fondation le porte, ces dix sols composoient en ces temps là l'once Romaine. Car je ne pense pas qu'il faille reduire ces sols par rapport à la loy onciere dont Festus fait mention, ainsi appellée à cause que les debiteurs n'estoient tenus qu'à la dixiesme partye de l'once pour les interests des sommes empruntées.

<small>Bullar. Clun. p. 18.</small>

Il fit une troisiesme fondation en l'année DCCCCXII. assavoir du prioré de Maenssac en Auvergne pour le repos de son ame & de celles de ses pere & mere, de son Seigneur Eudes, de Louis l'Aveugle Empereur son beaufrere, & de sa femme Ingelberge sœur de ce Prince, fondation qu'il fit confirmer par le Pape Jean X. auquel il envoya pour cet effect une ambassade.

<small>Acta SS. ord. S. Bened. to. VI. p. 248. 254.</small>

Dom Jean Mabillon nous a encore fourni la preuve d'une quatriesme fondation de l'abbaye de Bourdieux en Berry, ou pour mieux dire, d'ampliation de fondation. Car ce Prince reconnoist luy mesme que l'on doit attribuer la premiere fondation de cette abbaye à Ebles de Deols.

<small>Ibid. to. VII. p. 85. 84.</small>

Enfin il mourut en l'année DCCCCXVII. selon quelques uns, ou DCCCCXIX. selon d'autres, & fut enterré en l'Eglise de Brioude, où le jour de son decez est marqué au quatriesme jour du mois de Juillet.

<small>Ibid. pag. 81.</small>

Il eut pour femme la Princesse Ingelberge fille de Boson Roy de Bourgogne & sœur de Louis l'Aveugle Empereur. C'est ce que le R. P. Dom Jean Mabillon a bien prouvé. Elle avoit esté auparavant accordée en l'année DCCCLXXVIII. avec Carloman fils de Louis le Begue. Mais cette alliance n'eut pas d'effect à cause de la revolte de Boson, qui se fit couronner Roy de Bourgogne l'année d'apres. Il y a neantmoins grande apparence que le mariage d'Ingelberge avec le Duc Guillaume ne fut

<small>Ibid. to. VI. pag. 254. to. VII. pag. 78.</small>

<small>Hist. de Bourgogne de M. Du Chesne pag. 131.</small>

D'AUVERGNE. Liv. I.

arresté qu'apres la mort de Boson arrivée en l'an DCCCLXXXVI. n'estant pas à presumer que s'il y avoit eu du vivant de Boson une si estroite alliance entr'eux, le Comte Bernard pere de Guillaume se fut si fort acharné contre Boson comme nous voyons qu'il l'a fait. Il y a preuve qu'Ermengarde mourut en mesme temps que son mary.

Ils n'eurent d'autres enfans de leur mariage que le petit Boson, ainsi appellé du nom de son grand pere, lequel mourut fort jeune. Et ainsi ils ne laisserent pas de posterité. Le decez de cette Princesse est marqué au second jour de Novembre dans l'ancien Obituaire de l'Eglise de Brioude. *Act. SS. ord. S. Bened. 10. vii. pag. 72.*

Il y a à Clugny une charte de Ferrand III. Roy de Castille & de Toléde de l'an MCCXVIII. dans laquelle il appelle Guillaume le Pieux fondation de Clugny son predecesseur, *monasterio Cluniacensi, quod est constructum in proprio alodio prædecessoris nostri Aquitaniæ Ducis Vvillelmi Pii*. *Bibliot. Sebus. pag. 305.*

Acfred I. du nom Comte de Bourges & de Carcassonne.

CHAPITRE IV.

AVANT que de passer au successeur de Guillaume I. Duc d'Aquitaine, il est à propos de parler d'Acfred I. que M. Justel a qualifié Duc d'Aquitaine & Comte d'Auvergne, & dont les enfans ont esté surement Ducs d'Aquitaine & Comtes d'Auvergne.

Feu M. Du Chesne, dont l'auctorité est tres grande dans la Republique des letres, est le premier qui a escrit que le Comte Acfred mary d'Adelinde sœur de Guillaume le Pieux avoit esté Duc d'Aquitaine & Comte d'Auvergne. M. Justel s'en est tenu à ce que M. Du Chesne en avoit escrit, & je l'ay aussi creu durant quelque temps avec eux. Mais dautant qu'apres avoir bien examiné ce point d'histoire j'y ay trouvé de grandes difficultez, je me suis abstenu de luy donner ces qualitez. Ne voulant pas

B iij

neantmoins rien prejuger, je rapporteray en une colomne le difcours de M. Juftel, & mettray le mien en parallele. Le lecteur fe reglera, s'il luy plaift, là deffus & fuivra l'opinion qu'il eftimera la plus vrayfemblable.

M. JUSTEL.

ON ne peut pas douter qu'Acfred ne fut homme de grande qualité, puifqu'il efpoufa la fille de l'un des plus grands Seigneurs du royaume. On ne fçait pourtant pas le nom de fon pere ny celuy de fa mere. Il y a neantmoins grande apparence qu'il eftoit fils ou petit fils d'Acfred, appellé par quelques uns Egfrid, Seigneur d'une grande diftinction fous le regne du Roy Charles le Chauve; lequel s'eftant malheureufement engagé dans le party de fon fils Charles Roy d'Aquitaine & eftant tombé dans la difgrace du pere, qui le priva de fes biens & de fes charges, il y fut neantmoins reftably en l'année DCCCLXIV. apres luy avoir prefté le ferment de fidelité. Ce Prince joüiffoit fuivant la couftume de ces temps là des abbayes de faint Hilaire de Poictiers, de Flavigny, & de plufieurs autres grands fiefs, qu'on appelloit pour lors benefices, & fut enfin fait Comte de Bourges en l'année DCCCLXVII. en la place de Geraud, auquel le Roy ofta cette Comté pour la donner à Acfred. Mais ce don luy fut fatal. Car ayant efté affiegé l'année d'apres par les gens de Geraud, & eftant tombé en leurs mains, ils luy couperent la tefte, & jetterent fon corps au feu. Lorfque je dis que cet Acfred eftoit pere ou grand pere du mary d'Adelinde, je ne donne cette penfée que comme une conjecture; laquelle me paroift neantmoins fi probable qu'à moins d'avoir un titre au contraire, je ne crois pas qu'on la doive rejetter.

Annal. Bertin. an. 867. 868.

APRES la mort fans lignée de Guillaume de Poictiers I. du nom Comte d'Auvergne & Duc de Guyenne ce Comté paffa en une autre famille, à fçavoir aux defcendans des anciens Comtes de Bourges. Car il fe voit par diverfes chartes qu'ACFRED, qui efpoufa ADALVIS DE POICTIERS fœur dudit Comte Guillaume I. & fille de Bernard de Poictiers Comte d'Auvergne, poffeda ce Comté, non à caufe de ladite Adaluis fa femme, ainfi que quelques uns ont eftimé, mais, comme il eft plus vray femblable, par benefice du Roy Charles le Simple, fous lequel il vivoit; lequel en faveur de ce mariage luy donna ce Comté & confirma en fa perfonne les mefmes honneurs dont le Comte Bernard pere de ladite Adaluis & le Comte Guillaume fon frere avoient joüy auparavant. Et ce à l'exemple du Roy Pepin, lequel donna ce mefme Comté au Comte Hector en faveur de fon mariage avec Eufrafie fille de Roger Comte d'Auvergne; fe trouvant peu ou point d'exemples en ce fiecle là que les filles ayent fuccedé hereditairement aux grandes dignitez.

Quoy qu'il en foit, il eft certain que ce Comte Acfred I. a donné origine aux Comtes d'Auvergne qui ont fuivy, & qu'il eftoit de tres grande & illuftre extraction, laquelle à caufe du long temps auquel a vefcu fe trouvant peu cogneuë, nous l'efclaircirons autant qu'il nous fera poffible par ce qui s'en peut conjecturer & recueillir par l'hiftoire de ce temps là.

L'aucteur de la vie de faint Genulphe fait mention de WIFRED COMTE DE BOURGES, qui vivoit l'an

DCCCXXVIII. & est appellé Primæ Aquitaniæ Comes, parce que Bourges est la ville capitale & metropolitaine de la premiere province d'Aquitaine, qui comprenoit lors huict dioceses, à sçavoir Bourges, Clermont, Rhodez, Albi, Cahors, Limoges, Gevaudan, & Velay, & adjouste qu'il estoit issu de la race royale, de regali prosapia oriundus, soit que ce fust par la ligne des femmes ou autrement, & ODE sa femme de clarissimo genere Francorum, & qu'AGANE leur fille avoit espousé ROBERT Maire du Palais de Pepin Roy d'Aquitaine fils de Louis le Debonnaire, que cet aucteur appelle insignis potentiæ virum, lequel fut pere de ROBERT II. dit le Fort Comte de Paris & Duc de France (& cestuy cy de ROBERT III. lequel apres EUDE son frere fut aussi Roy de France) ayeul du Roy Hugues Capet. Et ce Robert premier, ainsi qu'enseignent les Annales de France tirées du monastere de saint Bertin, estoit fils de THEODEBERT Comte de Matrie, (lequel Comté estoit situé en Normandie sur les confins des Comtez de Chartres & d'Evreux, sur la riviere d'Eure, dont il est fait mention és Capitulaires de Charlemagne & de Charles le Chauve & en deux chartes des monasteres de saint Denis & de saint Germain des prez, où il est appellé Pagus Madrecisus, Madricensis, & Madriacensis super flumen Auturæ.) Et ce Theodebert estoit fils de NEBELUNG fils du Duc CHILDEBRAND frere de CHARLES MARTEL, issus par divers degrez du Prince ANSBERT & de BLITILDE fille du Roy Clotaire premier. Et cet Ansbert estoit fils de Ferreolus III. du nom, de la race de ces anciens Prefects du Pretoire des Gaules tant celebres en l'histoire, & d'Industrie fille du Roy Clovis premier. D'où se tire l'origine commune

Elle a paru si certaine à M. Du Chesne que dans une petite table genealogique des Acfreds qu'il a composée, laquelle j'ay pardevers moy escrite de sa main, il n'a pas fait difficulté de les faire descendre de cet Acfred auquel le Roy Charles le Chauve donna la Comté de Bourges, lequel il fait pere d'Acfred mary d'Adelinde.

Acfred mary d'Adelinde se trouve qualifié Comte en l'année DCCCLXXXIV. en une charte du Roy Carloman qui est dans le livre rouge de l'Archevesché de Narbonne, où il s'agit d'une terre que le Roy Charles le Chauve avoit donnée dans la Comté de Razés au bas Languedoc à un nommé Hildric. Le R. P. Dom Jean Mabillon a encore donné au public une charte du mesme pays en laquelle le Comte Aguifred est nommé *anno III. imperante Karolo Imperatore*. Ce sçavant homme s'est trouvé embarassé pour la date de ce titre, d'autant plus qu'il ne trouvoit pas Willeran Evesque de Carcassonne parmy les Evesques de cette ville, & parce qu'il luy paroissoit que du temps de Charlemagne il avoit esté traité de la mesme affaire dont il s'agit dans cette charte. Mais le nom d'Acfred qui se trouve precisément dans le mesme temps dans ces deux chartes doit terminer la difficulté, & ce avec d'autant plus de raison qu'on trouve qu'en l'année DCCCLXXXVI. Gisleran Evesque de Carcassonne, qui est sans doute le mesme que Willeran, assista à un Concile tenu entre Montpeslier & Nismes. Cette charte est de l'an DCCCLXXXIII. qui estoit l'année troisiesme de l'empire de Charles le Gras.

On pourroit se servir de l'auctorité

Preuves pag. 13.

Preuves p. 14.

16 HISTOIRE DE LA MAISON

de ces deux chartes pour fortifier l'opinion de M. Du Chesne, qui a estimé qu'Acfred vivant sous Charles le Chauve, & pere selon luy du nostre, a esté Comte de Toulouse. Car son fils se trouve avoir jugé des affaires en Languedoc en qualité de Comte.

Le Prince Acfred I. que M. Blondel appelle Comte d'Auvergne, & Messieurs Menage & de la Thaumassiere Comte de Bourges, espousa en l'année DCCCLXXX. Adelinde fille de Bernard Comte d'Auvergne & sœur de Guillaume I. Comte d'Auvergne & Duc d'Aquitaine, & mourut en l'année DCCCVI. au mois de Fevrier, si je ne me trompe. Nous avons l'obligation de cette descouverte au R. P. Dom Jean Mabillon, qui a donné depuis peu au public une charte de la Comtesse Adelinde sa femme datée de cette année, dans laquelle on voit qu'elle & les autres executeurs testamentaires de son mary donnerent à l'abbaye de Montoliu un aleu qu'il avoit dans la Comté de Razés avec toutes ses appartenances & dependences, mesme l'Eglise de ce lieu. Je ne voudrois pas asseurer qu'il est mort en ces quartiers là. Neantmoins voyant que sa femme s'y trouve peu apres sa mort & qu'il la chargea & ses executeurs testamentaires de faire du bien à cette abbaye, je n'aurois pas beaucoup de peine à croire qu'il mourut vers Carcassonne & qu'il fut enterré en l'abbaye de Montoliu. Son fils Acfred, qui fut à son tour Duc de Guyenne & Comte d'Auvergne, se trouva à la passation de cet acte & le confirma.

Il est aysé de conclurre de toutes ces chartes qu'Acfred mary d'Adelinde estoit Comte de Carcassonne,

Hist. de Sablé de M. Menage pag. 67. Hist. de Berry de M. de la Thaumassiere p. 18.

Preuves p. 14.

de la seconde & troisiesme race de nos Roys, laquelle M. du Bouchet ayant le premier curieusement recherchée & fait esperer d'en donner bientost les preuves tirées d'aucteurs & titres authentiques pour joindre ces deux branches royales ensemble, ce qui a esté incogneu jusques à present, nous nous contenterons de l'avoir indiqué & à qui le public en a l'obligation.

Anastase Bibliothecaire en la vie du Pape Sergius II. nomme aussi un Comte WIFRID, *sans dire de quel Comté, entre les Comtes qui assisterent au couronnement de Louis II. Empereur & Roy d'Italie fils de l'Empereur Lothaire l'an* DCCCXLIV. *lequel semble estre le mesme que ledit* WIFRED I. *Comte de Bourges, & le temps y convient. Les Annales de saint Bertin font aussi mention d'*ACFRID *Comte de Bourges, auquel l'an* DCCCLXVII. *Charles le Chauve donna ce Comté, mais que le Comte* GERARD, *qui en estoit en possession, s'y maintint, & luy fit la guerre, en laquelle le Comte Acfrid fut pris & tué l'an* DCCCLXVIII. *& peut estre est le mesme que Nitard nomme* ECFRID, *qui fut aussi Comte de Tolose, & servit Charles le Chauve contre Pepin Roy d'Aquitaine; Acfrid & Ecfrid estant un mesme nom, comme nous verrons cy apres que Acfrid Comte d'Auvergne est aussi appellé Ecfrid; ceste varieté de noms se rencontrant souvent en une mesme personne és livres & chartes anciennes, où les noms propres se trouvent corrompus par la faute & ignorance des escrivains. Et se peut faire que ce Comte Acfred a esté Comte ou Gouverneur de Tolose & d'Auvergne en mesme temps, aussi bien que nous lisons en la vie de Louis le Debonnaire que Guerin Comte d'Auvergne, qui vivoit l'an* DCCCXIX. *estoit aussi Duc de Tolose.*

&

D'AUVERGNE. LIV. I.

Feu M. Du Chesne Historiographe du Roy, au jugement duquel on doit beaucoup deferer pour ce qui concerne l'origine des Maisons anciennes, & dont le merite & la suffisance sont assez cognus, a estimé que ce Comte Vvifrid, Acfrid, ou Egfrid est le mesme, & qu'il fut Comte de Bourges & depuis de Tolose & Duc de Guyenne & pere d'Acfred I. Comte d'Auvergne ; à quoy je ne repugne pas, mais en ce cas il faudroit qu'il eust esté premierement Comte de Bourges sous Louis le Debonnaire, & que ce Comté eut depuis esté baillé à Gerard, & qu'au lieu d'iceluy on luy eut donné le Comté de Tolose, & que derechef le Comté de Bourges luy eut esté donné par Charles le Chauve, les Comtez & Duchez n'estant lors hereditaires, ains à temps. J'estime neantmoins dans ceste incertitude qu'ACFRED Comte de Bourges qui mourut l'an DCCCLVIII. estoit fils de Vvifred, lequel vivoit l'an DCCCXXVIII. & DCCCXLIV. & que de luy est descendu nostre ACFRED I. Comte d'Auvergne chef de la seconde famille des Comtes hereditaires d'Auvergne, lequel espousa ADALVIS de Poictiers, & estoit aussi Duc de Guyenne, c'est à dire, Duc ou Gouverneur de la premiere province d'Aquitaine, & à cause de sa grande extraction se trouve qualifié du titre d'ILLUSTRE par le Comte Guillaume I. son beaufrere en une charte du monastere de Brioude de l'an XIX. de Charles le Simple, qui revient à l'an DCCCCXVII. en laquelle il est simplement nommé sans aucun titre de dignité, & est peutestre le mesme que EUFRED qualifié Vicomte, qui est souscrit à la charte de la fondation de Cluny de l'an XIII. dudit Charles qui revient à l'an DCCCCX. qui paravanture estoit lors Vicomte d'Auvergne du vivant du

& que la Comté de Carcassonne n'estoit pas bornée par les limites du diocese de Carcassonne, comme la pluspart des Comtez l'estoient par les limites des dioceses, puisque le Razés, qui est du diocese de Narbonne, estoit dans le district de ce Comte. Ce qui fait voir qu'on suivoit encore la disposition du Roy Charles le Chauve, qui avoit donné en l'année DCCCLXX. le Carcas- *Annal. Bertin. an. 870.* sonnois & le Razés à Bernard Comte de Toulouse pour augmenter sa puissance.

Sur la fin de ce mesme siecle je trouve un Acfred, autrement appellé *To. IX. Conc. pag. 278.* Hegfrid, Evesque de Poictiers, lequel assista en l'année DCCCLXXVIII. au Concile que le Pape Jean VIII. tint à Troyes en Champagne. Dans *Joannes VIII. epist. III. 121.* le mesme temps ce Pape escrivit une lettre generale en sa faveur contre les usurpateurs des biens de son Eglise & des maisons religieuses de son diocese. Il en escrivit une autre à plusieurs Evesques, & entr'autres à Acfrid Evesque de Poictiers, pour leur recommander Adalard Archevesque de Tours & l'Eglise de saint Maurice. Je ne puis pas asseurer que cet Evesque fut de la race de nos Comtes, n'en ayant pas de preuve. Neantmoins le nom & le temps y conviennent. Peutestre mesme que le Comte Acfred se voyant en possession de l'abbaye de saint Hilaire de Poictiers, il trouva à propos de procurer l'Evesché de cette ville à cet Acfred, lequel estoit peutestre son frere, ou son fils.

Quoy qu'il en soit, je trouve en ce mesme temps un Hecfrid Abbé de saint Florent lez Saumur, lequel *Preuves p. 22.* pourroit bien estre le mesme que [24] l'Evesque de Poictiers. Il est fait honorable mention de luy dans une

Tome I.

charte de Charles le Chauve donnée au sujet de l'abbaye de saint Gondon en Berry, dont ce Prince luy fit don en la XXVI. année de son regne. Il est dit dans cette charte que l'Abbé Hecfrid demanda le lieu de saint Gondon, qui est aujourd'huy un prioré, pour s'y retirer avec ses Moines & le corps de saint Florent à cause de la persecution des Normands. Ils n'en demeurerent pourtant pas là. Ils furent obligez de le transporter en Auvergne, où il demeura longtemps, ainsi que je l'ay trouvé dans une autre charte contenant la fondation ou le restablissement de l'abbaye en l'année DCCCCLVIII. par le Comte Thibaud. Ce qui est bien plus asseuré que la relation qu'on fait de la translation des reliques de ce saint à Tournus, & delà à saint Florent, de laquelle il ne paroist rien dans l'histoire de l'abbaye de Tournus escrite avec beaucoup de soin par le R. P. Chifflet ; estant d'ailleurs certain que cette abbaye n'estoit pas encore fondée dans le temps que les Moines de S. Florent furent obligez de refugier ses reliques en des lieux esloignez.

Le Roy Eudes donna ensuite à Ecfrid Evesque de Poictiers l'abbaye de saint Hilaire de Poictiers en commende, à la charge de retourner en regle apres son decez, lequel est marqué en l'année DCCCC. dans la Chronique de Maillezais.

Preuves p. 23. 246.

Enfans d'Acfred I. du nom Comte de Bourges & de Carcassonne & de sa femme Adelinde.

GUILLAUME II. Comte d'Auvergne & Duc d'Aquitaine, qui aura son chapitre.

ACFRED II. Comte d'Auvergne & Duc d'Aquitaine, qui aura aussi son chapitre.

Comte Guillaume I. Eufred &) Acfred estant un mesme nom.

Il garda Nevers contre le Roy Raoul usurpateur l'an DCCCCXXVI. *ainsi qu'a remarqué Flodoard en sa Chronique, où il est appellé frere du Comte Guillaume I. parce qu'il avoit espousé Adaluis sa sœur ; &) le temps y convient mieux qu'à Landri de Nevers tige des Comtes hereditaires de Nevers, auquel feu M. Besly l'a voulu rapporter en sa table genealogique des Comtes de Poictiers. Il jouït peu de temps du Comté d'Auvergne, y ayant titre de l'an* VI. *de Charles le Simple, qui revient à l'an* DCCCCXXVIII. *où* ACFRED II. *son fils est qualifié Comte & Duc d'Aquitaine.*

Et la recherche de ceste origine fait voir que ce Comte ACFRED I. *estoit, aussi bien qu'*ADALVIS *sa femme, de tres noble & haute extraction, puisque Vvifred Comte de Bourges son ayeul se trouve issu de la race royale, c'est à dire de la Maison de Charlemagne, de laquelle sont descendus nos Roys de la seconde & troisiesme lignée, & son ayeule de la plus illustre race des François, & nous apprend aussi ce qui a esté incognu jusques à present, en quel temps & comment le Comté d'Auvergne est sorti de la Maison de Guyenne, à sçavoir par la mort de Guillaume I. Comte d'Auvergne & Duc de Guyenne, lequel, aussi bien que Guerin son frere aisné, possedoit ces deux dignitez ensemble ; & n'ayant point laissé de lignée, furent transmises & confirmées en la personne de nostre Comte Acfred I. en faveur de son mariage avec Adaluis leur sœur, lequel & ses enfans Acfred II. & Guillaume II. & Raymond II. son petit fils Comtes d'Auvergne furent aussi Ducs de Guyenne. Ce qui tesmoigne l'erreur de quelques auteurs modernes, lesquels* ont escrit sans preuve & sans authorité, les uns que le Comté d'Auvergne fut baillé en apanage à un puisné de la Maison de Guyenne, qu'ils ne nomment point, les autres que Guillaume IX. Duc de Guyenne le bailla en dot à sa sœur, qu'ils ne nomment non plus, ny le Seigneur qui l'espousa, ny de quelle maison il estoit, ains seulement que ce fut le Comté d'Auvergne à qui le Roy Louis le Gros fit la guerre. Ce qui n'a aucun veritable fondement. Car au contraire il se verifie par des preuves authentiques & irreprochables rapportées au premier livre de ceste histoire que les premiers Comtes hereditaires d'Auvergne sont issus de la Maison de Poictiers & qu'ils en tirent leur origine & extraction, & que ceste premiere famille estant finie en fille, ce Comté a passé en une autre aussi illustre, qui s'est continuée de masle en masle par succession hereditaire depuis l'an DCCCCXXVII. que mourut le Comte Guillaume dernier Comte d'Auvergne & Duc de Guyenne de la Maison de Poictiers jusques en l'an MCCCCXXIV. que ceste seconde famille finit derechef en une fille, qui le porta en une troisiesme famille, ainsi qu'il se verra par la suite de ceste histoire. Et Guillaume IX. Duc de Guyenne n'a point esté Comte d'Auvergne, & eut une sœur unique AGNES de Poictiers, qui fut mariée à Pierre Roy d'Arragon & de Navarre. Et le Comte d'Auvergne à qui le Roy Louis le Gros fit la guerre l'an MCXXIX. estoit Guillaume V. du nom Comte d'Auvergne, à qui ce Comté estoit escheu par la succession hereditaire de dix Comtes qui l'avoient possedé avant luy issus dudit Comte ACFRED chef de ceste seconde famille, lequel laissa trois fils. BERNARD COMTE D'AUVERGNE aucteur de la branche de LA TOUR, lequel aura aussi son chapitre apres ses freres.

Enfans d'Acfred I. du nom Comte d'Auvergne & Duc de Guyenne & d'ADALVIS de Poictiers.

ACFRED II. du nom Comte d'Auvergne & Duc de Guyenne, qui suit.

GUILLAUME II. du nom Comte d'Auvergne & Duc de Guyenne, qui aura son chapitre.

BERNARD D'AUVERGNE, qui a donné origine à l'illustre Maison de LA TOUR D'AUVERGNE, la posterité duquel sera deduite au livre quatriesme de cette histoire.

HISTOIRE DE LA MAISON

Guillaume II. Comte d'Auvergne & Duc d'Aquitaine.

CHAPITRE V.

Meslanges curieux du P. Labbe p. 512. 513.

Preuves p. 15. 16. 17.

E R. P. Labbe Jesuite n'est pas le premier qui a remarqué qu'il falloit distinguer ce Comte de Guillaume I. surnommé le Pieux son oncle. M. Justel les avoit distinguez avant luy, quoyqu'il eut erré en ce qu'il faisoit succeder Acfred II. à Guillaume le Pieux, & Guillaume II. à Acfred. Celuy cy, qui succeda immediatement au premier, est appellé son neveu & Guillaume le jeune en plusieurs chartes de l'Eglise de Brioude & de l'abbaye de Clugny, qui seront rappor-

Hist. de N. D. du Puy p. 239.

tées entre les preuves, & encore dans une charte du Roy Raoul que le R. P. Odo de Gissey a donnée au public. Il se trouve souscrit au titre de

Preuves p. 12.

la fondation de l'abbaye de Clugny, où il est appellé neveu du fondateur.

Chron. Masciac. an. 919.

Incontinent apres la mort de son oncle il se rendit maistre de la ville de Bourges capitale de l'Aquitaine. Mais il la perdit aussi d'abord, en ayant esté chassé par les habitans. Il la recouvra pourtant peu de temps apres, comme on le peut aysement receüillir de la Chronique de Frodoard, où il est dit que le Roy Raoul la luy avoit ostée avec le secours de Robert Duc de France. Ce qui arriva auparavant l'an DCCCCXXII. que robert se fit couronner Roy de France contre le Roy Charles le Simple.

Frodoard an. 923.

En ce mesme temps les Normands, qui ravageoient le royaume, s'estant jettez en l'année DCCCCXXIII. dans l'Aquitaine & dans l'Auvergne, où ils commettoient de grandes cruautez, Guillaume Duc d'Aquitaine & le Comte Raymond les furent attaquer, & en tuerent douze

Hist. des Comtes de Toulouse p. 82.

mille. Frodoard ne dit pas qui estoit ce Comte Raymond. Mais je suis de l'avis de M. Catel, qui fait voir que c'est Raymond II. Comte de Toulouse.

Cependant les broüilleries durant tousjours dans le royaume, & l'excez des broüillons estant venu à un tel point que de substituer Raoul Roy de Bourgogne en la place de Robert usurpateur du royaume tué de la propre

D'AUVERGNE. LIV. I.

main du Roy Charles le Simple, contre lequel il s'estoit eslevé, en une bataille donnée le xv. Juillet DCCCCXXIII. Raoul estant informé que Guillaume Prince d'Aquitaine, comme Frodoard le nomme, c'est à dire Duc d'Aquitaine, ne vouloit pas le reconnoistre pour Roy, il se delibera de l'y contraindre par la force des armes. [Frodoard. an. 924.]

Il partit donc avec son armée pour aller le trouver en Auvergne. Ce que le Duc ayant appris, il fut au devant de luy vers la riviere de Loire, & par le moyen de leurs amis communs s'estant rendus dans l'Austunois, le Roy estant d'un costé de la riviere, & le Comte de l'autre, ils s'accommoderent, quoy qu'avec peine, comme on le peut recueillir de Frodoard, qui marque que cette negociation dura tout un jour. Enfin le Duc passa la nuit suivante de l'autre costé de la riviere vers le Roy, qui le receut avec un baiser, & il se retira avec les bonnes graces du Roy. Il retourna le lendemain vers luy, & le Roy luy rendit le Berry & la ville de Bourges, qu'il luy avoit ostée quelque temps auparavant avec le secours du Duc Robert non encore Roy. Il y a bien apparence que ce fut un des principaux articles du traité. [M. Besly p. 235.]

Mais cet accommodement ne fut pas de bien longue durée. Je ne sçay pas quel mescontentement eut le Duc. Je sçay seulement que Frodoard nous apprend que luy & son frere se declarerent contre le Roy Raoul en l'année DCCCCXXVI. & que le Roy mena une armée sur la riviere de Loire, qu'en passant il receut des ostages de la ville de Nevers, laquelle estoit défendue par un frere du Duc, & qu'il poursuivit si vivement le Duc qu'il l'obligea de prendre la fuite pour se sauver. L'Historien n'en dit pas davantage, si ce n'est que le Roy fut obligé de s'en retourner promptement sur l'avis qui luy fut donné que les Hongrois avoient passé le Rhin pour entrer dans le royaume. [Frodoard. an. 924.]

Le Duc Guillaume II. mourut le XVI. Decembre de l'année DCCCCXXVII. selon le tesmoignage de Frodoard. Mais dans la Chronique de Massay imprimée par le R. P. Labbe il est marqué qu'il mourut l'année precedente. Il est dit dans l'ancien Obituaire de Brioude que Bernard Comte & Acfred Duc d'Aquitaine ses freres fonderent en cette Eglise un obit general pour le repos de son ame. [Frodoard. an. 927.] [Preuves p. 18.]

Il ne paroit pas qu'il ait esté marié ny qu'il ait eu des enfans. Et la preuve qu'il n'en a pas eu resulte, comme je le pense, de ce que son frere Acfred luy succeda en ses Estats. Ce qu'il n'auroit pas fait, si Guillaume eust laissé des enfans. Et cependant M. Justel ne fait pas de difficulté que Raymond II. du nom, qu'il appelle Comte d'Auvergne & Duc de Guyenne, ne fut son fils, quoyqu'il demeure d'accord qu'il n'y a point de titre qui le dise expressément. Nous avons le testament de ce Raymond, autrement appellé Pons, dans lequel il appelle ce Guillaume son cousin: *Illos alodes quos acquisivi de Guillelmo Comite consanguineo meo, illa tertia pars remaneat sancta Maria Rutenensis.* Il est vray que ce Raymond est appellé *Princeps Aquitanorum* dans l'acte de la fondation du Prioré de Chanteuge en Auvergne & dans Luitprand. Mais cela ne veut pas dire qu'il estoit Comte Duc d'Auvergne, mais seulement qu'il avoit des biens considerables dans [Mabill. lib. VI. de re diplomat. p. 572.] [Preuves p. 17.] [Luitprand. lib. 5. cap. 14.]

C iij

22 HISTOIRE DE LA MAISON

Hist. des Comtes de Toulouse p. 82. 87.
l'Aquitaine, où il eſtoit Comte de Quercy limitrophe de l'Auvergne, ainſi que M. Catel l'a tres bien obſervé. A quoy nous ajouſterons qu'en l'année DCCCXXIII. il ſe trouva en une rencontre contre les Normands avec celuy qui eſtoit inconteſtablement pourlors Comte d'Auvergne.

Acfred II. Comte d'Auvergne & Duc d'Aquitaine.

CHAPITRE VI.

Preuves p. 19.

Ademar. Caban. p. 165.

M. Besly p. 39.

CE Prince ſucceda à ſon frere Guillaume en l'année DCCCXXVII. y ayant un titre de cette année là dans lequel il prend la qualité de Comte d'Auvergne & d'Abbé de Brioude, comme ſon oncle Guillaume le Pieux & ſon frere Guillaume l'avoient auſſi eſté. Ce qui fait voir clairement que le don que le Roy Charles le Simple fit de la Comté d'Auvergne à Ebles Comte de Poictiers n'eut pas d'effect pendant la vie d'Acfred, & qu'ainſi M. Beſly n'a pas peu dire affirmativement qu'il joignit les Comtez d'Auvergne, de Vellay, & de Limoges à la Comté de Poictiers. Nous traiterons plus amplement cette matiere au chapitre ſuivant.

Il ſemble que pendant la vie de Guillaume II. Acfred eſtoit qualifié Marquis de Nevers, ou au moins qu'il y avoit des pretentions, ſans doute à cauſe de ſon grand pere. Car on voit dans la Chronique de Frodoard que le frere de Guillaume Duc d'Aquitaine defendit en l'année DCCCXXVI. la ville de Nevers contre le Roy Raoul, preciſément dans le meſme temps que Guillaume ſe declara contre le meſme Roy. Ce qu'il ſemble qu'il faut pluſtoſt entendre d'Acfred que de Bernard ſon frere. Toutesfois on ne peut rien aſſurer.

Preuves p. 21.
L'année ſuivante Acfred fonda ou pour mieux dire augmenta la fondation du prioré de Saucillanges pour le repos de l'ame de ſon pere Acfred & de ſa mere Adelinde, de ſes oncles Guillaume le Pieux & Guerin Comtes d'Auvergne, de Bernard & Guillaume ſes freres, & de tous ſes parens & amys.

D'AUVERGNE. LIV. I.

Il ne faut pas passer sous silence que dans la revolte presque generale du royaume contre le Roy Charles le Simple arrivée en l'année DCCCCXXIII. Acfred n'abandonna pas le party de ce Prince infortuné, comme nous l'avons déja remarqué en parlant du siege de Nevers, & s'attacha plus à sa personne qu'à sa fortune. Et c'est pour cette raison que dans les actes qui nous restent de luy il a voulu marquer sa fidelité & son zele d'une maniere noble & digne d'un grand cœur & d'un honneste homme. *Datum fidei istum commissum*, dit-il, v. *Idus Octobris anno* v. *quo Franci dehonestaverunt Regem suum Karolum & contra legem elegerunt Radulfum sibi in Regem.* Preuves p. 20. 22.

Il mourut sans enfans aussi bien que son frere.

Bernard I. Comte d'Auvergne.

CHAPITRE VII.

NOUS avons desja remarqué au chapitre precedent qu'apres que Guillaume II. Comte d'Auvergne fut mort en l'année DCCCCXXVII. le Roy Charles le Simple donna la Comté d'Auvergne à Ebles Comte de Poictiers au prejudice d'Acfred II. frere de Guillaume. En quoy il fit, ce me semble, une grande faute, de despouiller si facilement un grand Seigneur qui s'estoit declaré si genereusement & si ouvertement en sa faveur dans le temps que presque tout le royaume l'avoit abandonné. Ainsi il y a lieu de croire qu'il s'en repentit & qu'il revoqua le don qu'il avoit fait à Ebles. Car Acfred se maintint dans la possession de la Comté d'Auvergne & de la Duché d'Aquitaine jusques à son decez, & son frere Bernard, dont nous allons parler, se maintint aussi apres luy dans la possession de cette Comté.

Il est vray, neantmoins que le Roy Louis d'Outremer donna au commencement de son regne les Comtez d'Auvergne, du Vellay, & de Limoges à Guillaume Teste-d'estoupe Comte de Poictiers fils d'Ebles. Il y a preuve qu'il jouit dez l'an DCCCCXXXVIII. de la Comté du Vellay. Il n'en Ademar. Caban. p. 166. Lib. vi. de re diplomat. p. 569.

24 HISTOIRE DE LA MAISON

fut pas de mefme de la Comté d'Auvergne, la nobleffe d'Auvergne n'ayant pas voulu le reconnoiftre, fans doute parce qu'elle avoit de la peine à voir fortir cette dignité de la maifon de fes anciens maiftres. Mais enfin ils le reconnurent après la mort du Comte Bernard, comme je le crois. La preuve de ce fait eft dans un titre de Clugny de l'an DCCCCLII. dans lequel il eft marqué qu'il fut fait au mois de Juin en l'année que nous venons de marquer, lorfque les Seigneurs d'Auvergne s'accommoderent avec le Comte Guillaume & luy firent ferment de fidelité, *die illo quando Seniores Arverni cum Comite suprà nominato convenerunt eique se commenda-verunt.* Car tout le monde fçait qu'en ce temps là *se commendare* fignifioit ce que nous dirions aujourd'huy faire foy & hommage ou ferment de fidelité.

Preuves p. 2.

Hift. des Comtes de Touloufe p. 62.

Le Comte Bernard fut conjoint par mariage avec une Dame appellée Blitfende dans plufieurs chartes & dans l'ancien Obituaire de l'Eglife de Brioude, laquelle eftoit parente de Jofeph Prevoft de cette Eglife, comme il le dit luy mefme dans un titre de l'an DCCCXXXVIII.

Preuves p. 14. 15. 26.

Enfans de Bernard I. Comte d'Auvergne & de Blitfende fa femme.

BERNARD D'AUVERGNE II. du nom, qui aura fon chapitre.
ASTORG ou EUSTORGE D'AUVERGNE bifayeul de GUY I. COMTE D'AUVERGNE, comme nous le ferons voir incontinent.

GUILLAUME D'AUVERGNE. L'ancien Obituaire de l'Eglife de Brioude qui nous apprend que Bernard Comte d'Auvergne, qui eft le premier de ce nom parmy les defcendans d'Acfred & d'Adelinde, eftoit pere de Bernard II. & d'Aftorg ne fait point mention de ce Guillaume. Mais il ne l'exclut pas auffi du nombre de fes enfans. Il eft parlé de luy dans un titre de Brioude du regne de Louis d'Outremer contenant une donation faite par Aftorg Vicomte d'Auvergne à l'Eglife de Brioude avec le confentement de fon frere Guillaume. Il eft vray neantmoins qu'Aftorg n'y eft pas appellé fils de Bernard ny Vicomte. Mais on peut ayfement reconnoiftre que c'eft du Vicomte fils du Comte Bernard qu'il y eft parlé, non feulement à caufe que le temps s'y accorde, mais encore parceque dans les fragmens des tables du Cartulaire de Brioude il eft appellé Vicomte, *Oftorgius Vicecomes.* Et c'eft fans doute fur l'auctorité de ces fragmens que M. Du Bouchet, qui les a eus long temps en fon pouvoir, s'eft fondé pour luy donner la qualité de Vicomte. Car il n'en rapporte pas la preuve.

Preuves p. 26.

Nouveaux fragmens des tables p. 4.

Bernard

Bernard d'Auvergne II. du nom.
CHAPITRE VIII.

ERNARD I. du nom Comte d'Auvergne fils d'Acfred I. & d'Adelinde fut pere, comme je l'ay desja dit, de Bernard d'Auvergne qui fait le sujet de ce chapitre. La preuve qu'il estoit son fils resulte de plusieurs chartes de Brioude & de Saucillanges qui seront rapportées parmy les preuves, dans lesquelles il est appellé fils *Preuves p. 25.* du Comte Bernard & de Blitsende, pere de 16. Geraud surnommé de la Tour, & ayeul de Bernard Seigneur de la Tour III. de ce nom.

Encore qu'il soit certain que Geraud son fils est celuy qui a porté le nom de la Tour en la maison d'Auvergne, il y a neantmoins une charte *Preuves p. 25.* de l'année dixiesme du regne de Raoul Roy de Bourgogne dans laquelle 476. ce Seigneur est appellé Bernard de la Tour. Ce qui est sans doute provenu de ce que ce surnom estant desja bien establi dans la famille lorsque cet acte a esté passé, y ayant environ soixante dix ans qu'il y estoit usité, celuy qui l'a dressé a creu que le pere de Geraud s'appelloit aussi de la Tour, parce qu'il voyoit que ses descendans portoient ce surnom.

Ce fut par ce Bernard que commença l'interruption de la succession en la Comté d'Auvergne, laquelle fut usurpée sur luy par Guillaume III. surnommé Teste-d'estoupe Duc de Guyenne, qui s'en rendit le maistre par la faveur du Roy Loüis d'Outremer. Mais enfin elle revint dans la maison d'Auvergne environ quarante ans apres qu'elle en fut sortie, comme nous l'avons dit au commencement de cet ouvrage, & comme nous l'expliquerons plus particulierement au chapitre suivant. Bernard II. fut marié avec une Dame appellée Berthelde, de laquelle il eut deux enfans, Geraud & Estienne. Nous faisons voir la suite de ses descendans de masle en masle sans interruption dans la derniere partie de cette histoire.

Enfans de Bernard d'Auvergne II. du nom & de Berthelde sa femme.

GERAUD D'AUVERGNE surnommé DE LA TOUR, dont il sera parlé au commencement du quatriesme livre.

ESTIENNE D'AUVERGNE, lequel Geraud appelle son frere dans *Preuves p. 25.* une charte de l'Eglise de Brioude.

Guy I. & Guillaume IV. Comtes d'Auvergne.

CHAPITRE IX.

A Comté d'Auvergne ayant passé environ l'an DCCCCL. en la maison des Comtes de Poictiers, elle revint en celle de ses anciens maistres environ quarante ans apres, c'est à dire, apres la mort de Guillaume III. Comte de Poictou & Duc de Guyenne, qui se maintint en la possession de la Comté d'Auvergne, dans laquelle son pere avoit eu bien de la peine à s'establir à cause des oppositions que luy faisoit la noblesse d'Auvergne. La Comté d'Auvergne revint donc en la maison de ses anciens Princes apres le decez de Guillaume III. Comte de Poictiers mort en l'année DCCCXCIII. en l'abbaye de saint Maixent en Poictou, où il s'estoit rendu religieux. Car son fils Guillaume IV. surnommé Fierabras, quoyqu'il eust succedé aux autres Estats de son pere, ne luy succeda neantmoins pas en la Comté d'Auvergne, comme on le peut voir dans l'Histoire des Comtes de Poictou & Ducs de Guyenne de M. Besly. Elle revint donc en la maison d'Auvergne en la personne de Guy Vicomte descendu en ligne directe & masculine du Comte Acfred I. & d'Adelinde, comme je vais le faire voir.

Bernard I. Comte d'Auvergne fils d'Acfred & d'Adelinde fut pere, comme je l'ay desja dit, d'un autre Bernard & d'Astorg, lequel commença la branche des Vicomtes d'Auvergne desquels Guy Vicomte, qui fut le premier de ce nom Comte d'Auvergne, estoit issu.

On ne sçait pas precisément le temps auquel cet Astorg peut estre decedé, la charte de Brioude qui fait mention de luy & de sa femme Asendane estant du Vicomte Robert son fils, & non de luy, & n'estant pas d'ailleurs datée. Mais elle doit estre d'environ l'an DCCCCXXX. puisqu'elle est du temps du Vicomte Robert. Ce qui convient encore tres bien avec deux autres chartes de la mesme Eglise de Brioude des

Preuves p. 27.

années DCCCCXXVIII. & DCCCCXXXVII. qui prouvent que Bernard pere d'Astorg vivoit encore en ce temps là.

Astorg fut marié avec une Dame appellée Asendane, de laquelle il eut Robert I. Vicomte, Eustorge, Matfroy, & Guy. Robert I. eut deux femmes. La premiere fut Adalgarde, que je soupçonne avoir esté sœur de saint Odilon Abbé de Clugny, lequel estoit Auvergnat & avoit une sœur de ce nom. Il en fait luy mesme mention dans le titre de la fondation du prioré de la Voute en Auvergne en l'année MXXV. où il dit qu'il l'a fait par l'avis, entr'autres, *sororum nostrarum Blismodis venerabilis Abbatissæ & Aldegardis secundùm seculum nobilissimæ feminæ.*

Le lecteur me permettra bien de faire icy une petite digression en faveur de la genealogie de saint Odilon, qui n'a pas esté encore assez bien expliquée. Jotsald Moine de Clugny, contemporain & disciple de ce saint, nous apprend dans sa vie que son pere Beraud surnommé le Grand estoit d'une noblesse distinguée entre les Seigneurs d'Auvergne, *inter proceres Arvernorum nobilissimus, vir in armis strenuus, possessionibus & divitiis locupletissimus.* Or estant certain que le pere de Beraud s'appelloit Itier & qu'il se trouve plusieurs enfans de ce nom dans la genealogie des anciens Seigneurs de Mercueur, on pourroit conjecturer qu'il descendoit de la race d'Itier establi Comte d'Auvergne en l'année DCCLXXVIII. par le Roy Charlemagne. Cette conjecture est fondée sur le nom d'Itier affecté dans la maison des anciens Seigneurs de Mercueur & sur leur haute noblesse & les grands biens qu'ils avoient en Auvergne. Car outre le pere de Beraud, je trouve que saint Odilon avoit un frere appellé Itier. Guillaume frere de saint Odilon avoit aussi un fils appellé Itier. Si nous avions tous les titres de cette ancienne maison, nous y trouverions sans doute beaucoup d'autres exemples pour fortifier cette conjecture. On pourroit neantmoins la fortifier encore par l'affectation des noms dans les familles illustres, selon la remarque de M. du Chesne. Car nous trouvons qu'Itier, personnage fort connu & puissant à la Cour de Charlemagne, le mesme apparament qui fut establi par luy Comte d'Auvergne, & qui fut aussi suivant l'usage de ces temps là Abbé de saint Martin de Tours, eut pour successeur en cette abbaye un Gulfard, nom qui s'est conservé long temps dans la maison de Mercueur, comme nous le verrons incontinent. *Hist. de Montmorency p. 57.*

Quoyqu'il en soit, le premier que je trouve de cette genealogie est Hictier ou Itier seigneur de Mercueur en Auvergne, lequel avec sa femme Arsinde fit en l'année DCCCCXI. quelques dons à l'Eglise de Brioude. Il avoit un frere nommé Gulfad, qui estoit d'Eglise, lequel je trouve dans diverses chartes de l'Eglise de Brioude avoir esté Doyen de cette Eglise. Il est fait mention de luy dans un titre de l'an DCCCLXXX. de la mesme Eglise. Saint Odilon l'appelle son oncle dans la charte de la fondation du prioré de la Voute. Il fit en l'année DCCCCXII. & en l'année DCCCCXXV. quelques dons à l'Eglise de Brioude. Itier fut pere de Beraud de Mercueur, de Nizier, & de Vautier. Beraud espousa une Dame appellée Gerberge, laquelle luy engendra un grand nombre *Chartul. Briv. cap. 39. Ibid.c.38.294.*

d'enfans, assavoir saint Odilon Abbé de Clugny, Ebbon, Eustorge, Beraud Prevost de l'Eglise de Nostre Dame du Puy, Bertrand, Guillaume, Itier, Estienne enterré à Sarazac en Auvergne, Blismodis Abbesse, & Aldegarde femme, comme je le crois, de Robert I. Vicomte d'Auvergne. De tout ce grand nombre d'enfans masles je n'en trouve que deux qui ayent esté mariez, assavoir Ebbon, qui fut pere d'un Beraud, & Guillaume, lequel fut pere d'un autre Guillaume, d'un Beraud, d'Estienne Prevost de Nostre Dame du Puy apres son oncle, & en suite Evesque de Clairmont, & d'Hildegaire Chanoine de la mesme Eglise. Ce dernier Guillaume engendra Itier, Beraud, Geraud, Robert, un autre Beraud, & Odilon. Itier fut pere d'un autre Beraud. Voila tout ce que j'ay trouvé de cette genealogie, le tout bien prouvé par titres. Car je ne veux pas m'engager à ce que d'autres en ont escrit, n'en ayant aucunes preuves.

Hist. de N. D. du Puy p. 281. Estienne de Mercueur neveu de saint Odilon, appellé de Polignac par Messieurs de Sainte-Marthe, fut premierement Prevost de l'Eglise du Puy,& en suite Evesque de Clairmont en l'an MLI. comme nous l'apprenons de l'histoire de Nostre Dame du Puy du R. P. Odo de Gissey. En l'année MLVI. il fit les ordres à Bilhom, & y confirma sous peine d'excommunication & d'anatheme la donation que Faucon de Jaligny avoit faite de *Preuves de l'hist. de Tournus p. 311.* l'Eglise de Tresal en Auvergne à l'abbaye de Tournus, où son frere Guillaume estoit Abbé. En l'année MLXIV. Estienne Evesque de Clairmont & son *Chronolog. Lerin. part. 2. p. 133.* neveu Guillaume se voüerent pour prendre l'habit de religieux à saint Honorat de Lerins, & rendirent à cette abbaye l'Eglise de saint Just de Lugiac, qui avoit esté usurpée sur cette abbaye par un Abbé de Brioude, ainsi qu'il est marqué dans une charte de saint Honorat. Mais dans le *Preuves p. 34.* Cartulaire de Brioude je trouve que cette Eglise avoit esté donnée aux Chanoines de Brioude par un autre Estienne Evesque de Clairmont du temps du Roy Robert & par sa mere Humberge. Ce qui est bien different d'une usurpation. En l'année MLXIX. il confirma par son autorité épiscopale le don que Robert II. Comte d'Auvergne fit au monastere de Saucillanges de quarante sols de rente à Vieille Brioude. Il blessa dans la suite sa reputation, ayant en l'année MLXXIII. quitté son Evesché de Clairmont pour s'emparer de celuy du Puy, & mis en sa place Guillaume de Chamaliere. Il fut obligé pour cette cause d'aller à Rome vers le Pape Gregoire VII. auquel il promit de quitter l'Evesché du Puy, & n'en fit rien. De sorte *Hugo Flaviniac. pag. 197. 101 Gregor.vii.lib. 1. epist. 80.lib. 4. epist. 18. 19. 22. & lib. 3. p. 691.* qu'en l'année MLXXV. il fut excommunié dans un Concile tenu à Rome par ce Pape, & enfin deposé en l'année MLXXVI. dans un Concile tenu à Clairmont par le fameux Hugues Evesque de Die Legat du saint siege.

Avant que de quitter la genealogie des Vicomtes il est bon de remarquer icy que Astorg fils de Bernard II. & oncle de Geraud surnommé de la Tour eut quatre enfans, dont le troisiesme appellé Matfroy fut Vicomte de Thiern, d'où descendent les anciens Vicomtes de Thiern, desquels estoit issu saint Estienne fondateur de l'Ordre de Grandmont.

VICOMTES DE THIERN. Quoyque la maison des Vicomtes de Thiern issue de ce Matfroy soit esteinte, nous ne pouvons pas nous dispenser d'en parler icy, attendu que *Hist. de Courtenay p. 18.* c'est une branche de la maison d'Auvergne. M. Du Bouchet a avancé que Matfroy eſtoit fils d'Armand Vicomte d'Auvergne. Il m'auroit bien épargné de la peine, s'il en avoit rapporté la preuve. Car quelque ſoin que j'aye pris & quelque peine que je me ſois donnée pour la trouver, je n'ay pas peu y reüſſir. A la verité on trouve un Armand Vicomte d'Auvergne du temps du Roy Eudes & du Roy Charles le Simple. Mais il n'y a pas un ſeul titre qui porte que Robert I. du nom Vicomte d'Auvergne ny Matfroy ſon frere ayent eſté ſes enfans. Au contraire il y en a un dans le Cartulaire de l'Egliſe de Brioude dans lequel Robert ſe dit fils d'Aſtorg & d'Aſendane. Et par conſequent Matfroy, qu'on ne peut pas nier avoir eſté frere de Robert, eſtoit auſſi fils d'Aſtorg, & non d'Armand. Cela ne peut pas eſtre conteſté. Matfroy ſe trouve ſouſcrit à une donation que ſon grand oncle Acfred II. Comte d'Auvergne & Duc d'Aquitaine fit au monaſtere de Saucillanges en l'année DCCCCXXVII. laquelle a eſté donnée il y a long temps au public par le R. P. Labbe, & ſe trouve dans les Cartulaires de Clugny & de Saucillanges. Il eſt encore fait mention de luy dans la donation du lieu de Lizignac, appellé aujourd'huy ſaint Germain Lambron, faite à l'Egliſe de Brioude par Eſtienne II. Eveſque de Clairmont, qui l'appelle ſon oncle. Il fut pere de Guy I. Vicomte de Thiern, qui mourut ſans lignée, & d'Eſtienne, qui donna en l'année DCCCCLII. à l'abbaye de Clugny le lieu d'Oudelle ſitué dans la Comté d'Auvergne au dioceſe d'Autun, enſemble la chapelle qui y eſtoit baſtie en l'honeur de la ſainte Vierge, où repoſoit le corps de ſaint Leotald, c'eſt à dire, de ſaint Leotald Archeveſque d'Auch, que ſa legende marque eſtre mort en Bourgogne. Il donna encore l'année ſuivante à la meſme abbaye tous les biens qu'il avoit en Auvergne dans le lieu appellé *Rogiacus*, & quelque temps apres le lieu de la Vernede à l'Egliſe ſaint Julien de Brioude. Ce qu'il fit avec le conſentement de ſa femme Ermengarde; de laquelle il eut trois enfans nommez dans une charte du prioré de Saucillanges, aſſavoir Otbert, Armand, & Guillaume. D'où il reſulte que M. Du Bouchet n'a pas eu de bons memoires pour marquer la poſterité d'Eſtienne & d'Ermengarde, auſquels il donne pour enfans Guy II. du nom, Theotart, & Gilbert. Il ſemble bien plus naturel de dire qu'Otbert, que je trouve dans un autre titre de Saucillanges avoir eu une femme appellée Hildegarde, ayant eu un fils appellé Eſtienne, comme une charte de Clugny & une autre de Saucillanges nous l'apprennent, ce fut ce ſecond Eſtienne qui fut pere de Guy ſecond, de Theotart, & de Gilbert. Et c'eſt ſans doute cet Eſtienne qui eſt appellé Vicomte dans une charte de Pons Comte de Givaudan du mois de Fevrier M X. laquelle ſera imprimée parmy les preuves. Theotart & Gilbert ayant envahy les biens qu'Amblard Archeveſque de Lyon avoit donnez à l'abbaye de Clugny, le Pape Benoiſt VIII. eſcrivit contr'eux une letre à Eſtienne Eveſque de Clairmont pour le prier de les excommunier juſques à ce qu'ils en auroient fait reſtitution. Ces biens ſont enoncez dans l'acte de la donation paſſé en l'année DCCCCLXXVIII. lequel ſe trouve tranſcrit dans le Cartulaire de ſaint Maiol Abbé de Clugny. Ils ſont tous ſituez en Auvergne, & avoient eſté acquis par luy. Ce qui joint à ſon nom, qui eſtoit un nom fort uſité en Auvergne en ces anciens temps, pourroit faire penser que cet Archevesque estoit Auvergnat, & peuteftre de la race des Vicomtes, y ayant plusieurs Seigneurs de ce nom dans les anciens titres dans lesquels il est parlé des Vicomtes d'Auvergne. Il ne s'ensuit pourtant pas delà qu'il fut cousin germain de Guy II. Vicomte de Thiern, comme M. Du Bouchet l'a pensé, estant certain qu'Amblard cousin germain de ce Vicomte, si toutesfois il en a eu un de ce nom, n'estoit pas le mesme que celuy qui a esté Archevesque de Lyon. La preuve de cette difference est claire. Car l'Archevesque estoit deja Archevesque en l'année DCCCLV. & celuy que M. Du Bouchet peut avoir pensé avoir esté cousin germain de Guy II. parcequ'il trouvoit un Amblard fils d'Armand vivant dans le mesme temps auquel il a creu que ce Guy vivoit n'estoit pas encore titré en l'année DCCCLXII. comme nous l'apprenons d'un titre de l'Eglise de Brioude. Et d'ailleurs Guy II. estoit bien plus bas dans la genealogie qu'Amblard, lequel descendoit d'Armand frere de Matfroy, & estoit cousin d'Armand fils d'Amblard, & par consequent cousin germain d'Estienne I. bisayeul de Guy II. Vicomte de Thiern. Guy II. fut marié à une Dame appellée Reclinde, de laquelle il eut quatre enfans, Theotart, Guillaume, Estienne, qui fut Evesque du Puy, & Ermengarde, de laquelle il est fait mention en la Chronique du prioré de Maissac. Ce fut luy qui par un mouvement de pieté restablit avec le consentement de sa femme & de ses enfans la regularité dans l'abbaye de Thiern, de laquelle luy & ses predecesseurs avoient jouy fort long temps, comme c'estoit la mode parmy les Grands, & l'avoient laissée tomber en decadence. L'Abbé regulier estant mort en ce temps là, les religieux eslurent en sa place un nommé Pierre, homme de qualité, & fort recommandable pour sa vertu, lequel fut beny par Begon Evesque de Clairmont. Tout cela se passa sous le bon plaisir du Vicomte Guy. Le bon Abbé se voyant ainsi appuyé, se resolut d'introduire dans son abbaye la forme de vie qu'on gardoit à Clugny. Il s'adressa pour cet effect à saint Odilon. Ainsi l'abbaye de Thiern fut mise sous la discipline de ce grand Abbé & de son Ordre pour estre gouvernée de la maniere que l'estoient les monasteres de Saucillanges & de Souvigny, qui sont les premieres filles de Clugny. En suite le Vicomte luy donna & à son monastere plusieurs heritages, renonça en sa faveur à tous les biens & droits seigneuriaux dont il avoit accoustumé de jouir par droit de succession en cette abbaye & ses appartenances. Il tesmoigne dans sa signature qu'il souhaite que ce qu'il venoit de faire en faveur de ce monastere soit confirmé par le Pape, par le Roy, par Estienne Evesque de Clairmont, & par l'auctorité de son seigneur Guillaume IV. Comte d'Auvergne. Tout cela se passa en l'année MXII. qui fut la quinziesme année du regne du Roy Robert. Quatre ans apres ce Vicomte fonda un Chapitre de Chanoines en l'Eglise saint Genet de Thiern, & donna pour la nourriture & entretien des Chanoines les Eglises de saint Jean de Thiern & de Nostre Dame d'Aygueperse, c'est à dire, les revenus de ces Eglises, dont il avoit accoustumé de jouir comme de son patrimoine suivant l'usage de ce temps là. Il fut en suite à Rome, où il mit sur l'autel de saint Pierre

D'AUVERGNE. LIV. I. 31

la charte de cette fondation, & supplia le Pape Benoist VIII. de la confirmer. Ce qui luy fut accordé. Apres son decez Geraud Doyen de cette Eglise fit un voyage vers le Roy Henry I. en l'année MLIX. & obtint de luy & de son fils Philippe nouvellement couronné Roy la confirmation de tout ce qui avoit esté fait sur ce sujet sous le regne du Roy Robert. Tout cela est exprimé dans une ancienne notice de l'Eglise collegiale de saint Genet imprimée parmy les preuves. On a mis au bas de cette notice en forme de souscriptions les noms du Pape, des Roys, de Guillaume Comte d'Auvergne, & autres. M. Du Bouchet a creu que c'estoit les signatures du Pape & des autres dont les noms y sont escrits. Mais il est certain que ce n'est que les noms des bienfacteurs de cette abbaye qu'on a voulu marquer au bas de la notice pour en conserver la memoire. Guy II. mourut environ l'an MXXXI. au rapport de M. du Bouchet, & quelque temps apres Theotart son fils aisné, auquel succeda son frere Guillaume, qui fut le premier de ce nom Vicomte de Thiern, & fonda en l'année MXLVIII. avec le consentement de sa mere Reclinde lors octuagenaire le Chapitre de saint Martin d'Artonne en Auvergne, où il mit un Abbé & douze Chanoines qui sont nommez dans l'acte de la fondation. Il paroist par cet acte que sa femme s'appelloit Ponce. Ils engendrerent Estienne III. du nom, lequel fut marié du vivant de son pere avec une Dame appellée Blanche, laquelle fut mere de Guillaume II. Vicomte de Thiern & de saint Estienne, qui fonda l'Ordre de Grandmont, appellé frere de Guillaume dans le titre de la donation de Chavarou à l'abbaye de Clugny. Elle fut aussi mere de Guy III. qui est appellé pere de Guillaume III. dans la Chronique du prioré de Maissac en Auvergne. Guillaume III. succeda à son pere apres l'an MLX. & fut marié avec Adelais fille de Thibaud Comte de Chalon ; au moyen duquel mariage la Comté de Chalon entra dans la maison de Thiern, comme nous le dirons apres que nous aurons achevé de desduire la genealogie des Vicomtes. M. Du Bouchet a escrit que le Comte Thibaud mourut en l'année MLX. à son retour d'Espagne. Mais il y a dans le Cartulaire de saint Hugues Abbé de Clugny une charte de l'an MLXIII. qui fait voir que ce Comte estoit encore au monde dans le temps qu'elle a esté expediée. Guillaume III. mary d'Adelais de Chalon estoit fort pieux, y ayant dans le Cartulaire de saint Hugues & dans la Chronique du prioré de Maissac plusieurs titres contenant les dons que tant luy que sa femme & ses enfans ont faits à cette abbaye & au prioré de Maissac. Ses enfans sont nommez en cet ordre dans une charte de Maissac de l'année MLXXVII. Guy, Estienne, Guillaume, & Theotart. Je crois que leur pere mourut bien-tost apres, y ayant un titre de l'an MLXXX. auquel W. (c'est à dire, Wido ou Guy) souscrit avant sa mere. Guy III. estoit encore vivant en l'année MXCIV. comme il conste d'une charte qui est dans le Cartulaire de saint Hugues. Il fut pere de Guy IV. du nom Vicomte de Thiern, lequel estoit encore vivant en l'année MCXXX. & eut pour fils Guy V. Vicomte de Thiern en l'année MCLV. lequel fut pere de Guy VI. mary de Clemence de Courtenay Princesse du sang royal de France petite fille du

Roy Louis le Gros. Guy VI. & la Princesse sa femme engendrerent Guy VII. du nom Vicomte de Thiern & Estienne de Thiern seigneur de Maubec, lequel espousa en l'année MCCXLVIII. la fille & hetitiere d'Arbert Seigneur de Volore, & se fit en ce mesme temps une grosse affaire pour avoir enlevé une Religieuse du convent de Courpierre. Il eut de la Dame de Volore sa femme, laquelle je crois avoir esté appellée Alasie, Guillaume seigneur de Volore, Guy de Thiern Chanoine & Precenteur de saint Jean de Lyon, Ponce de Thiern Prieur de saint Thomas en Forez, & Estienne de Thiern Seigneur de Maubec. Guy VII. du nom Vicomte de Thiern fils de Guy VI. & de Clemence de Courtenay eut guerre avec Guichard Sire de Beaujeu & de Montpencier, qui surprit le chasteau de Thiern avant l'année MCCX. selon M. Du Bouchet. A cause dequoy Renaud de Forez Archevesque de Lyon & Guy Comte d'Auvergne, qui estoient amys du Vicomte, firent avec luy une ligue offensive & defensive pour le remettre dans sa place. En suite l'Archevesque luy fit espouser Marquise sa niece fille de Guigues III. du nom Comte de Forez decedé Outre mer l'an MCCIII. & sœur de Guigues IV. au jugement duquel le Chapitre de Thiern & luy sousmirent les differends qu'ils avoient ensemble, ainsi qu'on l'apprend de la sentence que le Comte prononça en l'année MCCXXXVI. par laquelle le Vicomte Guy, Marquise sa femme, & Chatard leur fils se desisterent de leurs pretentions, & le Chapitre promit de tenir à ses despens un guet dans le cloistre de l'Eglise pour la garde du chasteau de Thiern & de faire amortir les heritages qu'ils possedoient. Et de plus les Chanoines reconnurent que le Vicomte estoit patron de leur Eglise, comme fondateur, & qu'ils estoient tenus de le recevoir processionnellement lorsqu'il reviendroit du voyage d'Outremer, de saint Jacques, & de Rome, & lorsqu'il seroit fait Chevalier. Ce qui se doit entendre des Seigneurs de Thiern en general, & non de Guy tant seulement. Il provint de son mariage avec Marquise de Forez deux enfans, assavoir Chatard Vicomte de Thiern & Guy de Thiern Chanoine & Precenteur de l'Eglise de Lyon tuteur des enfans de Guy VIII. son neveu conjoinctement avec Gerard de Maumont Clerc c'est à dire Conseiller du Roy. Ce Precenteur mourut en l'année MCCLXXXIII. le jour & feste de saint Michel. Chatard fut marié, & avoit desja un fils avant l'an MCCIII. comme il conste d'un titre de l'an MCCXXVI. M. Du Bouchet a avancé qu'il fut marié deux fois & qu'il eut de son premier mariage une fille nommée Marquise Dame de Busset, laquelle fut femme de Pierre Seigneur de Broc. Mais le testament de Brunissend de Comborn femme de Chatard fille d'Archambaud VII. Vicomte de Comborn & de Marie de Limoges nous certifie que la fille de Chatard Dame de Buisset estoit fille de Brunissend. Il est pourtant vray que cette Marquise fut mariée à Pierre seigneur du Broc, du Chambon, & de Plauzac, & que de leur mariage il provint deux filles, l'une appellée Dauphine, laquelle son pere fit son heritiere universele en l'année MCCLXXIII. en laquelle il fit son testament, & l'autre appellée Marguerite, de laquelle sa mere estoit grosse lorsque ce testament fut fait. Dauphine

espousa

espousa en premieres nopces Louis de Beaujeu neveu d'Imbert seigneur
de Beaujeu & de Montpencier Connestable de France, & de ce mariage
il provint deux enfans masles appellez Louis & Imbert, lesquels se trouve- *Preuves p.284.*
rent à l'abbaye de Blesle en Auvergne en l'année MCCCXII. à la vesture de
Dauphine & Guillemete de la Roche leurs sœurs uterines, qui y furent
receües novices. Louis de Beaujeu estant mort environ l'an MCCCIV. sa
veuve convola en secondes nopces & espousa Briand de la Roche, duquel elle
eut un fils appellé Bertrand & trois filles, Dauphine, Guillemete, & Alasie
dite autrement Bohiere. Elle estoit encore veuve en l'année MCCCXXIV.
comme je le pense, y ayant un titre de cette année là où on ne luy donne
d'autre qualité que celle de *nobilis & potens Domina Delphina domina de
Broco & de Cambonio.* Ce qu'on ne pratiquoit pas du vivant de son mary,
estant pourlors nommée *Domina Delphina domina de Broco uxor Domini
Briandi de Rupe.* Tous ces faits ainsi articulez sont prouvez par les titres
originaux qui sont conservez au tresor du chasteau de Turenne. Revenons
maintenant à Brunissend de Comborn Dame de Thiern. Son testament *Preuves p. 34.*
nous apprend qu'elle fut mere de Guy VIII. du nom Vicomte de Thiern
& de Chatard Prevost de Thiern. M. Du Bouchet dans les memoires
qu'il a laissez escrits de sa main y adjouste une fille appellée Dauphine
mariée à Guillaume II. du nom seigneur d'Apchon, laquelle se
trouve avoir esté sa femme depuis l'an MCCLIII. jusques en l'année
MCCLXXX. & fut mere de Guillaume III. Seigneur d'Apchon & d'Estienne
d'Apchon Chevalier, auquel son pere fit don en l'année MCCLXXXIII.
de la terre de Combronde, & fut pere d'Almodie ou Almoux Dame de
Combronde femme de Robert Dauphin I. du nom seigneur de saint Ilpise.
Pour revenir donc à Brunissend de Comborn, je trouve qu'elle estoit veuve
en l'année MCCLVII. en laquelle elle mit son fils Guy sous la tutele de
Guigues V. Comte de Forez pour avoir la garde de sa personne & de ses
biens jusques à ce qu'il eust vingt ans accomplis *selon la Coustume de France.*
Ce qui marque qu'il estoit bien jeune lorsque son pere mourut. Et ce
Comte de Forez estant decedé en l'année MCCLIX. Brunissend consentit
que Renaud Comte de Forez son frere succedat à cette tutele. Apres cela
son fils Guy espousa Marguerite de Thiern fille unique & heritiere de
Guillaume de Thiern Seigneur de Volore sa cousine au troisiesme degré,
descenduë de Guy VII. son ayeul. En l'année MCCXCVIII. Guy VIII.
Vicomte de Thiern, sa femme Marguerite, & Guillaume son fils aisné,
auquel il avoit fait don de la seigneurie de Thiern à la reserve de l'usufruit, reconnurent par acte public que le Comte de Forez leur avoit presté
pour le bien de leurs affaires la somme de mil cinquante neuf livres. Il
mourut l'an MCCCI. & laissa deux fils & une fille, assavoir Guillaume IV.
du nom Vicomte de Thiern, Louis de Thiern seigneur de Volore, &
Jeanne de Thiern mariée à Ithier Seigneur de Breon & de Mardogne.
Guillaume IV. se voyant sans enfans fit don de ses biens à Jean de Forez
son cousin en l'année MCCCI. le samedy de l'Octave de la nativité de
saint Jean Baptiste. Mais ayant eu depuis des enfans d'Agnes de Maumont
sa femme, la donation fut convertie en eschange, le Comte de Forez luy

Tome I. E

ayant baillé pour ses seigneuries en l'année MCCCVIII. les chasteaux & seigneuries de saint Maurice, de Chastelus en Roannois, de Bussy, & la moitié de celle de Gouville & de saint Germain de Vaux. Guillaume mourut en l'année MCCCXI. & sa veuve se remaria l'année d'apres à Guillaume Guenand seigneur des Bordes & du Blanc en Berry, qui eut quelque temps conjoinctement avec elle la tutele & curatele des enfans de son premier mary. Ses enfans furent, Guillaume de Thiern mort en l'année MCCCXX. fort jeune, Contour de Thiern mariée à Humbert Guy seigneur de Chabanes, & Brunissend de Thiern ainsi dite du nom de Brunissend de Comborn sa bisayeule, appellée heritiere universele de Guillaume de Thiern son pere en un titre de l'an MCCCXX. laquelle espousa Guillaume Guenand II. du nom fils du seigneur des Bordes du premier lit. Il provint de leur mariage une fille nommée Radegonde Guenand mariée à Guy V. du nom seigneur de la Tremouille ayeul du fameux George seigneur de la Tremouille, de Sully, & de Craon, grand Chambellan de France, Comte d'Auvergne & de Boulogne du chef de Jeanne II. du nom Comtesse d'Auvergne & de Boulogne sa femme.

Louis de Thiern second fils de Guy VIII. du nom Vicomte de Thiern eut les seigneuries de Volore & de Montguerlie en partage, & espousa en l'année MCCCI. Isabeau Damas fille d'Hugues de Cousan III. du nom bisayeul de Guy de Cousan Grand Eschançon & Grand Maistre de France. En l'année MCCCXIV. il fit son testament, dont il nomma executeurs Gilles Aycelin seigneur de Montaigu, Bertrand de la Tour Sire d'Oliergues, Eustache de saint Babel, Antoine de saint George, & Jaubert de Lause Chevaliers. Mais il ne mourut qu'apres l'an MCCCXXXVII. & laissa d'Isabeau de Cousan sa femme Guillaume de Thiern seigneur de Volore & de Montguerlie, Isabeau de Thiern religieuse à Courpiere, Alix de Thiern mariée à Hugues Damas seigneur d'Aubiere, & Beatrix de Thiern mariée en l'année MCCCXXXIX. à Jean Gros Chevalier, issu apparament de l'illustre maison de Brancion en Bourgogne. Guillaume de Thiern fils de Louis espousa Agnes fille de Bertrand de Rochefort seigneur d'Aurouze, & fit son testament en l'année MCCCL. dont il institua executeurs Hugues Damas seigneur d'Aubiere, Morinet Seigneur de Breon, Ponée d'Aurouze son beaufrere Chanoine de l'Eglise de Brioude, & Faydit de la Barge Damoiseau. Ses enfans furent Louis de Thiern mort sans avoir esté marié, Guy & Amedée de Thiern morts jeunes, & Marguerite de Thiern Dame de Volore & de Montguerlie, qui espousa Pierre de Besse seigneur de Bellefaye en Limousin, & fut mere de Guillaume Seigneur de Bellefaye & de Peyrac, qui mourut sans enfans, d'Agnes, appellée ailleurs Marguerite, mariée en premieres nopces à Beraud Dauphin seigneur de Rochefort, & d'Hyacinette femme de Jean seigneur de Pierre-Buffiere. Nous parlerons plus amplement de la maison de Bellefaye au chapitre sixiesme du second livre.

Notæ ad Vitas Papar. Aven. p. 1430.
Hist. des Chasseigners p. 143.

Revenons maintenant à Guillaume III. Vicomte de Thiern mary d'Adelais de Chalon. Ils eurent quatre enfans nommez dans la Chronique du prioré de Maissac, assavoir Guy, Estienne, Guillaume, & Theotart. Guy fut

Acta SS. ord. S. Bened. to. VI. p. 157.

D'AUVERGNE. LIV. I.

Comte de Chalon du chef de sa mere heritiere en partie du Comte Hugues *Preuves p. 34.*
son frere decedé en l'année MLXXX. sans enfans. Guy entreprit le voyage
de la terre sainte, & fut pere de Guillaume I. du nom Comte de Chalon
& de Guy seigneur de Montpencier. En l'année MCXIII. Guillaume
Comte de Chalon & Savary de Semur seigneur de Vergy & Comte de *Hist. de Vergy*
Chalon en partie fonderent l'abbaye de la Ferté sur Grosne. Neantmoins *p. 80.*
Guillaume s'oublia si fort dans la suite qu'il exerça diverses grandes violences
& cruautez contre les religieux & contre les vassaux & sujets de l'abbaye
de Clugny. Ce qui ayant obligé ces religieux d'en porter leur plainte au *Ibid. p. 84.*
Roy Louis VII. il assembla promptement une grande armée, avec laquelle
il entra en Bourgogne en l'année MCLXVI. & se rendit sans resistance
maistre de toutes les places & forteresses du Comte Guillaume, & nommement de la ville de Chalon. Il se saisit aussi du Mont saint Vincent &
de toutes les autres terres que le Comte de Chalon tenoit jusques à la riviere
de Saone, lesquelles il bailla en garde à Hugues Duc de Bourgogne &
à Guillaume Comte de Nevers, qui l'assistoient en cette guerre. Le continuateur d'Aymoin & les Chroniques de l'abbaye saint Denys portent que
sa Majesté leur donna ces terres pour les posseder à perpetuité. Mais Hugues Moine de l'abbaye de Vezelay aucteur contemporain, lequel a plus
veritablement & plus nettement parlé de cette guerre qu'aucun autre,
tesmoigne seulement qu'elles demeurerent entre leurs mains jusques à
ce que le jeune fils du Comte Guillaume, qui avoit esté la cause de tout
le mal, vint à Vezelay avec sa mere, & donna satisfaction au Roy, lequel
le restablit dans la jouissance de ses terres. Ce fils, appellé Guillaume comme
son pere, ne tint pas la parole qu'il avoit donnée au Roy de n'inquieter
plus les Moines de Clugny. Car incontinent apres que le Roy fut decedé
il recommença avec Imbert seigneur de Beaujeu & autres à les tourmenter.
Ce qui irrita tellement le Roy Philippe Auguste que dez la premiere année
de son regne il s'achemina en Bourgogne avec de grandes forces, ravagea
les terres de ces Seigneurs, & les contraignit par ce moyen à rentrer en
leur devoir. Car on trouve nommement que Guillaume Comte de Chalon
fit en l'année MCLXXX. un accord avec Thibaud Abbé de Clugny &
Jean Prieur de Pared touchant les droits qu'il pretendoit avoir sur ce prioré
fondé par Lambert Comte de Chalon son predecesseur. Il entreprit en l'année
MCLXXXIX. le voyage de Hierusalem, & fut à la Ferté se recommander
aux prieres des religieux de cette abbaye fondée par son pere. Il fut allié
par mariage avec Beatrix de Suaube fille de l'Empereur Frederic I. surnommé Barberousse Duc de Suaube & de Beatrix de Bourgogne heritiere
de la Comté de Bourgogne sa femme. Et de cette alliance luy nasquit
une seule fille appellée Beatrix, mariée premierement à Alexandre de
Bourgogne frere d'Eudes III. Duc de Bourgogne, & en secondes nopces
avec Estienne II. Comte de Bourgogne & d'Auxonne. Et ainsi finit en
elle la maison des Comtes de Chalon du surnom de Thiern branche de
la maison d'Auvergne.

Apres avoir assez amplement parlé de la maison des Vicomtes de Thiern
issus de la maison d'Auvergne, il faut reprendre nostre premier object &

Tome I. E ij

36 HISTOIRE DE LA MAISON

Preuves p. 27.
34. & seqq.

revenir à Robert I. Vicomte d'Auvergne, lequel avoit, selon mon opinion, espousé Adalgarde sœur de saint Odilon. Il eut d'elle Robert II. Vicomte, Eustorge, & Estienne. On ne trouve pas d'autres enfans de ce Vicomte. Car ceux cy estoient constamment enfans d'Adalgarde, & il ne paroit pas qu'il en ait eu d'Hildegarde sa seconde femme. Estienne son fils fut d'Eglise. Le Roy Louis d'Outremer luy donna l'abbaye de Conques en Rouergue, de laquelle il fut Abbé pendant toute sa vie. Et cependant il avoit sous luy un Abbé regulier, *Abbas secundùm regulam*, comme il est dit dans un titre de Conques. Il fut fait environ le mesme temps Evesque d'Auvergne, y ayant un titre de l'Eglise de Brioude donné au mois de Juin DCCCCXXXVII. auquel Estienne Evesque a souscrit. Il y en a encore un à Saucillanges du mois de Decembre DCCCCXLIII. dans lequel il se dit Evesque d'Auvergne. Il donna deux ans apres à l'Eglise de Brioude le lieu de Liziniac en Auvergne, dont nous avons le titre, dans lequel il fait mention de toute sa parenté, aussi bien que dans un autre titre de l'an DCCCCLXII. donné pour le mesme sujet. En l'année

Preuves p. 34.
35.

Preuves p. 22.

Bibliot. Clun.
p. 273.

Chron. Frodoard. an. 951.

DCCCCXLIX. s'interessant en la fondation que le Comte Acfred son grand oncle avoit faite en Auvergne en faveur de l'Ordre de Clugny, c'est à dire en la fondation du prioré de Saucillanges, il en demanda la confirmation au Pape Agapet II. & ensuite au Roy Louis d'Outremer. L'année d'apres DCCCCLI. ce Roy estant allé en Guyenne avec une puissante armée, Charles Constantin Prince de Vienne, Estienne Evesque d'Auvergne, & Guillaume III. Comte de Poictiers & d'Auvergne luy furent au devant, luy firent le serment de fidelité, & l'Evesque luy fit en

Preuves pag. 2.

outre de riches presents. En l'année DCCCCLII. il se trouva à Ennezat en Auvergne lorsque les Seigneurs d'Auvergne, qui jusques alors avoient refusé de reconnoistre ce Guillaume pour leur Comte, se soufmirent enfin à luy, & luy firent le serment de fidelité. Il se trouve encore mention de luy comme Evesque d'Auvergne en une charte de l'année DCCCCLIX. citée par M. Savaron dans le commentaire qu'il a fait sur un ancien livre qui traite des Eglises & des saints de Clairmont, où il fait aussi mention

Preuves p. 38.

du testament fait par cet Evesque en l'année DCCCCLXXVI. Ce qui pourroit faire penser qu'il mourut en ce tems là. Ce sçavant homme nous apprend dans les Origines de Clairmont que cet Evesque recouvra les biens de l'Eglise alienez par ses devanciers, qu'il fit une immense dona-

Preuves p. 39.

tion avant que d'aller à Rome, d'où il rapporta des reliques qu'il enserra dans l'image de Nostre Dame. Il adjoute que ce qui le rendit plus recommandable est qu'il rebastit la cité de Clairmont.

Acta SS. ord. S.
Bened. to. VII.
pag. 770.

Robert II. eut une femme appellée Ingelberge Dame de Beaumont au diocese de Chalon. Ce qui pourroit faire estimer qu'elle estoit de ce pays là, & peuteftre sœur de Ledgarde Vicomtesse de Vienne, de laquelle il sera parlé un peu plus bas. Ingelberge fut mere de Robert III. mort sans lignée, de Bertrand Vicomte en Auvergne, de Guy Vicomte en DCCCCLXXX. & enfin Comte d'Auvergne premier de ce nom, & de Guillaume I. du nom Comte d'Auvergne apres Guy.

Il est fait mention de Guy en plusieurs chartes de Clugny & de Saucillanges, & principalement dans celle par laquelle, n'ayant encore d'autre qualité que celle de Vicomte, il donna à l'abbaye de Clugny le fief & *Preuves p. 40.* l'Eglise de Beaumont au diocese de Chalon, dont il estoit seigneur proprietaire du chef de sa mere Ingelberge, qui y est nommée aussi bien que son pere & son oncle Estienne Evesque d'Auvergne. Par une charte du Cartulaire de Saucillanges, dans laquelle il s'intitule Prince d'Auvergne, *Preuves p. 41.* *Princeps Arvernorum*, il donne à ce monastere l'Eglise de saint Sernin de Billom avec le consentement de sa femme Ausende. Il est difficile de dire le temps auquel cette donation a esté faite, n'y ayant autre chose dans la date que ces paroles : *Facta est hæc donatio mense Augusto feria* IV. *regnante Lothario Rege Francorum*. Mais il semble qu'elle doit estre censée posterieure à celle de Clugny, puisqu'il n'y prend pas la qualité de Vicomte, mais celle de Prince d'Auvergne, qui signifie la mesme chose que celle de Comte ; dautant plus que dans une autre charte de Saucillanges datée, comme je le crois, de deux ans apres celle cy, il est appellé Comte & Defenseur de ce monastere, *Signum Guidonis Comitis defensoris nostri*, & *Preuves p. 42.* qu'il est aussi appellé Comte dans plusieurs autres chartes de Saucillanges.

La qualité que les Moines de Saucillanges donnent à ce Comte, qu'ils appellent leur Defenseur, merite quelque reflexion. Anciennement les Moines regardoient leurs fondateurs & leurs descendants comme leurs Pasteurs laïques, comme leurs Protecteurs & leurs Defenseurs. Il y en a une belle preuve dans les letres de Raymond I. Comte de Toulouse en *Hist. des Comtes* faveur de l'abbaye de Vabres en Rouergue, laquelle il a fondée. Il declare *de Toulouse p.* par ces letres que pendant qu'il vivra, il veut estre le Tuteur & le De-*69.* fenseur de cette abbaye, & ordonne que ses enfans le seront l'un apres l'autre. Ceux de l'abbaye de Tulle, qui regardoient Aymar seigneur d'Eschelles Vicomte du bas Limousin restaurateur de leur monastere comme leur fondateur, & ce avec d'autant plus de raison qu'il leur avoit donné *Preuves p. 42.* tous ses biens, se voyant sans Defenseur apres sa mort, ils choisirent pour leur Pasteur laïque Donnereau son bastard, & le mirent en mesme temps en possession du chasteau de Mousseou entre Tulle & Aurillac. Car c'estoit la coustume, ainsi que le R. P. Mabillon l'a tres bien observé & prouvé, de donner à ces Defenseurs, qui estoient choisis par les Moines, quelque terre en fief comme pour recompense de la protection qu'ils devoient leur donner. Doncques les Moines de Tulle esleurent pour Defenseur Don-*Preuves p. 42.* nereau fils d'Aymar. Mais comme il estoit homme de petite cervelle, il leur eschapa, & s'enfuit, en sorte qu'ils ne peurent pas le retrouver. Et pourlors ils s'adresserent à Bernard seigneur de Turenne Vicomte du bas Limousin apres Aymar, duquel il estoit proche parent, comme estant tous deux de la maison de Turenne. L'Histoire est toute pleine de semblables exemples. Et pour cette mesme raison les Moines de Saucillanges voulant se choisir un Defenseur, ils jetterent les yeux sur ce Comte Guy, qui descendoit en ligne directe & masculine de la race d'Acfred Duc d'Aquitaine & Comte d'Auvergne leur fondateur.

Le Comte Guy fut marié avec une Dame appellée Ausende. Mais on *Preuves p. 40.* ne trouve pas qu'il en ait eu des enfans. De sorte que la Comté d'Auvergne vint à Guillaume IV. fon frere, lequel eut de fa femme appellée Humberge plufieurs enfans, dont quelques uns decederent avant leur mere, laquelle eftoit encore vivante en l'année MXVI. comme il confte d'un titre allegué par M. Savaron en fes Notes fur les Origines de Clairmont page 140.

Mais auparavant de parler des enfans d'Humberge il femble qu'il faut dire quelque chofe d'elle & des donations qu'elle fit aux Eglifes de Brioude & de Saucillanges, aufquelles les Seigneurs iffus de la maifon d'Auvergne ont fait en tous temps beaucoup de bien. Je trouve que du temps de l'Evefque d'Auvergne Begon, c'eft à dire en l'année DCCCXC. ou environ, elle fit plufieurs dons au monaftere de Saucillanges qui font enoncez dans les actes qui en furent dreffez pourlors, lefquels fe trouveront rapportez parmy les preuves. Sous le pontificat de fon fils Eftienne fucceffeur de Begon elle donna à l'Eglife de Brioude le lieu de Lugiac, dont j'ay parlé cy devant, & conjointement avec fes enfans elle donna le lieu de Chauriac à la mefme Eglife. Elle confirma encore par fon feing & par ceux de fes enfans le don du lieu appellé *Annoiolum* fait au monaftere de Saucillanges par Louis de Monton & fa femme Abbe, laquelle eftoit fille d'Hugues feigneur du lieu appellé *Palerios* & de fa femme Ifingarde, laquelle fut mere de Pierre & d'Ifingarde mariée à Rorice, autrement appellé *Rorgius*, qui fut pere de Faramond. Je trouve qu'Abbe avoit plufieurs freres, affavoir Geraud, Arbert, que je trouve appellé Vicomte, Hugues, Pierre, & Maurice.

Preuves p. 42.
Preuves p. 43.
Preuves p. 44.
Preuves p. 43.

Enfans de Guillaume IV. Comte d'Auvergne & de fa femme Humberge.

ROBERT I. COMTE D'AUVERGNE, qui continua la lignée.

ESTIENNE EVESQUE D'AUVERGNE aprés Begon. Il fut tué traiftreufement en l'année MXIII. comme il alloit voir fa tante Ledgarde, & le meurtrier fe fit en fuite Moine à Clugny pour y faire penitence d'une fi mefchante action, comme il eft marqué dans le Concile de Limoges. Je ne fçay pas bien qui eftoit cette Ledgarde. Mais il fe pourroit bien faire que c'eftoit la femme de Berilon de la Tour premier de ce nom Vicomte de Vienne, auquel les Hiftoriens de Dauphiné donnent une femme de ce nom, dautant mieux que dans le mefme temps je trouve un titre de l'an MXXXVIII. paffé en Bourgogne dans lequel eft mentionnée Ledgarde femme de Berlion, & dans le Cartulaire de faint Odilon un Berlion Chevalier mary d'Aldiarde, qui eft fans doute Berlion II. fils de Berlion I. & de Ledgarde. D'où on peut encore tirer que Berlion I. eut deux enfans, affavoir Berlion II. marié à Aldiarde, & Guichard mary de Maxime. Berlion II. eut deux enfans, Arbert, & Artaud. Guichard eut un fils appellé Eftienne. Car c'eft ainfi qu'il faut expliquer le titre de Tournus de l'an MXXXVIII. où Guichard & Berlion freres appellent leurs neveux Artaud & Eftienne, appliquant Artaud nommé le premier à Guichard, qui eft nommé le premier, & Eftienne à Berlion, qui eft nommé

To. 1 Labbei p. 733. 795.
Nobiliaire du Dauphiné to. 1. p. 160. 167.
Preuves de l'hift. de Tournus p. 205.
Preuves p. 44.

D'AUVERGNE. Liv. I.

le second, dautant qu'il conste que Berlion II. avoit un fils appellé Artaud, lequel estoit par consequent neveu de Guichard.

GUILLAUME D'AUVERGNE, duquel on ne trouve rien que le nom.

Robert I. Comte d'Auvergne.

CHAPITRE X.

OBERT I. estoit fils de Guillaume IV. & de la Comtesse Humberge, comme il a esté remarqué au chapitre precedent. Il espousa Ermengarde fille de Guillaume I. Comte d'Arles, laquelle estoit sœur de la Reyne Constance femme du Roy Robert, comme il est bien nettement expliqué dans le rapport que l'Evesque de Palestrine fit au Pape Paschal II. de leur genealogie.

Preuves p. 45.

Elle n'est pas si nettement expliquée dans l'epistre CCXI. d'Ives Evesque de Chartres, non pas par sa faute, comme il est à presumer, mais par celle des copistes, les anciens manuscrits de cette epistre estant tres fautifs & fort differents. On en retire neantmoins cet avantage qu'elle auctorise la relation de l'Evesque de Palestrine au sujet de la Comtesse d'Auvergne; dautant que s'agissant à la Cour du Pape Urbain II. de sçavoir le degré de consanguinité qui estoit entre Baudouin fils du Comte de Flandres & la fille d'Alain Duc de Bretagne, qu'on vouloit marier ensemble, & qu'il voulut en estre exactement informé, on fit venir des tesmoins des lieux d'où on en pouvoit avoir facilement, & nommement du pays d'Auvergne, où le Pape sçavoit sans doute qu'il y avoit eu une Princesse Comtesse d'Auvergne parente des Comtes de Flandres. Ce fut un Moine d'Auvergne appellé Caste, homme de qualité, qui fut chargé de cette commission, & qui instruisit le Pape de cette parenté, comme ledit Ives Evesque de Chartres, qui y estoit present, nous l'apprend. Il ne dit pas que le Pape leur ait accordé la permission de se marier. Mais il y a bien lieu de croire qu'il le fit, puisqu'en l'année MCX. il y eut contestation au sujet de leur mariage à la Cour du Pape Paschal II. pardevant lequel on deduisit encore les degrez de leur parenté. Il y en a qui pretendent que leur mariage fut dissous pourlors. Mais on n'en rapporte aucune preuve.

Il est constant que la Reyne Constance & Ermengarde estoient sœurs & qu'elles estoient filles d'un Comte appellé Guillaume, lequel est appellé par quelques uns Comte d'Arles, par d'autres Comte de Toulouse, & par d'autres Duc de Guyenne. La difficulté consiste à sçavoir de quelle maison elles estoient issuës. La plus commune opinion, qui a esté embrassée avec beaucoup de raison par Messieurs Du Chesne, de Sainte-Marthe, Besly, Justel, & Menage, est qu'elles estoient filles de Guillaume I. Comte d'Arles & d'Adelaide ou Alix d'Anjou sa femme fille de Fouques le Bon Comte d'Anjou, appellée Blanche dans la Chronique des Comtes d'Anjou & dans l'epistre CCXI. d'Ives Evesque de Chartres. Toutesfois Glaber, qui vivoit du temps du Roy Robert, & qui a escrit sa vie, dit que sa femme Constance estoit fille de Guillaume Duc de la premiere Aquitaine, & un peu plus bas il adjouste que ce Roy prit à femme *Reginam Constanciam à partibus Aquitaniæ*. Nous apprenons d'ailleurs d'un fragment de l'Histoire de France tiré d'un ancien MS. de saint Benoist sur Loire qu'elle estoit fille de Guillaume Comte de Toulouse. Ce que M. Catel estime pouvoir estre concilié facilement, à cause que les Comtes de Toulouse estoient anciennement censez estre de l'Aquitaine, comme il le prouve par beaucoup d'auctoritez. Mais sur cette difficulté il faut voir M. Besly, qui l'a dessvelopée avec beaucoup d'erudition & fait voir que ce Guillaume I. Comte d'Arles pere de la Reine Constance est le mesme que Guillaume III. Comte de Toulouse, opinion qu'il semble que Messieurs de Sainte-Marthe ayent suivie dans la derniere edition de leur Histoire de la Maison de France.

Il se rencontre icy une difficulté assez grande au sujet d'Adelaide mere de la Reyne Constance. Il est suffisamment prouvé qu'elle estoit fille de Fouques le Bon Comte d'Anjou, qu'elle fut mariée à Guillaume I. Comte d'Arles, & qu'elle survesquit au Comte d'Arles son mary, prenant tousjours la qualité de Comtesse. Et cependant on trouve qu'Adelaide sœur de Geoffroy surnommé Grisegonelle Comte d'Anjou & de Guy Evesque du Puy, qui estoient tous deux fils de Fouques le Bon, estoit mariée à Estienne Comte de Givaudan, & qu'elle luy engendra trois enfans, assavoir Bertrand, Pons, & Estienne Evesque du Puy. Si on avoit la preuve de ce que M. Menage a avancé dans l'Histoire de Sablé page 335. qu'Alix d'Anjou mere de Constance Reyne de France a esté mariée deux fois, on pourroit croire qu'elle fut premierement mariée au Comte de Givaudan, & qu'apres son decez elle se remaria à celuy d'Arles. Mais cela s'appelle deviner. Je croirois plustost, puisqu'il est permis de conjecturer en une affaire si obscure, ou que Fouques le Bon eut deux filles de mesme nom, ce qui se rencontre assez souvent, ou que l'une des deux fut appellée Alix, & l'autre Blanche. Car nous avons observé cy-dessus que la mere de la Reyne Constance estoit appellée

Blanche

Blanche dans la Chronique des Comtes d'Anjou & dans une lettre d'Ives Evesque de Chartres. Quoy qu'il en soit, il conste que Constance fut mariée au Roy Robert & sa sœur Ermengarde à Robert I. Comte d'Auvergne.

Auparavant de quitter cette matiere, je crois qu'il est à propos de faire remarquer au lecteur, quoy que ce poinct d'histoire ne soit pas tout à fait de nostre sujet, que M. Menage, comme je viens de le dire, a avancé sans preuve un fait qui ne paroit pas vraysemblable, assavoir qu'Adelaide d'Anjou fut mariée deux fois, la premiere à Guillaume I. du nom Comte d'Arles, & la seconde à Guillaume qu'il appelle VII. Comte d'Auvergne, c'est à dire, à Guillaume V. fils de Robert mary d'Ermengarde. Ce qui paroit extremement absurde, n'estant pas à presumer que Guillaume V. ait jamais pensé à espouser sa grande mere, ou en tout cas la belle mere de son pere, supposé qu'on voulut pretendre que Guillaume V. fut fils de Robert d'une autre femme qu'Ermengarde.

Si l'on en croit M. Bouche, qui a escrit l'Histoire de Provence, Constance & Ermengarde avoient encore deux sœurs, assavoir Adalmodie Comtesse de Toulouse & de Barcelonne & Odile mariée à un Seigneur appellé Miron. La chose semble assez vraye à l'esgard d'Odile. Mais la preuve que cet aucteur apporte pour faire voir qu'Adalmodie estoit fille du Comte d'Arles, assavoir qu'ayant fait du bien à un monastere de Provence, il y a apparence qu'elle estoit du mesme pays, est une maniere de preuve tres peu concluante: Si elle estoit receuë, on pourroit, sans aller chercher des exemples bien loin, dire qu'Estienne de Mercueur Evesque de Clairmont & Guillaume Chanoine de Brioude son neveu, qui estoient assurement Auvergnats, estoient Provençaux, parce qu'ils ont fait du bien à l'abbaye de saint Honorat de Lerins, comme nous l'avons remarqué cy-dessus page 28. Il y a bien plus d'apparence que cette Dame estoit de la maison des Comtes de la Marche en Limousin, comme Messieurs Besly & Blondel l'ont creu, & comme je l'ay monstré apres eux par des preuves bien mieux concluantes que celle dont M. Bouche s'est servi pour fonder son opinion. *Marca Hisp. p. 450.*

Il est fait mention de ce Comte Robert dans un titre de l'Eglise de saint Genet de Thiern de l'année MXVI. où il est qualifié du titre de Prince, *Aquitaniam gubernante Guillelmo Pictaviensi Comite, & in Arvernia Roberto honorabili Principe*, qualité que prend aussi le Comte Guillaume son fils dans un titre de Saucillanges, & laquelle avoit esté prise avant eux par Guy I. Comte d'Auvergne leur oncle. *Preuves p. 34. Preuves p. 41. 49.*

Enfans de Robert I. Comte d'Auvergne & d'Ermengarde d'Arles sa femme.

GUILLAUME V. COMTE D'AUVERGNE, dont il sera parlé au chapitre suivant.

ERMENGARDE D'AUVERGNE mariée à Eudes II. du nom Comte de Blois, de Chartres, & de Champagne, d'où sont descendus les Comtes

HISTOIRE DE LA MAISON

Palatins de Champagne, parmy lesquels il y a eu des Roys d'Angleterre & de Navarre. Il est fait mention de cette Ermengarde Comtesse de Champagne dans quelques titres de saint Florent de Saumur. Elle survesquit à son mary tué à la bataille de Bar en l'année MXXXVII. & mourut l'onziesme jour du mois de Mars.

Preuves p. 45.

M. Justel a donné à nostre Comte Robert une autre fille appellée Berthe, laquelle il dit avoir esté mere d'Havise Comtesse de Nantes. Il a esté induit en cette erreur par Gilles de Roye historien Flamand, qui le dit nettement. En quoy il s'est grandement trompé, n'ayant pas assez refleschi sur le tesmoignage de l'Evesque de Palestrine, sur lequel je crois qu'il s'est fondé, ayant mal à propos confondu deux Ermengardes en une seule personne. Car l'Evesque de Palestrine, dont le tesmoignage est rapporté par Meyer, dit à la verité que Berthe mere d'Hadouïse Comtesse de Nantes estoit fille d'une Ermengarde, non pas de celle qui fut Comtesse d'Auvergne, mais d'une autre Ermengarde fille de cette Comtesse, mariée, comme nous venons de le dire, à Eudes II. du nom Comte de Blois, laquelle fut mere de Berthe mariée à Alain III. Duc de Bretagne. Cet Evesque dit en suite que Berthe fut mere d'Havoïse Comte de Nantes. Ce qui est vray. Car elle espousa Hoel Comte de Nantes & de Cornoüaille, qui fut aussi Duc de Bretagne en l'année MLXVI. par la mort sans lignée de Conan son beaufrere. D'où il s'ensuit necessairement qu'Hadouïse Comtesse de Nantes n'estoit pas issuë d'une fille de Robert I. Comte d'Auvergne & de sa femme Ermengarde, mais de sa petite fille.

Ægid. de Roya p. 10.

Preuves p. 45.

D'AUVERGNE. LIV. I. 43

GIVAUDAN
De gueules à
une gerbe d'or
liée de gueules.

Guillaume V. Comte d'Auvergne.

CHAPITRE XI.

ROBERT I. Comte d'Auvergne n'ayant pas esté assez heureux pour avoir laissé beaucoup de preuves de ce qui s'est passé à son esgard, ne se trouvant rien de luy apres l'année MXVI. en laquelle il est nommé en une charte de l'Eglise de Thiern, il est *Preuves p. 30.* bien difficile de marquer le temps auquel Guillaume V. son fils luy succeda. M. Justel a creu qu'il estoit desja Comte d'Auvergne en l'an MXXX. à cause qu'il est nommé & souscrit, comme il le dit, avec sa femme & les enfans en une charte de cette année là. Sur quoy il est à propos d'observer que cette date est fausse, ceux qui l'ont fournie à M. Justel ayant mal expliqué les characteres qui marquent le temps auquel elle a esté faite. Car il y a dans l'original, qui est encore aujourd'huy dans les archives de l'Eglise cathedrale de Clairmont : *Facta carta ipsa anno III. X.* *Preuves p. 46.* *regnante Henrico Rege Francorum.* Ce qu'on a mal rapporté à l'année MXXX. de JESUS-CHRIST, comme si ces characteres signifioient trois fois dix, au lieu de le rapporter à l'année treiziesme du regne de ce Roy. Et pour qu'il n'y manquat rien, on y a adjousté la millesime, qui n'est pas dans l'original.

Le Comte Guillaume espousa Philippie de Givaudan fille d'Estienne Comte de Givaudan & sœur de Ponce Comte du Givaudan & de Forez, la Comté de Forez estant entrée dans la maison de Givaudan par le mariage de Tetberge fille, comme il y a grande apparence, d'Artaud II. *Biblior. Sebust.* du nom Comte de Lyon & de Forez & de sa femme Tetberge. Outre *p. 129.* cette convenance prise du titre qui donne à ce Ponce la qualité de Comte de Forez, laquelle ne luy venoit pas de son pere, qui n'estoit Comte que du Givaudan, Paradin rapporte une charte de l'Eglise de Lyon, où il est *Preuves p. 50.* fait mention de ce Comte Ponce & de sa femme Tetberge. Ce qui prouve

Tome I.   F ij que ce Ponce eſtoit Comte dans le Lyonnois ou de ſon chef, ou du chef de ſa femme. Or eſtant certain qu'il eſtoit fils d'Eſtienne Comte du Givaudan, il faut croire que la Comté qu'il avoit dans le Lyonnois, c'eſt à dire la Comté de Forez, luy eſtoit avenuë de par ſa femme fille du Comte de Forez. Geraud Comte de Lyon & de Forez fils d'Artaud I. eut trois enfans, aſſavoir Artaud II. mary de Tetberge, Eſtienne Comte de Forez, dont Severt aſſure qu'on ne trouve pas de deſcendans, & Humphred ſouche des Seigneurs de Beaujeu ; auſquels il faut adjouſter Tetberge femme de Ponce Comte du Givaudan, laquelle devint ſans doute Comteſſe de Forez par la mort ſans enfans de ſon frere Eſtienne.

<small>Severt. in Archiepiſc. Lugd. p. 278.
Hiſt. de Bourgogne de M. Du Cheſne p. 425.</small>

Doncques Philippie eſtoit fille d'Eſtienne Comte du Givaudan & d'Alis d'Anjou ſœur d'autre Alis, comme je le crois, mariée à Guillaume I. Comte d'Arles, ainſi qu'il a eſté remarqué au chapitre precedent. Ponce leur fils & frere de Philippie fit en l'année MX. une donation à l'Egliſe de Brioude pour le repos de l'ame de ſon pere Eſtienne & de ſa mere Alix, de ſa femme Tetberge, de ſes enfans Eſtienne & Ponce, de ſes freres Bertrand & Guillaume, & de ſes trois neveux Eſtienne, Robert, & Guillaume.

<small>Preuves p. 53.</small>

Auparavant de paſſer outre, je ſuis obligé de faire remarquer icy au lecteur qu'il y a en cet endroit une omiſſion conſiderable dans l'edition que le R. P. Dom Luc d'Achery a faite de cet acte, où le nom d'Eſtienne neveu de Ponce eſt oublié, lequel il faut adjouſter en cette maniere, *nepotibus meis Stephano, Roberto, atque Vvillelmo*, comme il y a dans le Cartulaire de Brioude, d'où cet acte a eſté tiré. Il eſt fait mention de cette donation dans les fragmens imprimez de la table de l'ancien Cartulaire de Brioude page 7. n° 443. & page 14. n° 412. 443.

Et dautant qu'il y a un titre à Brioude dans lequel Robert fils de Philippie prend la qualité de Comte d'Auvergne & du Givaudan, il ſemble que l'on doit eſtimer quel es enfans de Ponce Comte du Givaudan eſtant morts ſans lignée, leur couſin le Comte d'Auvergne devint Comte du Givaudan du chef de Philippie ſa mere, comme M. Juſtel l'a creu, de meſme que nous venons de voir que Ponce mary de Tetberge devint Comte de Forez par la mort ſans enfans d'Eſtienne Comte de Forez frere de Tetberge. Je crois donc que le dernier de la race des anciens Comtes du Givaudan a eſté Eſtienne fils de Ponce & neveu de Philippie, lequel je trouve ſouſcrit en une charte datée du regne du Roy Henry I. fils de Robert. Je ne ſçay pas en quelles mains tomba la Comté du Givaudan dans la ſuite. Je ſçay ſeulement que Guillaume VI. petit fils de Guillaume V. Comte d'Auvergne & de la Comteſſe Philippie ſa femme ne s'intitula pas Comte du Givaudan ; & je trouve que le Roy d'Arragon & le Comte de Toulouſe y avoient des pretentions à la fin du ſiecle ſuivant, comme il conſte de la tranſaction paſſée entr'eux entre Taraſcon & Beaucaire au mois d'Avril MCLXXVI.

<small>Preuves p. 53.</small>

<small>Preuves p. 48.</small>

<small>Hiſt. des Comtes de Toulouſe p. 190.</small>

<small>Appendix Marcæ Hiſp. tit. 468.</small>

En l'année MXLIV. le Comte Guillaume donna avec le conſentement de ſa femme & de ſes enfans à l'Egliſe cathedrale de Clairmont la monnoye & les monetaires, c'eſt à dire, les emolumens & les profits provenans de

<small>Preuves p. 46.</small>

la monnoye, comme le R. P. Dom Luc d'Achery l'a expliqué, & M. Du Cange apres luy.

Il y a un titre dans les archives de l'Eglise cathedrale de Clairmont daté de l'année quatriesme du mesme Roy, si le chiffre n'est pas fautif, par lequel ce Comte du consentement encore de sa femme & de ses enfans donne à cette Eglise la partye occidentale de la cité & autres choses qui y sont enoncées. M. Savaron marque cette donation en l'année MXXXIV. *Preuves p. 48. Origines de Clairmont p.*

Dans le Cartulaire de saint Estienne de Limoges on trouve un titre d'environ l'an ML. où se trouve souscrit nostre Comte Guillaume, qui y est appellé Comte de Clairmont. Ce titre contient la donation de deux mas donnez à cette Eglise par Pierre & Boson freres & par leur neveu Boson. Jourdain Evesque de Limoges & Audebert Comte de la Marche l'ont aussi souscrit. *317. Preuves p. 47.*

En l'année MLIX. il assista au sacre du Roy Philippe I. fait en l'Eglise cathedrale de Reims le XXIII. jour de May. Belleforest dans ses annales a transferé l'estat de ce Comte, & au lieu de dire que Guillaume Comte d'Auvergne avoit assisté à cette solemnité, comme il y a dans l'original, il a dit que c'estoit Guillaume fils du Duc d'Aquitaine comme Comte de Poictou & d'Auvergne. En quoy il a esté justement repris par M. Besly. Mais il avance luy mesme une chose qui n'est pas vraye. Au moins n'en ay je jamais veu aucune preuve. Il dit donc que l'Auvergne avoit ses Comtes particuliers qui la tenoient en foy & hommage des Ducs de Guyenne, qu'elle devint leur fief & arrierefief de la Couronne de France. Je sçay bien qu'un Duc de Guyenne pretendit du temps du Roy Louis le Gros que la Comté d'Auvergne estoit de sa mouvance & de sa feodalité, & que les Roys d'Angleterre Ducs de Guyenne en eu la mesme pretention. Mais ce fait n'a jamais esté bien decidé, quoy qu'en l'année MCXCVI. on eut relasché l'Auvergne au Roy d'Angleterre par le traité fait à Louviers en Normandie. Car il est constant que l'Auvergne n'estoit pas comprise dans la Guyenne des Roys d'Angleterre, & que pour finir neantmoins toutes les contestations sur ce suject, l'Auvergne fut donnée en supplement de dot par Jean Roy d'Angleterre à Louis VIII. Roy de France lorsqu'il espousa Blanche de Castille niepce du Roy Jean, comme nous le dirons encore plus bas. *Hist. des Comtes de Poictou p. 57.*

Environ le mesme temps, le Roy Henry estant encore en vie, *vivente adhuc Henrico Rege*, comme dit Geoffroy Prieur de Vigeois aucteur contemporain, les Chanoines de saint Yrieix en Limousin recouvrerent le monastere de Roseilles en la Marche, lequel avoit esté autresfois abbaye, par le moyen & par la faveur de Guillaume Comte d'Auvergne. Le Prieur de Vigeois ne dit que cela. Mais M. Du Bouchet adjouste dans la genealogie de la Maison d'Aubusson que ce monastere fut restabli le XXX. Mars MLXIX. par Renaud V. Vicomte d'Aubusson. Neantmoins la charte de ce restablissement, dont les Chanoines de saint Yrieix se disent avoir l'original, & dont j'ay une copie collationnée sur les lieux par deux Notaires, est sans date, & marque seulement que cela fut fait vivant le Roy Philippe, & Itier estant Evesque de Limoges, *mense Martio, feria secunda*, *Preuves p. 47.*

F iij

luna duodecima. D'où M. Du Bouchet a conclu que cela avoit esté fait en l'année MLXIX. parce qu'il trouvoit qu'au mois de Mars de cette année le douziesme jour de la lune estoit un Lundy. Mais outre qu'il est constant que le Comte ne survesquit pas long temps au sacre du Roy, estant certain que son fils se trouve appellé Comte d'Auvergne l'année suivante apres le sacre du Roy, le tesmoignage du Prieur de Vigeois ne permet pas qu'on puisse douter que ce restablissement n'ait esté fait sous le regne du Roy Henry. Pour concilier neantmoins ces deux temps bien differents, j'estime qu'il faut dire que le Vicomte d'Aubusson rendit le monastere de Roseilles aux Chanoines de saint Yrieix peu de temps avant la mort du Roy Henry & du Comte Guillaume, qu'ils en prirent pourlors possession, comme le Prieur de Vigeois l'atteste, & que l'entier accomplissement de cet ouvrage ne fut fait que sous le regne du Roy Philippe.

Preuves p. 48. Il y a dans le Cartulaire de Saucillanges un titre sans date, mais qui est du temps d'Estienne Evesque de Clairmont & de saint Hugues Abbé de Clugny, contenant la donation du lieu appellé Marojol faite à ce monastere par la Comtesse Philippie. Estienne de Mercueur fut Evesque de Clairmont depuis l'an MLI. jusqu'en l'an MLXXIII. & saint Hugues fut Abbé de Clugny depuis l'an MXLIX. jusqu'à l'année MCIX. De sorte qu'il faut que cette donation ait esté faite entre l'an MLI. & l'année *Preuves p. 49.* MLXXIII. Je crois que la date est neantmoins marquée en une autre charte de Saucillanges de l'an MLXIX. dans laquelle les mesmes personnes & les mesmes tesmoins sont nommez que dans celle de Philippie, & contient une donation faite au mesme monastere par le Comte Robert fils de Philippie. Elle est du samedy apres Pasques XVIII. jour du mois d'Avril, & celle de Philippie est du jour de l'Ascension, c'est à dire du XXI. May ensuivant.

Enfans de Guillaume V. Comte d'Auvergne & de Philippie de Givaudan sa femme.

ROBERT II. COMTE D'AUVERGNE, qui aura son chapitre.
  GUILLAME D'AUVERGNE mort avant sa mere sans lignée.
  ESTIENNE D'AUVERGNE, lequel M. Justel a creu avoir esté Evesque de Clairmont. Ce qui pourtant ne peut pas estre, attendu que du vivant de l'Evesque Rencon & du Roy Henry il n'avoit aucun titre, & n'est pas mesme marqué qu'il fut d'Eglise, comme il conste d'un titre *Preuves p. 48.* de l'Eglise cathedrale de Clairmont qui sera imprimé parmy les preuves. Or apres Rencon ce fut Estienne de Mercueur qui fut Evesque de Clairmont jusqu'en l'année MLXXIII. qu'il se transfera à l'Evesché du Puy, comme il a esté desja dit cy-dessus page 28.
  PONCE D'AUVERGNE, ainsi appellé du nom de Ponce Comte du Givaudan & de Forez son oncle maternel. Il est appellé Comte d'Auvergne dans un Concile tenu à Limoges au commencement du regne d'Henry I. Roy de France, non qu'il en fut veritablement Comte,

D'AUVERGNE. Liv. I. 47

mais parce qu'en ces temps là on donnoit la qualité de Comte aux enfans des Comtes, de mesme que son frere Guillaüme est aussi appellé Comte en l'année MXXXIV. en une charte de Saucillanges. Ponce ayant quitté sa femme pour en espouser une autre, il fut excommunié par Estienne Evesque de Clairmont ; lequel n'ayant pas voulu l'absoudre de cette excommunication s'il ne se corrigeoit, Ponce s'adressa au Pape, & l'ayant surpris par un faux exposé, il en fut absous. Dequoy il y eut de grandes plaintes en ce Concile. Apres cela je ne trouve rien de Ponce, si ce n'est qu'il mourut avant sa mere. *Preuves p. 49. 50. 51.*

BEGON D'AUVERGNE, dont on ne connoist que le nom, estant nommé simplement parmy les enfans de Guillaume V. & de Philippie de Givaudan dans un titre de l'an MXLIV. *Preuves p. 46.*

PHILIPPIE D'AUVERGNE, ainsi appellée par André Fauyn, espousa Archambaud de Bourbon III. du nom suivant M. Justel, & IV. suivant M. Du Bouchet, qui reprend ceux qui l'appellent Philippie, disant qu'elle s'appelloit Ermengarde. Mais il n'en rapporte aucune preuve. Je crois qu'il a fait en cet endroit une faute par mesgarde, ayant pris la tante pour la niepce, Philippie ayant eu une tante appellée Ermengarde mariée à Eudes II. Comte de Blois, comme il a esté dit cy-dessus page 41. 42. *Hist. de Navarre p. 321. Hist. de Courtenay p. 178.*

RHODEZ
D'azur au lyon d'or.
MELGUEIL
De gueules à la croix d'or cantonnée de douze bezans de mesme.

Robert II. Comte d'Auvergne, du Givaudan, & de Forez.

CHAPITRE XII.

POUR marquer un peu seurement les dates des successions des anciens Comtes d'Auvergne il seroit à souhaitter que nous eussions plus de Chroniques ou de titres que nous n'en avons. Le temps de la succession de Robert II. est difficile à marquer, dautant qu'il y a preuve qu'il estoit appellé Comte d'Auvergne dez l'an MLX. & que son pere vivoit encore en l'année MLXIX. s'il en faut croire M. Du Bouchet. Mais comme il est certain qu'il n'y a point de date dans le titre du restablissement du monastere de Roseilles auquel M. Du Bouchet donne cette année, comme je l'ay dit au chapitre precedent, je crois qu'il faut s'en tenir à ce que nous trouvons establi clairement, c'est à dire que Robert II. succeda à son pere environ l'an MLX.

Preuves p. 52. 53.

Il avoit esté marié du vivant de son pere avec Berthe fille unique d'Hugues I. du nom Comte de Rhodez, à cause de laquelle il prenoit la qualité de Comte de Rhodez. M. Du Bouchet dans la Table genealogique qu'il a dressée des Comtes de Rhodez, que j'ay escrite à la main, remarque que ce mariage fut fait en l'année MLI. se fondant sans doute sur un titre de l'abbaye de Conques en Roüergue passé cette année là

Preuves p. 51.

par le Comte Hugues le XXIII. jour de Fevrier, auquel sont souscrits Robert Comte, la Comtesse Richarde mere d'Hugues, la Comtesse Foy sa femme, & Berthe, qui y est appellée Comtesse. Je diray icy en passant qu'il ne paroit pas de quelle maison estoit cette Comtesse Foy. On pourroit conjecturer quelle estoit fille de Guifred Comte de Cerdagne, qui vi-

Marca Hisp. p. 439.

voit en ces temps là, & se fit Moine en l'année MXXXV. à saint Miguel de Cuxa en Roussillon, ayant eu de Guisle sa premiere femme Raymond Comte de Cerdagne, Guifred Archevesque de Narbonne, Guillaume

laume Evefque d'Urgel, Berenger Evefque de Girone, Ardoin, & une fille appellée Foy. Il y a un autre titre à Conques, & encore un autre dans la Chronique d'Aymeri de Peyrac Abbé de Moyffac, qui nous apprennent que Robert eftoit Comte d'Auvergne en l'année MLXII. *Preuves p. 52.* Pierre eftant pour lors Evefque de Rhodez.

Les derniers auteurs de la Gaule Chreftienne font bien empefchez au fujet de cet Evefque, qu'ils partagent en trois, à caufe qu'ils n'en trouvent rien, à ce qu'ils difent, dans Chenu ny dans les autres auteurs qui ont traité des Evefques de Rhodez. Mais c'eft le mefme que celuy que Chenu & Claude Robert difent avoir efté Evefque de Rhodez en l'année MLVI. & l'avoir efté jufqu'à l'année MLXII. Il eft neantmoins vray que Claude Robert y met un Berenger en l'année MLXI. fans en dire autre chofe. Mais c'eft une erreur provenuë de ce que cet Evefque, qui eftoit de la maifon des Vicomtes de Narbonne, s'appelloit Pierre Berenger, comme fon pere & fon frere Vicomtes de Narbonne s'appelloient Bernard Berenger. Il eft appellé ainfi dans les lettres de la donation de l'abbaye de Vabres faite à l'ordre de Clugny en l'année MLXII. & dans la Bulle du Pape Urbain II. pour l'eftabliffement de la vie reguliere parmy les Chanoines de l'Eglife cathedrale de Rhodez. *Lib. 1. Mifcel-laneor noftror. p. 180.* En l'année MLXXIX. apres la mort de Guifred Archevefque de Narbonne il fut efleu Archevefque en fa place, y ayant des titres dans les archives de l'Eglife cathedrale de Narbonne où il prend la qualité d'efleu Archevefque, lefquels font voir qu'il fut reconnu pour tel par les Evefques fuffragans & par les Seigneurs du pays. Cependant le Pape Gregoire VII. n'approuva pas cette election, & donna contre luy une fentence de depofition & d'anatheme dans le Concile qu'il tint pour lors à Rome. Dalmas fut mis en fa place, & recommandé par ce Pape aux Seigneurs du pays. Je ne trouve pas dequoy devint en fuite Pierre Berenger. Mais il y a grande apparence qu'eftant desja vieux, il mourut dans ce mefme temps & laiffa la place vuide à Dalmas, qui la tint jufqu'en l'année MXCVI.

Pendant que noftre Robert eftoit Comte de Rhodez, voyant que *Preuves p. 52.* l'abbaye de faint Amans en Roüergue, qui avoit autresfois efté en grande reputation, eftoit fort defcheuë de la regularité, il refolut avec la Comteffe Berthe fa femme de la reformer & d'y reftablir la difcipline reguliere. Pour y reüffir plus facilement il la mit fous la direction de Bernard Abbé de faint Victor de Marfeille ; *ut fui monafterii juris effet in perpetuum.* Mais les guerres qui regnoient pourlors firent avorter un fi pieux deffein.

Dans ce mefme temps il receut une lettre du Pape Nicolas II. par *Preuves p. 53.* laquelle il l'hexhortoit de rendre à l'abbaye de faint Vannes de Verdun, dont Waleran fon parent eftoit Abbé, les biens qu'elle avoit en Roüergue, qui luy avoient efté donnez par faint Amans Evefque de Rhodez. La parenté de cet Abbé venoit fans doute de ce que Gelduin de Saumur avoit efpoufé une fille d'Ermengarde d'Auvergne Comteffe de Champagne, laquelle eftoit tante de Robert II. Comte d'Auvergne &

de Rhodez. Et par conſequent l'Abbé Waleran, qui eſtoit fils de Gelduin, eſtoit ſon couſin germain. Il s'eſtoit trouvé à la bataille de Bar en l'année MXXXVII. où ſon pere fut tué; & y ayant receu une bleſſure au genoüil, dont il demeura boiteux, il ſe fit Moine en l'abbaye de ſaint Vannes, de laquelle il fut en ſuite Abbé. Il eſt marqué dans l'ancien Obituaire de cette abbaye qu'il mourut le XXVI. Juin MLX.

Hiſt. de Dreux p. 24.
Hugo Flavin. p. 185.

Il y a une circonſtance dans la letre du Pape qui merite qu'on y faſſe reflexion, aſſavoir que ce Comte ayant eſté quelque temps auparavant à Rome, il avoit eu des conferences particulieres avec ce Pape & s'eſtoit ouvert à luy du deſſein qu'il avoit de renoncer aux grandeurs du monde pour pouvoir mieux ſervir Dieu & faire ſon ſalut. Il paroiſt que cette penſée n'euſt point d'effect. Car il veſquiſt encore long temps apres la mort de ce Pape; & ſa femme Berthe eſtant morte ſans enfans, il ne mit pas en pratique la propoſition qu'il avoit faite au Pape.

Apres la mort de ſa femme, il ne prit plus la qualité de Comte de Rhodez, & s'intitula ſeulement Comte d'Auvergne & du Givaudan. Il eſpouſa en ſuite Judith de Melgueil, que l'ancien Obituaire de Clugny nous apprend avoir eſté tante, *amita*, de Ponce Abbé de Clugny fils de Pierre Comte de Melgueil en Languedoc. Ce Pierre, qui eſtoit un grand & puiſſant Seigneur, eſpouſa une Dame nommée Adalmodie, de laquelle il eut deux fils, Pierre, & Raimond, qui furent ſucceſſivement Comtes de Melgueil, & deux filles, l'une nommée Mahault mariée à Guillaume ſeigneur de Montpeſlier, & Judith mariée à Robert II. Comte d'Auvergne.

Preuves p. 53
Memoires de Languedoc p. 583. 656.

Pierre engendra Bernard, qui eſpouſa Guillemette de Montpeſlier, Ponce Abbé de Clugny, & Adele mentionnée dans le teſtament de ſon oncle Raymond, mariée à Pierre de Raymond frere d'Amiel de Raymond Eveſque de Touloufe. Bernard & Guillemette engendrerent Beatrix; laquelle fut premierement mariée à Raymond Berenger Comte de Provence, & en ſuite à Bernard Pelet iſſu de la maiſon des Vicomtes de Narbonne, qui devint par ce moyen Comte de Melgueil. Il fut pere de Bertrand & d'Ermeſſinde; laquelle fut mariée premierement à Pierre Bermond d'Anduſe, dont il vint un fils, & en ſuite à Raymond VI. Comte de Touloufe, auquel la Comteſſe Beatrix ſa belle mere donna en propre par acte paſſé au mois de Decembre MCLXXII. la Comté de Melgueil au cas que ſa fille Ermeſſinde vint à mourir ſans enfans. En vertu de laquelle donation le Comte de Touloufe adjouſta dez lors la qualité de Comte de Melgueil à ſes autres qualitez, comme on le peut voir dans le livre de M. Gariel. Mais en meſme temps Bertrand fils de Bernard Pelet & de Beatrix, qui prenoit qualité de Comte de Melgueil, donna cette Comté à Alfonſe Roy d'Arragon, & la reprit de luy en fief honorable. Ce qui cauſa en ſuite de grands differens entre ce Roy & le Comte de Touloufe, qui furent terminez par une tranſaction paſſée entr'eux quatre ans apres. Il provint du mariage de Raymond Berenger, qui eſtoit fils de Beatrix de Melgueil, avec l'Imperatrice Richilde veuve du Roy de Caſtille une fille appellée Doulce, deſtinée au fils du Comte de Touloufe, laquelle mourut fort jeune.

To. IX. Spicileg. p. 135.

Hiſt. de Provence de Bouche. to. 2. p. 115. 130.

Marca Hiſp. p. 1358.

M. Gariel part. 1. p. 227. 243.

Marca Hiſp. p. 1358.

Ibid. p. 1369.

Hiſt. de Provence de Bouche to. 2. p. 136.

En l'année MLXIV. le Comte Robert & Eſtienne de Vieille Brioude donnerent à l'abbaye de ſaint Honorat de Lerins l'Egliſe de ſaint Juſt de Lugeac en Auvergne. _{Chronol. Lerin. par. 2. p. 155.}

En l'année MLXVII. apres la mort de ſaint Robert fondateur & Abbé de la celebre abbaye de la Chaiſe-Dieu en Auvergne, il ſe declara ouvertement protecteur de cette abbaye. _{Acta SS. ord. S. Bened. to. IX. pag. 118. To 2. Labbei p. 646. c. 1.}

En l'année MLXIX. il remit au monaſtere de Saucillanges un droit de giſte ou de refection qui luy eſtoit deu par les religieux de ce monaſtere, & leur donna quarante ſols de rente annuele à prendre le jour de ſaint Julien ſur les revenus de l'Egliſe de ſaint Vincent de Vieille Brioude. Ce qui fut fait en la preſence de la Comteſſe ſa femme & d'Eſtienne de Mercueur Eveſque de Clairmont, qui confirma cette donation par ſon auctorité epiſcopale. Il fit encore à ce monaſtere don de toutes les dixmes qu'il avoit dans le lieu d'Uſſon. _{Preuves p. 49.}

Il y a dans le Cartulaire de Brioude un acte ſans date, par lequel ce Comte remet à l'Egliſe de Brioude trente ſols de redevance que les Chanoines de cette Egliſe luy devoient. Ce qu'il fit pour obtenir de Dieu la remiſſion de ſes pechez & pour le repos des ames de ſon pere Guillaume, de ſa mere Philippie, & de ſa femme Judith. Cet acte ſe trouve dans le Cartulaire qui ſubſiſte encore. Mais le copiſte qui avoit eſcrit un autre Cartulaire de la meſme Egliſe qui ne ſubſiſte plus n'avoit pas trouvé à propos de l'y inſerer. On ne peut pas deviner pour quelle raiſon il en uſoit ainſi. Cependant il l'a fait. Car dans les fragmens qui reſtent des tables de ce Cartulaire perdu, lorſqu'il eſt venu au chiffre ſous lequel cet acte ſe trouve dans le Cartulaire qui ſubſiſte, au lieu d'y mettre la ſubſtance de l'acte, comme il a accouſtumé, il met ſimplement. *De hoc non debet fieri memoria.* _{Preuves p. 53. Les tables imprimées p. 5. des nouveaux fragmens n. 404. Preuves p. 54.}

En l'année MXCV. il donna ſon conſentement à Durand Eveſque de Clairmont pour ſouſmettre à l'Ordre de Clugny l'abbaye de Mauzac en Auvergne, qui eſtoit tombée dans le deſordre, à la charge neantmoins des droits epiſcopaux. Ce qui fut confirmé par le Roy Philippe I. du nom ; qui y fit ſouſcrire Hugues Archeveſque de Lyon Legat du ſaint Siege, Aymar Eveſque du Puy, Guillaume de Baffie, qui fut bientoſt apres Eveſque de Clairmont, Aganon Eveſque d'Auſtun, Aymar Abbé de ſaint Martial de Limoges, & pluſieurs autres, parmy leſquels ſe trouve cette ſouſcription, *Signum Adelelmi Cones.* Au lieu de quoy il faut mettre, *Signum Adelelmi Conſtabuli ejus,* comme il y a dans l'original, que j'ay veu à Clugny.

Il eſt dit dans la charte de l'Eveſque de Clairmont que l'abbaye de Mauzac appartenoit au Comte d'Auvergne, *ad quem præfata abbatia temporaliter reſpicere videtur,* ſans s'expliquer autrement. Mais dans le catalogue des abbayes & priorez dependents de l'abbaye de Clugny imprimé dans la Bibliotheque de Clugny il eſt dit page 1736. qu'elle a eſté fondée par Robert Comte d'Auvergne & Guillaume ſon fils, & que ce fut à leur priere que le Roy Philippe la ſouſmit en l'année MXCV. à la diſcipline de l'Ordre de Clugny. Cependant il eſt certain que la fondation de cette abbaye est beaucoup plus ancienne. Mais comme ces Seigneurs prirent soin d'y restablir la regularité & y firent du bien, ces bons religieux les regarderent dans la suite comme leurs fondateurs. Peuteftre mefme que reflechiffans fur leur ancienneté, l'opinion commune estant que leur abbaye a esté fondée par saint Calmine appellé Duc & Prince des Auvergnats dans les anciennes chroniques de l'abbaye de saint Chaffre en Vellay, ils l'ont compté parmy les anciens Comtes d'Auvergne predeceffeurs de Robert & Guillaume, lesquels ils ont regardé comme leurs fondateurs à cause qu'ils avoient succedé à saint Calmine leur fondateur en la Comté d'Auvergne. Par cette mefme raison l'abbaye de Blefle en Auvergne, fondée par la Comteffe Ermengarde mere de Guerin & de Guillaume le Pieux Comtes d'Auvergne, est dite appartenir au Comte d'Auvergne dans une lettre escrite par le Chapitre de Brioude au Roy Loüis le jeune : *sicuti fecerunt de quadam abbatia quæ Basilla dicitur & ad jus Comitis Arvernorum confanguinei veftri fpeĉtat.*

To. 2. Labbei p. 688.

To. iv. Du Chesnai p. 689.

Cette conceffion faite à l'Ordre de Clugny par Durand Evesque de Clairmont, laquelle sembloit devoir luy attirer la bienveillance des religieux de cet Ordre, les luy rendit au contraire ennemys, parce qu'il s'eftoit refervé les droits episcopaux, *salva reverentia & obedientia Ecclefiæ Arvernenfis*. Ce qui eftoit contre la pretention de ces religieux, qui difoient que leurs privileges les exemptoient generalement eux & leurs Eglifes & dependances de la jurifdiction des Evefques. Ils fe refolurent donc de le perdre & de fe fervir de leur credit auprés du Pape Urbain II, qui avoit efté Moine & Prieur de Clugny, pour le faire depofer. Mais il en arriva autrement. Car ce Prelat eftant tombé malade comme le Pape arrivoit à Clairmont, il le fut vifiter, & luy donna l'abfolution ou la benediction apoftolique, comme nous parlerions aujourd'huy. Durand mourut la nuict fuivante, & fut enterré avec honneur par le Pape & par les Prelats, qui fe trouverent tous à fes obfeques. Et incontinent Guillaume de Baffie fut fait Evefque en fa place par le Pape avec le confentement du Clergé & du peuple.

Chronicon Hugonis Flaviniac. p. 240.

Je dois avertir icy les curieux de l'Hiftoire ecclefiaftique que les derniers auĉteurs de la Gaule Chreftienne ont mal à propos donné à ce Guillaume la qualité de Doyen de Chamaliere. Ce qui les a trompez eft fans doute ce que M. Juftel a avancé dans l'Hiftoire de la maifon d'Auvergne page 138. que Guillaume de Chamaliere avoit efté créé Evefque de Clairmont au Concile tenu à Clairmont par le Pape Urbain II. Ce qu'il avoit avancé fur un titre fans date rapporté parmy les preuves, dans lequel Geraud II. de la Tour & fes freres faifant quelques dons au monaftere de Saucillanges du temps de S. Hugues Abbé de Clugny, ils difent qu'ils le font *cum juffu Pontificis noftri Vvillelmi cognomento de Camaleria*, & plus bas il y a *regnante Philippo Rege, pontificatu Arvernenfis Vvillelmo cognomento Camaleriæ.*

Preuves p. 482.

Mais ce n'eft pas Guillaume de Baffie. C'eft Guillaume de Chamaliere, qui fut accufé d'avoir efté fait Evefque de Clairmont par fimonie en l'année MLXXIII. lorfqu'Eftienne de Mercueur fe transfera de l'Evesché de Clairmont à celuy du Puy, & qui fut deposé en l'année MLXXVI. dans un Concile tenu à Clairmont par l'Evesque de Die Legat du saint siege, & Durand Abbé de la Chaise-Dieu mis en sa place. De sorte que Guillaume de Chamaliere, au lieu d'avoir esté successeur de Durand, comme ces aucteurs le pretendent, estoit son predecesseur.

Il faut encore apprendre aux curieux de la verité d'où est precedée l'erreur de M. Savaron, lequel dans ses Origines de Clairmont a donné à cet Evesque le surnom de Guimond, & a adjousté qu'il estoit religieux de sainte Croix. Il s'est fondé sur un passage corrompu d'une letre d'Ives Evesque de Chartres, où parlant des gens de marque que ce Prelat dit s'estre rendus religieux à Clugny ou ailleurs, on lit ces mots : *Ex quibus duo de monasterio sanctæ Crucis literati & religiosi, Guimundus & Robertus, alter ad episcopatum Arvernensem, alter ad gubernationem monasterii sancti Laurentii Arvernensis auctoritate apostolica assumpti sunt.* C'est ainsi que M. Savaron a imprimé ce passage dans ses Notes sur le livret des saints de Clairmont, dans lesquelles expliquant ce passage, il dit que par le monastere de saint Laurens il faut entendre l'Eglise cathedrale de Clairmont dediée à Nostre Dame & à saint Laurens. Mais il se trompe. Il faut lire en ces deux endroits *Aversensis* au lieu d'*Arvernensis*. Guimond Moine du monastere de la Croix saint Leufroy en Normandie s'en alla en Italie avec la permission de son Abbé du temps du Pape Gregoire VII. qui le fit Cardinal, & ayant depuis suivy la Cour de Rome, le Pape Urbain II. le fit Evesque d'Averse dans la Poüille en l'année MXCIX. & il mourut sous le pontificat du Pape Gelase II. Voila la verité du fait.

Ivo Carnot. epist. 78.

Oder. Vitalis p. 326.

Revenons à nostre suject. Il est assez estonnant que se trouvant beaucoup de choses de nostre Comte Robert, on ne trouve rien de luy par rapport au Concile de Clairmont, y ayant grande apparence que ce Concile se tenant dans sa ville capitale, il ne s'esloigna pas de la Cour du Pape, qui estoit si belle. Ce qui me fait penser qu'il fut malade pendant que ce Pape fut à Clairmont & mourut bien tost apres. Car je ne trouve plus rien de luy apres l'an MXCV. & je ne vois pas qu'il soit nommé parmy les Princes & grands Seigneurs qui furent pourlors en la terre sainte. Ce que je me persuade d'autant plus facilement que je vois que son fils Guillaume fit ce voyage, la Chronique du Moine Alberic, qui l'appelle Comte de Clairmont, le mettant au nombre de ceux qui furent à cette premiere guerre sainte, y ayant preuve par titre qu'il fut present au chasteau Pelerin prez de Tripoly en Syrie au mois de Fevrier MCIII. lorsque Raymond de saint Gilles Comte de Toulouse donna à l'abbaye saint Victor de Marseille la moitié de la ville de Gibelet située entre Tripoly & Barut appellée anciennement Beryte.

Alberic. p. 148.

Preuves p. 57.

Ce Comte Robert estoit lié d'une estroite amitié avec saint Pierre de Chavanon fondateur de l'abbaye de Pebrac en Auvergne. L'aucteur de la vie de ce saint & les extraits du Terrier de cette abbaye donnez au public par le R. P. Dom Luc d'Achery marquent que cette fondation fut faite en l'année MLXII. sous l'auctorité de Durand Evesque de Clairmont. Mais il faut necessairement qu'il y ait faute, Durand n'ayant esté fait Evesque

To. 2. Spicileg. p. 705.

de Clairmont qu'en l'année MLXXVI. comme je viens de le dire.

Preuves p. 59. Apres le decez de ce Prince la Comtesse Judith sa femme, qui luy survesquit long temps, se rendit religieuse dans le monastere de saint Pierre de Cornillon au diocese de Grenoble, où son anniversaire est marqué au dernier jour du mois d'Avril, & où il y a apparence qu'elle est enterrée.

M. Justel, qui ne sçavoit pas qu'elle avoit survescu à son mary, & qui trouvoit dans un aucteur contemporain qu'un Comte de Clairmont avoit espousé Emme fille de Roger Comte de Sicile, a creu que ce Comte de Clairmont ne pouvoit estre autre que Robert II. Comte de Clairmont ou d'Auvergne, & que cette Princesse avoit esté sa seconde femme.

Gauf. Malat. lib. 4. c. 8. Il a fondé cette opinion sur la relation de Geoffroy Maleterre, qui dit que Philippe I. du nom Roy de France ayant repudié la Reyne Berthe sa femme legitime, il recherca en mariage Emme fille de Roger Comte de Sicile sœur de Mahault mariée à Raymond Comte de Provence, auquel Emme fut envoyée avec de grands tresors pour estre remise par luy ez mains du Roy, mais que Raymond ayant appris que le Roy n'avoit fait cette recherche que pour attraper l'argent du Sicilien, il la retint, & la maria en suite au Comte de Clairmont.

Cette narration a de grandes obscuritez & des difficultez qui me paroissent insurmontables. Car cet historien dit premierement que lors qu'on demanda au Comte Roger sa fille pour le Roy de France, il ne sçavoit encore rien du traitement que ce Roy avoit fait à la Reyne Berthe sa femme legitime. Ce qui n'est guere probable, cette affaire ayant fait d'abord un si grand esclat dans le monde, & particulierement en Italie, où le Pape Urbain II. estoit alors, qu'il en escrivit incontinent à l'Archevesque de Reims & à ses suffragans pour leur ordonner d'aller de sa part vers le Roy l'exhorter de faire cesser un si grand scandale, mesme de le menasser des peines canoniques au cas qu'il refusat de le faire. Il est aussi assez difficile de se persuader que Roger, qui estoit si prez du Pape, & qui estoit originaire de France, n'ait eu aucune connoissance d'une chose qui estoit generalement sceuë de tout le monde ; n'estant pas possible, comme dit M. Blondel, qu'un homme de bon sens puisse mettre dans sa teste que Roger envoya sa fille au Roy sans sçavoir auparavant l'estat de son pretendu gendre, ny que le Comte Raymond ait esté assez fat pour ignorer un fait aussi esclatant que celuy du divorce de ce Roy & de son mariage avec la Comtesse d'Anjou. Il estoit d'une necessité absoluë pour entamer cette negociation que les Ambassadeurs du Roy exposant leur creance au Comte, qui ne pouvoit pas ignorer que le Roy avoit espousé Berthe long temps auparavant, luy fissent entendre que le Roy estoit libre de sa personne, soit par la mort de la Reyne sa femme, soit par le divorce. Or ils ne pouvoient pas alleguer qu'elle estoit morte, n'estant pas bien aysé d'imposer en un fait de cette importance, la mort d'une Reyne de France ne pouvant pas estre facilement supposée ny le bruit de sa mort se maintenir long temps, s'il n'est pas veritable. Il falloit donc alleguer la cause du divorce. Et par consequent l'historien n'a pas peu dire veritablement que lorsque Roger

To. v. Spicil. p. 537.

De formula regnante Christo p. 31.

accorda sa fille en mariage au Roy Philippe, il ne sçavoit pas le mauvais traitement qu'il avoit fait à la Reyne. Adjoustez à cela que le Roy estoit dans les commencemens de son divorce si esperduement amoureux de Bertrade qu'il n'y a pas, ce semble, lieu de presumer qu'il ait peu en ce temps là porter ses pensées ailleurs, quand mesme ce n'auroit esté que dans la veuë d'attraper l'argent du beaupere pretendu, chose qu'on ne doit pas croire d'un grand Prince, lequel peut bien estre amoureux, mais il ne luy convient pas d'estre trompeur ny escroc. Enfin cet historien perd toute creance en disant que le Roy Philippe rechercha en mariage la Princesse de Sicile apres son divorce, & neantmoins il rapporte ce fait à l'année MLXXXVI. six ou sept ans auparavant le divorce. Car il ne faut pas s'arrester à ce que quelques escrivains modernes ont escrit que ce fut en l'année MLXXXV. que le Roy repudia sa femme. Ils l'ont escrit ainsi sur le temoignage de Geoffroy Maleterre. Mais par la bulle du Pape adressée à l'Archevesque de Reims & par le tesmoignage de l'ancien aucteur de la Chronique de saint Pierre le Vif il est evident que le divorce fut fait en l'année MXCII. & que le divorce & le mariage avec Bertrade se suivirent de bien prez. Ce qui est confirmé par le tesmoignage d'Orderic Vital & par un ancien titre imprimé par le R. P. Dom Jean Mabillon, dans lequel l'année MXCII. est marquée bien nettement. D'où il s'ensuit necessairement qu'on ne peut faire aucun fondement sur la relation de Geoffroy Maleterre, & que si Emme a esté mariée à un Comte de Clairmont, ce n'a pas esté à celuy d'Auvergne, lequel estoit marié avec Judith de Melgueil, mais à quelque autre de mesme nom, & plutost au Comte de Clairmont en Sicile qu'à aucun autre. ^{To.'2. Spicil. p. 748. Ord. Vital. p. 693. Acta SS. Ord. S. Ben. to. v. p. 765.}

Il est fait mention des Comtes de Clairmont en Sicile, qui se pretendoient, à ce que dit Mugnoz, issus du sang royal de France dez le temps de Pepin, en plusieurs endroits, & nommement en l'histoire de Sicile composée par Nicolas Specialis, où il est parlé d'un Mainfroy Comte de Clairmont en l'année MCCCXIII. appellé par Mugnoz un des principaux Barons du royaume. Apres cela on trouve dans la mesme histoire un Jean de Clairmont Comte de Moach, appellé communement le Comte de Clairmont, homme d'une grande consideration & d'un grand credit en Sicile, lequel prit party contre le Pape Jean XXII. en faveur de Loüis de Baviere Empereur, qui le fit son Lieutenant general en Italie. J'ay trouvé dans un ancien MS. qui a esté autrefois de la bibliotheque du college de Foix, & qui est presentement dans celle de Messire Joachim Colbert Evesque de Montpellier, que ce Comte de Moach estoit en ces temps là Seneschal du royaume de Sicile, Maistre rational & Procureur general de Frideric Roy de Sicile, & seigneur de Raguse. Il estoit Comte de Moach, qu'on appelle aujourd'huy *Modica*, dans la vallée de Noto, où sont aussi situées les villes de Clairmont & de Raguse appartenantes à ce Seigneur. C'estoit une grande & puissante maison en Sicile que celle des Comtes de Clairmont, esteinte en l'année MCCCXCII. au rapport de Surita dans ses Indices & dans les Annales d'Arragon. ^{Nic. Special. lib. 6. c. 18. & lib. 7. c. 2. & lib. 8. c. 6. Preuves p. 55.}

HISTOIRE DE LA MAISON

Enfans de Robert II. Comte d'Auvergne & de Judith de Melgueil sa femme.

GUILLAUME VI. COMTE D'AUVERGNE, qui aura son chapitre.

Preuves p. 56.

JUDITH D'AUVERGNE, accordée en l'année MLXXVI. avec le bienheureux Simon Comte de Crespy en Valois, de Bar sur Aube, & de Mante, appellé aussi Comte de Champagne dans l'ancien Obituaire de l'abbaye de saint Claude, mais non mariée, parce qu'elle se fit religieuse à la persuasion de son accordé, lequel se rendit aussi religieux à saint Claude. Le Roy Philippe I. de ce nom, qui avoit eu de grands differens avec luy, rend tesmoignage qu'il se fit Moine en ce temps là, dans une charte de Clugny. *Simon dudum Comes, modò Dei gratia effectus monachus.* Il est appellé de mesme dans la vie de saint Arnulphe Evesque de Soissons, laquelle a esté donnée depuis peu au public par le R.P. Dom Jean Mabillon, où on lit: *Simonem olim Comitem, modò monachum.* Le pere de cette Dame n'est pas appellé Robert dans la vie du bienheureux Simon, mais Hildebert. Il est pourtant aysé de juger que c'est une faute, puisqu'il est marqué dans cette vie qu'elle estoit *genere nobilis, quæ nulli in tota regione Arvernica secunda videretur*, & qu'elle estoit fille du Consul Hildebert ou plustost Robert Comte d'Auvergne, qui est aussi appellé Consul dans la vie de saint Pierre de Chavanon son contemporain & son amy, *Consul Robertus*. Car tout le monde sçait que le mot de Consul & celuy de Comte estoient pourlors synonimes. Mais ce qui peut lever toute difficulté, s'il y en avoit, est l'auctorité du moine Alberic, lequel parlant en l'année MLXXVI. de ce mariage, quoy qu'il appelle le pere de cette Dame Hildebert, il le fait neantmoins Comte d'Auvergne. *Anno MLXXVI. Comes Simon dum ad instantiam Baronum filiam Comitis Hildeberti de Arvernia sortiretur in conjugium, ad primum colloquium ita convertit eam quòd illa de nocte, ignorante patre, fugit ad monasterium Casæ Dei, ubi est facta sanctimonialis.* Les memoires du R. P. Chifflet Jesuite portent qu'elle se fit religieuse à la Chaise-Dieu, & que de là elle fut transferée au prioré de Larey pres de Dijon, qui estoit jadis une abbaye de filles. Ce sçavant Jesuite s'est trompé en ce qu'il a creu que la Damoiselle accordée au Comte Simon estoit *Heldeberti Marchiæ Arvernicæ Comitis filia*. On peut croire qu'elle vesquit au moins jusques en l'année MCIX. pusqu'il est encore fait mention d'elle en une charte de Clugny du temps de l'Abbé Ponce son cousin. Je crois qu'il est à propos d'adjouster icy que le Comte Simon estoit fils de Raoul de Peronne II. du nom Comte de Crespy, de Mante & de Chaumont mort en l'année MLXVI. lequel avoit espousé en secondes nopces Anne de Russie veuve d'Henry I. Roy de France, & qu'il estoit aussi frere d'Alix femme d'Herbert IV. Comte de Vermandois. Il estoit desja mort en l'année MCI. comme il conste d'un ancien titre de saint Claude, où il est appellé *Simon beatæ memoriæ Comes*, imprimée par le R. P. Chifflet dans le livre intitulé *Sancti Bernardi genus illustre assertum* page 137. 539.

Bibliot. Clun. p. 527.

Acta SS. ord. S. Bened.to.IX. p. 523.

To. 1. Spicilegii p. 702.

To. 1. Junii Bolland. p. 647.

Hist. de Chastil lon p. 658.

Guillaume

D'AUVERGNE. LIV. I.

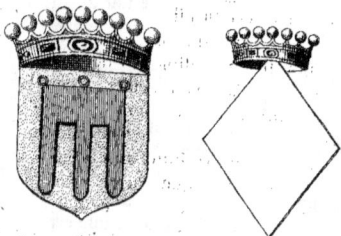

Guillaume VI. Comte d'Auvergne.

CHAPITRE XIII.

O N ne peut pas revoquer en doute, ce me semble, que ce Comte n'ait succedé à son pere en l'année MXCV. ou MXCVI. apres la tenuë du Concile de Clairmont où la premiere croisade fut resoluë. Il alla à cette guerre, & y estoit encore en l'année MCIII. lorsque le Comte de Toulouse fit la donation de la ville de Gibelet à saint Victor de Marseille, comme il a esté dit au chapitre precedent. On ne peut pas dire en quel temps il en revint, ne se trouvant aucun autre ancien monument qui fasse mention de luy avant l'année MCXIV. qu'il se trouve souscrit à une charte de Saucillanges contenant une donation faite à ce monastere par Estienne & Riculfe Papabos, Aymery estant pourlors Evesque de Clairmont.

Preuves p. 575.

Je ne sçay par quelle bonne ou mauvaise fortune il faut que je corrige les fautes qui ont esté commises par ceux qui ont traicté l'histoire des Evesques de Clairmont. Ils font tous succeder cet Aymery à un Estienne, duquel je ne trouve rien que ce qui en est dit dans la legende de S. Amable de Riom. On pretend que cet Estienne estoit Evesque de Clairmont en l'année MCXXVI. lorsque le Roy Louis le Gros fut à main armée en Auvergne pour chastier le Comte d'Auvergne, lequel avoit chassé son Evesque & envahi le bien de l'Eglise. Mais outre que l'acte de Saucillanges que je viens de citer marque qu'Aymery estoit desja Evesque de Clairmont en l'année MCXIV. & qu'il est certain qu'il l'estoit encore en MCXXXI. & en MCXLV. au mois de Septembre, Hildebert Evesque du Mans luy escrivit une letre avant qu'il devint Archevesque de Tours, c'est à dire avant l'an MCXXV. Ce qui prouve clairement qu'il faut retrancher cet Estienne du nombre des Evesques de Clairmont.

Chartul. Celsine cap. 945.

Preuves de l'Hist. de Tournus p. 421.
Lib. 4. miscellaneor. nostror. p. 108.

En l'année MCXX. le Comte Guillaume fonda l'Eglise de saint Robert

Tome I.   H

de Montferrand, laquelle fut dans le mesme temps consacrée par le Pape Caliste II. qui la donna avec le consentement du Comte à l'abbaye de la Chaise-Dieu. Il faut que cela ait esté fait au mois de Janvier, comme le Pape s'en alloit à Rome. Car il tint un Concile à Vienne au commencement de Fevrier ensuivant, & il estoit à Valence sur le Rhosne le XXV. du mesme mois. De là il alla à Montpellier, à saint Gilles, en Provence, d'où il escrivit à la Comtesse de Clairmont, & passa les Alpes pour aller à Rome, où il arriva le IX. jour du mois de Juin de la mesme année.

Si l'on vouloit suivre ce que M. Justel a escrit sur le sujet de la dedicace de cette Eglise, il faudroit dire que Pierre estoit pourlors Evesque de Clairmont. Ce qui destruiroit entierement ce que je viens d'establir touchant l'episcopat d'Aymery. C'est donc une erreur fondée sur un titre de saint Robert de Montferrand d'environ l'an MCLXVI, où il est dit que la donation faite à cette Eglise par Guillaume Comte d'Auvergne & Dauphin son fils, qui estoit petit fils de Guillaume VI. dont nous traictons, fut faite *coram Domino Petro Arvernorum Episcopo*. Ce qui ne s'entend pas de la donation faite du temps du Pape Caliste, mais du temps du Pape Alexandre III. de ce nom. Outre qu'il y a faute dans ce titre. Il n'y avoit sans doute qu'un P dans le registre d'où il a esté tiré, comme dans une copie que j'en ay escrite de la main d'André Du Chesne, & on a rempli le reste par une fausse conjecture, de mesme que dans les epistres IV. & V. d'Estienne Evesque de Tournay, où les manuscrits ne marquent qu'un P. M. Le Masson, qui les a données au public, a imprimé *Petro* au lieu *Pontio*, comme le R. P. Du Molinet l'a tres bien corrigé. Le R. P. Labbe a esté bien plus religieux que M. Le Masson. Car faisant imprimer une letre de cet Evesque de Clairmont, où son nom est marqué par la premiere letre seulement, il l'a imprimée de mesme tout simplement, sans se mesler de l'alonger.

Preuves p. 62.

To. 2. Labbei p. 515.

En l'année MCXXIII. le Comte Guillaume estant à Clugny passa une transaction avec Pierre le Venerable Abbé de Clugny, avec Eustache Abbé de Mauzac, & avec Pierre Prieur de Saucillanges touchant les differens qu'il avoit avec les religieux de l'abbaye de Mauzac & du prioré de Saucillanges.

Bibliot. Clun. p. 1411.

Environ le mesme temps le Comte d'Auvergne s'estant rendu maistre de l'Eglise cathedrale de Clairmont avec le secours du Doyen, il la fortifia contre l'Evesque; lequel se voyant ainsi maltraité, vint en France trouver le Roy Louis le Gros pour luy demander sa protection. L'Abbé Suger, qui rapporte cette avanture dans la vie de ce Roy, ne marque pas l'année en laquelle elle arriva. Mais dautant qu'il dit qu'elle arriva apres que l'Empereur Henry V. eut entrepris d'envahir le royaume de France & qu'il y a preuve que ce fut en l'année MCXXIV. on peut suivre le sentiment de ceux qui ont marqué en l'année MCXXVI. le voyage que le Roy fit pour ce sujet en Auvergne. Le Duc de Guyenne termina cette grande affaire par la soufmission qu'il envoya faire au Roy, & l'Evesque fut remis en tous ses droits. La preuve que l'Empereur menaçoit d'envahir le royaume de France en l'année MCXXIV. est dans la Chronique de

Suger. in vita Ludun. Grossi p. 323.

To. XI. Spicil. p. 412.

D'AUVERGNE. LIV. I.

Guillaume de Nangis & encore plus particulierement dans les letres du Roy données à Paris en l'année MCXXIV. où il dit qu'il fut prendre l'Oriflamme à saint Denys *cùm ad aures nostras pervenisset Alemannorum Regem ad ingrediendum & opprimendum regnum nostrum exercitum præparare.* Ces letres se trouvent dans un ancien registre de la Chancellerie de France.

On ne connoist pas encore la femme de ce Comte. Car je suis de l'advis de M. Justel, qui rejette avec raison ce que quelques auêteurs recens ont escrit, qu'il avoit espousé une fille de Guillaume VIII. Duc de Guyenne, laquelle ils ne nomment pas. Il rejette aussi ce que quelques historiens Flamands ont escrit d'un Renaud Comte de Clairmont & d'Auvergne en l'année MCXI. pere d'une Marguerite de Clairmont mariée à Charles dit le Bon Comte de Flandres. M. Justel remarque tres bien que ce Renaud estoit Comte de Clairmont en Beauvoisis, & non de Clairmont en Auvergne. Le veritable nom de la femme de ce Prince estoit Jeanne, à laquelle le Pape Caliste II. allant à Rome escrivit une letre pour luy recommander le monastere de saint Honorat de Lerins, qui avoit esté destruit par les Sarrasins ; laquelle estant nommée seule dans cette letre, qui est generale, cela pourroit donner lieu de conjecturer qu'elle estoit parente de ce Pape, lequel estoit fils d'un Comte de Bourgogne, de Vienne, & de Mascon. Preuves p. 59.

Enfans de Guillaume VI. Comte d'Auvergne.

ROBERT III. COMTE D'AUVERGNE, dont il sera parlé au chapitre suivant.

GUILLAUME VIII. COMTE D'AUVERGNE, qui aura aussi son chapitre.

JUDITH D'AUVERGNE, ainsi appellée par M. Blondel, mariée à Guillaume Comte du Puy en Vellay, mere d'autre Guillaume aussi Comte du Puy, auquel le Roy Louis le jeune fit la guerre & à Guillaume VIII. Comte d'Auvergne son oncle & au Vicomte de Polignac, lesquels ravageoient les Eglises d'Auvergne & du Vellay. Dequoy les Evesques de Clairmont & du Puy ayant porté leurs plaintes au Roy, il s'en alla sur les lieux avec une armée, & les ayant fait prisonniers, les mena avec luy, & ne les relascha qu'apres qu'ils luy eurent promis de ne faire plus de mal aux Eglises ni aux Ecclesiastiques. Il est fait mention de cette prison des Comtes d'Auvergne dans une letre d'Hugues Evesque de Soissons au Roy, dans laquelle il luy mande que les Comtes d'Auvergne n'avoient pas peu se trouver au rendez-vous qui leur avoit esté donné, parce qu'ils estoient prisonniers du Roy, *quia nos tenebamus eos in prisona & in ostagiis.* Dequoy le Roy d'Angleterre Duc de Guyenne se plaignit au Roy, à cause qu'il pretendoit que ces Comtes estoient ses vassaux. Pour ce qui est des Vicomtes de Polignac, c'est à dire Ponce III. & Heracle II. son fils, il y a une charte en l'Eglise de Beaujeu qui marque que le Roy Louis VII. revenant du Puy les mena avec luy prisonniers. Cela ariva dans le mesme temps que le Comte de Chalon inquieta les religieux

Gesta Ludovici VII. p. 417.
To. IV. Du Chesnii p. 671.
Ibid. p. 731.
Ibid. p. 716.
Preuves p. 65.
Petard p. 586.

Tome I.

60 HISTOIRE DE LA MAISON

de Clugny à un tel poinct que le Roy, pour le chaftier, luy ofta fes Eftats & en donna la garde au Duc de Bourgogne & au Comte de Nevers, ainfi que nous l'avons desja dit plus au long cy deffus page 35. en parlant des Vicomtes de Thiern, & dans le mefme temps que le Pape Alexandre III. reprit le chemin de Rome, c'eft à dire en l'année MCLXV.

Preuves p. 66. 68. Depuis le Roy termina tous ces differends par une tranfaction paffée à Paris en l'année MCLXXI. confirmée deux ans apres à Fontainebleau.

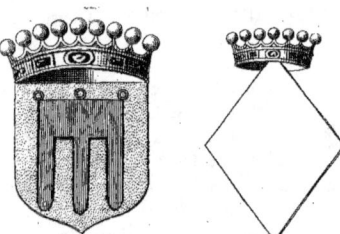

Robert III. Comte d'Auvergne.

CHAPITRE XIV.

Preuves p. 59. 60.

CE Comte eut de grands differens avec les Chanoines de Brioude, lefquels furent terminez en l'année MCXXXVI. par une tranfaction paffée en prefence d'Alberic Archevefque de Bourges, de Pierre Archevefque de Lyon, & d'Aymery Evefque de Clairmont, laquelle fe trouve en deux anciens regiftres de l'Eglife de Brioude. Ce fut un nommé Joubert Armand qui fut mediateur & promoteur de cet accommodement.

Preuves p. 60. Ce Comte Robert fit une donation au monaftere de Saucillanges de toutes les dixmes generalement qui luy appartenoient dans les dependences du chafteau d'Uffon. Ce qu'il fit pour la redemption de fon ame, pour le repos de l'ame de fon pere Guillaume, de fon frere Guillaume, de fon fils Guillaume, & de tous fes parents. Mais cela n'empefcha pas qu'apres fa mort fon frere Guillaume n'ufurpat la Comté d'Auvergne fur fon fils, comme nous le dirons en fon lieu.

M. Juftel luy a donné pour femme une fille de Guigues III. Comte d'Albon, qu'il eftime avoir efté appellée Beatrix. Mais je fairay voir au chapitre fuivant que ce fut à fon fils qu'elle fut mariée.

D'AUVERGNE. Liv. I. 61

Enfans de Robert III. Comte d'Auvergne.

GUILLAUME VII. COMTE D'AUVERGNE, dont il sera parlé incontinent.

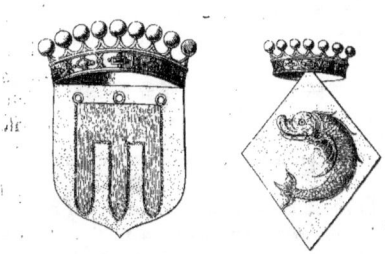

DAUPHINE'
D'or au Dauphin d'azur cresté & oreillé de gueules.

Guillaume VII. Comte d'Auvergne.

CHAPITRE XV.

N Chanoine de l'Eglise cathedrale de Grenoble qui vivoit du temps de ce Comte & a escrit la vie de Marguerite de Bourgogne Comtesse d'Albon nous apprend que ce Prince estoit cousin du Roy de France, *Regis Franciæ consanguineus*, qualité que nous avons veu cy dessus page 52. luy avoir esté aussi donnée dans une letre que les Chanoines de Brioude escrivirent au Roy Louis le jeune contre quelques Seigneurs de ces quartiers là qui ravageoient les Eglises de l'Auvergne & du Vellay. Et le Pape Alexandre III. la luy donne aussi dans une letre escrite à l'Evesque de Clairmont. Le Roy Philippe le Hardy l'appelle son grand oncle, *propatruum*, dans les letres qu'il accorda en l'année MCCLXXVI. aux religieux de saint André lez Clairmont, & Charles VIII. dans un temps beaucoup plus esloigné l'appelle son arriere grand oncle, *abavunculum*. Il est assez difficile d'expliquer dans cette antiquité les degrez de leur consanguinité. Mais il resulte tousjours de là que nos Roys estoient certains que le sang des Comtes d'Auvergne avoit esté meslé avec celuy de la Maison royale & qu'ils estoient bien proches parents. A l'esgard de Philippe le Hardy, on pourroit croire qu'il appelle Guillaume VII. Comte d'Auvergne son grand oncle, parce qu'il estoit grand oncle de la Reyne Marie de Brabant sa femme, de mesme que le Roy Jean appelle Jean & Guy de

Preuves p. 61.

Preuves p. 61.

H iij

Boulogne ses oncles, parce qu'ils estoient oncles de la Reyne Jeanne Comtesse de Boulogne sa femme.

Guillaume estoit desja Comte de Clairmont ou d'Auvergne en l'année MCXLV. comme nous l'apprenons d'une charte du Roy Louis le jeune qui confirme la transaction passée entre ce Comte & Aymery Evesque de Clairmont au sujet de Montferrand.

Preuves p. 61.

Il accompagna ce Roy au voyage de la terre sainte en l'année MCXLVII. & en revint avec luy deux ans apres. Mais à peine estoient ils de retour qu'on pensa à un second voyage ; lequel fut empesché par les religieux de l'Ordre de Cisteaux, à cause sans doute, comme le Cardinal Baronius l'a expliqué, que ce voyage n'ayant pas reüssi, tout le monde crioit contre saint Bernard, qui en avoit esté le promoteur. C'est pour cette raison, c'est à dire, à cause de la resolution qu'on avoit prise de retourner en la terre sainte, que le Comte Guillaume estant de retour ordonna dans les letres par lesquelles il confirma & augmenta les donations qu'il avoit faites à l'abbaye de saint André qu'au cas qu'il mourut outre mer, *si adveniat nos mori in bello contra Sarracenos*, il vouloit que l'Abbé & les religieux de cette abbaye fissent transporter son corps en Auvergne pour y estre enterré dans leur Eglise.

Odo de Diogilo p. 44.

Rob. de Monte in editione Pistorii.

Baron. an. 1149. §. 6.

Preuves p. 62.

M. Justel, qui a donné ces letres au public, estant persuadé que la qualité de Dauphin d'Auvergne que ce Comte prend au commencement n'est entrée en la maison d'Auvergne qu'apres Dauphin fils de ce Comte, qui la laissa hereditaire à ses successeurs, n'a pas peu s'empescher d'observer que ce Comte y est mal qualifié Dauphin d'Auvergne. Il auroit sans doute esté plus loin, s'il avoit eu une copie de ces letres aussi entiere que celle qui est dans le quatriesme tome de la Gaule Chrestienne, où on fait dire à ce Comte qu'il les a faites seeller du seau de son Dauphiné, *nostri delphinatus sigillo*. A la verité les raisons qu'il y a de douter de la verité de cet acte sont si fortes qu'encore qu'on m'assurat qu'il estoit actuellement en original avec son seau dans les archives de l'abbaye saint André fondée par ce Comte, dont on m'a envoyé une copie deüement collationnée & certifiée, je n'ay jamais peu me persuader qu'il fut veritable, & n'ay pas peu me resoudre à me rapporter d'une affaire si pleine de difficultez aux yeux & au jugement d'autruy. J'ay donc demandé avec instance qu'on me l'envoyat icy. Les religieux de cette abbaye y ont d'abord fait quelque difficulté, non pour aucun doute de la verité & sincerité de ce titre, qu'ils ont tousjours creu estre tres veritable, mais pour la crainte qu'il ne se perdit dans le transport de Clairmont à Paris. Car s'ils avoient creu qu'il fut faux, ils n'auroient eu garde de le monstrer. Le croyant donc bon, ils l'ont envoyé icy pour m'estre communiqué. Je l'ay veu le Dimanche XXV. Octobre MDCCV. au College des Bernardins, & n'ay eu aucune peine à en reconnoistre la fausseté. Je n'ay pas voulu neantmoins m'en rapporter à moy seul. Il a esté monstré à d'autres gens bien capables d'en juger, lesquels en ont porté le mesme jugement que moy.

Cependant, quoy que je sois persuadé que ce titre, tel qu'il est representé aujourd'huy, est faux, je crois neantmoins que le fond en est vray, & que ceux qui l'ont fabriqué il y a environ cent ans n'ont fait que l'estendre en quelques endroits un peu plus qu'il n'estoit dans l'original dont on s'est servy pour former celuy-cy, afin de rendre plus claires quelques clauses, lesquelles je ne puis coter, qui faisoient apparamment de la peine aux religieux de ce temps là. Car le fond de l'acte paroist bon. Ainsi je crois qu'il est vray; & je le crois d'autant plus volontiers qu'il est certain que ce Comte a fondé l'abbaye de saint André & qu'il a esté en l'année MCXLVII. en la terre sainte avec le Roy Louis VII. dit le jeune, chose dont il n'est pas permis de douter apres le tesmoignage qu'en a rendu Eudes de Deüil Moine de saint Denys dans la relation qu'il fit en ce temps là, du voyage de ce Roy en Orient. Cela ainsi supposé comme certain, & estant d'ailleurs certain qu'à peine le Roy fut il de retour de ce voyage qu'on pensa à y retourner, il ne doit pas paroistre estrange qu'on voye dans ce titre qu'en ce temps ce Comte faisoit estat d'y retourner pour faire la guerre contre les Sarrasins. Il semble aussi que sa femme se disposoit à l'y suivre. Car apres avoir ordonné qu'on fasse en cette abbaye des prieres pour luy & pour Jeanne de Calabre sa femme, il dit en suite qu'au cas qu'ils viennent à deceder en la guerre contre les Sarrasins, *si adveniat nos mori in bello contra Sarracenos*, il veut que l'Abbé & les religieux de cette abbaye fassent transporter leurs corps, *corpora nostra*, en Auvergne pour y estre enterrez en leur Eglise. Il y a dans ce discours un air de simplicité & de verité qui porte naturellement à croire qu'il est veritable.

Guillaume fut troublé en la jouïssance de la Comté d'Auvergne par Guillaume VIII. dit le Vieil son oncle, qui s'en empara par force sur luy, pretendant qu'il devoit estre preferé en la succession comme plus proche, suivant l'usage pratiqué en ces temps là en divers endroits de la France, où l'histoire nous enseigne que quelquefois les plus proches du sang ont succedé sans avoir egard à la representation. Cet action fut un sujet de division entre les Roys de France & d'Angleterre. Car celuy cy ayant voulu s'entremettre d'accommoder ce differend, & ayant tiré parole de l'oncle qu'il esteroit à justice devant luy, *stare justicie*, comme il y a dans la Chronique de Robert Abbé du Mont saint Michel suivant l'edition de Pistorius & dans la Chronique de Normandie, imprimée par M. Du Chesne, ou bien *stare in acie*, comme dans l'edition du R. P. Dom Luc d'Achery, c'est à dire se battre contre son neveu, il manqua de parole, & s'en alla vers le Roy Louis le jeune, qui luy accorda sa protection. Ce qui fut cause que le Roy d'Angleterre alla avec une armée en Auvergne pour l'obliger à rentrer dans son party. Ce qu'il ne fit pourtant pas, & se maintint neantmoins en la possession qu'il avoit usurpée de la Comté d'Auvergne. Et cependant son neveu ne cessa pas de se qualifier tousjours Comte d'Auvergne pour ne prejudicier pas à son droit.

Robertus de Monte an. 1167.

Ce Prince & Dauphin son fils donnerent en l'année MCLXVII. à l'abbaye de Mauzac l'Eglise du chasteau de Farnoel. Et l'année suivante il donna plusieurs Eglises aux Chanoines de saint Amable de Riom avec le

Preuves p. 63.

HISTOIRE DE LA MAISON

consentement & la ratification d'Estienne de Mercueur Evesque de Clairmont.

M. Justel a creu qu'il estoit fils d'une fille de Guigues III. Comte d'Albon & de Marguerite de Bourgogne, & que cette Princesse avoit esté mariée à Robert III. son pere. Mais cela ne peut pas estre, attendu *Hist. de Dauphiné to. 1. p. 798.* que Guigues mourut en l'année MCXLII. & que ses filles estant alors fort jeunes ne furent mariées que plusieurs années apres la mort de leur pere. De sorte qu'il faut rapporter le temps de leur mariage à sept ou huit ans apres sa mort. Or il paroist par les letres dont nous avons parlé cy dessus que Guillaume VII. estoit desja Comte d'Auvergne en l'année MCXLV. & il ne paroist pas qu'il fust marié auparavant le voyage d'Outremer. D'où l'on doit conclurre que se trouvant mention de sa femme en l'année MCXLIX. c'est de luy qu'il faut entendre le mariage de l'une *Geneal. Blondelli tab. 64. 73.* des filles du Comte Guigues avec le Comte d'Auvergne, comme Messieurs Blondel & Chorier l'ont pensé avant moy. Et ainsi Jeanne de Ca- *Hist. de Dauphiné to. 1. p. 799.* labre sa femme, qui est nommée dans les letres dont je viens de parler, se trouvera avoir esté celle des filles de Guigues qui fut mariée au Comte d'Auvergne, sans que je puisse rendre raison pourquoy elle est appellée de Calabre, & non d'Albon, non plus que je ne peux pas rendre raison pourquoy est ce qu'Assalide fille de nostre Comte Guillaume mariée à Beraud I. Sire de Mercueur est appellée Nassal de Claustre, & non d'Auvergne. Et par consequent la fille de Guigues III. mariée au Comte d'Auvergne ne s'appelloit pas Beatrix, comme Messieurs Justel, Blondel, & Chorier l'ont creu.

Preuves p. 147. Cette alliance, comme M. Justel l'a tres bien remarqué, semble se confirmer par un titre de l'an MCCXXV. qui est ez registres de la Chambre des Comptes de Dauphiné, par lequel Dauphin Comte de Clairmont fils de Guillaume VII. vend & transporte du consentement de Guillaume son fils & de Robert son petit fils à Dauphin Comte de Vienne & d'Albon tout le droit qu'il avoit & pouvoit avoir au chasteau de Voreppe, qui est situé prez de Grenoble, & à celuy de Varacieu prez saint Marcellin en Dauphiné, & toutes les actions reeles & personnelles qui luy pouvoient appartenir en toute la Comté de Viennois. Ce qui fait conjecturer, adjouste M. Justel, que ces chasteaux de Voreppe & de Varaciéu avoient esté baillez en dot à la fille de Guigues III. lorsqu'elle fut mariée au Comte *Hist. de Dauphiné to. 1. p. 104.* d'Auvergne, opinion qui a paru si vraysemblable à M. Chorier qu'il n'a pas fait difficulté d'escrire que la dot de Beatrix (c'est ainsi qu'il appelle cette fille de Guigues III. Comte d'Albon femme du Comte d'Auvergne) avoit esté composée de la terre de Voreppe & de celle de Varaciéu.

Jeanne de Calabre mourut en l'année MCL. si M. Savaron n'a pas esté trompé par les memoires dont il s'est servi pour escrire ses Origines de Clairmont.

Il est certain que le Comte son mary vivoit en l'année MCLXVIII. lorsque le Roy d'Angleterre porta la guerre en Auvergne. Mais je crois qu'il mourut en cette mesme année, ne se trouvant plus rien de luy, & les actes qui parlent dans les années suivantes des Comtes d'Auvergne

devant

devant necessairement estre entendus de son oncle Guillaume VIII, & de son fils Robert.

Enfans de Guillaume VII. Comte d'Auvergne & de Jeanne de Calabre sa femme.

DAUPHIN D'AUVERGNE COMTE DE CLAIRMONT, dont il sera parlé au commencement du second livre.

ASSALIDE D'AUVERGNE mariée à Beraud I. Sire de Mercueur. J'ay trouvé son nom dans les vies des Poëtes Provençaux, où elle est appellée Nassal, c'est à dire, Dame Assalide, de Claustre, belle & vertueuse Dame, de laquelle Peyre d'Alvergne, comme portent les anciens manuscrits de la Bibliotheque du Roy, & non pas de Vernegue, comme il est escrit par Jean de Nostre Dame dans le livre qu'il a composé des vies de Poëtes Provençaux, devint amoureux, en sorte qu'estant portée à l'aimer, tant à cause que son frere le Dauphin, au service duquel il estoit, l'en sollicitoit, que parce que ce Poëte fit un present à la Princesse de quelques chansons qu'il avoit faites à sa loüange, elle l'aima tellement qu'elle oublia l'amour de son mary pour l'amour du Poëte. Ce qui estant venu à la connoissance de Beraud son mary; il en devint jaloux, & cette jalousie fut cause qu'Assalide, qui s'en apperçut, trouva moyen de se descharger de tels ennuys, & congedia honestement le Poëte. Je ne sçay pas pourquoy cette Princesse est appellée Nassal de Claustre, comme si c'estoit le nom de sa maison. C'est peutestre pour la mesme raison que Beatrix femme d'André de Bourgogne dit Dauphin est appellée Beatrix de Claustral dans l'Histoire des Dauphins de Viennois & dans l'Histoire de la maison de Saffenage, quoy qu'elle fut de la maison de Sabran, & par la mesme raison que je trouve dans l'ancien Obituaire de l'Eglise de Tulle une Nassal de Claustre de Ventadour enterrée à Tulle dans la chapelle du Chapitre, où estoit la sepulture ordinaire de la maison de Ventadour.

Preuves p. 64.
Hist. genealogique que de Messieurs de Sainte-Marthe 10. 2. p. 706. d. l'edition de 1647.

Preuves p. 255.

Hist. des Dauphins de Viennois p. 19. 22.
Hist. de Saffenage p. 26.

66   HISTOIRE DE LA MAISON

Guillaume VIII. Comte d'Auvergne.

CHAPITRE XVI.

SI la necessité du sujet que je traite ne m'obligeoit pas d'interrompre le cours naturel de cette histoire & de renvoyer ailleurs la genealogie des descendans de Guillaume VII. il faudroit mettre icy tout de suite sa posterité. Mais dautant que son fils Dauphin n'a pas esté possesseur de la Comté d'Auvergne, laquelle fut usurpée sur son pere, & qu'il a commencé une autre branche de la maison d'Auvergne, j'estime que je dois suivre le chemin que M. Justel m'a monstré & renvoyer l'histoire de cette branche, qui est celle des Dauphins d'Auvergne, apres que j'auray achevé de traicter de celle des Comtes. Je parleray donc icy de Guillaume VIII. Comte d'Auvergne fils de Guillaume VI.

Il envahit, comme je l'ay desja dit, la Comté d'Auvergne sur son neveu Guillaume VII. auquel elle appartenoit de droit, & s'y maintint par la protection que le Roy Louis le jeune luy donna, le malheur de son neveu ayant voulu qu'il se tournat du costé du Roy d'Angleterre ennemy declaré de Louis. Il s'accommoda en suite avec son oncle & avec son fils, comme on le peut aysement receüillir de ce que le Roy Philippe Auguste ayant ravagé les terres d'Auvergne, le Comte Guy & le Dauphin d'Auvergne se joignirent pour se mettre à couvert de sa puissance, le Dauphin ayant perdu le chasteau d'Issoire, que le Roy luy osta. C'est ce que nous apprenons de la vie de Bertrand de Born grand Seigneur de Limousin escrite en ce temps là, laquelle se trouve dans un ancien *Preuves p. 77.* MS. de la Bibliotheque du Roy. M. Donimicy en avoit aussi un manuscrit, qu'il avoit communiqué à M. Justel, lequel en a imprimé un fragment.

D'AUVERGNE. Liv. I.

En l'année MCLXIII. Guillaume VIII. fut excommunié par l'Evef- To. iv. Du que de Clairmont pour avoir avec le Comte du Puy fon neveu ravagé Chefnii p.608. les Eglifes d'Auvergne & du Vellay, & principalement celle de Brioude. 651. 653. 671. Il eut recours au Pape Alexandre III. pour eftre abfous, & il le fut. 689. Dequoy le Roy Louis le jeune, qui n'avoit pas encore pris ce Comte fous fa protection, s'eftant plaint au Pape & aux Cardinaux, comme fi *Ibid. p. 629. 663.* cela avoit efté fait au prejudice de fes droits & de fa Couronne, ils luy refpondirent que ce n'avoit pas efté l'intention du Pape, & qu'il ne l'a-voit abfous que parce qu'il l'avoit affuré que ce n'avoit pas efté de fon mou-vement qu'il avoit commis ces excez, mais pour affifter le Comte du Puy fon neveu, & qu'il avoit promis moyennant ferment fur les faints evan-giles d'executer les ordres que le Pape luy donneroit fur les torts & dom-mages qu'il avoit faits à l'Eglife de Brioude & rendroit à Beraud de *Ibid. p. 653.* Mercueur fa femme dans quinzaine.

Pendant ces defordres, qui durerent affez long temps, les Comtes d'Auvergne, c'eft à dire, Guillaume VIII. & Robert fon fils, fe reti-rerent en Normandie, où ils eftoient fous la protection du Roy d'An-gleterre Duc de Normandie, qui pretendoit auffi que l'Auvergne luy appartenoit en qualité de Duc de Guyenne.

Ce fut fans doute environ ce temps là que le Comte Guillaume donna au Pape Alexandre III. & à l'Eglife Romaine fon chafteau nommé *Uteo*, *Preuves p. 77.* que M. Juftel a eftimé eftre Buffeol, y ayant neantmoins plus de con-formité de dire que c'eftoit Uffon. Et ainfi il faudroit lire dans la letre du Pape Innocent III. *Uceo* au lieu de *Uteo*.

Depuis le malheur de Guillaume VII. ayant voulu qu'il implorat la protection d'Henry II. Roy d'Angleterre contre fon oncle, qui luy avoit enlevé la Comté d'Auvergne, celuy cy s'adreffa au Roy Louis le jeune, qui luy donna fa protection & le maintint en la poffeffion de cette Comté contre fon neveu. C'eft donc de Guillaume VIII. & de Robert IV. fon fils qu'il faut entendre ce qui fe lit des Comtes d'Auvergne dans les letres efcrites au Roy Louis VII. qui ont efté données au public par M. Du Chefne.

Je crois qu'il faut rapporter à ce Comte Guillaume la donation de la ville de faint Seré en Quercy, qu'on trouve dans un titre de l'an *Preuves de l'hift. de Tu-* MCLXXVIII. avoir efté donnée à Raymond II. Vicomte de Turenne *renne p. 35.* par Guillaume Comte d'Auvergne.

M. Du Chefne & M. Juftel apres luy ont tres bien remarqué que ceux là fe font trompez qui luy ont donné pour femme Beatrix Dauphine fille & heritiere de Dauphin ou Guigues IV. Comte d'Albon & de Vienne, laquelle ils font mere d'une autre Beatrix mariée au Duc de Bourgogne, eftant certain que Guillaume VIII. Comte d'Auvergne efpoufa Anne de Nevers fille de Guillaume IV. Comte de Nevers & fœur de Renaud auffi Comte de Nevers, comme le Moine Alberic aucteur du temps en rend tefmoignage.

Tome I.   I ij

HISTOIRE DE LA MAISON

Enfans de Guillaume VIII. Comte d'Auvergne & d'Anne de Nevers sa femme.

ROBERT IV. COMTE D'AUVERGNE, qui aura son chapitre.

GUILLAUME D'AUVERGNE, appellé oncle de Robert Evesque de Clairmont en l'année MCXCVII. dans les actes de l'esle-vation des reliques de saint Austremoine à Mauzac, fut Prevost de l'Eglise cathedrale de Clairmont & de celle de Brioude, & mourut en l'année MCCXIX.

Preuves p. 72.

JUDITH D'AUVERGNE, ainsi appellée par M. Blondel & par M. Du Bouchet, qui disent qu'elle fut mariée à Beraud IV. du nom Sire de Mercueur. Il est bien certain que la fille de ce Comte quitta son mary & se retira chez son pere, auquel le Pape ordonna de la rendre à son mary dans quinzaine. Mais d'autant qu'il conste que Beraud I. estoit marié avec Assalide fille de Guillaume VII. & sœur de Dauphin, je ne sçay si on doit penser que la femme de Beraud IV. a esté fille de Guillaume VIII.

AGNES D'AUVERGNE mariée à Hugues IV. du nom Comte de Rhodez. Il en est fait mention dans un titre de l'année MCXCV. qui est dans le Cartulaire de l'abbaye de Conques. Et c'est sans doute à cause de cette alliance que Guillaume Comte de Rhodez, qui se dit fils d'Agnes dans ce titre, fit son heritier Guy II. Comte d'Auvergne son cousin.

Preuves p. 761.

Robert IV. Comte d'Auvergne.

CHAPITRE XXII.

QUOYQUE je ne sçache pas le temps auquel ce Comte succeda à son pere, ne trouvant rien de luy avant l'année MCLXXII. qu'il passa une transaction avec l'Abbé de saint Michel de Cluse en Piedmont pour raison du prioré de Sauviac en Auvergne dependant de l'abbaye de Cluse, je crois neantmoins que je peux rapporter à son temps ce qui se passa entre les Roys de France & d'Angleterre touchant la superiorité de la Comté d'Auvergne. Il ne s'agissoit pas de la souveraineté, laquelle n'estoit pas contestée. Il s'agissoit seulement de la proprieté, que le Roy d'Angleterre pretendoit luy appartenir, comme il a esté remarqué cy dessus. Mais le Roy de France pretendoit le contraire. De sorte que dans un traicté qui fut fait entre Gisors & Trie en l'année MCLXXX. on mit l'affaire d'Auvergne en surseance, *excepto de Alvernia, unde contentio inter nos est.* Mais enfin l'Auvergne fut relaschée à l'Anglois par le traicté passé à Louviers en l'année MCXCVI. au mois de Janvier. Cependant je trouve que dans la suite des temps l'Auvergne n'estoit pas comprise dans la Duché de Guyenne possedée par les Anglois, ayant esté donnée pour finir toutes contestations en supplement de dot par Jean Roy d'Angleterre à Louis VIII. Roy de France lorsqu'il espousa Blanche de Castille fille du Roy Alphonse IX. & d'Alienor d'Angleterre sœur du Roy Jean.

Preuves p. 70.

Roger. de Hoveden. an. 1180. p. 594. edit. Francof.

Roger. de Hoveden p. 764. Matth. Paris an. 1196. Radulfus de Diceto p. 706.

Pendant ces desordres, comme le royaume estoit pour lors exposé de toutes parts au pillage, à cause principalement que les enfans d'Henry II. Roy d'Angleterre estoient de tres mauvaise intelligence avec luy, une armée de routiers ou brigands appellez communement Brabançons fit une irruption en Auvergne en l'année MCLXXXIII. comme il est marqué dans la Chronique d'Adam Chapelain de l'Evesque de Clairmont aucteur

Preuves p. 71.

I iij

contemporain, ou bien en l'année MCLXXXV. selon une ancienne chronique MS. d'un Chanoine de Laon aussi contemporain. Mais il vaut mieux s'en tenir à la date marquée par Adam, non seulement parce qu'il voyoit faire les choses qu'il escrivoit, mais encore parce qu'elle s'accorde avec ce que le Moine d'Auxerre en a escrit, & parce que M. de la Taumassiere escrit qu'en l'année MCLXXXIII. les Paillards Cothereaux & autres brigands qui couroient le pays en armes furent deffaits prez la ville de Dun le Roy en Berry par Ebbes seigneur de Charenton & autres. Apres avoir ravagé l'Auvergne, ils se transporterent en Limousin, d'où ils se retirerent à la haste sur l'avis qui leur fut donné que les Seigneurs d'Auvergne, qui les avoient si maltraitez qu'ils en avoient tué trois mil sans aucune perte de leurs gens, venoient sur eux, comme ils avoient resolu de le faire s'ils n'en avoient pas esté destournez par Guillaume de Chamaliere Chevalier Auvergnat. Le Chanoine de Laon marque qu'il y eut dix sept mil de ces brigands tuez. Mais comme ce nombre paroist excessif, il semble qu'il vaut mieux s'en tenir à la relation du Chapelain de l'Evesque de Clairmont, laquelle est auctorisée par le tesmoignage du Moine d'Auxerre, qu'à ce qu'en a escrit le Chanoine de Laon esloigné de là. Roger de Hoveden aucteur Anglois nous apprend que ces brigands estoient à la solde de Geoffroy fils d'Henry II. Roy d'Angleterre. J'ajouteray, comme en passant, que j'ay bien de la peine à croire que les Berruyers ayent deffait ces brigands au nombre de dix mil cinq cens vingt cinq, comme M. de la Thaumassiere l'escrit, qui l'a sans doute trouvé ainsi dans quelques memoires anciens.

 Le Comte Robert espousa Mahault de Bourgogne fille d'Eudes II. Duc de Bourgogne & de Marie de Champagne. Et parce qu'elle estoit fille de Duc, elle est appellée en quelques titres Duchesse d'Auvergne, quoy que la Duché d'Auvergne n'ait esté erigée que cent cinquante ans apres.

 Il fonda l'abbaye de Vauluisant, appellée depuis du Bouschet, de l'ordre de Cisteaux, au diocese de Clairmont. Les aucteurs de la Gaule Chrestienne mettent cette fondation en l'année MCXCVIII. n'ayant pas pris garde que ce Comte estoit mort quelques années auparavant & qu'il est necessaire qu'elle ait esté fondée avant le pontificat du Pape Celestin III. puisqu'il a confirmé cette fondation en l'année MCXCII. au mois de May.

 Il mourut environ l'an MCXCIV. & fut enterré en l'abbaye du Bouschet, proche le grand autel, du costé de l'Evangile, en un tombeau eslevé hors de terre, où est sa figure aujourd'huy fort defigurée à coups de marteau. Ce que l'on dit avoir esté fait par les Huguenots. On a taché neantmoins de la reparer un peu dans la graveure. Il y a au dessous un caveau basti de pierre de taille à deux estages, dans lequel on voit encore les ossemens de deux grands corps l'un aupres de l'autre, qu'on dit estre ceux de ce Comte Robert & du Comte Guy son fils avec leurs femmes.

Tombeau de Robert IV. Comte d'Auvergne & de Mahault de Bourgogne sa femme.
Dans le mesme tombeau est enterré Guy II. Comte d'Auvergne avec Pernelle du Chambon sa femme.

Enfans de Robert IV. Comte d'Auvergne & de Mahault de Bourgogne sa femme.

GUILLAUME IX. COMTE D'AUVERGNE, qui aura son chapitre.

GUY II. COMTE D'AUVERGNE, qui aura aussi son chapitre.

ROBERT D'AUVERGNE, *in cujus inventute*, comme dit Claude Robert, qui dit l'avoir tiré d'un ancien Cartulaire de Bourges, *virtutum plura floruerunt dona, cum incremento majora futura*, fut premierement Doyen de l'Eglise cathedrale d'Autun, & en suite esu Evesque de Clairmont en l'année MCXCV. & confirmé par Henry de Sully Archevesque de Bourges. Par consequent il faut expliquer la Chronique du Moine Alberic, laquelle semble dire que ce ne fut qu'en l'année MCXCIX. que Robert fut fait Evesque de Clairmont, & dire que cet aucteur ne s'est attaché en cet endroit qu'à marquer la succession des Evesques de Clairmont de ce temps là, sans se mettre en peine de marquer precisement le temps auquel ils avoient esté faits Evesques. En l'année MCXCVII. il releva les reliques de saint Austremoine dans l'abbaye de Mauzac. En la mesme année il dedia l'Eglise de l'abbaye du Bouschet fondée par son pere. Ayant en suite eu different avec Guy II. Comte d'Auvergne son frere, il fut fait prisonnier par les gens de son frere, prison qui fut suivie de beaucoup de meurtres & voleries jusques à ce que la venuë d'Henry de Sully Archevesque de Bourges les fit cesser au moyen du traicté qu'il leur fit faire en l'année MCXCIX. au mois de Juillet, confirmé par un autre traité fait deux ans apres. Et dautant que l'Evesque avoit de grandes pretentions sur le chasteau de Vertaizon, sans doute à cause de la trahison que Ponce de Captueil & sa femme Jarentonne ses vassaux luy avoient faite, lesquels avoient receu traistreusement & nuictament ses ennemys capitaux chez eux pour le faire prendre prisonnier & perir ses gens, il fut dit par le traicté de MCXCIX. qu'il ne fairoit rien contre eux de cinq ans à compter du jour de la Magdelene, & que ce terme estant expiré, il luy seroit permis de faire ses diligences pour tirer raison de leur felonnie. De sorte que ce terme estant expiré en l'année MCCIV. il reprit ses poursuites & les fit assigner pardevant le Roy Philippe Auguste ; où non seulement ils ne comparurent pas, mais encore voulurent decliner sa jurisdiction, protestant ne vouloir respondre aux demandes de l'Evesque qu'en la Cour du Roy d'Arragon. Ainsi les termes juridiques ayant esté espuisez, le Roy par arrest du mois de Janvier MCCIV. suivant la maniere de compter de ce temps là adjugea le chasteau de Vertaizon à l'Evesque & à l'Eglise de Clairmont à perpetuité, à la charge de le tenir de la Couronne en foy & hommage. Il y a preuve que les Evesques de Clairmont en estoient jouïssants en l'annnée MCCLVI. au mois de Janvier, c'est à dire en MCCLVII. selon la maniere de compter d'aujourd'huy. En l'année MCCII. luy & les Evesques de Cahors & de Limoges se trouverent au traicté de mariage de Guillaume son neveu fils de Guyot avec la fille d'Archambauld seigneur de Montluçon & promirent qu'ils porteroient support & ayde à celuy qui entretiendroit les promesses dudit mariage contre l'autre qui iroit au contraire. Nous verrons en son lieu si M. Justel a eu raison d'avancer que M. Savaron s'estoit trompé & qu'il avoit mal à propos attribué à Guillaume IX. Comte d'Auvergne ce qui appartient à Guillaume Comte de Clairmont fils de Dauphin. En l'année MCCVII. la guerre s'estant rallumée entre les deux freres, cet Evesque fut mis en prison par son frere, lequel fut excommunié pour ce sujet, comme nous l'apprenons d'une letre du Pape

<small>Preuves p. 73.</small> Innocent III. En la mesme année il fit avec le consentement de son Chapitre de nouveaux reglemens pour la manutention de la bonne dis-
<small>Hist. Albig. cap. 14.</small> cipline dans son Eglise cathedrale. En l'année MCCIX. il se croisa & alla en Languedoc faire la guerre aux Albigeois. Mais il ne paroit pas qu'il ait assisté à l'absolution du Comte de Toulouse, comme M. Savaron l'a escrit. Au contraire il semble qu'il n'arriva en Languedoc qu'apres que ce Comte eut esté absous à saint Gilles par Miles Legat du saint Siege. En l'année MCCXIV. il fut present à la transaction passée entre Eudes Duc de Bourgogne son cousin & les Chanoines de la sainte Cha-
<small>Preuves p. 75.</small> pelle de Dijon pour raison de la collation du doyenné & des prebendes
<small>Hist. Albig. cap. 84.</small> de cette Eglise. En l'année MCCXV. il retourna à la guerre contre les Albigeois avec Geraud du Cros Auvergnat Archevesque de Bourges,
<small>Preuves p. 75.</small> d'où il revint avec luy l'année d'apres. En l'année MCCXVII. ayant fait au Roy Philippe Auguste le serment de fidelité, il luy donna pour
<small>Preuves p. 75.</small> caution Blanche Comtesse de Champagne. En l'année MCCXX. ce Roy luy donna & à ses successeurs à perpetuité en augmentation de fief les lieux de Jarzac, Ferintrar, Luignac, Tuirec, la Forest, & une partie
<small>Severt. in Archiep. Lugdun. p. 968.</small> du fief de Chamaliere. En l'année MCCXXVII. il fut fait Archevesque de Lyon, fit son testament en l'année MCCXXXII. & mourut au mois de Janvier MCCXXXIV.

ROBERT D'AUVERGNE surnommé de Clairmont, qualifié seigneur d'Oliergues en un hommage à luy rendu en l'année MCCVIII. par les seigneurs de Jouz. Et pour justifier qu'il estoit fils du Comte Robert IV. & frere du Comte Guy II. & de Robert Archevesque de Lyon M.
<small>Preuves de M. Justel p. 37.</small> Justel rapporte un titre de l'an MCCX. dans lequel Hugues de la Tour Prieur de Saucillanges, qui fut depuis Evesque de Clairmont, appelle ce Robert de Clairmont son oncle, parce qu'il estoit frere de Marie d'Auvergne sa mere. Nous examinerons plus particulierement ce fait au premier chapitre du livre cinquiesme, en parlant des anciens seigneurs d'Oliergues.

MARIE D'AUVERGNE mariée à Arbert II. seigneur de la Tour
<small>M. Just.l.p.142.</small> du Pin, appellée quelque fois Comtesse dans les anciens titres parce qu'elle estoit fille de Comte, comme Mahault de Bourgogne sa mere Comtesse d'Auvergne est quelquefois qualifiée Duchesse parce qu'elle estoit fille de Duc, comme nous l'avons desja remarqué. Marie fut mere d'Humbert de la Tour Dauphin de Viennois, lequel estoit bisayeul de celuy qui transporta le Dauphiné à l'aisné des Roys de France en l'année MCCCXLIII. & se fit religieux de l'Ordre de saint Dominique.

Je

D'AUVERGNE. Liv. I. 73

Je trouve dans l'hiftoire des Archevefques de Lyon compofée par Severt qu'Aymery Archevefque de Lyon fonda un anniverfaire pour Robert d'Auvergne Archevefque de Lyon fon oncle. Et par confequent Aymery, qui eftoit forti d'une maifon du Maine dont nous ne fçavons pas bien le nom, eftoit fils d'une fœur de l'Archevefque Robert. Il fe demit de fon Archevefché entre les mains du Pape Innocent IV. en l'année MCCXLV. & fe retira en l'abbaye de Grandmont en Limoufin, où il mourut en l'année MCCLVII.

Guillaume IX. Comte d'Auvergne.

CHAPITRE XVIII.

E peu de temps que ce Guillaume a efté Comte d'Auvergne fait que l'on a bien de la peine à juftifier qu'il l'a efté. Neantmoins il eft nommé Comte d'Auvergne dans la Chronique d'Alberic, qui le fait fils de Robert IV. Comte d'Auvergne & de la fœur du Duc de Bourgogne. A quoy on peut adjoufter qu'il eft certain que Guy avoit un frere aifné lequel eftoit vivant lors que Guy fon cadet fe maria. On peut mefme tirer une efpece de preuve d'une faute de M. Du Tillet ; lequel parlant des enfans de ce Comte Robert, luy en donne quatre, dont il dit que les deux premiers, lefquels il appelle tous deux du nom de Guy au lieu d'appeller le premier Guillaume, furent Comtes d'Auvergne, & parmy fes enfans il nomme un Guillaume feigneur de Chaftel-Uffon pere de Robert d'Auvergne auffi feigneur de Chaftel-Uffon. Ce qui pourroit donner lieu de conjecturer que Guillaume IX. (qu'on doit croire avoir efté marié, puifque fon cadet le fut de fon vivant) n'eut qu'un enfant, affavoir ce Robert, auquel il fit porter le nom de feigneur d'Uffon ; lequel eftant mort fort jeune, & fon pere eftant auffi mort dans le mefme temps ; ils font demeurez tous deux dans l'obfcurité.

Preuves p. 71.
Preuves p. 81.

Tome I. K

Mais ce n'eſt qu'une tres ſimple conjecture, à laquelle je ne m'arreſte pas beaucoup ; laquelle neantmoins peut eſtre ſouſtenuë parce qu'on trouve qu'en l'année MCCLI. Robert V. Comte d'Auvergne eſtoit auſſi ſeigneur d'Uſſon. Nous verrons meſme dans la ſuite de cette hiſtoire que Jean H. du nom Comte d'Auvergne & de Boulogne eſchangea en l'année MCCCLXXXVII. avec le Duc de Berry le chaſteau d'Uſſon en Combraille, qui eſtoit de ſon ancien domaine, avec la Baronie de Lunel & le chaſteau de Gaillargues en la ſeneſchauſſée de Beaucaire.

Ceux qui voudront ſe donner la peine d'eſclaircir ce poinct d'hiſtoire ſeront peuteſtre bien ayſes d'eſtre informez qu'il y a au Treſor des chartes de France des letres de Robert d'Auvergne ſeigneur du chaſtel d'Uſſon données à Riom au mois de Novembre MCCXLVII. par leſquelles il ſe ſouſmet à la juriſdiction & contrainte d'Alphonſe Comte de Poictiers au cas qu'il manque de payer dans le temps convenu la ſomme de trois mil cinq cens livres monnoye de Clairmont à Robert, Guy, & Eſtienne de Gardelle bourgeois de Riom, auſquels Guillaume ſeigneur du chaſtel d'Uſſon pere dudit Robert devoit ladite ſomme.

CHAMBON.
Facé d'or &
d'azur de ſix
pieces.

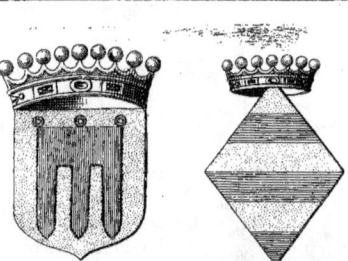

Guy II. Comte d'Auvergne.

CHAPITRE XIX.

ENCORE qu'on ne trouve pas le temps auquel Guy II. commença d'eſtre Comte d'Auvergne, je commenceray neantmoins ſon chapitre par l'année MCXCV. en laquelle ayant voulu ſe ſouſtraire à la domination de Richard Roy d'Angleterre Duc de Guyenne ; ce Prince, apres avoir pris Iſſoudun en Berry, envoya des troupes en Auvergne contre luy. Il fut fait priſonnier, & ſes places priſes. Voicy comment cela ſe paſſa ſuivant que le rapporte l'ancien

Preuves p. 77. aucteur de la vie de Bertrand de Born alleguée cy deſſus.

En l'année MCXCV. les Roys de France & d'Angleterre s'eſtant escarmouchez l'un contre l'autre pendant quelque temps, ils prirent enfin des treves. Les treves eſtant priſes, ils ſe retirerent chaſcun chez ſoy. Richard s'en alla en Poictou, où il paſſa les feſtes de Noël. Il faut ſuivant cette relation qu'on fut quaſi demeuré d'accord que l'Auvergne demeureroit au Roy de France. Car il y eſt dit que le Dauphin d'Auvergne & le Comte Guy en ayant eu avis, ils en furent fort faſchez, aymant mieux eſtre ſouſmis à un maiſtre eſloigné d'eux qu'au Roy de France, qui eſtoit ſi fort leur voiſin, & qui avoit la reputation d'eſtre fort avare & dur envers ſes ſujects. En effect il acheta deſlors un fort chaſteau d'Auvergne appellé Monverdu, & oſta la ville d'Iſſoire au Dauphin. La guerre ayant eſté peu de temps apres rallumée entre les deux Roys, Richard parla au Dauphin & au Comte Guy, leur remonſtrant les grands torts que le Roy de France leur avoit faits, & les aſſurant que s'ils vouloient prendre party contre luy, il les ſouſtiendroit & leur fourniroit des troupes & de l'argent à leur volonté. Ils furent aſſez malaviſez pour ſe fier à ſa parole, & firent la guerre au Roy de France. Ce que Richard ayant appris, il prit d'autres treves avec le Roy de France, & abandonna le Dauphin & le Comte Guy. En ſuite dequoy le Roy Philippe Auguſte entra à main armée en Auvergne & mit à feu & à ſang toutes leurs quartiers. Ils luy demanderent quartier, & obtinrent de luy une treve de cinq mois, pendant laquelle le Comte Guy s'en alla en Angleterre accompagné de dix Chevaliers pour faire ſouvenir le Roy Richard de la parole qu'il leur avoit donnée de les ayder & proteger. Il en fut tres mal receu, & s'en retourna peu ſatisfait du ſuccez d'un voyage qui luy avoit couſté beaucoup de fatigue & de deſpenſe. Eſtant de retour en Auvergne, ayant rendu compte au Dauphin de ce qui s'eſtoit paſſé en ſon voyage, ils ſe retirerent devers le Roy Philippe Auguſte & s'accommoderent avec luy. Les treves accordées entre les Roys finirent dans le meſme temps. Et incontinent le Roy Philippe Auguſte entra à main armée dans la terre du Roy d'Angleterre, bruſlant & pillant tout. Quand le Roy d'Angleterre ſe vit ainſi attaqué, il revint en France, & envoya au Dauphin & au Comte Guy pour les convier à l'aſſiſter en cette guerre, comme il pretendoit qu'ils y eſtoient tenus. Mais ils n'en voulurent rien faire.

Il faut que cette guerre n'ait pas eſté faite d'abord apres ces dernieres treves. Car apres quelles furent finies, les Roys s'eſtant aſſemblez à Louviers en Normandie au mois de Janvier MCXCVI. par le traicté fait pourlors entr'eux l'Auvergne demeura au Roy d'Angleterre, comme je l'ay deſja remarqué cy deſſus page 69. en parlant de Robert IV. Comte d'Auvergne. Il faut donc entendre ces treves de celles qui furent priſes en l'année MCXCVIII. apres leſquelles les Roys revinrent à la guerre, & il fut commis de part & d'autre de grandes cruautez.

Cependant la diviſion s'eſtant miſe entre le Comte Guy & ſon frere Robert Eveſque de Clairmont, celuy cy ayant attiré à ſon ſecours des troupes dont l'employ eſtoit de ravager & piller tous les pays par où elles

Tome I. K ij

passoient, il mit à feu & à sang les terres du Comte en l'année MCXCVII. & non content de ces maux, il mit l'interdit sur toutes ses terres. Nous apprenons cela d'une letre du Comte au Pape Innocent III. nouvellement *Preuves p. 77.* esseu, dans laquelle, pour l'attirer plus facilement à son party, il le fait souvenir que ses ayeuls, c'est à dire Guillaume VIII. son ayeul, avoient donné au Pape Alexandre III. & au saint siege le chasteau de *Uteo* ou *Uceo*, qui est Usson, & non pas Busseol, comme M. Justel a voulu le corriger, à laquelle donation il adjouste de sa part un chasteau par luy nouvellement construit, appellé de son nom, qui est Chasteau-Guyon proche la ville de Riom. Apres quoy il prie ce Pape de luy donner sa protection contre son frere, de casser la sentence d'interdit laschée sur sa terre, & de commettre l'Archevesque de Bourdeaux & le Prevost d'Evau en Combraille pour luy procurer la justice qu'il demande apres qu'ils auront esté informez par les Abbez voisins que son exposé est veritable. Le Pape ne commit pourtant pas l'Archevesque de *Preuves p. 151.* Bourdeaux, mais celuy de Narbonne, comme il se recueille d'un sirventes du Dauphin d'Auvergne. Ils s'accommoderent en suite par la me-*Preuves p. 78.* diation d'Henry de Sully Archevesque de Bourges en l'année MCXCIX. & la division s'estant encore mise entr'eux, ils s'accommoderent derechef en l'année MCCI. par l'entremise d'Eudes Duc de Bourgogne. L'année suivante, comme nous l'apprenons d'un titre de l'an MCCII. rapporté *Preuves p. 78.* par Jean de Luc en son livre intitulé *Placita curiæ*, le Comte bailla en garde la ville de Clairmont à l'Evesque son frere pour la tenir jusques à ce que luy ou les siens eussent fait leur paix avec le Roy de France. Car je ne puis pas estre icy de l'avis de M. Justel, qui revoque en doute la verité de ce fait, parce, dit il, qu'il est certain qu'en l'année MCCII. le Comte Guy estoit en paix avec le Roy Philippe Auguste, & parce que le Comte Guy y est qualifié Comte de Clairmont & d'Auvergne, comme si c'estoit deux Comtez, ne prenant pas garde qu'il a imprimé luy mesme tout de suite un titre de l'an MCCVII. où ce Comte est aussi appellé Comte de Clairmont & d'Auvergne. A quoy M. Justel adjouste qu'il n'est pas vraysemblable que Guy eust voulu confier la principale ville de sa Comté à son frere, ayant presque tousjours eu de grands differens & contentions ensemble. Je ne puis pas, disje, estre icy de l'avis de M. Justel; le titre rapporté par De Luc estant si bien circonstancié qu'il n'y a guere d'apparence qu'il soit faux. A quoy j'adjouste que j'en ay trouvé une copie entierement conforme à l'imprimé parmy les papiers d'André Du Chesne, escrite de sa main, laquelle il marque avoir tirée du Tresor des chartes du Roy à Paris. Aussi Augustin le Prevost solliciteur general des affaires de la Reyne Catherine de Medicis Comtesse d'Auvergne & Dame de la Tour luy envoyant un inventaire sommaire des principaux titres des Comtes d'Auvergne, il employe parmy ces titres celuy par lequel le Comte Guy bailla en depost & garde à son frere Robert lors Evesque de Clairmont sa ville & sujets dudit Clairmont, daté de l'an MCCII. au mois de Juin, *par lequel*, dit il, *la Reyne a gagné sa cause contre l'Evesque de Clairmont par arrest de la Cour de Parlement de Paris du* XXIX.

D'AUVERGNE. LIV. I. 77

Avril MDLI. *touchant ladite ville & sujets dudit Clairmont adjugez à sa Majesté.* Cet inventaire est à la Bibliotheque du Roy sous la cote 9489. La Reyne elle mesme certifie par ses letres données à Fontainebleau le XXVI. jour de May MDLV. signées de sa main & contresignées par le Secretaire de ses commandemens, lesquelles sont transcrites dans le second volume de l'inventaire de Mercurol, elle certifie, dis-je, qu'elle avoit fait porter ces titres à Paris, & les avoir fait mettre ez mains de M^e. Jean de Luc son Procureur general. Et qui plus est, ce titre est encore conservé en original au Tresor des chartes de France parmy les titres de la maison de la Tour. Outre qu'encore qu'il ne paroisse pas que le Comte fust alors en guerre avec le Roy, il n'est pourtant pas certain qu'il fust en paix avec luy, le silence des historiens, qui n'ont pas marqué tout ce qui s'est passé de leur temps, n'estant pas suffisant pour faire la preuve d'un fait tel qu'il est avancé par M. Justel, estant d'ailleurs certain qu'en l'année MCCII. le Roy Philippe Auguste estant en guerre avec Jean Roy d'Angleterre, il alla avec une armée en Guyenne, & y prit plusieurs places, & que l'Evesque venoit de s'accommoder avec son frere, comme il a esté remarqué cy-dessus page 75. & 76.

Rigordus & Willielmus Brito an. 1202.

M. Justel remarque en suite qu'au prejudice des accords & transactions passées entre les deux freres ils en vinrent à des inimitiez extremes, en sorte qu'en l'année MCCIX. le Comte Guy fit prendre prisonnier l'Evesque son frere, & s'empara des places qu'il tenoit & des biens de l'Eglise. Mais cette prison a precedé l'année MCCIX. y ayant preuve que ce fut en l'année MCCVI. & qu'ils estoient en bonne intelligence au commencement de l'année suivante. Cette preuve se prend d'une letre du Pape Innocent III. escrite au commencement du mois de Fevrier MCCVII. laquelle nous apprend que ce Pape à la priere de l'Evesque de Clairmont commit aux Evesques de Riez & de Conserans & à l'Abbé de Cisteaux l'absolution de l'excommunication que Guy Comte d'Auvergne avoit encouruë pour avoir mis en prison l'Evesque son frere. Et pour preuve encore qu'ils estoient de bonne intelligence en l'année MCCVII. on a l'accord qui fut fait entr'eux cette mesme année.

Preuves p. 79.

Il est vray qu'en l'année MCCIX. ce Comte continua les vexations qu'il avoit accoustumé de faire à l'Eglise, & s'estant porté à cet excez que de ruiner & destruire une abbaye royale de filles & de faire derechef son frere prisonnier, la plainte en ayant esté portée au Roy Philippe Auguste, il envoya l'année suivante une armée en Auvergne sous le commandement de Guy de Dampierre seigneur de Bourbon & de Renaud de Forez Archevesque de Lyon. Ce qui me surprend beaucoup, y ayant un titre au Tresor des chartes à Paris par lequel cet Archevesque promet à Guy Comte d'Auvergne de le servir & maintenir contre Guy de Dampierre seigneur de Bourbon & contre tous autres qui voudroient envahir la Comté d'Auvergne, *salva fidelitate Domini Regis Franciæ*. Quoy qu'il en soit, l'armée du Roy prit les villes de Clairmont & de Riom & plusieurs forteresses, entr'autres le fort chasteau de la Tourniole. Les historiens mettent toutes ces actions en l'année MCCX. parce qu'ils n'ont pas

Preuves p. 80.

Preuves p. 88.

K iij

78   HISTOIRE DE LA MAISON

Preuves p. 81. voulu interrompre le fil de l'histoire. Mais il paroist par titres que ce fut au mois de Decembre MCCXIII. que Riom, la Tourniole, & Nonete furent reduites en l'obeissance du Roy. Apres quoy le Roy donna à Guy de Dampierre & à ses successeurs perpetuellement le chasteau de la Tourniole, comme il est marqué dans le memorial de Jean Chanoine de saint Victor de Paris. Alberic escrit au contraire que le Roy luy donna en mesme temps le gouvernement ou connestablie, comme on parloit alors, des places qui avoient esté prises sur le Comte d'Auvergne, charge laquelle apres sa mort avenuë en l'année MCCXVI. fut continuée à son fils Archambaud VIII. du nom seigneur de Bourbon, qui fut enfin obligé de s'en deporter quelque temps apres la mort du Comte Guy, comme nous le verrons au chapitre suivant.

Il ne faut pas obmettre en cet endroit qu'apres la prise de la Tourniole il y eut quelque rencontre entre les gens du Roy & du Comte, en la-
Preuves p. 80. quelle Guillaume son fils & le fils d'Arbert seigneur de la Tour du Pin & de Marie d'Auvergne sœur du Comte Guy furent faits prisonniers. Ce fait est attesté par Jean Chanoine de S. Victor de Paris & par Guillaume le Breton.

Pendant que cette guerre se faisoit, le Comte Guy, qui n'osoit pas aller vers le Roy, luy envoya en l'année MCCXV. Amblard de Chanleu Chevalier pour luy faire en son nom le serment de feauté qu'il estoit tenu de luy faire pour le fief de Bennazac. Ce titre est en original au Tresor des chartes de France.

Ce Comte fut marié du vivant de son pere avec Pernelle du Chambon, appellée aussi quelquefois simplement Chambonne. Il y a lieu de croire qu'elle porta en dot à son mary la terre de Combraille, qui a esté longtemps dans la maison des Comtes d'Auvergne, veu que son mary faisant son testament legue à son fils Guillaume sa Comté d'Auvergne *& totam terram Combralliæ Comitissæ matris suæ.* Cette maison du Chambon estoit alliée à celle des Seigneurs de las Tours en Limousin au moyen du mariage d'Agnes du Chambon avec Guy seigneur de las Tours pere du fameux Goulfier de las Tours dont il est parlé avec tant d'honneur dans les histoires de la premiere guerre sainte. Cette Agnes vivoit en l'année MLXIII. avec son mary & avec Geraud & Guy ses enfans, preuve quasi certaine que Goulfier n'estoit pas encore né. Geoffroy Prieur de Vigeois atteste qu'elle estoit sœur du seigneur du chasteau de Chambon où repose le corps de sainte Valerie, c'est à dire, du chasteau de Chambon en Combraille, où repose le corps de cette sainte. Nous ne sçavons pas le nom de ce Seigneur. Mais on peut quasi asseurer qu'il estoit ayeul d'Amiel seigneur de Chambon pere de la Comtesse d'Auvergne. Je trouve dans
Chartul. Clun. Pontii cap. XI. le Cartulaire de Ponce Abbé de Clugny qu'Amiel du Chambon fut present en l'année MCXIV. lorsque Bernard de Brancion Prieur de Clugny fut fait Abbé de saint Martial de Limoges. Il y a apparence que c'estoit le pere de Pernelle femme de Guy Comte d'Auvergne. Le tems y convient. Il fut marié avec Dalmacie fille d'un Seigneur d'Auvergne appellé Guillaume.
Preuves p. 83. Apres sa mort Dalmacie sa veuve se remaria environ l'an MCLX. avec Astorg de la Roche Aymon son voisin. De son premier mariage elle eut Pernelle Comtesse d'Auvergne. Du second elle eut Bernard I. du nom

D'AUVERGNE. Liv. I.

seigneur de la Roche Aymon en l'année MCXCVI. & Raoul Abbé de Clairvaux & enfin Archevefque de Lyon, appellé Raoul de Pins dans la Gaule Chreftienne.

Guy fut donc marié avec Pernelle du Chambon du vivant de fon pere, c'eft à dire, environ l'an MCLXXX. y ayant preuve que fon fils Guillaume fut accordé en l'année MCCII. avec la fille d'Archambaud feigneur de Montluçon. *Origines de Clairmont p. 184.*

Le Comte Guy fit fon teftament en l'année MCCIX. dans le mefme temps qu'il fe difpofoit au voyage de Languedoc contre les heretiques, ainfi qu'il le dit luy mefme. Et il voulut que tant fa femme que les tefmoins juraffent qu'ils tiendroient ce teftament fecret tant qu'il feroit eftimé neceffaire. *Preuves p. 82.*

Quelque temps auparavant Guillaume Comte de Rhodez fils d'Hugues V. Comte de Rhodez & d'Agnes d'Auvergne eftant venu à deceder, & ayant inftitué fon heritier Guy Comte d'Auvergne fon coufin, le Comte de Touloufe, qui vouloit reunir la Comté de Rhodez à fon domaine, projetta le mariage de fon fils avec une des filles du Comte d'Auvergne, comme nous le dirons un peu plus bas. Mais ce mariage ne fut pas effectué. Neantmoins il s'accommoda depuis avec le Comte Guy des droits qu'il avoit fur la Comté de Rhodez. Nous n'avons pas le traité de cet accommodement, mais feulement un titre de l'an MCCXXXIX. qui nous apprend que le Comte de Touloufe avoit acquis de Guy Comte d'Auvergne les droits qu'il avoit fur la Comté de Rhodez. Ce titre fera imprimé parmy les preuves. *Preuves p. 84. 761.* *Preuves p. 762.*

Le Comte Guy mourut l'an MCCXXII. apres avoir porté un grand prejudice à fa maifon par les malheureufes divifions qui furent entre luy & fon frere l'Evefque de Clairmont. Elles eurent des fuites funeftes, comme il arrive tres fouvent, pour l'auctorité, pour les biens, & pour le luftre de fes fucceffeurs Comtes d'Auvergne, & donnerent occafion aux Roys de France & d'Angleterre leurs plus proches & plus puiffants voifins de fe mefler de leurs affaires plus qu'ils n'avoient fait jufques alors.

Il fut enterré auprès de fon pere en l'abbaye du Boufchet.

Apres fa mort fa veuve demanda fon douaire à Archambaud VIII. feigneur de Bourbon, qui jouiffoit des biens du Comte fon mary par l'auctorité du Roy. Archambaud fut refufant de le luy payer, alleguant que lorfque Guy fut marié, il n'avoit peu conftituer un douaire à fa femme, attendu qu'il n'avoit pas de terre, fon pere, qui eftoit encore vivant, jouiffant de tout. C'eftoit une pure chicane. Car fuppofé mefme, ce qui n'eft guere vrayfemblable, qu'on n'euft pas affigné de douaire à cette Dame lorfqu'elle fut mariée, il eftoit loifible à Guy fon mary de luy en affigner un lorfqu'il eut la jouiffance des biens de fon pere, comme il le fit en l'année MCCIX. lorfqu'il fe difpofoit à partir pour aller en Languedoc faire la guerre aux Albigeois. Mefme fon teftament nous apprend qu'il luy avoit conftitué un autre douaire different de celuy de l'an MCCIX. par lequel il luy avoit affigné quelques lieux qui ne font pas dans les letres du dernier douaire. Le Roy trouva fi jufte la demande de la Comteffe qu'il ordonna à Archambaud de luy bailler une terre de cinq cens livres *Preuves p. 83.* *Preuves p. 83.* *Preuves p. 81. 82.*

80 HISTOIRE DE LA MAISON

Preuves p. 84. de rente. En conſequence dequoy il luy bailla la ville d'Auſence.

Enfans de Guy II. Comte d'Auvergne & de Pernelle du Chambon ſa femme.

GUILLAUME X. COMTE D'AUVERGNE, qui aura ſon chapitre.

Preuves p. 85. 89. HUGUES D'AUVERGNE compris en la treve faite en l'année MCCXXXIX. entre B. Mareſchal du Seigneur de Bourbon & Conneſtable ou Gouverneur d'Auvergne au nom du Roy & du Seigneur de Bourbon, Guillaume Comte d'Auvergne, & Robert fils de Dauphin Comte de Clairmont. Il eſt encore fait mention de luy dans un titre de l'abbaye du Bouſchet de l'an MCCXXI.

Preuves p. 89. GUY D'AUVERGNE mentionné dans le teſtament de ſon pere & dans un titre de l'an MCCXXIV. où il eſt appellé frere de Guillaume Comte d'Auvergne.

Preuves p. 84. 85. HELIZ D'AUVERGNE accordée au mois de Decembre MCCVIII. avec Raymond fils de Raymond VI. Comte de Touloufe & de la Reyne Jeanne. Le traicté de ce mariage paſſé à Martel dans la Vicomté de Turenne porte que le Comte d'Auvergne donnera à ſa fille en faveur de ce mariage la Comté de Rhodez, qui luy avoit eſté leguée & à ſes heritiers par ſon couſin Guillaume Comte de Rhodez mort ſans lignée, à la reſerve de quelques fiefs de la Vicomté de Carlat que le Comte de Touloufe ſe chargea d'acquerir au profit du Comte d'Auvergne & de les luy remettre apres les avoir acquis, à la charge de les tenir de luy à foy & hommage. Il ne paroiſt pas que ce mariage ait eſté effectué, & il y a apparence qu'il ne le fut pas, puiſque nous avons veu cy deſſus page 79. qu'au mois de May enſuivant le Comte d'Auvergne ſe diſpoſoit d'aller en Languedoc pour y faire la guerre aux heretiques Albigeois, c'eſt à dire au Comte de Touloufe, contre lequel cette guerre ſe faiſoit. A l'eſgard de la Comté de Rhodez, il eſt certain que nonobſtant la donation qui en avoit eſté faite au Comte d'Auvergne, Henry I. du nom frere de Guillaume donateur s'en mit en poſſeſſion & que ſes deſcendans l'ont poſſedée juſques à ce qu'enfin elle fondit en la maiſon d'Armagnac au moyen du mariage de Cecile fille du Comte Henry II. & de Maſcaronne de Comminge avec Bernard Comte d'Armagnac, comme nous le dirons plus particulierement au livre quatrieſme en parlant du mariage de Bernard ſeigneur de la Tour d'Auvergne VIII. du nom avec Beatrix de Rhodez ſœur de Cecile Comteſſe d'Armagnac. Il eſt encore dit dans les conventions de mariage de Raymond de Touloufe qu'au cas que la fille du Comte d'Auvergne deſtinée à Raymond vienne à deceder avant la celebration du mariage, Raymond eſpouſera une autre de ſes filles. Ce qui fait voir, dit M. Juſtel, qu'outre la Vicomteſſe de Turenne le Comte Guy avoit encore pluſieurs filles. Mais dautant qu'il n'y a point de preuve qu'Heliz Vicomteſſe de Turenne ait eſté mariée avant l'an MCCIX. & qu'il eſt evident par tout ce qui vient d'eſtre dit que le mariage de Touloufe n'euſt pas d'effect, je ne fais pas difficulté de dire que c'eſtoit Heliz

qui

D'AUVERGNE. Liv. I.

qui avoit esté destinée au fils du Comte de Touloufe, & qu'apres la rupture de ce mariage elle fut mariée à Raymond IV. Vicomte de Turenne. Elle estoit encore vivante en l'année MCCL. en laquelle elle fit *Preuves p. 85.* son testament.

MARGUERITE D'AUVERGNE mariée au Seigneur de Montlaur, *Preuves p. 86.* que M. Justel croit avoir esté appellé Eracle. Ce qui peut souffrir quelque *87.* difficulté, y ayant un titre de l'an MCCXVII. dans lequel il est dit qu'Eracle de Montlaur estoit gendre de Rostain de Posquieres, & un autre de l'an MCCXIX. contenant l'hommage que Ponce de Montlaur fit au Roy Philippe Auguste, & encore un autre de l'année MCCXXVI. contenant l'hommage fait par Eracle de Montlaur au Roy Louis VIII. pendant le siege d'Avignon. Marguerite Dame de Montlaur estoit veuve en l'année MCCXLVII. & avoit un fils appellé Eracle, qui fit rendre l'hommage au Roy saint Louis en l'année MCCXLVIII. pour le chasteau d'Aynac par Ponce dit Poncet de Montlaur son fils aisné, & pour le chasteau de Bourzet par Eracle son cadet. Poncet fut accordé en l'année MCCLVII. *Preuves p. 88.* avec Alixent fille de Beraud VI. Seigneur de Mercueur. Et onze ans apres sa femme Alixent convola en secondes nopces avec Aymar de Poictiers II. du nom Comte de Valentinois, qui la predeceda. De sorte qu'elle se maria ensuite pour la troisiesme fois avec Robert III. du nom Dauphin *Hist. des Comtes de Valentinois* d'Auvergne. De tout ce narré neantmoins on peut recueillir que Marguerite d'Auvergne fut mariée à Eracle de Montlaur vivant encore en *p. 12.* l'année MCCXXVI. & qu'elle fut mere d'un autre Eracle, de Poncet, & de Guy Doyen de l'Eglise Nostre Dame du Puy. Eracle II. espousa une Dame appellée Agnés, de laquelle il eut Poncet de Montlaur accordé en l'année MCCLVII. avec Alixent de Mercueur. Guy fut en suite fait Evesque de Valence en l'année MCCLXXIV. estant fort vieux, & mourut incontinent.

N. D'AUVERGNE, que je crois avoir esté la mesme que celle qui fut mariée au Seigneur de Montlaur, fut accordée avec Guy IV. fils de Guy III. du nom Comte de Forez, ainsi qu'il se voit par les conventions de *Preuves p. 88.* mariage passées entre Guy Comte d'Auvergne son pere & Guy II. Comte de Forez ayeul de l'accordé & Renaud de Forez Archevesque de Lyon son oncle, lesquelles portent que le fils du Comte Guy, c'est à dire, Guy IV. du nom Comte de Forez, espousera la fille du Comte d'Auvergne, lequel luy donnera deux mil marcs d'argent en dot, & le fils du Comte d'Auvergne espousera la fille du feu Comte Guy sœur de l'accordé. On fit ce qu'on appelle un double mariage. Et pour mieux marquer la parfaite union qu'on vouloit establir entre ces deux maisons, il fut dit que si le Comte de Forez venoit à deceder sans laisser des enfans masles, la Comté de Forez appartiendroit au Comte d'Auvergne, & reciproquement la Comté d'Auvergne au Comte de Forez au cas que le fils du Comte d'Auvergne vint à mourir sans laisser des enfans masles. Il fut encore accordé entr'eux qu'ils s'entr'ayderoient mutuelement contre le Seigneur de Beaujeu & contre Guy de Dampierre Sire de Bourbon. Ce titre est sans date. Mais il n'est pas malaisé d'en marquer le temps, puisqu'il s'y agit de secourir le Comte

HISTOIRE DE LA MAISON

d'Auvergne contre Guy de Dampierre, auquel le Roy Philippe Auguste donna le gouvernement de la Comté d'Auvergne en l'année MCCXIII. apres que Clairmont, Riom, la Tourniole, & Nonete eurent esté remises en l'obeissance du Roy, & mourut en l'année MCCXVI. De sorte qu'il faut que ce traicté ait esté fait entre l'an MCCXIII. & l'an MCCXVI. auquel Guy de Dampierre mourut. Guy IV. Comte de Forez avoit esté accordé en l'année MCCV. avec la fille aisnée de Guy de Dampierre, & Guigonne de Forez sa sœur avec Archambaud de Bourbon fils aisné du mesme Guy de Dampierre. Mais ce double mariage ne fut pas effectué. Ce qui donna ouverture pour traicter l'alliance projettée entre les Comtes d'Auvergne & de Forez, laquelle n'eut non plus d'effect que celle de Bourbon. Et cependant le R. P. Menestrier, qui dit que la fille du Comte d'Auvergne mariée au Comte de Forez s'appelloit Ermengarde, nous apprend que ce mariage fut effectué, que du mariage de Guy IV. Comte de Forez avec Ermengarde d'Auvergne il provint deux enfans Guy V. & Renaud, qui luy succederent tous deux en la Comté de Forez, & qu'Ermengarde mourut bientost apres l'avoir fait pere de ces deux enfans. Il auroit esté à souhaiter que ce Pere nous eust donné la preuve de ce fait.

Hist. de Lyon p. 321.

Preuves p. 91.

N. D'Auvergne religieuse à l'abbaye de las Chesas, à laquelle Guillaume X. son frere legua en l'année MCCXLV. quinze livres de pension viagere.

D'AUVERGNE. LIV. I.

BRABANT.
De sable au lyon d'or.

Guillaume X. Comte d'Auvergne.

CHAPITRE XX.

A guerre faite au Comte Guy II. par l'armée du Roy Philippe Auguste commandée par Guy de Dampierre seigneur de Bourbon, qui conquit les places de ce Comte, dont le Roy luy donna la garde & le gouvernement, ne fut pas tout à fait assoupie par sa mort, ains au contraire continuée par Guillaume X. son fils contre Archambaud de Dampierre Sire de Bourbon, qui avoit aussi la garde & le gouvernement de la Comté d'Auvergne, en la joüissance de laquelle Guillaume fut tellement assisté par son frere Hugues & par les Comtes Dauphins d'Auvergne ses parents qu'Archambaud fut enfin obligé de remettre au Roy toutes les places qui avoient esté conquises sur ce Comte, attendu qu'il n'en pouvoit pas jouir paisiblement. De sorte qu'apres un traicté de treves fait entr'eux au mois de Juillet MCCXXIX. le Roy saint Louis donna la paix au Comte Guillaume & luy rendit ses bonnes graces. Cette paix neantmoins n'estoit pas encore faite au mois de Decembre de l'année suivante, y ayant un titre de l'ab- *Preuves p. 90.* baye de Mauzac de cette date dans lequel le Comte Guillaume promet à Aymery Abbé de cette abbaye de faire confirmer par le Roy l'accord fait entr'eux apres que la paix aura esté concluë entre luy & le Roy, *cùm pax fuerit inter ipsum & Dominum Regem reformata.*

Le traicté de cet accommodement ne se trouve pas, ayant esté perdu ou esgaré par le laps du temps. Mais il en reste assez de marques & de vestiges pour n'en point douter. Car en suite du traicté de treves se fit le traicté de paix avec le Comte Dauphin d'Auvergne & Robert son petit fils, & on voit qu'apres cela le Comte d'Auvergne joüit paisiblement de ses terres, à la reserve toutesfois de cette portion qui fut appellée LA TERRE D'AUVERGNE, *terra Alverniæ,* depuis erigée en Duché en l'année

Tome I. L ij

MCCCLX. par le Roy Charles V. lors Regent, laquelle est demeurée unie à la Couronne jusques à present. Le Comte Guillaume fut accordé du vivant de son pere en l'année MCCII. avec Pernelle fille d'Archambaud, comme dit M. Savaron, ou Guillaume seigneur de Montluçon selon l'opinion de M. Justel, qui s'appuye sur l'auctorité du sieur Cousin en sa table genealogique MS. de la maison de Bourbon. A ce traicté de mariage intervinrent Robert d'Auvergne Evesque de Clairmont oncle de l'accordé, Guillaume Evesque de Cahors, & Jean de Veyrac Evesque de Limoges, lesquels *promirent qu'ils presteroient support & ayde à celuy qui entretiendroit les promesses dudit mariage contre l'autre qui iroit au contraire.* Ce sont les propres termes de M. Savaron, extraits, comme il y a grande apparence, de ce traicté de mariage, qu'il semble avoir eu devant ses yeux. Et cependant M. Justel pretend qu'il s'est trompé & que cette Dame a esté mariée avec Guillaume Comte de Clairmont, n'en rapportant neantmoins aucune preuve, mesme doutant si ce mariage a esté accompli. Pour moy voyant les circonstances rapportées par M. Savaron, je ne fais aucun doute qu'elle n'ait esté accordée avec Guillaume X. Comte d'Auvergne neveu de Robert Evesque de Clairmont, dautant plus que ce traicté est encore en original au Tresor des chartes de France parmy les titres des Comtes d'Auvergne. D'où on peut facilement recueillir ou que ce mariage ne fut pas effectué, ou que s'il le fut, cette Dame mourut peu de temps apres sans enfans.

Preuves p. 88.

Il fut en suite accordé avant l'an MCCXVI. avec une fille de Guy III. Comte de Forez, comme nous l'avons desja dit en parlant des enfans de Guy II. son pere. Mais je ne trouve pas que ce project ait reüssi.

Enfin il fut marié en l'année MCCXVIII. avec Alix de Louvain ou de Brabant, mal appellée par d'autres Marguerite, & par Erycius Puteanus Sophie, fille d'Henry I. du nom Duc de Brabant & de Mahault de Boullogne, laquelle estoit veuve de Louis Comte de Los mort sans lignée.

Preuves p. 89. 92.

Ce Comte de Los estoit un fort grand & puissant seigneur au pays de Liege, & estoit veuf d'Ade Comtesse d'Hollande & de Zelande, laquelle il avoit espousée en l'année MCCIII. incontinent apres la mort de Thierry Comte d'Hollande son pere. Louis fut fort traversé dans la possession des biens de sa femme par Guillaume Comte d'Oostfrize frere de Thierry & oncle d'Ade; laquelle pendant tous ces desordres fut faite

Appendix quintæ compilatæ decretal.

prisonniere à Leyden par le party de son oncle, de là conduite en l'isle de Texel, & enfin en Angleterre, où il y a apparence qu'elle mourut. Car elle y estoit assurement à la fin de l'année MCCVI. lorsque son mary passa la transaction qui fut passée pourlors entre luy prenant la qualité de Comte de Los & de Hollande & Guillaume Comte de Oostfrize, dans laquelle il fut expressement stipulé que le Comte Guillaume envoyeroit des gens en Angleterre pour ramener sa niece & la rendre au Comte de Los son mary. On la trouva sans doute morte. Car le Comte de Los

Preuves de Buthens p. 57. 58.

espousa incontinent apres Alix de Brabant, à laquelle le Duc Henry son pere donna, entre autres choses, l'Adoüerie de saint Tron. Et le Comte luy assigna pour son doüaire le chasteau de Caumont. Ils vesquirent ensemble jusques en l'année MCCXVIII. en laquelle le Comte de Los mourut sans enfans. Apres son decez Alix de Brabant convola en secondes nopces & se maria avec Guillaume X. Comte d'Auvergne, & en l'année MCCXXIV. elle renonça à tout le droit qu'elle pouvoit pretendre en la succession de son pere au pays de Brabant moyennant deux cens livres de rente annuele, & en l'année MCCLX. à tout le droit qu'elle pouvoit pretendre sur la Comté de Boulogne, laquelle entra par son moyen en la maison d'Auvergne, comme nous le dirons plus particulierement au chapitre suivant. *Preuves p. 89.*

Le Comte Guillaume X. fit son testament au mois de Fevrier MCCXLV. dans lequel il nomme tous ses enfans masles, & ne fait aucune mention des filles, peuteftre parce qu'elles estoient desja pourveuës. Il declare qu'il s'estoit croisé pour aller en la terre sainte ; & ne pouvant pas y aller, il ordonne qu'on y envoye à ses despens cinq Chevaliers pour y demeurer pendant un an pour le secours de la terre sainte. Il fait outre cela divers legs pieux, & ordonne que son corps soit enterré en l'abbaye du Bouschet aupres de son pere. M. Justel a marqué qu'il estoit mort avant l'an MCCXLVII. *Preuves p. 90.*

Apres son decez la Princesse sa veuve espousa Arnoul seigneur de Wesemale en Brabant, belle & riche terre située entre Louvain & Arschot, lequel estoit Mareschal hereditaire de Brabant. Il ne paroit pas qu'elle ait eu des enfans de ce dernier mariage. Car Arnoul de Wesemale, qui se dit en l'année MCCLIII. fils aisné d'Arnoul de Wesemale, & lequel luy mesme appelle l'année d'apres son fils aisné, ne peut pas avoir esté fils d'Alix ; laquelle estoit d'ailleurs, à mon advis, hors d'aage de faire des enfans. Elle estoit encore au monde en l'année MCCLXI. comme il se recueille d'un titre du Mardy apres la Purification MCCLX. selon la maniere de compter de ce temps là. Ce qui revient au commencement de l'année MCCLXI. suivant la maniere de compter d'aujourd'huy. Mais elle estoit assurement morte en l'année MCCLXVII. *Diplom. Belg. p. 218. Butkens p. 210. Douat Belg. p. 116. Preuves de Butkens p. 93. Preuves p. 104.*

Enfans de Guillaume X. Comte d'Auvergne & d'Alix de Brabant sa femme.

ROBERT V. COMTE D'AUVERGNE & DE BOULOGNE, qui aura son chapitre.

GUY D'AUVERGNE, dit de Clairmont, auquel le Pape Innocent IV. accorda un indult pour tenir plusieurs benefices. Il fut Chanoine en diverses Eglises, & entr'autres en celle de Vienne, Prevost de l'Isle en Flandres, Archidiacre de Teroüenne, Escolastre de l'Eglise de Coulogne, & Abbé de saint Germain Lambron en Auvergne, abbaye dont ce Pape l'avoit pourveu. Enfin l'Archevesché de Vienne ayant vacqué en l'année MCCLXVI. par la mort de Jean de Bournins, & les Chapitres de Vienne & de Romans, ausquels l'election du nouvel Archevesque appartenoit, s'estant assemblez, Guy d'Auvergne fut postulé d'un commun consentement apres que l'un des electeurs eut representé à la compagnie qu'on se *Preuves p. 93. 94. 95.*

mettoit mal à propos en peine de chercher une personne capable de remplir cette place, y en ayant une toute trouvée dans leur corps, assavoir Guy d'Auvergne. Il eut neantmoins de la peine à obtenir du Pape Clement IV. la confirmation de sa postulation, tant à cause de la pluralité de ses benefices, en ayant possedé plusieurs d'iceux sans la permission du saint siege, qui l'auroit auctorizé pour les tenir s'il l'avoit eüe, que parce qu'on disoit qu'il estoit excommunié pour n'avoir pas payé sa part de la decime imposée sur le Clergé. Mais ayant allegué qu'il n'avoit pas tenu à luy que sa quotité n'eust esté payée, & le Pape ayant declaré que dans le rescrit qu'il avoit envoyé au Legat pour ce sujet il n'estoit fait aucune mention d'excommunication, & sa Sainteté l'ayant absous du vice qu'il pouvoit y avoir eu en l'obtention de plusieurs benefices outre & pardessus ceux qui estoient portez par le rescrit du Pape Innocent, sa postulation fut confirmée par le Legat, auquel le Pape avoit renvoyé la connoissance de cette affaire. Et en mesme temps le Pape ordonna à Guy de se faire promouvoir au Sousdiaconat aux premiers quatre temps. Cela verifie ce qui est rapporté dans une bulle du mesme Pape Clement IV. en forme de letres closes adressée à la Comtesse de Flandres en l'année MCCLXVIII. dans laquelle il est marqué que la Prevosté de l'Isle avoit esté cy devant tenüe & possedée par de jeunes gens, *per manus juvenum ambulasset*. Il mourut environ l'an MCCLXXIX.

Preuves p. 94.

GUILLAUME D'AUVERGNE, que je trouve avoir esté Chanoine de l'Isle, où son frere Guy estoit Prevost, en l'année MCCLVIII. Archidiacre de Liege ez années MCCLXXII. & MCCLXXIV. Chanoine de Lyon en la mesme année, & Prevost de l'Eglise de saint Donatien de Bruges, fut enfin esleu Evesque de Liege en l'année MCCLXXXI. en concurrence avec Bouchard d'Avesnes fils du Comte de Haynaut. Ce procés dura plus d'un an. Mais enfin le Pape Martin IV. cassa ces deux elections & conferra cet Evesché à Jean Evesque de Metz fils du Comte de Flandres, & Bouchard fut pourveu de celuy de Metz. Il semble que Guillaume mourut l'an MCCLXXXV.

Preuves p. 95. 96. 113. 116.

Preuves p. 134.

GODEFROY D'AUVERGNE mentionné dans le testament de son pere, qui ordonna qu'il fut d'Eglise.

HENRY D'AUVERGNE, appellé frere de Robert Comte de Clairmont & d'Auvergne en un titre du mois d'Octobre MCCLVIII. qui contient la transaction passée entre ce Comte & son frere Guillaume pour la succession d'Henry, laquelle Guillaume pretendoit luy appartenir en vertu de son testament, par lequel il avoit esté institué son heritier universel. Il est fait mention d'Henry dans le testament de son pere.

Preuves p. 95.

MARIE D'AUVERGNE, qui estoit l'aisnée des filles de Guillaume X. & d'Alix de Brabant, fut accordée en l'année MCCXXXVIII. avec Waultier Berthoud V. du nom Advoüé & Sire de Malines. Henry II. Duc de Brabant son oncle luy constitua en dot mil livres de rente monnoye de Flandres, à la charge que le pere de l'accordé luy donneroit cinq cens livres de rente aussi monnoye de Flandres. Il fut adjousté à ce traicté en faveur de l'accordée qu'elle joüiroit ez biens de son futur mary de

Notitia Ecclesiar. Belg. p. 612.
Preuves p. 92.

tous les droits que la Couſtume de Brabant avoit introduit en faveur des Dames de qualité. Il y a apparence que ce mariage ayant eſté accordé le jour & feſte de ſaint André avec clauſe expreſſe que le traicté dans lequel il fut compris ſeroit executé entre cy & la feſte de Paſques de l'année ſuivante, il fut conſommé dans ce temps. Ce mariage fut, comme il arrive tres ſouvent, une occaſion de diſcorde entre Waultier au nom de ſa femme & Robert V. Comte d'Auvergne ſon frere pour raiſon du partage des biens de leur pere ; ſur lequel differend ayant remis par un compromis leurs intereſts au jugement du Roy de France, il fut dit que le Comte Robert bailleroit à ſa ſœur cinq cent livres de rente ſur le paſſage, non d'Uſſon en Auvergne, comme quelques uns l'ont creu, mais de Wiſſant en la Comté de Boulogne, qui eſtoit autreſfois le port le plus frequenté pour paſſer de France en Angleterre, appellé anciennement *portus Iccius*. Ces cinq cens livres de rente ſur le paſſage de Wiſſant furent eſchangées en l'année MCCCXX. pour la Viſcomté de Chaſteaudun par Amaury de Craon, qui avoit eſpouſé Mahault de Malines fille de Marie d'Auvergne, comme nous le dirons en ſon lieu lorſque nous parlerons du mariage de Robert VII. Comte d'Auvergne avec Marie de Flandres. Il provint du mariage de Marie d'Auvergne avec le Sire de Malines quatre garçons & deux filles. Les garçons furent Wautier VI. du nom, Henry ſeigneur de Gele & de Zeelem, Florent ſeigneur de Malines, & Guillaume Eveſque d'Utrech. Les filles furent Sophie mariée à Henry ſeigneur de Breda, & Mahault mariée à Amaury de Craon VI. du nom. Leur pere mourut en l'année MCCLXXVII. & fut enterré à Malines dans l'Egliſe de ſaint Rombauld. Sa fille Sophie fit une fondation pour le repos de ſon ame dans la chapelle de ce ſaint. Son frere Wautier VI. ſe trouva le cinquiéſme jour du mois de Juin MCCLXXXVIII. à la fameuſe bataille de Woeringen, où il fut tué fort malheureuſement, ayant eſté emporté par ſon cheval dez le commencement du combat bien avant dans l'eſcadron des ennemys, & fut enterré avec beaucoup d'autres Seigneurs au cimetiere de Woeringen.

MAHAULT D'AUVERGNE mariée à Robert II. du nom Comte de Clairmont Dauphin d'Auvergne, comme nous le dirons en ſon lieu.

88 HISTOIRE DE LA MAISON

BOULOGNE.
D'or à trois tourteaux de gueules.

Comment la Comté de Boulogne est entrée en la Maison d'Auvergne.

CHAPITRE XXI.

Preuves p. 110. 111. 114. 120. 121.

NOUS avons veu au chapitre precedent comme quoy la Comté de Boulogne entra en la maison d'Auvergne par le mariage d'Alix de Brabant avec Guillaume X. Comte d'Auvergne. Ce ne fut pas neantmoins luy qui fut le premier Comte de Boulogne, mais Robert V. son fils; lequel prit la qualité de Comte d'Auvergne & de Boulogne, mettant neantmoins tousjours l'Auvergne au premier rang, & ce avec beaucoup de raison. Car la Comté d'Auvergne estoit un fief mouvant nüement de la Couronne, au lieu que la Comté de Boulogne n'estoit qu'un arrierefief mouvant de la Comté d'Artois, ce qui mettoit une tres grande difference entre ces deux seigneuries. Ses descendans neantmoins quitterent peu de temps apres le surnom d'Auvergne pour prendre celuy de Boulogne, sans doute par la consideration du voisinage de la Cour, & à cause de l'esclat que la Comté de Boulogne avoit receu il n'y avoit pas bien long temps par le mariage de Mahault fille unique & heritiere de Renaud Comte de Dammartin & d'Ide Comtesse de Boulogne avec Philippe de France fils du Roy Philippe Auguste, lequel apres son mariage se fit appeller Comte de Boulogne. Ce surnom demeura dans la maison d'Auvergne jusques à ce que la branche aisnée des Seigneurs de la Tour d'Auvergne fut esteinte par la mort sans enfans masles de Jean de la Tour Comte d'Auvergne & de Boulogne ayeul de la Reyne Catherine de Medicis. Je ne m'estendray pas à desduire icy l'origine & la genealogie des anciens Comtes de Boulogne; laquelle est si embroüillée, comme d'autres l'ont desja remarqué avant moy, qu'il est presque impossible de la bien esclaircir. Je n'en

prendray

prendray donc que ce qu'il faut pour venir à nos Comtes d'Auvergne & de Boulogne.

Il est certain que le Roy Louis IV. surnommé d'Outremer laissa de sa femme Gerberge de Saxe deux enfans, assavoir Lothaire, qui luy succeda au royaume, & Charles Duc de la basse Lorraine, en la personne duquel finit la ligne masculine de l'Empereur Charlemagne. Le Roy Louis IV. fut encore pere d'Ermengarde mariée à Albert I. du nom Comte de Namur & de Gerberge mariée à Lambert de Monts II. du nom Comte de Louvain en Brabant, lequel engendra Lambert III. pere d'Henry Comte de Brabant & de Louvain, duquel sont issus les autres Comtes & Ducs de Brabant, & Mahault mariée à Eustache I. du nom Comte de Boulogne issu de la race de l'Empereur Charlemagne selon le tesmoignage d'Orderic Vital & d'Alberic. Eustache & Mahault engendrerent Eustache II. lequel fut pere de Godefroy & de Baudoüin de Boulogne successivement Roys de Hierusalem, appellez communement de Boüillon, d'Eustache III. Comte de Boulogne, de Lambert de Boulogne Comte de Lens, de Godefroy de Boulogne premierement Archidiacre d'Arras, puis Evesque de Paris & Chancellier de France, de Girberge de Boulogne femme de Frederic d'Ardenne Duc de Mosellane & de la haute Lorraine, & d'Adelais de Boulogne mariée à Henry IV. Empereur. Eustache III. Comte de Boulogne, qui se rendit enfin Moine à Clugny, espousa en l'année MCII. Marie fille de Malcolme III. du nom Roy d'Escosse & sœur de Mahault mariée à Henry I. Roy d'Angleterre. Il sortit de ce mariage une fille unique appellée Mahault, laquelle espousa Estienne de Blois Comte de Mortagne, c'est à dire, de Coustances en Normandie, & enfin Roy d'Angleterre apres la mort du Roy Henry I. son oncle. Estienne & Mahault engendrerent Eustache IV. mort sans lignée, Guillaume Comte de Mortagne decedé aussi sans enfans, & une fille appellée Marie, qui fut Abbesse de Rumesey en Angleterre, & non de Monstreul, comme Oudegherst l'a creu. La mort de ses freres sans enfans occasionna Mathieu de Flandres fils de Thierry d'Alsace Comte de Flandres de l'enlever de son monastere & d'en faire sa femme. Ce qu'il fit à l'instigation d'Henry II. Roy d'Angleterre, comme l'aucteur de la chronique d'Afflighem nous l'apprend, & contre l'avis de son pere, lequel ayant ce mariage en horreur fit la guerre à Mathieu son fils pour ce sujet, ainsi que le tesmoigne Lambert de Waterlos Chanoine de saint Aubert de Cambray aucteur contemporain. Mathieu se saisit en mesme temps de la Comté de Boulogne comme luy appartenant à cause de sa femme. Cela arriva en l'année MCLX. apres la mort de Guillaume, qui fut tué au siege que ce Roy mit devant la ville de Toulouse. Ils vesquirent ensemble comme mary & femme pendant dix ans, nonobstant les oppositions & les excommunications de Samson Archevesque de Reims. Mais enfin Mathieu la repudia en l'année MCLXX. & la renvoya à son abbaye, où elle reprit l'habit de religion, qu'elle n'avoit quitté que par force, ainsi que l'atteste Robert Abbé du Mont saint Michel aucteur contemporain. Et par ce moyen l'interdit que l'Archevesque

Tome I.   M de Reims avoit jetté sur leurs terres fut levé. Et cependant je trouve dans un titre de l'abbaye saint Josse sur mer que nonobstant qu'il l'eust repudiée & renvoyée en son monastere, quoy qu'il eust en suite espousé une autre femme, comme je le diray incontinent, il donnoit neantmoins encore à Marie la qualité de sa femme. Car faisant en l'année MCLXXIII. une concession à cette abbaye, il dit qu'il la fait avec le consentement de la Comtesse Marie sa femme & de ses filles. Il se remaria donc l'année d'apres le divorce avec Eleonor fille de Raoul Comte de Vermandois, sœur d'Elisabeth Comtesse de Flandres. Il ne vesquit guere avec cette seconde femme, & n'en eut point d'enfans. Car estant allé faire la guerre en Normandie en l'année MCLXXIII. ou la suivante en faveur d'Henry le jeune Roy d'Angleterre, qui portoit impatiemment la vie de son pere un peu trop longue, il fut blessé d'un trait d'arbaleste au visage devant le chasteau de Dangut, dont il mourut neuf jours apres dans Gamaches, d'où il fut porté en l'abbaye de saint Josse sur mer, où il fut enterré. Je croirois volontiers que Marie de Boulogne sa femme le voyant remarié revint d'Angleterre en France, & qu'elle y demeura le reste de ses jours, sans doute pour veiller à l'éducation de ses filles. Car elle mourut à Monstreul sur mer, qui est une dependance de la Comté de Boulogne, en l'année MCLXXXII. & y fut enterré suivant la chronique de l'abbaye d'Andres. Il provint de leur mariage deux filles, assavoir Ide, qui estoit l'aisnée, laquelle eut en partage la Comté de Boulogne, & Mahault mariée à Henry I. Duc de Brabant pere d'Alix de Brabant, autrement nommée de Louvain mariée à Guillaume X. Comte d'Auvergne. Ces filles, ainsi qu'on le recüeille des annales de Roger de Hoveden, furent en la garde & tutele de Philippe Comte de Flandres leur oncle, lequel promit avec serment à Henry II. Roy d'Angleterre, qui estoit leur grand oncle, qu'il ne les marieroit pas sans sa participation. Et cependant il les maria toutes deux sans luy en rien dire. Ide eut selon l'opinion commune trois maris, assavoir Gerard II. Comte de Gueldre & de Zutphen, Bertold Duc de Zeringhen, & Renaud Comte de Dammartin. Mais cela n'est pas sans difficulté. Car d'un costé je trouve dans la Chronique d'Andres une charte, laquelle a esté aussi donnée au public par Aubert le Mire, dans laquelle cette Princesse se dit veuve de Mathieu & de Gerard de Gueldre. Roger de Hoveden dit qu'apres la mort du Duc de Zeringhen elle fut mariée au Comte de saint Paul, & en suite à Renaud Comte de Dammartin. Et ainsi voila cinq maris ; qui est justement le nombre des maris que Belleforest luy donne, lequel certifie qu'il l'a trouvé ainsi par instructions certaines.

Il est bien difficile de sçavoir qui estoit ce Mathieu premier mary d'Ide. Car ce n'est pas assurement Mathieu fils de Thierry d'Alsace, comme Aubert le Mire l'a pensé par mesgarde ; ce Mathieu ayant esté son pere, & non pas son mary. Elle fut donc premierement mariée à Mathieu; apres la mort duquel elle espousa en l'année MCLXXVII. ou peu apres Gerard II. Comte de Gueldre & de Zutphen, qui estoit veuf de Marguerite fille du Comte de Spanheim & d'Hasbagne, & mourut sans enfans en l'année MCLXXXI. enterré selon quelques uns à Zutphen, & selon d'autres en l'Eglise de Waſſenberg avec ſes deux femmes au rapport de Wernher Teſchenmacher auсteur des annales de Cleves & de Juliers. Ce qui n'eſt pas vray à l'eſgard d'Ide ſa ſeconde femme. Car outre qu'on ſçait que depuis la mort de Gerard elle fit bien du chemin, Jean Iſaac du Pont rapporte l'extrait d'une ancienne Chronique MS. où il eſt marqué qu'apres la mort de Gerard arrivée en l'année MCLXXXI. elle s'en retourna en France. L'année d'apres elle ſe remaria avec Bertold Duc de Zeringhen, qui mourut en l'année MCLXXXIII. ſans enfans. Apres la mort de celuy cy elle eſpouſa en l'année MCLXXXVII. Hugues Comte de ſaint Paul, duquel elle n'eut point d'enfans, comme dit frere Jean d'Aucy dans l'Epitome de l'Origine & ſucceſſion de la Comté de Boulogne. Et c'eſt peuteſtre de ce mary qu'elle entend parler lorſqu'elle dit dans la charte de l'abbaye d'Andres alleguée cy deſſus qu'elle faira confirmer par ſon mary, *à viro meo Deo volente confirmari faciam*, l'approbation qu'elle avoit donnée à l'alienation ou engagement qu'Aluſe d'Aléſ avoit fait de la dixme de la parroiſſe de Salquelle aux religieux de cette abbaye. Eſtant derechef devenüe veuve, elle s'allia de Renaud Comte de Dammartin ; lequel ayant repudié ſa premiere femme ſœur de Gaucher de Chaſtillon, ſe ſervit de tous les moyens imaginables pour ſe faire aimer d'Ide, *& eam nimis procaciter expetiit & ad amorem ſuum allicere nimia curioſitate ſtuduit & elaboravit*, comme dit Lambert Chanoine d'Ardres en l'hiſtoire des Comtes de Guiſnes. Ce qui eſt tout le contraire de ce que M. Du Cheſne luy fait dire qu'apres la mort du Duc de Zeringhen elle devint amoureuſe de Renaud de Dammartin mary de la ſœur de Gaucher de Chaſtillon, lequel, dit il, abandonna ſa femme legitime pour l'eſpouſer.

Il eſt vray neantmoins qu'elle eſtoit d'une complexion fort amoureuſe, s'il faut adjouſter foy à tout ce que ce Chanoine en dit. Car outre la multiplicité de ſes maris, il nous apprend qu'elle devint tellement amoureuſe d'Arnoul II. du nom Comte de Guiſnes qu'il en conceut quelque eſperance de parvenir à la Comté de Boulogne, mais qu'il en fut reculé par une occaſion qui ſurvint. Renaud Comte de Dammartin ayant repudié ſa femme, eſtant ſeur de la bonne volonté que le Roy Philippe Auguſte avoit pour luy, il envoya des deputez vers la Comteſſe Ide pour la ſolliciter & rechercher en mariage. Ce qu'elle luy auroit accordé volontiers, ſi le Comte Philippe ſon oncle ſe fut monſtré enclin à y conſentir. Mais parce qu'il avoit lors la garde & la jouiſſance des revenus de la Comté de Boulogne, & que les Seigneurs François luy eſtoient ſuſpects, & notament Renaud, qu'il ſçavoit eſtre parent & favory du Roy, il ne voulut pas y entendre. Ide deſeſperant de l'avoir pour mary revint à ſon inclination pour Arnoul de Guiſnes, *in amore Ghiſnenſis Arnoldi iterum incaluit & accenſa eſt* ; & à cet effect elle luy envoya des gens qui ne ſe monſtroient pas publiquement, & traictoient cependant en ſecret avec luy pour le marier avec la Comteſſe. Elle alla meſme le voir à Ardres ſous pretexte de l'enterrement d'un de ſes gens qui y eſtoit mort. Il la traicta somptueusement, & s'entretint assez long temps avec elle. Et en suite elle s'en retourna. Arnoul avoit eu la pensée de la retenir. Mais il la laissa aller sur la parole qu'elle luy donna qu'elle reviendroit. Cependant Arnoul, qui songeoit à faire reüssir son dessein, en parla au Comte de Flandres, & fit si bien & si beau qu'il obtint son agréement pour son mariage avec la Comtesse. D'un autre costé Renaud, qui ne s'oublioit pas, & qui taschoit par tous moyens d'empescher qu'Arnoul, qu'il redoutoit comme un puissant adversaire, ne luy enlevast sa maistresse, se rendit secretement auprez d'elle ; & l'ayant enlevée de son consentement & à l'insçeu de son oncle, il se retira avec elle dans la ville de Riste en Lorraine ; où estant, elle escrivit à Arnoul que Renaud l'avoit enlevée de force, & que s'il vouloit venir vers elle pour la delivrer de ses mains, elle l'espouseroit. A quoy Arnoul, se fiant aux promesses de cette femme, s'engagea un peu trop legerement, & s'en alla avec quelques uns de ses meilleurs amys en Lorraine pour la retirer des mains de Renaud. Mais il ne fut pas plustost arrivé à Verdun que Renaud informé de sa venuë par la Comtesse mesme le fit arrester avec tous ses gens, & l'envoya ez prisons de Fiennes, où il fut quelque temps avec les fers aux pieds. Il en sortit neantmoins au bout de quelques mois à la sollicitation de Guillaume Archevesque de Reims, & s'en retourna à Ardres.

<small>Will. Brito lib. 11. Philipp.</small>

Ainsi la Comtesse demeura femme de Renaud, lequel se mit & se maintint facilement en possession de la Comté de Boulogne par la faveur du Roy, & profitant de l'occasion de l'absence du Comte de Flandres, qui

<small>Preuves de l'hist. de Guisnes p. 128.</small>

s'en alla en ce temps là au voyage d'Outremer, où il mourut. D'où nous pouvons facilement conclurre que le mariage de la Comtesse Ide

<small>Auctar. Aquicinct. an. 1190.</small>

avec Renaud Comte de Dammartin se fit en l'année MCXC. dans le temps que le Comte de Flandres partit pour le voyage de la terre sainte.

Je ne sçay pas si cette Princesse, qui avoit esté sterile avec ses autres maris, eut beaucoup d'enfans de ce dernier. Mais il ne paroit pas qu'elle

<small>Preuves p. 98. 99.</small>

en ait eu d'autre que Mahault accordée au mois d'Oust MCCI. avec Philippe de France Comte de Clairmont en Beauvoisis fils du Roy Philippe Auguste. Il faut mesme qu'elle fut née dans les dernieres années de leur mariage. Car lorsqu'elle fut accordée avec ce Prince elle estoit si jeune qu'il fut stipulé par le traicté que le mariage seroit celebré quarante jours apres qu'elle seroit parvenuë à l'aage nubile. Ce qui ne fut pas executé à la rigueur, y ayant preuve par titre qu'il n'avoit pas encore esté celebré au mois de Novembre MCCXI. c'est à dire plus de dix ans apres la date du traicté. Je crois mesme qu'il fut encore retardé à cause de la rebellion & felonnie du Comte de Dammartin pere de l'accordée. Car encore bien que Rigord die qu'elle estoit *nupta* au fils du Roy en l'année MCCXII. dans le temps que Renaud, qui estoit un brouillon & un seditieux, se ligua contre le Roy son bienfacteur avec l'Empereur Otton IV. & avec le Roy d'Angleterre, il n'y a aucune apparence qu'on peut penser

<small>Will. Brito lib. 9. & 10. Philip Alberic p. 483.</small>

en cet estat d'affaires à solemniser le mariage du fils du Roy avec la fille de ce perfide & de cet ingrat, & que par consequent le mot *nupta* ne signifie en cet endroit qu'accordée ou fiancée. Il y a bien plus d'apparence qu'il ne fut solemnisé qu'apres sa mort arrivée en l'an MCCXVI. au chasteau de Goulet sur Seine selon quelques uns, ou selon d'autres au chasteau de Peronne, où le Roy l'avoit envoyé apres la bataille de Bouvines, en laquelle il fut fait prisonnier ayant les armes à la main contre le Roy, qui y estoit en personne. Aussi Messieurs de Sainte-Marthe ont ils escrit que ce mariage fut consommé en l'année MCCXVI. qui est justement l'année de la mort des pere & mere de l'espousée, le pere estant mort en prison en l'année MCCXVI. comme nous venons de le dire, & la mere estant morte en la mesme année à Boulogne, où elle fut enterrée.

<small>Chronica Normanniæ an. 1109.
Auctar. Aquicinct. p. 262.
Will. Brito lib. IX. Philipp.</small>

Le Prince & la Comtesse Mahault sa femme ne vesquirent pas bien longuement ensemble, le Prince estant mort en l'année MCCXXXIII.

Apres son decez sa veuve convola en secondes nopces en l'année MCCXXXVI. & espousa le Prince Alphonse de Portugal fils puisné du Roy Alphonse II. & neveu de Blanche de Castille mere du Roy saint Loüis, laquelle moyenna ce mariage. Alphonse prit dezlors la qualité de Comte de Boulogne; laquelle il prenoit encore estant Roy, mesme apres avoir repudié la Comtesse sa femme & apres avoir eu des enfans de sa seconde femme. Ce qui paroist fort estrange. Les historiens Portugais sont bien en peine pour sçavoir si la Comtesse de Boulogne eut des enfans de son mariage avec Alphonse. Mais il semble qu'on peut terminer cette difficulté, s'il y en a, en disant qu'encore que la succession ait esté bien disputée, y ayant eu divers pretendans, il n'en parut aucun du costé du Portugal. Ce qui est tres considerable. Car s'il eut paru un enfant de Mahault de ce costé là, il auroit exclus sans difficulté tous les autres pretendans. <small>Preuves p. 102.</small>

Il provint du mariage du Prince Philippe de France avec Mahault Comtesse de Boulogne une fille appellée Jeanne. Car je ne fais pas de cas de ce que frere Jean d'Aucy a escrit, que le Prince Philippe mary de Mahault Comtesse de Boulogne laissa un fils nommé Robert, lequel fut Comte de Boulogne apres luy, mourut l'an MCCXXXIX. & fut inhumé à saint Josse. Ce fait n'est attesté par aucune chronique ny par aucun titre. Au contraire, tout conspire à dire que Philippe ne laissa qu'une fille appellée Jeanne, laquelle estoit fort jeune lorsque son pere mourut & fut accordée à la fin de l'année MCCXXXVI. avec Gaucher de Chastillon seigneur de Montjay, de Donzy, de saint Agnan, & des Baronnies du Perche-Goët & de Damfront. Elle mourut sans enfans à la fin de l'année MCCLI. apres avoir fait son testament & deux codicilles. <small>Preuves p. 100. 101. 102.</small>

La Comté de Boulogne revint pourlors à Mahault sa mere, qui estoit encore vivante, & mourut en l'année MCCLXII. à ce qu'on dit. Mais je la crois morte à la fin de l'année MCCLVII. y ayant preuve qu'au commencement de l'année MCCLVIII. l'Imperatrice sa cousine germaine donna à Henry II. Duc de Brabant son neveu tout ce qui luy pouvoit appartenir sur la Comté de Boulogne *per successionem hereditariam ex morte Dominæ Mathildis olim Comitissæ dicti loci filiæ materteræ nostræ.* <small>Preuves p. 102. Preuves p. 103.</small>

Apres avoir parlé de la Comtesse Ide & de sa posterité, il faut parler de sa sœur Mahault & de sa posterité. Elle fut mariée en l'année MCLXXIX.

à Henry I. Duc de Brabant. Il y a des historiens qui ne donnent qu'une femme à cet Henry, & font descendre d'elle tous ses enfans, qui sont en grand nombre. Cependant il nous apprend luy mesme qu'il avoit eu deux femmes, l'une appellée Mahault, & l'autre Marie. Nous voyons la mesme chose dans son epitaphe, où il est marqué qu'il avoit eu deux femmes, l'une appellée Mahaut, & l'autre Marie, qu'il eut sept enfans de la premiere, & deux de la seconde. Mahault, qui fut la premiere, eut plusieurs enfans dont nous parlerons dans la suite. Apres sa mort, selon que l'escrivent Barland & Gilles de Roye, le Duc Henry son mary espousa Marie fille de Philippe Auguste Roy de France. A quoy je trouve de tres grandes difficultez. Car s'il est vray que Marie Duchesse de Brabant fille du Roy n'est morte qu'en l'année MCCXXXVIII. comme il est marqué dans son epitaphe rapporté par Messieurs de Sainte-Marthe, il est evident que la seconde femme de ce Duc appellée Marie n'estoit pas la fille du Roy, attendu que cette seconde femme estoit morte au plus tard en l'année MCCXXVII. comme son mary mesme l'atteste. Que s'il se trouvoit estre vray qu'il eust une femme de ce nom autre que la fille du Roy, il faudroit necessairement dire, ou que la Duchesse Mahault estoit morte plustost qu'on ne pense, ou que son mary l'avoit repudiée. Et cependant il y a un titre au monastere de Villers en Brabant qui monstre qu'elle estoit encore en l'année MCCV. femme du Duc Henry. Il est vray que ce Duc parlant d'elle l'appelle sa femme legitime, *legitima consors mea Mathildis*, epithete fort inutile, ce semble, s'il n'y avoit eu rien d'extraordinaire entr'eux. Et cela pourroit faire penser que l'ayant repudiée, & en ayant pris un autre par amour en sa place, comme les Princes le sçavoient bien faire en ces temps-là, il la reprit en suite. Nous en avons un grand exemple en la personne du Roy Philippe Auguste, lequel ayant repudié la Reyne Ingeburge en consequence d'un jugement ecclesiastique peu canonique, espousa Agnes de Meranie, de laquelle il eut deux enfans, & puis marry d'avoir si maltraité sa femme legitime, de laquelle il avoit esté separé pendant huit ans, il la reprit.

Quoy qu'il en soit de cette seconde femme, voicy ce qui me paroist de certain. Henry I. Duc de Brabant eut sept enfans de Mahault sa premiere femme, assavoir Henry II. Duc de Brabant, Godefroy Sire de Louvain, Marie femme de l'Empereur Otton IV. de ce nom, Marguerite mariée à Gerard Comte de Gueldre & de Zulphen, Alix mariée à Guillaume X. Comte d'Auvergne, Mahault mariée à Florent Comte d'Hollande, & encore une fille qui n'est pas nommée, & dont on ne trouve autre mention que dans l'epitaphe de son pere. Je ne parleray pas en destail de tous ses enfans, mais seulement de l'Imperatrice, non seulement parce qu'elle estoit sœur de la Comtesse d'Auvergne, mais encore parce qu'elle pretendit à la succession de la Comté de Boulogne, laquelle neantmoins fut enfin adjugée à la Comtesse d'Auvergne & à ses enfans.

Marie, qui estoit l'aisnée des filles d'Henry I. Duc de Brabant & de Mahault de Boulogne, fut accordée en l'année MCXCIX. avec Otton IV. Empereur, & estoit pour lors à Aix la Chapelle, & y fut couronnée selon le tesmoignage de Gilles Moine de l'abbaye d'Orval, lequel a, à mon avis, confondu les temps. Elle estoit alors fort jeune, puisqu'elle n'estoit pas encore nubile en l'année MCCV. comme le Pape Innocent III. nous l'apprend. D'où il est aisé de conclurre que le Moine d'Orval & Christophre Butkens se sont trompez en leur calcul lorsqu'ils ont escrit qu'elle n'avoit que neuf ou dix ans lorsque son mariage fut accordé, estant certain qu'elle n'en pouvoit avoir que six tout au plus. Ægid. Aureæ Vallis cap. 94. 116.
Registrum Innoc. III. de negotio imperii epist. 128.
Butkens p. 104.

Estant donc ainsi jeune, il fallut attendre pour la marier qu'elle fust parvenuë à l'aage nubile. Et dautant que la lenteur est d'une tres pernicieuse consequence dans les grandes affaires, principalement en fait de mariage, il arriva que par le long temps qui se passa depuis ce traicté les deux partys, qui avoient à mesnager divers interests politiques, ne penserent plus à l'executer, Otton ayant tourné ses pensées ailleurs, & Henry ne pensant plus à Otton. Ce fut simplement un manquement de parole de part & d'autre, & non pas une repudiation, comme l'Abbé d'Ursperg l'a creu, estant certain qu'Otton & Marie n'estoient pas encore parvenus jusques à l'execution de ce traicté ny jusques à la consommation du mariage. Et supposé mesme, ce qui n'est pas, qu'Otton eust repudié la fille du Duc, ce n'auroit pas peu estre pour cause de parenté, comme Cuspinien l'a pensé, puisqu'ils avoient eu la dispense du Pape pour se marier valablement. Il n'est donc pas vray que ce fut, comme dit Cristophre Butkens, par la faute d'Otton que ce mariage fut differé, puisqu'il y avoit pour le moins autant de faute de la part du Duc que de la part d'Otton. La preuve en est dans les lettres que le Pape Innocent III. escrivit pour ce subject, dans l'une desquelles escrite au Duc il le blasme de ce qu'au prejudice du traicté de mariage de sa fille avec Otton, lequel avoit esté suivy du serment, il refusoit de luy envoyer sa fiancée, & la vouloit marier à Frideric Roy de Sicile nepveu de Philippe de Suaube esleu Empereur adversaire & competiteur d'Otton, & dans l'autre il mande à Otton qu'il approuve qu'il se marie avec la fille de Philippe, si le Duc de Brabant refuse de luy remettre sa fiancée. Car Otton voyant que le Duc l'abandonnoit & se vouloit liguer avec son adversaire fut conseillé de rompre ses mesures & de le prevenir. On luy proposa pour cet effect le mariage de Beatrix fille de Philippe, laquelle n'avoit que douze ans. Il y consentit, & apres avoir obtenu la dispense du Pape, il la fiança à Wirzbourg en l'année MCCIX. le Dimanche d'apres la Pentecoste. Mais je suis surpris qu'Helmod compte le Duc de Brabant parmy les Princes & Prelats qui furent presents à cette action & à cette ceremonie. Il l'espousa en suite à Northausen en Thuringe en l'année MCCXII. apres la mort de Philippe. Ce mariage ne fut pas de durée, la Princesse estant morte le quatriesme jour de ses nopces, le XIII. jour du mois d'Aoust. Butkens p. 104.

Regist. de negotio imperii epist. 111. 128.

Ibid. ep. 13. 66.

Odor. Raynald. an. 1208. §. 14.
Godefr. mon. S. Pantal. an. 1209. 1212.
Otto ce S. Blasio cap. 51.
Helmold. lib. 7. cap. 19.

Otton estant veuf revint à sa premiere fiancée Marie de Brabant, laquelle il espousa à Maestricht en l'année MCCXIV. au mois de May, quelque temps auparavant la bataille de Bouvines, où l'Empereur fut fort maltraicté, & fut obligé de se retirer assez precipitamment à Coulogne, où il demeura jusques à la feste de Pasques de l'année suivante. Mais parce Butkens p. 182. 104.

96   HISTOIRE DE LA MAISON

que les troupes de Frederic, qui avoit efté nouvellement efleu Empereur, incommodoient fort les habitans de cette ville par les continueles courfes qu'ils faifoient aux environs, ils promirent à Otton, contre lequel on commettoit ces hoftilitez, pour l'obliger à fe retirer de leur ville, de luy remettre toutes les fommes d'argent qu'il leur devoit. Il fe retira donc fecretement vers Brunfvic, où l'Imperatrice fa femme defguifée en habit d'homme le fuivit quelque temps apres. Il vefquit encore quelques années fort maltraicté de la fortune, & mourut enfin fans pofterité au chafteau de Hartefberg en Brunfvic le XXVII. Avril MCCXVIII. & fut enterré en la ville de Brunfvic dans l'Eglife de faint Blaife avec Beatrix fa premiere femme. Sa fucceffion fut receüillie par fon frere Guillaume, duquel defcendent les Ducs de Brunfvic & de Lunebourg en ligne directe & mafculine jufques à prefent.

L'Imperatrice fa veuve s'en retourna en Brabant, & fe retira pendant quelque temps en l'abbaye d'Afflighem, & eftablit apres fa demeure à Helmont en la campine, terre que fon frere le Duc Henry II. luy avoit affignée pour fon partage. Elle vefquit long temps en cet eftat. Apres la mort de la Comteffe Mahault arrivée, comme je l'ay dit cy devant, en l'année MCCLVII. elle pretendit que fa fucceffion luy appartenoit, & fe voyant neantmoins fans enfans, confiderant auffi peuteftre qu'elle auroit de la peine à la receüillir & à s'y maintenir, elle ceda au commencement de l'année MCCLVIII. à Henry III. Duc de Brabant fon neveu tout le droit qu'elle pouvoit avoir fur la Comté de Boulogne & fes appartenances.

Preuves p. 103. 106.

Le temps de fon decez eft quafi inconnu & fort incertain. Mais il y a bien apparence que la conjecture de Butkens (qui la fait mourir en l'année MCCLX.) eft vraye, attendu qu'elle fit un codicille le Mardy avant le Dimanche de la my-carefme MCCLIX. fuivant la maniere de compter de ce temps-là, c'eft à dire en l'année MCCLX. en commençant l'année au mois de Janvier, comme on fait aujourd'huy. Il y en a qui difent qu'elle eft inhumée en l'abbaye de Beinderen de l'Ordre de Cifteaux, qu'elle avoit fondée dans fa feigneurie d'Helmont, & d'autres qu'elle gift en l'Eglife de faint Pierre de Louvain aupres de fon pere & de fa mere.

Brabantia Mariana p. 653.

La feconde femme d'Henry I. Duc de Brabant fut une Marie, comme il a efté dit cy deffus. Mais fans nous arrefter plus long temps fur les difficultez qui fe prefentent à ce fujet, nous ne parlerons icy que de la fille du Roy Philippe Augufte ; laquelle eftoit une tres belle femme, *femina omnium pulcherrima*, comme il eft marqué en fon epitaphe, qu'on dit eftre en l'abbaye d'Afflighem, où elle eft enterrée. Elle eftoit fille du Roy Philippe Augufte & d'Agnes de Meranie, & fut accordée en l'année MCCII. au Duc de Bretagne Artus fils unique de Geoffroy d'Angleterre Comte d'Anjou & de Conftance heritiere de Bretagne. La Princeffe eftant alors fort jeune, & ne pouvant avoir que cinq ou fix ans tout au plus, le mariage ne fut pas accompli, parce que le Prince Artus fon accordé fut inhumainement & vilainement tué bientoft apres par Jean fans terre Roy d'Angleterre fon oncle. Quatre ans apres elle prit alliance avec Philippe

Preuves p. 103. 104.

de

D'AUVERGNE. Liv. I.

de Hainaut Comte & Marquis de Namur frere puisné de Baudoüin & d'Henry Comtes de Flandres Empereurs de Constantinople & fils du Comte Baudoüin IV. & de Marguerite de Flandres son espouse. Le traicté de ce mariage est de l'année MCCVI. au mois d'Aoust. Philippe mourut en l'année MCCXII. & fut enterré en l'Eglise saint Aubin de Namur. Enfin Marie fut accordée en l'année MCCXIII. avec Henry I. Duc de Brabant à Soissons, où le Roy avoit convoqué une grande assemblée de Prelats & grands Seigneurs du Royaume pour deliberer sur l'entreprise d'Angleterre, que le Roy avoit resoluë, & fut mariée le Lundy apres Dimanche de *Quasi modo*. Le Duc son mary mourut à Coulogne au mois de Septembre MCCXXXV. & fut inhumé à Louvain en l'Eglise de saint Pierre. Et la Princesse sa femme mourut environ l'année MCCXXVI. selon Butkens. Ce qui leveroit entierement la difficulté dont nous avons parlé cy dessus au sujet de la seconde femme du Duc Henry, s'il estoit certain qu'elle est morte en l'année que Butkens a marquée. Mais nous voyons au contraire dans son epitaphe, supposé qu'il ne soit pas fautif, qu'elle mourut en l'année MCCXXXVIII. le premier jour du mois d'Aoust. Le voicy tel que Messieurs de Sainte-Marthe l'ont imprimé dans la derniere edition de l'histoire genealogique de la Maison de France.

Maria Philippi Regis filia quondam Philippi Marchionis Namurcensis & postea Henrici Brabanciæ Ducis uxor, femina omnium pulcherrima, hic petiit sepeliri anno MCCXXXVIII. *Kal. Augusti.*

Henry eut d'elle deux enfans selon Butkens & selon son epitaphe, assavoir Elisabeth de Brabant mariée à Thierry VI. Comte de Cleves, & Marie morte sans posterité. Mais Baudoüin d'Avesnes escrit qu'il n'eut qu'une fille de son mariage avec la fille de Philippe Auguste.

Ayant expliqué au mieux qu'il m'a esté possible la posterité du Duc Henry, qui estoit beau pere du Comte d'Auvergne, il faut monstrer en peu de mots comment la Comté de Boulogne, qui appartenoit aux proches parents de Mahault Comtesse de Boulogne mariée en premieres nopces à Philippes de France, & en secondes nopces à Alphonse Prince de Portugal, qui fut depuis Roy, est tombée en la maison d'Auvergne. Je n'entreprendray pas de desduire icy le droit des partyes. Cela n'est pas de mon sujet, & me meneroit trop loin. Il me suffit de monstrer comment cette grande seigneurie fondit dans la maison d'Auvergne.

Mathieu d'Alsace & Marie Comtesse de Boulogne sa femme estant morts, & leurs filles Ide & Mahault ayant esté mariées, l'aisnée à Renaud Comte de Dammartin, & la cadete à Henry I. Duc de Brabant, il fallut partager entr'elles la succession de la maison de laquelle elles estoient issuës. Nous ne sçavons pas ce qui se passa sur ce sujet dans les premieres années de leurs mariages. Nous sçavons seulement qu'il fut passé en l'année MCCIV. à Vernon, où le Roy Philippe Auguste estoit alors, une transaction entre Renaud & Henry, par laquelle Henry ceda à Renaud & à ses heritiers toute la Comté de Boulogne & tout ce qu'il pouvoit

Tome I.

demander du chef de sa femme en cette grande seigneurie en deça la mer d'Angleterre moyennant six cens livres Parisis de rente que ledit Renaud & ses heritiers seroient tenus de luy assigner, payables par les mains du Roy & de ses heritiers. Bien entendu neantmoins qu'à l'esgard des biens situez en Angleterre, ils travailleroient de concert à les recouvrer, & qu'ils demeureroient à celuy qui les recouvreroit, sans que l'autre y put rien pretendre, si par son refus ou par sa negligence il n'avoit pas contribué à les recouvrer. Les choses demeurerent en cet estat tant qu'il y eut une heritiere de Boulogne sans contestation. Mais enfin cette grande terre estant demeurée vacante par la mort sans enfans de Mahault fille du Comte de Dammartin, il estoit sans difficulté que sa succession devoit revenir aux enfans de Mahault Duchesse de Brabant, qui estoit tout ce *Hist. de Chastillon p. 120. 121. 122.* qui restoit de la maison de Boulogne. Il y avoit bien des pretendans, cette Duchesse ayant laissé sept enfans, parmy lesquels estoit Alix Comtesse d'Auvergne. Il est bien evident qu'elle n'y avoit pas plus de droit que ses freres & que ses sœurs. Mais dautant qu'outre ses pretentions *Preuves de Butkens p. 75.* natureles elle exerçoit encore les droits d'Henry III. Duc de Brabant son neveu, lequel par accumulation de droit estoit donataire de ceux de *Preuves p. 105.* l'Imperatrice sa tante sœur de la Comtesse d'Auvergne, & les avoit cedez avec les siens à son cousin Robert V. Comte d'Auvergne moyennant la somme de quarante mil livres, l'affaire fut terminée en sa faveur, en sorte que la Comté de Boulogne a tousjours demeuré depuis en la maison d'Auvergne jusques à ce que le Roy Louis XI. l'acquit de Bertrand seigneur de la Tour VII. du nom Comte d'Auvergne, comme nous le dirons en son lieu.

Preuves p. 105. Cela fut ainsi resolu vers la fin de l'année MCCLX. comme il paroit par les lettres de Guy d'Auvergne Prevost de l'Isle en Flandres frere de Robert, & est encore confirmé par lettres du mesme Robert données à Falebeke en l'année MCCLXI. le Mardy apres la Purification. Le Duc Henry mourut incontinent apres, estant marqué dans son epitaphe qu'il mourut le dernier jour du mois de Fevrier de cette mesme année.

Preuves p. 105. Le payement des quarante mil livres ne fut pas fait si tost, y ayant dans les registres du Parlement un arrest de l'an MCCLXXV. contenant compromis sur ce sujet entre le Duc de Brabant & le Comte *Preuves p. 763.* de Boulogne. Mais enfin cette affaire fut finie en l'année MCCLXXXVI.

A cette occasion M. Justel fait remarquer la mesprise de M. Du Tillet, qui a creu que Guillaume X. Comte d'Auvergne n'avoit eu qu'une fille, laquelle il dit avoir esté femme d'un Comte de Boulogne imaginaire. Il observe en suite que cette erreur est procedée de ce que M. Du Tillet a ignoré que ce Comte Guillaume a laissé deux filles & quatre fils, dont l'aisné fut Robert V. qui luy succeda en la Comté d'Auvergne, & recüeillit la Comté de Boulogne du chef de sa mere, & est le premier qui joignit ces deux Comtez ensemble.

Preuves p. 106. J'adjousteray icy pour conclusion de ce chapitre que le Comte de Boulogne avoit sa cour de Pairs, son Seneschal, son Connestable. Cela est justifié par un jugement solemnel rendu en cette cour en l'année

D'AUVERGNE. LIV. I.

MCCCXXI. au sujet d'un vassal du Comte de saint Paul soupçonné d'avoir commis un meurtre. Il y est dit que le Comte de saint Paul estoit soûmis à Monseigneur de Boulogne, c'est à dire, que la Comté de saint Paul estoit mouvante de la Comté de Boulogne, comme M. Du Puy le fait voir clairement dans son traicté des droits du Roy sur plusieurs Estats, & comme on le demonstra dans un livre imprimé en l'année MDCXXVII. dans lequel l'aucteur fait voir que le Roy est seigneur souverain de la Comté de saint Paul à cause de la Comté de Boulogne, laquelle le Roy Louis XI. acquit de Bertrand seigneur de la Tour VII. du nom Comte d'Auvergne & de Boulogne, comme nous l'avons desja dit un peu plus haut. Nous rapporterons une illustre preuve de cette mouvance au chapitre XXIV.

Preuves p. 136.

BAFFIE.
D'or à trois mol.tes de sable.

Robert V. Comte d'Auvergne & de Boulogne.

CHAPITRE XXII.

TOUT ce que nous venons de dire au chapitre precedent nous apprend à quel titre Robert adjousta la qualité de Comte de Boulogne à ses autres qualitez, sans qu'il soit besoin d'en parler icy plus amplement.

En l'année MCCXLIX. il termina par une transaction les differents qu'il avoit avec le Seigneur de Bourbon touchant les mouvances des Seigneurs du pays de Combraille, partye desquels relevoient du Comte d'Auvergne, & d'autres du seigneur de Bourbon. Cette transaction fut faite par la mediation du bienheureux Philippe Berruyer Archevesque de Bourges, auquel le Roy en avoit donné la commission. Le Comte fut conservé dans le droit de garde des Eglises d'Evau & de Chambon, comme en avoient joüy avant luy les seigneurs de Chambon, ausquels il avoit succedé. Il y fut en suite maintenu par arrest du Par- *Preuves p. 111.* lement de l'année MCCLXXVII. par lequel il fut dit qu'il avoit toute

Preuves p. 107.

sorte de jurisdiction sur les vassaux du Prevost & du convent d'Evau. Et cependant je trouve un arrest de l'année precedente, par lequel la garde du monastere d'Evau sis en la Baronnie de Combraille appartenant au Comte de Boulogne est adjugée au Roy avec toute justice.

Preuves p. 108. Par autre transaction passée en l'année MCCLI. avec Alix de Brabant sa mere lors femme d'Arnoul de Wesemale elle luy donna à perpetuité la terre que le Duc de Brabant son pere luy avoit donnée lorsqu'elle fut mariée au Comte d'Auvergne & la terre qu'elle avoit en Auvergne, c'est à dire, la terre que le Comte d'Auvergne luy avoit assignée pour son doüaire. A l'esgard des biens qu'elle avoit en Hasbagne, en la Comté de Duras, mouvans de l'Evesque de Liege, elle promit à son fils qu'elle feroit en sorte que les Eschevins & les habitans des lieux luy fairoient le serment de fidelité comme à leur seigneur. Pour ce qui est de la terre que le Comte de Los heritier de son premier mary luy contestoit, qui estoit sans doute celle de son doüaire, elle en fit don à son fils, à la charge d'en faire la poursuite à ses despens.

Preuves p. 109. L'année suivante le Comte Robert joint avec la noblesse d'Auvergne porta sa plainte à Alphonse Comte de Poictiers & de cette portion de la Comté d'Auvergne qu'on appelloit la Terre d'Auvergne, dont le Roy saint Louis avoit fait don à son frere, de ce qu'au prejudice de leurs franchises & usages les Officiers du Roy avoient pris connoissance du differend qui estoit entre le Comte & l'Evesque de Clairmont sans le consentement & la volonté du Comte. Ce qu'ils disent estre contraire à leurs coustumes & usages, & demandent d'y estre maintenus. Il s'agissoit entre l'Evesque & le Comte des chasteaux de Mauzun & de Louzoux & autres biens possedez par l'Evesque, lesquels le Comte pretendoit luy appartenir comme heritier de son pere. Sur quoy il y eut en l'année MCCLIV. une transaction, de laquelle furent mediateurs Raoul Comte de Geneve, Arbert de la Tour dit le jeune seigneur de la Tour du Pin, & Guillaume seigneur de Bassie, qui estoit apparament le beau pere du Comte. La transaction porte que les chasteaux de Mauzun & de Louzoux avec toutes leurs appartenences & dependences demeureront perpetuelement à l'Evesque, & que l'Evesque quittera au Comte toutes les pretentions qu'il se disoit avoir au chasteau d'Issandolanges & ses appartenences, qu'il faira valoir au Comte quatre-

Preuves p. 110. vingt livres de rente monnoye de Clairmont par chascun an. L'Evesque
762. ratifia encore ce traicté par acte passé le Lundy apres l'Epiphanie MCCLVI. & le Pape Alexandre IV. rend tesmoignage que l'Evesque & le Comte estoient pourlors accordez.

Le Comte Robert avoit en ce temps-là quelque grosse affaire sur les bras. Car ayant encouru la sentence d'excommunication sur sa personne & d'interdict sur ses terres pour avoir mis en prison Imbert de la Tour Chanoine de Paris, qui se disoit pourveu de l'abbaye de saint Germain Lambron, laquelle le Pape avoit conferée à Guy d'Auvergne frere du Comte, comme nous l'avons dit cy devant, & ce cas estant un cas reservé au Pape, pour lequel il estoit en ce temps là necessaire de faire voyage vers la Cour du Pape pour en obtenir l'absolution, il fit representer au Pape Alexandre IV. qu'il luy eſtoit impoſſible de faire ce voyage *propter capitales ini-micitias quas habet*. La preuve de ce fait eſt au Treſor des Chartes de Turenne.

 Cependant le decez d'Henry d'Auvergne frere du Comte eſtant ſur-venu, Guillaume ſon frere pretendit qu'eſtant ſon heritier teſtamentaire, toute ſa ſucceſſion luy appartenoit. Ce que le Comte conteſtoit. Ils ſe remirent tous deux ſur ce different au jugement de Guy d'Auvergne Prevoſt de l'Iſle leur frere, qui les accommoda en l'année MCCLVIII. Preuves p. 55.

 En l'année MCCLXII. à la Pentecoſte, qui fut cette année le XXVIII. May, le Roy ſaint Louis accompagné de preſque toute la nobleſſe de ſon royaume ſe tranſporta à Clairmont en Auvergne, où fut celebré le mariage de Philippe le Hardy ſon fils avec Iſabeau fille de Jacques I. Roy d'Arragon. Ce mariage avoit eſté projetté dez l'an MCCLVII. y ayant au Treſor des chartes de France à Paris une procuration du Roy Jacques pour le traicter datée du mois de Mars de cette année. Il fut accordé en ſuite à Corbeil ſur Seine, où ce Roy ſe rendit, le cinquieſme jour du mois de May MCCLVIII. dans le meſme temps que le Roy ſaint Louis ceda par un traicté ſeparé au Roy d'Arragon la ſouveraineté de la Catalogne & du Rouſſillon. En ſuite le Roy d'Arragon eſtant de retour en ſon royaume, il confirma ces deux traictez par letres données à Barcelone le XVI. Juillet enſuivant. Et dautant que Philippe & Iſabeau eſtoient parents du tiers au quart, on s'adreſſa au Pape Alexandre IV. pour obtenir la diſpenſe dont ils avoient beſoin pour ſe marier, laquelle il leur accorda l'année ſuivante. Le mariage fut pourtant differé juſques en l'année MCCLXII. & peu s'en fallut qu'il ne fuſt rompu par l'occaſion que je vais rapporter. Le Roy ſaint Louis, comme nous l'apprenons d'une letre à luy eſcrite par le Pape Urbain IV. donnée au public par M. Du Cheſne & par Odorico Rinaldi, ſe tranſporta pour la celebration de ce mariage quaſi à l'extremité de ſon royaume, *regni quaſi partes ultimas*, c'eſt à dire, à Montpeſlier, comme il avoit eſté convenu; où ayant appris que le Roy d'Arragon y avoit marié tout nouvelement ſon fils aiſné avec la fille de Mainfroy Roy de Sicile ennemy declaré de l'Egliſe, il ſe deſpartit du traicté de mariage de ſon fils avec la fille du Roy d'Arragon, diſant qu'il ne vouloit avoir aucune alliance ny par luy ny par les ſiens avec des excommuniez ennemys de l'Egliſe. De quoy le Pape le loüa extrememént. Le traicté fut donc interrompu, & le Roy reprit le chemin de Paris par l'Auvergne, qui eſt le chemin le plus court. Les raiſons d'Eſtat l'emportant neantmoins ſur la delicateſſe de ſaint Louis, le mariage fut enfin celebré à Clairmont. Au reſte il eſt fort eſtonnant que les hiſtoriens de ce temps là ayent eſté ſi negligents que de n'avoir rien laiſſé par eſcrit de ce qui ſe paſſa à Montpeſlier & à Clairmont en cette grande action, ny parlé d'aucune des perſonnes qui eſtoient en grand nombre à la ſuite du Roy. Annales de Arragon lib. 3. cap. 56.
To. XII. Spicil. p. 586.

Duchesnius to. IV. p. 865.
Odor. Raynald an 1262. § 17.

 Apres que cette grande ceremonie eut eſté accomplie & que le Roy eut repris le chemin de France, il y a lieu de croire que le Comte Robert, que je trouve avoir eſté à Boulogne au mois de Janvier de l'année ſuivante, ſe mit à ſa ſuite. Il y a titre daté à Boulogne le Lundy avant la Preuves p. 110.

HISTOIRE DE LA MAISON

saint Vincent MCCLXIII. par lequel il reconnoist devoir six mil livres Parisis à Guy de Chastillon II. du nom Comte de saint Paul mary de Mahault de Brabant cousine germaine du Comte d'Auvergne. Je dois faire remarquer icy que ce Comte s'intitule simplement dans ce titre Robert d'Auvergne Comte de Boulogne, sans prendre la qualité de Comte d'Auvergne, comme s'il avoit voulu apprendre par là à ses descendans que le nom de la maison estoit d'Auvergne & qu'ils ne devoient pas le quitter pour celuy de Boulogne. En quoy il avoit dautant plus de raison que le nom de Boulogne pris par sa posterité a fait tomber dans l'erreur quelques escrivains modernes, lesquels ont estimé que la maison d'Auvergne estant tombée en quenoüille par la mort de Guillaume X. sans enfans masles, elle fondit en celle des Comtes de Boulogne par le mariage de l'heritiere de Guillaume mariée à un Robert Comte imaginaire de Boulogne ; cette erreur estant provenuë, comme M. Justel l'a tres bien observé, de ce que ces escrivains ont ignoré que le Comte Guillaume laissa deux filles & quatre fils, dont l'aisné fut Robert V. qui luy succeda en la Comté d'Auvergne & recueillit la Comté de Boulogne à luy devoluë comme fils d'Alix de Brabant & en vertu du traicté fait avec Henry III. Duc de Brabant son cousin germain, comme il a esté dit au chapitre precedent.

En l'année MCCLXXIV. le Pape Gregoire X. estant à Lyon, où il avoit convoqué & où il tint le Concile general de l'Eglise universele, Robert de Kylewardeby Archevesque de Cantorbery ayant passé la mer pour y venir, le Seneschal & autres Officiers du Comte establis à Boulogne & au port de Wissant saisirent tous ses effets, faute par luy d'avoir payé les droits deus pour le passage, ausquels l'Archevesque se disoit n'estre pas tenu. Enfin estant arrivé à Lyon, il en porta sa plainte au Pape, qui commit l'Auditeur general de la chambre pour connoistre de ce different. Sur ces entrefaites il fut proposé de l'accommoder. A quoy les parties, qui estoient à Lyon, consentirent. Ils firent un compromis en la personne du Cardinal Ottobon, qui fut depuis Pape Adrien V. du nom. Ce Cardinal ayant bien examiné cette affaire, & y ayant fait toutes les reflexions qu'il y falloit faire, ordonna par sa sentence renduë le XIV. Juin que le Comte fairoit rendre à l'Archevesque ou à son deputé tout ce qui luy avoit esté pris à Boulogne & à Wissant, qu'en suite de cela l'Archevesque luy fairoit payer sans aucun retardement les droits deus pour le passage de Wissant, & que neantmoins l'Archevesque ny ses gens ne payeroient doresenavant aucuns droits de passage à Wissant pendant le cours de sa vie. Ce qui fut ainsi statué pour obvier aux inconveniens qui pouvoient arriver & pour establir une parfaite union & amitié entre l'Archevesque & le Comte. Bien entendu neantmoins qu'à cause de cette exemption l'Archevesque seroit tenu de payer au Comte ou à ses Officiers vingt marcs sterlings. Et à l'esgard des Officiers du Comte qui avoient fait l'insulte à l'Archevesque, il fut dit que la premiere fois que l'Archevesque passeroit par là ils se presenteroient devant luy pieds & teste nuds, leurs ceintures liées à l'entour de leurs cols, & luy demanderoient pardon à genoux. Cet Archevesque, qui avoit esté religieux de l'ordre de saint Dominique, fut fait Cardinal

D'AUVERGNE. Liv. I.

par le Pape Nicolas III. au mois de Mars MCCLXXVIII. & estant mort à Viterbe en l'année MCCLXXX. il fut enterré dans l'Eglise du convent de son Ordre.

Le Comte Robert V. espousa Eleonor de Baffie fille de Guillaume dit le vieil seigneur de Baffie en Auvergne & de N. de Forez, laquelle estoit fille de Guy III. Comte de Forez & d'une Dame appellée Asiurane dans un titre de l'an MCCXLIV. qui est au Tresor des chartes de France à Paris. Ce que je remarque expressément icy, parce que de ce mariage de Guy III. & d'Asiurane il ne provint qu'une fille dont on ne sçait pas le nom, mariée à Guillaume de Baffie. Apres la naissance de cette fille le Comte Guy son pere repudia Asiurane, & prit une autre femme, laquelle fut mere de Guy IV. Comte de Forez & de Nevers. Ce qui fut cause d'un grand procez entre Guy V. & Guillaume de Baffie le jeune cousins germains, lequel fut terminé en l'année MCCXLIV. par la mediation du Roy, qui regla leur differend par une transaction. D'où il est aisé de conclurre que la Dame de Baffie n'estoit pas fille de Renaud Comte de Forez & d'Isabeau de Beaujeu. Au reste je diray icy en passant qu'outre le lieu de Baffie en Auvergne, il y en a un de mesme nom en Haynaut pres de l'abbaye de Cambron. *Preuves p. 115. 118.* *Hist. Cambren. par. 2. p. 42.*

Robert fit son testament au mois de Janvier MCCLXXVII. par lequel il ordonna, entre autres choses, que son corps fust enterré dans le tombeau de ses ancestres en l'abbaye du Bouschet, où nous apprenons du testament de Robert VI. son fils qu'il fut enterré. Sa femme Eleonor fit le sien au mois de Janvier MCCLXXXVI. par lequel elle ordonna sa sepulture au convent des Cordeliers de Clairmont, où elle repose avec deux de ses enfans sous un beau sepulcre relevé à costé du grand autel. Je ne sçay si on peut avancer qu'elle mourut le XII. Janvier, son anniversaire estant marqué à ce jour là dans l'ancien Obituaire de l'Eglise cathedrale de Clairmont, & son testament ayant esté fait le Mercredy d'apres les Roys, c'est à dire le huictiesme jour de Janvier. A l'esgard de son mary, on ne trouve ny l'année ny le jour de son decez. Mais il y a grande apparence qu'ayant fait son testament l'onziesme Janvier MCCLXXVII. il est mort le XVII. jour du mesme mois, estant marqué dans un ancien Obituaire de l'Eglise de Brioude que Robert Comte de Boulogne mourut ce jour là. *Preuves p. 114.* *Preuves p. 117. 120.* *Origines de Clairmont p. 306.*

Enfans de Robert V. Comte d'Auvergne & de Boulogne & d'Eleonor de Baffie sa femme.

GUILLAUME XI. COMTE D'AUVERGNE & DE BOULOGNE, qui aura son chapitre.

ROBERT VI. du nom COMTE D'AUVERGNE & DE BOULOGNE, qui continua la posterité.

GODEFROY D'AUVERGNE nommé avec Guy d'Auvergne son frere dans le testament du Comte Robert leur pere, qui ordonna qu'ils fussent d'Eglise, & dans celuy de leur mere, qui ne leur prescrit rien sur leur estat, comme elle ne pouvoit pas le faire, se contentant d'ordonner *Preuves p. 114. 117. 120. 152.*

qu'au cas qu'ils mouruffent fans enfans, les biens qu'elle leur legue reviendroient à fon heritier univerfel. Godefroy fuivit d'abord la deftination que fon pere avoit faite de luy dans fon teftament, y ayant un titre de l'an MCCLXXXVIII. où il eft appellé Clerc. Mais il quitta ce genre de vie apres avoir fait fes eftudes, & ayant pris l'efpée, il fut tué à la bataille de Courtray en l'année MCCCII.

Preuves p. 145. GUY D'AUVERGNE feigneur de Boutonnargues, nommé avec fes freres dans un titre de l'an MCCLXXVII. & dans le teftament du Comte Robert VI. fon frere. Il fuivit la difpofition que fon pere avoit faité de luy dans fon teftament. Car il fut d'Eglife, & fut efleu Evefque de Tournay en l'année MCCC. apres la mort de Jean de Waffoigne. Il affifta en l'année MCCCXVII. au Concile tenu à Senlis contre Pierre de Latilli Evefque de Chaalons fur Marne accufé d'avoir empoifonné le Roy Philippe le Long & Jean de Chafteauvillain fon predeceffeur. En l'année MCCCXVIII. *Vita Papar. Avenion. p. 114. Gaguinus lib. 8. Meyer. an. 1318.* le Pape Jean XXII. ayant envoyé un Legat en Flandres pour y moyener la paix entre le Roy & les Flamans, ce Legat, appellé Joffeaume de Jean, eftant arrivé à Tournay commit noftre Guy Evefque du lieu pour faire fçavoir fon arrivée au Comte de Flandres. Mais l'Evefque n'ayant pas voulu fe charger de cette commiffion, le Legat luy envoya deux Cordeliers, lefquels furent mis en prifon par ordre du Comte. Enfin il fut transferé à l'Evefché de Cambray environ l'an MCCCXXX. & mourut en l'année MCCCXXXVI. avant le mois de Septembre, aagé de plus de quatre-vingt ans. J'avertiray icy en paffant le lecteur qu'il y a une faute dans les annales ecclefiaftiques d'Odoric Rinaldi, qui dit que le Pape Clement V. efcrivit au Clergé de Cambray en l'année MCCCXIII. pour faire recevoir Guy Evefque de Cambray, quoyqu'il n'euft pas encore prefté le ferment à l'Empereur, attendu que l'Empire eftoit vacant, l'Empereur Henry VII. n'ayant pas encore efté couronné à Rome. Car outre que Guy n'eftoit pas encore Evefque de Cambray, & ne le fut de long temps apres, il eft certain qu'Henry VII. avoit efté couronné Empereur à Rome l'année precedente.

Preuves p. 121. MAHAULT D'AUVERGNE mariée en l'année MCCXCI. avec Eftienne IV. du nom feigneur du Mont faint Jean en Bourgogne, grande & bonne maifon. Je ne m'attacheray pas à en defduire icy la genealogie, laquelle a efté affez exactement expliquée par M. Du Chefne dans l'hiftoire de la maifon de Vergy. Je me contenteray de faire remarquer qu'Eftienne IV. eftoit fils d'Eftienne III. & petit fils de Guillaume II. feigneur du Mont faint Jean, de Saumaife, & de Vergy en partie, lequel avoit *Hift. Albig. cap. 71.* efpoufé la fille & heritiere de Guillaume des Barres frere uterin de Simon Comte de Montfort feigneur de la Ferté Aaleps en Beauffe, le mefme lequel en l'année MCLXXXVII. eft appellé Comte de Rochefort par Rigord, & eft fort loüé dans l'ancien Obituaire de l'Eglife Noftre Dame *Necrolog. Ecclefiæ Par.if.iv. Kal. April.* de Paris, où il eft appellé *vir nobilis, Miles ftrenuiffimus*. Guillaume II. eut deux fils & une fille de cette Dame, Guillaume III. Eftienne II. & une fille mariée à Anfeau de Trainel Connestable de Champagne, & mourut en l'année MCCXVII. en Angleterre, où il eftoit allé faire la

guerre

D'AUVERGNE. Liv. I.

guerre avec le Prince Loüis fils du Roy Philippe Auguste. Guillaume III. fut marié en l'année MCCXXXIX. avec Marguerite de Bourgogne fille d'Hugues IV. Duc de Bourgogne, & mourut quelques années apres sans enfans. Ainsi son frere Estienne II. luy succeda ez seigneuries du Mont saint Jean & de Saumaise environ l'an MCCLVI. & fut aussi de par sa mere seigneur de la Ferté Aleps. Il eut d'une femme appellée Mahault Estienne III. seigneur du Mont saint Jean & de Saumaise pere d'Estienne IV. mary de Mahault d'Auvergne, lequel par son testament fait en l'année MCCCXXXIII. donna son chasteau & terre de Saumaise à Robert de Bourgogne Comte de Tonnerre frere d'Eudes IV. Duc de Bourgogne. J'adjousteray icy ce que je n'ay pas voulu dire un peu plus haut, pour ne pas interrompre le fil du discours, qu'Estienne II. vendit en l'année MCCLIX. la Ferté Aleps au Roy saint Loüis pour trois cens livres de rente perpetuele sur le Temple, où estoit en ces temps là le Tresor royal. Or je trouve que peu de temps apres Philippe de Montfort estoit seigneur de la Ferté Aleps. Ce qu'il est difficile d'adjuster avec ce qu'a avancé M. Du Puy que cette terre est desormais demeurée dans la maison royale apres l'acquisition qu'en fit le Roy saint Loüis. Au reste cette Mahault est la premiere personne de la maison d'Auvergne qu'on trouve avoir pris le surnom de Boulogne.

Preuves de l'hist. des Ducs de Bourgogne p. 120.

Preuves de l'hist. de Vergy p. 171. 172.

Droits du Roy p. 829.

MARIE D'AUVERGNE religieuse à Fontevrauld en l'année MCCLXXXVI. comme il conste d'un titre de cette année là qui est au Tresor de Turenne. Il est marqué dans l'Obituaire de Fontevrauld qu'elle estoit fort jeune lorsqu'elle se fit religieuse, & qu'elle mourut le premier jour de Decembre.

Preuves p. 121. 122.

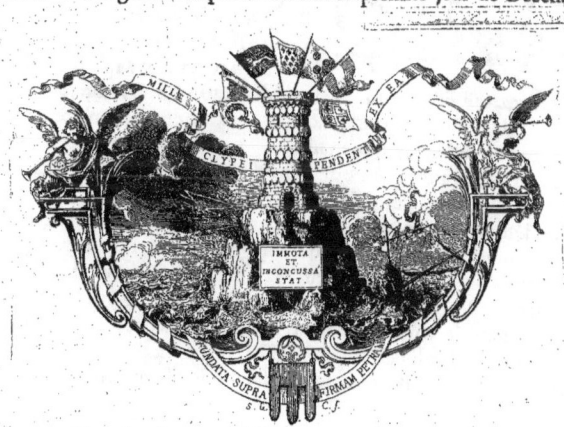

Tome I.

106   HISTOIRE DE LA MAISON

BEAUJEU.
D'or au lyon de
sable chargé
d'un lambel de
gueules de six
pieces.

Guillaume XI. Comte d'Auvergne & de Boulogne.

CHAPITRE XXIII.

*Preuves p. 114.
112.*

Preuves p. 125.

ENCORE qu'il ne puisse pas estre revoqué en doute que ce Comte n'ait esté fils de Robert V. qui l'appelle son fils aisné dans son testament & dans le traicté de mariage passé avec une des filles de Faucon de Montgascon, il se trouve neantmoins si peu de chose de luy que je suis bien empesché à prouver qu'il a esté Comte d'Auvergne. Il n'y a qu'un seul endroit où il soit appellé Comte, c'est à dire un arrest du Parlement de l'an MCCLXXVI. par lequel fut jugé le procez qui estoit entre le Prevost d'Evau en Combraille & Guillaume Comte de Boulogne pour raison de la garde de ce monastere, laquelle le Comte pretendoit luy appartenir.

Hist. de Bourgogne p. 454.

Paradin a avancé qu'une des filles d'Humbert V. de ce nom seigneur de Beaujeu espousa le Comte de Boulogne. Ce qui a paru si difficile à adjuster à M. Du Chesne qu'il s'est porté à conjecturer que c'estoit peutestre la mesme qui fut mere de Foulques seigneur de Montgascon, ayant trouvé qu'il estoit fils d'une de Beaujeu. Mais cela ne peut pas estre, attendu que

Preuves p. 124.

Beatrix de Beaujeu mere de Faucon estoit morte avant l'année MCCLV. comme nous le voyons dans le testament de Robert de Montgascon son mary pere de Foulques. Cependant M. Justel n'a pas fait difficulté d'escrire que cette fille de Beaujeu avoit espousé le Comte Guillaume dont nous parlons icy.

Preuves p. 144.

Il est enterré en l'abbaye du Bouschet, à laquelle il fit un legs dont son frere Robert VI. fait mention dans son testament.

D'AUVERGNE. LIV. I. 107

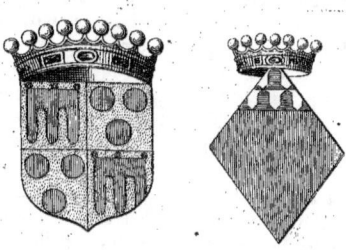

MONT-
GASCON.
De gueules au
chef de vair.

Robert VI. Comte d'Auvergne & de Boulogne.

CHAPITRE XXIV.

E second fils du Comte Robert V. succeda à son frere Guillaume mort sans enfans en l'année MCCLXXVII.

Son mariage avoit esté accordé du vivant de son pere avec une des filles de feu Faucon de Montgascon & d'Isabeau de Ventadour. Robert seigneur de Montgascon pere de Faucon avoit esté marié deux fois. Sa premiere femme fut Beatrix de Beaujeu, *Preuves p. 124.* *125.* de laquelle il eut ce Faucon. La seconde fut Isabeau de Chastillon en Bazois Dame de Jaligny, laquelle estoit enceinte en l'année MCCLV. lorsque son mary fit son testament, & se maria apres son decez avec Guy de Chasteauvillain seigneur de Luzy, & en troisiesmes nopces avec Robert III. Comte *Hist. de Chasteauvillain p.* *62.* de Clairmont Dauphin d'Auvergne. Faucon de Montgascon espousa apres l'année MCCLXIII. Isabeau de Ventadour fille d'Ebles Vicomte de Ventadour & de Dauphine de la Tour d'Auvergne sa femme, & non pas *Hist. de Courtenay p. 359.* Isabeau de Mello, fille de Guillaume de Mello I. du nom seigneur de saint Prise, comme M. Du Bouchet l'a avancé. Du mariage de Faucon avec Isabeau de Ventadour il provint deux filles, assavoir Beatrix, qui fut *Preuves p. 126.* *129. 130.* mariée à nostre Comte Robert, & Maurs ou Mahault mariée en premieres nopces à Eudes seigneur de Tournon, qui testa en l'année MCCXCII. comme on le voit dans le tome second des masures de l'Isle-Barbe, & depuis à Guillaume de Bourbon seigneur de Beçay. Le contract de mariage du Comte Robert & de Beatrix de Montgascon est du Mardy apres l'octave de Pasques MCCLXXIV. & la celebration en l'année MCCLXXIX. *Preuves p. 124.* Elle porta au Comte Robert les seigneuries de Montgascon, Ennezac, *Preuves p. 127.* Joze, Montredon, Pontgibaud, les Granges, Margeride, & autres terres.

En ce temps là le royaume de Sicile estant, pour ainsi dire, litigieux

Tome I. O ij

entre Charles d'Anjou, auquel le Pape en avoit donné l'inveſtiture, & Pierre d'Arragon, qui pretendoit qu'il luy appartenoit par droit de ſucceſſion à cauſe de Conſtance fille de Mainfroy Roy de Sicile ſa mere, il arriva que le Prince de Salerne fils aiſné du Roy Charles eſtant venu en France en l'année MCCLXXXII. pour demander du ſecours contre l'Arragonnois, il emmena belle compagnie & beaucoup de nobleſſe avec luy, & principalement Pierre Comte d'Alençon frere du Roy Philippe le Hardy, Robert Comte d'Artois ſon neveu, Robert Comte de Boulogne, Jean Comte de Dammartin, & Othelin Comte de Bourgogne. Eſtant de retour avec cette belle compagnie auprez du Roy Charles ſon pere, qui le fit chef d'une armée navale avec defenſe de ne hazarder rien juſques à nouvel ordre, il donna neantmoins bataille à l'Admiral de l'Arragonnois Roger de Loria grand Capitaine. Cet Admiral, qui en ſçavoit plus que le Prince de Salerne, remporta une victoire ſignalée, fit pluſieurs priſonniers, & entr'autres le Prince & Robert Comte de Boulogne au rapport de frere Jean d'Aucy.

To. XI. Spicil. p. 572.
Gio. Villani l.b. 7. c. 92. Nic. Specialis lib. 2. cap. 11.

Jeanne de Chaſtillon Comteſſe de Blois eſtant morte ſans enfans en l'année MCCXCI. & ſa ſucceſſion ayant eſté partagée entre ſes proches, Guy de Chaſtillon grand Bouteiller de France eut pour ſa part la Comté de ſaint Paul. Ce qui fut fait ainſi avec le conſentement & auctorité de Robert Comte de Boulogne & d'Auvergne, lequel inveſtit iceluy Guy de la Comté de ſaint Paul comme fief mouvant de la Comté de Boulogne, comme nous l'avons deſja remarqué cy deſſus page 66. en traictant de la Comté de Boulogne, le propre jour de Paſques MCCXCII.

Preuves p. 136. M. Du Puy dans le traitté des droits du Roy p. 322. 323.

En l'année MCCXCVII. le Roy Philippe le Bel eſtant allé en Flandres avec une armée de ſoixante mil hommes contre le Comte Guy de Dampierre, il y fut ſuivy par une tres grande quantité de grands Seigneurs, parmy leſquels eſt nommé Robert Comte de Boulogne.

Meyer. an. 1297.

En l'année MCCXCIX. il y eut un grand procez au Parlement entre le Comte de Boulogne & l'Abbé & convent de ſaint Willemer dans le Boulenois pour raiſon de la garde de ce monaſtere, laquelle le Comte diſoit luy appartenir comme fondateur & ſeigneur ſuperieur. Au contraire les Moines pretendoient que leur monaſtere avoit eſté fondé en franc aleu, & qu'ils ne relevoient que du Roy, qu'ils diſoient eſtre leur gardien. Les Officiers du Roy tenoient le party des Moines. Ce nonobſtant il fut declaré par arreſt contradictoire donné au mois de Decembre MCCXCIX. que la garde de cette abbaye appartenoit au Comte de Boulogne. Ce monaſtere fut ſouſmis à l'Abbé de Clugny par le Pape Paſchal II. & s'appelle aujourd'huy Samer.

Preuves p. 137. Bullar. Clun. p. 35.

En l'année MCCCI. le Roy Philippe le Bel, apres avoir forcé les Flamans à ſe repentir de leurs entrepriſes contre ſon auctorité, s'en alla les viſiter en belle compagnie, & auparavant de reprendre le chemin de France, il eſtablit en ce pays là ſes Lieutenans generaux & Gouverneurs Jacques Chaſtillon ſeigneur de Leuſe & Robert Comte de Boulogne. J'ay tiré ce fait des annales de Meyer.

En l'année MCCCII. la Flandre eſtant derechef fort agitée par les diverses factions qui s'y estoient formées & par le mescontentement que les peuples recevoient des Officiers du Roy, enfin l'affaire en vint à un tel poinct qu'il fallut leur livrer bataille. C'est la fameuse journée de Courtray en l'année MCCCII. au mois de Juillet. Il y eut quantité de grands Seigneurs tuez au nombre de plus de deux cens. On dit que Louis Comte de Clairmont, le Comte de saint Paul, & celuy de Boulogne s'enfuirent. Ce qui leur fut une grande honte & un grand reproche dans le royaume. Mais un aucteur de la vie du Roy Philippe le Bel MS. cité par Belleforest dit le contraire & maintient qu'ils combattirent vaillamment & se sauverent enfin de la bataille ne pouvant fendre la presse, & voyant tout le camp en deroute apres la mort des principaux chefs de l'armée. Godefroy de Boulogne frere du Comte de ce nom y perdit la vie. Gio. Villani. lib. 8. cap. 56.
Gaguin. l. b. 7.

En l'année MCCCIII. le Comte Robert donna à l'Eglise de Nostre Dame de Boulogne quarante cinq livres de rente, qui n'estoit pas une petite somme en ce temps là, à prendre sur la Vicomté de Boulogne, avec quelque portion de dixmes dans la parroisse de Wissant, & le domaine de Parent. Ce qui fut confirmé par le Comte Guillaume XII. son petit fils. Hist. de N. D. de Boulogne de M. le Roy p. 78.

En l'année MCCCIV. il fut le Mardy XVIII. Aoust avec le Roy à la bataille de Mont en Pevele, que d'autres appellent Poule, & Pierre le Baud Pure, entre l'Isle & Doüay, où il y eut beaucoup de noblesse Françoise mise à mort, & en laquelle plusieurs Princes & grands Seigneurs qui y avoient bien fait leur devoir, & entre autres Amé Comte de Savoye, Louis Comte d'Evreux, le Comte de saint Paul, Charles II. Roy de Sicile, Robert Comte de Boulogne, les Comtes de Dreux & de Dammartin, & plusieurs autres furent obligez de se sauver, à ce que dit Meyer, à la fuite, ayant esté advertis que c'estoit à eux principalement que les Flamans en vouloient.

En l'année MCCCV. le Comte de Boulogne voyant combien il luy estoit incommode & aux habitans de sa chastellenie de Montgascon d'estre distraits en diverses jurisdictions, partye de cette grande terre estant du ressort de la prevosté de Vichy, & d'autres parties ressortissans aux prevostez de Pontchasteau, de Riom, & de Chasteau-Guyon, il s'adressa au Roy pour obtenir qu'il luy fust pourveu d'un remede convenable; & le Roy, apres avoir fait faire l'enqueste de la commodité que le pays pourroit recevoir si elle ne ressortissoit qu'à une seule jurisdiction, ordonna que doresenavant elle ne ressortiroit qu'à la prevosté de Pontchasteau. Les letres sont du Mardy apres Pasques. Preuves p. 138. 139.

En l'année MCCCVII. le Roy Philippe le Bel ayant esté informé qu'un Chevalier Navarrois appellé Fortunio Almoravid, lequel avoit esté establi Gouverneur du royaume, taschoit par de secretes menées de s'en rendre le maistre, il y envoya son fils aisné Louis Hutin, auquel il donna pour luy servir de conseil Gaucher de Chastillon Connestable de France & Robert Comte de Boulogne, qui le conduisirent heureusement en son royaume, & l'en firent reconnoistre & couronner Roy à Pampelune le samedy cinquiesme jour du mois de Juin. Apresquoy ils s'en retournerent en France; & passant par Toulouse, ils y laisserent en prison Fortunio & ses complices. Vitæ Papar. Avenion. p. 7. To XI Spicileg. p. 615. B. ll forest liv. 4. chap. 48.

HISTOIRE DE LA MAISON

Preuves de l'hift. de Chaftillon p. 214. 352.

En l'année MCCCVIII. le mariage de Guichard de Beaujeu V. du nom surnommé le Grand & de Marie de Chaftillon fille de Gaucher de Chaftillon Comte de Porcean Conneftable de France ayant efté accordé, le Seigneur de Beaujeu donna pour pleiges & cautions pour la reftitution de la dot en cas de mort de l'accordée Robert Comte de Boulogne & Robert fon fils, Jean Comte de Forez, & Jean de Chafteauvillain feigneur de Luzy, la fille duquel ledit Guichard efpoufa en fuite apres la mort de Marie de Chaftillon.

Preuves p. 139. 143.

En l'année MCCCXI. Pierre Maurice feigneur de Roche Savine & de faint Bonnet fe voyant fans enfans, donna par donation entre vifs tous fes biens au Comte Robert fon coufin. Ce qui fut confirmé peu de temps apres par le Roy. Nous en parlerons plus amplement au livre quatriefme chapitre IX. en traictant la pofterité de Bernard feigneur de la Tour VII. du nom.

Preuves p. 143

Ce Comte fit fon teftament au mois d'Avril MCCCXIV. par lequel il ordonna que fon corps feroit enterré en l'abbaye du Boufchet dans le tombeau de fon pere. Ordonna un anniverfaire pour fon frere Guillaume, & fit une grande quantité de legs pieux, & entre autres il remit à l'exemple de fon pere à fes fujets le droit qu'on appelloit mortaille ou mainmorte,

Traitté de l'ufage des fiefs de M. de Boiffieu chap. 32.

en vertu duquel, outre les autres droits deus au feigneur par fes mortaillables, tous les biens meubles de ceux qui mouroient fans confeffion appartenoient au feigneur. C'eft ainfi que ce droit eft expliqué dans un

Meflanges curieux du P. Labbe p. 666.

titre tiré des archives de Montferrand en Auvergne, lequel fe trouve auffi en original au Trefor des chartes de France à Paris. Il nomma executeurs de fon teftament Arbert Aycelin Evefque de Clairmont & Guy d'Auvergne Evefque de Tournay fon frere.

Preuves p. 146.

Sa femme fit auffi fon teftament avec le confentement de fon mary. Mais ce qu'on en a n'eftant qu'un projet fans date, on ne peut pas fçavoir precifément en quel temps il fut fait. Cependant il femble que ce fut dans le mefme temps que fon mary fit le fien.

Je crois qu'il vefquit encore quelques années apres. Car l'employ qu'il eut en l'année MCCCVII. pour accompagner & confeiller le Roy Louis Hutin allant prendre poffeffion de fon royaume de Navarre me perfuade que c'eft de luy qu'il faut entendre ce qui eft remarqué par M. Du Tillet dans le traicté des rangs des Grands de France, où il le compte parmy les Princes & Seigneurs qui eftoient de l'eftroit confeil du Roy, ce que nous appellons aujourd'huy Confeil d'enhaut, en l'année MCCCXVI. pendant la regence de Philippe le Long, & le premier des Barons qui affifterent au mois de Decembre de la mefme année au Parlement ordonné par le mefme Philippe lors Roy. Mais apres cette année là je ne trouve plus rien de luy. Ce qui me fait eftimer qu'il mourut

Preuves p. 201.

l'année fuivante. L'Obit de la Comteffe Beatrix fa femme eft marqué au landemain de la Conception Noftre Dame par le Comte Jean fon petit fils dans l'Obituaire de la fainte Chapelle de Vic le Comte.

D'AUVERGNE. Liv. I. 111

Enfans de Robert VI. Comte d'Auvergne & de Boulogne & de Beatrix de Montgascon sa femme.

ROBERT VII. COMTE D'AUVERGNE & DE BOULOGNE, qui suit.

CLERMONT
De France au baston de gueules peri, en ban-
de.
FLANDRES.
D'or au lyon de
sable armé &
lampassé de
gueules.

Robert VII. Comte d'Auvergne & de Boulogne, surnommé le Grand.

CHAPITRE XXV.

UN ancien registre du Parlement nous apprend qu'entre diverses choses qui furent alleguées en un procez qui y estoit pendent en l'année MCCCXXXIX. entre le Comte de Boulogne & le Seigneur d'Alegre, il fut dit que le pere de la Comtesse de Geneve, *qu'on nommoit le Grand Comte*, avoit vendu quelques terres au pere dudit Seigneur d'Alegre. D'où nous tirons que c'estoit l'epithete de distinction de Robert VII. Comte d'Auvergne & de Boulogne. C'est aussi l'epithete que luy donnent Messieurs de Sainte-Marthe dans l'histoire genealogique de la Maison de France.

Prevost p. 177.

En l'année MCCCVIII. il se trouva meslé dans la querelle d'Erard Sire de saint Verain & d'Oudard de Montaigu de la maison des anciens Ducs de Bourgogne. Il y eut beaucoup de Seigneurs du royaume qui entrerent en cette querelle, les uns pour le Sire de saint Verain, & les autres pour Oudard de Montaigu. Ceux qui se trouvent avoir pris le party d'Erard sont le Comte de Sancerre, Dreux de Mello, Miles de Noyers Gouverneur de Champagne & Brie, & le seigneur de Pisy. Et du costé d'Oudard s'y trouverent le Dauphin d'Auvergne, le fils du Comte de Boulogne, c'est à dire, Robert VII. non encore Comte,

Hist. des Ducs de Bourgogne de M. Du Chesne p. 145.

mais fils de Comte, Beraud de Mercueur Conneſtable de Champagne, & trois freres ſurnommez de Vienne, aſſavoir Hugues Dauphin Baron de Foucigny, Guy Dauphin Baron de Montauban, & Henry Dauphin, qui fut auſſi Baron de Montauban apres ſon frere, tous trois enfans d'Humbert de la Tour Dauphin de Viennois. J'ay eſté obligé d'entrer dans ce deſtail afin d'avertir le lecteur de l'erreur de Belleforeſt, lequel a creu que ces trois freres ſurnommez de Vienne eſtoient fils du Comte de Boulogne. Il y avoit encore quantité de nobleſſe de part & d'autre. Le rendez vous pour le combat fut, ſelon quelques uns, dans le dioceſe d'Auxerre. Mais le Continuateur de Nangis marque que ce fut au dioceſe de Nevers, & que le combat fut fait le jour de ſaint Denys. Enfin la victoire demeura à Erard. Le ſeigneur de Mercueur y fut fait priſonnier avec quelques autres, & ſe rendit au Comte de Sancerre. Toutesfois M. Du Cheſne raconte la choſe autrement & dit que l'action de ces Seigneurs irrita tellement le Roy Philippe le Bel qu'il bannit le Seigneur de Montaigu de ſon royaume, fit ſaiſir les biens du Seigneur de Mercueur, & le fit arreſter priſonnier, mais qu'ayant rompu les priſons, & s'eſtant retiré en Alemagne, il trouva le moyen d'appaiſer le courroux du Roy, qui luy octroya des letres d'abolition au mois d'Avril MCCCXII. imprimées parmy les preuves de l'hiſtoire des Ducs de Bourgogne du meſme M. Du Cheſne.

Belleforeſt adjouſte quelques circonſtances que je n'ay pas trouvées ailleurs, leſquelles me paroiſſent neantmoins veritables. Il dit que le Roy adverti de ce qui s'eſtoit paſſé en cette occaſion, & ayant fait faire diligente information ſur ce faict, & connu que le tort eſtoit du coſté du vainqueur, il le fit adjourner au Parlement; où eſtant venu, il le fit conſtituer priſonnier, comme auſſi pluſieurs de ſon party furent mis en diverſes priſons du royaume, afin de les punir ſuivant leurs merites. Ce qui eſt en partye auctoriſé par le teſmoignage du Continuateur de Nangis.

Preuves p. 149. En l'année MCCCXII. l'Univerſité de Paris ayant porté plainte au Roy contre le Comte de Boulogne de ce qu'il faiſoit payer au port de Wiſſant le peage & droit de paſſage aux eſcoliers qui venoient d'Angleterre à Paris pour y eſtudier, le Roy, quoy qu'il reconnut que le droit du Comte eſtoit certain & que luy & ſes predeceſſeurs en avoient joüy de temps immemorial, en exempta neantmoins par letres données à Paris au mois de May leſdits eſcoliers à perpetuité du conſentement du Comte, lequel pour l'amour de Dieu & à la priere du Roy ſe relaſcha de ce droit à leur eſgard tant ſeulement, ſans que cette grace ſe peut eſtendre à d'autres perſonnes, de quelque qualité & condition qu'elles fuſſent.

En l'année MCCCXVII. la paix & la tranquillité du royaume eſtant eſtrangement troublées par les diverſes entrepriſes des grands & par la revolte des Flamans contre leur ſeigneur, le Roy Philippe le Long ſe donna *Preuves p. 150.* beaucoup de peine pour le pacifier, & enfin il eſcrivit le XV. Novembre aux Nobles & Prelats du royaume qu'ils euſſent à ſe tenir garnis de chevaux & d'armes pour le ſuivre à la my-careſme où il voudroit les mener. Les Seigneurs d'Auvergne auſquels il fut eſcrit furent le Seigneur de

la

la Tour, le Seigneur de Marcueil, Guillaume Flote, le Comte de Boulogne, le Seigneur de Montboissier, le Dauphin d'Auvergne, l'Evesque de Clairmont, le Vicomte de Chalvigny, & Pierre de Marcueil. Je les ay mis dans le mesme ordre auquel ils sont dans le registre d'où j'ay tiré ce fait, lequel est au Tresor des chartes de France.

Les troubles continuant encore l'année suivante, le Roy manda par letres du XXIX. Juin à la noblesse de son royaume de se rendre à Bourges aux Octaves de la Toussaints pour aviser à la paix & au repos du royaume. Je trouve dans le mesme registre qu'il fut escrit pour ce sujet à Beraud Seigneur de Marcueil, à Guillaume Flote, au Vicomte de Calvigny, au seigneur de la Tour, au Dauphin d'Auvergne, au Seigneur de Montboissier, & au Comte de Boulogne. Je ne trouve pas ce qui fut resolu dans cette assemblée, si ce n'est que le XI. Novembre le Roy fit escrire aux Seigneurs du royaume, & entre autres au Dauphin d'Auvergne, au Seigneur de la Tour, au Seigneur d'Oliergues, & à Robert Dauphin de se rendre à Clairmont en Auvergne à la quinzaine de la feste saint André en chevaux & en armes pour aller de là avec Eudes Duc de Bourgogne, Robert Comte de Boulogne, & autres où il seroit ordonné.

Preuves p. 150.

En l'année MCCCXVIII. les Artesiens s'estant revoltez contre la Comtesse Mahault, elle appella à son secours les Comtes de Valois & de la Marche, Louis & Jean de Clairmont seigneurs de Bourbon & de Charrolois, les Comtes de Savoye, de Foix, & de Boulogne, tous ses parents, par le moyen desquels cette revolte fut appaisée, & Robert de Fienne & sa sœur, qui avoient esté pris dans la forteresse de Fienne, furent livrez au Comte de Boulogne.

Meyer. an. 1318. Bell-forest fol. 804.

Il y a au Tresor des chartes de France des letres du Roy Philippe le Long données à Vincennes le VIII. jour d'Octobre MCCCXIX. par lesquelles il ordonne aux Prelats & grands Seigneurs du royaume, qui y sont nommez en grand nombre, & entre autres au Comte de Boulogne, de se trouver à Paris aux festes de Noël pour y deliberer sur le fait du passage d'Outremer, qu'il avoit resolu de faire. Il y a preuve que le Comte de Boulogne estoit cette année là à Paris, logé dans l'enceinte de l'abbaye sainte Geneviefve, & qu'il y fut si dangereusement malade que les Medecins desesperans de sa santé & l'ayant entierement abandonné, il se voüa dans cette extremité à la sainte, & aussi-tost il fut miraculeusement gueri.

Registre 58. de la Chancellerie.

Preuves p. 765.

Il y a au Tresor des chartes de Turenne des letres du mesme Roy données au bois de Vincennes au mois de Juin MCCCXIX. touchant l'ayde que les Barons & nobles du Bailliage d'Auvergne luy avoient faite pour la guerre de Flandres aux conditions portées par lesdites letres. Il y est fait mention de Pierre Evesque de Cambray, de Robert Comte de Boulogne, & de Gilles Aycelin seigneur de Montaigu Chevalier envoyez par le Roy vers la noblesse d'Auvergne pour cet effect.

Preuves p. 150.

En suite de cette ayde ainsi accordée au Roy, sa Majesté octroya aux Barons, nobles, & autres habitans des montagnes d'Auvergne des privileges expliquez fort au long dans les letres qui en furent expediées dans le mesme temps.

Preuves p. 151.

Tome I.   P

HISTOIRE DE LA MAISON

Le Roy p. 86. Antoine le Roy, aucteur de l'histoire de Nostre Dame de Boulogne, nous apprend que ce Comte fonda la Chartreuse de Neuville prez de Monstreüil sur la mer, appellée aujourd'huy Nostre Dame des prez, & que Marguerite d'Evreux sa bru augmenta cette fondation de deux cellules, & donna pour cela les terres qui font aujourd'huy la ferme de Henocq. Guillaume XII. Comte d'Auvergne & de Boulogne mary *Preuves p.766* de Marguerite l'augmenta aussi d'une cellule par clause expresse de son *Dorlandus lib.* testament. Le venerable Pere Henry Kalkar Prieur de la Chartreuse de *6. c. 28.* Cologne, mort il y a trois cens ans, lequel estoit par consequent quasi contemporain de cette Princesse, rapporte que le fondateur de cette maison estant venu à Monstreüil, comme on luy monstroit le tableau de la Veronique, il s'apperceut que Jesus Christ peint dans ce tableau destournoit sa veuë de dessus luy, comme le jugeant indigne d'estre regardé par luy. Ce qui arriva plusieurs fois. Il en fut fort estonné, & creut facilement que ses pechez luy avoient attiré cette disgrace. Dans cet embarras il visita un Prieur des Chartreux lequel avoit esté son gouverneur, & luy donna connoissance de ce qui luy estoit arrivé qui le chagrinoit. Ce bon Pere l'exhorta de rentrer en luy mesme, d'examiner sa conscience, & de voir s'il n'avoit point manqué à quelque promesse qu'il eut faite à Dieu. Car j'ay souvent oüy dire, luy dit ce Pere, que vous avez fait vœu de fonder une maison de nostre Ordre. Il est vray, respondit il, que j'ay eu ce dessein, & je ne sçay par quel malheur il est arrivé que je ne l'ay pas executé. Alors le Pere luy dit de renouueller son vœu, l'assurant qu'apres cela il verroit avec plaisir le visage de Jesus Christ. Ce qui arriva comme le Pere l'avoit predit. Il bastit donc la Chartreuse de Nostre Dame des prez, à laquelle il fit de grands biens & donna de grands heritages ; & ce bon Pere ayant esté quelque temps apres deposé d'un autre prioré, il fut fait Prieur de cette nouvelle maison.

Ce Comte Robert fut marié du vivant de son pere en l'année MCCCIII. au mois de Juin avec Blanche de Clairmont fille aisnée de Robert de France fils du Roy saint Louis Comte de Clairmont en Beauvoisis & Sire de Bourbon, duquel descendent tous les Princes du nom de Bourbon, laquelle fut doüée de deux mil livres de rente, dont mil furent assises sur le pays de Combraille. Il y a dans le registre LXIV. de la Chancellerie des letres du Roy Charles le Bel du XXIII. Mars MCCCXXVI. qui portent qu'elle eut en mariage les seigneuries de Semur, d'Argence, de la Marche, du Terrail en Bourbonnois, & la chastellenie de Remin, lesquelles furent depuis cedées à Marie de Flandres seconde femme du Comte Robert par Guillaume son fils du premier lict, & que Louis Comte de Clairmont Chambrier de France fit revoquer ce transport comme prejudiciable audit Guillaume son nepveu. Du mariage de Robert VII. avec Blanche de Bourbon il ne sortit qu'un fils appellé Guillaume XII. qui fut Comte d'Auvergne & de Boulogne apres son pere. Blanche de Clairmont sa mere fut enterrée en l'Eglise Nostre Dame de Boulogne en la chapelle sainte *Preuves p.771.* Anne, comme il est marqué dans le testament de sa niepce Jeanne de Clairmont femme de Jean I. du nom Comte d'Auvergne & de Boulogne.

D'AUVERGNE. Liv. I.

Apres la mort de cette Princesse le Comte son mary fut accordé en l'année MCCCXII. avec Catherine de la Tour, autrement dite Dauphine, fille d'Humbert de la Tour Dauphin de Viennois & de la Princesse Anne Dauphine. Mais ce mariage ne fut pas effectué, cette Princesse ayant esté mariée avec Philippe de Savoye Prince d'Achaye, & Robert Comte de Boulogne & d'Auvergne ayant espousé l'année suivante Marie de Flandres fille aisnée de Guillaume de Flandres seigneur de Dendermonde & de Richebourg frere de Robert surnommé de Bethune Comte de Nevers & de Flandres, tous deux fils de Mahault de Bethune Comtesse de Flandres. Au contract de mariage passé au mois de Fevrier MCCCXII. assisterent Jean de Chaslon seigneur d'Arlay & de Neelle & Alix Dame de Neelle sa femme mere de Marie & Jean de Flandres seigneur de Dendermonde & de Neelle son frere. Alix mere de Marie luy donna quinze cens livres de rente à prendre sur ce qu'elle avoit à Chasteaudun, & Marie donna à Robert son espoux douze mil livres Parisis & tout le droit qu'elle avoit envers Jean de Flandres son frere. Ses pretentions furent sans doute reglées en suite entre elle & son frere. Car je trouve dans un arrest du neufviesme jour de Fevrier MCCCXXI. que Jean de Flandres recognut qu'il devoit à Robert Comte de Boulogne la somme de quinze mil livres pour la dot de Marie de Flandres sa sœur. Et le Comte Robert VI. encore vivant donna à son fils en consideration de ce mariage & pour le doüaire de ladite Marie six mil livres tournois de rente annuele & perpetuele, dont les enfans qui proviendroient de ce mariage seroient heritiers, & il les assigna sur le chasteau de Lespau & sur le chasteau & chastellenie de Montgascon, si la Comtesse sa femme y vouloit consentir, & au cas qu'elle n'y voulut pas consentir, sur la terre & chastellenie de Baffie & du Livradois. Il fut encore convenu par exprez que les enfans qui proviendroient de ce mariage ne pourroient rien pretendre ez Comtez d'Auvergne & de Boulogne pendant la vie de Guillaume XII. fils de Robert VII. & de Blanche de Clairmont sa premiere femme.

Les droicts sur Chasteaudun qu'Alix de Neelle donna à sa fille estoient considerables, puisqu'ils comprenoient toute la Vicomté de Chasteaudun avec ses appartenances & dependences, mesme avec droit d'y faire battre monnoye. Le Comte Robert eschangea en suite cette Vicomté en l'année MCCCXX. avec Amaury seigneur de Craon mary de Mahault de Malines fille de Marie d'Auvergne, comme nous l'avons dit cy dessus page 87. en parlant des enfans d'Alix de Brabant Comtesse d'Auvergne.

Il ne sera pas hors de propos de dire icy que Robert de Dreux Prince du sang royal de France ayant espousé environ l'an MCCXL. Clemence de Chasteaudun fille unique & heritiere de Geoffroy Vicomte de Chasteaudun, il devint en vertu de ce mariage Vicomte de Chasteaudun. Apres la mort de Clemence avenuë en l'année MCCLIX. Isabeau de Chasteaudun sa tante demanda une portion en la Vicomté de Chasteaudun, alleguant que lorsque son pere mourut elle demeura en la garde & au bail du Vicomte Geoffroy son frere, qui la maria en pays esloigné avec la dot qui luy pleust, & qu'elle n'avoit jamais renoncé au droict qu'elle y avoit. Ce

HISTOIRE DE LA MAISON

Preuves p. 138. procez dura long temps. Cependant Alix de Dreux fille unique de Clemence de Chasteaudun estant devenuë grande fut mariée avec Raoul de Clairmont seigneur de Neelle & de Brios Connestable de France; & de ce mariage nasquit entr'autres enfans Alix de Clairmont dite de Neelle Vicomtesse de Chasteaudun, Dame de Montdoubleau, de Neelle &, de Brios, femme de Guillaume de Flandres seigneur de Dendermonde & de Richebourg, apres la mort duquel elle convola en secondes nopces avec Jean de Chaslon *Hist. de Bourgogne de M. Du Chesne p. 564.* seigneur d'Arlay fils de Jean de Chaslon Comte de Bourgogne & Sire de Salins.

Outre les biens qui furent constituez à Marie de Flandres dans son contract de mariage, elle porta encore en la maison d'Auvergne les biens qui avoient appartenu à Isabeau de Flandres Dame de Brios & à Jeanne de *Hist. de Chastillon p. 307.* Flandres Dame de Cuc ses sœurs, lesquelles moururent sans hoirs de leur corps & eurent pour heritiere la Comtesse Marie leur sœur. Je n'ay rien trouvé de particulier au sujet de la Dame de Cuc. Mais à l'esgard de la Dame de Brios, je trouve dans les extraits qu'on m'a envoyé de Rome des registres du Pape Clement VI. qu'elle se rendit religieuse de l'Ordre de sainte Claire dans le monastere du Moncel au diocese de Beauvais, & que ce Pape luy permit par bulle expediée en Avignon le XI. Janvier MCCCXLIV. de retenir en propre & à son profit les biens meubles & immeubles qu'elle avoit alors & encore ceux qu'on pourroit luy donner dans la suite, avec faculté d'avoir une chambre separée du dortoir commun, un autel portatif & un aumosnier dans l'enceinte du monastere, de se pouvoir eslire un Confesseur, de pouvoir avoir à son service une servante seculiere, & qu'elle ne seroit pas tenuë à l'observation des statuts & des preceptes generaux de son Ordre, donnant pouvoir à son superieur de l'en dispenser. Le Pape y adjouste une clause qui fait voir que cette Dame s'estoit faite religieuse par un pur mouvement de pieté. Car il luy accorde l'indult de ne pouvoir estre eslevée malgré elle, *invita*, à la dignité d'Abbesse ou autre charge de l'Ordre, grace qu'elle avoit sans doute demandée au Pape. D'où on peut tirer cette consequence, que lorsqu'elle a demandé les autres graces cy-devant alleguées, c'estoit à cause de ses infirmitez, & parce que s'estant faite religieuse en un aage avancé, il luy auroit esté difficile de s'accoustumer à toutes les observances d'une regle austere. Par autre bulle donnée en Avignon le XXIV. Avril MCCCXLVIII. le Pape la dispensa & Marguerite de Boulogne sa niepce, qui estoit aussi religieuse au Moncel, des jeusnes ordonnez par l'Eglise. J'ay trouvé dans le registre LXXIV. de la Chancellerie des letres de cette Dame du XXIV. Juillet MCCCXLIII. par lesquelles en contemplation des courtoisies receuës de sa chere & amée Dame & sœur Madame Marie de Flandres Comtesse de Boulogne & d'Auvergne & de ses chers & amez nepveux enfans de ladite Marie Monseigneur Jean de Boulogne & Godefroy son frere, elle leur donne le chastel & maison de Brios en Vermandois avec ses appartenances jusques à quatre cens livres de rente. Son anniversaire est marqué à l'Octave saint George dans l'Obituaire de la sainte chapelle de Vic le Comte.

Tout ce que je viens de dire, qui marque qu'il y avoit de grands biens

D'AUVERGNE. LIV. I.   117

dans la maison du Comte d'Auvergne, me donne lieu de douter de la verité de ce que Yves de Tourzel seigneur d'Alegre avança dans un procez *Preuves p. 147.* qu'il avoit au Parlement au mois de Juin MCCCCXXXIX. que le Comte d'Auvergne pere de la Comtesse de Geneve n'estoit pas aysé, & qu'une Reyne de France qui s'appelloit de Boulogne luy aydoit fort, & que quand elle fut trespassée, il ne put pas soustenir son estat comme il avoit accoustumé. Car d'ailleurs il est certain qu'il mourut long temps auparavant que Jeanne de Boulogne sa petite fille espousast le Roy Jean, & par consequent longtemps auparavant son decez.

On ne sçait pas pourtant le temps de sa mort. Mais il y a dans le registre *Preuves p. 185.* LXIV. de la Chancellerie des letres patentes du Roy Charles le Bel données au mois de May MCCCXXVI. dans lesquelles il est parlé de luy comme mort. Il est enterré en l'abbaye du Bouschet. Son anniversaire est marqué dans l'Obituaire de la sainte chapelle de Vic le Comte à la feste saint Geraud, & celuy de la Comtesse Marie de Flandres sa femme à l'Octave *Notæ ad Vitas Papar. Aven. p. 838.* de la feste saint George. Elle mourut l'an MCCCL.

Il n'est pas aisé de dire où elle a esté enterrée. Car d'un costé il y a *Preuves p. 162.* preuve qu'elle ordonna par son testament qu'on l'enterrast en l'abbaye du Bouschet auprés de son mary, & on monstre encore aujourd'huy son tombeau dans la muraille du cloistre de cette abbaye du costé de l'Eglise tel qu'il est representé icy, fort gasté neantmoins. Mais on a tasché de le reparer dans la graveure. Et cependant il y a dans les preuves de l'Histoire des Cardinaux François page 335. un memoire qu'on dit avoir esté escrit de la main d'André du Chesne qui semble nous induire à croire qu'elle est inhumée au Moncel dans le chœur des Dames. Et c'est sur ce fonde- *Notæ ad Vitas Papar. Aven. p. 838.* ment que j'ay escrit dans mes Notes sur les vies des Papes d'Avignon qu'elle a esté enterrée au Moncel.

Tombeau de Marie de Flandres Comtesse d'Auvergne et de Boulogne.

*Enfans de Robert VII. Comte d'Auvergne & de Boulogne & de
Blanche de Clairmont sa premiere femme.*

GUILLAUME XII. COMTE D'AUVERGNE & DE BOULOGNE,
qui aura son chapitre.

*Enfans dudit Robert VII. & de Marie de Flandres
sa seconde femme.*

JEAN D'AUVERGNE, dit de Boulogne, qui fut Comte de Montfort
& seigneur de Montgascon du vivant de la Comtesse Jeanne sa niepce,
par le decez de laquelle sans enfans il devint heritier des Comtez d'Auvergne & de Boulogne. Il aura son chapitre cy apres.

GUY DE BOULOGNE, appellé communement le Cardinal de Boulogne, quoyqu'il fust proprement du surnom d'Auvergne, parceque ses freres & luy prirent le surnom de Boulogne. Je diray icy en passant qu'il faut corriger une faute d'impression qui s'est coulée dans l'histoire des Chancelliers de France mise au jour par François du Chesne, où il rapporte l'extraict d'un Arrest du Parlement donné en l'année MCCCXLIX.

Hist. des Chanceliers de France p. 316. inter *Joannem de* Bolamo *dominum de Montegascone & Gaufridum ejus fratrem.* Il faut y mettre *Bolonia* au lieu de *Bolamo*. Il sera plus amplement parlé de ce Cardinal au chapitre suivant.

GODEFROY DE BOULOGNE. Apres que les Comtez d'Auvergne & de Boulogne furent escheües à son frere Jean par le decez sans enfans

Preuves p. 166. de Jeanne leur niepce, il eut en partage la Baronnie de Montgascon & les seigneuries & chastellenies de Joze, d'Ennezat, de Roche Savine, de Gerzat, Bulhon, saint Bonnet, Novacelles, Yssandolanges, & Boutonnargues, dont il fit en l'année MCCCLXVII. hommage à Jean Duc de Berry & d'Auvergne. Il fut marié trois fois. Sa premiere femme fut Marguerite Dauphine fille de Jean Comte de Clairmont Dauphin d'Auvergne & d'Anne de Poictiers. Le contract de ce mariage est de l'an MCCCLXIV. par lequel Beraud I. du nom Comte de Clairmont Dauphin d'Auvergne frere de Marguerite luy constitua en dot la somme de quinze mil livres

Preuves p. 167. 168. d'or. Il est neantmoins remarqué dans les registres du Parlement que Godefroy allegua qu'on ne luy constitua serieusement que dix mil francs, mais que pour l'honneur de leurs personnes & lignages on luy fit confesser qu'il en avoit receu quinze mille. Cependant Godefroy luy donna par donation entre vifs à elle & à ses successeurs le chasteau & chastellenie de Gerzat, & pour son doüaire les chasteaux & chastellenies de Novacelles & Yssandolanges. Elle mourut en l'année MCCCLXXIV. comme il conste d'un titre de cette année là, par lequel Godefroy son mary donna à l'abbaye du Bouschet, où elle est enterrée, les dixmes que luy & ses predecesseurs avoient accoustumé de prendre en la ville & chastellenie de saint Bonnet le chastel & ez villes & parroisses de saint Amans & de Roche

Preuves p. 170. Savine. Apres la mort de Marguerite il espousa Jeanne de Ventadour fille

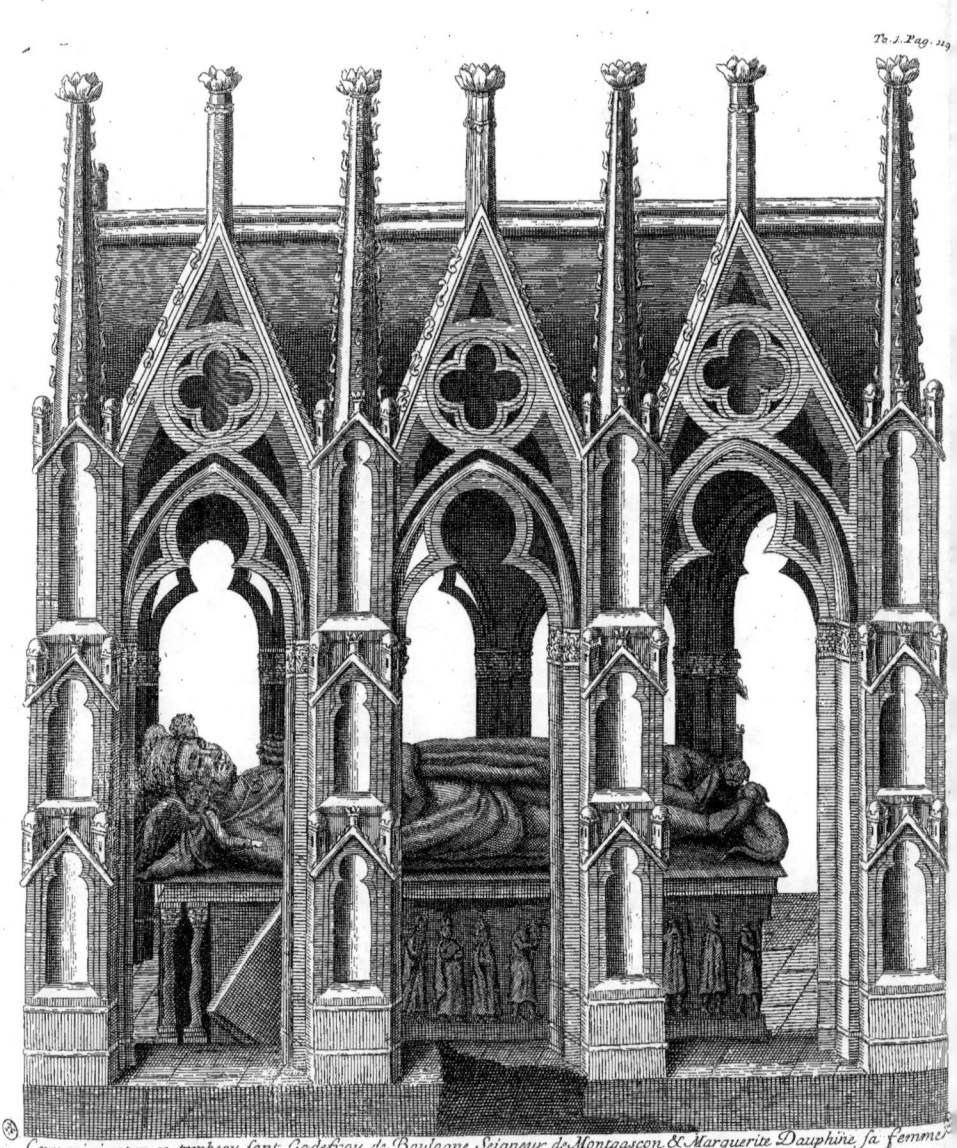

Ceux qui gisent en ce tombeau sont Godefroy d: Boulogne Seigneur de Montgascon & Marguerite Dauphine sa femme enterrer en l'abbaye du Bouschet.

D'AUVERGNE. Liv. I.

de Bernard Comte de Ventadour & de Montpencier. Le contract de ce mariage est de l'an MCCCLXXV. en faveur duquel ce Comte donna à sa fille sept mille deniers ou francs d'or, & le Seigneur de Montgascon son espoux luy assigna pour son doüaire pendant sa vie la joüissance des chasteaux & chastellenies de Gerzat & de Joze. De ce mariage il eut une fille unique appellée Marie de Boulogne, laquelle fut mariée à Bertrand seigneur de la Tour V. du nom, & devint Comtesse d'Auvergne & de Boulogne par la mort sans enfans de Jeanne II. du nom Comtesse d'Auvergne & de Boulogne sa cousine, comme nous le marquerons en son lieu. Apres le decez de Jeanne de Ventadour, qui ne vesquit pas long temps, Godefroy convola en troisiesmes nopces & espousa Blanche de Senlis dite la Bouteillere issuë des anciens Seigneurs de Chantilli, qui portoient le nom de Senlis comme descendans des anciens Comtes de Senlis, fille de Guy le Bouteiller de Senlis seigneur de Leuroux & d'Ermenonville, veuve pourlors d'Imbaud du Peschin ayeul de Jacquette du Peschin mariée à Bertrand seigneur de la Tour VI. du nom Comte d'Auvergne & de Boulogne. De ce troisiesme mariage de Godefroy il sortit un fils appellé Antoine de Boulogne accordé en l'année MCCCLXXXIV. avec Jeanne Flote dite de Revel, laquelle fut envoyée en la maison de son accordé pour y estre nourrie & eslevée jusques à ce qu'elle fut devenuë nubile. Il est assez difficile de dire si ce mariage fut accompli. Car quoyque lorsqu'il fut accordé au commencement de l'année MCCCLXXXIV. ils ne fussent pas encore parvenus à l'aage de puberté, ils y estoient asseurément parvenus en l'année MCCCXCVI. lors qu'Antoine partit avec le Comte de Nevers pour aller en Hongrie faire la guerre aux infideles. Ce qui pourroit faire penser que le mariage fut celebré quelque temps avant son despart, dautant plus que sa longue absence retarda, ce semble, le mariage de Jeanne de Revel jusques en l'année MCCCCIV. qu'elle espousa François d'Aubischecourt seigneur de Montcresson lez Montargis, estant bien à presumer que si elle avoit esté libre, on n'auroit pas tant tardé à la marier. A la verité le bruit courut apres la bataille de Nicopoli qu'il estoit mort. Mais d'autres disoient au contraire qu'il ne l'estoit pas, y ayant au Tresor de Turenne un titre du Mardy avant la Toussaints MCCCXCVIII. où il est parlé de luy comme d'un homme qu'on croyoit estre encore au monde, & un autre du XXVIII. Septembre MCCCC. où il est dit qu'on asseuroit qu'il estoit encore en vie & qu'il devoit bientost revenir en Auvergne. Mais enfin la nouvelle de sa mort parut certaine en l'année MCCCCIV. & Jeanne de Revel se maria pourlors avec François d'Aubischecourt, apres la mort duquel elle espousa Jacques de Chastillon grand Panetier de France. Ainsi il se pourroit bien faire que Messieurs de Sainte-Marthe ont eu raison de dire que cet Antoine espousa Jeanne Flote dite de Revel, & qu'il mourut en Hongrie sans laisser enfans.

Preuves p. 172.

Hist. de Chaslon p. 599. Preuves p. 174.

Messieurs de Sainte-Marthe t. 2. p. 1025. d l'edition de 1628.

ROBERT DE BOULOGNE mort jeune.

MAHAULT DE BOULOGNE accordée en l'année MCCCXXXIII. avec Pierre Comte de Dreux Prince du sang royal de France ; lequel luy assigna pour son doüaire le chasteau & la terre de Montpencier. Mais ce

Hist. de Dreux p. 119.

HISTOIRE DE LA MAISON

Preuves p. 174. mariage ne s'accomplit pas, & Mahault espousa l'année d'apres Amé III. du nom Comte de Geneve. Il luy fut constitué en faveur de ce mariage vingt cinq mil francs. Il en provint un grand nombre d'enfans, & entr'autres Robert de Geneve, qui fut Pape appellé Clement VII. de ce nom, Jeanne mariée à Raymond de Baux Prince d'Orange, & Yoland Vicomtesse de Narbonne, de laquelle nous parlerons encore en d'autres occasions.

Notæ ad Vitas Papar. Aveu. p. 838. MARGUERITE DE BOULOGNE religieuse en l'abbaye du Moncel prez Pont sainte Maixence. Elle estoit encore en vie en l'année MCCCLXV. & est enterrée dans le chœur de cette abbaye.

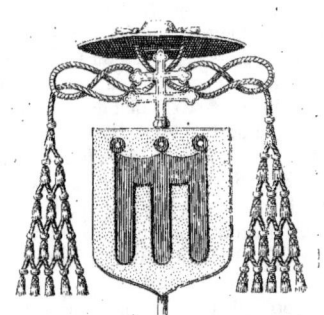

Guy d'Auvergne Cardinal, appellé communément le Cardinal de Boulogne.

CHAPITRE XXVI.

Preuves p. 177. GUY d'Auvergne, dont je parleray dans ce chapitre, outre sa grande naissance, qui estoit des plus illustres du royaume, issu du sang royal, comme dit Petrarque, estoit encore un personnage d'une grande reputation & d'une tres grande consideration en son temps. J'ay desja remarqué qu'il estoit fils de Robert VII. Comte d'Auvergne & de Boulogne & de Marie de Flandres fille aisnée du Prince Guillaume de Flandres seigneur de Dendermonde frere de Robert surnommé de Bethune Comte de Flandres. Le Pape Innocent VI. escrivant au Roy Jean, auquel il envoyoit ce Cardinal pour negocier la paix entre luy & le Roy d'Angleterre, atteste que c'estoit un personnage d'un grand

Notæ ad Vitas Papar. Aven. p. 722. 837. entendement & doüé de grandes qualitez. Froissart dit que luy & le Cardinal de Perigort, qui estoit d'une maison tres ancienne & tres puissante,

estoient

D'AUVERGNE. Liv. I.

eſtoient les plus grands du college. Petrarque, ce ſçavant homme du quatorzieſme ſiecle, rend le meſme teſmoignage de ces deux Cardinaux, qu'il appelle *duos theſauros validiſſimos latèque Chriſti regnantes in paſcuis,* & nous apprend que les Rois & les Princes avoient du reſpect & de la veneration pour eux. Et en un autre endroit eſcrivant au Cardinal de Boulogne, il luy dit qu'il eſt lié de ſang & d'amitié avec le plus grand des Roys, c'eſt à dire, avec le Roy Jean. _{Preuves p. 173.}

Ayant eſté deſtiné par ſes parens à l'Egliſe, il fut envoyé à Paris pour y faire ſes eſtudes. Il frequentoit beaucoup en ce temps là le convent des Jacobins, qui eſtoit floriſſant, & où la theologie de ſaint Thomas d'Aquin eſtoit enſeignée par de grands maiſtres. Pour cette raiſon il leur legua par ſon teſtament la ſomme de cinquante florins. _{Preuves p. 181.}

Il eſtoit encore ſimple clerc, c'eſt à dire, ſans benefice, au mois de Juin MCCCXXXIX. comme il conſte des letres du Roy Philippe de Valois pour accommoder les differens qui eſtoient entre Beraud Dauphin ſeigneur de Mercueur & autres pour la ſeigneurie de Mercueur, Guy ayant eſté nommé par les parties pour eſtre leur arbitre avec l'Eveſque de Chaalons ſur Marne & avec Guillaume Flote Chancellier de France. Ce qui prouve clairement qu'il faut le diſtinguer de Guy d'Auvergne Eveſque de Tournay & de Cambray ſon grand oncle. _{Preuves des Comtes de Valentinois p. 18.}

Mais bientoſt apres il fut beneficié, y ayant preuve qu'il fut Chanoine d'Amiens eſtant fort jeune. Il fut en ſuite Archidiacre de Flandres en l'Egliſe de Theroüenne, comme nous le dirons incontinent. Il fut auſſi pourveu du Doyené de ſaint Martin de Tours par le Roy Jean en l'année MCCCLIII. & du prioré de Ris en Auvergne en la meſme année. _{Preuves p. 175.}

Le ſçavant Onuphre Panuin, qui l'appelle Guy de Montfort, ſans doute parce qu'il avoit trouvé qu'il eſtoit frere de Jean Comte de Montfort, eſt le premier, à ce que je crois, qui l'a fait Eveſque de Boulogne. En quoy il a eſté ſuivi par Ciaconius & par quelques autres. Mais il eſt certain qu'il n'a eu aucune dignité epiſcopale avant de parvenir à l'Archeveſché de Lyon. Toutesfois il fait dans ſon teſtament un legs à l'Egliſe de Theroüenne, à laquelle celle de Boulogne a ſuccedé. Mais c'eſt à cauſe qu'il y avoit eſté Archidiacre.

Il fut donc fait Archeveſque de Lyon par le Pape Benoiſt XII. le XI. jour du mois d'Octobre MCCCXL. eſtant pourlors Archidiacre de Flandres en l'Egliſe de Theroüenne. Par ſon teſtament il legua à l'Egliſe de Lyon & aux Archeveſques ſes ſucceſſeurs la mitre dont il avoit accouſtumé de ſe ſervir avant qu'il fuſt Cardinal, laquelle avoit appartenu à Jean de Mandevillain Eveſque de Chaalons ſur Marne. Il legua encore à la meſme Egliſe cinq cens florins d'or pour ſon anniverſaire. _{Preuves p. 175. Preuves p. 181.}

Le Cardinal Pierre de Bertrand ayant fondé à Paris en l'an MCCCXLI. le college qu'on appelle d'Autun dans la ruë ſaint André des arcs, l'Archeveſque de Lyon Guy de Boulogne avec Pierre de la Palu Patriarche de Hieruſalem & avec Jean de Precy Abbé de ſaint Germain des Prez aſſiſta à la benediction de deux autels qui y furent conſtruits, leſquels furent benis par Pierre de Bertrand Eveſque d'Arras nepveu du fondateur, _{Antiquitez de Paris de Du Breuil p. 523. To. IV. hiſt. Univerſit. Pariſ. p. 252.}

Tome I.   Q

lequel fut aussi fait Cardinal quelques années apres par le Pape Clement VI.

Preuues p. 176. En l'année MCCCXLII. Guy fut fait Cardinal Prestre du titre de sainte Cecile par le Pape Clement VI. le vingtiesme jour du mois de Septembre. Il eut aussi en commende, comme c'estoit l'usage en ce temps *Preuues p. 182.* là, l'Eglise de saint Chrysogone, à laquelle il legua par testament soixante florins d'or pour faire un calice qui y demeureroit à perpetuité, & trois cens florins d'or à celle de sainte Cecile, qui estoit son veritable titre.

En ce temps là l'usage estoit d'appeller les nouveaux Cardinaux du nom de leurs Evesches, s'ils estoient Evesques au temps de leur promotion au Cardinalat. Et à cause de cet usage les Papes, lorsqu'ils vouloient promouvoir à cette dignité quelqu'un de leurs proches parents, ils leur donnoient quelque temps auparavant un Evesché, qui ne servoit que de passage pour aller au Cardinalat & pour avoir un nom. Mais on en usoit autrement à l'esgard des personnes de grande qualité, comme estoient Jean de Comminge Archevesque de Toulouse, Talayrand de Perigort Evesque d'Auxerre, & Guy de Boulogne Archevesque de Lyon. Car quoy qu'ils eussent esté sacrez Evesques auparavant d'estre promeus à la dignité de Cardinal, on ne les appelloit pas du nom de leurs Evesches, mais du nom de leurs maisons, comme le Cardinal de Comminge, le Cardinal de Perigort, & le Cardinal de Boulogne.

Odor. Raynald. an. 1346. §. 19. 26. En l'année MCCCXLVI. il estoit en Avignon auprez du Pape lorsque Charles Marquis de Moravie, qui fut apres Empereur, luy presta le serment de conserver les droits de l'Eglise de Rome.

En l'année MCCCXLVII. il survint un evenement singulier en la ville de Rome. Le peuple de cette grande ville naturelement inquiet & aimant la nouveauté, comme Tacite l'a remarqué il y a long temps, ennuyé de la longue absence des Papes, fut assez hardy pour se choisir un chef sans la participation du Pape. Ce fut un nommé Nicolas fils d'un Laurens cabaretier selon quelques uns, ou meusnier selon d'autres. Il fut appellé Tribun du peuple, & prenoit les qualitez de Chevalier severe & clement, amateur de l'Italie & de la ville de Rome, & Tribun Auguste. Le Pape n'y mit pas d'abord d'empeschement. Mais ce nouveau Tribun exerça tant de cruautez dans Rome, & principalement contre la maison des Colomnes, qu'il se rendit haissable, & fut obligé de se cacher pendant quelque temps au chasteau saint Ange & de s'enfuir en suite vers le Roy d'Hongrie, & enfin vers l'Empereur Charles IV. qui le fit mettre en *Notæ ad Vitas Papar. Aven. p. 837. 885. 886.* prison. Il s'y ennuyoit fort, & escrivit une belle letre au Cardinal de Boulogne pour le prier de le faire mettre en liberté, luy assurant que son intention estoit d'entrer dans l'Ordre de saint Jean de Hierusalem & de faire penitence le reste de ses jours. L'Empereur l'envoya au Pape, qui le retint long temps en prison en Avignon. Mais il fut enfin renvoyé à Rome sous le pontificat du Pape Innocent VI. & il y fut tué par le peuple.

André mary de Jeanne Reyne de Sicile avoit esté tué cruelement quelque temps auparavant par l'ordre, à ce que l'on difoit, de la Reyne fa femme. Sa mort fut auffi cruellement vangée par fon frere Louis Roy d'Hongrie, qui mit le defordre dans les affaires & dans les Eftats de la Reyne. Le Pape Clement VI. voulant y remedier envoya en l'année MCCCXLIX. le Cardinal de Boulogne Legat vers le Roy d'Hongrie pour tafcher de l'appaifer. En quoy il reuffit heureufement. Henr. Robdoriff. p. 51. 54. Vita Clem. VI. p. 155. 307. Notæ ad Vitas Papar. Aven. p. 837. 838. 888.

En l'année MCCCL. Le Cardinal de Boulogne eftant à Padoüe affifta à la tranflation du corps de faint Antoine. Il alla en fuite à Rome au grand Jubilé, où la Princeffe fa mere fe rendit auffi par devotion. Au retour du Jubilé il repaffa par Padoüe, & y celebra le Concile general des Prelats de fa legation au mois de May. Et enfin eftant de retour en Avignon, il fut fait Evefque de Porto à la fin de l'année.

C'eft ainfi que je l'ay efcrit dans mes Notes fur les vies des Papes d'Avignon, parce qu'il me paroiffoit que n'ayant peu eftre fait Evefque de Porto qu'apres le decez du Cardinal d'Alby mort au mois de Novembre MCCCL. il fembloit eftre certain que le Cardinal de Boulogne ne fut pourveu de cet Evefché qu'apres fon retour d'Italie. Mais cette opinion, quoy qu'elle femble eftre fans difficulté, en a neantmoins de tres grandes. Car d'un cofté je vois qu'il n'eftoit que Cardinal Preftre en l'année MCCCXLIX. lorfqu'il fut envoyé Legat vers le Roy d'Hongrie & en Italie, & qu'il n'avoit encore que cette mefme qualité lors de la tenuë du Concile des Prelats de fa legation tenu à Padoüe au Printemps de l'année fuivante. Et cependant je le vois appellé Evefque de Porto dans une letre de Petrarque efcrite de Padoüe peu de temps avant la celebration de ce Concile, duquel il fait mention, & dit que cet Evefque devoit bientoft revenir à Padoüe *omnium legationis fuæ Prælatorum folemne Concilium acturus*. D'autre part il eft dit dans l'Ordre Romain attribué au Cardinal Gaietan, dont il y a un tres ancien MS. dans la Bibliotheque de M. Colbert efcrit precifement dans le temps que les Papes refidoient en Avignon, que le Pape Clement VI. avoit accouftumé de donner des anneaux nobles aux Cardinaux nouvellement pourveus des Evefchez fuffragans du Pape lorfqu'ils fe trouvoient à la Cour au temps de leur provifion, & non aux abfents, non pas mefme apres qu'ils eftoient revenus à la Cour. Or il donna l'anneau au Cardinal de Boulogne lorfqu'il le pourveut de l'Evefché de Porto, parce qu'il eftoit à la Cour lors de fa promotion. Et par confequent il eft difficile d'adjufter le temps de cette provifion faite à la fin de l'année MCCCL. avec la letre de Petrarque efcrite au mois de Fevrier de la mefme année, dans laquelle le Cardinal de Boulogne eft appellé Evefque de Porto. Preuves p. 177.

Il y a en cet endroit une chofe curieufe à remarquer. Il femble que l'Evefché de Porto ne pouvoit pas eftre conferé au Cardinal de Boulogne, qui n'eftoit que Sousprieur de l'ordre des Preftres Cardinaux, & qu'il devoit eftre donné à Guillaume d'Aure appellé le Cardinal de Montolieu, lequel eftoit Prieur des Preftres Cardinaux. Mais il faut fçavoir que c'eftoit en ce temps là l'ufage de la Cour de Rome qu'on ne bailloit les Evefchez attachez au Cardinalat qu'à ceux qui avoient efté desja facrez Evefques Notæ ad Vitas Papar. Aven. p. 823.

auparavant d'estre Cardinaux, & qu'on prefera le Cardinal de Boulogne, qui avoit esté sacré Archevesque de Lyon auparavant de parvenir à la dignité de Cardinal, au Cardinal de Montolieu, parce qu'il n'avoit jamais esté sacré Evesque. Et pour cette raison il perdit les Eveschez de Porto, d'Ostie, & de Sabine, comme il est marqué dans l'Ordre Romain imprimé par le R. P. Dom Jean Mabillon.

<small>Notæ ad Vitas Papar. Aven. p. 1344.</small>
En ce mesme temps le Cardinal de Boulogne avoit dans sa maison le Prince Robert de Geneve son neveu, qui fut depuis Pape, & Jean de Murol Gentilhomme Auvergnat, lequel fut fait Cardinal par ce Pape. Je ne sçay si Barthelemy Prignani, qui fut depuis appellé Urbain VI. dans le schisme, ne fut pas en ce mesme temps son domestique, y ayant preuve qu'il avoit esté domestique du Cardinal de Boulogne.

<small>Ibid. p. 840.</small>

En l'année MCCCLII. il benit en Avignon Jean Pilfort de Rabastencs Abbé de l'Isle-Barbe prez de Lyon, qui avoit esté nouvellement pourveu de cette abbaye par le Pape Innocent VI. & fut transferé deux ans apres à celle du Mas d'Asil au diocese de Rieux. Guillaume de Landorre Prieur de Villeneuve au diocese de Montauban, issu d'une tres noble famille de Rouergue, fut mis en sa place à l'Isle-Barbe.

En la mesme année la guerre estant allumée entre les Roys de France & d'Angleterre, le Cardinal de Boulogne, qui desiroit ardemment de les voir en paix, offrit au Pape Clement VI. de se transporter sur les lieux à ses despens pour y travailler. Le Pape le prit au mot, & resolut de l'y envoyer avec pleine puissance de Legat. Mais la mort l'ayant enlevé sur ces entrefaites, il laissa ce soin à son successeur. Ce fut le Pape Innocent VI. qui luy donna cette commission. Il partit d'Avignon au commencement de l'année MCCCLIII. avec des letres du Pape tres pressantes aux deux Roys & aux gens de leur Conseil pour les exhorter à la paix. Le Cardinal de Boulogne se donna beaucoup de peine pour y reüssir, mais sans aucun succez. Tant les esprits estoient aigris de part & d'autre. De sorte que le Pape trouva à propos de le rappeller l'année d'apres.

<small>Vita Clem.VI p. 308.</small>

<small>Odor.Raynald. an. 1353. §. 15.</small>

<small>Odor.Raynald. an. 1354. §. 19.</small>

<small>Froissart vol.1. chap. 154.</small>
Pendant que ce Cardinal estoit en France, il arriva que Charles II. Roy de Navarre naturelement broüillon, perfide, cruel, & desloyal fit tuer au commencement de l'année MCCCLIII. Charles d'Espagne Connestable de France, personnage de grande consideration & fort aimé du Roy Jean, avec lequel il avoit esté nourry & eslevé. Cette action cruele & inhumaine irrita extremement le Roy. Mais enfin le Roy de Navarre voyant combien il luy importoit de calmer son indignation, il s'adressa à la Reyne Jeanne Comtesse d'Auvergne & de Boulogne niepce du Cardinal de Boulogne, à la Reyne Blanche veufve du feu Roy Philippe de Valois sa sœur, & au Cardinal de Boulogne pour appaiser sa colere. Le Roy & les gens de son Conseil & le Cardinal de Boulogne furent au Parlement le Mardy quatriesme jour du mois de Mars MCCCLIV. suivant la maniere de compter d'aujourd'huy. Et là le Navarrois ayant esté mené devant le Roy, il fut mis entre les deux Reynes, & le Cardinal de Boulogne luy dit les paroles suivantes rapportées par Froissart. *Monseigneur*

de Navarre, nul ne se doit merveiller si le Roy de France s'est tenu pour mal content de vous pour ce fait qui est advenu, lequel ne convient ja que je die, puisque vous l'avez si publié par vos letres & autrement par tout que chascun le sçait. Car vous estes tant tenu à luy que ne le deussiez avoir fait. Vous estes de son sang si prochain que chascun le sçait. Vous estes son homme & son Pair. Et si avez espousé sa fille, & de tant avez plus mesprins. Toutesvoyes pour l'amour de mes Dames les Reynes qui cy sont, qui moult affectueusement l'en ont prié, & aussi qu'il tient que vous l'avez fait par petit conseil, il le vous pardonne de bon cueur & de bonne volonté. Et lors les Reynes & le Roy de Navarre mirent le genoüil à terre & remercierent le Roy. Et encore dit lors le Cardinal qu'aucun du lignage du Roy ou autre ne s'aventurast doresenavant de faire tels faits comme le Roy de Navarre avoit fait. Car vrayement, s'il advenoit, & fust le fils du Roy qui le fist, du plus petit Officier que le Roy eust, si en seroit il justicié. Et ce fait le Roy se leva, & s'en partit la Cour. Il y a dans le registre LXXXII. de la Chancellerie des letres de remission que le Roy accorda le mesme jour au Roy de Navarre & à Philippe & Loüis de Navarre ses freres pour cause de la mort dudit Connestable.

Apres cette grande affaire il en survint une autre en laquelle intervint l'auctorité de ce Cardinal. Au mois d'Avril MCCCLIV. le Roy fit un Edict par lequel il ordonna que tous ses sujects qui tenoient des terres ou autres biens de la Couronne luy en fairoient leurs reconnoissances, & qu'à faute de le faire leurs terres & autres biens seroient mis en la main du Roy. Cet Edict ayant esté envoyé au Bailly d'Auvergne, il fit saisir sous ce pretexte toute la temporalité de l'Evesque de Clairmont. Guillaume de l'Orme Prieur du prioré de Chirac en Givaudan, lequel estoit sans doute chargé des affaires de cet Evesque, demanda une surseance, laquelle luy fut accordée, & envoya un homme exprez à Paris vers le Cardinal de Boulogne, auquel l'Evesque de Clairmont escrivit pour implorer sa protection. L'affaire y ayant esté examinée, il fut trouvé que lorsque l'Evesché de Clairmont est vacant, il tombe en regale, que les revenus de l'Evesché vacant appartiennent au Roy & qu'il a droit d'en joüir jusques à ce que le nouvel Evesque luy ait presté le serment de fidelité. Apres quoy il fut dressé de l'avis du Cardinal & des Advocats du Roy & de l'Evesque une reconnoissance que l'Evesque devoit donner au Bailly d'Auvergne, par laquelle il reconnoistroit qu'il avoit fait au Roy le serment pour toute sa temporalité, & qu'il estoit prest d'en faire davantage. Cet Evesque estoit Pierre d'Aigrefeüille frere du Cardinal de ce nom, proche parent du Pape Clement VI.

Preuves p. 179.

Dans le mesme temps que le Cardinal de Boulogne estoit à Paris, la Reyne Jeanne veuve du Roy Philippe le Long ayant, à ce que disent les aucteurs des antiquitez & de l'histoire de l'Université de Paris, fait bastir l'Eglise des Carmes de la place Maubert, elle fut dediée à la priere de cette Reyne par le Cardinal de Boulogne le XVI. jour du mois de Septembre, le Roy & la Reyne estant presents. Et par consequent on ne peut pas attribuer cette ceremonie à la veuve du Roy Philippe le

To. IV. hist. Universit. Paris. p. 328. Antiquitez de Paris de Malingre p. 263.

Long, qui eſtoit morte il y avoit long temps, mais à la Reyne Jeanne d'Evreux veuve du Roy Charles le Bel, laquelle eſtoit ſœur de Marguerite d'Evreux Princeſſe du ſang royal de France mariée à Guillaume XII. Comte d'Auvergne & de Boulogne frere du Cardinal.

<small>Odor. Raynald. an. 1354. §. 19.</small>
<small>Froiſſart vol. 1. chap. 154.</small>

Peu de temps apres cette action le Cardinal de Boulogne, auquel le Pape avoit eſcrit de revenir en Avignon, partit de Paris au mois de Septembre, & s'en alla à la Cour du Pape. Froiſſart adjouſte en cet endroit qu'on diſoit communément qu'il n'eſtoit pas en la grace du Roy, jaçoit ce que par l'eſpace d'un an qu'il avoit demeuré en France il eut toujours eſté ſi privé avec le Roy comme pouvoit eſtre d'autre.

L'année ſuivante l'Empereur Charles IV. deſirant ſe faire couronner à Rome, ce qui ne pouvoit eſtre fait que par le Pape ou par ſes Legats, les Cardinaux de Perigord & de Boulogne teſmoignerent beaucoup d'empreſſement pour eſtre honorez de cet employ, qui leur fut octroyé par le Pape. Mais ils s'en excuſerent en ſuite à cauſe du refus que le Pape & le ſacré college firent de contribuer aux frais de cette legation, leſquels ne pouvoient pas eſtre petits eu eſgard à la naiſſance de ces Cardinaux & au grand rang qu'ils tenoient dans l'Egliſe de Dieu. Ainſi le Pape ſe contenta d'y envoyer Pierre de Bertrand Cardinal Eveſque d'Oſtie, auquel il appartient de couronner l'Empereur.

<small>Vita Innoc. VI. p. 336.</small>

Au commencement du mois de Juin de l'année MCCCLIX. le Cardinal de Boulogne alla par ordre du Pape en Eſpagne pour accommoder les differens qui eſtoient entre les Roys de Caſtille & d'Arragon, qui ſe faiſoient une guerre tres cruelle. Il y fut accompagné par Jean Abbé de Feſcan & par Pierre Abbé de ſaint Benigne de Dijon. Il eut beaucoup de peine à les faire convenir, & fut pour ce ſujet en Eſpagne pendant trois ans. Enfin il les accommoda, & s'en retourna en ſuite en Avignon, où il arriva le quatrieſme jour de Novembre, comme il eſt marqué dans une vie du Pape Innocent VI. compoſée par un aucteur contemporain Chanoine de Bonne. Mais dans un regiſtre porté d'Avignon à Rome du temps du Pape Urbain VIII. il eſt marqué que le Cardinal de Boulogne revenant d'Eſpagne fit ſon entrée en Avignon le huictieſme jour de ce mois.

<small>Preuves p. 161.</small>

Apres la mort du jeune Philippe Duc de Bourgogne & Comte d'Auvergne arrivée en l'année MCCCLXI. le Cardinal de Boulogne & ſes freres partagerent les biens de leur maiſon, & dans ce partage on luy adjugea la terre de Combraille conſiſtant ez chaſteaux & chaſtellenies de Semur, Leſpau, Evau, Chambon, Auzence, Leyrac, Argence, & la Marche. Il fait mention de ce partage dans ſon teſtament, & y nomme les lieux cy deſſus. Il adjouſte qu'il eut encore en ſa part mil livres de rente aſſignées ſur le Treſor du Roy à Paris. Le partage fut fait à Villeneuve les Avignon.

<small>Preuves p. 180.</small>

<small>Notæ ad Vitas Papar. Aven. p. 779.</small>

Il y a long temps que l'uſage de briguer la papauté eſt introduit dans l'Egliſe. L'hiſtoire du Pape Damaſe nous en fournit une grande preuve, ſans compter pour rien les exemples des ſiecles ſuivants. Apres la mort du Pape Innocent VI. arrivée le XII. Septembre MCCCLXII. il y eut de grandes brigues dans le conclave. La plus grande conteſtation fut

<small>Matth. Villani lib. 11. cap. 26.</small>

D'AUVERGNE. Liv. I.

neantmoins entre les Cardinaux de Boulogne & de Perigort, tous deux fort puissants & fort accreditez. Mais enfin, ne pouvant pas s'accorder entr'eux, comme il arrive tres souvent, ils convinrent de n'eslever à la papauté aucun des Cardinaux & de faire un Pape qui ne fut pas de leur corps. Ils esleurent donc Guillaume Grimoard Abbé de saint Victor de Marseille, qui se fit appeller Urbain V.

En l'année MCCCLXVII. le Duc d'Anjou, le Cardinal de Boulogne, & le Vicomte de Narbonne firent un voyage à Marseille pour y visiter les saintes reliques. Ils y furent receus avec toutes les marques d'honneur que leur qualité pouvoit faire esperer. La noblesse & une partye des principaux & des plus notables habitans furent à leur rencontre. On disposa avec soin les plus belles maisons de la ville pour leur logement. On mit sur les murailles de la ville tout au devant de l'Eglise saint Loüis quantité de differentes bannieres. Le Viguier & tout le Conseil les allerent recevoir. Amiel Boniface fut choisi pour porter la parole & les haranguer. *Hist. de Marseille p. 102.*

Il y a apparence que ce voyage fut suivy de celuy de Rome, où le Cardinal de Boulogne accompagna le Pape Urbain. L'année d'apres l'Empereur estant venu visiter le Pape à Viterbe au mois d'Octobre, il fut en suite à Rome, où l'Imperatrice fut couronnée par le Pape le jour de la Toussaints. L'Empereur partit bien tost apres de Rome pour aller à Boulogne, & mena avec luy par ordre du Pape le Cardinal de Boulogne, qu'il fit son Lieutenant & Vicaire general en Italie, lequel establit sa residence ordinaire à Luques. *Vita Urbani V. p. 385. Notæ ad Vitas Papar. Aven. p. 1038.*

Ce Pape estant mort en Avignon le XIX. Decembre MCCCLXX. & le Cardinal de Beaufort neveu du Pape Clement VI. ayant esté esleu Pape tout d'une voix, n'estant encore que Diacre, il fut fait Prestre le quatriesme jour du mois de Janvier ensuivant par le Cardinal de Boulogne. Autresfois on n'y faisoit pas tant de façon. Quand un Diacre estoit esleu Pape, on le sacroit sans le faire passer par la prestrise. Mais cette maniere avoit esté changée long temps avant les Papes d'Avignon. Sur quoy il faut voir les observations du R. P. Mabillon sur l'Ordre Romain qu'il a donné au public page 119. 120. *Vitæ Papar. Aven. p. 451.*

Enfin les emplois & la vie du Cardinal de Boulogne finirent par sa seconde legation en Espagne, où il fut envoyé par le Pape Gregoire XI. en l'année MCCCLXXII. pour pacifier les differens nouvellement survenus entre les Roys d'Espagne. Il commença par terminer le differend qui estoit pour la succession du royaume de Castille entre Henry Roy de Castille & Ferdinand Roy de Portugal, entre lesquels il fut fait par son entremise un traicté à Lisbonne le XXII. Mars, par lequel fut entr'autres choses resoluë la guerre contre les Roys d'Angleterre, d'Arragon, & de Navarre. Mais il accommoda encore l'année suivante ceux cy avec le Castillan ayant moyenné le mariage de la fille du Roy d'Arragon avec le fils aisné du Roy de Castille, & celuy du Prince de Navarre avec la fille du Roy de Castille. Ce dernier traicté fut fait au mois de Juin. Onufre & Contelori, qui l'ont pris des anciens registres d'Avignon qui sont presentement à Rome, ont escrit qu'il mourut à Lerida en Catalogne *Vita Gregorii XI. p. 429. Surita lib. 3. Judicum. Mariana lib. 17. cap. 17. cap. 17. 18. Notæ ad Vitas Papar. Aven. p. 837.*

128	HISTOIRE DE LA MAISON

le XXIII. Novembre MCCCLXXIII. & je l'ay escrit ainsi apres eux. Mais il faut qu'il y ait erreur dans ces registres. Car je trouve que le XXVII.

Preuves p. 183. du mesme mois il fit un codicille dans le chasteau de Caspe au diocese de Sarragosse, qui n'est esloigné de Lerida que d'environ dix lieuës. Il y a beaucoup d'apparence qu'il mourut au mesme lieu bientost apres, c'est à dire le mesme jour, son decez estant marqué au XXVII. Novembre

Preuves p. 175. dans l'Obituaire de la sainte Chapelle de Vic le Comte & dans celuy de
202. l'Eglise cathedrale d'Amiens. Ce qui peut bien faire penser qu'il n'est pas mort à Lerida, mais qu'estant mort en un lieu peu connu non loin de Lerida, les gens esloignez de là ayant appris par Lerida qu'il estoit mort, crurent facilement que son decez estoit arrivé en cette ville. Il estoit pourlors aagé de soixante ans.

Apres sa mort le bruit courut que le Roy de Navarre, qui a eu la repu-
Spond. an. tation d'avoir esté un grand empoisonneur, l'avoit fait empoisonner; &
1372. §. 2. ce bruit fut si grand par tout que ce Prince envoya des Ambassadeurs
Bzou. an.1374. en Avignon au Pape Gregoire XI. pour se disculper. Nous avons la
§. 10. letre que le Pape luy rescrivit sur ce sujet, dans laquelle il luy dit qu'estant
Oldoin. to. 2. né de Princes catholiques, il n'estoit pas à presumer qu'il eut voulu
p. 424. mettre une si grande tasche sur sa vie, & que faisant d'ailleurs reflexion à l'affection qu'il avoit tesmoignée à ce Cardinal, il avoit eu de la peine à se persuader que cette accusation fut vraye, que mesme par l'enqueste qu'il avoit faite avec les domestiques du defunt il n'en avoit peu tirer autre chose si ce n'est qu'il estoit mort de sa mort naturele. J'ay trouvé dans l'interrogatoire de Pierre du Tertre Secretaire & Conseiller de ce Roy & dans celuy de Jacques de Ru son Escuyer arrestez & faits prisonniers par ordre du Roy Charles V. en l'année MCCCLXXVIII. qu'ils furent accusez d'avoir esté les ministres des empoisonnemens pratiquez par ce Roy envers le Cardinal de Boulogne & envers le Prince Charles son fils aisné. Jean Abbé de saint Vincent de Laon, qui parle dans son Miroir historial de cet empoisonnement comme d'une chose certaine, blasme le Roy de Navarre d'ingratitude, disant que le Cardinal de Boulogne luy *avoit porté moult de fois faveur encontre plusieurs qui à bonne cause estoient malcontens de luy pour ses demerites & defaults.*

Il avoit declaré par son testament qu'en quelque part du monde qu'il decedat, il vouloit qu'on transportat son corps en l'abbaye du Bouschet
Origines de en Auvergne, où M. Savaron escrit qu'il est enterré, & où on voit son
Clairmont p. tombeau de marbre blanc. J'ay pourtant douté long temps de la verité
213. de ce fait, parce que je n'en trouvois aucune preuve, non pas mesme au Bouschet. Mais enfin je l'ay trouvée dans le testament de Jean I. du nom Comte d'Auvergne & de Boulogne son frere, lequel ordonne que son corps soit enterré au Bouschet *en costé de Monsieur le Cardinal son frere à senestre dedans la Chapelle.* L'Aucteur de l'Italie sacrée s'est trompé
To. 1. Ital sac. lorsqu'il a escrit que le Cardinal de Boulogne fut enterré à Lerida dans
p. 166. l'abbaye du Bouschet.

Preuves p. 182. Il nomma executeurs de son testament Guillaume Sudre Cardinal Evesque d'Ostie, Gilles Aycelin Evesque de Frascati, Pierre de Monteru Cardinal,

Robert

Mausolée de Guy d'Auvergne surnommé le Cardinal de Boulogne.

D'AUVERGNE. Liv. I.

Robert de Geneve Cardinal son neveu, Jean de la Tour Cardinal son cousin, Jean de Craon Archevesque de Reims son cousin, Pierre de Sortenac Archevesque d'Embrun, qui fut depuis Cardinal, Jean de Mello Evesque de Clairmont, Guerin d'Arcey Evesque de Chartres, & Jean de la Grange Abbé de Fescan, qui fut fait Cardinal bien tost apres. C'est sans doute de là que M. Savaron a tiré que Jean de Mello Evesque de Clairmont avoit souscrit le testament du Cardinal de Boulogne.

Dans les preuves de l'histoire des Cardinaux François page 335. il est marqué qu'il est inhumé auprés de sa mere dans le chœur des Dames du Moncel. Mais je crois que c'est une faute d'impression & qu'au lieu du mot *inhumé*, il faut mettre *inhumée*, c'est à dire, Marguerite sa sœur religieuse de cette abbaye.

J'ay trouvé dans un ancien MS. de l'abbaye de Clugny un sermon fait par le Cardinal de Boulogne en la chapelle du Pape le second Dimanche de Caresme. Et ce livre estant escrit il y a plus de trois cens ans, il n'y a pas lieu de douter que ce ne soit un ouvrage de Guy Cardinal de Boulogne Evesque de Porto.

Il y a en l'abbaye du Bouschet un ancien reliquaire aux armes du Cardinal de Boulogne & du Cardinal de Murol tel qu'il est representé icy.

Ancien reliquaire estant en l'abbaye du Bouschet en Auvergne, dans lequel est le chef entier de Sainte Eubibie. Les armoiries qui y sont marquées sont celles du Cardinal de Boulogne et du Cardinal de Murol.

130 HISTOIRE DE LA MAISON

EVREUX.
Semé de France
au baston peri
en bande com-
posué d'argent
& de gueules
brochant sur le
tout.

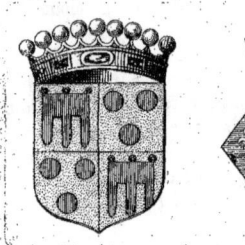

Guillaume XII. Comte d'Auvergne & de Boulogne.

CHAPITRE XXVII.

Preuves p. 188.

LOUIS de France Comte d'Evreux cinquiesme fils de Philippe III. dit le Hardy Roy de France eut trois filles, assavoir Jeanne Reyne de France mariée au Roy Charles IV. dit le Bel, Marie femme de Jean III. du nom Duc de Brabant, & Marguerite conjointe par mariage avec Guillaume XII. Comte d'Auvergne & de Boulogne. Guillaume estoit beaufrere du Roy Charles le Bel, comme ayant espousé les deux sœurs. Ainsi il ne faut pas s'estonner si ce Roy l'appelle son amé & feal & cher frere dans les letres expediées

Preuves p. 185. en l'année MCCCXXVI. pour la mouvance des seigneuries que ce Comte avoit cedées à Marie de Flandres sa bellemere & à ses enfans.

Philippe Comte d'Evreux & Roy de Navarre constitua en dot à sa sœur Marguerite mil livrées de terre à tournois, desquelles luy furent assises à la Ferté Aleps & ez appartenances de la ville trois cens cinquante deux

Preuves p. 185. livres deux sols Parisis tant seulement, plus vingt mil livres tournois en deniers. Pour quoy & pour les arrerages il y eut une transaction entre elle & le Roy son frere passée à Paris le lendemain de la feste saint Clement MCCCXXXVIII. par laquelle il luy assigna, entre autres choses, quatre cens quarante sept livres dix-huit sols à prendre sur son Tresor.

Preuves p. 187. Il y a à la Chambre des Comptes de Dijon une bulle du Pape Jean XXII. donnée en Avignon le XXIV. Juillet MCCCXXXI. par laquelle il accorde à cette Princesse & à ses heritiers & successeurs la nomination & presentation des chapellenies qu'elle se proposoit de fonder.

Messieurs de Sainte-Marthe ont remarqué que ce Comte Guillaume servit & assista le Roy Charles le Bel en la guerre qu'il eut contre les Anglois, c'est à dire, en Gascogne, comme je le pense.

D'AUVERGNE. Liv. I.

En l'année MCCCXXVIII. le XXIV. du mois d'Aoust fut donnée la fameuse bataille de Montcassel contre les Flamans, qui s'estoient revoltez contre leur Comte. Le Roy Philippe de Valois y fut en personne avec toute sa noblesse. La victoire fut entiere, y ayant eu quarante mil Flamans tuez sur la place. Il y eut quelques morts & blessez de l'armée du Roy. Les blessez de marque furent le Duc de Bretagne, le Comte de Bar, le Comte de Boulogne, Messire Louis de Savoye, Bouchard de Montmorency, Messire Henry de Bourgogne, & plusieurs autres, lesquels vinrent à saint Omer avec le Roy, qui y sejourna pendant trois jours pour attendre la guerison de ses gens. C'est ce que j'ay trouvé dans le Miroir historial de Jean Abbé du monastere de saint Vincent de Laon aucteur du temps. Mais le continuateur de Nangis conte la chose un peu autrement. *To. xi. Spicileg. p. 735.*

L'année suivante Guillaume Comte de Hainault, qui s'estoit beaucoup signalé à la bataille de Montcassel, alla à Clairmont en Auvergne. L'Abbé de saint Vincent, d'où j'ay tiré ce fait, n'en dit pas davantage, si ce n'est que ce Comte estant à Clairmont envoya des Ambassadeurs vers le Pape, & que quand le Pape eut sçeu leur venuë, elle ne luy pleut pas, & que la conduite du Pape envers eux ayant esté rapportée au Comte, il en eut moult grand despit, & s'en retourna. Le continuateur de la chronique de Nangis dit quasi la mesme chose. *Preuves p. 153. To. xi. Spicilegii p. 746.*

En l'année MCCCXXXI. Louis I. Duc de Bourbon se preparant à faire la guerre au Comte de Flandres, & ayant levé des troupes dont le rendez-vous estoit à Moulins en Bourbonnois, Guillaume Comte d'Auvergne son neveu imposa sur ses sujets d'Auvergne une subvention pour aller à son secours. C'est ce que nous apprenons de son testament, par lequel il ordonne qu'on restituë cette subvention à ceux de qui il l'avoit exigée, declarant qu'il n'avoit aucun droit de la lever. *Preuves p.757.*

En l'année MCCCXXXIX. il fut à la journée de Vironfosse avec le Roy Philippe de Valois, où il y avoit tres belle compagnie, comme nous le dirons à la page 139.

Il est marqué dans l'ancien Obituaire des Reverends Peres Cordeliers de Clairmont que Guillaume XII. Comte d'Auvergne mourut le sixiesme jour du mois d'Aoust MCCCXXXII. sans marquer le lieu de son decez. Et dans celuy de la sainte Chapelle de Vic le Comte, où il deceda, son obit est marqué au premier Mardy d'Aoust. *Preuves p. 189. Preuves p. 201.*

Apres son decez Marguerite d'Evreux sa veuve en qualité de gardienne & tutrice de Jeanne d'Auvergne sa fille se mit en possession de tous ses biens & de ses meubles sans aucun inventaire, à ce qu'on pretendit dans la suite, quoy qu'il conste qu'il en fut fait un par le Juge des lieux incontinent apres son decez. Ce qui ayant sans doute fait du bruit pour l'interest que pouvoient y avoir ses proches & ses creanciers, le Roy par lettres données le XII. Aoust MCCCXXXII. ordonna au Bailly de Sens de se transporter en toute diligence en Auvergne pour y proceder à l'inventaire de tous les biens meubles & immeubles dudit feu Comte. Ce que ce Bailly fit exactement.

Tome I. R ij

Preuves p. 768.   Il est marqué dans les letres du Roy que ce Comte à cause de sa jeunesse & par defaut de conseil & deceu par mauvais gouvernement avoit fait plusieurs dons, transports, & alienations au prejudice de sa fille son unique heritiere. A la verité il conste par un arrest du XIV. Aoust *Preuves p. 769.* MCCCXLVIII. qu'il avoit pour la descharge de sa conscience abandonné à Guy & à Jean de Boulogne ses freres le chasteau & chastellenie de Montredon & l'estang appellé dal Flum en Auvergne, qui leur furent adjugez par provision par ledit arrest en attendant qu'apres une plus ample information on peut juger la cause definitivement. Ils leur *Preuves p. 766.* avoient esté leguez par le Comte Guillaume leur frere.

L'inventaire fait par le Bailly de Sens nous apprend qu'il y avoit si peu d'ordre dans les affaires de ce Comte qu'apres son decez on ne trouva pas chez luy dequoy faire les frais de son enterrement, & que pour avoir dequoy les faire on vendit une partie de sa vaisselle d'argent.

J'ay trouvé dans l'Epitome de frere Jean d'Aucy & dans une genealogie de la maison de Boulogne de la Bibliotheque du Roy que la representation de Guillaume Comte de Boulogne mary de Marguerite d'Evreux, celle de sa mere, c'est à dire, de Blanche de Clairmont, de son fils Robert, avec leurs armes, sont en plate peinture en l'abbaye de saint Josse sur la mer aupres du grand autel.

Le mesme frere Jean d'Aucy dit que ce Comte Guillaume estoit beau, plein de toute bonne & excellente erudition, & du tout né à toutes sciences, mais qu'il vesquit peu. Il est aussi marqué dans un arrest du Parlement du XXVIII. Juin MCCCXXXVII. qu'il vesquit peu.

Marguerite d'Evreux sa femme mourut en l'année MCCCL. & fut enterrée en l'Eglise Nostre Dame de Boulogne devant l'image miraculeuse de la sainte Vierge, comme elle l'avoit desiré. C'est ainsi que M. le Roy l'a escrit dans l'histoire qu'il a composée de Nostre Dame de Boulogne page 78. où il dit encore que cette Princesse legua à cette Eglise quelques terres & censives dans les villages de Vuiningue & de Cremaretz, & la deschargea avec le consentement de Jeanne sa fille depuis Reyne de France de quelques renvois que cette Eglise devoit à la Vicomté de Boulogne.

Enfans de Guillaume XII. Comte d'Auvergne & de Boulogne & de Marguerite d'Evreux sa femme.

ROBERT DE BOULOGNE, qui mourut en Arragon avant son pere, comme il est marqué dans trois genealogies MSS. de la maison d'Auvergne & de Boulogne citées par M. Justel. Mais j'ay bien de la peine à le croire, n'y ayant guere d'apparence qu'un enfant qui ne pouvoit avoir tout au plus que six ou sept ans lors de la mort de son pere ait esté chercher la mort en Arragon. Ainsi je crois plus seur de dire simplement qu'il mourut jeune, comme il est marqué dans une genealogie MS. de la maison de Boulogne de la Bibliotheque du Roy. Frere Jean d'Aucy n'en dit autre chose si ce n'est qu'il mourut avant son pere.

JEANNE DE BOULOGNE, qui fut Comtesse d'Auvergne & de Boulogne, laquelle aura son chapitre.

D'AUVERGNE, LIV. I. 133

BLANCHE DE BOULOGNE, de laquelle fait mention une des genealogies citées par M. Juſtel. Mais frere Jean d'Aucy n'en parle pas, ny la genealogie MS. de la Bibliotheque du Roy que je viens de citer.

BOURGOGNE. *Bandé d'or & d'azur de ſix pieces à la bordure de gueules.*

FRANCE. *D'azur ſemé de fleurs de lys d'or.*

Jeanne I. du nom Comteſſe d'Auvergne & de Boulogne, Reyne de France.

CHAPITRE XXVIII.

ETTE Princeſſe, laquelle eſtoit petite fille du Roy Philippe III. dit le Hardy, naſquit le huictieſme May MCCCXXVI. & fut accordée le XXVI. Septembre MCCCXXXVIII. avec Philippe de Bourgogne fils unique d'Eudes IV. Duc de Bourgogne & de Jeanne de France fille du Roy Philippe le long. Le Duc & la Ducheſſe de Boulogne luy donnerent & aux enfans qui proviendroient de ce mariage la Comté de Bourgogne, & non la Comté d'Artois, comme M. Du Cheſne l'a creu. Et par conſequent ce n'eſt pas en vertu du traicté de ce mariage qu'il porta depuis les titres de Comte d'Artois & de Boulogne; ſous leſquels, au rapport de Froiſſart, il accompagna en l'année MCCCXLVI. Jean Duc de Normandie ſon couſin germain au ſiege d'Aiguillon en Gaſcogne. Mais en une eſcarmouche qui y fut faite environ la my-Aouſt *ſon courſier s'accueillit au cours & emporta le Chevalier tout malgré luy, ſi que en traverſant un foſſé, le cheval cheut, & Monſeigneur Philippe deſſous luy, & fut tellement froiſſé qu'oncques puis n'eut ſanté,* ains il mourut de cette bleſſure le XXII. Septembre enſuivant. Il fut enterré en l'Egliſe de Ciſteaux.

En l'année MCCCXLII. Pierre de Courmarain Chevalier eſtoit Gouverneur de la Comté d'Auvergne pour tres noble & puiſſant Seigneur Monſeigneur Philippe de Bourgogne Comte de Boulogne & d'Auvergne aiſné fils d'excellent & noble Prince M. le Duc de Bourgogne, comme il eſt marqué dans le regiſtre LXXIX. de la Chancellerie de France.

R iij

Enfans de Philippe de Bourgogne Comte de Bourgogne & d'Artois & de Jeanne de Boulogne Comtesse d'Auvergne & de Boulogne sa femme.

<small>Preuves p. 192.</small> PHILIPPE DUC DE BOURGOGNE, né aprés la mort de son pere, comme nous l'apprenons de la letre que le Pape Clement VI. escrivit à Jeanne Duchesse de Bourgogne pour la consolᵉ de la mort de son fils.

JEANNE DE BOURGOGNE fut promise pour espouse à Amé VI. Comte de Savoye surnommé le Comte Verd le XVI. Juin MCCCXLVII. & estant encore en bas aage, elle fut mise entre les mains de son accordé pour estre eslevée dans sa maison & par ses soins en attendant qu'elle fut <small>Hist. de Savoye p. 428.</small> devenuë en aage nubile. Ce party, dit M. Guichenon, estoit un des plus avantageux du royaume. Car outre la grandeur de l'extraction paternele & maternele de cette Princesse, elle devoit heriter avec Philippe de Bourgogne son frere de tous les biens de la maison de Bourgogne. En effet, par les promesses du mariage le Duc & la Duchesse de Bourgogne promirent qu'elle leur succederoit selon les coustumes des lieux où leurs biens estoient assis. Cependant ce mariage ne fut pas effectué, quoyque Jeanne eut tousjours esté nourrie & eslevée en Savoye, soit parce qu'elle n'estoit pas *propre à avoir des enfans*, ainsi que porte l'ancienne Chronique de Savoye, soit par quelque autre consideration. Elle ne fut pas neantmoins renvoyée en Bourgogne. Mais le Roy Jean la retira des mains du Comte de Savoye moyennant quarante mil florins d'or, & ce fut à Gaucher seigneur de Chastillon souverain Maistre d'hostel du Roy qu'elle fut remise le XVIII. Avril MCCCLV. à saint Laurens pres de Mascon par Antoine de Miolans Abbé de saint Rambert, le Prieur de Belley, Aymond de Chalant seigneur de Fenis, & Pierre de Montgelas Chevalier. Il ne faut pas oublier icy que dans le traicté de la remise de cette Princesse ez mains du Roy il fut expressement convenu qu'elle seroit à la verité mariée à la volonté du Roy, à autre toutesfois qu'à M. le Duc de Normandie son fils. Elle mourut depuis sans aucune alliance, & fut enterrée en l'abbaye de saint Antoine des champs lez Paris, comme il est marqué dans une genealogie de la maison de Boulogne qui est à la Bibliotheque du Roy.

MARGUERITE DE BOULOGNE, qui mourut jeune sans avoir esté mariée, & fut enterrée avec sa sœur en l'abbaye saint Antoine des champs.

Apres la mort de Philippe de Bourgogne Comte de Bourgogne & d'Artois la Princesse sa veuve se remaria le XIX. Fevrier MCCCXLIX. avec Jean lors Duc de Normandie, depuis Roy de France, avec lequel <small>Math. Villani lib. 1. c. 32. 76.</small> elle fut couronnée à Reims le XXVI. Septembre MCCCL.

Il y a au Tresor des chartes de France à Paris un ancien registre où sont les arrests du Parlement de Bourgogne tenu à Beaune & à saint Laurens pour la Vicomté d'Auxonne & terre d'outre Saone, dans lequel il est dit que l'an de grace MCCCLVII. *fut tenu à Beaune le Parlement*

D'AUVERGNE. LIV. I. 135

au nom de Madame la Royne Jehanne comme ayant en l'abſence du Roy le gouvernement du Duché de Bourgogne ; ouquel Parlement furent Meſſieurs l'Eveſque d'Oſtun, l'Abbé de Ciſteaux, l'Abbé de ſaint Benigne de Dijon, l'Abbé de Fontenois, Meſſire Jehan de Frolois Sire de Malecot, Meſſire Hugue de Vienne, le Sire de Grançon, le Sire de Couches, Meſſire Joffroy de Blayſſey, Meſſire Eſtienne Maſigney, Meſſire ly Chanceliers, Meſſire Auxel de Salins.

 Cela ſe paſſa pendant la priſon du Roy Jean, qui avoit eſté fait priſonnier l'année precedente à la bataille de Poiƈtiers, & de là conduit à Bourdeaux & en Angleterre. On ne ſçauroit aſſez dignement exprimer les malheurs que cette priſon attira ſur le royaume. Le Duc de Normandie fils aiſné du Roy, qui eſtoit pourlors à la teſte des affaires, ſe donna beaucoup de peine pour y remedier. La Reyne Jeanne y donna auſſi ſes ſoins avec beaucoup d'application. La preuve en eſt dans les regiſtres de l'Univerſité de Paris, où l'on trouve que le Recteur & les quatre Procureurs des nations furent à la fin du mois de Juin MCCCLVIII. à la priere & ſupplication de la Reyne Jeanne vers le Duc de Normandie pour moyenner *Preuves p. 191.* un accord entre luy & la ville de Paris, & qu'enfin elle reüſſit & fit la paix le XIX du mois de Juillet, eſtant marqué expreſſement dans ces regiſtres que *fuit pax facta* XIX. *die menſis prediƈti per Reginam Joannam &c.* Elle ſe retira en ſuite en ſes pays de Bourgogne avec le jeune Duc Philippe ſon fils, & y mourut le XXIX. Septembre MCCCLX. dans le temps que le Roy ſon mary ſe diſpoſoit pour revenir dans ſon royaume. Je trouve qu'elle eſtoit à Dijon avec ſon fils le XXIII. Janvier MCCCLIX. *Recueil de M.*

 Il n'y a pas de preuve que cette Princeſſe ait eu des enfans de ſon *Petard p. 365.* mariage avec le Roy. Toutesfois Paradin a eſcrit qu'il en ſortit deux filles, Blanche & Catherine, leſquelles moururent jeunes avant leur mere.

 Jean du Luc dans l'ouvrage qu'il a intitulé *Placita ſumme apud Gallos Curiæ* page 48. dit que le Roy Charles V. eſtoit fils du Roy Jean & de Jeanne de Boulogne. Mais il s'eſt trompé, eſtant certain qu'il eſtoit fils de Bonne de Luxembourg, & qu'il eſtoit né long temps auparavant que ſon pere eſpouſat Jeanne de Boulogne.

 Cette Reyne Jeanne Comteſſe d'Auvergne & de Boulogne a fondé le grand hoſtel Dieu de la ville de Boulogne ſur la mer. C'eſt ce que Meſſieurs de Sainte-Marthe nous ont enſeigné dans la ſeconde edition de leur hiſtoire genealogique de la Maiſon de France.

136　HISTOIRE DE LA MAISON

FLANDRES.
D'or au lyon de sable armé & lampassé de gueules.

Philippe Comte d'Auvergne, de Boulogne, de Bourgogne, d'Artois, & Duc de Bourgogne.

CHAPITRE XIX.

Hist. des Ducs de Bourgogne p. 121.

ES grands estats que posseda ce Duc Philippe le rendirent un des plus puissants & riches Princes de son temps. Car il succeda en la Duché de Bourgogne à Eudes IV. son grand pere. La Duchesse Jeanne de France son ayeule luy laissa les Comtez d'Artois & de Bourgogne. Celles de Boulogne & d'Auvergne le regardoient à cause de Jeanne de Boulogne sa mere. Et pour comble de sa grandeur future il fut accordé en mariage avec Marguerite de Flandres heritiere des Comtez de Flandres, de Nevers, de Rethel, & autres notables seigneuries.

Preuves p. 195. L'accord en fut fait le XXI. Mars MCCCLVI. par Jeanne de Boulogne lors Reyne de France mere & tutrice du Duc, qui estoit en bas aage, & par Loüis surnommé de Male Comte de Flandres & Marguerite de Brabant sa femme pere & mere de Marguerite. Mais il mourut sans lignée au chasteau ducal du Rouvre les Dijon, où il avoit pris naissance, en l'année MCCCLXI. & fut enterré en l'Eglise de Cisteaux avec son pere.

Preuves p. 771. Il fut fait Chevalier en l'année MCCCLII. & la taille fut imposée pour cet effect suivant la coustume sur ses sujects des terres d'Auvergne.

Preuves p. 195. Par son testament fait peu avant son decez il nomma pour ses executeurs son oncle le Cardinal de Boulogne, son cousin le Cardinal de Clugny, Jean de Vienne Archevesque de Bezançon, son oncle Messire Jean de Boulogne, Messire Henry Comte de Montbeliard, Messire Jean de Chalon, Messire Jacques & Messire Henry de Vienne, Messire Jean de Rie, Thomas Sire de Voudenay, Messire Jouran de Lugny, & Robert de Lugny son Chancellier. Il y est aussi fait mention d'Amé de Geneve, que le testateur appelle son cousin, c'est à dire, d'Amé de Geneve fils d'Amé

D'AUVERGNE. Liv. I.

d'Amé III. Comte de Geneve & de Mahault de Boulogne sœur du Cardinal, tante de la mere de Philippe.

Ainsi finit en ce Prince la branche royale des Ducs de Bourgogne de la premiere tige, apres avoir duré pendant trois cens & trente années. Et par son decez le Roy Jean fils de Jeanne de Bourgogne sœur du Duc Eudes IV. recüeillit une partye de sa succession. Car la Duché luy escheut par proximité de lignage. En suite dequoy il la reünit à la Couronne, d'où elle avoit esté premierement desmembrée. Mais bien tost apres il l'en sepera derechef, la donnant à Philippe surnommé le Hardy son quatriesme fils suivant la loy & conditions des apanages de France establie par le Roy Philippe le Bel, sçavoir est qu'à faute d'hoirs masles elle retourneroit à la Couronne. Quant aux Comtez de Bourgogne & d'Artois, elles suivirent la Duché de Bourgogne en la personne de ce mesme Philippe fils du Roy Jean. Car il espousa Marguerite de Flandres veuve du jeune Duc Philippe, laquelle herita par son trespas de ces deux Comtez comme fille de Marguerite de France issuë de Jeanne de Bourgogne fille d'Othon IV. Comte de Bourgogne & de Mahault Comtesse d'Artois sa femme. Les Comtez de Boulogne & d'Auvergne retournerent aussi apres la mort de la Reyne Jeanne & de Philippe son fils à Jean de Boulogne seigneur de Montgascon & Comte de Montfort son oncle, duquel nous parlerons au chapitre suivant.

138   HISTOIRE DE LA MAISON

CLERMONT,
De France au baston de gueules peri en bande, au lambel de mesme de trois pendans.

Jean I. du nom Comte d'Auvergne & de Boulogne.

CHAPITRE XXX.

Preuves p. 136.

Gallia Christ. to. 1. p. 644. col. 2.

RERE Jean d'Aucy dit que ce Comte estoit un Prince excellent en guerre & vertueux en paix, & dans un arrest de l'an MCCCLXXXIV. il est marqué qu'il estoit *vir sapiens & prudens ac magnæ auctoritatis.* Ce fut donc en consideration de son grand merite qu'il fut fait Ministre d'Estat sous le regne du Roy Jean. Et en cette qualité il assista au grand Conseil du Roy tenu à Paris au mois de Juin MCCCLXV. où fut ratifié le traicté de paix fait avec le Roy de Navarre le sixiesme Mars MCCCLXIV. au pourchas de la Reyne Jeanne & de la Reyne Blanche.

Preuves p. 196.

Du vivant de Guillaume XII. son frere on l'appelloit le Seigneur de Montgascon. Depuis Jean de Bretagne Comte de Montfort l'Amaury ayant esté debouté de cette Comté par arrest, le Roy Philippe de Valois la donna par letres données au bois de Vincennes au mois de Novembre MCCCXLV. à Jean Duc de Normandie & d'Aquitaine son fils aisné, & puis à Charles d'Espagne Prince du sang royal de Castille fils d'Alphonse dit de la Cerde & petit fils de Blanche de France l'une des filles du Roy saint Loüis. Ce Prince, qui fut aussi Connestable de France, en joüit jusques au commencement de l'année MCCCLI. qu'il la remit au Roy Jean, lequel par letres données à Lyon au mois de Fevrier en fit don à Jean de Boulogne seigneur de Montgascon, qui porta depuis la qualité de Comte de Montfort jusques en l'année MCCCLXI. qu'il cessa de la prendre en consequence & en execution du traicté de Bretigny, où est dit expressement qu'un an apres que le Roy de France sera party de Calais, *Monsieur Jean Comte de Montfort aura la Comté de Montfort avec toutes ses appartenances en faisant l'hommage au Roy de France.* Aussi

Preuves p. 197.

Le P. Martene p. 159. 194.

y a t'il dans les regiſtres du Parlement un arreſt de l'an MCCCLXI. où eſt nommé *Joannes Comes Boloniæ pridemque Comes Montisfortis.*

Ce Seigneur de Montgaſcon fut fait Chevalier en l'année MCCCXXXIX. y ayant au Treſor des chartes de France un titre qui marque que cette année là il fut impoſée une taille pour la chevalerie de Meſſire Jean de Boulogne ſeigneur de Montgaſcon ſur les hommes dudit Montgaſcon, Joze, Gerzat, & autres lieux. Il fut donc fait Chevalier en l'année MCCCXXXIX. le Vendredy XXII. Octobre, à Vironfoſſe prez de Cambray, où Froiſſart remarque que furent faits pluſieurs nouveaux Chevaliers. Le Seigneur de Montgaſcon fut donc à cette journée avec le Comte de Boulogne ſon frere, lequel Froiſſart dit y avoir eſté, pour y ſervir le Roy contre les Anglois. L'armée du Roy eſtoit tres belle. Car il y avoit quatre Roys, ſix Ducs, vingt ſix Comtes, & plus de quatre mille Chevaliers, & des communes de France plus de quarante mille. *Froiſſart vol. 1. chap. 15.*

Nous verrons au livre ſuivant que Jeanne de Joigny fille de Marie de Mercueur Comteſſe de Joigny fut conjoincte par mariage avec Charles de Valois Comte d'Alençon, & que Beraud ſeigneur de Mercueur ſon couſin luy donna de grands biens en contemplation de ce mariage. Jeanne eſtant morte ſans enfans, les biens qui luy avoient eſté conſtituez en mariage retournerent à ſes proches, dont Guy ſeigneur de Chaumont au diocese d'Autun fils d'Yoland de Polignac eſtoit un ; lequel vendit ſa part de cette ſucceſſion le Jeudy avant la ſaint George MCCCXLIII. à Jean de Boulogne ſeigneur de Montgaſcon pour le prix & ſomme de quarante mil livres & à la charge de cinq cens livres de penſion annuele & viagere que le Seigneur de Montgaſcon ſe chargea de luy payer ſa vie durant. Ce que le Roy confirma par letres données à Coucy le Jeudy avant la ſaint George, leſquelles ſe trouvent dans le regiſtre LXXIV. de la Chancellerie de France.

En l'année MCCCL. il fut accordé une treve le XIII. Juin en preſence du Legat du Pape ez champs prez Calais entre les Roys de France & d'Angleterre, à laquelle aſſiſterent pour le Roy de France l'Eveſque de Laon & l'Abbé de ſaint Denys, Jean de Boulogne ſeigneur de Montgaſcon, & Jean de Landas Chevalier. Ce traicté eſt au Treſor des chartes de France à Paris.

En la meſme année Jean de Boulogne Comte de Montfort fut preſent lors qu'on trancha la teſte à Raoul Comte d'Eu & de Guiſnes Conneſtable de France, le Roy ayant ordonné que cette execution fut faite en preſence du Duc de Bourbon, du Comte d'Armagnac, du Comte de Montfort Monſeigneur Jean de Boulogne, du Comte de Revel, & de pluſieurs autres Chevaliers leſquels eſtoient là du commandement du Roy. *Froiſſart vol. 1. chap. 153.*

En l'année MCCCLI. le Roy Jean mettant en conſideration les grands & ſignalez ſervices que ſon cher & feal oncle Jean de Boulogne Comte de Montfort luy avoit rendus & au feu Roy ſon pere & qu'il luy rendoit de jour en jour, il luy remit les mil livres de rente qu'il avoit ſur le Treſor du Roy à Paris, nonobſtant que ce Comte y eut renoncé lorſque le Roy *Preuves p. 198 &c.*

Tome I.   S ij

140 HISTOIRE DE LA MAISON

luy fit don de la Comté de Montfort. Et en l'année MCCCLIV. il le fit son Lieutenant ez partyes de Picardie & frontieres de Flandres. Ce qui prouve que ce n'est pas fortuitement que frere Jean d'Aucy a marqué que ce Prince estoit excellent en guerre & vertueux en paix.

Nous avons dit cy dessus page 116. qu'outre les biens constituez par contract de mariage à Marie de Flandres seconde femme de Robert VII. Comte d'Auvergne, elle porta en la maison d'Auvergne la terre de Brios en Vermandois en vertu de la donation qu'Isabeau de Flandres sa sœur en fit à Jean de Boulogne & à Godefroy son frere enfans de Marie. Au mois de Janvier de l'année MCCCLIV. selon la maniere de compter d'aujourd'huy le Roy Jean ayant esgard à la remonstrance qui luy avoit esté faite par son cher & feal oncle & Conseiller Jean de Boulogne Comte de *Preuves p. 198.* Montfort, qui luy avoit donné à entendre que les chasteaux & autres lieux qu'il avoit en Vermandois, assavoir le chasteau & la terre de Brios, de saint Crist, de Liencourt, de Breye, & de Flaucourt avoient accoustumé de ressortir, partye à Peronne, partye à Roye, & partye à saint Quentin, sa Majesté ordonne que desormais toutes lesdites terres ressortiront à saint Quentin.

Le Roy Charles V. par letres données à Paris au mois de Decembre *Preuves p. 199.* MCCCLXVI. transporta & appliqua à son domaine & à la Couronne de France l'hommage & le serment de la terre de Brios, qui avoit accoustumé de ressortir à la Prevosté de saint Quentin. Ce qu'il fit en faveur de son cher & feal cousin & Conseiller Jean Comte de Boulogne & d'Auvergne.

Preuves p. 200. En l'année MCCCLIV. Jean de Boulogne Comte de Montfort, comme heritier de la Dame de Brios, obtint au Parlement un arrest le troisiesme jour du mois de Juillet, par lequel le Seigneur d'Amboise & sa femme furent condamnez à luy payer les arrerages qu'ils luy devoient pour raison de certains droits qui luy appartenoient sur le peage de Neelle.

Il est certain que Jean de Boulogne ne devint Comte d'Auvergne qu'en l'année MCCCLXI. apres la mort du jeune Philippe son neveu. Et *Froissart vol. 1.* cependant Froissart luy donne cette qualité dez l'an MCCCLIX. par anti-*chap. 204.* cipation, à mon avis, parce qu'il estoit Comte d'Auvergne au temps que Froissart escrivoit sa Chronique. Aussi est il vray que le mesme aucteur *Ibid. cap. 216.* parlant ailleurs de la mort de ce Philippe en l'année MCCCLXI. dit que Messire Jean de Boulogne Comte d'Auvergne eut la Comté de Boulogne.

Il est aussi appellé Comte de Boulogne par anticipation dans un ancien feüillet de papier escrit peu de temps apres la mort du Roy Charles V. qui est au Tresor des chartes de France, dans un roulleau de parchemin coté *Navarre*, où il est dit qu'en l'année MCCCLIV. le Comte de Bou-*Notæ ad Vitas* logne fut en Avignon avec le Duc de Bourbon & l'Archevesque de Roüen *Papar. Aven.* Chancellier de France pour l'entretenement du traicté de paix fait entre *p. 873.* Guisnes & Calais en presence du Comte de Boulogne. Ce qui ne pouvant pas estre entendu de Philippe Comte de Boulogne fils de la Reyne Jeanne, lequel n'ayant pourlors que huict ans tout au plus n'estoit pas en estat d'estre employé dans les affaires, il est necessaire de rapporter ce fait par anticipation à celuy qui estoit Comte de Boulogne au temps que ce feüillet de papier fut escrit, c'est à dire à Jean de Boulogne, lequel devint Comte de Boulogne, comme nous venons de le dire, apres le decez sans enfans du jeune Philippe son neveu, & estoit de l'estroit conseil du Roy au temps de ce voyage d'Avignon.

En l'année MCCCLXII. il fut commis avec le Mareschal d'Andrehen, le Sire de Montaigu, le Sire de la Tour, & autres pour faire sortir du royaume de France les compagnies de brigands qui le ravageoient & les envoyer en Espagne au service du Comte de Trastamare. *Hist. de Du Guesclin p. 313.*

Je trouve qu'il estoit à la Cour au mois de May MCCCLXV. & qu'il fut present avec plusieurs autres personnes de marque lorsque le Roy Charles V. amortiza deux cens livres de rente pour la confrairie des Secretaires du Roy. *Hist. de la Chancellerie de France p. 24.*

Il fut present à Paris le XIII. Decembre MCCCLXVI. lorsque Jean Duc de Bretagne & Comte de Montfort fit l'hommage au Roy Charles V. pour la Duché de Bretagne & pour la Comté de Montfort. *Hist. de Du Guesclin p. 440. 446. 448.*

J'ay trouvé dans un ancien registre du Tresor de Turenne que le Comte Jean partit le penultiesme jour du mois de Novembre MCCCLXXX. pour aller en Avignon, sans qu'il soit marqué pourquoy.

Il espousa Jeanne de Clairmont Princesse du sang royal de France, fille de Jean de Clairmont Baron de Charolois & seigneur de saint Just en Langle en Champagne. Je n'ay pas trouvé le temps auquel ce mariage fut celebré, mais seulement qu'il fut accordé du vivant du Comte Robert son pere decedé avant le mois de Mars MCCCXXVI. & il y a apparence qu'estant tous deux bien jeunes en ce temps là, le Comte Jean ne pouvant avoir pour lors que treize ans tout au plus, ce mariage ne fut solemnisé qu'en l'année MCCCXXVIII. ou environ. Le Comte Robert son pere luy promit par le contract de mariage huit mil livres de rente, & on constitua en dot à la Princesse la terre de saint Just en Langle, laquelle fut depuis donnée en mariage à sa fille Marie lorsqu'elle fut mariée à Raymond VIII. du nom Vicomte de Turenne. *Preuves p. 160.* *Preuves p. 202. 772.*

Le Comte Jean fit son testament en son chasteau de Remin auprez de Compiegne le XXII. Mars MCCCLXXXVI. & mourut le XXIV. comme il est marqué dans l'Obituaire de la sainte Chapelle de Vic le Comte. Il avoit ordonné qu'au cas qu'il mourut à Remin, il vouloit que son corps fust enterré & mis en depost en l'Eglise parroissiale dudit lieu jusques à ce que sa chair fust furnie, c'est à dire pourrie, & qu'on portast en suite ses os en l'abbaye du Bouschet en Auvergne, là où gisent les corps de ses predecesseurs Comtes, c'est assavoir auprez du Cardinal de Boulogne son frere. Et cependant on y monstre son tombeau appliqué sur la muraille du cloistre du costé de l'Eglise en la maniere qu'on le voit cy derriere. Il ordonna aussi que son cœur fut porté à Nostre Dame de Boulogne. Il y a un article singulier dans son testament, que personne ne sera semons à venir à son obseque fors tant seulement le Prelat qui faira l'office. Et afin qu'on ne pensat pas que ce qu'il en faisoit fut par un esprit d'avarice, il ordonne que tout ce qu'on faira outre ce qu'il ordonne demeurera aux Eglises où *Preuves p. 201. 772.*

142 HISTOIRE DE LA MAISON

fondit obseque sera fait, soient chevaux, draps d'or, ou autres choses, sans en rien rachetter.

Tombeau de Jean d'Auvergne et I. du nom Comte de Boulogne.

Preuves p. 773. La Princesse sa femme fit son testament en son chasteau de Brios en Vermandois, qui luy avoit esté baillé par son mary pour recompense de la terre de saint Just en Langle donnée en mariage à Marie de Boulogne leur fille Vicomtesse de Turenne, le XXIII. Novembre MCCCLXXIX. & mourut le XXVII. Juillet MCCCLXXXIII. comme il est marqué
Preuves p. 202. dans l'Obituaire de la sainte Chapelle de Vic le Comte. Elle fut enterrée au convent des Cordelieres du Moncel prez Pont sainte Maixence, quoy qu'elle eust ordonné par son testament qu'on l'enterrast en l'Eglise Nostre Dame de Boulogne.

Enfans de Jean I. Comte d'Auvergne & de Boulogne & de Jeanne de Clairmont sa femme.

JEAN II. du nom COMTE D'AUVERGNE & DE BOULOGNE, qui aura son chapitre.

JEANNE DE BOULOGNE mariée en l'année MCCCLXXI. à Beraud II. du nom Dauphin d'Auvergne, Comte de Clairmont, &
Preuves p. 366. seigneur de Mercueur. L'extrait de son contract de mariage tel que M. Justel l'a donné au public & moy apres luy est fort imparfait. Depuis l'impression que j'en ay faite j'en ay eu une copie tirée de l'original, qui est au Tresor des chartes de France. Ma pensée avoit esté d'abord de

l'imprimer parmy les additions. Mais j'ay consideré qu'estant fort long, contenant quatre grandes peaux de parchemin colées ensemble, & y ayant plusieurs actes inserez qui ne sont affairans au sujet que par incident, il suffiroit pour la satisfaction du lecteur d'en avoir un extrait bien fidele. C'est ce que je tascheray de faire. Le XIV. Juin MCCCLXXI. le Comte d'Auvergne & de Boulogne & le Dauphin estant à Clairmont passerent ce contract, le Comte se faisant fort de le faire approuver & confirmer par la Comtesse sa femme, qui estoit absente. A ce contract assisterent Jean de Mello Evesque de Clairmont, Jean de Boulogne fils du Comte & frere de l'accordée, Hugues Dauphin frere de Beraud, & plusieurs autres personnes de marque. Le Comte constitua en dot à sa fille le chasteau & chastellenie de saint Just en Langle, qui estoit de l'heritage de la Comtesse sa femme, à la charge de l'usufruit à cette Princesse pendant sa vie. Et cependant le Comte donna à sa fille pour la desdommager de cette non jouissance le chasteau & chastellenie de Granges, à la charge de reversion apres la mort de la Comtesse & apres qu'elle & son mary auroient eu l'actuele & reele possession de la terre de saint Just. Et outre ce le Comte son pere luy constitua en dot la somme de dix neuf mil florins d'or. Et le Dauphin la doüa du chasteau & chastellenie de Vieille Brioude avec un revenu semblable à celuy que se trouveroit valoir ladite terre de saint Just. Elle mourut sans enfans en l'année MCCCLXXIII. au mois d'Octobre. Il est marqué dans une enqueste qui fut faite en l'année MCCCXIV. que le Comte Jean II. son frere pretendoit qu'il luy estoit deu par le Dauphin trente mil francs à cause de la restitution de la dot de sa sœur.

MARIE DE BOULOGNE mariée en l'année MCCCLXXV. à Raymond *Preuves p.208.* VIII. Vicomte de Turenne neveu des Papes Clement VI. & Gregoire *&c.* XI. & fils de Guillaume Vicomte de Turenne & Comte de Beaufort. C'est ce Raymond de Turenne si celebre en l'histoire, lequel apres la mort de Charles de Duras dit de la Paix Roy de Sicile arrivée en l'année MCCCLXXXVI. fit la guerre à Louis d'Anjou II. du nom Roy de Naples & de Sicile & Comte de Provence, à Charles Prince de Tarente & au Pape Clement VII. son cousin, qui l'excommunia pour cette guerre. Mais enfin il fut absous de toutes excommunications par Benoist XIII. en l'année MCCCCVIII. dont la bulle expediée pour cet effect a esté imprimée dans le second tome des vies des Papes d'Avignon. Il ne laissa qu'une fille appellée Antoinete, laquelle fut mariée au Mareschal de *Preuves p 219.* Bouciquaut, & se voyant sans enfans, donna par donation entre vifs & *221.* par disposition testamentaire la joüissance de tous ses biens apres son decez au Mareschal son mary, à la charge neantmoins de reversion à ses proches apres la mort du Mareschal. On pretendit en ce temps là que ce Mareschal, qui traictoit sa femme fort durement, luy fit faire ces actes par force & par auctorité. Ce qui fairoit voir, s'il estoit vray, qu'il ne faut pas croire l'historien de sa vie, qui estoit son domestique, lorsqu'il asseure qu'il aimoit tendrement sa femme & qu'ils *s'entr'aimoient de grant amour & moult* *Hist. de Bouci-* *menoient ensemble belle & bonne vie.* Elle mourut en son chasteau d'Alest *quant p. 183.*

144 HISTOIRE DE LA MAISON

à la fin du mois de May ou au commencement de Juin MCCCCXVI. son mary Bouciquaut eſtant priſonnier en Angleterre, où il mourut. Marie de Boulogne mere d'Antoinete mourut le ſecond jour du mois de May MCCCLXXXVIII. comme il eſt marqué dans l'Obituaire de la ſainte Chapelle de Vic le Comte. C'eſtoit une femme de cœur, comme elle le fit bien voir dans les differens qu'elle eut avec la Reyne de Sicile Comteſſe de Provence.

Preuves p. 202.

Notæ ad Vitas Papar. Aven. p. 1395.

COMMINGE.
De gueules à la croix patée d'argent.

 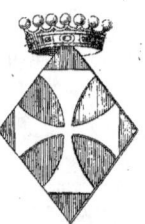

Jean II. du nom Comte d'Auvergne & de Boulogne.

CHAPITRE XXXI.

FRERE Jean d'Aucy nous a fait un eſtrange portrait de ce Comte, lequel il dit avoir eu le ſurnom de *mauvais meſnagier*, que ſur toutes choſes il aimoit & deſiroit gros eſtat, changeoit ſouvent d'habillemens, & iceux tous precieux, qu'il nourriſſoit beſtes eſtranges ſauvages & apprivoiſées de pluſieurs eſpeces & figures. Ce qui s'accorde parfaitement avec ce que nous trouvons ailleurs de luy, que c'eſtoit un diſſipateur, qui vendoit & empruntoit & mangeoit, comme l'on dit, ſon bled en herbe. Car il vendit le pays de Livradois & autres terres à Morinot de Tourzel ſeigneur d'Alegre, & le pays de Combraille à Pierre de Giac Chancellier de France, & il emprunta du Comte de Foix premierement quatorze mil francs, & puis deux mil florins d'Arragon. Enfin ſes diſſipations allerent ſi loin qu'il eſtoit bien à craindre qu'il ne ſe ruinaſt. Car incontinent apres la mort de ſon pere il vendit le pays de Livradois à Morinet de Tourzel ſeigneur d'Alegre, à Odart de Chazeron le chaſteau de Creſt, & la terre & ſeigneurie de Combraille au ſeigneur de Giac. Environ le meſme temps il eſchangea avec le Duc de Berry, qui fut depuis ſon gendre, le chaſteau d'Uſſon, qui eſtoit de ſon ancien domaine, pour la Baronnie de Lunel & le chaſteau de Gaillargues en la Seneſchauſſée de Beaucaire, avec cinquante mil francs, preuve qu'Uſſon

Preuves p. 222.

Preuves p. 226.

qu'Usson estoit une terre de consequence. Aussi est il marqué dans un ancien Factum presenté au Parlement en l'année MCCCCLXXXIII. que ce chasteau estoit le chef & lieu capital de la Comté d'Auvergne. Mais cette Baronnie & ce chasteau furent en suite baillez en dot à Jeanne sa fille lorsqu'elle fut mariée à ce Duc. Ce qui fait voir que Messieurs de Sainte-Marthe se sont trompez lorsqu'ils ont pensé que cet eschange n'eut pas lieu au regard de Lunel, attendu que depuis cet eschange Lunel fut possedé par ce Duc & par ceux ausquels il en fit don. Et c'est sans doute pour raison des alienations & dissipations du Comte & parce qu'il estoit fort desbauché que sa femme le quitta & s'en alla au pays d'Urgel, comme nous le dirons incontinent.

On pourroit peuteftre bien attribuer la source des desreglemens de sa vie au malheur qu'il eut d'estre empoisonné dans sa jeunesse. Car il est marqué dans un arrest du Parlement & ailleurs que ce poison fut si violent qu'outre qu'on eut beaucoup de peine à luy sauver la vie, les cheveux & les ongles des mains & des pieds luy tomberent, & son cerveau en fut depuis fort affoibli. Cet accident luy survint en Avignon en l'année MCCCLXXXIV. en un diner que le Cardinal de saint Martial luy donna un Jeudy environ la Toussaints. Raymond de Turenne son beaufrere, qui estoit aussi de ce diner, fut accusé par commune renommée de l'avoir fait empoisonner, ainsi que je l'ay trouvé dans une enqueste faite en l'année MCCCCXIV. pour informer de sa mauvaise conduite & dans un Factum dont les extraits sont rapportez parmy les preuves. On fit une assemblée de vingt sept Medecins tant de Montpellier que d'Avignon pour remedier à ce fascheux accident. On luy fit vuider les poisons. Mais le mal estoit si grand & les remedes si violents qu'il en fut extremement incommodé & s'en ressentit toute sa vie.

Preuves p.224. 230.

Il faut neantmoins demeurer d'accord que nonobstant cette fascheuse aventure & sa mauvaise conduite dans ses propres affaires il estoit homme de reputation & de bonne conduite. Car s'il ne l'avoit pas esté, on n'auroit pas pris soin de le marquer parmy les Princes & Seigneurs qui demeurerent auprez du Roy Charles VI. apres que sa santé eut souffert l'eschec que tout le monde sçait. Or les annales de France nous apprennent qu'apres que ce malheur fut arrivé, on resolut de mettre auprez de sa personne quatre Chevaliers notables, qui sont nommez par Froissart, & qu'auprés de luy se tinrent Monsieur frere du Roy, les Ducs de Berry, de Bourgogne, & de Bourbon, Charles d'Anjou Comte du Maine, Jean de Bourbon Comte de la Marche, Philippe d'Artois Comte d'Eu, Pierre de Navarre Comte de Mortaing oncle du jeune Roy de Navarre, les Comtes de saint Paul, d'Ostrevant, d'Auvergne, & de Soissons, les Seigneurs d'Albret, d'Ivry, de Vergy, & autres.

Aussi voyons nous qu'il estoit homme de service, & que sa mauvaise conduite pour ses affaires domestiques ne luy faisoit pas oublier ce qu'il devoit à son Prince. Si les historiens avoient pris soin de marquer toutes les occasions où il a signalé son zele & son courage, nous en sçaurions plus que nous n'en sçavons. Nous sçavons seulement qu'il suivit en l'année MCCCLXIX. le Duc de Berry & ses routes en Limousin, qu'il se trouva

Tome I. T

au siege de Belleperche, où il fut fait Chevalier, ainsi qu'il est marqué dans l'enqueste que je viens de citer, & puis au siege de la ville de Limoges avec Godefroy de Boulogne son oncle, & qu'en l'année MCCCLXXXII. la guerre estant allumée en Flandres par la revolte de Philippe d'Artevelle, & l'armée du Roy ayant esté rangée pour passer la Lis, les Ducs de Berry, de Bourgogne, & de Bourbon oncles du Roy ayant eu le commandement de la bataille du Roy, ils avoient auprez d'eux le Dauphin d'Auvergne & Messire Jean de Boulogne. De quoy nous parlerons encore au chapitre huictiesme du second livre. Il se porta deux ans apres en Catalogne pour secourir le Comte d'Empouries son cousin, comme nous le dirons un peu plus bas.

Froissart vol. 1. chap. 279. 280. 283.
Froissart vol. 2. chap. 124.
Preuves p. 238.

Il fut marié du vivant de son pere avec Eleonor de Comminge fille de Pierre Raymond II. du nom Comte de Comminge & de Jeanne de Comminge sa cousine germaine, laquelle il avoit espousée avec dispense du Pape pour terminer par ce moyen les differens qui estoient entre eux pour la succession de la Comté de Comminge. De sorte qu'Eleonor estoit tant du costé paternel que du maternel niepce du Cardinal de Comminge Archevesque de Toulouse, lequel estoit si fort estimé & accredité de son temps que la papauté ayant vacqué par la mort du Pape Jean XXII. & les Cardinaux la luy ayant offerte à la charge de n'aller pas à Rome, il la refusa.

Notæ ad Vitas Papar. Aven. p. 754.

Eleonor avoit esté auparavant mariée avec Bertrand II. Comte de l'Isle en Jourdain, duquel elle n'eut point d'enfans. Apres avoir passé quelques années en viduité, elle se remaria avec Jean de Boulogne fils alors du Comte d'Auvergne & de Boulogne. Le traicté de ce mariage est du neufviesme jour d'Aoust MCCCLXXIII. par lequel il fut convenu que les Comtez d'Auvergne & de Boulogne appartiendroient à Jean apres la mort de son pere & que le Comte de Comminge donneroit en dot à sa fille quarante mil florins. Depuis ce Comte par son testament fait le XIX. Octobre MCCCLXXV. se voyant sans enfans masles fit son heritiere universele sa fille Marguerite mariée à Jean III. Comte d'Armagnac, & luy substitua sa fille Eleonor & ses enfans, voulant neantmoins que si Eleonor avoit deux enfans masles, & que la substitution fut ouverte à leur profit, le cadet eut la Comté de Comminge & portat le nom & les armes de Comminge. Mais cette condition n'eut pas lieu, la Comté de Comminge estant demeurée à Marguerite Comtesse d'Armagnac.

Preuves p. 240.

Il y a dans les archives du Roy à Rhodez une reconnoissance de hault & puissant seigneur Monseigneur Jean Comte d'Armagnac & de Comminge datée du Jeudy XVI. Juin MCCCXC. par laquelle il reconnoist devoir à hault & puissant seigneur Monseigneur Jean Comte de Boulogne la somme de dix mil francs d'or, à mettre le franc d'or pour seize sols, restans à payer de la somme de quarante mil florins en quoy ledit Comte d'Armagnac estoit tenu audit Comte de Boulogne à cause de la dot, joyaux, lict, robes, & vestemens de noble Dame Madame Alienor de Comminge sa femme fille de feu noble homme Pierre Remond jadis Comte de Comminge.

D'AUVERGNE. Liv. I.

Ce mariage ne fut pas heureux pour Eleonor; laquelle se voyant privée de l'affection & des bonnes graces de son mary par l'attachement qu'il avoit pour Aubert de Puychalin son favory, qui l'avoit, à ce qu'on disoit, ensorcelé par le moyen d'une vieille sorciere appellée Blanchere, en faveur duquel il avoit, comme il est dit dans l'enqueste citée cy dessus, *en si grant hayne madite Dame sa femme que depuis ne la volt voir ne oyr*, & s'abandonna à toute sorte de desbauche, elle se resolut de le quitter environ l'année MCCCLXXX. & se retira vers son cousin le Comte d'Urgel petit fils d'Alphonse IV. Roy d'Arragon, laissant sa fille Jeanne aagée de trois ans, laquelle elle avoit euë de Jean de Boulogne, à Gaston Phœbus Comte de Foix son cousin, qui la garda pendant plus de neuf ans jusques à ce qu'elle fut mariée à Jean Duc de Berry, comme nous le dirons au chapitre suivant.

Froissart nous apprend qu'il faut attribuer ce divorce à la mauvaise conduite de Jean de Boulogne son mary & à la dissipation qu'il faisoit de ses biens. Voicy comme Froissart le raconte. Car je ne fairay que le copier. Alienor de Comminge Comtesse de Boulogne & cousine moult prochaine du Comte de Foix & droite heritiere de la Comté de Comminge vint à Ortez devers le Comte de Foix, & faisoit amener en sa compagnie une jeune fille de trois ans. Le Comte luy fit bonne chere, & luy demanda le sujet de son voyage & où elle alloit. Monseigneur, dit elle, je m'en vas en Arragon devers mon oncle & ma tante le Comte & la Comtesse d'Urgel, où je me veux tenir. Car je prens grand desplaisance à estre avec mon mary Messire Jean de Boulogne fils au Comte Jean de Boulogne. Car je cuidois qu'il deust recouvrer mon heritage de Comminge devers le Comte d'Armagnac, qui le tient, mais il n'en faira rien. Car il est un trop mol Chevalier, qui ne veut autre chose que ses aises de boire, de manger, & d'alloüer le sien follement; & si tost comme il sera Comte, il vendra du meilleur & du plus bel pour faire ses volontez. Et pourtant ne puis je demeurer avec luy. Si ay pris ma fille, que je vous en charge & delivre, & vous fais tuteur & curateur d'elle pour la nourrir & garder. Je l'ay à grand peine mise & extraicte hors des mains & du pays du pere mon mary, & l'ay amenée devers vous, & bien crois que son pere mon mary, quand il sçaura que je vous l'ay laissée, en sera tout rejoüy. Car ja pieça m'avoit il dit que cette fille le mettoit en grand doute. Quand le Comte de Foix eut ainsi oüy parler Madame Alienor sa cousine, si fut moult rejoüy, & luy dit. Madame & cousine, je fairay volontiers ce dont vous me priez. Car j'en suis tenu par lignage; & pour ce vostre fille ma cousine je garderay, & penseray bien d'elle comme si ce fut ma propre fille. Grand mercy, Monseigneur, dit la Dame. Ainsi demeura la jeune fille de Boulogne en l'hostel du Comte de Foix à Ortez, & sa Dame de mere s'en alla au royaume d'Arragon. Elle l'est bien venuë voir deux ou trois fois, mais point ne l'a demandée à ravoir. Car le Comte de Foix s'en acquitte en telle maniere comme si elle fut sa fille. Le Comte Jean alloit aussi quelquefois la voir, comme je l'ay appris de l'enqueste qui fut faite en l'année MCCCCXIV. touchant ses mauvais desportemens.

Froissart vol. 3. chap. 7.

Tome I.   T ij

En l'année MCCCLXXXIV. la division s'eſtant miſe dans la maiſon royale d'Arragon à cauſe que Jean Duc de Gironne fils aiſné du Roy s'eſtoit marié contre le gré de ſon pere avec une fille de Robert Duc de Bar, ce Prince attira à ſon party Jean Comte d'Empouries ſon couſin germain, lequel fut à cauſe de ce aſſiegé dans ſon chaſteau de Caſtillon. Ce fut deſlors une guerre ouverte entre le Roy & ce Comte, lequel demanda du ſecours aux Comtes de Foix & de Boulogne ſes parens. Ils luy menerent tous deux des troupes, & Surita remarque que le Comte de Boulogne alla vers luy avec huit cens chevaux, mais qu'à cauſe des difficultez qu'il y avoit de ſe camper aux environs de Caſtillon il fut obligé de s'en retourner en Auvergne. Il eſt marqué dans l'arreſt que j'ay cité cy deſſus qu'il ſe porta vaillamment en cette occaſion & que c'eſtoit un bon homme de guerre. Le Comte d'Empouries luy paſſa une obligation de la ſomme de quarante mil livres pour la deſpenſe & pour les frais qu'il avoit faits pour ſon ſervice. Ce qui fut dans la ſuite le ſujet d'un grand procez entre le Comte Jean & le Comte d'Empouries, lequel fut enfin terminé par une tranſaction paſſée à Paris le XIII. Octobre MCCCXCVI. entre les procureurs dudit Comte d'Empouries & ceux du Duc & de la Ducheſſe de Berry fille & heritiere du Comte Jean. Par cette tranſaction, qui eſt en original au Treſor des chartes de France, les procureurs du Comte d'Empouries obligerent leur Prince de payer au Duc & à la Ducheſſe ſa femme la ſomme de dix huit mil livres tant pour le principal de ladite ſomme de quarante mil livres que pour les intereſts & frais du procez, moyenant quoy ledit Comte d'Empouries demeureroit quitte de toutes choſes envers leſdits Duc & Ducheſſe.

Preuves p. 232.

Le Comte Jean fit ſon teſtament au fauxbourg ſaint Marceau lez Paris le Lundy XXVIII. Septembre MCCCXCIV. & mourut le meſme jour, comme il eſt marqué dans l'Obituaire de la ſainte Chapelle de Vic le Comte. Nous n'avons pas ce teſtament entier, mais ſeulement l'extrait de l'article par lequel il declare qu'au cas que la Ducheſſe de Berry ſa fille vienne à deceder ſans enfans, il donne la Comté de Boulogne & les terres qu'il avoit en Vermandois & en Beauvoiſis à Antoine de Boulogne ſon couſin, fils de Godefroy de Boulogne ſeigneur de Montgaſcon. Mais cette donation n'euſt pas de lieu, Antoine eſtant mort long temps avant la Ducheſſe de Berry.

Preuves p.776.

L'Hiſtorien du Roy Charles VI. auteur contemporain remarque qu'apres la mort du Comte de Boulogne le Duc de Berry ſucceda en tous ſes biens à cauſe de Jeanne de Boulogne ſa femme, & qu'il en envoya prendre poſſeſſion par le Comte d'Eſtampes ſon couſin. Cet hiſtorien appelle cette Dame *neptem* du Comte d'Auvergne. Ce qui n'eſt pas vray. Car elle eſtoit ſa fille. C'eſt ſans doute pour cette raiſon que M. l'Abbé Le Laboureur a omis ce mot dans ſa verſion.

Hiſt. de Charles VI. de M. Le Laboureur p. 248.

Dans un arreſt du Parlement de l'an MCCCXCVI. le Duc de Berry eſt appellé heritier du Comte de Boulogne *noviſſimè defuncti.*

D'AUVERGNE. LIV. I. 149

Enfans de Jean II. du nom Comte d'Auvergne & de Boulogne & d'Eleonor de Comminge sa femme.

JEANNE II. du nom COMTESSE D'AUVERGNE & DE BOULOGNE, qui suit.

BERRY.
De France à la bordure engreflée de gueules.

LA TRIMOUILLE.
D'or au chevron de gueules accompagné de trois aiglettes d'azur membrées & becquées de gueules.

Jeanne II. du nom Comtesse d'Auvergne & de Boulogne, Duchesse de Berry.

CHAPITRE XXXII.

CETTE Princesse, que Froissart & Jean Juvenal des Ursins disent avoir esté fort belle, & laquelle Messieurs de Sainte-Marthe escrivent avoir esté une des plus belles Dames de son temps, nasquit environ l'an MCCCLXXVIII. & fut trois ans apres portée par sa mere en Bearn & mise ez mains du Comte de Foix, lequel promit avec serment à sa mere qu'il ne la marieroit pas sans luy en donner connoissance. Elle fut eslevée au chasteau d'Ortez en une tour qui regardoit le pont pendant plus de neuf années jusques à ce qu'enfin estant parvenuë à l'aage de douze ans, elle fut mariée en l'année MCCCLXXXIX. à Jean Duc de Berry fils du Roy Jean. Froissart, qui fut present à toutes les ceremonies de ce mariage, en fait une ample description. Je ne fairay que le suivre. Il dit donc que cette Princesse fut recherchée en mariage par plusieurs grands Seigneurs, & mesmement par Bernard frere du Comte d'Armagnac, par le Comte d'Erby fils du Duc de Lanclastre, & par Jean fils du Duc de Berry, mais que le Comte de Foix n'ayant voulu entendre à aucun de ces partys pour les raisons que Froissart rapporte, le Duc de Berry, tout vieux qu'il estoit, la demanda pour luy mesme au Comte de Foix, & en escrivit au Pape Clement VII. *qui*

Froissart vol. 3. chap. 7. 135.
Hist. de Charles VI. *p.* 74.

T iij

cousin estoit moult prochain de la Damoiselle de Boulogne, c'est à dire, cousin germain de son pere, comme Froissart le dit un peu plus bas, comme estant fils de Mahault de Boulogne tante du pere de cette Princesse. Cette nouvelle fut tres agreable au Pape, *quand il sçeut que sa cousine pouvoit estre si hautement mariée comme au Duc de Berry oncle du Roy de France*, & il en escrivit au Comte de Foix pour l'exhorter à avancer le traicté de ce mariage, qui estoit si avantageux à leur lignage.

Froissart vol. 3. chap. 141.

Cependant le Duc de Berry, qui avoit grande envie de se marier, parla de ce mariage au Roy Charles VI. son neveu & au Duc de Bourgogne son frere. Le Roy, qui voyoit son oncle desja vieux, luy dit en riant. *Bel oncle, que ferez vous d'une fillette ? Elle n'a que douze ans, & vous en avez soixante. Par ma foy c'est grande folie de penser pour vous à cette chose. Faites en parler pour Jean beau cousin vostre fils, qui est jeune à venir. La chose est mieux pareille à luy qu'à vous.* A quoy le Duc de Berry respondit que c'avoit esté sa premiere pensée, & qu'il l'avoit desja demandée pour son fils, mais que le Comte de Foix n'y avoit voulu entendre, parceque son fils estoit fils d'une d'Armagnac, & que les Armagnacs estoient ses ennemys. Et il adjousta : *Si la fille est jeune, je l'espargneray trois ou quatre ans, tant qu'elle sera femme parfaite & formée. Voire, respondit le Roy, bel oncle, mais elle ne vous espargnera pas.* Cependant le Roy agrea sa poursuite, & envoya vers le Comte de Foix le Sire de la Riviere Messire Bureau son souverain Maistre d'hostel & Chambellan, & avec luy le Comte d'Assy. Le Duc de Bourgogne y envoya l'Evesque d'Autun & Messire Guillaume de la Trimoüille. Et le Duc de Berry pria le Comte Jean de Sancerre de les accompagner. Enfin apres avoir esté en Avignon vers le Pape, à Nismes, à Beziers, à Carcassonne, à Toulouse, ils se rendirent à Ortez, & firent tant qu'ils conclurent le mariage du Duc de Berry avec la Damoiselle de Boulogne, à la charge que le Duc payeroit au Comte de Foix dix mil escus pour la nourriture & l'entretenement de cette Princesse pendant plus de neuf ans. En suite dequoy le Comte envoya sa cousine à Morlas accompagnée de plus de cinq cens lances, & la fit delivrer aux Ambassadeurs de France, qui l'amenerent en Avignon. *Car elle descendit*, dit Froissart, *un soir à Villeneufve hors Avignon en l'hostel du Pape ; & le lendemain entre huict & neuf heures tous les Cardinaux allerent à l'encontre d'elle, & passa le pont du Rhosne en grand estat, montée sur une haquenée blanche que le Pape luy fit presenter. Si vint ainsi jusques au Palais en Avignon, & là descendit, & alla voir le Pape, qui se seoit en consistoire en chaise pontificale. Si la baisa en la bouche pour cause de lignage. Et puis alla la Duchesse & ses gens diner, & grand foison de Cardinaux, en l'hostel du Cardinal de Thury.* Le jour ensuivant le Pape luy donna à diner & à tous ses gens. Ce qui luy cousta dix mil francs au rapport de Froissart. Le Samedy elle s'en alla à Orange. *Car sa cousine germaine en estoit Princesse*. C'estoit Jeanne fille d'Amé III. Comte de Geneve & de Mahault de Boulogne, mariée à Raymond V. Prince d'Orange. Elle avoit donc germain sur la Duchesse de Berry. Elle partit d'Orange le lendemain, qui estoit un Dimanche, & arriva enfin à Riom en Auvergne, où le

D'AUVERGNE. Liv. I.

Duc de Berry se rendit la nuict de la Pentecoste, qui fut cette année le sixiesme jour du mois de Juin. Il faut donc qu'on eut tenu le contract de mariage tout prest pour estre passé & signé dez que le Duc arriveroit. Car il fut passé le Samedy cinquiesme jour de Juin. Le Comte de Boulogne constitua à sa fille par ce contract la Comté d'Auvergne, la ville de Lunel, & le chasteau de Gaillargues, plus la Comté de Boulogne pour en joüir apres sa mort; & les terres qu'il avoit en Vermandois & en Beauvoisis. Ils espouserent le lendemain jour de la Pentecoste à deux heures du matin. *Si furent les nopces moult grandes. Et là furent le Comte de Boulogne, le Comte d'Estampes, & le Comte Dauphin d'Auvergne.* Ceux là se sont donc grandement trompez qui ont creu que ce mariage se fit à Bourges.

En toute cette affaire il n'est aucunement parlé d'Eleonor de Comminge mere de la Damoiselle de Boulogne, quoyque le Comte de Foix luy eust promis avec serment qu'il ne la marieroit pas sans luy en donner connoissance, & quoy qu'il y ait grande apparence que ce traicté, qui dura plus d'un an, ne fut pas negocié sans sa participation, la chose luy touchant de si prez, & mesme son consentement y estant necessaire. On pourroit penser que ce silence proviendroit de ce qu'elle estoit morte. Mais cela ne peut pas estre, attendu qu'il paroist par un registre des playdoiries du Parlement qu'elle querela le XIX. Mars MCCCXCVI. la Comté de Comminge comme fille unique & heritiere de Pierre Raimond dernier Comte de Comminge.

Quelques années apres ce mariage il arriva un estrange accident à la Cour, où la Duchesse de Berry sauva la vie au Roy Charles VI. A la fin du mois de Janvier il se fit en l'hostel de la Reyne Blanche à saint Michel lez Paris, comme dit Jean Juvenal des Ursins, ou bien dans l'hostel de saint Paul, comme le Moine de saint Denis & Froissart l'ont escrit, une nopce d'un Chevalier de Vermandois & d'une veuve Alemande de la maison de la Reyne, que le Roy & la Reyne voulurent honorer. Le Roy donna le souper aux Dames, & tint la Reyne estat, & y convia les Duchesses de Berry, de Bourgogne, & d'Orleans. Pendant ces grandes rejouissances le Roy à la suggestion d'un Escuyer d'honeur de sa maison fit faire six habits de sauvages ou satyres, tous faits de lin sans filer colez sur de la toile avec de la poix, dans lesquels le Roy, le Comte de Joüy, Charles de Poictiers, Juain bastard de Foix, le Seigneur de Nantoüillet, & l'Escuyer qui avoit inventé cette mommerie se firent coudre. Ils vinrent dans la sale du bal en cet equipage. Le Roy par un traict de jeunesse qui luy sauva la vie s'en alla vers les Dames, passa pardevant la Reyne, & s'en vint à la Duchesse de Berry, laquelle l'arresta, voulant sçavoir le nom de cet inconnu. Mais le Roy ne voulut pas se nommer. Sur ces entrefaites, pendant que les autres cinq satyres dansoient, le Duc d'Orleans, qui y arriva sans rien sçavoir de ce jeu, abaissa la torche qu'un de ses valets tenoit devant luy, en sorte que le feu se prit aux habits des satyres, lesquels moururent tous miserablement, excepté le Seigneur de Nantoüillet, qui s'en alla dans l'office, & se jetta en un cuvier tout plein d'eau où l'on

Froissart vol. 4. chap. 52.

rinçoit tasses & hanaps. La Duchesse de Berry, dit Froissart, *delivra le Roy de peril. Car elle le bouta dessous sa queue & le couvrit pour eschever le feu, & luy dit,* (car le Roy se vouloit partir d'elle à force) *Où voulez vous aller? Vous voyez bien que vos compagnons ardent. Qui estes vous? Le Roy se nomma,* & dit: *Je suis le Roy. Or tost allez vous mettre en habit,* dit la Duchesse de Berry, *& faites tant que la Reyne vous voye.* Ce qui fut fait promptement. Et vint devers la Reyne, & là estoit la Duchesse de Berry, qui l'avoit un peu reconfortée. Et quand la Reyne vit le Roy, elle tressaillit de joye. Puis elle fut prise & embrassée des Chevaliers & emportée en sa chambre, & le Roy aussi s'en alla en sa compagnie, qui toujours la reconforta. Ainsi finit ce beau divertissement.

 Cette Princesse avoit l'ame grande & reconnoissante. Car dans le malheur qu'eut le Seigneur de la Riviere, qui avoit beaucoup contribué à faire reüssir son mariage, d'estre poursuivy vivement par les Ducs de Berry & de Bourgogne, qui le vouloient perdre, & personne n'osant parler pour luy ny ouvrir la bouche, fors seulement, dit Froissart, *cette vaillante Dame Madame Jeanne de Boulogne Duchesse de Berry. Trop de fois la bonne Dame se mit à genoux aux pieds de son mary,* & luy disoit en priant à mains jointes: *Haa, Monseigneur, à tort & peché vous vous laissez des ennemis & haineux informer diversement sur ce vaillant Chevalier & prudhomme le Seigneur de la Riviere. On luy fait purement tort, ne nul n'ose parler pour luy fors moy. Je veux bien que vous le sçachiez, que s'on le fait mourir, jamais je n'auray joye, mais seray tous les jours que je vivray en tristesse & en douleur.* D'autres fois elle luy disoit: *Haa, Monseigneur, il eut tant de peine & travail pour nous mettre ensemble. Vous l'en remunerez petitement, qui consentez sa mort & destruction. A tout le moins si on luy oste sa chevance, qu'on luy laisse la vie. Car s'il meurt sur la forme & estat dont ainsi l'esclandrés, je n'auray jamais joye. Monseigneur, je ne le dis pas de feint courage, mais de grande volonté. Si vous prie pour Dieu que vous y veuilliez pourvoir & penser à sa delivrance.* Pour couper court, elle le tira d'affaires.

 J'adjousteray icy pour l'honeur de cette Princesse qu'outre les obligations qu'elle se disoit avoir au Seigneur de la Riviere, qui l'engageoient à luy en marquer de la reconnoissance, elle donnoit sa protection à un honneste homme, qui avoit bien servy le Roy Charles V. lequel en consideration de ses grands & notables services & pour la singuliere affection qu'il luy portoit ordonna qu'il fust enterré à saint Denys à ses pieds. Ce qui fut executé en l'année MCCCC. au mois d'Aoust par ordonnance du Roy Charles VI. & des Ducs de Berry, de Bourgogne, d'Orleans, & de Bourbon, comme il est dit dans son epitaphe imprimé dans l'histoire de l'abbaye de saint Denys donnée depuis peu au public par le R. P. Felibien.

 Le Duc mourut à Paris en son hostel de Nesle le xv. Juin MCCCCXVI. aagé de LXXVII. ans, comme il est marqué dans un registre des plaidoiries du Parlement, & fut enterré à la sainte Chapelle de Bourges. Il recommanda au Roy la Duchesse sa femme, laquelle joüit en doüaire de la Comté de Montpensier & des terres de Donzenac & Boussac au bas Limousin, que le Duc avoit acquises de Geraud de Ventadour seigneur de Donzenac, avec les autres places de la Duché d'Auvergne.

Au mois de Novembre ensuivant elle se remaria à Aygueperse en Auvergne avec George de la Trimoüille Baron de Sully & de Craon, auquel elle donna pendant le cours de sa vie, soit qu'il y eut enfans ou non, les Comtez d'Auvergne & de Boulogne & les terres & seigneuries qu'elle avoit en Champagne ; & le Seigneur de la Trimoüille luy donna reciproquement, soit qu'il y eut enfans ou non, les Baronnies de Sully & de Craon & toutes les terres & seigneuries qu'il avoit lors & auroit au temps de son trespas. Il fut convenu par le traité de ce mariage que le premier enfant masle qui en proviendroit & les masles descendans des masles seroient Comtes d'Auvergne & de Boulogne & Barons de Sully & porteroient le nom & armes pleines de Boulogne. Mais la division s'estant, comme je pense, mise entr'eux quelques années auparavant la mort de la Duchesse, laquelle se retira en Auvergne, elle fit tout ce qui pouvoit dependre d'elle pour oster au Seigneur de la Trimoüille son mary tous les avantages qu'elle luy avoit faits par son contract de mariage. Car ayant declaré par acte passé à Pontgibault le XII. Octobre MCCCCXVIII. que Marie de Boulogne sa cousine Dame de la Tour estoit sa legitime & seule heritiere & qu'elle devoit luy succeder en toutes ses seigneuries & en tous ses biens generalement quelconques, elle luy donna par avance *Preuves p. 621.* par le mesme acte sa Comté d'Auvergne & en fit investir & mettre en possession Bertrand seigneur de la Tour son mary pour & au nom d'elle & de ses hoirs & successeurs perpetuelement, sauf l'usufruit sa vie durant. Elle se retira en suite en son chasteau de saint Supplice sur le Tarn entre Buzet & Montastruc au diocese de Toulouse, où je crois qu'elle mourut *Preuves p. 616.* sur la fin de l'année MCCCCXXII. y ayant des letres du Roy données à Bourges le sixiesme Fevrier ensuivant où il est parlé d'elle comme morte.

Apres son decez Marie de Boulogne Dame de la Tour se mit en possession reele de la Comté d'Auvergne & autres biens qui avoient appartenu à la Duchesse, & au contraire George de la Trimoüille fondé sur le droit que luy donnoit son contract de mariage s'empara du mieux qu'il peut des chasteaux & forteresses de la Comté d'Auvergne. Ce qui causa un grand procez entre ce Seigneur & la Dame de la Tour, lequel fut enfin terminé vingt ans apres par le mariage de Bertrand Seigneur de la Tour VII. du nom avec Loüise de la Trimoüille fille dudit George de la Trimoüille & de Catherine de l'Isle-Bouchard sa seconde femme. Il fut reproché en plein Parlement à Paris à George de la Trimoüille au mois d'Avril MCCCCXXIII. qu'il avoit vendu & fait vendre par Jeanne sa femme la ville de Lunel seize mil escus, qu'il avoit receus.

Monstrelet remarque qu'en haine du mariage de cette Duchesse avec *Monstrelet vol.* George de la Trimoüille, le Duc de Bourgogne, qui n'aymoit pas ce *1. chap. 160.* Seigneur, envoya le Seigneur de Fosseux lors Gouverneur d'Artois pour saisir & mettre en sa main la ville de Boulogne appartenant à la Duchesse Comtesse de Boulogne, & que neantmoins le Seigneur de Moreul y demeura Capitaine commis de par le Roy contre les Anglois.

Tome I.   V

154 HIST. DE LA MAISON D'AUVERGNE. Liv. I.

Apres la mort sans enfans de Jeanne de Boulogne les Comtez d'Auvergne & de Boulogne vinrent à Marie de Boulogne sa cousine germaine femme de Bertrand V. Baron de la Tour, comme il a esté dit cy dessus. Nous en parlerons encore plus amplement au quatriesme livre, où nous desduirons la genealogie de la maison de la Tour d'Auvergne.

Je ne veux pas mettre fin à ce chapitre sans advertir le lecteur d'une faute grossiere d'un ancien Chroniqueur allegué dans les annales de Meyer & de Belleforest, où il est dit que le Duc de Berry, qui avoit espousé la Comtesse de Boulogne, tua de sa main Loüis de Male Comte de Flandres en l'année MCCCLXXXIV. parce que ce Comte, qui estoit aussi Comte d'Artois, vouloit que le Duc luy fit hommage de la Comté de Boulogne comme relevant de la Comté d'Artois. Ce que le Duc, qui ne vouloit la tenir que du Roy, refusoit de faire. C'est un conte fait à plaisir, refuté par Belleforest, mesme par cette raison, qui est invincible, que le Duc de Berry n'espousa la Comtesse de Boulogne que long temps apres la mort du Comte de Flandres.

HISTOIRE
GENEALOGIQUE
DE LA MAISON
D'AUVERGNE.

LIVRE SECOND

Contenant les Comtes de Clairmont Dauphins d'Auvergne depuis l'an MCLXVI. *jusques à l'an* MCCCCXXXVI.

Les armoiries des Comtes de Clairmont Dauphins d'Auvergne font d'or au Dauphin pasmé d'azur.

TABLE GENEALOGIQUE DES DAUPHINS D'AUVERGNE.

Bernard Comte d'Auvergne & de Bourges, Marquis de Nevers.

Raculphe Comte de Mascon. — Guerin Comte d'Auvergne, Duc d'Aquitaine. — Guillaume I. Comte d'Auvergne, Duc d'Aquitaine. — Ave Abbesse. — Adelinde. — Acfred I. Comte de Bourges & de Carcassonne.

Guillaume II. Comte d'Auvergne, Duc d'Aquitaine. — Acfred II. Comte d'Auvergne, Duc d'Aquitaine. — Bernard I. Comte d'Auvergne. — Blitsende.

Ascendane. — Eustorge Vicomte d'Auvergne. — Guillaume. — Bernard II. tige des Seigneurs DE LA TOUR D'AUVERGNE.

Adalgarde. — Robert I. Vicomte d'Auvergne. — Eustorge. — Matfroy tige des VICOMTES DE THIERN. — Guy. — Armand.

Ingelberge. — Robert II. Vicomte d'Auvergne. — Estienne Evesque d'Auvergne.

Humberge. — Guillaume IV. Comte d'Auvergne après Guy son frere. — Robert III. Vicomte d'Auvergne mort sans lignée. — Guy Vicomte & puis Comte d'Auvergne mort sans lignée. — Bertrand Vicomte.

Ermengarde d'Arles. — Robert I. Comte d'Auvergne. — Guillaume. — Estienne Evesque d'Auvergne.

Ermengarde, mariée à Eudes Comte de Blois. — Guillaume V. Comte d'Auvergne. — Philippe de Givaudan.

Philippe Dame de Bourbon. — Guillaume. — Estienne. — Begon. — Ponce. — Robert II. Comte d'Auvergne. — Judith de Melgueil.

Jeanne. — Guillaume VI. Comte d'Auvergne. — Judith accordée au Comte de Crespy.

Robert III. Comte d'Auvergne. — N. mere de Guillaume Comte du Puy. — Guillaume VIII. Comte d'Auvergne.

Guillaume VII. Comte d'Auvergne. — Jeanne de Calabre.

Assalide mariée à Beraud seigneur de Mercueur. — Dauphin Comte de Clairmont. — G. Comtesse de Montferrand.

Guillaume Comte de Clairmont, DAUPHIN D'AUVERGNE. — N. mariée à Bernard V. seigneur de la Tour. — Dauphine.

Alix de Ventadour. — Robert I. Comte de Clairmont, Dauphin d'Auvergne. — Catherine mariée à Guichard de Beaujeu seigneur de Montpencier pere d'Imbert de Beaujeu Connestable de France.

Alix religieuse. — Mathe mariée à Geraud de Roussillon. — Alix mariée à Eustache seigneur de Montboissier. — Hugues mort sans lignée. — Robert II. Dauphin d'Auvergne. — Mahault d'Auvergne.

Robert III. Dauphin d'Auvergne eut deux femmes, Alixent de Mercueur, & Isabeau de Chastillon. — Guillaume mort sans lignée. — Guy Chevalier du Temple. — Mahault mariée à Guillaume seigneur d'Apchon. — Jeanne femme de Briant de Rochebaron. — Alix religieuse.

Enfans d'Alixent de Mercueur.

Anne de Poictiers. — Jean Dauphin d'Auvergne. — Robert mort sans lignée. — Robert Archidiacre de Tournay. — Dauphine.

Enfans d'Isabeau de Chastillon.

Robert Dauphin, tige des Seigneurs DE COMBRONDE. — Hugues Dauphin Prevost de Brioude. — Isabeau femme de Pierre seigneur de Montaigu. — Beatrix.

Marguerite mariée à Godefroy d'Auvergne seigneur de Montgascon. — Isabeau mariée à Guy seigneur de Chalencon. — Hugues Chanoine de Clairmont. — Amé seigneur de Rochefort. — Beraud I. Dauphin d'Auvergne. — Marie de Villemur.

Beraud II. dit le Grand fut marié trois fois. Sa premiere femme fut Jeanne Comtesse de Forez, la seconde Jeanne de Boulogne, la troisiesme Marguerite de Sancerre. — Hugues. Jean. Robert morts sans enfans. — Jeanne mariée au Seigneur d'Apchon, & puis à Guy de Severac. — Marguerite morte sans lignée. — Beatrix mariée à Henry de Montaigu, & puis à Guillaume Flote. — Catherine femme de Marquis de Beaufort. — Blanche mariée à Guerin II. seigneur d'Apchier.

Enfans de Jeanne Comtesse de Forez.

Anne mariée à Loüis II. Duc de Bourbon, en laquelle prit fin la branche des Dauphins d'Auvergne, estant devenuë Dauphine d'Auvergne par la mort sans enfans de la Princesse Jeanne sa niepce. — Beraud III. marié à Jeanne de la Tour d'Auvergne. — Jean & Loüis morts sans lignée. — Robert Evesque de Chartres & d'Alby. — Marie accordée à Philippe de Vienne. — Jeanne Vicomtesse de Polignac. — Marguerite mere de Jean seigneur de Bueil Admiral de France. — Jacquette Abbesse de S. Menoul en Bourbonnois.

Jeanne Dauphine d'Auvergne, mariée à Loüis de Bourbon Comte de Montpencier, morte sans enfans.

HISTOIRE
GENEALOGIQUE
DE LA MAISON
D'AUVERGNE.

LIVRE SECOND.

ON deſſein eſtant, comme il le doit eſtre, de mettre en cet ouvrage la ſucceſſion de la maiſon d'Auvergne ſeparée en pluſieurs grandes branches, il faut neceſſairement parler des Dauphins d'Auvergne iſſus d'un aiſné de cette grande maiſon, maltraitez d'abord de la fortune, mais qui ſe ſont dans la ſuite beaucoup relevez par leur merite & par leurs grandes actions. L'uſurpation de la Comté d'Auvergne faite par Guillaume VIII. ſur Guillaume VII. ſon neveu, qui eſtoit le veritable heritier des Comtes, comme fils de l'aiſné, a eſté la cauſe de l'eſtabliſſement de ce grand titre de Dauphin d'Auvergne. Ce ne fut pas neantmoins Guillaume VII. qui porta le premier cette qualité,

V iij

158   HISTOIRE DE LA MAISON

mais son fils, qui mit ce nom dans sa famille & le rendit hereditaire à ses successeurs. Mais enfin cette grande & puissante maison a esté esteinte & est tombée en la royale maison de Bourbon par le mariage d'Anne Comtesse de Forez & Dauphine d'Auvergne avec Loüis II. du nom Duc de Bourbon.

MONT-FERRAND.
D'or au grifon de gueules parti de sinople.

DAUPHIN D'AUVERGNE *Comte de Clairmont & de Montferrand.*

CHAPITRE PREMIER.

Preuves p. 247.

M. de Boissieu p. 382.

DAUPHIN, ainsi appellé, comme je le pense, du nom de son ayeul maternel Guy III. Comte d'Albon & de Vienne, lequel est aussi appellé Dauphin dans la vie de la Comtesse Marguerite de Bourgogne sa femme escrite par un Chanoine de Grenoble son contemporain & dans un titre de l'Eglise de saint Bernard de Romans rapporté par M. de Boissieu dans son traicté de l'usage des fiefs, il laissa son nom hereditaire à ses successeurs, & quitta les armes des Comtes d'Auvergne, assavoir le gonfanon de gueules frangé de sinople en champ d'or, & prit un Dauphin en son escu à l'exemple des Comtes d'Albon & de Vienne.

Il est fait mention de ce Seigneur qualifié Comte d'Auvergne & de Clairmont en divers titres de l'année MCLXVI. & suivantes jusques en l'année MCCXXIII. qui nous apprennent qu'il estoit seigneur de la chastellenie d'Hermenc, des seigneuries d'Yssoire, Chamaliere, Montrognon, Plauzac, Champeils, Cros, Auriere, Neschers, Chanonac, Breone, Saurias, Rochefort, & de la chastellenie de Vodable & ses dependences, assavoir Solignac, Rongeres, Malnaut, Antoing, Mazerat, Longchamp, Mareugeol, Bergonne, Colanges, le Broc, & autres bourgs & villages esquels consistoit cette chastellenie, laquelle estoit de grande estenduë, & dont la ville de Vodable estoit la capitale.

Il estoit aussi seigneur des chasteaux & chastellenies de Voreppe & de *Preuves p.248.*
Varacieu en Dauphiné, lesquels il vendit en l'année MCCXXV. à Dauphin
Comte d'Albon & de Vienne, & luy ceda toutes les actions reeles &
personneles qui luy pouvoient appartenir en toute la Comté de Viennois,
& le deschargea & la Duchesse sa mère de toutes les promesses & conventions qu'ils luy avoient faites auparavant, comme il a esté dit cy dessus
page 64. en parlant de Guillaume VII. Comte d'Auvergne. Et pour plus
grande seureté de cette alienation les parties prierent l'Archevesque de
Vienne & l'Evesque de Clairmont de vouloir apposer leurs seaux au
contract qui en fut passé à Montrognon en Auvergne.

M. Justel remarque qu'il se peut recüeillir d'un titre de l'an MCXCIX.
que nostre Dauphin avoit quelque droit & seigneurie en la ville de Clairmont qui n'est pas exprimé. Ce qui ne se doit entendre, dit il, de la
Comté. Car alors la Comté d'Auvergne ou de Clairmont estoit possedée
par le Comte Guy II. sur lequel la ville de Clairmont fut prise en la
guerre que luy fit le Roy Philippe Auguste, en laquelle le Comte Guy
fut assisté par Dauphin son cousin, qui y perdit Yssoire & plusieurs
autres places, ainsi qu'il se peut recüeillir des traictez de paix faits ez *Preuves p.249.*
années MCXCIX. & MCCXXIX. en vertu desquels Dauphin y fut *250.*
restably, s'estant remis en l'obeïssance du Roy.

Il vivoit encore, dit M. Justel, en l'année MCCXXXIII. ainsi qu'il
se voit en un titre de cette année là, par lequel il confirme à Ponce *Preuves p.251.*
Vicomte de Polignac la donation du chasteau de Salazuit par luy cy
devant faite en l'année MCXCVIII. à Ponce Vicomte de Polignac son
pere neveu de Dauphin. Mais il y a faute en la date de ce titre, l'indiction XI. qui y est marquée appartenant à l'année MCCXXIII. &
non à l'année à laquelle M. Justel a rapporté ce titre. A quoy il faut
adjouster que cette terre ayant esté assignée pour le doüaire d'Alix de
Trainel accordée en l'année MCCXXIII. avec Ponce, il y a grande *Preuves p.251.*
apparence que les parents & amis d'Alix de Trainel voulurent encore
pour assurance de son doüaire prendre la precaution de faire confirmer
en faveur de ce mariage la donation du chasteau de Salazuit faite vingt
six ans auparavant au pere du mary d'Alix.

Il est remarqué dans les Vies des Poëtes Provençaux, qui furent autresfois tant à la mode, que nostre Dauphin aymoit la poësie. On trouve *Preuves p.252.*
des vers de sa façon dans deux anciens MSS. de la Bibliotheque du
Roy. Dauphin ayant oüy parler d'Hugues Brunet natif de Rhodez, qui
estoit pourlors en grande reputation, il l'attira à son service, aussi bien
qu'un autre Poëte appellé Pierre d'Auvergne natif du diocese de Clairmont. Il aymoit si desmesurement ce dernier que s'estant apperceu qu'il *Preuves p.252.*
estoit amoureux de la Dame de Mercueur sa sœur, il incitoit sa sœur de
l'aymer & de le caresser, comme il a esté dit cy dessus page 65. en parlant
des enfans de Guillaume VII. Comte d'Auvergne pere de Dauphin.
Mais il faut observer en tout cecy, que c'estoit des amours sans vilainie,
& que les plus grandes Dames se faisoient alors honeur d'aymer les
Poëtes & d'en estre aymées. Il ne faut que lire les Vies des Poëtes

160   HISTOIRE DE LA MAISON

Provençaux pour en estre pleinement convaincu.

Il aymoit aussi beaucoup Perdigon autre Poëte Provençal, Gentilhomme du pays de Givaudan, comme dit Jean de Nostre Dame, ou bien fils d'un pauvre pescheur du bourg nommé l'Esperon au mesme pays, comme il est marqué dans un ancien MS. de la Bibliotheque du Roy. Il estoit Poëte comique, sçavoit la musique, & joüoit bien des instrumens de corde & de vent. Ce qui luy acquit une tres grande reputation chez tous les Princes & grands Seigneurs, en sorte que le Dauphin l'attira à son service, le fit passer Chevalier, & luy donna de grandes terres & possessions de grand revenu. Tant qu'il fut auprez de la personne de Dauphin il se trouva fort heureux. Mais quand il fut decedé, Perdigon ne se peut entretenir avec le nouveau Dauphin son fils, parcequ'il estoit jeune, ne sçachant le bien & la felicité qu'on reçoit de la poësie. C'est ainsi que Jean de Nostre Dame raconte cette histoire. Mais il se trompe en ce qu'il escrit que le Dauphin estoit jeune lorsqu'il succeda à son pere. Ce qui arriva en l'année MCCXXXIV. auquel temps il n'estoit pas jeune, ayant esté marié en l'année MCXCVI. du vivant de son pere. Il y a dans un ancien MS. de la Bibliotheque du Roy un dialogue en vers de Dauphin & de Perdigon.

Cod. biblioth. reg. 7698.

Cod. 7225.

J'ay trouvé dans un vieux titre escrit en langue du pays qu'Anselme d'Olbi, qui y est appellé Naselmes suivant la maniere de parler & d'escrire de ce temps là, ayant fait un traicté d'accord avec le Comte Dauphin, il luy abandonna entr'autres choses un chasal ou bastiment qui luy appartenoit dans le chasteau de Montrognon, que le Comte avoit basti. Ce titre est sans date. Je trouve un autre Anselme d'Olbi du temps de Durand Evesque de Clairmont dans un titre de l'Eglise de Clairmont, dont M. le President Savaron fait mention dans les Origines de la ville de Clairmont page 172.

Preuves p. 253.

Au mois de Juin MCXCVIII. Dauphin donna le chasteau de Salazuit à Ponce Vicomte de Polignac, qu'il appelle son neveu parce qu'il estoit fils de la sœur de sa femme, comme nous le dirons un peu plus bas en parlant du testament de la Comtesse sa femme. Nous verrons incontinent que ce Vicomte avoit auparavant quelques droits à Salazuit, & que par consequent la donation que son oncle luy fit n'estoit pas de toutes les appartenances de ce lieu.

Preuves p. 251.

L'année suivante Dauphin termina par sa soufmission envers le Roy Philippe Auguste les differens qu'il avoit avec luy au sujet d'Yssoire, & luy abandonna tout le droit qu'il avoit en cette ville & en celle de Clairmont. Cet accommodement fut fait par l'entremise de Robert d'Auvergne Evesque de Clairmont, auquel le Roy donna commission pour recevoir le serment que Dauphin & son fils luy devoient faire pour l'execution de ces promesses.

Preuves p. 149.

En la mesme année MCXCIX. le Comte Dauphin fit un eschange avec l'Abbé & le Chapitre d'Yssoire, ausquels il delaissa tout ce qu'il avoit à Yssoire, avec quelques droits à Vodable, & quelques autres terres & droits, & les Moines luy cederent tout ce qu'ils avoient depuis le chemin public tendant par Champeils à saint Germain par le pont de l'Estrade

jusques

jufques à la terre du Seigneur de Mercueur & tout ce qu'ils avoient ez terres de Maurice de Breon, de Saurias, de Moame, & de Mareugeol, où devoit fervir un Moine des oblations de l'Eglife. C'eft ce que j'ay trouvé dans l'Inventaire des titres de la maifon des Dauphins d'Auvergne.

Au mois de Juillet de l'année MCCI. Ponce Vicomte de Polignac paffa une tranfaction avec les Chanoines de l'Eglife de Brioude, par laquelle il approuva & confirma celle que fon pere Erails ou Heracle avoit paffée avec eux il y avoit vingt ans apres les grands torts qu'il avoit faits & les grands dommages qu'il avoit fait fouffrir à cette Eglife, à laquelle pour reparation il rendit à perpetuité le chafteau de Cuc avec Berbezis & tout ce qu'il avoit à Solezoit ou Salazuit. Cela fut fait par la mediation de Dauphin & de fon coufin Guillaume Prevoft de cette Eglife. *Preuves p. 69.*

En l'année MCCXIII. Dauphin & fon fils Guillaume fe difants Comtes d'Auvergne reconnurent par acte public qu'ils n'avoient aucuns droits ny jurifdiction dans le lieu & dans l'Eglife d'Orcival appartenant aux Seigneurs de Cros leurs vaffaux. C'eftoit une bonne maifon en Auvergne que celle des Seigneurs de Cros, de laquelle fortit en ce temps là Geraud de Cros Archevefque de Bourges. *Preuves p. 254.*

En l'année MCCXIV. ils firent une tranfaction avec Guy de Rochefort, par laquelle ils reconnurent qu'il poffedoit en fief franc le lieu de Prefchonet avec toutes fes appartenances, à la referve toutesfois de Chaflucet & de la Garde, qu'il ne tenoit pas d'eux en fief. Ils luy relafcherent auffi l'hommage & le ferment qu'il leur avoit fait pour Chaurils, & luy remirent la terre d'Ageles avec le fief d'Aynon Baraft & tous les fiefs en dependents. *Preuves p. 255.*

En l'année MCCXVII. le pere & le fils pafferent une tranfaction avec l'Abbé d'Aurillac au fujet des conteftations qu'ils avoient pour le caflar ou chafal du lieu de Daufat, qui eftoit de la mouvance de cette abbaye, & Dauphin en fit hommage & ferment de feauté à l'Abbé. *Preuves p. 255.*

En l'année MCCXXIII. Dauphin, fon fils Guillaume, & Robert fon petit fils firent un autre accommodement avec le Chapitre de Brioude pour certains differens qu'ils avoient entr'eux, nommement pour la place appellée *Comtalta*, où ils avoient des baftimens & des tours, avec faculté au Chapitre d'y faire conftruire tel baftiment qu'ils jugeroient à propos. Cette tranfaction fut confirmée quelques mois apres par Conrad Evefque de Porto Legat du faint fiege, lequel eftoit pourlors à Brioude. *Preuves p. 255. 256.*

En la mefme année, comme il eft marqué dans l'inventaire des Dauphins d'Auvergne, Robert feigneur de Murol ceda au Comte de Clairmont le droit de fief & hommage qu'il fouloit avoir au lieu de Plauzac.

J'ay leu dans les memoires de M. Du Bouchet que Dauphin avoit efpoufé Eleonor fille d'Archambaud IV. Vicomte de Comborn & d'Humberge Vicomteffe de Limoges fa femme. Mais outre que M. Du Bouchet ne fait aucune mention de cette Eleonor dans la table genealogique qu'il a dreffée des Vicomtes de Comborn, laquelle eft prefentement en mes mains, Geoffroy Prieur de Vigeois aucteur contemporain, qui nomme tous les enfans tant mafles que femelles de ce Vicomte & de fa femme

Tome I.   X

Humberge, ne parle en aucune maniere de cette Eleonor ny de son mariage avec Dauphin. Le plus seur est de dire avec M. Justel qu'il espousa la Comtesse de Montferrand, laquelle il estime avoir esté appellée Huguete, parce qu'il avoit trouvé dans l'Obituaire de saint André lez Clairmont que *III. Octobris obiit Hugua Comitissa Montisferrandi*. Il est vray que Dauphin espousa la Comtesse de Montferrand, & qu'il y eut en ce temps là une Comtesse de Montferrand appellée Huguete. Mais elle n'estoit pas Comtesse de Montferrand de son chef, mais parce qu'elle estoit femme de Guillaume Comte de Montferrand fils de Dauphin, comme nous le dirons en son lieu. Il est difficile de marquer distinctement & nettement le nom de la femme de Dauphin, son nom n'estant marqué que par la premiere letre dans son testament, qui est conservé au Tresor de Turenne, & son nom estant en blanc dans un acte de son mary passé pour l'execution de son testament peu de temps apres son decez. M. Justel a imprimé cet acte, & y a laissé du vuide en l'endroit où devoit estre le nom de la Comtesse. M. Du Bouchet, qui l'a copié mot à mot du livre de M. Justel, a rempli ce vuide par imagination & en vertu, comme je le pense, d'un titre de Guillaume fils de Dauphin dans lequel le nom de cette Comtesse est marqué par un E. simplement. En quoy il y a assurement faute, celuy qui a copié cet acte n'ayant pas bien leu dans l'original d'où il a esté tiré. Car on ne peut pas douter que son nom ne commençat par un G, puisqu'au commencement de son testament il y a : *Ego G. Comitissa Montisferrandi agens in extremis.*

Ce testament est de l'an MCXCIX. & ne comprend quasi que les legs pieux qu'elle fit, qui sont en grand nombre. On les verra bien au long parmy les preuves de cette histoire, où il sera imprimé. Je me contenteray de remarquer icy qu'elle fit des legs aux abbayes du Bouschet & de la Vayssi nouvellement fondées en Auvergne, la premiere par Robert IV. Comte d'Auvergne, & l'autre par Bertrand I. seigneur de la Tour d'Auvergne. Elle nomma executeurs de son testament Maistre Aldefred son Chapelain, qui est appellé dans son epitaphe fondateur de l'abbaye de Chantoen lez Clairmont, & Dame Marquise de Lesclache. Elle laissa deux filles apres elle, assavoir la Dame de la Tour femme de Bernard V. fils de Bertrand, & Dauphine non encore mariée. D'où il est aysé de conclurre que c'est sur de faux memoires que M. Justel a escrit que Dauphine estoit veuve de Renaud de Nevers en l'année MCXCIX.

En suite de ce testament, dans la mesme peau de parchemin, sont marquez les payements de quelques uns de ses legs, & il y est fait mention de Madame la Vicomtesse, *Dominæ Vicecomitissæ*, c'est à dire, de la Vicomtesse de Polignac, laquelle estoit sœur de la testatrice. Elle fit un legs à l'Eglise de Nostre Dame du Port à Clairmont.

Apres le decez de la Comtesse le Comte Guillaume son fils confirma par un acte public passé le XXIV. Juin, qui fut sans doute le jour du decez de sa mere, la promesse qu'il luy avoit faite sur les saints Evangiles d'executer les ordonnances de sa derniere volonté & nommément que Maistre Aldefred & la Dame Marquise joüiroient pendant un certain

D'AUVERGNE. Liv. II.

temps des lefdes, fours, & moulins de Montferrand pour le payement de fes legs, & donna pour pleiges & cautions, qui jurerent avec luy, quelques Seigneurs d'Auvergne nommez dans cet acte, qui fut confirmé par Dauphin fon pere & par l'Evefque de Clairmont, qui y firent appofer leurs feaux.

Dauphin mourut en l'année MCCXXXIV. le XXII. Mars, à ce que je crois, attendu que fon anniverfaire eft marqué en ce jour dans deux anciens Obituaires de l'Eglife cathedrale de Clairmont, & qu'il y a un titre de luy pour Megemont paffé au mois de Mars MCCXXXIV. *Preuves p. 158.*

Enfans de Dauphin Comte de Clairmont & de G. Comteffe de Montferrand fa femme.

GUILLAUME COMTE DE CLAIRMONT & de Montferrand, qui aura fon chapitre.

HUGUES D'AUVERGNE, que Guillaume appelle fon frere dans un titre de la Chartreufe du Port fainte Marie en l'année MCCXXII. au mois d'Avril. *Preuves p. 158.*

N. D'AUVERGNE mariée à Bernard Seigneur de la Tour d'Auvergne V. du nom.

DAUPHINE D'AUVERGNE.

Tome I.

HISTOIRE DE LA MAISON

Guillaume Comte de Clairmont & de Montferrand, Dauphin d'Auvergne.

CHAPITRE II.

Preuves p. 258.

GUILLAUME succeda à Dauphin son pere mort en l'année MCCXXXIV. comme nous venons de le dire.

En l'année MCCXXII. il fit quelques donations à la Chartreuse du Port sainte Marie, reservant neantmoins aux religieux de l'abbaye du Bouschet la faculté de prendre du bois pour leurs bastimens & pour leur chaufage dans une partye de la forest qu'il marqueroit. Il est dit dans ce titre qu'il fit cette donation avec le consentement de son frere Hugues.

Preuves p. 259.

En l'année MCCXXIII. le Comte Guillaume & son fils Robert firent quelques dons à l'abbaye saint André lez Clairmont fondée par Guillaume VII. Comte d'Auvergne, duquel ils descendoient en droite ligne. La charte fut seellée deux fois avec le seau de Guillaume, une fois pour luy, & l'autre pour son fils, qui supplia son pere d'y mettre encore son seau pour luy, à cause qu'il n'avoit pas le sien.

Preuves p. 259.

Au mois de Fevrier de l'année MCCXXV. il transigea avec Mahault Comtesse de Nevers pour les pretentions qu'il avoit sur elle par la mort de R. de Desise & pour le mariage de sa mere, pour raison dequoy Mahault s'obligea de luy payer tous les ans & à ses heritiers la somme de six vingt dix livres monnoye courante à Nevers. Moyennant quoy le Comte devint son homme, c'est à dire luy fit foy & hommage pour cette rente, à la charge neantmoins que si elle mouroit sans enfans, il rentreroit dans ses droits. Elle estoit fille unique de Pierre de Courtenay Prince du sang royal de France & d'Agnes de Nevers, & estoit pourlors mariée en secondes nopces avec Hervé Baron de Donzy, de Cosne sur Loire, & de saint Agnan, apres la mort duquel elle se maria pour la troisiesme fois

Hist. de Bourgogne de M. Du Chesne p. 343.

avec Guy Comte de Forez, lequel à cause d'elle prit la qualité de Comte de Nevers, & mourut avant elle le XXIX. Octobre MCCXLI.   *Hist. de Courtenay p. 52.*

En l'année MCCXXVI. au mois de Mars, estant à Vincennes, il fit hommage au Roy Loüis VIII. pour la Comté de Montferrand & pour les seigneuries de Rochefort & de Croc en presence de Philippe Comte de Boulogne frere du Roy, de Guerin Evesque de Senlis Chancellier de France, de Barthelemy de Roye Chambrier de France, d'Estienne de Sancerre, de Guy Comte de saint Paul, d'Amaury Comte de Montfort, & de plusieurs autres.   *Preuves p. 160.*

Le Roy ayant escrit peu auparavant aux habitans de Montferrand pour les porter à luy faire serment de fidelité & à recevoir garnison dans leur forteresse, sans prejudice du droict du Comte Guillaume leur seigneur, leur promettant sa protection & qu'il ne les mettroit jamais hors de sa main, ils luy promirent avec serment d'observer exactement ce qu'il leur avoit marqué de faire dans ses letres. Apres quoy le Roy leur fit expedier des letres confirmatives des premieres. Il est marqué dans ces letres que tout cela se passa en l'année MCCXXV. au mois de Fevrier. Mais il faut le rapporter à l'année MCCXXVI. à cause de la maniere de compter d'alors, l'année commençant à Pasques.   *Preuves p. 166.*

En l'année MCCXXX. selon la mesme maniere de compter il s'obligea d'observer le traicté de paix qui venoit d'estre conclu entre son pere Dauphin & Robert son fils & le Roy saint Loüis par la mediation d'Archambaud seigneur de Bourbon. Et en mesme temps ce Seigneur luy remit le chasteau de Pontgibaut, qui avoit esté pris sur luy par les gens du Roy.   *Preuves p. 250.*   *Preuves p. 776.*

Au mois de May MCCXXXVIII. il y eut plainte contre luy par les Chanoines de Brioude de ce que tenant d'eux en fief les chasteaux de Vieille Brioude & de saint Allire jurables & rendables à grande & petite force, comme il l'avoit promis par serment & l'avoit fait cy devant, il refusoit neantmoins presentement de le faire. Il fut assigné à comparoir à Yssoire devant Amaury de Courcelles Connestable ou Gouverneur d'Auvergne. Il eluda cette assignation & quelques autres, y ayant à Brioude une sentence de defaut donnée contre luy le Lundy avant la saint Luc MCCXXXIX.   *Preuves p. 160.*

Je trouve dans un titre de l'an MCCXXXVIII. que parmy les revenus de ce Comte on comprenoit celuy des oyes qui luy estoient duës annuelement par ses sujects, qui y sont nommez. Ce que je ne remarque pas precisément pour marquer cette sorte de revenu, mais pour faire observer qu'il avoit des officiers appellez Bayles en plusieurs de ses terres, ausquels il ordonne de lever ces rentes & de les delivrer au porteur, sinon en espece, au moins en argent, chasque oye evaluée à sept deniers, ordonnant expressement que le porteur demeure chez les Bayles à leurs despens jusques à l'execution de ses ordres.

Il avoit esté marié du vivant de son pere avec Huguete fille de Guillaume seigneur de Chamaliere, comme il conste d'un acte de l'an MCXCVI. par lequel Dauphin, Guillaume son fils, & sa femme Huguete   *Preuves p. 161.*

X iij

vendirent à faculté de rachat à Robert Evesque de Clairmont le chasteau de Chamaliere avec la justice & toutes ses appartenances.

Je crois qu'Huguete fut mere de Robert I. Comte de Clairmont & Dauphin d'Auvergne, y ayant un titre de l'an MCCXII. qui nous apprend que Guillaume Comte d'Auvergne fils de Dauphin donna Montferrand, Hermenc, & autres lieux à sa femme Isabeau & à sa fille Catherine, & luy assigna son doüaire sur Montferrand, & par un autre titre de l'an MCCXXIV. il ordonne qu'au cas que sa fille meure sans enfans, les choses ainsi données reviennent à son fils Robert, sauf le doüaire de la Comtesse sa femme au cas qu'il decedat avant elle. Outre cela il y a au Tresor de Turenne un titre de l'an MCCXLVIII. où ce Comte Robert prend la qualité de seigneur de Chamaliere, mesme avant celle de Comte de Clairmont, parce qu'il estoit naturelement seigneur de Chamaliere à cause de sa mere, & non à cause de sa femme, comme M. Justel l'a creu, ayant de plus estimé qu'Alixent Dame de Mercueur, qui se dit aussi Dame de Chamaliere, avoit esté femme de ce Robert. Ce qui n'est pas vray, comme nous le ferons voir dans le chapitre suivant.

M. Justel a aussi creu qu'Isabeau seconde femme de ce Comte Guillaume estoit de la maison de Dampierre, parceque le Comte son mary porte dans son contresceel un escusson des armes de Dampierre, assavoir de gueules à deux leopards d'or. Mais cette conjecture n'est pas fort bien fondée, d'autant moins que les couleurs, qui font bien souvent une grande difference, ne sont pas marquées dans ce contresceel. D'ailleurs il y avoit en ce temps là en Auvergne une maison noble des Seigneurs de Pontgibaut, qui avoit des armoiries entierement semblables à celles qui sont dans ce contresceel, comme on le voit dans un seau attaché à une transaction passée en l'année MCCLXXIII. entre Robert Comte de Clairmont & Eldin de Neyrac Chevalier.

Le mesme M. Justel a creu que c'estoit de cette Isabeau qu'il falloit interpreter cet extrait de l'Obituaire de Fontevraud, *III. Idus Maii Domina Elisabetha Comitissa Claromontis*. Ce qui ne prouve rien, cet extrait pouvant estre entendu d'Isabeau de Valois femme de Pierre Duc de Bourbon & Comte de Clairmont, & mesme, si on veut, d'Isabeau de Chastillon femme de Robert III. Comte de Clairmont & Dauphin d'Auvergne.

Apres la mort d'Isabeau Guillaume son mary espousa une troisiesme femme appellée Philippie. Je n'ay pas peu descouvrir de quelle maison elle estoit, le contresceel de son seau, où les Dames mettoient quelquefois les armoiries de leur maison, n'ayant qu'un Dauphin. Cette troisiesme femme luy survesquit, & se remaria en l'année MCCXLI. avec Robert de Courcelles fils d'Amaury de Courcelles Connestable ou Gouverneur d'Auvergne & pere, comme il est à presumer, de Robert de Courcelles seigneur du Breuil dans un titre de l'an MCCLXXX. qui est conservé en original au Tresor de Turenne. Il y eut procés à cause de ce mariage entre ladite Philippie & Robert I. Comte de Clairmont, lequel fut terminé par la mediation de l'Abbé de Mauzac au mois d'Octobre MCCXLI. le chasteau de Plauzac avec ses appartenances ayant esté cedé à Philippie & à son mary & à leurs heritiers à la charge d'en faire la foy & hommage au Comte de Clairmont, sauf l'hommage deu au Roy.

On sçait que ce Seigneur eut plusieurs enfans qui ne sont pas distinguez par leurs meres, excepté Catherine Dame de Beaujeu, laquelle estoit fille d'Isabeau. Je crois aussi, comme je l'ay deja dit, que Robert estoit fils d'Huguete. Mais il n'y en a pas de preuve assurée. De sorte que pour eviter tous ces embarras, je me contenteray de mettre icy les noms de ses enfans, sans parler de leurs meres.

Enfans de Guillaume Comte de Clairmont & de Montferrand, Dauphin d'Auvergne.

ROBERT I. COMTE DE CLAIRMONT, Dauphin d'Auvergne, qui aura son chapitre.

CATHERINE DAUPHINE née en l'année MCCXII. au plus tard, *Preuves p. 163.* mariée en l'année MCCXXVI. à Guichard de Beaujeu seigneur de Montpencier fils de Guichard III. seigneur de Beaujeu & de Montpencier & de Sibylle de Haynaut seconde fille de Baudoüin Comte de Haynaut & de Marguerite de Flandres, auquel elle porta en dot les seigneuries de Montferrand & d'Hermenc, & il luy donna pour son doüaire la moitié de tous ses biens presens & à venir, excepté le corps de Montpencier. Guichard & Catherine engendrerent Humbert de Beaujeu appellé communément Imbert seigneur de Montpencier, Heric seigneur d'Hermenc Mareschal de France decedé sans lignée en l'année MCCLXX. au siege de Thunes avec Bernard seigneur de la Tour d'Auvergne VII. du nom son cousin, & Loüis seigneur de Montferrand marié avec Marguerite de Bomés Dame de Chasteauvillain & du Broc, laquelle se remaria depuis à Henry seigneur de Sully. Imbert de Beaujeu seigneur de Montpencier & d'Aygueperse Connestable de France accompagna deux fois le Roy saint Loüis au voyage d'Outremer, & servit aussi depuis si dignement Philippe III. son fils que pour recompense de ses bons & agreables services sa Majesté luy donna la seigneurie de Rochedagoux en Auvergne avec le chasteau de Poensac & de Montil le degelé, terres qui furent depuis possedées par Jacques Aubert petit neveu du Pape Innocent VI. & mary d'Antoinete de la Tour fille d'Agne III. seigneur d'Oliergues. Imbert espousa Isabeau de Mello Dame de saint Maurice Tiroüeille. Et de ce mariage nasquit Jeanne de Beaujeu Dame de Montpencier, d'Aygueperse, d'Hermenc, de Rochedagoux, & de Roane en partye, laquelle fut mariée à Jean II. du nom surnommé le Bon Comte de Dreux & de Braine Prince du sang *Hist. de Dreux* royal de France & grand Chambrier de France. Il est marqué dans un *de M. Du Chesne p. 103.* ancien Obituaire de l'Eglise cathedrale de Clairmont que Catherine Comtesse de Montferrand & femme de Guichard de Beaujeu mourut le huictiesme jour du mois de May. Mais dans l'Obituaire de saint André son anniversaire est marqué à l'onziesme jour du mesme mois. D'où on peut, ce me semble, conclurre qu'elle mourut au commencement du mois de May.

168   HISTOIRE DE LA MAISON

M. Juſtel adjouſte aux enfans de ce Comte Beliſende femme d'Heracle II. Vicomte de Polignac pere de Ponce auſſi Vicomte de Polignac, qu'il pretend avoir eſté petit fils de Dauphin, nommé *nepos* de Dauphin dans l'acte de la donation de Salazuit dont nous avons parlé cy deſſus page 159. Il ſe trompe. Car il n'eſtoit pas petit fils de Dauphin, mais ſon neveu, eſtant fils d'une ſœur de la Comteſſe de Montferrand femme de Dauphin.

Il a encore adjouſté Alix mariée à Euſtache ſeigneur de Montboiſſier. Mais elle eſtoit fille, & non ſœur, de Robert I. Dauphin d'Auvergne, comme nous le dirons au chapitre ſuivant.

VENTA-
DOUR.
Eſchiqueté d'or
& de gueules.

Robert I. Comte de Clairmont, Dauphin d'Auvergne.

CHAPITRE III.

Preuves p. 281.

E nombre des femmes qu'eut Guillaume pere de Robert & le peu de titres que nous avons pour marquer celles qui ont eu des enfans ne me permettent pas d'aſ-ſurer qu'Huguete de Chamaliere fut ſa mere. Neantmoins une grande raiſon de le penſer ainſi eſt que dans un titre de l'an MCCXLVIII. il prend la qualité de Comte de Clairmont & ſeigneur de Chamaliere. Ce qu'il ſemble n'avoir peu faire qu'à cauſe que ſa mere en eſtoit Dame, & que ſi elle eſtoit morte ſans enfans, cette terre n'auroit pas reſté dans la maiſon des Dauphins, mais ſeroit retournée à ſes proches. Et cependant il y a à

Preuves p. 265. Turenne un titre de l'an MCCXXXVIII. où une Dame appellée Alixent ſe dit Dame de Chamaliere, & dans le ſeau qui y eſt attaché elle eſt appellée Dame de Mercueur.

Preuves p. 265. La femme de ce Comte eſt appellée Alaſie dans le teſtament de ſon
268. 300. mary & dans des letres patentes du Roy Charles le Bel de l'année MCCCXXI.
Preuves p. 263. qui ſont au Treſor des chartes de France, & Aalis en pluſieurs autres
266. 267. endroits. M. Juſtel a creu qu'elle eſtoit fille d'Hugues III. du nom Duc de Bourgogne & d'Alix de Lorraine, dont il eſt fait mention au Calendrier

de

de l'abbaye de Fontevraud où elle se rendit religieuse, & est appellée *neptis*, c'est à dire petite fille, comme il l'explique, de Marie de Champagne Duchesse de Bourgogne, qui fut Abbesse de ce monastere, & que lorsque Robert l'espousa, elle estoit veuve de Beraud V. du nom seigneur de Mercueur, pourquoy elle se trouve qualifiée Dame de Mercueur, de Chamaliere, & de Gerzat en un titre de l'an MCCXXXVIII.

Il y a tout plein de fautes dans ce tissu de narration. Car premierement cette Alasie ou Alix n'estoit pas de la maison des Ducs de Bourgogne, mais de celle des Vicomtes de Ventadour. La preuve de ce fait resulte du testament du Comte Robert son mary fait en l'année MCCLXII. *Preuves p. 270.* dans lequel, elle estant deja morte, Bernard & Helie de Ventadour sont appellez oncles de ses enfans. Ce qu'ils ne peuvent avoir esté qu'à cause de leur mere. Pour ce qui est du Calendrier de Fontevrauld, il ne faut pas s'y arrester beaucoup, estant tres fautif, en l'endroit principalement où il est marqué qu'Adelide Comtesse de Clairmont estoit niepce de Marie de Champagne Duchesse de Bourgogne & Abbesse de ce monastere. Il *Hist. des Ducs* est vray qu'une Princesse de ce nom veuve d'Archambaud VII. seigneur *de Bourgogne p.* de Bourbon se rendit religieuse à Fontevrauld. Mais elle n'estoit ny niepce *145.* ny petite fille de Marie de Champagne. Elle estoit sa propre fille. Adjoustez à tout cela qu'Alix de Ventadour mourut avant son mary, & que par consequent elle ne se trouva pas en estat d'embrasser la vie religieuse.

Il est encore moins vray qu'Alix fut veuve de Beraud V. seigneur de Mercueur lorsqu'elle espousa le Comte Robert. Il n'y a aucune preuve de ce fait. Le titre de l'an MCCXXXVIII. sur lequel M. Justel s'est *Preuves p. 265.* fondé ne parle en aucune maniere de son mariage avec Beraud ny avec Robert. Il y est seulement dit qu'Alixent Dame de Chamaliere & de Gerzat transporta en l'année MCCXXXVIII. un cens de douze deniers monnoye de Clairmont au monastere de saint André lez Clairmont pour cause d'eschange d'un semblable cens que les religieux de cette abbaye luy donnerent. Il est vray qu'à l'entour de son seau il y a escrit: S. ALIXENS DNE DE MERCORIO. Mais ne prenant aucune qualité dans l'acte, on n'en peut tirer autre chose si ce n'est qu'elle estoit Dame de Mercueur, de Chamaliere, & de Gerzat. Mais aussi on ne peutpas nier qu'elle ne fut mere de Beraud de Mercueur, y ayant dans l'inventaire des Dauphins d'Auvergne une transaction passée en l'année MCCXVI. entre Beraud de Mercueur & Estienne son frere pour raison de la succession d'Alixent leur mere, dans laquelle pourtant il n'est fait aucune mention de son alliance avec le Comte de Clairmont.

Il est marqué dans le mesme Inventaire qu'en l'année MCCXLIV. l'Abbesse du monastere de Comps en Auvergne, appellé aujourd'huy la Vau-Dieu, certifia avoir dans son monastere la donation que Robert Comte de Clairmont & la Comtesse Alix sa femme leur avoient faite de trois emines de froment & trois emines de mixture de rente sur la seigneurie de Saurias. Cette donation se trouve encore dans les archives de *Preuves p. 266.* cette abbaye. Il en fit autant pour l'abbaye du Bouschet. J'ay trouvé dans un ancien registre du Tresor des chartes de France que cette Comtesse *Preuves p. 265.*

fit encore une donation de quatre festiers de bled de rente aux religieuses de l'abbaye de Megemont en Auvergne.

Il est encore marqué dans le mesme Inventaire qu'en l'année MCCLIV. Robert Comte de Clairmont vendit à Beraud Sire de Mercueur le fief & hommage qu'il estoit tenu de luy faire pour raison de ses terres & chasteaux, & qu'il luy quitta tout le droit de peage que luy & ses gens luy pourroient devoir allant & passant à la foire de Brioude, qui se tient à la feste de sainte Croix. Mais il y a lieu de douter si c'est le Comte Dauphin ou le Comte d'Auvergne qui fit cette cession, l'un & l'autre estant en ce temps là appellez du nom de Robert. Ce qui peut porter à croire que c'est le Comte Dauphin est que cet acte se trouve parmy les titres des Dauphins.

Le mesme Inventaire nous apprend que Robert Comte de Clairmont Dauphin d'Auvergne fit un codicille en l'année MCCLIX.

Preuves p. 267. Il y a au Tresor de Turenne une letre de Robert Comte de Clairmont à Alphonse Comte de Poictiers datée de la veille de saint Hilaire MCCXLVI. touchant la mouvance de la terre de Montaigu, qui est dans la Comté & dans la mouvance du Dauphin d'Auvergne.

Preuves p. 268. Le Comte Dauphin fit son testament la veille de Pasques MCCLXII. par lequel il institua son heritier universel Robert son fils aisné, & fit des *Origines de Clairmont p. 109.* legs à ses autres enfans. Declara qu'il vouloit estre enterré en l'abbaye saint André, où estoit la sepulture des Comtes de Clairmont. Outre cela il fit plusieurs legs pieux. Ordonna qu'on fit des restitutions considerables aux habitans de quelques parroisses d'Auvergne qu'il nomme. Fait ses executeurs testamentaires Guy de la Tour Evesque de Clairmont, Aynard Abbé d'Esbreule, Hugues de Dore Abbé d'Yssoire, & Guillaume Comptor seigneur d'Apchon. Et peu apres il confirma du consentement de ses enfans le partage de ses biens qu'il avoit fait entr'eux.

Preuves p. 270. Sa mort est marquée au dixiesme jour du mois d'Avril MCCLII. dans l'Obituaire de l'abbaye saint André imprimé par le R. P. Labbe. Mais c'est une erreur, estant evident qu'il y faut MCCLXII. attendu que ce Comte Robert fit son testament la veille de Pasques MCCLXII.

Enfans de Robert I. Comte de Clairmont, Dauphin d'Auvergne, & d'Alix de Ventadour sa femme.

ROBERT II. COMTE DE CLAIRMONT, qui aura son chapitre.

Preuves p. 268. 271.272.278. HUGUES DAUPHIN, auquel son pere legua dans son testament les chasteaux de Leothoin, de saint Ilpise, & de Vieille Brioude avec toutes leurs appartenances, & les terres qu'il avoit engagées, apres que ses dettes auroient esté payées. Dans l'inventaire des Dauphins d'Auvergne il est fait mention de certaines letres par lesquelles le Prevost & le Chapitre de Brioude receurent cet Hugues Dauphin à foy & hommage de ce qui luy estoit escheu en partage avec Robert Comte de Clairmont son frere des successions de leur pere & mere en ce qui estoit du fief du Chapitre. Et il y a dans le petit Cartulaire de Brioude un titre de l'an

D'AUVERGNE. LIV. II.

MCCLXVIII. qui nous apprend qu'Hugues avoit abandonné à deux bourgeois de Brioude la joüissance pour quatre ans des revenus du chasteau de saint Ilpise pour le payement de certaine somme qu'ils luy avoient prestée. Ce fut par son entremise & par son moyen que furent terminez les differens qui estoient entre Marguerite veuve d'Hugues seigneur de Chaslus Lambron comme tutrice de ses enfans & Amaury de Chaslus fils dudit Hugues du premier lict. Dans l'Inventaire cité au commencement de cet article il est marqué que Hugues Dauphin seigneur de Leothoin delaissa en l'année MCCLXXXIV. à Beatrix de Lande veuve de feu Tone, c'est à dire Antoine, seigneur de Mayronne la justice de la terre de Lande jusques à soixante sols. Et moyenant ce Beatrix reconnut tenir de luy la ville & chastellenie de Lande à cause de son chasteau de Leothoin. En l'année MCCCV. il y eut un accord entre luy & Estienne d'Auzon pour la justice de Lande. Il fit son testament le Mercredy apres la quinzaine saint Jacques & saint Philippe MCCLXX. dans lequel il institua Robert son frere son heritier universel. A quoy il estoit tenu par le testament de son pere, comme il le reconnut luy mesme en l'année MCCLXXIV. y ayant dans l'Inventaire que je viens de citer des letres de cette année là par lesquelles il reconnoit que combien que Robert son pere luy eut delaissé la terre de saint Germain Lambron & autres, c'estoit neantmoins à condition qu'apres son decez elles retourneroient à Robert son frere Comte de Clairmont. Il mourut le xx. Octobre MCCCIX. & fut enterré en l'abbaye saint André. Apres son decez sa niepce Mahault Dame d'Ap- *Preuves p.282.* chon pretendit qu'il estoit mort *ab intestat*.

MATHE DAUPHINE mariée à Geraud de Roussillon seigneur d'Anjo, *Preuves p.268.* grande & illustre maison en Dauphiné, tombée enfin dans la maison de *271.* Loüis de Bourbon Admiral de France, & puis en celle de Tournon. Mathé & son mary estoient morts avant l'an MCCLXII. aux enfans de laquelle le Comte son pere legua la dot qu'il luy avoit constituée en la mariant. Il provint de son mariage avec Geraud un fils appellé Guigues seigneur d'Anjo & de Maymont en l'année MCCLXXIX. lequel fut marié avec Yselt fille d'Agnon III. du nom seigneur d'Oliergues & de Maymont, & fut pere d'autre Geraud de Roussillon seigneur d'Anjo en l'année MCCCXVI.

ALIX DAUPHINE mariée à Eustache IV. seigneur de Montboissier *Preuves p.268.* avant l'année MCCLXII. comme il paroit par le testament de son pere. M. Justel a creu qu'elle estoit fille du Comte Guillaume. Mais ce testament fait foy du contraire. Elle mourut sans lignée.

ALIX DAUPHINE religieuse en l'abbaye de Lesclache en Auvergne, *Preuves p.268.* à laquelle son pere legua dix livres de pension viagere en argent, dix *271.* sestiers de froment, & trois muids de vin pur.

Tome I.   Y ij

HISTOIRE DE LA MAISON

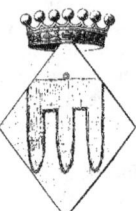

Robert II. Comte de Clairmont, Dauphin d'Auvergne.

CHAPITRE IV.

QUOYQUE nous ayons remarqué cy dessus qu'on a mis mal à propos la mort de son pere en l'année MCCLII. dans l'Obituaire de saint André, laquelle doit estre necessairement mise dix ans plus bas, nous ne pouvons pas douter qu'il ne soit mort peu de temps apres avoir fait son testament & le partage de ses biens, puisque nous voyons dans un titre qui est au Tresor des chartes de France que Robert II. son fils en qualité de Comte de Clairmont

Preuves p. 273. reconnut par acte passé le Mercredy apres la saint Martin d'hyver MCCLXII. qu'il tenoit en fief franc d'Alphonse Comte de Poictiers & de Toulouse, auquel le Roy saint Loüis son frere avoit donné la terre d'Auvergne, qu'il tenoit, dis-je, d'Alphonse les chasteaux de Vodable, de Breone, de Saurias, de Rochefort, de Croc, & leurs appartenances, & encore les fiefs qui estoient tenus de luy par le Seigneur de la Tour & par son frere Bertrand, le fief que tenoient de luy les heritiers de Geraud de Roussillon & de Mathe Dauphine sa femme sœur de ce Comte, & autres plus à plein enoncez dans cet acte.

Preuves p. 273. Il avoit du vivant de son pere confirmé en l'année MCCXLVII. les donations que son pere & sa mere avoient faites à l'Eglise d'Orcival.

Preuves p. 274. Il y a au Tresor de Turenne des letres de Bernard de Ventadour Archidiacre de Limoges & de Bernard seigneur de la Tour VII. du nom contenant la transaction passée par leur moyen en l'année MCCLXIV. entre Robert Comte de Clairmont & Faucon de Montgascon touchant quelques contestations qui estoient entr'eux.

Preuves p. 277. En l'année MCCLXXIX. le Comte Robert ayant remonstré au Roy la grande incommodité que ses sujects de la chastellenie de Chaveroche recevoient de ce qu'une partye de cette chastellenie estoit du ressort du

D'AUVERGNE. LIV. II.

Bailly de Berry, & l'autre partye du reſſort du Bailly d'Auvergne, ſa Majeſté y ayant eſgard ordonna que les gens demeurans en ladite chaſtellenie ne reſſortiroient doreſenavant qu'au Bailliage d'Auvergne.

Robert II. eſpouſa Mahault d'Auvergne fille de Guillaume X. Comte d'Auvergne & d'Alix de Brabant, laquelle mourut le xx. Aouſt MCCLXXX. & fut enterrée en l'abbaye ſaint André. *Preuves p. 114. 115.*

Il fit ſon teſtament le Lundy apres la Touſſains MCCLXXXI. par lequel il inſtitua ſon heritier univerſel Robert ſon fils, donna à Guillaume, qui eſtoit d'Egliſe, le chaſteau de Chamaliere à la charge de reverſion à l'aiſné apres ſa mort, à Guy ſon autre fils Chevalier de l'Ordre du Temple cent ſols de revenu, à ſa fille Mahault cent livres de rente & la ſomme de mil livres une fois payée pour la marier, à ſa fille Alix religieuſe à Fontevrauld vingt cinq livres de penſion annuele pendant ſa vie. Fait pluſieurs legs pieux. Il mourut le xx. Mars enſuivant, & fut enterré à ſaint André avec la Comteſſe ſa femme. *Preuves p. 277.*

Enfans de Robert II. Comte de Clairmont, Dauphin d'Auvergne, & de Mahault d'Auvergne ſa femme.

ROBERT III. COMTE DE CLAIRMONT, qui aura ſon chapitre. *Preuves p. 277.*

GUILLAUME DAUPHIN Doyen de Chamaliere, Chanoine de Clairmont, Archidiacre de Tournay, & Prevoſt de Brioude. Il eſtoit deja d'Egliſe en l'année MCCLXXXI. lorſque ſon pere fit ſon teſtament, par lequel il luy legua le chaſteau de Chamaliere & les revenus & droits qu'il avoit dans le Nivernois & à Chanonac, à la charge de reverſion à l'aiſné apres ſa mort. En l'année MCCLXXXV. Jean de Lardeirol & Dalmacie ſa mere luy firent donation de tous les droits par eux pretendus aux heritages à eux advenus par le treſpas de Jean de Meillau & Dalmacie ſa femme pere & mere de la ſuſdite Dalmacie, & par le treſpas de Pierre & Geraud de Meillau ſes freres. Et en l'année MCCXCI. Dalmas de Meillau luy vendit pour le prix de neuf mil livres le chaſteau de Meillau & ſes appartenances. Ce qui le rendit entierement ſeigneur du lieu de Meillau. Il eſtoit pourlors Doyen de Chamaliere. En l'année MCCXCII. il ſe fit un partage entre luy & Robert ſon frere, & par ce partage il luy eſcheut les chaſteaux de Montrognon, Chamaliere, Chanonac, avec l'hoſtel de ſaint Ignac, & tous les droits & rentes que leur pere avoit en la cité de Clairmont, enſemble cent ſoixante livres de rente durant ſa vie à prendre ſur le chaſteau de Vodable & en la Comté de Nivernois. En l'année MCCXCIV. Geraud Vinzelle & ſes freres luy donnerent tous les droits & actions qu'ils pouvoient avoir en la ville de Meillau, en l'hoſtel de Langlade, & en tous les biens qui furent à Jean, Pierre, & Geraud de Meillau, & à Dalmacie & Gaillarde femme de Meſſire Dalmas. Le decez de Guillaume Dauphin Archidiacre de Tournay eſt marqué au XXVI. Juillet MCCCII. dans l'Obituaire de ſaint André lez Clairmont, & Robert III. ſon frere fait mention de luy comme mort dans ſon teſtament paſſé le Dimanche d'apres la ſaint Laurens de la meſme année. D'où il eſt ayſé de *Inventaire des Dauphins d'Auvergne. Preuves p. 308.*

conclurre que c'est sur de faux memoires que M. Justel a avancé qu'il estoit mort en l'année MCCXCV.

GUY DAUPHIN Chevalier du Temple. Il est certain que sous le regne de Philippe le Bel il y avoit en France deux Seigneurs de grande qualité appellez Guy Dauphin, l'un fils d'Humbert de la Tour Dauphin de Viennois, & l'autre fils de Robert II. Comte Dauphin d'Auvergne. Il est aussi certain que l'un des deux fut Chevalier du Temple. Jean Villani, aucteur du temps, qui ne le nomme pas par son nom de baptesme, dit que ce fut le frere du Dauphin de Viennois. Mais saint Antonin Archevesque de Florence, quoy qu'il ait ordinairement accoustumé de copier Villani, ne l'a pas voulu faire icy, & s'est contenté de l'appeller frere Dauphin, sans s'expliquer sur sa maison. M. Du Chesne n'a pas osé assurer qu'il ait esté de celle des Dauphins de Viennois, quoy qu'il sceut sans doute bien ce que Villani en avoit escrit, & a seulement dit que quelques uns croyent que ce fut Guy fils d'Humbert de la Tour. Et c'est cette opinion que M. Dupuy a suivie dans l'histoire de la condamnation des Templiers. Elle est pourtant fausse. Car bien loin qu'il y ait quelque preuve que Guy frere du Dauphin de Viennois ait esté Chevalier du Temple, il portoit la qualité de Baron de Montauban & estoit libre de sa personne en l'année MCCCVIII. precisément dans le temps que celuy d'Auvergne estoit en prison à Paris en qualité de Chevalier du Temple, comme nous l'avons marqué cy dessus page 112. en la querelle du Seigneur de saint Verain. D'ailleurs Guy frere du Dauphin de Viennois vivoit encore en l'année MCCCXVI. comme le prouve l'hommage qui luy fut rendu le troisiesme May de cette année par Guillaume Auger seigneur d'Oze. C'est donc de Guy Dauphin frere du Comte Dauphin d'Auvergne qu'il faut entendre ce que les Historiens de ce temps-là disent du mauvais traitement fait à Dauphin Chevalier du Temple. il fut mis dans cet Ordre par son pere en un aage fort tendre, n'ayant qu'onze ans, & estoit Chevalier avant l'an MCCLXXXI. lorsque son pere fit son testament, dans lequel il fait mention de son fils Guy Chevalier du Temple. Dans le grand malheur qui arriva aux Templiers sous le pontificat du Pape Clement V. Guy fut aresté à Paris en l'année MCCCVII. par ordre du Roy Philippe le Bel, interrogé sur faits & articles, mené delà à Lyon vers le Pape, & en suite à Poictiers, où il reconnut en presence du Pape & du Roy, qui luy promit de luy sauver la vie, qu'il avoit dit verité dans son premier interrogatoire, dans lequel il avoit confessé que les vilains cas qu'on imposoit aux Templiers estoient veritables. Mais il s'en desdit depuis en l'année MCCCXIII. devant les Legats du Pape, & dit, suivant que le rapporte le continuateur de Nangis, qu'il avoit deposé faussement contre son Ordre, lequel estoit tres saint, qu'il se desdisoit de ce qu'il avoit dit à Poictiers, & que ce qu'il en avoit fait avoit esté à la sollicitation du Pape & du Roy, qu'il estoit prest de mourir pour soustenir cette verité. Aussi fut il bruslé à petit feu le mesme jour qu'il avoit tenu ce discours, c'est à dire le XIII. Mars, en l'isle du Palais à Paris, & souffrit ce rude supplice avec une constance admirable qui estonna tous les assistans, lesquels le regardoient comme un martyr. Son corps & ses ossemens, que Jean Villani honore du nom de saintes reliques, furent ramassez devotement, comme dit saint Antonin, par de bons religieux & mis en terre sainte. Cette execution ayant esté faite dans le territoire de l'Abbé de saint Germain des prez, où il avoit toute justice haute & basse, il s'en plaignit comme d'une entreprise faite sur ses droits & sur sa jurisdiction. Et le Roy reconnoissant que sa plainte estoit juste, luy fit expedier des letres par lesquelles il declara que son intention n'estoit point & qu'il ne vouloit pas que ce qui avoit esté fait en cette occasion luy portat aucun prejudice pour le present ny pour l'avenir. Ces letres sont du mois de Mars MCCCXIII. peu de temps apres l'execution. Il y a lieu de croire que Guy estoit Commandeur d'Aquitaine. Car il est certain que des trois arrestez avec le grand Maistre de l'Ordre, du nombre desquels estoit Guy Dauphin, il y en avoit un qui estoit Commandeur d'Aquitaine, & un autre Commandeur de Normandie. De ces quatre il y en eut deux, c'est à dire ceux qui ne se desdirent pas, lesquels furent mis en prison perpetuele. Les deux autres, qui se desdirent, c'est à dire le grand Maistre & Guy Dauphin, furent bruslez à petit feu. Le continuateur de Nangis appelle cet autre Commandeur de Normandie. Mais il y a lieu de soupçonner que c'est une faute du copiste, lequel a mis Commandeur de Normandie au lieu de Commandeur d'Aquitaine, y ayant bien plus d'apparence que Guy estoit Commandeur d'Aquitaine que de Normandie. Car assurément il estoit Commandeur de l'une ou de l'autre de ces deux provinces. Mais ce qui esclaircit entierement ce fait & le met hors de doute, c'est ce qu'on lit dans une ancienne chronique de Tours de ce temps là MS. dans laquelle il est marqué que parmy les Templiers bruslez à Paris estoit le Commandeur d'Aquitaine. Car l'autre Commandeur ne fut pas bruslé, mais mis en prison perpetuele. Un autre continuateur de Nangis remarque que Guy estoit la seconde personne de l'Ordre apres le grand Maistre. *Preuves p.280.*

MAHAULT DAUPHINE. Elle n'estoit pas encore mariée en l'année MCCLXXXI. lorsque son pere fit son testament, & ne la fut que sept ans apres. Le contract de son mariage avec Guillaume Comptor fils d'autre Guillaume Comptor seigneur d'Apchon est du Lundy avant la saint Barnabé MCCLXXXVIII. & la renonciation de Mahault à la succession de ses pere & mere moyenant la dot à elle constituée est du Mercredy apres la saint Barnabé. Au mois suivant, le Samedy feste de saint Allyre, elle confirma tout ce qui avoit esté fait & convenu sur ce suject. Par consequent il y a une erreur considerable dans l'Inventaire des Dauphins d'Auvergne, où Dauphine est appellée femme du Seigneur d'Apchon en l'année MCCLXXXII. c'est à dire six ans auparavant la passation de son contract de mariage. Cependant malgré sa renonciation elle & son mary pretendirent apres la mort d'Hugues Dauphin leur oncle arrivée en l'année MCCCIX. que sa succession devoit estre partagée avec eux, estant mort, comme ils le disoient, *ab intestat*. Sur cette contestation le Roy Philippe le Bel commit, du consentement des partyes, Robert VII. Comte d'Au- *Preuves p.280. 305.* *Preuves p.282.*

176 HISTOIRE DE LA MAISON

vergne & de Boulogne pour regler leurs differens. Le Comte Robert frere de Mahault faisant son testament en l'année MCCCII. substitua à ses enfans sa sœur Dauphine & ses enfans à la charge de porter le nom & armes des Dauphins d'Auvergne. Elle estoit encore vivante en ce temps là, & son mary aussi.

JEANNE DAUPHINE. Je me trouve bien empesché au sujet de cette Dame & de son mary. Car premierement elle ne se trouve nommée en aucun des titres domestiques où il semble qu'elle devroit estre nommée, c'est à dire, ny dans le testament de son pere, ny dans celuy de Robert III. son frere, qui substituë sa sœur Mahault à ses enfans, s'ils venoient à deceder sans lignée. Ce qui devroit, ce semble, exclurre cette Jeanne du nombre des enfans de Robert II. Dauphin d'Auvergne. Mais d'un autre costé je vois que Pierre de saint Julien, qui me paroist avoir esté pleinement instruit de la genealogie de la maison de Rochebaron en Masconnois, quoyque M. le Laboureur Prevost de l'Isle-Barbe le traicte de visionnaire, dit que les Seigneurs de Rochebaron en Masconnois descendoient d'une maison de ce nom en Auvergne & que Bryen de Rochebaron mary de Dame Jeanne sœur de Messire Robert Dauphin d'Auvergne estoit fils de Jean de Rochebaron Comte de Forez. Or je trouve qu'en ce mesme temps il y avoit un Comte de Forez appellé Jean & un Briand seigneur de la Roche en Auvergne. Ce qui me faisoit penser que peutestre ce Comte s'appelloit de Rochebaron, non pas à cause qu'il descendoit de la maison de Rochebaron, mais parce qu'ayant espousé en premieres nopces du vivant de son pere l'heritiere de la maison de Rochebaron en Auvergne, il se fit appeller de Rochebaron du vivant de son pere pour se distinguer, comme il est arrivé assez souvent dans les grandes maisons que les enfans ont pris le nom des terres qui leur avoient esté portées en mariage par leurs femmes. Mais je trouve tant d'embaras dans cette conjecture que je n'ose pas m'y arrester davantage.

P. de S. Julien p. 313.
Mesures de l'Isle-Barbe so. 2. p. 509.

Preuves p. 284.

Preuves p. 278. ALIS DAUPHINE religieuse à Fontevrault.

Robert

D'AUVERGNE. LIV. II.

MERCUEUR.
De gueules à
trois faces de
vair.

Robert III. Comte de Clairmont, Dauphin d'Auvergne.

CHAPITRE V.

CE Prince succeda à son pere Robert II. à la fin du mois de Mars MCCLXXXII. suivant la maniere de compter d'aujourd'huy.

Au mois d'Aoust ensuivant il confirma aux habitans de la ville de Solignac en la chastellenie de Vodable les privileges & libertez à eux données par Robert son pere au mois d'Avril MCCLXXII.

Il avoit espousé du vivant de son pere en l'année MCCLXXIX. Alixent de Mercueur fille de Beraud VI. Sire de Mercueur & de Beatrix de Bourbon fille d'Archambaud VIII. du nom seigneur de Bourbon & de Beatrix de Montluçon, sa parente au cinquiesme degré. Elle avoit esté premierement accordée en l'année MCCLVII. avec Poncet fils d'Eracle de Montlaur, & en MCCLXVIII. avec Aymar de Poictiers II. du nom Comte de *Preuves p. 285.* Valentinois & Diois mort le jour de la Pentecoste MCCLXXVIII. apres dix ans de mariage. De sorte que se voyant encore veuve, elle se remaria pour la troisiesme fois avec le Comte Robert, & fit son testament le Samedy apres l'Octave de la nativité saint Jean Baptiste MCCLXXXVI. *Preuves p. 290 et 291.* & mourut le XV. Juillet ensuivant, comme il est marqué dans l'Obituaire de saint André, où elle fut enterrée, ainsi qu'elle l'avoit ordonné.

En l'année MCCLXXXVIII. par traicté passé à saint Flour en Auvergne le Lundy avant la nativité saint Jean Baptiste le mariage du Comte Robert *Preuves p. 291.* fut accordé avec Isabeau de Rhodez fille d'Hugues V. Comte de Rhodez & de Marquise de Baux. Mais ce mariage ne fut pas accomply, & Isabeau fut en suite mariée à Geoffroy de Pons seigneur de Ribeyrac, comme nous le dirons plus amplement ailleurs. De sorte que le Comte Robert *Preuves p. 292.* espousa l'année suivante Isabeau de Chastillon en Bazois Dame de Jaligny

Tome I.   Z

178 HISTOIRE DE LA MAISON

& de Luzy par doüaire, niepce de Guillaume de Chaſtillon Chantre de l'Egliſe d'Auxerre & depuis Eveſque de Laon, veuve pourlors de Guy de Chaſteauvillain, à laquelle le Comte Robert ſon nouveau mary aſſigna pour ſon doüaire mille livres de rente ſa vie durant ſur les chaſtellenies de Montrognon, Rocheſort, Auriere, Croc, & Champeix. Elle mourut le premier jour du mois de Septembre MCCXCVII. aagée de trente deux ans ou environ, & fut enterrée en l'abbaye de ſaint André. Apres ſa mort la ſeigneurie de Luzy revint à Jean de Chaſteauvillain ſon fils aiſné du premier lict, & ſes biens furent partagez entre ſes enſans des deux licts par traicté paſſé le Lundy apres la feſte ſaint Hilaire MCCC.

Hiſt. de Chaſteauvillain p. 62.
Preuves p. 298.
Preuves p. 298.

En l'année MCCXCIII. Jaubert de ſaint Flour le Chaſteau vendit au Dauphin pluſieurs cens, ainſi qu'il eſt marqué dans l'Inventaire des Dauphins d'Auvergne.

En l'année MCCXCVI. le XII. Novembre, qui eſtoit un Dimanche, le Comte Dauphin fit ſon teſtament, dans lequel il partagea ſes biens à ſes enfans, & les ſubſtitua les uns aux autres. Il en fit encore un autre en l'année MCCCII.

Preuves p. 301. 304.

Dans l'Inventaire des titres des Dauphins d'Auvergne on voit qu'en l'année MCCCV. Bernard Dalmas ſeigneur d'Aubiere promit au Comte Robert de luy faire la foy & hommage pour la terre & ſeigneurie d'Aubiere, & ſe chargea, ſous peine de cinquante livres, d'y faire conſentir l'Eveſque de Clairmont, duquel elle relevoit. Et en l'année MCCCXV. il reconnut tenir en fief dudit Robert, à cauſe de ſa ſeigneurie de Montrognon, le chaſteau, ville, & foſſez d'Aubiere, ce qu'il avoit hors deſdits foſſez eſtant tenu de l'Eveſque. Il reconnut auſſi & confeſſa que le chaſteau d'Aubiere eſtoit rendable au ſeigneur de Montrognon à la mutation du ſeigneur & du vaſſal, & que toutes & quantes fois que mutation a lieu, le ſeigneur de Montrognon le peut tenir pendant ſix jours, & auſſi le tenir en ſa main durant la guerre, s'il y en a, bien entendu neantmoins qu'il ne gaſtera pas les biens qui s'y trouveront.

En l'année MCCCVIII. le Comte Dauphin prit party dans la querelle qui ſurvint entre Erard ſire de ſaint Verain & Oudard de Montaigu, pour lequel il fut, & ſe trouva au lieu aſſigné pour le combat en Nivernois, comme nous l'avons dit bien amplement cy deſſus page III. en parlant de Robert VI. Comte d'Auvergne & de Boulogne, qui s'y trouva auſſi, n'ayant pourlors d'autre qualité que celle du fils du Comte de Boulogne.

En l'annee MCCCX. il fut preſent au traicté d'accommodement fait pour raiſon des limites de Mauzun, Courpiere, Montboiſſier, Boſſanele, Montils, Aubuſſon, & autres lieux entre Arbert Aycelin Eveſque de Clairmont & Euſtache & Eracle de Montboiſſier enfans & heritiers d'Euſtache ſeigneur de Montboiſſier. A ce traicté fut auſſi preſent Pierre de Bertrand alors Chanoine & Official de Clairmont, & depuis Cardinal. Ce traicté fut confirmé par letres du Roy Philippe le bel données le Mardy apres l'Octave de la Pentecoſte MCCCX. leſquelles ſe trouvent dans le regiſtre XLVI. de la Chancellerie.

D'AUVERGNE. Liv. II. 179

En l'année MCCCXVII. le Vendredy apres la faint André il donna *Preuves p.298.* quittance de la fomme de fix vingt livres qui luy eftoit duë par Loüis Comte de Nevers fur les cens & rentes de la Comté de Nevers.

Il mourut le XXIX. Janvier MCCCXXIV. & fut enterré avec Ifabeau *Preuves p.309.* de Chaftillon fa femme en l'abbaye faint André.

Enfans de Robert III. Comte de Clairmont, Dauphin d'Auvergne, & d'Alixent de Mercueur fa premiere femme.

ROBERT DAUPHIN mort jeune avant fa mere. Je trouve dans l'Inventaire des Dauphins d'Auvergne qu'en l'année MCCCXXV. il fut donné une fentence arbitrale entre Jean Comte de Clairmont d'une part & Hugues Dauphin Chanoine de Clairmont fon frere pour la fucceffion de Robert Dauphin leur frere. Ce que j'ay de la peine à comprendre, eftant certain que Robert n'eftant en aucune maniere nommé dans les teftamens de fes pere & mere, il faut qu'il foit mort avant eux. Et on ne peut pas dire que c'eftoit au fujet de la fucceffion de Robert feigneur de Jaligny, puifqu'il eftoit encore vivant en l'année MCCCXXX. & laiffa des enfans.

GUILLAUME DAUPHIN feigneur de Montrognon, contre lequel il fut donné au Parlement un arreft le Vendredy apres la Chandeleur *Preuves p.280.* MCCCIX. à compter à la maniere d'aujourd'huy, par lequel il fut condamné en cinq cens livres d'amende envers le Roy pour quelques defobeiffances faites au Bailly d'Auvergne & à fes gens.

JEAN COMTE DE CLAIRMONT dit Dauphinet, qui aura fon chapitre.

DAUPHINE nommée dans le teftament de fa mere, laquelle luy legua la fomme de quinze cens livres, & la fubftitua à fes freres. Elle fut religieufe à Megemont en Auvergne, comme il eft marqué dans le teftament *Preuves p. 301.* de fon pere. *305.*

Enfans dudit Robert III. & d'Ifabeau de Chaftillon fa feconde femme.

ROBERT DAUPHIN feigneur de faint Ilpife & de Jaligny, qui a commencé la branche des feigneurs de faint Ilpife & de Combronde, de laquelle nous traiterons au livre fuivant.

HUGUES DAUPHIN feigneur de Chamaliere & de Champeils, Chanoine de Clairmont, & enfin Prevoft de l'Eglife de Brioude, que le Dauphin *Preuves p. 318.* Jean fon frere nomma fon executeur teftamentaire. Il y a au Trefor de Turenne un acte de l'an MCCCXIX. contenant affignation de certains *Preuves p. 309.* biens faite par Robert III. Comte de Clairmont Dauphin d'Auvergne à Hugues fon fils Chanoine de Clairmont pour fa part & portion de la fucceffion de feuë fa mere Ifabeau Dame de Jaligny & de Treteaux. Il fit fon *Preuves p. 310.* teftament à Chamaliere le Vendredy apres la fainte Luce MCCCXXVII. *311.* par lequel il inftitua fon heritier univerfel Robert fon neveu, & fit divers

Tome I. Z ij

legs à ses proches. Dix ans apres il fit un codicille qui confirma son testament, excepté en l'institution d'heritier universel, à cause que celuy qu'il avoit nommé dans son testament estoit decedé. Il fait son heritier universel Hugues Dauphin son neveu, & fait aussi ses heritiers par egales portions ses autres neveux. Il mourut le x. Octobre MCCCXLVII. & fut enterré en l'abbaye saint André, comme il l'avoit ordonné par son testament.

Preuves p. 304. 312.   ISABEAU DAUPHINE, à laquelle son pere legua par testament la somme de deux mil livres une fois payée, mariée par contract passé le Jeudy apres la feste saint Pierre & saint Paul MCCCIV. à Pierre seigneur de Montaigu sur Champeix. M. Du Bouchet a marqué dans ses memoires qu'elle n'avoit que douze ans lorsqu'elle fut mariée. Elle mourut le septiesme jour du mois de Mars MCCCXXVII.

BEATRIX DAUPHINE nommée dans l'Inventaire des titres de la maison de Bourbon & dans un titre de l'abbaye de Mauzac de l'an MCCCX. dans lequel est aussi nommé son frere Hugues Chanoine de Clairmont.
Preuves p. 304.   Elle n'estoit pas mariée lorsque son pere fit son testament, par lequel il luy legua vingt livres de rente pour la faire religieuse.

Preuves p. 301.   ISABEAU DAUPHINE religieuse au monastere de Beaumont en Auvergne, ainsi que l'atteste le Comte Robert son pere dans son premier testament. Elle estoit morte avant qu'il fit le second en l'année MCCCII. puisqu'il n'y fait aucune mention d'elle.

Fils naturel dudit Robert III. Dauphin d'Auvergne.

Preuves p. 317.   ROBERT DAUPHIN, dont il est fait mention dans le testament du Comte Jean, qui veut qu'il soit nourri & entretenu sa vie durant dans la maison de son heritier. Il y a icy une faute d'impression dans les preuves, laquelle faut corriger & mettre *nutrito patris nostri quondam* au lieu de *patrui*.

POICTIERS.
D'azur à six besans d'argent, 1. 2. 3.

Jean Comte de Clairmont, Dauphin d'Auvergne, appellé communément Dauphinet.

CHAPITRE VI.

VOICY un nom estranger dans la maison des Dauphins d'Auvergne. Il y a apparence qu'il fut donné à ce Comte par Jean Comte de Joigny son oncle d'alliance, lequel avoit espousé Marie de Mercueur sœur de sa mere, & fut pere de Jeanne de Joigny mariée en l'année MCCCXIV. à Charles de Valois Comte d'Alençon frere du Roy Philippe VI. de ce nom.

Quoyque son veritable nom fut Jean, on l'appelloit neantmoins communément Dauphinet, parce qu'il estoit fils du Dauphin & son heritier presomptif.

Il fut marié en l'année MCCCXIII. avec Anne de Poictiers fille d'Aymar III. Comte de Valentinois & Diois & de Marguerite de Geneve. Anne estoit alors veuve d'Henry II. Comte de Rhodez. Aymar son pere luy constitua huict mil livres en dot, qu'elle porta à Dauphinet avec les droits qu'elle avoit pour raison de son doüaire sur la Comté de Rhodez & sur les chastellenies d'Entraigues & de Murs. Surquoy il y eut en l'année MCCCXIX. un traicté entr'elle & Renaud de Pons Vicomte de Carlat petit fils du Comte de Rhodez, par lequel Renaud se chargea de luy payer la somme de dix mil cinq cens livres pour ses pretentions.

Histoire des Comtes de Valentinois p. 30.

Le Comte Robert donna à Dauphinet son fils en contemplation de ce mariage les chastellenies de saint Ilpise, de Vieille Brioude, & de Leothoin, promettant de l'instituer son heritier universel à la fin de ses jours.

Apres la mort de Beraud VII. du nom seigneur de Mercueur & Connestable de Champagne arrivée, comme je le pense, en l'année MCCCXXI. Jean Dauphin, qui estoit son cousin germain, prit la qualité de seigneur de Mercueur, comme representant sa mere, laquelle estoit tante du Connestable. La preuve qu'il prit pour lors cette qualité resulte de l'acte de

Z iij

HISTOIRE DE LA MAISON

preſtation d'hommage qu'il fit au Roy pour le chaſteau de Leothoin en l'année MCCCXXIII. ainſi qu'il eſt marqué dans l'Inventaire des Dauphins d'Auvergne. Il en ſera parlé plus au long au chapitre ſuivant.

Il eſt marqué dans le meſme Inventaire qu'en l'année MCCCXXXII. le Comte Jean & Anne ſa femme ratifierent la donation par eux faite à Beraud leur fils de la Comté & Dauphiné d'Auvergne. Et l'année d'apres le Comte donna à Guillaume de Chaſlus ſon couſin le chaſteau & la juſtice de Croc, l'hommage reſervé. Ce qui fut confirmé en l'année MCCCXXXVI.

En l'année MCCCXXXIX. Edoüard III. Roy d'Angleterre eſtant venu en France pour nous faire la guerre, le Roy Philippe de Valois aſſembla une armée de cent mil combattans, où eſtoient avec luy les Roys de Boheme, de Navarre, & d'Eſcoſſe, le Duc de Normandie ſon fils, le Duc de Bretagne, le Duc de Bourbon, le Duc de Lorraine, & le Duc d'Athenes, le Comte d'Alençon frere du Roy, le Comte de Flandres, le Comte de Haynaut, le Comte de Blois, le Comte de Bar, le Comte de Forez, le Comte d'Armagnac, le Comte Dauphin d'Auvergne, le Comte de Longueville, le Comte d'Eſtampes, le Comte de Boulogne, & pluſieurs autres tant Comtes que Vicomtes. Le lieu où ſe devoit donner la bataille tant ſouhaitée de part & d'autre, mais qui fut empeſchée par les ſollicitations de Robert Roy de Sicile grand Aſtrologue, eſt appellé *Froiſſart vol. 1.* Vironfoſſé par Froiſſart, & Buron-foſſé par Belleforeſt, village pres de *chap. 42.* Cambray. La bataille ayant eſté ainſi eludée, *le Roy Philippe donna congé* *p. 776.* *à toutes manieres de gens d'armes, aux Ducs, Comtes, Barons, & Chevaliers, & remercia les chefs des Seigneurs moult courtoiſement*, dit Froiſſart, *quand ainſi bien appareillez ils l'eſtoient venus ſecourir.*

En l'année MCCCXL. le Comte Dauphin ſe diſpoſant à aller ſervir le *Preuves p. 314* Roy en Flandres contre le Roy d'Angleterre, il fit ſon teſtament l'onzieſme jour du mois de Juin. Apres quoy il ſe mit en chemin; & eſtant arrivé en Flandres, le Roy luy donna le gouvernement de la ville de ſaint *Froiſſart vol. 1.* Omer, où il ſe comporta ſi bien qu'il chaſſa les Flamans qui pilloient la *chap. 63.* ville d'Arques prez ſaint Omer, les François eſtant ſoudainement venus ſur eux lances baiſſées & banieres deſployées & en bonne ordonnance de *Annales de* bataille & en criant CLAIRMONT, CLAIRMONT, AU DAUPHIN *Bourgogne de* D'AUVERGNE. Il y eut bien de morts quatre mil huit cens, & quatre *Paradin p. 316.* cens priſonniers, qui furent amenez en priſon à ſaint Omer.

Il eſt marqué dans l'Inventaire des Dauphins d'Auvergne qu'en l'année MCCCXLI. Amblard & Albert de Chaſlus renoncerent en faveur de Jean Comte de Clairmont à tout le droict qu'ils pretendoient avoir en la Baronnie de Mercueur, & que l'année d'apres ce Comte & ſon fils Beraud ſeigneur de Mercueur tranſigerent avec Eſtienne de Mercueur pour le droict qu'il ſe diſoit avoir ſur les meſmes terres, & luy accorderent une penſion viagere de quatre cens livres. Il y eſt auſſi marqué qu'en l'année MCCCXLIV. Guy de Boulogne Cardinal, Jean de Boulogne ſeigneur de Montgaſcon, & Godefroy de Boulogne freres cederent audit Beraud les droicts qu'ils avoient en la ſeigneurie de Mercueur & ſes appartenances & autres terres tant en Auvergne & Champagne qu'ailleurs par l'acquisition qu'ils en avoient faite en l'année MCCCXLIII. de Guy seigneur de Chaumont en Masconnois & de sa sœur femme d'Hugues de Bourbon seigneur de Montmaur. Et en ce faisant Beraud leur ceda le XIV. Decembre MCCCXLIV. la seigneurie de Pontgibaud & trois mil trois cens livres pour la survaleur des terres que ces trois freres luy cedoient, avec cinq cens livres de rente ou pension par chascun an durant la vie dudit Seigneur de Chaumont, pension laquelle fut depuis relaschée par eux en consideration du mariage projetté entre Beraud II. & Yoland de Geneve leur niepce, comme nous le dirons au chapitre VIII. en parlant de ce mariage. Les titres de la cession du Seigneur de Chaumont & de sa pension sont inserez dans le contract de mariage de Beraud II. avec Jeanne de Boulogne.

En l'année MCCCXLV. le Roy Philippe de Valois ayant esté informé du progrez que l'armée du Comte d'Erby Anglois faisoit en Gascogne, il y envoya son fils Jean Duc de Normandie avec une armée de *cent mil testes armées ou plus*, ainsi que dit Froissart, qui compte le Dauphin d'Auvergne parmy les Princes & Seigneurs de marque qui y estoient, & comme quoy il suivit avec grand nombre de Princes & grands Seigneurs le Seneschal de Beaucaire dans l'entreprise qu'il avoit faite d'enlever les bestiaux de l'armée des Anglois ; où ce Seneschal acquit grand honneur, *combien qu'il y eut de plus grands Seigneurs assez qu'il ne fust*. Il est marqué dans un arrest du Parlement du quatriesme Avril MCCCXLV. que Thomas de Montmorin Escuyer estoit allé avec Beraud Dauphin seigneur de Mercueur Chevalier ez guerres de Gascogne & qu'il estoit party d'Auvergne le Mercredy avant Pasques fleuries.

Froissart vol. 1. chap. 119.

En l'année MCCCL. le Comte Dauphin, comme il est marqué en l'Inventaire des Dauphins, se demit des terres de Montrognon, de Chamaliere, & de Champeix ez mains de l'Evesque de Clairmont en faveur de la Comtesse Anne sa femme pour en joüir sa vie durant. Et en consequence de cette donation elle en fit hommage à l'Evesque.

Elle fit son testament l'année suivante, comme il est marqué dans le mesme Inventaire, & institua son heritier universel Amé Dauphin son fils, donna à Beraud de Mercueur son fils aisné mil livres, & pareille somme à Guillaume & Marguerite de Chalencon enfans d'Isabeau Dauphine sa fille. Elle mourut le XVII. Aoust de la mesme année, & son mary le X. Mars ensuivant, comme il est marqué dans l'Obituaire de saint André. Ce qui ne me paroist pas bien certain, y ayant dans l'Inventaire un titre qui nous apprend qu'Anne de Poictiers femme du Comte de Clairmont fit en l'année MCCCLVI. l'hommage qu'elle devoit au Roy pour les terres & chastellenies de Breone & Saurias. Mais je crois qu'il y a faute en cet endroit de l'Inventaire.

Preuves p. 328.

184   HISTOIRE DE LA MAISON

Enfans de Jean Comte de Clairmont, Dauphin d'Auvergne,
& d'Anne de Poictiers sa femme.

<small>Preuves p. 314.</small>

<small>Preuves p. 318.</small>

<small>Preuves p. 318.</small>

<small>Preuves p. 321. 410.</small>

BERAUD DAUPHIN I. du nom, qui aura son chapitre.
AMÉ' DAUPHIN seigneur de Rochefort, heritier universel de sa mere, auquel le Comte Jean son pere donna par testament les chastellenies de Mallesieu, Verdesun, & Salgues; & du costé de sa mere il fut seigneur des chastellenies de Breone & de Saurias, dont il fit en l'année MCCCLI. hommage au Roy Jean. Beraud II. Dauphin d'Auvergne s'en allant en Angleterre ostage pour le Roy, il fit Gouverneur de ses terres pendant son absence & pendant tout le temps qu'il devoit tenir ostage en Angleterre Amé Dauphin son oncle. Il espousa en l'année MCCCLIV. Isabeau de la Tour d'Auvergne fille de Bertrand seigneur de la Tour IV. du nom & d'Isabeau de Levis, de laquelle il eut un fils unique appellé Beraud Dauphin seigneur de Rochefort, lequel, comme il est marqué en l'Inventaire des Dauphins, fut accordé en l'année MCCCLXXIII. avec Agnes de Bellefaye fille de Pierre de Besse seigneur de Bellefaye & niepce de Nicolas de Besse Cardinal, lequel estoit neveu du Pape Clement VI. & cousin germain du Pape Gregoire XI. à laquelle Guillaume de Bellefaye son frere constitua neuf mille florins d'or, & Beraud trois cens livres de doüaire sur la terre de Meillau. Beraud mourut sans enfans en l'année MCCCLXXXIV. & sa veuve se remaria, à ce qu'on dit, à Oudard seigneur de Chazeron. Ce que j'ay bien de la peine à croire, d'autant plus qu'il conste par un titre de l'an MCCCCXV. qui est à Turenne que la fille de Pierre de Bellefaye mariée à Oudard s'appelloit Marguerite, comme elle est aussi appellée dans l'histoire de la maison des Chasteigners page 143. D'ailleurs Beraud fils d'Amé ne faisant aucune mention de son mariage ny de sa femme dans son testament fait en l'année MCCCLXXXIII. il est à presumer ou que le mariage proposé entre luy & Agnes de Bellefaye ne fut pas effectué, ou que s'il le fut, elle mourut sans enfans longtemps avant son mary, puisqu'il n'en fait aucune mention dans son testament. Et par consequent elle n'a pas peu convoler en secondes nopces en la maison de Chazeron. Icy je diray en passant que Marguerite femme d'Oudard de Chazeron s'appelle Marguerite de Volore dans le titre de Turenne que je viens de citer. Mais la preuve qu'elle estoit de la maison de Bellefaye resulte de ce qu'elle a les armoiries de Bellefaye dans son seau. Amé Dauphin fit son testament en l'année MCCCLV. n'ayant encore aucuns enfans, & disposa de ses biens en faveur du premier enfant masle dont sa femme accoucheroit. Donne à l'aisnée de ses filles dix mille florins pour la marier, & veut que les autres soient religieuses. Veut qu'au defaut d'enfans masles Beraud I. Dauphin d'Auvergne son frere soit son heritier universel, & à son defaut ou de ses enfans masles, substitue Hugues Dauphin son autre frere. Beraud fils d'Amé & d'Isabeau de la Tour fit aussi son testament en l'année MCCCLXXXIII. & fit son heritier universel Beraud II. Dauphin d'Auvergne son cousin germain. Ne fait aucune mention de sa femme.

HUGUES

D'AUVERGNE. LIV. II. 185

HUGUES DAUPHIN seigneur de Chamaliere, Chanoine de Clair- *Preuves p. 410.*
mont en l'année MCCCLV. selon la genealogie des Dauphins d'Auvergne citée par M. Justel.

ISABEAU DAUPHINE mariée en l'année MCCCXXXIV. à Guy *Preuves p. 315.*
seigneur de Chalencon, à laquelle il fut constitué cent livres de rente sur le chasteau d'Auriere, & la somme de deux mil livres en argent comptant une fois payée, outre celle de cinq cens livres que luy legua Anne de Poictiers sa mere. Le Comte Jean nomma Guy son gendre son executeur testamentaire. Il engendra Guillaume de Chalencon mary de Valpurge heritiere de la maison de Polignac. Il ne paroist pas que Guillaume & Valpurge ayent eu d'autres enfans que Pierre de Chalencon Vicomte de Polignac & Beatrix mariée en l'année MCCCLXXII. à Agne de la Tour d'Auvergne II. du nom seigneur d'Oliergues. Pierre fut pere de Loüis, autrement dit Armand, marié en l'année MCCCCXIX. avec Isabeau de la Tour fille de Bertrand seigneur de la Tour V. du nom & de Marie Comtesse d'Auvergne & de Boulogne.

MARGUERITE DAUPHINE femme de Godefroy de Boulogne *Preuves p. 327.*
seigneur de Montgascon. Elle mourut en l'année MCCCLXXIV. & fut enterrée en l'Abbaye du Boucher. Nous en avons parlé plus amplement cy dessus page

Fils naturel de Jean Comte de Clairmont Dauphin d'Auvergne.

JEAN DAUPHIN, appelé Bastard du Comte Jean dans un arrest du *Preuves p. 317.*
Parlement & *nutritus* dans le testament de son pere. Ce qui nous *318.*
apprend qu'en ce temps là le mot *nutritus* signifioit quelquefois un enfant bastard, de mesme qu'en ce mesme temps on se servoit en Bourgogne du mot *Donné* pour signifier un bastard. Le mot *nutritus* est employé *P. de S. Julien*
encore deux fois pour Bastard dans le testament du Comte Jean, dans *p. 312. 349.*
lequel il fait un legs à Robert Dauphin bastard de son pere, & un autre à Imbert bastard de Poictiers.

Tome I.   Aa

186   HISTOIRE DE LA MAISON

VILLEMUR.
Efcartelé d'argent au lyon d'azur au 1. & 4. & d'or à deux faces crenelées de gueules au 2. & 3.

Beraud I. du nom Comte de Clairmont, Dauphin d'Auvergne, & feigneur de Mercueur.

CHAPITRE VII.

NOUS avons veu au chapitre precedent qu'apres la mort de Beraud VII. feigneur de Mercueur & Conneftable de Champagne decedé fans enfans le Dauphin Jean fils d'Alixent de Mercueur, laquelle eftoit tante du Conneftable, prit la qualité de feigneur de Mercueur, comme reprefentant fa mere. Mais dautant que dans le mefme temps Jean Comte de Joigny, qui eftoit heritier teftamentaire de Beraud, fe pretendoit auffi feigneur de Mercueur, & que Jeanne de Joigny Comteffe d'Alençon fœur de ce Comte eut auffi la poffeffion de cette feigneurie, il femble que nous fommes forcez de dire que Beraud Dauphin ne fut reelement & de fait feigneur de Mercueur qu'apres le decez de cette Princeffe, qui ne laiffa pas de pofterité. De forte que fa fucceffion retourna à fes heritiers naturels, comme elle l'avoit ordonné par fon teftament.

Preuves p. 88.
329. 332.

Pour bien entendre ce fait il faut premierement fçavoir qu'Alixent de Mercueur fille de Beraud VI. du nom feigneur de Mercueur fut accordée ou mariée trois fois, la premiere avec Poncet de Montlaur, dont il ne paroift point d'enfans, fecondement avec Aymar de Poictiers II. du nom Comte de Valentinois & Diois, & enfin avec Robert III. du nom Dauphin d'Auvergne. Elle eut d'Aymar cinq enfans, Guillaume de Poictiers II. du nom, Alix de Poictiers femme d'Eftienne de Viffac feigneur d'Arlenc, Beatrix de Poictiers femme de Jean Baftet feigneur de Cruffol, Florie de Poictiers mariée à Jean Payen feigneur de Mau, & Alixent de Poictiers mariée à Marquis de Canillac. Du mariage d'Alixent avec Robert III. Dauphin dont nous avons parlé cy deffus page 177. il provint plufieurs enfans, & entr'autres Jean pere de Beraud Dauphin.

D'AUVERGNE. LIV. II. 187

Beraud VI. seigneur de Mercueur pere d'Alixent marié avec Beatrix de Bourbon eut plusieurs enfans nommez tous dans son testament, assavoir Beraud seigneur d'Ussel en Bourbonnois, qui mourut avant son pere, Odilon seigneur de Salgues & de Murs & Prevost de l'Eglise de Brioude, Marie qui fut mariée avant l'an MCCLXXVI. à Jean Comte de Joigny, Beatrix mariée à Armand III. Vicomte de Polignac, & Alixent mariée à Robert III. Comte Dauphin d'Auvergne.

Beraud seigneur d'Ussel fut accordé en l'année MCCLX. avec Jeanne fille de Gautier seigneur de Vignorry en Bourgogne. Je ne sçay pourtant pas si ce mariage fut accompli. Car outre que par un acte imprimé par M. Perard il paroist, ce semble, que cette fille n'estoit pas encore mariée en l'année MCCLXI. je trouve qu'environ ce mesme temps Estienne de Chalon dit le sourd fils de Jean Comte de Chalon & de Bourgogne estoit marié avec Jeanne fille de Gautier seigneur de Vignorry, de laquelle il eut une fille unique appellée Jeanne de Chalon mariée à Guillaume de Dampierre seigneur de saint Disier petit fils de Guillaume de Bourbon Sire de Dampierre & de Marguerite Comtesse de Flandres. Quoy qu'il en soit, le Seigneur d'Ussel fut conjoint par mariage avec Blanche de Chalon fille de Jean de Chalon seigneur de Rochefort en Bourgogne & Comte d'Auxerre frere d'Estienne surnommé le sourd, & mourut avant l'année MCCLXXVI. comme il conste d'un premier testament de Beraud VI. son pere. Du mariage de Beraud seigneur d'Ussel & de Blanche de Chalon il provint un fils appellé Beraud VII. du nom, lequel fut seigneur de Mercueur & Connestable de Champagne. Il fut marié en l'année MCCXC. à Isabeau fille de Guy VI. du nom Comte de Forez & de Jeanne de Montfort sa femme. Jean Comte de Forez son frere luy constitua en dot la somme de neuf mil livres, dont il paya comptant huict mil, avec deux cens cinquante livres de rente sur la chastellenie de Clepieu. Je n'ay pas trouvé l'acte de l'assignation de son doüaire, mais seulement que Jean Comte de Joigny heritier testamentaire de son mary, pour demeurer quitte envers elle de sa dot & autres choses à elle accordées par son contract de mariage, luy delaissa en l'année MCCCXXXIII. le chasteau d'Ussel en propre avec trois cens livres de rente assises audit lieu, & s'obligea de luy payer la somme de deux mil quatre cens livres pour une fois, & outre ce une pension viagere de douze cens livres par chascun an pendant le cours de sa vie.

On ne sçait pas precisément le temps de la mort du Connestable. Neantmoins il y a apparence qu'elle arriva en l'année MCCCXXI. en laquelle je trouve que son testament & son codicille furent publiez. Il mourut sans enfans, & fit son heritier Jean Comte de Joigny son cousin, auquel il substitua ses enfans masles les uns apres les autres.

Apres sa mort il y eut differend pour sa succession entre le Comte de Joigny & les heritiers presomptifs du Connestable, assavoir Jean dit Dauphinet fils emancipé du Comte Dauphin d'Auvergne, Estienne de Vissac seigneur d'Arlenc en qualité de mary d'Alix de Poictiers fille d'Alixent de Mercueur, & les heritiers de Guillaume de Poictiers II. du nom seigneur

188　HISTOIRE DE LA MAISON

de Chaneac. Mais ce differend fut terminé en l'année MCCCXXI. par transaction emologuée en la Cour de Parlement, par laquelle les pretendans à cette succession quitterent toute la part qu'ils y pretendoient au Comte de Joigny moyenant douze cens livres de rente quittes & franches de toutes dettes en toute justice & seigneurie, qu'il promit de leur asseoir en Auvergne suivant le dire de trois Chevaliers à ce esleus par les partyes au plus prez que faire se pourroit de la terre du Dauphin & des autres heritiers. Ainsi le testament du Connestable en faveur de son cousin le Comte de Joigny fut confirmé.

Hist. des Comtes de Valentinois p. 17.

Voicy comme procede la proximité de sang du Connestable de Champagne & du Comte de Joigny. Beraud VI. seigneur de Mercueur eut plusieurs enfans, comme je l'ay deja dit, & entr'autres Beraud seigneur d'Ussel & Marie femme de Jean Comte de Joigny. Beraud seigneur d'Ussel engendra Beraud VII. Connestable de Champagne neveu de Marie Comtesse de Joigny, laquelle estoit mere de Jean Comte de Joigny heritier du Connestable. De sorte que le Connestable & le Comte de Joigny son heritier estoient cousins germains. Et par consequent le Connestable estoit aussi cousin germain d'Isabeau & de Jeanne de Joigny filles de Marie de Mercueur. Il paroist qu'il avoit beaucoup d'attachement pour la Comtesse de Joigny sa tante & pour ses enfans. Car en l'année MCCCXIV. pour ayder à marier avantageusement Jeanne de Joigny, qui fut mariée à Charles Comte d'Alençon frere du Roy Philippe de Valois, il luy donna par contract de mariage les chasteaux de Salgues & de Murs & trois mil livres d'annuele & perpetuele rente à prendre en la terre qui luy estoit escheuë par la mort d'Odilon de Mercueur son oncle Prevost de l'Eglise de Brioude, & encore autres mil livres de rente. Desorte qu'outre les chasteaux de Salgues & de Murs il donna à sa cousine en faveur de ce mariage quatre mil livres de rente. Ce fait est prouvé par les lettres que le Roy Philippe le Bel fit expedier au mois d'Avril MCCCXIV. en l'abbaye royale de Nostre Dame de lez Pontoise.

Preuves p. 335.

Je ne fais pas de difficulté que les curieux n'ayent agreable qu'à l'occasion d'Isabeau de Joigny j'adjouste icy un fait considerable dont pas un historien ne fait mention. Le fait est tel. En l'année MCCXCV. Eric Roy de Norwege ayant envoyé en France un Ambassadeur pour traicter & conclurre une ligue entre ce Roy & Philippe le Bel Roy de France contre l'Empereur & contre le Roy d'Angleterre, elle fut concluë au mois de Juin. Par ce traicté l'Ambassadeur de Norwege promit au nom du Roy son maistre de fournir au Roy de France deux cens galées & cent grands navires équipez d'armes & de victuailles avec cinquante mil hommes de guerre pour quatre mois par chascun an tant que la guerre d'Angleterre dureroit. Et le Roy de France promit de payer à ce Roy trente mil sterlings à certains temps y specifiez. La preuve de ce fait est au Tresor des chartes de France. Pendant qu'on traitoit cette grande affaire, on mit sur le tapis le mariage d'Isabeau de Joigny avec le Duc Hatuin ou Aquin frere du Roy de Norwege, lequel fut aussi Roy de Norwege apres la mort de son frere decedé sans enfans masles. Je ne

Preuves p. 340.

sçay pas si cette alliance a esté effectuée. Mais il y a grande apparence que non, soit parcequ'Isabeau mourut peuteftre en ce tempslà, soit pour d'autres raisons à nous inconnues. Ce qu'il y a de certain est qu'il faut bien qu'elle soit morte sans lignée, puisqu'il n'est point parlé d'elle ny de ceux qui auroient peu la representer dans les contestations qui furent entre les proches du Connestable apres sa mort & apres celle de la Comtesse d'Alençon sa cousine. J'adjouſteray icy en paſſant qu'apres que le Duc Aquin fut monté sur le throsne, il espousa la fille du Comte de Rupin, pensant trouver un grand appuy dans cette alliance, & qu'il fut chaſſé de son royaume par Magnus Roy de Suede, qui le joignit au sien. *Krantz. lib. 6. Norwag c. 4.*

Enfin la Comtesse d'Alençon estant morte sans enfans, comme par son testament fait en l'année MCCCXXXVII. elle avoit institué tous ceux & celles qui devoient luy succeder, ce fut la matiere d'un grand procez entre ses proches, qui se remirent de leurs differens au jugement de Philippe de Melun Evesque de Chaalons sur Marne, de Guy de Boulogne alors simple Clerc & depuis Cardinal, & de Guillaume Flote Chancellier de France ; lesquels ordonnerent par sentence renduë le douziesme jour de Juin MCCCXXXIX. que les biens de la succession de la maison de Mercueur appartiendroient à Beraud fils du Comte Dauphin, & que celuy cy seroit tenu de donner à Estienne de Viſſac & à ses coheritiers la chaftellenie de Murs avec toutes ses appartenances & deux cens livres de rente sur le peage de Cistriers. Mais il falloit encore contenter le Vicomte de Polignac & Estienne de Mercueur fils de Guillaume de Mercueur & de Dauphine de Ventadour, qui avoient de justes pretentions sur les terres de la maison de Mercueur. Pour les appaiser Beraud se chargea de payer tous les ans à Estienne de Mercueur quatre cens livres de pension viagere pendant sa vie, & delaiſſa au Vicomte de Polignac la chastellenie d'Aubijoux. Et par ce moyen Beraud devint paisible poſſeſſeur de la seigneurie de Mercuur & des autres seigneuries appartenans à la succession de Mercucur. *Hiſt. des Comtes de Valentinois p. 18.*

Beraud prit alliance en l'année MCCCXXXIII. avec Marie de Villemur fille de Pierre de la Vie seigneur de Villemur & de Calvinet au diocese de saint Flour & neveu du Pape Jean XXII. qui vivoit encore. Le contract de mariage fut passé en Avignon, où le Pape estoit, le XIV. Mars par l'entremise d'Aymar de Poictiers IV. du nom Comte de Valentinois oncle de Beraud & par les soins aussi de Madame la Dauphine, qui y est nommée ainsi simplement sans autre expression, parceque ce contract, qui n'est qu'un ancien vidimus, n'a pas esté copié entier. Ce qui a fait qu'on a oublié d'y mettre le nom de cette Dame, que je croirois volontiers avoir esté Isabeau de France fille du Roy Philippe le Long & femme de Guigues VI. du nom Dauphin de Viennois. A ce contract aſſiſterent du costé de Beraud ledit Aymar Comte de Valentinois & Madame la Dauphine, & du costé de Marie de Villemur Pierre de la Vie son pere, Arnaud d'Euse Vicomte de Carmaing, tous deux neveus du Pape, & encore Arnaud Vicomte de Talard, qui avoit espousé une niepce du Pape. Parmy les tesmoins sont nommez Guichard de *Preuves p. 340.*

HISTOIRE DE LA MAISON

Poictiers fils d'Aymar IV. Comte de Valentinois, Hugues de Tournan, Guillaume Fabri, & Jean de Caballole Chevaliers, Marquis de Carreto & Hugues de Cardaillac Damoiseau, & Jocelin de Caffagnes Chanoine de Narbonne aucteur de la glose sur les Extravagantes de ce Pape. Marie de Villemur avoit un frere Evesque d'Alby & une sœur appellée Isabeau accordée en l'année MCCCXIX. avec Hugues de Cardaillac seigneur de Bieule & de saint Cirq, qui est celuy dont nous venons de parler.

<small>Notæ ad Vitas Papar. Aven. p. 809.</small>

Il est marqué dans l'inventaire des Dauphins d'Auvergne qu'en l'année MCCCXXXVIII. Marie de la Vie femme de Beraud renonça en faveur d'Arnaud de la Vie son frere à tous les droits qu'elle pouvoit pretendre en la succession de leur pere & en celle de Jacques de la Vie leur frere moyenant la somme de quatre mil livres. Et en un autre endroit il est dit que Jacques Vicomte de Villemur frere de Marie declara en l'année MCCCXLIII. qu'il vouloit qu'au cas qu'il vint à deceder sans enfans masles, Beraud Dauphin seigneur de Mercueur son cousin germain fut son heritier, auquel il substitua Loüis Dauphin son frere.

Il faut qu'il y ait erreur en cet Inventaire. Car outre que nous ne connoissons pas ce Loüis Dauphin frere de Beraud II. il est certain que si Beraud estoit fils de la sœur de Jacques Vicomte de Villemur, comme il l'estoit, il n'estoit pas son cousin, mais son neveu. L'erreur est donc en ce qu'il y est dit que Jacques Vicomte de Villemur estoit frere de Marie, laquelle estoit sa tante ; & par consequent Beraud seigneur de Mercueur & Loüis son frere estoient ses cousins germains. Ce qui semble nous devoir obliger à croire qu'il y a eu deux Vicomtes de Villemur tout de suite de mesme nom pere & fils. Et il se pourroit bien faire qu'il y a erreur en la date. Car il est bien vray qu'environ l'an MCCCLXXX. Beraud II. avoit un fils appellé Loüis, lequel estoit par consequent cousin germain du second Jacques de la Vie Vicomte de Villemur.

<small>Bzou. to. 1. p. 248.</small>

Beraud I. Dauphin d'Auvergne fut à Rome au grand Jubilé en l'année MCCCL. & les Chanoines de saint Pierre eurent ordre du Pape de luy monstrer le tableau de la Veronique.

<small>Preuves p. 777.</small>

Il fit son testament le XIX. Aoust MCCCLVI. dans lequel il nomme par ordre de naissance les enfans qu'il avoit eus de sa femme au nombre de huict. Et cependant il est dit dans un registre des plaidoyries du Parlement de l'an MCCCXCV. qu'il laissa neuf enfans apres luy, quatre garçons & cinq filles. De sorte qu'il faut adjouster à ces huict encore Robert né apres le decez de son pere. Ce qui semble nous forcer à croire que sa femme estoit enceinte lorsqu'il fit son testament & qu'elle accoucha de Robert apres le decez de son mary marqué au XXVII. Aoust MCCCLVI. dans l'Obituaire de saint André. Aussi est il bien certain qu'il estoit mort avant le XXII. Juin MCCCLVII. puisqu'il n'intervint en aucune maniere au traicté de mariage de son fils Beraud, qui contracte de son chef, & prend la qualité de Comte de Clairmont & Dauphin d'Auvergne.

<small>Preuves p. 342.</small>

A l'esgard de Marie de Villemur sa femme, elle receut en l'année MCCCLVIII. comme doüairiere les reconnoissances à elle faites par divers tenanciers du chasteau & chastellenie de Champeils, qui luy avoit esté

D'AUVERGNE. Liv. II.

assigné pour son doüaire. Elle mourut le XXVIII. Septembre MCCCLXXXIII. & fut enterrée à saint André avec son mary.

Je trouve dans l'Inventaire des Dauphins d'Auvergne qu'elle fonda en l'année MCCCLXXIII. une Vicairie perpetuelle en l'abbaye de Valhoneste, autrement dite de Feniers, à l'autel de la Magdeleine, pour y faire dire trois Messes les Lundy, Mercredy, & Samedy de chasque semaine à perpetuité, & qu'elle assigna pour cette fondation six sestiers de froment & quarante sols de rente, qu'elle promit d'asseoir sur quelque fond, ou de donner cent francs d'or.

De tout ce qui vient d'estre dit on peut aysément conclurre que Beraud I. ne fut marié qu'une fois, & qu'il n'espousa pas Jeanne de Boulogne, comme on l'a creu jusques à present. Ce fut Beraud II. son fils qui l'espousa, comme nous le dirons au chapitre suivant.

Enfans de Beraud I. Comte de Clairmont, Dauphin d'Auvergne, & de Marie de Villemur sa femme.

BERAUD II. COMTE DE CLAIRMONT, qui aura son chapitre.

HUGUES DAUPHIN, auquel son pere donna par testament la joüis- *Preuves p. 345.* sance du chasteau de saint Cirgues pendant sa vie, & lequel Amé Dau- 777. phin seigneur de Rochefort substitua à ses enfans au defaut de Beraud I. Dauphin d'Auvergne son frere. Il fut entretenu aux escoles par son frere aisné pendant quatorze ans, *& estoit son compagnon M. Jean Roland, où il a despendu chascun an deux mil francs.* Ce Jean Roland, qui estoit Auvergnat, est à mon avis le mesme que celuy qui fut quelque temps apres Chanoine de l'Eglise cathedrale de Bourges & Evesque d'Amiens, & qui refusa le chapeau de Cardinal que le Pape Clement VII. luy offrit. Apres *Notæ ad Vitas* qu'Hugues Dauphin eut achevé ses estudes, quoy qu'il semblat que son *Papar. Aven.* pere l'eut destiné à l'Eglise, ne luy donnant que l'usufruit du chasteau de *p. 1334.* saint Cirgues, il suivit le party des armes, & se trouva en plusieurs occa- *Froissart vol. 1.* sions signalées avec le Duc de Berry & le Connestable du Guesclin ez années *chap. 257. 283.* MCCCLXVIII. LXIX. & LXXI. au rapport de Froissart. Il accompagna *297.* Beraud II. son frere au voyage de Barbarie en l'année MCCCXC. comme nous le dirons plus particulierement au chapitre suivant. Il espousa *Preuves p. 342.* avant l'an MCCCXCIX. Marquise de Godet fille de Lambert de Godet Chevalier & d'Alix de Tournon. Marquise estoit alors veufve de Jean d'Aigrefeuille Chevalier, & survesquit à Hugues Dauphin son mary mort en l'année MCCCCXVI. comme on le voit dans un arrest du Parlement. Il y a une chose tres singuliere dans un arrest de l'an MCCCCIII. où il est dit qu'apres que Marquise fut née Lambert son pere devint impuissant par une operation qu'on luy fit aux partyes genitales, *per abscisionem suorum genitalium*, & que sa femme Alix devint aussi *impotens ad concipiendum propter infirmitatem matricis suæ*. Ce qui estoit neantmoins absolument nié par Alix, qui soustenoit que pendant vingt quatre ans qu'elle avoit esté mariée avec Lambert elle en avoit eu plusieurs enfans, & entr'autres

HISTOIRE DE LA MAISON

François de Godet son heritier universel. Cet enfant fut reconnu pour tel. Et neantmoins par arrest donné le neuviesme Fevrier M.CCCC.III. on adjugea à Marquise la moitié de la troisiesme partye des biens de son pere. Il faut qu'Hugues Dauphin soit mort sans enfans. Car je trouve dans un *Preuves p. 541.* arrest de l'an MCCCCXVI. qu'apres sa mort Robert son frere se porta pour son heritier, & eut procez pour ce sujet avec Marquise sa veuve.

Au reste, quoyque Marquise ne meritat pas que sa mere se souvint d'elle dans sa derniere disposition, l'ayant griévement offensée en soustenant que le fils qu'elle se disoit avoir eu de Lambert seigneur de Godet son mary n'estoit pas fils de Lambert, elle ne l'oublia pourtant pas, mais aussi elle ne luy fit pas un legs considerable. Car par son testament fait à Paris en l'année MCCCCIX. le XXII. Janvier, lequel se trouve dans un ancien registre du Parlement, elle ne luy donna que la somme de dix livres pour tout droict de succession. Elle declara par le mesme testament qu'elle vouloit estre enterrée dans l'Eglise des freres Mineurs de Paris, & qu'à la fin de l'an son corps fut porté aux Cordeliers du Puy pour y estre inhumée avec son feu mary.

ROBERT DAUPHIN, qui est le posthume nommé dans le testament
Preuves p. 778. de Beraud I. son pere, né par consequent apres le XXVII. Avril MCCCLVI. jour du decez de son pere, se maria en l'année MCCCXC. avec Catherine de Veauce veufve d'Hutin seigneur de Vermeilles en Picardie, lequel peut avoir esté fils d'autre Hutin seigneur de Vermeilles & de Marguerite de Bourbon fille de Loüis I. Duc de Bourbon. Il est assez difficile de mar-
Preuves p. 356. quer les pere & mere de Catherine de Veauce. Car d'un costé je trouve dans un arrest de l'an MCCCCXIX. que Pierre de Veauce & Jeanne de Varigny sa femme eurent quatre filles & entr'autres une Catherine mariée à Geoffroy de Sully seigneur de Beaujeu & Philippie mariée au Seigneur de Combronde. Et cependant il est dit en termes fort nets en un arrest de l'an MCCCCLXXXI. que ledit Pierre de Veauce & Jeanne de Varigny sa femme ne laisserent en mourant aucuns enfans que Philippie mariée à Beraud Dauphin seigneur de Combronde. Ce qui paroit contradictoire. Quoy qu'il en soit, puisque Catherine de Veauce est appellée femme de Geoffroy de Sully dans un arrest de l'an MCCCCXIX. il faut que Robert Dauphin son mary soit mort quelque temps apres le mois de May MCCCCXVI. estant certain qu'il estoit encore au monde lors de la date des letres de legitimation de Floridas Dauphin son fils bastard. C'estoit un homme de merite que ce bastard, employé au service du Roy dans ses armées & prez de sa personne sous le Comte d'Armagnac Connestable
Preuves p. 559. de France. Il se distingua mesme au siege de la ville d'Harfleur assiegée par les Anglois en l'année MCCCCXV. & accompagna le Roy à Paris, où il fit son entrée le Vendredy XXIX. Decembre de la mesme année, ayant esté commandé avec sa compagnie pour estre auprez du Roy pour la garde & seureté de sa personne. Il fut legitimé par letres du Roy Charles VI. données à Paris au mois de May MCCCCXVI. & laissa une fille appellée Isabeau Dauphine legitimée par letres données au Montil lez Tours au mois de Janvier MCCCCXLVII.

MARGUERITE

D'AUVERGNE. Liv. II.

JEAN DAUPHIN seigneur de Rochefort mort sans lignée. Il vivoit encore en l'année MCCCLXVII. ^{Preuves p. 341, 777.}

MARGUERITE DAUPHINE, à laquelle Beraud son pere donna par testament la somme de dix mil florins d'or pour sa legitime. M. Du Chesne l'avoit d'abord donnée pour femme à Guillaume Flote II. du nom seigneur de Revel. Mais il s'est corrigé dans la suite, & a adverty que c'estoit Beatrix sa sœur qui avoit esté mariée à Guillaume Flote. ^{Preuves p. 166. Hist. de Chastillon p. 399. & aux Preuves p. 238.}

BEATRIX DAUPHINE mariée en premieres nopces au Seigneur de Montaigu. Surquoy il y a quelque difficulté, à cause que dans l'Inventaire des Dauphins d'Auvergne il est marqué qu'en l'année MCCCLXVII. elle estoit veuve d'Henry de Montaigu, & qu'en un autre endroit du mesme Inventaire elle est appellée en l'année MCCCLX. femme de Gilles Aycelin seigneur de Montaigu. Cette difficulté est neantmoins surmontée au moyen de l'histoire de Louis III. Duc de Bourbon, où il est marqué que Messire Henry de Montaigu estoit fils de Gilles Aycelin & que Messire Griffon de Montaigu estoit son frere. Or Griffon estoit fils de Gilles II. & frere de Gilles III. appellé icy Henry. Elle estoit donc veuve d'Henry de Montaigu en l'année MCCCLVII. & espousa en suite Guillaume Flote II. du nom seigneur de Revel petit fils de Guillaume Flote Chancellier de France, & de leur mariage nasquit Antoine Flote dit Floton de Revel, qui fut marié par son pere avec Catherine de Cousant fille de Guy seigneur de Cousant & de la Perriere souverain maistre de l'hostel du Roy, qui est ce qu'on a appellé depuis grand Maistre de France. ^{Preuves p. 777. Hist. de Loüis III. Duc de Bourbon p. 820. Hist. de Chastillon p. 399. & aux Preuves p. 238.}

JEANNE DAUPHINE. Je la trouve nommée parmy les enfans de Beraud I. dans son testament fait en l'année MCCCLVI. où il marque qu'elle avoit esté accordée avec Guillot Comptor fils du Seigneur d'Apchon. Et cependant il paroist que Jeanne Dauphine sœur de Beraud II. fut mariée en l'année MCCCLXIV. avec Guy autrement dit Guyonet de Severac seigneur & Baron de Severac en Roüergue, neveu d'Amaury de Severac Mareschal de France. Ce qui doit faire penser ou que son mariage avec le fils du Seigneur d'Apchon ne fut pas effectué, ou que s'il le fut, il ne fut pas de longue durée. Le contract de son mariage avec Guy de Severac porte que son frere luy constitua pour sa dot huict mil florins d'or, & le Vicomte de Villemur, qui estoit ou son oncle ou son cousin germain, luy donna encore mille florins. ^{Preuves p. 778. Preuves p. 355, 360. 364.}

Il y a lieu de croire que Guy de Severac & Jeanne Dauphine sa femme ne vesquirent pas long temps ensemble, & que Jeanne luy survesquit, y ayant preuve que Guy de Severac dit le posthume, ce qui marque qu'il estoit né apres la mort de son pere, & lequel fut marié avec Alix de Landorre fille & heritiere d'Arnaud de Landorre, mourut sans enfans masles. De sorte que la maison de Severac estant tombée en quenoüille, elle fondit en celle d'Arpajou au moyen du mariage de Jeanne de Severac fille de Guy de Severac surnommé le posthume avec Hugues d'Arpajou.

La maison de Severac ayant esté esteinte & tombée en celle d'Arpajou, & estant, pour ainsi dire, comme abandonnée aujourd'huy, il ne sera pas, à ce que je crois, desagreable aux curieux de la voir relever & illustrer icy par quelques poincts de l'histoire ancienne. Pour ce qui est de la

Tome I. Bb

noblesse & de l'antiquité de cette maison, il semble qu'elle est abondament prouvée par la reconnoissance que Guy seigneur de Severac fit en l'année MCCXLVI. à Raymond VII. Comte de Toulouse que son chasteau de Severac & ses autres terres relevoient du Comte de Toulouse, & que ses predecesseurs les avoient tenuës des Comtes de Toulouse predecesseurs de Raymond *ex antiquo & tanto tempore cujus non extat memoria*. L'ancienneté de cette maison est prouvée encore plus amplement prouvée par le tesmoignage de Geoffroy Prieur de l'abbaye de Vigeois en Limousin, qui nous apprend que Guy de Severac espousa une fille de Gilbert Comte de Millau, c'est à dire fille du fameux Gilbert devenu Comte de Provence par son mariage avec Gerberge heritiere de la maison de Provence. Et quoyque la femme du Seigneur de Severac ne fut pas fille de la Comtesse de Provence, mais d'un premier mariage de Gilbert contracté avant qu'il espousat l'heritiere de Provence, il estoit neantmoins allié des Roys d'Arragon Comtes de Barcelonne & de Provence issus de Gilbert & de Gerberge, Raymond Berenger Comte de Barcelonne ayant espousé en l'année MCXII. Doulce de Provence sœur de la Dame de Severac. Il ne faut donc pas s'estonner si la maison de Severac estant si proche alliée de celle des Comtes de Provence, un Guy seigneur de Severac se trouve avoir esté tué auprez de Montpeslier le jour de Pasques MCLXXXI. estant en la compagnie de Raymond Berenger Comte & Marquis de Provence fils de la Comtesse Doulce.

Je n'ay pas assez de titres pour faire voir que Guy de Severac gendre du Dauphin d'Auvergne descendoit de ces anciens Seigneurs de Severac. Mais le nom de la terre & le nom de Guy affecté dans la famille le prouvent assez. Car bientost apres la mort de Guy de Severac tué avec le Comte de Provence nous trouvons une Dame appellée Heliz fille de Guy seigneur de Severac mariée à Raymond III. Vicomte de Turenne; laquelle estoit apparemment fille unique & heritiere de Guy seigneur de Severac, comme M. Justel le dit, puisqu'elle porta en dot la seigneurie de Severac en la maison des Vicomtes de Turenne, le Vicomte Raymond son mary en ayant fait en l'année MCCXI. l'hommage à Pierre Roy d'Arragon en qualité de tuteur de Raymond Berenger Comte de Provence son neveu. Cependant je vois dans l'histoire des Albigeois du Moine des Vaux de Cernay que trois ans apres la prestation de cet hommage il y avoit un seigneur de Severac, lequel se laissa assieger dans son chasteau par Simon Comte de Montfort. Et en l'année MCCXLIV. Raymond VII. Comte de Toulouse ayant fait des Chevaliers à la Pentecoste, Guy de Severac fut du nombre. Il est encore fait mention de luy dans un titre de l'an MCCXLIX. qui est au Tresor des chartes de France. Ce qui m'oblige de croire ou que la Vicomtesse de Turenne n'estoit pas Dame de Severac en son entier, ou qu'estant mariée long temps avant l'année MCCXI. elle avoit un fils appellé Guy, auquel on donna le chasteau & seigneurie de Severac, ayant peutestre esté convenu lors du mariage que cette seigneurie seroit donnée à l'un des enfans de Raymond & d'Heliz à la charge de porter le nom & armes de Severac. Quoyqu'il en soit, voicy ce que je trouve par titres dans le siecle suivant. Je trouve

D'AUVERGNE. LIV. II.

premierement un Guy de Severac marié à Gaillarde de Bourniquel, pere de Guy & de Deodat & de Richarde femme de Raymond I. du nom seigneur d'Estain, laquelle testa le Lundy avant la feste de la Magdelene MCCCXXI. & nomma executeurs de son testament son frere Deodat & son mary. Guy II. mort environ l'an MCCCXX. marié à Beatrix de Beziers ne laissa que deux filles, Richarde mariée à Pierre des Cases, & Saurine, ausquelles Deodat leur oncle enleva la seigneurie de Severac, peuteftre à cause que selon la coustume usitée en ce temps là en plusieurs endroicts du royaume les femmes ne pouvoient pas succeder aux Baronnies tant qu'il y avoit des masles. Deodat fust marié avec Jeanne de Narbonne, & mourut avant l'an MCCCXLI. laissant plusieurs enfans, assavoir Guy III. seigneur de Severac, Amaury, qui fut Mareschal de France, Deodat, *Preuves p. 360.* qui fut d'Eglise, Alzias ou Elzear, & une fille appellée Gaillarde comme sa grande mere, mariée à Bertrand de Montaut. Guy III. mort en l'année MCCCXLVIII. avoit espousé Dauphine de Canillac sœur de Raymond *Notæ ad Vitas* de Canillac Cardinal & tante de Guerine de Canillac femme de Guillaume *Papar. Aven. p.* Roger Comte de Beaufort. Il en eut un fils appellé Guy ou Guyonnet *895. 1030.* mary de Jeanne Dauphine, qui est celuy qui a donné lieu à cette digression, lequel Froissart marque avoir esté fait prisonnier à la bataille de *Froissart vol. 1.* Poictiers en l'année MCCCLVI. *chap. 162.*

Je ne quitteray pourtant pas ce sujet que je ne dise encore qu'outre Amaury de Severac Mareschal de France mentionné cy dessus il y en eut un autre de mesme nom, fils d'Elzear & de Marguerite sa seconde femme, (comme on le voit dans un arrest du Parlement de l'an *Preuves p. 360.* MCCCXCIX.) eslevé en l'année MCCCCXVI. à la dignité de Mareschal *361.* de France malgré sa resistance à ne vouloir pas l'accepter, comme il l'exposa luy mesme en l'année MCCCCXXIV. en une playdoirie au Parlement contre Hugues d'Arpajou, & qui l'estoit en l'année MCCCCXXIII. *Hist. de Charles* lorsque les Anglois mirent le siege devant la ville de Crevant. Il s'estoit *VII. p. 4.* fait remarquer, tout jeune qu'il estoit, en l'année MCCCXCV. en la *Hist. de Charles* desfaite de la noblesse de Dauphiné mal conseillée. Où je diray en passant *VI. p. 116.* que le Moine de saint Denys qui a escrit l'histoire du Roy Charles sixiesme, escrivain d'ailleurs fort exact, donne toute la gloire de cette action à Aymedieu de Lestrac, sans faire aucune mention d'Amaury de Severac. Et comme il n'est pas à presumer qu'il ait supprimé son nom à dessein, ny que Jean Juvenal des Ursins, qui a aussi escrit l'histoire de ce Roy, ait avancé un fait faux, il faut croire que ces deux excellents hommes estoient les chefs de cette troupe de vaillants hommes qui combattirent avec eux, qu'ils agirent de concert, comme ils le devoient par beaucoup de raisons, & qu'Aymedieu estant plus aagé & ayant plus d'experience qu'Amaury, il fut le principal aucteur de cette desfaite. Je l'ay nommé Aymedicu, parce qu'il est ainsi appellé par le Moine de saint Denys, & non pas Arnaud, comme M. l'Abbé Le Laboureur l'a traduit. *Le Laboureur*

CATHERINE DAUPHINE. Son pere avoit ordonné dans son testa- *p. 322.* ment qu'on la fairoit religieuse, & luy avoit legué pour cet effect soixante livres de pension viagere. Elle fut neantmoins mariée en l'année MCCCLXVI. *Preuves p. 343.* *&c.*

Tome I. Bb ij

avec Marquis de Beaufort seigneur de Canillac & Vicomte de la Mothe. Le Dauphin son frere luy constitua en dot sept mil florins d'or & les rentes qu'il avoit en Auvergne dans les chastellenies & mandemens de Langeac, de la Mothe, & d'Aubusson, qu'il promit luy faire valoir quarante livres par chascun an ; & le Seigneur de Canillac luy assigna pour son doüaire trois cens livres de revenu sur son chasteau de la Roche ou sur celuy de Monton au choix de Catherine. Marquis estoit fils de Guillaume Comte de Beaufort frere du Pape Clement VI.

Preuves p. 361.
V. cy dessous
liv. 4. chap. 13.
BLANCHE DAUPHINE femme de Guerin III. seigneur d'Apchier fils de Guerin II. & de Marie de Beaufort fille de Guillaume Roger II. du nom Comte de Beaufort, appellée Jeanne dans un ancien registre des playdoiries du Parlement, & Guerin II. estoit fils de Guerin I. surnommé le Grand & d'Isabeau de Polignac. Guerin III. & Blanche Dauphine engendrerent Guerin le quart, ainsi appellé dans le registre des playdoiries que je viens de citer, Claude, Loüis, & Beraud, lequel donna en l'année MCCCIV. à Beraud Dauphin seigneur de Mercueur la part qu'il pouvoit avoir en la succession de Marguerite Dauphine sa tante autresfois femme de Godefroy de Boulogne. Je ne dois pas obmettre icy que Marie de Beaufort eut deux enfans de Guerin II. seigneur d'Apchier son mary appellez Guerin & Raymond, & que s'estant remariée apres son decez avec Raymond de Nogaret seigneur de Cauvisson petit fils du fameux Guillaume de Nogaret Chancellier de France, dont elle n'eut point d'enfans, elle porta son mary à faire donation de tous ses biens à Raymond fils de Guerin d'Apchier son premier mary ; quoy faisant, il conclud par le mesme acte le mariage de Bourguine de Narbonne sa cousine avec ledit Raymond, lequel mourut l'onziesme jour du mois de Juillet MCCCXX. n'ayant laissé qu'une fille nommée Blanche d'Apchier mariée à Renaud Vicomte de Murat & mere de Marguerite de Murat mariée à Loüis Louvet Chevalier, qui devint par là seigneur de Cauvisson. J'ay tiré tous ces faits des letres patentes du Roy Charles VI. de l'année MCCCLXXIX. en faveur de Raymond de Nogaret, qui sont dans un registre de la Chancellerie, & de deux arrests du Parlement des années MCCCCLI. & MCCCCLIII.

D'AUVERGNE. Liv. II. 197

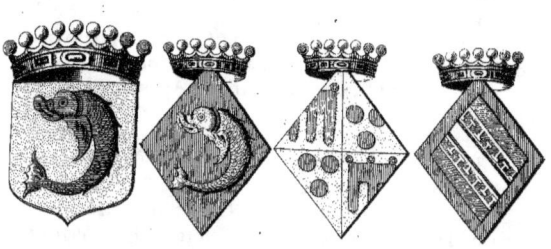

FOREZ.
De gueules au Dauphin pasmé d'or.

AUVERGNE BOULOGNE.
Escartellé. Au 1. & 4. d'Auvergne. Au 2. & 3. de Boulogne.

SANCERRE.
De Champagne à la bordure de gueules.

Beraud II. du nom, surnommé le Grand, Comte de Clairmont, Dauphin d'Auvergne, & seigneur de Mercueur.

CHAPITRE VIII.

E Prince, appellé communément le Comte Camus, fut aussi surnommé le Grand, non à cause de la grandeur de son corps, comme quelques autres, mais à cause de ses grandes actions, par lesquelles il se fit un si grand & si beau nom, Froissart ayant rendu tesmoignage *qu'il estoit un grand Chef.* Aussi est il marqué dans un arrest de l'année MCCCCXIX. qu'il estoit *nobilis, potens, & prudens, & notabilis regiminis, & de suo proprio de decem ad duodecim mille libras annui redditus habebat.*

Preuves p. 379. 383. 387. 388. 389. 390. 391. 392.

Froissart vol. 3. chap. 95.

Preuves p. 373.

Du vivant de son pere il estoit appellé le Seigneur de Mercueur, & en cette qualité il fut à la bataille de Poictiers, comme nous le dirons en son lieu.

Je trouve dans l'Inventaire des Dauphins d'Auvergne que Beraud Dauphin Sire de Mercueur fils emancipé de Jean Comte de Clairmont fut accordé en l'année MCCCXLVIII. avec Yoland de Geneve fille d'Amé Comte de Geneve, qui avoit ordonné par son testament qu'elle seroit religieuse. Mais cette alliance ne se peut pas entendre de Beraud I. attendu que dez l'an MCCCXXXIII. il estoit marié avec Marie de Villemur, laquelle luy survesquit longtemps, n'estant morte qu'en l'année MCCCLXXXIII. cinquante ans apres son mariage. Il faut donc rapporter cette alliance à Beraud II. petit fils de Jean, qui vivoit encore. Yoland estoit fille, & non sœur, comme M. Guichenon l'a creu, d'Amé III. Comte de Geneve & de Mahault de Boulogne sœur de Jean I. Comte d'Auvergne & de Boulogne, de Guy Cardinal de Boulogne, & de Jean & Godefroy de Boulogne, lesquels en consideration de cette alliance

Hist. de Savoye p. 1215.

Bb iij

quitterent audit Beraud cinq cens livres de rente qu'il eſtoit tenu de payer par chaſcun an à Guy ſeigneur de Chaumont en Maſconnois, enſemble toute la juſtice, cens, rentes, & droits qu'ils avoient au lieu de Chamaliere lez Clairmont ; & Jean Comte de Clairmont donna à Beraud les terres de Mercueur, Ardes, Fromental, & Vodable. Mais ce mariage ne fut pas effectué, Yoland ayant eſté mariée à Aymeri VIII. Vicomte de Narbonne.

La premiere occaſion où je trouve que ce Seigneur s'eſt employé fut à la journée de Poictiers en l'année MCCCLVI. où il ſe trouva avec la Nobleſſe d'Auvergne, aſſavoir avec le Sire de la Tour, le Sire de Chalencon, le Sire de Montaigu, le Sire de Rochefort, c'eſt à dire, comme je le crois, Amé Dauphin ſeigneur de Rochefort oncle du ſeigneur de Mercueur, le Sire de la Chaiſe, & le Sire d'Apchon.

Froiſſart vol. 1. chap. 162.

En l'année MCCCLIX. Robert Canole Capitaine Anglois eſtant venu en Auvergne avec trois mille combattans, la Nobleſſe d'Auvergne & du Limouſin avec le Comte de Forez s'aſſembla pour le combattre, & les Anglois ſe diſpoſerent auſſi au combat. *Les Seigneurs de France ordonnerent deux batailles, & avoit en chaſcune bien cinq mille hommes. Si avoit la premiere bataille le Dauphin d'Auvergne Comte de Clairmont, & l'appelloit on Beraut, & devint illecques Chevalier, & leva banniere eſcartelée d'Auvergne & de Merquel. Si eſtoit delez luy Monſeigneur Robert Dauphin ſon oncle, le Sire de Montagu, le Sire de Chalencon, le Sire de Rochefort, le Sire de Serignac, Monſeigneur Godefroy de Boulogne, & pluſieurs jeunes Eſcuyers de Limoſin, de Quercy, d'Auvergne, & de Rouergue.* Mais les Anglois eſtant avertis de la grande puiſſance des François ſe retirerent pendant la nuit. *Quand ces Seigneurs d'Auvergne l'entendirent,* adjoute Froiſſart, *ils rompirent leur chevauchée, & r'alla chaſcun en ſa maiſon.*

Froiſſart vol. 1. chap. 204.

Aſſez toſt apres, dit-il encore, *fut traité & fait le mariage de ce gentil Chevalier Monſeigneur Beràut Dauphin d'Auvergne à la fille du gentil Comte de Foreſts, qu'il avoit de la ſœur Monſeigneur Jacques de Bourbon.* Ce fut avec Jeanne de Forez fille de Guy VII. du nom Comte de Forez & de Jeanne de Bourbon fille de Loüis I. Duc de Bourbon & de Marie de Haynaut. Le contract de ce mariage eſt du XXII. Juin MCCCLVII. fait en preſence & par la mediation du Comte Guy & de Renaud de Forez ſon frere & des Seigneurs d'Apchon & de Chalencon proches parents de Beraud. Il ne provint de ce mariage qu'un fils mort jeune & une fille appellée Anne Dauphine, qui fut Comteſſe de Forez, puis Comteſſe de Clairmont & Dauphine d'Auvergne par la mort ſans lignée de la Dauphine Jeanne ſa niepce fille de Beraud III. de ce nom. Jeanne de Forez deceda dans le chaſteau de ſaint Cirgues en Auvergne le XVII. Fevrier MCCCLXIX. comme il eſt marqué dans l'Inventaire des Dauphins d'Auvergne, où il eſt dit qu'en cette année là le Prieur de la Voute & le Curé de ſaint Cirgues conſentirent & accorderent que Beraud Dauphin fit tranſporter & amener les corps & offemens de feuë Jeanne de Forez ſa femme & d'un ſien fils maſle decedez au chaſteau de ſaint Cirgues, ſepulturez au monaſtere de la Voute, dans le monaſtere de ſaint André lez Clairmont ſuivant l'ordonnance &

Preuves p. 361. 374. 400.

D'AUVERGNE. Liv. II.

election de sepulture faite par ladite Dame. De ce narré il est aysé de recueillir qu'elle mourut en couches & qu'elle estoit accouchée d'un fils, qui mourut en mesme temps que sa mere. Nous parlerons dans la suite des autres mariages de Beraud.

En l'année MCCCLX. il fut convenu à Bretigny prez Chartres qu'en execution du traicté de paix entre le Roy Jean & le Roy d'Angleterre on donneroit des ostages au Roy d'Angleterre, assavoir plusieurs Princes du sang & autres grands Seigneurs, parmy lesquels est nommé le Dauphin d'Auvergne, comme il est marqué dans Walsingham & Froissart & dans les letres de ratification dudit traicté expediées par le Roy Jean données à Boulogne le XXVI. Octobre audit an, lesquelles ont esté mises au jour par le R. P. Edmond Martene religieux Benedictin. Il fut donc en Angleterre en ostage avec ces Princes & grands Seigneurs, & y demeura treize ans, *où il despendit bien cinquante deux mil francs*, comme il est marqué en l'arrest cité cy dessus. Il est parlé du Comte Dauphin d'Auvergne, *qui se pro liberatione Regis obsidem constituit in Anglia*, dans des letres patentes expediées en l'année MCCCLX. qui sont dans le registre LXXXIX. du Tresor des Chartes. Belleforest, qui voyoit que le Dauphin d'Auvergne estoit en Angleterre pendant que les pillards du royaume ravageoient ses terres, a creu qu'il y estoit prisonnier. A la verité il est marqué dans l'arrest que je viens de citer qu'il y fut *rançonné à trente mil francs, à quoy il fut mis à cause de sa Comté*. De sorte qu'on peut bien luy appliquer ce que Charles Bernard dit de Loüis II. du nom Duc de Bourbon gendre de Beraud, qui fut aussi l'un des ostages du Roy Jean en Angleterre, & à ses despens comme Beraud, *qu'il luy en cousta de fort grandes sommes de deniers pour l'avoir plegé*.

Pendant qu'il estoit en Angleterre en ostage il establit en l'année MCCCLXV. Amé Dauphin seigneur de Rochefort son oncle Gouverneur de ses terres pendant son absence & pendant tout le temps qu'il devoit tenir ostage en Angleterre, comme il est marqué dans l'Inventaire des Dauphins d'Auvergne.

Nous avons remarqué cy dessus que Jeanne de Forez sa femme mourut en l'année MCCCLXIX. à saint Cirgues en Auvergne. Tous ceux qui se sont meslez jusques à present de parler des femmes de Beraud ont dit qu'apres la mort de Jeanne de Forez il convola en secondes nopces & prit à femme Marguerite de Sancerre fille & heritiere de Jean III. du nom Comte de Sancerre. Mais ils se sont grandement trompez, cette Marguerite n'ayant esté que sa troisiesme femme. Il espousa donc en secondes nopces Jeanne de Boulogne fille de Jean de Boulogne seigneur de Montgascon, qui fut aussi Comte d'Auvergne, laquelle on a accoustumé de donner pour femme à Beraud I. pere de celuy cy. Mais le contract du mariage de cette Princesse estant du mois de Juin MCCCLXXI. & Beraud I. estant mort longtemps auparavant, il est evident que ce mariage ne peut pas luy convenir, & que par consequent c'est avec son fils qu'elle fut mariée. Elle mourut le premier jour d'Octobre MCCCLXXIII. sans enfans. Et c'est pour cette raison que dans un arrest de l'an MCCCCLIX. où la

HISTOIRE DE LA MAISON

genealogie de Beraud II. eſt deduite, il n'eſt parlé que de deux mariages contractez par luy, parce qu'on n'y parle que de ceux qui avoient produit des enfans. Car il s'agiſſoit du partage des biens entre les enfans. Mais dans un autre arreſt de l'an MCCCCLI. il eſt dit expreſſément que *cum tribus mulieribus ſucceſſivè & ultimò cum quadam Margareta de Sacrocaſare ejuſdem loci Comitiſſa matrimonialiter copulatus fuerat.*

<small>Preuves p. 383.</small>

Il ſe remaria donc pour la troiſieſme fois au mois de Juin de l'année MCCCLXXIV. avec Marguerite de Sancerre, laquelle eſtoit, au rapport de Froiſſart, *une moult vaillant Dame & de grand prudence.* Elle eſtoit fille de Jean III. du nom Comte de Sancerre & de Marguerite Dame de Mermande en Anjou, & avoit eſté mariée auparavant, du vivant de ſon pere, avec Girard Sire de Raiz, qui mourut peu de temps apres ſon mariage. Le R. P. Auguſtin du Paz eſcrit dans la genealogie des Barons de Raiz que Girard Chabot Sire de Raiz eut de Philippe Bertrand ſa femme deux enfans, Girard, & Jeanne, leſquels je trouve nommez en deux arreſts du Parlement de Paris des années MCCCLXXX. & MCCCXC. où cette Jeanne ſe qualifie Dame de Raiz, comme eſtant ſœur & ſeule heritiere de feu Girard ſeigneur de Raiz. Le meſme auctcur adjouſte que ce Girard n'eut point d'enfans. Ce qui eſt vray. Apres ſa mort Marguerite de Sancerre ſa veuve eſpouſa Beraud Dauphin d'Auvergne, & engendra, comme dit Froiſſart, huict enfans, qui ſont tous nommez dans l'arreſt de MCCCLIX. dont nous avons deja parlé, & leſquels nous nommerons auſſi à la fin de ce chapitre.

<small>Froiſſart vol. 4. chap. 14.</small>

<small>Hiſt. geneal. de Bretagne p. 211.</small>

<small>Froiſſart vol. 4. chap. 9.</small>

En la meſme année MCCCLXXIV. apres Paſques le Duc d'Anjou, qui ſe tenoit en Perigord, fit une grande aſſemblée de gens pour aller faire la guerre en la haute Gaſcogne. Le Conneſtable de France y eſtoit avec une tres grande quantité de nobleſſe de Bretagne, Poictou, Anjou, de Touraine, de Gaſcogne, du Limouſin, & de l'Auvergne ; parmy laquelle ſont nommez le Comte Dauphin d'Auvergne, & les Vicomtes de Carmaing, de Villemur, & de Talard, leſquels je nomme icy parce qu'ils eſtoient tous proches parens du Dauphin.

<small>Froiſſart vol. 1. chap. 318.</small>

Il eſt marqué dans l'inventaire des Dauphins d'Auvergne qu'en l'année MCCCLXXVII. Geraud de Rochefort & ſa femme vendirent à Beraud Dauphin ſeigneur de Mercueur tous les cens & la juſtice qu'ils avoient en la ville de Mareugeol Lambron.

En la meſme année, apres que le Duc d'Anjou ſe fut retiré à Toulouſe auprez de la Ducheſſe ſa femme, qui eſtoit nouvellement accouchée d'un beau fils, les Seigneurs qui eſtoient auprez de luy ſe retirerent, *& le Mareſchal de Sancerre s'en alla en Auvergne en confortant le Comte Dauphin d'Auvergne & les Barons d'Auvergne qui guerroyoient aux Anglois qui ſe tenoient en Limouſin & en Roüergue ſur les frontieres d'Auvergne.* Ce Mareſchal eſtoit oncle de la Dauphine d'Auvergne femme de Beraud.

<small>Froiſſart vol. 2. chap. 6.</small>

En l'année MCCCLXXXII. Beraud fut en Flandres avec le Roy, & fut compris avec Jean de Boulogne dans le nombre des troupes qui devoient eſtre auprez de la perſonne du Roy, comme nous l'avons deja remarqué cy deſſus page 146. en parlant de Jean II. de ce nom Comte d'Auvergne.

Au

D'AUVERGNE. Liv. II.

Au retour de cette expedition, comme les Seigneurs qui avoient suivy le Roy demandoient d'estre payez de ce qui leur estoit deu pour les despenses qu'ils y avoient faites, *ils furent assignez*, dit Froissart, *sur leurs terres & pays à prendre ce que le Roy leur devoit pour les services qu'ils luy avoient faits en Flandres & pour les acquitter envers leurs gens.* Froissart nomme parmy ces Seigneurs le Comte de Blois, le Comte de la Marche, le Comte d'Eu, le Comte de saint Paul, le Comte d'Harcourt, le Comte Dauphin d'Auvergne, & le Sire de Coucy. Froissart vol. 1. ch. p. 130.

En la mesme année, comme il est marqué dans l'inventaire des Dauphins d'Auvergne, Geoffroy Sire de Montmorin vendit à Beraud Dauphin le chasteau & chastellenie du Bois pour le prix de deux mil cinquante livres. Dans le mesme inventaire il est fait mention d'une sentence de l'Auditeur du Pape en Avignon, par laquelle ce seigneur de Montmorin est condamné de laisser au Dauphin la possession libre de cette chastellenie.

Pendant que le Comte Dauphin estoit en Flandres avec le Roy, Aymerigot Marchés, lequel avec ses compagnons pilloit l'Auvergne, se saisit autant par adresse que par force du chasteau de Mercueur & le mit entre les mains des Anglois. Ce qui estant venu aux oreilles de la Dauphine, laquelle se tenoit à Ardes, elle envoya incontinent dire aux Escuyers & Chevaliers du pays qu'ils luy vinssent ayder à reconquester son chasteau. Elle fut promptement servie, & le siege y fut mis incontinent. Neantmoins, comme il n'estoit pas facile de le reprendre par force, on mit l'affaire en negociation, & Aymerigot le rendit moyenant la somme de cinq mil livres qu'on luy paya comptant, ou bien cinq mil florins, comme Froissart dit en un autre endroit. Ce qui prouve que le florin valoit un franc. Et cependant je trouve dans le contract de mariage du Mareschal de Bouciquaut & d'Antoinete de Beaufort passé en l'année MCCCXCIII. qu'en ce temps là vingt mille florins ne valoient que seize mille francs. v. cy dessous liv. 4. chap. 15. Froissart vol. 2. chap. 144. Vol 3. chap. 103. vol. 4. chap. 14. Preuves p. 219.

Dans le compte de Jean Flamenc Tresorier des guerres il est dit qu'en l'année MCCCLXXXIII. par letres du Roy données à Paris le XXX. Decembre il fut ordonné au Dauphin d'Auvergne Comte de Clairmont retenu au nombre de cent cinquante hommes d'armes pour servir ez partyes d'Auvergne & ailleurs deux cens francs d'estat par mois outre & pardessus les gages de luy & desdits cent cinquante hommes. Et plus bas il est encore marqué qu'il fut retenu au nombre de quarante Arbalestriers de cheval outre & pardessus le nombre de cent cinquante hommes d'armes cy dessus ; desquels Arbalestriers Antoine de Plaisance fut Capitaine avec un Connestable ; & il leur fut ordonné, au Capitaine quarante francs, au Connestable vingt quatre francs, & à chascun Arbalestrier douze francs par mois.

En l'année MCCCLXXXV. le Roy Charles VI. s'estant resolu de passer en Angleterre avec une puissante armée ; il se rendit en Flandres avec une partye de sa Noblesse & de ses troupes. Il avoit aupres de luy le Duc de Bar, le Duc de Lorraine, le Comte d'Armagnac, le Comte Froissart vol. 3. chap. 41. 45.

Tome I.   Cc

de Savoye, le Comte Dauphin d'Auvergne, le Comte de Geneve, le Comte de faint Paul, le Comte d'Eu, le Comte de Longueville, le Sire de Coucy, Meffire Guillaume de Namur, & plufieurs autres grands Seigneurs de France. Mais ces grands projects & ces grands preparatifs n'aboutirent à rien, le Roy ayant à la fuggeftion de ceux qui n'avoient pas efté d'avis de cette entreprife donné congé à fes troupes fans avoir rien fait. Ce qui fafcha beaucoup de gens, & nommement le Comte Dauphin d'Auvergne, lequel jura fur fa foy parlant à Froiffart, qui eftoit là prefent, *qu'il avoit des pourveances pour dix mille francs pour luy, mais il n'en eut pas mille de retour. Encôres laifferent fes gens tout perdre.*

En la mefme année le Duc de Bourbon, apres avoir pris la Roche Sen-nadoire à deux lieuës au deffus de Clairmont, s'en alla *à Ardes vers le Comte Dauphin, qui le feftoya moult grandement*, dit d'Orronville, *& d'Ardes alla au Puy Noftre Dame, où il s'eftoit voüé.*

Hift. de Louis III. Duc de Bourbon p.126.

En l'année MCCCLXXXVII. Beraud Dauphin Comte de Clairmont & feigneur de Mercueur hoir & coufin de feu Beraud Dauphin feigneur de Rochefort vendit à Maurin de Tourzel feigneur d'Alegre pour le prix de trois mil cinq cens livres la moitié par indivis de la terre & feigneurie de Meillau, excepté & refervé à M. le Comte efdites chofes venduës la foy & l'hommage, fouveraineté & reffort. Lequel hommage ledit fieur d'Alegre fit le mefme jour au Comte, lequel donna audit fieur d'Alegre la haute, moyenne, & baffe juftice du lieu de Tourzel.

Preuves de M. Juftel p.135.

Inventaire des Dauphins d'Auvergne. Preuves p.228. 229.

L'année d'apres le Comte d'Armagnac fe tranfporta en Auvergne pour negocier un traicté avec les bandes de pillards qui ravageoient le pays. Ils luy donnerent parole de vuider entierement le royaume moyennant la fomme de deux cens cinquante mille francs qu'il leur promit. Ce que les habitans d'Auvergne, Quercy, & Limoufin promirent d'executer, afin d'avoir la liberté de leurs perfonnes & de leurs biens. Quand cet accord fut fait, *le Comte d'Armagnac*, dit Froiffart, *pria au Comte Dauphin d'Auvergne, qui eftoit un grand Chef*, de traiter avec Tefte noire, qui tenoit le chafteau de Ventadour, & d'aller en fuite vers le Roy & fon Confeil pour faire leurs befognes plus fermement & authentiquement. Le Comte Dauphin s'y accorda, & exploita tant par fes journées qu'il vint à Paris, & de là à Roüen, où le Roy fe tenoit. Froiffart raconte bien au long toute la negociation du Comte Dauphin, laquelle alla bien lentement à caufe des difficultez que le Confeil du Roy y faifoit.

Froiffart vol. 3. chap. 95.

Pendant que le Comte Dauphin eftoit à la Cour, il apprit que les compagnies de brigans s'eftoient faifis de la ville de Montferrand en Auvergne. Il en fut bien chagrin, & partit incontinent de Paris pour fe rendre en Auvergne, laiffant tout fon eftat derriere, & chevaucha luy & fon page feulement le chemin de Moulins en Bourbonnois pour venir en Auvergne, & renouvelloit tous les jours chevaux. Cependant les pillards abandonnerent Montferrand deux jours auparavant que le Comte y peut arriver. *Quand il en fceut la verité*, dit Froiffart, *il chevaucha un peu plus à fon ayfe, & vint à faint Pourçain, & de là à Moulins en Bourbonnois; & là trouva la Ducheffe de Bourbon fa fille, qui avoit efté toute effrayée de*

Froiffart vol. 3. chap. 103. 104. 105.

D'AUVERGNE. LIV. II.

cette avanture, & toutesfois quand elle sceut qu'ils estoient retraits, elle se rejoüist de ce que son pays estoit plus asseuré que devant. Par ma foy, dit le Comte Dauphin, je voudroye qu'il m'eust cousté grandement & que les pillards qui s'en sont partis fussent encores dedans Montferrand enclos. Car s'ils y estoient, ils y finiroient mal.

En l'année MCCCLXXXIX. au mois de Juin le Comte Dauphin fut à Riom en Auvergne aux nopces de Jean Duc de Berry & de Jeanne de Boulogne, qui *furent moult grandes*, comme dit Froissart. Nous en avons parlé plus amplement cy dessus page 151.

A la fin de la mesme année le Roy Charles VI. estant à Toulouse gagea contre le Duc de Touraine son frere qu'il seroit pluftost à Paris que luy. La gageure fut de cinq mil francs. Ils partirent à la mesme heure, le Roy avec le sieur de Garencieres, & le Duc avec le Seigneur de la Vieufville. Le Roy mit quatre jours & demy pour arriver à Paris, & le Duc de Touraine n'y en mit que quatre & un tiers. Ainsi il gaigna la gageure. Cependant le Duc de Bourbon s'en retourna par le Puy en son pays & alla voir, chemin faisant, son beaupere le Comte Dauphin d'Auvergne & la Comtesse Dauphine & ses enfans. *Froissart vol. 4. chap. 9.*

En l'année MCCCXC. le Comte Dauphin voulant accompagner le Duc de Bourbon au voyage de Barbarie, il fit son testament, par lequel il institua son heritier universel Beraud son fils, auquel en cas qu'il mourut sans enfans masles il substitua Jean Dauphin son second fils. Apres quoy il partit avec son frere Hugues Dauphin. Estant arrivez en Barbarie, le Duc Chef & souverain de ce voyage assiegea la ville d'Afrique, c'est à dire Tunis, comme il est expliqué par d'Orronville dans l'histoire de Louis III. Duc de Bourbon, où il perit beaucoup de gens de marque à un assaut. Et enfin on fut obligé de lever le siege & de s'en retourner honteusement. De quoy les Genois, qui avoient embarqué les Seigneurs de France en cette pretenduë conqueste, estoient fort desplaisants. D'autre costé il se respandit un bruit dans l'armée que les Genois avoient trahi les Chrestiens & s'estoient accommodez secretement avec les Sarrasins. Ce que la plus grande partye des Chrestiens croyoit & disoit ainsi. *Nos souverains Seigneurs & Capitaines le Duc de Bourbon, le Comte Dauphin d'Auvergne, le Sire de Coucy, Messire Guy de la Trimoüille, Messire Jean de Vienne, & Messire Philippe de Bar sçavent bien tout clairement comme il en est, & pour ce nous departons du siege si soudainement.* Le Comte Dauphin se mit en mer avec le Duc de Bourbon pour s'en revenir en France, & fut avec luy en Sicile & à Messine, où ils demeurerent huict jours. Là le Duc de Bourbon fit Chevalier Mainfroy seigneur de Clairmont & de Messine; lequel luy fit present de deux coursiers, & un au Comte Dauphin. Apres quoy ils vinrent à Marseille, & de là en Auvergne. *Preuves p. 374. 387. Froissart vol. 4. chap. 14. 21. 23. Hist. de Louis III. Duc de Bourbon p. 320.*

Le Comte Dauphin mourut le XXI. Janvier, comme il est marqué dans l'ancien Obituaire des RR. PP. Cordeliers de Clairmont, ou le XVII. selon l'Obituaire de saint André, en l'année MCCCXCIX. c'est à dire, l'an MCCCC. selon la maniere de compter d'aujourd'huy, comme il est marqué dans un arrest du Parlement, où il est aussi dit que la femme, *Preuves p. 395.*

Tome I.   Cc ij

204   HISTOIRE DE LA MAISON

c'eſt à dire Marguerite de Sancerre, avoit le bail ou la garde noble de ſes enfans. Elle reſta veuve juſques en l'année MCCCCVIII. qu'elle ſe maria pour la troiſieſme fois avec Jacques ſeigneur de Montberon Comte de Maulevrier. Quelques eſcrivains celebres luy donnent encore un autre mary, aſſavoir Jean dit Lourdin ſeigneur de Saligny Conneſtable du royaume de Sicile. Ce que j'ay bien de la peine à croire, parceque je vois dans un arreſt de l'année MCCCCXVIII. qu'ayant intenté action *Preuves p. 371.* contre le Comte Dauphin pour raïſon de la ſucceſſion de cette Dame, il n'allegua pas ſes pactes dotaux, mais ſe fonda ſeulement ſur ce qu'eſtant ſon couſin au troiſieſme degré, & luy ayant rendu pluſieurs ſervices conſiderables, elle luy auroit donné pendant ſa vie l'uſufruit des chaſteaux & chaſtellenies de Sagone, de Montfaucon, & de Vaillac, enſemble de la Comté de Sancerre & du chaſteau & chaſtellenie de Charpinon. Or il eſt certain que s'il avoit eſté ſon mary, il auroit parlé autrement, eſtant d'ailleurs homme de qualité & de merite. Meſſieurs de Sainte Marthe ont remarqué dans la derniere edition de l'Hiſtoire genealogique de la Maiſon de France que Jacques de Bourbon Comte de la Marche & de Caſtres eſtant allé en Sicile eſpouſer Jeanne II. de ce nom Reyne de Sicile, il y fut accompagné par Lourdin Sire de Saligny, lequel rendit de ſi grands ſervices à ce Prince devenu Roy de Sicile que pour les reconnoiſtre il le crea Conneſtable de Naples & de Sicile, & luy donna la principauté de Tarente & trente mil ducats de rente, reconnoiſſant par ſa declaration de l'an MCCCCXV. qu'il luy avoit mis la Couronne ſur la teſte.

De tout ce qui vient d'eſtre dit il eſt ayſé de voir que ceux-là ſe ſont trompez qui ont creu que Beraud avoit eſté le premier mary de Marguerite de Sancerre. En quoy neantmoins ils ont ſuivy ce qui ſe lit dans un arreſt de l'an MCCCCXXXIX. où il eſt dit que cette Dame avoit eu deux maris, le premier Beraud Dauphin pere d'autre Beraud, & le ſecond Jean de Montberon.

Enfans de Beraud II. du nom Comte de Clairmont, Dauphin d'Auvergne, & de Jeanne de Forez ſa premiere femme.

Preuves p. 375.   ANNE DAUPHINE mariée en l'année MCCCLXXI. avec diſpenſe du Pape Urbain V. à Ardes en Auvergne avec Loüis II. Duc de Bourbon, auquel elle porta les Comtez de Clairmont & de Forez. Ils veſquirent en une tres eſtroite amitié, comme teſmoigne d'Or-
Hiſt. de Louis III. Duc de Bourbon p. 23. 325. ronville, qui marque que ce Prince aymoit la Ducheſſe ſa femme *de vraye amour.* Elle eut pluſieurs enfans du Duc ſon mary, tous morts en bas aage & ſans lignée, à la reſerve de Jean I. du nom Duc de Bourbon
Du Tillet p. 163. & d'Iſabeau de Bourbon, laquelle eſtoit encore au monde en l'année
Preuves p. 383. MCCCCLI. comme il conſte d'un arreſt de cette année là. Le Duc mourut à Montluçon le XIX. Aouſt MCCCCX. & fut porté au prioré de Souvigny en Bourbonois, où il fut enterré avec ſa femme dans une chapelle qu'il y fit baſtir. Anne ſa femme luy ſurveſquit long temps, ſans ſe remarier, fit ſon teſtament le XIX. Septembre MCCCCX. &

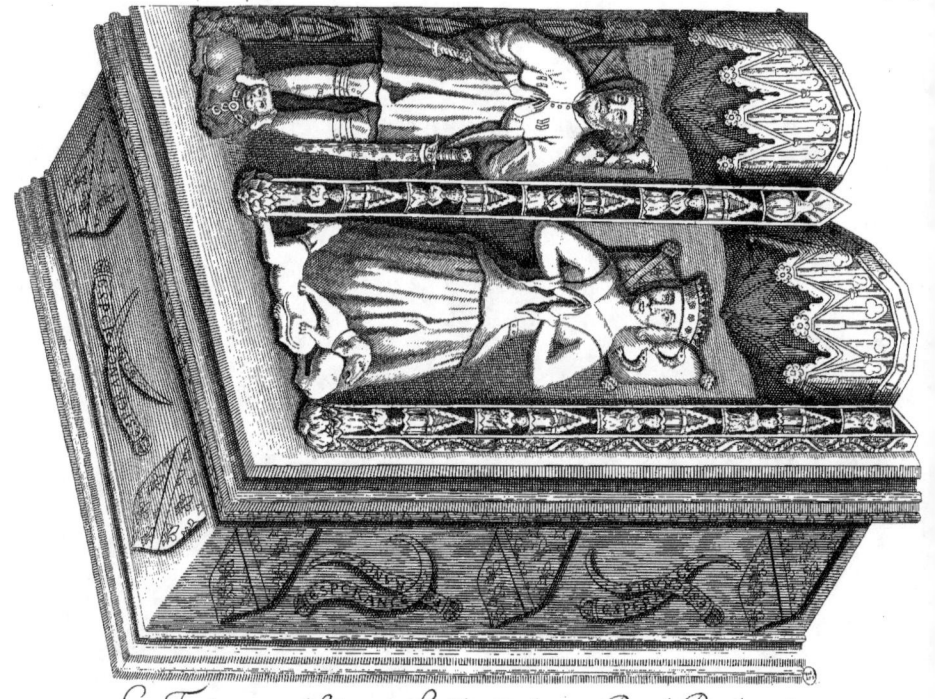

Ce Tombeau a esté fait pour Loüis II. du nom Duc de Bourbonnois & pour Anne Dauphine d'Auvergne & Comtesse de Forez sa femme, qui y sont enterrez.

On y a aussy enterré dans la suite Jean I. du nom Duc de Bourbonnois & d'Auvergne, Marie de Berry sa femme, & François Monsieur frere de Charles III. Duc de Bourbonnois.

encore un codicille quatre ans apres, & fut aussi enterrée à Souvigny *Hist. de Sou-*
avec son mary dans un tombeau eslevé de terre, où sont leurs figures *vigny p. 356.*
ayant les mains jointes, comme ils sont representez icy. *365.*

On voit sur ce tombeau une ceinture sur laquelle il est escrit ESPERANCE.
C'estoit la devise de ce Prince. Un aucteur moderne dit qu'au temps que *Favyn au*
le Duc espousa la Princesse en la ville d'Ardes il institua aussi l'Ordre *Theatre d'hon-*
des Chevaliers de Nostre Dame, dit autrement du Chardon, composé *valerie.*
de vingt-six Chevaliers sans reproche & renommez en noblesse & vaillance, & fit luy & ses successeurs Ducs de Bourbon chefs & souverains
d'iceluy. Ils portoient la ceinture de velours bleu celeste doublée de satin
rouge, brodée d'or, & sur icelle en mesme broderie ce mot ESPERANCE.
Elle fermoit à boucle & ardillon de fin or ebarbillonnez & dechiquetez
avec l'esmail de verd comme la teste d'un chardon. Un autre aucteur *Desseins de*
moderne escrit que la devise de cette ceinture avoit esté ingenieusement *Laval p. 348.*
inventée, la ceinture marquant dans les livres sacrez la force, la valeur,
& la vertu, les Princes de Bourbon voulant dire & peutestre de là inferer
qu'ils esperoient avec la valeur se maintenir dans le rang & dans la dignité
que la nature & la naissance leur avoient donné, & qu'ils embrasseroient
à leur tour l'Estat comme la ceinture embrasse le corps. En quoy ils ont
eu raison, disent Messieurs de Sainte-Marthe, leur esperance n'ayant
esté vaine ny frustrée, puisque quelques empeschemens qu'on leur ait
apporté, & quelques efforts que leurs ennemys ayent tentez, enfin Dieu
leur a fait cette speciale grace de parvenir à la Couronne de France, &
de cueillir ainsi le fruit de leur ESPERANCE par le moyen de la
generosité du Roy Henry le Grand issu de cette haute tige.

Cette Princesse a fondé à Souvigny deux anniversaires & une Messe,
qui se celebre tous les jours immediatement apres Prime en la chapelle
vieille. Et pour ce sujet elle donna aux Religieux de Souvigny sa terre
de Cressanges par letres du XXIII. Novembre MCCCCXVI.

Je n'ay pas peu trouver l'année du decez de cette Princesse, mais
seulement qu'elle survesquit long temps à son mary & qu'elle devint
Dauphine d'Auvergne par la mort sans enfans de sa niepce Jeanne Dauphine Duchesse de Bourbon. Et ainsi le Dauphiné d'Auvergne tomba
par elle en la maison de Bourbon, & est enfin entré en celle de Gaston
de France Duc d'Orleans au moyen de son mariage avec Marie de Bourbon
Duchesse de Montpencier, dont l'heritiere feüe Mademoiselle mourant
sans enfans laissa par testament à Philippe de France Duc d'Orleans frere
unique du Roy Loüis XIV. le Dauphiné d'Auvergne.

*Enfans de Beraud II. Comte de Clairmont & de Marguerite
de Sancerre sa troisiesme femme.*

BERAUD III. du nom COMTE DE CLAIRMONT, Dauphin
d'Auvergne, qui aura son chapitre.
JEAN DAUPHIN mort avant son pere sans lignée.

HISTOIRE DE LA MAISON

LOÜIS DAUPHIN mort avant son pere sans lignée.

ROBERT DAUPHIN seigneur de Mercueur & de Verdesun. En

Preuves p. 384. 402. sa jeunesse il fut religieux profez de l'abbaye de la Chaise-Dieu en Auvergne, Abbé d'Yssoire, & Evesque de Chartres en l'année MCCCCXXXII. avec faculté de tenir perpetuelement en commende l'abbaye d'Yssoire, de laquelle il est appellé administrateur perpetuel en un arrest de l'an MCCCCXLIX. En suite l'Evesché d'Alby ayant vaqué par la mort de Pierre Nepveu decedé à la fin du mois de Septembre ou au commencement du mois d'Octobre MCCCCXXXIII. le chapitre d'Alby proceda à l'election d'un nouvel Evesque suivant les formes canoniques & le decret du Concile de Basle, & esleut Bernard de Casillac Prevost de l'Eglise

Preuves p. 405. cathedrale d'Alby. D'autre part Robert Dauphin Evesque de Chartres recommandé au Pape Eugene IV. pour sa grande naissance & pour son merite particulier par le Roy Charles VII. par le Duc de Bourbon, & par le Comte de Montpencier, en fut pourveu par le Pape, qui pretendoit n'avoir pas les mains liées par le decret du Concile de Basle, en consequence de la reservation qu'il avoit faite de l'Eglise d'Alby quand elle viendroit à vacquer. Ce qui rendoit, ce semble, l'election de Bernard nulle à cause du decret irritant accoustumé d'estre mis dans les bulles de reserve. Cela causa un grand procez entre ces deux personnages, qui dura long temps. Bernard s'en alla à Basle, où se tenoit le Concile universel, & implora sa protection, & où il estoit bien à presumer qu'il trouveroit de la faveur apres le decret de la session XII. fait peu de temps auparavant, par lequel les reserves estoient abolies & les elections restablies. Le Concile luy donna des Juges, dont l'Evesque de Lubec fut un. Ils confirmerent son election ; & enfin il y eut une sentence donnée en plein Concile en sa faveur le XIX. Decembre MCCCCXXXV. en vertu de laquelle il fut sacré Evesque d'Alby dans l'Eglise des Cordeliers de Basle le Dimanche XII. Fevrier MCCCCXXXVI. par Martin Evesque de Lectoure assisté, suivant la coustume, d'autres deux Evesques, assavoir de celuy de Lausane, & d'un autre dont le nom a esté omis par l'escrivain. Cela ne finit pourtant pas le procez, qui fut pendant au Parlement de Paris pendant un fort long temps. Bernard y obtint un arrest avantageux le septiesme jour de Septembre MCCCCLIV. dont Robert se rendit appellant. Et la cause ayant enfin esté playdée en definitive, Bernard obtint le premier jour du mois d'Avril MCCCCLX. un autre arrest confirmatif du premier, par lequel Robert Dauphin fut condamné en l'amende & aux despens. Il mourut en l'année MCCCCLXI. comme il se recüeille d'un arrest de cette année là, dans lequel on voit que Bernard de Casillac Evesque d'Alby fit assigner au Parlement Maistre Guillaume de Gannay Advocat comme caution *pro defuncto consanguineo nostro Roberto Delphini.* Il fut enterré en l'Eglise des Cordeliers de Brioude dans un magnifique sepulcre contre la muraille de l'Eglise prez du grand autel du costé de l'Evangile. Il est representé dans la planche cy jointe. Ceux là se trompent qui le font fils de Jeanne de Forez. Il eut deux enfans naturels, l'un appellé Jean, & l'autre Robert, lesquels le Roy

Tombeau de Robert Dauphin Evesque de Chartres et d'Alby.

D'AUVERGNE. Liv. II.

Charles VII. legitima par letres données à la Guierche en Touraine au mois de May MCCCCLI.

JEANNE DAUPHINE accordée en l'année MCCCLXXXIX. avec Randon fils du Vicomte de Polignac. Le Comte Dauphin son pere luy constitua en dot la somme de huit mil francs d'or. Moyenant quoy elle renonça à tous les biens paternels & maternels. Elle mourut avant son pere sans enfans. *Preuves p. 404.*

MARIE DAUPHINE mariée en l'année MCCCC. à Guillaume de Vienne seigneur de saint Georges fils de Jacques de Vienne & de Jeanne Dame de Chasteauvillain. Son frere luy constitua en dot la somme de huict mil francs d'or avec la terre de Bussy & les villes de Chappe & de Capelle en Champagne. Elle fut mere de Guillaume de Vienne seigneur de saint Georges, de sainte Croix, de Seurre, & de Montpont, & de Jean de Vienne Chevalier de l'Ordre de saint Jean de Hierusalem. Je ne sçay si Jean de Vienne qui fut Admiral de France dans les commencemens du regne de Charles VI. & mourut en l'année MCCCXCVI. à la bataille de Nicopoli n'estoit pas frere de Guillaume mary de Marie Dauphine, aussi bien que le Seigneur de saint Georges tant renommé dans l'histoire de ce Roy. Car ils estoient tous Bourguignons & de mesme nom, comme il paroist par cette histoire. *Preuves p. 408. Hist. de Chasteauvillain p. 56. Preuves p. 409. Hist. de Charles VI. de M. Le Laboureur p. 353. 524.*

MARGUERITE DAUPHINE mariée en l'année MCCCCIV. à Jean de Bueil. M. Justel a creu que c'estoit Jean de Bueil Admiral de France. Ce qui ne peut pas estre, le Seigneur de Bueil qui a esté Admiral de France n'ayant esté eslevé à cette dignité qu'en l'année MCCCCL. J'aimerois bien mieux dire que ce fut avec Jean de Bucil Maistre des Arbalestriers de France en l'année MCCCXCVI. dans l'histoire du Roy Charles VI. que je viens de citer. Car il conste qu'apres la mort de Jeanne Dauphine Comtesse de Clairmont & de Sancerre morte en l'année MCCCCXXXVI. il fut allegué au procez qui fut pour sa succession au Parlement de Paris que Marguerite Dauphine ayant espousé Jean Sire de Bueil pere de l'un des pretendans à cette succession, elle avoit renoncé par son contract de mariage à la succession paternele & maternele en faveur de Beraud Dauphin son frere. Enfin l'affaire ayant esté jugée en l'année MCCCCLIV. la Comté de Sancerre escheut à Jean Sire de Bueil fils de Jean Sire de Bueil & de Marguerite Dauphine. Il est marqué dans l'Arbre genealogique de la Maison de Champagne que de leur mariage il provint une fille appellée Marie de Bueil, laquelle fut mariée à Baudouin de Crenon, & fut mere d'un autre Baudouin de Crenon, en la personne duquel finit la race des Seigneurs du nom de Crenon, & d'une fille appellée Ambroise mariée à Jean de Champagne Mareschal de Sicile & d'Anjou. *Preuves p. 398. 401. Hist. de Charles VI. de M. Le Laboureur p. 342.*

JACQUETTE DAUPHINE Abbesse de saint Menoul en Bourbonnois en l'année MCCCCXXI. à laquelle il fut constitué trois cens livres de pension annuele & viagere. Elle estoit encore au monde en l'année MCCCCLI. *Preuves p. 410. Preuves p. 398. 401.*

208   HISTOIRE DE LA MAISON

LA TOUR
D'AUVERGNE.
*Semé de France
à la tour d'ar-
gent.*

CHAUVIGNY,
*D'argent à la
face fuselée de
cinq pieces de
gueules.*

Beraud III. Comte de Clairmont & de Sancerre,
Dauphin d'Auvergne.

CHAPITRE IX.

Hist. de Charles VI. de M. Le Laboureur p. 691.

NOUS n'avons pas tant de choses à dire de ce Seigneur que de son pere, non seulement parce qu'il n'a pas vescu si long temps, mais principalement parce qu'il ne paroist pas qu'il se soit donné tant de mouvement que luy dans les affaires publiques.

En l'année MCCCCVIII. la paix entre les maisons d'Orleans & de Bourgogne ayant esté concluë avec bien de la peine, elle fut jurée le neuviesme jour de Mars en l'Eglise cathedrale de Chartres en presence du Roy. Le Moine de saint Denys marque qu'on choisit pour tesmoins de ce serment & de cette action les Comtes d'Alençon, de Mortaing, d'Eu, de Vertus, de la Marche, de Vendosme, & de Dreux, le Comte Dauphin d'Auvergne, les Comtes de Tancarville, de Roucy, & de Braine, & autres, qui jurerent tous de maintenir cette paix.

Ibid. p. 703.

En l'année MCCCCIX. le Duc de Bourgogne ayant en consequence de cette paix licentié ses troupes, celles qu'il avoit tirées de Savoye, assez mal disciplinées, se jetterent sur les terres du Duc de Bourbon oncle du Roy, & principalement sur la Baronnie de Beaujeu n'agueres acquise par ce Duc. Cela l'obligea de ramasser des troupes pour repousser ces gens-là par la force. Il manda donc le Comte de Clairmont son fils, les Comtes d'Alençon, de la Marche, & de Vendosme, le Dauphin d'Auvergne, Artus Comte de Richemont frere du Duc de Bretagne, Messire Jean de Montaigu grand Maistre de l'Hostel du Roy, & quantité d'autres Seigneurs de ses amis, par le moyen desquels il deffit & chassa ces coureurs à n'en entendre plus parler.

*Preuves p. 386
390. 396. 397.
411.*

Beraud se maria en la mesme année avec Jeanne de la Tour d'Auvergne fille de Bertrand seigneur de la Tour V. du nom & de Marie de Boulogne

Comtesse

D'AUVERGNE. Liv. II.

Comtesse d'Auvergne & de Boulogne. Il luy fut constitué pour tous droits paternels & maternels vingt six mil livres. Le Comte Dauphin luy assigna pour son doüaire mil livres de rente annuele sur son chasteau de Chamaliere. Cela fut accordé le XXII. de Juillet MCCCCIX. ez presences d'Henry de la Tour Evesque de Clairmont grand oncle de l'accordée, de Loüis seigneur d'Apchon, d'Hugues Dauphin seigneur de saint Cirgues, de Robert Dauphin seigneur de Ruynes, & de Loüis seigneur d'Escoraille, tous parents de Beraud. Il provint de ce mariage une fille appellée Jeanne, de laquelle nous parlerons au chapitre suivant.

Le XIV. Juillet MCCCCXXVI. Beraud se remaria avec Marguerite de Chauvigny fille de Guy de Chauvigny II. du nom seigneur de Chasteauroux & Vicomte de Brosse & d'Antoinete de Cousant sa femme, laquelle estoit fille de Guillaume seigneur de Cousant Grand Maistre de France & de Maragde de Chasteauneuf sa seconde femme. Guy III. du nom seigneur de Chauvigny son frere luy constitua pour tous droits paternels & maternels vingt six mil escus d'or à la couronne. Moyennant quoy elle renonça en faveur de son frere à tous droits successifs escheus & à escheoir, se reservant neantmoins la faculté de succeder à son frere & à ses enfans au cas qu'ils decedassent sans enfans & toute eschoete legitime collaterale. Beraud luy assigna pour son doüaire la joüissance des terres de Charenton & de Meillan, & en cas que le pays fut occupé par les ennemys, la joüissance de Chillac & de saint Cirgues en Auvergne. *Hist. de Berry de M. de la Thaumassiere p. 528. Preuves de l'hist. de Chastillon p. 141.*

Il ne joüit pas longtemps de ce mariage, estant mort le XXVIII. jour du mesme mois de Juillet. Apres son decez sa veuve se remaria à Jean de Bretagne II. du nom Comte de Penthievre & de Perigort & Vicomte de Limoges, duquel elle n'eust non plus d'enfans que de Beraud. Il mourut en l'année MCCCCLIV. & sa femme le XXIII. Juillet MCCCCLXXIII. ayant fait son testament le jour precedent, par lequel elle fit, entr'autres choses, divers legs pieux aux Eglises où ses maris estoient enterrez. *Preuves p. 474.*

Un arrest de l'an MCCCCLI. rapporté parmy les preuves nous apprend que Beraud estant au siege de Bourg sous le regne du Roy Charles VI. fit un testament, par lequel il institua son heritier universel Jean Duc de Bourbon son neveu. Et dautant qu'il est dit dans cet arrest que ce fut avant la naissance de Jeanne Dauphine fille de Beraud & de Jeanne de la Tour d'Auvergne, il faut que ce soit avant l'année MCCCCXII. en laquelle cette Princesse nasquit. Ce fut donc en l'année MCCCCVI. en laquelle la ville de Bourg située sur la Garonne entre Blaye & Bourdeaux fut assiegée par le Duc d'Orleans. Ce testament fut fait en un temps auquel le Comte Dauphin n'estoit pas encore marié. Mais apres la naissance de sa fille Jeanne il en fit un autre par lequel il cassa le premier. Outre que Jeanne luy succeda *ab intestat*, comme sa fille unique & son heritiere, sans aucune difficulté & sans aucune opposition de la part des Seigneurs de la maison de Bourbon. *Preuves p. 388. 393. Monstrelet vol. 1. chap. 28. Preuves p. 394.*

Aprez le decez de Beraud, y ayant eu contestation pour raison des successions de Beraud II. surnommé le Grand & de Marguerite de Sancerre sa femme entre Charles Duc de Bourbon, Loüis Comte de Mont-

Tome I.   Dd

pencier son frere, Isabeau de Bourbon leur tante, Robert Dauphin Evesque d'Alby, Jacquette Dauphine Abbesse de saint Menoulx, Bertrand de la Tour VI. du nom Comte d'Auvergne & de Boulogne, Guillaume de Vienne seigneur de saint George, Jean seigneur de Bueil, Loüis de Bueil seigneur de Mermande son frere, Pierre d'Amboise seigneur de Chaumont & Agnes de Bueil sa femme, cette contestation fut finie par une transaction passée peu de temps apres son decez entre les partyes ; & par cette transaction les seigneuries provenans de la succession de Jeanne Dauphine qui se regissent par le Droict escrit furent adjugées au Duc de Bourbon & au Comte de Montpencier, & le tiers de ses autres biens à eux & à leur tante Isabeau. On adjugea au Seigneur de saint George la quatriesme partye de la Comté de Sancerre, & les trois autres part aux Seigneurs de Bueil & de Chaumont ; excepté les seigneuries de Sagone, Meillan, & Charenton, qui furent partagées esgalement entre les *Preuves p. 379.* Seigneurs de saint George, de Bueil, & de Chaumont. On donna à *400.* l'Evesque d'Alby la joüissance, sa vie durant, de la seigneurie de Mercueur & du chasteau de Leothoing. A l'esgard du Comte d'Auvergne seigneur de la Tour, qui redemandoit la dot de sa sœur, les Seigneurs de saint George, de Bueil, & de Chaumont furent condamnez à luy rendre la somme de dix huict mil livres. On ordonna à l'Abbesse de saint Menoulx une pension viagere de trois cens livres sa vie durant, payable par les Seigneurs de Bourbon & leur tante Isabeau & par les Seigneurs saint George de Bueil, & de Chaumont, & la somme de neuf cens livres pour les arrerages du passé payables par les mesmes Seigneurs de Bourbon & leur tante & lesdits Seigneurs de saint George, de Bueil, & de Chaumont.

Enfans de Beraud III. Comte de Clairmont & de Sancerre Dauphin d'Auvergne & de Jeanne de la Tour d'Auvergne sa femme.

JEANNE COMTESSE DE CLAIRMONT, Dauphine d'Auvergne, DUCHESSE DE BOURBON, dont il sera parlé au chapitre suivant.

D'AUVERGNE. LIV. II. 211

BOURBON MONTPEN-CIER. *D'azur à trois fleurs de lys d'or au baston de gueules pery en bande, brisé en chef d'un quartier d'or au Dauphin d'Azur.*

Jeanne Comtesse de Clairmont & de Sancerre, Dauphine d'Auvergne, Comtesse de Montpencier.

CHAPITRE X.

ETTE Princesse nasquit en l'année MCCCCXII. estant marqué dans le contract de son mariage passé le huictiesme Decembre MCCCCXXVI. qu'elle estoit *Preuves p. 415.* pourlors aagée de quinze ans, Messieurs de Sainte-Marthe ayant aussi marqué qu'elle estoit morte en l'année MCCCCXXXVI. aagée de vingt cinq ans. J'ay trouvé dans les memoires de Jean du Luguet Advocat à Aurillac qu'apres la mort de son pere elle fut en la garde de Robert Dauphin Abbé d'Yssoire son oncle paternel.

Elle fut accordée du vivant de Beraud III. son pere avec Loüis de Bourbon premier du nom Comte de Montpencier. Et apres le decez de son pere, qui survint bientost apres, le contract de mariage fut passé le huictiesme Decembre MCCCCXXVI. & elle fut mariée deux ans apres avec *Preuves page* dispense du Pape. *398. 415.*

En l'année MCCCCXXXI. l'Abbesse de Megemont en Auvergne reconnut par acte public que son abbaye avoit esté fondée anciennement par le Comte de Clairmont Dauphin d'Auvergne, & qu'elle estoit de la garde speciale dudit Seigneur avec tout son temporel estant dans la Comté & chastellenie dudit Seigneur, qu'elle reconnut aussi devoir estre tenu de luy en fief comme fondateur & gardien. C'est ce que j'ay apris de l'inventaire des Dauphins d'Auvergne.

La Princesse mourut à Ardes en Auvergne, sejour ordinaire des Dauphins, le XXVI. May MCCCCXXXVI. où elle fit son testament le *Preuves pag.* vingtiesme jour du mesme mois, par lequel elle legua au Prince son *395. 422.* mary l'usufruit de toutes ses terres & seigneuries pendant sa vie. Et par

Tome I.   Dd ij

le mesme testament elle legua à l'abbaye saint André lez Clairmont six vingt livres de rente. Je n'ay pas trouvé le lieu où elle a esté enterrée. Mais ayant fait cette fondation dans le temps qu'elle se voyoit mourir, & cette abbaye estant le lieu ordinaire où les Dauphins d'Auvergne avoient leurs sepultures, comme elle le dit dans son testament, il y a grande apparence que son corps y fut porté & enterré. Elle mourut sans enfans, & sa tante Anne Dauphine fille de Beraud II. luy succeda en ses terres & seigneuries de la succession des Dauphins d'Auvergne. Et par consequent le Sieur Charles Bernard s'est grandement mespris lorsqu'il a escrit dans la genealogie de la maison de Bourbon que la Dauphine Jeanne fut mere de Jean I. du nom Duc de Bourbon, de Loüis de Bourbon mort sans avoir esté marié, d'Isabeau, qui fut religieuse à Poissy, & de Catherine morte en jeunesse.

On pretendit apres son decez que la donation de l'usufruit de ses biens qu'elle avoit faite en faveur de son mary estoit nulle, premierement à cause qu'elle n'estoit pas en son bon sens lorsqu'elle la fit, & en second lieu parce que par la coustume d'Auvergne, où elle estoit malade & où cette donation fut faite, le mary ne pouvoit rien donner à la femme, ny la femme au mary, non pas mesme l'usufruit des biens qu'on delaissoit par la mort. A la verité cette donation est composée de telle sorte qu'il paroist evidemment qu'elle fut faite à la suggestion & par l'importunité des officiers & domestiques du Comte son mary. D'ailleurs les formalitez de droict n'y furent guere bien gardées. Aussi n'eust elle pas lieu, si ce n'est à l'esgard des seigneuries qui estoient situées dans les pays de Droict escrit, & le Dauphiné d'Auvergne revint à sa tante Anne Dauphine femme de Loüis II. Duc de Bourbon, ainsi que nous l'avons deja remarqué cy dessus page 205.

Preuves p. 650.   Apres la mort de la Dauphine Jeanne, le Prince son mary espousa en secondes nopces Gabriele de la Tour d'Auvergne fille de Bertrand seigneur de la Tour VI. du nom Comte d'Auvergne & de Boulogne, comme nous le dirons plus amplement au livre quatriesme.

HISTOIRE
GENEALOGIQUE
DE LA MAISON
D'AUVERGNE.

LIVRE TROISIESME

Contenant les Seigneurs de saint Ilpise & de Combronde depuis l'an MCCCXXIV. *jusques en l'année* MCCCCXXXIX.

Les armoiries des Seigneurs de saint Ilpise & de Combronde estoient d'or au Dauphin pasmé d'azur, au baston de gueules.

Et les Seigneurs de Jaligny leurs puisnez portoient de mesme, & pour difference, le baston brisé en chef d'un escusson d'argent.

TABLE GENEALOGIQUE
DES SEIGNEURS DE SAINT ILPISE
ET DE COMBRONDE.

Bernard Comte d'Auvergne & de Bourges, Marquis de Nevers.

Raculphe Comte de Mafcon. — Guerin Comte d'Auvergne, Duc d'Aquitaine. — Guillaume I. Comte d'Auvergne, Duc d'Aquitaine. — Ave Abbeffe. — Adelinde. — Acfred I. Comte de Bourges & de Carcaffonne.

Guillaume II. Comte d'Auvergne, Duc d'Aquitaine. — Acfred II. Comte d'Auvergne, Duc d'Aquitaine. — Bernard I. Comte d'Auvergne. — Blitfende.

Afendane. — Euftorge Vicomte d'Auvergne. — Guillaume. — Bernard II. tige des Seigneurs DE LA TOUR D'AUVERGNE.

Adalgarde. — Robert I. Vicomte d'Auvergne. — Euftorge. — Matfroy tige des VICOMTES DE THIERN. — Guy. — Armael.

Ingelberge. — Robert II. Vicomte d'Auvergne. — Eftienne Evefque d'Auvergne.

Humberge. — Guillaume IV. Comte d'Auvergne apres Guy fon frere. — Robert III. Vicomte d'Auvergne mort fans lignée. — Guy Vicomte & puis Comte d'Auvergne, mort fans lignée. — Bertrand Vicomte.

Ermengarde d'Arles — Robert I. Comte d'Auvergne. — Guillaume. — Eftienne Evefque d'Auvergne.

Ermengarde mariée à Eudes Comte de Blois. — Guillaume V. Comte d'Auvergne. — Philippie de Givaudan.

Philippie Dame de Bourbon. — Guillaume. — Etienne. — Begon. — Ponce. — Robert II. Comte d'Auvergne. — Judith de Melgueil.

Jeanne. — Guillaume VI. Comte d'Auvergne. — Judith accordée au Comte de Crefpy.

Robert III. Comte d'Auvergne. — N. mere de Guillaume Comte du Puy. — Guillaume VIII. Comte d'Auvergne.

Guillaume VII. Comte d'Auvergne. — Jeanne de Calabre.

Affalide mariée à Beraud feigneur de Mercueur. — Dauphin Comte de Clairmont. — G. Comteffe de Montferrand.

Guillaume Comte de Clairmont, DAUPHIN D'AUVERGNE. — N. mariée à Bernard V. feigneur de la Tour. — Dauphine.

Alix de Ventadour. — Robert I. Comte de Clairmont, Dauphin d'Auvergne. — Catherine mariée à Guichard de Braujeu feigneur de Montpencier pere d'Imbert de Beaujeu Connestable de France.

Alix religieufe. — Mathe mariée à Geraud de Rouffillon. — Alix mariée à Euftache feigneur de Montboiffier. — Hugues mort fans lignée. — Robert II. Dauphin d'Auvergne. — Mahault d'Auvergne.

Ifabeau de Chaftillon. — Robert III. Dauphin d'Auvergne. — Guillaume mort fans lignée. — Guy Chevalier du Temple. — Mahault mariée à Guillaume feigneur d'Apchon. — Jeanne femme de Briand de Rochebaron. — Alix religieufe.

Robert Dauphin I. du nom feigneur de faint Ilpife fut marié deux fois. Sa premiere femme fut Almoux de Combronde. La feconde Ifabeau de Chaftel le Perron. — Hugues Dauphin Prevoft de Brioude. — Ifabeau femme de Pierre feigneur de Montaigu. — Beatrix.

Enfans d'Almoux de Combronde. *Enfans d'Ifabeau de Chaftel le Perron.*

Catherine des Boiffieres. — Robert Dauphin II. du nom feigneur de faint Ilpife & de Combronde. — Louïfe mariée à Robert de Chaflus. — Ifabeau & Maure. religieufes. — Hugues feigneur de Jaligny. — Guichard Dauphin Grand Maiftre des Arbaleftriers. — Ifabeau de Sancerre.

Guillaume Dauphin dit Guillot. — Guichard Dauphin. — Robert Dauphin du nom feigneur de Combronde. — Françoife d'Aurouze. — Guichard Dauphin Grand Maiftre de France, Gouverneur du Dauphiné. — Ænot la Culant.

Ifabeau d'Apchon. — Beraud Dauphin I. du nom feigneur de faint Ilpife & de Combronde.

Philippie de Veauce. — Beraud Dauphin II. du nom. — Robert Dauphin feigneur de Chaflus. — Marguerite Dauphine mariée à Edouard de Lavieu. — Françoife Dauphine mariée à Pierre feigneur de Bellenave.

Beraud Dauphin III. du nom, mort fans lignée. — Blanche Dauphine mariée à Jean de l'Efpinaffe feigneur de Changy.

Antoinete de Chazeron. — Beraud IV. du nom feigneur de Combronde. — Antoinete de Polignac.

Louïfe Dauphine. — Françoife Dauphine. — Guy d'Amboife feigneur de Ravel.

Catherine d'Amboife mariée à François de la Tour II. du nom Vicomte de Turenne.

HISTOIRE
GENEALOGIQUE
DE LA MAISON
D'AUVERGNE.

LIVRE TROISIESME.

OUS avons remarqué cy dessus à la page 179. que Robert III. Comte de Clairmont & Dauphin d'Auvergne eut plusieurs enfans d'Isabeau de Chastillon Dame de Jaligny sa seconde femme, & entr'autres Robert Dauphin seigneur de saint Ilpise. Ce fut luy qui commença la branche des Seigneurs de la maison d'Auvergne connus sous ce nom, branche à la verité de peu de durée, mais qui a esté feconde en evenemens singuliers & en grands personnages, lesquels se sont rendus recommandables par leurs grandes actions & par les services qu'ils ont rendus à nos Roys & à cet Estat dans des temps extremement

216   HISTOIRE DE LA MAISON
difficiles, comme estoit le regne du Roy Charles VI. sous lequel ils ont
vescu. On verra la preuve de ce que j'avance dans la suite de cet ouvrage. Il me suffit d'en avoir donné icy une idée generale.

COMBRONDE.
D'or à six
fleurs de lys
d'azur, 1. 2. 3.

CHASTEL
LE PERRON.
Escartellé d'or
& de gueules.

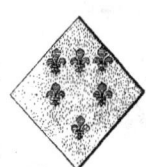  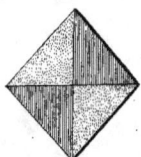

Robert Dauphin I. du nom seigneur de saint Ilpise, de Jaligny,
& de Treteaux.

CHAPITRE PREMIER.

PRES la mort de son pere arrivée en l'année MCCCXXIV. il eut different avec son frere Jean Comte de Clairmont pour la part qui luy devoit appartenir dans les biens paternels, les maternels ayant esté partagez entre les enfans d'Isabeau sa mere apres son decez, dont l'usufruit demeura neantmoins au Comte Robert, attendu le bas aage de ses enfans. Enfin son frere Jean promit de luy assigner quatre cens livres de rente dans la chastellenie de saint Ilpise, qui luy estoit avenuë de par son pere. Mais ne l'ayant pas encore fait au commencement de l'année MCCCXXVIII. Robert le fit assigner au Parlement pour se voir condamner à executer les conventions accordées entr'eux. Il eut en son partage les seigneuries de saint Ilpise, de Jaligny, & de Traiteaux.

Preuves p. 423.

Il fut marié deux fois, premierement avec Almodie ou Almoux de Combronde, laquelle je trouve dans les memoires de M. Du Bouchet avoir esté fille d'Estienne d'Apchon seigneur de Combronde, & en secondes nopces avec Isabeau de Chastel le Perron fille d'Hugues seigneur de Chastel le Perron & de la Ferté Chauderon en Nivernois, alors veuve d'Henry de Chastillon fils de Girard de Chastillon seigneur de la Roche de Milay en Nivernois, & mere de Marie de Chastillon femme de Jean de Chasteauvillain seigneur de Luzy & de Jeanne de Chastillon autrement dite Jeannete mariée à Richard seigneur de Montbelet. Ce second mariage

Preuves p. 426.

Preuves p. 425.

Hist. de Chasteauvillain p. 66.

D'AUVERGNE. LIV. III.

mariage de Robert Dauphin fut celebré au lieu du Puy du fol prez de Jaligny le Jeudy d'apres la feste saint Urbain, c'est à dire, le premier jour du mois de Juin MCCCXXIX.

Il est dit expressement dans les conventions de ce mariage qu'il se fairoit si l'Eglise y consentoit, *si ad hoc consenserit Ecclesia sacrosancta*, parceque Robert & Isabeau estoient parents au quatriesme degré. Et pour obtenir plus facilement la dispense on allegua que leurs terres estant voisines, il y avoit eu plusieurs differens entre leurs maisons & des haines qui paroiss- *Preuves p. 429.* soient irreconciliables, qu'on apprehendoit que ces inimitiez ne continuassent, & que pour ces causes on demandoit au Pape la dispense pour faire ce mariage. Ils s'adresserent donc au Pape Jean XXII. lequel commit Arnaud Roger de Comminge Evesque de Clairmont pour informer de leur parenté & de la verité des faits alleguez dans la supplique. Il provint de ce mariage deux enfans dont il sera parlé cy apres.

Robert Dauphin mourut le XIX. Octobre MCCCXXX. & fut enterré en l'abbaye de saint André lez Clairmont, ainsi qu'il est marqué dans l'Obituaire de cette abbaye.

Apres sa mort il y eut contestation entre ses enfans & Isabeau sa seconde *Preuves p. 430.* femme au sujet de ses conventions matrimoniales, laquelle fut terminée par une transaction passée entre les partyes le Vendredy apres la Nativité saint Jean Baptiste MCCCXXXI. par laquelle les terres de Jaligny & de Treteaux demeurerent à Isabeau & à ses enfans à perpetuité, & le reste des biens du defunt à son fils Robert né du premier lict.

Isabeau sa veuve se maria pour la troisiesme fois avec Guy de Bourbon *Preuves p. 430.* Sire de Clacy, appellé seigneur de la Ferté Chauderon à cause d'elle en un arrest du XIX. Avril MCCCXLV. & nommé avec elle l'année suivante dans la procuration qu'ils passerent le Lundy avant la saint Simon & saint Jude pour faire au Roy la foy & hommage pour le chasteau de Montpencier avec ses appartenances & dependances. Il fut pere de Geraud de Bourbon & de Guillaume de Bourbon, lequel je trouve avoir esté Chambellan du Roy en l'année MCCCLXXIV.

Isabeau estoit encore vivante en l'année MCCCLV.

Enfans de Robert Dauphin I. du nom seigneur de saint Ilpise, de Jaligny, & de Treteaux, & d'Almoux de Combronde sa premiere femme.

ROBERT DAUPHIN II. du nom, qui aura son chapitre.

LOÜISE DAUPHINE (laquelle M. Justel a partagée en deux, quoy qu'il paroisse par l'arrest de MCCCCLII. que ce n'estoit qu'une *Preuves p. 454.* mesme personne) fut mariée deux fois, l'une du vivant de son pere, comme il est marqué dans cet arrest, & l'autre apres son decez avec Pierre de Maumont. En quoy je crois qu'il y a erreur de fait. Car outre que son pere luy donna par testament cent livres de rente annuele & perpetuele & la somme de mil livres une fois payable pour la marier, ce qui marque qu'elle n'estoit pas mariée lorsque son pere fit son testament, & qu'il est dit dans ce mesme arrest qu'apres le decez de son pere elle fut mariée par son frere avec Pierre de Maumont, il est marqué dans des anciens memoires que j'ay de la genealogie des Seigneurs de Combronde, lesquels sont assez bien circonstanciez pour faire croire qu'ils sont bons, il est dit, dis je, dans ces anciens memoires qu'elle fut premierement mariée par Robert le Sage son frere avec Pierre de Maumont Chevalier seigneur de Chasteauneuf & de Tournoille, & qu'en faveur de ce mariage Robert le Sage luy constitua deux cens livres de rente annuele & perpetuele avec le chasteau de Mirebeau. De sorte que son second mary fut, comme il est dit dans les memoires que je viens de citer, Robert de Chaslus seigneur d'Entraigues, avec lequel elle estoit encore vivante en l'année MCCCLXXIX. ainsi qu'il est marqué dans l'inventaire des Dauphins d'Auvergne. Il provint de ce second mariage un fils appellé Robert comme son pere, & une fille appellée Marie. Ce Robert, appellé Robert de Calus dans l'ancienne Chronique de Flandres & Capitaine des gens du Duc de Bourbon en l'année MCCCLXXXII. en la guerre de Flandres, est sans doute le mesme que celuy qui espousa Jeanne de Tanlay de la maison de Courtenay veuve de Guillaume de Blesy tué en l'année MCCCXCVI. à la bataille de Nicopolis. Marie fut femme d'Estienne Aubert neveu du Pape Innocent VI. & fut mere de Gilberton & Gilbert Aubert & de Catherine Aubert femme de Randon seigneur de Joyeuse. J'advertiray icy le lecteur, que lorsque je fis imprimer les Vies des Papes d'Avignon, comme je n'avois pas encore veu l'arrest du Parlement de l'an MCCCCLII. rapporté par M. Justel, mais seulement l'edition qu'il en a donnée, qui est tres fautive, je donnay à Estienne Aubert deux enfans appellez Guillaume & Gilbert, lesquels neantmoins sont nommez Gilbertin ou Gilberton & Gilbert dans l'original de cet arrest & dans un autre arrest donné en l'année MCCCCLVI. au mois de Juillet. Au mesme endroit où cette erreur fut commise j'en commis une autre par mesgarde, ayant dit que Catherine de Chazeron mere de Jacques Aubert avoit esté mariée à Randon Vicomte de Joyeuse. Il faut corriger cela, & dire que Catherine Aubert sœur de Jacques fut mariée à ce Seigneur.

ISABEAU DAUPHINE religieuse à Megemont en Auvergne.

MAURE DAUPHINE, nommée Morete en un titre de l'année MCCCLXXVI. où elle est appellée *magnæ nobilitatis & religionis domina* Elle estoit pourlors Abbesse de Blesle, & avoit esté auparavant religieuse à Megemont avec sa sœur.

Enfans dudit Robert & d'Isabeau de Chastel le Perron sa seconde femme.

HUGUES DAUPHIN, heritier d'Hugues Dauphin Prevost de l'Eglise de Brioude son oncle, estoit seigneur de Jaligny & de Treteaux. Il fut à Rome au grand Jubilé en l'année MCCCL. & fut

D'AUVERGNE. Liv. III. 219

tué à la bataille de Poictiers en l'année MCCCLVI. comme je l'ay trouvé dans quelques anciens memoires, dans lesquels il est aussi marqué que sa mere voulut qu'il eut à sa part la Baronnie de la Ferté Chauderon.

GUICHARD DAUPHIN Grand Maistre des Arbalestriers, lequel aura son chapitre apres la posterité de son frere aisné.

Robert Dauphin II. du nom seigneur de saint Ilpise & de Combronde.

CHAPITRE II.

LE Seigneur surnommé le Sage succeda à son pere en l'année MCCCXXX. Estant bien jeune il fut sous la tutele d'Amé Dauphin seigneur de Rochefort son cousin germain, comme il paroist par la quittance finale qu'il luy donna en l'année MCCCLII. mentionnée en l'Inventaire des Dauphins d'Auvergne.

J'ay trouvé dans un arrest du Parlement de l'an MCCCXLIII. que Catherine des Boissieres fille & heritiere universele de Geraud des Boissieres estoit sa femme. Ce qui sembleroit dire qu'elle estoit fille unique. Et cependant il y a un arrest du mois d'Avril MCCCXXIII. qui nous apprend que Geraud avoit esté marié deux fois, & que de son premier mariage il eut une fille mariée à Ploton de Roche-Baron. Elle s'appelloit Marcibille, comme il est marqué dans quelques anciens titres du Tresor des chartes de Turenne, où il est aussi marqué qu'elle estoit petite fille de Pierre Maurice seigneur de Roche Savine, & fut mariée en l'année MCCCXVII. à Ploton de Roche-Baron seigneur de Mont-Archer. Geraud son pere estoit deja mort en l'année MCCCXXIII. en laquelle sa seconde femme intenta procez au Parlement contre la Dame de Roche-Baron pour raison de la succession de Geraud. Catherine sa fille estoit assurement bien jeune alors, & ne fut mariée de longtemps apres. Robert Dauphin estoit aussi bien jeune en l'année MCCCXXX. lors du decez

Tome I.   E e ij

HISTOIRE DE LA MAISON

de son pere. Au reste c'est au moyen du mariage de Catherine que la terre de Chaslus les Boissieres entra en la maison des Seigneurs de saint Ilpise & de Combronde, y ayant preuve que Robert III. son fils en estoit seigneur proprietaire & possesseur, & qu'elle demeura longtemps dans la maison de Combronde.

Preuves p. 445. 457.

Je ne sçay si Jean des Boissieres Abbé de Clairvaux & de Cisteaux, qui fut fait Cardinal en l'année MCCLXXV. par le Pape Gregoire XI. appellé communement le Cardinal d'Auvergne, n'a pas esté de la mesme maison de laquelle estoit issuë la Dame de Combronde. Le temps & le nom y conviennent.

Robert le Sage mourut le XXIV. Avril MCCCXLVII. & sa femme luy survesquit quelques années, y ayant au Parlement un arrest du XVII. Avril MCCCL. où elle est appellée Dame de Combronde & veuve de Robert Dauphin.

Enfans de Robert Dauphin II. du nom seigneur de saint Ilpise & de Combronde & de Catherine des Boissieres sa femme.

ROBERT III. dit le fol, qui aura son chapitre.

Preuves p. 450.

GUILLAUME DAUPHIN dit Guillot, qui fut d'Eglise, & fut seigneur usufructuaire de Benassac, qu'il vendit en l'année MCCCLXII. à Imbaud du Peschin. Mais Beraud Dauphin I. du nom fils & heritier de Robert III. pretendit que Guillaume n'estant qu'usufructuaire de cette seigneurie, il n'avoit pas peu la vendre, & intenta pour cela un procez aux heritiers d'Imbaud du Peschin, & le gagna en l'année MCCCLXXXIX. par un arrest donné le XXIX. Aoust.

Preuves p. 450.

GUICHARD DAUPHIN appellé cousin germain de Guichard Dauphin Grand Maistre de France dans l'histoire MS. du Roy Charles VI. Il estoit un des principaux du Conseil de Jean Duc de Berry, comme nous le voyons dans cette mesme histoire, où il est dit que ce Duc s'estant declaré contre le Roy en haine du Duc de Bourgogne en l'année MCCCCXII. Il confia la garde du chasteau de Fontenay à un vaillant Escuyer nommé Robert de Fontenay, qui avoit fait serment à Messire Guichard Dauphin d'Auvergne de n'y laisser entrer personne sans sa permission & sans ordre exprés de sa part. Il avoit de mesme mis dans le chasteau de Sancerre un Capitaine affidé. Et dautant que la garnison de cette place, laquelle servoit de retraite aux ennemys du Roy, qui couroient delà jusques à la Charité sur Loire & à Nevers, & faisoient de continueles prises sur les gens du Roy, le Grand Maistre se servit de son sçavoir faire & de son credit auprez de son cousin pour le faire rentrer en son devoir en rendant cette place au Roy. La chose reüssit heureusement. Car une partye de la garnison en estant sortie pour aller donner du secours aux gens du Duc qui estoient à Bourges, où le Roy avoit mis le siege, & une autre partye tenant la campagne pour la continuation de leurs courses ordinaires, le Capitaine du chasteau, auquel Guichard cousin du Grand Maistre avoit ordonné de le remettre au Roy, prit si bien son temps qu'il

Hist. de Charles VI. de M. Le Laboureur p. 820. 829.

D'AUVERGNE. LIV. III. 221

y receut les troupes du Roy incontinent apres que ces deux bandes de soldats en furent sorties. Au reste, je suis obligé d'advertir icy pour preuve que ce Guichard estoit fils de Robert II. du nom seigneur de Combronde qu'encore que M. le Laboureur, qui a traduit en François l'histoire du Roy Charles VI. & l'a donnée au public, ne l'appelle que simplement cousin du Grand Maistre, l'original Latin dit qu'il estoit son cousin germain, *consanguineus germanus*. J'adjousteray encore que Jean Juvenal des Ursins dans l'histoire de ce Roy, qui n'est à proprement parler qu'un abregé de celle du Moine de saint Denys, ne parle pas du service que le Grand Maistre & son cousin rendirent en cette occasion, s'estant con- *Hist. de Charles* tenté de dire que *ceux de Sancerre, où il y avoit forte ville & chastel* *VI. du Louvre* *abandonnerent la ville, & s'en allerent à Bourges, & ceux qui estoient dedans* *p. 243.* *le chastel par certaine composition le rendirent au Roy*. Mais Enguerran de *Monstrelet vol.* Monstrelet, qui appelle par erreur cette place *la ville & le chastel de saint* *1. chap. 93.* *Cesaire*, n'oublie pas de dire que ce fut par les soins de Guichard Dauphin qu'elle fut renduë au Roy.

AUROUZE.
Losangé d'or &
d'azur à la
bordure de
gueules.

Robert Dauphin III. du nom seigneur de saint Ilpise & de
Combronde.

CHAPITRE III.

O N a remarqué il y a longtemps avec beaucoup de raison que les enfans ne ressemblent pas tousjours à leurs peres & que bien souvent les descendents degenerent de la vertu de leurs ancestres. Nous en avons un grand exemple dans la maison royale au temps de ce Dauphin. Et il en fournit luy mesme un autre. Car au lieu que son pere merita le surnom de Sage, celuy cy fut au contraire appellé Robert le fol. Nous ne sçavons pas les raisons qui ont obligé les gens de son temps à luy donner ce surnom. Il me semble pourtant qu'il n'est pas bien difficile de descouvrir la source de son malheur.

Ee iij

Il arriva en l'année MCCCLXI. que Lantaud Baron de Solignac estant mort, il y eut procez pour la Baronnie de Solignac entre Armand Vicomte de Polignac son gendre mary de Marguerite de Solignac & Armand seigneur de la Roüe fils de Bertrand de Solignac oncle de Marguerite. Ce dernier attira à son party Robert Dauphin seigneur de saint Ilpise son neveu; lequel se declara si ouvertement & avec tant de precipitation ennemy du Vicomte que quoyqu'il ne fust pas partye principale, il luy envoya un cartel de deffy. Les deux partys firent amas de troupes & se firent la guerre bien serieusement & à bon escient. On traita cet armement de Robert Dauphin de crime de leze majesté & de desobeïssance, parce qu'il avoit esté fait contre les ordonnances royaux tant anciennes comme nouvelles, par lesquelles *il estoit tres expressement deffendu*, ainsi que le dit le Roy Charles V. dans les letres de remission qu'il accorda au mois de Janvier MCCCLXVI. à Humbert de Beffroymont frere de Bullugnenville & à ses complices, *que nuls des hommes feaux & subjets du Roy sans son especiale licence ne fissent guerre l'un contre l'autre, mesmement au temps des guerres de sa Majesté.* Outre cet ordre public & general, qui ne pouvoit pas estre inconnu à Robert Dauphin, il luy avoit esté fait defense par le Seneschal de Beaucaire qu'il ne fit plus la guerre audit Vicomte & cessat d'icelle, & mesme il avoit refusé à ce Seneschal l'entrée en son chasteau de saint Ilpise.

Mais cette desobeïssance, quand bien ce seroit un crime de leze majesté, ce que sa veuve nia apres sa mort, n'emportoit pas la confiscation de corps & de biens, d'autant plus qu'il est certain qu'il obeït bientost apres, ayant conduit ses troupes, pour ne les laisser pas inutiles, en Languedoc, où il les offrit aux gens du Roy; lesquels les refuserent, manque, comme ils luy dirent, de fond pour les entretenir, & luy donnerent un saufconduit pour aller avec ces mesmes troupes en Avignon au service de l'Eglise. Il fut les offrir au Pape Innocent VI. qui les retint à son service, en ayant grand besoin pour repousser les insultes de certains brigands qui s'estoient saisis de la ville du Pont saint Esprit sur le Rhosne, d'où ils incommodoient beaucoup la Cour de Rome. Jusques là il n'y avoit point de faute qui peut luy attirer avec raison le surnom de fol. En voicy apparament la veritable origine.

Dans le mesme temps que le Vicomte de Polignac & Armand de la Roüe se faisoient la guerre, le nommé Jean Gouge habitant de Sens se porta à un si grand excez de folie & de temerité qu'il osa bien se faire proclamer Roy de France & faire son Lieutenant general par tout le royaume un Gentilhomme Anglois nommé Jean de Vernay. Ce Roy imaginaire & son Lieutenant aussi fol que luy ayant fait quelque amas de gens armez, comme il n'estoit pas malaysé d'en faire en ce temps là, se transporterent en Provence, où Jean Gouge fut apprehendé & mis en prison par le Seneschal de Provence, & son Lieutenant assiegé dans le lieu de Codelet prez de la ville d'Avignon, dont il s'estoit saisy, & fait prisonnier par les gens du Roy. Dans le mesme temps Robert Dauphin ayant sur la fin du mois de Mars MCCCLXI. passé le pont du Rhosne

D'AUVERGNE. Liv. III.

pour aller joindre ses troupes & les mener au Pape, il fut arresté par les gens du Roy dez qu'il fut arrivé à Villeneuve, & de là conduit dans les prisons du Roy. Tous ces faits sont attestez par le Pape Innocent VI. dans les letres qu'il escrivit pourlors au Roy Jean & à Loüis Roy de Sicile. On pourroit peuteftre croire que les Officiers du Roy l'arresterent fur l'avis qu'on leur donna que fous pretexte de vouloir mener ses troupes au Pape, il les vouloit donner au brave Roy Jean Gouge & à son Lieutenant.

Je ne voudrois pourtant pas dire que le Seigneur de Combronde se jetta folement dans ce party, mais bien qu'Imbaud du Peschin favory du Duc de Berry, qui avoit un grand pouvoir fur l'esprit de son maistre, & qui avoit grande envie de quelques unes des terres de Robert, fit courir ce bruit, quoyque faux, pour se faire une ouverture à en demander la confiscation ; laquelle il obtint par le grand credit qu'il avoit à la Cour, & se fit enfin delaisser par sa veuve les seigneuries de Combronde & de Teillede ; moyennant quoy il luy promit de luy faire avoir la joüissance paifible de ses autres biens. Car il paroist par les diverses pieces imprimées parmy les preuves qu'on fit beaucoup de choses bien irregulieres en cette affaire. Il y avoit mesme une chose favorable pour Robert, qu'il avoit cessé de faire la guerre au Vicomte de Polignac & avoit esté offrir ses troupes aux Officiers du Roy en Languedoc. Qu'est ce donc qui a peu obliger le Roy à refufer cette grace au Pape ? Je n'y vois autre chose que l'avidité & l'auctorité d'Imbaud, qui mit tout en œuvre pour despoüiller le Seigneur de Combronde & son heritier & imagina le pretexte de la jonction des troupes de Robert à celles du faux Roy Jean pour venir à bout de son entreprise & assouvir sa cupidité. Cette conjecture a beaucoup de fondement dans les pieces imprimées parmy les preuves.

Preuves p. 444. 445.

On mena le prisonnier à Soumieres, & de là à Nismes. On instruisit son procez. Mais il mourut en prison à Nismes auparavant qu'il fut jugé, comme il est marqué dans un ancien registre des playdoiries du Parlement & dans un ancien registre de la Chancellerie, duquel on recüeille qu'il mourut avant le mois de Juillet de la mesme année, sans qu'il y ait jamais eu aucune sentence contre luy. Ce nonobstant ses biens furent confisquez, & en suite donnez par le Roy & par le Duc de Berry Lieutenant general du Roy à Imbaud du Peschin, à Henry de Montaigu frere de Gilles Aycelin Chancellier de France, à Robert de la Rochette, & à Geoffroy de Germolles Gentilhomme du Masconnois. Ce qui monstre que les biens de ce Seigneur estoient considerables, puisqu'on y trouvoit dequoy gratifier plusieurs personnes de consideration.

Preuves p. 444. 445.

Preuves p. 442. 445.

Il estoit fort fafcheux à Françoise d'Aurouze sa veuve de se voir despoüillée elle & son fils des biens de sa maison & de voir que les letres royaux par lesquelles le Roy Jean l'avoit restablie elle & son fils dans la possession des biens de feu son mary luy estoient devenues inutiles par le grand credit qu'Imbaud avoit à la Cour. Enfin elle fut obligée de ceder à la force & de s'accommoder avec luy. Il fut donc passé entr'elle & Imbaud une transaction en l'année MCCCLXVI. par laquelle elle luy

Preuves p. 442.

Preuves p. 443.

abandonna les seigneuries de Combronde & de Teillede, & il luy bailla en eschange le chasteau ou forteresse de saint Bausile, & les lieux de Busseroles & de Villeneuve l'Abbé, ensemble les revenus dont il joüissoit dans le lieu du Breüil auprez de Nonete, & se chargea de la faire joüir

Preuves p. 445. paisiblement des terres qui avoient esté confisquées sur son mary. Les mediateurs de cet accomodement furent Jean de Mello Evesque de Clairmont, Guy seigneur de la Tour, Gibault de Mello seigneur d'Espoisse, Armand seigneur de Langeac, Bertrand seigneur de Seneterre, Bernard de la Tour Prieur de Souvigny, qui fut quelques années apres Evesque Duc de Langres, Armand de Langeac & Jean de Sengers Chanoines de Brioude, & Pierre Bertin Bayle de saint Ilpise, tous parents & amys de Beraud Dauphin fils de Robert le fol & de Françoise d'Aurouze.

Mais apres la mort d'Imbaud arrivée au mois de Fevrier MCCCLXXVII.
Preuves p. 442. comme il est marqué dans un regiftre des plaidoiries du Parlement, ou bien en l'année MCCCLXXIV. en laquelle je trouve deux arrests donnez au sujet du procez qui estoit entre sa veuve tutrice de ses enfans & Beraud Dauphin pour raison des chasteaux de Combronde, de Teillede, & de Benessac, Beraud pretendit que l'eschange fait avec Imbaud avoit esté fait par la grande auctorité qu'il avoit auprez du Duc de Berry, lequel il gouvernoit, & en demanda la cassation. De la part de la veuve d'Imbaud & de ses enfans, comme il est dit dans le regiftre des plaidoiries, il fut
Preuves p. 442. exposé au mois de Mars MCCCLXXVII. que le pere de Beraud Dauphin eut moult à faire & mourut en prison, que ses terres furent données par le Roy & par le Duc de Berry, que depuis par l'ayde & pourchas d'Imbaud elles furent recouvrées, qu'elles estoient en mauvais estat, qu'il presta de grandes sommes pour acquitter sa femme & ses enfans & mettre leurs terres en estat, & que depuis par le conseil & consentement des amys de Beraud & de sa mere il fut fait eschange avec Imbaud de terres plus profitables. Cette affaire dura longtemps. Mais enfin il y eut arrest le XXX. Aoust MCCCLXXXIX. par lequel Beraud Dauphin fut maintenu dans la possession des seigneuries de Combronde & de Teillede. Au reste, j'ay recueilli tous ces faits des anciens regiftres du Parlement de Paris & des regiftres de la Chancellerie qui sont au Tresor des chartes de France.

Je ne veux pas quitter cette matiere sans faire faire reflexion au lecteur sur la bizarrerie de la fortune. On peut assurer que le Vicomte de Polignac avoit tort, puisqu'il fut condamné par arrest du XXVII. Juillet MCCCLXXX. à rendre au Seigneur de la Roüe la terre & seigneurie qui formoit la contestation. Le Seigneur de la Roüe avoit aussi tort de vouloir se faire faire justice par la voye des armes, puisque cela estoit si expressement defendu par les ordonnances royaux. Mais il y estoit, ce semble, poussé par l'injustice du Vicomte. Pour en avoir plus facilement raison il implora le secours du Seigneur de Combronde son neveu. Et celuy cy, à regarder simplement l'usage pratiqué parmy la noblesse & les gens de guerre, principalement en ces temps là, ne pouvoit pas luy refuser son secours.

Encore

D'AUVERGNE. Liv. III.

Encore y a il cette circonftance favorable au Seigneur de Combronde, qu'ilquitta la partye, mena fes troupes en Languedoc, & les offrit aux gens du Roy. Ce qui purgeoit le crime de leze majefté & de defobeïffance. Il fut encore mieux purgé par fa mort, tous crimes, excepté celuy de leze majefté au premier chef, eftant purgé par la mort de l'accufé, fi elle luy furvient avant qu'il ait efté jugé. Or Robert Dauphin feigneur de Combronde mourut peu de temps apres avoir efté conduit dans les prifons de Nifmes, & il n'y a jamais eu de fentence contre luy. Il fut pourtant le feul mal traité. Car les biens du Vicomte ny ceux du Seigneur de la Roüe, qui eftoient les partyes principales, ne furent ny faifis ny confifquez, & le Roy leur accorda favorablement des letres de remiffion, au lieu que ceux de Robert furent d'abord faifis & confifquez fans aucun jugement precedent & donnez à Imbaud du Pefchin & autres. Il fut encore fi malheureux qu'ayant efté offrir fes troupes aux gens du Roy, ils ne voulurent pas les recevoir, au lieu que celles du Vicomte de Polignac furent receües & employées par le Marefchal d'Andenehan. Mais la pofterité, qui ne prend autre intereft aux chofes paffées que celuy de la raifon & de la juftice, a fi bien reconnu l'injuftice du mauvais traitement fait à l'heritier de Robert qu'au bout d'un procez de quatorze ans le Parlement le maintint par un arreft contradictoire en la poffeffion des feigneuries de Combronde & de Teillede, dont il avoit efté defpouillé par le credit qu'Imbaud avoit eu à la Cour du Duc de Berry. Grande leçon aux favoris des Princes.

Françoife d'Aurouze eftoit fille unique & heritiere de Bertrand de Rochefort II. du nom & de Dame Ifabeau appellée de Randon dans les anciens memoires que j'ay de la maifon de Combronde, & de Rambure dans un regiftre des plaidoiries du Parlement. Elle eftoit née fous une malheureufe conftellation. Car outre le trouble qu'elle fouffrit dans la joüiffance des biens de fon mary apres fon decez, elle fut auffi fort troublée dans la joüiffance des biens de fa maifon à elle advenus en vertu de la fubftitution ordonnée en fa faveur par le teftament de fon grand pere. Pour bien entendre ce fait il faut fçavoir que Bertrand I. de ce nom feigneur de Rochefort, de Moiffac, d'Aurouze, Faïdal, Porthac, & de Clergial lez Brioude fon ayeul eut plufieurs enfans de la Dame de Sailhens fa femme, affavoir Bertrand II. pere de Françoife, Bernard Chanoine de l'Eglife de Brioude, lequel s'eftant enfuite marié fut pere de Beraud & de Dauphine de Rochefort, Poncet Evefque de faint Flour, & Rauffet mort fans enfans. Bertrand I. faifant fon teftament inftitua ledit Bertrand fon fils aifné fon heritier univerfel, & au cas qu'il vint à deceder fans laiffer des enfans mafles, luy fubftitua fes freres l'un apres l'autre par ordre de naiffance, & au dernier mourant fans enfans mafles la fille aifnée de fon fils aifné, c'eft à dire Françoife fille unique de fondit fils. Apres la mort de Bertrand II. decedé fans enfans mafles fon frere le Chanoine fe mit en poffeffion des terres & feigneuries de la maifon d'Aurouze, & fe maria. Il fut pere de Beraud. Beraud efpoufa, ainfi qu'il eft marqué dans les anciens memoires de la maifon de Combronde, Catherine d'Apchon, appellée

Preuves p. 448.

Tome I.   Ff

Marguerite d'Apchier dans un arrest de l'an MCCCXCV. & Marguerite de Pechier dans les regiftres des plaidoiries. Beraud mourut fans enfans, laiffa l'ufufruit de fa terre de Saïlhens à fa femme pendant le cours de fa vie, & fit fon heritier univerfel Poncet fon oncle, auquel il fubftitua Françoife fa coufine germaine. De forte que la fubftitution des biens de la maifon de Rochefort & d'Aurouze ayant efté ouverte en faveur de Françoife d'Aurouze par la mort de Poncet, elle s'en mit en poffeffion. Il fembloit que la fubftitution eftant fi bien marquée en fa faveur, elle n'y devoit pas trouver de difficulté. Cependant elle y fut troublée par les enfans de Dauphine fa coufine mariée à Robert feigneur de Breuil, avec lefquels elle paffa une tranfaction le XXII. Novembre MCCCXCVIII. en vertu de laquelle les biens de la maifon d'Aurouze furent efgalement partagez entr'elle & fes coufins, à la charge neantmoins que fi leur ligne venoit à manquer, les biens qui leur furent abandonnez par cette tranfaction reviendroient à Françoife & aux fiens. Mais dautant que Françoife, à laquelle cette fucceffion appartenoit toute entiere, avoit efté lefée en ce partage, apres fon decez Beraud Dauphin I. du nom feigneur de faint Ilpife & de Combronde fon fils & fon heritier univerfel intenta procez au Parlement pour faire caffer cette tranfaction. Ce procez dura long-temps. Mais enfin la ligne de Dauphine Dame du Breuil eftant manquée, la fucceffion des biens de la maifon d'Aurouze revint à Beraud Dauphin IV. du nom feigneur de Combronde comme le plus proche & habile à fucceder.

L'enchaifnement des affaires de Robert & de fa femme ne m'ayant pas permis d'interrompre le fil de mon difcours pour parler de fes actions, je me fens obligé de revenir fur mes pas & de dire qu'en l'année MCCCLXI. Robert Canole Capitaine Anglois eftant entré en Berry avec trois mil hommes dans le deffein de venir en Auvergne & de là en Avignon vers le Pape & les Cardinaux pour avoir de leurs florins, comme l'Archipreftre de Perigord en avoit eu, les gentilshommes d'Auvergne & de Limoufin & le Comte de Forez avec fes gens s'eftant approchez des Anglois pour les combattre, les Seigneurs de France ordonnerent deux batailles, chafcune de cinq mil hommes. Beraud II. Dauphin d'Auvergne eut le commandement de la premiere bataille ; & *eftoit delez luy Monfeigneur Robert Dauphin fon oncle*, dit Froiffart. Il eft bien difficile d'adjufter ce difcours avec la genealogie des Dauphins, fi l'on veut prendre les termes de Froiffart à la letre. Car en ce temps là il n'y avoit aucun Robert Dauphin oncle de Beraud. Son plus proche parent du nom eftoit Robert III. feigneur de faint Ilpife & de Combronde, homme de fervice, comme le Roy Charles V. en rend tefmoignage. C'eft donc de luy qu'il faut entendre ce que Froiffart dit de l'oncle de Beraud, quoy qu'il ne fut ny fon oncle ny fon coufin germain, mais feulement coufin remué de germain.

D'AUVERGNE. LIV. III.   227

Enfans de Robert Dauphin III. du nom seigneur de Combronde & de Françoise d'Aurouze sa femme.

BERAUD DAUPHIN I. du nom, qui aura son chapitre.

APCHON.
D'or à six
fleurs de lys
d'azur, 1. 2. 3.

 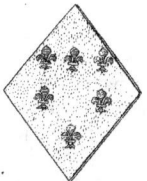

Beraud Dauphin I. du nom seigneur de saint Ilpise & de Combronde.

CHAPITRE. IV.

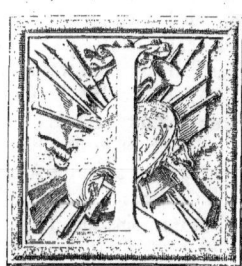

E ne trouve autre chose de ce Seigneur si ce n'est qu'il fut fils de Robert III. dit le fol, qu'il espousa Isabeau d'Apchon, qu'il fit son testament au mois de Septembre MCCCCXV. & mourut en suite à la bataille d'Azincourt avec ses deux enfans, comme il est dit en un arrest de l'an MCCCCLXIX. qui regla les portions que les heritiers de ces Seigneurs devoient avoir en leur succession. Il se presente neantmoins icy une difficulté. Car il est exposé dans un arrest de l'an MCCCCLII. que Robert fils de Beraud estoit mort avant son frere Beraud. Ce qui semble ne pouvoir estre vray, s'il est vray, comme le dit l'autre arrest, qu'ils moururent tous deux à la bataille d'Azincourt. Mais il est aysé de concilier cette contrarieté, estant marqué expressément dans les anciens memoires de la genealogie des Seigneurs de Combronde que Beraud II. frere de Robert survesquit le Grand Maistre son cousin de deux jours, c'est à dire qu'il ne mourut que le XXVII. Octobre, au lieu que son cousin & son frere Robert furent tuez au champ de bataille le XXV. comme il sera dit plus amplement au chapitre suivant. Il est parlé de luy avec honneur au sujet de la prise de la Roche de Vandais dans Froissart, où il est mal appellé seigneur de saint Ampisse au lieu de saint Ilpise.

Pag. 451. 453.

Preuves p. 451.

Preuves p. 453.

Preuves p. 452.

Froissart vol. 4. chap. 14. 15. 16.

Tome I.   Ff ij

Enfans de Beraud Dauphin I. du nom seigneur de saint Ilpise &
de Combronde & d'Isabeau d'Apchon sa femme.

BERAUD DAUPHIN II. du nom, qui aura son chapitre.
ROBERT DAUPHIN seigneur de Chaslus. La preuve en est
dans un ancien registre des playdoiries du Parlement, où il est marqué
Preuves p. 456. au vingtiesme Avril MCCCCXXXIX. que Beraud I. fit son testament
au mois de Septembre MCCCCXV. & laissa au moins deux fils, à l'un
desquels nommé Beraud il donna Combronde, & Chaslus à l'autre. Ce
pourroit bien estre Chaslus les Boissieres, terre qui estoit tombée dans
la maison de Combronde par le mariage de Catherine des Boissieres avec
Robert II. dit le Sage, comme nous l'avons dit cy dessus page 220. Ce
Froissart vol. 4. Robert seigneur de Chaslus mourut à la bataille d'Azincourt sans enfans.
chap. 14.15.16.
MARGUERITE DAUPHINE mariée, comme il est dit dans l'arrest
de l'année MCCCCLXIX. que je viens d'alleguer, en l'année MCCCCIV.
Preuves p. 451. à Edoüard de Lavieu seigneur de Fougeroles, à laquelle son pere donna
en dot la somme de trois mil francs d'or, moyennant laquelle elle renonça
à toutes successions directes & collaterales. M. Justel a remarqué que cet
Edoüard est appellé dans quelques memoires seigneur de Foucheroles,
& en d'autres seigneur *de Caniaco*, qu'il estime neantmoins estre la mesme
personne nommée ainsi diversement à cause des diverses seigneuries qu'il
possedoit. Il a eu raison de dire que c'estoit une mesme personne. Mais
il a esté trompé par ceux qui luy ont fourni ces memoires. Car il ne
faut pas lire *de Caniaco*, mais *de Laviaco*, qui est Lavieu. Il provint de
ce mariage trois enfans nommez dans cet arrest, assavoir Jacques, Jean,
& Anne de Lavieu. Anne fut mariée avant l'an MCCCCXXXV. à
Jacques de Chabanes seigneur de la Palisse Grand Maistre de France
& Gouverneur de Guyenne mort le vingtiesme Octobre MCCCCLIII.
& enterré avec Anne de Lavieu sa femme en la chapelle du chasteau
Mesures de de la Palisse. M. Le Laboureur Prevost de l'Isle-Barbe y adjouste Alix de
l'Isle-Barbe to. Lavieu mariée à Annet de Talaru seigneur de Chalmazel. Mais il n'en
2. pag. 575.
est pas fait mention dans l'arrest, dans lequel neantmoins sont nommez
tous les enfans d'Edoüard de Lavieu.

Françoise Dauphine mariée à Pierre seigneur de Bellenave en Auvergne,
comme je l'ay trouvé en quelques memoires. Car je n'en ay pas de preuve
certaine. Toutesfois j'ay creu que je ne devois pas l'obmettre.

D'AUVERGNE. LIV. III.

VEAUCE.
D'argent semé de fleurs de lys d'azur.

Beraud Dauphin II. du nom seigneur de saint Ilpise & de Combronde.

CHAPITRE V.

HILIPPIE de Veauce, avec laquelle ce Seigneur fut marié du vivant de son pere, estoit fille unique de Pierre dit le Borgne seigneur du Chastelar & de Jeanne de Varigny, comme il est porté dans un arrest de l'an MCCCCLXXXI. Et cependant je trouve dans un arrest de l'an MCCCCXIX. que Pierre de Veauce & Jeanne de Varigny eurent quatre filles, assavoir Isabeau mariée à Chatard de Rochedagoux, Philippie mariée à Beraud Dauphin, Catherine femme de Geoffroy de Sully seigneur de Beaujeu, & Jeanne mariée à Brunet du Puy, laquelle estoit deja veuve de luy en l'année MCCCCXXIII. comme il est marqué dans un ancien registre des playdoiries du Parlement.

Preuves p. 459.
Preuves p. 452.

Philippie avoit esté mariée auparavant avec Guillaume de Vendac, & fut mere d'Alix de Vendac femme d'Agnet de la Tour d'Auvergne III. du nom seigneur d'Oliergues, comme nous le dirons en son lieu.

Preuves p. 461.

La guerre ayant esté declarée en l'année MCCCXV. contre les Anglois, ainsi que nous le deduirons plus particulierement au chapitre IX. en parlant de Guichard Dauphin Grand Maistre de France, Beraud I. & ses enfans Beraud II. & Robert se mirent en estat d'aller servir le Roy en cette guerre, & estant partis de leur chasteau de Combronde, qui est auprez de Riom, le Samedy cinquiesme jour d'Octobre avec leurs gens, allerent coucher à trois lieues & demie de là au Chastelar, passerent la riviere de Loire sur le pont de Gergeau, & arrriverent le Vendredy XVIII. du mesme mois en un lieu prez de Chartres où l'on disoit qu'estoit la plus belle & la plus grande grange de la Beausse appartenant à l'Evesque de Chartres, laquelle fut bruslée. Ils passerent le lendemain au pont de Ver-

Preuves p. 452.

Ff iij

non fur Seine, logerent à Eftrepagny, & pafferent la riviere de Somme au pont de Corbie le Lundy au foir XXI. Octobre, & joignirent le Mardy enfuivant le Seigneur d'Albret Conneftable de France, & en fuite les troupes du Duc de Bourbon, avec lefquelles ils fe rendirent le XXV. auprez de Guichard leur coufin au camp d'Azincourt dans la Comté de S. Paul. Ce fut ce jour-là que fut donnée la defaftreufe bataille appellée d'Azincourt, dans laquelle le Grand Maiftre, qui commandoit une partye de l'avantgarde avec le Conneftable, Beraud Dauphin, & fon fils Robert furent tuez, & Beraud III. bleffé à mort & fait prifonnier par un Anglois, *Preuves p. 452.* qui le mena à Maifoncelles prez de Boulogne, où il mourut de fes bleffures le Dimanche XXVII. Octobre, & fut enterré dans le cimetiere de ce lieu. J'ay trouvé tout ce deftail dans les anciens memoires de la maifon des Seigneurs de Combronde.

La nouvelle de la mort de Beraud II. ayant efté portée en Auvergne, Philippie de Veauce fa femme eut le bail ou garde noble de fes enfans, & en cette qualité playda en l'année MCCCCXIX. contre Jeanne de *Hift. de Chaf-* Revel femme de Jacques de Chaftillon feigneur de Dampierre Grand *tillon p. 400.* Pannetier de France. Il paroift par un arreft de l'an MCCCCLX. qu'elle eftoit morte. Auffi M. Juftel a il marqué fa mort en l'année MCCCCXLVIII.

Enfans de Beraud Dauphin II. du nom feigneur de faint Ilpife & de Combronde & de Philippie de Veauce fa femme.

BERAUD DAUPHIN III. du nom, qui aura fon chapitre.

BLANCHE DAUPHINE, appellée Jeanne en plufieurs arrefts du Parlement, fut mariée en l'année MCCCCXXV. à Jean de Lefpinaffe feigneur de Changy & de Maulevrier, duquel elle eut entr'autres enfans un fils appellé Beraud, qui fut à caufe d'elle feigneur de faint Ilpife & de Combronde, & prit le furnom de Dauphin, comme nous le dirons au chapitre VII. où il fera traité de Beraud fon fils. Elle tefta en l'année MCCCCLVI. eftant à Combronde, & ordonna qu'on l'enterrat à faint Ilpife.

Beraud Dauphin III. du nom seigneur de saint Ilpise & de Combronde.

CHAPITRE VI.

BERAUD estoit bien jeune lorsque son pere mourut. Car il n'avoit tout au plus que quatre ou cinq ans. Son pere l'institua par son testament son heritier universel en tous ses chasteaux, chastellenies, terres, justices, & autres biens meubles & immeubles, droits & actions, dettes, noms, & le chargea de la poursuite des procez meus & pendents à cause des terres de Jaligny, Sailhens, & Mainsat, d'acquiter ses dettes, & de payer ce qui estoit deu pour les fondations pieuses que luy, son pere, & son ayeule Françoise d'Aurouze avoient faites en plusieurs Eglises. *Preuves p.456.*

Dans un ancien registre des playdoiries du Parlement il est marqué au XX. Avril MCCCCXXXIX. qu'il mourut jeune à Lyon & qu'il donna la terre de saint Ilpise à Philippie de Veauce sa mere. Cela arriva en l'année MCCCCXXXVI. comme il est marqué dans les anciens memoires de la genealogie des Seigneurs de Combronde, où il est dit qu'il mourut sans enfans. Il fut enterré aux Cordeliers de Brioude en Auvergne. *Preuves p.456.*

En luy finit la branche aisnée des Seigneurs de saint Ilpise & de Combronde issuë de la maison des Dauphins d'Auvergne.

CHAZERON.
D'argent au chef emmanché d'azur.

POLIGNAC.
Fascé d'argent & de gueules de six pieces.

Beraud Dauphin IV. du nom seigneur de Combronde.

CHAPITRE VII.

Preuves p. 457. 461.

APRES la mort sans enfans de Beraud Dauphin III. de ce nom sa sœur Blanche recueillit sa succession & la transmit à Beraud de Lespinasse son fils, qui fut à cause d'elle seigneur de saint Ilpise & de Combronde, & prit le surnom de Dauphin en consequence de la donation que sa mere luy fit des terres de Combronde & de Pronsac à la charge de porter le nom & armes de la maison des Dauphins d'Auvergne.

Auparavant de passer outre je crois qu'il est à propos de dire quelque chose de la maison de Lespinasse, laquelle estoit autresfois illustre en Auvergne auparavant qu'elle fondit en celle de la Fayette. Philibert de Lespinasse Chevalier, homme de grande consideration en son temps, appellé *grant Conseiller du Roy de France Charles le quint* par frere Jean de Lagogue, *prudens & notabilis reputationis* en un arrest de l'an MCCCXCVI. donné au sujet du procez qui estoit pendent au Parlement pour raison de la terre de la Cleete ou Clayete dans le Masconnois, fut marié deux fois. Sa premiere femme fut Guillemete de Vaux, de laquelle il eut Jeanne dite autrement Jeannete mariée premierement à Jean de Chantemerle en l'année MCCCXLVI. & en suite à Bertrand de Seneterre en l'année MCCCLXV. desquels issit Armand de Seneterre, Marguerite mariée à Jean de Mello, & Odete mariée à Jean de Lespinasse seigneur de Changy & de Maulevrier son cousin au cinquiesme degré. Celuy cy laissa un fils unique appellé Jean de Lespinasse seigneur de Maulevrier, dont nous allons parler. La seconde femme de

Hist. de Berry de M. de la Thaumassiere p. 710.

Philibert de Lespinasse fut Constance de la Tour d'Auvergne fille, ainsi que je le dis ailleurs, de Bertrand seigneur de la Tour d'Auvergne IV. du nom, laquelle se trouve nommée veuve de luy en un arrest de l'année
MCCCXCIV.

D'AUVERGNE. LIV. III.

MCCCXCIV. Il est nommé en l'année MCCCLIX. parmy les plus grands Seigneurs qui estoient pourlors à Dijon avec la Reyne Jeanne & Philippe Duc de Bourgogne son fils.

Jean de Lespinasse fils d'autre Jean & d'Odete de Lespinasse espousa le XXIX. May MCCCCXXV. Blanche Dauphine fille de Beraud Dauphin II. du nom seigneur de saint Ilpise & de Combronde, aagée de quinze ans, veuve en l'année MCCCCLII. comme on le voit en un arrest du Parlement de cette année là. Ils eurent plusieurs enfans, assavoir Beraud seigneur de Combronde, François Chevalier de Rhodes, Robert Prieur de Toisay & apres Abbé de saint Germain des Prez à Paris, Estienne seigneur de Changy & de Maulevrier, Pierre Abbé d'Esbreulle, Marguerite Abbesse de Cusset, Catherine femme de Philibert de la Roche, Philippie femme de Philibert ou Charles de Montmorin, & une autre fille appellée Loüise. Estienne seigneur de Changy & de Maulevrier se trouva avec le Seigneur de Combronde son frere à la bataille donnée prez de Chasteau Chinon en l'année MCCCCLXXV. Il y a grande apparence que Philippe de Lespinasse seigneur de Maulevrier, qui se trouva en l'année MDXVI. au mariage de Catherine d'Amboise petite fille de Beraud IV. avec François de la Tour II. du nom Vicomte de Turenne, estoit fils d'Estienne & neveu de Beraud.

Beraud Dauphin IV. du nom, duquel nous traictons icy, fut marié deux fois. Sa premiere femme fut Antoinete de Chazeron fille de Jean seigneur de Chazeron & de Catherine d'Apchier, & petite fille d'Oudard de Chazeron & de Marguerite de Bellefaye niepce du Pape Clement VI. & cousine germaine du Pape Gregoire XI. ainsi que nous l'avons dit plus particulierement cy dessus page 184. en parlant des enfans de Jean Comte de Clairmont Dauphin d'Auvergne. Beraud eut de cette Antoinete une fille appellée Loüise, de laquelle il est fait mention en un arrest du Parlement de l'an 1484. où elle est appellée *filia primogenita* de Beraud. Sa seconde femme fut Antoinete de Polignac fille de Guillaume II. dit Armand Vicomte de Polignac, de laquelle il eut une fille appellée Françoise mariée à Guy d'Amboise seigneur de Ravel pere de Catherine d'Amboise qui espousa l'an MDXVI. François de la Tour II. du nom Vicomte de Turenne, comme nous le dirons plus particulierement en son lieu.

C'estoit un vaillant Chevalier & bien entendu au fait de la guerre que ce Beraud. Ce qui porta le Roy Loüis XI. de luy donner le commandement de l'armée qu'il envoya en l'année MCCCCLXXV. en Bourgogne *Preuves p.463.* contre Charles Duc de Bourgogne, qui faisoit commettre par ses gens beaucoup de ravages & pilleries dans les terres du Roy sous le commandement d'Antoine de Luxembourg Comte de Roussi son Mareschal & Capitaine general de son armée. Car c'est ainsi qu'il est appellé dans l'arrest du Parlement dont nous allons parler. Meyer & Heuter disent que l'armée du Roy estoit commandée par le bastard de Bourbon, qui avoit espousé une fille bastarde du Roy, c'est à dire par Loüis de Bourbon Comte de Roussillon. Belleforest au contraire, Paradin, & Gollut disent que les Bourguignons furent desfaits par le Duc de Bourbon. Mais

Tome I.   Gg

les registres du Parlement de Paris, ausquels on est obligé d'adjouster plus de foy qu'à ces escrivains, ne font aucune mention en cette occasion du Duc de Bourbon, ny du bastard de Bourbon. Un arrest de l'année MCCCCXCIX. qui nous apprend ce fait porte en termes exprez que *Preuves p. 463.* le Roy *toti ejus exercitui in patria Burgundiæ defunctum Beraldum Daulphin in humanis agentem admodum strenuum Militem ac ex nobilibus & claris parentibus ortum præfecerat.* Il donna bataille aux Bourguignons le XXI. Juin en un lieu appellé dans l'arrest *Mons Ruillonis*, d'autres disent auprés de Chastel-Chinon, Paradin en un lieu nommé Gy prez de Chasteau-Guyon, Nicole Gilles & Pierre de saint Julien à Gray, où l'armée du Bourguignon fut entierement desfaite, le Mareschal de Bourgogne, qui se vouloit sauver à la faveur des bois, fait prisonnier par Guy de Sandeville, qui le vendit au Dauphin pour la somme de mil escus d'or. Or il arriva que comme le Dauphin l'eust fait conduire en son chasteau de Cussy en Auvergne, le Duc de Bourbon Connestable de France, qui vouloit avoir sa part de la rançon, l'envoya prendre là, & le fit amener à Moulins en Bourbonnois, où il fut detenu pendant quelque temps. Mais le Roy, qui estoit à Tours, l'ayant redemandé, & ayant donné au Seigneur de Combronde (c'est ainsi que Paradin appelle Beraud Dauphin) vingt deux mil escus d'or pour le ravoir, il luy fut amené, & fut detenu long temps en diverses prisons du royaume, en attendant qu'il payat les quarante mil escus de rançon ausquels le Roy l'avoit condamné. Enfin il fut remis en liberté en consequence d'un traicté fait avec Philippe de Crevecœur Chevalier seigneur d'Esguerdes, auquel le Roy l'avoit donné, par lequel il promit de payer tous les ans audit de Crevecœur pendant sa vie douze cens livres de pension annuele & viagere. Ce qui fut reelement executé. Il ne faut pas obmettre de remarquer icy qu'apres cette desroute de l'armée du Duc de Bourgogne il fut conclù une tresve de neuf ans entre le Roy & luy. Le traicté de cette tresve, qui est rapporté dans les Memoires d'Olivier de la Marche, est du XIII. Septembre MCCCCLXXV. trois mois ou environ apres la desroute. Ce poinct d'histoire, peu marqué par les historiens, est assez considerable pour meriter l'esclaircissement que nous luy avons donné.

J'adjousteray icy en passant que ce Philippe de Crevecœur Mareschal de France est enterré à Boulogne sur la mer en l'Eglise de Nostre Dame, *Hist. de Boulogne du P. Alphonse p. 56. & celle de M. le Roy p. 286.* en laquelle il a fondé quatre lampes fort pesantes, qui y ont tousjours resté jusques à ce que les Anglois mirent le siege devant Calais en l'année MDXLIV. comme les historiens de Nostre Dame de Boulogne le remarquent.

BERAUD DAUPHIN estoit encore vivant en l'année MCCCCLXXXI. au mois d'Octobre date des lettres du Roy pour l'establissement de quatre foires par an au lieu de Jaligny.

D'AUVERGNE. LIV. III. 235

Enfans de Beraud Dauphin IV. du nom seigneur de Combronde & d'Antoinete de Chazeron sa premiere femme.

LOÜISE DAUPHINE.

Enfans de Beraud IV. & d'Antoinete de Polignac.

FRANÇOISE DAUPHINE mariée à Guy d'Amboise seigneur de Rayel.

SANCERRE.
De Champagne à la bordure de gueules.

FROLOIS.
De Bourgogne à l'orle denteli.

Guichard Dauphin I. du nom seigneur de Jaligny, de Treteaux, & de la Ferté Chauderon, Chambellan du Roy Charles V. & Grand Maistre des Arbalestriers de France, Gouverneur du Roy Charles VI.

CHAPITRE VIII.

DANS la decadence de la maison des Dauphins d'Auvergne, qui estoit au penchant de sa cheute, elle eut le bonheur de produire de grands personnages comme elle approchoit de sa fin. Nous avons veu la preuve de ce que je viens de dire en la personne de Beraud II. Dauphin d'Auvergne & en celle de Beraud IV. seigneur de Combronde, quoy qu'il ne fut du sang des Dauphins que par sa mere. En voicy deux, pere & fils, lesquels, quoy qu'issus seulement des cadets, firent beaucoup esclater leur merite sous le regne du Roy Charles V. & sous celuy de Charles VI. son fils. Guichard I. du nom, appellé vaillant homme & Seigneur de grand merite par l'aucteur de l'histoire du Roy Charles sixiesme, estoit fils de Robert Dauphin I.

Hist. de Charles VI. de M. Le Laboureur p. 8. 1010.

Tome I.   Gg ij

du nom feigneur de faint Ilpife & d'Ifabeau de Chaftel le Perron. Il prit d'abord le party de l'Eglife, y ayant au Trefor de Jaligny deux titres de l'année MCCCXLVI. où il prend la qualité de Clerc, laquelle luy eft auffi donnée par Ifabeau de Cholmes fa marrine femme de Guillaume feigneur de Montaigu le Blain, laquelle luy fit donation de quelques maifons & de quelques biens. En ce temps là il faifoit eftat de demeurer dans l'eftat ecclefiaftique. La preuve en eft dans l'acte de donation qu'il fit cette mefme année à fon frere Hugonin, dans lequel il fe referve pour fes habits la fomme de trente livres par an jufques à ce qu'il auroit un femblable ou plus grand revenu en benefices. Il changea néantmoins d'avis. Car en l'année MCCCLV. il prenoit la qualité d'Efcuyer. C'eft ainfi qu'il eft appellé dans l'acte de donation mutuele que fa mere & luy fe firent de leurs meubles au plus vivant le Vendredy apres la fefte de la Magdelene MCCCLV.

Il y a dans le regiftre XCVII. de la Chancellerie des letres du Roy Charles V. données au mois de Decembre MCCCLXVI. dans lefquelles il eft dit que fa Majefté ayant depuis la Magdelene derniere paffée ordonné fon amé & feal Chambellan Guichard Dauphin Chevalier feigneur de Jaligny & de la Ferté Chauderon pour aller ez partyes de Touloufe & y mener certaine quantité de gens d'armes, ledit Chevalier, qui avoit partye de fon harnois en fon fort chafteau de la Ferté Chauderon, y paffa pour acheminer fon voyage.

J'ay trouvé dans une genealogie MS. de la maifon de Chaftel le Perron que Jean dit Lourdin feigneur de Saligny, qui eft enterré en l'abbaye de Septfons, le fit fon executeur teftamentaire & tuteur de fes enfans le Samedy avant la faint Mathieu MCCCLXXIII.

Il fut marié deux fois. Sa premiere femme fut Ifabeau de Sancerre fille de Loüis II. du nom Comte de Sancerre & de Beatrix de Roucy fa femme. Et c'eft pour cette raifon que dans le teftament du Conneftable de Sancerre Guichard eft appellé fon frere, parce qu'il avoit efpoufé fa foeur. Il efpoufa cette Dame apres la mort de Pierre de Graçay fon premier mary arrivée en l'année MCCCLXV. ou peu auparavant; de laquelle il eut Guichard Dauphin II. du nom, duquel il fera traicté au chapitre fuivant. Apres la mort d'Ifabeau de Sancerre advenuë avant l'an MCCCLXXV. il convola en fecondes nopces & efpoufa Marguerite de Frolois iffuë d'un puifné de la maifon de Bourgogne, veuve de deux maris, affavoir de Simon de Chafteauvillain feigneur de Baye decedé fans enfans avant l'an MCCCLIII. & de Jean feigneur de Chaftillon en Bazois, avec lequel elle vivoit en l'année MCCCLXVI. & eftoit mort avant l'an MCCCLXXV. comme il confte par divers arrefts du Parlement de Paris.

En l'année MCCCLXXXI. Guichard & fa femme Marguerite de Frolois voyant qu'il n'y avoit aucuns enfans de leur mariage ny efperance d'en avoir, ils fe firent l'un à l'autre donation mutuele de tous leurs meubles & acquets, en quoy qu'ils peuffent confifter, que le furvivant gagneroit en propre pour luy & pour les fiens. Elle mourut chargée

D'AUVERGNE. Liv. III.

d'une grande vieilleſſe, comme le dit M. Du Cheſne, avant l'an MCCCXCV. y ayant un arreſt du Parlement de cette année dans lequel il eſt parlé d'elle comme morte. Il eſt dit dans un regiſtre des playdoiries du Parlement que Jacques de Vienne Chevalier ſeigneur de Longvy fut ſon heritier.

 Guichard ſe rendit ſi recommandable ſous le regne du Roy Charles V. que ce ſage Prince le fit Gouverneur du Roy Charles VI. lors Dauphin & de ſes autres enfans. Je trouve qu'il eſtoit Eſchançon de France dans le commencement du regne de Charles VI. & il le fut juſques en l'année MCCCLXXXII. qu'il fut fait Grand Maiſtre des Arbaleſtriers. *Preuves p. 466. Hiſt. de Charles VI. de M. Le Laboureur p. 8 Hiſt. de Charles VI. du Louvre p. 781. 784.*

 En l'année MCCCXCIX. la peſte ravageant le royaume de France, & principalement la ville de Paris, qui fut, pour ainſi dire, abandonnée, le Roy & tous les grands Seigneurs en partirent & ſe retirerent en Normandie. J'ay trouvé dans une ancienne chronique de Normandie la liſte des Princes & grands Seigneurs qui ſuivirent le Roy en ce voyage, parmy leſquels eſt nommé Guy Dauphin par erreur du copiſte au lieu de Guichard, eſtant bien à preſumer que Guichard, lequel eſtoit un des premiers Officiers de la Couronne & une des principales perſonnes de la Cour, ne manqua pas de ſuivre le Roy en cette occaſion. Cette correction eſt d'autant plus neceſſaire qu'il n'y avoit pourlors à la Cour aucun Seigneur appellé Guy Dauphin. *Preuves p. 469.*

 En l'année MCCCCII. le Mareſchal de France & le Grand Maiſtre des Arbaleſtriers aſſemblerent par ordre du Roy douze mil combattans & furent en Angleterre pour ſecourir le Prince de Galles contre le Roy ſon pere. Ils n'y firent pourtant autre choſe digne de remarque ſi ce n'eſt qu'ils ruinerent tout le pays par où ils paſſerent, & obligerent le Roy d'Angleterre de quitter le champ de bataille au Prince ſon fils & de ſe retirer à Winceſtre. *Monſtrelet vol. 1. chap. 15.*

 J'ay veu dans un regiſtre de la Chancellerie des letres du Roy Charles VI. par leſquelles il permit en l'année MCCCCIII. à Guichard Dauphin Chevalier ſon Conſeiller & Maiſtre de ſes Arbaleſtriers de faire clorre de foſſez, emparer & fortifier la Mote Buvron ſituée en ſa terre & chaſtellenie de Bouſon en la Duché d'Orleanois, en laquelle Mote y avoit eu cy devant forterefſe deſcheuë, où ſes predeceſſeurs ſeigneurs de Bouſon ſouloient habiter. Il y avoit longtemps que Guichard l'avoit acquiſe, en ayant preſté l'hommage à Philippe Duc d'Orleans le XVIII. Mars MCCCLXXI. ainſi qu'on le trouve dans le recueil des nobles de l'Orleanois du ſieur le Maire. Ce Duc eſtoit fils du Roy Philippe de Valois, & mourut en l'année MCCCXCI. aagé de LV. ans. La terre de la Mote appartient aujourd'huy à la maiſon de Ventadour, & eſtoit eſcheuë en partage avec Bouſon à Anne de Levis Archeveſque de Bourges. *Preuves p. 470.*

 En la meſme année MCCCCIII. Guichard perdit le vaillant Conneſtable de France Louis de Sancerre ſon beaufrere, lequel mourut apres ſoixante ans d'une vie laborieuſe toujours employée dans les fatigues de la guerre, & fut enterré en l'Egliſe de ſaint Denys en France, comme il l'avoit ſouhaité. Il eſt appellé *vaillant homme & hardy Chevalier* par Froiſſart. *Hiſt. de Charles VI. de M. Le Laboureur p. 459. Vie de Charles V. p. 158. Froiſſ. vol. I. chap. 166.*

238 HISTOIRE DE LA MAISON

Quant au Grand Maiſtre des Arbaleſtriers ſon beaufrere, il mourut à la fin de la meſme année, & eut pour ſucceſſeur en ſa charge Jean de Hangeſt ſeigneur de Heugueville pourveu par letres du VII. Decembre audit an.

Hiſt. de Charles VI. du Louvre p. 786.

Il ne paroiſt pas dans l'hiſtoire qu'il ſe ſoit démis de ſa charge en aucun temps. Et neantmoins le Moine de ſaint Denys qui a eſcrit l'hiſtoire du Roy Charles VI. & Jean Juvenal des Urſins marquent que Jean de Bueil eſtoit Maiſtre des Arbaleſtriers en l'année MCCCXCVI. le Vendredy XXVII. Octobre. Cependant je trouve dans le regiſtre CLI. de la Chancellerie des letres du Roy du deuxieſme Mars de l'année ſuivante, dans leſquelles le Roy l'appelle *noſtre amé & feal Conſeiller & Chevalier Guichard Dauphin Maiſtre de nos Arbaleſtriers.*

Hiſt. de Charles VI. de M. Le Laboureur p. 542.

Hiſt. de Charles VI. p. 121.

Enfans de Guichard Dauphin I. du nom ſeigneur de Jaligny, de Treteaux, & de la Ferté Chauderon, Grand Maiſtre des Arbaleſtriers de France, & d'Iſabeau de Sancerre ſa premiere femme.

GUICHARD DAUPHIN II. du nom, dont il ſera parlé au chapitre ſuivant.

LOUIS DAUPHIN mort jeune ſans lignée.

Enfant naturel de Guichard Dauphin Grand Maiſtre des Arbaleſtriers.

CLAUDIN DE JALIGNY, auquel & à ſes hoirs deſcendans de ſon corps en legitime mariage Guichard II. Grand Maiſtre de France, qui l'appelle ſon cher & amé frere, donna par donation entre vifs irrevocable paſſée en ſon chaſteau de Bomés en Berry le ſecond jour du mois d'Avril MCCCCVII. la maiſon forte & la ville de Dorne en Nivernois avec toute juſtice haute, moyenne, & baſſe, avec toutes ſes appartenences & dependences, la terre qu'il avoit à Beauſſard lez ſaint Pourçain, & quelques autres choſes mentionnées dans l'acte de donation ſeellées du ſeau de la Chancellerie du Duc de Bourbonnois le ſeptieſme jour du mois de Juin enſuivant. Claudin fut preſent le XXVII. Novembre MCCCCV. à l'inſtallation de Guichard ſon oncle en qualité de Chanoine de l'Egliſe cathedrale de Nevers comme Baron de la Ferté Chauderon.

Preuves p. 471.

GULANT.
D'azur an lyon d'or semé de molettes de mesme.

Guichard Dauphin II. du nom seigneur de Jaligny & de la Ferté Chauderon, Grand Maistre de France, & Gouverneur du Dauphiné.

CHAPITRE IX.

E Grand Maistre des Arbalestriers eut de sa premiere femme Isabeau de Sancerre un fils qui parvint aux premieres charges de la Couronne. Aussi estoit il *un moult notable & vaillant Chevalier*, pour me servir des termes de Jean le Fevre seigneur de saint Remy aucteur du temps. *S. Remy p. 74.*

En l'année MCCCCIII. selon nostre maniere de compter le Connestable de Sancerre son oncle, qui estoit bien prez de sa fin, fit son testament le Dimanche quatriesme jour de Fevrier, dans lequel il ordonna *que le jour de son obseque l'escu de ses armes fut offert par son tres cher & tres amé nepveu Messire Guichart Dauphin*, auquel il donna hereditairement ses terres & chastellenies de Bomés & de Condé, & la Baronnie, chastel, & chastellenie de Luzy. A quoy le Moine de saint Denys adjouste que pour ne voir pas perir avec luy les armes de sa maison, il chargea Messire Guichard Dauphin son neveu de les escarteler avec les siennes, & luy laissa à cette condition la meilleure partye du partage qu'il avoit eu de la Comté de Sancerre. Mais il n'est aucunement parlé de cette condition dans son testament. *Hist. de Charles VI. p. 735.*

Hist. de Charles VI. de M. Le Laboureur p. 459.

Le XXVII. Novembre MCCCCV. il se transporta à la porte de l'Eglise cathedrale de Nevers les esperons dorez chaussez, l'espée ceinte, & le faucon sur le poing; où estant, vinrent au devant de luy le college de ladite Eglise, Chanoines & Chapelains, revestus de chapes, avec la croix, l'eau beniste, & les cierges allumez. Et Messire Pierre le Clerc Archidiacre de Desise en ladite Eglise le prenant par la main, le mena en l'estat *Preuves p. 471.*

cy dessus dans l'Eglise jusques devant le grand autel. Puis, la grand Messe estant dite, le menerent dans le Chapitre, où ils le receurent pour leur confrere & Chanoine, ainsi qu'il avoit esté fait à ses predecesseurs Barons de la Ferté Chauderon, apres qu'il eut fait serment sur les saints evangiles & protesté qu'il ne reveleroit jamais les secrets dudit Chapitre en choses qui luy pourroient prejudicier. Puis baisa à la bouche ledit Archidiacre & les autres Chanoines de cette Eglise, qui le ramenerent en suite dans l'Eglise, & le firent asseoir au quatriesme siege du costé de l'Archidiacre de Nevers, presents nobles hommes Messire Pierre de Veaulce, Jean de Montagu le Belin, Joseph de Chitin, Claudin bastard de Jaligny Chevaliers, & autres.

En l'année MCCCCVIII. les Liegeois ayant assiegé la ville de Maestricht en haine de ce que le Duc de Bourgogne & le Duc de Brabant s'estoient declarez protecteurs de Jean de Baviere Evesque de Liege, que les Liegeois avoient destitué & en avoient esleu un autre en sa place, le Duc de Bourgogne marcha vers cette place assiegée avec une puissante armée, dans laquelle il y avoit un grand nombre de brave noblesse. Le Roy ayant esté informé de ce fait envoya Messire Guichard Dauphin vers le Duc de Bourgogne pour luy faire defense sur certaines grosses peines de combattre les Liegeois ny d'entrer en leur pays. Mais le Duc de Bourgogne ne voulut pas deferer à cet ordre. Ains au contraire, apres que Messire Guichard eut finy son ambassade, il le requit que comme son parent & amy il luy conseillat sur ce qu'il avoit à faire. Guichard luy respondit qu'il luy sembloit qu'il ne pouvoit pas avec honneur s'empescher de voir ses ennemys de prez, & s'offrit de vivre & mourir avec luy à l'encontre des Liegeois rebelles; qui furent desfaits, y en ayant eu vingt huict mil de tuez en cette bataille.

Monstrelet vol. 1. chap. 32. 42. 47.
Hist. de Charles VI. de M. Le Laboureur p. 678.
S. Remy p. 8.

L'année suivante Amé VIII. Comte de Savoye ayant demandé à Loüis II. Duc de Bourbon donataire d'Edoüard II. du nom seigneur de Beaujeu & de Dombes nouvellement decedé de luy faire l'hommage auquel il estoit tenu pour les villes & chasteau de Beauregard, Lent, Toyssey, Montmerle, Villeneufve, & Chalamont en Dombes, ce que le Duc de Bourbon refusoit de faire, enfin l'affaire ayant esté mise en negotiation, & ayant esté fait une assemblée d'amys des partyes à Villars en Bresse, où se trouverent pour le Duc de Bourbon Loüis Comte de Vendosme grand Chambellan de France, Jean de Montaigu Vidame de Laon souverain Maistre de l'hostel du Roy, Guichard Dauphin seigneur de Jaligny, & autres, il fut resolu par forme d'expedient que Jean de Bourbon Comte de Clairmont fils aisné du Duc fairoit l'hommage au Comte de Savoye. Ce qui fut executé avec le consentement du Duc à Chastillon lez Dombes le XXVIII. May MCCCCIX.

Hist. de Savoye p. 452.

Sur la fin de la mesme année Guichard Dauphin fut envoyé par le Roy à Amiens au devant des Ambassadeurs d'Angleterre, & y allerent avec luy aussi par ordre du Roy Jean de Montaigu Archevesque de Sens, Guillaume de Tignonville cy devant Prevost de Paris, & Gontier Col Secretaire du Roy.

Sur

D'AUVERGNE. Liv. III.

Sur ces entrefaites le party du Duc de Bourgogne ayant pris à la Cour le dessus sur les autres Princes du sang, ce Duc, pour se vanger du frere de cet Archevesque Jean de Montaigu Grand Maistre de France, qu'il regardoit comme son ennemy, le fit arrester & luy fit couper la teste le XVII. jour du mois d'Octobre. Sa charge fut donnée à Guichard Dauphin, qui fut constitué & ordonné souverain maistre de l'hostel du Roy. Ce que le Bourguignon fit, ainsi que l'escrit Belleforest, pour se rendre du tout mal contente la maison de Bourbon, à laquelle Guichard estoit allié. Car Loüis II. Duc de Bourbon avoit espousé Anne Dauphine proche parente de Guichard. Il y a plus d'apparence de dire que le Bourguignon le fit en consideration du merite de ce personnage & du service qu'il luy rendit en l'affaire de l'Evesché de Liege, & aussi parce qu'il le traictoit de parent & d'amy, comme nous venons de le marquer.

Monstrelet vol. 1. chap. 57.
Hist. de Charles VI. du Louvre p. 789.

Apres la paix de Winceftre faite l'année d'apres entre les Princes du sang royal on establit un Conseil de douze Chevaliers, quatre Evesques, & quatre des Seigneurs du Parlement, pour gouverner le Roy & la Reyne & tout le royaume, assavoir l'Archevesque de Rheims, l'Evesque de Noyon, l'Evesque de saint Flour, l'Evesque de Tournay, Guichard Dauphin Grand Maistre de l'hostel du Roy, le Grand Maistre de Rhodes, & autres. Le Roy du consentement des Ducs de Berry & de Bourgogne donna aux Seigneurs de ce Conseil une pleine & entiere auctorité sur ses sujects tant en paix qu'en guerre, tant dedans que dehors le royaume, avec toute jurisdiction sur tous les grands & petits Officiers, & particulierement il leur donna un absolu pouvoir d'instituer & de destituer les gens des finances. C'est ainsi que M. Le Laboureur a traduit cet endroit de l'histoire du Roy Charles VI. escrite par un Moine de saint Denys. Mais il y a adjousté du sien les grands & petits *Officiers*, ce mot n'estant point dans l'original Latin, où il y a seulement *super majores & minores*.

Monstrelet vol. 1. chap. 66.
Hist. de Charles VI. de M. Le Laboureur p. 745.

En l'année MCCCXI. le Duc d'Orleans s'estant revolté contre le Roy, Sa Majesté envoya des troupes dans l'Orleanois sous le commandement de Messire Guichard Dauphin Grand Maistre de France pour arrester les courses des ennemys. Guichard prit d'abord sans resistance & soufmit au Roy la ville de Jargeau, apres avoir promis le pardon aux habitans & de leur conserver leurs biens.

Hist. de Charles VI. de M. Le Laboureur p. 809.

En cette mesme année le Roy l'envoya en Languedoc & en Guyenne avec Jacques seigneur de Helly Marefchal d'Aquitaine & Enguerran de Bournonville contre le Duc de Berry, le Comte d'Armagnac, & le Seigneur d'Albret. Le seigneur de Helly & Enguerran de Bournonville s'arresterent en Poictou, où ils mirent les peuples à la raison. Mais Guichard s'en alla en Nivernois avec le Maistre des Arbalestriers de France & Messire Jean de Chalon seigneur d'Arlay, & reduisit en l'obeïssance du Roy la ville de saint Fourgeau appartenant au fils du Duc de Bar, & y fut mise garnison de par le Roy.

Monstrelet vol. 1. chap. 85. 89.

En l'année MCCCXII. le Roy ayant formé le siege de Bourges, il donna le commandement de l'avantgarde de son armée à Guichard Dauphin Grand Maistre de son hostel & à quelques autres Seigneurs de

Monstrelet vol. 1. fol. 140. v.

Tome I. Hh

242   HISTOIRE DE LA MAISON

Hift. de Charles marque. Mais le Duc d'Orleans, contre lequel le Grand Maiftre s'eftoit
VI. p. 240. declaré, eftant revenu auprez du Roy, & devenu encore plus puiffant
S. Remy p. 20. qu'il ne l'eftoit avant fa revolte, il fit d'abord efclater fon indignation
contre ceux qui avoient tenu le party du Duc de Bourgogne. Il renvoya
Guichard en fa maifon, & luy fit defenfe de revenir à la Cour fans un
Hift. de Charles ordre exprez du Roy. Et le Comte de Vendofme fut fait Grand Maiftre
VI. p. 794. d'hoftel en fa place.

Il demeura quelque temps en cet eftat. Mais comme tout change à la
Cour, laquelle auroit changé fi elle ne changeoit pas, comme l'a remarqué un ingenieux efcrivain il y a environ cent ans, Guichard y eftant
revenu, il fe plaignit du mauvais traitement qu'on luy avoit fait, &
demanda d'eftre reftabli en fa charge, dont il prenoit toufjours la qualité, y ayant au Trefor de Jaligny des letres du Roy du XXIV. May
Preuves p. 472. MCCCCXIII. dans lefquelles le Roy l'appelle fouverain maiftre de fon
hoftel ; & mefme Jean Le Fevre feigneur de faint Remy parlant de fa
mort à la bataille d'Azincourt l'appelle Grand Maiftre de l'hoftel de
France. On chercha à luy donner quelqu'autre fatisfaction equivalente
que celle de luy rendre fa charge, qui fe trouvoit exercée par un Prince
Preuves p. 471. du fang royal. On mit l'affaire en negociation, & Guichard confentit le
XV. Juillet MCCCCXV. qu'elle demeurat au Comte de Vendofme moye-
nant la recompenfe qui luy fut baillée du gouvernement du Dauphiné ;
lequel eftoit beaucoup plus confiderable en ce temps là qu'il ne l'eft
aujourd'huy, quoyqu'il le foit encore beaucoup. J'ay trouvé dans un arreft
de l'an MCCCCLI. que Martin Gouge Evefque de Clairmont promit deux
mil livres à Robert d'Angennes, qui eftoit Gouverneur du Dauphiné,
au cas qu'il fe voulut demetre de ce gouvernement, comme il avoit promis de le faire, au profit de Guichard, mais qu'il ne fatisfit jamais à cette
condition.

S. Remy p. 74. En l'année MCCCCXIV. apres la paix d'Arras le Roy ayant refolu
d'envoyer une ambaffade au Duc de Bourgogne pour la luy faire jurer,
il y envoya Guichard Dauphin feigneur de Jaligny, qui eft toufjours
appellé Grand Maiftre d'hoftel de France, quoyque le Comte de Vendofme eut efté pourveu de cette charge en fa place, & avec luy un Confeiller du Roy & un Secretaire. Ces Ambaffadeurs trouverent le Duc en
un chafteau prez de la ville de Beaune appellé d'Argilly, où il fe diver-
tiffoit à la chaffe avec la Ducheffe fa femme & deux de fes filles avec
leurs Dames & Damoifelles. Le Duc les receut fort bien, & jura la paix
fur la vraye croix. Et ce fait & accompli, il s'en alla en fa grand tente,
où fon difner eftoit preft. *Et difna Meffire Guichard le Daulphin avec luy*
& à fa table, & les autres deux à la table des Chambellans. Le lendemain
les Ambaffadeurs prirent congé du Duc & s'en retournerent à Paris vers
le Roy.

Cependant le Roy d'Angleterre fe prevalant de nos divifions & de nos
malheurs, armoit tout de bon pour envahir le royaume fous pretexte des
pretentions qu'il y avoit, & amufoit le Roy Charles VI. & les Princes du
fang par de fpecieufes propofitions de paix & de mariage, n'oubliant pour-

D'AUVERGNE. Liv. III.

tant pas les autres moyens. Car il escrivit & fit dire en mesme temps au Roy & aux Seigneurs de son Conseil par ses Ambassadeurs que si on ne luy faisoit pas justice à l'amiable, il se la feroit faire par la force des armes. Le Roy luy respondit que ses menaces ne l'espouvantoient pas, & que s'il venoit le troubler en son royaume, il le trouveroit en estat de repousser ses violences. Toutes choses tendant donc à une guerre ouverte entre les deux Couronnes, le Roy Charles s'y prepara tout de bon ; & son armée estant en estat de marcher, il partit de Paris avec ses principaux Officiers & Capitaines, du nombre desquels estoit Guichard Dauphin, le second jour du mois de Septembre MCCCCXV. & s'en alla prendre à S. Denys l'Oriflamme pour marque que la guerre estoit ouverte & declarée. Apres quoy on se mit en marche. *Hist. de Charles VI. de M. Le Laboureur p. 1004.*

Mais Guichard, ainsi que je l'ay trouvé dans les memoires cy dessus citez de la maison des Seigneurs de Combronde, fit auparavant de partir son testament à Paris pardevant Nicolas Porteclef & son compagnon Notaires au Chastelet, dans lequel il fit ses heritiers Beraud Dauphin II. du nom seigneur de saint Ilpise & Robert son frere ses petits neveux issus de germain. Il deposa ce testament, qu'il monstra neantmoins avant de partir pour l'armée à plusieurs de ses amys, leur en ayant mesme dit la teneur, comme il est marqué dans ces memoires & dans un arrest du Parlement, il le deposa, dis je, ez mains d'Ænor de Culant sa femme ; laquelle dans les premiers mouvemens de sa douleur, apres avoir appris la mort de Guichard, en escrivit à Philippie de Veauce femme de Beraud, luy donnant avis que son mary & ses enfans estoient heritiers du Grand Maistre. Philippie, qui pensoit plus à la perte qu'elle venoit de faire de son mary qu'au bien qui revenoit à ses enfans par la mort de Guichard, ne fit pas les reflexions necessaires sur la nouvelle que Ænor luy avoit donnée de cette succession, & ne pensa aucunement à ce qu'il y avoit à faire pour l'assurer à ses enfans. Ainsi Ænor eut le loisir de penser à ce qu'elle avoit à faire ; & preferant son interest à celuy des enfans de Beraud, elle supprima ce testament. Ce qui causa un grand procez entre les heritiers presomptifs de Guichard tant du costé paternel que du maternel. Il arriva pendant le cours de ce procez que Jean Dalegay Escuyer, auquel Guichard avoit commis le gouvernement de ses terres, & auquel il avoit confié plusieurs blancs seellez de son seau & signez de sa main pour s'en servir dans les occasions, deceda ayant encore en son pouvoir quelques uns de ces blancs, lesquels il recommanda à Louise de la Porte sa femme de deschirer. Ce qu'elle ne fit pas. Et s'estant remariée à Philippe Malvoisin Chevalier seigneur de la Bombiere, on pretendit que son nouveau mary avoit vendu pour trois cens reaux d'or un de ces blancs à Jacques Aubert seigneur de Monteil le degelé descendu de Louise Dauphine fille de Robert Dauphin I. du nom seigneur de saint Ilpise, & que Jacques s'en estoit servi pour fabriquer un testament en sa faveur, dans lequel Beraud & Robert son frere estoient nommez comme tesmoins, ledit testament pretendu fait à Peronne le XVIII. Octobre MCCCCXV. par lequel Guichard donnoit les seigneuries de Jaligny & de Treteaux *Preuves p. 453. Voyez cy dessus page 228.*

Tome I.   Hh ij

audit Jacques, avec substitution en faveur de Beraud & de Robert. Ce qu'il y a de certain est que ce pretendu testament ne fut produit que bien tard, & qu'il fut d'abord accusé de faux par la veuve & par les enfans de Beraud ; & pour en prouver la fausseté ils disoient que lors de la date de ce pretendu testament Beraud estoit en Berry, qu'il n'avoit du tout point esté à Peronne pendant ce voyage, qu'il n'avoit veu Guichard que le jour de la bataille d'Azincourt, s'estant rencontrez au camp, & que ce testament n'estoit pas seellé du seau dont Guichard se servoit dans les derniers temps de sa vie, mais de celuy dont il avoit accoustumé de se servir lorsqu'il estoit Grand Maistre. Ce qui paroissoit une grande presomption de faux. A quoy on adjoustoit que les lignes de ce pretendu testament estoient fort serrées, parceque le papier manquoit à ceux qui l'avoient fabriqué. Quoy qu'il en soit, ce procez dura longtemps. Je ne sçay pas quel en fut l'evenement. Je sçay seulement qu'il y eut un arrest de provision en l'année MCCCCLII. qui adjugea à chascune des parties la jouissance de la moitié des choses contentieuses, sans prejudice de leurs droits au principal.

Preuves p. 416.

Enfin la guerre estant bien allumée en Picardie, & le Roy d'Angleterre s'y trouvant fort embarrassé, il fit proposer le XXIV. Octobre audit an MCCCCXV. un traité de paix, offrant de reparer tous les maux que sa descente en France y avoit faits, pourveu qu'on luy donnat assurance de le laisser passer avec ses troupes. Il sembloit qu'il ne falloit pas refuser ces offres, & les plus anciens & les plus renommez Officiers & Capitaines, & entr'autres Guichard Dauphin, estoient d'avis de les accepter. Mais l'opinion de ceux qui consideroient que l'armée du Roy estoit quatre fois plus forte & nombreuse que celle des Anglois, & qui pour cette raison estimoient qu'il falloit les rejetter & donner bataille, prevalut. La bataille fut donnée le lendemain à Azincourt, où perit un tres grand nombre de Seigneurs François de grande qualité, du nombre desquels fut Guichard, lequel n'avoit point esté d'avis de hasarder la bataille. Et ce nonobstant il ayma mieux s'exposer aux hasards d'une entreprise temeraire que de perdre sa reputation par une retraite honteuse. Il n'avoit que cinquante ans lorsqu'il fut tué.

Hist. de Charles VI. de M. Le Laboureur p. 1008. 1013. Jean Le Fevre de S. Remy p. 97.

Le Moine de saint Denys fait en cet endroit une reflexion, que nos histoires pouvoient bien avoir appris aux François qu'on s'estoit souvent repenti d'avoir rejetté des conditions justes & honestes, que la prise du Roy Jean, qui estoit arrivée en une semblable occasion, en estoit un exemple assez recent, mais que la folle presomption des uns & la mauvaise intention des autres fit preferer la guerre à la paix. Il adjouste un peu plus bas une autre reflexion, que cette guerre ne pouvoit estre qu'heureusement terminée, si nos gens n'eussent fait trop peu d'estat des forces de l'ennemy, & s'ils eussent voulu acquiescer aux avis des plus anciens & plus experimentez Chevaliers.

Jean le Fevre seigneur de saint Remy, qui estoit en l'armée des Anglois, a marqué dans son histoire du Roy Charles VI. une grande quantité des Seigneurs de marque François qui furent tuez à cette bataille. Je ne les nommeray pas tous. Mais je crois neantmoins qu'il eſt à propos de faire icy mention des perſonnes les plus conſiderables qui y perdirent la vie. Le Seigneur de ſaint Remy nomme en premier lieu Meſſire Charles d'Albret Conneſtable de France, & en ſuite Meſſire Jacques de Chaſtillon ſeigneur de Dampierre Admiral de France, le Seigneur de Rambures Maiſtre des Arbaleſtriers, Meſſire Guichard Dauphin Grand Maiſtre de l'hoſtel de France, Antoine Duc de Brabant frere au Duc Jean de Bourgogne, le Duc Edoüard de Bar, le Duc d'Alençon, le Comte Philippe de Nevers frere au Duc de Bourgogne, Meſſire Robert de Bar Comte de Marle, le Comte de Vaudemont, le Comte de Blammont, le Comte de Grandpré, le Comte de Rouſſy, le Comte de Faukembergue, Meſſire Loüis de Bourbon fils du Seigneur de Preaux, & autres grands Seigneurs en grand nombre. Il nomme auſſi parmy ces illuſtres morts le Seigneur de la Tour, c'eſt à dire Agne de la Tour III. du nom ſeigneur d'Oliergues, comme nous l'expliquerons plus particulierement au chapitre V. du dernier livre de cette hiſtoire.

Quoy qu'il ſoit certain que le Roy d'Angleterre fut victorieux en cette occaſion, laquelle eſt miſe au nombre des plus malheureuſes journées que nous ayons eües en France, il y perdit auſſi beaucoup de gens, ſon bagage luy fut enlevé, comme les hiſtoriens meſme d'Angleterre le reconnoiſſent, & les coffres où eſtoient enfermez ſes ornemens & ſes joyaux les plus precieux. Ce qui marque bien que la victoire ne fut pas ſi entiere qu'on le pourroit penſer. Car j'ay trouvé dans un ancien cayer eſcrit en ce temps là contenant une relation de ce qui s'eſtoit paſſé au ſujet de la priſon des Seigneurs de Gaucourt & d'Eſtouteville faits priſonniers du Roy d'Angleterre en l'année MCCCCXV. lorſqu'ils luy rendirent la ville d'Harfleur, qu'il avoit aſſiegée, que le Seigneur de Gaucourt ayant obtenu de luy la permiſſion de retourner en France pour pourchaſſer ſa delivrance & celle des autres priſonniers François, le Roy luy dit entr'autres choſes qu'il avoit perdu pluſieurs de ſes joyaux à la bataille d'Azincourt, & que s'il pouvoit trouver maniere de les recouvrer, il le reconnoiſtroit grandement au fait de la delivrance des priſonniers François. Que ledit de Gaucourt eſtant de retour en France fit diligence de recouvrer leſdits joyaux, qui eſtoient deja diſperſez en pluſieurs mains, & fit tant qu'il mit en ſeureté de recouvrer la Couronne du Roy d'Angleterre, qui eſtoit en ſes coffres, & une croix d'or & de pierreries bien riche, en laquelle il y avoit de la vraye croix de demy pied de long & la croiſure de meſure de plus d'un grand pouce de large, l'habillement dequoy on ſacroit le Roy d'Angleterre, & pluſieurs autres choſes qu'il avoit grand deſir de recouvrer, & qu'il recouvra encore les ſeaux de ſa Chancellerie. Toutes leſquelles choſes luy furent rendues à Londres par ledit Seigneur de Gaucourt. Ce fait, oublié juſques à preſent dans l'hiſtoire, merite bien d'y avoir place.

Guichard Dauphin avoit eſpouſé Ænor de Culant fille d'Eudes ſeigneur de Culant en Berry, laquelle eſtoit auparavant veuve de Philippe de la Trimoüille ſeigneur de Fontmorand, de laquelle il ne laiſſa point d'en-

Preuves p. 474.

246 HIST. DE LA MAISON D'AUVERGNE. LIV. III.

fans. Elle inſtitua ſon heritier univerſel Loüis de Culant Admiral de France ſon couſin iſſu de germain. Cet Admiral eut un neveu appellé Philippe de Culant, lequel fut Mareſchal de France. Au reſte la mere d'Ænor ne s'appelloit pas de Joinville, comme l'eſcrivent les genealogiſtes. Un ancien regiſtre des playdoiries du Parlement nous apprend qu'elle s'appelloit Marguerite de Jauville. Mais je crois qu'il y a faute & qu'il faut dire Jonvelle. Voicy comme la genealogie de cette Dame eſt deduite dans ce regiſtre. Ramnols de Culant ſeigneur de Culant, de Chaſteauneuf ſur Cher, de Ramefort, & Seriz fut pere de Jean & Agnes de Culant, laquelle fut mariée à Guy ſeigneur de la Rochefoucaud, dont iſſit Aymery ſeigneur de la Rochefoucaud marié à Rogette de Grelly ſœur du Comte de Foix, & de ce dernier mariage eſt iſſu Guy de la Rochefoucaud. Jean de Culant fils de Ramnols eut pluſieurs enfans, & entr'autres un nommé Eudes marié à Marguerite de Jauville, dont iſſit Ænor mariée à Guichard Dauphin.

Hiſt. de Meſſieurs de Sainte-Marthe to. 2. p. 979. de l'edition de 1628.

HISTOIRE
GENEALOGIQUE
DE LA MAISON
D'AUVERGNE.

LIVRE QUATRIESME.

Contenant les Seigneurs de la Tour d'Auvergne puisnez, des Comtes d'Auvergne & Ducs de Guyenne depuis l'an DCCCCXXVIII. *jusques en l'an* MDI.

Les premieres armoiries des Seigneurs de la Tour d'Auvergne estoient de gueules à la tour d'argent. Depuis ils porterent de France à la tour d'argent.

TABLE GENEALOGIQUE
DES SEIGNEURS
DE LA TOUR D'AUVERGNE.

Bernard Comte d'Auvergne & de Bourges, Marquis de Nevers.

Raoulphe Comte de Mascon. — Guerin Comte d'Auvergne, Duc d'Aquitaine. — Guillaume I. Comte d'Auvergne, Duc d'Aquitaine. — Ave Abbesse. — Adelinde. — Acfred I. Comte de Bourges & de Carcassonne.

Guillaume II. Comte d'Auvergne, Duc d'Aquitaine. — Acfred II. Comte d'Auvergne, Duc d'Aquitaine. — Bernard I. Comte d'Auvergne. — Bliesende.

Eustorge Vicomte d'Auvergne. Guillaume, Bernard II.

Gausberge fille de Berilon Vicomte de Vienne. — GERAUD D'AUVERGNE, surnommé de LA TOUR, Vicomte de Vienne, mort environ l'an 994.

Bernard seigneur de LA TOUR III. du nom. | Berilon Vicomte de Vienne, duquel sont issus les Seigneurs de LA TOUR DU PIN devenus en suite Dauphins de Viennois, dont le dernier fut HOMBERT DE LA TOUR II. du nom, qui donna le Dauphiné à la Couronne de France. | N. duquel sont issus les Seigneurs de LA TOUR Souverains de l'Etat de Milan. | N. femme de seigneur de Bass... Guillaume Ew... Clairmont en 1...

Geraud seigneur de la Tour II. du nom. — Bernard. — Bertrand Moine à Saucillanges. — Estienne Prieur de Saucillanges.

Bernard seigneur de LA TOUR IV. du nom. — Bertrand. — Guillaume. — Vernelle. — Bernard Vicomte de Comborn en 1212.

Macheline fille de Bernard Athon Vicomte de Beziers. — Bertrand seigneur de LA TOUR I. du nom, lequel avec son frere Guillaume, meu de pieté, fit hommage de la terre de la Tour à l'Abbé de Clugny, & fonda l'abbaye de la Vayssi. — Guillaume.

Judith de Mercueur. — Bertrand seigneur de LA TOUR II. du nom, lequel fit en l'année 1212. hommage au Roy Philippe Auguste pour les terres d'Orset, Montpeyroux, & Coude. — Guillaume appelé Willelmulus dans un ancien titre de l'Eglise cathedrale de Clairmont, Prevost de l'Eglise de Brioude, que le Roy saint Loüis atteste estre issu des Ducs d'Aquitaine & Comtes d'Auvergne. — Guillaume Doyen de Nostre Dame du Port à Clairmont & Chantre de Brioude. — Bernard seigneur de LA TOUR V. du nom, qui renouvella l'hommage de la Tour à l'Abbé de Clugny en 1291. en presence du Roy Philippe Auguste. — N. fille de Dauph... te de Clairmont G. Comtesse de ferrand.

Bertrand Chevalier. — Bernard seigneur de LA TOUR VI. du nom, fait Chevalier en 1244. par Raymond VII. Comte de Toulouse son beaufrere, mort en 1253. en la terre sainte, où il avoit suivy le Roy saint Loüis en 1248. — Alazie de Toulouse, autrement dite Jeanne Raymond VI. Comte de Toulouse & de la Re... d'Angleterre veuve de Guillaume II. Roy d...

Yoland. — Bernard seigneur de LA TOUR VII. du nom, qui fut au siege de Tunis avec le Roy S. Loüis en 1270. & y mourut le 14. Aoust. — Bertrand Chanoine de Clairmont, mort en 1281. — Dauphine mariée à Ebles VI. Vicomte de Ventadour. — Gaillarde mariée à Pierre Vicomte de Murat. — Marguerite mariée à Geraud de Rochefort.

Dauphine mariée en premieres nopces à Raynaud d'Aubusson seigneur de la Borne, & en secondes nopces à Aymery II. seigneur de la Rochefoucaud. — Gaillarde mariée à Pierre Maurice seigneur de Roche Savine. — Bertrand seigneur de LA TOUR III. du nom, mort en 1286. — Beatrix d'Oliergues issue des anciens Comtes du Vellay.

Bertrand de LA TOUR, tige des SEIGNEURS D'OLIERGUES. — Dauphine mariée à Guigues seigneur de la Roche en Renier. — Agne Doyen de Rennac, Prieur de Crespy & de Bort. — Guillaume Chanoine de Reims, de Clairmont, & de Brioude. — Bernard seigneur de LA TOUR VIII. du nom, mort en 1315. — Rh...

Isabeau de Levis-de Mirepoix. — Bertrand seigneur de LA TOUR IV. du nom, nommé ostage pour le Roy Jean prisonnier en Angleterre. — Bernard Cardinal mort en 1361. — Mascarone mariée à Gilles Aycelin de Montaigu. — Dauphine mariée à Astorg d'Aurillac. — Gaillarde m... Guy Comp... neur d'Apch...

Isabeau mariée à Amé Dauphin. — Constance mariée à Loüis de Brosse. — Henry Evesque de Clairmont. — Bernard Evesque de Langres. — Bertrand Evesque de Toul & dinal mort du Puy. — Jean Cardinal mort en 1374. — Guillaume marié à Heliz niepce du Pape Clement VI. — Guy dit Guyot seigneur de LA TOUR, mort en 1375. — Math... for... Gregoir...

Marie Comtesse d'Auvergne & de Boulogne. — Bertrand seigneur de LA TOUR V. du nom. — Guyot Abbé & Chanoine de Clairmont. — Loüise mariée à Pons de Montlaur. — Constance mariée à Philibert de Lespa...

Loüise mariée à Claude de Montaigu seigneur de Conches, seul restant de la ligne masculine des anciens Ducs de Bourgogne. — Isabeau mariée à Loüis Vicomte de Polignac. — Jeanne mariée à Beraud III. Dauphin d'Auvergne. — Bertrand seigneur de LA TOUR VI. du nom Comte d'Auvergne & de Boulogne. — Jac... Pol...

Loüise de la Trimoüille. — Bertrand seigneur de LA TOUR VII. du nom Comte d'Auvergne & de Boulogne. — Godefroy seigneur de Montgascon, ayeul d'Anne de la Tour mariée à François II. Vicomte de Turenne. — Isabeau mariée en premieres nopces à Guillaume de Bretagne Comte de Penthievre, & en secondes nopces à Arnaud Amanion d'Albret. — Gabriele mariée à Loüis de Bourbon Comte de Montpensier. — Loüise mariée à Jean Comte de Crequy. — Bla... bel... Jet...

Loüise mariée à Claude seigneur de Conches. — Anne mariée à Alexandre Stuart Duc d'Albanie. — Jeanne mariée à Aymar de Poictiers seigneur de saint Valier. — Françoise mariée à Gilbert de Chabanes Grand Seneschal de Guyenne. — Jean seigneur de LA TOUR III. du nom Comte d'Auvergne & de Boulogne, mort en 1501.

Jean Stuart Duc d'Albanie. — Anne de LA TOUR Comtesse d'Auvergne morte sans enfans. — Magdelene de LA TOUR mariée à Laurens de Medicis Duc d'Urbin neveu du Pape...

Catherine de Medicis Dame de LA TOUR, Comtesse d'Auvergne & de Boulogne, mariée à Henry II. Roy de F... morte en 1589.

François II. Roy de France & d'Ecosse. — Loüis Duc d'Orleans. — Charles IX. Roy de France. — Henry III. Roy de France & de Poulogne, Comte d'Auvergne. — François Duc d'Anjou & d'Alençon. — Elisabeth Reyne d'Espagne. — Claude Duchesse de Lorraine. — Marguerite France, Duc... Valois, Co... d'Auvergne.

HISTOIRE
GENEALOGIQUE
DE LA MAISON
D'AUVERGNE.

LIVRE QUATRIESME.

PRES avoir eftabli l'origine & la fuite des Comtes & des Dauphins d'Auvergne iffus d'Acfred I. Comte de Bourges & de Carcaffonne & d'Adelinde fœur de Guillaume le Pieux Duc d'Aquitaine & Comte d'Auvergne, il ne nous refte plus pour achever l'hiftoire genealogique de la maifon d'Auvergne que de parler de la branche qui porte le furnom de LA TOUR, la feule aujourd'huy qui refte de ce grand corps.
On verra dans l'hiftoire de cette branche comment les Seigneurs de la Tour d'Auvergne ont tousjours efté de grands Seigneurs, que leurs alliances ont efté tousjours grandes, & qu'il y a eu

HISTOIRE DE LA MAISON

dans cette maison nombre de perfonnages qui fe font en tous les temps diftinguez par leur merite & par les fervices qu'ils ont rendus à nos Roys & à l'Eftat. C'eft ce que nous verrons dans la fuite de cet ouvrage.

 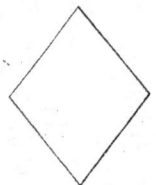

Geraud I. furnommé de la Tour.

CHAPITRE PREMIER.

Preuves p. 25.
475.476.

BERNARD Comte d'Auvergne fils d'Acfred I. & d'Adelinde eft fans doute l'aucteur de la branche de la Tour. Je commence neantmoins l'hiftoire de cette branche par Geraud fon petit fils, parce que c'eft le premier qu'on trouve avoir porté le furnom de la Tour. Il y a plufieurs anciens titres qui le luy donnent dez l'an DCCCCXXXVII. tirez des Cartulaires de l'Eglife de Brioude & du monaftere de Saucillanges. Il efpoufa Gaufberge fille de Berilon Vicomte de Vienne, comme nous le dirons plus bas, & il en eut un fils appellé Bernard comme fon ayeul & fon bifayeul. Les Cartulaires de Brioude & de Saucillanges font foy qu'il fit du bien à ces faints lieux tant pour *Preuves p. 476.* le repos de fon ame que de celle de fa femme Gaufberge, de Bernard & Berthelde fes pere & mere, du Comte Bernard fon ayeul & de fa femme Blitfende, de Guillaume II. & Acfred II. Ducs d'Aquitaine, & de tout fes parents & amys vivants & defunts. Enfin il fe rendit Moine à Saucillanges environ l'an DCCCCXCIV. & y mourut le XXIV. Novembre.

Preuves p. 481.

On ne trouve aucun titre en Auvergne qui faffe mention d'autres enfans de Geraud de la Tour que de Bernard, dont il eft parlé dans deux titres de Saucillanges, dans lefquels Bernard de la Tour fe dit fils de Geraud de la Tour & de Gaufberge. Ce qui prouve bien qu'il eftoit fils de Geraud, mais non pas que Geraud ait eu d'autres enfans, ny quels *Abregé de l'hif-* ils eftoient. Mais apres que M. Chorier nous a appris que Geraud de la *toire de Dauphiné to.1.p.85.* Tour tige de la maifon de la Tour du Pin en Dauphiné eft le mefme que

celuy qui eft auctheur de celle de la Tour d'Auvergne, ce qu'il prouve par
un ancien titre de l'Eglife de Vienne qui eft du commencement de l'onziefme fiecle environ deux ans apres la mort de Geraud de la Tour,
comme nous le dirons dans la fuite, on doit adjoufter au nombre des
enfans de Geraud de la Tour Berilon aucteur de la branche des Seigneurs
de la Tour du Pin. Et par ce moyen on prouve facilement la verité de
ce que Jean le Lievre a avancé dans fon hiftoire de Vienne page 46. que
les Dauphins de Viennois & les Comtes d'Auvergne ont la mefme origine. A quoy on doit encore adjoufter que M. Robert en fa Gaule Gallia Chrif-
Chreftienne imprimée en l'année MDCXXVI. dit que plufieurs Dau- p. 587.
phins de Viennois font iffus de la maifon de la Tour d'Auvergne. Ce
qui juftifie la defcente des Seigneurs de la Tour du Pin de la maifon de
la Tour d'Auvergne, qu'on ne peut pas deformais nier eftre la fouche
d'où eft fortie celle de la Tour du Pin. M. l'Abbé Muratori nous en a
donné depuis quelques années une preuve inconteftable dans le fecond
tome de fes Ancedotes, où il a imprimé l'hiftoire de ce qui fe paffa à
Milan depuis l'an MCCCVII. jufques en l'année MCCCXIII. compofée
par Jean de Cermenaté Milanois aucteur contemporain, lequel efcrit Joann. de Cer-
que le Dauphin de Viennois, qui eftoit pourlors en Italie à la fuite de menate c. 67.
l'Empereur, fe difoit forti de la mefme maifon que les TURRIANI ou
Signori della Torre de Milan, lefquels eftoient en ces temps-là feigneurs
fouverains de l'Eftat de Milan. *Guelfi tamen*, dit il, *magno equitum Dalphini de Viana fubfidio freti, qui eadem qua Turriani ftirpe ortum fe fere-
bat &c.* Cette verité eft encore atteftée par George Merula, qui efcrivoit l'hiftoire des Vicomtes de Milan il y a plus de deux cens ans; dans
laquelle il marque expreffement que Guy de la Tour, qui a efté le dernier feigneur de Milan du nom de la Tour, ayant efté informé que le
fils du Dauphin de Viennois, qui fe vantoit d'eftre fon parent, avoit à
fa folde des troupes confiderables, il l'attira à fon party pour fe fortifier
contre fes ennemys. *Per ea tempora*, dit il, *habebat conductitias catervas
alter Guido Delfini Gallici filius, qui Turrianum genus fe contingere jactabat.
Hunc tum cognationis opinione, tum etiam quòd dux impiger & militaris nego-
tii non imprudens dicebatur, pacto ftipendio evocat.* Triftan Calcho, qui a Calchus lib.
efcrit l'hiftoire de Milan peu de temps apres Merula, dit la mefme chofe. 19. p. 434.

Il eft donc bien prouvé que les TURRIANI de Milan eftoient efti-
mez eftre iffus d'une maifon de la Tour en France. Mais parce qu'il eft
notoire que les derniers Dauphins de Viennois defcendoient d'un cadet
de la Tour du Pin, on pourroit penfer, mefme avec beaucoup de raifon,
que les TURRIANI defcendoient precifement des Seigneurs de la Tour du
Pin, & non des Seigneurs de la Tour d'Auvergne, & qu'ainfi les Seigneurs
de la Tour d'Auvergne ne peuvent pas s'ayder de cette preuve pour faire
voir que les Dauphins de Viennois defcendent originairement de leur
maifon. Ce raifonnement feroit bon, fi l'aveu du Dauphin & le tefmoignage de Merula excluoient la maifon de la Tour d'Auvergne d'eftre
du fang des Dauphins de Viennois. Mais ils ne le font pas; & le paffage de Jean de Cermenaté, auffi bien que celuy de Merula, a befoin

252   HISTOIRE DE LA MAISON

de quelque explication. Car outre que l'on sçait certainement & par titres depuis l'an MCC. les noms des Seigneurs de la Tour du Pin & de leurs enfans, parmy lesquels ny parmy leurs anceftres on ne trouve aucun des noms que portoient les *Turriani* qui se sont les premiers rendus maiftres de l'Eftat de Milan, la difference seule qui se rencontre dans les armoiries de ces maisons fait voir que les *Turriani* prenoient leur origine de plus loing, & que par consequent ils descendoient directement des Seigneurs de la Tour d'Auvergne auteurs de la branche de laquelle eftoient auffi issus les derniers Dauphins de Viennois; eftant certain que les *Turriani* ne portoient pas les armoiries des Seigneurs de la Tour du Pin, mais precisement celles des Seigneurs de la Tour d'Auvergne. La preuve en eft claire & certaine. Les anciennes armoiries des Seigneurs de la Tour d'Auvergne font une tour à trois creneaux, deux fenestres, & une porte; à quoy ils adjoufterent les fleurs de lys fous le regne du Roy Philippe Augufte. Les anciennes armoiries des Seigeurs *della Torre* de Milan font de mesme une tour à trois creneaux, deux fenestres, & une porte, & pour brifure deux sceptres en sautoir, au bout desquels il y a une fleur de lys, comme si par cette brifure ils eussent voulu laisser à la pofterité une marque eternele de leur origine.

Joa. Ant. Caftilianæus in Antiq. Mediol. p. 60.
To. IV. Italiæ facræ p. 285. & 10. v. p. 95. 100. 101. 216. 296. 419.

Mais pour faire voir encore plus clairement, mesme par les armoiries, que les Seigneurs de la Tour du Pin descendent des Seigneurs de la Tour d'Auvergne, on doit se servir du teftament d'Arbert de la Tour seigneur de la Tour du Pin fait en Auvergne sous le seau du Comte d'Auvergne environ l'an MCXC. où l'on voit dans le seau de ce Seigneur, qui y eft encore, quoyque caffé en plufieurs endroits, les reftes d'une tour entierement semblable à celle des Seigneurs de la Tour d'Auvergne. Ce qui ne contribuë pas peu à confirmer que les Seigneurs de la Tour du Pin descendent de ceux de la Tour d'Auvergne, puisqu'ils en portoient les armoiries pleines jufques au temps de cet Arbert; sous le fils duquel on les trouve aucunement changées, y ayant un avant mur adjoufté, sans doute par maniere de brifure & marque de puiné, comme M. Juftel l'a remarqué; ayant neantmoins retenu les trois creneaux & la porte, quoy-qu'un peu reculée jufqu'à l'avant mur, comme à l'empreinte cy jointe.

Preuves p. 477.

M. Juftel p. 148.

D'AUVERGNE. LIV. IV.

Ce qui a esté aussi pratiqué par Guigues Dauphin de Viennois dans ce seau, imprimé par M. Justel, tel qu'il est icy representé.

Ce testament d'Arbert est conservé en original au Tresor des chartes de France parmy les titres de la maison de la Tour d'Auvergne, grande presomption qu'Arbert en estoit. Car à quoy bon le mettre parmy les titres de cette maison, s'il n'en estoit pas ? Aussi y a il un titre de l'an MCXCIX. imprimé par M. Du Chesne, dont l'original est au Tresor de Turenne, où cet Arbert se trouve nommé parmy la noblesse d'Auvergne avec Guichard de Beaujeu seigneur de Montpencier. Et dans un autre titre original de l'abbaye du Bouschet en Auvergne son fils Arbert est aussi nommé en l'année MCCXXI. parmy la noblesse d'Auvergne.

Preuves p. 78.

Preuves p. 83.

A ces preuves on peut & on doit adjouster que les Dauphins de Viennois, comme issus des Seigneurs de la Tour d'Auvergne, possedoient plusieurs terres en Auvergne. La preuve en est dans un titre bien celebre, c'est à dire, dans l'acte du transport qu'Humbert II. fit du Dauphiné & de tous ses biens au Roy Philippe de Valois le XXIII. Avril MCCCXLIII. dans lequel il excepte expressement les terres d'Auvergne, lesquelles il vendit le XXV. Septembre ensuivant à Guillaume Roger seigneur du Chambon & de saint Supery en Limousin frere du Pape Clement VI. assavoir le Pont du Chasteau, Vayre, Monton, saint Martial, les Martes, Langeac, la Bregueille, & tous les autres chasteaux, chastellenies, & lieux que luy & ses predecesseurs, *à quibus causam habet*, avoient en Auvergne. Et il distingue tres bien ce qui luy venoit de ses ancestres d'avec ce qui luy venoit par concession des Roys, comme estoient les peages de Riom & de Montferrand, qu'il vendit aussi audit Guillaume Roger, qui en a joüy depuis.

Preuves de l'hist. des Dauphins de Viennois p. 69.

Pour revenir à Geraud de la Tour, on peut dire, conformement à ce qui a esté remarqué cy dessus, & en suivant ce qu'en a escrit M. Chorier, que Geraud eut au moins deux enfans, assavoir Bernard, qui continua la race de la Tour en Auvergne, & Berilon, qui donna le commencement à celle de la Tour du Pin en Dauphiné, de mesme qu'apres que l'heritiere d'Oliergues eust esté mariée avec le Seigneur de la Tour d'Auvergne, le fils aisné issu de ce mariage continua la race des Seigneurs de la Tour d'Auvergne, & le puisné commença la branche des Seigneurs d'Oliergues.

Le nom de Berilon ou Berlion, qui n'est pas un nom fort commun, & qui a duré long temps dans la maison des Seigneurs de la Tour du Pin, donne ouverture à une conjecture bien probable qu'il est entré dans la maison de la Tour d'Auvergne par le mariage de nostre Geraud avec

Ii iij

254   HISTOIRE DE LA MAISON
une fille de Berilon Vicomte de Vienne, conjecture d'autant plus probable qu'il se trouve un titre du commencement de l'onziesme siecle rapporté par M. Chorier, & dont j'ay une copie escrite de sa main, où Berilon seigneur de la Tour du Pin se dit fils de Geraud Vicomte & petit fils de Bernard de la Tour, & nomme parmy ses parents les Comtes Guillaume & Acfred Comtes d'Auvergne & Ducs d'Aquitaine, ainsi que M. Chorier l'a tres bien expliqué dans son abregé de l'histoire du Dauphiné. Ce qui s'accorde parfaitement avec la genealogie des Seigneurs de la Tour du Pin, laquelle donne pour fils à Geraud I. du nom seigneur de la Tour du Pin un Berlion Vicomte de Vienne petit fils, comme il est bien à presumer, de Berilon Vicomte de Vienne dans le dixiesme siecle.

Preuves p. 476.

Cette conjecture jointe avec un titre de l'an DCLIII. donné nouvellement au public par le R. P. Dom Jean Mabillon, dans lequel il est fait mention du lieu de la Tour du Pin en Viennois, appellé ainsi par Guy du Pape, me confirme dans l'opinion que j'ay tousjours euë, & que j'ay marquée dans ma letre imprimée en l'année MDCC. pour respondre aux objections faites contre les anciens titres qui prouvent que les Ducs de Boüillon d'aujourd'huy descendent des anciens Ducs d'Aquitaine & Comtes d'Auvergne, cette conjecture, dis je, me confirme dans l'opinion que j'ay tousjours euë que Geraud de la Tour prit le nom de la terre que sa femme luy porta en mariage ; y ayant grande apparence que ce fut la Tour du Pin qui luy fut donnée en dot par le Vicomte Berilon son pere, apres lequel Geraud se trouve avoir aussi esté Vicomte de Vienne. Ce qui fait voir que ce ne fut pas Albert I. de la Tour qui adjousta ce nom à la seigneurie du Pin, comme M. Justel l'a creu.

To. 1. annal. ord. S. Bened. p. 691.
Guido Papæ decis. 378.

M. Justel p. 157.

Il se presente icy une difficulté qu'il ne faut pas dissimuler au sujet de la dignité de Vicomte donnée dans cet acte à Geraud de la Tour, laquelle ne luy est donnée dans aucun de ceux que nous trouvons avoir esté passez en Auvergne. Ce qui pourroit faire penser que le Vicomte Geraud dont il est parlé dans cet acte n'est pas le mesme que Geraud aucteur de la branche de la Tour d'Auvergne. Il est aysé neantmoins de respondre à cette difficulté en distinguant les temps, n'estant pas surprenant que les actes passez en Auvergne ne luy donnent pas la qualité de Vicomte, parce qu'il ne l'estoit pas encore lorsqu'ils ont esté passez, le dernier de ceux qu'on trouve passez en Auvergne estant de l'année sixiesme du regne de Lothaire. Apres Berilon beaupere de Geraud on trouve que Ratburne, lequel M. Chorier dit avoir esté fils d'Artaud I. Comte de Lyon & de Forez, estoit Vicomte de Vienne en l'année XXVII. de l'empire de Louis dit l'Aveugle, c'est à dire en l'année de Jesus Christ DCCCCXXVI. y ayant un titre à Clugny où il est marqué que l'année DCCCCXXIV. estoit la XXIII. année de l'empire de ce Prince. Ce qui s'accorde assez bien avec ce que M. Du Chesne a avancé que Hugues Duc & Marquis de Provence fut couronné Roy d'Italie à Rome l'an DCCCCXXVI. c'est à dire, apres le decez de Loüis. Geraud succeda à Ratburne selon M. Chorier, & eut pour successeur Ratburne second de ce nom, qui possedoit cette dignité ez années DCCCCXCVII, &

Genealogie de la maison de Gassenage p. 18.
Preuves p. 477.

Hist. de Bourgogne p. 140.

Hist. abregée du Dauphiné to. 1. p. 88.

D'AUVERGNE. Liv. IV.

M I. ainsi que je l'ay trouvé dans deux titres de Clugny. D'où l'on doit conclurre que Geraud estoit decedé avant l'an DCCCCXCVII. qui est à peu prez le temps auquel on a marqué son decez avant moy. Ainsi on peut dire que Geraud fut fait Vicomte de Vienne sur la fin du regne du Roy Lothaire, au moins apres l'année DCCCCLX. qui est la sixiesme du regne de ce Roy.

Il y a dans le Cartulaire de l'Eglise cathedrale de Vienne un titre qui nous apprend que Berilon estoit Vicomte de Vienne environ l'an DCCCLXXXIX. & un autre qui nous enseigne qu'il l'estoit aussi en l'année DCCCCII. & dans le Cartulaire de Clugny un autre de l'an DCCCCXLII. où Engelbert se dit fils de Berilon & d'Ermengarde & frere de Sobbo Archevesque de Vienne. D'où il resulte que le Vicomte Berilon avoit au moins deux enfans, assavoir Engelbert & Sobbo ; ausquels je crois qu'on doit adjouster Gausberge femme de Geraud de la Tour appellé Vicomte dans le titre de l'an M IV. rapporté par M. Chorier. *To. XII. Spicil. p. 145.* *Preuves p. 478. 479.*

Je ne peux pas m'empescher de remarquer en cet endroit que Ratburne, lequel M. Chorier fait fils d'Artaud I. Comte de Lyon & de Forez & de sa femme Angeldrude, se dit luy mesme fils de Gerberge, petit fils d'Hector, & frere d'Hector Evesque du Puy dans un titre de Clugny imprimé parmy les preuves, & que dans un autre titre cité par M. Chorier il declare que Sobbo Archevesque de Vienne estoit son oncle. Ce qui ne s'accorde pas avec ce que M. Chorier a escrit de cette genealogie. De sorte que pour trouver la verité dans cet embarras il sembleroit qu'il faut dire que Gerberge mere de Ratburne & de l'Evesque Hector estoit fille d'Engelbert. Cette conjecture paroit bien vraysemblable, estant evident qu'il faut que Ratburne ait esté nepveu de Sobbo de par sa mere, puis qu'il nomme d'autre part Hector son ayeul, & fait mention d'un de ses freres de mesme nom. *Preuves p. 479. Hist. de Sassenage p. 18.*

Voicy comme il me semble qu'on peut establir la genealogie des Berlions Vicomtes de Vienne auparavant que cette maison fondit en celle d'Auvergne. Lothaire Roy d'Austrasie eust de la fameuse Waldrade une fille appellée Berthe, laquelle fut mariée à Thibaud Comte d'Arles. De ce mariage sortirent Hugues Roy d'Italie & Berlion Vicomte de Vienne, qui espousa une Dame appellée Ermengarde. Ils engendrerent, comme je l'ay deja dit, Engelbert mary de Nome, Sobbo Archevesque de Vienne, & Gausberge femme de Geraud d'Auvergne surnommé de la Tour. Et par consequent c'est sur de faux memoires que M. Chorier a avancé dans son Abregé de l'Histoire du Dauphiné que Sobbo Archevesque de Vienne estoit fils d'Artaud I. Comte de Lyon & de Forez & frere de Guirard I. de ce nom. Car les titres de Clugny prouvent qu'il estoit fils de Berilon & d'Ermengarde. Aussi est il assuré que M. Du Chesne ne l'a pas mis parmy les enfans des Comtes de Forez. *Hist. de Vienne de Jean Le Lieuve p. 114. Bibliotheca Floriac. p. 59. Hist. de Provence de Bouche to. 1. p. 789.*

Outre les enfans de Geraud & de Gausberge que j'ay nommez, je crois qu'il y faut joindre l'aucteur de la branche des Seigneurs de la Tour de Milan, quoy que nous ne sçachions pas son nom. Cette opinion est d'autant mieux fondée qu'outre ce que nous avons fait voir cy dessus qu'ils defcendoient des Seigneurs de la Tour d'Auvergne, ces Seigneurs de Milan, comme nous l'apprenons de l'ouvrage de Wolfgang Lazius intitulé *De gentium aliquot migrationibus*, imprimé à Bafle il y a plus de cent cinquante ans, rapportoient leur origine par les mafles aux François, & aux Bourguignons par les femmes. *Quorum primordia*, dit il, *paterna quidem ad Francos, materna verò ad Burgundos referantur*. Ce qu'il avoit appris, comme il le dit luy mefme, du Seigneur de la Tour de Valfafine defcendu des anciens Seigneurs de la Tour de Milan. De forte que l'origine de cette maifon devant eftre attribuée aux François par les mafles, & aux Bourguignons par les femmes, il eft tres naturel de dire que du cofté des mafles ils defcendoient des Seigneurs de la Tour d'Auvergne, qui eftoient du royaume de France, & des Bourguignons par les femmes, Gaufberge femme de Geraud de la Tour d'Auvergne ayant efté fille de Berilon Vicomte de Vienne au royaume de Bourgogne, qui fubfiftoit encore.

Cette opinion, que les Seigneurs de la Tour feigneurs de Milan fortoient de la maifon de la Tour d'Auvergne, de laquelle font iffus les Ducs de Boüillon d'aujourd'huy, eft fi bien creuë vraye parmy les Italiens qui s'intereffent en la genealogie des Seigneurs de la Tour de Milan que le Seigneur Don Mario Plati iffu des Comtes de Carpignano, qui fe pretendoit allié des Seigneurs de la Tour fouverains de l'Eftat de Milan, n'a pas hefité à dire dans le Memorial qu'il prefenta au Roy d'Efpagne en l'année MDCLXI. qu'apres que les Seigneurs de la Tour furent chaffez de Milan par les Vicomtes, il y en eut une partye qui fe retira en France, & que les Ducs de Boüillon d'aujourd'huy defcendent de ceux là. Ce qui eft un renverfement d'hiftoire, mais qui fait voir l'opinion dans laquelle on eft dans la famille des Seigneurs de Valfafine & autres qui fe difent iffus des Seigneurs de la Tour de Milan que les Seigneurs de la Tour de Milan font de la mefme maifon de laquelle font les Ducs de Boüillon d'aujourd'huy.

Il ne fera pas hors de propos de dire icy quelque chofe de la grandeur & de la nobleffe des Seigneurs du nom de la Tour qui ont efté pendant un affez longtemps feigneurs de l'Eftat de Milan. Il eft certain que les hiftoriens d'Italie efcrivent que c'eftoit une tres ancienne maifon noble des premieres d'Italie que celle de ces Seigneurs, qu'ils eftoient riches & puiffants, & qu'ils ne fe rendirent neantmoins pas fi puiffants par leurs richeffes que par leur valeur. Ils nous apprennent encore qu'ils ont efté tousjours affectionnez à la maifon de France, que Martin de la Tour, lequel à caufe de fa taille & de fa bonne mine fut furnommé le Geant, fuivit en l'année MCXLVII. le Roy Loüis le jeune au voyage de la terre fainte, où il combattit tres vaillamment pour la defenfe de la Foy de Jefus Chrift, qu'il fut pris par les infideles, & mourut martyr dans les cruels tourmens qu'ils luy firent fouffrir pour l'obliger à renier Jefus Chrift. En l'année MCCLXVI. Charles Comte d'Anjou Roy de Sicile ayant remporté une grande victoire fur Mainfroy, qui fe pretendoit Roy de Sicile, le Prince Napoleon de la Tour feigneur de Milan

Noblezza d'I-
talia di Cref-
cenzi par. 1.
p. 705.

envoya

envoya vers luy François de la Tour son frere accompagné des douze des principaux Citoyens de Milan pour le congratuler de cette victoire & pour renouveller en mesme temps avec luy les anciennes alliances. Apres la mort de saint Loüis à Tunes, le Roy Philippe le Hardy son fils revenant en son royaume par l'Italie en l'année MCCLXXI. il fut receu magnifiquement à Cremone par François de la Tour accompagné de vingt Seigneurs Milanois, conduit en suite à Milan, où il fut receu avec toute sorte d'honeurs par Napoleon. Où je remarqueray en passant que Napoleon ayant fait preparer un dais pour mettre sur la teste du Roy à son entrée dans Milan, il le refusa, disant qu'apres la perte qu'il venoit de faire il ne luy convenoit pas de faire des actes de rejoüissance.

Je ne pretens pas déduire icy la genealogie de ces Seigneurs, n'en pouvant dire autre chose que ce que les historiens en ont escrit. Je me contenteray de remarquer qu'ils s'estoient acquis anciennement un si grand credit dans la ville de Milan qu'enfin les habitans de cette grande ville se determinerent en l'année MCCLIX. à eslire Martin de la Tour pour estre leur Gouverneur, & qu'ils le declarerent en l'année MCCLXIII. seigneur de cet Estat. Il n'en joüit guere, estant mort peu de temps apres à Lodi. Toutesfois auparavant son decez il fit recevoir en sa place le Prince Philippe son frere. Apres son decez son corps fut porté à Milan, Crescenzi to. 1. où il fut enterré dans le monastere de Chiaravallé auprez de Jacques de p. 167. la Tour son pere & auprez de Mathe sa mere. Ses honeurs funebres furent des plus magnifiques, son corps ayant esté porté par les Capitaines & par les principaux Seigneurs de la ville, suivis par la soldatesque & par les habitans en grand nombre.

Apres la mort de Philippe arrivée en l'année MCCLXV. le Prince Napoleon son neveu, fils de son frere Pagan, fut proclamé Gouverneur Crescenzi to. 1. perpetuel de la ville de Milan & des autres villes & lieux qui dependoient p. 705. de cet Estat. Il mit le siege devant la ville de Lodi, qui s'estoit revoltée; & l'ayant prise en l'année MCCLXX. il y fit incontinent bastir deux citadelles pour contenir ce peuple mutin en son devoir. Mais comme toutes les choses du monde sont sujettes au changement, les ennemys des Seigneurs de la Tour ayant quelque temps apres prevalu sur eux, ils furent chassez de Milan dans une sedition, & faits prisonniers, & entr'autres le Prince Conrad de la Tour, duquel on pretend que descen- Crescenzi to. 2. dent les Comtes de la Tour dans le Frioul, pere de Caston de la Tour p. 451. Archevesque de Milan & Patriarche d'Aquilée. Ce fut aussi en cette occasion que Barthelemy de la Tour, personnage fort loüé par les historiens de Milan, se retira à Verone, où luy & sa posterité ont vescu avec beaucoup d'esclat. Le sçavant & celebre Onuphre Panvin Veronois remarque dans l'ouvrage qu'il a composé des antiquitez de cette ville qu'ils avoient une tres belle maison dans la vallée de Puticella, si bien bastie qu'elle meritoit d'estre comparée aux anciennes structures, ornée de beaux jardins, de quantité d'eaux & de fontaines, d'un grand parc, & autres ornemens des maisons de plaisance, enfin que c'estoit la plus belle maison de campagne de tout le Veronois.

Tome I.   K k

Les Milanois reflechissant en suite sur leurs malheurs, & reconnoissant qu'ils leurs estoient survenus apres la retraite des Seigneurs de la Tour, ils les rappellerent en l'année MCCCII. & chasserent les Visconti leurs ennemys. Cette bonne fortune ne fut pas neantmoins de longue durée. Guy de la Tour seigneur de Milan, homme, comme dit Jean Villani, d'un grand sens & d'une grande auctorité, fut à son tour chassé de l'Estat de Milan en l'année MCCCXIII. par la faction des Visconti appuyez par l'Empereur Henry VII. fasché contre Guy de ce qu'il avoit tesmoigné un peu trop ouvertement qu'il n'estoit pas content de son arrivée à Milan, & parce qu'il avoit hautement rejetté la proposition que Mathieu Visconti avoit fait dans le Conseil de donner à l'Imperatrice dix mille florins, & encore parce qu'il estoit chef de la faction Guelphe. Car l'Empereur estoit Gibellin. La conduite de Guy de la Tour en cette occasion est fort louée par le Pape Jean XXII. dans une letre adressée à Aymery de Chaslus Archidiacre de Tours contre Mathieu, laquelle se trouve dans un registre de ce Pape. Guy ne survesquit pas long temps à son malheur. Il mourut peu de temps apres à Cremone, & ordonna que son corps fust enterré aux Cordeliers de Milan. Mais Mathieu Visconti, qui estoit pourlors le maistre dans la ville, ne voulut pas le permettre. Il laissa plusieurs enfans, dont la posterité est rapportée par Lazius & autres.

Gio. Villani lib. 9. c. 9.

Preuves p. 480.

 Parmy les descendans de ces Seigneurs on remarque dans les derniers temps un Michel de la Tour, homme de grand merite, fait Cardinal par le Pape Gregoire XIII. en l'année MDLXXXIII.

 Voila ce que j'avois à dire des Seigneurs de la Tour souverains de l'Estat de Milan. Revenons aux Seigneurs de la Tour du Pin, & disons qu'encore que M. Chorier ait donné la preuve qu'ils sont issus de Geraud d'Auvergne surnommé de la Tour, il ne les fait pas neantmoins descendre de Bernard II. du nom, comme les titres de Brioude, mais de Bernard I. qu'il dit avoir esté pere de Bernard II. & de Geraud aucteur de la branche de la Tour du Pin, comme si Bernard II. & Geraud de la Tour eussent esté freres, & comme si cette branche avoit commencé precisément en la personne de ce Geraud resté en Dauphiné, lequel au contraire continua la lignée en Auvergne, comme il est evident par titres. Si M. Chorier eut veu ceux de l'Eglise de Brioude qui ont esté descouverts apres l'impression de son ouvrage & apres sa mort, & s'il eut fait en mesme temps reflexion, comme il l'auroit sans doute faite, que ce Geraud est celuy par lequel le surnom de la Tour est entré dans la maison des Comtes d'Auvergne, & qu'il a esté incontestablement pere de Bernard seigneur de la Tour d'Auvergne, duquel descendent tous les Seigneurs du nom de la Tour d'Auvergne jusques à present, il auroit assurement changé d'opinion, dautant qu'il luy auroit esté facile de reconnoistre que Geraud estoit fils de Bernard II. & petit fils de Bernard Comte d'Auvergne. Ainsi ce n'est pas une fausseté que M. Chorier a avancée, mais une erreur. Geraud se fit Moine à Saucillanges sur la fin de ce siecle, & donna à ce monastere certains biens qu'il avoit au lieu de Plauzac.

Preuves p. 476. 481.

D'AUVERGNE. Liv. IV.

Enfans de Geraud de la Tour I. du nom & de Gausberge sa femme.

BERNARD DE LA TOUR III. du nom, qui continua la genealogie en Auvergne.

BERILON ou BERLION VICOMTE DE VIENNE en l'année MIV. marié à Leudgarde, duquel descendent les Seigneurs de la Tour du Pin. *Voyez cy dessus p. 38.*

N. DE LA TOUR, duquel sont issus les Seigneurs de la Tour souverains de l'Estat de Milan.

ROTBERGE DE LA TOUR mariée à Dalmas seigneur de Baffie en Auvergne. Je ne trouve cet enfant de Geraud I. que dans la Table genealogique des Comtes d'Auvergne donnée au public par M. Du Bouchet en l'année MDCLXV. & dans les memoires qu'il a laissez de la mesme genealogie. Encore ces memoires sont ils si incertains & si contraires entr'eux qu'il est bien difficile d'en tirer quelque chose qui soit asseurement vray. Car outre qu'il ne rapporte aucune preuve de cette filiation, il met tantost cette fille, qui se trouve appellée Rotberge dans un de ses memoires, parmy les enfans de Bernard II. pere de Geraud I. & en d'autres memoires il la met parmy les enfans de ce mesme Geraud. Il adjouste qu'elle fut mere de Guillaume de Baffie Evesque de Clairmont, mais sans aucune preuve. De sorte que dans cette variation & dans cette incertitude j'ay creu la devoir approcher le plus que je pourrois du temps auquel cet Evesque a vescu. Je l'aurois mesme entierement ostée de cette histoire, si je n'avois consideré qu'on y pourroit trouver à redire, pouvant arriver que ceux qui viendront apres nous descouvriront la preuve d'un fait qui me paroist fort douteux.

260 HISTOIRE DE LA MAISON

 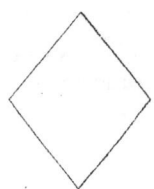

Bernard seigneur de la Tour III. du nom.

CHAPITRE II.

Preuves p. 485.

ON origine est certaine. Car il nous apprend luy mesme dans un titre de Saucillanges qu'il estoit fils de Geraud & de Gausberge, & fait encore mention de Bernard son ayeul. Ce qui est considerable. Car au moins il conste par là que son grand pere s'appelloit Bernard. Ce titre prouve qu'il avoit femme & enfans. Mais on ne sçait pas le nom de sa femme. Il y a des aucteurs qui sur un titre de Saucillanges daté du regne de Lothaire ont conjecturé qu'elle s'appelloit Ingelberge. J'ay veu dans le Tresor de

Preuves p. 780. Clugny un titre original, qui se trouve aussi copié dans le Cartulaire de saint Odilon, daté de l'année quatriesme du Roy Robert ; dans lequel un homme de grande qualité appellé Bernard, *Bernardus secundùm seculi dignitatem vir clarissimus*, & Emme sa femme donnent à saint Odilon vingt sols qu'ils avoient au lieu de Bussieres dans le Masconnois. Il n'y est pas dit qui estoit ce Seigneur. Neantmoins, comme le temps y convient, & que les ancestres de Bernard avoient constament du bien dans

Acta SS. ord. Bened. to. VII. p. 782. le Masconnois, qui est voisin de l'Auvergne, l'on pourroit estimer avec beaucoup de raison que ce titre est de luy & que sa femme s'appelloit Emme. Ce que je croirois d'autant plus volontiers que son grand oncle Acfred II. Comte d'Auvergne & Duc d'Aquitaine se trouve appellé *vir præcelsæ nobilitatis* dans un titre de l'an DCCCCXXXVIII. rapporté

Annales Bened. to. 3. p. 491. par le R. P. Dom Jean Mabillon dans le troisiesme tome de ses annales. Toutesfois on ne peut rien asseurer.

Preuves p. 481. Il fit des dons considerables au monastere de Saucillanges au temps que saint Odilon estoit Abbé de Clugny, qui sont enoncez dans l'acte de donation, & entr'autres la moitié de l'Eglise de Plauzac, c'est à dire,

D'AUVERGNE. Liv. IV.

la moitié des revenus. Car en ces temps là les laïques joüissoient du revenu des Eglises comme de leur patrimoine. Mais quelque temps apres ayant esté informez que cette pratique n'estoit pas bonne, ils se porterent, les uns de leur propre mouvement & par principe de conscience, d'autres par le conseil des Moines & autres, & pour de l'argent, à faire don de ces biens aux Eglises & aux monasteres. Mesme les Moines les achettoient. Ce qu'on appelloit *redemptiones altarium* du temps du Pape Gregoire VII. & de quelques uns de ses successeurs. Il donna encore ce que son pere Geraud avoit à Plauzac le jour qu'il se fit Moine dans ce monastere.

Enfans de Bernard seigneur de la Tour III. du nom.

GERAUD II. qui continua la lignée.
BERTRAND DE LA TOUR Moine à Saucillanges.
BERNARD DE LA TOUR.
ESTIENNE DE LA TOUR Prieur de Saucillanges.

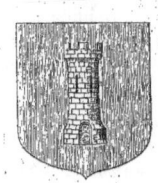 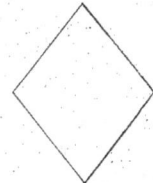

Geraud seigneur de la Tour II. du nom.

CHAPITRE III.

NOUS n'avons point de titre qui marque expressément que ce Geraud estoit fils de Bernard de la Tour III. du nom. Neantmoins il y a dans le Cartulaire de Saucil- *Preuves p. 482.* langes un titre duquel on conclut necessairement que ce Geraud estoit fils de Bernard III. & que Bernard IV. estoit son fils. Car il y est dit que Bernard IV. confirma les donations faites à ce monastere par son pere, par ses oncles, & par son ayeul. Geraud I. son ayeul donna la moitié de l'Eglise de Plauzac. Son fils Bernard confirma cette donation, & y adjousta encore quelques autres dons. Geraud II. & ses freres Estienne, Bertrand,

HISTOIRE DE LA MAISON

& Bernard, lesquels Bernard IV. appelle ses oncles, donnerent quelques Eglises aux environs & en la dependence de la Tour. Bernard IV. confirma toutes ces donations, quelques unes en destail, les autres en gros & en termes generaux. D'où il s'ensuit necessairement que Bernard IV. estoit fils de Geraud II. & que Bernard III. estoit son ayeul. Et par consequent Estienne, Bertrand, & Bernard freres de Geraud II. estoient ses oncles. Ce qui met la chose hors de doute. M. Du Chesne s'est servi d'un semblable raisonnement pour prouver que Mathieu IV. seigneur de Montmorency, la filiation duquel n'est pas prouvée par titres, estoit petit fils de Bouchard VI. & arriere petit fils de Mathieu II. parceque dans certaines letres du Roy Philippe le Hardy pour l'abbaye de saint Denys en France il est dit que le pere, l'ayeul, & le bisayeul de Mathieu IV. avoient joüy de l'estang de Beu, dont il s'agit dans ces letres royaux.

A cela on peut adjouster la continuité des noms affectez dans la famille, assavoir de Geraud, de Bernard, d'Estienne, & que suivant l'usage ordinaire Geraud II. porte le nom de son grand pere, & son fils Bernard aussi celuy de son grand pere. Mesme on voit un Estienne parmy les freres de Geraud II. comme nous avons veu cy dessus page 25. que Geraud I. en avoit un de mesme nom.

Preuves p. 483. En ces temps là c'estoit la mode parmy les Grands de quitter leurs Estats & de se retirer dans les monasteres & y faire profession de la vie monastique. Geraud II. seigneur de la Tour ensuivant ces exemples, & mesmement celuy de Geraud I. son grand pere, qui s'estoit à la fin de ses jours rendu religieux à Saucillanges, fit par avance du bien à ce monastere, auquel il donna conjointement avec ses freres les Eglises de saint Nazaire de Cengles, de saint Pardoux, de sainte Marie de Chastreis, de saint Donat, de saint Pierre de Mesez, & la Chapelle de la Tour. Cette donation fut faite pendant que Guillaume de Chamaliere estoit Evesque de Clairmont, c'est à dire entre l'année MLXXIV. qu'il parvint à cet Evesché & l'année MLXXVI. qu'il en fut privé dans un Concile tenu à Clairmont par Hugues Evesque de Die Legat du saint Siege. En suite le Pape Urbain II. revenant du Concile de Clairmont en l'année MXCV. & confirmant les donations des Eglises données au monastere de Saucillanges, il confirma nommément celles de Plauzac, de saint Pardoux, de saint Donat, & de Cengles par sa Bulle donnée à saint Flour le septiesme Decembre. Neantmoins il y eut encore differend pour ces *Preuves p. 57.* mesmes Eglises entre les Evesques de Clairmont & les Moines de Saucillanges, lequel fut terminé par une transaction passée l'an MCXXXI. entre Aymery Evesque de Clairmont & Pierre le Venerable Abbé de Clugny.

Geraud de la Tour mit une condition dans l'acte de donation de ces Eglises, assavoir que l'Abbé de Clugny superieur du monastere de Saucillanges luy donneroit gratuitement l'habit de son Ordre. Cela n'empescha pourtant pas que lorsqu'il prit cet habit à Clugny, ce qui fut, à mon avis, peu de temps apres, cela n'empescha pas, dis-je, qu'il ne *Preuves p. 483.* fit de nouvelles donations à l'Abbaye de Clugny, qui sont enoncées dans

D'AUVERGNE. LIV. IV.

l'original de cet acte conservé au Tresor de cette abbaye.

Il faut remarquer que parmy les donations que Geraud fit au monastere de Clugny par ce dernier acte, il y met la moitié de l'Eglise de Besse, *medietatem in Ecclesia de Becia*. Ce qui fait voir que la seigneurie de la ville de Besse en Auvergne, laquelle a esté longtemps dans la maison des Seigneurs de la Tour, y estoit deja dans l'onziesme siecle, & prouve par consequent que les Seigneurs de la Tour qui ont vescu depuis descendent de ce Geraud seigneur de la ville de Besse. Preuves p. 483.

Je trouve dans les memoires de M. Du Bouchet que Geraud II. se rendit Moine à Clugny en l'année MLXXX. du consentement de sa femme Alix, laquelle vivoit encore en l'année MCX. comme il le marque. Mais outre qu'il n'est pas parlé de sa femme dans l'acte qui nous aprend qu'il vouloit se faire Moine à Clugny, il est certain que M. Du Boucher s'est trompé en cet endroit, & mesme qu'il luy estoit aysé de se tromper. Car le titre de l'abbaye de Conques en Roüergue sur lequel il s'est fondé est d'un Bernard de la Tour fils de Geraud. Ce qui pouvoit raisonnablement luy faire penser qu'estant fait mention de deux Seigneurs de la Tour pere & fils dans un titre d'une abbaye voisine de l'Auvergne, ils estoient de la maison de la Tour d'Auvergne. Et cela paroissoit dautant plus vraysemblable que dans le mesme temps il y avoit en Auvergne un Seigneur de la Tour appellé Bernard fils de Geraud. Et neantmoins cet acte ne regarde pas les Seigneurs de la Tour d'Auvergne, mais les Seigneurs de la Tour sur Marne vassaux d'Adele ou Alix Comtesse de Champagne & de Brie. C'est une donation que Bernard de la Tour sur Marne fait au monastere de sainte Foy de Colomiers en Brie, membre dependent de sainte Foy de Conques, l'Eglise de Colomiers ayant esté donnée longtemps auparavant au monastere de Conques par Thibaud Comte de Meaux & de Champagne pere d'Estienne mary de cette Comtesse. Il est neantmoins vray que dans un titre de Conques dans lequel il est fait mention de cette donation elle appelle son mary Henry, & non Estienne. Ce qui nous apprend qu'il avoit deux noms, de mesme que son oncle le Comte de Troyes s'appelloit Henry & Estienne, comme M. Du Chesne la marqué dans la table genealogique des Comtes de Blois imprimée à la fin de *Scriptores historiæ Normanorum*. Le mary de la Comtesse Adele ayant esté tué au voyage d'Outremer en l'année MCI. elle se rendit religieuse à Marcigny, & y mourut en l'année MCXXXVII. Elle estoit fille de Guillaume le Conquerant Roy d'Angleterre, & mere de Thibaud III. Comte de Blois & d'Estienne Roy d'Angleterre. Preuves p. 483.
Preuves p. 484.
Will. Gemmetic. lib. 8. c. 19.
Petr. venerab. lib. 2. ep. 17.

Enfans de Geraud seigneur de la Tour II. du nom.

BERNARD IV. qui aura son chapitre.

BERTRAND DE LA TOUR.

GUILLAUME DE LA TOUR.

PETRONILLE DE LA TOUR. Je trouve dans le Cartulaire de l'abbaye de Tulle que Petronille de la Tour estoit femme de Bernard Preuves p. 484.

Vicomte de Comborn en l'année MCXII. & M. Du Bouchet dans sa table genealogique des Comtes d'Auvergne, où il a inseré celle des Seigneurs de la Tour d'Auvergne, la fait fille d'un Geraud III. seigneur de la Tour & seconde femme de ce Vicomte. Que cette Dame ne fut de la maison des Seigneurs de la Tour d'Auvergne, je n'en fais aucun doute, l'Auvergne estant d'ailleurs si voisine qu'elle l'est du Limousin. Mais je trouve beaucoup de difficulté en son mariage. Car Geoffroy Prieur de Vigeois en Limousin, qui estoit quasi contemporain de ce Vicomte, & estoit parfaitement bien informé de sa genealogie, nous apprend que la fille d'Hugues de Corso surnommé Garcil estoit femme de ce Vicomte lorsqu'il tua son neveu Ebles de Comborn, & qu'il eut d'elle un fils appellé Archambaud. Ce qui est auctorisé par diverses chartes de l'abbaye d'Userche en Limousin, lesquelles rendent tesmoignage qu'Ermengarde fille d'Hugues de Corpso & d'Aine de Bermond estoit femme de Bernard Vicomte de Comborn dans le temps que Gauzbert de Malafaide estoit Abbé d'Userche, c'est à dire, avant l'an MCVIII. auquel cet Abbé mourut, & qu'elle estoit encore vivante en l'année MCXXIX. du temps de l'Abbé Audebert. Cependant il n'y a aucune apparence que la charte de Tulle où Petronille est appellée femme de ce Vicomte soit fausse. La conjecture que je m'en vais faire paroistra sans doute bien hardie. Je la fairay pourtant. Ne seroit il pas permis de dire, quoyque le Prieur de Vigeois semble dire le contraire, que Bernard chagrin de ce que son neveu Ebles luy avoit enlevé sa femme & l'avoit violée, il la repudia suivant l'usage de ce temps-là, & espousa en suite Petronille de la Tour? Peutestre mesme qu'Ermengarde se voyant ainsi deshonorée demanda elle mesme à se retirer du monde. Car je trouve dans le Cartulaire d'Userche qu'elle s'y rendit religieuse du consentement de son mary. Et tout de suite nous voyons que l'année d'apres la mort d'Ebles arrivée en l'année MCXI. son oncle Bernard avoit une femme appellée Petronille de la Tour. La date de cet acte de Tulle est bien certaine, Ebles de Turenne Abbé de Tulle y estant nommé, lequel fut esleu Abbé en l'année MCXII. date de cet acte. Ce qui s'accorde parfaitement avec le sentiment de M. Du Bouchet, qui l'a faite seconde femme de Bernard Vicomte de Comborn. Car il se peut faire qu'Ermengarde n'ait pas esté repudiée, mais que s'estant faite religieuse, son mary creut dans un siecle où la discipline ecclesiastique n'estoit pas fort regulierement observée que le lien conjugal d'entre sa femme & luy estoit dissous par sa profession religieuse, & qu'ainsi il luy estoit permis d'en prendre une autre. En quoy il semble qu'il estoit d'autant mieux fondé que dans un canon du Concile tenu à Compiegne en l'année DCCLVII. il est dit expressement que si le mary quitte sa femme & luy donne la permission de se faire religieuse, il peut, s'il le veut, prendre une autre femme legitime. Voicy les propres termes de ce canon. *Si quis vir dimiserit uxorem suam, & dederit ei licentiam pro religionis causa Deo servire & velum suscipere, sicut diximus, propter Deum, vir illius, si vult, accipiat legitimam mulierem.*

Bernard

 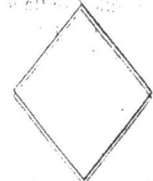

Bernard seigneur de la Tour IV. du nom.
CHAPITRE IV.

QUAND bien on n'auroit pas de titre pour prouver que ce Bernard eſtoit fils de Geraud II. on le conclurroit neantmoins neceſſairement du titre de Saucillanges dont il a eſté parlé dans le chapitre precedent. Mais on a un titre dans lequel il ſe dit fils de Geraud, & y fait mention de ſa mere & de ſes freres comme dans celuy que je viens d'alleguer. M. Juſtel a rapporté ce titre à Bernard fils de Geraud I. de ce nom. En quoy il s'eſt trompé. Car il ſe trouve tranſcrit tout de ſuite dans le Cartulaire de Saucillanges apres celuy par lequel Geraud II. fait les donations ſus mentionnées & apres celuy par lequel Bernard les confirme. Ce qui fait voir que ces actes ſont du meſme temps & de la meſme perſonne. Auſſi M. Du Bouchet a il rapporté ce titre à Bernard IV. *Preuves p. 485.*

Cet acte de confirmation eſt paſſé du temps de ſaint Hugues Abbé de Clugny, qui mourut en l'année MCIX. apres avoir gouverné cette celebre abbaye pendant plus de ſoixante ans. Et par conſequent la date de cet acte doit eſtre d'avant cette année. Je croirois meſme qu'elle devroit eſtre de la fin du ſiecle onziéme, peu de temps apres que le pere de Bernard ſe fut retiré à Clugny. Car il falloit qu'en ce tempslà Bernard eut deja de l'aage, n'eſtant pas à preſumer que ſon pere eut voulu le laiſſer en bas aage en ſe retirant du monde. Neantmoins il ne paroiſt pas que Bernard eut des enfans au temps que cet acte fut paſſé, ny meſme qu'il fut marié. Mais il l'eſtoit conſtament & avoit des enfans lorſqu'il paſſa l'acte de la donation de la moitié du mas que tenoit Aymar de la Salzede. *Preuves p. 485.* Ainſi eſtant vrayſemblable que ſes enfans luy ſurveſquirent, il ſemble neceſſaire de dire que Bertrand & Guillaume de la Tour mentionnez au titre de Clugny de l'an MCXCI. eſtoient ſes enfans & que ces noms leur avoient eſté donnez au baptefme par leurs oncles.

HISTOIRE DE LA MAISON

On ne trouve pas le nom de sa femme. Car Jeanne de Dourette, laquelle M. Justel, qui l'appelle Jeanne de Dore, luy donne pour femme, vivoit en un siecle bien esloigné de celuy cy, comme il appert du contract de mariage de sa fille Constance de la Tour avec Loüis de Montclar seigneur de Montbru. Elle estoit de la maison de Dourette, & avoit esté mariée avec Bernard de la Tour Damoiseau, lequel apres la mort de sa femme se fit Moine à Saucillanges.

Preuves p.486.

Enfans de Bernard seigneur de la Tour IV. du nom.

BERTRAND DE LA TOUR I. du nom, qui aura son chapitre.
GUILLAUME DE LA TOUR nommé en un titre de Clugny de l'an MCXCI. comme ayant fait l'hommage pour la terre de la Tour avec son frere. Je ne sçay s'il ne seroit pas permis de dire que G. de la Tour Chevalier, lequel Guillaume de la Tour Prevost de Brioude appelle son cousin, estoit fils de ce Guillaume.

Preuves p.493.
Preuves p.491.

BEZIERS.
Fascé d'argent
& de gueules.

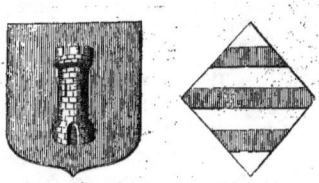

Bertrand seigneur de la Tour I. du nom.

CHAPITRE V.

BERTRAND I. de ce nom, dont nous allons traicter dans ce chapitre, estoit fils de Bernard IV. auquel il succeda. Ce fut luy lequel meu de pieté fit hommage de la terre de la Tour à l'Abbé de Clugny, c'est à dire, comme je le pense, à Pierre surnommé le Venerable, qui mourut à la fin de l'année MCLVI.

Le Roy Loüis XI. par un semblable mouvement de pieté transfera à l'Eglise N. D. de Boulogne l'hommage que le Comte de Boulogne devoit au Comté d'Arras.

Hist. de Bearn p. 809. §. 4.

Ce n'estoit pas une sujection de vasselage, comme M. de Marca l'a observé en une pareille affaire, mais une action de religion pour attirer sur sa maison la protection du Ciel par l'intercession & les prieres des Moines de Clugny, comme il est porté expressément dans l'acte de cet hommage.

Il fonda l'abbaye des Dames de la Vayssi de l'Ordre de Cisteaux en Auvergne, comme il est marqué dans l'ancien Obituaire de cette abbaye. Ce qui s'accorde fort bien avec le testament de G. Comtesse de Montferrand de l'an MCXCIX. où elle parle deux fois de cette abbaye, ce qui prouve qu'elle estoit fondée avant cette année là, & avec un titre de l'an MCCCII. par lequel l'Abbesse & le Convent de la Vayssi reconnoissent qu'elles tiennent de toute ancienneté leur Convent & leurs biens en fief du Seigneur de la Tour, & que leur Convent a esté fondé par ses predecesseurs Seigneurs de la Tour. *Preuves p.487. Preuves p.257. Preuves p.566.*

Le mesme Obituaire nous apprend que Bertrand fut marié avec Matheline sœur de Bernard Aton Vicomte de Nismes. On ne peut pas dire precisément le temps auquel ce mariage fut fait. Mais il semble que c'est au plus tard en l'année MCXXIX. puis qu'en cette année là son pere recommande à son heritier de payer la dette de sa fille Matheline. Il y a au Tresor des chartes de France à Paris un titre de l'an MCXXXVIII. & un autre de l'an MCXLI. où Bertrand de la Tour est nommé le premier parmy les tesmoins qui assisterent aux actes que fit pourlors Bernard Aton Vicomte de Nismes frere de la Dame de la Tour. *Preuves p.488.*

Il s'y trouve aussi un titre de l'an MCLII. par lequel elle fit donation à son frere Bernard Aton de tous les droits qui pouvoient luy appartenir en la succession de leur pere Bernard Aton Vicomte de Beziers. Et quoyque dans cet acte il ne soit parlé d'aucune compensation, il y a bien de l'apparence que lorsqu'elle fit cette cession en faveur de son frere, elle le fit de la mesme maniere (mais par un acte separé, comme on le faisoit quelquefois) que Marguerite femme de Guillaume Comte de Forcalquier ceda en l'année MCCXI. à Guy de Dampierre second mary de Mahault de Bourbon sa mere la part & portion qui luy pouvoit appartenir en la seigneurie de Bourbon, c'est à dire, en ensuivant la coustume observée en France à l'esgard des Baronnies, lesquelles ne pouvoient pas estre divisées en faveur des femmes tant qu'il y avoit des masles, *sed heres femina maritagium accipiebat à patre vel matre sua vel fratribus suis.* Archambaud de Bourbon VII. du nom mort en l'année MCLXIX. laissa d'Alix de Bourgogne sa femme une fille unique nommée Mahault, qui devint Dame de Bourbon apres la mort d'Archambaud VI. son grand pere. Elle espousa en premieres nopces Gaucher de Vienne Sire de Salins, duquel elle eut une fille nommée Marguerite mariée au Comte de Forcalquier, & en secondes nopces Guy II. du nom seigneur de Dampierre, en faveur duquel fut faite la cession de la Comtesse Marguerite. *To. x1.Specil. p.366. Hist. de Courtenay p. 180.*

Matheline estoit donc fille de Bernard Aton Vicomte de Beziers & de la Vicomtesse Cecile sa femme. Ce Vicomte avoit nombre d'enfans. Car outre la Dame de la Tour il avoit trois fils & cinq filles, assavoir Raymond Trincavel Vicomte de Beziers, Bernard Aton Vicomte de Nismes, Pierre, Ermengarde mariée à Geoffroy fils de Giraud Comte de Roussillon, Ermesinde mariée à Raymond seigneur de Posquieres grand Seigneur du bas Languedoc au diocese de Nismes, Beatrix mariée à Raymond VI. Comte de Toulouse, Payenne, & Trencavelle, desquelles je n'ay rien trouvé que les noms, non plus que de leur frere Pierre. Beatrix fut repudiée par le Comte Raymond son mary, quoyqu'il eut eu d'elle une fille appellée Clemence, autrement dite Constance, mariée en premieres nopces à Sanche VIII. Roy de Navarre, & en secondes nopces à Pierre Bermond d'Anduse. Et de ce dernier mariage de Constance provint Beatrix d'Anduse mariée à Barral de Baux de la maison des Princes d'Orange, laquelle fut mere de Cecile de Baux femme d'Amé IV. Comte de Savoye.

Raymond Trincavel Vicomte de Beziers & frere de la Dame de la Tour espousa Saure sœur d'Alphonse le Chaste Roy d'Arragon ; & de ce mariage il sortit un fils appellé Roger, qui espousa Adalasie fille de Raymond V. Comte de Toulouse, comme je le diray plus amplement en parlant du mariage de Jeanne de Toulouse avec Bernard de la Tour VI. du nom. Raymond fut tué par les habitans de Beziers le XXII. Juillet jour de la Magdelene MCLXVII.

Memoires de Languedoc p. 639.

Bernard Aton Vicomte de Nismes espousa Guillemette de Montpeslier fille de Guillaume fils d'Ermesinde seigneur de Montpeslier, & mourut en l'année MCLXVI. le XXIV. Septembre, comme il est marqué dans l'Obituaire de la Vayssi.

Preuves p. 487.

Je suis entré dans ce grand destail pour faire voir que dez ce temps là les Seigneurs de la Tour d'Auvergne estoient des Seigneurs d'une tres grande consideration, puisque Bertrand espousa la fille de l'un des plus grands Seigneurs du royaume. Car outre que Bernard Aton estoit Vicomte de Beziers, il l'estoit encore de Carcassonne, d'Alby, d'Agde, de Nismes, & avoit plusieurs autres terres en Languedoc & en Roüergue. A quoy l'on doit adjouster que Roger Vicomte de Beziers, Bernard V. de la Tour fils de Bertrand & de Matheline, & Clemence Reyne de Navarre estoient cousins germains, & que Cecile Comtesse de Foix, laquelle estoit fille de Raymond Trincavel, estoit par là niepce du Seigneur de la Tour mary de Matheline, & que de cette Cecile sont descendus tous les Comtes de Foix jusques à Gaston Phœbus.

Preuves p. 487.

Le decez de Matheline est marqué au XXXI. Juillet dans l'Obituaire de la Vayssi. Ce qui donne lieu d'estimer qu'elle y a esté enterrée avec son mary fondateur de cette abbaye, y ayant preuve que la femme de Bernard VI. & celle de Bernard VII. y sont enterrées avec plusieurs autres de la maison de la Tour. Et je n'aurois pas de peine à croire que tous les Seigneurs & Dames de la Tour y ont esté enterrez jusques au temps de Bernard VII. l'usage estant autresfois que les grands Seigneurs establissoient les sepultures de leurs familles dans les abbayes & monasteres qu'ils fondoient.

Preuves p. 555.

J'ay longtemps hesité sur le nombre des enfans de ce Seigneur, y trouvant de grandes difficultez, & je m'estois determiné de ne luy en donner d'autres que Bernard V. lequel estoit asseurement son fils. Mais enfin, ayant examiné cette affaire avec un peu plus d'attention que je

D'AUVERGNE. LIV. IV.

n'avois fait, voyant que par un ancien titre de l'Eglise cathedrale de Clairmont qui sera imprimé parmy les preuves il conste que Bernard avoit un frere appellé *Vvillelmulus* & que ce *Vvillelmulus* estoit deja au monde quelques années auparavant l'an MCLXIX. sous le pontificat d'Estienne de Mercueur Evesque de Clairmont, que Guillaume de la Tour Prevost de l'Eglise de Brioude portoit en son escu les armes de la Tour brisées de celles de la maison de Beziers, d'où la femme de Bertrand I. estoit issuë, j'ay creu que je devois placer ces deux Seigneurs parmy les enfans de Bertrand I. & de Matheline de Beziers. Et dautant que le mot *Vvillelmulus* semble marquer que ce jeune Seigneur avoit un frere de mesme nom plus aagé que luy, & qu'il est certain que Guillaume de la Tour Doyen de Nostre Dame du Port à Clairmont & Chantre de l'Eglise de Brioude, lequel M. Du Bouchet a marqué avoir esté frere de Bertrand II. mary de Judith de Mercueur, est mort longtemps avant le Prevost de Brioude, j'ay estimé que je devois aussi le placer parmy les enfans de Bertrand I. & le mettre le premier en rang avant ce Prevost. *Preuves p. 490.*

Je sçay qu'on me pourroit objecter qu'il n'y a guere d'apparence que le fils d'une femme mariée environ l'an MCXXIX. ait vescu jusques en l'année MCCXLVI. & que par consequent le Prevost de Brioude, qui est mort cette année, ne peut pas avoir esté son fils. Cette objection seroit tres forte, si l'on pouvoit prouver qu'il estoit né dans les commencemens du mariage de Matheline. Mais dautant qu'il paroit qu'il estoit petit garçon vers l'an MCLX. il n'y a plus d'impossibilité à le faire son fils, n'estant pas fort extraordinaire de voir des gens vivre jusques à quatre vingt dix ans. Nous avons veu en nos jours feu M. le Mareschal d'Estrées survivre plus de soixante dix ans à Madame Gabriele Duchesse de Beaufort sa sœur.

Je me suis engagé dans cette critique par un pur amour pour la verité, cette question ne prejudiciant en rien à la genealogie, laquelle est tousjours la mesme, en quelque endroit qu'on place ces trois Seigneurs.

Enfans de Bertrand seigneur de la Tour I. du nom & de Matheline de Beziers sa femme.

BERNARD V. dont il sera parlé au chapitre suivant.

BERTRAND II. qui aura aussi son chapitre apres son frere Bernard.

GUILLAUME DE LA TOUR Chantre de l'Eglise de Brioude & Doyen de Nostre Dame du Port à Clairmont, lequel Bernard de la Tour VI. du nom appelle son oncle dans un titre de l'an MCCXXXIII. qui sera rapporté parmy les preuves. Il est marqué dans un ancien Obituaire de l'Eglise cathedrale de Clairmont qu'il mourut le XX. Septembre. *Preuves p. 490.* *Preuves p. 489.*

GUILLAUME DE LA TOUR Prevost de l'Eglise de Brioude, que le Roy saint Loüis declare estre issu des anciens Ducs d'Aquitaine & Comtes d'Auvergne, & que ses ancestres ont tousjours esté les defenseurs de cette Eglise & de son royaume. Il fut premierement Chanoine de *Preuves p. 491.*

Ll iij

l'Eglise cathedrale de Clairmont, & fut esleu Prevost de l'Eglise de Brioude sur la fin de l'année MCCXXVI. comme nous l'apprenons des letres par lesquelles saint Loüis confirma son election. Il y a à Brioude tout plein d'actes de ce qu'il fit pendant qu'il posseda cette dignité ; & il est mesme remarquable que le Chapitre de cette Eglise se servit longtemps de son seau pour seeller les actes qu'ils passoient, mesme apres sa mort. Ce qui fut introduit en consequence de l'auctorité du Prevost de cette Eglise, qui avoit à cause de sa dignité la jurisdiction temporele dans la ville, laquelle il faisoit exercer par ses officiers, comme il est dit expressément dans les letres du Roy Philippes le Hardy données à Paris au mois de Mars MCCLXXXII. lesquelles se trouvent dans le registre CXL. de la Chancellerie de France. Il fit son testament au mois de Mars MCCXLV.

Preuves p. 492. selon la maniere de compter usitée alors en France, où l'année commençoit à Pasques, c'est à dire, de l'année MCCXLVI. à commencer l'année au premier Janvier. Il le fit le Dimanche qu'on chantoit en l'Eglise *Oculi mei*, c'est à dire, le troisiesme Dimanche de Caresme, qui fut cette année là l'onziesme jour de Mars, & mourut le XVII. du mesme mois, comme

Preuves p. 493. il est marqué dans plusieurs anciens Obituaires de l'Eglise de Brioude. La preuve qu'il ne peut pas avoir fait son testament en l'année MCCXLV. suivant la maniere de compter d'aujourd'huy resulte encore de ce que le Dimanche *Oculi mei* tomboit cette année là au XXII. Mars, & il conste que le Prevost est mort le XVII. de ce mois. Il est vray neantmoins que dans quelques anciens Obituaires de l'Eglise cathedrale de Clairmont son anniversaire est marqué au second jour du mois de Janvier & au second jour du mois de Mars. Ce qu'il ne faut pas entendre du jour qu'il est decedé, mais des jours ausquels on prioit annuelement Dieu dans cette Eglise pour le repos de son ame. Car pour ce qui est du jour auquel il est decedé, il faut prendre celuy qui se trouve le plus prez du jour qu'il a fait son testament. C'estoit jadis un usage, qu'on pratique encore quelquefois aujourd'huy, de fonder plusieurs anniversaires dans la mesme Eglise pendant le cours de l'année pour le repos des ames de ceux pour qui ils estoient fondez. Il y en a tout plein d'exemples dans l'antiquité, & entr'autres de Pierre de la Jugie Archevesque de Narbonne & Cardinal, pour lequel il y a seize anniversaires en seize divers jours de l'année dans l'ancien Obituaire de l'Eglise cathedrale de Narbonne, sans qu'aucun de ces anniversaires tombe au jour de son decez, & dix pour Jean Roger frere du Pape Gregoire XI. & Archevesque de Narbonne. Et sans sortir

Preuves p. 595. de la maison de la Tour, Bernard de la Tour Evesque & Duc de Langres fonda quatre anniversaires dans son Eglise cathedrale, & Guillaume de la Tour Patriarche d'Antioche, qui avoit esté Evesque de Rhodez, en

Preuves p. 726. fonda douze dans l'Eglise cathedrale de Rhodez, un pour chasque mois.

Il ne faut pas dissimuler icy qu'apres que les letres de saint Loüis que j'ay citées cy dessus page 269. eurent esté renduës publiques par l'impression, il parut certains escrits sans nom d'aucteur dans lesquels on pretendit qu'il avoit une manifeste preuve de fausseté dans ces letres, attendu qu'on y faisoit dire à saint Loüis, qui n'avoit pas encore douze ans & n'estoit pas marié, qu'il esperoit que ce Prevost prieroit Dieu pour luy & pour ses enfans. On respondit fort pertinemment à cette objection que c'estoit une formule du vieux stile, dont on donna de tres bonnes preuves pendant quatre siecles, & que le Roy Clovis II. dans la premiere année de son regne, comme saint Loüis, accorda, n'ayant encore que quatre ans, un privilege au monastere de saint Maur des Fossez, dans lequel il recommande qu'on prie Dieu pour sa femme & pour ses enfans. Pour affoiblir cette response, qui est tres bonne, on avança que les exemples que j'avois rapportez de cette formule estoient tous de Roys qui avoient eu des enfans, & que par consequent ces exemples ne pouvoient pas estre alleguez pour prouver la verité des letres de saint Loüis. Et quant à l'exemple de Clovis second, qui est decisif, on a dit sans aucune preuve qu'il falloit retrancher du privilege de saint Maur la clause dans laquelle ce Roy recommande qu'on prie Dieu pour sa femme & pour ses enfans. Cette response est bien aysée; & s'il faut la recevoir comme bonne, on sera bien fondé à dire qu'il faut pareillement retrancher des letres de saint Loüis la clause des prieres pour ses enfans. A l'esgard de ce qu'on dit que les exemples que j'ay rapportez de l'ancienne formule sont tous de Roys qui ont eu des enfans, j'en demeure d'accord. Aussi n'ay je pas pretendu m'en servir comme d'exemple de Roys lesquels n'ayant point d'enfans avoient neantmoins recommandé qu'on priat Dieu pour eux, pour leurs femmes, & pour leurs enfans. Je ne les ay rapportez que pour faire voir l'usage de cette formule durant quatre siecles & qu'il ne falloit pas s'estonner si au commencement du treiziesme siecle un Commis attaché à son protocolle avoit inseré dans les letres du Roy saint Loüis une clause qui estoit en usage depuis quatre siecles. Car il n'est pas à presumer que j'aye voulu dire que nos Roys avoient esté quatre cens ans sans avoir des enfans.

J'avançay dans le mesme temps qu'on pourroit dire avec beaucoup de vraysemblance que ces letres ayant esté accordées à Guillaume de la Tour Prevost de Brioude dans le temps que le Roy Loüis VIII. pere de saint Loüis estoit en Auvergne, & n'ayant peu estre expediées à cause de sa maladie & de sa mort arrivée à Montpencier le septiesme jour de Novembre, on ne fit autre chose apres que son fils saint Loüis fut sacré & couronné, ce qui fut trois semaines apres sa mort, qu'y adjouster la date, sans faire beaucoup de reflexion si tout le contenu de ces letres convenoit aussi bien à saint Loüis qu'à son pere.

Je ne m'arrestay pourtant pas pourlors beaucoup sur cette conjecture, ayant d'ailleurs de bonnes preuves pour auctoriser l'usage de cette clause. Mais aujourd'huy que j'ay des preuves convaincantes & incontestables des erreurs, s'il faut appeller ainsi les changemens & les additions que les Commis des Secretaires du Roy, ausquels on laissoit & on laisse encore aujourd'huy le soin de mettre & d'adjouster les clauses de stile, faisoient aux expeditions qui passoient par leurs mains, il me semble que cette conjecture n'est pas à rejetter, & qu'encore que je ne puisse pas prouver que la chose s'est passée de la maniere que je l'ay expliquée, il y a grande apparence que ma conjecture est bonne.

HISTOIRE DE LA MAISON

Elle me paroift d'autant plus vrayfemblable que les voyages des Roys n'ayant pas accouftumé d'empefcher le cours des affaires, principalement de celles qui n'ont pas de difficulté, nous trouvons que le Roys Loüis VIII. eftant au retour d'Avignon arrivé à Clairmont fur la fin du mois d'Octo-

Ex archivo regio Carcaffon. bre, il y fit expedier des letres de protection aux religieux de l'abbaye de Manlieu. Il y a tres grande apparence que le Prevoft de Brioude y eftant arrivé fur le poinct que fa Majefté fe difpofoit à reprendre le chemin de Paris, & luy ayant demandé la confirmation de fon election, chofe peu difficile à obtenir, elle luy fut accordée, mais que l'expedition en fut remife à Montpencier, où le Roy alloit, & où il arriva le Jeudy XXIX. Octobre. Cette remife efloigna l'expedition des letres accordées au Prevoft de Brioude, les affaires ayant fubitement changé de face, parceque le Roy fut incontinent attaqué de la maladie dont il mourut. Il en arriva autant dans le fiecle fuivant à Bertrand de Lager Cardinal, auquel le Pape

Notæ ad Vitas Papar. Aven. p.1079. Gregoire XI. ayant donné de parole l'Evefché d'Oftie, les provifions ne peurent pas luy en eftre expediées à caufe de la mort du Pape, & ne le furent que fous le pontificat de fon succeffeur.

Il faut revenir à la preuve des changemens & des additions que les Commis des Secretaires du Roy faifoient aux expeditions qui leur eftoient commifes. En voicy un exemple precifément dans le mefme temps que la charte du Prevoft de Brioude fut commandée & expediée. Le Roy

Guill. de Podio-Laur. cap. 36. Loüis VIII. à fon retour d'Avignon, avant d'aller en Auvergne, paffa par Pamiers, où il eftoit au mois d'Octobre, comme il confte des reglemens qu'il y fit pour cette ville, lefquels fe trouvent dans un ancien regiftre du chafteau de Foix, & y confirma le don de Milhau que Simon Comte de Montfort avoit fait quelques années auparavant à Arnaud Evefque de Nifmes & à fes fucceffeurs. Mais dautant que les letres du Roy ne furent pas expediées pourlors, cet Evefque s'adreffa au Roy faint Loüis, & luy fit certifier par gens dignes de foy que le Roy fon pere luy avoit confirmé la donation du lieu de Milhau. Le Roy faint Loüis, fur le rapport qui luy fut fait de la verité de cet expofé, luy accorda fes letres de confirmation. Elles fe trouvent dans deux regiftres originaux de nos Roys de ce temps là datées de l'an MCCXXVI. au mois de May.

Preuves p.491. Et cependant dans l'expedition qui en fut delivrée à cet Evefque, laquelle eft à Montpeflier dans les archives du Roy, il y a qu'elles furent données *anno dominicæ incarnationis millefimo ducentefimo vicefimo feptimo, menfe Maio.* Ce qui prouve que les Commis eftoient les maiftres de ce qui eftoit de formule & d'ufage ordinaire.

L'année commençant pourlors à Pafques en France, & le Commis qui a mis ces letres fur le regiftre eftant accouftumé de mettre MCCXXVI. avant Pafques, qui eftoient bien prez du mois de May, la fefte de Pafques eftant tombée en l'année MCCXXVII. à l'onziefme jour du mois d'Avril, il fuivit par inadvertence fon ufage ordinaire apres Pafques, de mefme

St. Baluzii præfatio ad epiftolas Innoc. III. que les Commis de la chancellerie du Pape Innocent III. accouftumez à mettre l'indiction IX. en l'année MCCVI. & ne faifant pas reflexion qu'elle avoit changé l'année d'apres, continuerent de mettre l'indiction

IX.

D'AUVERGNE. LIV. IV. 273

IX. en l'année suivante dans toutes les bulles où il falloit marquer l'indiction, c'est à dire dans toutes les bulles données *in perpetuum*, qui sont les bulles de privilege.

C'est une erreur facile à commettre, dit un ancien glossateur des Clementines, parce qu'on sçait communement l'année de Nostre Seigneur, & on ne sçait pas si communement l'indiction ; & il adjouste que si dans une bulle l'année du pontificat ne s'accorde pas avec l'année de Nostre Seigneur, il ne faut pas pour cela l'accuser de faux, mais dire qu'il y a erreur quant à l'année du pontificat, qui n'est pas communément si connuë que celles de Nostre Seigneur.

<small>Bonifac. de Vitalinis in Clem. fol. 11. col. 3. extr.</small>

Le raisonnement de cet ancien Canoniste peut estre tres bien employé au sujet des letres de saint Loüis accordées à l'Evesque de Nismes, lesquelles, quoyque de mesme date, se trouvent neantmoins datées differemment dans le registre & dans l'expedition, celuy qui les a mises sur le registre les ayant datées de l'an MCCXXVI. parce qu'il estoit accoustumé de mettre cette date au commencement de l'année MCCXXVII. selon la maniere de compter d'aujourd'huy, & celuy qui a escrit l'expedition les ayant datées de l'année MCCXXVII. qui venoit de commencer en France.

Il y a bien plus. Les letres de saint Loüis se trouvent datées *apud sanctum Germanum in Laya* dans les registres originaux, & dans l'expedition qu'on donna à l'Evesque il y a *Actum Parisius*. Ce qui doit faire penser avec beaucoup de raison qu'elles furent commandées & mises sur le registre à saint Germain en Laye, expediées en suite & seellées le mesme jour ou quelqu'un des suivans à Paris, la date ayant sans doute esté laissée en blanc, comme il est assez ordinaire, pour y estre adjoustée lorsqu'on les presenteroit au seau. A quoy j'adjouste qu'Amaury Comte de Montfort, qui estoit present lorsque l'Evesque de Nismes fit le serment dont il est fait mention en ces letres, atteste dans un acte qui est aussi aux archives du Roy à Montpeslier que cet Evesque fit ce serment à saint Germain en Laye. Et par consequent les letres du Prevost de Brioude se trouvant dans un registre escrit il y a quatre cens ans, en un temps non suspect, on ne peut pas trouver estrange la pensée que j'ay euë que ces letres ayant esté accordées par le Roy Loüis VIII. & expediées de son vivant sans date du lieu ny du mois, furent sursises neantmoins à cause de sa maladie & de sa mort, & enfin datées & seellées au commencement du regne de saint Loüis, parce qu'il constoit de la volonté du Prince, & qu'il n'y avoit qu'à y adjouster la date.

Voicy encore un exemple du mesme temps, lequel nous faira voir clairement qu'on laissoit souvent la date des letres du Roy en blanc, comme on le fait encore bien souvent aujourd'huy, pour estre remplie en les presentant au seau. En l'année MCCXXVI. le Roy Loüis VIII. ordonna qu'on expediat à Robert de Courtenay Bouteillier de France des letres touchant ses terres de Normandie au cas que son fils aisné ne se trouvat pas en aage de pouvoir se gouverner lors de son decez. Ces letres sont au Tresor de la maison de Courtenay avec le seau du Roy. Elles sont

Tome I. Mm

274 HISTOIRE DE LA MAISON

aussi dans un registre original de ce Roy, où la date est en blanc en cette maniere *Actum &c.* laissant le soin de remplir ce qui y manque à celuy qui les expedieroit, lequel le fit, & y adjouta. *Actum apud sanctum Germanum in Loia anno Domini* MCCXXVI. *mense Maio.* Il est bien plus. Celuy qui les expedia, les changea entierement, sans doute parce qu'il trouva que l'intention du Roy n'estoit pas assez bien expliquée dans le premier project. Ainsi il y a grande difference entre l'original & l'expedition, quoyque le mesme sens soit dans l'original & dans l'expedition. Nous imprimerons l'un & l'autre parmy les preuves, afin qu'un chascun puisse voir facilement l'usage de la Chancellerie en ce temps là.

Preuves p. 491.

En la mesme année & au mesme mois de May Bouchard de Montmorency seigneur de Marly ceda au Roy les droits de chasse qu'il avoit en la forest de Cuisse prez de Compiegne. L'acte de cette cession est dans un registre original de ce Roy, & finit ainsi : *Quod ut &c.* Mais dans l'expedition qui en fut delivrée au Roy, laquelle est au Tresor des chartes de France, le Commis du Secretaire auquel on donna le soin de mettre cet acte en bonne & deuë forme y adjouta le reste en cette maniere : *Quod ut firmum habeatur & stabile præsentes litteras sigilli mei munimine roboravi. Actum Parisius anno Domini* MCCXXVI. *mense Maio.*

Preuves de Montmor. p. 401.

En voicy encore un autre exemple tout semblable. En l'année MCCXXXVIII. fut fait le traité de la paix du Comte de Toulouse. Il est en original dans le mesme registre, & l'expedition se trouve imprimée dans l'histoire des Comtes de Toulouse de M. Catel. La date est marquée simplement dans le registre : *Actum anno Domini* MCCXXVIII. Mais dans l'expedition qui fut envoyée en Languedoc, laquelle se trouve en beaucoup d'anciens manuscrits aussi bien que dans l'histoire des Comtes de Toulouse, il y a bien au long des choses de stile qui ne sont pas dans l'original, parce qu'on avoit laissé au Secretaire qui les devoit expedier le soin d'y mettre ce que l'usage, qui luy estoit connu, vouloit qu'on y mit. Un chascun peut les voir dans l'histoire des Comtes de Toulouse.

Hist. des Comtes de Toulouse p. 357.

En voicy encore un autre. Les letres du Roy Loüis VIII. pour l'abbaye de la Victoire fondée à Senlis sont datées dans le registre, *Actum apud Pontem Archæ*, & dans l'expedition delivrée à l'Abbé, *Actum Senonis anno* MCCXXIII.

Gall. Christ. p. 923.

On n'auroit jamais fait, si l'on vouloit ramasser tous les exemples semblables. En voicy pourtant encore un, qui est dans le mesme registre original & dans deux anciens registres de la Chancellerie de France, où les letres dont il s'agit ont esté copiées sur l'expedition qui en fut delivrée à Robert de Courtenay. Dans l'original il n'y a pas de date. Mais dans les copies il y a : *Anno Domini* MCCIV.

Preuves de Courtenay p. 25.

On en usoit de mesme au Parlement. On y voit dans le quatriesme volume des registres appellez *Olim* un arrest de l'année MCCCVIII. donné sur la requeste de Beatrix de Rhodez femme de Bernard seigneur de la Tour d'Auvergne VIII. du nom sans aucune date que celle du Greffier, qui l'a mis parmy les arrests donnez en l'année MCCCVIII. *in parlamento nativitatis Domini.* Mais lorsque le Greffier l'expedia, il y ad-

Preuves p. 557.

jousta ce qui estoit de son ministere, c'est à dire le nom du Roy à la teste, & la date au bas en cette maniere. *In cujus rei testimonium præsentibus litteris nostrum fecimus apponi sigillum. Actum Parisius in Parlamento nostro die Jovis post festum beati Gregorii anno Domini* MCCCVIII. C'est ainsi que cette date est conceuë dans l'expedition, laquelle est encore en original dans les archives du Roy transferées de Rhodez à Montauban.

J'adjousteray encore à tout ce que je viens de dire que ce n'est pas seulement au temps de saint Loüis que les Commis des Secretaires du Roy peu attentifs à ce qu'ils faisoient ont fait des fautes dans les expeditions qui passoient par leurs mains, mais encore en d'autres temps, & dans le siecle mesme de Charlemagne. On a l'original d'une charte de l'Empereur Loüis le Debonnaire datée *IIII. Nonas Octobris anno* XVIIII. *imperii, indictione V I.* Il est tres certain que l'indiction dixiesme concouroit avec l'année dixneufviesme du regne de cet Empereur. Et cependant c'est icy la sixiesme. C'est une erreur du Commis, & non pas une fausseté. *Hic error est, non falsitas*, comme disoit autrefois un Evesque dans les actes de la conference des Catholiques avec les Donatistes. Cette charte, qui est en bonne & deuë forme, & qui a esté tres asseurement expediée & seellée dans le temps de sa date, n'en est pas moins bonne ny moins veritable parceque le Commis y a fait une faute. Tout au contraire un autre Commis qui a expedié une charte de la mesme année dixneufviesme de l'empire de ce Prince pour l'abbaye de saint Denys, dont l'original subsiste encore, y a mis l'indiction onziesme, laquelle ne fut usitée que l'année d'apres. Le R. P. Dom Jean Mabillon, qui l'a faite imprimer dans sa Diplomatique, en a publié une du Roy Charles le Chauve de l'année seconde de son regne & de la seconde indiction. Ce qui est si peu vray que ce sçavant homme, qui sçavoit que ce n'estoit pas pour lors la seconde indiction, mais la quatriesme, a dit que s'il n'avoit pas veu l'original, il auroit creu que c'estoit une faute de copiste. Et dans une autre charte du mesme Roy imprimée dans le mesme ouvrage de ce Pere la seconde indiction est jointe avec la dixseptiesme année de son regne, quoy qu'il soit certain que cette indiction ne concourroit pas avec la dixseptiesme année de son regne, mais avec la quatorziesme. Et dans un autre ouvrage ce mesme Pere a fait imprimer deux chartes de ce mesme Roy, toutes deux copiées sur les originaux, toutes deux datées de l'indiction troisiesme, l'une à la fin du mois de Juin, & l'autre au commencement du mois d'Aoust, lesquelles doivent par une consequence necessaire estre de la mesme année. Et cependant il y a dans l'une de ces deux chartes une faute certaine dans l'indiction ou dans l'année du regne, l'une estant de l'année quinziesme, & l'autre de l'année seiziesme, quoy que toutes deux soient datées de la troisiesme indiction, laquelle tomboit asseurement en l'année DCCCLV. quinziesme du regne de Charles le Chauve, lequel commença de regner en France en l'année DCCCXL. à la fin du mois de Juin. La charte du Roy Loüis d'Outremer qui confirme les donations faites à l'abbaye de Clugny par le Comte Acfred nous fournit encore une preuve bien certaine des fautes que les Commis des Secretaires du Roy avoient accoustumé de faire dans les expeditions dont ils estoient chargez. Il est bien certain que la quinziesme année du regne de ce Prince escheoit à l'année DCCCCL. de Nostre Seigneur & que l'indiction huictiesme concouroit avec cette mesme année. Et cependant l'indiction qui y est marquée, laquelle devroit estre la huictiesme, comme le R. P. Mabillon l'a tres bien remarqué, est la sixiesme. On ne peut pas dire que c'est une faute de copiste, attendu qu'elle est dans l'original, qui est encore conservé au Tresor de Clugny, où je l'ay veu & conferé avec l'edition que M. Du Chesne en a donnée au public. J'ay deux letres de cachet du Roy Henry II. des années MDLII. & MDLIII. adressées à M. le Cardinal de Tournon Archevesque de Narbonne, qui ne le fut jamais, une autre de l'année MDLII. au Cardinal de Farneze Archevesque de Narbonne, lequel ne le fut non plus que celuy de Tournon, & enfin une autre de l'an MDLVII. au Cardinal Cornare Archevesque de Narbonne, lequel je ne trouve ny parmy les Archevesques de Narbonne ny parmy les Cardinaux.

<small>Acta SS. ord. Bened. to. VII. p. 519.</small>

Tous ces exemples font voir bien clairement qu'en tous les temps les Commis des Secretaires du Roy ont fait des fautes dans les expeditions dont on les chargeoit. Et par consequent ceux là sont bien hardis & bien temeraires, pour ne rien dire de pis, qui ont osé accuser de faux les letres de saint Loüis qui confirment l'election de Guillaume de la Tour Prevost de Brioude sous pretexte d'une erreur de Commis facile à commettre, soit en suivant le protocolle, comme les Commis ont accoustumé de faire, soit en adjoustant la date à des letres deja expediées sans faire beaucoup de reflexion si elles convenoient aussi bien au fils qu'au pere.

Mais comment les Commis ne fairoient ils pas quelque fois des fautes d'inadvertence, puisque mesme le celebre M. Du Chesne, tout sçavant & tout exact qu'il estoit, a bien fait une beveuë en faisant l'extrait d'un titre de Philippe de France Comte de Boulogne de l'année MCCXXVI. où ce Prince dit que *Carissimus Dominus & nepos noster Ludovicus Franciæ Rex*, c'est à dire saint Loüis, luy avoit donné & à ses heritiers les forteresses de Mortagne & de l'Isle bonne ; au lieu de quoy M. Du Chesne en faisant cet extrait, lequel j'ay escrit de sa main, met : *Ludovicus Rex dedit & concessit in perpetuum Philippo nepoti suo Comiti Boloniæ &) heredibus suis &)c.* Ce qui est tout le contraire de l'acte & de la verité. Car saint Loüis estoit neveu de Philippe Comte de Boulogne, & non son oncle.

<small>Registre 31. de la Chancellerie.</small>

D'AUVERGNE. LIV. IV.

DAUPHINE' D'AUVERGNE. D'or au Dauphin pasmé d'a- zur.

Bernard seigneur de la Tour V. du nom.

CHAPITRE VI.

E titre de l'hommage de Clugny cité dans le chapitre precedent, lequel sera imprimé parmy les preuves, fait foy que Bernard V. *Preuves p. 453.* estoit fils de Bertrand seigneur de la Tour I. du nom. Il renouvella donc en l'année MCXCI. en presence du Roy Philippe Auguste l'hommage de pieté fait à l'Abbé de Clugny par son pere & par son oncle.

M. Du Bouchet a creu que Jeanne de Doré avoit esté sa femme. Ce qui a esté dit d'elle cy dessus page 266. demonstre assez clairement qu'il s'est trompé. Sa femme estoit fille de Dauphin Comte *Preuves p. 257.* de Clairmont & de G. Comtesse de Montferrand.

Cette alliance le rendit oncle de Catherine Dauphine mariée en l'année *Preuves p. 263.* MCCXXVI. à Guichard de Beaujeu seigneur de Montpencier; laquelle fut mere d'Imbert de Beaujeu Connestable de France, de Heric de Beaujeu seigneur d'Hermenc Mareschal de France, & de Loüis de Beaujeu seigneur de Montferrand. Imbert fut marié avec Isabeau de Mello Comtesse doüairiere de Joigny, Dame de saint Maurice Tiroüeille & de plusieurs autres seigneuries, & fut pere de Jeanne de Beaujeu Dame de Montpencier, laquelle fut mariée à Jean II. du nom surnommé le Bon Comte de Dreux & de Braine Prince du sang royal de France, & mourut en l'année MCCCVIII. mere de Robert V. & de Jean & Pierre successivement Comtes de Dreux & de Braine, de Simon de Dreux Sousdoyen de l'Eglise de Chartres, & de Beatrix de Dreux. Nous avons parlé plus amplement du mariage de Catherine Dauphine cy dessus page 167.

Je n'ay aucune preuve que Bernard ait eu des enfans. Ce qui fait que nonobstant ce que j'ay escrit ailleurs que Bertrand II. seigneur de la Tour, Guillaume Doyen de Nostre Dame du Port, & Guillaume Prevost de Brioude estoient ses enfans, je suis forcé de changer de sentiment pour les raisons que j'ay rapportées dans le chapitre precedent.

Mm iij

278 HISTOIRE DE LA MAISON

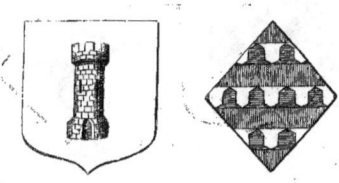

MERCUEUR.
De gueules à trois fasces de vair.

Bertrand seigneur de la Tour II. du nom.

CHAPITRE VII.

Hist. des Chasteigners p. 18.

Hist. de Richelieu p. 5.

ESTANT tres difficile, ainsi que M. Du Chesne l'a observé, de rencontrer assez de titres pour justifier en la haute antiquité toutes les filiations, la perte generale des plus vieux titres, comme il le dit ailleurs, en ayant fait perdre la connoissance, il ne faut pas trouver estrange qu'on n'ait point de titre pour establir la filiation de ce Bertrand autrement que par des conjectures & par des consequences. Nous l'avons mis cy dessus page 269. parmy les enfans de Bertrand I. du nom pour les raisons que nous avons alleguées, & nous le faisons icy succeder à son frere Bernard, dont il ne paroist pas d'enfans. Bernard avoit esté sans doute ainsi appellé du nom de Bernard IV. son grand pere, estant la coustume entre les Grands, comme le mesme M. Du Chesne l'a enseigné, de porter le nom de leurs ancestres; & il y

Hist. des Dauphins de Viennois p. 17.

a grande apparence que Bertrand I. voulut que son autre fils portat son nom, comme il est arrivé tres souvent dans les maisons des grands Seigneurs, & mesme dans celle des Comtes d'Auvergne & des Seigneurs de la Tour. Mais quand bien mes conjectures ne seroient pas vrayes, il consteroit tousjours qu'il estoit de la maison de la Tour, puisqu'il en portoit le nom & en possedoit les terres, & qu'ainsi la succession des masles qui ont possedé les terres lesquelles estoient dans la maison de la Tour avant ce Bertrand n'a pas esté interrompuë. A quoy l'on peut adjouter que le titre

Preuves p. 566.

de l'abbaye de la Vayssi de l'an MCCCII. mentionné cy dessus page 267. nous apprend que Bernard seigneur de la Tour VIII. du nom, qui vivoit pourlors, descendoit du fondateur de cette abbaye. Et par consequent ce Bertrand, qui se trouve dans la ligne, en descendoit aussi.

Preuves p. 494.

Il estoit desja seigneur de la Tour en l'année MCCVI. comme il conste

D'AUVERGNE. Liv. IV.

d'un titre du XXIII. Decembre contenant un eschange de quelques terres fait par Bertrand seigneur de la Tour avec Jean Azaïn de Cournon. Ce titre ne se trouve plus. Mais il est enoncé dans l'Inventaire des titres du chasteau de Mercurol fait en l'année MDCXXII. par Me Pierre du Puy Garde de la Bibliotheque du Roy en vertu de la commission qui luy en avoit esté donnée par lettres patentes du vingtiesme Mars audit an, lequel y a fait marquer que ce titre estoit desja perdu lorsqu'il travailla à cet Inventaire.

Le mauvais traittement que Guy II. Comte d'Auvergne faisoit à ses vassaux & à ses sujets, & les injustes vexations qu'il exerçoit contre les Ecclesiastiques, au mespris mesme des ordres que le Roy luy avoit fait donner sur ce sujet, ayant obligé le Roy Philippe Auguste d'envoyer en l'année MCCX. des troupes en Auvergne, il le priva de ses biens, & le chassa de sa Comté, dont il donna le gouvernement à Guy de Dampierre. En suite il se fit faire serment de fidelité par le Clergé & par la Noblesse du pays. En l'année MCCXI. Guillaume de Cournon luy fit hommage lige pour toutes ses terres, & luy promit qu'il ne fairoit ny paix ny treve avec le Comte Guy qu'avec son consentement. Nous avons la reconnoissance que Robert Evesque de Clairmont fit au mois de May MCCXII. qu'il tenoit du Roy le chasteau du Pont, & luy promit fidelité contre le Comte d'Auvergne & ses adherents. Au mois de Juin de la mesme année Bertrand de la Tour luy fit la foy & hommage pour les terres d'Orset, Montpeyroux, & Coude. *Preuves p. 79.* *Preuves p. 81.* *Preuves p. 75.* *Preuves p. 494.*

Je suis obligé de faire remarquer en cet endroit au lecteur que M. Justel, qui n'avoit veu qu'un Inventaire fautif des titres de la maison de la Tour d'Auvergne à luy communiqué par M. de Sainte-Marthe, a attribué l'hommage d'Orset, de Montpeyroux, & de Coude à Albert seigneur de la Tour du Pin, qu'il a esté par là forcé de mettre parmy les seigneurs de la Tour d'Auvergne. Mais l'Inventaire de Mercurol marque que c'est Bertrand de la Tour qui fit cet hommage. Et qui plus est, les letres du Roy, qui sont encore toutes entieres avec le seau royal au Tresor des chartes de France à Paris, marquent expressement que ce fut Bertrand de la Tour qui fit l'hommage en question. Ainsi il n'y a pas lieu de revoquer ce fait en doute. *Preuves p. 494.*

M. Du Bouchet a laissé par escrit dans ses memoires que la femme de ce Bertrand seigneur de la Tour estoit Judith de Mercueur, avec laquelle il fut marié avant l'an MCXC. & qu'elle mourut en l'année MCCVIII. ou MCCX. & son mary deux ans apres. Ce qui fairoit voir que Bertrand mourut bientost apres qu'il eut presté l'hommage dont nous venons de parler. Et cependant nous voyons que ce ne fut qu'en l'année MCCXXII. que son fils Bernard fit à l'Evesque de Clairmont l'hommage qui a accoustumé d'estre fait aux mutations du seigneur feudataire. M. du Bouchet adjouste que cette Dame fonda un anniversaire dans l'Eglise de Brioude pour le repos de son ame avec le consentement de Bertrand de la Tour son mary, qu'elle qualifie frere de Guillaume Chantre de cette Eglise.

HISTOIRE DE LA MAISON

Enfans de Bertrand seigneur de la Tour II. du nom & de Judith de Mercueur sa femme.

BERNARD VI. qui continua la lignée.

Preuves p. 494. BERTRAND DE LA TOUR. Il est appellé Chevalier dans un titre de Chanteuge de l'an MCCXLI. par lequel il donne au Curé de la Rode un tenement attenant à l'Eglise de ce lieu là & quelques jardins & prez à la Beraudesche, donation qui fut confirmée par Bernard seigneur *Preuves p. 506.* de la Tour son frere. Il est fait mention de ce Bertrand dans le testament 514. de Bernard VII. & dans celuy de Bertrand de la Tour Chanoine de Clairmont son frere, lesquels l'appellent leur oncle.

TOULOUSE.
De gueules à la croix cléchée & pommetée d'or.

 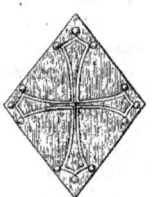

Bernard seigneur de la Tour VI. du nom.

CHAPITRE VIII.

QUOY.qu'on ne puisse pas prouver par titres la filiation de ce Seigneur, la preuve neantmoins qu'il estoit fils de Bertrand II. resulte facilement de ce qui vient d'estre dit au chapitre precedent. Mais outre ces preuves, qui sont assez fortes, il y en a une decisive dans l'acte de l'anniversaire fondé à Brioude par Judith de Mercueur, dans lequel elle appelle Guillaume de la Tour Doyen de Nostre Dame du Port & Chantre de Brioude frere de son mary, lequel estoit constament oncle de Bernard seigneur de la Tour VI. du nom.

Preuves p. 495. Il y a preuve que Bernard VI. estoit seigneur de la Tour en l'année MCCXXII. au mois de Septembre. Ce qui me porte à croire qu'il y a erreur de chiffre dans le titre où M. Du Bouchet a trouvé que son pere estoit mort en l'année MCCXII. ou bien que M. Du Bouchet se soit trompé en en faisant l'extrait, y ayant grande apparence qu'au lieu de MCCXII. il falloit mettre MCCXXII. veu que ce fut en cette derniere année que

Bernard

Bernard fon fils rendit à Robert d'Auvergne Evefque de Clairmont l'hommage accouftumé d'eftre rendu aux mutations pour les lieux de Cevene, Bualon, Pradel, Mefez, & Faët. Il renouvella cet hommage en l'année MCCXXVI. l'Evefque luy ayant donné en augmentation de fief le chafteau de Clavier avec fes appartenances. *Preuves p. 495.*

En l'année MCCXXIX. il fut prefent à une donation faite au monaftere de faint André lez Clairmont par Guillaume de Mainils & Pierre fon fils Chevaliers, qui renoncerent en faveur de ce monaftere à tout le droit qu'ils avoient au lieu de la Roche & fes appartenances. *Preuves p. 496.*

En la mefme année luy & fon oncle Guillaume Prevoft de Brioude moyenerent un accommodement entre Hugues de la Tour Evefque de Clairmont, Maurice de Breon, qui luy fit hommage & ferment de feauté pour Caftelnau & Condat, & Hugues Guillem, qui promit de faire hommage lige de fes terres à l'Evefque & d'aller au voyage d'Outremer toutesfois & quantes qu'il en feroit requis par l'Evefque, & qu'il y demeureroit tant qu'il plairoit à l'Evefque, & ce pour reparation des excez & violences qu'il avoit commis contre les gens d'Eglife. *Preuves p. 496.*

En l'année MCCXXXIII. Bernard & le Prevoft de Brioude fon oncle prirent foin de l'execution de la fondation que Guillaume de la Tour Doyen de Noftre Dame du Port avoit faite en fon Eglife pour fon anniverfaire. *Preuves p. 490.*

En la mefme année Bernard feigneur de la Tour fit un efchange avec Bertrand Comptor, qui luy bailla les chafteaux de Chaflus & de Revel avec leurs appartenances moyenant le marché & les foires de la ville de Beffe en Auvergne & ce qu'il avoit à la Volpiliere & à Fontanet, lefquelles chofes Bertrand devoit tenir de luy en fief & luy en faire hommage. Et pour fupplement de la plus valeur des chafteaux de Chaflus & Revel Bernard de la Tour luy donna comptant la fomme de dix mil fols monnoye de Clairmont. Ce que Bertrand Comptor confirma depuis en l'année MCCXXXV. *Preuves p. 497.*

En l'année MCCXL. Bernard de la Tour donna à l'abbaye du Bouf- *Preuves p. 497.* chet la dixme d'autant de terres que les religieux de cette abbaye en pourroient labourer avec fept paires de bœufs à Coude & à Montpeyroux en la dixmerie de Coude. Il donna encore quelques privileges à cette abbaye en l'année MCCXLVI.

En l'année MCCXLIV. Raymond VII. Comte de Toulouse, dont Bernard de la Tour avoit efpoufé la fœur, comme nous le verrons un peu plus bas, ayant fait deux cens Chevaliers, Bernard fut de ce nombre, & eft nommé dans les premiers rangs & parmy les plus grands Seigneurs par Guillaume de Puy-Laurens, c'eft à dire, avec le Comte de Comminge, le Vicomte de Lautrec, Guy de Severac, Sicard Alaman, & Jourdain de l'Ifle. *Preuves p. 497.*

J'ay trouvé dans l'Inventaire des titres de la Chambre des Comptes de Villefranche en Beaujolois qu'en l'année MCCXLVI. il y eut un traité de paix entre l'Evefque de Clairmont, le Seigneur de la Tour, & le Seigneur de Beaujeu.

En l'année MCCXVIII. il fuivit le Roy faint Loüis en la terre fainte,

& y mourut en l'année MCCLIII. selon toutes les apparences. Car il conste par un ancien Obituaire de l'Eglise cathedrale de Clairmont qu'il mourut *ultra mare*, & par des lettres de saint Loüis données au camp de-vant Joppe au mois de Decembre MCCLII. qu'il estoit encore vivant lors qu'elles furent expediées. Il mourut le XXIX. du mesme mois, comme il est marqué dans l'ancien Obituaire de l'Eglise cathedrale de Clairmont que je viens de citer.

Preuves p. 780.

Auparavant de partir pour la terre sainte il fit son testament, qui se trouve encore en original à Paris au Tresor des chartes de France, seellé de vingt cinq seaux, dont il y en a cinq en hault, six en bas, huict au costé droit, & six au costé gauche. Le testateur, l'Evesque du Puy, & six autres tesmoins l'ont signé au dos suivant l'usage des pays de Droict escrit en ces temps là.

Preuves p. 497. 780.

Il avoit espousé Jeanne de Toulouse fille de Raymond VI. Comte de Toulouse. Son veritable nom estoit Alazie, nom qui selon toutes les apparences luy avoit esté donné au baptesme par sa tante Alazie ou Adelazie Vicomtesse de Beziers. Mais elle voulut sans doute s'appeller Jeanne pour l'amour de la Reyne Jeanne sa mere, comme c'estoit assez l'usage ancienement. Ainsi Ponce ou Poncette Comtesse de Bourgogne, qui vivoit precisément en mesme temps que la Vicomtesse de Beziers, s'appelloit Adelazie pour l'amour de sa mere Adelazie femme de Thibaud seigneur de Traves l'un des plus grands Seigneurs de Bourgogne. Saure de Roquefeüil religieuse à Megemont en Auvergne, & enfin Abbesse, comme je le crois, de l'Esclache, laquelle estoit tante de Beatrix de Rhodez femme de Bernard VIII. seigneur de la Tour, s'appelloit aussi Dauphine à cause de Dauphine de Turenne sa mere. Du temps de Lanfranc Archevesque de Cantorbery Raoul de Toeny espousa Adelise fille de Waldeve Comte de Hutingdon en Angleterre, laquelle estoit autrement nommée Judith à cause de sa mere, laquelle s'appelloit Judith selon le tesmoignage d'Ingulphe Abbé de Croyland & de Guillaume de Malmesburi. Il est certain que la mere de Jean I. Comte d'Armagnac, laquelle estoit fille du Comte de Rhodez, s'appelloit Cecile. Cependant dans le titre de la fondation du Chapitre de l'Humilité sainte Marie fondée à Auch par ce Comte en l'année MCCCLIX. il nomme sa mere Mathe. Enfin Marie Comtesse d'Auvergne & de Boulogne fille de Godefroy de Boulogne seigneur de Montgascon & femme de Bertrand V. Seigneur de la Tour s'appelloit aussi Jeanne pour l'amour de Jeanne de Ventadour sa mere.

Preuves p. 499.

Preuves p. 526.

Letre du P. Chifflet touchant Beatrix p. 124. & seqq.

Preuves p. 551.

Hist. de Chasteauvillain p. 10.

Alazie ou Jeanne de Toulouse estoit fille de Raymond VI. Comte de Toulouse & de la Reyne Jeanne veuve de Guillaume II. Roy de Sicile, laquelle estoit fille d'Henry II. Roy d'Angleterre & d'Eleonor Duchesse de Guyenne. Cette Princesse n'ayant eu que deux enfans du Comte Raymond son mary, & l'aisné, qui fut Raymond VII. du nom Comte de Toulouse, estant né en l'année MCXCVII. selon le tesmoignage de Guillaume de Puy-Laurens, & la Reyne Jeanne estant morte en l'année MCXCIX. au rapport de Roger de Hoveden, enceinte, comme le dit encore Guillaume de Puy-Laurens, il est clair que l'enfant qui nasquit entre deux, c'est à dire, Alazie, nasquit l'an MCXCVIII.

J'ay avancé cy dessus page 282. que le nom d'Alazie luy avoit esté donné au baptesme par Alazie sa tante Vicomtesse de Beziers. Il faut donc justifier que son pere Raymond VI. avoit une sœur de ce nom mariée au Vicomte de Beziers & qu'elle estoit encore vivante lorsque la femme du Seigneur de la Tour vint au monde. Tout cela est aisé à prouver. Car on a le contract de mariage de cette Dame avec Roger Vicomte de Beziers fait en l'année MCLXXI. où elle est appellée fille de Raymond Comte de Toulouse, ainsi que dans le testament du Vicomte son mary, dont on a aussi une copie tirée sur l'original, qui subsiste encore. De plus Geoffroy Prieur de Vigeois en Limousin aucteur contemporain en fait mention & dit qu'elle estoit fille du Comte de Toulouse. On a encore divers titres, qui seront rapportez parmy les preuves, qui justifient qu'elle estoit encore vivante en l'année MCXCIX. & peutestre quelque temps au delà. *Preuves p. 495, 501. Preuves p. 500.*

Jeanne Dame de la Tour mourut le XXVIII. May MCCLV. & fut enterrée dans le cimetiere de l'abbaye de la Vayssi en Auvergne, comme il a esté dit cy dessus page 268. en parlant de Matheline de Beziers femme de Bertrand de la Tour I. du nom fondateur de cette abbaye. *Preuves p. 495, 531.*

Ceux là se sont grandement trompez qui ont marié cette Princesse en la maison de Baux, estant certain, comme je l'ay dit ailleurs, que la Dame mariée en la maison de Baux se nommoit Beatrix d'Anduse, laquelle estoit fille de Constance fille de Raymond V. Comte de Toulouse & de Beatrix de Beziers.

Enfans de Bernard seigneur de la Tour VI. du nom & de Jeanne de Toulouse sa femme.

BERNARD VII. qui continua la genealogie.

BERTRAND DE LA TOUR Chanoine de Clairmont, tuteur & administrateur de la personne & des biens de Bertrand de la Tour III. du nom son neveu, n'estoit encore que simple Clerc en l'année MCCLVI. au mois d'Avril. Mais il estoit Chanoine de Brioude au mois de May ensuivant, & de Clairmont en l'année MCCLXX. au mois d'Avril. Il fit le partage de la succession de sa maison avec Bertrand son neveu en l'année MCCLXXVI. comme nous le verrons. Il fit son testament à Cuyrs en Auvergne en l'année MCCLXXX. au mois d'Octobre, & un codicille à Toulouse au mois de Decembre de l'année suivante. Il y a apparence qu'il mourut bientost apres, son anniversaire estant marqué au XXIII. Decembre dans l'ancien Obituaire de l'Eglise cathedrale de Clairmont. Il semble que l'on doit inferer du testament de Guillaume de la Tour Chanoine de Reims & de Clairmont son petit neveu que Bertrand son oncle Chanoine de Clairmont est enterré à Toulouse dans le convent des religieux de l'Ordre de saint Dominique, comme il l'avoit ordonné par son codicille. *Preuves p. 508, 509, 510. Preuves p. 516. Preuves p. 503. Preuves p. 507. Preuves p. 505. Preuves p. 539.*

DAUPHINE DE LA TOUR. Il est certain qu'elle fut mariée au

Tome I.

284 HISTOIRE DE LA MAISON

Preuves p. 498. Vicomte de Ventadour. M. Du Bouchet, qui voyoit dans la Chro-
502. 503. 513. nique du Prieur de Vigeois qu'Eble V. du nom Vicomte de Ventadour
qui se rendit religieux à Grandmont en l'année MCCXXI. avoit deux
enfans, assavoir Raymond, qui y est nommé le premier ainsi que dans
Preuves de un titre rapporté par M. Justel parmy les preuves de l'histoire de la maison
l'histoire de de Turenne, & Ebles, a creu que Raymond avoit esté Vicomte de Ven-
Turenne p. 22. tadour apres son pere, comme peutestre l'a il esté, & mary de Dauphine
de la Tour. Mais s'il avoit veu les titres que j'ay veus, il auroit esté d'un
autre sentiment, estant prouvé par titres qu'elle estoit femme d'Ebles VI.
comme nous le dirons plus bas. Et dautant que la maison des anciens
Vicomtes de Ventadour, en laquelle Dauphine de la Tour est entrée,
a eu le malheur, quoyque tres ancienne & tres illustre, d'avoir esté
jusques à present negligée par ceux qui se sont meslez d'escrire les genealogies des grandes maisons, j'ay creu que je pouvois interrompre icy le
fil de mon discours en faveur de cette maison & de celles qui luy sont
alliées, & que je ferois plaisir aux curieux d'en deduire icy la genealogie jusques au temps qu'elle tomba en quenouille & fondit en
celle de Levis. Les Vicomtes de Ventadour tirent leur origine des Vicomtes de Comborn en Limousin, dont la maison estoit si noble &
Diodor. Sicu'. si grande qu'on peut dire d'elle ce que Diodore le Sicilien dit des
lib. 3. p. 194. Atlantides, qu'à cause de sa grandeur beaucoup de grandes maisons,
mesme des pays esloignez, ont tiré & tirent encore de là leur origine.
Archambaud II. du nom Vicomte de Comborn eut de Rotberge de
Rochechoüard sa femme trois enfans masles & une fille, c'est assavoir
Archambaud III. du nom Vicomte de Comborn, Ebles, qui fut le premier Vicomte de Ventadour, Bernard, dont nous allons parler, & Unie
mariée à Rigaud de Charbonnicres, laquelle fut mere de Guillaume de
Charbonnieres Abbé de Tulle. Bernard fut aussi Vicomte de Comborn
apres la mort sans enfans d'Ebles II. Vicomte de Comborn son neveu,
& fut marié en secondes nopces avec Pernelle de la Tour d'Auvergne.
Preuves p. 484. Il se fit enfin Moine à Clugny, où il fit penitence du crime par luy commis
en l'année MCXI. en la personne de son neveu Ebles, qu'il tua de sa
propre main, ainsi qu'il est marqué dans une charte du Cartulaire de
Tulle. Ebles I. du nom Vicomte de Ventadour son frere espousa Almodie
tante de Robert de Montberon, & en eut un fils appelé Ebles surnommé
Gaufr. Vos. p. le Chanteur, parce qu'il ayma toute sa vie les chansons joyeuses, c'est
290. 322. à dire la poësie Provençale, laquelle estoit en ce temps là tant à la mode
que mesme les Roys & les Princes s'en mesloient. C'est donc de luy
qu'il faut entendre ce qui est dit du Vicomte de Ventadour dans les
Nostrad. p. 70. Vies des Poëtes Provençaux, qu'il aymoit beaucoup Bernard de Ventadour fils d'un pauvre homme de Ventadour, Poëte Provençal, & luy
faisoit grand honeur pour ses belles & riches inventions de poësie. Ebles II.
dit le Chanteur espousa Agnes fille de Guillaume de Montluçon, & mourut
To. 11. Spicil. au mont Cassin en l'année MCLXX. au retour de son voyage de Hieru-
p. 403. salem, laissant un fils appelé Ebles III. du nom. Celuy cy fut marié deux
Gauf. Vos. p. fois. Sa premiere femme fut Marguerite de Turenne veuve d'Aymar IV.
291.

Vicomte de Limoges, laquelle il repudia depuis à cause qu'il estoit proche parent de son premier mary. Il en eut pourtant une fille appellée Matebrune, laquelle espousa en premieres nopces Renaud le lepreux Vicomte d'Aubusson, & en secondes nopces Eschivat frere de Jourdain Prince de Chabanois. Apres avoir repudié Marguerite de Turenne il espousa Alix de Montpeslier. M. Justel a creu que cette Alix estoit fille de Guillaume seigneur de Montpeslier II. du nom & de Mahault de Bourgogne fille d'Hugues IV. Duc de Bourgogne. Ce qui ne peut pas estre, attendu que Mahault fille du Duc de Bourgogne ne fut mariée au Seigneur de Montpeslier qu'en l'année MCLVI. & qu'il est constant qu'Alix de Montpeslier femme d'Ebles III. fut mariée environ le mesme temps, puisqu'Eble IV. son fils estoit desja marié en l'année MCLXXIV. comme il paroist d'un titre qui est dans le Cartulaire de l'abbaye de Dalon. Cette Alix estoit donc fille de Guillaume I. du nom seigneur de Montpeslier & de Sibylle sa femme. Elle fut mere de plusieurs enfans, assavoir d'Ebles IV. dit Archambaud Vicomte de Ventadour, d'Ebles Moine de Clugny & Abbé de Figeac, de Bernard Abbé de Tulle, de Guy Chanoine & Prevost de l'Eglise de Maguelone, de Raymond & Helie Chanoines de saint Estienne de Limoges, & encore d'un autre Ebles, qui fit beaucoup de peine à son frere ; ausquels le titre du Cartulaire de Dalon allegué cy dessus adjouste un Aimon, qui y est appellé oncle, *patruus*, d'Eble mary de Sibylle de la Faye. Le Prieur de Vigeois nomme encore parmy leurs enfans un Guillaume Abbé de Tulle. Mais il s'est mesconté en cet endroit. Car cet Abbé n'estoit pas de la maison de Ventadour, mais de celle de Charbonnieres, comme il a esté marqué cy devant, bien esloigné par consequent du temps auquel les enfans d'Alix de Montpeslier vivoient. Eble IV. son fils espousa avant l'an MCLXXIV. Sibylle de la Faye fille de Raoul de la Faye Seigneur de grande consideration à la Cour des Roys d'Angleterre Ducs de Guyenne, sœur de Guillaume de la Faye mentionné dans un titre de l'Evesché de Poictiers de l'an MCCLX. imprimé par M. Besly. M. Justel a escrit qu'il eut d'elle un fils unique, assavoir Eble V. du nom. Ce qu'il a avancé parce qu'il n'en voyoit point d'autres enfans. Cependant il paroist par le titre de l'Evesché de Poictiers que je viens de citer qu'il avoit un autre fils appellé Ebles, lequel atteste que Guillaume de la Faye estoit son oncle, *avunculus meus*. C'est sans doute le mesme Ebles dont l'heredité fut querellée au Parlement de Paris en l'année MCCLXVIII. par les enfans de Jaubert seigneur de saint Flour le Chasteau en Auvergne, qui demanderent d'estre mis en saisine ou possession de la terre de Bancanes & des biens que cet Ebles avoit en la Vicomté de Chasteleraud, duquel ils se disoient neveux & plus proches heritiers. Et par consequent il faut encore adjouster aux enfans d'Ebles IV. & de Sibylle de la Faye cet Ebles & une fille appellée Marie en quelques memoires de M. Du Bouchet & Marguerite en d'autres, laquelle fut mariée à Jaubert de saint Flour, & fut mere de Robert de saint Flour, de Jaubert Prevost de Cande, & d'une fille mariée à Pierre Foucher Chevalier. Cet Ebles estoit seigneur de Charlus ou Chaslus, chasteau qui fut usurpé sur luy par Boson de

Hist. des Evesques de Poictiers p. 157.

Bourdeille en l'année MCCLXVII. comme on l'apprend d'un ancien registre du Parlement. Ebles V. du nom Vicomte de Ventadour espousa en premieres nopces Marie de Limoges fille d'Aymar V. Vicomte de Limoges, de laquelle il n'eut point d'enfans, & en secondes nopces Marie sœur de Boson II. Vicomte de Turenne, de laquelle il eut Raymond & Ebles, lesquels nous avons nommez cy dessus au commencement de cet article, Bernard Evesque du Puy, un autre Bernard Archidiacre de Li-

Preuves p. 174. moges & Chapellain du Pape, Helie Prevost de Tulle, & Alix femme
Preuves p. 170. 175. de Robert I. du nom Dauphin d'Auvergne. Ebles VI. du nom, que je trouve avoir esté Vicomte de Ventadour ez années MCCXXXVI. & MCCXLIX.
Preuves p. 502. 503. en laquelle il partit pour aller au voyage d'Outremer avec Alphonse Comte de Poictiers frere du Roy saint Loüis, espousa Dauphine de la Tour d'Auvergne, laquelle luy survesquit long temps, y ayant un titre ez archives de l'Evesché de Limoges qui prouve qu'elle estoit encore au monde en l'année MCCXCIX. c'est à dire XXIX. ans apres la mort de son mary. Il provint trois enfans de leur mariage, assavoir Ebles VII. appellé à

Preuves p. 498. cause de son bas aage Eblet dans le testament de Bernard seigneur de la Tour VI. du nom son grand pere, Marie, & Isabeau. Marie fut
Preuves p. 124. accordée en l'année MCCLXIII. avec Faucon de Montgascon fils de Robert seigneur de Montgascon & de Beatrix de Beaujeu. Mais ce mariage ne fut pas accompli, sans doute à cause de la mort de Marie, & Faucon espousa

Notæ ad Vitas Papar. Aven. p. 1451. sa sœur Isabeau, laquelle convola en secondes nopces en l'année MCCLXXVI. & espousa Robert seigneur de Montberon petit fils d'autre Robert seigneur de Montberon beaucoup loüé dans la Chronique de saint Martial de Li-
Preuves p. 122. moges pour sa grande charité envers les pauvres. Isabeau de Ventadour eut de son premier mariage avec le Seigneur de Montgascon deux filles, assavoir Beatrix mariée à Robert VI. Comte d'Auvergne, & Maurs ou
Preuves p. 126. 130. 131. Mahault mariée en premieres nopces à Eudes seigneur de Tournon, & en suite à Guillaume de Bourbon seigneur de Beçay, duquel elle eut un fils appellé Guillaume comme son pere accordé l'onziesme Juin MCCCVII.
Hist. de Courtenay p. 104. avec Luque fille & heritiere de Geraud seigneur de Varennes, mais qui mourut sans posterité. De sorte que Mahault & son fils Guillaume estant morts sans laisser de posterité, tout le bien de la maison de Montgascon fondit en celle d'Auvergne. Ebles VII. du nom Vicomte de Ventadour fils d'Ebles VI. & de Dauphine de la Tour (appellé aussi Helie en quelques anciens titres de l'Evesché de Limoges, de Ventadour, & de Pompadour) fut au voyage que le Roy saint Loüis fit en Barbarie, fut fait Chevalier devant Tunes par Edoüard I. Roy d'Angleterre, & espousa
Preuves p. 503 environ l'an MCCLXIII. une Dame appellée Blanche fille du Seigneur de Chasteauneuf, laquelle testa en sa faveur en l'année MCCXCII. le Dimanche intitulé *Reminiscere*. Je trouve qu'il en eut plusieurs enfans, assavoir Ebles VIII. du nom, Ebles seigneur de Boussac & de Donzenac, dont il sera parlé apres avoir deduit la posterité de son frere aisné, Helie Doyen de Nostre Dame du Puy & Evesque de Tournay, un autre Helie, Ebles Chanoine de Reims, Guillaume religieux en l'abbaye saint Augustin de Limoges, Doyen de Carennac & Evesque de Tournay apres son frere,

D'AUVERGNE. Liv. IV.

Marguerite mariée en l'année MCCXC. à Loüis de Beaufort seigneur de Montferrand, Dauphine mariée à Guillaume de Mercueur seigneur de Gerzat, & Marie femme de Jean Selin seigneur de Chasteauneuf, duquel elle estoit veuve en l'année MCCXCVIII. le Mercredy apres la feste sainte Catherine, ayant ce jour là fait donation de ses biens à son frere Helie Vicomte de Ventadour. Ce qui prouve qu'elle mourut sans enfans. Ebles VIII. prit alliance en l'année MCCXC. avec Marguerite de Beaujeu fille de Loüis de Beaujeu seigneur de Montferrand & de Marguerite Dame de Bornés en Berry, sœur de Blanche de Beaujeu mariée à Guy de Chauvigny seigneur de Levroux & de Marie de Beaujeu religieuse en l'abbaye de Longchamp prez de saint Cloud. Je trouve par titres qu'il eut huict enfans, qui sont Ebles emancipé par son pere en l'année MCCCXII. au mois de Janvier, Bernard, qui fut Vicomte de Ventadour, duquel nous parlerons incontinent, Helie Doyen de Nostre Dame du Puy, Guy Evesque de Cambray & de Vabres, Blanche mariée à Guichard de Comborn seigneur de Treignac, Blanche Abbesse de Bonnesagne, & une autre fille appellée Anne. Ebles aisné des enfans d'Ebles VIII. fut accordé le vingtiesme Novembre MCCCXIV. avec Mathe de Comborn fille de Guichard de Comborn seigneur de Treignac & de Chamberet, avec laquelle il vivoit encore en l'année MCCCXXI. en Janvier, dont il y a titre à Pompadour, & encore en l'année MCCCXXV. ainsi que je l'ay trouvé marqué de la main d'André Du Chesne. Il fit son testament le XXIV. Avril MCCCXVIII. comme il se disposoit à partir pour aller en pelerinage à saint Jacques en Galice, par lequel il institua le postume, & luy substitua Helie de Ventadour son frere. Apres son decez sans enfans Mathe sa veuve se remaria avec Brun seigneur de Claviers, duquel elle eut un garçon & une fille. Mathe fit un codicille le Mardy XXX. Novembre MCCCLXVII. dans lequel elle ne fait aucune mention de son premier mariage, & donne à son frere Archambaud de Comborn quatre cens florins d'or à prendre sur ce que Bernard de Ventadour luy devoit, ayant sans doute fait un accommodement avec luy pour son doüaire, comme cela se faisoit assez souvent. Il y a neantmoins preuve dans un registre du Parlement qu'en la mesme année elle se disoit veuve d'Ebles jadis Vicomte de Ventadour. Bernard fils d'Ebles VIII. estoit Vicomte de Ventadour en l'année MCCCXXIX. dont il y a preuve à Ventadour. M. Justel a creu que ce fut en sa faveur que la seigneurie de Ventadour fut erigée en Comté en l'année MCCCXLVII. par ce qu'il trouvoit un titre de cette année dans lequel il se qualifie, à ce que dit M. Justel, Comte de Ventadour. La verité du fait est que le Roy Philippe de Valois mettant en consideration les services que Bernard Vicomte de Ventadour & ses predecesseurs avoient rendus à l'Estat, & encore en consideration de la bonne & noble lignée dont il estoit issu, erigea les seigneuries de Ventadour & de Montpencier appartenantes audit Bernard & chascune d'icelles en Comté par letres données au Moncel prez Pont sainte Maixence le second jour du mois d'Avril MCCCL. lesquelles se trouvent au Tresor des chartes de France. Ainsi peu de temps apres

Hist. de Bourgogne de M. Du Chesne p. 457.

Froissart, qui vivoit de son temps, l'a avec raison appellé Comte de Ventadour en descrivant la bataille de Poictiers, où il fut fait prisonnier avec son fils en la compagnie du Roy, comme le Roy luy mesme l'atteste dans des letres données en sa faveur au mois de Janvier MCCCLX. en comptant comme on comptoit pourlors en France. Il fut marié le XVII. May MCCCXXXVIII. à Marguerite de Beaumont fille de Robert de Brienne Vicomte de Beaumont le Vicomte, petit fils de Jean de Brienne Roy de Hierusalem & de Berengere de Castille, & en eut Robert, qui fut Comte de Ventadour apres luy, Guillaume Archidiacre de Roüen, Marguerite femme de Miles de Noyers Comte de Joigny, Marie femme de Jean de Bueil, Aude femme de Jaubert de Malemort seigneur de Cornil, Jeanne mariée à Godefroy de Boulogne seigneur de Montgascon, & Agnes femme de Jean d'Apchier seigneur d'Arzance. Bernard Comte de Ventadour & de Montpencier pere de tant d'enfans vesquit fort long-temps, & sa femme aussi. Car ils estoient encore au monde en l'année MCCCLXXIX. quand Geoffroy Teste noire se rendit maistre du chasteau de Ventadour, comme nous l'apprenons de Froissart, qui dit que ce Comte *estoit ancien & simple prud'homme, qui plus ne s'armoit, mais se tenoit tout quoy en son chastel.* Il adjouste qu'apres avoir esté mis hors de son chasteau il se retira avec sa femme & ses enfans à Montpencier, terre que luy & son fils Robert vendirent en suite à Jean Duc de Berry selon le rapport de M. de la Thaumassiere. Robert Comte de Ventadour son fils espousa en l'année MCCCXCIII. Isabeau de Vendac fille d'Oudin de Vendac & d'Alix du Breüil de la maison de Courcelles, & en eut Jacques & Charles successivement Comtes de Ventadour. Jacques, qui estoit l'aisné, fut fait prisonnier à la bataille d'Azincourt, & fut marié à une fille de Jean de Torsay seigneur de Lezay Grand Maistre des Arbalestriers de France, & mourut apres l'an MCCCCXXII. sans posterité. Son frere Charles, qui luy succeda, engendra Loüis, lequel fut marié en MCCCCXLV. avec Catherine de Beaufort fille de Pierre de Beaufort Comte de Beaufort & Vicomte de Turenne ; & de ce mariage il sortit une fille unique appellée Blanche mariée en l'année MCCCCLXXII. à Loüis de Levis seigneur de la Voute, lequel à cause d'elle fut Comte de Ventadour, & a commencé la seconde race des Seigneurs de Ventadour.

Il faut presentement revenir à Ebles de Ventadour seigneur de Boussac, de Donzenac, & d'Ussel, fils d'Ebles VII. Vicomte de Ventadour & de Blanche de Chasteauneuf. Il fut marié en l'année MCCXC. avec Galiene de Malemort fille de Geraud de Malemort seigneur de Donzenac morte avant l'an MCCCX. de laquelle il eut Geraud I. du nom seigneur de Donzenac, Helie Evesque de Padoüe & de Castres, Guillaume Prieur de Chalais, Doyen de Rioupeyroux en Roüergue, & en suite Abbé de saint Martial de Limoges, Ebles, dont il est fait mention avec son pere dans un titre de l'Evesché de Limoges, & Blanche mariée à Guichard de Comborn III. du nom seigneur de Treignac. Geraud fut marié à une Dame appellée Souveraine, & non Catherine, comme M. Du Bouchet l'a
appellée

D'AUVERGNE. Liv. IV.

appellée dans la genealogie de la maison d'Aubusson, estant prouvé par titre qui est au Trefor des chartes de France à Paris que la mere de Marguerite femme de Guy d'Aubusson seigneur de la Borne s'appelloit Souveraine. Il en eut un fils appellé Geraud comme luy, un autre appellé Bernard tué, comme je le crois, à la bataille de Poictiers, & deux filles, l'une appellée Marguerite mariée à la Borne en l'année MCCCXXXII. & l'autre mariée en l'année MCCCXXXVIII. à Helie de Chanac frere de Guillaume & Bertrand de Chanac Cardinaux. Geraud II. du nom Seigneur de Donzenac eut deux femmes, Marguerite Roger sœur du Pape Gregoire XI. & niepce du Pape Clement VI. & Isabeau de Terride fille de Bertrand de Terride & de Rambaude d'Arpajou, veuve de Gaston de Lomagne, de laquelle il eut une fille appellée Agnes mariée à Jean de Murol neveu du Cardinal de ce nom. *Notæ ad Vitas Papar. Aven. p. 1452.*

Il y a apparence qu'Ebles qui a esté nommé cy dessus parmy les enfans d'Ebles de Ventadour seigneur de Boussac eut la seigneurie d'Ussel en son partage. Car je trouve dans un registre de la Chancellerie qu'un Ebles de Ventadour estoit seigneur d'Ussel au mois d'Avril MCCCXIX. & dans un autre que Maragde d'Ussel, laquelle estoit sœur de Guyot, Hugues, & Geraud d'Ussel, estoit veuve de Rigon de Champiers Chevalier en l'année MCCCXCIII. & que Merigot Marchez, mal appellé Marcel par Froissart, estoit son neveu, lequel est aussi appellé neveu de Guyot & Geraud par le mesme auteur. *Registre 58. & 145. Froissart vol. 4. chap. 16. 17.*

Je ne donne pas neantmoins comme une chose certaine que Merigot, qui estoit fils d'une Marguerite d'Ussel, fut neveu des seigneurs d'Ussel issus de Ventadour, n'en ayant d'autre preuve que celle qui se prend de la ressemblance des noms, qui n'est pas tousjours bien certaine. Ce qui m'a porté à le penser ainsi est que je ne connois en Limousin aucun lieu appellé Ussel que celuy qui est dans la terre de Ventadour, que dans les letres du Roy Charles VI. du mois de Fevrier MCCCXC. par lesquelles il donna à Pierre de Magnac Secretaire du Roy les biens de Merigot à luy advenus par sa forfaiture il est dit que Merigot estoit fils aisné de feu son amé & feal Emery Marchez du pays de Limousin appellé Aymeri Marchez seigneur en partye de Chaslus Marchez & de Noblac dans des letres royaux de l'an MCCCXXXIX. qui sont dans le registre LXXI. de la Chancellerie, & que les letres expediées pour l'execution du don fait à Pierre de Magnac données au mois de Juillet en MCCCXC. sont adressées au Seneschal de Limousin. Ce qui prouve necessairement que Merigot estoit issu d'une maison noble du Limousin. Il se pourroit mesme faire que sa mere auroit esté sœur ou fille d'un Guillaume d'Ussel Damoiseau seigneur de la Garde mentionné dans un titre de l'année MCCCLIII. rapporté par M. Justel & dans un titre de l'an MCCCL. qui est au Tresor de Ventadour, la Garde Guilloty estant un lieu prez de la ville d'Ussel Ventadour. *Preuves de M. Justel p. 96.*

Auparavant de finir cet article, je suis obligé d'avertir le lecteur que M. Du Bouchet s'est trompé lorsqu'il a escrit dans la genealogie de la maison d'Aubusson que Dauphine de la Tour apres la mort du Vicomte de Ventadour son mary s'estoit remariée dans la maison de la Borne, y

290   HISTOIRE DE LA MAISON

ayant preuve par titres que mesme en l'année MCCLXXX. elle prenoit la qualité de Vicomtesse de Ventadour. Dauphine de la Tour mariée dans la maison de la Borne estoit sa niepce. Elles sont parfaitement bien distin-

Preuves p. 504. guées dans le testament de Bertrand de la Tour Chanoine de Clairmont frere de la Vicomtesse de Ventadour & oncle de la Dame de la Borne. Il en sera parlé plus amplement au chapitre suivant.

Preuves p. 498.
504. 513.
GAILLARDE DE LA TOUR mariée à Pierre Vicomte de Murat neveu de Geraud de Cros Archevesque de Bourges & frere de G. de Murat Evesque du Puy. Elle estoit encore vivante en l'année MCCLXX. Il provint de son mariage avec le Vicomte de Murat un autre Pierre Vicomte de Murat.

Preuves p. 498. MARGUERITE DE LA TOUR mariée à Geraud de Rochefort, morte avant l'année MCCLXX. sans enfans. Elle fit ses heritieres Gaillarde & Dauphine de la Tour ses niepces.

J'avois adjousté dans ma Table genealogique imprimée une autre fille de Bernard VI. appellée Dauphine. C'est une erreur. Il sera parlé d'elle au chapitre suivant parmy les enfans de Bernard VII.

 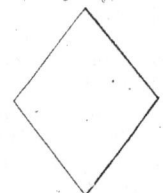

Bernard seigneur de la Tour VII. du nom.

CHAPITRE IX.

TOUT ce qui vient d'estre dit dans les chapitres precedents des alliances de la maison de la Tour paroist encore amplement confirmé à l'esgard de celle de Toulouse par l'usage que Bernard VII. fils de Jeanne de Toulouse faisoit des armoiries de sa mere, lesquelles il mettoit en son contre-

Hist. de Mont-
morency p. 20.
25.
seel, *estant lors cette coustume ordinaire entre les Grands*, comme M. Du Chesne l'a remarqué, *d'embellir les revers de leurs seaux des armes maternelles ou de celles des princi-*

Hist. de Savoye
de M. Guiche-
non p. 135.
pales terres dont ils estoient heritiers, de mesme que Cecile de Baux Comtesse de Savoye portoit en son contreseel l'estoile de Baux en losange, la-

D'AUVERGNE. Liv. IV.

quelle en un contreseel de l'an MCCLVIII. se trouve partye d'une croix de Toulouse, & comme le fameux Guy de Levis portoit dans son contreseel un lyon, qui estoient les armes des Seigneurs de Montfort l'Amaury, ayant sans doute espousé une fille de Simon Comte de Montfort & d'Alix de Montmorency. Car il y a dans le *Regiſtrum curiæ Franciæ*, comme je le diray encore un peu plus bas, un titre de l'an MCCXXIII. où il est appellé oncle d'Amaury fils de Simon. Il reste encore au Tresor de Turenne & dans les archives de diverses Eglises d'Auvergne une grande quantité de seaux de la cour des Seigneurs de la Tour jusques au regne de Philippe de Valois où la croix pommetée des Comtes de Toulouse est au contreseel des armes de la Tour en cette maniere.

Le pere de Bernard VII. estant mort en la terre sainte, & sa mere deux ans ou environ apres son mary, il eut de grandes contestations avec son frere Bertrand pour le partage des biens paternels & maternels, qui furent enfin terminées par une transaction passée au mois d'Avril MCCLVI. *Preuves p. 509.* environ un an apres le decez de Jeanne de Toulouse leur mere.

Au mois de May ensuivant les deux freres donnerent des coustumes aux *Preuves p. 510.* habitans du lieu de saint Amans en Auvergne, suivant lesquelles toutes les affaires civiles & crimineles devoient estre jugées.

Au mois de Janvier de l'année d'apres Bernard auctorisa la vente de *Preuves p. 511.* quelques biens dans le territoire de Noalhac faite à Gaston de saint Nectaire Chanoine de Clairmont par Altier Atayne Damoiseau. Par un acte du mois de May MCCLXIX. qui est au Tresor des chartes de France il paroist que Gaston estoit pour lors Archidiacre de Clairmont.

En l'année MCCLXII. le Mercredy apres la saint Martin d'hyver *Preuves p. 273.* Robert Dauphin Comte de Clairmont faisant le desnombrement des fiefs & arrierefiefs qu'il tenoit d'Alphonse Comte de Poictiers & de Toulouse, auquel le Roy son frere avoit donné le domaine d'Auvergne, il y mit quelques terres tenuës de luy par le Seigneur de la Tour.

En l'année MCCLXIV. y ayant eu un grand differend entre ledit *Preuves p. 274.* Robert Dauphin & Faucon seigneur de Montgascon pour raison du domaine & de la justice de quelques lieux situez en Auvergne, ils firent par un compromis juges de leur differend Bernard de Ventadour Archidiacre de Limoges & Bernard seigneur de la Tour, quoyqu'ils fussent oncles de Faucon à cause de sa femme Isabeau de Ventadour fille de Dauphine de la Tour Vicomtesse de Ventadour. Voyez ce que nous en avons dit cy dessus page 172.

Tome I. Oo ij

HISTOIRE DE LA MAISON

Preuves p. 523.   Par le traicté du mariage de Bertrand de la Tour III. du nom passé à Figeac en Quercy le x. Fevrier MCCLXIX. suivant la maniere de compter de ce temps là il paroist que son pere Bernard pensoit au voyage d'Ou-
Preuves p. 523.   tremer. Dans cette pensée il fit son testament le Jeudy VIII. May ensuivant. Mais il ne partit pas sitost. Car il y a preuve que le XVIII. du mesme mois de May estant encore en Auvergne, il confirma le don que Bernard
Preuves p. 576.   de Besse Chanoine de Brioude avoit fait à cette Eglise pour la fondation de son anniversaire. Il partit neantmoins bientost apres, & fut au siege de Tunes avec saint Loüis, & y mourut le XIV. jour d'Aoust MCCLXX. dix jours avant le decez de saint Loüis. La nouvelle de sa mort ayant esté
Preuves p. 526.   portée en Auvergne, son testament fut publié judiciairement le Jeudy d'apres les Roys de l'année suivante MCCLXXI. suivant nostre maniere de compter. Son petit neveu Ebles Vicomte de Ventadour fut aussi au
Preuves p. 503.   siege de Tunes, & y fut malade. Ce qui l'obligea de s'en revenir en France.

     Peu auparavant que Bernard fit son testament, c'est à dire le XIII. Avril jour de Pasques, Estienne & Geraud de la Tour Damoiseaux luy cederent le lieu de Pradel situé dans la parroisse de Cevene.
Preuves p. 512.   Le XV. jour de May de la mesme année son frere & luy donnerent des coustumes à la ville de Besse en Auvergne, selon lesquelles les habitans de ce lieu devoient estre regis.
Preuves p. 515.   Il avoit espousé une Dame appellée Yoland, laquelle estoit desja morte lorsqu'il fit son testament, & fut enterrée en l'abbaye de la Vayssi.

Enfans de Bernard de la Tour VII. du nom & de sa femme Yoland.

BERTRAND III. qui aura son chapitre.
     GAILLARDE DE LA TOUR mariée à Pierre Maurice seigneur de Roche Savine & de saint Bonnet, issu d'une maison tres noble & tres ancienne, qu'on croit avoir esté la mesme que celle d'où est sorty Pierre Maurice appellé le Venerable Abbé de Clugny. Il paroist par le testament du Seigneur de la Tour pere de Gaillarde qu'elle estoit l'aisnée de ses enfans. Car il ne la nomme point parmy ceux qui estoient en aage pupillaire, & ne la met pas sous la puissance de tuteur comme les autres, dautant plus qu'estant mariée, elle estoit en puissance de mary. Elle estoit desja morte en l'année MCCLXXXV. lorsque Bertrand III. son frere fit son testament. Mais elle laissa des enfans, ausquels son frere legua par
Preuves p. 531. *534.*   testament, au cas que ses enfans mourussent sans enfans legitimes, les seigneuries de Coude & de Montpeyroux. Ses enfans estants morts avant luy sans posterité, il donna en l'année MCCCXI. par donation
Preuves p. 139.   entre vifs tous ses biens à Robert VI. Comte d'Auvergne & de Boulogne son cousin. Et c'est en vertu de cette donation que les Comtes d'Auvergne ont adjousté à leurs qualitez celle de Seigneurs de Roche Savine. Quand je dis que les enfans de Pierre Maurice estoient morts avant luy, j'entends principalement les masles. Car il avoit eu plusieurs enfans de son mariage avec Gaillarde de la Tour, & entr'autres une fille appellée Bermonde

religieuse au monastere d'Estel, & une autre, dont je ne sçay pas le nom, *Preuves p. 143.* mariée à Geraud des Boissieres seigneur de Chaslus & de Crest, laquelle fut mere de Marcibille des Boissieres mariée en l'année MCCCXVI. à Ploton de Roche-Baron seigneur de Mont-Archer. La rencontre de ce mariage forma une grande difficulté au sujet de la donation que Pierre Maurice avoit faite au Comte d'Auvergne. Car il estoit constant que Marcibille estoit heritiere presomptive, au moins pour sa cotité, de Pierre Maurice son ayeul maternel. Pour prevenir toutes les contestations & tous les differents qui pourroient survenir à cette occasion apres la mort *Preuves p. 516.* de Pierre Maurice, on trouva à propos de faire consentir Marcibille à cette donation auparavant la celebration de son mariage. Et afin qu'elle le peut faire seurement pour le Comte, son pere l'emancipa par acte passé le Mercredy apres la saint Michel MCCCXVI. c'est à dire le jour mesme de la saint Michel, qui escheut cette année là à un Mercredy, & le lendemain, qui fut le Jeudy avant la saint Geraud, Marcibille ainsi emancipée ratifia & approuva la donation que son ayeul avoit faite au Comte d'Auvergne. Mais dautant qu'il ne paroit pas par cet acte qu'on luy eut donné aucun desdommagement ny equivalent, il fut passé à Vic le Comte une transaction entre le Comte Robert VII. fils du donataire de Pierre Maurice & Ploton de Roche-Baron & Marcibille sa femme le Samedy d'apres la saint Martin MCCCXXI. par laquelle le Comte Robert en consideration de ce delaissement donna à Marcibille & à Ploton son mary pour elle & les siens à perpetuité sept vingt livres de rente à prendre sur la leyde & autres revenus du chasteau d'Ambert, & en outre la somme de mil livres une fois payable. Moyenant quoy ils renoncerent entierement à la succession de Pierre Maurice. Je trouve dans un testament de ce Seigneur fait en forme de donation entre vifs le septiesme May MCCCXXXIV. qu'outre Gaillarde de la Tour il eut encore une autre femme, assavoir Endisie d'Anduse, à laquelle il legua ses bagues & joyaux, toute sa vaisselle, tous ses meubles, & plusieurs autres choses. Il fit plusieurs legs pieux pour son ame & pour celles *uxorum suarum.* Il est dit dans cet acte qu'Endisie estoit sœur de Roger de la Voute Precenteur de l'Eglise cathedrale de Valence, & que Bernard d'Anduse seigneur de la Voute estoit son neveu. Il n'y est pas parlé d'aucuns enfans d'Endisie. Tous les actes que je viens de citer sont en original au Tresor des chartes de Turenne.

DAUPHINE DE LA TOUR mariée dez l'an MCCLXXV. avec *Preuves p. 516.* Raynaud d'Aubusson fils de Ramnulphe d'Aubusson seigneur de la Borne; *517.* apres la mort duquel elle se remaria avec Aymery de la Rochefoucaud II. du nom, lequel estoit desja mort avant le mois de Juin MCCXCIX. lorsque sa femme fit son testament. Il provint de ce dernier mariage, au *Preuves p. 511.* rapport de M. de la Thaumassiere, Guy de la Rochefoucaud VIII. du *Hist. de Berry* nom marié à Agnes de Culant, Geoffroy, Aymery seigneur de la Boissiere, *p. 672. 707.* & un autre Guy. Mais dans son testament elle nomme ses enfans en cet ordre, sans s'expliquer s'ils sont du premier ou du second mariage. Guy, Geoffroy, Agnes, Aymery, Marguerite. Il y a pourtant grande apparence que ceuxcy sont du second mariage de Dauphine. Car M. Du Bouchet dans la Table genealogique de la maison d'Aubuſſon ne compte parmy les enfans du premier lict que Guillaume d'Aubuſſon ſeigneur de la Borne & Geraud d'Aubuſſon ſon frere mis *in pace* à Montpeſlier à cauſe de l'hereſie des Albigeois.

J'ay desja marqué dans le chapitre precedent que M. Du Bouchet s'eſtoit meſpris en eſcrivant que Dauphine de la Tour Dame de la Borne eſtoit la meſme Dauphine de la Tour que celle qui a eſté Vicomteſſe de Ventadour. Il s'eſt encore trompé en ce qu'il a creu que c'eſtoit Ramnulphe fils de Raynaud qui avoit eſpouſé Dauphine de la Tour, eſtant certain qu'elle fut mariée à Raynaud fils de Ramnulphe.

M. Juſtel adjouſte au nombre des enfans de Bernard VII. un Antoine de la Tour appellé neveu de Bertrand de la Tour Chanoine de Clairmont eſt un titre de l'an MCCLXXIII. Mais outre que Bernard VII. faiſant ſon teſtament peu de mois avant ſon decez nomme tous ſes enfans avec ſubſtitution des uns aux autres, & ne fait mention d'autre maſle que de Bertrand III. ſon heritier, M. Juſtel s'eſt aſſurement fondé ſur l'Inventaire des titres de la maiſon de la Tour à luy communiqué par M. de Sainte-Marthe, qui eſt tres fautif, & n'a pas veu l'original du titre qui y eſt enoncé, dans lequel il faut mettre le nom de Bertrand au lieu d'Antoine. Ce que l'aucteur de l'Inventaire de Mercurol a bien creu devoir eſtre ainſi, puiſqu'il y a marqué que Bertrand Chanoine de Clairmont eſtoit tuteur de ce jeune Seigneur. C'eſt donc une erreur de l'eſcrivain qui a copié l'Inventaire. Le titre eſt du VI. des Kalendes de Fevrier MCCLXXIII. c'eſt à dire du XXVII. Janvier MCCLXXIV. ſelon la maniere de compter d'aujourdhuy.

OLIERGUES.
De sable à trois molettes d'argent.

Bertrand seigneur de la Tour III. du nom.

CHAPITRE X.

ERTRAND succeda à son pere au commencement de l'année MCCLXXI. & fut sous la tutele de Bertrand de la Tour Chanoine de Clairmont son oncle.

Dez le commencement de l'année precedente, son pere estant encore en vie & en Auvergne, il avoit esté accordé avec une des filles de Philippe de Montfort issu d'un *Preuves p. 524.* autre Pilippe de Montfort & d'Eleonor de Courtenay Princesse du sang royal de France, appellées Laure ou Laurete & Eleonor. Mais ce mariage ne fut accompli avec aucune d'elles, peuteftre à cause que Bernard de la Tour & Philippe de Montfort peres des parties moururent cette mesme année devant Tunes.

Laure & Eleonor estoient filles de Philippe de Montfort seigneur de la Ferté Aleps en Beausse & de Castres en Albigeois & de Jeanne de Levis de la maison de Mirepoix sa femme. De ce mariage de Philippe avec Jeanne de Levis sortirent plusieurs enfans, assavoir Simon, qui mourut en l'année MCCLXXV. dans la Pouille, Jean Comte de Squillace & de Montescagioso Chambellan du royaume de Sicile mort à Foggia au royaume de Naples en l'année MCCC. le premier jour de Decembre, Laure, qui fut mariée à Bernard IV. du nom Comte de Comminge, Eleonor femme de Jean IV. Comte de Vendosme, & Jeanne femme en premieres nopces *Hist. de Bourgogne de M. Du* de Guigues VI. Comte de Forez, & en secondes nopces de Loüis de Savoye *Chesne liv. 3.* seigneur de Vaud, laquelle fit son testament en l'année MCCXCIII. *chap. 77.* *Hist. de Savoye*

Je diray icy en passant que le nom de Laure ou Laurete entra en la maison *de M. Guichenon p. 1081.* des seigneurs de Montfort au moyen du mariage du celebre Simon de Montfort avec Alix de Montmorency fille de Bouchard V. seigneur de Montmorency & de Laurence de Haynaut, laquelle est appellée Laure

HISTOIRE DE LA MAISON

& Laurete dans quelques anciens titres rapportez par M. Du Chesne.

Quoyque l'alliance projettée avec l'une des filles de Philippe de Montfort n'ait pas eu d'effect, Laure neantmoins, qui fut mariée au Comte de Comminge, devint depuis alliée à la maison de la Tour, premierement à cause du mariage de Beatrix de Rhodez, laquelle estoit fille d'une sœur de ce Comte, avec Bernard de la Tour VIII. du nom, & encore par le mariage de Bertrand de la Tour IV. du nom avec Isabeau de Levis de Mirepoix niepce de Laure à la mode de Bretagne.

Le mariage de Bertrand avec l'une des filles de Philippe de Montfort n'ayant pas reussi, il espousa Beatrix heritiere de la maison d'Oliergues.

Preuves p. 524. Ce mariage fut accordé le XIV. Janvier MCCLXXVI. & Bertrand constitua à Beatrix son espouse deux cens livres de rente de doüaire à prendre en la ville de Besse.

Preuves p. 525. En la mesme année & le Vendredy apres la Magdelene Bertrand seigneur de la Tour & Bertrand son oncle Chanoine de Clairmont partagerent à l'amiable les biens de leur maison; & il demeura au Chanoine pour sa part & portion les chasteaux de saint Saturnin, de saint Amans, de saint Sandoux, de Randoe, & de la Varene de Confolens, de Montpeyroux, & le lieu de Chauser, le chasteau de la Rode, celuy de Tinieres, Bagnols, Chastreis, Bonnetegue, Bofau, les Essars, la Broüe, Orbeville, Anse le Sobra, Ferrayroles, & saint Donat, grand partage pour un cadet qui estoit d'Eglise. Mais tous ces grands heritages retournerent à Bertrand seigneur de la Tour en vertu du testament de son oncle.

Preuves p. 528. En l'année MCCLXXXII. le Samedy apres la feste saint Michel il acquit de Geraud de Rochefort Chevalier le chasteau de Murat sur Quayres & le chasteau de Vendés, c'est à dire, comme je le crois, le chasteau appellé par Froissart la Roche de Vandais, dont nous parlerons plus amplement lorsque nous traicterons de Bertrand V. seigneur de la Tour. Cette vente fut confirmée par un decret passé en la Cour du seau du Roy establi en Auvergne le Mardy d'apres la saint Luc en la mesme année, & encore par une transaction ou quittance passée en l'année MCCCI. par Geraud de Rochefort petit fils de Geraud de Rochefort vendeur au profit du Seigneur de la Tour.

En l'année MCCLXXXIV. il fit un fond pour executer les fondations que Bertrand son oncle, son pere Bernard, Bernard son ayeul, & Guillaume de la Tour Prevost de Brioude avoient faites en l'Eglise cathedrale *Preuves p. 529.* de Clairmont. Dequoy le chapitre de cette Eglise luy donna quittance generale le Samedy d'apres la Pentecoste.

En la mesme année il confirma aux habitans de la ville de la Tour les *Preuves p. 530.* privileges à eux donnez par Bernard de la Tour son pere & par Bernard de la Tour son ayeul.

Preuves p. 530. En l'année MCCLXXXV. il permit aux Prestres de l'Eglise de saint Pardoux au prez de la ville de la Tour d'acquerir vingt livres de rente pour augmenter les revenus de leur Eglise, sans neantmoins que cette permission se peut estendre au Prieur de cette Eglise.

Preuves p. 530. 533. Il fit un testament à Touloufe en l'année MCCLXXXV. & encore un autre

D'AUVERGNE. Liv. IV.

autre, par lequel il revoqua ce premier, en Auvergne le Vendredy XXII. Novembre jour de sainte Cecile MCCLXXXVI. & mourut deux jours apres, comme il est marqué dans un ancien Obituaire de l'Eglise cathedrale de Clairmont & dans celuy des RR. PP. Cordeliers de la mesme ville, où il est aussi marqué que sa femme, qui fut tutrice de ses enfans apres son decez, mourut le IX. jour du mois de May. Ils sont enterrez tous deux aux Cor- *Preuves p. 537.* deliers de Clairmont. Ce qui pourroit bien donner un juste sujet de penser que puisqu'il quittoit les sepultures de ses ancestres, il a esté, au moins en partie, fondateur du Convent des Cordeliers de Clairmont, comme j'apprens que la tradition y est telle ; ayant en cela imité beaucoup de grands Seigneurs, lesquels ont quitté les sepultures de leurs ancestres pour estre enterrez dans les Eglises par eux nouvellement fondées. Car il est constant que ses descendants & leurs femmes & enfans ont esté durant un fort long temps enterrez aux Cordeliers de Clairmont.

Enfans de Bertrand seigneur de la Tour III. du nom & de Beatrix d'Oliergues sa femme.

BERNARD VIII. qui aura son chapitre.

BERTRAND DE LA TOUR I. du nom SEIGNEUR D'OLIERGUES, dont il sera parlé au commencement du livre cinquiesme.

GUILLAUME DE LA TOUR Chanoine des Eglises de Reims, de *Preuves p. 530.* Clairmont, & de Brioude. Il fit ses estudes en l'Université de Toulouse, *533. 537.* & estoit desja Bachelier en loix en l'année MCCCX. comme il est marqué dans les statuts que les Docteurs & les Bacheliers de cette Université firent pourlors. Il fut en suite Docteur & Professeur en loix. Car en ces temps là tous ceux qui estoient Docteurs estoient aussi Professeurs. Et l'estude du Droict estant à la mode, parceque c'estoit le chemin le plus court pour parvenir au dignitez, les gens de qualité ne dedaignoient pas de se dire Professeurs en loix. On en pourroit alleguer bien des exemples. Mais il suffira d'en rapporter un bien illustre. C'est de Bouchard d'Avesnes, v. Innoc. III. personne de tres grande qualité ; lequel estoit tellement versé au Droict *lib. 14. p. 591.* civil qu'il en fit profession publique en la ville d'Orleans, ainsi que nous le voyons remarqué dans les annales de Belleforest. Guillaume de la *Belleforest fol.* Tour fit son testament au mois d'Avril MCCCXV. estant à Clairmont. *602.* Il paroist que son sejour ordinaire estoit à Toulouse. Car il legue à son frere *Preuves p. 538.* Bertrand les meubles qu'il avoit à Toulouse. Il est encore remarquable qu'il legue à l'Eglise de Reims tout ce qu'il avoit receu des revenus de la prebende qu'il y avoit, attendu qu'il n'y avoit fait aucun service.

AGNE DE LA TOUR Doyen de Carennac au diocese de Cahors, *Preuves p. 535.* Prieur de Crespy en Valois & de Bort en Limousin, comme il conste *539. 540.* par divers titres qui sont au Tresor de Turenne, par le contract de mariage de Mascaronne de la Tour avec Gilles Aycelin de Montaigu, & par un ancien registre d'Oliergues, qui nous apprend qu'il mourut à Murat en l'année MCCCXXXI. & que son corps fut porté à Bort pour y estre enterré. *Preuves p. 540.*

DAUPHINE DE LA TOUR mariée en l'année MCCXCVIII. à *Preuves p. 549.*

298 HISTOIRE DE LA MAISON

Guigues seigneur de la Roche en Renier au diocese du Puy. Il sortit entr'autres de ce mariage Alix de la Roche mariée à Guy de Tournon Chevalier seigneur de Tournon. Dauphine assista en la mesme année de son mariage à la prestation de l'hommage que Bernard seigneur de la Tour son frere fit à l'Abbé de Clugny pour la terre de la Tour. Elle testa en l'année MCCCXXIII. ainsi qu'il est marqué dans l'Inventaire des titres des Comtes de Forez trouvé à Montbrison.

Masures de l'Isle-Barbe to. 2. pag. 600.
Preuves p. 565.

RHODEZ.
De gueules au lyon d'or.

Bernard seigneur de la Tour VIII. du nom.

CHAPITRE XI.

Preuves p. 553.

PENDANT la minorité de ce Seigneur, qui estoit bien jeune lorsque son pere mourut, sa personne & ses biens furent en la tutele de sa mere, mesme lorsqu'il fut parlé de le marier, y ayant preuve par titre que lorsque son mariage fut conclu en l'année MCCXCV. il n'avoit guere que quatorze ans. Ce fut avec Beatrix de Rhodez qu'il fut marié, avec laquelle il avoit esté accordé par paroles de futur dez l'an MCCXCII.

C'estoit une ancienne & illustre maison que celle des Comtes de Rhodez où Bernard prit alliance. Je ne pretens pas en deduire icy la genealogie, mais seulement remonter jusques au temps que le sang des Comtes de Rhodez & des Roys d'Arragon se trouve meslé ensemble, afin de faire voir combien grande estoit l'alliance que ce Seigneur de la Tour contracta, laquelle marque en mesme temps la grandeur de sa maison. Car au moyen de ce mariage il adjousta aux autres grandes alliances de sa maison celles des maisons de Foix, de Bearn, de Comminge, de Cardonne, de Castelbon, d'Urgel, de Turenne, de Roquefeüil, de Narbonne, & encore celle des Roys d'Arragon & de Maillorque & des Seigneurs de Montpeslier, ausquelles Beatrix de Rhodez attouchoit de parenté de bien prez,

D'AUVERGNE. LIV. IV.

comme on le verra dans la suite. Il ne faut pas neantmoins obmettre qu'entre les alliances que la maison de la Tour prit avec ces autres, les Seigneurs de la Tour descendans de Bernard, seigneur de la Tour VIII. du nom, qui est celuy dont nous traictons, devinrent encore proches parents des Roys d'Arragon & des Seigneurs de Milan, Mathe d'Armagnac niepce de nostre Bernard ayant espousé Jean Duc de Gironne fils aisné de Don Pierre IV. Roy d'Arragon, & Beatrix d'Armagnac petite niepce du mesme Bernard ayant esté conjointe par mariage avec Charles fils de Bernabos seigneur de Milan. Mais revenons aux Comtes de Rhodez. *Froissart vol. 4. chap. 25.*

Hugues I. du nom fils de la Comtesse Richarde estoit Comte de Rhodez *Preuves p. 51.* en l'année MLI. comme nous l'apprenons d'un titre de l'abbaye de Conques en Roüergue. Il espousa une Dame appellée Foy, de laquelle il eut une fille appellée Berthe mariée à Robert II. Comte d'Auvergne, comme il a esté dit cy dessus page 48. Berthe estant morte sans enfans, la Comté de Rhodez devint à Raymond surnommé de saint Gilles fils du Comte de Tolouse, & elle fut venduë en suite en l'année MCCIX. à Richard II. Vicomte de Carlat. Richard fut pere d'Hugues II. Comte de Rhodez, de Pierre de Carlat trisayeul d'Alphonse le Chaste Roy d'Arragon, & de Guillaume Abbé de Dalon. Hugues III. fils d'Hugues II. luy succeda, & en l'année MCLXVII. il passa avec ledit Alphonse son cousin pour *To. x. Spicil.* raison de la Vicomté de Carlat une transaction dont Hugues Evesque *Marca Hisp.* de Rhodez frere du Comte & Guillaume seigneur de Montpellier furent me- *p. 510.* diateurs. Hugues III. mary d'Ermengarde de Narbonne fit son testament en l'année MCLXXVI. & institua son heritier & successeur en la Comté de Rhodez Hugues IV. son fils, qui est appellé fils d'Ermengarde dans un titre de l'abbaye de Conques, & fut conjoint par mariage avec Agnes fille de Guillaume VIII. Comte d'Auvergne, laquelle fut mere d'un autre Hugues, & vivoit encore en l'année MCXCV. comme nous l'ap- *Preuves p. 76.* prenons d'un titre de la mesme abbaye de Conques & d'un autre qui est dans les archives du Roy qui estoient à Rhodez avant qu'elles fussent transferées à Montauban. Hugues V. est appellé dans ce dernier titre *novus Comes*, parce qu'en l'année MCXCV. son pere le fit reconnoistre Comte par ses vassaux. Il mourut à Millau en Roüergue en l'année MCXCIX. avant son pere. Et quoy qu'il eut laissé quatre enfans masles, la representation n'ayant pas eu lieu, pas un d'eux ne luy succeda, son pere ayant apres sa mort fait reconnoistre Comte de Rhodez son autre fils Guillaume, ainsi appellé, comme je le pense, du nom de quelquun de ses oncles d'Auvergne. Car le nom de Guillaume est estranger dans la maison des Comtes de Rhodez. Guillaume espousa Beatrix de Canillac, & mourut sans enfans en l'année MCCVIII. ayant fait son heritier Guy II. Comte d'Auvergne son cousin, comme nous l'avons dit cy dessus page 79. Cette donation fut inutile au Comte d'Auvergne, parce qu'apres la mort de Guillaume Henry I. fils unique d'Hugues V. & Beatrix d'Avalon sa femme pretendit qu'estant le plus proche & fils de l'aisné, la Comté de Rhodez & la Vicomté de Carlat luy appartenoient, & s'en rendit le maistre sans avoir aucun esgard à la donation qui en

Tome I. Pp ij

avoit efté faite au Comte d'Auvergne, comme eftant contre le droict du fang. Cet Henry voulant aller en pelerinage au faint Sepulcre de Hierufalem fit fon teftament en l'année MCCXIX. auquel il adjoufta un codicille deux ans apres eftant malade dans l'hofpital d'Acre. Son fils Hugues VI. du nom, qui fut Comte de Rhodez apres luy, efpoufa en l'année MCCXXX. Elifabeth fille de Raymond feigneur de Roquefeüil & de Dauphine de Turenne.

To. ix. Spicil. p. 174.

C'eftoit encore en ces temps là une grande maifon que celle des Seigneurs de Roquefeüil en Roüergue. Raymond de Roquefeüil fils de Bernard d'Andufe fut accordé en l'année MCIX. avec Guillemete fille de Guillaume feigneur de Montpeflier & d'Adalaide. Je trouve que Guillaume eftoit feigneur de Montpeflier en l'année MXC. & que Guillaume auffi feigneur de Montpeflier fit fon teftament en l'année MCXXI. Je ne puis pas dire fi c'eft la mefme perfonne, ou fi ce font deux differentes perfonnes. Mais au cas que ce foit la mefme perfonne, comme les apparences femblent le dire, il faut que ce Guillaume, outre Ermefinde qu'on luy donne pour femme, en ait eu encore une appellée Adalaide, laquelle eftoit mere de Guillemete accordée avec Raymond de Roquefeüil & peuteftre d'Adalaide fille de ce mefme Guillaume mentionnée dans fon teftament. Il ne paroift pas que le mariage de Raymond avec Guillemete ait efté accompli. Et ce qui pourroit faire penfer qu'il n'euft pas d'effect eft que Guillemete nommée dans le teftament de fon pere, fi c'eft la mefme qui fut accordée avec Raymond de Roquefeüil, n'eftoit pas encore mariée en l'année MCXXI. & qu'Henry feigneur de Roquefeüil, que d'autres nomment Berenger, ayeul d'Elifabeth, efpoufa à la fin de ce fiecle Guillemete de Montpeflier fille de Guillaume IV. feigneur de Montpeflier & de Mahault de Bourgogne, n'eftant pas à prefumer que Raymond ait penfé à efpoufer la petite niepce de fa grand mere. Raymond de Roquefeüil fils d'Henry & de Guillemete de Montpeflier, que Guillaume IV. feigneur de Montpeflier fon grand pere avoit fubftitué à fes enfans, & lequel Marie de Montpeflier Reyne d'Arragon fa coufine germaine avoit auffi fubftitué à Jacques I. Roy d'Arragon fon fils, efpoufa Dauphine de Turenne fille de Bofon III. Vicomte de Turenne, laquelle mourut le fixiefme jour de Juin MCCLXX. ayant furvefcu longtemps à fon mary. Ils eurent trois enfans, affavoir Elifabeth femme d'Hugues VI. Comte de Rhodez, Raymonde mariée à Bertrand d'Andufe, & Saure, nom qui luy venoit affurement de l'alliance d'Arragon, autrement dite Dauphine, religieufe à Megemont en Auvergne. Revenons encore à nos Comtes de Rhodez.

To. viii. Spic. p. 165.

Memoires de Languedoc p. 659. 661.

Preuves de l'hift. des Ducs de Bourgogne p. 50.

Hift. des Vicomtes de Turenne p. 40.

Hugues VI. mary d'Elifabeth de Roquefeüil fit fon teftament en l'année MCCLXX. par lequel il inftitua fon fils Henry II. du nom fon heritier, & luy fubftitua fa fille Valborge, que je trouve dans un acte de l'an MCCLXXVI. avoir efté femme de Guillaume de Randon, & à Valborge Algayete fa feconde fille mariée à Amaury I. du nom feigneur & Baron de Taleran au diocefe de Narbonne fils d'Amaury II. Vicomte de Narbonne & de Philippie d'Andufe, laquelle eftoit coufine germaine de Cecile

D'AUVERGNE. LIV. IV.

de Baux femme d'Amé IV. Comte de Savoye. Henry avoit du vivant de son pere espousé en l'année MCCLIX. Marquise de Baux, de laquelle nasquit Isabeau de Rhodez accordée premierement en l'année MCCLXXXVIII. avec Robert Dauphin Comte de Clairmont, & en suite mariée à Geoffroy de Pons seigneur de Ribeyrac & en partye de la Vicomté de Turenne. Car ceux là se sont grandement trompez qui ont estimé que Marquise mourut sans lignée. *Preuves p. 291. 547-556.*

Cette Isabeau me paroit avoir esté d'un esprit inquiet & volage. En l'année MCCCXXV. au mois de Mars elle donna à Bertrand & à Bernard de la Tour ses neveux certains biens situez dans la Vicomté de Carlat, & supplia le Roy de Maillorque, duquel ces biens estoient mouvants aussi bien que toute cette Vicomté, de les en investir. Et neantmoins tout incontinent par acte passé le Vendredy avant la Magdelene en la mesme année MCCCXXV. elle revoqua ces donations en termes generaux comme faites contre & au prejudice de la donation par elle cy devant faite de la Vicomté de Carlat avec toutes ses appartenances & dependances à Renaud de Pons son fils, pretextant qu'elle avoit esté seduite & induite à faire ces donations par les flateries & par les caresses de certaines gens qu'elle ne nomme pas, donnant toutesfois à entendre que c'estoient ses neveux de la Tour, puisque c'estoit à eux qu'elle avoit fait les donations qu'elle revoque. *Preuves p. 563. 564.*

La conduite de cette Dame me paroit fort irreguliere Car apres avoir fait cet acte de revocation le Vendredy XIX. Juillet, le Dimanche XXVIII. du mesme mois elle fit à ses mesmes neveux donation de la forest appellée la Galeste, qui estoit de la mouvance de l'Eglise de Brioude. Et à l'heure mesme Bernard de la Tour en fit en plein Chapitre hommage & serment de fidelité entre les mains d'Eracle de saint Nectaire Prevost de ladite Eglise. *Preuves p. 563.*

Apres la mort de Marquise de Baux le Comte Henry espousa en l'année MCCLXX. Mascaronne fille de Bernard IV. Comte de Cominge & de Cecile fille de Raymond Roger Comte de Foix & grande tante de Sclarmonde de Foix mariée en l'année MCCLXXV. à Jacques I. Roy de Maillorque. Le Comte Henry & Mascaronne sa femme engendrerent trois filles, assavoir Valborge, Cecile, & Beatrix. Car elles sont nommées en cet ordre dans le testament de leur mere. Il y a neantmoins grande apparence que Beatrix mariée dez l'an MCCXCV. estoit l'aisnée, attendu que ses sœurs ne l'estoient pas encore en l'année MCCXCVIII. que le Pape Boniface VIII. leur permit de se marier avec Bernard Comte d'Armagnac & de Fezensac & avec Gaston d'Armagnac son frere Vicomte de Fezensaguel, quoyqu'ils fussent parents au quatriesme degré de consanguinité. Et cependant elle est nommée la derniere dans le testament de sa mere, comme je l'ay desja dit, & dans le partage que le Comte Henry fit entre ses filles apres la mort de leur mere. Ce qu'il y a de certain est que Cecile estoit la plus jeune de toutes. *Preuves p. 547. Tr. VIII. Spic. ch. p. 251. Preuves p. 556. Preuves p. 558.*

Leur mere fit son testament le septiesme jour de Mars MCCXCI. le Vendredy avant la feste saint Gregoire. Elle ne mourut pourtant pas *Preuves p. 556.*

Pp iij

pourlors, y ayant un titre de l'an MCCXCV. qui fait voir qu'elle estoit encore vivante en ce temps là. Mais elle estoit assurement morte en l'année MCCCI. avant le mois d'Aoust. Apres son decez elle fut enterrée en l'Eglise des Cordeliers de Rhodez. Et cette Eglise ayant esté quelque temps apres bastie de nouveau, on transporta ses ossemens & ceux de sa fille Cecile Comtesse d'Armagnac dans la nouvelle Eglise le jour de saint Gregoire Pape en l'année MCCCXXV. & encore le corps de son mary le Comte Henry & ceux de plusieurs autres de la maison des Comtes de Rhodez, comme il est marqué dans un ancien Obituaire de ce Convent.

Preuves p. 552.

Le Comte Henry son mary luy survesquit jusques au quatriesme jour de Septembre MCCCIV. qu'il fut enterré en l'abbaye de Bonneval auprez de son pere, comme il l'avoit ordonné par son testament. Mais si l'Obituaire des Cordeliers dit vray, comme il y a bien de l'apparence qu'il le dit, ses ossemens furent transportez en leur nouvelle Eglise en l'année MCCCXXV.

Preuves p. 557.

Apres sa mort Isabeau, Valborge, & Beatrix ses filles, qu'il avoit excluës de la succession en la Comté de Rhodez leguée toute entiere à Cecile Comtesse d'Armagnac, quoyque la plus jeune de toutes; demanderent chacune la quatriesme partye de ladite Comté, comme s'il estoit mort *ab intestat*, pretendant sans doute que son testament estoit nul. Ce qui causa un grand & long procez, qui fut enfin terminé à l'esgard des enfans de Beatrix Dame de la Tour par une transaction passée le IX. jour de Mars MCCCXXVII. entr'eux & les Comtes d'Armagnac & de Fezensaguel. Mais cette transaction n'ayant pas esté bien executée de la part du Comte d'Armagnac, le procez fut repris par les Seigneurs de la Tour, & dura jusques en l'année MCCCCVIII. comme nous le dirons en son lieu.

Preuves p. 557. 558. 559. 560.

Preuves p. 558.

Il y eut en mesme temps un autre grand differend pour raison de la Vicomté de Carlat entre Isabeau Dame de Ribeyrac & Beatrix Dame de la Tour sa sœur. Surquoy il y eut une transaction entre les parties passée à Tiniere le Vendredy d'apres la Pentecoste MCCCVII. confirmée par une autre transaction passée entre ladite Isabeau & Bernard seigneur de la Tour mary de Beatrix le Lundy avant la feste de la Magdelene MCCCXXII.

Preuves p. 561.

En l'année MCCXCVIII. Bernard estant à Chaunac ou Conac presta à Bertrand Abbé de Clugny le mesme hommage que ses predecesseurs avoient presté aux Abbez de Clugny pour la terre de la Tour, sans prejudice de l'hommage deu au Roy. Ce qui fut fait en la presence d'Hugues Abbé de Thiern en Auvergne, de Beatrix d'Oliergues Dame de la Tour, de Dauphine de la Tour Dame de la Roche en Renier, & de Bertrand de la Tour aucteur de la branche d'Oliergues.

Preuves p. 565. 619.

En l'année MCCCII. l'Abbesse & les religieuses de la Vayssi reconnurent par un acte authentique & public qu'elles tenoient & avoient toujours tenu en fief des Seigneurs de la Tour le Convent de la Vayssi avec ses appartenances & generalement tous les biens qu'elles avoient dans la terre & jurisdiction de la Tour, & que leur Convent & tous leurs biens avoient toujours esté en la garde & de la mouvance de ces Seigneurs, qui en estoient les fondateurs.

Preuves p. 566.

D'AUVERGNE. Liv. IV.

En l'année MCCCIX. Bernard seigneur de la Tour fut reputé mort. Ce qui obligea sa femme Beatrix de reprendre en son nom le procez qu'elle avoit intenté sous l'auctorité de son mary pour la succession du Comte Henry son pere. On trouve dans le quatriesme volume des anciens registres du Parlement appellez communement *Olim* un arrest de l'an MCCCVIII. c'est à dire de l'an MCCCIX. à compter du premier jour de Janvier, comme nous faisons presentement, que ce Seigneur estoit reputé mort en ce temps là: *Cùm Beatrix uxor Domini de Turre defuncto marito petiisset à Rege in hominagium recipi &c.* Et dans l'expedition qui en fut envoyée en Roüergue datée du Jeudy apres la feste saint Gregoire, qui est en forme de letres patentes suivant l'usage, il est marqué que Beatrix femme du seigneur de la Tour avoit intenté ce procez *cum ipsius auctoritate dum viveret.* Mais estant certain que Bernard a vescu long temps apres, on est forcé de croire que c'est sur un faux bruit que Beatrix presenta cette requeste, son mary ayant passé pour mort, sans doute à cause de sa longue absence, comme il est arrivé assez souvent de ces sortes de bruits dans le monde. Ce bruit dura long temps. Il y a dans un registre de la Chancellerie une transaction passée le Samedy apres la nativité saint Jean Baptiste MCCCX. entre le seigneur de Chaslus & l'Abbé de Feners *super contentione orta dudum inter defunctum Bernardum de Turre Militem dominum dicti loci.* Peuteftre estoit-il allé à la guerre sainte avec les Chevaliers de l'Hospital de saint Jean de Hierusalem, qui firent en l'année MCCCIX. un grand armement pour aller assieger l'isle de Rhodes, laquelle ils prirent. Il y a apparence que ce voyage ou autre semblable donna lieu au bruit qui courut de sa mort. Car il paroit par son testament qu'il avoit eu la pensée d'aller au voyage d'Outremer.

Preuve p. 557.

Ptolemæus Luc. in vita Clem. V p.34.

Il y a preuve par titre que sa femme Beatrix estoit morte avant le mois d'Avril MCCCXIV. c'est à dire MCCCXV. suivant la maniere de compter d'aujourdhuy. Mais elle n'estoit pas morte en l'année MCCCVIII. quoyque dans le contract de mariage de sa fille Dauphine avec Astorg d'Aurillac il y soit parlé d'elle comme morte au mois de Novembre MCCCVIII. estant certain que cette date est fausse & qu'il y faut MCCCXIV. comme les actes qui suivent le prouvent manifestement, ainsi que je le diray encore un peu plus bas, cette erreur ayant peu facilement estre commise par celuy qui a escrit le contract, à cause que le premier pourparlé du mariage d'Astorg avec une des filles du Seigneur de la Tour fut en l'année MCCCVIII. Son decez est marqué au vingtiesme jour du mois de Juin dans l'ancien Obituaire des Reverends Peres Cordeliers de Clairmont, où elle a esté enterrée.

Preuves p.576.

Preuves p.574.

En ce temps la paix & la tranquillité du royaume estant estrangement troublée par les diverses entreprises des Grands & par la revolte des Flamans contre leur Seigneur, le Roy Philippe le Long se donna bien du mouvement pour les appaiser, & enfin il escrivit le xv. Novembre MCCCXVII. aux Seigneurs & Prelats du royaume qu'ils eussent à se tenir prests en armes pour le suivre à la my-caresme où il voudroit les mener. Les Seigneurs d'Auvergne ausquels il fut escrit sont nommez en cet ordre dans le regiſtre d'où j'ay tiré ce faict, le Seigneur de la Tour, le Seigneur de Marcueil, Guillaume Flote, le Comte de Boulogne, le Seigneur de Montboiſſier, le Dauphin d'Auvergne, l'Eveſque de Clairmont, le Vicomte de Chalvigni, & Pierre de Marcueil. Les troubles continuant encore, il manda le XXIX. Juin MCCCXVIII. à la nobleſſe de ſon royaume de ſe rendre à Bourges aux Octaves de la Touſſaints pour aviſer à la paix & au repos du royaume. Je trouve dans le meſme regiſtre qu'il fut eſcrit pour ce ſujet à Beraud ſeigneur de Mercueil, à Guillaume Flote, au Vicomte de Calvigny, au Seigneur de la Tour, au Dauphin d'Auvergne, au Seigneur de Montboiſſier, & au Comte de Boulogne. Je n'ay pas trouvé ce qui fut reſolu dans cette aſſemblée, ſi ce n'eſt que le XII. Novembre le Roy fit eſcrire aux Seigneurs du royaume, & entr'autres au Dauphin d'Auvergne, au Seigneur de la Tour, au Seigneur d'Oliergues, & à Robert Dauphin, c'eſt à dire à Robert Dauphin ſeigneur de Jaligny & de Combronde, de ſe rendre à Clairmont en Auvergne à la quinzaine de la feſte ſaint André en chevaux & en armes pour aller de là avec Eudes Duc de Bourgogne, Robert Comte de Boulogne, & autres.

En l'année MCCCXX. Bernard ſeigneur de la Tour acheta d'Ebles de Ventadour ſeigneur d'Uſſel ſon couſin fils emancipé d'Ebles VII. Vicomte de Ventadour certains biens que la maiſon de Ventadour avoit dans la terre de la Tour & ſes appartenances, leſquels venoient ſans doute d'une partye de la dot conſtituée à Dauphine de la Tour Vicomteſſe de Ventadour ayeule du Vicomte Helie & biſayeule d'Ebles ſeigneur d'Uſſel.

En l'année MCCCXXI. Bernard ayant eſté informé que l'Egliſe de la Vaſſiveyre eſtoit ruinée, & qu'à cette occaſion il s'y commettoit beaucoup d'irreverences, il accorda au Chapitre de l'Egliſe cathedrale de Clairmont la faculté de prendre les pierres de cette Egliſe pour en baſtir une à Condat. C'eſtoit un droit ſeigneurial, dont il y a un exemple ſemblable de l'an MCCXLI. dans le regiſtre XXXI. de la Chancellerie. C'eſt une reconnoiſſance du Chapitre de l'Egliſe cathedrale de Tours, qui declare que par la permiſſion du Roy & de l'Archeveſque de Tours ils ont pris des pierres dans les carrieres d'auprés de Chinon en la parroiſſe de Challey, & qu'ils ne pretendent ſe ſervir de cette permiſſion que tout autant qu'il plaira au Roy & à l'Archeveſque.

En l'année MCCCXXV. le Dimanche aprés la feſte ſaint Pierre aux liens Bernard permit à l'Abbé & aux religieux de l'abbaye de Vauluiſant appellée communément du Bouſchet d'acquerir certaines rentes & biens dans la chaſtellenie de Montpeyroux, & confirma les acquiſitions qu'ils y avoient deſja faites.

Il mourut le XIX. Decembre enſuivant, & fut enterré aux Cordeliers de Clairmont auprez de ſon pere, comme il l'avoit ordonné par ſon teſtament fait le VIII. jour d'Octobre MCCCXVII. dans lequel il fit pluſieurs legs pieux.

Enfans

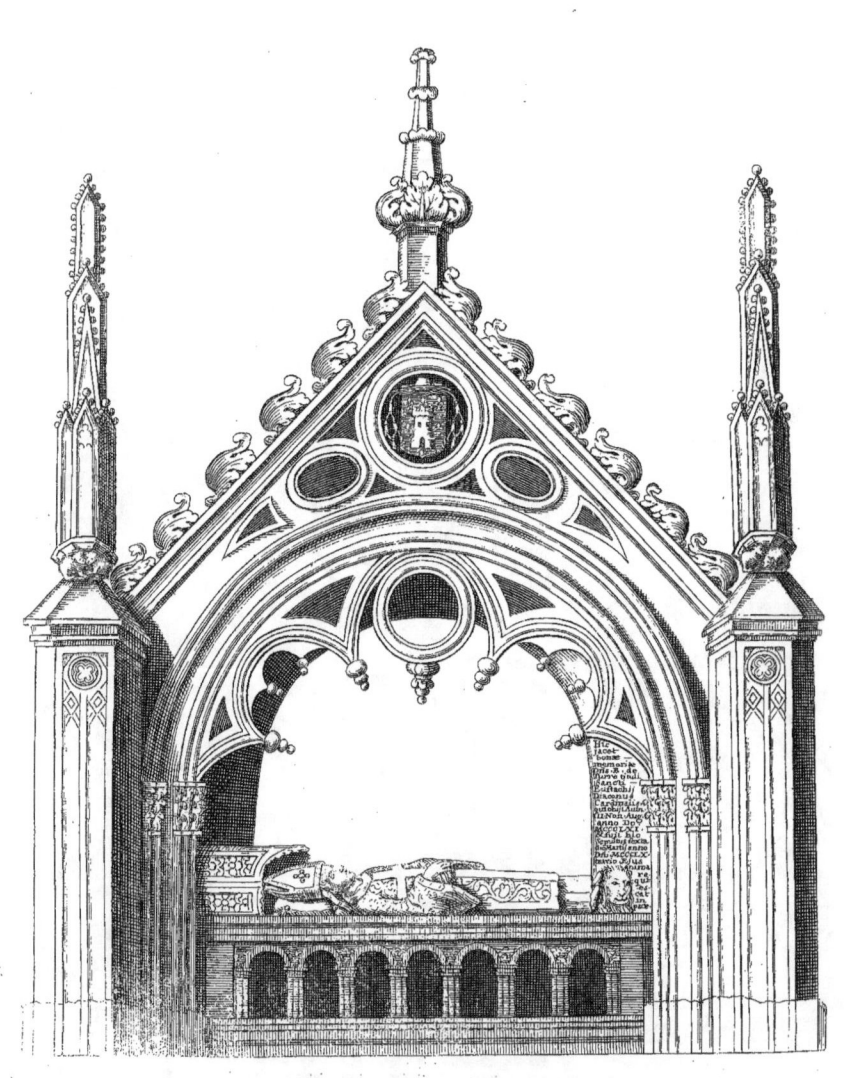

D'AUVERGNE. LIV. IV.

Enfans de Bernard seigneur de la Tour VIII. du nom & de Beatrix de Rhodez sa femme.

BERTRAND IV. qui aura son chapitre.

BERNARD DE LA TOUR né au commencement de ce siecle, comme il paroist par un acte du mois d'Octobre MCCCXXI. où il se dit avoir plus de quatorze ans & neantmoins n'en avoir pas encore vingt. *Preuves p. 574. 576.* Il fut destiné de bonne heure à l'Eglise. Et en cette consideration son pere luy assigna par forme de rente viagere la joüissance de la chastellenie de Revel, à la charge de reversion à l'aisné apres la mort de Bernard. Depuis son pere changea cette disposition & luy donna cinq cens livres de rente à prendre sur la terre de Besse, à la mesme charge de reversion. *Preuves p. 585. 587. 589.* Ce qui fut accepté par Bernard au mois d'Octobre MCCCXXI. à l'occasion du traicté de mariage de son frere Bertrand avec Isabeau de Levis. Il paroist par les reglemens de l'Université de Toulouse faits en l'année MCCCXXVIII. qu'il estudioit pourlors en cette Université, & par un ancien registre d'Oliergues qu'il estoit Chanoine de l'Eglise cathedrale de Clairmont en l'année MCCCXXIX. & qu'il le fut aussi en celle de Beauvais. Le XX. Decembre MCCCXLII. le Pape Clement VI. le fit Cardinal Diacre du titre de saint Eustache. Il fut l'année d'apres Chanoine, Sacristain, & Camerier de l'Eglise de Lyon, ainsi que je l'ay trouvé noté de la main de Papire le Masson. En l'année MCCCLV. il fut commis par le Pape Innocent VI. pour donner le Pallium à Pierre de Bertrand Evesque d'Ostie allant Legat du saint Siege en Italie. Il est *Notæ ad Vitas Papar. Aven. p. 733.* constant qu'il mourut de peste en Avignon en l'année MCCCLXI. au mois d'Aoust. Onuphre a marqué le jour de son decez aux Ides du mois d'Aoust, Ciaconius au sixiesme des mesmes Ides, & Contelori au VII. Aoust. Mais il vaut mieux s'arrester à ce qui est marqué en son epitaphe, où il est escrit qu'il mourut en Avignon le troisiesme des Nones du mois *Preuves p. 574.* d'Aoust, c'est à dire, le troisiesme jour du mois, & que son corps ayant esté transferé de la ville d'Avignon en Auvergne, il fut enterré le sixiesme jour du mois de Mars dans l'Eglise cathedrale de Clairmont, où il a fondé quelques vicairies, & où se voit son tombeau en la maniere qu'il est icy representé. Toutesfois son Obit est marqué au troisiesme jour de Mars *Preuves p. 576.* dans l'ancien Obituaire des Cordeliers de Clairmont, où il fonda son anniversaire. Son Palais d'Avignon, qui estoit dans la parroisse de saint *Hist. d'Avignon de Fantoni part. 1. p. 289.* Didier, compose aujourd'huy une partie du bastiment du college des Reverends Peres Jesuites de cette ville, de mesme que l'hostel de Langres à Paris, qui avoit appartenu à Bernard de la Tour Evesque de Langres nevcu de ce Cardinal, a servi pour y construire le college de ces mesmes Peres, comme nous le dirons en son lieu.

DAUPHINE DE LA TOUR née au commencement de l'année MCCCI. comme il paroist par son contract de mariage du Jeudy avant la saint George MCCCXIV. où il est dit qu'elle estoit majeure de douze ans. Dez l'an MCCCVIII. elle fut accordée sous le nom general d'une

Tome I. Qq

des filles de Bernard seigneur de la Tour, parceque toutes ses filles estoient alors fort jeunes, avec Astorg d'Aurillac issu d'une tres ancienne & tres noble famille d'Auvergne. M. Du Bouchet a creu qu'elle estoit issuë d'un Renaud d'Aurillac neveu de saint Geraud. Ma conjecture iroit pluftost à la faire descendre de la maison d'Auvergne, quoyque je n'en aye d'autres preuves que des indices & des conjectures. On pourroit facilement estaller icy la genealogie des Seigneurs d'Aurillac longtemps avant cette alliance avec la maison de la Tour, y ayant en Auvergne assez de titres pour en justifier. Mais cela n'est pas necessaire au sujet que je traicte. Il suffira de dire que cet Astorg estoit fils d'Astorg d'Aurillac Chevalier frere de Souveraine d'Aurillac, tous deux enfans d'autre Astorg d'Aurillac & de Marguerite de Montal. Souveraine fut premierement accordée avec Guillaume seigneur d'Apchon; & ce traicté n'ayant pas eu lieu, elle se maria avec Helie de Comborn fils de Guichard frere de Bernard II. Vicomte de Comborn. Astorg pere du gendre de Bernard de la Tour estoit seigneur de Tiniere, de Bedene, de Montal, de Conros, & de la Bastide, terre qui estoit depuis longtemps dans leur maison, comme il paroist par divers anciens titres de l'Evesché de Clairmont. Il sortit du mariage de Dauphine de la Tour avec Astorg d'Aurillac une fille appellée Dauphine d'Aurillac, laquelle fut mere de Dauphine Dame de Castelnau en Givaudan mariée à Nicolas de la Jugie neveu du Pape Clement VI. & frere de Guillaume & Pierre de la Jugie Cardinaux & d'Hugues de la Jugie Evesque de Beziers.

MASCARONE DE LA TOUR, ainsi nommée du nom de sa grand mere maternele, née l'an MCCCIV. comme nous l'apprenons de son contract de mariage passé le XXX. Aoust MCCCXVII. elle ayant pour-lors atteint l'aage de treize ans. Elle avoit esté accordée avec Gilles Aycelin II. du nom dez le XIV. Fevrier MCCCIX. selon la maniere de compter de ce temps là en France, c'est à dire MCCCX. comme nous comptons aujourdhuy. Ce traicté fut passé à Paris entre Gilles Aycelin Archevesque de Narbonne, Arbert Aycelin Evesque de Clairmont, Robert Comte d'Auvergne & de Boulogne, Bernard seigneur de la Tour, Hugues de Vissac pere d'Estienne de Vissac Chancellier de France, & Guy de Cros Chevaliers, ratifié le XXIX. Septembre MCCCXI. & enfin conclu à Chastel-Odon le XXX. Aoust MCCCXVII. apres que Gilles & Mascarone futurs espoux eurent esté emancipez par leurs peres en presence de Gilles Aycelin lors Archevesque de Roüen, de Bertrand de la Tour seigneur d'Oliergues, d'Hugues de Chalencon Chantre de l'Eglise cathedrale de Clairmont, & autres. Gilles mary de Mascarone de la Tour estoit fils de Gilles Aycelin I. du nom seigneur de Montaigu & de Blanche du Chasteau des montagnes fille d'Hugues seigneur de Saligny, & il estoit neveu d'Arbert Aycelin Evesque de Clairmont, & arriere neveu d'Hugues Aycelin dit de Billom Cardinal & Evesque d'Ostie, & de Gilles Archevesque de Narbonne & de Roüen, qui a eu l'honeur d'estre parrain de Charles IV. dit le Bel Roy de France & de Navarre. Du mariage de Gilles II. & de Mascarone il provint Gilles III. seigneur

D'AUVERGNE. LIV. IV.

de Montaigu, Guillaume Aycelin mentionné dans le testament de Bertrand de la Tour I. du nom seigneur d'Oliergues, Gilles Aycelin Cardinal & Chancellier de France appellé par Froissart *moult saige homme & vaillant*, & Pierre Aycelin de Montaigu Evesque de Laon & Cardinal mort en l'année MCCCLXXXVIII. dont il est fait tres honorable mention dans l'histoire du Roy Charles sixiesme. Il faut remarquer icy que dans le temps qu'on traictoit le mariage de Mascarone de la Tour on fit un double mariage dans ces deux maisons, Bertrand de la Tour seigneur d'Oliergues oncle de Mascarone ayant espousé en l'année MCCCXIV. Marguerite Aycelin sœur de Gilles II. mary de Mascarone. Cette alliance fut cause que l'Archevesque de Roüen estant mort en l'année MCCCXVIII. & son corps ayant esté porté à Billom pour y estre enterré ; Bertrand seigneur d'Oliergues s'y rendit & assista à ses obseques, parceque cet Archevesque estoit grand oncle de sa femme. C'est ce qu'on trouve dans un ancien livre journal d'Oliergues escrit en ce temps là. Mascarone estoit encore au monde au mois d'Aoust MCCCXXVIII. comme il paroist par le testament de Bertrand de la Tour seigneur d'Oliergues son oncle.

<small>Froissart vol. 1. chap. 212.</small>

<small>Preuves p. 580.</small>

GAILLARDE DE LA TOUR fut mariée avec Guy Comptor fils de Guillaume seigneur d'Apchon & de Mahault Dauphine fille de Robert II. Dauphin d'Auvergne. Elle mourut avant l'an MCCCXXXI. mere d'un fils appellé Guillaume comme son ayeul, qui fut pere de Marguerite d'Apchon mariée en l'année MCCCLXV. avec dispense du Pape à Loüis d'Andule seigneur de la Voute, *bonne & grande maison* en Languedoc, comme dit M. Catel, de laquelle nous avons parlé cy devant en plusieurs rencontres.

<small>Memoires de Languedoc p. 589.</small>

Tome I.   Qq ij

LEVIS
MIREPOIX.
D'or au chevron de trois pieces de sable.

Bertrand seigneur de la Tour IV. du nom.

CHAPITRE XII.

DANS les chapitres precedents nous avons illustré l'histoire genealogique de quelques grandes maisons alliées à celle de la Tour. En celuy cy nous en fairons autant à l'esgard de la maison de Mirepoix. Mais auparavant d'entrer en matiere il est à propos de remarquer que ce fut à la fin de l'année MCCCIII. que Bertrand de la Tour IV. du nom vint au monde, qu'en l'année MCCCXX. il espousa Isabeau de Levis fille de Jean de Levis seigneur de Mirepoix & de Constance de Foix, & qu'au moyen de ce mariage il contracta une nouvelle alliance avec Isabeau de Rhodez sa tante mariée à Geoffroy de Pons fils de Renaud & d'Isabeau de Levis cousine germaine de sa femme.

Cette alliance estoit grande, non seulement à cause de la dot de vingt mil livres (somme tres considerable en ce temps là, comme il paroist mesme par le mariage de Marguerite de France Comtesse de Flandres, à laquelle le Roy Philippe le long son pere ne donna que soixante mil livres de dot, & par celuy de sa sœur Isabeau accordée avec Guigues Dauphin de Viennois, à laquelle il ne fut constitué que la somme de trente mil livres, & cinquante mil livres lorsqu'elle fut accordée avec Alphonse XI. Roy de Castille) mais encore par la splendeur de la maison de Mirepoix issuë du fameux Guy de Levis, qui s'est rendu si recommandable par ses hauts faits de guerre contre les Albigeois, & aussi parce qu'Isabeau attouchoit de parenté à plusieurs grandes maisons, mesme royales. Car elle estoit petite niepce de Jeanne de Levis femme de Philippe de Montfort II. du nom issu de Simon Comte de Montfort grand homme de guerre & chef de l'armée du Roy contre les Albigeois. Elle estoit aussi niepce de Jeanne de Levis femme de Mathieu IV. seigneur de Montmorency grand Chambellan de France, de Brunissend de Foix Comtesse de

Perigort, de Jeanne mariée à Pierre Comte d'Empuries en Catalogne fils de Jacques II. Roy d'Arragon & de Blanche de Sicile sœur de saint Loüis Evesque de Toulouse, de Gaston Comte de Foix & Vicomte de Bearn. Cousine germaine du Cardinal Talayrand de Perigort & de Jacques d'Arragon Cardinal fils de Pierre Comte d'Empuries. Encore cousine germaine d'Agnes de Perigort mariée à Jean Duc de Duras & Comte de Gravine fils de Charles II. Roy de Sicile, issu de Charles d'Anjou frere du Roy saint Loüis. Et à cause de ladite Agnes sa cousine germaine elle avoit le germain sur Jeanne de Duras mariée en l'année MCCCLXV. à Loüis Prince de Navarre fils de Philippe d'Evreux Roy de Navarre, & en secondes nopces à Robert d'Artois Comte d'Eu. Elle avoit aussi par consequent le germain sur Agnes de Duras femme de Jacques de Baux, qui prenoit la qualité d'Empereur de Constantinople & de Prince de Tarente, & enfin sur Marguerite de Duras femme de Charles III. dit de la Paix Roy de Sicile & d'Hongrie.

Isabeau de Levis mariée au Seigneur de la Tour, laquelle avoit d'aussi grandes alliances que celles que je viens de citer, estoit encore belle sœur de Mahault de Sully femme de Jean de Levis son frere ; laquelle Mahault estoit fille d'Henry de Sully IV. du nom Bouteiller de France, issu en droite ligne masculine des anciens Comtes de Champagne par Guillaume de Champagne frere aisné de Thibaud surnommé le Grand Comte de Champagne, ce Guillaume ayant espousé Agnes heritiere de la maison de Sully, dont il prit le nom & les armes suivant la coustume de ces temps là. Ce qui fait qu'Henry de Sully IV. du nom, qui auroit deu s'appeller de Champagne, s'appella de Sully à cause du changement de nom & d'armes que Guillaume aucteur de cette branche de la maison de Champagne avoit fait plus de deux cents ans auparavant. Cet Henry avoit encore deux filles, Marguerite mariée à Geoffroy d'Aspremont, & Marie femme de Robert Bertrand seigneur de Briquebec Mareschal de France.

Chronicon Alberici p. 495.

Enfin Isabeau de Levis Dame de la Tour estoit tante d'Alienor de Levis premiere femme de Nicolas de la Jugie neveu du Pape Clement VI. & cousin germain du Pape Gregoire XI.

Constance de Foix mere d'Isabeau de Levis Dame de la Tour estoit fille de Roger Bernard Comte de Foix & de Marguerite Vicomtesse de Bearn. Elle & sa sœur Brunissend avoient esté accordées en l'année MCCXCVI. avec Alphonse & Ferrand surnommez de la Cerde fils de Ferrand Infant de Castille & de la Reyne Blanche fille de saint Loüis, lequel Ferrand estoit fils aisné d'Alphonse X. Roy de Castille surnommé le Sage & l'Astrologue. Mais dautant que les partyes estoient parentes au quatriesme degré, & que par consequent elles ne pouvoient pas se marier ensemble sans dispense du saint siege, elles s'adresserent au Pape Boniface VIII. qui la leur refusa. Elles furent en suite mariées, Constance, qui estoit l'aisnée, à Jean de Levis seigneur de Mirepoix, & Brunissend à Helie Talayrand Comte de Perigort.

Il est à propos de dire icy quelque chose des commencemens de la maison de Mirepoix, qui ne sont pas assez connus. On appelle les Seigneurs de cette maison Mareschaux de la Foy sur le tesmoignage de Pierre Moine des Vaux de Cernay, aucteur de l'histoire des Albigeois, qui donne, à ce qu'on pretend, cette qualité à Guy de Levis, quoyqu'il n'en dise pas un mot & l'appelle seulement Mareschal du Comte de Montfort, parce qu'il commandoit l'armée du Roy sous ce Prince, qui en estoit Generalissime, comme on parle aujourdhuy. Le premier que je trouve avoir pris la qualité de Mareschal de la Foy est Jean de Levis Seneschal de Carcassonne & de Beziers ez années MCCCCXCII. XCVI. & MDVI. Ce qu'il y a de certain est que le premier seigneur de Mirepoix du nom de Levis a esté Guy de Levis Mareschal du Roy, ainsi nommé en plusieurs anciens titres de ce temps là, lequel est appellé oncle d'Amaury Comte de Montfort dans un titre de l'an MCCXXIII. copié dans le *Regiſtrum curiæ Franciæ*, & que ses successeurs ont esté durant un tres long temps appellez Mareschaux de Mirepoix, non seulement par les historiens, mais encore dans les titres & monuments publics. Or le mot de Mareschal du Roy signifioit pourlors ce que nous appellons aujourd'huy Mareschal de France. Il y a apparence que Guy estoit cadet de sa maison. Car il mettoit un lambel de cinq pieces au dessus des trois chevrons de la maison de Levis, & un lyon rampant au contreseel. Son fils avoit le mesme contreseel, mais non pas le lambel.

Preuves p. 583.

Preuves de l'hiſt. de Montmorency p. 125.

Le mariage de Bertrand de la Tour avec Isabeau de Levis fut fait en l'année MCCCXX. au mois d'Octobre. Isabeau porta en dot à son mary la somme de vingt mil livres, que Jean de Levis seigneur de Mirepoix son pere luy avoit expressement reservées lorsqu'il fit le mariage de son fils aisné avec Mahault fille aisnée d'Henry de Sully, laquelle reserve fut confirmée par letres patentes du Roy. En faveur de ce mariage Bernard de la Tour clerc, qui fut depuis Cardinal, pour conserver la Baronnie de la Tour en son entier suivant l'usage observé depuis longtemps dans la maison de la Tour, promit de n'aliener rien des cinq cens livres de rente que son pere luy avoit donné & de les transmettre apres sa mort à son frere en leur entier.

Preuves p. 583.

En l'année MCCCL. Bertrand fut à Rome au grand Jubilé, & les Chanoines de saint Pierre receurent ordre du Pape de luy monstrer le tableau de la Veronique.

Btov. to. 1. p. 248.

En l'année MCCCLVI. fut donnée la fameuse & malheureuse bataille de Poictiers, où le Roy Jean fut fait prisonnier, & de là mené à Bourdeaux & en Angleterre. Il y eut en cette bataille une tres grande quantité de noblesse de France. *Si y eſtoient d'Auvergne*, dit Froissart, *le Sire de Mercueil*, c'est à dire Beraud II. Dauphin d'Auvergne seigneur de Mercueil, comme on escrivoit pourlors, *le Sire de la Tour, le Sire de Chalencon, le Sire de Montagu, le Sire de Rochefort, le Sire de la Chaire, & le Sire d'Apchon.* Froissart adjouste un peu plus bas, & Belleforest apres luy, que le Sire de la Tour y fut tué. Mais c'est sur de fausses relations que Froissart l'a ainsi escrit, estant certain qu'il estoit encore vivant en l'année MCCCLXVIII.

Froiſſart vol. 1. chap. 162.

En l'année MCCCLX. apres le traicté de paix conclu à Bretigny pour la redemption du Roy Jean, le Seigneur de la Tour d'Auvergne fut un des

Froiſſart vol. 1. chap. 213.

D'AUVERGNE. Liv. IV. 311

Princes & grands Seigneurs du royaume qui furent ordonnez pour paſſer en Angleterre comme oſtages lorſque le Roy reviendroit en France ; du nombre deſquels eſtoient auſſi Philippe Duc d'Orleans frere du Roy, Loüis Duc d'Anjou & Jean Duc de Berry fils du Roy, Loüis II. Duc de Bourbon, Pierre Comte d'Alençon, Jacques de Bourbon ſeigneur de Preaux, tous Princes du ſang royal de France.

En l'année MCCCLXII. le Sire de la Tour fut commis avec le Mareſchal d'Andrehan, l'Eveſque de Clairmont, le Comte de Boulogne, le Sire de Montagu, Robert de Lorriz, & pluſieurs autres pour faire ſortir du royaume de France les compagnies de brigands qui le ravageoient & les envoyer en Eſpagne au ſervice du Comte de Traſtamare. *Hiſtoire de Du Gueſclin de M. du Chaſtelet p. 313.*

En l'année MCCCLXIV. Loüis II. Duc de Bourbon ayant inſtitué l'Ordre des Chevaliers de l'Eſcu d'or, *le premier de cet ordre fut eſtrené le Seigneur de la Tour*, comme dit d'Orronville.

J'ay trouvé dans l'hiſtoire du petit Jean de Saintré Chambellan du Roy Jean qu'apres la mort de ce Roy il ſe fit une entrepriſe ou croiſade contre les Sarraſins en Pruſſe, & que de France il y alla grand nombre de Seigneurs de marque, & entr'autres *le Seigneur de la Tour d'Auvergne, qui portoit de France à une tour de gueulles, & cryoit la Tour*. Le temps de cette expedition n'y eſt pas marqué. Mais il paroit par les hiſtoriens de Poulogne & par une lettre du Pape Urbain V. rapportée par Odorico Rinaldi que ce fut en l'année MCCCLXIV. en laquelle les Lithuaniens, appellez Sarraſins dans la Chronique de Jean de Saintré parcequ'ils eſtoient infideles, furent desfaits par les Chevaliers de l'Ordre Theutonique ſeigneurs alors de la Pruſſe. Le Cardinal d'Oſtie, qui eſtoit là Legat du Pape, donna l'abſolution à l'armée des Chreſtiens comme ils alloient donner la bataille. C'eſtoit Helie de ſaint Yrieix Limouſin qui eſtoit alors Eveſque d'Oſtie, & mourut l'année ſuivante en Avignon. *Michou. lib. 4. c. 28. Odor. Rayn. an. 1366. §. 19.*

On ne trouve pas le temps du decez de Bertrand, mais ſeulement qu'il eſtoit encore au monde au mois d'Aouſt MCCCLXVIII. date des letres d'amortiſſement que le Roy luy accorda pour faire une fondation.

Iſabeau de Levis ſa femme mourut le troiſieſme jour du mois d'Avril MCCCLXI. & fut enterrée aux Cordeliers de Clairmont. *Preuves p. 592.*

Enfans de Bertrand ſeigneur de la Tour IV. du nom & d'Iſabeau de Levis ſa femme.

GUILLAUME DE LA TOUR, qui aura ſon chapitre.

GUY dit GUYOT DE LA TOUR, qui continüa la lignée, & aura auſſi ſon chapitre.

JEAN DE LA TOUR Moine de l'Ordre de ſaint Benoiſt, Prieur du celebre monaſtere de Brou en Breſſe, Abbé de ſaint Benoiſt ſur Loire. Le Pape Gregoire XI. le fit Cardinal en l'année MCCCLXXI. au mois de Juin ; & il fut en ſuite nommé Chantre de l'Egliſe de Lyon au mois d'Avril MCCCLXXIII. en la place de Jacques de Coligny mort en ce temps là. Le Cardinal de Boulogne, qui l'appelle ſon couſin, le fit ſon *Hiſt. de Breſſe de Guichenon p. 27.*

HISTOIRE DE LA MAISON

Preuves p. 182. executeur testamentaire. Il mourut en Avignon le XV. Avril MCCCLXXIV.

BERTRAND DE LA TOUR Evesque de Toul & du Puy, né en l'année MCCCXXX. comme il paroit par un acte rapporté dans l'Histoire de Toul, dans lequel il declare qu'il estoit agé de vingt six ans lorsqu'il fut fait Evesque de Toul. Ceux là se sont grandement escartez de la verité qui ont transplanté ce Seigneur dans la maison de la Tour saint Vidal au diocese du Puy ; estant tres certain qu'il estoit fils de Bertrand IV. seigneur de la Tour d'Auvergne & d'Isabeau de Levis, comme il le dit *Preuves p. 592.* luy mesme dans un titre de l'année MCCCLV. qui est au Tresor des *Preuves p. 617.* chartes de France. De plus, Guyot de la Tour dans son testament appelle *Preuves p. 615.* ses freres les Evesques du Puy & de Langres. Il fut premierement Abbé de l'Eglise collegiale de saint Genés à Clairmont, & puis Evesque de Toul en l'année MCCCLV. & le fut durant l'espace de sept ans, comme dit Richard de Wassebourg, qui remarque qu'il estoit *beau &) bien doüé de nature*. Il fut transferé de l'Evesché de Toul à celuy du Puy le XVIII. Decembre MCCCLXI. & estant mort le XIV. May MCCCLXXXI. *Preuves p. 592.* il fut enterré en habit de Cordelier dans les sepultures de sa maison aux Cordeliers de Clairmont, comme il est expressement marqué dans l'ancien Obituaire de ce Convent ; où neantmoins son Obit est marqué *x. Kal. Junii*, c'est à dire, le XXIII. May. Ce qui se doit sans doute entendre du jour qu'il fut enterré, ayant fallu quelques jours pour transferer son corps de la ville du Puy en celle de Clairmont.

BERNARD DE LA TOUR Evesque & Duc de Langres. Il est appellé dans un arrest du Parlement de l'an MCCCCVIII. *vir nobilissimus, geneře* *Preuves p. 596.* *nobilis, discretus, ac boni regiminis*. Il fut premierement Moine de l'Ordre de saint Benoist comme son frere le Cardinal, Prieur de Percy & de Souvigny, Abbé de Tournus, & enfin Evesque de Langres en l'année *Preuves p. 593.* MCCCLXXIV. où il fit de beaux reglemens pour les Bouchers en l'année MCCCLXXI. confirmez par letres du Roy Charles IV. en la mesme année. Il mourut à Paris le XVI. jour de Janvier MCCCXCV. & fut *Preuves p. 595.* enterré sous un tombeau de cuivre tel qu'il est representé icy au milieu du chœur de son Eglise cathedrale. C'estoit un personnage de grande consideration en ce temps là. Il est appellé dans son epitaphe *Consiliarius Domini nostri Regis*. Ce qu'il ne faut pas expliquer d'une simple qualité de Conseller du Roy en ses Conseils sans aucune fonction, comme on pourroit faire aujourd'huy, mais d'un veritable Conseiller & Ministre d'Estat, *Froissart vol. 3.* puisque Froissart le nomme parmy ceux du Conseil estroit du Roy. Aussi *chap. 112.* *Preuves p. 594.* voit on au Tresor des chartes de France des letres de Jean Duc de Berry & d'Auvergne, Comte de Poictou, Lieutenant du Roy en toute la langue d'Oc & au Duché de Guyenne, données à Cabastain le troisiesme jour du mois d'Octobre MCCCLXXXI. seellées de son grand seau en cire rouge, par lesquelles il retient son tres cher & amé cousin l'Evesque de Langres pour estre avecque luy en son Conseil & compagnie pour le service du Roy aux gages de vingt francs d'or par chascun jour, somme tres considerable en ce temps là, & qui marque & la grandeur de la maison de la Tour & le merite personel de ce Prelat. Le Roy Charles VI. lors

regnant

D'AUVERGNE. Liv. IV.

regnant traita bien differemment le Seigneur d'Albret, quoyqu'il fut son oncle, ayant espousé Marguerite de Bourbon sœur de la Reyne Jeanne mere de ce Roy, & estoit d'ailleurs, comme parlent Messieurs de Sainte-Marthe, *l'un des plus grands Seigneurs qui fut alors en Guyenne* ; tesmoignage auctorisé par la Chronique de Froissart. Cependant le Roy l'ayant retenu par lettres du XXVI. Janvier ensuivant pour estre l'un des douze Conseillers qu'il avoit ordonné estre prez de sa personne, il ne luy ordonna que trente francs de gages par jour, sans y adjouster que ce fussent des francs d'or. Ce qui met une tres grande difference entre ces deux Seigneurs. Ils estoient pourtant cousins remuez de germain, le Seigneur d'Albret estant petit fils de Cecile de Rhodez Comtesse d'Armagnac, & l'Evesque de Langres petit fils de Beatrix de Rhodez sœur de cette Comtesse. Jeanne Duchesse de Berry estoit dans le mesme degré avec cet Evesque. Et ainsi le Duc Jean son mary l'appelloit à bon droit son cousin. J'ay dit cy dessus qu'il estoit du Conseil estroit du Roy. Il avoit aussi seance au Parlement. Et je crois que c'est pour cette raison que le Roy voyant la necessité en laquelle il se trouvoit de demeurer à Paris pour assister à son Conseil & au Parlement, il luy donna la somme de deux mil livres pour y achetter une maison, comme il est marqué dans l'arrest que j'ay cité au commencement de cet article. Il acquit donc des heritiers de Guillaume Flote seigneur de Revel Chancellier de France l'hostel appellé de Revel sis ruë saint Jacques, lequel fut appellé l'hostel de Langres, & enfin la court de Langres, situé au lieu où est presentement basti le college des Reverends Peres Jesuites, qui l'acquirent en l'année MDLXIII. des deniers que leur avoit leguez Guillaume du Prat Evesque de Clairmont leur fondateur. Apres la mort de l'Evesque de Langres son hostel appartint au Seigneur de la Tour, sur lequel il fut confisqué par Henry VI. Roy d'Angleterre, qui se disoit aussi Roy de France & tenoit Paris & une bonne partie du royaume, comme nous le dirons en la page 328. Ayant maison à Paris, il alloit souvent au Parlement, il servoit le Roy en son Conseil estroit, assistoit en cette qualité aux deliberations qu'on y prenoit, & estoit mesme quelque fois chargé de l'execution. En l'année MCCCLXXXVII. il fut envoyé vers le Duc de Bretagne pour raison du mauvais traittement qu'il avoit fait au Connestable de Clisson, dont le Roy & son Conseil estoient tres mescontents. Il y fut encore envoyé pour le mesme sujet en l'année MCCCXCIV. comme nous l'apprenons de quelques anciens titres imprimez parmy les preuves de la nouvelle histoire de Bretagne composée par le R. P. Lobineau Religieux Benedictin. En l'année MCCCXC. le Roy estant allé en Flandres pour chastier les Flamans, qui s'estoient revoltez contre leur Seigneur & l'avoient chassé de son pays, l'Evesque de Langres, *qui fut moult vaillant homme*, dit l'aucteur de l'histoire de Loüis III. Duc de Bourbon, s'y rendit aussi, & y amena belle compagnie. En l'année MCCCXCII. il se trouva à saint Denys en France, où estoit le Roy avec toute sa Cour, à l'elevation des reliques du Roy saint Loüis avec quantité d'autres Prelats; parmy lesquels sont nommez le Patriarche d'Antioche & Simon de Cramaud, auquel il n'est donné aucune qualité en cet en-

Froissart vol. 1. chap. 135.

Preuves p. 597.

Antiquitez de Paris de Du Breuil p. 557.

Preuves p. 598.

Froissart vol. 3. chap. 74. 76. 107. 112.

Preuves de l'histoire de Bretagne p. 774. 782.

droit dans l'original Latin de l'histoire de ce Roy, quoyque dans la version qui en a esté faite & imprimée en François il soit appellé mal à propos Patriarche d'Antioche, luy qui estoit Patriarche d'Alexandrie, & Seguin d'Authon Archevesque de Tours Patriarche d'Antioche. Bernard est extremement loüé dans l'arrest de MCCCCVIII. que j'ay cité au commencement de cet article & dans un catalogue des Evesques de Langres MS. dans la bibliotheque de M. Colbert. Il fit son testament le XII. jour du mois de Janvier MCCCXCV. inseré dans un registre du Parlement où sont transcripts les testamens sousmis à la jurisdiction de Parlement. Ce registre ne se trouve plus ; & il ne nous reste du testament de cet Evesque de Langres que l'extrait que M. Du Chesne en avoit tiré.

Preuves p. 594.
Preuves p. 594.

HENRY DE LA TOUR Evesque de Clairmont. Il fut premierement Chanoine en l'Eglise cathedrale de Clairmont, & puis Archidiacre en celle de Paris en l'année MCCCLXXV. & fut fait Evesque de Clairmont l'année d'apres. Le Concile de Pise ayant esté assemblé en l'année MCCCCIX. pour mettre fin au schisme qui estoit alors en l'Eglise, ne pouvant pas y aller en personne, il y envoya un deputé. Il mourut le VII. May MCCCCXV. & fut enterré aux Cordeliers de Clairmont.

Preuves p. 617.
To. VI. Spicil. p. 364.
Preuves p. 601.

CONSTANCE DE LA TOUR accordée en l'année MCCCXXXIX. avec Loüis de Brosse seigneur de Boussac, de sainte Severe, & d'Huriel en Berry, issu des anciens Vicomtes de Brosse puisnez de l'illustre & puissante maison de Limoges. Il estoit fils de Pierre de Brosse seigneur de sainte Severe & de Boussac & de Blanche de Sancerre sa femme, neveu de Guillaume de Brosse Evesque de Meaux, qui fut depuis Archevesque de Bourges & enfin de Sens. Loüis avoit esté marié auparavant avec Jeanne de saint Verain, dont il n'eut que deux filles. Mais du mariage avec Constance de la Tour il eut Loüis de Brosse II. du nom seigneur de sainte Severe & de Boussac decedé avant l'an MCCCXCVII. sans enfans, Pierre de Brosse II. de ce nom, qui continua la lignée & fut pere de Jean de Brosse Mareschal de France, Isabeau de Brosse femme de Guichard de Culant, & Jeanne de Brosse. Loüis de Brosse leur pere mary de Constance mourut à la bataille de Poictiers en l'année MCCCLVI. & fut enterré aux Cordeliers de Poictiers au rapport de Jean Bouchet dans les annales d'Aquitaine. Mais M. de la Thaumassiere assure qu'il est enterré dans l'Eglise de saint Martin d'Huriel. Constance sa femme, qui luy survesquit longtemps, se remaria avec Philibert de Lespinasse seigneur de la Clayette, & deceda le XX. jour du mois d'Aoust MCCCXCII. comme il est marqué dans l'ancien Obituaire des Cordeliers de Clairmont, où elle est enterrée.

Hist. de Chastillon p. 261.

Preuves p. 318. 599.

Hist. de Berry de M. de la Thaumassiere p. 651. 653.

Preuves p. 600.

ISABEAU DE LA TOUR mariée en l'année MCCCLIV. à Amé Dauphin seigneur de Rochefort fils de Jean Comte de Clairmont Dauphin d'Auvergne. Et en secondes nopces elle espousa Gilbaud de Mellet seigneur d'Espoisses. Elle eut de son premier mariage un fils unique appellé Beraud Dauphin seigneur de Rochefort, lequel espousa, à ce qu'on dit, Agnes de Bellefaye fille de Pierre de Besse seigneur de Bellefaye proche parent des Papes Clement VI. & Gregoire XI. comme je l'ay dit plus amplement cy dessus page 184.

Preuves p. 600. 601.

D'AUVERGNE. LIV. IV.

 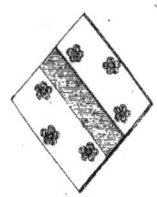

ROGER.
D'argent à la bande d'azur accompagnée de six roses de gueules.

Guillaume de la Tour & Heliz Roger sa femme.

CHAPITRE XIII.

GUILLAUME de la Tour, qui fait le sujet de ce chapitre, estoit fils aisné de Bertrand IV. & d'Isabeau de Levis. Son pere le maria avec Heliz Roger fille de Guillaume Roger seigneur de saint Supery & du Chambon, laquelle estoit niepce du Pape Clement VI. & sœur du Pape Gregoire XI.

Auparavant de passer outre je crois qu'il ne sera pas hors de propos d'expliquer icy la genealogie de ces Papes, qui a esté fort embroüillée par ceux qui en ont traicté jusques à present, faute de titres & de bons memoires. Ce qui me paroist d'autant plus à propos qu'il y a plusieurs alliances de la maison de la Tour d'Auvergne avec celle des Rogers apres l'elevation du Pape Clement VI. & qu'enfin celle cy est fonduë en celle de la Tour par le mariage d'Anne de Beaufort Vicomtesse de Turenne avec Agne de la Tour IV. du nom seigneur d'Oliergues.

Il est assuré que la maison des Rogers, de laquelle ces Papes sont issus, estoit une ancienne maison noble du bas Limousin avant que ce grand lustre luy arrivast. On en trouve de bonnes preuves dans les anciens Cartulaires des abbayes de ces quartiers. Mais on n'a pas assez de titres pour en faire la suite genealogique que depuis l'ayeul du Pape Clement, qui estoit Pierre Roger seigneur de Rosiers. Celuy cy fut pere de Guillaume I. du nom seigneur de Rosiers, de Nicolas Archevesque de Roüen, & de Peyronne mariée à Pierre seigneur de la Vigerie. Guillaume I. son fils fut marié avec Guillemete de la Monstre, de laquelle il eut Guillaume II. seigneur de Rosiers, Pierre Moine de la Chaise-Dieu en Auvergne, qui fut en suite Pape Clement, Hugues Moine de Tulle & enfin Cardinal,

Tome I.   Rr ij

HISTOIRE DE LA MAISON

Guillemete femme de Jacques de la Jugie mere des Cardinaux de la Jugie, & Almodie femme de Jacques de Besse mere de Nicolas de Besse Cardinal. Des titres qu'on m'a fournis, qu'on m'a dit avoir esté trouvez en un ancien cayer aux archives du Roy à Rhodez, y adjoustent une autre fille appellée Bertrande Roger mariée à Nicolas de Besse, d'où sortit une fille appellée Eleonor de Besse mariée en l'année MCCCXXVII.

<small>Bohet. fol. 292. 313. 315. 316. 322. 367. Froissart vol. 1. chap. 56. 74.</small>
à un grand Seigneur d'Escosse appellé Simon Frazar, ou Fraseir, comme parle l'historien d'Escosse Hector Boëthius, ou Fresiel, comme Froissart, fils d'autre Simon Frazar mary d'Ermengarde de Roquefeüil & petit fils de Guy Frazar marié à une Stuart, neveu de Guillaume Frazar Evesque de saint André en Escosse Ministre d'Estat & l'un des Gouverneurs du royaume d'Escosse apres la mort du Roy Alexandre III. de ce nom. Du mariage d'Eleonor de Besse avec Simon Frazar il provint deux enfans, Alexandre seigneur d'Aberden en Escosse & Simon Baron de Cerclieres & d'Aride en Roüergue. Guillaume II. seigneur de Rosiers, du Chambon, & de Margeride fut marié trois fois. Sa premiere femme fut Marie du Chambon, de laquelle il eut nombre d'enfans, assavoir Guillaume III. Vicomte de Turenne & Comte de Beaufort, Pierre, qui fut Pape Gregoire XI. de ce nom, Nicolas seigneur d'Hermenc & de Limcuil, Jean Archevesque de Roüen & de Narbonne, Raymond, qui fut fait prisonnier en une rencontre pres de l'Isle en Flandres en l'année

<small>Froissart vol. 2. chap. 47.</small>
MCCCXXXIX. *loquel depuis qu'il se fut rendu prisonnier fut occis par la convoitise de ses belles armes*, ainsi que dit Froissart, Heliz mariée en premieres nopces à Guillaume de la Tour, & en secondes nopces à Aymar de Poictiers, comme nous le dirons plus bas, Dauphine mariée à Hugues de la Roche Mareschal de la Cour de Rome & Gouverneur du Comtat de Venayssin, Mathe mariée à Guy de la Tour frere de Guillaume, Marguerite femme de Geraud de Ventadour seigneur de Donzenac, & Marie femme en premieres nopces de Guerin II. seigneur d'Apchier, dont elle eut Guerin & Raymond d'Apchier, & en secondes nopces de Raymond de Nogaret seigneur de Cauvisson, dont elle n'eut point d'enfans. La seconde femme de Guillaume II. fut Guerine de Canillac fille unique de Marquis seigneur de Canillac & d'Alixent de Poictiers, de laquelle il eut Marquis seigneur de Canillac & Jeanne filleule du Roy Jean. La troisiesme fut Catherine de la Garde de la maison des Seigneurs d'Adheimar de Monteil, laquelle il espousa en l'année MCCCLXVI. & de laquelle il eut Raymond Vicomte de Valerne mort sans lignée. Nous deduirons le reste de cette genealogie au livre cinquiesme en parlant du mariage d'Agne IV. seigneur d'Oliergues avec Anne de Beaufort Vicomte de Turenne.

Revenons au mariage de Guillaume de la Tour avec Heliz Roger. Le <small>Preuves p.601.</small> contract de leur mariage est de l'onziesme jour du mois de Septembre MCCCXLII. passé à Villeneuve lez Avignon en presence du Pape Clement VI. & d'Estienne Aubert lors Evesque de Clairmont & depuis Pape Innocent VI. & encore en presence de Pierre Andrieu Evesque de Noyon, d'Aymar Robert Protonotaire du Pape, qui fut fait Cardinal huict jours

D'AUVERGNE. Liv. IV.

apres, de Guillaume l'Amy Evesque de Chartres, de Guillaume d'Albuſſac Chantre de Roüen, qui fut fait l'année d'apres Evesque de Frejus, de Jean Comte d'Armagnac & de Jean de Levis seigneur de Mirepoix proches parents de Guillaume de la Tour. Mais Guillaume mourut sans enfans l'année suivante en Italie, d'où son corps fut porté à Clairmont & enterré aux Cordeliers le XXVI. Novembre, comme il l'avoit ordonné. Le Pape Clement escrivit des letres de consolation à son pere & à sa veuve, laquelle se remaria l'année suivante avec Aymar de Poictiers fils de Loüis de Poictiers Comte de Valentinois & Diois, qui fut aussi Comte de Valentinois & Diois apres son pere, & mourut en l'année MCCCLXXIII. sans enfans. Heliz, appellée communement la Comtesse majour, demeura deſormais veuve, & fit son testament le XVII. jour du mois de Juin MCCCCIII.

Preuves p. 605.
Vitæ Papar. Aven 10. 2. p. 674. 675.

ROGER.
D'argent à la bande d'azur accompagnee de ſix roſes de gueules.

Guy dit Guyot seigneur de la Tour.

CHAPITRE XIV.

ORDINAIREMENT les noms eſtrangers entrent dans les familles par les nouvelles alliances. Il y a donc grande apparence que le nom de Guy eſtant eſtranger dans la maiſon des Seigneurs de la Tour d'Auvergne, il y eſt entré à l'occaſion du mariage de Bertrand de la Tour pere de Guyot avec Iſabeau de Levis petite fille de Guy de Levis seigneur de Mirepoix. Peuteſtre meſme qu'en luy impoſant ce nom on refleſchit ſur le grand nom & ſur la grande reputation de Guy de Levis I. du nom seigneur de Mirepoix.

Guy succeda à son pere au commencement de l'année MCCCLXXIV. au plus tard, y ayant preuve que cette année Jean de Mello Evesque de Clairmont ayant emprunté du Comte d'Armagnac la somme de cinq mil livres pour faire ſortir les Anglois du pays d'Auvergne & du fort de

Origines de Clairmont de M. Durnud p. 199.

Mirmont occupé par Mandonnet Badafol, cette somme fut passée dans les comptes de Bonnet Noël par Beraud Comte de Clairmont Dauphin d'Auvergne, Guy de la Tour, & Guillaume d'Apchon ayant la charge des finances.

Preuves p. 605. 613. Il fut marié du vivant de son pere avec Mathe de Beaufort sœur d'Heliz veuve de son frere Guillaume. Le traicté de leur mariage est du XVII. jour du mois de Juillet MCCCLIII.

Preuves p. 615. Il fit son testament le XIV. jour du mois de Septembre MCCCLXXV. estant malade à Clairmont, & institua son heritier universel son fils Bertrand, auquel il substitua l'enfant dont Mathe de Beaufort sa femme estoit enceinte, au cas que ce fut un masle. Donna douze mil francs d'or à sa fille Loüise. Ordonna que sa femme seroit tutrice de ses enfans au cas qu'elle demeurat en viduité, & luy donna sa vie durant la joüissance des chastellenies de Besse & de Montpeyroux. Et au cas qu'elle ne voulut pas accepter cette tutele, ou qu'elle convolat en secondes nopces, il establit gouverneurs de sa terre & de ses enfans Bertrand de Rochefort & Pierre de Cros ses cousins. Nomme ses executeurs testamentaires les Evesques du Puy & de Langres ses freres, le Vicomte de Turenne, Guillaume seigneur d'Apchon, Bertrand de Rochefort, Henry de la Tour Archidiacre de Paris son frere, & le Gardien des Cordeliers de Clairmont. On ne peut pas assurer s'il mourut de cette maladie. Mais son *Preuves p. 618.* testament estant du XIV. Septembre, & l'ancien Obituaire des Cordeliers de Clairmont, où il est enterré, nous apprenant qu'il mourut le XVII. Septembre, & sa veuve ayant fondé par acte passé le sixiesme Mars MCCCXCVI. un anniversaire pour luy audit jour XVII. Septembre en l'Eglise cathedrale de Clairmont, & un autre à pareil jour en l'Eglise des Cordeliers par acte passé le XXVI. May MCCCLXXXVI. j'estime qu'on peut avancer sans temerité qu'il mourut peu de jours apres avoir fait son testament.

Sa femme luy survesquit fort longtemps, y ayant preuve qu'elle estoit encore vivante en l'année MCCCCXXXV. bien vieille, puisqu'elle estoit fille de Marie du Chambon morte en l'an MCCCXLV. au plus tard. *Notæ ad Vitas Papar. Aven. p. 832.* Car son mary espousa cette année là Guerine de Canillac sa seconde femme. Et ainsi Mathe avoit au moins quatre vingt douze ou treize ans lorsqu'elle mourut, son contract de mariage nous apprenant qu'elle n'avoit pas encore atteint l'aage de puberté lorsqu'il fut passé. Son anniversaire est marqué au cinquiesme Juin dans l'ancien Obituaire des Cordeliers de *Preuves p. 618.* Clairmont, où elle est enterrée, & où elle fonda en l'année MCCCXCIII. deux Messes par chascune semaine, l'une de saint Jean Baptiste, & l'autre des morts. Elle fit encore d'autres fondations, l'une de trois Messes aux Carmes de Clairmont par acte passé le IX. Novembre MCCCCXXIII. une autre d'une Messe & office complet le jour de l'Assomption Nostre Dame en l'Eglise cathedrale du Puy par acte passé le XXVII. Juin MCCCCXXV. & encore une autre de deux Messes & deux anniversaires au Convent des Augustins d'Ennezat par acte passé le XXV. Novembre MCCCCXXVI.

D'AUVERGNE. LIV. IV.

Mais la plus considerable des actions de pieté de cette Dame est le present qu'elle fit à l'Eglise cathedrale de Clairmont, à laquelle elle donna le sixiesme jour du mois de Mars MCCCXCVI. un vaisseau ou joyau grandement beau de bon argent doré garni de pierres pretieuses & perles, dans lequel estoit une dent de saint Jean Baptiste. Et le Chapitre de *Preuves p. 780.* cette Eglise en reconnoissance de ce beau present luy octroya tant qu'elle vivroit deux Messes tous les ans, l'une avec procession le jour de l'Octave de saint Jean Baptiste, & l'autre des morts chascun XVII. jour de Septembre, qui est le jour du decez de son mary, & apres son trespas encore une Messe des morts pour le repos de son ame.

Enfans de Guy seigneur de la Tour & de Mathe de Beaufort sa femme.

BERTRAND V. du nom, qui continua la lignée.

GUYOT DE LA TOUR, qui fut d'Eglise, institué heritier par *Preuves p. 594.* Bernard de la Tour Evesque de Langres son oncle. Il estoit Abbé & *Preuves p. 612.* Chanoine de Clairmont & Prevost de la mesme Eglise. Il mourut le XIV. *Preuves p. 627.* Decembre MCCCXI. & legua cent florins pour son anniversaire au Chapitre de l'Eglise cathedrale de Clairmont, lequel legs fut payé par son frere Bertrand le penultiesme jour du mois de Janvier MCCCXII. comme il est marqué dans l'Inventaire des titres de la maison de la Tour d'Auvergne.

LOUISE DE LA TOUR mariée apres la mort de son pere à Ponce *Preuves p. 605.* seigneur de Montlaur fils de Guy seigneur de Montlaur & de Jausserande *612.* d'Apchier sœur (comme je le crois) de Guerin seigneur d'Apchier mary de Marie de Beaufort sœur du Pape Gregoire XI. & de Mathe de Beaufort mere de Louïse de la Tour. Le traicté de son mariage est du vingtiesme Octobre MCCCLXXXVII. en faveur duquel Bertrand seigneur de la Tour son frere luy constitua en dot les douze mil francs d'or qui luy avoient esté leguez par le testament de son pere. Le testament de Ponce de Montlaur son mary, par lequel il institua son heritier son fils postume, s'il en venoit quelquun, & à son defaut, luy substitua Loüis de Montlaur son frere, est du sixiesme jour de May MCCCXCIII. jour de son decez. Sa femme mourut sans enfans le XXVII. Octobre MCCCCIII. & fut enterrée avec ses ancestres aux Cordeliers de Clairmont, où elle fonda une Messe tous les jours à perpetuité. Loüis de Montlaur frere & heritier de Ponce espousa Marguerite de Polignac, & mourut sans enfans aussi bien que son frere.

N. DE LA TOUR, née apres la mort de son pere. Car il est certain *Preuves p. 616.* que Mathe de Beaufort estoit enceinte lorsque son mary fit son testament. Nous apprenons de celuy de l'Evesque de Langres qu'elle accoucha d'une *Preuves p. 594.* fille, puisqu'il y fait mention de deux filles de la Dame de la Tour, & qu'il n'y en a qu'une de nommée dans le testament de Guyot. M. Justel a creu que cette derniere fille estoit Marguerite de la Tour mariée à Guy seigneur de Cousant souverain Maistre de l'Hostel du Roy. Mais il me semble que cela ne peut pas estre, parce que la fille de Guyot de la Tour que M. Justel pretend avoir esté femme de ce Seigneur n'estant pas encore née lorsque son pere fit son testament le XIV. Septembre MCCCLXXV. & le Seigneur de Cousant ayant esté marié en troisiesmes nopces en l'année MCCCXCII. avec Alix de Beaujeu, il semble estre evident que sa premiere femme n'a pas peu estre la fille du Seigneur de la Tour d'Auvergne. Elle n'estoit pas non plus fille du Seigneur d'Oliergues, quoyqu'Agne de la Tour II. du nom seigneur d'Oliergues ait eu une fille appellée Marguerite, parce que celle cy estoit vivante longtemps apres l'année MCCCXCII. & fut religieuse au monastere de Comps appellé aujourdhuy la Vau-Dieu. Je croirois bien plustost que la fille dont Mathe de Beaufort Dame de la Tour estoit enceinte lorsque son mary fit son testament fut Dauphine de la Tour, nom de famille, laquelle je trouve dans un arrest du Parlement de l'an MCCCCLIX. avoir esté mariée à un Seigneur appellé Estienne de Lagarde & avoir esté mere de Marguerite de Lagarde morte sans enfans.

Bertrand

D'AUVERGNE. Liv. IV.

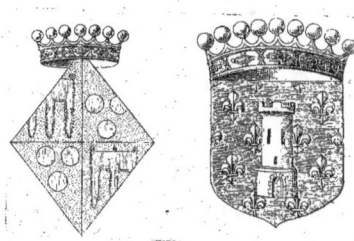

Bertrand seigneur de la Tour V. du nom & Marie Comtesse d'Auvergne & de Boulogne sa femme.

CHAPITRE XV.

ENCORE que la maison des Seigneurs de la Tour d'Auvergne fut grande & illustre par elle mesme & par les grandes alliances qu'elle avoit contractées depuis son commencement, elle receut neantmoins un nouveau lustre par le mariage de Bertrand avec Marie de Boulogne fille unique de Godefroy de Boulogne seigneur de Montgascon & de Jeanne de Ventadour sa seconde femme, comme nous le fairons voir un peu plus bas. Le traicté de ce mariage est de l'onziesme jour de Janvier MCCCLXXXIX. confirmé le XXV. *Preuves p. 620.* du mois de Fevrier ensuivant, auquel assista parmy plusieurs autres personnes de qualité Henry de la Tour Evesque de Clairmont oncle de Bertrand. Mathe de Beaufort sa mere y intervint aussi, & le ratifia en la meilleure forme & maniere que Godefroy de Boulogne & sa fille le pouvoient souhaiter.

Bertrand succeda à son pere en l'année MCCCLXXV. au mois de Septembre.

Le XIV. Septembre de l'année suivante estant en Avignon il presta, *Preuves p. 619.* conformement à ce qu'avoient fait ses ancestres Seigneurs de la Tour, à Jacques Abbé de Clugny l'hommage pour son chasteau de la Tour, sauf l'hommage deu au Roy. Sa mere, laquelle estoit sans doute allée en Avignon avec ses enfans pour tascher avec ses autres parents de destourner le Pape Gregoire XI. son frere de la resolution qu'il avoit prise d'aller à Rome, fut presente à cette prestation d'hommage, qui fut faite le lendemain du despart du Pape dans le Palais du Cardinal de Geneve, qui

Tome I.   S f estoit pourlors Legat en Italie, où estoit logé Bernard de la Tour Evesque de Langres, lequel est mal appellé Bertrand dans l'acte de prestation de cet hommage.

Il y avoit dezlors alliance entre les branches de la maison d'Auvergne du surnom de Boulogne & de la Tour & la maison de Beaufort, Marie de Boulogne niepce du Cardinal de Boulogne ayant espousé l'année precedente Raymond de Beaufort Vicomte de Turenne neveu du Pape Gregoire XI. apres la mort duquel le Cardinal de Geneve cousin germain de cette Marie fut esleu Pape, appellé Clement VII.

En l'année MCCCLXXXV. Loüis III. Duc de Bourbon ayant formé le dessein d'assieger la Roche Sennadoire en Auvergne, de laquelle s'estoient emparez quatre vingt Capitaines & trois cens hommes d'armes qui desoloient & destruisoient tout le pays, il manda le Comte Dauphin, le Sire de la Tour, & les autres grands Seigneurs du pays d'Auvergne, entre lesquels se trouve nommé le Sire de la Gueulle (ou de la Queüille) un des plus vaillants hommes d'Auvergne, & avec leur secours il prit cette place & en chassa ces pillards.

Hist. de Loüis III. Duc de Bourbon p. 115.

En la mesme année le Roy Charles VI. s'estant resolu de passer en Angleterre avec une puissante armée, & le rendez vous estant à l'Escluse, pour laquelle raison on l'appella *le voyage de l'Escluse*, comme dit l'historien de Boucicaut, il s'y rendit le premier pour attendre la noblesse de son royaume, qui y vint en tres grand nombre. Loüis Duc de Bourbon fut ordonné pour commander l'avantgarde. *Car il avoit*, dit d'Orronville, *belle compagnie de Chevaliers, Escuyers, & d'autres gens d'armes qui volontiers le servoient & le suivoient pour son bon nom.* En suite cet historien faisant un destail des Chevaliers *qui communement l'avoient servy en ses voyages*, il nomme en premier lieu Messire Guichard Dauphin Grand Maistre des Arbalestriers de France, le Sire de la Tour, & autres. Mais ce grand projet n'aboutit à rien, comme nous l'avons remarqué cy dessus page 202. en parlant de Beraud II. Dauphin d'Auvergne.

Froissart vol. 3. chap. 41.
Hist. de Boucicaut p. 49.
Hist. de Loüis III. p. 232.

En l'année MCCCLXXXVII. Bertrand seigneur de la Tour en qualité d'heritier de Beatrix de Rhodez sa bisayeule transigea pour les pretentions qu'il avoit sur la succession d'Henry II. Comte de Rhodez pere de Beatrix avec Jean Comte d'Armagnac & de Rhodez heritier de Cecile de Rhodez Comtesse d'Armagnac sœur de Beatrix ; & le Comte d'Armagnac s'engagea de luy payer pour reste de ses pretentions la somme de cinq mil francs d'or. Bertrand ratifia encore cette transaction par acte passé à saint Saturnin en Auvergne le XXVIII. Juin MCCCCVIII. lors de l'entier payement.

En l'année MCCCLXXXVIII. Perrot le Bearnois, qui suivoit le party du Roy d'Angleterre, & ses compagnons s'estant rendus maistres de la ville de Montferrand en Auvergne le XIII. Fevrier, apprehendant quelque surprise, & que les Comtes d'Armagnac & d'Auvergne n'y vinssent mettre le siege à moult grand puissance, car là *estoient les hauts Barons & Seigneurs, le Sire de la Tour, le Sire d'Apchon, le Sire d'Apchier, le Sire de Revel, le Sire de la Palisse, le Sire de Montagu, Messire Guichard Dauphin,*

Froissart vol. 3. chap. 95. 103. 104. 105.

D'AUVERGNE. Liv. IV.

le Marquis de Canillac, & plusieurs autres, ils resolurent ensemble que sur le soir ils se departiroient & emmeneroient tout leur butin & leurs prisonniers, dont ils avoient plus de deux cens, & mirent bonnes gens aux portes, afin que personne ne peut sortir hors la ville, laquelle ils abandonnerent, & se delivrerent par ce moyen du grand danger où ils estoient. *Voyez cy dessus p. 202.*

En l'année MCCCLXXXIX. selon la maniere de compter d'aujourd'huy le Roy Charles VI. voulant visiter son royaume & aller en Languedoc, il se mit en chemin le second jour du mois de Septembre. D'Orronville escrit que *quand fut à point se partit le Roy de Paris, & vint à Mehun sur Yevre, où le Duc de Berry le festoya grandement, & puis à Gannat, où le Sieur de la Tour avec les Dames & Damoyselles du pays le festoierent liément*. *Hist. de Charles VI. do M. Le Labourenr p. 176. Hist. de Loüis III. Duc de Bourbon ch. 70.*

En l'année MCCCXC. le Seigneur de la Tour avoit abandonné un de ses chasteaux nommé la Roche de Vandais, que nous avons remarqué cy dessus page 296. avoir esté acquis par Bertrand III. son trisayeul, & il l'avoit abandonné comme luy estant inutile. Dequoy il fut fort blasmé par les gens du pays. Car c'estoit une place forte & avantageusement située pour les pillards, qui s'en rendirent les maistres, la fortifierent, & s'en servirent pour exercer leurs brigandages. *Le Sire de la Tour*, dit Froissart, *quand il sentit qu'il avoit tels voisins si prez de luy qu'à une lieüe de sa meilleure ville de la Tour, ne fut pas bien assuré, mais fit garder surtement & estroitement ses villes & ses chasteaux*. Le Roy estant adverty de ces desordres envoya pour ce sujet en Auvergne Robert de Bethune Vicomte de Meaux, qui chassa les pillards de ce fort, lequel fut rasé par les gens du pays, *tellement qu'il n'y demeura muraille entiere, n'habitation nulle, ne pierre l'une sur l'autre. Tout fut renversé & porté par terre*. *Froissart vol. 4. chap. 14.15.16.*

Quand Merigot Marchés leur Capitaine, qui en estoit sorty peu auparavant pour chercher à renforcer ses troupes, apprit qu'il estoit rendu, il en fut fort fasché; & ne sçachant où se retirer, il prit le party de s'en aller chez le seigneur de Tournemire son cousin germain, lequel ne luy fit pas un tour de bon parent. Car il l'arresta & le mit en prison dans son chasteau comme traistre au Roy. Le Comte d'Armagnac, qui commandoit en ces quartiers là pour le Roy, & qui faisoit beaucoup de cas de Merigot comme d'un homme de teste & d'ailleurs entendu au fait de la guerre, ordonna au seigneur de Tournemire de luy envoyer son prisonnier. Ce qui fut fait. Dequoy le Roy ayant esté adverty, il en escrivit au Comte, luy ordonnant de luy envoyer Merigot. Le Duc de Berry se chargea du soin de le faire conduire à Paris. On luy fit son procez dez qu'il y fut arrivé. Il fut condamné à estre mené aux halles, d'estre tourné plusieurs fois au pilory, à avoir en suite la teste tranchée, puis escartelé, & chascun des quatre quartiers mis & levé sur une attache aux quatre souveraines portes de Paris. Je l'ay appellé Marchés, & non Marcel comme Froissart, parce que j'ay trouvé son nom ainsi escrit en deux arrests du Parlement, dans le traité fait le dernier jour de Novembre MCCCLXXXVII. entre le Comte d'Armagnac & Merigot pour la reddition des places qu'il occupoit en Auvergne, où il a signé *Merigot Marchés*, en l'Ordonnance du Roy que j'ay citée cy dessus, dans les letres du Roy Charles VI. par *Voyez cy dessus p. 201. Froissart vol. 4. chap. 17. Chap. 14.*

Tome I.   Sf ij

lesquelles il donna les biens de Merigot comme confisquez à Pierre de Magnac Secretaire du Roy, dans une enqueste faite en l'année MCCCCXIV. au sujet de la mauvaise conduite de Jean II. du nom Comte d'Auvergne, & encore dans les Indices & dans les Annales de Surita.

En l'année MCCCCXXII. le Vicomte de Narbonne & le Sire de Torssay Maistre des Arbalestriers de France, lesquels suivoient le party du Dauphin Regent le royaume, ayant esté obligez de lever le siege qu'ils avoient mis devant la ville de Cosne sur Loire, ils se resolurent de poursuivre les Anglois & les Bourguignons pour les combattre. *Les chiefs des François*, dit Alain Chartier, *estoient le Comte de Boucquam du pays d'Escosse Connestable de France fils du Duc d'Albanie, & le Comte de Vvitton, le Comte du Glas, Messire Tanneguy du Chastel Prevost de Paris, le Vicomte de Narbonne, le Mareschal de la Fayette, le Sire de la Tour d'Auvergne, le Sire de Torssay, & plusieurs autres grands Seigneurs d'Auvergne, de Berry, & de Bourbonnois.* Mais la mort du Roy d'Angleterre arrivée en ce temps là empescha qu'ils ne fissent aucuns exploits de guerre, parceque les Anglois & les Bourguignons ayant appris cette nouvelle se retirerent & s'en allerent chascun en leur pays.

Alain Chartier p. 55.

Il est marqué dans le cinquiesme compte de Guillaume Charrier Receveur general des finances qu'il paya à Bertrand Sire de la Tour Chevalier, à Jehan de Langhac Chevalier Seneschal d'Auvergne, & à Guillaume Vicomte de Narbonne la somme de six mil cinq cens livres à eux ordonnée par le Roy Charles VII. le VII. Septembre MCCCCXXIII. tant pour leurs estats que pour departir entr'eux aux gens d'armes & de trait de leurs compagnies, lesquels n'agueres ils avoient menez au Roy, c'est assavoir au Sire de la Tour deux mil cinq cens livres pour son estat & quinze cens livres pour ses gens, au Vicomte mille livres, & au Seneschal quinze cens livres.

Je crois que le Sire de la Tour mourut bien tost apres, y ayant preuve qu'il estoit mort avant que Marie de Boulogne sa femme devint Comtesse d'Auvergne & de Boulogne, laquelle la devint incontinent apres sa mort par le decez sans enfans de Jeanne II. du nom Comtesse d'Auvergne & Duchesse de Berry sa niepce à la mode de Bretagne. Il y a au Tresor des chartes de France des letres royaux du sixiesme Fevrier MCCCCXXII. par lesquelles le Roy accorde à Marie de Boulogne la mainlevée de tous les biens de ladite Jeanne, lesquels avoient esté saisis par les Officiers du Roy en Languedoc parce qu'elle estoit accusée d'avoir fait battre de la fausse monnoye au lieu de saint Supplice situé dans le diocese de Toulouse sur le Tarn entre Buzet & Montastruc & d'avoir fait alliance avec le Roy de Portugal allié des Anglois, se reservant neantmoins sa Majesté pour exemple perpetuel le chastel & terre de saint Supplice pour en faire & ordonner à son plaisir, lequel il rendit quelque temps apres aux legitimes heritiers de cette Princesse. Au mesme Tresor des chartes il y a preuve qu'en l'année MCCCCXXIII. Marie de Boulogne veuve du Seigneur de la Tour avoit intenté action contre George de la Trimoüille pour raison des Comtez d'Auvergne & de Boulogne & autres biens de la succes-

Preuves p. 627.

Preuves p. 646.

Preuves p. 623.

D'AUVERGNE. Liv. IV.

sion de feuë Jeanne de Boulogne Duchesse de Berry sa femme ; laquelle luy avoit donné l'usufruit de tous ses biens sa vie durant par contract de mariage, comme il a esté remarqué cy dessus page 153.

Mais Marie de Boulogne fut encore plus violemment troublée en la joüissance de la Comté de Boulogne par le Duc de Bourgogne en haine du mariage de cette Princesse avec George de la Trimoüille. Marie n'en joüit donc jamais, le Duc de Bourgogne en ayant conservé la possession par sa grande puissance soustenuë par la ligüe qu'il avoit faite avec les Anglois ennemys declarez de la France. Mesme la chose alla si loin que le Roy Charles VII. fut obligé, à cause du mauvais estat de ses affaires, de luy en abandonner la possession par le traicté d'Arras. Mais enfin le Roy Loüis XI. recouvra cette Comté en faveur du Seigneur de la Tour Comte de Boulogne, & luy donna en eschange la Comté de Lauraguez, comme nous le dirons en son lieu. *Voyez cy dessus p. 153.*

La Comtesse Marie mourut le septiesme jour d'Aoust MCCCCXXXVII. & fut enterrée aux Cordeliers de Clairmont. *Preuves p. 202. 397. 618.*

Enfans de Bertrand seigneur de la Tour V. du nom & de Marie de Boulogne Comtesse d'Auvergne & de Boulogne sa femme.

BERTRAND VI. du nom Comte d'Auvergne & de Boulogne, seigneur de la Tour, dont il sera parlé au chapitre suivant.

JEANNE DE LA TOUR mariée en l'année MCCCCIX. à Beraud III. Comte de Clairmont, Dauphin d'Auvergne, & Comte de Sancerre. Elle mourut avant l'an MCCCCXXVI. que Beraud son mary se remaria avec Marguerite de Chauvigny. Voyez cy dessus page 209. *Preuves p. 411.*

ISABEAU DE LA TOUR mariée en l'année MCCCCXIX. à Loüis de Chalencon, dit Armand, Vicomte de Polignac, neveu de Beatrix de Chalencon Dame d'Oliergues. Il sortit de ce mariage Guillaume Vicomte de Polignac pere de Catherine de Polignac mariée à Jean de la Tour seigneur de Montgascon morte sans enfans, d'Antoinete de Polignac mariée à Godefroy de la Tour II. du nom seigneur de Montgascon frere de Jean & de Loüise femme de Beraud de Beaufort Vicomte de Valerne. *Preuves p. 618.*

LOUISE DE LA TOUR accordée le XXVI. Fevrier MCCCCXXX. avec Tristan seigneur de Clairmont de Lodeve mort sans enfans. De sorte que si ce mariage a esté effectué, il n'a pas esté de longue durée. Car Loüise fut accordée le XX. Fevrier MCCCCXXXIII. selon la maniere de compter d'aujourdhuy avec Claude de Montaigu seigneur de Coulches en Bourgogne Prince du sang royal de France, estant issu de la lignée masculine des anciens Ducs de Bourgogne sortis du Roy Robert, laquelle finit en luy. Et par cette raison il portoit les armes pleines de Bourgogne, comme estant le seul restant de la race. Ce mariage fut traicté à Bourg en Bresse. Elle luy porta vingt deux mil escus d'or en mariage, dont il fut stipulé qu'il en seroit baillé dix mil pour sa rançon au Seigneur de Gaucourt Gouverneur du Dauphiné, duquel il estoit prisonnier, ayant *Preuves p. 619. 639. Hist. des Ducs de Bourgogne p. 167. Preuves p. 633. Preuves p. 633. Preuves p. 633. 639.*

HISTOIRE DE LA MAISON

Hist. de Charles VII. p. 47.
Hist. de Bresse p. 293.

esté pris le jour de la Trinité de l'année precedente en une bataille donnée en Dauphiné entre Colomiers & Anton contre le Prince d'Orange par ledit Seigneur de Gaucourt, un Capitaine Espagnol nommé Rodrigue de Villandraud Comte de Ribadeo, & Imbert de Grolée Bailly de Lyon. Ces trois Seigneurs y gagnerent de grandes richesses, *avec grand nombre de bons prisonniers*. Il est marqué dans l'histoire chronologique du Roy

Hist. de Charles VII. p. 380.

Charles VII. qu'ils eurent à leur part cent mil escus d'or. Le Seigneur de Coulches fut fait Chevalier de la Toison d'or en l'année MCCCCLXVIII. au Chapitre qui fut tenu en la ville de Bruges, & fut tué en l'année MCCCCLXX. à la bataille de Bussy, que l'armée du Roy Loüis XI. gagna sur Charles Duc de Bourgogne. Sa femme, qui se tint tousjours

Preuves p. 639.

à Coulches, ne luy survesquit pas longtemps, estant morte le XIV. Juin MCCCCLXXII. enterrée dans l'Eglise que son mary & elle y avoient fondée en l'année MCCCCLXIX. pour un Prevost & cinq Chanoines, laquelle ils firent dedier par le Cardinal Rolin Evesque d'Autun. Ils ne laisserent pas de posterité. On voit beaucoup de marques de la pieté de cette Princesse dans le cloistre & dans le chœur du Convent des Reverends Peres Carmes de la ville de Chalon, où ses armories se trouvent myparties de Bourgogne ancien & de la Tour. Apres la mort de son mary elle donna à l'Eglise de ce convent de tres riches ornemens, c'est à dire, une chasuble, dalmatique, & tunicelle de veloux rouge, & deux chapes violetes, le tout relevé en broderie d'or tres riche, où l'on voit l'escu de ses armes aussi en broderie d'or entouré d'une cordeliere & d'un roulleau ayant cette inscription, J'AY LE CORPS DELIE', comme il est icy representé.

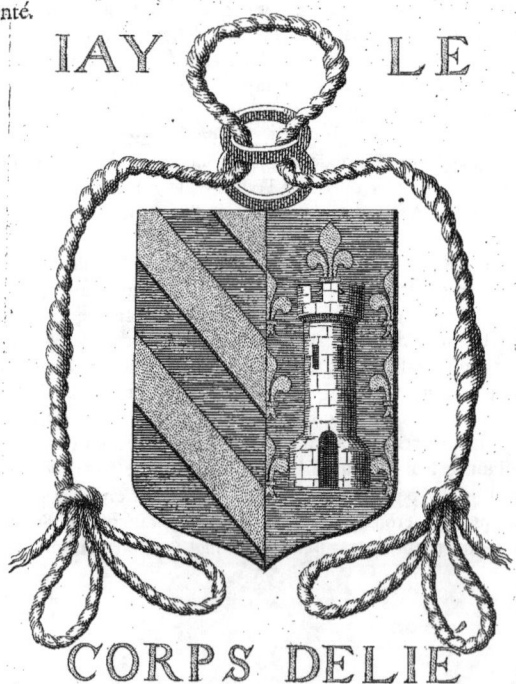

D'AUVERGNE. Liv. IV. 327

Ce qui doit faire penser que ceux là se sont trompez qui ont estimé que l'origine des cordelieres que les veuves adjouftent à leurs escus vient de la Reyne Anne de Bretagne, puisqu'elles estoient inventées avant qu'elle vint au monde, & qu'elle ne s'en servoit pas pour marquer qu'elle estoit veuve, puisqu'elle s'en servoit lors mesme qu'elle regnoit, estant marqué dans les relations de ses obseques que la cordeliere estoit sa devise. C'estoit une marque d'honneur qu'elle avoit inventé pour les Dames de sa cour, dont elle leur faisoit don comme d'une escharpe ou collier de chevalerie, ainsi que le collier à coquilles donné par le Roy aux Chevaliers de l'Ordre de saint Michel. Et par consequent l'usage des cordelieres que les veuves adjouftent aujourdhuy à leurs escussons tire son origine de Loüise de la Tour Dame de Coulches, comme les paroles mesme le font voir. J'AY LE CORPS DELIE'. D'où l'on a fait le mot CORDELIERE. J'adjousteray encore que la Reyne Anne fit bastir un grand vaisseau appellé la Cordeliere, selon le tesmoignage de M. d'Argentré en son histoire de Bretagne.

 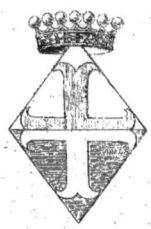

DU PESCHIN. *Escartelé d'argent & d'azur à la croix enerée de gueules, d'argent sur l'azur, & de gueules sur d'argent.*

Bertrand seigneur de la Tour VI. du nom Comte d'Auvergne & de Boulogne.

CHAPITRE XVI.

APRES que les Comtez d'Auvergne & de Boulogne furent entrées dans la branche de la maison d'Auvergne surnommée de la Tour, les Seigneurs de la Tour Comtes de Boulogne & leurs enfans se firent appeller de Boulogne, comme les enfans & successeurs de Guillaume X. Comte d'Auvergne l'avoient fait apres que la Comté de Boulogne fut entrée en leur maison. Ainsi nous serons obligez dans la suite, pour eviter la confusion, de donner aux enfans & successeurs de Bertrand VI. le surnom de la Tour & de Boulogne conjointement ou separément, selon que les occurrences le requerront.

Il succeda à son pere ez seigneuries de la maison de la Tour, & à la Comtesse Marie sa mere ez Comtez d'Auvergne & de Boulogne, en la Baronnie de Montgascon, & autres terres de cette grande succession.

Preuves p. 644. De leur vivant il avoit espousé en l'année MCCCCXVI. Jacquette du Peschin fille unique & heritiere de Loüis seigneur du Peschin, de Leuroux, de Moncel, & d'Artonne, Chevalier & Chambellan de Jean Duc de Berry & d'Auvergne. Loüis estoit fils d'Imbaud seigneur du Peschin & de Blanche de Senlis dite la Bouteillere; laquelle apres son decez espousa Godefroy de Boulogne seigneur de Montgascon pere de Marie Dame de la Tour & Comtesse d'Auvergne & de Boulogne.

En l'année MCCCCXVII. pendant la grande mesintelligence qui estoit entre le Duc de Bourgogne & le Comte d'Armagnac, laquelle causa de tres grands maux au royaume, le Duc de Bourgogne mit le siege *Hist. de Charles* devant la ville de Corbeil. *Dedans cette ville*, dit Jean Juvenal des Ursins, *VI. p. 342. 433.* *estoient le Sire de Barbazan & Bertrand de la Tour fils du Seigneur de la Tour d'Auvergne accompagnez de belle compagnée de gens d'armes, lesquels se comporterent fort sagement à la garde d'icelle ville, tellement que ledit Duc fut enfin contraint de lever le siege de devant cette ville.* Alain Chartier dit que ce fut devant la ville de Puiset en Gastinois. Mais il y a lieu de croire qu'il y a quelque omission dans cet aucteur, Gilles le Bouvier marquant expressément que le Duc de Bourgogne mit premierement le siege devant la ville de Puiset, & en suite devant Corbeil, & les anciens manuscrits de cette histoire, qui n'ont ny le nom d'Alain Chartier ny celuy de Gilles le Bouvier, parlant nettement tout de suite des sieges de Puiset & de Corbeil. Quoy qu'il en soit, il conste que le fils du Seigneur de la Tour, c'est à dire Bertrand VI. duquel nous traitons icy, se signala en cette rencontre. Et c'est pour cette raison que le Roy Charles VII. voulant reconnoistre ses services, ceux de son pere, & ceux de ses ancestres, *Preuves p. 627.* dit en termes exprez dans des letres qui seront imprimées parmy les preuves qu'ils ont fait de grands & longs services à la maison & seigneurie de France, & nommement son pere, *& semblablement l'a fait & fait encores de present le Seigneur de la Tour son fils estant en nostre compagnie, lequel a employé sa personne en tous nos affaires & armées, tant ez lieux où il a esté assiegé par nosdits ennemis comme és sieges que avons tenus, où il s'est employé de bon vouloir & de toute sa puissance.*

Vie d'Artus En l'année MCCCCXXIV. Artus de Bretagne Comte de Richemont *II. p. 22.* ayant esté fait Connestable de France, il assembla les Barons du royaume pour faire la guerre aux Anglois. Il en vint à luy de toutes parts, & nommement d'Auvergne *Monseigneur de la Tour & Monseigneur de Montlaur.* Ce fut pour cette raison qu'Henry VI. Roy d'Angleterre, qui se disoit aussi Roy de France, & tenoit Paris & une bonne partye du royaume, confisqua sur le Seigneur de la Tour d'Auvergne comme rebelle & desobeissant à sa Majesté, ainsi que portent les letres, une maison située en la ruë saint Jacques à Paris appellée l'hostel de Langres, qui jadis fut à Ber-
Voyez cy dessus nard de la Tour en son vivant Evesque de Langres, & depuis au Seigneur *p. 313.* de la Tour d'Auvergne, & la donna à Charles de Poictiers Evesque &
Duc

D'AUVERGNE. Liv. IV.

Duc de Langres par letres données à Paris le quatriesme jour de Novembre MCCCCXXIV. comme nous l'avons remarqué cy dessus page 313. *Preuves p. 599.*

En l'année MCCCCXXXVII. Mathe de Beaufort Dame de la Tour voulant terminer le different qui estoit entr'elle & Pierre de Beaufort son neveu Comte de Beaufort & Vicomte de Turenne pour raison du chasteau & de la chastellenie de Montredon en Auvergne, elle reconnut par acte passé le vingtiesme Janvier que ce chasteau appartenoit à sondit neveu, & declara qu'elle ne s'en estoit mise en possession que pour le luy conserver. Nonobstant cette reconnoissance le Seigneur de la Tour son petit fils se maintint en la possession de ce chasteau. Et enfin le Comte de Beaufort consentit par acte passé le quatriesme jour d'Aoust MCCCCXXXII. que le Seigneur de la Tour en joüit jusques à ce qu'il luy eut payé en un seul payement la somme de douze cens escus qu'il luy avoit prestée. La preuve de ces faits est au Tresor des chartes de Turenne.

Marie de Boulogne estant morte, Bertrand son fils, qui luy avoit succedé en toutes ses terres & pretentions, impetra des letres royaux le XXV. Fevrier MCCCCXXXVIII. pour faire casser la vente du Livradois faite à Morinot de Tourzel seigneur d'Alegre, laquelle il soustenoit estre frauduleuse & deceptive, ainsi que sa mere l'avoit aussi pretendu, comme il conste des letres royaux par elle semblablement impetrées le XXVIII. Octobre MCCCCXXIX. *Preuves p. 644.*

En l'année MCCCCXL. M. le Dauphin, le Duc de Bourbon, & le Duc d'Alençon, & autres s'estant revoltez contre le Roy, il fut obligé de se transporter en diverses villes & provinces de son royaume pour obvier aux desordres qu'ils y commettoient. Il vint en Auvergne, & fut quinze jours à Clairmont; & y vinrent devers luy les Barons & les trois Estats du pays d'Auvergne, ausquels il requist qu'à son besoin ils le voulussent ayder de corps & de chevance. Si firent responce lesdits Barons & autres des trois Estats qu'ils estoient siens de corps & de biens, responce dont le Roy fut tres content, & luy donnerent certaines sommes de deniers. Mais enfin la paix fut faite par l'entremise de M. le Comte d'Eu à Cusset en Auvergne, où le Dauphin & le Duc de Bourbon vinrent vers le Roy & luy demanderent pardon. *Hist. de Charles VII. p. 410.*

En l'année MCCCCXLIV. le Roy Charles VII. ayant esté prié par René Roy de Sicile Duc de Lorraine de venir en son pays pour l'ayder à ranger à leur devoir quelques uns de ses sujets qui luy estoient rebelles & desobeissans, le Roy y alla avec une puissante armée accompagné de M. le Dauphin son fils, du Roy de Sicile, de Charles Comte du Maine, du Comte de Dunois, & du Comte de Boulogne, c'est à dire, de Bertrand VI. seigneur de la Tour Comte d'Auvergne & de Boulogne. D'où il est aisé de conclurre que c'est de luy qu'il faut entendre ce que Guillaume le Sueur dit du Seigneur de la Tour dans l'Histoire MS. de Gaston Comte de Foix son maistre, que dans les joustes qui furent faites pourlors à Nancy pour le mariage de la Princesse Marguerite fille du Roy de Sicile avec Henry VI. Roy d'Angleterre, Monseigneur de la Tour vint sur les rangs

Tome I.   Tt

HISTOIRE DE LA MAISON

aprés M. de Loheac fils de M. de Laval & devant Pothon de Xaintrailles & Pregent de Coetivy Admiral de France , & qu'il y vint *monté sur un bel & puissant coursier à une housseure d'un beau drap d'or chargée de petites campanes d'or à une manteline de mesme , & avoit dix Gentilshommes atournadez de satin blanc & cramoisy portant chascun une bonne lance. Il fit ses douze courses , c'est à sçavoir trois contre Monsieur de saint Pol , six contre Messire Jacques de Lalan , & trois contre Messire Pierre de Braizé , & rompit six lances.* Il est fait mention de ces jouftes dans les antiquitez de la Gaule Belgique de Richard de Wassebourg fol. 494. & par Berry Roy d'Armes de France dans l'Histoire du Roy Charles VII. page 426. où il est marqué qu'elles durerent par l'espace de huict jours entiers. Autant en dit Martial d'Auvergne dans le livre intitulé les Vigiles du Roy Charles VII.

> *La feste si dura huit jours*
> *Tant en danses , desduits , esbas ,*
> *Que aultres gracieux sejours ,*
> *Et tant que chascun estoit las.*

Preuves p. 645. 648. En l'année MCCCCXLV. ce Comte donna à son fils Bertrand & à ses enfans masles la Baronnie de la Tour & ses dependences, assavoir les chasteaux & chastellenies de la Tour , de la Rode , Tinieres , Saignes , Rignac , Escoraille , Besse , Revel , saint Saturnin , Fayet , la Varenne , saint Amans , saint Sandoux , Montpeyroux , avec tous leurs droits & appartenances , se reservant neantmoins l'usufruit pendant sa vie. Et par le mesme acte il ordonna qu'au cas que Bertrand mourut sans enfans masles , ou leurs enfans masles sans hoirs masles , que lesdites terres & seigneuries appartiendroient de plein droit à Godefroy de la Tour son frere seigneur de Montgascon.

Preuves p. 645. En l'année MCCCCLIX. voulant laisser la paix à ses enfans & faire, comme il le dit, qu'ils vivent en amour , paix , & tranquillité que bons freres doivent vivre , & sans debat, haine , ou inquietation l'un contre l'autre , il fit deux choses l'onziesme jour de Septembre. Premierement il confirma la donation qu'il avoit faite en l'année MCCCCXLV. à son fils Bertrand & à ses enfans masles de la Baronnie de la Tour & de ses dependences , & y adjousta les Comtez d'Auvergne & de Boulogne , les chasteaux & seigneuries de Brioux, de Chauveron , & de Ressons sur le Mas en Picardie. Secondement il donna à son fils Godefroy la Baronnie de Montgascon, la ville de Maringue, Joze, Bulhon, Ennezat, Gerzat, saint Bonnet le Chastel, Novacelle, Yssandolanges, Roche Savine, Boutonargues, & Baffie , avec la terre de Livradois occupée pourlors par le Seigneur d'Alegre en vertu de la vente qui luy en avoit esté faite , dont nous avons parlé cy dessus page 144. Et le mesme jour fut accordé le mariage de son fils Godefroy avec Jeanne de Brezé fille de Pierre de Brezé Grand Seneschal de Normandie appellé communement Monsieur le Seneschal.

D'AUVERGNE. LIV. IV. 331

Il est marqué dans un arrest de l'an MCCCCLXXVI. & dans l'Obi- *Preuves p. 657.*
tuaire de la sainte Chapelle de Vic le Comte que Bertrand mourut en l'an- *101.*
née MCCCCLXI. le XXII. jour de Mars. Mais l'ancien Obituaire des
RR. PP. Cordeliers de Clairmont marque son Obit au XX. Mars, &
adjouste que la Comtesse sa femme fonda son anniversaire dans ce Convent.
Il est encore marqué dans cet Obituaire qu'elle mourut le XXI. Septembre *Preuves p. 650.*
jour de saint Mathieu MCCCCLXXIII. & qu'elle fut enterrée dans
l'Eglise de ce Convent auprez du grand autel. Il y a bien apparence que
son mary y est aussi enterré, quoyque l'Obituaire ne le marque pas expressement.

Il y a dans l'Eglise parroissiale de Vic le Comte un beau reliquaire donné
par ce Comte, dans lequel on dit qu'il y a une dent de la sainte Vierge
& plusieurs autres reliques.

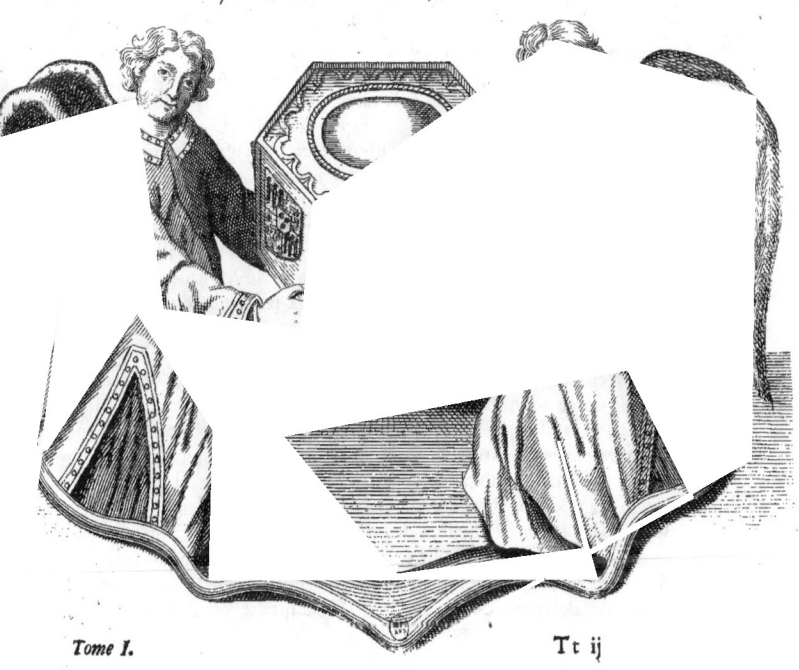

Reliquaire qui est dans l'Eglise parroissiale de Vic le Comte, dans le quel on dit qu'il y a une dent de la Sainte Vierge et plusieurs autres reliques...

HISTOIRE DE LA MAISON

Il donna à la sainte Chapelle de Vic le Comte quatre ornemens d'Eglise entiers & complets tres beaux & tres riches, lesquels ayant esté gastez par le long usage, M. le Cardinal de Boüillon ayant esté en Auvergne apres son retour de Rome, il les fit porter en l'année MDCCIII. en son chasteau de Paray, & les fit reparer à Lyon avec la mesme magnificence, en y conservant tout l'antique autant qu'on l'a peu conserver, y ayant employé la somme de dix à douze mil livres. Je n'ay pas voulu faire graver tous ces ornemens, & me suis contenté de faire graver deux chasubles, lesquelles sont fort singulieres & fort riches. On en voit de semblables, quant aux orfrois, dans la Chartreuse de Dijon fondée par les Ducs de Bourgogne contenant simplement les armes du Duc & de la Duchesse de Bourgogne qui les ont donnez.

Enfans de Bertrand seigneur de la Tour VI. du nom Comte d'Auvergne & de Boulogne & de Jacquette du Peschin sa femme.

BERTRAND VII. COMTE D'AUVERGNE & DE BOULOGNE, qui aura son chapitre.

GODEFROY DE LA TOUR seigneur de Montgascon, qui aura aussi son chapitre apres son frere.

GABRIELE DE LA TOUR mariée en l'année MCCCCXLII. à Loüis de Bourbon Comte de Montpencier Dauphin d'Auvergne avec dispense du Pape Eugene IV. à cause qu'elle estoit cousine germaine de Jeanne Dauphine premiere femme de ce Prince, avec laquelle il avoit consommé le mariage, ainsi qu'il est specifié dans la bulle de dispense, quoyqu'il n'en eut point eu d'enfans. Elle estoit fille de Beraud III. Dauphin d'Auvergne & de Jeanne de la Tour tante de Gabriele. Le Comte Bertrand constitua à sa fille en contemplation de ce mariage la somme de dix mil livres & mil livres de rente sur les terres & seigneuries de Gerzat, saint Baufile, Ennezat, saint Christophle, Clavieres, Rignac, & Saignes, & ce que ce Prince devoit au Comte de Boulogne pour la restitution de la dot de ladite Jeanne de la Tour sa sœur. M. Du Tillet & Messieurs de Sainte Marthe remarquent que le Comte de Montpencier fit pourlors une protestation de se pourvoir contre la renonciation qu'on luy avoit fait faire par force, en faisant ce mariage, à tous les biens paternels moyenant son partage de Montpencier & Combraille, quoyqu'auparavant, en traitant son mariage avec Jeanne Dauphine, son pere luy eut baillé, outre Montpencier, la seigneurie de Beaujeu & toute la succession de feu Beraud Dauphin d'Auvergne. Et depuis il obtint letres aux fins de faire casser ce partage. Tellement que pour supplement d'iceluy on luy bailla encore dixhuict cens livres de rente. Par clause du contract de mariage de ce Prince avec Gabriele de la Tour il fut accordé qu'advenant que les enfans masles des deux conjoints ou leur posterité en ligne masculine vinssent à deffaillir & que leur race tombat en filles, la posterité de Gabriele de la Tour succederoit & reprendroit la tierce partye des biens de Bertrand de la Tour & de Jacquette du Peschin sa femme,

Recüeil des Roys de France de Du Tillet p. 166.

Preuves p. 650.

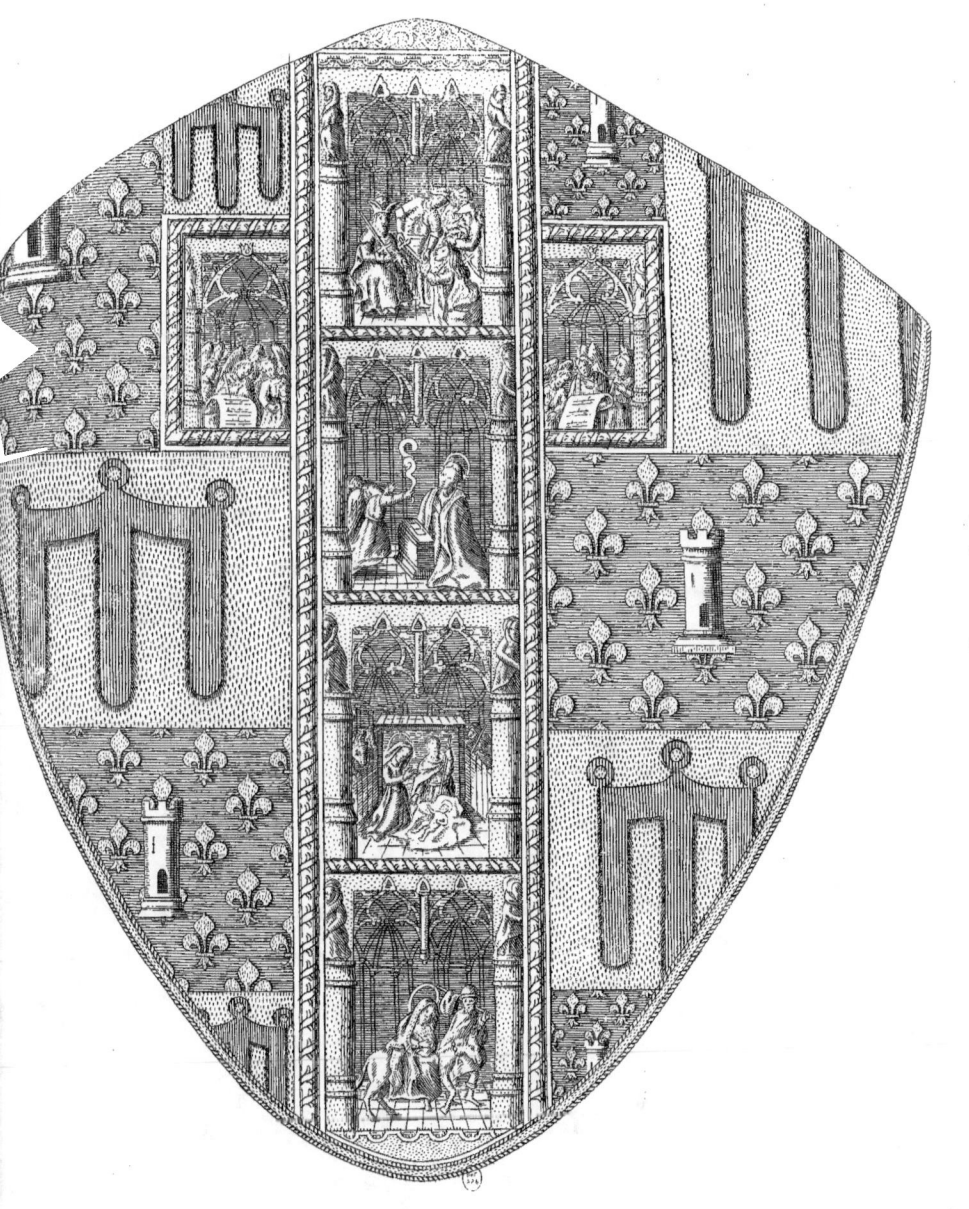

Tb. 1. Pag. 332.

Tb. 1. Pag. 332.

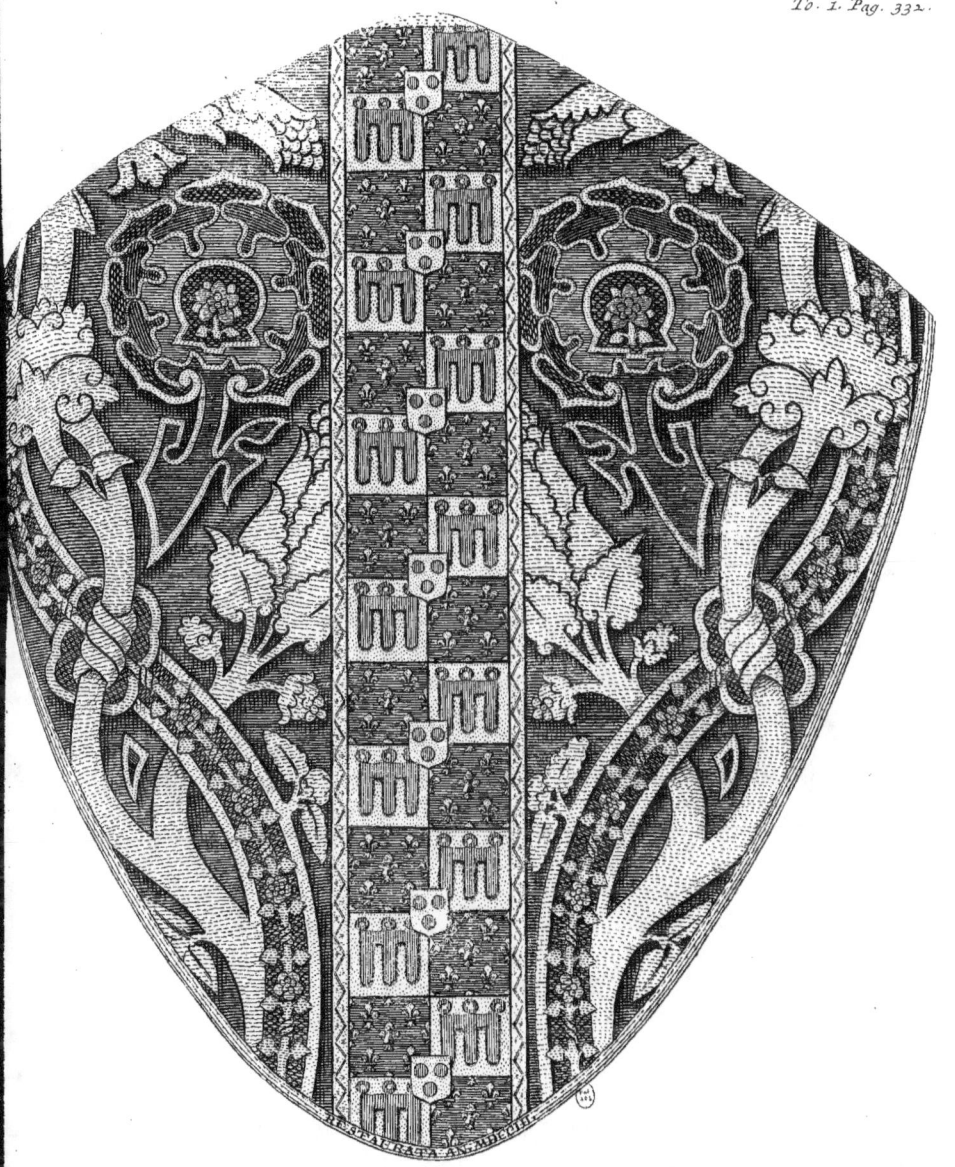

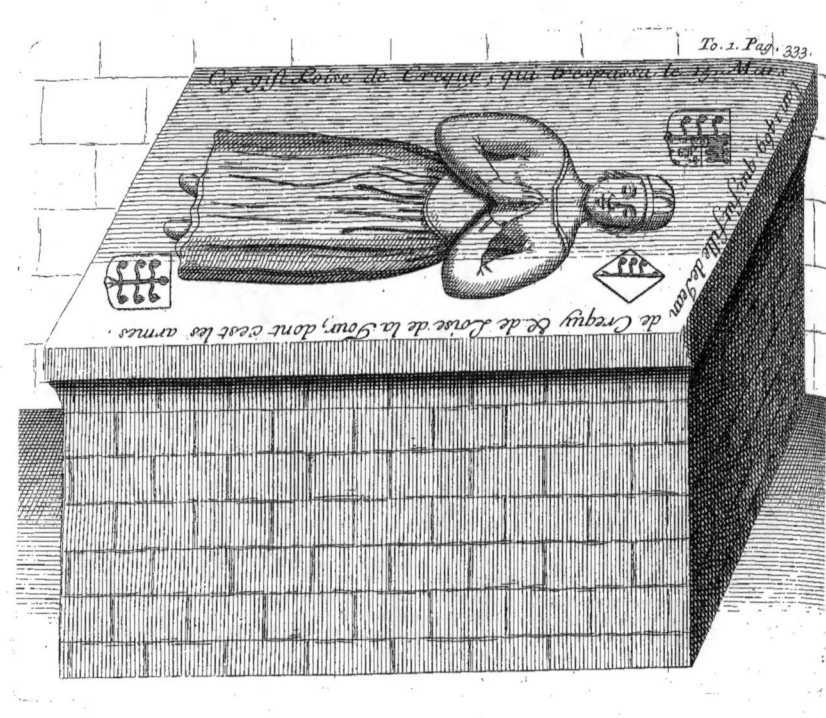

D'AUVERGNE. LIV. IV.

mesme la Comté d'Auvergne. Or ce defaut de masles estant depuis advenu par le decez de Charles Duc de Bourbon Connestable de France, cela donna sujet à un grand procez, qui fut intenté par la Reyne Catherine de Medicis contre Loüise de Bourbon Princesse de la Roche-sur-Yon sœur du Connestable pour la Comté d'Auvergne, laquelle fut adjugée à la Reyne comme estant sortie de la maison de la Tour. Il provint plusieurs enfans du mariage de ce Prince avec Gabriele de la Tour. Je n'ay pas trouvé le temps de la mort de ce Prince ny de la Princesse sa femme, ny le lieu de la sepulture de la Princesse. Mais attendu qu'on sçait que le Prince a esté enterré en la chapelle de saint Loüis d'Aygueperse en Auvergne, qu'il avoit dotée & fondée de vingt Chanoines, il y a grande apparence que la Princesse sa femme y est enterrée avec luy.

LOUISE DE LA TOUR mariée en l'année MCCCCXLVI. à Jean V. du nom Sire de Crequy, duquel mariage sortirent, entr'autres enfans, Bertrand de Crequy Evesque de Theroüenne selon Messieurs de Sainte-Marthe, lequel neantmoins je ne trouve pas dans le catalogue des Evesques de cette Eglise, & Jacqueline de Crequy femme de Jacques de Beaufort Marquis de Canillac. M. Justel dit que Loüise de la Tour mourut en l'année MCCCCLXIX. Mais je crois qu'il y a erreur & qu'il a attribué à cette Dame ce qui appartient à Loüise de Crequy sa fille, laquelle est enterrée en l'abbaye du Bouschet en un tombeau non achevé, à ce que je pense, dont voicy la representation. *Preuves p. 653.*

BLANCHE DE LA TOUR, laquelle frere Jean d'Aucy appelle Jacquette ou Jacqueline, Abbesse de Cusset en Nivernois, abbaye fondée par Emmen Evesque de Nevers, qui vivoit sur la fin du neufviesme siecle. *Preuves p. 5.*
Je trouve dans l'Inventaire des titres de la Maison d'Auvergne que le Comte Bertrand son pere l'emancipa, parce qu'elle vouloit estre de religion, & luy donna le quatriesme Septembre MCCCCXXXVIII. pour entretenir son estat deux cens livres de rente sa vie durant à les prendre sur les rentes de Gerzat & de saint Bauzire. Elle fut faite Abbesse de Cusset en l'année MCCCCXLVIII. comme on me l'a mandé de ce pays là. Elle a fait bastir l'appartement des Abbesses, où ses armoiries se voyent en plusieurs endroits escartellées de la Tour & d'Auvergne, ou d'Auvergne & de la Tour, comme dans les planches cy jointes. On trouve encore ses armoiries de la Tour & d'Auvergne dans un ancien armorial fait au temps du Roy Charles VII. qui est dans le cabinet de M. de Gaigneres. Elle a fondé quatre anniversaires pour le repos de son ame & de celles de ses parents en l'abbaye de Cusset, comme il est marqué dans l'ancien Obituaire de cette abbaye. Elle estoit encore au monde en l'année MCCCCLXXII. *Preuves p. 659.*

ISABEAU DE LA TOUR, appellée Blanche en divers arrests du Parlement de Paris, est nommée la derniere des filles du Comte Bertrand & de Jacquette du Peschin dans une ancienne genealogie de la maison de Boulogne escrite sous le regne de Loüis XII. qui est à la Bibliotheque du Roy. Elle fut mariée deux fois. Son premier mary fut Guillaume Monsieur de Bretagne Comte de Penthievre & de Perigort, Vicomte *Cod. 9488.* *Preuves p. 634.*

Tt iij

334   HISTOIRE DE LA MAISON

de Limoges, & seigneur d'Avesnes, lequel fut si malheureux qu'ayant esté en ostage ou prison en Bretagne pour Marguerite de Clisson & Olivier & Charles de Bretagne ses enfans pendant vingthuict ans en si grandes afflictions & miseres qu'à force de pleurer la faute qu'il n'avoit pas commise, il en perdit la veuë. Neantmoins ayant esté enfin mis en liberté en l'année MCCCCXLVIII. il delibera de se marier, & espousa en l'année MCCCCL. Isabeau de la Tour, & mourut en l'année MCCCCLV. laissant sa femme mere & tutrice de plusieurs enfans nommez dans l'histoire de la maison de Chastillon. J'adjousteray icy qu'il paroist par un arrest du Parlement de l'année MCCCCLXXVI. que le Comte d'Auvergne ayant voulu mettre une taille sur ses sujects des chastellenies de Roche Savine & de Boutonargues pour le mariage d'Isabeau avec le Comte de Penthievre, & les habitans de ces lieux ayant refusé de la payer, ils furent condamnez par arrest contradictoire à asseoir sur eux pour la taille du mariage de ladite Isabeau sur chascun feu desdites chastellenies, le fort portant le foible, la somme de trente sols tournois & la payer au Comte. Isabeau se remaria en l'année MCCCCLVIII. avec Arnaud Amenion d'Albret seigneur d'Orval & de Lesparre fils puisné de Charles II. seigneur d'Albret, Comte de Dreux, & d'Anne d'Armagnac. Elle estoit encore vivante en l'année MCCCCLXXII. tutrice de ses enfans du second lict, & encore en l'année MCCCCLXXX. en laquelle le Roy Loüis XI. luy accorda le XXVIII. Juillet des letres pour l'establissement d'un marché à Chaslus Cheurel. Elle fit son testament le XV. Fevrier MCCCCLXXXVI. & ordonna que son corps fut enterré en habit de Cordelier en l'Eglise Nostre Dame de Chasteau-Meillan en Berry, où elle a fondé un college de Chanoines seculiers. Chasteau-Meillan luy avoit esté assigné pour son doüaire. M. de la Thaumassiere nous apprend qu'elle y fut enterrée, & mesme que son fils Jean y fut enterré auprés d'elle. Il ne faut pas oublier en cet endroit que du premier mariage de cette Princesse avec Guillaume Monsieur de Bretagne il sortit une fille nommée Françoise de Bretagne mariée à Alain dit le Grand Sire d'Albret & trisayeul du Roy Henry le Grand.

Armoiries de Blanche de la Tour Abbesse de Cusset qui sont sur une ancienne cheminée de la sale des Abbesses.

Armoiries de Blanche de la Tour Abbesse de Cusset qui sont aux vitres de l'abbaye de Cusset.

D'AUVERGNE. Liv. IV. 335

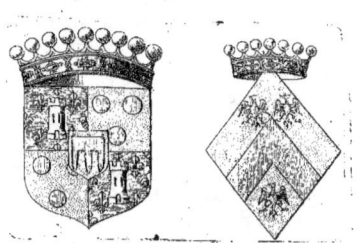

LA TRI-
MOUILLE.
D'or au che-
vron de gueules
chargé de trois
aiglettes d'azur
membrées &
becquées de
gueules.

Bertrand seigneur de la Tour VII. du nom Comte d'Auvergne
& de Boulogne.

CHAPITRE XVII.

ERTRAND estoit constament le fils aisné de Bertrand VI. & estoit appellé Monseigneur de Montgascon du vivant de son pere. Et cependant je trouve qu'en l'année MCCCCXLIX. il est appellé Jean par le Chroniqueur du Roy Charles VII. im- *Hist. de Charles* primé au Louvre. Ce qui me fait penser *VII. p. 157.* que ne se trouvant ainsi nommé qu'en cet endroict, & estant appellé Bertrand par tout ailleurs, c'est une erreur du copiste, provenuë peutestre de ce que le manus-crit où le nom de Jean s'est trouvé estant tombé entre les mains de quel-quun qui vivoit du temps de Bertrand VII. & de son fils Jean, il aura creu qu'il falloit remplir du nom de Jean le blanc qui estoit apparament dans ce manuscrit, croyant que le Seigneur de Montgascon, lequel est appellé ailleurs dans cette mesme histoire fils aisné du Comte de Boulogne & d'Auvergne, estoit le fils aisné du Comte d'Auvergne & de Boulogne qui vivoit de son temps. Ce qui me paroist d'autant plus vraysemblable que le nom de Jean estant en ce temps là tres estranger dans la maison de la Tour, il semble n'y estre entré qu'en consequence du mariage de Bertrand VII. avec Loüise de la Trimoüille, laquelle avoit un oncle appellé Jean seigneur de Jonvelle, qui peut bien avoir donné son nom au fils de Bertrand VII. né en l'année MCCCLXVII. longtemps apres la mort de George de la Trimoüille grand pere de Jean de la Tour. Quoy qu'il en soit, Bertrand VII. appellé du vivant de son pere le Seigneur de Mont-gascon luy succeda en ses Estats en l'année MCCCCLXI. en laquelle nous avons dit que son pere mourut. Il est fort parlé de luy & de ses faits dans l'histoire du Roy Charles VII.

En l'année MCCCCXLI. le Roy ayant affiegé la ville de Pontoife, il *Hift.de Charles* eft marqué qu'il avoit en fa compagnie Meffeigneurs les Comtes d'Eu, *VII. p. 425.* de la Marche, & de Tancarville, Monfeigneur le Marefchal de Culant, le Sire de Moüy de Beauvoifis, l'un des enfans d'Albret, & l'aifné fils de Monfeigneur de la Tour d'Auvergne. La ville ayant efté prife, le Roy y entra avec ceux de fa compagnie & de fa garde tous les premiers.

L'année fuivante le Roy eftant allé en perfonne en Gafcogne pour fe *Hift. de Charles* rendre maiftre de la ville de Tartas, qui s'eftoit renduë Angloife, il y *VII. p. 420.* mena une tres grande compagnie de Princes & des plus grands Seigneurs du royaume, parmy lefquels eft nommé Monfeigneur de Montgafcon aifné de Monfeigneur le Comte de Boulogne & d'Auvergne.

En l'année MCCCCXLV. felon la maniere de compter d'aujourdhuy il fut accordé avec Loüife de la Trimoüille fille de George feigneur de la Trimoüille, de Sully, & de Craon, Grand Chambellan de France, & *Preuves p. 659.* de Catherine de l'Ifle-Bouchard fa feconde femme. Le traicté de ce mariage, dans lequel il eft ftipulé qu'il fe faira & accomplira fi toft que la Damoifelle fera en aage, fut paffé le vingtiefme jour de Janvier, & fut ratifié par le pere du Seigneur de Montgafcon le fecond jour du mois d'Avril enfuivant. Moyenant ce mariage le Seigneur de la Trimoüille renonça à tout le droict qu'il avoit à l'ufufruit de la Comté d'Auvergne & autres terres de la maifon d'Auvergne en vertu de la donation que luy en avoit faite Jeanne Comteffe d'Auvergne & de Boulogne fa premiere femme, excepté les terres de Bommiers, faint Juft en Langle, Bouffac, Courreze, & Donzenac, lefquelles luy eftant demeurées par les conventions paffées au temps du traicté de ce mariage, il bailla en dot avec dix mil efcus d'or à Loüife fa fille Bouffac, Courreze, & Donzenac au bas Limoufin pour douze cens livres de revenu, & les Seigneurs de la Tour & leur pofterité en ont tousjours joüy depuis jufques à ce que la Reyne Catherine de Medicis heritiere de la maifon de la Tour les vendit en l'année MDLXXII. à Gilbert de Levis Comte de Ventadour. Et par le mariage de Bertrand VII. avec Loüife de la Trimoüille fut appaifé le different qui eftoit entre le Comte d'Auvergne & le Seigneur de la Trimoüille touchant l'ufufruit des biens de la maifon d'Auvergne.

Preuves p. 664. En l'année MCCCCXLVIII. fon pere luy donna en avancement d'hoirie la Comté de Boulogne pour augmenter & accroiftre fes biens & honeurs & de fa noble lignée, & pour luy ayder à maintenir fon eftat & fouftenir les charges qu'il luy convenoit fupporter autour du Roy.

En l'année MCCCCXLIX. le Roy ayant affiegé en perfonne Chafteau-*Hift.de Charles* Gaillard en Normandie dans le deffein de paffer outre à la conquefte & *VII. p. 167.* recouvrement de fon pays de Normandie, il fut fuivy dans fon entreprife par un tres grand nombre de Princes & de grands Seigneurs du royaume, parmy lefquels fe trouve nommé le Seigneur de Montgafcon, qui avoit accouftumé de l'accompagner en fes voyages, & s'eftoit trouvé peu auparavant à fa fuite avec les plus grands Seigneurs du royaume lorf-*Ibid. p. 157.* qu'il fit fon entrée en la ville d'Evreux, où il fut tres fomptueufement & *441.* magnifiquement receu par les habitans, qui vinrent au devant de luy, & firent

D'AUVERGNE. Liv. IV.

firent des feux de joye en criant *Noël*. Il fut en suite à Roüen, où il fit son entrée solemnele le Lundy x. Novembre accompagné du Roy de Sicile & de plusieurs autres grands Seigneurs tant de son sang qu'autres. Il est marqué dans l'histoire de ce Roy qu'en sa compagnie estoient le Vicomte de Loumagne fils aisné du Comte d'Armagnac, le Comte de Castres, Ferry Monseigneur de Lorraine, Jean Monseigneur son frere; le Seigneur d'Orval, le Comte de Tancarville, le Seigneur de Montgascon fils du Comte de Boulogne & d'Auvergne, le Seigneur de Jalognes Mareschal de France, le Seigneur de Beauvau, avec plusieurs autres grands Seigneurs Chevaliers & Escuyers. *Ibid. p. 180. 183.*

En l'année MCCCCL. le Roy estant tousjours attentif à chasser les Anglois de la Normandie, il ordonna au Comte de Clairmont, avec lequel estoient le Comte de Castres, le Seneschal de Poictou, les Seigneurs de la Tour dit de Montgascon & de Rais Admiral de France, & plusieurs autres Chevaliers & Escuyers, de les poursuivre & de les attaquer par tout où il les trouveroit. Il les attaqua donc & leur livra bataille auprez d'un village de Normandie appellé Fourmigny entre Carentan & Bayeux un Mercredy quinziesme jour du mois d'Avril, où il fut vaillament combattu de part & d'autre, & les Anglois furent enfin totalement desfaits, quoyque leur armée fut beaucoup plus nombreuse que celle du Roy, y en ayant eu de tuez sur le champ & enterrez en la place trois mil sept cens soixante & quatorze, & de douze à quatorze cens faits prisonniers. L'Historien de ce Roy marque *qu'en cette journée se porterent tres vaillament & tres chevaleureusement, sans autruy blasmer, Monseigneur de Montgascon, Monseigneur de sainte Severe, Messire Pierre de Brezé Seneschal de Poictou, Godefroy de Boulogne frere du Seigneur de Montgascon,* & autres. *Et à la susdite journée,* ce qui est tres remarquable, *ne mourut au plus que huit personnes seulement,* c'est à dire de l'armée du Roy. *Ibid. p. 197. 449. Vie d'Artus III. p. 147.*

Apres cette victoire l'armée du Roy, en laquelle estoit tousjours le Seigneur de Montgascon, assiegea la ville de Caën au commencement du mois de Juin, & enfin la place fut renduë au Roy par composition. En suite le Roy ayant entrepris le siege de Falaise, & ayant plus de troupes qu'il ne luy en falloit pour le faire, les Comtes de Richemont Connestable de France & de Clairmont furent ordonnez pour aller mettre le siege devant Cherbourg; & ils avoient en leur compagnie le Comte de Laval, le Sire de Loheac, le Sire de Rais, & de Coetivy Admiral de France, le Sire de Montgascon, Messire Philippe de Culant Mareschal de France, le Seneschal de Poictou, le Sire de Montauban Mareschal de Bretagne, les Seigneurs d'Estouteville & de Mauny, & plusieurs autres. Martial d'Auvergne dit que *Ibid. p. 405. 452. Ibid. p. 111. 455.*

> *Brezé, Montgascon, Nigan,*
> *Moüy, le Seigneur de Jalongnes,*
> *D'Estouteville, Coningan,*
> *Y firent vaillans besongnes.*

La ville fut renduë par composition le dixiesme jour de Juillet.

338   HISTOIRE DE LA MAISON

Je ne sçay ny comment ny pourquoy le Seigneur de Montgascon se retira du service. Car il n'est plus parlé de luy dans les expeditions de guerre qui furent faites en suite. Ce qui me fait conjecturer que peut-estre il receut quelque mescontentement ou quelque blessure qui le mit hors d'estat de pouvoir desormais servir le Roy & l'Estat. Car ce ne fut pas sans quelque grande raison que ce vaillant homme quitta le service du Roy, luy qui s'estoit acquis tant d'honneur au fait des armes en diverses occasions, & nommement à la bataille de Fourmigny. Nous allons neantmoins le voir encore agir dans l'article suivant.

En l'année MCCCCLXVIII. le Duc de Bourbon ayant esté establi Lieutenant general du Roy en la Duché d'Orleans, en la Comté de Blois, en la Duché de Berry, au pays de Lyonnois, & bailliages du Vellay, Vivarez, & Givaudan, aux pays d'Albigeois, de Roüergue, Quercy, Limousin, & Perigord, & ez terres enclavées dans le pays dudit Duc de Bourbon, ce Duc par la grande & singuliere confiance qu'il avoit en la personne de son cher & amé cousin Bertrand Comte de Boulogne & d'Auvergne, & en sa prudence, vaillance, experience, loyauté, & autres grandes vertus, il le fit son Lieutenant general en tous lesdits pays, luy donnant tel pouvoir & auctorité qui luy avoit esté donnée par les letres du Roy.

Preuves p. 664.

En la mesme année Philippe de Savoye Comte de Bresse se souvenant de sa prison de Loches, & ne se souvenant plus qu'il n'en estoit sorty qu'apres avoir donné sa parole & sa promesse par escrit qu'en haine de sa prison il n'entreprendroit rien contre le service du Roy, il fit un traicté secret avec le Duc de Bourgogne, lequel declara incontinent apres la guerre au Roy, & fit de grands ravages sur la frontiere de Picardie. Le Roy envoya en mesme temps ordre au Comte de Comminge Gouverneur du Dauphiné de faire la guerre en Bresse comme en pays ennemy. Il y entra au mois de Septembre MCCCCLXVIII. avec deux mil hommes commandez par LA TOUR D'AUVERGNE, c'est à dire, par Bertrand de la Tour d'Auvergne Comte d'Auvergne, ce fameux Seigneur de Montgascon, par saint Priest, Chasteauvillain, & autres Gentilshommes du Dauphiné. Mais cette guerre ne dura pas, ayant esté terminée par un traicté.

Hist. de Savoye de M. Guichenon p. 593. 594.

En l'année MCCCCLXX. le Roy Loüis XI. craignant que le mariage qu'on traictoit de son frere Charles Duc de Guyenne avec la fille unique de Charles Duc de Bourgogne ne luy fut prejudiciable, il luy fit persuader de rechercher pluftost la Princesse Jeanne fille d'Henry IV. Roy de Castille. A quoy le Duc de Guyenne donna volontiers les mains, & envoya à cette fin des Ambassadeurs au Castillan, & donna sa procuration à Bertrand de la Tour Comte de Boulogne & au Sieur de Malicorne pour consentir en son nom à ce mariage, sans avoir veu la Princesse. Cette recherche fut agréée par le Roy & par la Reyne de Castille, lesquels tenoient à grand honeur que leur fille fut espouse d'un frere du Roy de France. Pour avancer cette affaire ils envoyerent au mois de Decembre

Messieurs de Sainte-Marthe to. 1. p. 861. de l'edition de 1647.

enfuivant au Roy Loüis XI. un Ambaſſadeur avec des letres de creance du Roy & de la Reyne & du Grand Maiſtre de l'Ordre de ſaint Jacques, qui avoit tout pouvoir en cette Cour. Cet Ambaſſadeur fut Don Loüis Gonçales de Atiença Protonotaire du ſaint Siege & Grand Chancellier de la Princeſſe, lequel avoit beaucoup contribué à faire reüſſir la propoſition de ce mariage. Don Loüis ayant expoſé ſa creance, & le Roy luy ayant fait les reſponſes convenables, il fut renvoyé en Caſtille au mois de Fevrier enſuivant avec les letres du Roy au Roy & à la Reyne de Caſtille & au Grand Maiſtre de l'Ordre de ſaint Jacques. J'ay pluſieurs de ces pieces en original ou en copies faites en ce temps là par les gens du cabinet du Roy. J'ay encore une letre en original que le Roy de Caſtille eſcrivit au Chancellier Doriole pour la meſme affaire. Dans le memoire ſecret que cet Ambaſſadeur donna au Roy pour accelerer le voyage du Duc de Guyenne il eſt marqué expreſſement que la Reyne par un ordre exprez du Roy entroit ordinairement au Conſeil, & que le Roy ſe ſentant las & hors d'eſtat d'agir, penſoit à ſe retirer des affaires pour vaquer aux exercices de pieté. Apres que Don Loüis fut revenu à la Cour du Roy de Caſtille, & qu'on y fut content de la reſponſe de la Cour de France, le Roy ayant confirmé à ſa fille le titre de Princeſſe & heritiere de Caſtille, les fiançailles du Duc de Guyenne & de la Princeſſe furent celebrées à Segovie le XXVI. jour d'Octobre enſuivant par Jean Geoſfroy Cardinal d'Alby, le Comte de Boulogne recevant & ſtipulant pour le Duc de Guyenne comme ſon procureur. Mais ce mariage n'eut pas d'effect, le Conneſtable de ſaint Paul, qui avoit propoſé l'alliance de Bourgogne, ayant ſi bien travaillé pour diſſuader le Duc de Guyenne du mariage de Caſtille que la pourſuite de la Princeſſe fut rompuë & delaiſſée, & la premiere recherche renoüée, toutefois ſans aucun ſuccez. Et le Duc mourut peu de temps apres d'une mort tres violente.

Le Comte d'Auvergne & Loüiſe de la Trimoüille ſa femme voyant les grands biens que le Pere Gillebert Paſquier Gardien du Convent des Cordeliers de Chaſtel-Odon faiſoit par ſes predications en Auvergne, animez par ſa bonne vie & diſcours religieux, ils reſolurent de baſtir un Convent de cet Ordre dans quelquune de leurs terres. Ils en envoyerent demander la permiſſion au Pape ſelon l'uſage de ce temps là, & chargerent de cette commiſſion le Pere Vital Fabri, lequel obtint une bulle du Pape Sixte IV. le XV. jour de Fevrier MCCCCLXXII.

Jacques Fodorè en l'hiſtoire de la province de ſaint Bonaventure p. 884. Gonzaga p. 785. Wadding. an. 1473 §. 23. Preuves p. 663.

Cependant le Comte, jugeant bien que la choſe eſtant en ſoy ſainte & religieuſe ne trouveroit pas de difficulté auprez du Pape, afin de ne perdre point de temps, diſpoſa promptement tout ce qui eſtoit neceſſaire pour la conſtruction de ce Convent, qu'il ſe reſolut de mettre à Vic le Comte. Il achetta d'un habitant de ce lieu nommé Blanchard un petit verger & jardin hors & en bas de la ville du coſté du Levant, qui confinoit & aboutiſſoit au grand verger du Comte, & y fit charrier tout le bois, la pierre, & autres materiaux neceſſaires.

L'execution de ce pieux deſſein fut pourtant retardée juſques au mois de Fevrier de l'année ſuivante à cauſe d'une longue maladie que le Pere

Fabri eut à Florence, & une recheute à Milan. Mais enfin estant arrivé en Auvergne au mois de Fevrier MCCCCLXXIII. le Comte & la Comtesse sa femme envoyerent incontinent querir les Gardiens de Montluçon & de Chastél-Odon, lesquels amenerent avec eux chascun quatre religieux de leurs Convents, & tracerent le plan de celuy cy de la mesme forme & figure que celuy de Montluçon, mais d'un pourpris bien plus petit, conformement à la proportion de la place, suivant lequel le Comte Bertrand donna tant aux maçons qu'aux charpentiers les prix faits de tous les bastimens, desquels la pierre fondamentale fut posée le XVII. jour du mois de Mars. Le P. Fabri y fut estabIi premier Gardien, par la prudence & sollicitude duquel le Convent fut bientost parachevé & fort religieusement construit, mesmement l'Eglise avec deux devotes chapelles entre le chœur & la nef. Neantmoins elle ne fut dediée que le troisiesme jour d'Octobre MCCCCLXXXIV. par Bertrand Evesque de Bethleem Suffragan du Cardinal de Bourbon Evesque de Clairmont. Le grand autel fut dedié en l'honneur de sainte Marthe, la chapelle qui est à l'entrée du chœur à l'honneur de Nostre Dame de pitié, & celle qui est à gauche en l'honneur de saint François. Ces illustres Comte & Comtesse fondateurs ne se contenterent pas d'avoir fourni toute la despense necessaire pour les bastimens de ce Convent, ils enrichirent encore l'Eglise de riches meubles. Entr'autres ils donnerent deux beaux calices, un ciboire pour tenir le saint Sacrement, une croix enrichie de pierres pretieuses, & un bon nombre de saintes reliques. Pareillement leurs heritiers, voyant la religieuse conversation & vie edificative de ces bons Peres, ont tous porté une singuliere affection & devotion à ce Convent, & y ont fait de grands biens. Jeanne de Bourbon Vendosme veuve de Jean II. Duc de Bourbon & de Jean de la Tour III. du nom Comte d'Auvergne & de Boulogne donna de fort beaux ornemens à l'Eglise, & voulut y estre inhumée, comme nous le dirons en son lieu. Enfin la Reyne Catherine de Medicis petite fille de ce Comte Jean & de Jeanne de Bourbon sa femme apres avoir pendant un longtemps fait annuelement une ample aumosne d'argent, craignant sans doute que sa charité envers ce Convent ne fut pas continuée par ses heritiers, & desirant neantmoins que les religieux eussent perpetuele occasion de se souvenir d'elle en leurs prieres & devotions, elle changea son aumosne pecuniaire en un fond bien assuré, & donna à ce Convent le grand & spacieux jardin que les Comtes d'Auvergne ses ancestres avoient à Vic le Comte.

De tout ce qui vient d'estre dit de la fondation du Convent des Cordeliers de Vic le Comte il est aysé de conclurre que M. de Sainte-Marthe fils & neveu des illustres Messieurs de Sainte-Marthe, qui a donné depuis quelques années au public l'histoire genealogique de la maison de la Trimoüille, s'est grandement mespris lorsqu'il a dit que ce Convent avoit esté fondé pour des religieuses de l'Ordre de saint François.

En l'année MCCCCLXXVII. le Comte Bertrand fit hommage au Roy Loüis XI. comme Comte d'Artois pour sa Comté de Boulogne. Pour bien entendre ce fait il faut rappeller ce qui a esté dit cy dessus

D'AUVERGNE. Liv. IV. 341

page 153. qu'apres la mort de Jeanne II. du nom Comtesse d'Auvergne & de Boulogne, qui mourut en l'année MCCCCXXII. sans enfans, Philippe Duc de Bourgogne & Comte de Flandres envahit par droit de bienseance la Comté de Boulogne sur Marie de Boulogne aycule de Bertrand, à laquelle la Comté de Boulogne aussi bien que celle d'Auvergne appartenoit par droict de sang & de succession legitime. La justice estoit du costé de Marie. Mais elle estoit trop foible pour resister à un si puissant adversaire, qui fut maintenu en la possession de cette belle & grande Comté par un article exprez du traicté fait à Arras en l'année MCCCCXXXV. entre le Roy Charles VII. & le Duc de Bourgogne. Ce qui fut confirmé par le traicté de Conflans fait en l'année MCCCCLXV. par le Roy Loüis XI. & Charles lors Comte de Charolois depuis Duc de Bourgogne. *M. Du Puy dans le traité des droicts du Roy p. 735.*

Mais enfin ce mesme Roy ne pouvant plus souffrir l'injuste usurpation de cette Comté si importante à son Estat, estant frontiere proche de l'Anglois & du pays de Flandres, remit par la force des armes en son obeïssance la ville de Boulogne & le Boulenois en l'année MCCCCLXXVII. & resolut en mesme temps de la reunir à son domaine. De sorte que par un traicté fait le XXIV. Janvier il acquit de Bertrand Comte d'Auvergne & de Boulogne la Comté de Boulogne avec ses appartenances & dependences, & en eschange le Roy luy bailla la Jugerie de Lauraguez en Languedoc, qu'il erigea en titre de Comté, avec quelques revenus à Carcassonne & à Beziers & en la Seneschaussée de Toulouse. Guillaume de Gannay, qui fut pere de Jean de Gannay Chancellier de France, fut commis par letres données au Plessis lez Tours au mois d'Avril ensuivant pour recevoir au nom du Roy l'investiture de la Comté de Boulogne pardevant le Seneschal & homme de fief du Seneschal d'Arras, dont est mouvante ladite Comté, qui luy avoit esté cedée par son cousin Bertrand de la Tour Comte dudit lieu. Et le XVIII. jour d'Avril le Roy fit don & transport du fief & hommage de ladite Comté de Boulogne, lequel luy appartenoit à cause de la Comté d'Artois, dont il estoit en possession, à la Vierge Marie mere de Dieu reclamée & reverée en l'Eglise fondée sous son nom en ladite ville de Boulogne, pour en faire l'hommage entre les mains de l'Abbé de cette Eglise. Les letres de ce don furent enregistrées au Parlement le XVIII. jour du mois d'Aoust ensuivant. *Preuves de M. Justel p. 112. Memoires de Comines du Louvre p. 105. Preuves p. 665. Hist. des Chanceliers de France p. 554. Nicole Gilles en l'année 1477.*

La Comté de Lauraguez ayant esté ainsi baillée au Seigneur de la Tour, il sembloit qu'il devoit en joüir sans difficulté. Cependant, comme ses limites s'estendoient jusques aux portes de Toulouse, ce que les Officiers de cette ville estimoient leur estre tres prejudiciable, le Brun Juge mage de Toulouse en fut porter ses plaintes au Roy, mais inutilement. Mesme le Parlement de Toulouse refusa d'enregistrer les letres qui avoient esté expediées pour ce sujet au Seigneur de la Tour, & ne les enregistra que le XV. May MCCCCLXXX. apres plusieurs jussions & par l'exprez commandement du Roy. Ce qui ne fit neantmoins pas cesser les contradictions des gens du pays. J'ay veu dans un registre original du Conseil du Roy Charles VIII. que le XXVII. Juillet MCCCCLXXXIV. il fut *Annales de Toulouse to. 1. p. 248.*

Vu iij

ordonné qu'il seroit expedié au Seigneur de la Tour une provision reite-
rative de la premiere qu'il avoit euë pour le faire jouïr de la Comté de
Lauraguez, qui luy avoit esté baillée en eschange de la Comté de Boulogne, & principalement pour faire obeir ceux de Ravel, qui avoient esté
refusans de ce faire. Son fils y fut encore troublé par le Roy Loüis XII.
sous pretexte d'une reünion des biens alienez, le Roy Loüis XI. ayant
esté accusé apres sa mort d'avoir esté dissipateur.

La Reyne Catherine de Medicis ayant recueilly toute la succession de
la maison de la Tour, & estant par consequent devenuë Comtesse de
Lauraguez, elle vendit ou à proprement parler elle engagea en l'année
MDLXXXVIII. cette Comté à Messire Charles d'Escars Evesque & Duc
de Langres à condition de rachapt perpetuel en le remboursant de la
somme de soixante trois mil escus suivant son contract. Je ne sçay pas ce
qui se passa depuis à cet esgard. Je sçay seulement que le Roy Charles IX.
ayant recommandé à la Reyne Catherine de Medicis sa mere Charles
Monsieur bastard de Valois son fils, elle luy fit don par testament des
Comtez d'Auvergne & de Lauraguez & de la Baronnie de la Tour. Mais
en ayant esté depossedé dans la suite par la Reyne Marguerite de Valois,
elle en fit donation en l'année MDCVI. au Roy Loüis XIII. lors Dauphin.
Ce nonobstant François de Cleves Duc de Nevers & Catherine de Cleves
sa sœur doüairiere de Guyse, comme issus d'une fille d'Isabeau de la Tour
mariée à Amenion d'Albret, firent demande d'une partye de cette Comté,
& disoient que dans le contract de mariage d'Amenion & d'Isabeau il fut
expressément stipulé que ladite Isabeau & ses descendans viendroient à la
succession de ses pere & mere avenant le defaut de masles en la maison
de la Tour, & qu'encor que la Comté de Lauraguez n'appartient pas pourlors à cette maison, ils y avoient neantmoins droit, parceque le Roy
Loüis XI. s'estant accommodé de la Comté de Boulogne avec Bertrand VII.
de la Tour Comte de Boulogne, il avoit baillé en eschange la Comté de
Lauraguez, laquelle tenoit lieu de la Comté de Boulogne. Cette allega-
tion n'estoit pourtant pas vraye, n'y ayant rien dans le contract de mariage d'Amenion & d'Isabeau qui marque qu'on ait reservé cette faculté
à ladite Isabeau & à ses descendans, à moins qu'on veüille dire qu'estant

Preuves p. 658. dit dans ce contract qu'Amenion prend en mariage icelle Damoiselle
Isabeau avec tous ses droits qu'elle a de present & pourra avoir le temps
Preuves p. 656. à venir, & que dans celuy de son premier mariage avec le Comte de
Penthievre il est accordé que ledit cas advenant elle & les descendans d'elle, soient masles ou femelles, viendront & pourront venir ez successions de ses pere & mere & successions collaterales avec les autres filles ou
niepces du Comte de Boulogne son pere, cette clause generale du contract d'Amenion & d'Isabeau donnoit ouverture à leurs descendans de
pretendre à la succession des Seigneurs de la Tour lorsque les masles vien-

Traité des droient à desfaillir. Quoy qu'il en soit, par arrest donné le septiesme jour
droicts du Roy de Septembre MDCXVIII. la neufviesme partye au total de la Comté
par M. Du Puy de Lauraguez subrogée au lieu de la Comté de Boulogne fut adjugée au
p. 860. Duc de Nevers & à la Dame de Guyse, en rapportant par eux la somme

To. 1. Pag. 343.

D'AUVERGNE. Liv. IV. 343

de feize mil efcus promife en mariage à ladite Ifabeau de la Tour.

Le Comte Bertrand mourut en fon chafteau de faint Saturnin le Ven- *Preuves p. 202.* dredy XXVI. Septembre MCCCCXCIV. comme il eft marqué dans *665.* l'infcription qui eft fur fon cercueil, & fut enterré en un caveau fous le chœur de l'Eglife de l'abbaye du Boufchet avec Loüife de la Trimoüille fa femme en un beau maufolée, où ils font reprefentez, luy avec fa cote d'armes parfemée des efcuffons d'Auvergne, de Boulogne, & de la Tour, & elle avec fa robe parfemée des armes d'Auvergne, de Boulogne, de la Tour, & de la Trimoüille, comme on les voit icy. Au dedans de fon cercueil il y a une plaque de plomb où eft efcrit ce qui s'enfuit.

En l'an de grace mil quatre cens quatre vingt & quatorze, & le Vendredy XXVI. jour du mois de Septembre, à l'heure de huict heures an apres midy, treffaffa en l'hoftel de faint Saturnin haut & puiffant Seigneur Monfeigneur Bertrand Comte de Boulogne & d'Auvergne, que Dieu par fa grace ait l'ame. Amen.

Et par confequent il y a erreur dans l'Obituaire de la fainte Chapelle de Vic le Comte, où il eft marqué que ce Seigneur mourut le Vendredy XXVI. Septembre MCCCCLXXXIV. à huict heures apres midy. Cette erreur eft dautant plus certaine qu'en l'année MCCCCLXXXIV. le XXVI. Septembre n'eftoit pas un Vendredy, mais un Jeudy, au lieu qu'en l'année MCCCCXCIV. le XXVI. Septembre fe trouve avoir efté precifement un Vendredy. Loüife de la Trimoüille fit fon teftament l'onziefme Juin MCCCCLXXIII. & mourut l'année d'apres.

Enfans de Bertrand feigneur de la Tour VII. du nom Comte d'Auvergne & de Boulogne & de Loüife de la Trimoüille fa femme.

JEAN III. du nom COMTE D'AUVERGNE & DE BOULOGNE, qui aura fon chapitre.

FRANÇOISE DE LA TOUR, dite de Boulogne, mariée à Gilbert *Preuves p. 668.* de Chabanes feigneur de Rochefort, de Madic, d'Auriere, & de Curton, Grand Senefchal de Guyenne, Senefchal & Gouverneur du Limoufin, fils de Jacques de Chabanes Gouverneur & Senefchal du Bourbonnois & Grand Maiftre de France, & neveu d'Antoine de Chabanes Comte de Dammartin Grand Panetier de France, Gouverneur de Paris, Senefchal de Carcaffonne, & Bailly de Troyes. Ce mariage fut traicté en l'année MCCCCLXIX. à Vic le Comte, où le Seigneur du Bouchage Chambellan du Roy & le Seigneur de Montfaucon Chambellan du Duc de Guyenne frere du Roy furent envoyez par le Roy & par le Duc de Guyenne pour le negocier avec le Comte Bertrand pere de Françoife, & il fut conclu dans fon palais à Vic le Comte le XXVI. Novembre audit an. Le Comte donna en dot à fa fille les chafteaux, terres, & chaftellenies de Saignes, de la Roche, Marchalin, Saulon, & la Grave au pays d'Auvergne, &

les terres qu'il avoit en Limousin au delà de la riviere de Dourdogne dependentes de la chastellenie de Tinieres, & vingt mil escus d'or. Et Gilbert de Chabanes, qui estoit aussi pourlors à Vic, luy assigna pour son doüaire le chasteau de Rochefort & cinq cens livres de rente annuele pour en joüir sa vie durant. Et apres le mariage fait & accompli le Roy donna en l'année MCCCCLXXII. au nouveau marié en faveur & contemplation de son mariage avec la fille du Comte de Boulogne & d'Auvergne la Baronnie de Caussade confisquée sur le Comte d'Armagnac. Il ne provint de ce mariage qu'un fils appellé Jean Baron de Curton. Sa mere mourut au plus tard en l'année MCCCCLXXXIV. en laquelle Gilbert son pere convola en secondes nopces & espousa Catherine de Bourbon fille du Comte de Vendosme.

Registre 197. de la Chancellerie.

JEANNE DE LA TOUR, dite de Boulogne, mariée au mois de Novembre MCCCCLXXII. avec Aymar de Poictiers seigneur de saint Vallier & de Chalencon en Boticre, en faveur duquel mariage le Comte Bertrand donna à sa fille vingt mil livres, & le Seigneur de saint Vallier luy assigna pour son doüaire les chasteaux, terres, & seigneuries de la Baronnie de Privas, Tournon, & saint Vincent. Il provint de ce mariage quatre enfans, assavoir Jean de Poictiers pere de Diane Duchesse de Valentinois, Alphonse mort en jeunesse, Françoise mariée à Jean de Levis seigneur de Charlus, & Jeanne mariée à Jean de Levis seigneur de Mirepoix. Aymar mary de Jeanne de la Tour avoit espousé en premieres nopces Marie fille naturelle du Roy Loüis XI.

Preuves p. 669.

Histoire des Comtes de Valentinois p. 104.

ANNE DE LA TOUR, dite de Boulogne, femme d'Alexandre Stuart Duc d'Albanie fils de Jacques II. Roy d'Escosse & frere de Jacques III. avec lequel il disputa la Couronne, chascun d'eux pretendant estre l'aisné, dautant qu'ils estoient jumeaux, & qu'on doutoit lequel des deux estoit né le premier. Cependant Jacques s'estoit mis en possession, & fut mesme reconnu Roy par Alexandre; lequel s'estant quelque temps apres sauvé du chasteau d'Edimbourg, où il avoit esté mis en prison par ordre du Roy son frere, il se retira en l'année MCCCCLXXVIII. en France, où il fut favorablement receu par le Roy Loüis XI. son allié, ce Roy ayant espousé en l'année MCCCCXXXVI. Marguerite fille aisnée de Jacques I. Roy d'Escosse ayeul du Duc d'Albanie. Il demanda au Roy sa protection contre son frere. Mais le Roy s'en defendit, à cause des anciennes alliances qui estoient entre les Roys de France & d'Escosse. Toutesfois pour luy faire voir qu'il ne vouloit pas l'abandonner & qu'il vouloit prendre soin de luy, il luy procura un riche & illustre mariage, *de prædiviti & perillustri uxore libentissimè prospexit*, comme dit le continuateur de l'histoire d'Escosse d'Hector Boethius. Ce fut le mariage d'Anne de la Tour, qui fut fait en l'année MCCCCLXXIX. au mois de Janvier. Ce Duc fut quelques années apres en Escosse, où les cartes estoient bien broüillées à cause d'une nouvelle monnoye que le Roy son frere avoit fait frapper, & encore à cause du trop grand credit qu'il donnoit à des gens de basse condition, lesquels il eslevoit aux plus grandes dignitez au grand desplaisir de la noblesse. Mais enfin estant revenu en France,

Preuves p. 670. 672.

Joa. Ferrer. in appendice Boethii fol. 392.

Joa. Ferrer. ibid. & Lesslæus lib. 8. p. 319.

D'AUVERGNE. Liv. IV.

France, il receut dans une jouste un coup de lance dans l'œil, dont il mourut sur le champ en l'année MCCCCLXXXV. laissant de son mariage avec Anne de la Tour un fils nommé Jean Duc d'Albanie, duquel il sera parlé dans la suite, & fut enterré avec grand honneur aux Celestins de Paris à costé du grand autel au dessus de la sepulture du Roy d'Armenie. Loüis Duc d'Orleans, depuis Roy de France XII. du nom, assista à ses funerailles. Apres sa mort la Princesse sa femme se remaria le XV. Fevrier MCCCCLXXXVII. avec Loüis Comte de la Chambre Vicomte de Maurienne, issu, comme le remarque M. Ribier, de la maison de la Chambre, l'une des plus anciennes & illustres de Savoye, dont la genealogie a esté desduite par M. Guichenon dans l'histoire de la maison de Savoye. J'ay trouvé dans un titre de la maison de la Tour qui est au Tresor des chartes de France qu'ils eurent besoin de dispense, estant alliez, & que le Vicaire general de l'Evesque de Limoges, auquel le rescrit estoit adressé, leur permit de se marier ensemble nonobstant leur alliance. Il mourut le septiesme May MDXVII. & sa femme le XIII. Octobre MDXII. & sont enterrez tous deux en une magnifique sepulture en l'Eglise des Carmes de la Rochette en Savoye. Ils eurent nombre d'enfans, parmy lesquels estoit Philippe fait Cardinal à Marseille par le Pape Clement VII. le septiesme Novembre MDXXXIII. appellé communement le Cardinal de Boulogne, parcequ'estant fils d'Anne de la Tour dite de Boulogne, il estimoit cet honneur si grand qu'il prefera ce nom à celuy de sa famille, ayant mesme preferé les armoiries materneles aux paterneles. Car il portoit escartelé de la Tour & de la Chambre, au premier & au dernier quartier de la Tour Boulogne, & au second & troisiesme de la Chambre. Mais il avoit changé l'ordre des pieces de la maison de la Tour. Car au lieu que les Seigneurs de la Tour mettoient au 1. & 4. la tour & les fleurs de lys & les trois & besans de Boulogne au 2. & 3. & le gonfanon sur le tout, il mettoit le gonfanon au 1. & 4. la tour au 2. & 3. & les trois besans de Boulogne sur le tout. Il est pourtant vray qu'Anne de la Tour sa mere portoit au 1. & 4. de la Tour, au 2. & 3. d'Auvergne, & sur le tout de Boulogne.

Ceux là se sont grandement trompez qui ont creu qu'il avoit pris le nom de Cardinal de Boulogne parce qu'il estoit Evesque de Boulogne sur la mer. Car, comme remarque tres bien M. Ribier, cette ville n'estoit pas encore erigée en Evesché du vivant de ce Cardinal, le siege episcopal de Theroüenne n'y ayant esté transferé qu'en l'année MDLIII. par un decret du Cardinal de Lorraine Archevesque de Reims, qui fut auctorisé par le Roy Henry II. comme il conste d'une letre de ce Roy escrite le XXIII. Novembre MDLVI. à l'Archevesque de Narbonne, laquelle j'ay en original, & en suite par la bulle du Pape Pie IV. quoy qu'il n'y soit pas fait mention de ce decret. Et par consequent M. Ribier semble avoir eu raison de dire que Messieurs de Sainte-Marthe ont eu tort de le mettre parmy les Evesques de Boulogne. Cependant ce n'est pas leur faute. Car ce sçavant Augustin Onuphre Panvin, M. de Sponde, M. Chenu, M. Robert, & autres l'avoient ainsi escrit avant eux. Ce qui m'estonne

Preuves p. 673.
Memoires de Ribier to. 1. p. 393.

Hist. de Savoye p. 1197.

Preuves p. 675.

Memoires de Ribier to. 1. p. 393.

Tome I.

le plus, & que j'ay de la peine à desbroüiller, est qu'Onuphre l'a avancé dans un livre imprimé en l'année MDLVIII. à Venise. Le Cardinal de Boulogne assista avec son frere le Comte de la Chambre en l'année MDXLIX. au sacre & couronnement de la Reyne Catherine de Medicis, à laquelle il presenta l'Evangile & la paix, & la baisa à la joüe en signe de paix. Il mourut à Rome le XXIII. Avril MDL. & fut enterré en l'Eglise des Minimes.

Du mariage d'Anne de la Tour avec le Comte de la Chambre il provint encore une fille appellée Beatrix, laquelle fut mariée à René de Bruges Prince de Stienhuse & de la Gruthuse, laquelle le Roy François II. dans des letres patentes données à Reims le XXII. Septembre MDLIX. dit luy atteindre de proximité de lignage. Ce qui est vray, attendu qu'elle estoit cousine germaine de la Reyne Catherine de Medicis mere du Roy. M. Guichenon ne marque aucun des enfans de Beatrix. Mais ces letres du Roy nous apprennent qu'elle avoit une fille appellée Catherine de Bruges, laquelle je ne doute pas avoir esté fillole de la Reyne.

Preuves p. 673.
Preuves de l'hist. des Ducs de Bourgogne p. 165.

LOUISE DE LA TOUR, dite de Boulogne, mariée en l'année MCCCCLXXXVI. à Claude de Blaisy Vicomte d'Arnay & seigneur de Coulches, auquel elle porta dix huict mil escus en dot. J'ay veu des aucteurs qui leur donnent trois enfans masles & une fille. Mais dautant que je n'en ay pas d'autre preuve, & que mesme j'ay lieu de croire qu'ils n'eurent que deux enfans, je m'en tiendray à ce que je connois. Ils laisserent donc deux enfans, assavoir Garnier & Susanne. Garnier fut tué le XVI. Janvier MDXV. par Philippe de Cluys Escuyer dit le Compere, pour raison duquel meurtre il y eut une transaction passée le Mercredy dernier jour de Fevrier ensuivant par l'avis & deliberation de M. le Connestable, à ce presents François Monsieur de Bourbon, M. d'Albanie, M. d'Orval, M. de la Trimoüille, M. le Prince de Talmond, M. le Mareschal Trivulce, M. le Mareschal de Chabanes, M. de Champdenier, M. d'Aumont, M. de Tournon, M. d'Imbercourt, le Seigneur de saint André, & M. de Teligny. Susanne de Blaisy fut mariée en l'année MDVIII. à Christophle de Rochechoüard issu des anciens Vicomtes de Limoges, fils aisné de François de Rochechoüard seigneur de Champdenier Seneschal de Toulouse & Gouverneur de la Rochelle & de Blanche d'Aumont sa femme, auquel il fut donné par son pere en faveur de ce mariage les terres & seigneuries de Champdenier, Javarzay, & la Mothe de Baussay. Ils adjousterent à ces biens apres la mort de Claude de Blaisy & de son fils Garnier les terres de la succession de la maison de Blaisy, assavoir Coulches, Blaisy, Longvy sur le Doux, & le Braignon, comme il paroist par un acte passé à Blaisy le Chastel le sixiesme jour d'Avril MDXVIII. dans lequel Susanne se dit sœur & heritiere de Garnier. Les choses estant ainsi, & estant prouvé par titres que Loüise de la Tour Dame de Blaisy & de Coulches eut au moins deux enfans, il est evident que c'est sur de

Belleforest fol. 1414.

faux memoires que Belleforest a avancé que la derniere fille de ce Comte Bertrand mourut sans alliance. Il y a preuve par titre qu'elle n'estoit plus au monde lorsque sa fille fut mariée. Mais le Seigneur de Blaisy son pere

D'AUVERGNE. LIV. IV. 347

eſtoit encore en vie. Et cependant il ne paroiſt pas dans le traicté de ce mariage ny en perſonne ny par procureur. Je vois à la teſte de ce traicté noble Seigneur Jacques de Lagny ſeigneur de Dracy curateur decerné par la ſouveraine Cour de Parlement du Duché de Bourgogne aux biens dudit Seigneur de Blaiſy, lequel Seigneur de Dracy fit oſtenſion de pluſieurs letres miſſives eſcrites par grands & nobles perſonnages parents & alliez deſdits Seigneurs de Blaiſy & de feüe Loüiſe de la Tour, aſſavoir de M. de la Trimoüille, de M. d'Orval, de Madame Françoiſe d'Albret doüairiere de Nevers, & de M. d'Eſchannels, par leſquelles il fit apparoir de leur conſentement audit mariage, qui fut accordé à Dijon en l'hoſtel de Madame Marie de Savoye Marquiſe de Rothelin, où eſtoient auſſi noble & puiſſant Seigneur Jean d'Aumont Chevalier ſeigneur d'Eſtrabonne & de Coulches, Dame Françoiſe de Maillé ſa femme, procureurs ſpeciaux des Seigneur & Dame de Champdenier.

Fils naturel de Bertrand de la Tour VII. du nom Comte d'Auvergne & de Boulogne.

THIBAUD DE LA TOUR Eveſque de Ciſteron. Il fit ſes eſtudes en l'Univerſité de Paris, où je trouve qu'il fut fait Maiſtre ez arts. En ce meſme temps l'abbaye du Bouſchet en Auvergne ayant vacqué, il en fut eſleu Abbé par les Religieux. Le Roy Loüis XI. recommanda à ſon Ambaſſadeur à Rome d'en obtenir les proviſions du Pape. Enfin l'Eveſché de Ciſteron ayant vacqué en l'année MCCCCXCII. & le Pape & le Roy ayant recommandé Thibaud aux Chanoines de Ciſteron pour le faire eſlire Eveſque, il fut eſleu au mois de Juillet de la meſme année, & mourut au mois de Juillet MCCCCXCIX. apres avoir gouverné ce dioceſe l'eſpace de ſix ans.

Tome I.   Xx ij

BEAUFORT
CANILLAC.
D'azur au levrier d'argent accolé de gueules, à la bordure componée d'argent.

Godefroy de la Tour seigneur de Montgascon.

CHAPITRE XVIII.

LA maison de la Tour, qui avoit esté divisée en deux branches pendant plus de deux cens ans, ayant esté reünie par le mariage d'Anne petite fille de ce Seigneur avec François de la Tour II. du nom seigneur d'Oliergues & Vicomte de Turenne, duquel descendent les Ducs de Boüillon du surnom de la Tour, j'ay creu qu'il estoit à propos de luy donner un chapitre à part dans cette histoire, afin que le lecteur n'ait pas la peine de le chercher parmy les enfans de Bertrand seigneur de la Tour VI. du nom Comte d'Auvergne & de Boulogne son pere.

Il estoit fils puisné de Bertrand & de Jacquette du Peschin sa femme, & se trouve appellé dans l'histoire du Roy Charles VII. & dans quelques anciens actes Godefroy de Boulogne pour la raison qui a esté alleguée cy dessus page 327.

Il se trouva en l'année MCCCCL. à la bataille de Fourmigny avec Bertrand VII. son frere, & ne s'y porta pas moins vaillamment que luy. Ce qui luy attira l'honeur de la Chevalerie, estant expressement marqué dans l'histoire de ce Roy que *là furent faits Chevaliers le Comte de Castres fils du Comte de la Marche, Godefroy de Boulogne fils du Comte de Boulogne & d'Auvergne, le Sire de Vauvert fils du Comte de Villars, le Sire de sainte Severe, le Sire de Chalencon, & autres.*

Hist. de Charles VII. p. 198. 450.

Preuves p. 676.

Il fut accordé en l'année MCCCCLIX. avec Jeanne de Brezé fille de Messire Pierre de Brezé Comte de Maulevrier, seigneur de Varenne, Grand Seneschal de Normandie, laquelle estoit sœur de Jacques de Brezé mary de Charlote de France fille naturele du Roy Charles septiesme. On ne peut pas dire si ce mariage fut accomply, n'en estant fait mention

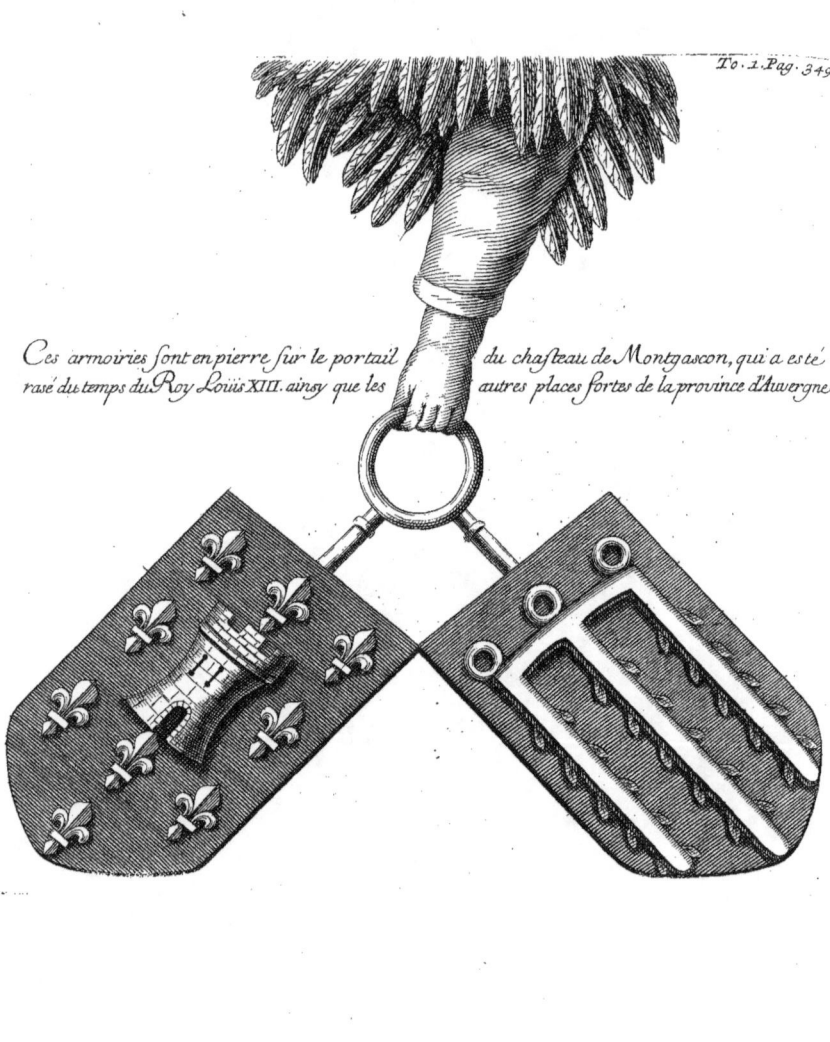

Ces armoiries sont en pierre sur le portail du chasteau de Montgascon, qui a esté rasé du temps du Roy Loüis XIII. ainsy que les autres places fortes de la province d'Auvergne.

D'AUVERGNE. Liv. IV. 349

autre part que dans le contract de mariage, & ne paroiſſant pas qu'il en ſoit ſorty des enfans. Peuteſtre que cette Dame mourut peu de temps apres qu'elle eut eſté accordée, comme il arrive aſſez ſouvent. Car on trouve que Godefroy de la Tour ſeigneur de Montgaſcon ſe maria l'année d'apres avec Anne de Beaufort fille de Loüis Marquis de Canillac, petite niepce des Papes Clement VI. & Gregoire XI. & de Mathe de Beaufort Dame de la Tour biſayeule de Godefroy. Il mourut à Lyon en l'année MCCCCLXIX. le quatrieſme jour du mois de Juillet. Les armoiries gravées ſur la planche cy jointe ſe voyent encore ſur le portail de ſon chaſteau de Montgaſcon. *Preuves p. 476.*

Enfans de Godefroy de la Tour ſeigneur de Montgaſcon & d'Anne de Beaufort ſa femme.

Catherine de Polignac fille de Guillaume Vicomte de Polignac. *Preuves p. 678. 679.*	Jean de la Tour ou de Boulogne, mort ſans lignée. *Preuves p. 678.*	Bertrand mort ſans lignée.	Jacqueline religieuſe à Bieſle. *Preuves p. 678.*	Jeanne mariée en 1481. à Jean de Foix Vicomte de Carmaing. *Preuves p. 677. 678.*	Godefroy II. marié en 1491. mort le 8. Juillet 1497. à Roche-Savine, où il fut enterré. *Preuves p. 202.*	Antoinete de Polignac ſeur de Catherine. *Preuves p. 679.*
Preuves p. 676. 677.	Anne de la Tour-Boulogne fut mariée deux fois. La premiere en l'année MDVI. à Charles de Bourbon Comte de Rouſſillon. La ſeconde en l'année MDX. à Jean de Montmorency ſeigneur d'Eſcoüen. Et la troiſieſme en l'année MDXVIII. à FRANÇOIS DE LA TOUR II. du nom ſeigneur d'Oliergues & Vicomte de Turenne, la poſterité duquel ſera deduite dans le livre ſuivant.					Suzanne mariée à Claude de Chalencon ſeigneur de Roche-Baron, duquel elle eut grande lignée.

BOURBON
VENDOSME.
*De France au
baston de gueu-
les chargé de
trois lyons d'ar-
gent.*

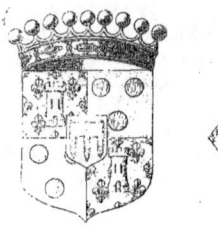 

*Jean seigneur de la Tour III. du nom Comte d'Auvergne
& de Boulogne.*

CHAPITRE XIX.

NOUS voicy tantost arrivez à la fin de la premiere branche de la maison des Seigneurs de la Tour d'Auvergne, laquelle finit en ce Prince. Il nasquit en l'année MCCCCLXVII. & succeda aux seigneuries de Bertrand VII. son pere en l'année MCCCCXCIV. & non en MCCCCLXXXVII. comme M. Justel l'a creu.

Il fut fait Chevalier de l'Ordre du Roy par le Roy Loüis XII. en son nouvel advenement à la Couronne en l'année MCCCCXCVIII. en laquelle il fut sacré à Reims le XXVII. May, & incontinent il fit plusieurs Chevaliers de son Ordre, comme il est marqué dans la Mer des histoires.

Preuves p. 680.   Le Comte Jean espousa en l'année MCCCCXCIV. Jeanne de Bourbon Princesse du sang royal de France fille de Jean de Bourbon II. du nom Comte de Vendosme, veuve de Jean II. Duc de Bourbon, appellée communement la Doüairiere de Bourbon, comme on le voit en son epitaphe & ailleurs, mesme dans une monnoye d'argent frapée à son coing en Auvergne, dont voicy la figure selon sa grandeur.

Elle vesquit avec le Comte d'Auvergne son mary jusques en l'année MDI. en laquelle il mourut, comme nous le dirons un peu plus bas, &

Portraits de Jean de la Tour Comte d'Auvergne de Boulogne, et de Jeanne de Bourbon sa femme.

demeura en viduité pendant deux ans, au bout desquels elle contracta, comme disent Messieurs de Sainte-Marthe, une *alliance beaucoup inegale aux deux autres*, ayant espousé au mois de Mars MDIII. en troisiesmes nopces François de la Pause fils d'Annet de la Pause son Maistre d'hostel & petit fils d'Antoine de la Pause Maistre d'hostel de Bertrand de la Tour II. du nom seigneur d'Oliergues. Le contract de ce mariage passé le XXVII. Mars MDIII. porte que noble homme Anne de la Pause seigneur dudit lieu & François de la Pause son fils emancipé, fils aussi & heritier de feuë Damoiselle Catherine de la Ribe sa feuë mere, & tres haute & puissante Princesse Madame Jeanne de Bourbon Doüairiere de Bourbonnois, Comtesse de Boulogne & d'Auvergne, laquelle fut mariée à tres haut & puissant Prince Mons. le Duc Jean de Bourbonnois & d'Auvergne, & apres convola en secondes nopces à tres haut & puissant Prince Mons. Jean Comte de Boulogne & d'Auvergne, Dame de ses biens, & non estant en puissance de nul homme, de leur bon gré, certaine science, pure, franche, & liberale volonté, & de leur vouloir & consentement ont traicté de faire mariage en nom de Dieu entre ledit François de la Pause & ladite Dame Jeanne de Bourbon, & pour le faire & accomplir en face de sainte mere Eglise, ainsi qu'il est de bonne coustume & appartient, ledit François de la Pause a promis de prendre & prend ladite Dame Jeanne de Bourbon pour sa femme & espouse, & ladite Dame Jeanne de Bourbon a aussi promis de prendre & prend ledit François de la Pause pour son mary & espoux.

Messieurs de Sainte-Marthe to. 2. p. 58.
Preuves p. 682.

Ce mariage parut en ce temps là si disproportionné & si peu convenable à la dignité & au rang de cette Princesse que pas un de ses proches n'y assista, mais seulement les parens & amys de François de la Pause. Et par la mesme raison du peu de convenance ceux qui prirent soin de sa sepulture ne trouverent pas à propos de faire mention de son troisiesme mary dans son epitaphe, où l'on a simplement marqué qu'elle avoit esté Doüairiere de Bourbon & Comtesse de Boulogne & d'Auvergne. Elle mourut le XXII. Janvier MDXI. & fut enterrée au Convent des Reverends Peres Cordeliers de Vic le Comte dans un beau mausolée qu'elle y fit bastir en la maniere qu'il est representé en la planche cy jointe.

Preuves p. 684.

Elle laissa dans ce mesme Convent un beau tableau peint sur bois, où elle est representée au naturel avec son mary, estant tous deux à genoux chacun sur son prié-Dieu, le Prince ayant saint Jean Baptiste derriere luy, & la Princesse saint Jean l'Evangeliste, comme ils se voyent dans la planche cy jointe. Ce tableau, qui estoit pour mettre dans l'Oratoire de cette Dame, se fermoit à deux volets. Et c'est sur ces volets que sont les portraits. Les Reverends Peres Cordeliers de Vic le Comte en firent present à M. le Cardinal de Boüillon Doyen du sacré college le XXVII. Juillet MDCCIII. apres son retour de Rome.

Quoyque la Comté de Boulogne eut esté baillée en eschange au Roy Loüis XI. pour celle de Lauraguez, ce Prince neantmoins & la Princesse sa femme se trouvent encore qualifiez Comte & Comtesse de Boulogne en quelques titres, mesme dans le contract de leur mariage, où il est en

HISTOIRE DE LA MAISON

Preuves p. 681. outre dit que *l'aiſné maſle deſcendant dudit mariage portera le nom & armes de Boulogne & d'Auvergne & aura en preciput & avantage les Comtez de Boulogne & d'Auvergne ou la recompenſe de ladite Comté de Boulogne.* Ce qui fait voir qu'ils ne joüiſſoient pas de la Comté de Lauraguez, y ayant eſté troublez par le Roy Loüis XII. ſous pretexte d'une reünion des biens alienez à la Couronne. Et pour cette raiſon, ſans doute, ils retinrent le nom des Comtes de Boulogne pour la conſervation de leurs droicts. Mais enfin ce meſme Roy leur rendit la Comté de Lauraguez.

Preuves p. 681.
Preuves p. 100.
202.
Le Comte Jean fit ſon teſtament en ſon chaſteau de Leuroux en Berry le XXVIII. Mars MDI. & mourut le meſme jour. Il fut enterré auprez de ſon pere en l'abbaye du Bouſchet, comme il l'avoit ordonné par ſon teſtament.

Enfans de Jean ſeigneur de la Tour III. du nom Comte d'Auvergne & de Boulogne & de Jeanne de Bourbon ſa femme.

ANNE DE LA TOUR-BOULOGNE Comteſſe d'Auvergne & de Boulogne, Ducheſſe d'Albanie, qui aura ſon chapitre.

MAGDELENE DE LA TOUR-BOULOGNE, appellée communement Madame de Boulogne, laquelle en l'année MDXVIII. eſpouſa Laurens de Medicis Duc d'Urbin neveu du Pape Leon X. lors regnant.
Neſtor fol. 140.
Memoires de Ribier to. 1. p. 338.
Jean Neſtor dans l'hiſtoire des hommes illuſtres de la maiſon de Medicis & M. Ribier ont creu que ce mariage fut fait à l'occaſion du voyage que ce Duc fit en France par ordre du Pape ſon oncle pour aſſiſter en ſon nom au bapteſme de M. le Dauphin, le Roy l'ayant pris en affection pendant le ſejour qu'il fit en la Cour de France. Mais ils ſe ſont trompez.
Preuves p. 685.
Car ce mariage eſtoit reſolu avant que le Duc vint en France, où il ne vint qu'apres en avoir appris la nouvelle à Rome, d'où il partit luy ſeiziéme le XXII. Mars MDXVIII. & le bapteſme fut fait à Amboiſe par le Cardinal de Boiſy le XXV. jour d'Avril, le Roy ayant fait le Duc Chevalier de ſon Ordre avant la ceremonie. Le Roy en faveur & contemplation de ce mariage donna à la Princeſſe dix mil eſcus de rente, & elle
Memoires de Ribier to. 1. p. 337.
Neſtor fol. 141.
porta en dot du bien de ſa maiſon les villes & chaſteaux de la Tour, ſaint Saturnin, ſaint Sandoux, Montredon, Montpeyroux, Beſſe, Coude, Ourſet, ſaint Amans, Leuroux, Bouge, & autres lieux. Ils moururent tous deux à cinq jours l'un de l'autre l'année d'apres leur mariage, la Ducheſſe eſtant morte en couches quelques jours avant ſon mary, lequel mourut le quatrieſme jour du mois de May MDXIX. & fut enterré avec une grande pompe & magnificence dans l'Egliſe de ſaint Laurens à Florence. Il ne provint de leur mariage qu'une fille appellée Catherine de Medicis, laquelle fut Reyne de France, & aura ſon chapitre apres Anne de la Tour Ducheſſe d'Albanie ſa tante.

Preuves p. 686. N. DE LA TOUR-BOULOGNE née apres la mort de ſon pere en l'année MDI. & decedée peu apres.

Anne

D'AUVERGNE. LIV. IV. 353

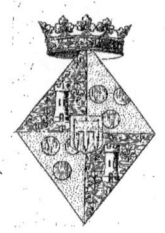 

ESCOSSE.
D'or au lyon de gueules, au double tref-cheur fleuronné de mesme.

Anne de la Tour, dite de Boulogne, Comteſſe d'Auvergne & de Boulogne, Ducheſſe d'Albanie, Comteſſe de la Marche.

CHAPITRE XX.

NNE fut accordée le XIII. jour de Juillet MDV. avec Jean Stuart Duc d'Albanie & Comte de la Marche ſon couſin germain, homme, non ſeulement de grande condition, mais encore conſiderable par ſon merite & par ſes grandes actions, dont les hiſtoriens font une honorable mention. Il fut conſtitué en dot à la Princeſſe ſa femme tous & chaſcuns les biens à elle appartenans, en quelque part ou pays qu'ils fuſſent ſituez ou aſſis.   *Preuves p. 685.*

Le Duc d'Albanie ſon mary aſſiſta aux obſeques de la Reyne Anne de Bretagne au mois de Fevrier MDXIII. accompagné des Ambaſſadeurs eſtrangers qui là eſtoient.

Apres que Jacques IV. Roy d'Eſcoſſe eut eſté tué dans une bataille donnée contre les Anglois le IX. Septembre MDXIII. ſur les confins de l'Eſcoſſe & de l'Angleterre, ſon fils Jacques V. du nom, qui n'avoit alors qu'un an, cinq mois, & dix jours, fut reconnu Roy d'Eſcoſſe & couronné à Striviling le XXI. Septembre enſuivant. La Reyne ſa mere fut declarée Regente, & on luy donna en meſme temps un Conſeil pour l'aſſiſter dans le gouvernement du royaume. Mais les choſes ne demeurerent pas longtemps en cet eſtat. On envoya des gens en France pour exhorter le Duc d'Albanie de venir en Eſcoſſe pour y eſtre à la teſte des affaires en qualité de Gouverneur, comme celuy qui y avoit le plus d'intereſt, eſtant le plus proche & le plus habile à ſucceder, ſi ce jeune Roy, qui eſtoit ſon neveu à la mode de Bretagne, fut venu à mourir. Le Duc y envoya pour cet effect le ſieur de la Bautrye. La Regente ayant convoqué le Parlement à Edimbourg pour le XIII. Mars MDXIV. le Duc   *Preuves p. 687.*

Tome I.
Yy

D'AUVERGNE. Liv. IV.

verses personnes. Le Seigneur de Langey marque que de gens de cheval pour ladite entreprise y avoit la compagnie de l'Admiral de Bonnivet composée de cent hommes d'armes, celle du Duc d'Albanie de pareil nombre, lequel Duc estoit Regent en Escosse à l'occasion de la minorité du Roy, celle du Seigneur de saint André, celle du Seigneur de Sainte-Mesme, & une partye de celle du Seneschal d'Armagnac Grand Maistre de l'artillerie.

En l'année MDXXIII. le Roy estant allé tenir son lict de justice au Parlement le Mardy dernier jour de Juin, accompagné de plusieurs des Seigneurs de son sang, Pairs de France, & autres Princes & Seigneurs de son Conseil, apres que sa Majesté fut assise en son lieu, le Duc d'Albanie *Preuves p.688.* y estant arrivé, le Roy luy declara qu'il vouloit luy faire honeur parcequ'il estoit Prince d'Escosse & qu'il l'employoit de present en ses affaires tant en France qu'en Escosse, & ordonna qu'il s'assit entre le Duc d'Alençon & l'Evesque & Duc de Langres Pairs de France, & ce pour cette fois tant seulement, & sans prejudice des droits & préeminences dudit Evesque & Duc de Langres & des autres Pairs de France.

L'année suivante le Roy fit le voyage d'Italie pour conquerir le Milanois, & y fut accompagné par le Duc d'Albanie. Il entreprit bientost apres le siege de la ville de Pavie. Pendant qu'il y estoit occupé, le Pape Clement VII. despescha vers luy le celebre Mathicu Gibert son Dataire, qui fut depuis Evesque de Verone, pour luy persuader de faire l'entreprise de Naples, l'estimant aysée pendant que l'armée Imperiale estoit empesché au Duché de Milan. Le Roy s'y accorda, quoy qu'il y en eut plusieurs qui estimoient qu'il n'estoit pas raisonnable qu'il separast son armée, & fit le Duc d'Albanie son Lieutenant general pour cette entreprise. C'est ainsi que le Seigneur de Langey, qui estoit devant Pavie avec le Roy, raconte cet evenement. Il ne nomme pas le Vicomte de Turenne parmy ceux qui furent commandez pour aller au royaume de Naples avec le Duc d'Albanie. Mais il y a au Tresor des chartes de Turenne une letre *Preuves p.748.* du Duc à ce Vicomte laquelle nous apprend qu'il estoit aussi Lieutenant general du Roy en l'armée que ce Duc commandoit. Cependant, le Roy *Belleforest p.* ayant esté malheureusement fait prisonnier devant Pavie, il fut advisé par *1442.* Madame la Regente & par son Conseil que le Duc d'Albanie, qui estoit au royaume de Naples, se retireroit en France avec ses forces & que les Seigneurs André Dorie & de la Fayete Vice-Admiral à Marseille l'iroient querir avec les galeres du Roy & le rameneroient par mer, n'y ayant moyen pour eux de repasser deçà par terre ferme, tout estant plein de nos ennemys. Ce qui fut executé, & le Duc s'en revint en France sans aucune perte de ses gens, excepté quelques troupes estant sous la charge du Seigneur d'Esguilly, qui furent chassées de Velitres jusqu'à Rome par les Colomnes, mais secouruës & sustentées par la famille des Ursins affectionnée aux Roys & royaume de France.

En l'année MDXXVIII. l'Empereur Charles quint ayant envoyé un Heraud d'armes au Roy François I. pour luy porter les plaintes qu'il faisoit de l'infraction du traicté de Madrit, le Roy ayant assemblé le dixiesme verses personnes. Le Seigneur de Langey marque que de gens de cheval pour ladite entreprise y avoit la compagnie de l'Admiral de Bonnivet composée de cent hommes d'armes, celle du Duc d'Albanie de pareil nombre, lequel Duc estoit Regent en Escosse à l'occasion de la minorité du Roy, celle du Seigneur de saint André, celle du Seigneur de Sainte-Mesme, & une partye de celle du Seneschal d'Armagnac Grand Maistre de l'artillerie.

En l'année MDXXIII. le Roy estant allé tenir son lict de justice au Parlement le Mardy dernier jour de Juin, accompagné de plusieurs des Seigneurs de son sang, Pairs de France, & autres Princes & Seigneurs de son Conseil, apres que sa Majesté fut assise en son lieu, le Duc d'Albanie *Preuves p.688.* y estant arrivé, le Roy luy declara qu'il vouloit luy faire honeur parcequ'il estoit Prince d'Escosse & qu'il l'employoit de present en ses affaires tant en France qu'en Escosse, & ordonna qu'il s'assit entre le Duc d'Alençon & l'Evesque & Duc de Langres Pairs de France, & ce pour cette fois tant seulement, & sans prejudice des droits & préeminences dudit Evesque & Duc de Langres & des autres Pairs de France.

L'année suivante le Roy fit le voyage d'Italie pour conquerir le Milanois, & y fut accompagné par le Duc d'Albanie. Il entreprit bientost apres le siege de la ville de Pavie. Pendant qu'il y estoit occupé, le Pape Clement VII. despescha vers luy le celebre Mathieu Gibert son Dataire, qui fut depuis Evesque de Verone, pour luy persuader de faire l'entreprise de Naples, l'estimant aysée pendant que l'armée Imperiale estoit empesché au Duché de Milan. Le Roy s'y accorda, quoy qu'il y en eut plusieurs qui estimoient qu'il n'estoit pas raisonnable qu'il separast son armée, & fit le Duc d'Albanie son Lieutenant general pour cette entreprise. C'est ainsi que le Seigneur de Langey, qui estoit devant Pavie avec le Roy, raconte cet evenement. Il ne nomme pas le Vicomte de Turenne parmy ceux qui furent commandez pour aller au royaume de Naples avec le Duc d'Albanie. Mais il y a au Tresor des chartes de Turenne une letre *Preuves p.748.* du Duc à ce Vicomte laquelle nous apprend qu'il estoit aussi Lieutenant general du Roy en l'armée que ce Duc commandoit. Cependant, le Roy ayant esté malheureusement fait prisonnier devant Pavie, il fut advisé par *Belleforest p. 1442.* Madame la Regente & par son Conseil que le Duc d'Albanie, qui estoit au royaume de Naples, se retireroit en France avec ses forces & que les Seigneurs André Dorie & de la Fayete Vice-Admiral à Marseille l'iroient querir avec les galeres du Roy & le rameneroient par mer, n'y ayant moyen pour eux de repasser deçà par terre ferme, tout estant plein de nos ennemys. Ce qui fut executé, & le Duc s'en revint en France sans aucune perte de ses gens, excepté quelques troupes estant sous la charge du Seigneur d'Esguilly, qui furent chassées de Velitres jusqu'à Rome par les Colomnes, mais secouruës & sustentées par la famille des Ursins affectionnée aux Roys & royaume de France.

En l'année MDXXVIII. l'Empereur Charles quint ayant envoyé un Heraud d'armes au Roy François I. pour luy porter les plaintes qu'il faisoit de l'infraction du traicté de Madrit, le Roy ayant assemblé le dixiesme

D'AUVERGNE. Liv. IV.

faire election de personnage qui fut pour mieux les conduire ny qui fut plus propre pour luy faire service que luy, qui est Prince de telle maison & plein d'aussi bonne volonté que personnage qu'il eust sceu choisir pour cet effect.

Cet endroict nous instruit que le Roy François I. avoit donné la Surintendance des galeres, qui est ce que nous appellons aujourdhuy General des galeres, au Duc d'Albanie. Ainsi il ne faut pas s'estonner, si nous voyons dans une lettre de M. le Cardinal de Tournon au Roy en date à Pise le Samedy XXVII. Septembre MDXXXIII. qu'il y faisoit si mauvais temps que les galeres de sa Majesté ne peurent jamais venir jusques auprez de cette ville, quoyque M. d'Albanie si fut essayé assez souvent. *Meslanges de Gamuzat fol. 12.*

Pendant que toutes ces choses se passoient ainsi en France & en Italie, la Duchesse d'Albanie, qui estoit en son chasteau de saint Saturnin en Auvergne, fit un testament le Jeudy XVI. Juin MDXXIV. par lequel elle confirma toutes les donations qu'elle avoit cy devant faites au Duc son mary, & luy donna & legua en outre sa Comté de Lauraguez & quelques autres droits qu'elle avoit à Carcassonne & à Beziers, ensemble les terres & seigneuries de Donzenac, Boussac, & Courreze au pays de Limousin, Brios, Honnecourt, & Resson au pays de Picardie, institua son heritiere universele Catherine de Medicis sa niepce, & mourut dans le mesme temps. *Preuves p. 685.*

Apres son decez le Duc son mary estant à Rome en l'année MDXXXIV. il y fut fait un partage en forme de transaction le XII. Juin touchant la succession de la maison d'Auvergne & de Boulogne, par lequel fut delaissé au Duc d'Albanie en proprieté la moitié de la Comté de Lauraguez & toutes les terres & seigneuries qui estoient en Limousin, Berry, & Picardie. Et en la mesme année, apres le mariage de Catherine de Medicis avec Henry Duc d'Orleans, il en fut passé une autre au lieu du Cloux lez Amboise, par laquelle le Roy François I. laissa au Duc d'Albanie l'usufruit sa vie durant de la seigneurie & Comté de Castres & Comté de Lauraguez. Mais à l'esgard des terres du Limousin & du Berry, le Roy luy en laissa la proprieté pour en disposer à son plaisir & volonté, à la charge neantmoins que s'il n'en disposoit pas de son vivant, le tout reviendroit apres son decez à Catherine de Medicis Duchesse d'Orleans, à laquelle ce Duc delaissa deux ans apres tous ses biens. Il mourut en son chasteau de Mirefleur en Auvergne le second jour du mois de Juin MDXXXVI. & fut enterré en la sainte Chapelle du Palais de Vic le Comte, ainsi qu'il est marqué dans l'Obituaire de cette Eglise. Et cependant le R. P. Jacques Foderé en son histoire de la province de saint Bonaventure a mis par escrit qu'il fut enterré dans l'habit de saint François aux Cordeliers de Vic le Comte auprez de Jeanne de Bourbon femme de Jean seigneur de la Tour Comte d'Auvergne & de Boulogne. *Preuves p. 102. Foderé p. 887. Gonzague p. 785.*

Apres sa mort le gouvernement du Bourbonnois, de l'Auvergne, de Forez, & du Beaujolois, dont il estoit pourveu, fut donné à Jean de Bretagne Duc d'Estampes. *Memoires de Ribier to. 1. p. 176.*

On voit les portraits de ce Duc & de la Princesse sa femme dans une

D'AUVERGNE. Liv. IV.

faire election de personnage qui fut pour mieux les conduire ny qui fut plus propre pour luy faire service que luy, qui est Prince de telle maison & plein d'aussi bonne volonté que personnage qu'il eust sceu choisir pour cet effect.

Cet endroict nous instruit que le Roy François I. avoit donné la Surintendance des galeres, qui est ce que nous appellons aujourdhuy General des galeres, au Duc d'Albanie. Ainsi il ne faut pas s'estonner, si nous voyons dans une letre de M. le Cardinal de Tournon au Roy en date à Pise le Samedy XXVII. Septembre MDXXXIII. qu'il y faisoit si mauvais temps que les galeres de sa Majesté ne peurent jamais venir jusques auprez de cette ville, quoyque M. d'Albanie si fut essayé assez souvent. *Meslanges de Camuzat fol. 12.*

Pendant que toutes ces choses se passoient ainsi en France & en Italie, la Duchesse d'Albanie, qui estoit en son chasteau de saint Saturnin en Auvergne, fit un testament le Jeudy XVI. Juin MDXXIV. par lequel elle confirma toutes les donations qu'elle avoit cy devant faites au Duc son mary, & luy donna & legua en outre sa Comté de Lauraguez & quelques autres droits qu'elle avoit à Carcassonne & à Beziers, ensemble les terres & seigneuries de Donzenac, Boussac, & Courreze au pays de Limousin, Brios, Honnecourt, & Resson au pays de Picardie, institua son heritiere universele Catherine de Medicis sa niepce, & mourut dans le mesme temps. *Preuves p. 685.*

Apres son decez le Duc son mary estant à Rome en l'année MDXXXIV. il y fut fait un partage en forme de transaction le XII. Juin touchant la succession de la maison d'Auvergne & de Boulogne, par lequel fut delaissé au Duc d'Albanie en proprieté la moitié de la Comté de Lauraguez & toutes les terres & seigneuries qui estoient en Limousin, Berry, & Picardie. Et en la mesme année, apres le mariage de Catherine de Medicis avec Henry Duc d'Orleans, il en fut passé une autre au lieu du Cloux lez Amboise, par laquelle le Roy François I. laissa au Duc d'Albanie l'usufruit sa vie durant de la seigneurie & Comté de Castres & Comté de Lauraguez. Mais à l'esgard des terres du Limousin & du Berry, le Roy luy en laissa la proprieté pour en disposer à son plaisir & volonté, à la charge neantmoins que s'il n'en disposoit pas de son vivant, le tout reviendroit apres son decez à Catherine de Medicis Duchesse d'Orleans, à laquelle ce Duc delaissa deux ans apres tous ses biens. Il mourut en son chasteau de Mirefleur en Auvergne le second jour du mois de Juin MDXXXVI. & fut enterré en la sainte Chapelle du Palais de Vic le Comte, ainsi qu'il est marqué dans l'Obituaire de cette Eglise. Et cependant le R. P. Jacques Foderé en son histoire de la province de saint Bonaventure a mis par escrit qu'il fut enterré dans l'habit de saint François aux Cordeliers de Vic le Comte auprez de Jeanne de Bourbon femme de Jean seigneur de la Tour Comte d'Auvergne & de Boulogne. *Preuves p. 102. Foderé p. 887. Gonzague p. 785.*

Apres sa mort le gouvernement du Bourbonnois, de l'Auvergne, de Forez, & du Beaujolois, dont il estoit pourveu, fut donné à Jean de Bretagne Duc d'Estampes. *Memoires de Ribier to. 1. p. 176.*

On voit les portraits de ce Duc & de la Princesse sa femme dans une

Armoiries de Jean Stuart Duc d'Albanie & d'Anne de la Tour d'Auvergne sa femme tirez d'apres celles qui sont sur la porte de la Sacristie de la Sainte Chapelle de Vic le Comte.

Armoiries de Jean Stuart Duc d'Albanie & d'Anne de la Tour d'Auvergne sa femme tirez d'apres celles qui sont sur la porte de la Sacristie de la Sainte Chapelle de Vic le Comte.

Portraicts de Jean Stuart Duc d'Albanie
& d'Anne de la Tour d'Auvergne Comtesse
d'Auvergne Sa femme, tirez d'une vitre de la
Sainte chapelle de Vic le Comte.

ses efforts pour l'empescher. Comme c'estoit un grand party, non seulement à cause de sa grande noblesse & de ses grands biens, mais encore parce qu'elle estoit niepce de deux Papes, & nommement de celuy qui occupoit pourlors le saint Siege, lequel estoit son oncle à la mode de Bretagne & la traitoit de niepce, que d'ailleurs elle estoit belle & bien faite, qu'elle avoit beaucoup d'esprit, l'ame grande, aymoit les sciences & les beaux arts, ainsi qu'elle l'a bien fait voir lorsqu'elle estoit Reyne, il ne faut pas s'estonner que son mariage avec le Duc d'Orleans, qui avoit deja esté projetté par le Pape Leon X. oncle de Catherine, souffrit beaucoup de contradictions de la part de l'Empereur ennemy declaré du Roy de France.

Memoriæ Paradini p. 119.

Les premiers pourparlers de ce mariage furent en l'année MDXXXI. entre le Pape, le Cardinal de Gramont, & le Duc d'Albanie envoyé dez l'année precedente vers le Pape pour penser aux moyens de resister au Turc, qui menassoit de faire une descente en Chrestienté. Le Pape offrit au Duc d'Albanie d'accroistre le bien de sa niepce des seigneuries de Reggio, Modene, Rouviere, Pise, & Ligourne, & mesme de Parme & de Plaisance, sinon à meilleure condition, à tout le moins par eschange & recompense d'autres terres. Outre laquelle donation ainsi par luy accordée, & apres que ce Duc & le Cardinal de Gramont eurent le consentement du Roy & charge d'y consentir en son nom dez le mois d'Avril MDXXXI. ledit saint Pere promit de donner audit futur espoux l'ayde & secours qui entr'eux seroit avisé pour le recouvrement de son Estat de Milan, aussi toute ayde & secours à sadite niepce pour le recouvrement de la Duché d'Urbin. Et le neufviesme jour de Juin ensuivant sa Sainteté fit ladite donation par letres signées de sa main, & dezlors comme maintenant promit derechef sur sa foy de delivrer au Roy lesdites villes & terres aux termes qui seroient entr'eux avisez, la consommation du mariage prealable, & que pour le recouvrement d'Urbin il fourniroit la moitié des frais, excepté ceux de la gendarmerie du Roy, parce qu'elle estoit à sa solde ordinaire.

Memoires de Du Bellay fol. 103.

Le Pape, qui avoit beaucoup de peine à se persuader que le Roy luy voulut tant faire d'honeur que d'entendre à la consommation de ce mariage, fut grandement ayse de la nouvelle proposition qu'on luy en fit, & s'accorda volontiers à une entreveuë avec le Roy, auquel il en escrivit de sa main, le priant toutesfois que la chose fut tenuë secrete jusques apres le despart de l'Empereur & jusques à ce qu'il seroit arrivé en Espagne. Il est dit dans les Meslanges de M. Camuzat qu'apres que les Cardinaux de Tournon & de Gramont eurent receu le pouvoir que le Roy leur avoit envoyé touchant ce mariage, lequel ils monstrerent au Pape, il en eut un si tres grand plaisir & contentement qu'il ne sçavoit quelle contenance tenir de la grand joye qu'il avoit. Et pour autant que le soir de devant l'Empereur l'avoit asseuré que le Roy ne l'envoyeroit jamais, sa Sainteté ne faillit pas de le luy monstrer; & pour ledit soir il n'en fit pas grand propos à sa Sainteté, & ne le voulut point voir. Le lendemain l'Empereur estant revenu voir le Pape, il luy dit que vrayement il ne

Meslanges de Camuzat fol. 14. Du Bellay fol. 105.

pouvoit nier que ce ne fut un grand & honorable party pour sa niepce, mais qu'il ne faloit pas que sa Sainteté s'avisat de faire ce mariage que premierement elle ne fut assurée de quatre choses, qu'il ne fut rien innové en Italie & que l'Italie demeurat en paix, que le Roy consentiroit à la tenuë du Concile general, que les traitez de Madrit & Cambray seroient de nouveau ratifiez, & que le fait du divorce du Roy d'Angleterre demeurat en l'estat auquel il estoit sans y proceder plus avant, disant à sa Sainteté qu'il ne falloit point prendre à demy le conseil de ses amys. La response que le Pape luy fit fut tres sage & tres prudente, c'est assavoir qu'il trouvoit bien estrange que maintenant que ledit Empereur voyoit que le Roy alloit bon chemin au fait de ce mariage, & que l'Empereur mesme fut cause que sa Sainteté demanda à ces deux Cardinaux de faire venir ledit pouvoir, lequel estoit venu, de sorte qu'il n'y avoit plus d'excuse, qu'elle trouvoit, dis-je, bien estrange qu'il luy conseillat de mettre sus les conditions dessusdites, lesquelles n'ont rien de commun avec un mariage, & que l'honeur que le Roy luy faisoit de luy bailler son second fils estoit si grand que quand sa niepce seroit heritiere de la moitié de l'Europe, si ne voudroit pas sadite Sainteté mettre ces conditions en avant, & que c'estoit au Roy de les bailler telles qu'il luy plairoit & à sa Sainteté de les recevoir & accepter, & non d'y mettre difficulté, attendu mesmement que lesdites quatre conditions sont choses que l'Empereur mesme n'avoit jamais peu obtenir, encore qu'il eut le Roy prisonnier entre ses mains & depuis Messieurs ses enfans, & que à grand peine sadite Sainteté, qui n'est rien en puissance au prix dudit Empereur, le pourroit faire; outre ce, qu'il ne voudroit le faire, consideré le grand honeur que le Roy luy faisoit; toutesfois que quant à luy comme Pape, & comme celuy qui tient le lieu qu'il tient, il tiendroit la main à ce que toutes choses demeurassent en bonne paix, & qu'il ne voudroit pour rien que sa niepce fut cause d'une guerre à la Chrestienté, & que c'estoit son office comme pere commun de maintenir la paix; par ainsi que toutes ces choses là ne seroient guere honestes à mesler parmy ledit mariage. Nonobstant lesquelles choses remonstrées par le Pape, l'Empereur ne laissa de presser grandement par deux fois sa Sainteté de faire ce que dessus, laquelle s'est tenuë ferme. De sorte que ledit Empereur n'a rien gagné. Et faut noter que ce mariage luy desplaisoit si fort qu'il ne pouvoit voir chose qui en parlat.

Du Bellay fol. 103. Belcar. lib. 20. n. 43. Meslanges de Camuzat fol. 6. 118. 152.

L'Empereur avoit tellement à cœur la rupture de ce mariage que pour y parvenir il proposa au Pape de marier sa niepce à Francisque Sforze Duc de Milan; lequel s'estoit, à ce qu'on disoit, vanté qu'on luy avoit proposé ce party. Et parce que le Pape, en rejettant la proposition du mariage du Duc de Milan, avoit, outre les raisons prises de l'honeur que le Roy faisoit à sa niepce, dit qu'elle avoit du bien en France jusques à cinq ou six cens mil escus vallant, lesquels le Roy confisqueroit, si elle se marioit hors de son royaume sans son consentement & congé, l'Empereur fit dire à sa Sainteté qu'il avoit bon moyen de l'en desdommager & qu'il luy bailleroit en contreschange de ce qu'elle avoit en France
autant

autant & plus vallant au Duché de Milan pour eſtre propre d'elle & des ſiens. Il le fit auſſi grandement preſſer de la marier au Duc de Bar. Mais ſa Sainteté reſpondit que c'eſtoit choſe desja accordée avec le Roy pour le Duc d'Orleans, & que veu que le Roy luy faiſoit tant d'honeur, il ne voudroit pour rien du monde entrer en autre pratique; à laquelle reſ‐ ponſe l'Empereur ne dit autre choſe ſi ce n'eſt que ſa Sainteté devoit prendre garde de ne ſe pas laiſſer tromper.

Nonobſtant toutes ces difficultez le mariage fut enfin reſolu & conclu. Dequoy le Roy d'Angleterre fit de grandes plaintes, pretendant que le Roy luy avoit promis à l'entreveuë de Calais & luy avoit fait promettre par le Bailly de Troyes ſon Ambaſſadeur qu'il ne feroit jamais ce mariage que le Pape n'eut terminé l'affaire de ſon divorce ſelon ſon intention. Le mariage eſtant donc ainſi conclu, l'on propoſa une entreveuë entre le Pape & le Roy aux extremitez de ſon royaume. Le Pape propoſa Nice, où il faiſoit eſtat de ſe rendre au mois de May enſuivant. Mais il deſira ſur toutes choſes que le fait de cette entreveuë fut tenu ſecret. Cependant on fit tous les preparatifs neceſſaires de part & d'autre pour ce voyage. Et ſur ce que ſa Sainteté s'eſtoit depuis declarée vouloir le faire ſur les ga‐ leres de Rhodes, les imperiaux les demanderent pour ayder à ſecourir Coron à l'encontre des entrepriſes du Turc, eſperans, ou de rompre par ce moyen cette entreveuë, ou de prendre occaſion & couleur de dire que l'Empereur auroit eſté contraint d'abandonner Coron pour avoir ſa Sainteté diverti leſdites galeres ailleurs. Quoy prevoyant ſa Sainteté ne voulut acquerir cette reputation d'eſtre cauſe d'un ſi grand mal; & non ſeulement accorda que leſdites galeres fiſſent le voyage de Coron, mais davantage y adjouſta les ſiennes, & delibera de faire ſon paſſage ſur celles de France. Le Duc d'Albanie, qui les commandoit, euſt ordre de s'en aller au port de la Spezzia dans l'Eſtat de Gennes, où le Pape & la Du‐ cheſſe d'Urbin ſa niepce ſe devoient embarquer. Le Pape partit de Rome le Mardy neuviefme jour du mois de Septembre MDXXXIII. & arriva à Marſeille l'onziefme jour d'Octobre.

Meſlanges de Camuzat fol. 14.

Memoires de Du Bellay fol. 112.

Meſlanges de Camuzat fol. 138.
Memoires de Du Bellay fol. 116. 117.

L'entrée du Pape à Marſeille merite d'eſtre remarquée icy. Elle fut faite en grande ſomptuoſité & magnificence, luy eſtant aſſis ſur une chaire portée ſur les eſpaules de deux hommes & en ſes habits pontificaux, hormis la Tiare, marchant devant luy une hacquenée blanche ſur la‐ quelle repoſoit le ſacrement de l'autel; & eſtoit ladite hacquenée conduite par deux hommes à pied en fort bon equipage avec deux reſnes de ſoye blanche. Puis apres marchoient tous les Cardinaux en leurs habits, montez ſur leurs mules pontificales, & Madame la Ducheſſe d'Urbin ſeparément en grande magnificence accompagnée d'un grand nombre de Dames & de Gentilshommes tant de France que d'Italie.

Du Bellay fol. 118.

Le contract de mariage fut paſſé le XXVII. du meſme mois, & le mariage celebré le lendemain en grande magnificence, le Pape ayant voulu luy meſme en faire la ceremonie. On paſſa en ſuite trente quatre jours en de grandes rejouïſſances & magnificences; apres quoy le Roy & les nouveaux mariez revinrent à Paris.

Apres le decez du Roy François I. son fils mary de Catherine estant monté sur le throne, & ayant esté sacré à Reims en l'année MDXLVII. à la fin du mois de Juillet, il fit sacrer la Reyne sa femme à saint Denys le dixiesme jour du mois de Juin MDXLIX. le lendemain de la Pentecoste. On imprima en ce temps là une relation fort exacte de cette ceremonie. J'en prendray seulement quelques morceaux pour la curiosité du lecteur. On dressa au chœur de l'Eglise saint Denys un grand eschaffaut devant le grand autel, garni de barrieres, le tout tendu en dedans & en dehors de drap d'or frizé. Le fonds & les marches de l'eschaffaut estoient planchées de velours cramoisi semé de broderie d'or, & les barrieres & costez desdites marches couvertes de drap d'or frizé. La Reyne, qui estoit arrivée trois jours auparavant en la ville de saint Denys, se trouva le matin en sa chambre habillée de corset, surcot d'hermines, manteau, ornement de teste, & autres habits royaux; & estoit son manteau de velours pers semé de fleurs de lys d'or, fourré d'hermines. Son ornement de teste tout garni de pierreries. Sondit corset aussi de velours pers, couvert de fleurs de lys d'or traict, & son surcot garni & enrichi de gros diamants, rubis, & esmeraudes, le tout de telle excellence & valeur que le prix en estoit inestimable. Environ les onze heures du matin les Cardinaux de Guise & de Vendosme furent querir la Reyne, & l'amenerent à l'Eglise, les Ducs de Vendosmois & Comte d'Enguyen tenans les pans de son manteau royal, M. de Montmorency Connestable & Grand Maistre de France marchant devant elle avec son baston de Grand Maistre enrichi d'or à devises. Estant arrivée à l'Eglise, elle s'agenouilla devant le grand autel sur un oreiller qui luy fut presenté par M. de Longueville; où elle trouva M. le Cardinal de Bourbon accompagné de M. l'Archevesque de Vienne Primat & de vingt deux Evesques estans aux deux costez du grand autel. Puis elle fut menée sur son eschaffaut, & l'a assise en sa chaise; d'où elle descendit peu de temps apres pour retourner à l'autel, où elle se prosterna. Et tout de suite M. le Cardinal de Bourbon fit la ceremonie de l'onction sur le chef de la Reyne, qui fut descouvert à cet effect, & puis sur la poictrine, qui fut aussi descouverte. Puis ledit Cardinal procedant outre au sacre, prit l'anneau & le mit au doigt de la Reyne. En suite il luy mit en main le sceptre & la main de justice & la Couronne; laquelle estant trop lourde pour demeurer sur sa teste, on luy en mit une autre petite toute couverte & enrichie de diamans, rubis, & perles de grandissime prix & excellence. Ledit sacre faict, la Reyne fut ramenée en sa chaise, entendit la Messe celebrée par le Cardinal de Bourbon, baisa le livre des evangiles à elle presenté par le Cardinal de Boulogne son oncle à la mode de Bretagne, alla à l'offrande, & puis fut ramenée en sa chambre apres que la Messe fut achevée. Et est à noter qu'on fit encore un eschaffaut pour le Roy vis à vis du grand autel, qui fut couvert, & les fenestres bouchées de cages d'ozier, afin que sa Majesté peut voir ledit couronnement sans pouvoir estre veu du dehors. Je ne dois pas obmettre icy que le Vicomte de Turenne tint un rang considerable en cette ceremonie.

Voyez cy dessus p. 345.

Apres que cela fut fait, la Reyne fit son entrée solemnele dans la

D'AUVERGNE. Liv. IV.

ville de Paris le dixhuitiesme jour du mesme mois de Juin.

Je ne parleray pas du reste de la vie de cette Princesse pour les raisons que j'ay alleguées au commencement de ce chapitre; & me contenteray de dire qu'elle deceda au chasteau de Blois le cinquiesme jour de Janvier MDLXXXIX. aagée d'environ soixante dix ans. Son corps fut mis en depost dans l'Eglise saint Sauveur de Blois, où il demeura jusques en l'an MDCIX. qu'il fut apporté à saint Denys le cinquiesme Avril dans la chapelle ornée de tres riches & somptueuses figures de marbre qu'elle y avoit fait construire pour servir de mausolée au Roy son espoux, à elle, & à leurs enfans. Ceux qui auront la curiosité de voir la description & la forme de ce mausolée n'ont qu'à consulter l'histoire de cette abbaye composée avec beaucoup de soin & d'erudition par le R. P. Felibien religieux Benedictin de la Congregation de saint Maur. *Hist. de S. Denys p. 565.*

Je ne sçaurois mieux finir ce chapitre qu'en rapportant icy ce que Messieurs de Sainte-Marthe ont escrit à sa loüange. Ils disent donc que quand le Roy Henry II. son espoux entreprit le voyage d'Alemagne, il l'establit Regente de son Estat. Elle eut encore cette qualité par deux autres fois. Car estant doüée d'un rare esprit & d'un haut courage, elle s'acquit une merveilleuse auctorité dans l'Estat. Tellement qu'apres le decez du Roy François II. son fils aisné, elle fut encore declarée Regente par les Estats d'Orleans pendant la minorité du Roy Charles IX. lequel se voyant sur la fin de ses jours luy donna aussi la mesme qualité en l'absence du Roy Henry III. & jusques à son retour de Poulogne. Pendant cette absence Catherine pourveut aux entreprises de ceux qui projettoient de luy empescher l'entrée en France. Dans la harangue que ce Roy fit à l'ouverture des derniers Estats de Blois il luy donna cette loüange, *Que tant de fois cette Reyne avoit conservé l'Estat de la France qu'on ne devoit seulement luy donner le nom de Mere du Roy, mais aussi celuy de Mere de l'Estat & du royaume.* De fait par son adresse elle moderoit souvent les cœurs alterez & divisez, & reduisoit les orages au poinct du calme & de la tranquillité. Elle sçavoit à propos prendre ses avantages dans les guerres civiles, ne s'engageant jamais si avant par inclination ou affection aux partis ny aux personnes des partisans qu'elle ne s'en peut facilement desgager pour raffermir ou restablir son auctorité dans les desordres du royaume, qui furent grands pendant les trente ans qu'elle demeura veuve. *Hist. de la maison de France to. 1. t. 767.*

Les autres qualitez de cette Reyne sont encore naïvement descrites par Henry Davila historien celebre de nos guerres civiles, tesmoin oculaire de plusieurs choses qu'il remarque. Il dit que sa prudence ne manqua jamais d'expedients pour remedier aux soudains revers de la fortune. Qu'en la minorité du Roy Charles IX. son fils on la vid fortement soustenir le pesant faix des guerres civiles, combattre les animositez de la religion, l'obstination des sujets, la dissimulation des Grands & leur ambition. Par sa constance, n'estant qu'une femme, & une femme estrangere, elle osa entreprendre contre de si puissantes testes le gouvernement de l'Estat, l'obtenir apres l'avoir entrepris, & le maintenir apres l'avoir

Tome I.   Zz ij

obtenu contre les pratiques de ses ennemys. Cecy fut un effect comparable à la generosité d'un courage viril versé de longtemps aux affaires du monde. Mais sa patience avec sa moderation furent des moyens par lesquels, au milieu des ombrages que les Roys ses enfans prirent d'elle apres tant de preuves qu'ils avoient eües de son affection, elle sceut se conserver toujours dans l'auctorité du gouvernement, si bien que sans son conseil & sans son approbation ces Roys n'osoient faire les choses mesme dans lesquelles ils la tenoient pour suspecte. Et ce furent les plus hautes preuves & le dernier effort de la grandeur de son ame. On y remarquoit une generosité, une magnificence royale, une humeur affable, & une inclination pour les grandes choses.

Elle avoit connoissance de beaucoup de choses notables, mesmement de la geometrie & de l'architecture. Aussi fit elle construire plusieurs magnifiques Palais qui representoient l'heroique magnificence qu'elle avoit hereditaire de ses ancestres paternels. Elle fit bastir à Paris le Palais des Tuileries, celuy dit de la Reyne, maintenant nommé l'Hostel de Soissons, les chasteaux de saint Maur des fossez prez Paris, de Monceaux en Brie, & de Chenonceau en Touraine, toutes choses dignes de loüange. Et cependant, comme tous les hommes ne pensent pas de mesme, M. le President de Thou l'a fort blasmée d'avoir entrepris tant de grands bastimens.

Thuan. lib. 94. p. 387.

Elle est aussi digne de loüange pour avoir fait fleurir l'architecture, la peinture, & la sculpture, mais principalement de ce qu'à l'exemple de ses ayeuls de la maison de Medicis elle favorisa les beaux esprits & gens sçavans, & de ce qu'elle tira de la Grece & de l'Italie & fit porter en France plusieurs livres anciens & des plus rares manuscrits en toute sorte de langues, qui furent joints à ceux qu'elle avoit desja de la maison de Medicis. Elle fit venir le tout à Paris, & à present la Bibliotheque royale en est decorée.

Elle ne peut neantmoins si bien faire qu'estant Italienne sa vertu ne fut choquée par les François, & que ceux qui troublerent le royaume, sur tous ceux de la nouvelle religion, ne luy portassent une haine implacable, deschirans son nom & sa memoire par leurs escrits.

Enfans de Catherine de Medicis Dame de la Tour, Comtesse d'Auvergne & de Boulogne, Reyne de France.

FRANÇOIS II. Roy de France.
LOÜIS mort sans enfans.
CHARLES IX. Roy de France.
HENRY III. Roy de France, & de Poulogne, Comte d'Auvergne.
FRANÇOIS Duc d'Anjou & d'Alençon.
ELIZABETH Reyne d'Espagne.
CLAUDE Duchesse de Lorraine.
MARGUERITE Reyne femme du Roy Henry le Grand, Comtesse d'Auvergne.
VICTOIRE & JEANNE filles jumelles mortes dez leur naissance en l'année MDLVI.

HISTOIRE GENEALOGIQUE DE LA MAISON D'AUVERGNE.

LIVRE CINQUIESME

Contenant les SEIGNEURS D'OLIERGUES puisnez des Seigneurs de LA TOUR D'AUVERGNE, devenus Vicomtes de Turenne, Ducs souverains de Boüillon, & Comtes d'Auvergne, depuis l'an MCCCXV. jusques à present.

Les armoiries des Seigneurs d'Oliergues sont semé de France à la tour d'argent au baston de gueules. Et lors qu'ils devinrent Vicomtes de Turenne, ils escartellerent de Turenne, qui est coticé d'or & de gueules.

Aujourdhuy ils portent escartelé. Au 1. & 4. de la Tour. Au 2. de Boulogne. Au 3. de Turenne. Et sur le tout parti d'Auvergne & de Boüillon.

TABLE GENEALOGIQUE DES SEIGNEURS D'OLIERGUES.

Bernard Comte d'Auvergne & de Bourges, Marquis de Nevers.

Raoulphe Comte de Mascon. — Guerin Comte d'Auvergne, Duc d'Aquitaine. — Guillaume I. Comte d'Auvergne, Duc d'Aquitaine. — Ave Abbesse. — Adelinde. — Acfred I. Comte de Bourges & de Carcassonne.

Guillaume II. Comte d'Auvergne, Duc d'Aquitaine. — Acfred II. Comte d'Auvergne, Duc d'Aquitaine. — Bernard I. Comte d'Auvergne. — Blitsende.

Eustorge Vicomte d'Auvergne. — Guillaume. — Bernard II. — Bethelde.

Gaasberge fille de Berilon Vicomte de Vienne. — GERAUD D'AUVERGNE surnommé de LA TOUR, Vicomte de Vienne, mort environ l'an 994. — Etiennette.

Bernard seigneur de LA TOUR III. du nom. — Berilon Vicomte de Vienne, duquel sont issus les seigneurs de LA TOUR DU PIN devenus en suite Dauphins de Viennois, dont le dernier fut HUMBERT DE LA TOUR VI. du nom, qui donna le Dauphiné à la Couronne de France. — N. duquel sont issus les Seigneurs de LA TOUR Souverains d'Etat, de Milan. — N. femme de Dalmas seigneur de Baffie, mere de Guillaume Evesque de Clairmont en 1095.

Geraud seigneur de la Tour II. du nom. — Bernard. — Bertrand Moine à Saucillanges. — Etienne Prieur de Saucillanges.

Bernard seigneur de LA TOUR IV. du nom. — Bertrand. — Guillaume. — Pernelle. — Bernard Vicomte de Comborn en 1112.

Matheline fille de Athon Vicomte de Beziers. — Bertrand seigneur de LA TOUR I. du nom, lequel avec son frere Guillaume, meu de pieté, fit hommage de la terre de la Tour à l'Abbé de Clugny, & fonda l'abbaye de la Vayffi. — Guillaume.

Judith de Merceeur. — Bertrand seigneur de LA TOUR II. du nom. — Guillaume Prevost de Brioude. — Guillaume seigneur de Nostre Dame du Port. — Bernard seigneur de LA TOUR V. du nom. — N. fille de Dauphin Comte de Clairmont.

Bertrand Chevalier. — Bernard seigneur de LA TOUR VI. du nom. — Alazie de Toulouse, autrement dite Jeanne.

Yoland. — Bernard seigneur de LA TOUR VII. du nom, qui fut au siege de Tunis avec le Roy S. Louis en 1270. & y mourut le 14. Aoust. — Bertrand Chanoine de Clairmont, mort en 1281. — Dauphine mariée à Pierre Vicomte de Ventadour. — Gaillarde mariée à Pierre Vicomte de Murat. — Marguerite mariée à Geraud de Rochefort.

Dauphine mariée en premieres nopces à Raynaud d'Aubusson seigneur de la Borne, & en secondes nopces à Aymery II. seigneur de la Rochefoucaud. — Gaillarde mariée à Pierre Maurice seigneur de Roche Savine. — Bertrand seigneur de LA TOUR III. du nom, mort en 1286. — Beatrix d'Oliergues issuë des anciens Comtes du Vellay.

Marguerite Ayceline de Montaigu. — Bertrand de LA TOUR, tige des SEIGNEURS D'OLIERGUES. — Agne Doyen de Carennac, Prieur de Crespy & de Bort. — Guillaume Chanoine de Reims, de Clairmont, & de Brioude. — Bernard seigneur de LA TOUR VIII. du nom, mort en 1325. — Dauphine mariée à Guigues seigneur de la Roche en Reine.

Blanche morte sans lignée. — Gilles mort sans lignée. — N. mort sans lignée. — Bertrand mort sans lignée. — Agne DE LA TOUR I. du nom seigneur d'Oliergues. — Catherine de Narbonne.

Jourdaine de Bidade. — Jean de LA TOUR I. du nom seigneur d'Oliergues. — Bertrand, qui fut d'Eglise. — Alguaye morte sans lignée. — Agne de LA TOUR II. du nom seigneur d'Oliergues. — Beatrix fille de Guillaume de Chalençon & Valpurge Vicomtesse de Polignac.

Jean II. autrement appellé Guy, mort sans enfans. — Gilles mort sans lignée. — Algaye morte sans lignée. — Alips de Vendac. — Agne de LA TOUR III. du nom seigneur d'Oliergues. — Louis Patriarche d'Antioche, Evesque de Rhodez. — Guillaume qui fut valier de S. Jean de Jerusalem. — Pierre, Jean Chevalier de S. Jean de Chalmazel. — Catherine Labeau Dame de Die. — Marguerite & Beatrix religieuses. — Bertrand de LA TOUR II. du quel seigneur d'Oliergues, Branche sort.

Antoinette mariée en 1430. à Jacques Aubert petit neveu du Pape Innocent VI. & en 1451. à Jacques de Bourbon Prince du sang royal de France. — Anne de Beaufort Vicomtesse de Turenne, petite niepce des Papes Clement VI. & Gregoire XI. — Agne DE LA TOUR IV. du nom seigneur d'Oliergues, premier VICOMTE DE TURENNE du nom de la Tour, mort en 1489.

Antoinette de Pons. — Antoine de LA TOUR Vicomte de Turenne. — François de la TOUR I. Vicomte du nom Vicomte de Turenne, mort sans lignée. — Gilles, Annet & Antoine qui fut Pantaleon ne dit mort sans lignée. — Anne Dame de Raymond. — Marguerite Princesse de Chalais. — Catherine Dame de Pompadour. — Françoise Dame de Castelnau. — Marie Dame d'Aute fort. — Jeanne, Louise, Gabrielle religieuses.

Anne religieuse. — Marguerite mariée à Pierre de Clairmont de Lodeve. — Gilles Vicomte de Lanquais & de Limeüil. — François de LA TOUR II. du nom Vicomte de Turenne. — Anne de la Tour d'Auvergne, dite de Boulogne.

Renée Abbesse du Paraclit. — Antoinette mariée à François le Roy de Chavigny. — Anne morte avant son pere. — Claude mariée à Just de Tournon. — François de LA TOUR III. du nom Vicomte de Turenne, mort en 1557. — Eleonor de Montmorency fille d'Anne Connestable de France & de Magdelene de Savoye.

Elisabeth de Nassau fille de Guillaume de Nassau I. du nom Prince d'Orange & de Charlote de Bourbon Montpencier. — Henry de LA TOUR Vicomte de Turenne, Duc de Boüillon, Prince Souverain de Sedan, Jametz, & Raucourt, mort en 1623. — Magdelene mariée à Honorat de Savoye Comte de Tende Admiral des mers du Levant, morte en 1580. sans enfans.

Eleonor Febronie de Bergh, morte en 1657. — Frideric Maurice de LA TOUR Duc de Boüillon, Prince Souverain de Sedan, mort en 1652. — Henry, si connu sous le nom de Vicomte de Turenne, Mareschal general des camps & armées du Roy, Colonel general de la Cavalerie legere de France, mort en 1675. — Marie mariée à Henry de la Trimoüille. — Juliene Catherine mariée à Guy Alphonse Roy de la Rochefoucaud. — Elisabeth mariée à François Duc de Durfort de Duras. — Henriete Catherine mariée en 1606. à Amaury de Gouyon. — Louise morte Charlote 1661.

Marie Anne Mancini niepce du Cardinal Mazarin. — Godefroy Maurice de LA TOUR Duc de Boüillon, Comte d'Auvergne, Grand Chambellan de France. — Emmanuel Theodose Cardinal, Doyen du Sacré College, Grand Aumosnier de France. — Constantin Ignace Chevalier de Lorraine, Grand de Malte, mort en 1670. — Henry Ignace Chevalier de Malte, Duc d'Elmont en 1680. — Elisabeth mariée à Charles de — Louise morte en 1683. sans lignée. — Emilie Eleonor, Hyppolite Françoise Romaine religieuses Carmelites. — Maurice Febronie mariée à Maximilien Philippe Duc de Baviere, morte en 1706. — Frideric Maurice de LA TOUR, connu sous le nom de Comte d'Auvergne, Colonel general de la Cavalerie legere de France, mort en 1707. — Henriette Francoise de Hohen Zolern.

Louis Prince de Turenne, Grand Chambellan de France en survivance, mort en 1692. — Emmanuel Theodose, connu sous le nom de Duc d'Albret, a esposé Victoire Armande de la Trimoüille. — Frideric Jules connu sous le nom de Chevalier de Boüillon. — Henry Louis, connu sous le nom de Comte d'Evreux, Colonel general de la Cavalerie legere de France. — Marie Elisabeth. — Louise Julie mariée à François Armand de Rohan Prince de Montbason. — Emmanuel Maurice Chevalier de Malte. — Henry Oswald connu sous le nom d'Abbé d'Auvergne. — François Egon connu sous le nom de Prince d'Auvergne. — Frideric Constantin connu sous le nom de Prince Frideric. — Elisabeth Eleonor Louise Emilie, Marie Anne, Henriete Sigismonde.

Aiminde. — Magdelene morte en 1699. — N. mort en 1699. — Godefroy Maurice. — Frideric Maurice Casimir.

HISTOIRE
GENEALOGIQUE
DE LA MAISON
D'AUVERGNE.

LIVRE CINQUIESME.

EPUIS le partage fait entre les enfans de Geraud I. surnommé de la Tour il ne nous paroit pas que la maison des Seigneurs de la Tour en ait souffert d'autre pendant huict generations. Elle fut enfin divisée en deux branches au commencement du quatorziesme siecle; dont l'une, qui est celle des aisnez, est entierement esteinte. Il ne reste plus que celle dés Seigneurs d'Oliergues, à laquelle Bertrand fils de Bertrand seigneur de la Tour III. du nom & de Beatrix Dame d'Oliergues a donné commencement. C'est de luy que descendent les Ducs de Boüillon d'aujourdhuy, seuls rejettons de cette

grande & puissante maison. Mais auparavant de parler de luy & de sa posterité, il semble qu'il est à propos de dire quelque chose de la seigneurie & des anciens seigneurs d'Oliergues, ausquels il a succedé.

Il paroit par les memoires qui nous restent que la maison d'Oliergues estoit anciennement considerable, & que le nom d'Agnon estant propre & affecté dans cette maison, on en peut rapporter les commencemens au moins à Agnon Vicomte mentionné dans un titre de l'Eglise cathe-
<small>Labbe to. 1. p. 751. Acta SS.ord.S. Bened. to. VI. p. 257. & to. VII. p. 839.</small> drale du Puy de l'an DCCCCXCIII. que les RR. PP. Labbe & Mabillon ont donné au public. Le mesme Dom Jean Mabillon rapporte un acte de l'an MLXXVIII. auquel se trouve souscrit Agnon de Maymont.
<small>Chart. Celsin. fol. 250.</small> Il se trouve aussi un acte de Guillaume de Baffie Evesque de Clairmont touchant la donation qu'il fit de l'Eglise de Vivairols au monastere de Saucillanges, auquel est souscrit Agne de Maymont, le mesme sans doute
<small>Preuves de M. Justel p. 34. 204.</small> lequel donna en l'année MCXIII. en doüaire à sa femme Auxiliende fille de Dalmas seigneur de Cousant la moitié de sa chastellenie d'Oliergues. Depuis & environ l'an MCLXXX. Hugues Dalmas seigneur de Cousant neveu d'Auxiliende ayant querellé le chasteau d'Oliergues contre Agnon
<small>Preuves p. 71.</small> seigneur de Maymont, ce differend fut terminé par une transaction passée en presence de Robert V. du nom Comte d'Auvergne. Cette seigneurie se trouve avoir esté en suite possedée en l'année MCCVIII. par un Robert surnommé de Clairmont, que M. Justel a creu avoir esté fils de Robert IV. & frere de Guy II. Comtes d'Auvergne.

J'ay dit cy dessus page 72. que j'examinerois plus particulierement au commencement de ce livre si ce Robert de Clairmont a esté veritablement fils & frere de ces deux Comtes. En quoy il me paroit y avoir beaucoup de difficulté, n'ayant encore veu aucun titre qui puisse prouver cette filiation. Il n'y a que la convenance du nom qui puisse faire penser que ce Seigneur estoit de la maison des Comtes d'Auvergne, à cause que dans plusieurs seaux ces deux Comtes sont appellez simplement Robert & Guy de Clairmont. Pour prouver neantmoins qu'il estoit fils de Robert
<small>Preuves p. 702.</small> IV. M. Justel allegue un titre de l'an MCCX. dans lequel Hugues Prieur de Saucillanges, qu'il dit avoir esté fils d'Arbert de la Tour & de Marie d'Auvergne & Evesque de Clairmont, promet à Robert de Clairmont son oncle, *Roberto de Claromonte avunculo nostro*, de bien garder la forteresse d'Augeroles; & il pretend que cet Hugues appelle ce Robert son oncle parcequ'il estoit frere de Marie d'Auvergne mere de cet Evesque. Mais outre que ce titre ne dit pas que cet Hugues fut de la maison de la Tour ny fils de la Comtesse Marie, & qu'il n'y a pas de preuve qu'Hugues de la Tour Evesque de Clairmont ait esté Prieur de Saucillanges, ny mesme Moine, il y a bien plus de raison d'attribuer ce titre à Hugues de
<small>Preuves p. 702.</small> Clairmont, qui estoit en ce temps là Prieur de Saucillanges, qu'à Hugues de la Tour, qu'on ne trouve pas l'avoir esté. Ce qui forme neantmoins une autre difficulté. Car s'il estoit vray que Robert de Clairmont eut esté fils de Robert IV. il s'ensuivroit necessairement que ce Prieur, qui se dit neveu de Robert de Clairmont, auroit esté fils de Guy II.
<small>Preuves p. 12.</small> Comte d'Auvergne. Et cependant Guy nommant avec ordre ses enfans

D'AUVERGNE. LIV. V.

en l'année MCCIX. il n'y fait aucune mention de ce Prieur, son fils Hugues qui y est nommé estans fort different de celuy qui a esté Prieur de Saucillanges. Outre qu'il y a preuve que Robert de Velayc pretendu oncle du Prieur de Saucillanges estoit oncle, & non frere ny fils, de Guy II. Comte d'Auvergne. Tous ces embarras & toutes ces difficultez, qui ne sont pas petites, pourroient avec beaucoup de raison faire penser que le surnom de Clairmont estant un surnom fort commun, il auroit esté pris par quelque Seigneur issu de la race des anciens Comtes ou Seigneurs du Vellay, & que ce Robert de Clairmont est le mesme que celuy que nous trouvons en ce mesme temps avoir esté appellé Robert du Vellay & avoir esté mary d'Ysels Dame d'Oliergues. Je l'appelle du Vellay, parcequ'il est appellé Robert de Velai dans le testament de Guillaume Comte de Rhodez fait environ l'an MCCVIII. & parceque je ne crois pas qu'il y puisse avoir de difficulté à tourner ainsi le mot de *Velayc*, qui luy est donné en quelques titres, estant certain, comme M. Catel l'a remarqué il y a longtemps, qu'en ces anciens temps on appelloit *Velaic* le pays que nous appellons aujourd'huy le Vellay. Cette remarque est auctorisée par une ancienne donation faite du temps de l'Empereur Loüis le Debonnaire à l'abbaye de saint Chaffre en Vellay, *in pago Vellaico*, rapportée dans les annales de l'Eglise de France par le R. P. Le Cointe. Le R. P. Mabillon a donné depuis quelque temps au public un privilege accordé à cette mesme abbaye par l'Empereur Charles le Chauve en l'année DCCCLXXVII. où il est dit qu'elle est située *in pago Vellaico*. Il y a dans le Cartulaire de Brioude une charte de l'année quinziesme du Roy Lothaire contenant une donation faite à cette Eglise de quelques biens situez *in pago Vellaico in vicaria de Vetula civitate*. Et dans la Chronique de Tournus donnée au public par le R. P. Chifflet pag. 20. *in Comitatu Vellaico, cum Ecclesia sancti Georgii in Vetulæ præstio civitatis*. Dans une bulle du Pape Jean VIII. pour l'abbaye de Tournus: *Et in pago Vellaico cella quæ vocatur Godittus*. Dans la vie de Guy d'Anjou Evesque du Puy imprimée en plusieurs endroits le Vellay est appellé *territorium Vellaicum*. Et on lit dans la legende de S. Chaffre *Rutilius natione Vallaicus*. Enfin Pierre Cardinal ancien Poëte Provençal parlant du mesme pays le nomme *Velaic*, ainsi que ce Robert est appellé, comme on le peut voir dans ses ouvrages dans un ancien MS. de la Bibliotheque du Roy. Ce nom de *Velayc* a demeuré longtemps à ce pays, estant dit dans l'acte d'emancipation de François de la Tour I. du nom Vicomte de Turenne passé à Turenne le XIV. Janvier MCCCLXXXIX. que son pere luy donna certains biens situez *in patria Vallaviæ sive de Velayc*.

M. Justel pretend auctoriser cette filiation de Robert par les titres qui font voir que les Comtes d'Auvergne ont appellé les Seigneurs d'Oliergues leurs cousins parce qu'ils estoient issus, dit il, de Robert de Velayc & d'Ysels d'Oliergues, laquelle estoit niepce du Comte Guy & de son frere Robert Evesque de Clairmont. Mais cette preuve n'est pas bonne, n'y ayant aucun titre dans lequel les Comtes d'Auvergne appellent les Seigneurs d'Oliergues leurs cousins avant le mariage d'Agnon seigneur d'Oliergues fils de cette Yſels avec Beatrix de Baffie couſine germaine d'Eleonor de Baffie femme de Robert VI. Comte d'Auvergne, lequel dans des letres de l'an MCCLXXII. traite de couſin Agnon ſeigneur d'Oliergues fils de Beatrix. Il y a en l'abbaye du Boufchet un titre de l'an MCCXXI. dans lequel Guy Comte de Clairmont ou d'Auvergne faiſant quelques donations à cette abbaye, où il declare qu'il veut eſtre enterré, il recommande à la Comteſſe ſa femme, à Guillaume & Hugues ſes enfans, à Robert *de Villiaco*, & à Arbert de la Tour de prendre ſoin de l'execution de ſes volontez, & leur ordonne d'en preſter ſerment.

Preuves p. 704.
Preuves p. 85.

Pour revenir à Yſels Dame d'Oliergues, je croirois volontiers qu'elle eſtoit fille & heritiere d'Agnon ſeigneur de Maymont & d'Oliergues, & non de Robert fils du Comte d'Auvergne, & qu'elle fut mariée à Robert du Vellay, comme M. Juſtel l'a creu avec raiſon, y ayant un titre qui l'apprend ainſi. Il naſquit de leur mariage un autre Agnon ainſi nommé du nom de ſon ayeul, comme il eſt aſſez ordinaire, lequel fut ſeigneur d'Oliergues depuis l'an MCCXXXIV. juſques en l'année MCCXLIX. & eſpouſa Beatrix de Baffie fille de Guillaume ſeigneur de Baffie. Ceux cy engendrerent Agnon III. ſeigneur d'Oliergues & de Maymont, lequel fut marié avec Alix du Breüil fille de Robert d'Eſcourcelles ou de Courcelles ſecond mary de Philippie veuve de Guillaume Comte de Clairmont Dauphin d'Auvergne, ſœur de Robert du Breüil appellé oncle de Beatrix & d'Yſelt d'Oliergues en un titre de l'an MCCLXXV. qui eſt au Treſor des chartes de Turenne. Agnon III. & ſa femme, enſemble ſon pere & ſon ayeul, ſa mere & ſon ayeule, ſont tous enterrez en l'abbaye du Boufchet.

Preuves p. 703.
Preuves p. 262.
Preuves p. 703.

Agnon III. ne laiſſa que deux filles, aſſavoir Beatrix & Yſelt, qui demeurerent jeunes ſous la tutele de Marguerite d'Oliergues leur tante femme d'Heracle ſeigneur de Montboiſſier & mere d'Euſtache de Montboiſſier. Ces deux ſœurs firent le partage de leurs biens avec le conſentement de leur tante & de leurs autres parents le XIV. Janvier MCCLXXVI. Et le meſme jour Beatrix contracta mariage avec Bertrand ſeigneur de la Tour III. du nom, comme il a eſté dit cy deſſus page 296. & Yſelt eſpouſa Guigues de Rouſſillon ſeigneur d'Anjo iſſu d'une tres noble & tres ancienne maiſon du Dauphiné. Ces deux Seigneurs paſſerent en ſuite une tranſaction en l'année MCCLXXIX. pour le payement des legs faits par les Seigneurs d'Oliergues. Dans le partage des deux ſœurs la chaſtellenie d'Oliergues demeura à Beatrix, qui eſtoit l'aiſnée, & celle de Maymont à ſa ſœur Yſelt, laquelle fit ſon teſtament en l'année MCCXCIII. & eſtoit morte avant l'an MCCCXVI.

Preuves p. 524.
Maſures de l'Iſle-Barbe to. 2. p. 527.
Preuves p. 704.

Voila comment la maiſon d'Oliergues fondit en celle de la Tour d'Auvergne. Il eſt maintenant à propos de parler des commencemens de la branche des Seigneurs de la Tour qui a porté le nom d'Oliergues, laquelle a eu le bonheur de conſerver juſques à nos jours cette grande & ancienne maiſon d'Auvergne & d'en relever la grandeur par les hauts faits & les grandes actions de ceux qui en ſont iſſus.

D'AUVERGNE. LIV. V. 371

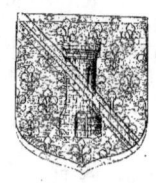 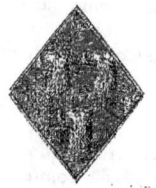

AYCELIN MONTAIGU. *De sable à trois testes de lyon d'or.*

Bertrand de la Tour d'Auvergne I. du nom seigneur d'Oliergues.

CHAPITRE PREMIER.

ERTRAND seigneur de la Tour III. du nom eut, entr'autres, deux enfans, Bernard VIII. qui continua la branche des aisnez, & Bertrand, auquel la seigneurie d'Oliergues escheut en partage. Son pere faisant son testament, le destinant sans doute à l'Eglise, ne luy avoit donné que l'usufruict, sa vie durant, des chasteaux de la Rode, de Ravel, de Chastres, de saint Donat, & de Bagnols, à la charge de reversion à son fils Bernard ou à celuy qui se trouveroit estre son heritier universel lors du decez dudit Bertrand. Cette disposition fut changée dans le traicté de partage fait entre les enfans de Bertrand III. le XXV. Novembre MCCXCIX. au moyen duquel traicté il escheut à son fils Bertrand le chasteau de Murat de Quayres avec quatre cens livres de rente, à la charge de reversion apres sa mort. Et par un autre traicté de l'an MCCCXV. Bernard VIII. seigneur de la Tour son frere luy delaissa encore le chasteau de Murat & la chastellenie d'Oliergues avec toutes leurs appartenances & dependences, sans aucune clause ny condition de reversion.

Preuves p. 530. 533.

Preuves p. 545.

Preuves p. 567.

Je trouve dans un ancien registre d'Oliergues qu'en l'année MCCCXII. un Chevalier que Bertrand avoit envoyé outre mer en revint pour lors. Ce qui peut faire penser qu'il y avoit esté envoyé en l'année MCCCIX. en mesme temps que son frere Bernard s'estoit mis en chemin pour y aller.

En l'année MCCCXIV. Bertrand espousa Marguerite Aycelin de Montaigu fille de Gilles Aycelin Chevalier seigneur de Montaigu & de Blanche du Chasteau sa femme fille d'Hugues du Chasteau II. du nom seigneur de Saligny. Marguerite estoit niepce d'Arbert Aycelin Evesque de Clairmont,

Preuves p. 705.

Tome I.   Aaa ij

372 HISTOIRE DE LA MAISON

& petite niepce d'Hugues furnommé de Billom Cardinal Evefque d'Oftie & de Gilles Aycelin Archevefque de Narbonne & de Roüen, comme nous l'avons dit plus particulierement cy deffus page 306. en parlant du mariage de Mafcaronne de la Tour avec Gilles Aycelin II. du nom.

Preuves p. 705.   En l'année MCCCXV. le Roy Loüis Hutin par fes letres patentes du mois de Septembre octroya à Bertrand par privilege fpecial que le fief & hommage de la feigneurie d'Oliergues avec fes dependences ne pourroit jamais eftre mis hors ny feparé de la Couronne de France par luy ny par les Roys fes fucceffeurs en quelque façon que ce puiffe eftre. Et au mois de Mars enfuivant Bertrand en prefta l'hommage au Roy.

En l'année MCCCXVI. Bertrand eftant à Paris y paffa le Jeudy avant le Dimanche des rameaux une tranfaction avec Geraud de Rouffillon feigneur d'Anjo & de Maymont pour raifon de certaines rentes qui luy avoient efté promifes fur la chaftellenie de Maymont. Parmy les tefmoins qui furent prefents à cette tranfaction on y voit Pierre de Mortemar Profeffeur en loix, que le Pape Jean XXII. fit du depuis Cardinal. L'affignation de ces rentes fut faite l'année d'apres à Montaigu prez de Riom dans la chambre de Gilles Aycelin de Montaigu pere de la Dame d'Oliergues, moyenant feize cens livres d'argent comptant qu'elle bailla audit Geraud de Rouffillon conformément à la tranfaction.

En l'année MCCCXVIII. Bertrand fit un voyage en Avignon. Il n'eft pas marqué quel en fut le fujet.

En l'année MCCCXIX. Robert V. Comte de Dreux & feigneur de Montpencier promit à *Monfeigneur Bertrand de la Tour feigneur du chaftel de Murat* de Quayres & de la ville de Siurac que ny luy ny fes fucceffeurs feigneurs de Montpencier ne mettroient jamais hors de leurs mains *le reffort & la fouveraineté* defdits fiefs, & que le fief & l'hommage en demeureroient perpetuelement aux Seigneurs de Montpencier. Il faut remarquer en cet endroit qu'il ne faut pas prendre icy le mot de *fouveraineté* à la rigueur, mais comme fignifiant feulement fuperiorité, comme M. Pafquier l'a tres bien expliqué. Et en fuite le Seigneur d'Oliergues pretendit en l'année MCCCXXI. que lorfque Bertrand feigneur de la Tour fon pere avoit rendu le chafteau de Murat de Quayres feudataire de la terre de Montpencier, Imbert de Beaujeu feigneur de Montpencier, auquel Jean III. Comte de Dreux avoit fuccedé en la feigneurie de Montpencier, luy avoit promis de luy payer la fomme de mille livres & de luy rendre les fiefs de la Roche Marchalim & de la Cheyroufe, qui avoient efté de toute ancienneté de la maifon de la Tour. Ce qui fut fans doute caufe que la condition n'ayant pas efté remplie, ce Prince defchargea quelque temps apres le Seigneur d'Oliergues de cet hommage, comme on le recueille facilement d'un titre de l'an MCCCXXVII. qui eft au Trefor de Turenne.

Recherches de Pafquier liv. 8. ch. 19.

Hift. de Dreux p. 112.

En la mefme année MCCCXIX. Bertrand tranfigea avec Arnaud Abbé de Manlieu touchant la haute juftice du lieu de Vertolaye, lequel cette abbaye avoit toujours tenu en fief du chafteau d'Oliergues.

Je trouve dans un ancien regiftre d'Oliergues qu'en l'année MCCCXXII.

D'AUVERGNE. LIV. V.

suivant la maniere de compter d'aujourdhuy Bertrand de la Tour seigneur d'Oliergues envoya un homme exprez à Paris pour faire ses excuses de ce qu'il n'y alloit pas en execution des ordres du Roy, qui y avoit mandé les Barons d'Auvergne, *pro quadam citatione facta Baronibus Arverniæ*. Je crois que c'estoit pour assister au sacre du Roy Charles le Bel, où la noblesse de France fut invitée, comme il est marqué dans les Annales de France. Et la mesme année le Seigneur de Mirepoix, qui estoit entré peu auparavant dans l'alliance des Seigneurs de la Tour d'Auvergne, le vint voir à Oliergues.

Il alla au mois d'Aoust MCCCXXV. en Gascogne, où le Roy Charles le Bel avoit envoyé une armée sous le commandement de Charles de Valois son oncle pour saisir & mettre en sa main la Duché de Guyenne, à cause que les Anglois soustenoient le Seigneur de Montpezat, qui s'estoit emparé d'un chasteau appartenant au Roy ez fins & limites de Gascogne, & avoit mis à mort les François qui le gardoient. *Annales d'A-quit. &c. Will. de Nan-giaco n. xi. Spicil. p. 708.*

En la mesme année Pierre de Levis de Mirepoix Evesque de Cambray vint en Auvergne voir la Dame de la Tour sa niepce, & vint aussi au lieu de Couteuge voir le Seigneur d'Oliergues. Un ancien registre d'Oliergues marquant en suite que le Seigneur d'Oliergues alla dans le mesme temps à Mirepoix, il y a grande apparence que ce fut en la compagnie de cet Evesque.

En l'année MCCCXXVII. Bertrand estoit en Avignon avec le Seigneur de Senecterre, & ils en partirent pour aller à Paris la semaine d'apres la saint André. Il y a apparence que ce fut sur le bruit dont l'aucteur de la continuation de Guillaume de Nangis & Froissart font mention, qu'on faisoit en France des preparatifs pour le voyage d'Outremer. *To. xi. Spicil. p. 723. Froissart vol. t. chap. 21.*

En l'année MCCCXXVIII. Guillaume de Ventadour Evesque de Tournay, qui avoit esté Moine de Clugny & Doyen de Carennac en Quercy, & le Vicomte de Ventadour allerent à Murat pour y voir le Seigneur d'Oliergues leur cousin.

En la mesme année le Roy Charles le Bel estant indigné contre les Flamans, qui s'estoient revoltez contre leur seigneur, *manda les Barons & tous ses gens d'armes*, dit Froissart, *& alla à tout son pouvoir en la ville de Cassel pour guerroyer les Flamans, qui estoient rebelles à leur seigneur*. Ce fut donc à ce sujet que le Seigneur d'Oliergues alla cette année en Flandres, comme il est marqué dans un ancien registre d'Oliergues. *Froissart vol. t. chap. 22. Annales de Bourgogn. de Paradin p 316.*

Avant de partir il fit premierement une fondation d'une Messe à perpetuité chasque semaine dans l'Eglise collegiale de Nostre Dame d'Orcival en Auvergne, & en suite son testament le sixiesme Aoust MCCCXXVIII. & partit le Dimanche apres la feste de l'Assomption Nostre Dame. Estant à Paris, où il fut sans doute obligé de revenir de Flandres à cause qu'il estoit malade, il y fut fort incommodé de la fievre double tierce à la fin du mois de Septembre. Ce qui le fit revenir à Oliergues, où il mourut bientost apres son retour, y ayant un titre au registre LXVI. de la Chancellerie daté du Dimanche avant la S. Luc MCCCXIX. où il est escrit: *Preuves p. 709.*

Bonæ memoriæ Dominus Bertrandus de Turre dominus quondam Olergii &

HISTOIRE DE LA MAISON

Murat de Quayres. Son Obit est marqué dans l'ancien Obituaire des Cordeliers de Clairmont à l'onziesme jour de Janvier. Son corps fut porté à Clairmont pour y estre enterré aux Cordeliers auprez de Bernard VIII. son frere, qui y avoit esté enterré quelques années auparavant.

Apres sa mort le Gardien des Cordeliers de Clairmont & frere Raymond de Faugeres aussi Cordelier, Bertrand de Seneterre Chevalier, Hugues Atayne Chanoine de Clairmont, & Guillaume de Vedrines Curé de la Chabasse firent proclamer que tous ceux qui pretendroient estre creanciers du defunct, ou qui se plaindroient qu'il leur avoit fait quelque tort, eussent à se retirer pardevers eux pour estre satisfaits de ce qui seroit justifié leur estre deu.

Sa femme ne luy survesquit pas longtemps. Elle mourut au commencement de l'année MCCCXXXII. & fut enterrée en l'Eglise d'Oliergues le jour de saint Antoine XVII. Janvier, comme il est marqué dans un ancien registre d'Oliergues. Elle y fut enterrée en un mausolée tres beau, qui dura longtemps à faire, n'ayant esté achevé qu'en l'année MCCCXL. comme il est marqué dans le mesme registre, dans lequel il est aussi marqué qu'elle avoit une niepce appellée W. mariée au mois d'Aoust MCCCXXXII. au Seigneur de Montboissier, & qu'elle mourut en l'année MCCCXL. à la fin du mois de Fevrier. Il n'est parlé de ce mariage dans aucune des genealogies où elle devoit estre marquée. Il est seulement dit dans celle de Montboissier & dans celle de Flote que Jean I. du nom seigneur de Montboissier espousa au mois d'Aoust MCCCXL. Jeanne Flote fille de Guillaume Flote seigneur de Revel Chancellier de France, laquelle n'a esté par consequent que la seconde femme de ce Seigneur de Montboissier.

Enfans de Bertrand de la Tour I. du nom seigneur d'Oliergues & de Marguerite Aycelin de Montaigu sa femme.

AGNE DE LA TOUR I. du nom, qui continüa la lignée.

Preuves p. 707. BERTRAND DE LA TOUR nommé dans le testament de son pere, mort sans lignée le XXIX. Juin MCCCXXIX. enterré aux Cordeliers de Clairmont.

N. mort en l'année MCCCXVIII.

GILLES, ainsi appellé du nom de son grand pere maternel, mort en l'année MCCCXXVI.

Preuves p. 707. 710. PIERRE, dit PERROT, seigneur de Couteuge & de Siurac, né en l'année MCCCXXVII. lequel son pere ordonna par son testament estre fait religieux. Il fit son testament au commencement du mois de Septembre MCCCXLVIII. & institua son heritier Agne son frere, & fit plusieurs legs pieux. Voulut estre enterré aux Cordeliers de Clairmont dans les tombeaux de sa maison en habit de Cordelier à cause de la devotion & affection qu'il avoit & avoit tousjours euë pour cet ordre.

BLANCHE, ainsi appellée du nom de son ayeule maternele, mourut en l'année MCCCXXVII.

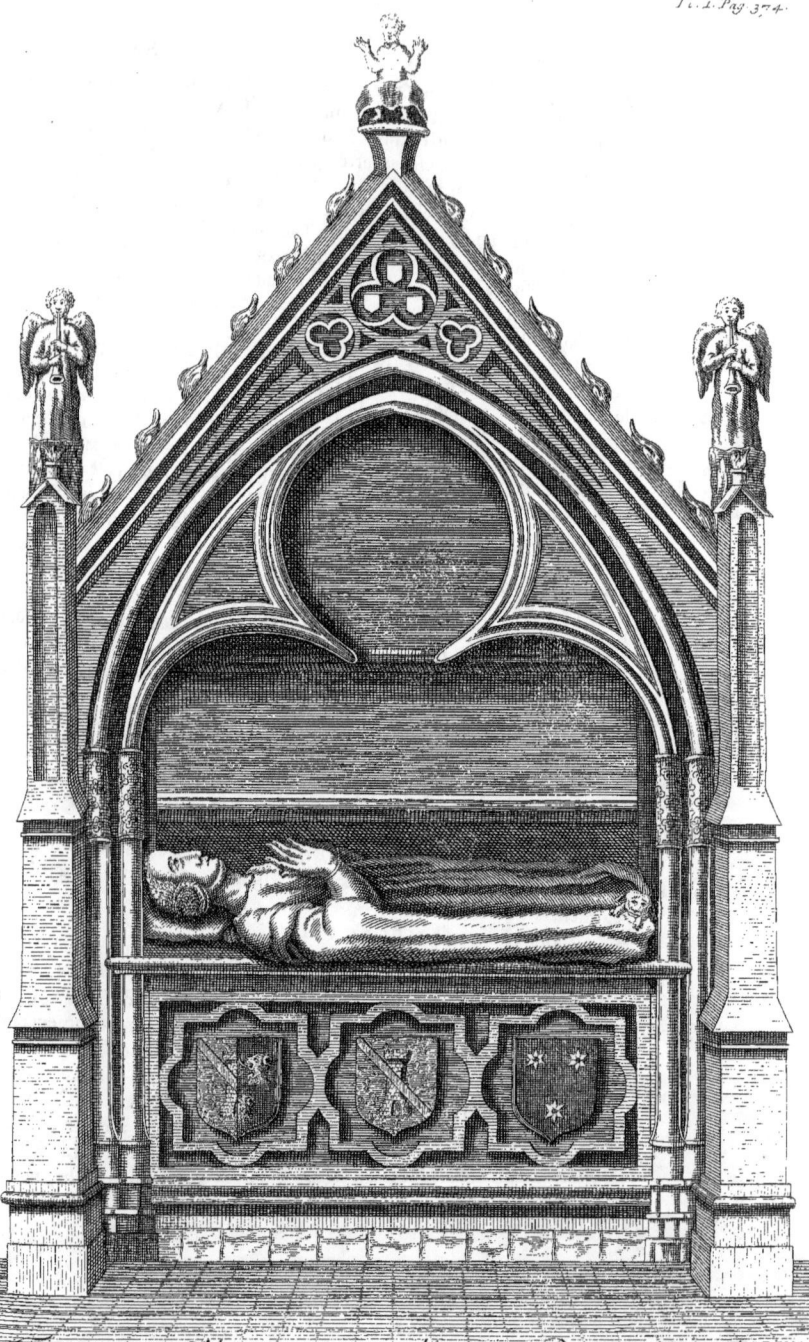

Tombeau de Marguerite de Montaig. Dame d'Oliergues.

Fils naturel de Bertrand de la Tour I. du nom seigneur d'Oliergues.

GUILLOT. Il est fait mention de luy en plusieurs endroits de l'ancien registre d'Oliergues dont nous avons parlé cy dessus. Il s'adonna au mestier de la guerre, & se trouva en plusieurs guerres, & nommement en celle qui fut faite en Bourgogne en l'année MCCCXXXVI. entre le Duc Eudes & ses vassaux à cause du mauvais traitement que Guy de Villefrancon Bailly general ou Gouverneur de Bourgogne faisoit aux Barons & grands Seigneurs du pays. Sa mere & luy estoient encore vivants en l'année MCCCL. comme il paroit par le testament d'Agne de la Tour son frere.

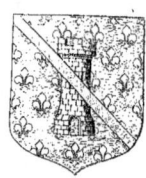
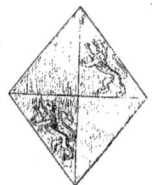
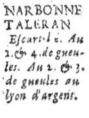

NARBONNE TALERAN *Escartelé. 1. Au 2. & 4. de gueules. Au 1. & 3. de gueules au lyon d'argent.*

Agne de la Tour I. du nom seigneur d'Oliergues.

CHAPITRE II.

NOUS avons veu au chapitre precedent qu'en l'année MCCCXV. le Roy Loüis Hutin octroya au Seigneur d'Oliergues que le fief & l'hommage de la seigneurie d'Oliergues ne pourroit jamais estre mis hors ny separé de la Couronne de France, & qu'en suite de cette concession Bertrand de la Tour en presta l'hommage au Roy. Un ancien registre d'Oliergues nous apprend que son fils Agne fit en l'année MCCCXXXVI. le voyage de Paris pour rendre son hommage au Roy Philippe de Valois.

La guerre estant alors allumée entre les Roys de France & d'Angleterre, & ce dernier faisant de grandes alliances & de grands preparatifs pour envahir le royaume de France, le Roy Philippe de Valois faisoit de son costé tout ce qu'il devoit pour faire avorter ses desseins. Il convoqua sa noblesse.

HISTOIRE DE LA MAISON

Agne de la Tour seigneur d'Oliergues en partit le Dimanche avant l'Assomption Nostre Dame MCCCXXXVIII. pour se rendre à Amiens. Mais le Roy d'Angleterre n'ayant pas peu resoudre ses alliez à la guerre comme il le souhaitoit, il n'y eut pourlors aucuns faits d'armes. De sorte que le Seigneur d'Oliergues s'en retourna en Auvergne, d'où il partit encore la veille de la feste de saint Simon & saint Jude pour aller en la guerre de Gascogne contre les Anglois, d'où il revint environ la feste de saint Blaise l'année d'apres. Cela est ainsi marqué dans le registre d'Oliergues.

En l'année MCCCXL. il estoit à Cambray & à saint Quentin, comme il est marqué dans le mesme registre. La guerre estoit tousjours en ces endroits là entre la France & l'Angleterre.

J'ay trouvé dans le mesme registre qu'en l'année MCCCXLI. le Seigneur d'Oliergues revint de la guerre le Dimanche apres l'Invention sainte Croix. Ce qui se doit entendre de la guerre qu'on faisoit alors en Flandres, où le Roy d'Angleterre avoit assiegé la ville de Tournay. Il y avoit dans l'armée du Roy de France quantité de Princes & de grands Seigneurs, & entr'autres le Duc de Bourbon & le Comte Dauphin d'Auvergne, & beaucoup de Chevaliers d'Auvergne & de Limousin, comme dit Froissart. Or il arriva que le siege de Tournay ayant esté levé au mois d'Avril MCCCXLI. en consequence des treves accordées pour un an entre les deux Roys, *à celle cause*, dit Alain Bouchard, *tous Seigneurs se separerent & tirerent chascun en son party.* Et ainsi le Seigneur d'Oliergues, qui y estoit sans doute allé avec le Duc de Bourbon, s'en retourna à Oliergues, où il arriva le Dimanche apres l'Invention sainte Croix, comme il est marqué dans ce registre.

Froissart vol. 1. chap. 63. 64.

Chronique de Bretagne fol. 97. verso.

Il est encore marqué dans ce registre que la Reyne de Boheme estant venuë cette mesme année en Auvergne, le Seigneur d'Oliergues luy fit des presens de poisson à Mont-Girbert & à Chastel-Odon. Elle s'appelloit Beatrix, & estoit fille de Loüis I. Duc de Bourbon, mariée à Jean Roy de Boheme au mois de Decembre MCCCXXXIV. & fut mere de Wenceslas Duc de Brabant. Apres la mort du Roy son mary elle se remaria avec Eudes Sire de Grancey en Bourgogne, & mourut en l'année MCCCLXXXIII. le cinquiesme jour de Decembre. J'ay trouvé dans un arrest du Parlement de l'an MCCCXLIV. que le Roy son mary estoit à cause d'elle seigneur *de Credulio*, c'est à dire, de Creil en Beauvoisis, que sa femme demeuroit en Berry, & qu'il faisoit sa residence à Noisi sur Marne. Dans un autre arrest de l'an MCCCLXX. le Sire de Grancey second mary se dit à cause d'elle seigneur de ce mesme lieu de Creil.

Le mesme registre nous apprend que Loüis de Brosse seigneur de Boussac, qui avoit peu auparavant espousé Constance de la Tour proche parente du Seigneur d'Oliergues, vint le voir à Clairmont en Auvergne.

Il a esté remarqué cy dessus page 268. que Raymond VI. Comte de Toulouse avoit espousé Beatrix sœur de Matheline de Beziers Dame de la Tour d'Auvergne, & que de ce mariage il provint une fille appellée par quelques uns Clemence, & par d'autres Constance, laquelle fut mariée en premiere nopces à Sanche VIII. Roy de Navarre, & en secondes nopces

Memoires de Languedoc p. 610.

à

à Pierre Bermond seigneur d'Anduse & de Sauve en Languedoc. Ce Seigneur eut d'elle un fils appellé Pierre Bernard d'Anduse, qui fut pere de Philippie d'Anduse mariée à Amaury II. Vicomte de Narbonne. Cet Amaury eut plusieurs enfans & entr'autres Amaury de Narbonne premier Seigneur & Baron de Taleran dans le Minerbois au diocese de Narbonne. Celuy cy fut marié deux fois, la premiere avec Alguayete fille d'Hugues IV. Comte de Rhodez, & la seconde avec Marie d'Antioche fille du Grand Mareschal du royaume d'Antioche & d'Alix de Gibelet. On ne peut pas bien distinguer les enfans de ces deux femmes. Mais dautant qu'il conste par un arrest du Parlement du quatriesme Juin MCCCXXXIV. que Marie de Narbonne fille de Marie d'Antioche estoit son heritiere, il semble que c'est une preuve que les autres enfans d'Amaury estoient fils d'Alguayete. Amaury de Narbonne premier Baron de Talcran fut pere d'Amaury II. du nom. Celuy cy fut marié avec Aude de Clairmont, laquelle Messieurs de Sainte-Marthe escrivent avoir esté de la maison des Seigneurs de Clairmont de Lodeve. Dequoy j'ay beaucoup lieu de douter, n'ayant aucune preuve qu'elle ait esté de la maison des Seigneurs de Clairmont de Lodeve, & ayant des preuves quasi certaines qu'elle estoit de la maison royale des Comtes de Clairmont en Beauvoisis, qui depuis ont pris le surnom de Bourbon. Car en premier lieu il est constant que le mariage de Catherine de Narbonne fille d'Aude avec le Seigneur d'Oliergues fut fait par l'entremise de Beatrix fille de Jean de Clairmont Baron de Charolois Comtesse d'Armagnac, vers laquelle on envoya pour cet effect en l'année MCCCXL. Hugues Atayne Gentilhomme Auvergnat domestique du Seigneur d'Oliergues, & qu'il fut fait & accompli l'année suivante en la ville de Charole capitale du Charolois, où la Comtesse, qui en estoit Dame, estoit pourlors. En second lieu il est prouvé par titres que Godefroy Seigneur de Montmorin fils d'Alguaye de Narbonne sœur de Catherine est reconnu par le Comte d'Armagnac fils de la Princesse Beatrix de Clairmont & par la Duchesse de Berry sœur du Comte estre de par sa mere du lignage d'Armagnac. Et pour faire voir que le Comte d'Armagnac & la Duchesse de Berry sa sœur reconnoissoient que le Seigneur de Montmorin estoit de leur lignage, je me sers d'une enqueste faite au mois de Juillet MCCCCXIV. touchant la mauvaise conduite de Jean II. du nom Comte d'Auvergne & de Boulogne, dans laquelle il est dit que le Comte d'Armagnac ayant rencontré à Riom en Auvergne en l'année MCCCLXXXVII. le Seigneur de Montmorin, qu'on accusoit publiquement d'abuser de la confiance que le Comte Jean avoit en luy & de le porter par ses meschants conseils à dissiper son bien, il luy dit en le menaçant : *Ah Montmorin, estes vous là ? Vous estes mauvais & traistre. Car faussement & mauvaisement allés trahir vostre maistre beau cousin le Comte de Boulogne ; & vous n'estes plus de mon lignage, & si est bien vostre mere.* On a outre cela une lettre escrite avant l'année MCCCLXXXI. au Comte d'Armagnac par la Duchesse de Berry sa sœur pour luy recommander le Seigneur de Montmorin. *Car vous sçavez bien, beau frere, que le Seigneur de Montmorin est de nostre lignage.* Cela est formel. Adjoutez à cela qu'en l'année MCCCLXXXII.

Jean I. du nom Comte d'Auvergne & de Boulogne, qui avoit espousé Jeanne de Clairmont sœur de Beatrix Comtesse d'Armagnac, appelle Godefroy Seigneur de Montmorin fils d'Alguaye de Narbonne son cher & amé cousin dans les letres de don qu'il luy fit pour l'ayder à payer sa rançon, ayant esté fait prisonnier par les Anglois.

De tout ce qui vient d'estre dit, qui est tres certain, il n'est pas mal aisé de conclurre qu'Aude de Clairmont Dame de Taleran estoit de la maison des Comtes de Clairmont en Beauvoisis, sœur, comme il y a apparence, de la Comtesse d'Armagnac. Car encore bien que ceux qui ont traité de la genealogie des Bourbons ne fassent pas mention d'Aude, leur silence n'est pas suffisant pour prouver qu'elle n'estoit pas de leur sang. Avant que Messieurs de Sainte-Marthe eussent publié l'histoire genealogique de la maison de France on ne connoissoit qu'une fille de Jean de Clairmont Baron de Charolois, c'est à dire, Jeanne de Clairmont mariée à Jean I. du nom Comte d'Auvergne & de Boulogne. Beatrix Comtesse d'Armagnac avoit esté jusqu'alors inconnuë. Ces illustres escrivains sont les premiers qui l'ont descouverte & qui l'ont placée dans cette genealogie. Il me doit donc estre permis de conjecturer qu'Aude Dame de Taleran estoit sa sœur, puisque nous voyons que cette Comtesse s'interessa si fort dans le mariage de sa fille Catherine qu'elle voulut que la nopce se fit à Charole en sa presence.

Il ne sera pas hors de propos de remarquer en cet endroit qu'au moyen du mariage d'Agne de la Tour seigneur d'Oliergues avec Catherine de Narbonne ses enfans & descendans se trouverent attoucher de bien prez à Jean de France Duc de Berry mary en premieres nopces de Jeanne d'Armagnac fille de Beatrix de Clairmont, à Jean Duc de Gironne fils aisné du Roy d'Arragon, lequel fut conjoinct par mariage avec Mathe d'Armagnac sœur de la Duchesse de Berry, & enfin à Robert VII. & Jean I. du nom Comtes d'Auvergne & de Boulogne ; le premier desquels avoit espousé Blanche de Clairmont tante de Beatrix Comtesse d'Armagnac, & l'autre espousa Jeanne de Clairmont sœur de la mesme Comtesse.

Donques Catherine de Narbonne fille d'Aude de Clairmont fut mariée au mois d'Aoust MCCCXLI. avec Agne de la Tour seigneur d'Oliergues à Charole, où se fit la nopce, & d'où elle fut en suite conduite à Oliergues avec une grande magnificence, comme il est marqué dans le registre d'Oliergues que j'ay cité cy dessus. Elle luy porta en dot la somme de neuf mil quarante florins d'or, dont il restoit encore à payer en l'année MCCCL. la somme de trois mil & cent ; pour laquelle payer Amaury III. seigneur de Taleran bailla au Seigneur d'Oliergues le lieu de Prats & le Pont de Salars en Roüergue avec toute justice haute, moyenne, & basse par acte passé à Rhodez le XXVIII. Aoust MCCCL. qui est au Tresor de Turenne.

Nous verrons dans la suite de cette histoire qu'Anne de la Tour fille d'Agne IV. descenduë de Catherine de Narbonne espousa Jacques de Loumagne seigneur de Fimarcon & que de ce mariage il sortit une fille unique Anne de Loumagne mariée à Amaury VI. Baron de Taleran.

D'AUVERGNE. Liv. V.

Avant de quitter cette matiere il faut esclaircir, s'il se peut, une obscurité qui se presente dans la genealogie de la maison d'Oliergues. On a trouvé dans le chasteau d'Oliergues une petite letre de Guyot de Cousant sans autre date que du xxv. Aoust, escrite au quatorziesme siecle, laquelle est adressée par luy. *A ma tres chere tanta la Dame d'Oliergues.* Et au commencement de la letre il y a. *Tres chere tanta, humblement à vostre bonne grace me recommande. Plaise vous sçavoir &c.* Si Guy de Cousant Grand Maistre de France, qui espousa en premieres nopces une Marguerite de la Tour, avoit espousé Marguerite de la Tour fille du Seigneur d'Oliergues, un de ses enfans auroit peu escrire cette letre à la Dame d'Oliergues. Mais il ne l'a pas espousée, comme nous l'avons dit cy dessus page 320. Il faut donc trouver quelqu'autre moyen de sortir de cet embarras. Pour moy, voyant qu'Hugues Dalmas seigneur de Cousant pere du Grand Maistre a esté le principal entremeteur du mariage de Catherine de Narbonne & d'Agne de la Tour, je croirois volontiers qu'il estoit entré dans cette negociation comme parent ou allié d'Aude, ayant peutestre espousé une de ses sœurs, laquelle auroit esté mere du Grand Maistre. Je ne vois point d'autre moyen de lever cette difficulté.

En l'année MCCCXLV. le Pape Clement VI. permit à Agne de la Tour seigneur d'Oliergues & à Catherine de Narbonne sa femme de faire dire devant eux la Messe devant le jour lorsque la necessité de leurs affaires le requerroit, leur recommandant neantmoins d'user sobrement de cette faculté. *Preuves p. 712.*

J'ay trouvé dans un ancien titre d'Oliergues que Catherine de Narbonne paya en l'année MCCCLXXXVI. aux heritiers de Jean de Ruden habitant d'Elbing en Prusse la somme de douze cens escus vieux restans de plus grande somme en quoy feu Messire Agne de la Tour jadis mary de ladite Dame estoit obligé envers ledit feu Jean de Ruden par deux obligations faites audit pays de Prusse, lesquelles luy furent renduës. Il paroist neantmoins par son testament que cette dette n'estoit pas encore entierement payée lorsqu'elle le fit. Agne estoit sans doute allé en Prusse en l'année MCCCXLIX. en laquelle les Chevaliers de Prusse entrerent en Lituanie avec une armée de quarante mil hommes venus de France & d'Angleterre ; & ayant manqué d'argent pour faire subsister ses gens, il fut obligé d'en emprunter. Il fut à cette guerre avec Gilles Aycelin seigneur de Montaigu son oncle, auquel Beraud I. du nom Dauphin d'Auvergne fit present d'un cheval pour le voyage de Prusse.

Agne de la Tour fit son testament le Mardy avant la feste de l'Annonciation Nostre Dame MCCCLIV. dans lequel il nomma pour tuteurs de ses enfans Catherine de Narbonne sa femme & Gilles Aycelin seigneur de Montaigu son oncle. Et neantmoins apres sa mort on esleut un curateur à Jean, Bertrand, Alguaye, & Annonet ses enfans du consentement de Catherine sa femme, de Bertrand seigneur de la Tour, & d'Arbert Aycelin seigneur de Loupzac. Il mourut le xxx. Mars ensuivant, & fut enterré au Cordeliers de Clairmont. Sa femme luy survesquit fort long temps, & deceda à la Chabasse en Auvergne le xx. Octobre MCCCXC. *Preuves p. 723.* *Preuves de M. Justel p. 210.* *Preuves p. 714. 715.*

380 HISTOIRE DE LA MAISON

apres avoir fait son testament, par lequel elle declara qu'elle vouloit estre enterrée auprez de son mary aux Cordeliers de Clairmont dans l'habit de saint François, & non autrement. Ce qui fut executé, comme il est marqué dans l'ancien Obituaire de ce Convent.

Enfans d'Agne de la Tour I. du nom seigneur d'Oliergues & de Catherine de Narbonne sa femme.

Preuves p. 713. JEAN DE LA TOUR seigneur d'Oliergues, qui aura son chapitre.

BERTRAND DE LA TOUR, qui fut d'Eglise, & estoit desja mort au mois de Juin MCCCLXV. comme il se recueille d'un titre qui est aux Cordeliers de Clairmont, où il est enterré. M. Justel s'est mespris lorsqu'il a creu que ce Bertrand avoit esté Evesque de Toul & du Puy. L'Evesque du Puy Bertrand de la Tour estoit fils de Bernard seigneur de la Tour VIII. du nom & d'Isabeau de Levis, comme il a esté dit cy dessus page 312.

Preuves p. 713. AGNE DE LA TOUR, autrement dit ANNONET, destiné par son pere pour estre religieux de l'Ordre de saint Jean de Hierusalem, fut Seigneur d'Oliergues apres son frere Jean, & aura son chapitre apres luy.

Preuves p. 713. 714. ALGUAYE nommée au testament de son pere & en un titre de l'an MCCCLV. estant lors en bas aage. Elle mourut sans enfans. Nous avons veu cy dessus page 300. que sa bisayeule maternele s'appelloit Alguaye ou Alguayete.

D'AUVERGNE. LIV. V.

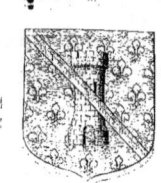
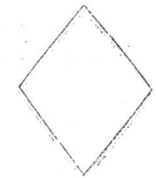

Jean de la Tour seigneur d'Oliergues.

CHAPITRE III.

SA vie ne fut pas bien longue. Ce qui fait qu'on trouve peu de chose de luy. On a neantmoins trouvé à Oliergues deux titres des années MCCCLV. & MCCCLVII. qui font voir qu'il avoit emprunté une somme considerable d'argent d'un marchand d'Alemagne resident à Bruges en Flandres. Ce qui nous doit faire entendre qu'il avoit emprunté cet argent pour subvenir aux despenses qu'il estoit obligé de faire à l'armée, estant certain qu'il y avoit pourlors guerre entre la France & l'Angleterre en Bretagne, en Normandie, & en Picardie. To. xi. Spicil. p. 817. 822.

Nous apprenons des letres de Jean fils du Roy de France Comte de Poictiers données à Moulins le XXIX. Decembre MCCCLVII. que ce Seigneur estoit desja marié. Il avoit espousé Jourdaine de Bidage en Vivarez, comme il est expressement marqué dans un acte du XIII. Mars MCCCXCIV. qui est au Tresor des chartes de Turenne. Elle estoit fille & heritiere univerfele de Pons seigneur de Bidage & de Beatrix de Ceyssac, laquelle fut sa tutrice avec Pierre de Baladun, lequel fut substitué par le testament de Pons à Jourdaine & à Alguaye sa fille au cas qu'elles vinssent à deceder sans enfans. Le cas estant arrivé en l'année MCCCLXXIV. par la mort d'Alguaye sans enfans, Albert de Baladun fils de Pierre pretendit que cette terre avec ses appartenances & dependences luy appartenoit en vertu du testament de son pere, qui la luy avoit donnée, & en demandoit à Catherine de Narbonne Dame d'Oliergues la restitution avec les arrerages depuis le decez d'Alguaye. Il estoit soustenu au contraire par la Dame d'Oliergues que la pretenduë substitution ne pouvoit pas avoir lieu, & qu'en tout cas la moitié de ladite terre luy apparte- Preuves p. 735.

tenoit comme heritiere d'Alguaye tant pour sa legitime qu'en vertu de la quarte Trebellianique, mesmes qu'elle avoit beaucoup despensé pour payer les detres & les legs de Pons. Enfin il fut passé une transaction entre les partyes le XI. du mois de Fevrier MCCCLXXV. par laquelle la terre de Bidage fut partagée en deux portions egales entre la Dame d'Oliergues & Albert de Baladun, & la moitié de ladite Dame fut assignée sur les lieux de Juziac & du Cros. Les actes qui prouvent ce fait sont conservez en original au Tresor de Turenne.

Pour revenir au mariage de Jean de la Tour & de Jourdaine de Bidage, *Preuves p. 716.* il en provint un fils appellé Jean comme luy, & d'autres fois Guy, lequel je trouve dans un titre allegué par M. Justel avoir esté fils & heritier de sa mere. Ce qui a fait penser à ce sçavant homme qu'elle n'avoit pas eu d'autres enfans. Cependant il paroist par le testament de son mary fait *Preuves p. 716.* en l'année MCCCLXV. qu'il avoit encore un fils appellé Gilles & une fille appellée Alguaye, noms de famille, & qui semblent marquer que ces deux enfans estoient legitimes, & neantmoins leur pere ne donne à ce fils d'autre qualité que celle de fils naturel, sans y adjouster le mot de legitime. Et à l'esgard d'Alguaye, il la nomme simplement sa fille, sans dire si elle estoit sa fille naturelle ou legitime. Ce qui a fait croire à M. Justel que Gilles & Alguaye n'estoient pas legitimes. En quoy je ne puis pas estre de son avis, mon opinion estant que leur pere a creu qu'il en disoit assez pour asseurer leur estat, dont il n'y avoit pas lieu de douter, ayant esté engendrez en legitime mariage, & estant reconnus dans la famille comme ses enfans. Il ne pouvoit pas ignorer que son pere en *Preuves p. 713.* avoit usé de mesme à son esgard lorsqu'il fit son testament, dans lequel il ne luy donne que la qualité de fils naturel & à Alguaye celle de sa fille sans autre chose. Et puis il faut considerer icy que ce defaut d'expression ne prejudicie pas à l'estat des enfans, parce qu'à la rigueur & selon les loix on appelle fils naturel celuy qui appartient au sang & à la nature, pour le distinguer de l'adoptif, qui n'appartient pas au sang. C'est ce *L. 5. Senatoris.* que nous apprend le Jurisconsulte Ulpien dans une loy du Digeste, où *D. de Senatorib.* il marque la difference qu'il y a entre le fils naturel & l'adoptif. Ce qu'on *Sueton. in Tiberio cap. 52.* peut encore prouver par un passage de Suetone dans la vie de Tibere; où Druse, qui estoit son fils, est appellé son fils naturel, & Germanicus, qu'il avoit adopté, son fils adoptif. Où Beroalde se mocque des modernes, qui ont impertinemment distingué les enfans naturels des enfans legitimes & ont donné la qualité de legitimes à ceux qui sont nez en legitime mariage, & celle de naturels à ceux qui ont esté engendrez hors du mariage. Mais nous n'avons pas besoin icy de cette interpretation des Jurisconsultes & des Grammairiens, ayant assez d'ailleurs dequoy prouver que Gilles & Alguaye estoient veritablement enfans naturels & legitimes de ce Seigneur d'Oliergues. Car il fait Gilles son heritier universel, auquel il substitué l'enfant masle de sa fille Alguaye, & ladite Alguaye n'ayant point d'enfans masles, il appelle à sa succession & fait son heritier universel celuy qui l'estoit de droit, assavoir Agne II. son frere, lequel luy avoit esté substitué par Agne I. leur pere; & en ce cas legue à sa fille la terre de Bidage,

D'AUVERGNE. Liv. V.

laquelle avoit appartenu à sa femme, & luy donne en augment de dot la terre de Prats & le Pont de Salar en Roüergue. On peut adjouster à cette preuve qu'il resulte du testament d'Agne son frere & du contract de mariage d'Agne III. avec Alix de Vendac & de divers autres actes que les terres de Bidage, de Prats & du Pont de Salar, qui estoient entrées dans la maison des Seigneurs d'Oliergues du nom de la Tour par les mariages de Catherine de Narbonne & de Jourdaine de Bidage, estoient encore dans la maison en l'année MCCCLXXXII. & ez années suivantes, preuve qu'elles y estoient rentrées par droit de reversion apres la mort d'Alguaye sans enfans. Aussi avons nous veu cy dessus que Pons de Bidage pere de Jourdaine reconnoissoit Alguaye pour sa petite fille. Et on voit dans un ancien registre d'Oliergues qu'en l'année MCCCLXXIII. *Preuves p.716.* Catherine de Narbonne Dame d'Oliergues prenoit la qualité de Dame d'Oliergues & de Bidage & celle de tutrice d'Alguaye fille de feu Jean de la Tour seigneur d'Oliergues & de Dame Jourdaine de Bidage sa femme. Ce qui met la chose hors de difficulté.

Un pareil defaut d'expression dans Guibert Abbé de Nogent, qui ne donne à Bertrand fils de Raymond de saint Gilles Comte de Toulouse que la qualité de fils naturel, a fait penser à M. Catel qu'il n'estoit pas legitime, & ce avec d'autant plus de raison que Guillaume de Malmesbury aucteur contemporain a laissé par escrit que Raymond eust d'une de ses maistresses un fils appellé Bertrand, lequel il fit son heritier parce qu'il luy ressembloit. A quoy M. Catel adjouste que c'est peutestre pour cette raison que Raymond ne l'appelle pas son fils, mais simplement Bertrand, dans l'acte de donation qu'il fit à l'Eglise d'Arles. Cependant il conste par titres & autres bonnes preuves que Bertrand estoit son fils legitime & qu'il le reconnoissoit si bien pour son fils & pour son heritier presomptif que le mariant en l'année MXCV. avec Alix de Bourgogne, il luy donna par son contract de mariage ses Estats, l'usufruict à luy reservé. Nous n'avons pas ce contract. Mais ce defaut est aysement suppléé par l'acte du doüaire de la femme de Bertrand, qui luy donna en maistre & de son chef, comme ayant la possession des biens de la maison de Toulouse, avec l'approbation neantmoins de son pere, la Comté & l'Evesché de Rhodez, la Comté & l'Evesché de Viviers, la Comté & l'Evesché d'Avignon, & la Comté & l'Evesché de Digne. Ce qu'il n'auroit pas peu faire s'il n'eust pas esté legitime, principalement y ayant desja un enfant provenu du mariage de Raymond avec la fille du Roy de Castille, ainsi que nous l'apprend l'Abbé Guibert, & si son pere ne l'avoit par avance declaré son heritier & successeur en ses Estats & ne luy en avoit donné la possession; en laquelle il fut bientost apres confirmé par son pere, lequel allant en la terre sainte, & faisant estat, comme Guillaume de Malmesbury le dit, de ne revenir plus en France, laissa tous ses biens à Bertrand selon le tesmoignage de l'Abbé Guibert. Et par consequent il faut croire que lorsque cet Abbé l'a appellé fils naturel de Raymond, il n'a pas pretendu dire qu'il estoit bastard de Raymond, mais seulement marquer qu'il estoit son fils. On a une Bulle du Pape Urbain II. donnée à Cremone le XVIII.

Guibert. lib. 1. cap. 8.
Hist. des Comtes de Toulouse p. 151
Malmesbur. lib. 5. de gestis Regum Anglor.

Preuves de l'hist. des Ducs de Bourgogne p. 37.
Histoire des Comtes de Toulouse p.152.

Fevrier MXCV. par laquelle il confirma le delaissement que Raymond Comte de Toulouse avoit fait de quelques revenus ecclesiastiques qu'il tiroit injustement en l'Eglise de saint Gilles & ez autres Eglises dependentes de cette abbaye, delaissement qu'il fit *cum uxore sua Hervira & filio Bertrando* dans le Concile tenu à Toulouse par Bernard Archevesque de Tolede Legat du saint Siege. Il n'auroit pas eu besoin du consentement de Bertrand, s'il n'avoit pas esté legitime. Et par consequent ce consentement marque nettement l'interest qu'il avoit à l'affaire comme fils naturel & legitime heritier, comme il est appellé par Guillaume Archevesque de Tyr. A l'esgard du tesmoignage de Guillaume de Malmesbury, qui le fait nettement fils d'une concubine, il ne faut pas s'y arrester, cet aucteur Anglois n'estant gueres bien informé de nos affaires, comme il seroit aisé de le justifier, & estant d'ailleurs ennemy declaré de Raymond, qu'il depeint comme un scelerat & un fameux desbauché, tout au contraire des autres historiens du temps, qui ont parlé de luy avec beaucoup d'honneur, comme M. Catel l'a tres bien observé. Bertrand estant donc issu, non d'une garce, comme dit Guillaume de Malmesbury, mais de la premiere femme de Raymond, c'est à dire de Mahault fille de Roger Comte de Sicile, il ne faut pas trouver estrange qu'il ait esté preferé aux enfans du second lict en la succession des biens de son pere, laquelle luy fut deferée & luy advint par droit de sang, de mesme qu'aprés son decez elle advint par le mesme droit de sang à Alphonse son frere du second lict, comme il est marqué dans Orderic Vital.

Quoy qu'il conste par bons titres que la femme de Jean de la Tour s'appelloit Jourdaine de Bidage, neantmoins l'ancien Obituaire des Cordeliers de Clairmont, où la mort de sa femme est marqué au XXIII. jour de Juillet, l'appelle Jeanne des Bourgs, & Messieurs de Sainte-Marthe l'appellent aussi Jeanne du Bourg dans l'Histoire genealogique de la Maison de France.

Il y a preuve que ce Seigneur estoit à Pavie le quatriesme jour de May MCCCLXVIII. & qu'il y emprunta de l'argent, comme font ordinairement tous grands Seigneurs, principalement ceux qui vont à la guerre. Il est à presumer qu'il y fut pour la guerre que le Pape Urbain V. faisoit à divers Seigneurs d'Italie qui avoient usurpé les terres du saint Siege.

Enfin estant allé en l'année MCCCLXIX. à l'armée du Roy Charles V. contre les Anglois, & ayant, comme je le crois, esté blessé dans quelque combat donné en Picardie, où il est certain qu'il y eut quelques escarmouches entre les François & les Anglois, il se fit porter à Compiegne, où il mourut. Son corps fut en suite porté à Clairmont & enterré aux Cordeliers, comme il l'avoit ordonné par son testament, le XXIII. Juillet de la mesme année.

Sa femme estoit morte en l'année MCCCLXIV. le XXIII. Juillet. Je crois qu'elle est enterrée aux Cordeliers de Clairmont.

Enfans

D'AUVERGNE. LIV. V. 385

Enfans de Jean de la Tour seigneur d'Oliergues & de Jourdaine de Bidage sa femme.

JEAN DE LA TOUR heritier de sa mere decedé jeune avant l'année MCCCLXV.

GILLES DE LA TOUR institué heritier par son pere, mort avant luy sans enfans.

ALGUAYE DE LA TOUR, morte sans enfans en l'année MCCCLXXIV. au plus tard, estant fait mention d'elle comme morte en un titre de l'onzieme Fevrier MCCCLXXIV. c'est à dire MCCCLXXV. selon la maniere de compter d'aujourdhuy. Voyez cy dessus page 381.

 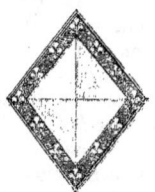

CHALENCON, *Escartellé d'or & de gueules à l'orle de sable chargé de fleurs de lys d'or.*

Agne de la Tour II. du nom seigneur d'Oliergues.

CHAPITRE IV.

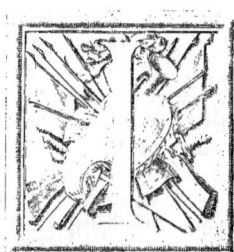

IL estoit fils puisné d'Agne I. du nom seigneur d'Oliergues, & succeda à son frere Jean incontinent apres son decez, l'acte de sa curatelle, où il est appellé seigneur d'Oliergues, *Preuves p.717.* estant du XXVI. Juillet MCCCLXIX. trois jours apres l'enterrement de son frere.

Son pere l'avoit destiné pour estre *Preuves p.715.* Chevalier de l'Ordre de saint Jean de Hierusalem, comme c'estoit l'usage en ces temps là, principalement parmy la noblesse, de destiner une partie des enfans à l'Eglise & au celibat, afin que les aisnez fussent plus riches. Il y en a une infinité d'exemples, mesme dans la maison de la Tour d'Auvergne, sans qu'il soit besoin d'en aller chercher ailleurs. Que cette regle fut generale, nous en avons une grande preuve dans un arrest donné au Parlement de Paris le XIV. Aoust MCCCCLXXXVII. entre les enfans de Goulfier de las Tours Gentilhomme Limousin de grande qualité, lequel avoit laissé nombre d'enfans, qu'il avoit partagez fort inegalement ; & il est dit

Tome I. Ccc

pour respondre à la plainte qu'on en faisoit *quòd in patria Lemovicensi, in qua res contentiosa situantur, talis usus, præsertim inter nobiles, observatus extitit ab antiquo, videlicet quòd si quis nobilis plures habebat liberos ex matrimonio legitimo procreatos, alteri liberorum suorum magnas portiones & ceteris minores & per modum provisionis ordinariæ, & interdum nonnullos ex liberis suis in religionem ponere consuevit*, c'est à dire, dans la clericature, dans quelque ordre religieux, ou Chevalier de l'Ordre de saint Jean de Hierusalem, y ayant quantité d'exemples de ces sortes de destinations, mesmes dans les testamens de nos Roys.

Cette destination neantmoins d'Agne I. ne tint pas. Car son fils Agne ayant survescu à son frere Jean mort sans enfans masles, il devint d'abord seigneur d'Oliergues, & espousa Beatrix de Chalencon fille de Guillaume seigneur de Chalencon & de Valpurge heritiere de la maison de Polignac. Le contract de leur mariage est du XVI. Fevrier MCCCLXXIII. selon la maniere de compter d'aujourdhuy. Il y est marqué que Bertrand de la Tour cousin d'Agne estoit pourlors Evesque du Puy.

Preuves p. 717.

En l'année MCCCLXXVI. Helie Raymond General de l'Ordre de saint Dominique, lequel avoit quelques années auparavant envoyé au Convent de Clairmont en Auvergne un os tiré du corps de saint Thomas d'Aquin, considerant la grande affection qu'Agne de la Tour seigneur d'Oliergues & Beatrix de Chalencon sa femme avoient pour son Ordre, il les fit participans de toutes les Messes, oraisons, sermons, jeunes, abstinences, veilles, travaux, & autres bonnes œuvres qui se fairoient dans l'Ordre, par letres données à Vierson en Berry le XVII. Juin audit an.

En l'année MCCCLXXXII. Agne fit son testament le Mardy d'apres la saint Luc, par lequel il institua son heritier universel Loüis son fils aisné, auquel il substitua Jean, & à celuy cy Agne. Donna à sa fille Catherine la terre de Prats & deux mil livres en dot. A sa fille Isabeau trois mil florins. Ordonna que Beatrix de Chalencon sa femme seroit tutrice de ses enfans. Ordonna que son corps seroit enterré aux Cordeliers de Clairmont dans les sepultures de ses ancestres.

Preuves p. 718.

En l'année MCCCLXXXVII. il fit hommage & serment de feauté à Jean Comte d'Armagnac & de Rhodez pour raison des lieux de Prats & du Pont de Salar en Roüergue. Il le renouvella à Bernard Comte d'Armagnac & de Rhodez le dernier jour du mois de Fevrier MCCCXCII.

Preuves p. 719.

En l'année MCCCXCVI. il recornut tenir de Jean Duc de Berry & d'Auvergne en simple hommage sa terre d'Oliergues avec ses appartenances & dependances, qui sont enoncées dans l'acte, & qui font voir quels en estoient les droits seigneuriaux. Les Seigneurs qui relevoient d'Oliergues y sont nommez, & entr'autres l'Hermite de la Faye, & le Seigneur de la Fayette, noms bien connus dans l'histoire de ce temps là.

Preuves p. 719.

Il mourut le XXII. May MCCCCIV. & fut enterré aux Cordeliers de Clairmont, comme il l'avoit ordonné par son testament. On ne sçait pas le temps du decez de sa femme, mais seulement qu'elle fut enterrée auprez de luy le XXVIII. Novembre. Elle estoit neantmoins encore au monde l'onziesme jour de Fevrier MCCCCXX. selon la maniere de compter d'aujourdhuy.

Preuves p. 719.

D'AUVERGNE. Liv. V.

Enfans d'Agne de la Tour II. du nom seigneur d'Oliergues & de Beatrix de Chalencon sa femme.

LOUIS DE LA TOUR, nommé dans le testament de son pere, & mort avant luy sans enfans. *Preuves p.712.*

JEAN DE LA TOUR mort avant son pere sans enfans.

AGNE DE LA TOUR III. du nom, qui aura son chapitre.

GUILLAUME DE LA TOUR Evesque de Rhodez & Patriarche d'Antioche, qui aura aussi son chapitre.

PIERRE DE LA TOUR, qui fut religieux, mort avant l'an MCCCCXVII.

BERTRAND DE LA TOUR II. du nom, qui continua la lignée.

JEAN DE LA TOUR Chevalier de l'Ordre de saint Jean de Hierusalam, mort en l'isle de Rhodes auparavant l'an MCCCCXVII. *Preuves p. 719. 723.*

CATHERINE DE LA TOUR emancipée par son pere le samedy apres la saint Michel MCCCLXXXVIII. & mariée le lendemain à Jean de Talaru seigneur de Chalmazel, issu, comme dit M. Guichenon, de l'une des plus anciennes & des plus illustres maisons du Lyonnois. Il estoit fils de Mathieu de Talaru seigneur de Noüailly & de Beatrix de Marcilly Dame de Chalmazel en Forez ; laquelle l'ayant fait son heritier universel à la charge de prendre le nom & armes de la maison de Chalmazel, il fut encore si heureux que quoyqu'il ne fut que cadet de la maison de Talaru, le Cardinal Jean de Talaru son grand oncle luy fit donation de tous ses biens, n'ayant fait qu'un legs de deux cens livres d'or aux enfans d'Antoine de Talaru, qui estoit l'aisné. *Estant donc riche & puissant*, ce sont les paroles de M. Le Laboureur Prevost de l'Isle-Barbe, *il s'allia hautement*, ayant espousé Catherine de la Tour d'Auvergne. Il estoit arriere neveu de Jean de Talaru Archevesque de Lyon créé Cardinal par le Pape Clement VII. en l'année MCCCLXXXIX. à la priere du Roy Charles VI. qui estoit pour lors en Avignon. L'Escrivain de la vie de ce Pape, qui estoit son contemporain, remarque que ce Cardinal, quoyque fort vieux, estoit un personnage d'un grand merite & d'un grand sçavoir, & qu'il avoit beaucoup travaillé pour la manutention des droits de l'Eglise de Lyon pendant le temps qu'il en fut Archevesque. Il avoit un neveu *excellent Canoniste*, comme dit le mesme M. Le Laboureur, appellé Amé ou Amedée de Talaru, qui fut aussi Archevesque de Lyon, créé Cardinal par Felix V. au Concile de Basle en l'année MCCCCXL. environ un an apres que Felix eut esté esleu Pape. Hugues de Talaru neveu de ces deux Cardinaux ayant esté esleu Archevesque de Lyon en l'année MCCCCLXXXVIII. il y fut troublé par André d'Espinay, en faveur duquel il renonça depuis à son election. Mais pour revenir à nostre Jean de Talaru mary de Catherine de la Tour, il fit son testament en l'année MCCCCXVII. & laissa trois enfans, assavoir Annet de Talaru ainsi appellé du nom de son grand pere maternel, Loüis de Talaru Comte de Lyon, & Isabeau de Talaru mariée avec Antoine de Chasteauneuf Chevalier seigneur de Roche-Baron issu de l'ancienne & illustre maison de

Masures de l'Isle-Barbe to. 2. pag. 574.

Hist. de Bresse p. 357.

Vitæ Papar. Aven. p. 523.

Roche-Baron en Forez. Catherine de la Tour Dame de Chalmazel eſtoit encore en vie le XIII. Decembre MCCCCXXX. Elle & ſon mary veſquirent touſjours en bonne intelligence avec le Seigneur & la Dame d'Oliergues, ainſi que le font voir quelques anciens regiſtres d'Oliergues.

ISABEAU DE LA TOUR emancipée par ſon pere le VII. Octobre MCCCXCVII. mariée à Loüis ſeigneur de Diene en Auvergne, morte avant l'année MCCCCXXX. lorſque ſa niepce Antoinete de la Tour fut mariée avec Jacques Aubert ſeigneur de Monteil le degelé. Elle laiſſa des enfans. Mais je n'ay pas peu trouver leurs noms.

MARGUERITE & BEATRIX DE LA TOUR nées apres l'année MCCCLXXXVI. en laquelle leur pere fit ſon teſtament, où elles ne ſont pas nommées, religieuſes au monaſtere de la Vau-Dieu en Auvergne. Marguerite en eſtoit Prieure en l'année MCCCCIX. & ſuivantes.

Fils naturel d'Agne de la Tour II. du nom ſeigneur d'Oliergues.

PIERRE DE LA TOUR, appellé communement le baſtard d'Oliergues, auquel Bertrand de la Tour II. du nom ſon frere donna le XIV. Janvier MCCCCXXIX. la permiſſion de fortifier le lieu de Gripel en la parroiſſe de Murat, lequel il avoit acquis de Berthon du Gripel. Le Roy Charles VII. le legitima en conſideration des ſervices qu'il luy avoit rendus dans ſes guerres & ailleurs par letres données au mois de Septembre MCCCCLVI. au Chaſtellar prez Eſbreule en Bourbonnois. M. Juſtel s'eſt trompé lorſqu'il a creu qu'il eſtoit fils de Bertrand II. eſtant certain que ſes letres de legitimation portent qu'il eſtoit fils d'Agne, & que Bertrand l'appelle ſon frere dans les letres par leſquelles il luy donna permiſſion de fortifier le lieu de Gripel dependant de la chaſtellenie d'Oliergues.

Regiſtre 187. de la Chancellerie.

VENDAT.
D'azur à trois lyons d'argent.

Agne de la Tour III. du nom seigneur d'Oliergues.

CHAPITRE V.

NOUS avons dit au chapitre precedent qu'Agne de la Tour II. du nom seigneur d'Oliergues deceda en l'année MCCCCIV. au mois de May. Et d'autant qu'en France le mort saisit le vif, son fils Agne luy succeda d'abord. Je ne sçay pas quel aage il avoit en ce temps là, & il est bien difficile de le sçavoir. Car il estoit le troisiesme des enfans masles d'Agne II. son pere. Il fut Chambellan du Duc de Berry.

Il fut marié en l'année MCCCCXII. avec Alix de Vendat fille de Guillaume de Vendat & de Philippie de Veauce, & petite fille d'Alienor de Vichy Dame d'Abret & de saint George mere de Guillaume de Vendat. Il la fiança audit lieu de saint George au mois de Septembre; & l'ayant menée au chasteau de Mozun, il l'espousa avec toutes les solemnitez au cas requises.

Preuves p. 461. 720.

Je me trouve bien empesché à expliquer l'extraction d'Alix de Vendat. Car par un titre de l'an MCCCCXII. il conste qu'elle estoit fille de Guillaume de Vendat fils d'Alienor de Vichy Dame d'Abret; & je vois cependant dans un arrest de l'an MCCCCLXXXI. qu'elle estoit fille de Jean de Vendat & de Philippie de Veauce. D'ailleurs il conste par un arrest du XI. Septembre MCCCCXXIV. qu'Oudin de Vendat eut trois enfans, Jean, qui mourut avant son pere, Robert, & Isabeau. Mais dautant que le laps du temps peut bien avoir causé quelque manquement de memoire au sujet de cette genealogie lorsqu'elle fut deduite au Parlement en l'année MCCCCLXXX. j'estime qu'il est plus seur de s'en tenir aux actes du temps. Voicy donc ce que je trouve prouvé par titres. Audin ou Oudin de Vendat eut trois enfans de sa femme Alix du Breüil de la maison de Courcelles, assavoir Jean, Robert, & Isabeau. Jean fut marié avec Alienor de Vichy Dame d'Abret & de saint George, laquelle il laissa mere de Guillaume de Vendat mary de Philippie de Veauce fille de Pierre seigneur de Veauce, de laquelle il eut une fille appellée Alix mariée avec Agne de la Tour III. du nom seigneur d'Oliergues. Robert, qui estoit un personnage de grande consideration en ce temps là, comme il est aysé de le voir dans l'histoire de Loüis III. Duc de Bourbon, espousa Dauphine de Cros Dame de la Chaul issuë d'une bonne maison du bas Limousin alliée des Papes Clement VI. & Gregoire XI. son neveu. Outre cet esclat, qui est grand, elle estoit niepce de Pierre & Jean de Cros Cardinaux & de Pierre de Cros Archevesque d'Arles & Grand Camerlingue du Pape, qui fut aussi fait Cardinal par le Pape Clement VII. apres la mort du Cardinal Jean de Cros son frere. Elle estoit aussi sœur de Jeanne de Cros mariée à Jean de Gimel seigneur du bas chasteau de Gimel, laquelle fut mere de Blanche de Gimel mariée à Pierre Comte de Beaufort & Vicomte de Turenne. Il y a dans l'Inventaire du Tresor de Ventadour un titre du sixiesme Decembre MCCCCXXVI. par lequel Dame Dauphine de Cros veuve du seigneur de Vendat fonde une Messe à perpetuité dans l'Eglise collegiale de Cussé en Auvergne, preuve que son mary estoit desja mort. Il l'estoit mesme en l'année MCCCCXXIII. comme je l'apprends d'un arrest du Parlement donné le XXII. May de cette année. Il y eut procez pour sa succession entre Alix de Vendat Dame d'Oliergues, laquelle estoit pourlors mariée en secondes nopces avec Loüis II. du nom seigneur de Montboissier, & Isabeau de Vendat Comtesse de Ventadour. Par arrest du XVI. Septembre MCCCCXXIV. la recreance des biens contentieux fut adjugée à Isabeau. D'où il semble que l'on doit conclurre que Robert mourut sans enfans. Et cependant je trouve dans l'Inventaire que je viens de citer que Robert de Vendat vendit le XX. Novembre MCCCCXXXIX. la terre de Beauregard en Bourbonnois à Isabeau de Vendat Comtesse de Ventadour. Or ce Robert n'estoit pas fils de Jean de Vendat, qui ne laissa qu'un fils appellé Guillaume, & celuy cy ne laissa qu'une fille mariée au Seigneur d'Oliergues. Isabeau de Vendat fille d'Oudin fut mariée en l'année MCCCXCIII. à Robert Comte de Ventadour, laquelle estoit veuve en l'année MCCCCXXII. comme nous l'apprenons d'un arrest du Parlement. Elle fut mere de Jacques Comte de Ventadour, lequel fut fait prisonnier à la bataille d'Azincourt. De tout ce qui vient d'estre dit il resulte qu'Alix de Vendat Dame d'Oliergues estoit petite niepce de la Comtesse de Ventadour.

Apres avoir deduit la genealogie de la maison de Vendat, il ne sera pas hors de propos de parler de celle d'Alienor de Vichy grand mere d'Alix de Vendat Dame d'Oliergues. Un arrest du Parlement de l'année MCCCLXVII. nous apprend que Robert seigneur de Vichy avoit un fils appellé Jean seigneur d'Abret, lequel je trouve ailleurs avoir esté pere de Robillard & de Jean de Vichy morts sans enfans, d'Alienor de Vichy femme de Jean de Vendat, qu'on pretendit en ce temps là avoir esté pendant quatre ans religieuse à Cusset, & de Jeanne de Vichy femme de Jean de Montagu Damoiseau.

D'AUVERGNE. LIV. V.

En ces temps là le royaume de France estoit en un miserable estat à cause de la maladie du Roy & pour la division qui estoit entre les Princes du sang royal. Enfin la paix fut faite à Auxerre en l'année MCCCCXII. & ensuite publiée à Paris. Apres quoy le Roy escrivit au Seigneur d'Oliergues pour luy ordonner d'observer cette paix, & luy defendit d'avoir alliance ny confederation avec aucun des Princes sans son ordre exprés. Et l'année suivante le Duc de Bourgogne ayant enfraint la paix & fait levée de troupes pour venir à Paris, le Roy escrivit sur ce sujet au Seigneur d'Oliergues pour luy ordonner de se rendre à Paris auprés de sa personne bien monté & bien armé avec le plus grand nombre de gens d'armes & de traict qu'il pourroit avoir. *Hist. de Charles VI. p. 245. 246. Preuves p. 721.*

En l'année MCCCCXV. fut donnée la fameuse & malheureuse bataille d'Azincourt en Picardie, où il fut tué un grand nombre de Princes & grands Seigneurs du royaume, & entr'autres *le Seigneur de la Tour*, comme parlent Monstrelet & Jean de saint Remy, c'est à dire le Seigneur de la Tour seigneur d'Oliergues, que je trouve en une enqueste judiciaire faite quelque temps apres avoir esté en cette bataille en la compagnie du Duc de Bourbon & qu'il y fut *par armes abbatu, tombé par terre & mort*. Ce qui est deposé par trois Escuyers qui y estoient à la solde du Seigneur d'Oliergues, assavoir François du Bouschet, Estienne du Chamerlat, & Jean de Brie. *Monstrelet vol. 1. fol. 225. Jean de S. Remy p. 97. Preuves p. 722.*

Apres sa mort Alix de Vendat sa veuve se remaria avec Loüis II. du nom seigneur de Montboissier, & apres la mort de celuy cy avec Henry de Langeac seigneur de Cussé, duquel elle estoit femme en l'année MCCCCXXXI. & en cette qualité intervint comme partye necessaire au mariage de sa fille. *Preuves p. 723.*

Il sortit donc du mariage d'Agne III. avec Alix de Vendat une fille unique appellée Antoinete née apres la mort de son pere, laquelle ne succeda point en la Seigneurie d'Oliergues & autres terres de la maison dont son pere avoit joüy. Car apres sa mort sans enfans masles elles escheurent à Guillaume de la Tour son frere oncle d'Antoinete en vertu de la substitution portée par le testament d'Agne II. pere d'Agne III. & de Guillaume, lequel substitua ses enfans masles les uns aux autres à l'exclusion des filles, ausquelles il ordonna seulement un mariage convenable. *Preuves p. 718.*

Antoinete de la Tour fut eslevée dans le chasteau d'Oliergues par le soin de ses oncles, & fut mariée deux fois. Son premier mary fut Jacques Aubert seigneur du Monteil le degelé, de Rochedagoux, d'Entragues, & de Ponsac, descendu du costé paternel de la race du Pape Innocent VI. & du costé maternel de la race du Pape Clement sixiesme. Le contract de leur mariage est du XXII. Janvier MCCCCXXXI. selon la maniere de compter d'aujourdhuy. Elle estoit pourlors aagée de quinze ans accomplis, comme il est dit dans les articles arrestez le XIII. Decembre & dans le contract de mariage. A la passation de ce contract assisterent les principaux parents & amys des partyes, assavoir Guillaume de la Tour Evesque de Rhodez, Bertrand de la Tour seigneur d'Olier- *Preuves p. 723. Notæ ad Vitas Papar. Aven. p. 910.*

gues son frere, tous deux oncles d'Antoinete, Agne de Talaru seigneur de Chalmazel son cousin germain, Henry de Langeac seigneur de Cussé mary d'Alix de Vendat sa mere, Pons de Langeac Prevost de Brioude, Loüis de Pierrebussiere seigneur de Chasteauneuf, Jean de Chazeron, & autres. Le Seigneur d'Oliergues son oncle luy constitua en dot les chastellenies de Bidage & de Ciourac, la moitié par indivis de la montagne de Langlet située en la communauté de Baings, & la somme de deux mil escus d'or pour tous les droits qu'elle pouvoit pretendre tant en la succession d'Agne II. son ayeul & de Beatrix de Chalencon son ayeule qu'en celle d'Agne III. son pere, de Guillaume de la Tour Evesque de Rhodez, & de Bertrand de la Tour seigneur d'Oliergues ses oncles, ausquels droits elle renonça tant qu'il y auroit masles descendans dudit Bertrand à perpetuité. Jacques Aubert estant decedé sans enfans au mois d'Aoust MCCCCXLV. sa femme demeura en veuvage pendant six ans, & se remaria enfin en l'année MCCCCLI. avec Jacques de Bourbon seigneur d'Aubigny & de Carency Prince du sang royal de France. Jacques de Bourbon estoit fils de Jean de Bourbon seigneur de Carency & de Jeanne Vendosmois, & nasquit au chasteau de Savigny en Vendosmois. En faveur de son mariage avec Antoinete de la Tour Jean de Bourbon & sa femme mere de Jacques luy donnerent la seigneurie d'Aubigny en Picardie, & Charles Duc de Bourbon, qui fit la proposition du mariage, donna aussi en faveur d'iceluy au mesme Seigneur d'Aubigny, qu'il appelle son cousin, la seigneurie de Rochefort en Auvergne par letres du huictiesme Mars MCCCCLI. tout ainsi qu'en joüissoit lors à doüaire Jeanne de Revel veuve de Jacques Chastillon seigneur de Dompierre. De ce mariage il sortit deux enfans, assavoir Charles de Bourbon seigneur de Carency & de Buquoy, & Jean de Bourbon seigneur de Rochefort & d'Arson, tous vivans avec leur pere & mere au mois de Septembre MCCCCLXXX.

La posterité de Jacques de Bourbon seigneur de Carency & d'Antoinete de la Tour finit en la personne d'Isabeau de Bourbon Dame de Carency leur petite fille mariée en l'année MDXVI. avec François d'Escars seigneur de la Vauguyon, qui eurent de leur mariage Jean d'Escars Prince de Carency & Susanne d'Escars femme de Geoffroy seigneur de Pompadour Vicomte de Comborn.

Guillaume

D'AUVERGNE. LIV. V.

Guillaume de la Tour seigneur d'Oliergues, Evesque de Rhodez, & Patriarche d'Antioche.

CHAPITRE VI.

APRES la mort d'Agne III. seigneur d'Oliergues arrivée en l'année MCCCCXV. la seigneurie d'Oliergues & les autres seigneuries dont il joüissoit ayant esté substituées aux masles à l'exclusion des femelles par le testament de son pere, elles escheurent à Guillaume de la Tour frere d'Agne III. comme le plus proche & habile à succeder, lequel s'en mit d'abord en possession. M. Justel a creu que s'estant depuis fait d'Eglise, il donna à Bertrand son frere puisné la seigneurie d'Oliergues & le reste de la succession de sa maison. En quoy il s'est trompé, estant certain qu'il estoit d'Eglise long-temps avant la mort d'Agne III. son frere, y ayant preuve que le Pape Benoist XIII. luy confera en l'année MCCCCVI. une chanoinie de l'Eglise cathedrale de Lyon, qu'il estoit Chanoine de celle de Clairmont en l'année MCCCCVIII. lorsqu'Henry de la Tour son cousin Evesque de Clairmont luy confera l'Archidiaconé de saint Flour, lequel il possedoit encore au temps de la tenuë du Concile de Constance, où il fut, & y fit copier & conferer à l'original les actes de ce Concile à la fin de l'année MCCCCXV. ainsi qu'il est marqué à la fin de ce livre, qui est presentement dans la bibliotheque de M. le Cardinal de Boüillon, où ces mots se trouvent escrits : *Hæc acta Concilii generalis Constantiensis sunt Domini Guillelmi de Turre Archidiaconi sancti Flori in Ecclesia Claromontensi, quæ fecit conscribi dum ibi erat.* La verité est que se voyant engagé dans l'Eglise, & ayant resolu de s'y tenir, il ceda son droict d'aisnesse à Bertrand II. *Preuves p.728.* son frere par acte passé au chasteau d'Oliergues le XXII. Juin MCCCCXVII.

HISTOIRE DE LA MAISON

Il n'estoit pas encore né en l'année MCCCLXXXII. lorsque son pere fit son testament, comme il l'expose luy mesme dans des letres royaux obtenuës en l'année MCCCCLVI. qui sont au Tresor de Turenne, & ont esté données au public par M. Justel, quoyqu'il y ait esté commis une erreur dans la date par la faute de l'Imprimeur. Ayant esté envoyé aux estudes, il fut fait Bachelier en l'un & en l'autre Droict, qualitez qu'on estimoit beaucoup en ces temps là, parceque c'estoit par là qu'on parvenoit aux dignitez & aux emplois. Il fut Chanoine de Lyon & de Clairmont, Doyen de saint Pierre de Clairmont, Archidiacre de saint Flour en l'Eglise de Clairmont, Prevost de la mesme Eglise, Evesque de Rhodez par bulle du Pape Martin V. en l'année MCCCCXIX. nonobstant le trouble que luy fit Pierre d'Estaing esleu par le Chapitre. Il fut au Concile de Basle en l'année MCCCCXXXIV. & y dit la Messe du saint Esprit pour l'ouverture de la Session XVIII. le samedy XXVI. Juin de la mesme année. Il y demeura jusques au mois de Septembre de l'année suivante, & s'en revint en son diocese. En l'année MCCCCXLI. il assista aux Estats de Languedoc tenus à Montauban en presence du Roy Charles VII. qui les y avoit convoquez. En l'année MCCCCLIV. il fonda un anniversaire dans l'Eglise de Clairmont. En l'année MCCCCLVII. il resigna son Evesché de Rhodez en faveur de Bertrand de Chalencon Polignac son cousin issu de germain, & sa resignation fut admise par le Pape Caliste III. le XXIII. May audit an, avec reservation de deux mil livres de pension sur tous & chascuns les fruits dudit Evesché en faveur de Guillaume de la Tour & avec la joüissance des chasteaux de Sales & de Muret avec leurs revenus estimez à cinq cens florins par an suivant la commune estimation. Et afin que n'ayant plus d'Evesché il ne demeurat pas sans titre, le Pape luy confera huit jours apres le Patriarchat d'Antioche vacant par le decez de Jacques Juvenal des Ursins, & le dispensa de la residence en son patriarchat. C'est ainsi qu'on en usoit en ces temps là à l'esgard des Evesques qui quittoient leurs Eveschez. On leur bailloit un titre *in partibus infidelium*. Ce qui estoit, ce semble, plus conforme aux anciens canons & à la discipline de l'Eglise que ce qui se practique aujourdhuy, que nous voyons quelquefois en mesme temps trois Evesques de la mesme Eglise, l'un veritablement Evesque, en faisant les fonctions, & joüissant des revenus, & les deux autres, qu'on appelle anciens Evesques, sans aucune fonction.

Le Roy Charles VII. estant decedé à Meung sur Yevre le XXII. Juillet MCCCCLXI. & son corps ayant esté porté à Nostre Dame de Paris & delà à saint Denys pour y estre enterré, il est marqué dans la Chronique de Monstrelet que le Patriarche d'Antioche fit l'office à ses obseques tant à Paris qu'à saint Denys, & que le quinziesme du mois d'Aoust ensuivant il assista au sacre du Roy Loüis XI. à Reims. Ce qui est encore confirmé par une relation de la ceremonie de ce sacre imprimée dans le premier tome du Ceremonial François page 174. & par une ancienne relation de ce mesme sacre qui se trouve dans un ancien MS. qui est à moy.

Tombeau de Guillaume de la Tour Patriarche d'Antioche.

D'AUVERGNE. LIV. V.

Peu auparavant la mort du Roy il estoit venu à la Cour des Ambassa- *Monstrelet fo.* deurs d'Outremer, avec lesquels estoit un Prelat en habit de Cordelier 87. qui se nommoit Patriarche d'Antioche. Mais ce n'est pas de luy qu'il faut entendre ce que Monstrelet dit du Patriarche d'Antioche, attendu principalement qu'il avoit quitté la Cour quelque temps avant la mort du Roy & s'en estoit allé à Bruxelles vers le Duc de Bourgogne. A quoy *Odor. Rayn.* il faut adjouster que ce Cordelier soy disant Patriarche d'Antioche estoit *an. 1461. §.* un passevolant & un imposteur, n'estant pas nommé dans la bulle de Pie II. *Wadding an.* parmy les Ambassadeurs venus d'Outremer, ny dans les annales de Wad- *1460. §. 12.* dingue. Il est vray neantmoins que Gobelin a escrit que ces Ambassadeurs ayant esté droict au Pape avec frere Loüis de Boulogne Observantin, pour lequel ils demanderent au Pape un Patriarchat, il le leur accorda à la charge qu'il n'en prendroit la qualité qu'apres qu'il seroit de retour à la Cour de Rome, & mesme qu'il ne porteroit pas avec luy ses provisions, lesquelles demeureroient cependant en depost entre les mains du Cardinal de saint Pierre. Mais cette narration a paru si suspecte à Waddingue qu'il n'a pas fait difficulté de dire qu'il doutoit beaucoup de la verité de ce faict. En quoy il avoit grande raison. Car quand bien il seroit vray que le Pape luy auroit accordé un Patriarchat, il ne luy auroit pas donné celuy d'Antioche, qui n'estoit pas vacant.

Par consequent, n'y ayant alors parmy nous d'autre Patriarche d'Antioche que Guillaume de la Tour, qui le fut depuis l'an MCCCCLVII. jusques en l'année MCCCCLXX. qu'il mourut, il semble qu'on ne peut pas s'empescher de dire que le Patriarche d'Antioche qui fit l'office aux obseques du Roy Charles VII. & assista au sacre de Loüis XI. estoit Guillaume de la Tour.

Il fit son testament le troisiesme jour de Novembre MCCCCLXI. & *Preuves p.726.* son codicille le XXII. Novembre MCCCCLXIX. suivant la permission 727. qu'il en avoit obtenuë du Pape Eugene IV. pendant la tenuë du Concile de Ferrare. Il mourut en son chasteau de Muret lez Rhodez le XVII. Mars MCCCCLXX. & fut enterré deux jours apres dans la chapelle des trois Roys ou de la nativité de Nostre Seigneur, qu'il avoit fondée, & où son sepulcre se voit eslevé fort haut, plaqué contre la muraille, vis à vis l'autel de cette chapelle, comme il est representé icy.

Les Chartreux dans leur Chapitre general de l'an MCCCCLXXII. ordonnerent qu'on fairoit dans tout l'Ordre un trentenaire pour le repos de son ame, c'est à dire qu'on diroit dans chasque maison de l'Ordre trente Messes pour luy.

396   HISTOIRE DE LA MAISON

BEAUFORT.
D'argent à la bande d'azur accompagnée de six roses de gueules.

 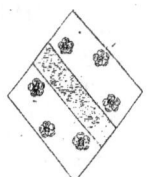

Bertrand de la Tour II. du nom seigneur d'Oliergues.

CHAPITRE VII.

NTOINETE de la Tour ayant esté excluë de la succession ez biens de la maison d'Oliergues en vertu de la clause du testament d'Agne II. qui en excluoit les femmes, elle vint à Bertrand de la Tour son oncle par la donation que luy en fit le Patriarche d'Antioche, qui estoit son aisné.

Il espousa Marguerite de Beaufort fille de Nicolas de Beaufort seigneur de Limeüil, de Miramont, d'Hermenc, & de Clarens. Le contract de leur mariage est

Preuves p. 729. du vingtiesme Juin MCCCCXXIII. fait en presence de Mathe de Beaufort Dame de la Tour tante de Marguerite, laquelle luy assigna en augment de dot les seigneuries de Granges & de Charlus Champagnagues en Auvergne. Et Marguerite se constitua en dot tout ce qui luy pouvoit & devoit appartenir ez biens de ses pere & mere. Ce qui fut le fondement d'un grand procez entre la maison de Beaufort & celle d'Oliergues, comme nous le verrons dans la suite. Et Bertrand son mary luy assigna son douaire sur la seigneurie de la Chapelle-Agnon. Guillaume de la Tour lors Prevost de l'Eglise cathedrale de Clairmont frere de Bertrand estoit present à la passation de ce contract. Il sortit de ce mariage un fils unique Agne de la Tour IV. du nom seigneur d'Oliergues & Vicomte de Turenne, duquel il sera parlé au chapitre suivant.

Preuves p. 730. Apres la mort de Marguerite de Beaufort, Bertrand se remaria au mois de Juin MCCCCXXXIX. avec Annete d'Apchon, appellée Jeanne dans des letres royaux de l'année MCCCCLVI. données à Gannat. Elle estoit fille de Loüis seigneur d'Apchon, & estoit alors veuve de Guy de Pesteilh seigneur de Pesteilh & de Fontanges, & estoit morte avant le mois d'Aoust MCCCCLVI.

D'AUVERGNE. LIV. V.

Je trouve dans un ancien cayer du Trefor de Turenne & dans un acte paffé à Riom le xxvIII. Janvier MCCCCXLIV. que pour certaines caufes juftes & raifonnables Guillaume de la Tour Evefque de Rhodez & Bertrand de la Tour Comte de Boulogne & d'Auvergne *Preuves p. 731.* furent eftablis curateurs de Bertrand de la Tour feigneur d'Oliergues. Je trouve auffi dans un regiftre des playdoiries du Parlement que le XXVIII. Juin MCCCCXXXIX. il y fut traicté de cette curatele, & il y eft dit que Guillaume de la Tour Evefque de Rhodez & Bertrand feigneur de la Tour eftoient curateurs du Seigneur d'Oliergues. D'où procede fans doute qu'il n'eft fait aucune mention de luy, quoy qu'il fut encore en vie, dans le contract de mariage de fon fils Agne avec Anne de Beaufort Vicomteffe de Turenne, & qu'il n'intervient autre auctorité dans ce contract que celle d'Anne de Talaru feigneur de Chalmazel, qui luy avoit efté donné en l'année MCCCCXLV. par auctorité de juftice curateur à caufe du mauvais eftat de fon pere, qui eftoit luy mefme en curatele, comme nous venons de le dire.

Il mourut en l'année MCCCCL. à la Chabaffe en Auvergne, où fon corps demeura enterré pendant XXXVIII. ans, & fut enfin transferé aux Cordeliers de Clairmont.

Enfans de Bertrand de la Tour II. du nom feigneur d'Oliergues & de Marguerite de Beaufort fa femme.

AGNE DE LA TOUR IV. du nom feigneur d'Oliergues, Vicomte de Turenne, dont nous traicterons au chapitre fuivant.

Nous avons fait voir cy deffus page 388. que M. Juftel s'eft trompé lorfqu'il a efcrit que Pierre de la Tour baftard d'Oliergues eftoit fils de Bertrand II. feigneur d'Oliergues. Ce qui nous doit empefcher de le mettre parmy fes enfans.

Ddd iij

BEAUFORT
TURENNE.
Escartellé. Au
1. & 4. d'ar-
gent à la bande
d'azur accom-
pagnée de six
roses de gueules.
Au 2. & 3.
cotticé d'or & de
gueules.

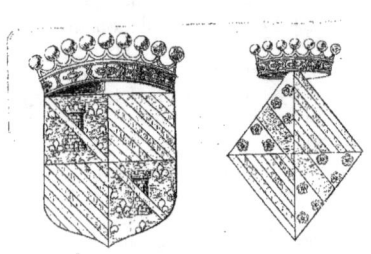

*Agne ou Annet de la Tour IV. du nom seigneur d'Oliergues,
Comte de Beaufort, Vicomte de Turenne.*

CHAPITRE VIII.

ESTANT obligé par la necessité du sujet que je traicte de monstrer comment les Seigneurs d'Oliergues sont devenus Vicomtes de Turenne, je ne puis me dispenser de revenir à la genealogie des Seigneurs de Beaufort Vicomtes de Turenne, que j'ay traictée en partie au quatriesme livre de cette histoire page 315. parce que cette grande terre estant entrée dans la maison de la Tour d'Auvergne apres un grand & long procez entre Pierre de Beaufort Vicomte de Turenne & Agne de la Tour IV. du nom seigneur d'Oliergues, il est à propos d'establir le faict au sujet des pretentions des parties. Ce qui ne se peut faire qu'en remettant devant les yeux des lecteurs ce qui a donné sujet à la contestation.

Guillaume III. Comte de Beaufort & Vicomte de Turenne espousa en l'année MCCCXLIX. Alienor de Comminge fille de Bernard VI. du nom Comte de Comminge & de Mathe de l'Isle. Il sortit de ce mariage cinq enfans, assavoir Raymond Comte de Beaufort Vicomte de Turenne, personnage fort fameux en son temps, Alienor mariée à Edoüard de Beaujeu seigneur alors de Perreux & depuis seigneur de Beaujeu & de Dombes, laquelle fut aussi Comtesse de Beaufort & Vicomtesse de Turenne apres le decez sans enfans d'Antoinete de Beaufort sa niepce, Cecile mariée à Loüis de Poictiers II. du nom Comte de Valentinois & Diois, Marguerite femme en premieres nopces d'Armand V. Vicomte de Polignac, & en secondes nopces de Jean le Vayer seigneur de Coësme en Bretagne, & Jeanne mariée en premier lieu à Raymond seigneur de

D'AUVERGNE. LIV. V.

Baux en Provence & Comte d'Avelin au royaume de Naples, & en suite à Guy de Chauvigny seigneur de Chasteauroux en Berry & Vicomte de Brosse, laquelle mourut en l'année MCCCCIV. comme il est marqué en un arrest du Parlement du XVIII. Avril MCCCXIII.

Raymond fils de Guillaume III. espousa en l'année MCCCLXXV. Marie de Boulogne fille de Jean I. du nom Comte d'Auvergne & de Boulongne & de Jeanne de Clairmont Princesse du sang royal de France. Il ne provint de ce mariage qu'une fille unique appellée Antoincte mariée au Mareschal de Bouciquaut, laquelle mourut sans enfans, comme nous le dirons un peu plus bas. Car il faut revenir à Nicolas de Beaufort, qui est proprement l'origine & la source de ce grand procez.

Nicolas de Beaufort fils de Guillaume II. & frere de Guillaume III. & du Pape Gregoire XI. fut marié deux fois. Marguerite de Galard fille unique & heritiere de Jean de Galard seigneur de Limeüil en Perigord & de Philippie de Lautrec & petite fille de Pierre de Galard Maistre des Arbalestriers de France depuis l'an MCCCXI. jusques en l'année MCCCXXXVI. fut sa premiere femme; & ce fut au moyen de ce mariage que la terre de Limeüil entra dans la maison de Beaufort, & de là dans celle des Seigneurs de la Tour Vicomtes de Turenne & Ducs de Boüillon. Il y a preuve que Marguerite estoit morte avant l'an MCCCLXX. & qu'elle laissa trois enfans, Jean, Pierre, & Marguerite, dont les deux derniers moururent en bas aage sans avoir esté mariez. ^{Notæ ad Vitas Papar. Aven. p. 813.}

Nicolas de Beaufort espousa en secondes nopces en l'année MCCCXCVI. Mathe de Montault appellée Mathe d'Autefort ou de Mussidan dans le contract de mariage d'Agne de la Tour son petit fils avec Anne de Beaufort sa petite fille; laquelle Mathe d'Autefort ou de Mussidan estoit fille de Raymond de Montault seigneur de Mussidan & de Blaye. Et de ce mariage provinrent trois enfans, assavoir Amanieu de Beaufort mort sans avoir esté marié, Pierre de Beaufort Vicomte de Turenne, & Marguerite de Beaufort mariée à Berrrand de la Tour II. du nom seigneur d'Oliergues, laquelle fut mere d'Agne IV. mary d'Anne de Beaufort fille de Pierre Vicomte de Turenne.

Jean de Beaufort fils de Nicolas & de Marguerite de Galard, exheredé par le testament de son pere pour cause d'ingratitude, espousa avec le consentement de son pere Marguerite de Montault fille de Raymond de Montault seigneur de Mussidan sœur aisnée de Joüyne de Montault mariée à Jean Harpedanne seigneur de Belleville en Poictou, mais natif de Bretagne, comme il est marqué dans l'histoire du Roy Charles VI. imprimée par M. Le Laboureur, qui l'a corrigée mal à propos. Et icy je diray en passant que c'est sur de faux memoires que M. Du Chesne a escrit que Joüyne de Mussidan estoit seule fille & heritiere du Seigneur de Mussidan, y ayant preuve par titres qu'il estoit pere de quatre filles & que Marguerite femme de Jean de Beaufort estoit l'aisnée. Mais en cela M. Du Chesne ne peut pas estre blasmé, puisqu'il l'avoit trouvé ainsi escrit dans un ancien registre des playdoiries du Parlement de Paris, où l'on voit que Joüyne allegua en l'année MCCCXXXV. qu'elle ^{Hist. de Charles VI. p. 170. 449. 555. Hist. de Chast.l'on p. 250.}

estoit fille unique du Seigneur de Muffidan. Marguerite de Montault femme de Jean de Beaufort eut le bonheur de plaire à son beaupere, lequel je crois avoir rendu ses bonnes graces à son fils, qui tascha, sans doute, de le radoucir par sa bonne conduite & par la mediation de ses parens. Il y a preuve par titre que Nicolas fit des gratifications à sa bru. Ce qui fait necessairement penser qu'il avoit accordé à son mary le pardon de ses fautes, & ce, sans doute, en consideration de l'alliance qu'il prit dans la maison de Muffidan, de laquelle estoit Mathe seconde femme de Nicolas. Car j'ay desja remarqué que ce mariage avoit esté fait avec le consentement de Nicolas.

Il est marqué dans la transaction passée à Poictiers le XXIV. Avril MCCCCLXIX. entre René Roy de Sicile Duc d'Anjou & Agnet de la Tour IV. du nom Vicomte de Turenne qu'apres le trespas d'Antoinete de Beaufort femme du Mareschal de Bouciquaut morte sans enfans en l'année MCCCCXVI. la Comté de Beaufort vint & escheut à Jean de Beaufort fils aisné de Nicolas de Beaufort & de Marguerite de Galard sa femme. Aussi y a il des letres du Roy Charles VII. lors Dauphin & Regent le royaume données à Chinon le troisiesme jour de Juillet MCCCCXX. à la requeste dudit Jean de Beaufort seigneur de Limeüil, Vicomte de Turenne, & Comte de Beaufort pour le faire admettre par la Reyne de Sicile tutrice de son fils à l'hommage que ce Seigneur luy devoit pour la Comté de Beaufort, qui relevoit du chasteau de Baugey; cette requeste se trouvant presentée par ce Seigneur dans le mesme temps qu'Amanieu son cadet heritier de la Dame de Beaujeu sa cousine germaine demandoit d'estre receu à faire cet hommage. Cette contestation, qui estoit entre les deux freres, finit bientost apres leur decez, Jean estant mort en Avignon en l'année MCCCCXX. apres le mois de Septembre, comme il est marqué dans un arrest du Parlement donné en l'année MCCCCXX. & Amanieu estant mort au mois d'Aoust, tous deux sans enfans. Et par ce moyen leur succession vint sans difficulté à Pierre de Beaufort leur frere & à sa sœur Marguerite Dame d'Oliergues, comme il est marqué dans cet arrest.

Preuves de l'hist. de Turenne p. 144.145.

A l'esgard de Mathe & de Marguerite de Montault, qui sont toutes deux appellées filles de Raymond de Montault seigneur de Muffidan, je me trouve un peu empesché à demesler leur genealogie, n'ayant pas assez de titres pour cela. Car il n'y a aucune apparence qu'elles ayent esté sœurs, attendu que Mathe estoit desja mariée dez l'an MCCCXCVI. & que Marguerite, qui estoit l'aisnée de ses sœurs, ne fut mariée qu'apres l'année MCCCCXV. & estoit encore vivante en l'année MCCCCXLIX.

Je diray encore icy en l'honneur de cette alliance que Mathe de Muffidan seconde femme de Nicolas de Beaufort estoit fille de Marguerite d'Albret Dame de Muffidan, comme il est marqué dans le contract de leur mariage, & que cette Mathe avoit sans doute esté ainsi appellée du nom de sa bisayeule Mathe d'Armagnac femme de Bernard seigneur d'Albret & mere d'Arnaud Amanieu, comme Marguerite de Beaufort Dame d'Oliergues fut ainsi appellée à cause de Marguerite d'Albret sa

grand

grand mere, qui la tint sans doute sur les fonts de baptesme. Par la mesme raison des noms affectez dans les grandes maisons on est bien fondé à penser que le nom d'Amanieu, qui estoit propre à la maison d'Albret, entra en celle de Beaufort en la personne d'Amanieu de Beaufort frere de la Dame d'Oliergues. Car je ne fais aucune difficulté que Marguerite d'Albret Dame de Mussidan ne fut fille d'Arnaud Amanieu Sire d'Albret & de Marguerite de Bourbon sa femme sœur de Jeanne de Bourbon Reyne de France. Par ce moyen Agne de la Tour IV. du nom seigneur d'Oliergues fils de Marguerite de Beaufort avoit l'honneur d'estre proche parent du Roy Charles VII. lors regnant, comme estant descendus tous deux de deux filles de Pierre I. Duc de Bourbon.

Marguerite de Beaufort Dame d'Oliergues avoit le germain sur Antoinete de Beaufort fille de Raymond Comte de Beaufort & Vicomte de Turenne, lequel estoit cousin germain de Marguerite. Or Antoinete, qui estoit mariée au Mareschal de Bouciquaut, n'ayant point d'enfans donna à la verité par donation entre vifs & par une disposition testamentaire la joüissance de tous ses biens à son mary sa vie durant à la charge de reversion à ses proches, comme nous l'avons desja dit cy dessus page 143. en parlant des enfans de Jean I. du nom Comte d'Auvergne & de Boulogne.

Apres la mort d'Antoinete arrivée en l'année MCCCCXVI. pendant que Bouciquaut estoit prisonnier en Angleterre, sa tante Alienor de Beaufort Dame de Beaujeu devint Comtesse de Beaufort & Vicomtesse de Turenne en vertu du testament de son frere Raymond pere d'Antoinete, & aussi en vertu du testament d'Antoinete, laquelle avoit ordonné qu'apres le decez du Mareschal son mary ses biens reviendroient à ses prochains heritiers, & luy avoit recommandé sa tante de Beaujeu comme si elle avoit esté sa propre mere. Enfin Alienor se voyant sans enfans, faisant le partage de ses biens par testament passé à Poüilly le chasteau en Beaujolois le XVI. Aoust MCCCCXX. elle fit son heritier Amanieu de Beaufort son cousin, & luy substitua son frere Pierre. Apres quoy elle trespassa audit Poüilly le XVIII. jour dudit mois d'Aoust, & fut enterrée en la grand sepulture ancienne de Beaujeu à Belleville en Beaujolois à deux lieües de Villefranche en tirant vers Mascon. Amanieu mourut environ six semaines apres elle audit Poüilly, & fut enterré aux Cordeliers de Villefranche auprez du grand autel au costé gauche.

Apres le decez d'Amanieu sans enfans, Pierre son frere se mit en possession de la Vicomté de Turenne & des autres biens qui avoient appartenu à Alienor en vertu de la substitution ouverte à son profit. On fit en suite le mariage de sa sœur Marguerite avec Bertrand de la Tour seigneur d'Oliergues en l'année MCCCCXXIII. comme il a esté dit au chapitre precedent. Et dez lors le Seigneur & Dame d'Oliergues intenterent action au Parlement contre ledit Pierre pour la moitié par indivis de tous les biens qui avoient appartenu à Nicolas de Beaufort seigneur de Limeüil & à Jean & Amanieu de Beaufort ses enfans, desquels Marguerite estoit sœur germaine.

Cependant Pierre de Beaufort, qui n'eſtoit pas encore marié, devint ſi eſperdüement amoureux de la fille d'un des vaſſaux de ſa Vicomté, c'eſt à dire de Blanche de Gimel fille de Jean de Gimel ſeigneur du chaſteau bas de Gimel, qui eſtoit de l'hommage du Vicomte de Turenne, ainſi qu'il eſt marqué dans un titre rapporté parmy les preuves de l'hiſtoire de la maiſon de Turenne page 34. & dans le regiſtre LXXX. de la chancellerie, il en devint, diſje, ſi eſperduement amoureux que *motus furore amoris*, comme il eſt eſcrit en un ancien cayer du Treſor de Turenne, *ſans deliberation de ſes parens & ſans le ſçeu de ſon Conſeil*, il l'eſpouſa, *combien qu'il trouvat en mariage la ſœur du Comte d'Armignac & la ſœur du Comte de Pantievre, dont pouvoit avoir grands biens & aliances*. Le contract de leur mariage paſſé à Gimel eſt du huictieſme Juillet MCCCXXXII.

Guillaume ſeigneur de Gimel ſon frere luy conſtitua en dot deux mil eſcus d'or, ſomme tres exceſſive par rapport aux biens de la maiſon de Gimel. Car il eſt marqué dans le contract de mariage de ſa ſœur Marguerite, laquelle eſtoit ſon aiſnée, qu'il ne luy fuſt conſtitué que treize cens francs à cauſe du grand nombre de filles qui eſtoient alors dans la maiſon de Gimel, & auſſi à cauſe que les guerres l'avoient ruinée. Ce qui pourroit avec beaucoup de raiſon donner occaſion de penſer que Pierre de Beaufort, qui aymoit paſſionnement cette Damoiſelle, & qui luy fit de tres grands avantages lorſqu'il l'eſpouſa, la voulut auſſi gratifier au ſujet de ſa dot, & qu'elle fut beaucoup moindre que le contract ne porte, de meſme que j'ay remarqué cy deſſus page 118. que lors qu'on maria Godefroy de Boulongne avec la fille de Beraud I. du nom Dauphin d'Auvergne on trouva à propos de luy faire reconnoiſtre *pour l'honneur de leurs perſonnes & lignages* qu'il avoit receu quinze mil livres, quoy qu'il n'en eut receu que dix mille.

Blanche eſtoit d'une tres noble & tres bonne maiſon du bas Limouſin. Mais parce qu'elle n'eſtoit pas d'une nobleſſe diſtinguée ny titrée, & qu'elle n'avoit pas beaucoup de bien, les parents & le conſeil du Vicomte trouverent à redire à ce mariage, pretendant que c'eſtoit une meſalliance. Ils eſtoient neantmoins proches parents, en ſorte qu'ils eurent beſoin d'obtenir une diſpenſe du ſaint Siege quelque temps apres leur mariage. Car l'inegalité eſtoit ſi grande entr'eux que quoy qu'ils fuſſent proches parents, ils ne ſe reconnoiſſoient pas pour tels, & ignoroient qu'ils le fuſſent lors qu'ils ſe marierent. Et en ayant eſté advertis en ſuite, la choſe eſtoit neantmoins ſi obſcure qu'ils ne peurent pas ſçavoir preciſément s'ils eſtoient parents au quatrieſme degré, comme quelques uns le leur avoient donné à entendre, ou bien du trois au quatre, comme d'autres le pretendoient, ayant eſté obligez d'obtenir dans l'eſpace de trois jours deux differents reſcrits de penitencerie en l'année MCCCCXXXIII. dans l'un deſquels ils ſe diſent parents au quatrieſme degré, & dans l'autre du trois au quatre. Ce que l'Eveſque de Limoges, auquel ces reſcrits eſtoient adreſſez, ne deſbroüilla pas lorſqu'il les fulmina, & ſe contenta de dire qu'ils contenoient verité, & permit aux mariez de demeurer dans le mariage ainſi contracté, declarant les enfans legitimes ſelon le pouvoir que

D'AUVERGNE. LIV. V.

luy en attribuoient les rescripts. Pour moy, je suis persuadé qu'ils estoient parents au quatriesme degré. Car Blanche estoit fille de Jeanne de Cros sœur, comme je l'estime, de Jean & Pierre de Cros Cardinaux, lesquels estoient cousins au troisiesme degré du Pape Gregoire XI. & de Nicolas de Beaufort pere de Pierre mary de Blanche de Gimel. Ces Cardinaux avoient encore une sœur appellée Dauphine mariée à Robert de Vendat, comme je l'ay dit cy dessus page 390.

J'apprens d'un vieux feuillet de papier escrit à la main trouvé parmy les papiers de M. Du Bouchet & de quelques anciens actes de ce temps là que Blanche de Gimel estoit sœur de Guillaume de Gimel seigneur du bas chasteau de Gimel, de Jeanne de Gimel femme de Jean de Noailles seigneur de Chambres & de Montclar, d'une autre fille, qui estoit l'aisnée de toutes, mariée en la maison de Budes, & de deux autres qui furent religieuses en l'abbaye de la Regle à Limoges.

A la verité, si l'on remontoit jusques à l'origine de l'alliance de la maison de Gimel avec celle des Rogers, de laquelle descendoit le Vicomte de Turenne qu'on pretendoit s'estre mesallié en espousant Blanche de Gimel, il se trouveroit qu'il n'y avoit pas d'inegalité de condition, ces deux maisons estant toutes deux d'une ancienne noblesse. Car l'alliance de la maison de Cros, de laquelle descendoit Jeanne mere de Blanche de Gimel, avoit esté faite avant qu'il y eut eu des Papes dans la maison des Rogers. Et ainsi ils estoient d'egale condition. Mais les Rogers ayant eu depuis l'honneur d'avoir deux Papes de leur maison, & ayant contracté de grandes alliances & acquis de grands titres, il y avoit assurement pourlors une tres grande disproportion entr'eux & les Seigneurs de Gimel, & par consequent entre Pierre de Beaufort & Blanche de Gimel.

Cependant ce fut ce mariage qui donna le moyen de terminer le procez qui estoit entre les maisons de la Tour & de Beaufort pour la succession de celle de Beaufort. Car Pierre n'ayant que deux filles de son mariage avec Blanche de Gimel, leurs parents & amys trouverent à propos de mettre fin à ce procez en mariant Agne de la Tour avec Anne de Beaufort sa cousine germaine fille aisnée de Pierre de Beaufort. Le premier pourparlé de ce mariage fut au commencement de l'année MCCCCXLIV. & il paroist qu'il fut resolu dezlors, puisque la dispense du Pape Eugene IV. dont ils avoient besoin est du septiesme Mars de la mesme année, quatorziesme année de son pontificat. Le contract de ce mariage ne fut neantmoins passé que le XXIV. Mars ensuivant, & le mariage ne fut consommé que sur la fin de l'année MCCCCXLV. *Preuves p. 731. 733. 734.*

Quoy qu'au moyen de ce mariage Agnet de la Tour eust mis dans sa maison la Comté de Beaufort comme appartenant à la succession de la maison de Beaufort, il n'en peut pas neantmoins joüir paisiblement, y ayant esté troublé par René Roy de Sicile Duc d'Anjou, lequel pretendit que cette Comté estant de l'ancien domaine & Couronne de France & des appartenances de la Duché d'Anjou, elle n'avoit pas peu estre alienée ny donnée par le Roy Philippe de Valois ny par le Roy Jean son fils à Guillaume Roger & à ses descendans. A quoy il adjoustoit que quand bien Guillaume l'auroit possedée à juste titre, Raymond de Beaufort son fils l'auroit perduë pour cause de felonnie, parce qu'estant son vassal en Provence, il luy avoit fait la guerre ouvertement. Mais c'estoit une pure chicane. Car outre que ce n'estoit pas à luy, qui n'estoit pas encore né, que Raymond fit la guerre, mais à son pere, le crime de felonnie, s'il y en avoit aucun, ne luy avoit pas peu nuire pour la possession de cette Comté, ny aux siens, le Mareschal de Bouciquaut mary d'Antoinete fille de Raymond ayant esté admis à faire au Roy son pere la foy & hommage qu'il luy devoit pour ladite Comté, comme il l'avoit desja fait à la Reyne. Mais enfin cette contestation fut terminée à Poictiers le XXIV. Avril MCCCCLXIX. par une transaction qui laissa la Comté de Beaufort au Roy René moyennant la somme de trente mil escus d'or qu'il s'obligea de payer à Agnet de la Tour & à sa femme.

En l'année MCCCCLI. le Vicomte de Turenne se disposant, sans doute, à aller servir le Roy en son armée de Guyenne commandée par Jean de Bourbon Comte de Clairmont Lieutenant general du Roy, il fit son testament le huictiesme jour du mois de May ; & s'estant rendu en suite à l'armée, se trouva à la prise du chasteau de Fronsac, apres laquelle il y eut une promotion de cinquante Chevaliers, entre lesquels sont nommez les premiers le Comte de Vendosme, le Vicomte de Turenne, le Sire de la Rochefoucaud, le fils du Seigneur de Commercy. Jean du Port, qui a escrit la vie de Jean Comte d'Engoulesme ayeul du Roy François premier, y adjouste ce Prince. Il n'est pas dit par qui ils furent fait Chevaliers. Mais il y a grande apparence que ce fut par le Comte de Clairmont, tant à cause de sa grande naissance, que parce qu'il representoit la personne du Roy, & commandoit son armée.

Hist. de Charles VII. p. 235. 461. Mer des histoires to. 2. fol. 135. Annales d'Aquitaine fol. 247. verso.

En l'année MCCCCLIII. le Roy estant allé en personne faire la guerre en Guyenne pour en chasser les Anglois, il divisa son armée, dont une partye fut mise deça les rivieres de Garonne & Dourdogne, & l'autre de delà au pays de Medoc. En celle cy estoient le Comte de Clairmont, le Comte de Foix, le Seigneur d'Albret, le Seigneur de Lautrec, le Seigneur d'Orval, Messire Theode de Valpergue Bailly de Lyon, le Sire de Saintrailles Grand Escuyer, Messire Bernard de Bearn, le Vicomte de Turenne, Geoffroy de saint Belin, le Sire de Lavedan, & plusieurs autres Capitaines ; *lesquels Seigneurs s'y gouvernerent grandement & honorablement, & tinrent telles & si bonnes manieres que les Anglois qui estoient à Bourdeaux, nombrez huict mille combattans, ne s'oserent oncques trouver sur les champs contre lesdits Seigneurs, qui tous les jours couroient parmy ledit pays de Medoc menans & prenans prisonniers, & faisant degast de bleds & de vins.*

Hist. de Charles VII. p. 470. Monstrelet vol. 3. fol. 58.

Preuves p. 736.

Le douziesme jour de Janvier MCCCCLXVII. le Roy Loüis XI. estant au Mans y retint Agne de la Tour Comte de Beaufort & Vicomte de Turenne pour estre son Chambellan en consideration des services qu'il avoit rendus au feu Roy Charles VII. & à luy au faict des guerres & autrement en plusieurs manieres, estant homme de bon sens, vaillance, & bonne loyauté. Ce sont les propres termes des letres du Roy.

Le XXIX. Juin MCCCCLXIX. le mesme Roy estant à Userche

en Limousin y receut les foy & hommage que Agne de la Tour Vicomte de Turenne, seigneur d'Oliergues & de Limeüil estoit tenu de luy faire pour raison de la terre d'Oliergues, de la Chapelle Agnon, Murat de Quayres, Bangs, Couteuge, Jaunac, & Corne.

En l'année MCCCCLXXXIV. il assista aux Estats generaux du royaume tenus à Tours.

Le quatriesme jour du mois de Mars MCCCCLXXIX. à la maniere *Preuves p. 737.* de compter de ce temps là Agne de la Tour & Anne de Beaufort sa femme estant en leur chasteau de Montvalent en Quercy en bonne santé de corps & d'esprit firent leur testament, dans lequel ils declarent qu'ils ont treize enfans vivants, & qu'outre ceuxlà, il y en a encore quatre en paradis. Anne sa femme estant morte en suite, il emancipa le XIV. Janvier MCCCCLXXXIX. François de la Tour son fils aisné, & fit un codicille au sujet de son fils Annet, qui estoit d'une complexion fort delicate, comme nous le dirons un peu plus bas en parlant de luy.

Le Vicomte ne survesquit pas longtemps à cette derniere disposition. Il mourut quatorze jours apres le XXVIII. jour du mesme mois de Janvier, & fut enterré avec sa femme aux Cordeliers de Brive, où il s'estoit fait transporter neuf jours auparavant. Je trouve dans un ancien registre de Turenne que ses honneurs funebres furent ordonnées au premier Mardy de Caresme dixiéme jour du mois de Mars ; où se trouverent beaucoup de gens d'Eglise, Gentilshommes, & autres, lesquels furent tous desfrayez aux despens du Vicomte de Turenne son fils accompagné de Bertrand de Polignac Evesque de Rhodez son cousin & de Jean de Taleyran seigneur de Grignaux son beaufrere. Le service du bout de l'an fut fait au mesme endroit le XXVI. Janvier de l'année suivante, où les Evesques de Tulle & de Sarlat se trouverent avec quantité de noblesse. Et quoyque la compagnie fut tres nombreuse, elle fut neantmoins entierement desfrayée aux despens de M. le Vicomte de Turenne.

Enfans d'Agne de la Tour IV. du nom Vicomte de Turenne & d'Anne de Beaufort Vicomtesse de Turenne sa femme.

FRANÇOIS DE LA TOUR I. du nom Vicomte de Turenne, qui aura son chapitre.

GILLES DE LA TOUR. Il estoit desja Protonotaire du Pape & Chanoine de Rhodez en l'année MCCCCLXXIX. lorsque son pere & *Preuves p. 736.* sa mere firent leur testament. Il fut esleu Evesque de Sarlat au mois d'Octobre MCCCCXCII. apres la mort de Pons de Salignac. Il estoit pourlors Prestre, Abbé de Vigeois, Prieur de saint Gery, & Chanoine de Rhodez. Il fut esleu Evesque de Tulle en l'année MDXVII. & eut pour competiteur François de Levis de Ventadour son cousin germain, qui l'emporta sur luy. Il fut aussi seigneur de la ville de saint Seré dans la Vicomté de Turenne.

PANTALEON DE LA TOUR seigneur de Limeüil, Conseiller & Chambellan de René II. Roy de Sicile, nommé en deux titres des années MCCCCLXXIV. & LXXV. & en l'histoire de Provence de Nostradamus. Il mourut en Beaujolois avant l'année MCCCCLXXIX. & longtemps apres son decez son corps fut porté aux Cordeliers de Clairmont. C'est un des quatre enfans que ses pere & mere disent dans leur testament estre en paradis.

Preuves p. 739. 741.

ANNET DE LA TOUR, dit de Turenne, qui estoit d'une complexion fort delicate, mangeant tres peu, principalement de chair & autres aliments nourrissans, seigneur de Serviere, de saint Supery, & de la Meliere. Son pere ordonna qu'il seroit d'Eglise & se fairoit promouvoir aux ordres sacrez, & luy assigna pour cet effect quatre cens livres de pension annuele & viagere. Par son testament fait le XIX. May MCCCCXCVII. il fit son heritier Antoine de Turenne son frere, & ordonna d'estre enterré aux Cordeliers de Brive dans le tombeau de son pere & de sa mere.

ANTOINE DE LA TOUR mort en l'année MCCCCLXXXII. enterré aux Cordeliers de Brive. Les Evesques de Limoges, de Perigueux, de Sarlat, & de Tulle, les Abbez d'Userche & de Terrasson, & autres Prelats, Messieurs de Pompadour, de Chasteauneuf, de Saillant, Sainte Aulaire, & plusieurs autres grands Seigneurs assisterent à ses obseques.

ANTOINE DE LA TOUR, dit le vieil, mentionné dans le testament d'Annet de la Tour son frere. Il aura son chapitre, ayant continué la lignée.

ANTOINE DE LA TOUR dit le jeune, appellé aussi Raymond, seigneur de Murat de Quayres, de sainct Supery, de Savene, & de Chavanon, né en l'année MCCCCLXXI. comme il conste d'une bulle du Pape Innocent VIII. de l'année MCCCCLXXXV. où il est marqué qu'il estoit pourlors dans la quatorziesme année de son aage & qu'il estoit

Preuves de M. Justel p. 237.
Preuves p. 739.

issu *de nobili Comitum genere ex utroque parente*, c'est à dire des anciens Comtes d'Auvergne du costé paternel, & des Comtes de Beaufort de par sa mere, comme M. Justel l'a tres bien expliqué. Il avoit esté destiné à l'Eglise par le testament de ses pere & mere, & fut tonsuré du vivant de son pere le vingtiesme Novembre MCCCCLXXXIV. par Denys de Bar Evesque de Tulle en vertu des dimissoires de l'Evesque de Limoges. Apres quoy le Pape Innocent VIII. luy accorda la faculté de tenir plusieurs benefices, de mesme que le Pape Innocent IV. avoit accordé à Guy

Voyez cy dessus p. 85.

d'Auvergne fils de Guillaume Comte d'Auvergne & de Boulogne d'en tenir plusieurs. Mais il ne s'en tint pas à la disposition que ses parents avoient faite de luy, & se maria en l'année MDXVII. avec Marie de la Fayete issuë d'une illustre maison d'Auvergne.

ANNE DE LA TOUR mariée en l'année MCCCCLXIX. à Jacques de Loumagne seigneur de Montagnac fils aisné d'Odet de Loumagne Vicomte de Conserans & seigneur de Fimarcon. De ce mariage il provint une fille unique Anne de Loumagne femme d'Aymery VI. du nom Baron de Taleran, auquel elle porta en dot la seigneurie de Fimarcon. On peut voir la suite de cette genealogie dans la seconde edition de l'Histoire genealogique de la maison de France de Messieurs de Sainte-Marthe page 893. de l'edition de 1628.

D'AUVERGNE. LIV. V.

MARGUERITE DE LA TOUR mariée en l'année MCCCCLXXVIII. à Jean de Taleyran issu des anciens Comtes de Perigord, seigneur de Grignaux, Prince de Chalais, Vicomte de Fronsac, Maire & Capitaine de Bourdeaux, Premier Maistre d'hostel de la Reyne Anne de Bretagne ez années MCCCCXCVI. XCVII. & XCVIII. & enfin son Chevalier d'honneur, en laquelle qualité il assista à ses obseques. Il y a grande apparence que le Protonotaire de Taleyran & Guerin & Guillaume de Taleyran, ausquels le Roy Charles VIII. confia en l'année MCCCCLXXXIV. le gouvernement du chasteau de Perpignan & de celuy de Colioure en Roussillon, estoient ses freres. On peut, ce semble, rapporter l'origine de ces Seigneurs à Helie Taleyran fils de Boson de Grainol ou Grignaux, lequel vivoit en l'année MCLXXXII. selon le tesmoignage du Prieur de Vigeois. Il estoit gendre de Raymond II. du nom Vicomte de Turenne, comme il conste d'un titre de l'an MCLXVII. qui est dans le Cartulaire de l'abbaye de Dalone. Dans l'Histoire du Roy Charles VII. il est marqué que le Seigneur de Grignaux fut fait Chevalier en l'année MCCCCLI. apres la prise de Fronsac. Je crois que le Seigneur de Grignaux mary de Marguerite de la Tour descendoit de François de Grignaux Chevalier dont il est parlé dans l'histoire du Roy Charles VI. & qu'il estoit fils d'Helie de Taleyran seigneur de Grignaux, auquel je trouve qu'il fut ordonné la somme de quatre cens livres en l'année MCCCCLXXXIII. pour le service qu'il avoit rendu en l'armée de Flandres.

Preuves p. 713.
Preuves de M. Justel p. 226.
Hist. de Charles VIII. p. 706.
Ceremonial François imprimé en 1619. p. 104. 128.
Supplemens de la Chronique Bourdeloise p. 32.
Gaufred. Vos. p. 331.
Hist. de Charles VI. du Louvre p. 287.
Hist. de Charles VI. de M. Le Laboureur p. 942.
S. Remy p. 77.

CATHERINE DE LA TOUR mariée en l'année MCCCCLXXIX. à Antoine de Pompadour seigneur de Lauriere fils de Jean seigneur de Pompadour. Parmy les parents & amys des partyes qui assisterent à la passation du contract de mariage sont nommez Amanieu Vicomte de Comborn, Jean de Taleyran seigneur de Grignaux & Prince de Chalais mary de Marguerite de la Tour, Loüis seigneur de Gimel, Jean de Pompadour seigneur de Chasteau-Boschet, Antoine seigneur de Salanhac, & plusieurs autres. Jean seigneur de Pompadour estoit fils de Goulfier seigneur de Pompadour & d'Elisabeth de Comborn, & avoit pour freres le fameux Godefroy de Pompadour Evesque de Perigueux & du Puy & Antoine de Pompadour Evesque de Condom.

FRANÇOISE DE LA TOUR mariée en l'année MCCCCXCIX. à Jacques de Castelnau seigneur de Jaloignes fils de Jean de Castelnau seigneur de Castelnau de Bretenous, de Caumont, & de saint Santin au diocese de saint Flour & de Marie de Culant sœur de Philippe de Culant Seneschal de Limousin & Mareschal de France. Jacques de Castelnau estoit cousin issu de germain de François Cardinal de Clairmont, lequel estoit neveu du grand Cardinal d'Amboise. Il est marqué dans une ancienne table genealogique de la maison de Castelnau imprimée que Jacques de Castelnau fils de Marie de Culant deceda en l'année MDXXX. sans enfans. En quoy il pourroit bien y avoir erreur, estant certain qu'il estoit mort avant le XXV. Mars MDXXIX. date du testament de sa femme, à moins qu'on ne die qu'il estoit mort peu auparavant la confection de ce testament. Car en ce cas il pourroit estre mort au comman-

Hist. de Berry de M. de la Thaumassiere p. 712.

cement de l'année MDXXX. selon la maniere de compter d'aujourdhuy. Il fut enterré au lieu de Felines, où fa femme voulut auſſi eſtre enterrée, & n'ayant point d'enfans elle fit ſon heritier François II. Vicomte de Turenne & ſeigneur de Limeüil ſon neveu & fillol, aagée de cinquante trois ans ou environ.

MARIE DE LA TOUR nommée en un arreſt du Parlement de Paris de l'année MDXIV. mariée le premier jour du mois d'Aouſt MCCCCXCIX. à Jean ſeigneur d'Autefort Gouverneur du Perigord & du Limouſin, à laquelle Françoiſe de la Tour Dame doüairiere de Caſtelnau commit l'execution de ſon teſtament. Il ſortit du mariage du Seigneur d'Autefort & de Marie de la Tour un fils appellé Jean comme ſon pere ; lequel fut Gouverneur du Perigord & du Limouſin, & eſpouſa le douzieſme Decembre MDXIX. Catherine de Chabanes fille de Jean de Chabanes ſeigneur de Curton & petite fille de Gilbert de Chabanes grand Seneſchal de Guyenne & de Françoiſe de la Tour, dont il a eſté parlé cy deſſus page 343.

ISABEAU & LOÜISE DE LA TOUR Religieuſes de l'Ordre de ſaint Dominique au Convent de Proüille en Languedoc depuis l'an MCCCCLXX. juſques en MDVIII. qu'Iſabeau ſe trouve morte.

Preuves p. 739. GABRIELE DE LA TOUR. Il conſte par le teſtament de ſes pere & mere qu'ils avoient eu la penſée de la faire encore religieuſe à Proüille avec ſes ſœurs. Toutesfois je trouve qu'elle a eſté religieuſe de l'Ordre de ſaint Jean de Hieruſalem au monaſtere de Fieux en Quercy en l'année MCCCCLXXXV.

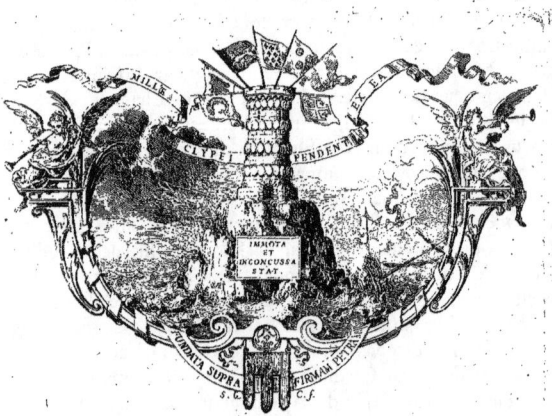

François

François de la Tour I. du nom Vicomte de Turenne.

CHAPITRE IX.

L estoit fils aifné d'Agne de la Tour IV. du nom Vicomte de Turenne & d'Anne de Beaufort, qui le firent leur heritier univerfel. Outre cela fon pere fit deux chofes en fa faveur le XIV. Janvier MCCCCLXXXIX. peu de jours avant fon decez. Premierement il l'emancipa, & luy donna la chaftellenie & Baronnie d'Oliergues & tout le droit qu'il avoit ez feigneuries de Boufols, Fay, & Serviffac en Vellay, pour lefquelles il y avoit procez au Parlement de Paris. Et puis par un codicille, par lequel il pourveut de nouveau à l'eftat de fon fils Annet, qui eftoit de foible complexion, il confirma la difpofition qu'il avoit faite en faveur de François fon heritier univerfel.

Le XXV. jour de Septembre enfuivant François rendit au Roy Charles VIII. les foy & hommage qu'il eftoit tenu de luy faire pour les terres, baronnies, & feigneuries de Limeüil, Miramont, Clarens, faint Supery, Chambon, Oliergues, la Chapelle-Agnon, Murat de Quayres, & autres, lefquelles eftoient tenuës nuëment du Roy, comme il eft dit dans les letres patentes expediées pour ce fujet au Montil les Tours les jour & an deffus dits. *Preuves p. 742.*

Il ne fut pas marié, & mourut à Donzy en Nivernois, où il fit fon tefta- *Preuves p. 743.* ment le dernier jour du mois de Fevrier MCCCCXCIII. par lequel il eflut fa fepulture en l'Eglife des Cordeliers de Brive la gaillarde en Limoufin, en laquelle fes predeceffeurs font inhumez & enterrez. Il augmenta par le mefme acte la dot de Françoife & Marie de la Tour fes fœurs, aufquelles il n'avoit efté conftitué par leur pere & mere que fept mil cinq cens livres à chafcune, & ordonna qu'elles auroient chafcune

Tome I.   Fff

dix mil livres. Il nomma ses executeurs testamentaires le Comte de Ventadour, qu'il appelle son oncle, le Seigneur de Grignaux son beaufrere, & le Seigneur de Pompadour.

Le Comte de Ventadour executeur testamentaire de ce Vicomte estoit veritablement son oncle, comme ayant espousé Catherine de Beaufort sœur d'Anne de Beaufort sa mere. Je pourrois à cette occasion continuer icy la genealogie de la maison de Ventadour, que j'ay conduite cy dessus page 284. depuis son commencement jusques à ce qu'elle fondit en celle de Levis au moyen du mariage de Loüis de Levis seigneur de la Voute avec Blanche de Ventadour, qui commença la seconde race des Seigneurs de Ventadour. Mais n'ayant pas assez de titres pour establir seurement cette genealogie, je me contenteray de dire que Loüis de Levis Comte de Ventadour eut quatre enfans de Blanche de Ventadour, assavoir Gilbert de Levis premier du nom Comte de Ventadour, Jean seigneur de Charlus, François Evesque de Tulle, Charles Abbé de la Valette & de Bonnaygue, & Catherine de Levis Dame de Brion. Gilbert I. fut pere de Gilbert II. Comte de Ventadour, de Blanche mariée à Loüis d'Agoult Baron de Sault, & de Pernelle mariée avec André Baron de Crussol. Gilbert II. espousa Susanne Dame de Cornillon sur Loire. Et de ce mariage issirent Gilbert III. premier Duc de Ventadour, Jacqueline Dame de Rochebaron, Françoise Comtesse de Suze, & Blanche femme de Loüis d'Amboise Comte d'Aubijoux. Gilbert III. fut marié avec Catherine de Montmorency fille d'Anne Connestable de France & sœur d'Eleonor femme de François de la Tour III. du nom Vicomte de Turenne. Il provint de leur mariage Anne de Levis Duc de Ventadour, lequel espousa Marguerite de Montmorency sa cousine germaine. Ils eurent nombre d'enfans, assavoir Henry Duc de Ventadour, qui se fit d'Eglise, & est mort Chanoine de Nostre Dame de Paris, Charles pere du Duc de Ventadour d'aujourdhuy, François Comte de Vauvert mort sans lignée, François Christophle Duc d'Amville, Anne Archevesque de Bourges, Loüis Hercules Evesque de Mirepoix, & Catherine Dame de Tournon.

D'AUVERGNE. LIV. V. 411

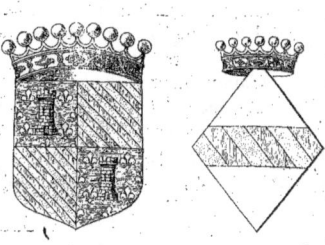

PONS.
D'argent à la face bandée d'or & de gueules de six pieces.

Antoine de la Tour Vicomte de Turenne, seigneur d'Oliergues.

CHAPITRE X.

ANTOINE de la Tour estoit le quatriesme enfant masle d'Annet IV. & d'Anne de Beaufort, comme ils le disent eux mesmes dans leur testament. Ils l'avoient destiné à l'Eglise, & luy avoient ordonné une pension pour estre entretenu aux estudes. Mais Dieu en ordonna autrement. Car François son frere aisné estant decedé sans enfans, & les autres estant demeurez dans le celibat, la succession & les biens de la maison de la Tour-Turenne escheurent à cet Antoine appellé le vieil pour le distinguer d'un de ses freres de mesme nom plus jeune que luy. *Preuves p. 739.*

Il espousa en l'année MCCCCXCIV. Antoinete de Pons fille de Guy seigneur de Pons & de Jeanne de Chasteauneuf. C'est ainsi que ses pere & mere sont appellez dans le contract de son mariage & dans une ancienne genealogie MS. de la maison de Pons escrite en ce temps là. Et cependant Messieurs de Sainte-Marthe & M. Du Chesne la font fille de Guy de Pons & d'Isabeau de Foix fille de Gaston IV. Comte de Foix & d'Eleonor d'Arragon Reyne de Navarre. M. Justel fait cette Isabeau mere de Guy & grand mere d'Antoinete. Mais cette Isabeau estant inconnuë à tous ceux qui ont traité la genealogie des Comtes de Foix, il est permis de douter de cette alliance jusques à ce qu'on en aura des preuves. *Preuves p. 744.*

Ce Vicomte donna en l'année MCCCCXCVIII. par donation entre vifs à sa femme Antoinete de Pons la seigneurie de Serviere assise & située en la Seneschaussée de Limousin pour en disposer elle & les siens à la vie & à la mort à leur volonté. Cette seigneurie est en la paroisse de Glanic au diocese de Tulle.

Je ne trouve plus rien d'elle apres cela. Je ne sçay dequoy elle est de-

Tome I. Fff ij

412 HISTOIRE DE LA MAISON

venuë ny où elle eſt morte. Je me perſuade neantmoins facilement que voyant le deſordre de vie où eſtoit le Vicomte ſon mary, dont nous parlerons à la fin de ce chapitre, elle ſe reſolut de le quitter & de ſe retirer en Saintonge auprez de ſes proches. On a donné depuis quelque temps à M. le Cardinal de Boüillon de tres belles Heures en miniature richement reliées, leſquelles ont aſſurement appartenu à quelque Vicomteſſe de Turenne qui faiſoit ſa reſidence dans le dioceſe de Saintes, comme le Calendrier qui eſt au commencement de ces Heures le juſtifie. On y voit au dernier feuillet l'eſcuſſon des armoiries du Vicomte de Turenne telles qu'elles ſont repreſentées icy, & à la marge inferieure du XXXIII.

feuillet celuy des armoiries d'une Dame myparty de la Tour-Turenne & des armoiries d'une femme comme il est icy representé. Mais ce ne

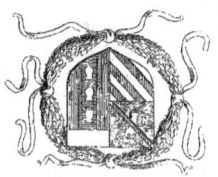

sont pas les armoiries qu'on attribuë communement à la maison de Pons, ny les anciennes armoiries de cette maison, qui sont d'azur à la croix d'argent accompagnée de quatre bezans ou tourteaux de mesme, ainsi qu'on les voit dans le MS. 7225. de la Bibliotheque du Roy. Or estant certain que ces Heures ont appartenu à une Dame mariée à un Seigneur de la Tour Vicomte de Turenne, n'estant pas d'Anne de Beaufort femme du premier Vicomte du surnom de la Tour ny d'aucune des Dames qui ont esté mariées aux Vicomtes de Turenne successeurs d'Antoine, il faut necessairement qu'elles ayent appartenu à Antoinete de Pons. Mesme les devises qui y sont semblent fortifier cette opinion. Car il y a une devise entrelassée dans la couronne qui soustient l'escusson, laquelle pourroit bien signifier que cette Dame supportoit sa mauvaise fortune avec beaucoup de courage & de vertu, y ayant escrit, JE ENDURE POUR DURER, & une autre en Latin au bas pour marquer qu'elle esperoit que ses maux finiroient : POST TENEBRAS SPERO LUCEM. Toutefois ces armoiries m'empeschent de rien assurer, parce qu'il est certain que dez ce temps là les Sires de Pons portoient les armoiries qu'on leur donne encore aujourdhuy.

J'ay trouvé dans un arrest donné au Parlement de Bourdeaux le XXIII. Decembre MDXI. qu'elle estoit desja morte. Et dans le contract de mariage de sa fille Marguerite passé au lieu de sainte Esperie en Quercy le XXI. May MDXIV. elle est appellée fille d'Antoine de la Tour Vicomte de Turenne & de Dame Antoinete de Pons jadis femme dudit Vicomte de Turenne.

En l'année MCCCXCVI. le Roy Charles VIII. mettant en consi- *Preuves p.744.* deration les bons, grands, vertueux, & recommandables services que son amé & feal cousin Antoine de la Tour Vicomte de Turenne luy avoit cy devant faits tant au fait des guerres qu'autrement en plusieurs manieres, & desirant se servir de luy en estat & office honorable & convenable aux vertus & merites de sa personne, il le fit son Chambellan pour audit *Preuves p.744.* office le servir d'oresnavant aux honeurs, prerogatives, prééminences, libertez, gages, droits, profits, & emolumens accoustumez & qui y appartiennent, avec ordre à M. le Chancellier de recevoir son serment & de le mettre & instituer en possession dudit estat & office.

Apres la mort de Jean de la Tour III. du nom Comte d'Auvergne &

de Boulogne arrivée au mois de Mars MDI. Antoine pretendant que la branche aifnée des Seigneurs de la Tour eftant efteinte par fa mort fans enfans mafles, & la Baronnie de la Tour eftant fubftituée aux mafles à *Preuves p.744.* l'exclufion des femelles, elle luy devoit appartenir, il adjoufta à fes qualitez celle de Baron de la Tour, & intervint pour ce fujet au procez qui eftoit pendant aux Requeftes du Palais à Paris pour la fucceffion du Comte Jean.

Preuves p.745. En l'année MDXXII. il fit fon teftament, par lequel il partagea fes biens entre fes enfans. Il eft fafcheux qu'il y ait laiffé des marques de fon incontinence, ayant fait des legs à un grand nombre de baftards, qui y font nommez par nom & furnom, & à plufieurs fervantes defquelles il avoit eu des enfans. Ce qui marque une vie bien diffolüe, laquelle fut fans doute caufe de la retraite de fa femme, qui fe retira en Saintonge pour n'avoir pas toujours devant fes yeux tant de tefmoignages ambulans des defbauches de fon mary.

En l'année MDXXVII. il donna par donation entre vifs à Gilles de la Tour fon fils la Baronie de Limeüil pour en difpofer à fa volonté luy & fes heritiers à la vie & à la mort, à la charge de l'ufufruit pendant fa vie.

Il mourut en fon chafteau de Montvalent en Quercy le XIV. Fevrier MDXXVII. & fut enterré aux Cordeliers de Brive.

Enfans d'Antoine de la Tour Vicomte de Turenne & d'Antoinete de Pons fa femme.

FRANÇOIS DE LA TOUR II. du nom, qui aura fon chapitre.

GILLES DE LA TOUR feigneur de Limeüil en Perigord par la donation qu'Antoine fon pere luy fit de cette feigneurie l'an MDXXVII. le XVIII. jour du mois d'Avril eftant en fon chafteau de Montvalent. Il efpoufa Marguerite de la Cropte Dame de Lenquais fille unique & heritiere de Bertrand de la Cropte feigneur de Lenquais & de Jeanne d'Abzac de la maifon de Ladouze en Perigord. Bertrand eftoit fils de François de la Cropte. Et celuy cy eftoit fils de Jean de la Cropte feigneur de Lenquais, lequel quitta le party d'Angleterre en l'année MCCCCLI. & fe remit en l'obeiffance du Roy Charles VII. comme il eft attefté par M. Du Tillet. Je crois que Jean eftoit frere de Bertrand de la Cropte efleu Evefque de Sarlat au mois de Septembre MCCCCXVI. & confirmé par David de Montferrand Archevefque de Bourdeaux fon Metropolitain le XXII. du mefme mois. Le teftament de Gilles de la Tour eft de l'an MDLXVI. & celuy de fa femme de l'an MDLXXI. Ils laifferent trois fils & cinq filles, affavoir Galiot de la Tour, qui eftoit l'aifné, & fut feigneur de Limeüil & de Lenquais; lequel n'ayant pas efté marié, inftitua fon heritier univerfel Henry de la Tour Vicomte de Turenne fon coufin, qui eftoit le feul mafle reftant de la branche des Seigneurs de la Tour feigneurs d'Oliergues, qui devint par là Seigneur de Limeüil & de Lenquais. Galiot mourut le XIX. Novembre MDXCI.

D'AUVERGNE. Liv. V.

Charles & Jacques de la Tour ses freres moururent avant luy sans lignée, & Antoine son autre frere fut Chevalier de Malte. Les filles furent, Isabeau de la Tour aisnée mariée à Scipion de Sardigny Gentilhomme & Patrice Lucquois, Vicomte de Buzanci, & Baron de Chaumont, fils de Jean Baptiste de Sardigny Gonfalonnier de la Republique de Lucques & de Jeanne de gli Antelminelli sa femme, l'une des principales familles de Lucques, de laquelle estoit sorti Castruccio de gli Antelminelli, qui fut Duc de Lucques & de Pise. Du mariage d'Isabeau de la Tour & de Scipion de Sardigny sont sortis Alexandre de Sardigny Vicomte de Buzanci & Baron de Chaumont & Paul de Sardigny seigneur de Joüy. La seconde fille de Gilles de la Tour & de Marguerite de la Cropte fut Philippie de la Tour mariée en l'année MDLXV. avec Antoine Baron de Roquefeüil seigneur de Castelnau & de Blanquefort. La troisiesme fut Antoinete de la Tour mariée en premieres nopces en l'année MDLXX. à Jean d'Avaugour Comte de Chasteauvillain, duquel elle n'eut point d'enfans, & en secondes nopces l'an MDLXXIV. à Charles de la Marck Comte de Maulevrier fils puisné de Robert de la Marck IV. du nom Duc de Boüillon. La quatriesme fut Marguerite de la Tour mariée en l'année MDLXXV. à Jean d'Aubusson seigneur de la Valade en Perigord. La cinquiesme fut Magdelene de la Tour mariée en l'année MDLXIII. à Jean de Fayole seigneur de Menuit, saint Pardoux, & saint Martial.

MARGUERITE DE LA TOUR mariée en l'année MDXIV. à Pierre de Clairmont seigneur & Baron de Clairmont de Lodeve & de la Moliere, Gouverneur de Languedoc, fils de Tristan de Castelnau & de Catherine d'Amboise, & frere de François de Castelnau Evesque de Porto Doyen du Sacré college & Legat du saint Siege en Avignon, lequel fut mediateur de ce mariage. Il en provint cinq enfans, assavoir Guy seigneur de Castelnau & de Clairmont de Lodeve, Jacques Evesque de saint Pons & Abbé de saint Florent lez Saumur, qui estoit l'aisné, François seigneur de Lombès, Jean Vicomte de Clairmont, & Catherine mariée à Dieudonné de Montal Baron de Roquebrou & de Carbonnieres. *Preuves p. 745.*

ANNE DE LA TOUR receuë en l'année MDV. religieuse de l'Ordre de saint Jean de Hierusalem au monastere de Fieux en Quercy, où sa tante l'estoit aussi. Enterrée au Convent des Reverends Peres Cordeliers de Brive. *Preuves de M. fustel p. 233.*

416   HISTOIRE DE LA MAISON

AMBOISE.
Palé d'or & de
gueules de six
pieces.
LA TOUR
MONT-
GASCON.
Escartellé. Au
1. & 4. de la
Tour. Au 2. &
3. d'Auvergne.

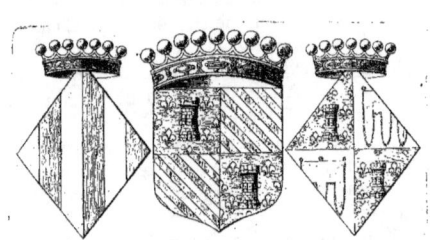

François de la Tour II. du nom Vicomte de Turenne, Chevalier de l'Ordre du Roy, Capitaine des Cent Gentilshommes de sa Maison, Gouverneur de Genes, de l'Isle de France, du Chasteau de Beauté sur Marne & du Bois de Vincennes, Lieutenant general du Roy en son armée d'Italie.

CHAPITRE XI.

LE Vicomte reünit en sa personne les deux sortes de noblesse qui ont esté remarquées par les anciens, c'est à dire, celle du sang, & la personele, qui est fille de la vertu. Car il s'acquit une grande reputation en son temps, eut de grands emplois & de grandes charges, & fut employé en diverses negociations importantes, le tout en consideration de son merite & de son sçavoir faire. Il adjousta à ces grandes qualitez une vie sans reproche. De sorte qu'on peut

Trebel. Pollio. luy appliquer avec beaucoup de raison ce qu'un ancien aucteur de l'histoire
Moribus perju- auguste dit du jeune Valerien Empereur, qu'il estoit fort sage & tenoit
cundus atque à
patris dissolu- une conduite fort esloignée de la dissolution de son pere. C'est ce que nous
tione sejunctis. allons voir dans la suite de ce discours.

Preuves p. 746.   Il nasquit à Limeüil en Perigord le cinquiesme jour du mois de Juillet MCCCCXCVII. & y fut baptizé huict jours apres. Loüis de Levis Comte de Ventadour fut son parrin, & sa marrine Françoise de la Tour sa tante, laquelle fut mariée quelque temps apres à Jacques de Castelnau seigneur de Jalognes, comme nous l'avons dit cy dessus page 407.

Dez son enfance il donna à connoistre ce qu'il seroit quelque jour. Car dans un aage bien tendre, lorsqu'il semble qu'on n'est capable de s'occuper à autre chose qu'aux amusemens & aux divertissemens des enfans, n'ayant

pas

D'AUVERGNE. Liv. V.

pas encore dix ans entiers, en suivant la Cour du Roy, & luy servant d'enfant d'honneur, il entreprit de copier un livre serieux intitulé l'*Instruction d'un jeune Prince pour se bien gouverner envers Dieu & le monde*, & acheva de le copier avant qu'il eut achevé l'onziesme année de son aage. Il est bien à presumer qu'estant attaché à copier un ouvrage de cette nature, il en tira de bonnes maximes pour sa conduite, dont il sceut bien profiter. Je crois qu'à cette occasion je peux dire de luy ce que Tacite dit d'un illustre Romain qui vivoit sous l'empire de Vespasien. Il dit donc que cet illustre Romain, appellé *Helvidius Priscus*, s'appliqua dans un aage bien tendre aux estudes les plus relevées, ce qu'il ne fit pas, comme beaucoup de gens ont accoustumé de faire, afin de voiler & couvrir d'un nom magnifique une vie oiseuse & faineante, mais afin d'apprendre à estre ferme dans le maniement des affaires d'Estat, qu'il suivit les maximes de ceux qui n'estiment rien de bon que ce qui est honeste, & ne compta la faveur, la noblesse, & les autres choses qui sont hors de l'esprit ny parmy les biens ny parmy les maux. Au reste, je ne dois pas obmettre icy qu'on garde encore à Turenne ce livre escrit & signé de la main de ce jeune Seigneur. Tacit. lib. 4. hist.

En l'année MDX. son pere l'emancipa, & luy fit en mesme temps don de la Vicomté de Turenne & de plusieurs autres seigneuries. Ce qu'il confirma en l'année MDXVI. dans le traicté de son mariage avec Catherine d'Amboise. Il fut deslors connu sous le nom de Vicomte de Turenne, & commença de se rendre recommandable en l'année MDXXI. en laquelle le Roy François I. voyant que toutes choses tendoient à une ouverture de guerre avec l'Empereur, il manda, comme dit M. du Bellay, au Duc de Bourbon Connestable de France de faire levée de huict cens chevaux & de six mil hommes de pied, & donna une semblable charge au Duc de Vendosme. On a les letres que le Connestable escrivit au Vicomte de Turenne pour ce suject. Ces troupes ayant esté levées, M. Du Bellay remarque que la cavalerie de M. de Bourbon fut conduite à Amiens par le Vicomte de Turenne & par quelques autres Seigneurs. Preuves p. 746. Preuves p. 748.

En l'année MDXXII. le Roy d'Angleterre ayant envoyé une armée en France de laquelle il fit chef le Duc de Suffolc, & l'Empereur ayant joint la sienne à celle de ce Roy, le Duc de Vendosme, qui estoit Lieutenant general pour le Roy en Picardie, en advertit le Roy, lequel luy envoya le Seigneur Loüis de la Trimoüille Gouverneur de Bourgogne avec bon nombre de gendarmerie. Parmy les braves gens qui y furent envoyez M. Du Bellay nomme le Vicomte de Turenne, lequel fut mis en garnison avec plusieurs autres Seigneurs de marque dans la ville de Teroüenne, de laquelle Philippe Chabot seigneur de Brion, qui fut depuis Admiral de France, fut fait Gouverneur. Il y a parmy les preuves de l'histoire de la maison d'Auvergne de M. Justel des letres du Roy données à Paris au mois de Septembre MDXXIII. qui justifient que ce Vicomte estoit encore alors en Picardie par ordre du Roy pour la tuition & defense du pays.

En l'année MDXXIV. le Roy envoyant des troupes en Italie sous le commandement du Duc d'Albanie Prince du sang royal d'Escosse, le Vicomte de Turenne fut fait Lieutenant general du Roy en cette expedition. La preuve en est dans une letre de ce Duc à luy escrite de Rome le XIV. Fevrier, dont la superscription est telle. *A mon cousin Monsieur le Vicomte de Turenne Lieutenant general du Roy.* Il l'appelle son cousin, parce qu'il estoit cousin de la Duchesse sa femme Anne de la Tour Comtesse d'Auvergne.

Preuves p. 748.

Le Vicomte de Turenne, qui avoit esté fait en la mesme année Capitaine de cinquante hommes d'armes, estoit encore en Italie dans l'armée du Duc d'Albanie lorsque le Roy François I. fut fait prisonnier devant Pavie, comme on le voit dans une letre à luy escrite par J. de Tournon tres curieuse, laquelle sera imprimée parmy les preuves.

Preuves p. 749.

Mais estant de retour l'année suivante en France, il fut envoyé Ambassadeur extraordinaire en Angleterre avec Gabriel de Gramont Evesque de Tarbe & Antoine Le Viste President au Parlement de Paris pour traicter du mariage du Roy avec la Princesse Marie fille d'Henry VIII. Roy d'Angleterre & d'une ligue defensive contre l'Empereur pour la delivrance des Enfans de France retenus en Espagne; dont la relation, à ce que dit M. Justel, & de ce qui fut traicté sur ce sujet avec le Cardinal d'York, redigée par Claude Dodieu Conseiller en la Cour de Parlement de Paris, se trouve MS. entre les rares memoires de M. Du Puy. Il est fait mention de son ambassade en Angleterre dans un registre de Turenne où est marqué le jour de la naissance de François III. son fils.

Preuves p. 757.

J'aprens d'une letre de Gabriel Symeon, qui est au Tresor des chartes de Turenne, escrite à Madame la Vicomtesse de Turenne estant lors à Joze en Auvergne que ce Vicomte fut envoyé par le Roy l'année MDXXVIII. à Florence à cause de la guerre de Naples, où M. de Lautrec fut envoyé, lequel se rendit en peu de temps maistre de la plus grande partye de ce royaume.

En cette mesme année le Roy le fit son Lieutenant general & Gouverneur de la ville & seigneurie de Gennes avec la mesme auctorité & puissance en toute sorte d'affaires que si sa Majesté y estoit en personne.

Preuves p. 751.

En l'année MDXXIX. il fut envoyé en Espagne vers l'Empereur pour en execution des traictez de Madrit & de Cambray retirer les Enfans de France, qui avoient esté baillez en ostage pour la rançon du Roy, & pour ratifier & contracter de nouveau son mariage avec la Reyne Eleonor sœur aisnée de l'Empereur veuve d'Emmanuel Roy de Portugal, laquelle il espousa au nom du Roy, comme son procureur special à cet effect, le Dimanche vingtiesme Mars de la mesme année.

Preuves p. 751. & suivantes.

Il fut en suite fait Gouverneur & Lieutenant general du Roy en l'Isle de France.

Preuves p. 755. 756.

M. Justel a escrit qu'il fut accordé du vivant de son pere avec Loüise d'Albret Duchesse de Valentinois. Ce qui ne peut pas estre, estant certain qu'il n'y a eu aucune Loüise d'Albret Duchesse de Valentinois. La fille d'Albret Duchesse de Valentinois s'appelloit Charlote, laquelle fut mariée en l'an MCCCCXCIX. à Cæsar Borgia Duc de Valentinois, & fut mere

D'AUVERGNE. LIV. V. 419

de Loüise Borgia Duchesse de Valentinois mariée en Avril MDXVIII. à Loüis II. du nom seigneur de la Trimoüille. De sorte que s'il a esté parlé de le marier avec une Duchesse de Valentinois, il faut que ce soit avec Loüise Borgia fille de Charlote d'Albret.

Il espousa en l'année MDXVI. Catherine d'Amboise fille de Guy *Preuves p.746.* d'Amboise seigneur de Ravel & de Françoise Dauphine fille de Beraud *747.* Dauphin IV. du nom seigneur de Combronde & d'Antoinete de Polignac, comme il a esté remarqué cy dessus page 233.

Catherine d'Amboise estant morte sans enfans, il espousa en secondes *Preuves p.747.* nopces en l'année MDXVIII. Anne de la Tour, dite de Boulogne, Dame de Montgascon, fille de Godefroy de la Tour II. du nom seigneur de Montgascon & d'Antoinete de Polignac sœur de la susdite Antoinete Dame de Combronde, si la genealogie de la maison de Polignac n'est pas fautive. De sorte que le Vicomte eut besoin de dispense pour espouser Anne de la Tour, laquelle selon cette genealogie estoit tante à la mode de Bretagne de Françoise d'Amboise sa premiere femme, laquelle leur fut accordée par le Cardinal de la Rouvere grand Penitencier au mois de Fevrier. Anne avoit espousé en premieres nopces en l'année MDVI. Charles de Bourbon Comte de Roussillon, & en secondes nopces en l'année MDX. Jean de Montmorency seigneur d'Escoüen fils aisné de Guillaume seigneur de Montmorency & frere d'Anne de Montmorency Connestable de France.

Le Roy François I. estant allé en Bretagne en l'année MDXXXII. pour y faire recevoir M. le Dauphin en qualité de Duc de Bretagne, & le Vicomte de Turenne l'y ayant suivy, il se logea à Villocher à deux ou trois licuës de Chasteaubriant, où le Roy se tenoit. En ce temps là il courut des fievres continues qui estoient mortelles, principalement à jeunes gens, lesquelles on disoit proceder des excessives chaleurs qui furent cz mois de May & de Juin. Le Vicomte de Turenne fut du nombre des malheu‑ reux. Il mourut à Villocher le douziesme jour du mois de Juillet, ayant *Preuves p.755.* fait son testament trois jours auparavant. Nous avons deux relations tres *756.* exactes faites en ce temps là de ce qui passa à ses honeurs funebres, dans lesquelles il est marqué qu'il avoit ordonné par sa derniere volonté son corps estre enterré en la ville de Brive au Convent de l'Ordre de saint François. Apres quoy il y est marqué que ses serviteurs le firent tres bien embaumer & mettre dans un beau coffre couvert de velours noir & une croix de satin blanc de tous costez, & le mirent sur les brancars d'une litiere noire, & le couvrirent d'un drap noir à une croix de fustaine blanche traisnant à terre, & par dessus un grand drap de velours noir à tout une croix de satin blanc traisnant jusques à terre fort ample avec quatre escussons aux armes dudit feu Seigneur. Les mulets qui le portoient estoient houssez de drap noir jusques aux patyrons & une croix de fustaine blanche & un chaperon en la teste, en sorte qu'on ne voyoit rien desdits mulets que les yeux & les pieds. Et avant partir de Villocher ils firent chanter tous les Prestres qu'ils purent trouver; & eurent six Cordeliers qui garde‑ rent le corps audit lieu cinq ou six jours priant Dieu, & faisoient l'office

Tome I. Ggg ij

divin honorablement. Et au partir de là le porterent au Convent de saint François, où il demeura dix jours, pendant lesquels on disoit tous les jours grands Messes & Vigiles. Et tous les Gentilshommes, parmy lesquels sont nommez M. de la Borde, M. le Maistre, le Baron de Gimel, M. de Martigny, M. de Miramont, Mathieu de Fage seigneur de Marion, & tous les serviteurs, furent là habillez de deüil, lesquels estoient en grand nombre tant de Gentilshommes qu'autres, & apres partirent de là accompagnez des Cordeliers, & s'en vinrent jusques à la ville d'Userche en Limousin, où le corps reposa pendant quinze jours. Le vingtiesme jour de Juillet Messire François d'Escars seigneur de la Vauguyon, l'un des executeurs de son testament & tuteur de ses enfans, vint à Pompadour, & envoya querir Messire Rigaud de la Tour Abbé d'Userche frere du defunct, M. de Bar seigneur du Cluzeau & de la Bertrandie, ensemble Messieurs de Pompadour & d'Escars, pour adviser au faict de l'enterrement & honeurs funebres dudit feu Seigneur. Lequel de Bar leur monstra ce qui avoit esté fait à l'enterrement de feu son pere. Ce qui ayant esté approuvé par ces Messieurs, ils en envoyerent un double à M. le Duc d'Albanie & à Messire Antoine de la Rochefoucaud seigneur de Barbesieux tuteurs d'honeur des enfans du Vicomte avec les Cardinaux de Tournon & de Gramont, & encore à Madame Antoinete de Polignac Dame doüairiere de Montgascon aussi tutrice de ses enfans. Ce project ayant esté trouvé bon par ces Messieurs & par ladite Dame, ils despescherent ledit de Bar à Brive pour faire accoustrer l'Eglise des Cordeliers & faire faire les provisions necessaires pour l'enterrement & honeurs funebres. Ils escrivirent à Messieurs les Evesques de Cahors, de Tulle, de Perigueux, de Sarlat, & de Bazas pour les inviter de se trouver à cet enterrement. Ils y inviterent pareillement les Abbez de Soüillac, Figeac, S. Martial, la Valete, Grandmont, Marsillac, Terrasson, Beaulieu, la Couronne, & Chastres, & les Doyen & Chapitre de saint Germain de Maseré. Ils y firent aussi appeller M. de Murat, M. de Limeüil, M. de Pompadour, M. d'Autefort, M. de Pons, M. de Mirambeau, M. de Ribeyrac, M. de Guistinieres, M. de Curton, M. de Montal, M. de Biron, M. le * Grand Escuyer, M. de Gimel, M. d'Escars, M. de saint Bonnet, M. de sainte Aulaire, Messieurs de Lasieulx, de Gramat, Montmurat, & Aubeterre, & tous les Gentilshommes accoustumez à estre appellez aux Estats de la Vicomté de Turenne, ensemble tous les Consuls & Syndics des villes & chastellenies de la Vicomté.

Ledit sieur de Bar fit tenir les letres par tout par cinq serviteurs habillez de deüil.

Le quatriesme jour d'Aoust Jean de la Borde son Escuyer & Alexandre de Calmon seigneur de Bruols son Maistre d'Hostel arriverent à Brive avec la plus grand partie de ses serviteurs, & firent entourer l'Eglise des Cordeliers d'une ceinture de noir dehors & dedans aux armes du defunct, l'Ordre du Roy à l'entour. On fit tendre le grand autel haut & bas de velours noir avec une croix de satin blanc à chasque piece aux armes dudit Seigneur en broderie, & à l'entour dudit autel des rideaux de tafetas

* C'estoit Jacques Galliot de Genoüillac seigneur d'Acier.

noir, & les piliers furent tous couverts de drap noir. Auprez de l'autel, du costé de l'Evangile, il y avoit un petit oratoire tapissé de noir de tous costez où estoient ceux qui portoient le grand deüil, & le devant de tafetas noir. Tout le chœur estoit garni & tapissé de drap noir jusques au premier degré. Tout à l'entour de l'Eglise il y avoit des listeaux avec des chandeliers noirs avec un cierge alumé à chascun ; & au dessous dudit bois, tant que duroit le chœur & le bout de l'Eglise, une ceinture de velours noir aux armes du defunct, & dans toute la nef de l'Eglise une ceinture de satin noir semée d'armoiries ; & tout le bas du chœur & la chaire du Predicateur tout couvert de drap noir. Il y avoit au milieu du chœur une chapelle ardente fort haute & double clocher au milieu, une grande croix au dessus, où il y avoit cinq croix, & en chasque quarré autant, toute couverte de cierges, & tout le tour de ladite chapelle garnie de velours noir.

Les Seigneurs de la Borde & de Bruols accompagnez de tous les serviteurs partirent de Brive le dixhuictiesme jour d'Aoust pour se rendre à Userche, où ils firent faire un service solemnel ; & s'y trouva le Seigneur de Pompadour, qui y fit faire un pareil service.

Le lendemain ils enleverent le corps, & partirent d'Userche. Ils furent accompagnez bien loin par l'Abbé & le Chapitre d'Userche & par les Syndics de ladite ville avec certain nombre de torches aux armes dudit Abbé, du Chapitre, & de la ville, jusques au prioré de la Sauliere esloigné d'environ une lieuë de la ville.

Le vingtiesme tous les serviteurs, ensemble plusieurs Gentilshommes en grand nombre, allerent audit prioré de la Sauliere, où ils firent celebrer une grande Messe par les Cordeliers qui gardoient le corps. Et apres la Messe dite ils prirent le corps & le monterent comme cy dessus pour le transporter à Brive. Il y avoit au devant du corps cinquante pauvres habillez de deüil avec chascun une torche à la main aux armes du defunct, & marchoient devant les serviteurs. Apres marchoit le fils de la Bertrandie portant les esperons dorez monté sur un grand cheval houssé de drap noir jusques aux patyrons des pieds avec une croix de fustaine blanche & le chaperon sur la teste dudit cheval, en sorte qu'on ne luy voyoit que les yeux. Apres marchoit le fils du Seigneur de Miramont portant les gantelets monté sur un autre grand cheval accoustré de mesme. Apres marchoit le Seigneur de la Treyne portant le heaulme monté sur un autre grand cheval accoustré de mesme. Apres marchoit le jeune Cornil de Quercy portant le panon monté sur un grand cheval houssé de mesme. Apres marchoit le Seigneur de Ligonne portant le guidon. Apres marchoit le Seigneur de la Borde portant l'enseigne des cent Gentilshommes de la maison du Roy, dont le defunct estoit Capitaine. Apres marchoit le Seigneur de Rosiers, qui portoit l'espée. Apres marchoit l'Officier d'armes portant l'escu dudit Seigneur, sa cotte d'armes vestue. Apres marchoit le corps & l'Ordre du Roy sur un carreau de velours noir sur le corps. Il y avoit sur chasque mulet de la litiere un Page habillé de deüil, c'est assavoir le Baron de Durfort & le petit fils de la Bertrandie, une gaule noire à la main couchée sur le bras gauche, le chaperon en la teste renversé, & au tour quatre laquays habillez de mesme. Ils marcherent en cet ordre jusques à Brive, où ils furent rencontrez par les Syndics de Turenne avec vingt quatre pauvres habillez de deüil ayant chascun une torche à la main aux armes de Turenne. Et quand ils furent au bout du pont, ils mirent le corps du defunct à terre. Et là se trouverent les Seigneurs du grand deüil, c'est à dire, M. de Pompadour mené par M. l'Evesque de Tulle, M. de Ribeyrac mené par M. l'Evesque de Sarlat, M. de Mirambeau mené par M. l'Abbé de saint Chamans, accompagnez de tous les parents & autres Gentilshommes. Pareillement se trouva au bout du pont M. l'Evesque de Perigueux accompagné des Abbez, qui estoient tous habillez en pontifical, avec les Eglises de Brive, marchant en procession, ensemble tous les Consuls & Syndics de la Vicomté, chascun en son rang. Le corps fut mis sur deux traineaux noirs. Ledit Evesque luy donna de l'eau benite, & fit les prieres accoustumées. Apres marcherent les torches des convoquez. Et apres celles des villes de Martel & de Beaulieu, celles de Martel à la main droite, & celles de Beaulieu à main gauche, & les torches de la ville de Brive. Puis vinrent les Cordeliers, les Jacobins, & les Prestres & Chanoines de la grande Eglise, chascun en l'ordre accoustumé, & apres le pontifical. Apres quoy suivoient les Consuls de Martel & de Beaulieu, ceux de Martel à main droite, & ceux de Beaulieu à main gauche, & les Consuls de Brive en robes rouges. Apres marchoient les serviteurs habillez de deüil en grand nombre, le chaperon en teste. Et apres les mulets de la litiere marchoient les deux pages cy dessus nommez, chaperon renversé, une gaule noire en leur main couchée sur le bras gauche, quatre laquays autour de mesme parure. Suivoient les treize pauvres de Montfort habillez de deüil portant torches aux armes du defunct. Et puis les vingtquatre pauvres des Syndics de Turenne habillez de deüil portant torches, les cinquante pauvres habillez de deüil, chascun une torche à la main aux armes du defunct. Apres marchoient le fils de la Bertrandie portant les esperons dorez garnis de velours, le Seigneur de Miramont avec les gantelets, le Seigneur de la Treyne portant l'heaulme, le jeune Cornil de Quercy portant le panon, le Seigneur de Ligonne portant le guidon, le Seigneur de Bar portant l'enseigne, le Seigneur de la Borde avec l'enseigne des cent Gentilshommes de la maison du Roy, & le Seigneur de Rosiers portant l'espée, tous montez sur de grands chevaux houssez comme dessus, chascun desdits Gentilshommes ayant le chaperon en la teste. Apres venoit l'Officier d'armes à cheval ayant la cotte d'armes vestuë, le chaperon sur l'espaule, portant l'escu. Apres marchoit le Baron de Gimel aussi habillé de deüil, le chaperon en teste, portant l'Ordre du Roy sur un carreau de velours noir. Apres marchoit le corps porté par huit Gentilshommes confreres de la confrerie Nostre Dame de Brive revestus de surpelis. Et porterent les quatre coings du drap, sçavoir est les premiers Messieurs de Chaumont & de Montal, & les derniers Messieurs d'Autefort & de Gimel. Apres marchoit le grand deüil en l'ordre que dessus, & apres les parents, & les serviteurs des Gentilshommes convoquez, & tous les grands apparents du pays, qui y estoient appellez pour l'honeur des funerailles. Apres que tout le monde fut assemblé, M. le Vicomte de Turenne fils du defunct vint à Brive avec six cens chevaux, & toute la ville le vint visiter en sa chambre aux Cordeliers, d'où il sortit avec toute la compagnie pour aller en la grande Eglise de saint Martin, où fut mis le corps du defunct auprez du grand autel avec quatre grands cierges à l'entour & deux sur le grand autel, qui bruslerent toute la nuit. On y chanta les Vigiles des morts fort solemnelement. Apres qu'elles eurent esté dites, les Evesques, Abbez, Seigneurs, Gentilshommes, Consuls, & Syndics s'en allerent souper ensemble au Refectoir des Cordeliers, où ils furent merveilleusement bien servis. Et le souper fait, & graces dites par un Cordelier Docteur grandement sçavant, chascun se retira en son logis. Et sonnerent toutes les cloches de ladite ville toujours dez que le corps fut arrivé jusques à ce qu'il fut mis en terre. Et fut ordonné par Messieurs de la Vauguyon & de Pompadour, qui estoient executeurs testamentaires du defunct, que le Seigneur de Bruols Maistre d'hostel serviroit la table des Evesques & Prelats, le Seigneur de la Borde Escuyer dudit Seigneur serviroit le deüil, le Seigneur de Ligonne la table des Gentilshommes, & les Seigneurs de Floirac & de Taillefer les tables des communautez.

Le Lundy XXVI. dudit mois d'Aoust la Messe de Nostre Dame fut celebrée dans ladite Eglise saint Martin par l'Abbé de Chastres, officiée par de bons chantres, & celle du Saint Esprit par l'Evesque de Sarlat. Apres quoy le corps du defunct fut porté par les Confreres dessusdits en l'ordre marqué cy dessus, fors que les Gentilshommes marchoient à pied avec leurs robes longues. Et quand ils furent prez du Convent des Cordeliers, ils furent rencontrez par l'Evesque de Perigueux accompagné de plusieurs Abbez habillez en pontifical & en procession, qui receurent le corps en disant les oraisons accoustumées, & le mirent dans l'Eglise sous une chapelle ardente bien garnie de cierges alumez, & à l'entour de ladite chapelle une ceinture de velours noir semée d'escussons aux armes du defunct. Ceux du grand deüil furent mis en l'oratoire du costé de l'Evangile. Les Evesques & Prelats, fors les assistans en la Messe, furent assis au bas du chœur du costé de l'Epistre. Et de l'autre costé les parents & Gentilshommes, les Consuls du costé des Prelats, les Gentilshommes qui portoient les enseignes & autres de deüil au bas banc, & le Herauld d'armes sur un escabeau couvert de drap noir auprez du corps.

L'Evesque de Perigueux dit la Messe de *Requiem* fort solemnelement. Et le Seigneur de la Bertrandie & le Seigneur de Sufrocque, les chaperons en la teste, deux pages devant eux tenant chascun une torche à la main, chaperon en teste, portant chascun un bassin d'argent en la main plein d'or ou de monnoye, qu'ils porterent à ceux du grand deüil pour aller à l'offrande, & apres au Heraud d'armes, aux Gentilshommes & serviteurs habillez de deüil. Ceux du grand deüil allerent à l'offrande menez comme dessus. Apres y alla le Heraud d'armes, qui offrit l'escu qu'il portoit renversé. Et là se trouva le Seigneur de Gimel, qui le prit & le redressa, & cria VIVE TURENNE, & le mit sur l'autel. Apres y alla le Baron de Gimel, qui portoit l'Ordre. Et apres tous les autres chascun en son ordre. Et apres l'offrande faite un Religieux dudit Convent fit l'oraison funebre, qui fut approuvée de toute l'assemblée. La Messe ayant esté achevée, on mit le corps en terre. En suite la compagnie alla diner au refectoir des Peres, qui estoit bien tapissé, avec un grand ciel noir sur la table des Prelats. Ceux qui portoient le grand deüil estoient dans une chambre bien tapissée de noir.

Il se trouva à cet enterrement environ dixneuf cens Prestres qu'on avoit fait venir de toutes parts, lesquels furent recompensez comme ils le meritoient. Il y eut aussi quatre mil neuf cens soixante six pauvres, ausquels on fit l'aumosne. Apres quoy le Pere qui avoit fait l'oraison funebre alla dire graces, & Messieurs du grand deüil vinrent remercier la compagnie de l'honeur qu'ils avoient faite à la maison du trespassé. Et en apres tout le monde se retira. On prit en suite soin de payer exactement toute la despense qui avoit esté faite pour cette affaire, & on fit crier à son de trompe par toute la ville de Brive que tous ceux qui auroient fourni quelque chose vinssent se faire payer jusques à une maille.

Apres son decez le gouvernement de la tour & chasteau de Beauté sur Marne & du Bois de Vincennes, qui estoit alors un gouvernement favori, & qui le sera toujours tandis que les Roys feront leur sejour ordinaire à Paris, fut donné à Messire Anne de Montmorency Grand Maistre & Mareschal de France, estant marqué dans les letres patentes du don expediées à la Hennaudaye en Bretagne le XXII. Juillet MDXXXII. que ce gouvernement estoit vacant par la mort de M. le Vicomte de Turenne. Et le gouvernement de l'Isle de France vacant aussi par son decez fut donné à Messire Antoine de la Rochefoucaud seigneur de Barbesieux.

Hist. de Montmorency p. 387.

Anne de la Tour-Boulogne sa femme fit son testament à Paris le Mercredy huictiesme jour de Mars MDXXX. en laquelle elle mourut. Il y a apparence qu'elle y est enterrée aux Cordeliers, l'ayant ainsi ordonné par son testament.

Preuves p. 756.

Enfans de François de la Tour II. du nom Vicomte de Turenne & d'Anne de la Tour-Boulogne sa femme.

FRANÇOIS DE LA TOUR III. du nom, qui aura son chapitre.
CLAUDE DE LA TOUR mariée en l'année MDXXXV. à Just seigneur de Tournon & Comte de Roussillon, Dame d'honeur de la Reyne Marguerite, femme d'une vertu tres distinguée, qui a beaucoup travaillé pour la defense de la religion catholique contre les Huguenots. Voyez les Eloges des Dames illustres du R. P. Hilarion de Coste, où il est amplement parlé de la pieté & des grandes actions de cette Heroine. La genealogie de la maison de Tournon se trouve à la page 599. du second volume des Mazures de l'Isle-Barbe de M. Le Laboureur Prevost de cette abbaye.

abbaye. La mort desaftreuse de Mademoiselle de Tournon sa fille est si memorable qu'encore qu'elle ait esté rapportée en plusieurs endroits, je crois que le lecteur ne trouvera pas hors de propos que je la mette icy telle que la Reyne Marguerite l'a descrite dans ses Memoires, d'où les autres escrivains l'ont prise.

Cette arrivée toute pleine d'honneur & de joye eust esté encore plus agreable sans le malheur de la mort qui arriva à Madamoiselle de Tournon; de qui l'histoire estant si remarquable, je ne puis obmettre à la raconter, faisant cette digression à mon discours. Madame de Tournon, qui estoit lors ma Dame d'honneur, avoit lors plusieurs filles, desquelles l'aisnée avoit espousé Monsieur de Balançon Gouverneur pour le Roy d'Espagne au Comté de Bourgogne, & s'en allant à son mesnage pria sa mere Madame de Tournon de luy bailler sa sœur Madamoiselle de Tournon pour la nourrir avec elle & luy tenir compagnie en ce pays, où elle estoit esloignée de tous ses parens. La mere la luy accorde; & y ayant demeuré quelques années en se faisant agreable & belle (car sa principale beauté estoit sa vertu & sa grace) Monsieur le Marquis de Varanbon, de qui j'ay parlé cy devant, lequel estoit destiné à estre d'Eglise, demeurant avec son frere Monsieur de Balançon en mesme maison, devint par l'ordinaire frequentation qu'il avoit avec Madamoiselle de Tournon fort amoureux d'elle, & n'estant point obligé à l'Eglise, il desira l'espouser. Il en parle aux parens d'elle & de luy. Ceux du costé d'elle le trouverent bon. Mais son frere Monsieur de Balançon, estimant plus utile qu'il fust d'Eglise, fait tant qu'il empesche cela, s'opiniastrant à luy faire prendre la robbe longue. Madame de Tournon, tres sage & tres prudente femme, s'offençant de cela, osta sa fille Madamoiselle de Tournon d'avec sa sœur Madame de Balançon, & la prit avec elle. Et comme elle estoit femme un peu terrible & rude, sans avoir esgard que cette fille estoit grande & meritoit un plus doux traitement, elle la gourmande & crie sans cesse, ne luy laissant presque jamais l'œil sec, bien qu'elle ne fit nulle action qui ne fut tres loüable. Mais c'estoit la severité naturelle de sa mere. Elle ne souhaitant que de se voir hors de cette tyrannie, receut une certaine joye quand elle vit que j'allois en Flandre, pensant bien que le Marquis de Varanbon s'y trouveroit, comme il fit, & qu'estant lors en estat de se marier, ayant du tout quitté la robbe longue, il la demanderoit à sa mere, & que par le moyen de ce mariage elle se trouveroit delivrée des rigueurs de sa mere. A Namur le Marquis de Varanbon & le jeune Balançon son frere s'y trouverent, comme j'ay dit. Le jeune Balançon, qui n'estoit pas de beaucoup si agreable que l'autre, accoste cette fille, la recherche, & le Marquis de Varanbon, tant que nous fusmes à Namur, ne fit pas seulement semblant de la connoistre. Le despit, le regret, l'ennuy luy serre tellement le cœur, elle s'estant contrainte de faire bonne mine tant qu'il fut present sans monstrer de s'en soucier, que soudain qu'ils furent hors du bateau où ils nous dirent adieu, elle se trouve tellement saisie qu'elle ne peut plus respirer qu'en criant, & avec des douleurs mortelles. N'ayant nulle autre cause de son mal, la jeunesse combat huict ou dix jours la

Memoires de la Reyne Marguerite p. 114.

mort, qui armée de defpit fe rend enfin victorieufe, la raviffant à fa mere & à moy, qui n'en fifmes moins de deüil l'une que l'autre. Car fa mere, bien qu'elle fuft fort rude, l'aimoit uniquement. Ses funerailles eftant commandées les plus honorables qu'il fe pouvoit faire, pour eftre de grande maifon comme elle eftoit, mefme appartenant à la Royne ma mere, le jour venu de fon enterrement, l'on ordonne quatre Gentilshommes des miens pour porter le corps; l'un defquels eftoit la Breffiere (qui l'avoit pendant fa vie paffionnement adorée fans le luy avoir ofé defcouvrir, pour la vertu qu'il connoiffoit en elle, & pour l'inegalité) qui lors alloit portant ce mortel faix, & qui mouroit autant de fois de fa mort qu'il eftoit mort de fon amour. Ce funefte convoy eftant au milieu de la ruë qui alloit à la grande Eglife, le Marquis de Varanbon coupable de ce trifte accident, quelques jours apres mon partement de Namur s'eftant repenty de fa cruauté, & fon ancienne flamme s'eftant de nouveau rallumée (ô eftrange fait!) par l'abfence, qui par la prefence ne pouvoit eftre efmeuë, fe refout de la venir demander à fa mere, fe confiant peuteftre en la bonne fortune qui l'accompagne d'eftre aimé de toutes celles qu'il recherche, comme il a paru depuis peu en une grande qu'il a efpoufée contre la volonté de fes parens, & fe promettant que fa faute luy feroit aifement pardonnée de fa maiftreffe, repetant fouvent ces mots Italiens, *Che la forza d'amore non rifguarda al delitto*, prie Dom Jean de luy donner une commiffion vers moy, & venant en diligence, arrive juftement fur le point que ce corps auffi malheureux qu'innocent & glorieux en fa virginité eftoit au milieu de cette ruë. La preffe de cette pompe l'empefche de paffer. Il regarde que c'eft. Il advife de loin au milieu d'une grande & trifte troupe des perfonnes en deüil & un drap blanc couvert de chapeaux de fleurs. Il demande que c'eft. Quelquun de la ville luy refpond que c'eftoit un enterrement. Luy trop curieux s'avance jufques aux premiers du convoy, & importunement preffé de luy dire de qui c'eft. O mortelle refponfe! L'amour ainfi vengeur de l'ingrate inconftance veut faire efprouver à fon ame ce que par fon defdaigneux oubly il a fait fouffrir au corps de fa maiftreffe les traits de la mort. Cet ignorant qu'il preffoit luy refpond que c'eft le corps de Madamoifelle de Tournon. A ce mot il fe pafme & tombe de cheval. Il le faut emporter en un logis comme mort, voulant plus juftement en cette extremité luy rendre l'union en la mort que trop tard en la vie il luy avoit accordée. Son ame, que je crois, allant dans le tombeau requerir pardon à celle que fon defdaigneux oubly y avoit mife, le laiffa quelque temps fans aucune apparence de vie, & eftant revenu l'anima de nouveau pour luy faire efprouver la mort, qui une feule fois n'euft affez puny fon ingratitude.

Preuves p. 755. ANNE DE LA TOUR nommée dans le teftament de fon pere, morte avant luy.

ANTOINETE DE LA TOUR mariée en l'année MDXLV. par contract paffé le XII. Juin avec François le Roy feigneur de Clinchamp fils de Loüis le Roy feigneur de Chavigny Capitaine des Gardes du corps du Roy, iffu d'une tres noble & tres ancienne famille, la genealogie de laquelle eft en partye defduite par M. Du Chefne dans l'hiftoire de la

D'AUVERGNE. Liv. V.

maiſon de Dreux & dans celle de la maiſon de Richelieu. Mais encore que la genealogie de cette maiſon ait eſté ſuffiſament expliquée par ce ſçavant homme, auquel il ſembleroit ſuffire de renvoyer le lecteur, je croirois neantmoins faire tort au ſujet que je traicte ſi je n'en diſois icy quelque choſe, meſme en faveur de ceux qui ſe donneront la peine de lire mon ouvrage, leſquels ſeront ſans doute bien ayſes de trouver icy l'origine du mary d'Antoinete de la Tour, ſans eſtre obligez de la chercher ailleurs. Guillaume le Roy I. du nom Chevalier ſeigneur de la Bauſſonniere & de Baſſes fut marié avec Jeanne Maumoine Dame de Chavigny en Loudunois & du Chillou. Ils engendrerent Guillaume le Roy II. du nom ſeigneur de Chavigny, de la Bauſſonniere, de Baſſes, & du Chillou, lequel eſpouſa en l'année MCCCXCVIII. Jeanne de Dreux Princeſſe du ſang royal de France fille d'Eſtienne de Dreux dit Gauvain ſeigneur de Bauſſart. Il provint de ce mariage deux enfans, dont l'aiſné fut Gauvain le Roy ainſi nommé du nom de Gauvain de Dreux ſon ayeul maternel, & Guillaume le Roy III. du nom, lequel eut pour ſon partage les terres de Chavigny, de la Maumonniere, & de Baſſes. Celuy cy eſpouſa en l'année MCCCCXLIII. Françoiſe de Fontenais fille d'Ambroiſe de Fontenais Chevalier ſeigneur de ſaint Gatian & de ſaint Cler. Duquel mariage ſortirent René le Roy ſeigneur de Chavigny, Guyon le Roy ſeigneur du Chillou Vice-Admiral de France & General des armées navales du Roy contre les Anglois, Guillaume le Roy Eveſque de Maguelonne, & Catherine le Roy femme de Bertrand de la Jaille ſeigneur d'Avrillée. René le Roy ſeigneur de Chavigny & de la Bauſſonniere Conſeiller & Chambellan ordinaire du Roy s'allia en l'année MCCCCLXXX. avec Magdelene Gouffier fille de Guillaume Gouffier ſeigneur de Boiſy & de Bonnivet premier Chambellan du Roy Charles VII. & de Loüiſe d'Amboiſe. Laquelle alliance produiſit Loüis le Roy ſeigneur de Chavigny, Jacques le Roy Archeveſque de Bourges, Gilles le Roy, Pierre, François, & Antoinete le Roy mariée à François de Prunellé ſeigneur d'Herbaut. Loüis le Roy ſeigneur de Chavigny & de la Bauſſonniere Gentilhomme ordinaire de la Chambre du Roy François I. & Capitaine des Gardes du corps de ſa Majeſté fut conjoint par mariage avec Antoinete de Saint Pere fille & heritiere ſeule d'Adam de Saint Pere Chevalier ſeigneur de Saint Pere & de Clinchamp & de Charlote de la Haye ſon eſpouſe. Leur fils appellé François le Roy ſeigneur de Chavigny & de la Bauſſonniere, Comte de Clinchamp, Chevalier des Ordres du Roy, Capitaine de ſes Gardes, puis des cent Gentilshommes de ſa maiſon, & Lieutenant general de ſa Majeſté ez provinces d'Anjou, de Touraine, & du Maine, eſpouſa Antoinete de la Tour. Au contract de leur mariage aſſiſterent Odet Cardinal de Chaſtillon Archeveſque de Touloufe & Eveſque de Beauvais, Jacques le Roy Archeveſque de Bourges oncle du marié, Anne de Montmorency Conneſtable & Grand Maiſtre de France, François de Montmorency ſeigneur de la Rochepot Gouverneur de l'Iſle de France, Charles de Roye ſeigneur de Roye, Loüis de Silly ſeigneur de la Rocheguyon, & François de Prunellé ſeigneur d'Herbault & Macheninville. Antoinete mou-

Tome I.

428 HISTOIRE DE LA MAISON

rut sans lignée. Je dois avertir icy le lecteur qu'il a esté escrit par mesgarde à la page 759. & 760. des preuves *Chauvigny* au lieu de *Chaviny*, qui est en Loudunois.

RENE'E DE LA TOUR religieuse au monastere royal de Poissy, où elle fut receuë par Madame la Prieure Charlote de Chabannes & prit l'habit le Jeudy XII. Aoust MDXXXV. Elle fut en suite faite Abbesse du fameux monastere du Paraclit au diocese de Troyes en Champagne, dont elle n'eut pas le loisir d'aller prendre possession, estant morte le vingtiesme Avril MDXLVIII.

MONTMO-
RENCY.
*D'or à la croix
de gueules ac-
compagnée de
seize alerions
d'azur.*

François de la Tour III. du nom Vicomte de Turenne, Chevalier de l'Ordre du Roy, Capitaine de cinquante lances des ordonnances de sa Majesté, & Capitaine des cent Gentilshommes de sa Maison.

CHAPITRE XII.

Preuves p. 757.

FRANCOIS III. Vicomte de Turenne, qui fait le sujet de ce chapitre, nasquit au chasteau de Ferrieres en Bourbonnois appartenant à son pere le XXV. Janvier MDXXVI. son pere estant alors Ambassadeur en Angleterre.

En l'année MDXLIV. François de Bourbon Comte d'Enguien ayant esté envoyé par le Roy en Piedmont pour y commander son armée mal obeissante sous le commandement du Seigneur de Boutieres, il gagna la fameuse bataille de Cerizoles le Lundy de Pasques XI. Avril. Il

Preuves p. 758. est prouvé par titre que le Vicomte de Turenne s'y comporta vaillament & hardiment, & qu'en consideration de sa vertu & de ses merites M. d'Enguien le fit Chevalier. Il receut cet honneur de la main de ce Prince dans la mesme occasion où le fameux Blaise de Montluc, qui fut depuis Mareschal de France, le receut aussi de la main de ce Prince, comme il le dit luy mefme au livre fecond de fes commentaires. Montluc reputoit cela à un fi grand honeur qu'il declare qu'il s'en fentiroit toute fa vie honoré pour l'avoir efté en ce jour de bataille & de la main d'un tel Prince.

En l'année MDXLV. il efpoufa Eleonor de Montmorency fille aifnée d'Anne de Montmorency Conneftable de France, laquelle eftant decedée avant fon mary, fut enterrée en l'Eglife de faint François de Senlis à cofté droit du grand autel deffous une tombe de pierre. Il en eut deux enfans, qui feront nommez cy apres. *Hift. de Mont- morency p. 418*

En l'année MDLII. la charge de Capitaine de quarante hommes d'armes ayant vacqué par la mort de M. de Rohan, le Roy confiderant la grande proximité de lignage dont François de la Tour Vicomte de Turenne luy attouchoit, & fes grands fens, vertus, & vaillances, luy donna cette capitainerie, laquelle il augmenta de dix hommes d'armes, qui eft en nombre de cinquante hommes d'armes. Il en prefta le ferment entre les mains de M. le Conneftable le quatorziefme Fevrier de l'année fuivante. *Preuves p. 757.*

A la fin de l'année MDLIV. le Roy luy donna l'eftat de Capitaine des cent Gentilshommes de fa maifon vacant par le decez de Jean Sire de Crequy. Et en ce faifant bailla à M. le Prince de Condé la capitainerie de cinquante lances de fes ordonnances dont avoit charge le Vicomte de Turenne. *Preuves p. 758.*

Il eftoit l'année d'apres en Piedmont avec l'armée du Roy, & en revint fur la fin de l'année, ayant trouvé Eleonor de Montmorency fa femme accouchée d'un fils, qui fut nommé Henry, comme nous le dirons au chapitre fuivant. *Preuves p. 751*

Je trouve dans l'hiftoire de Breffe compofée par M. Guichenon que François de la Tour III. du nom Vicomte de Turenne eftoit Capitaine de Bourg, Gouverneur & Lieutenant general pour le Roy en Breffe & Bugey en l'année MDLVII.

La mort l'enleva en cette mefme année, ayant efté bleffé le jour de faint Laurens dixiefme du mois d'Aouft à Effigny le grand prez de faint Quentin en Vermandois pendant le fiege de faint Quentin, & de là porté au camp du Roy d'Angleterre, où il mourut peu de jours apres, ayant fait fon teftament le XIII. jour du mefme mois. Belleforeft deplorant fa perte dit que ce jeune Seigneur eftoit tel & de fi grande efperance que s'il eut vefcu, on eut peu attendre de luy ce que les Romains ont jadis veu en leurs plus hardis, vaillans, fages, & genereux chefs de guerre. Et il efcrivoit cela longtemps apres le decez de ce Seigneur, n'ayant aucune recompenfe ny aucune faveur à efperer de luy, *poftquàm nullum mendacio pretium*, pour me fervir du mot de Tacite. Milles Piguerre, qui efcrivoit fon hiftoire dans ce mefme temps, dit que ce vaillant & brave jeune Seigneur fut tué au fiege de faint Quentin, apres avoir autant bien fait & combattu que les forces humaines le pouvoient comporter. *Preuves p. 759.* *Tacit. lib. 4. annal. cap. 81.*

Enfans de François de la Tour III. du nom Vicomte de Turenne & d'Eleonor de Montmorency sa femme.

HENRY DE LA TOUR Vicomte de Turenne, dont il sera parlé au chapitre suivant.

MAGDELENE DE LA TOUR, appellée communement Mademoiselle de Montgascon, nasquit le xxv. Octobre MDLVI. à deux heures du matin, & fut baptisée le Jeudy dixiesme jour de Decembre ensuivant. Magdelene de Savoye femme du Connestable son ayeule fut sa marrine. Elle fut mariée à l'aage de seize ans avec Honorat de Savoye Comte de Tende son proche parent, petit neveu de Loüise de Savoye mere du Roy François I. & neveu de Madame la Connestable. Il estoit Chevalier de l'Ordre du Roy, Grand Seneschal, Gouverneur, & Lieutenant du Roy en Provence, & Admiral des mers du Levant. Le traicté de ce mariage fait en presence du Roy Charles IX. & de la Reyne Catherine de Medicis sa mere, de Madame la Connestable, d'Henry de Montmorency seigneur d'Amville Mareschal de France, d'Honorat de Savoye Marquis de Villars Mareschal de France, de François le Roy Comte de Clinchamp, d'Antoinete de la Tour sa femme, & de Claude de la Tour Dame de Tournon, fut passé au chasteau d'Amboise le premier jour du mois de Janvier MDLXXII. Ce mariage ne fut pas heureux, Honorat de Tende estant mort sans enfans le huictiesme jour du mois d'Octobre ensuivant. Sa veuve ne se remaria point, & par son testament fait & passé à Paris en l'hostel de Montmorency le Samedy xi. jour de Juin MDLXXX. elle fit M. le Vicomte de Turenne son frere son seul & unique heritier.

Preuves p.759.

Preuves p.760.

Honorat de Savoye Comte de Tende mary de Magdelene de la Tour estoit fils de Claude de Savoye Comte de Tende Gouverneur de Provence, & cestuy cy fils de René de Savoye surnommé le Grand Comte de Villars, Grand Maistre de France, Gouverneur & Lieutenant general pour le Roy en Provence, & d'Anne Comtesse de Tende sa femme issuë de l'illustre & ancienne maison de Lascaris, qui avoit longtemps tenu l'Empire de Constantinople.

DUCS DE BOÜILLON,
PRINCES SOUVERAINS
DE SEDAN ET RAUCOURT

Depuis l'an MDXCI. *jusques à present.*

Les armoiries des Ducs de Boüillon sont escartelées. Au 1. & 4. de la Tour. Au 2. de Boulogne. Au 3. de Turenne. Et sur le tout parti d'Auvergne & de Boüillon.

TABLE GENEALOGIQUE DES DUCS DE BOÜILLON PRINCES SOUVERAINS DE SEDAN ET RAUCOURT.

HENRY DE LA TOUR D'AUVERGNE DUC DE BOUILLON PRINCE SOUVERAIN DE SEDAN ET RAUCOURT.

Charlote de la Marck fille unique d'Henry Robert de la Marck Duc de Boüillon. — Elisabeth de Naſſau fille de Guillaume de Naſſau I. du nom Prince d'Orange.

Eleonor Febronie de Bergh. — Frederic Maurice Duc de Boüillon, Prince ſouverain de Sedan & Raucourt.	Henry connu ſous le nom de Vicomte de Turenne.	Marie Duchesse de la Trimoüille.	Juliene Catherine Comteſſe de Roucy.	Elisabeth Dame de therine Duras.	Henriete Dame morte de la Mouſſaye. en 1606.	Louiſe morte en 1661.	Charlote

Marie Anne Mancini niepce du Cardinal Mazarin. — Godefroy Maurice Duc de Boüillon, Comte d'Auvergne, Grand Chambellan de France.	Emmanuel Theodoſe Cardinal.	Conſtantin Ignace Chevalier de Malte.	Henry Ignace Chevalier de Malte.	Eliſabeth Ducheſſe d'Elbeuf.	Emilie Eleonor & Hyppolite Françoiſe, religieuſes.	Maurice Febronie Ducheſſe de Baviere.	Frederic Maurice connu ſous le nom de Comte d'Auvergne. — Henriette Françoiſe de Maria Zolern.

Loüis Prince de Turenne, mort ſans poſterité.	Emmanuel Theodoſe Duc d'Albret, a eſpouſé Victoire Armande de la Trimoüille.	Frederic Jules connu ſous le nom de Chevalier de Boüillon.	Henry Loüis connu ſous le nom de Comte d'Evreux.	Marie Eliſabeth.	Loüiſe Julie Princeſſe de Montbaſon.	Loüis Chevalier de Malte.	Emmanuel Maurice Chevalier de Malte.	Henry Oſwal connu ſous le nom d'Abbé d'Auvergne.	François Egon connu ſous le nom de Prince d'Auvergne.	Frederic Conſtantin connu ſous le nom de Prince Frideric.	Eliſabeth Eleonor Loüiſe Emilie, Marie Anne, religieuſe.

Armande. Magdelene. N. mort. Godefroy Maurice. Frederic Maurice Caſimir.

D'AUVERGNE. Liv. V. 433

Henry de la Tour Vicomte de Turenne, Duc de Boüillon, Prince souverain de Sedan, Jametz, & Raucourt, Mareschal de France.

LA MARCK SEDAN. D'or à la fasce eschiquetée d'argent & de gueules de trois traicts, surmonté d'un Lyon naissant de gueules.

NASSAU ORANGE. D'azur au Lyon d'or billeté de mesmes, qui est Nassau. Escartelé. Au 1 & 4. de gueules à la bande d'or, qui est Chalon. Au 2. & 3. d'or au cor d'azur virolé & lié de gueules, qui est Orange.

CHAPITRE XIII.

A principale application ayant esté dans tout le cours de cet ouvrage de desduire simplement les faits historiques sans entrer beaucoup dans la loüange des personnes dont j'ay parlé, je fais estat de tenir la mesme conduite dans ce qui me reste à faire. Je conçois assez qu'ayant à parler des grands personnages qui en composent la derniere partye, les curieux seroient bien ayses d'y voir leurs actions relevées par de beaux discours, comme c'est assez l'usage d'accompagner de loüanges le recit des grandes & vertueuses actions. Mais outre qu'il y a quelques personnes de merite & de reputation qui se sont chargées de donner au public les vies des Princes de cette maison qui sont morts, mesme que celle de feu M. de Turenne paroistra bientost, ceux qui vivent aujourd'huy m'ont donné à entendre qu'on ne vouloit à ce sujet autre chose de moy qu'une simple & courte narration. De vray je crois que les grandes actions ne requierent d'autres ornemens que ceux qui sont inseparables d'un recit fidele. En suivant cet ordre je rendray à la memoire de ceux qui sont morts la justice qui leur est deüe, & je ne fairay rien qui puisse blesser la modestie des vivants. Ce qui convient parfaitement au devoir & à la gravité d'un historien, sur tout dans un ouvrage de la nature de celuy-cy, qui n'a esté proprement entrepris que pour instruire le public de l'histoire d'une maison assez illustre d'elle mesme, laquelle n'a pas besoin d'autres ornemens.

Je commenceray donc cette derniere partye de l'histoire genealogique de la maison d'Auvergne par Henry de la Tour Vicomte de Turenne, qui

Tome I.   Iii

a mis dans sa maison la Duché souveraine de Bouillon & les souverainetez de Sedan, Jametz, & Raucourt.

Preuves p. 758. Il nasquit le XXVIII. Septembre MDLV. à Joze en Auvergne, fut baptizé par Messire Guillaume du Prat Evesque de Clairmont, eut pour parrin le Roy Henry II. qui luy fit donner son nom par M. de la Fayette, *To. IX. du Mercure François pag. 465.* & fut esleve & instruit en la maison du Connestable de Montmorency son grand pere maternel. Il commença de bonne heure à faire connoistre sa vertu & sa valeur en toutes les occasions qui l'appellerent au service de nos Roys & de l'Estat, & se rendit si recommandable par les rares & eminentes qualitez de son esprit & par la grandeur de son courage & de sa prudente conduite en toutes les affaires tant de la guerre que de la paix qu'il a toujours esté consideré comme le plus habile homme & le plus experimenté Capitaine de son temps. Je crois mesme pouvoir dire de luy *Froissart vol. 1. chap. 26.* ce que Froissart dit de Messire Robert d'Artois au sujet du Roy Philippe de Valois, qu'il fut l'homme du monde qui plus ayda au Roy Henry le Grand *Preuves page 782. 790. 793. 800.* à parvenir à la Couronne, ayant esté dez sa jeunesse aupres de luy, & l'ayant accompagné en toutes ses adversitez, ayant esté employé par sa Majesté dans ses plus importantes affaires dans les commencemens de son regne *Memoires du Plessis Mornay to. 2. page 66.* avec le succez marqué dans les letres du Roy imprimées parmy les Preuves, & ayant donné, comme il le dit luy mesme dans son testament, ses ans & *Preuves p. 800.* ses services au soustien de la maison de Bourbon. Ce qui a sans doute fait dire à M. de Mezeray que le Roy moyenna son mariage avec l'heritiere de Sedan afin de s'acquitter par ce moyen des grandes obligations qu'il luy avoit.

La preuve des choses que je viens de rapporter de l'estime & de l'affection que ce grand Roy avoit pour le Vicomte de Turenne & du grand attachement qu'il avoit à sa Majesté se trouve dans les letres de commission que le Roy luy donna en l'année MDXC. pour aller vers la Reyne d'Angleterre *Preuves p. 750.* & vers le Duc de Saxe negocier un traité d'alliance & confederation entr'eux & le Roy & dans la letre que sa Majesté escrivit en mesme temps à ce *To. 2. page 66.* Duc imprimée dans les Memoires de M. du Plessis Mornay.

Il paroist par les Memoires de M. le Duc de Sully & par la letre escrite au Duc de Saxe que je viens de citer que le Vicomte de Turenne suivit de bonne heure la Cour du Roy de Navarre & que sa grande jeunesse ne l'empescha pas d'y estre en grande estime & consideration. Mais il estoit en reputation d'un grand Chef de guerre dez l'an MDLXXXI. n'estant aagé que de vingt-six ans. C'est le mesme M. de Sully qui nous l'apprend. Et son tes-*To. 1. page 55.* moignage est d'autant moins suspect qu'il a toujours esté son ennemy, ainsi *Ibid. page 28.* qu'il le reconnoist luy mesme. Ce fut au siege de Cambray, où il fut fait prisonnier dans une malheureuse rencontre, & fut gardé par les enne-*Thuan lib. 74. page 512.* mys jusques à ce que la Reyne Catherine de Medicis, *quam proxima cognatione contingebat*, comme dit M. le President de Thou, envoya l'année d'apres Messire Pomponne de Bellievre, qui fut depuis Chancellier de France, pour traiter de sa rançon, pour laquelle il paya cinquante trois mil escus.

Apres avoir bien estably les fondemens de son merite & de sa reputation, je m'en vais raconter succinctement année par année ce qui s'est passé

D'AUVERGNE. LIV. V.

de plus memorable à son esgard pendant sa vie, en attendant qu'elle soit donnée plus au long, comme elle le sera bientost, par une meilleure plume que la mienne.

En l'année MDLXVII. il perdit Anne de Montmorency Connestable de France son grand pere maternel, & assista à ses obseques à Nostre-Dame de Paris. M. Du Chesne a amplement descrit cette ceremonie dans son histoire de la maison de Montmorency, où le lecteur curieux pourra la voir. Je me contenteray de dire icy que les quatre coins du drap de l'effigie dudit Seigneur furent portez par quatre de ses plus proches parents Chevaliers de l'Ordre, qui estoient Messieurs de Candale, Turenne, & les deux freres de la Roche-Guyon. Où le lecteur remarquera, s'il luy plaist, que le Vicomte de Turenne, tout jeune qu'il estoit, n'ayant que douze ans, estoit desja Chevalier de l'Ordre. *Hist. de Montmorency p. 412.*

En l'année MDLXXII. le Roy Charles IX. se confiant entierement de la personne de ce Vicomte, de ses sens, vertu, vaillance, & experience au fait des armes, il le fit Chef & Capitaine d'une compagnie de trente lances pour l'exercer auprez & sous les ordres de M. le Duc d'Anjou frere du Roy & son Lieutenant general representant sa personne par tous ses royaume, pays, & estats. *Preuves de M. Justel p. 260.*

En ce temps là le party des Protestants estant devenu puissant, le Vicomte de Turenne se declara aussi en l'année MDLXXV. pour la nouvelle religion, qu'il detestoit auparavant, comme dit le Sieur d'Aubigné, & y acquit d'abord une grande creance. Ce fut un grand malheur pour luy & pour sa maison. Mais enfin Frederic Maurice son fils repara ce malheur par la profession de la religion catholique apostolique & Romaine qu'il embrassa. *Aubigné to. 2. page 220.* *Preuves page 813 815.*

En l'année MDLXXVII. il luy arriva un accident qui merite d'estre remarqué, quoy que ce soit dans une petite rencontre. Je le rapporteray comme il a esté escrit par le Sieur d'Aubigné. Cet escrivain dit que les negotiateurs de la paix entre les Catholiques & les Protestans estant revenus de Toulouse à Bergerac, apres avoir accordé une treve qui avoit la Dordogne pour bornes, le Vicomte de Turenne mandé pour se trouver au traité s'y achemina apres une grande maladie qui l'avoit longtemps retenu chez luy, qu'estant party de Turenne à demi gueri avec huit gentilshommes sur des hacquenées & en pourpoint, il fut reposer à Benac, & puis prit le chemin de Badefol, & que comme ils alloient à la file esloignez les uns des autres, mesme faisant porter la plus part leurs espées à leurs pages & valets, ils furent attaquez par la garnison de Limeüil battant la campagne, que ces gens tuerent d'abord d'un coup de pistolet un palefrenier du Vicomte, que sur ce bruit ceux qui n'avoient point d'espée coururent en chercher, que le Vicomte prit la sienne d'un page Alemand, qu'il alla se mesler dans cette troupe, qu'il porta d'abord un coup d'espée dans le visage de celuy qui la commandoit, laquelle il retira à peine toute emoussée & garnie de moustaches, qu'ayant percé la troupe, à la fin de laquelle il vit tomber son page mort, il retourna à la meslée, où il receut plusieurs coups d'espée, & sur tout un si profond dans la gorge que les gens d'armes, qui le reconnurent & le creurent mort, se retirerent avec quatre blessez, qu'estant acculé *Aubigné to. 2. page 279.*

Tome. I.   Iii ij

entre deux arbres du grand chemin avec dix playes il n'eut pas pluſtoſt, au travers du ſang qui luy couvroit le viſage, reconnu la retraite qu'il prit le chemin de Badefol & y arriva auſſi toſt que ceux qui eſtoient allez cher-cher leurs eſpées, & que le Roy de Navarre y mena luy meſme ſes chirurgiens, prenant cette occaſion pour faire une grande leçon à ceux qui mettent leurs eſpées & leur honneur entre les mains d'autruy.

En l'année MDLXXXI. il luy arriva encore un grand malheur. Car eſtant au ſiege de Cambray avec le Duc d'Alençon, ce Prince ayant eſté adverty que le Duc de Parme ſe retiroit, & ſe faiſant fort de ſe rendre dez le lendemain maiſtre de la place, commanda au Vicomte d'aller dire aux habitans qu'il entreroit le lendemain dans la ville. Le Vicomte monta donc à cheval avec ſix vingt Gentilshommes des plus braves & mieux montez & armez de tout le camp, bien reſolus de paſſer ſur le ventre à tout ce qu'ils trouveroient de gens de guerre, & qu'à quelque prix que ce peuſt eſtre ils entreroient les premiers dans Cambray. Ce que toute l'armée croyoit facilement, conſiderant, comme dit M. de Sully, la grande reputation du Chef & tant de vaillante nobleſſe triée à l'eſlite. Mais il arriva par malheur que l'entrepriſe ayant eſté faite de nuict à la faveur du clair de la lune, & eux s'eſtant eſgarez par la faute de leurs guides, il tomba entre les mains des troupes du Comte de Boſſu, qui le vendirent pour la ſomme de dix mil eſcus au Marquis de Roubais. Les gens du Comte de Boſſu chargerent ſi rudement le Vicomte que ſes gens haraſſez & craignans toutes choſes l'abandonnerent, & luy bleſſé fut fait priſonnier avec ceux qui luy firent meilleure compagnie, parmy leſquels eſtoit ſon couſin le Comte de la Voute fils du Comte de Ventadour. Mais celuy cy s'eſchapa. Ce qui fut cauſe qu'on garda encore plus exactement le Vicomte, lequel fut rachetté l'année d'apres par les ſoins de la Reyne Catherine de Medicis ſa proche parente, comme il a eſté deja remarqué cy deſſus.

Preuves p. 789. En l'année MDLXXXIV. le Roy de Navarre luy donna l'eſtat de premier Gentilhomme de ſa Chambre.

En l'année MDLXXXVI. au mois de Decembre fut tenuë la conference de ſaint Brix à deux lieuës de Cognac entre la Reyne Mere, le Roy de Navarre, le Prince de Condé, & le Vicomte de Turenne. Voicy comme cela ſe paſſa. La guerre eſtant bien allumée dans le royaume, & le Roy deſirant la paix de tout ſon cœur, n'ayant pas peu porter le Duc de Guiſe Chef de la Ligue à s'accommoder avec le Roy de Navarre, il pria la Reyne ſa mere de conferer avec ce Roy pour taſcher avec ſon adreſſe ordinaire de le reduire à quelque accommodement qui peut contenter la Ligue & arreſter les Alemands, du ſecours deſquels il n'auroit plus beſoin apres cela. Elle accepta tres volontiers cette commiſſion, & s'avança juſques à Champigny, belle maiſon du Duc de Montpencier, & fit en ſorte par l'entremiſe de ce Prince, qui fut trouver de ſa part le Roy de Navarre, qu'on demeura d'accord que la conference ſe fairoit à ſaint Brix, chaſteau pres de Cognac appartenant au Sieur de Fors, qui eſtoit du party de ce Roy. La Reyne s'y rendit accompagnée des Ducs de Montpencier & de Nevers, du Mareſchal de Biron, & de quelques autres Seigneurs qui n'estoient pas amys des Guises ny des Ligueurs, afin que la conference en fut plus paisible. Le Roy de Navarre s'y rendit aussi avec le Prince de Condé, le Vicomte de Turenne, & les principaux Chefs de leur party. Il y mena aussi quatre regimens, dont il entroit un en garde à chasque seance, si bien que la seureté & les vies des conferans estoient ez mains des Protestans. Comme le Roy de Navarre, le Prince de Condé, & le Vicomte se deffioient des artifices de la Reyne, qui avoit accoustumé d'amener toujours les choses au point qu'elle vouloit par ce merveilleux ascendant qu'elle avoit pris sur les esprits, ils ne voulurent jamais entrer tous trois ensemble dans la chambre de la conference. Lorsque le Roy de Navarre y estoit, le Prince & le Vicomte bien accompagnez faisoient la garde à la porte ; & quand l'un des deux y entroit, le Roy de Navarre & l'autre en faisoient autant, pour ne se pas mettre imprudemment entre les mains de celle à la parole de laquelle ils croyoient d'avoir tout suject de ne se pas fier, les deux autres estant libres & en estat de s'en faire faire raison si on entreprenoit sur leur liberté. Cette conference n'ayant eu aucun effect, on en fit une derniere à Fontenay entre la Reyne & le Vicomte ; dans laquelle la Reyne dit d'un ton fort imperieux qu'il n'y avoit plus à deliberer & que le Roy, qui vouloit estre absolument le maistre dans son royaume, vouloit aussi resolument qu'il n'y eust plus qu'une seule religion en France. *Et bien, Madame*, repartit sur le champ le Vicomte avec un certain sousris fier & mesprisant, *nous le voulons bien aussi, mais pourveu que ce soit la nostre, autrement nous nous battrons bien.* Sur quoy il fit une profonde reverence sans attendre la repartye, & se retira. Ainsi finit la conference sans aucun effect. Ce qui est bien estonnant, puisque c'estoit la Reyne qui avoit demandé cette conference & que ce personnage estoit agreable aux deux partys. Car j'ay leu dans une relation imprimée en ce temps là que la Reyne monstroit de vouloir traiter avec le Vicomte, estant bien informée de sa prudence, que le Roy de Navarre y consentoit estant certain de sa fidelité, & que les particuliers le souhaitoient, parcequ'il estoit reconnu aymant le bien & le repos de l'Estat.

En l'année MDLXXXVII. fut donnée la fameuse bataille de Coutras en Perigord entre le Roy de Navarre & le Duc de Joyeuse favory du Roy Henry III. envoyé par sa Majesté pour s'opposer aux desseins du Roy de Navarre. Les deux armées s'estant un peu escarmouchées d'abord, & le Duc de Joyeuse ayant fait attaquer la cavalerie du Roy de Navarre par sa cavalerie legere, il eut quelque petit avantage sur celle du Roy. Celle cy estoit distribuée en quatre escadrons quarrez distans les uns des autres, assavoir celuy du Roy & de M. le Prince de Condé, celuy de M. le Comte de Soissons, & celuy de M. de Turenne, qui commandoit les chevaux legers, lesquels furent un peu esbranslez par Laverdin, mais bien soustenus par M. de Turenne. Les trois autres escadrons, où estoient les trois Princes du sang, virent tout ce choc de pied ferme jusques à ce que M. de Joyeuse suivy d'un gros de cavalerie s'avança pour venir à la charge. Alors les trois Princes, marchans chascun à la teste de son escadron, s'acheminerent premierement au pas, puis au trot, & finalement à toute bride, & remporterent une victoire entiere. Le Vicomte de Turenne eut fon cheval tué fous luy. Je ne m'engageray pas à parler icy plus amplement de cette victoire, mon deffein n'eftant pas d'en faire autre mention que pour marquer la part que le Vicomte de Turenne y eut, & qu'il eftoit un des quatre chefs de l'armée avec trois Princes du fang.

Preuves page 790. 791.
Thuan. lib. 99. page 89.

En l'année MDXC. il fut envoyé vers la Reyne d'Angleterre & vers le Duc de Saxe & autres Princes d'Alemagne pour demander du fecours. M. le Prefident de Thou fait une honorable mention de luy à cette occafion, difant qu'outre la grandeur de fa naiffance & fon experience au fait de la guerre, il eftoit tres capable de negocier les grandes affaires.

Memoires de Nevers to. 2. page 641. 642.

Jufques là le Vicomte de Turenne n'avoit pas penfé à fe marier. Le Roy Henry le Grand, aupres duquel il avoit efté dez fa jeuneffe, & l'avoit accompagné en toutes fes adverfitez, ainfi que le Roy le dit luy mefme dans la letre qu'il efcrivit au Duc de Saxe, le Roy, dis-je, y penfa pour luy. Il avoit eu autresfois la penfée, comme nous l'apprenons de M. Amelot de la Houffaye, de luy donner en mariage Madame Catherine fa fœur, mariée depuis au Duc de Bar. Et il forma alors le deffein de luy faire efpoufer Charlote de la Marck heritiere de Sedan. Il paroift par les Memoires de M. Du Pleffis Mornay que le Vicomte n'accepta pas d'abord la propofition que le Roy luy en fit. Ce qui obligea le Roy de porter fes penfées ailleurs & de propofer le jeune Prince Cafimir fils de l'Electeur Palatin & le Prince d'Anhalt. D'un autre cofté d'autres Princes fongeoient à ce mariage, comme les fils aifnez des Ducs de Montpencier & de Nevers & le fecond fils du Duc de Lorraine. Mais enfin le Vicomte y penfa tout de bon; & le Roy, qui vouloit donner aux Lorrains un obftacle, & trouvoit le Vicomte propre à cela, fit une courfe à Sedan accompagné du Duc de Montpencier oncle de cette heritiere & autres Princes pour autorifer le contract, qui fut paffé le quinziefme jour d'Octobre MDXCI. & confommé le XIX. Novembre enfuivant. Il arriva pourlors une avanture bien confiderable & digne de remarque, rapportée par le Sieur d'Aubigné & autres. Le propre jour de fes nopces avec l'heritiere de Sedan, & non la veille de fon mariage, comme M. de Mezeray l'a efcrit, au lieu de s'abandonner aux rejoüiffances d'une fi grande fefte, preferant le fervice du Roy à toutes les douceurs que luy pouvoit promettre cette premiere nuict avec fa nouvelle efpoufe, bien loin de fe donner entierement à ces premiers plaifirs du mariage, comme fi la fatisfaction d'eftre victorieux des ennemys de l'Eftat eftoit quelque chofe de plus confiderable, il quitta le lict & la compagnie de fon efpoufe, & s'en fut cette mefme nuict furprendre & reduire la ville de Stenay en l'obeïffance du Roy. Et ainfi ce grand Prince remporta en mefme temps deux victoires efgalement grandes, l'une fur les rebelles à cette Monarchie, & l'autre fur tous les mouvemens de fon ame, qui n'auroient pas manqué de retenir à Sedan auprez de fa nouvelle femme tout autre que luy.

Memoires de Mornay to. 2. page 147.

Preuves pag. 792.

Je dois faire obferver en cet endroit au lecteur la beveüe de M. de Mezeray; lequel parlant de ce mariage dit que le Roy fit le Vicomte de Turenne Marefchal de France, *afin qu'il ne parut pas inefgal à cette alliance.* Que cette remarque ne foit fauffe il n'y a pas lieu d'en douter, eftant certain que ce mariage eſtoit fait & conſommé auparavant que le Vicomte fut eſlevé à la dignité de Mareſchal de France, à laquelle il ne fut eſlevé que l'année d'apres ſon mariage. Mais quand meſme il auroit eſté fait Mareſchal de France avant ce mariage, on ne pourroit pas inferer de là que ce fut pour qu'il ne parut pas ineſgal à cette alliance, la maiſon de la Tour, qui a toujours paſſé pour une des plus illuſtres de la Chreſtienté, & qui a eu des alliances plus grandes que celle de la maiſon de la Marck, n'ayant beſoin que de ſa grandeur pour s'allier à tout ce qu'il y a de plus illuſtre dans le royaume & ailleurs.

Le Vicomte de Turenne, alors Duc de Bouillon, fut fait Mareſchal de France l'année d'apres ſon mariage, c'eſt à dire au mois de Mars MDXCII. en la place du Mareſchal de Joyeuſe. M. le Procureur general de la Gueſle fit à cette occaſion ſon panegyrique lorſqu'on porta au Parlement ſes letres de proviſion pour y eſtre enregiſtrées. Et il n'a pas oublié d'y marquer la celebre victoire qu'il remporta ſur les troupes du Duc de Lorraine devant la ville de Beaumont en Argonne dont nous allons parler.

Preuves page 792.

Au mois d'Octobre de la meſme année le Duc de Bouillon fit lever le ſiege que le Sieur d'Amblize Mareſchal de Camp general du Duc de Lorraine avoit mis devant la ville de Beaumont à trois lieuës de Sedan. Ce qui arriva de la ſorte. Apres que le Duc de Bouillon eut reconduit les Reiſtres, il donna rendez-vous à ſes troupes audit Beaumont, leſquelles s'y logerent. Ledit Sieur d'Amblize les y aſſiegea, & leur fit dire que s'ils ne ſe rendoient pas, il les fairoit tous tailler en pieces. Le Sieur de Montigny & les autres Capitaines qui eſtoient dedans dirent au trompete: Dites à voſtre maiſtre que s'il nous veut donner ſon canon & à chaſcun de nos ſoldats cent eſcus, nous quitterons ce logis. D'Amblize fort faſché de cette reſponſe dit: Foy de Gentilhomme, je leur donneray à chaſcun un cordeau, puis qu'ils ſont ſi temeraires. Tout auſſi toſt il fit tirer quelques coups de ſes pieces, & fit faire les approches. Le lendemain dez le grand matin il commença à faire jouer deux gros canons qu'il avoit fait venir de Villefranche, & continua tellement ſa batterie le long du jour qu'il eſperoit y faire donner l'aſſaut & l'emporter. Mais il en arriva autrement. Car le Duc de Bouillon ayant entendu de Sedan le bruit du canon, il partit de Sedan le meſme jour avec trois cens bons chevaux, & arriva ſi à propos aupres de Beaumont qu'il eut le moyen de faire advertir les aſſiegez qu'il eſtoit là pour leur ſecours. Apres cela il ſe retira à Raucourt, où eſtant, & ſe repreſentant la perte toute evidente de la place faute de ſecours, il jugea à propos de hazarder un combat. Le lendemain au matin il monta à cheval, fortifié encore de quatre-vingt bons chevaux & de deux cens arquebuſiers de ſes ſujets. Il donne combat. Au commencement le Sieur d'Amblize ayant rompu ſon bois receut une harquebuſade dans la viſiere qui luy tranſperça la teſte, dont il mourut à l'inſtant. Il fut lors bien combatu de part & d'autre. Mais enfin la victoire demeura au Duc, qui y fut bleſſé de deux coups d'eſpée, l'un au viſage ſous l'œil droit, & l'autre au petit ventre. Ce qui l'empeſcha de poursuivre la victoire. Les Lorrains perdirent leur Chef, leur artillerie, & toutes leurs cornetes & enseignes. Il y eut plus de sept cens des leurs morts sur la place, & grand nombre de prisonniers. Le Duc de Bouillon perdit en cette desfaite peu de gens, sans aucune personne de marque. Quant à luy, apres avoir emporté l'honneur d'une telle victoire, où il avoit esté blessé, il se retira à Sedan, & mit ses troupes en garnison, une partie audit Sedan, & l'autre à Stenay. Ce ne furent depuis que courses sur la Lorraine & sur le Verdunois. Et le Duc de Lorraine connut dez lors que le Roy luy avoit donné pour voisin un homme de guerre, qui la luy portoit dans son propre pays, & que le succez que les Princes de la Ligue s'estoient proposez de la prise de leurs armes ne seroit tel qu'ils se l'estoient imaginez. Le Roy fit don au Duc de Bouillon de l'artillerie qui avoit esté prise sur les Lorrains dans ce combat.

Preuves page 793.

Cependant que le Duc se faisoit penser de ses blessures, son esprit ne pensoit qu'à de nouvelles entreprises sur le Duc de Lorraine. Il luy enleva donc bientost apres la ville de Dun sur la riviere de Meuse à huit lieuës de Sedan.

En l'année MDXCIII. le Roy le fit son Lieutenant general pour commander l'armée que sa Majesté faisoit estat d'envoyer dans les Pays-bas tenus & possedez par le Roy d'Espagne.

Preuves page 793.

Il perdit l'année suivante Charlote de la Marck son espouse, laquelle deceda en son chasteau de Sedan le xv. May MDXCIV. huict jours apres estre accouchée d'un beau Prince, qui mourut incontinent apres sa naissance. Il y a dans le second tome des Memoires de M. Du Plessis Mornay page 433. une letre qu'il escrivit le 13. Juin au Duc de Bouillon pour le consoler de cette perte.

La mort de cette Princesse causa quelque trouble dans les affaires du Duc. Car Charles de la Marck Comte de Maulevrier oncle de Charlote pretendit que cette succession luy appartenoit; & M. le Duc de Montpencier pretendit aussi que les seigneuries souveraines de Bouillon, Sedan, & Raucourt luy appartenoient comme substitué à icelles. Mais le Duc s'accommoda avec eux, & ainsy ces terres luy demeurerent en propre.

Preuves page 794. 796.

Apres le trespas de Madame de Bouillon le Roy voulut qu'il espousat une des filles du feu Prince d'Orange. Il espousa donc l'année d'apres, au mois de Fevrier, Elisabeth de Nassau fille de Guillaume Prince d'Orange & de Charlote de Bourbon, laquelle estoit fille de Loüis de Bourbon Duc de Montpencier & de Jacqueline de Longvic sa premiere femme. Elisabeth de Nassau luy survescut longtemps, & mourut le troisiesme jour de Septembre MDCXLII.

Preuves page 796.

En la mesme année il prit la ville & chasteau de Ham sur la fin du mois de Juin, où furent tuez six vingts Espagnols & sept cens d'autres nations, & furent faits quatre cens prisonniers.

En l'année MDXCVI. il prit au commencement du mois de Septembre le chasteau d'Imbercourt en Artois, desfit & fit prisonnier le Marquis de Varambon Chevalier de la Toison d'or Gouverneur d'Artois, prit la ville & Comté de saint Paul & autres lieux.

Il

D'AUVERGNE. LIV. V. 441

Il fut encore envoyé par le Roy en Angleterre en l'année MDXCVI. d'où il eſtoit de retour à la Cour au mois de Juin, comme nous l'apprenons d'une letre à luy eſcrite par M. Du Pleſſis Mornay. C'eſtoit ſans doûte pour negotier une ligue offenſive & defenſive contre l'Eſpagne, dont il eſt parlé dans une letre du meſme M. Du Pleſſis à M. de Buzanval Ambaſſadeur en Angleterre. *Memoires de Mornay to. 1. page 645. 688.*

En l'année MDCII. apres la mort du Mareſchal de Biron, le Duc de Bouillon ſe trouvant un peu impliqué dans ſon affaire ſe retira en ſa Vicomté de Turenne. Le Roy luy manda qu'il le vint trouver pour ſe juſtifier. Au lieu d'y venir il luy eſcrivit une letre fort eloquente, par laquelle il luy repreſenta qu'ayant appris que ſes accuſateurs eſtoient tres meſchants & tres artificieux, il le ſupplioit de le diſpenſer d'aller à la Cour, & ſe retira à Heildelberg chez le Prince Palatin, diſant en ſage politique, comme il eſtoit, qu'il ne falloit ny capituler avec ſon Roy ny s'approcher de luy tant qu'il eſtoit en colere. Les affaires demeurerent quelque temps en cet eſtat. Mais enfin l'affaire fut accommodée quelque temps apres. Le Roy le receut en grace, & le Duc de Bouillon de ſon coſté le receut dans la ville de Sedan, & luy en remit le chaſteau pour le tenir avec telle garniſon qu'il plairoit à ſa Majeſté quatre ans durant. C'eſtoient là les conditions publiques. Mais par les articles ſecrets le Roy promettoit de n'eſtre que peu de jours dans Sedan & de ne mettre que cinquante hommes d'armes dans le chaſteau, qui en ſortiroient incontinent à la tres humble ſupplication que le Duc luy en fairoit. Toutes ces choſes s'executerent fidelement & ſans aucune deſfiance de part & d'autre. Le Roy entra dans Sedan, & n'y ſejourna que trois jours. Puis retourna à Paris. Le Duc l'accompagna juſques à Mouſon; & quelque temps apres il ſe rendit à la Cour, où il receut plus d'honeurs & de careſſes que jamais. Les hiſtoriens de France racontent cette avanture plus au long. Je me ſuis contenté d'en faire un extraict.

En l'année MDCXVIII. la Reyne Mere s'eſtant retirée à Blois apres la mort du Mareſchal d'Ancre, eſtant mal ſatisfaite de la Cour, & cherchant à ſe vanger des mauvais traitemens qu'elle pretendoit luy avoir eſté faits par les nouveaux favoris du Roy, elle fut conſeillée de recourir au Duc de Bouillon pour voir ſi avec le party de ceux de la Religion, dont les mouvemens dependoient de luy principalement, il voudroit s'employer pour ſa liberté. Elle luy envoya l'Abbé Rucellay, qui le fut trouver à Sedan. Mais le Duc, qui prevoyoit beaucoup de grandes difficultez en l'affaire qu'on luy propoſoit, ne voulut jamais s'y engager. Il dit à Rucellay qu'il eſtoit vieux & incommodé de ſa perſonne, content de ſa fortune, & aſſez bien à la Cour pour n'en avoir point de mauvais traitemens à apprehender, qu'il luy ſeroit mal ayſé de ſe priver du repos dans lequel il vivoit pour s'engager dans un nouveau party perilleux & penible.

Il mourut à Sedan le XXV. Mars MDCXXIII. aagé de LXVIII. ans. *Preuves page 799.* Il avoit fait ſon teſtament dix ans auparavant.

Tome I.   Kkk

HISTOIRE DE LA MAISON

Enfans d'Henry de la Tour Duc de Bouillon & d'Elisabeth de Nassau sa seconde femme.

FRIDERIC MAURICE DE LA TOUR DUC DE BOUILLON, qui aura son chapitre.

HENRY DE LA TOUR, qui aura aussi son chapitre.

LOUISE DE LA TOUR, morte à Paris au mois de Novembre MDCVI. & portée à Sedan pour y estre enterrée au mois de Decembre ensuivant.

Preuves page 802. MARIE DE LA TOUR mariée en l'année MDCXIX. à Henry de la Trimouille Duc de Thouars.

Preuves page 803. JULIENE CATHERINE DE LA TOUR mariée en l'année MDCXXVII. à François de Roye de la Rochefoucaud Comte de Roussy.

Preuves page 803. ELISABETH DE LA TOUR mariée en l'année MDCXIX. à Guy Alphonse de Durfort Marquis de Duras.

Preuves page 804. HENRIETE CATHERINE DE LA TOUR mariée en l'année MDCXXIX. à Amaury Gouyon Marquis de la Moussaye.

CHARLOTE DE LA TOUR, fort connuë sous le nom de MADEMOISELLE DE BOUILLON, morte à Paris au commencement du mois de Juillet MDCLXII.

BERGH.
D'argent au Lyon de gueules couronné, lampassé, & armé d'or, à la bordure de sable chargée d'onze besans d'or.

Frideric Maurice de la Tour Duc de Bouillon, Prince souverain de Sedan & Raucourt, Vicomte de Turenne &c.

CHAPITRE XIV.

E pere de ce Prince fust un grand personnage. Son fils, dont nous allons parler, luy succeda en son habileté, mais sa vie fut traversée par des affaires qui ont beaucoup troublé son repos. Je n'entreray pas dans un grand destail de ses disgraces, ny pour le blasmer, ny pour l'excuser. Cela n'est pas de mon dessein. Je me contenteray de rapporter succinctement les principales actions de sa vie, comme j'ay rapporté fort simplement dans le chapitre precedent ce que j'ay creu estre digne de remarque dans celle de son pere.

Il nasquit à Sedan le XXII. Octobre MDCV. & fut baptisé l'année d'apres le Dimanche XXII. Octobre, presenté par Mademoiselle de Bouillon sa sœur, laquelle mourut bientost apres. Ses parrins furent Frideric Electeur Palatin representé par M. le Comte Otho de Solme son Ambassadeur Grand Mareschal du Palatinat, Christien Prince d'Anhalt representé par M. le Baron de Dona, & Maurice de Nassau Prince d'Orange representé par M. de Netancourt. Ses marrines furent Charlote-Brabantine de Nassau Duchesse de Thouars & de la Trimouille, qui y estoit en personne, & Christienne sœur dudit Electeur Palatin representée par Mademoiselle de Bouillon. Il fut nommé Frideric Maurice par ledit Ambassadeur du Comte Palatin. Il porta le nom de Prince de Sedan pendant la vie de son pere.

Preuves pag. 804.

Il fit ses estudes à Sedan, où il eut pour precepteur le Ministre Du Moulin, qui l'esleva dans la religion pretenduë reformée. Sa premiere sortie fut en Hollande à l'aage de seize ans, où il apprit le mestier de la guerre sous Maurice & Henry Princes d'Orange ses oncles, les plus grands

& experimentez Capitaines de leur siecle. Ce pays estoit alors le theatre de la guerre & selon l'opinion de tout le monde la meilleure escole pour en apprendre le mestier.

La premiere action où il parut, & qui luy acquit une grande reputation, fut à Bosleduc assiegée en l'année MDCXXIX. par le Prince d'Orange. Les assiegez se defendirent si bien qu'apres un longtemps ce Prince voyant son armée affoiblie, & ne se croyant pas en estat d'empescher d'entrer dans la place un convoy que les ennemys se disposoient d'y envoyer, il prit la resolution de lever le siege. Le Duc de Bouillon en ayant esté adverty demanda avec une grande instance qu'on luy permit d'aller s'opposer à ce secours. Il exposa au Prince d'Orange la maniere dont il pretendoit se conduire dans ce dessein. Le Prince le trouvant admirablement bien conceu, le proposa au Conseil, où il fut resolu qu'on en laisseroit tenter le succez. Le Duc de Bouillon prit donc les troupes qu'il avoit demandées pour l'execution de son entreprise. Il la conduisit si bien qu'ayant fait une marche extraordinaire pour trouver les ennemys en un lieu où il avoit projetté de les combattre, il les y attaqua, les deffit, fit prisonnier celuy qui les commandoit, & le convoy destiné pour le secours de la place fut amené dans le camp du Prince d'Orange. Cette action donna une grande reputation au Duc de Bouillon & commença à le faire regarder comme un homme extraordinaire. Il s'acquit le cœur des troupes par l'opinion qu'elles conceurent de son courage & de ses grands talents pour la guerre, mais plus encore par un caractere de bonté naturele qui se faisoit voir en toutes ses actions, par sa modestie à parler de luy mesme, & par une grande familiarité hors du commandement.

Je ne m'estendray pas davantage sur ce sujeét. Cela me meneroit trop loing. Je viens au mariage du Duc de Bouillon. Pendant le Carnaval, dans le temps que les troupes estoient en quartier d'hyver, le Duc voulut aller voir Bruxelles. La Cour de cette ville estoit en ce temps-là c'est à dire en l'année MDCXXXII. une des plus belles de l'Europe. Le Duc d'Orleans s'y estoit retiré, & avoit esté suivy de quelques personnes de la premiere qualité du royaume & d'un grand nombre de noblesse. L'Infante Isabelle y avoit aussi attiré les principales maisons des Pays-bas, dont elle estoit Gouvernante. Le Duc de Bouillon y vid Mademoiselle de Bergh à un bal. C'estoit une personne d'une grande naissance, d'une beauté surprenante, & dans une reputation d'avoir beaucoup d'esprit & de sagesse. Elle s'est conservée dans cette belle reputation pendant toute sa vie, ayant toujours passé pour femme fort sage & fort prudente, veritablement & solidement pieuse & devote, reconnuë pour telle par tous ceux qui l'ont connuë. Et cependant le sieur Priolo a esté assez hardy pour oser dire que c'estoit une femme violente, une furie, une fausse devote, qui se servoit du voile de la religion pour faire ses affaires. Je ne puis pas concevoir par quels motifs il s'est porté à parler si mal, à moins qu'il n'eut deja quelque accez de la maladie dont il est mort à Lyon.

Priolo pag. 99.

Il espousa donc Leonore Catherine Febronie de Bergh issue de l'ancienne maison des Comtes de Bergh au pays de Gueldre fille de Frideric Comte de Bergh. Le contract de leur mariage fut passé au chasteau de Boxmer le premier jour du mois de Fevrier MDCXXXIV.

En l'année MDCXXXV. le Roy luy donna le commandement general de toute la cavalerie de son armée de Flandres. *Preuves pag. 805.*

Les brouilleries survenues en suite à la Cour & la retraite que le Duc de Bouillon donna avec la permission du Roy au Comte de Soissons le jetterent dans des malheurs dont les historiens ont assez parlé. Le Roy se transporta en l'année MDCXLI. du costé de Sedan, où fut donnée la bataille de Sedan. Le Comte de Soissons y fut tué. Quoy que la victoire eut demeuré au party du Comte, le Duc de Bouillon ayma mieux se remettre dans les bonnes graces du Roy que de demeurer plus long-temps dans les engagemens dans lesquels il estoit avec les ennemys de l'Estat. Il se rendit pour cet effect à Mezieres, où le Roy estoit. J'ay veu autresfois une belle relation de la reception qui luy fut faite. Mais je ne l'ay plus. Si je l'avois eüe, je l'aurois faite imprimer. Car, toute courte qu'elle est, elle est fort belle & fort honorable au Duc de Bouillon.

Mais sa mauvaise fortune, qui a toujours esté contraire à sa prudence, le traversa encore par la part qu'on luy donna l'année d'apres dans le malheureux traité que le Sieur de Fonterailles fit avec le Comte Duc Premier Ministre du Roy d'Espagne au nom de M. le Duc d'Orleans & de M. de Cinq-Mars Grand Escuyer de France. En effect, quoyque le Duc de Bouillon n'y fut pas compris, neantmoins, par ce qu'il en avoit eu connoissance, & parceque Fonterailles l'avoit nommé au Comte Duc, le Roy le fit arrester le XXIV. Juin à Casal, où il commandoit l'armée que le Roy avoit en Italie, & de là il fut conduit à Lyon dans le chasteau de Pierre encise. On a parlé diversement de ce qui s'est passé à son esgard en cette occasion ; & une personne qui pouvoit sçavoir les pensées que le Duc de Bouillon avoit alors a mis par escrit qu'ayant appris la condamnation de M. de Thou, il ne douta point de sa perte, & que durant trois jours qu'il demeura sans avoir aucunes nouvelles, il ne pensa qu'à se preparer à la mort, que neantmoins il n'y eut point d'arrest prononcé contre luy, soit par le defaut de preuves, soit par les instances du Vicomte de Turenne son frere.

M. le Duc de Bouillon ne sçavoit pas le secret du cabinet, & encore moins celuy qui a escrit ces memoires. Le Cardinal de Richelieu n'en vouloit pas à sa teste, il n'en vouloit qu'à Sedan ; & il paroit par escrit qu'il a cru rendre un grand service au Roy & à l'Estat en rendant le Roy maistre de cette importante place. J'ay eu en main les originaux des instructions que cette Eminence donna au Cardinal Mazarin, qui revenoit d'Italie, & s'arresta exprez à Lyon par ordre du Cardinal pour y negocier comme par hazard la remise de Sedan. Ces instructions portent qu'apres que M. de Bouillon, qui n'estoit pas encore à Lyon, y seroit arrivé, Mazarin le verroit, se faisant desirer de luy, qu'il luy diroit qu'il le voit sans charge, estant bien ayse de s'estre trouvé par occasion à Lyon, puisqu'il avoit desiré de le voir, qu'il fairoit le personnage d'escoutant, &

non de propofant, battroit fort froid avec luy, fi ce n'eft qu'il vint à fon point; que fi le Duc faifoit le rencheri, il tefmoigneroit ne s'en foucier pas, & luy fairoit connoiftre que le compte du Roy fe trouvoit plus à faire un coup de partye en cette occafion, qui affeure le repos de l'Eftat, qu'à luy pardonner, & que le Roy penfe pouvoir avoir Sedan plus feurement en le chaftiant qu'en luy pardonnant, parceque fa punition emporteroit confifcation de tous fes biens, & qu'il feroit en fuite plus avantageux à ceux qui agiroient pour fes enfans de tafcher d'avoir leur bien en quittant Sedan que de le livrer aux Efpagnols. Le Cardinal Mazarin executa ponctuellement les ordres qui luy avoient efté donnez par Richelieu. L'accommodement fut conclu, & le Cardinal partit en diligence pour aller prendre poffeffion de Sedan au nom du Roy. M. de Fabert Capitaine d'une Compagnie au regiment des Gardes du Roy, qui a efté du depuis Marefchal de France, en fut fait Gouverneur à la recommandation de M. de Chavigny Secretaire d'Eftat. Le Cardinal de Richelieu en efcrivant à Meffieurs de Chavigny & de Noyers Secretaires d'Eftat leur mande qu'il croit que c'eft l'homme le plus propre qu'on puiffe mettre en cette charge, ayant toutes les qualitez requifes pour adoucir les aigreurs & d'une femme & d'un peuple qui d'abord feront affligez de fe voir foufmis à une domination fous laquelle ils apprehenderont du changement pour leur religion.

La nouvelle de la prife de poffeffion de Sedan fut fi agreable à la Cour que M. Des Noyers en efcrivant le deuxiefme Octobre enfuivant à M. le Cardinal Mazarin luy dit qu'il ne pouvoit pas mander au Roy une plus agreable nouvelle que celle là, que S. M. ayant fouvent veu cette place, & en connoiffant l'importance, elle en fçavoit mieux eftimer la valeur qu'aucun autre, & qu'il ne doutoit pas que fa Majefté, qui fçavoit auffi qu'elle eft maiftre de Sedan par l'adreffe & conduite de fon Eminence, en aura tous les reffentimens que fes ferviteurs peuvent defirer.

Sedan eftant entre les mains du Roy, M. le Cardinal Mazarin defpefcha incontinent un courrier à Lyon pour faire mettre en liberté M. le Duc de Bouillon, comme on le luy avoit promis. Il en fortit le quatriefme jour d'Octobre. Il fe retira en fuite à Turenne, où Madame la Ducheffe fa femme le fut trouver.

Il fut là affez longtemps. Mais enfin les affaires ayant changé de face à la Cour apres la mort du Roy & du Cardinal de Richelieu, la Reyne ayant efté declarée Regente, & M. le Duc d'Orleans Chef du Confeil & Lieutenant general de l'Eftat, le Duc de Bouillon eut fujet de croire, & toute la France le creut avec luy, que c'eftoit le plus grand avantage qui luy pouvoit jamais arriver. Il partit donc pour Paris. Il fut tres bien receu de la Reyne & de M. le Duc d'Orleans; & toute la Cour le regarda comme une perfonne qui ne pouvoit pas manquer de rentrer dans Sedan & d'eftre en plus grande confideration qu'il n'avoit jamais efté. Cependant il vid refroidir peu à peu les manieres dont on l'avoit traité d'abord; & le filence fur fes affaires qu'on joignit à ce changement commença à luy faire comprendre que fi l'on n'avoit pas entierement oublié les pertes qu'il avoit faites & les perils qu'il avoit courus, le souvenir qui en restoit estoit plus propre à rendre sa presence importune qu'à inspirer des sentimens favorables.

Il ne se peut rien adjouster à la douleur qu'il eut de se voir dans un estat si different de celuy où il avoit deu s'attendre. Mais il creut qu'il estoit de la prudence de dissimuler la connoissance qu'il avoit de ce dernier malheur. Et enfin voyant qu'il ne pouvoit rien esperer de favorable de la Cour, & ayant esté adverti qu'il avoit esté proposé dans le Conseil de la Reyne de le faire arrester, il se retira en poste à Turenne sans prendre congé.

Les mesmes raisons qui le porterent à retourner si precipitamment à Turenne le firent resoudre de sortir hors du royaume pour se mettre à couvert des mauvais traitemens que ses ennemys luy pourroient susciter. Il partit de Turenne au commencement de l'année MDCXLIV. & s'en alla en Italie avec sa femme & ses enfans. Il rendit compte de sa retraite au Roy, à la Reyne, & à M. le Cardinal Mazarin. Je rapporteray icy ce qui se passa de plus remarquable en son voyage de Rome & d'Italie selon que je l'ay trouvé dans la relation qu'en escrivit pourlors le Sieur de Chaufour Lieutenant de ses gardes, qui estoit auprez de luy. Il aborda à Gennes, où la Republique luy rendit tous les honeurs deus à sa naissance & à son rang comme Prince souverain, le traitant toujours d'Altesse, comme firent aussi à Rome le Pape & les Cardinaux & le reste de la Noblesse de Rome. Ce que je remarque expressement à cause des choses qui se sont passées depuis. Les Dames mesme faisoient tous les honeurs possibles à Madame la Duchesse de Bouillon. La Marquise de Spinola l'accompagnant dans les Eglises donnoit le pas à Mademoiselle de Bouillon, laquelle fut depuis mariée à M. le Duc d'Elbœuf. M. le Duc de Bouillon s'embarqua là sur trois galeres commandées par le Seigneur Raggi Genois General des galeres du Pape, que sa Sainteté luy avoit envoyées pour le porter à Rome. Il arriva à Civita vecchia le XV. May. A son arrivée il se fit une descharge de tout le canon. Les Officiers du Pape se trouverent là pour le recevoir avec ses carrosses, ses litieres, ses chaises, & les chevaux de selle pour le conduire à Rome avec toute sa suite. Il fut rencontré à my chemin par le Cardinal de Valençay envoyé exprez devers luy par le Pape pour luy faire compliment, honeur que sa Sainteté luy fit d'autant plus considerable qu'il n'avoit pas encore esté practiqué à l'esgard d'aucun Prince souverain. Il arriva à Rome le lendemain XVI. du mesme mois de May, & fut conduit tout droit au Palais de la Chancellerie. En descendant de carrosse il trouva au pied du degré dans la cour le Cardinal Barberin neveu du Pape. Son Eminence luy rendit tous les honeurs imaginables, & le conduisit avec toute sa maison à la Chancellerie, où il fut deffrayé & servi pendant six semaines par les Officiers du Pape. Il fut en suite faire la reverence à sa Sainteté, ayant esté receu par le Maistre de Chambre & par les Cameriers d'honeur au milieu de la petite galerie où sont depeintes les images de saint Pierre & de saint Paul. Sa Sainteté luy fit une reception des plus favorables & des plus honorables avec des tesmoignages tres particuliers d'affection & d'estime qu'il avoit pour son Altesse, car c'est ainsi que le Pape parla, le remerciant de la peine qu'il avoit bien voulu prendre de venir à Rome pour le servir dans le besoin qu'il avoit d'un homme comme luy pour le commandement de ses troupes contre le Duc de Parme. On a fait graver l'ordre de cette ceremonie dans la vignete qui est au commencement du cinquiesme livre de cette histoire, afin que les curieux y puissent voir de quelle maniere ces actions se passent en Cour de Rome. La seule nouvelle de son arrivée auprez du Pape fit la paix. En sortant de l'audience du Pape il fut accompagné par les mesmes personnes qui l'avoient receu jusques au bas du degré par lequel on alloit à l'appartement de M. le Cardinal Barberin, auquel il rendit visite, ayant en suite visité le Cardinal de saint Onofre frere du Pape logé dans le mesme Palais. Ils l'accompagnerent jusques au bas du degré de leurs appartemens. Il se retira en suite à la Chancellerie.

Je ne veux pas dissimuler icy que l'Ambassadeur du Roy qui estoit pourlors en Cour de Rome se plaignit de ce qu'on avoit traité d'Altesse M. de Bouillon, & qu'il le fit par ordre du Roy & de la Reyne Regente. Mais je dois aussi dire que cet ordre ne regardoit pas la personne de M. de Bouillon, le Roy ny la Reyne n'ayant pas pensé à trouver mauvais qu'on luy donnat de l'Altesse, mais qu'il regardoit les Barberins, ausquels le Roy vouloit faire sentir qu'il trouvoit mauvais qu'ils semblassent prendre à tasche de favoriser & obliger tous ceux qui n'avoient pas l'honeur des bonnes graces de sa Majesté. Je n'avance pas ce fait de ma teste ny sans preuve. Elle est dans une lettre que M. le Cardinal Mazarin escrivit le XII. Avril MDCXLVII. à Messire Henry Arnaud Abbé de saint Nicolas, qui estoit alors resident à Rome pour le service du Roy, & a esté depuis Evesque d'Angers. Le Cardinal le prie par cette lettre de dire de sa part à M. le Duc de Bouillon qu'il se rejouit de tout son cœur avec luy que ses affaires soient accommodées, & qu'il espere qu'il luy donnera lieu à l'avenir d'exercer la passion qu'il avoit pour son service & pour ses avantages. Qu'au reste il veut luy dire sur le sujet de M. le Duc de Bouillon que quand on s'est plaint autresfois des traitemens que le feu Pape luy fit, ce n'estoit point à l'esgard de sa personne, sa Majesté n'y ayant jamais pris d'interest, mais que la plainte du Roy n'alloit que contre le Cardinal Barberin de ce qu'il sembloit prendre à tasche particuliere de favoriser & obliger tous ceux qui n'estoient pas dans les bonnes graces du Roy, & que cela estoit si vray que non seulement leurs Majestez ne trouveroient rien à dire que sa Sainteté fit à M. le Duc de Bouillon tous les honeurs & traitemens qu'il pourroit desirer, mais qu'elles en seroient fort aysés & plus que si elle ne le faisoit pas.

Le lendemain il commença les visites du sacré college, & commença par ceux qui estoient logez dans le Vatican auprez du Pape, c'est à dire, par le Cardinal de Valençay, & par le Cardinal de Lugo. Il visita en suite tous les autres. Les Cardinaux le venoient recevoir au haut du degré, & l'accompagnoient jusques au bas à la veuë du carrosse, & s'en retournoient

de

de là. Je remarqueray icy une chose à laquelle peu de gens fairont reflexion, & qui neantmoins merite qu'on y reflechisse. A l'audience des Cardinaux, qui affectent les honeurs qu'on rend aux Roys, & principalement à Rome lieu naturel de leur grandeur, la chaise du Cardinal estoit bien à la place la plus honorable, mais sans aucune distinction de superiorité sur celle de M. le Duc de Bouillon, estant toutes deux placées de telle sorte que l'une & l'autre regardoient esgalement la porte. Ce qui est une chose tres considerable en une Cour où l'on observe exactement les moindres actions en matiere de ceremonies, & où les Cardinaux ne donnent pas la porte aux Ducs de Savoye & de Florence dans leur propre logis.

Lorsque M. le Duc de Bouillon recevoit les visites des Cardinaux, il les alloit recevoir au bas du degré, & les accompagnoit jusques au carrosse, & les voyoit partir.

Dez qu'on sceut à Rome que le Pape & les Cardinaux avoient traité d'Altesse M. le Duc de Bouillon, toute la Noblesse Romaine le visita. On en usa de mesme envers Madame la Duchesse de Bouillon sa femme, laquelle fut visitée par plusieurs Cardinaux auparavant que M. le Duc leur eust rendu visite. Le Cardinal Barberin donna à Madame la Duchesse un Gentilhomme pour luy servir de Maistre de chambre & luy monstrer l'ordre qu'il falloit qu'elle tint en recevant les visites. Elle recevoit les Cardinaux à la porte de sa chambre, leur presentoit des chaises qui estoient sous un beau & grand dais que le Cardinal Barberin avoit fait mettre dans la chambre où elle donnoit ses audiences. Mais ils ne voulurent jamais s'asseoir dans aucune des chaises qui estoient sous le dais, & se mettoient sur une de celles qui estoient hors le dais, Madame la Duchesse estant dessous. Elle les accompagnoit jusques à la porte de la premiere sale, où estoient les Gentilshommes du Cardinal qui luy rendoit visite & les siens, lesquels avec le Maistre de chambre Italien accompagnoient le Cardinal jusques à son carrosse, & le voyoient partir.

Cependant la maladie du Pape, qui estoit deja malade avant que M. le Duc de Bouillon arrivat à Rome, augmentoit toujours, en sorte qu'on desesperoit de sa santé. Ce que voyant les Espagnols, & que nonobstant les traverses qu'on faisoit au Duc de Bouillon, il avoit eu à Rome tous les honeurs qu'il pouvoit souhaiter, ils en conceurent une grande jalousie, & ils resolurent dans leurs assemblées secretes qu'apres la mort du Pape ils fairoient instance pour qu'on l'obligeat à sortir de Rome, estimant qu'il y estoit par un ordre secret du Roy, comme si sa Majesté eut fait semblant d'estre mescontent de sa conduite afin de l'envoyer secretement en Italie faire la paix entre le Pape & les Princes d'Italie, & s'acquerir par ce moyen plus de credit à Rome que les Espagnols, mesme qu'un General François se trouvant à la teste des troupes de sa Sainteté dans un Siege vacant, il pourroit faire eslire tel Pape que le Roy de France voudroit, & que dans le licentiement des troupes apres la mort du Pape, attendu que dans ces troupes il y avoit une grande quantité d'estrangers, & principalement de François, il pourroit faire un corps considerable pour attaquer au nom du Roy le Milanois ou le royaume de Naples.

Le Cardinal Barberin adverti de l'ombrage des Espagnols, & croyant n'avoir pas besoin de secours pour faire l'election du Pape apres la mort de son oncle, fit ordonner à M. le Duc de Bouillon de la part de sa Sainteté de se preparer pour aller à Boulogne se mettre à la teste des troupes; & fit pour cet effet revenir en diligence le Cardinal Antoine son frere, qui les commandoit. Apres son arrivée M. le Duc de Bouillon presta entre ses mains, comme Camerlingue de l'Eglise de Rome, le serment de Generalissime, & partit. On se mit en armes dans toutes les villes par où il passa, les Gouverneurs luy allerent au devant, prirent ses ordres, le logerent, traiterent, & luy rendirent tout l'honneur qu'ils estoient obligez de rendre à leur General & à un Prince de qui la seule reputation leur avoit donné la paix.

Le Pape mourut le XXIX. Juillet MDCXLIV.

Dans la premiere congregation tenuë apres sa mort le Cardinal Albornoz Chef de la faction Espagnole faisant semblant d'ignorer le despart du Duc de Bouillon demanda qu'il luy fut ordonné de sortir de Rome. Le Cardinal Barberin respondit qu'il n'y estoit pas, que le Pape avant mourir l'avoit envoyé commander l'armée à Boulogne, & qu'il estoit adverti qu'il avoit deja passé Nostre Dame de Lorete. Sur quoy le Cardinal de Florence, le Cardinal de Modene, & les Cardinaux Venitiens parlant pour tous les Princes confederez dirent que si le Duc alloit dans leur voisinage, ils se despartiroient des articles de la paix & que dez à present ils alloient mander de ne travailler plus aux demolitions des fortifications ordonnées par le traité.

Le Cardinal Barberin, qui n'avoit pas preveu ce dernier coup, en fut surpris. Et pour contenter les Espagnols, qui ne demandoient autre chose si ce n'est que le Duc sortit de Rome, & pour contenter aussi les Princes confederez, qui ne le vouloient pas dans leur voisinage, proposa de le faire aller à Frascati lieu de plaisance à quinze milles de Rome. A quoy le Cardinal Albornoz repliqua que ce n'estoit pas ce qu'on demandoit, qu'il falloit qu'il sortit de l'Estat de l'Eglise, & que s'il alloit à Frascati, l'Almiranté de Castille, qui estoit alors Viceroy de Naples, viendroit dans Rome à la teste de vingt mil hommes.

Le Cardinal Capponi Doyen des Cardinaux Prestres, quoy que le Duc de Bouillon ne l'eut pas visité pendant son sejour à Rome, n'en ayant pas eu le loisir, & quoy qu'il ne peut pretendre à la papauté que par le moyen des Espagnols, attendu qu'il n'estoit pas creature du Pape Urbain, prit la parole, & dit aux Cardinaux. Il ne sera jamais reproché à l'Eglise qu'un Prince de la naissance & du merite de M. le Duc de Bouillon; qui est venu pour la servir dans le temps de son besoin & de son adversité, & qui luy a donné la paix par le seul bruit de sa venuë & de sa valeur, n'ait pas trouvé un lieu de retraite dans tout l'Estat ecclesiastique. Vous nous menassez de la guerre, M. le Cardinal Albornoz, & de faire venir l'Almiranté de Castille dans Rome. Vous fairez ce qu'il vous plaira. Et nous y fairons venir le Duc de Bouillon pour nous defendre.

Tous les Cardinaux se leverent, approuvant la ferme remonstrance du Cardinal Capponi. Mais la faction d'Espagne & les Princes confederez s'estant obstinez dans la resolution qu'ils avoient prise de faire sortir le Duc de l'Estat de l'Eglise, la contestation s'eschaufa si fort qu'on fut obligé de remettre la deliberation au lendemain. Le reste de la journée se passa en intrigues & brigues pour faire reussir leur pensée. Les Ambassadeurs de l'Empereur & du Roy d'Espagne, les partisans de Venise, de Florence, de Parme, & de Modene coururent toute la journée pour solliciter cette affaire, criant hautement que si le Duc ne sortoit de l'Estat de l'Eglise, on alloit tout rompre.

Pendant tous ces embarras la Duchesse de Bouillon, qui estoit restée à Rome, estoit bien empeschée. Car elle attendoit à tous momens qu'on luy vint dire de sortir; & elle ne sçavoit de quel costé tourner, n'ayant aucunes nouvelles du chemin que M. le Duc son mary pourroit tenir. L'Ambassadeur de France, qui jusques alors avoit paru contraire aux interests du Duc, prenoit soin de la faire advertir de ce qui se passoit à ce suject dans Rome, avec offres de service.

Enfin la deliberation ayant esté reprise le lendemain, il fut resolu que le Duc demeureroit dans l'Estat de l'Eglise & qu'on luy envoyeroit en diligence pour le faire arrester dans la Duché d'Urbin esgalement distant de Rome & de Boulogne. Le College des Cardinaux luy escrivit qu'on avoit trouvé à propos que son Altesse fit son sejour dans un lieu esgalement proche de la frontiere & d'eux pour les pouvoir secourir, s'ils en avoient besoin, & ils le prierent de vouloir establir son sejour à Sinigaglia.

Plusieurs de Messieurs les Cardinaux envoyerent tesmoigner à Madame la Duchesse de Bouillon la joye qu'ils avoient de la consideration que le sacré College avoit eu pour M. le Duc son mary par le refus qu'il avoit fait d'adherer aux pressantes sollicitations de ceux qui vouloient le faire sortir de l'Estat de l'Eglise. Ces offices publics des Cardinaux furent cause qu'on remarqua que l'Ambassadeur de France, qui avoit tesmoigné tant d'affection le jour precedent à la Duchesse, ne luy envoya seulement pas faire un compliment cette journée.

M. le Cardinal de Bouillon m'a dit que M. Pignatelli alors Vicelegat à Boulogne, qui a depuis esté Pape Innocent XII. de ce nom, luy avoit dit dans la premiere audience qu'il eut de luy apres son exaltation que ce fut luy lequel en qualité de Vicelegat *hebbe ordine dal sacro collegio di recevere sù Altessa il Duca di Buglione padre di V. E. (il quale era un Prencipe di gran merito) nella forma che haverebbe di ricevere li principali sovrani d'Italia, come sono i Duchi de Mantua, Modena, e Parma.* Ce sont les propres paroles de ce Pape.

Le Cardinal Pamphilio fut en suite esleu Pape au mois de Septembre ensuivant, & fut appellé Innocent X. de ce nom. A la premiere audience que l'Ambassadeur de France eut de sa Sainteté, il luy demanda de la part du Roy de ne recevoir pas dans Rome ny dans l'Estat de l'Eglife M. le Duc de Vendofme, qui eftoit dans le voifinage de Boulogne en chemin pour aller à Rome, ny M. le Duc de Bouillon. Le Pape luy accorda facilement fa demande au fujet du Duc de Vendofme, auquel fa Sainteté defpecha incontinent un courrier fur la frontiere pour luy dire de s'en retourner. Mais à l'efgard de M. de Bouillon, il luy dit qu'il ne le pouvoit pas & qu'il avoit deja fait dire à Madame de Bouillon de luy mander de revenir à Rome. Alors l'Ambaffadeur pria fa Sainteté de ne le traiter pas d'Alteffe. A quoy elle refpondit qu'elle ne pouvoit s'empefcher de l'en traiter apres que le Pape Urbain VIII. fon predeceffeur & le facré college l'avoient traité d'Alteffe.

Il arriva pourlors un incident affez curieux. L'Ambaffadeur de France ayant efté informé que celuy d'Efpagne avoit obtenu du Pape qu'il ne verroit pas le Duc de Parme, qui avoit attendu dans une de fes maifons proche de Rome que l'election du Pape fut faite, pour y aller en fuite, il retourna à l'audience, & demanda à fa Sainteté qu'il luy pleut de ne voir pas M. le Duc de Bouillon, ayant bien accordé à celuy d'Efpagne de ne voir pas le Duc de Parme. Ce que le Pape ne peut pas luy refufer & le luy promit. Mais en mefme temps il en envoya faire des excufes à M. le Duc de Bouillon, le fit vifiter par fes neveux, qui le traiteront toujours d'Alteffe, & luy fit divers prefents, auffi bien qu'à Madame la Ducheffe. Et ayant appris qu'ils feroient bien ayfes de voir les ceremonies de l'Eglife, la premiere fois que fa Sainteté dit la Meffe dans l'Eglife de faint Pierre, elle leur fit dreffer un grand balcon prez du grand autel de la hauteur de quatre pieds, garni de barrieres, où il pouvoit tenir environ vingt perfonnes, tendu tout à l'entour de velours rouge cramoify avec de grandes franges d'or, d'où ils voyoient fa Sainteté en perfpective, les Cardinaux, les Ambaffadeurs, & toute la ceremonie, fans eftre veus.

Au premier Confiftoire que ce Pape tint il leur fit donner la chambre la plus proche au deffus du Confiftoire, d'où on pouvoit voir à plein le Pape & toute la ceremonie. L'autre chambre la plus proche apres celle là fut donnée aux parentes du Pape, qui envoyerent beaucoup de rafraichiffemens à la Ducheffe de Bouillon.

M. le Duc de Bouillon s'eftant à quelque temps de là refolu de retourner en France, fon voyage fut un peu retardé à caufe de la nouvelle des grands preparatifs de guerre qu'on difoit que le Grand Seigneur faifoit contre la Chreftienté. Cette nouvelle allarma beaucoup la Cour de Rome & toute l'Italie. Ils croyoient tous qu'il commenceroit par le fiege de Malthe, à caufe que les Chevaliers de Malthe avoient pris un de fes vaiffeaux qui portoit une des Sultanes à la Mecque. Tous les Princes d'Italie fupplierent le Pape de faire une ligue contre le Turc & de retenir M. de Bouillon pour le faire Generaliffime de l'armée. Sa Sainteté confiderant le grand danger où l'Eftat de l'Eglife & toute l'Italie eftoit, elle fit folliciter M. de Bouillon par fes amys pour l'obliger à retarder fon voyage dans cette occurrence, & luy fit alleguer pour l'en divertir la rigueur de l'hyver & la groffeffe de la Ducheffe fa femme. Et le Duc n'ayant pas trouvé à propos de s'arrefter pour ces confiderations, le Pape luy fit enfin dire qu'il l'obligeroit sensiblement de ne le quitter point dans une si fascheuse conjoncture, dans laquelle son Altesse pouvoit rendre de grands services à la Chrestienté, & particulierement au Saint Siege. Il ne luy fut pas possible de resister à de si pressantes & si puissantes prieres. Il fit donc asseurer sa Sainteté qu'il ne partiroit pas. Ainsi il demeura encore à Rome jusques au commencement de l'année MDCXLVII. que voyant que sa Sainteté n'avoit plus besoin de luy, il se resolut d'en partir. Dequoy sa Sainteté ayant esté advertie, elle le fit remercier de ce qu'il avoit bien voulu rester à Rome pour l'amour d'elle, luy accorda plusieurs graces pour luy & pour ses enfans, & nommement pour que celuy de ses enfans qui seroit Chevalier de Malthe peut posseder des commanderies en Alemagne, quoy qu'il fut François, *à cause qu'il estoit fils d'un Prince souverain du saint Empire*, comme il est dit dans le Bref expedié sur ce sujet. Sa Sainteté donna encore ordre qu'on luy fit voir tous les Palais du Pape, toutes les Eglises, & les reliques. Il ordonna à Monsignor Phebei Maistre des ceremonies de le conduire par tout, accordant à Madame la Duchesse la faculté d'entrer avec sa suite en tous les endroits où il n'est pas permis aux femmes d'entrer. L'Ordre de Monsignor Phebei estoit de leur faire voir toutes les reliques & les choses les plus rares de Rome & d'y garder les mesmes formalitez qui avoient esté observées sous le pontificat du Pape Urbain à l'esgard du Prince de Pologne fils du Roy Sigismond, c'est à dire à l'esgard de Ladislas IV. depuis Roy de Pologne.

Le Maistre des ceremonies les venoit prendre dans leur Palais, & les conduisoit aux lieux où ils devoient aller. Ils commencerent par saint Pierre & par le Vatican. Ils furent en suite à saint Jean de Latran, à sainte Marie major, & aux autres Eglises principales. Le Pape ordonna que le Maistre des ceremonies luy fit tous les jours rapport des honeurs qu'on leur avoit rendus & de ce qu'ils avoient trouvé de plus beau & de plus remarquable, & qu'on en tint registre.

Les Cardinaux titulaires des Eglises où ils devoient aller en estoient advertis par le Sieur Phebei, & du traitement que sa Sainteté entendoit qu'on leur fit. Leurs Maistres de Chambre & les Gentilshommes de leur Cour se trouvoient à la porte de l'Eglise pour les recevoir, leur faisoient compliment de la part de leur maistre, les suivoient par tout avec le Maistre des ceremonies; & lorsque le Duc & la Duchesse se retiroient, ils les accompagnoient jusques à leurs carrosses, & les voyoient partir.

Les Chanoines de saint Jean de Latran, qui est l'Eglise patriarchale de Rome & le Siege du Pape, les receurent à la porte avec le surpelis; & apres leur avoir fait voir tout ce qu'il y a de plus curieux, ils leur donnerent une magnifique collation, & les accompagnerent en suite à leurs carrosses, & les virent partir.

Dans le mesme temps que le Duc & la Duchesse estoient occupez à ces visites, l'Abbé de saint Nicolas luy porta une letre du Roy en date le douziesme Avril MDCXLVII. par laquelle sa Majesté luy mandoit de revenir en France, l'assurant qu'il y recevroit toute la satisfaction qu'il devoit esperer. Apres quoy l'Abbé de saint Nicolas ayant eu audience du

Pape le matin du XVII. May, & luy ayant rendu compte de l'accommodement de M. le Duc de Bouillon avec le Roy, il tesmoigna à sa Sainteté de la part du Roy qu'elle fairoit une chose bien agreable à sa Majesté, si elle vouloit recevoir à son audience M. le Duc de Bouillon & luy faire les mesmes honeurs qu'il avoit receus du Pape Urbain. Ce que le Pape fit avec joye l'apresdinée du mesme jour, le faisant asseoir sur une chaise à dos, & le traitant toujours d'Altesse.

Madame la Duchesse fut neantmoins la premiere à l'audience du Pape, lequel estoit pourlors en son Palais de Montecavallo. Elle entra par la petite Cour de derriere, par où entrent ordinairement les parentes des Papes. Elle fut receuë par le Maistre de Chambre & par les Cameriers d'honeur, & de là conduite dans l'appartement de sa Sainteté, avec laquelle elle fut quatre heures assise avec la Princesse sa fille aisnée sur des carreaux de velours rouge cramoisy, & traitée d'Altesse par sa Sainteté. Au sortir de là elle fut accompagnée par les mesmes personnes qui l'avoient receüe jusques à son carrosse. Et le carrosse fut accompagné jusques dans la rue par six estaffiers de sa Sainteté portans six gros flambeaux allumez.

Les Cardinaux, & particulierement ceux de la faction de France, qui s'estoient abstenus jusqu'alors de visiter Madame la Duchesse, luy rendirent visite, la traitant toujours d'Altesse.

Cependant le Duc de Bouillon voyant un si grand nombre de visites, & apprehendant avec raison que s'il estoit obligé de les rendre toutes, cela le retiendroit encore plus de deux mois à Rome, se resolut d'en partir *incognitò*. Ainsi, apres avoir veu ses amis particuliers, il en sortit le XXV. du mesme mois de May, prit son chemin par Viterbe, par Siene, & par Pise. Et ayant prié Messieurs de la Republique de Gennes de luy prester une galere pour son passage à Marseille, il la trouva à Lerice premier port de cet Estat à cinquante mille de Gennes. Elle estoit commandée par un Gentilhomme Genois, & la chiourme avoit esté choisie de tous les meilleurs espaliers & rameurs des autres galeres.

Il trouva à Genes trois galeres que le Roy avoit achetées du Grand Duc de Toscane, qui avoient ordre de l'attendre & de le servir pour son passage. Il remercia donc la Republique, & monta sur les galeres du Roy pour se rendre à Marseille. Il y fut receu avec tous les honeurs qu'on pouvoit rendre à une personne de son rang & de sa qualité. Tout le canon de la ville tira à son arrivée, & les Consuls avec leurs chaperons le furent prendre au port apres qu'il fut descendu de sa galere, & l'accompagnerent jusques au logis qui luy avoit esté preparé.

Il passa en suite à Aix, où le Comte d'Alais Gouverneur de Provence le fut recevoir à un quart de lieuë de la ville accompagné des Consuls avec leurs chaperons. Il le logea & le traita chez luy. Le Parlement & la Chambre des Comptes le visiterent en corps, & toutes les autres Compagnies de la ville le visiterent aussi.

Il avoit resolu de passer à Avignon. Mais il changea d'avis ayant appris que le Vicelegat se preparoit pour l'y recevoir. Pour eviter les embarras

Mausoleum Serenissimorum Bullionii Ducum gentis Arvernicæ, ab ordine Cluniacensi fundatorum memore exoptatum, construxit Emmanuel Theodosius a Turre-Arverniæ. Cardinalis Bullionius. Sacri Collegii Decanus, Episcopus Ostiensis, Magnus Franciæ Eleemosynarius, Abbas generalis Clunjacensis.

d'une reception ceremonieuse il prit une autre route. Le Vicelegat en ayant esté adverti, il fut le voir à la teste de deux cens chevaux à une lieüe & demy de la ville.

Il logea dans le Comtat en une maison de M. le Marquis de Caderousse, d'où il fut voir le chasteau d'Orange esloigné de cette maison d'une lieüe. Il y fut salué par trois descharges de toute la mousqueterie & artillerie de la ville & du chasteau, la premiere lorsqu'il fut à portée du canon, la seconde en approchant des murailles de la ville, & la troisiesme entrant dans le chasteau.

De là il se rendit à Amiens, où la Cour estoit. Je ne parleray pas de ce qui s'est passé depuis à la Cour à son esgard jusqu'à l'eschange de Sedan, tout ce temps s'estant passé en mouvemens & broüilleries.

Je viens donc à l'affaire de l'eschange de Sedan. Il avoit esté projetté il y avoit long temps. On estoit convenu des conditions. Enfin il fut conclu le XXI. Mars MDCLI. Et en mesme temps le Roy fit expedier des letres patentes pour conserver à M. le Duc de Bouillon & à toute sa maison & posterité le rang de Prince comme une condition qui faisoit partie du contract d'eschange, ainsi que portent ces letres, comme aussi le Brevet expedié le mesme jour. Ce que M. de la Barde a bien expliqué dans l'histoire de la minorité du Roy Loüis XIV. pag. 684. *Preuves page 813.* *Preuves page 820. 822. 823.*

Il avoit fait son testament à Grenoble le premier jour de May MDCXLII. comme il alloit en Italie pour y commander l'armée du Roy, & mourut à Pontoise le neufviesme jour d'Aoust MDCLII. dans un temps où il sembloit que la fortune vouloit se fixer en sa faveur, le Cardinal Mazarin ayant resolu de se servir de ses conseils dans les principales affaires de l'Estat. Ce qui a esté mesme marqué par M. Priolo dans son histoire de France; où parlant de sa mort, quoy qu'il ne paroisse pas d'ailleurs avoir esté de ses amis ny de sa maison, il dit que dans le temps de sa mort il estoit *destinatus in regimine secunda cervix*. *Priol. lib. 7. pag. 99.*

Madame de Bouillon sa femme mourut à Paris le XIV. Juillet MDCLVII. & fut enterrée avec le Duc son mary dans l'Eglise de l'abbaye de saint Taurin à Evreux, & leurs cœurs dans celle des Capucins de la mesme ville. Depuis leurs corps ont esté transferez en l'abbaye de Clugny & mis dans le beau Mausolée que M. le Cardinal de Bouillon y a fait faire pour sa famille. Et leurs cœurs sont à saint Taurin.

Enfans de Frideric Maurice de la Tour Duc de Bouillon & de Leonore de Bergh sa femme.

GODEFROY MAURICE DE LA TOUR Duc de Bouillon, grand Chambellan de France.

FRIDERIC MAURICE DE LA TOUR Comte d'Auvergne, Colonel general de la Cavalerie legere de France.

EMMANUEL THEODOSE DE LA TOUR Cardinal.

CONSTANTIN IGNACE DE LA TOUR Chevalier de Malthe. On peut dire que jamais jeune Prince n'entra si bien dans le monde que luy. Il avoit toutes les qualitez qui l'auroient peu rendre un des hommes des plus recommandables de son siecle, si une mort precipitée ne l'avoit pas enlevé à la fleur de son aage. On regarderoit comme des fables les merveilles de son enfance, si l'on disoit que n'estant aagé que de cinq ou six ans, les Ducs de Bouillon & de la Rochefoucaud ne trouverent pas de meilleur moyen pour appaiser une sedition qui s'estoit eslevée dans Bourdeaux contre leur auctorité que d'envoyer cet enfant se faire voir à cheval dans les ruës & parler à la populace mutinée, qui s'appaisa. Il fut d'abord Capitaine de vaisseau, & y acquit tant d'estime & de reputation que le Commandeur de Nuchese Vice-Admiral de France estant au lit de la mort luy donna une demission de sa charge sous le bon plaisir du Roy. Mais M. le Duc de Beaufort alors Admiral de France ayant pretendu que la charge de Vice-Admiral estoit à sa nomination, sa Majesté regla que pour cette fois seulement M. de Beaufort y nommeroit, & qu'à l'avenir elle seroit à la nomination du Roy. M. le Duc de Beaufort y nomma le Comte d'Estrées son cousin, qui est mort Mareschal de France. Le Chevalier de Bouillon, qui estoit grand' Croix de l'Ordre de Malthe, avoit esté nommé General des galeres de la Religion lorsqu'il mourut en l'année MDCLXX. aagé seulement de vingt quatre ans.

HENRY MAURICE DE LA TOUR Duc de Chasteau-Thierry Chevalier de Malthe mort à Colmar en l'année MDCLXXV.

Preuves page 815. ELISABETH DE LA TOUR mariée à Charles de Lorraine Duc d'Elbœuf le XV. May MDCLVI.

Preuves page 816. MAURICE FEBRONIE DE LA TOUR mariée au mois de May MDCLXVIII. à Maximilien Philippe Comte Palatin du Rhin, Duc de la haute & basse Baviere, Lantgrave de Leichtemberg, fils de l'Electeur Maximilien de Baviere & de Marie Anne Archiduchesse d'Austriche. Cette Princesse mourut à Turckeim le XX. Juin MDCCVI. aagée de cinquante quatre ans.

LOUISE DE LA TOUR, morte au mois de Mars MDCLXXXIII. sans lignée, appellée communement Mademoiselle de Bouillon, dont le merite & la pieté seront toujours en veneration.

EMILIE LEONOR DE LA TOUR religieuse Carmelite au grand Convent de Paris, morte en l'année MDCXCVIII.

LOUISE CHARLOTE HIPPOLYTE DE LA TOUR religieuse Carmelite au grand Convent de Paris.

Henry

D'AUVERGNE. LIV. V.

LA FORCE.
D'azur à trois Liopars d'or passans l'un sur l'autre, mis en fasce, couronnez, armez, & lampassez de gueules.

Henry de la Tour Vicomte de Turenne, Mareschal de France, & Mareschal general des camps & armées du Roy.

CHAPITRE XV.

NCORE que ma principale application ait esté, comme je l'ay dit cy devant, de desduire simplement les faits historiques contenus dans cet ouvrage, sans entrer beaucoup dans la loüange des personnes dont j'ay parlé, & que j'aye declaré que je faisois estat de tenir la mesme conduite dans ce qui me reste à faire, il y a neantmoins tant de grandes choses à dire de feu M. le Vicomte de Turenne, qui fait le sujet de ce chapitre, qu'il me sera bien difficile de retenir ma plume en certaines occasions. Car s'il est vray, comme il l'est assurement, que la vie des grands hommes est un modele à presenter à la posterité, principalement lors que quelque vertu extraordinaire, comme dit Tacite, a pris le dessus sur l'envie & sur l'ignorance des belles & bonnes choses, j'ose avancer icy qu'on ne luy en peut pas presenter un plus grand, plus noble, ny plus instructif que celle de ce grand homme. Il possedoit eminemment toutes les vertus humaines & Chrestiennes, la valeur, la sagesse, la constance, la magnanimité, la douceur, la modestie, le desinteressement, l'amour de Dieu & de la religion, l'amour du prochain, le respect pour les Prelats de l'Eglise, la charité envers les pauvres, & enfin toutes les bonnes qualitez qu'on peut desirer en un honeste homme Chrestien. Mais comme je ne peux pas entrer dans le destail de tout ce qu'il a fait de grand, je me contenteray de rapporter icy ses principales actions, laissant à faire le reste à ceux qui auront l'avantage de travailler à escrire une si belle vie.

Henry de la Tour d'Auvergne Vicomte de Turenne nasquit à Sedan le

Tome I.   M m m

quatriefme jour de Septembre MDCXI. & y fut eflevé par le foin de fes parents dans la religion dont ils faifoient profeffion.

Apres la mort de fon pere, n'ayant encore que treize ans, il paffa en Hollande pour y apprendre le meftier de la guerre. C'eftoit alors la meilleure efcole de l'Europe pour le bien apprendre. Le Prince Maurice de Naffau fon oncle maternel le fit paffer par tous les degrez de la milice jufqu'à luy faire porter le moufquet comme à un fimple foldat.

Apres fa mort le Prince d'Orange Frederic Henry, qui eftoit auffi fon oncle, luy donna une compagnie d'infanterie. Il fe trouva à la prife de Klundert & de Willemftad, au fiege de Grofle & à celuy de Bos-le-Duc, où il receut une bleffure dangereufe.

En l'année MDCXXXII. les troupes de France eftant entrées en Lorraine, & s'eftant approchées de Sedan, la Ducheffe de Bouillon fa mere craignant qu'elles ne vouluffent s'en faifir, elle le fit revenir de Hollande; & il alla auffi toft offrir fes fervices au Roy. Le Cardinal de Richelieu luy fit donner un regiment d'infanterie. Il fervit fous le Marefchal d'Eftrées à la prife de Treves.

En l'année MDCXXXIV. il fe trouva au fiege de la Mothe fous le Marefchal de la Force, & fut fait Marefchal de camp.

En l'année MDCXXXV. il fervit fous le Cardinal de la Valette à la retraite de Mayence & au combat de Vaudrevange fur la Sarre à une journée de Metz.

En l'année MDCXXXVI. il fervit encore en l'armée que ce Cardinal commandoit en Franche-Comté, où il empefcha le General Galas de prendre fon quartier à Juffey, l'un des beaux & grands bourgs de la Franche-Comté, dont M. de Turenne fe rendit maiftre, & y fit mettre le feu pour faire perdre aux ennemys l'envie de s'y loger. Le Cardinal de la Valette luy avoit baillé quinze cens chevaux & cinq cens moufquetaires pour reconnoiftre leur camp; & il avoit encore avec luy quelques regimens de M. le Duc de Weymar, outre la cavalerie Françoife. Il mit en fuite & en defordre un regiment que Galas avoit mis à la garde du camp. Ce qui luy donna le loifir de voir le camp des ennemys. En s'en retournant, il rencontra la compagnie de cavalerie de la garde de Galas, qui eftoit logée tout joignant le camp des ennemys, & il la desfit entierement. C'eft ce que j'ay trouvé dans une lettre que ce Cardinal efcrivit alors à M. le Duc d'Orleans, laquelle j'ay en original.

En la mefme année le Duc de Weymar ayant affiegé Saverne, il eft marqué que le Vicomte y receut une moufquetade au bras.

En l'année MDCXXXVII. il fe trouva à la prife de Landrecy, Maubeuge, & Beaumont. En mefme temps il fut commandé de s'avancer avec l'avantgarde de l'armée pour aller inveftir Sobre, qui eft un gros bourg à deux lieuës de Beaumont, gardé par un fort chafteau, dans lequel il y avoit, outre la garnifon, cinq à fix cens payfans refugiez, qui s'eftoient aguerris de longue main, & faifoient des courfes bien avant dans le pays. La hardieffe de ces payfans & leur imprudence fut fi grande que fur le bruit de l'approche du Vicomte de Turenne, qui avoit les regimens de Champagne & de saint Luc avec luy, ils s'avancerent mille pas hors de la place pour l'attaquer. Le combat fut vigoureux. Mais la place fut prise.

En l'année MDCXXXVIII. le Duc de Weymar ayant assiegé Brisac, le Vicomte de Turenne se signala à la reprise de quelques forts dont les ennemys s'estoient rendus les maistres & en d'autres occasions marquées dans les commentaires publics & dans les letres par lesquelles le Roy luy donna la charge de Mareschal de France.

Le Duc de Weymar ne survesquit pas longtemps à la gloire qu'il s'estoit acquise en cette guerre, & principalement à la prise de Brisac. Il mourut à Neubourg le XVIII. Juillet MDCXXXIX. & fut enterré dans la principale Eglise de Brisac. Apres son decez il y eut un traité entre les Officiers, auctorisé par le Roy, par lequel le commandement de l'armée fut donné à M. le Duc de Longueville General des armées du Roy, à M. Du Hallier Lieutenant general, à M. le Vicomte de Turenne & au Comte de Guebriant Mareschaux des camps & armées de sa Majesté. Le traité fut fait à Brisac le IX. Octobre.

Mais le Roy ayant besoin ailleurs du Vicomte, sa Majesté l'envoya en Italie pour y servir en l'armée du Comte d'Harcourt, dont le courage & le bonheur firent des prodiges à la route de Quiers, à la levée du siege de Casal, & à la prise de Turin. Le Vicomte de Turenne se signala beaucoup en diverses rencontres, où il fit voir, comme dit l'aucteur du Mercure François, qu'il n'estoit pas moins judicieux que vaillant, & nommement à Montcallier, où il receut un coup de mousquet à l'espaule. L'hyver d'apres il commanda l'armée en l'absence du Comte d'Harcourt, & prit pendant ce temps là Montcalve place forte dans le Montferrat. *To. 23. du Mercure François pag. 106.*

Le Comte d'Harcourt estant revenu à l'armée apres l'hyver, & ayant attaqué d'abord la ville de Ceve, & s'en estant rendu le maistre, il mit le siege devant Cosny, & l'emporta aussi.

En l'année MDCXLII. le Vicomte estant alors Lieutenant general des armées du Roy suivit sa Majesté en Roussillon, assista à la prise de Colioure & de Perpignan & à la conqueste du Roussillon ; & il s'y fit remarquer de telle sorte que les relations qui furent faites alors de ce voyage en ont fait une honorable mention.

En l'année MDCXLIII. la Reyne Regente ayant declaré le Prince Thomas de Savoye General des armées du Roy en Italie, où le Vicomte de Turenne commandoit un corps de troupes, ce Prince assiegea la ville de Trin, l'une des plus fortes que le Roy d'Espagne occupoit sur l'Estat du Duc de Savoye. En ce siege le Vicomte de Turenne campa du costé de la chapelle sainte Anne avec un corps de quatre mille hommes de pied & mille chevaux. Apres quoy le Roy voulant reconnoistre les services qu'il avoit rendus à l'Estat en diverses notables & signalées occasions tant en Alemagne qu'en Italie, mesmes en consideration de sa naissance & de la grandeur de la maison dont il estoit issu, laquelle a l'honneur d'estre plusieurs fois alliée en celle de France, sa Majesté le fit Mareschal de France. *Preuves page 827.*

En l'année MDCXLIV. le Mareschal de Guebriant, qui commandoit les armées du Roy en Alemagne, ayant esté blessé à mort devant Rotweil, & estant mort de sa blessure huit jours apres, le Roy donna le commandement de ses armées estant en Alemagne au Vicomte de Turenne avec des tesmoignages d'estime tres grands.

Preuves page 218.

En l'année MDCXLV. il fut surpris & battu à Mariendal. Surquoy il faut voir ce que M. de Saint Evremont en dit dans l'Eloge de M. de Turenne. Il se trouva en suite à la bataille de Norlinghen avec le Duc d'Enguyen, & restablit l'Electeur de Treves dans ses Estats.

En l'année MDCXLVI. il alla avec l'armée du Roy joindre dans la Hesse les Suedois commandez par le General Vrangel; & bientost apres il y donna des marques de fermeté & de sagesse qui continrent dans le devoir l'armée Suedoise preste à se revolter. Il obligea le Duc de Baviere à faire la paix avec la France. Mais ce Prince ayant enfraint le traité, il le desfit à la bataille de Zurmarshausen.

En l'année MDCL. lorsque les Princes de Condé & de Conty & le Duc de Longueville furent arreftez & mis en prison, il se declara pour eux, & fit declarer en leur faveur l'armée qu'il commandoit en Alemagne. Il la mena à Rethel; où il fut desfait par le Mareschal du Plessis-Praslin, qui commandoit l'armée du Roy.

En l'année MDCLI. il revint à la Cour, où il fut receu avec tous les agreémens qu'il pouvoit souhaiter. Le Cardinal Mazarin estoit pourlors hors du royaume. Dez qu'il se vit un chemin ouvert pour y revenir, il fit sçavoir son dessein à M. le Duc de Bouillon, à M. de Turenne, & à Mademoiselle de Bouillon, tesmoignant à tous un ardent desir d'avoir leur amité. J'ay veu, entr'autres, une letre de cette Eminence escrite de Sedan le vingtsixiesme Decembre MDCLI. à M. l'Abbé Fouquet, dans laquelle il luy mande que M. de Turenne sçait l'estime & la tendresse qu'il a euë pour luy, & qu'il est toujours le mesme nonobstant tout ce qui s'estoit passé, l'affection qu'il avoit pour luy ayant jetté de trop profondes racines pour pouvoir estre arrachée par de semblables accidents. M. le Cardinal adjouste dans cette mesme letre que M. de Turenne n'a pas sujeɖ de se plaindre de ce qu'il ne luy a pas donné le commandement des troupes qui l'accompagnoient. *Il peut bien croire, dit cette Eminence, que j'aurois tenu à beaucoup d'honeur & d'advantage qu'il eut voulu venir à moy, & que je l'en aurois conjuré, si j'avois creu qu'il en eust eu la moindre pensee. Mais j'ay creu que ce seroit trop de hardiesse & mesme imprudence de m'adresser pour une affaire de cette nature à une personne avec qui je n'avois encore aucune liaison.* Et puis il finit en disant à cet Abbé qu'il est resolu de chercher toutes les occasions d'obliger M. de Turenne à estre de ses amys sans aucune reserve. Et dans une autre letre escrite au mesme Abbé le seiziesme Janvier MDCLII. il luy marque qu'il n'y a rien qu'il n'engage pour avoir le moyen de fortifier les troupes de M. de Turenne, *sçachant quel est son credit & son œconomie, & me croyant d'ailleurs interessé à mettre toujours plus en estat de servir une personne qui est si capable de le faire & avec qui je pretens lier une amitié tres estroite.*

D'AUVERGNE. Liv. V.

Apres son retour à la Cour, on luy donna le commandement de l'armée qui en devoit faire la seureté. Mais les affaires y estoient en si mauvais estat & dans une telle consternation qu'apres que M. le Prince eut mis en deroute l'armée de M. le Mareschal d'Hoquincourt, on ne sçavoit que devenir. La prudence & la sagesse de M. de Turenne sauva la Cour à Gergeau, & l'empescha de tomber entre les mains de M. le Prince à Gien. Je ne m'estendray pas davantage sur ce sujet. Je renvoye le lecteur à ce que M. de S. Evremont en a dit. L'eloge qu'il en a fait sera imprimé à la fin de ce volume, où un chascun pourra le voir.

En l'année MDCLIII. le Roy luy donna le gouvernement du haut & du bas Limousin, & le fit Ministre d'Estat.

Il espousa la mesme année Charlote de Caumont fille unique d'Armand Nompar de Caumont Duc de la Force, Pair & Mareschal de France. *Preuves pag. 819.*

En l'année MDCLIV. il fit lever le siege d'Arras entrepris par feu M. le Prince & par Don Jean d'Austriche. Et sur la fin de l'année le Roy luy donna la charge de Colonel general de la cavalerie legere vacante par la mort de Loüis de Lorraine Duc de Joyeuse.

En l'année MDCLV. il prit Landrecy, Maubeuge, Saint Guislain, & plusieurs autres places de Flandres.

En l'année MDCLVI. il fut obligé par M. le Prince de lever le siege de Valenciennes, & ne laissa pas de prendre la Capelle.

En l'année MDCLVII. il prit Saint Venant & Mardik, & secourut Ardres.

En MDCLVIII. il gagna la bataille des Dunes, où il desfit l'armée d'Espagne commandée par feu M. le Prince & par Don Jean d'Austriche. La prise de Dunkerque fut le fruit de sa victoire. Il prit en suite Oudenarde & Ipres.

En l'année MDCLX. le Roy, qui commençoit à s'instruire de ses affaires pendant les maladies continueles du Cardinal Mazarin, voulant recompenser d'une maniere esclatante les services de M. de Turenne, il le fit Mareschal general de ses camps & armées, & luy dit ces paroles si significatives, *Vous sçavez, Monsieur, qu'il ne tient qu'à vous que je ne fasse encore davantage*, luy insinuant par là que la religion dont il faisoit alors profession l'empeschoit de luy donner de plus grandes marques de son estime & de sa bienveillance.

Apres la paix des Pyrenées il fit une des plus belles & plus hardies entreprises qu'ait jamais fait un particulier. Il entreprit de soustenir le Portugal contre l'Espagne. Il y envoya le Comte de Schomberg avec plus de trois cens Officiers. Le Roy, qui ne vouloit pas donner atteinte aux traitez, ne voulut pas s'en mesler. On donna plusieurs batailles, où la fortune fut favorable aux Portugais; lesquels touchez de reconnoissance voulurent marier Mademoiselle de Bouillon avec le Prince Don Pedro frere de leur Roy, lequel fut aussi en suite Roy apres son frere. Ce mariage fut traversé & rompu par un Ministre qui ne vouloit pas alors l'elevation de la maison de Bouillon, & cette Princesse espousa depuis le Duc Maximilen de Baviere.

M m m iij

En l'année MDCLXVII. il suivit le Roy en Flandres, sa Majesté luy ayant fait l'honeur de luy dire qu'elle vouloit apprendre de luy le meftier de la guerre. On prit l'Ifle, Doüay, Tournay, & plufieurs autres places, lefquelles le Roy d'Efpagne ceda à la France par le traité d'Aix la Chapelle.

En l'année MDCLXVIII. il embraffa la religion catholique. Ce qu'il ne fit pas precipitament, ny par aucun motif d'intereft, comme M. de S. Evremont l'a tres bien remarqué, mais apres de longues & ferieufes reflexions, apres en avoir conferé fouvent avec des perfonnes capables de l'efclaircir fur les difficultez qu'il trouvoit à quitter une religion dans laquelle il eftoit né, qu'il avoit fuccée avec le laict, & de laquelle il eftoit bien difficile qu'il fe peut deftacher fans une grace particuliere de Dieu. Il a avoüé à fon neveu le Duc d'Albret, aujourdhuy Cardinal de Bouillon, lequel il aimoit tendrement, que jufques à l'aage de quarante ans il y avoit fait peu de reflexion, mais que depuis les difficultez qu'il s'eftoit faites le fuivoient par tout. Le Duc d'Albret eftoit pourlors fur les bancs de Sorbonne avec l'efclat que tout le monde fçait. Il entretenoit fouvent M. de Turenne fur ces matieres; & on peut dire avec verité qu'il a efté le principal inftrument dont Dieu s'eft fervi pour faire reconnoiftre l'erreur à ce grand homme. Enfin la grace de Dieu ayant operé en luy ce que tous les gens de bien fouhaitoient depuis longtemps, il declara au Roy huit jours auparavant que de faire fon abjuration, fans en avoir parlé à aucune autre perfonne, qu'il eftoit refolu d'embraffer la religion catholique. Ce qu'il executa le troifiefme jour d'Octobre MDCLXVIII. entre les mains de Meffire Hardoüin de Perefixe Archevefque de Paris.

Preuves page 814.

Quelque temps apres avoir fait fon abjuration, il fit fon teftament, dans lequel il remercie Dieu de luy avoir fait la grace de le rappeller dans fon Eglife, & le fupplie de l'y faire perfeverer jufques à la fin & de vouloir qu'il y fut en edification. Legue cinquante mil livres pour faire un fond pour les pauvres qui fe convertiront à Sedan, vingt mille livres pour les pauvres qui fe convertiront à Negrepeliffe, & pareille fomme de vingt mille livres aux pauvres qui fe convertiront à Caftillon.

En l'année MDCLXXII. le Roy eftant entré en Hollande à la tefte de fes armées commandées par M. le Prince & par M. de Turenne, il prit Burich, le fort de Sking, Nimegue, & plufieurs autres places. Ce fut en ce temps là que fa Majefté ordonna aux Marefchaux de Crequy, d'Humieres, & de Belfons, & de fe rendre à l'armée de M. de Turenne & de prendre les ordres de luy

En l'année MDCLXXIII. il pouffa l'Electeur de Brandebourg jufqu'au milieu de fes Eftats, & le força à faire la paix avec la France.

En l'année MDCLXXIV. fon habileté fuppleant au petit nombre de troupes qu'il avoit avec luy, il empefcha les Suiffes de donner paffage au Duc de Lorraine, qui vouloit aller defendre la Franche-Comté, dont le Roy fit la conquefte. Il gagna en la mefme année la bataille de Sintfehim, battit les imperiaux fur le bord du Nekre, & les desfit entierement à la bataille d'Ensheim.

Tombeau du Vicomte de Turenne.

A la fin de la mesme année l'Electeur de Brandebourg ayant passé le Rhin à Strasbourg à la teste de soixante mil hommes, le Vicomte de Turenne, qui n'en avoit que dix sept mil, se posta de maniere qu'on n'osa l'attaquer, & couvrit ainsy la Lorraine & la Champagne. Les Alemans establirent leurs quartiers d'hyver dans l'Alsace. Mais au commencement de l'année suivante le Vicomte, qui avoit fait semblant de prendre ses quartiers en Lorraine, rassembla ses troupes en huit jours, & descendit en Alsace par Betfort, attaqua & surprit les Alemans à Turkeim & dans leurs autres quartiers, & les força de repasser le Rhin en desordre. Cette action fut d'autant plus glorieuse qu'elle avoit esté premeditée deux mois auparavant, le Vicomte ayant marqué au Roy dans une letre tous les mouvemens qu'il fairoit faire à ses troupes pendant deux mois jusques à ce qu'il fut en estat d'attaquer les ennemis dans les premiers jours de l'année MDCLXXV. C'est ce qui est marqué dans la letre que je viens de citer, laquelle S. M. fit lire devant toute sa Cour à son lever lorsqu'elle eut appris la nouvelle de cet exploit.

Enfin le Vicomte de Turenne comblé de gloire, & lorsqu'il publioit hautement, luy qui ne se vantoit jamais, qu'il forceroit le lendemain le fameux General Montecuculli à combattre avec desavantage, il fut tué d'un coup de canon prez le village de Saspach au de là du Rhin le XXV. Juillet MDCLXXV. aagé de soixante quatre ans. Et à cette occasion je rapporteray ce beau mot de Valere Maxime; lequel descrivant la fermeté & la constance avec laquelle les Senateurs Romains attendirent la mort dans leurs chaires lorsque les Gaulois venoient la leur donner, fait cette exclamation : *Si quisquam interit qui sic extinguitur!* *Valer. Max. lib. 3. cap. 2.*

La mort de M. de Turenne causa une consternation generale. Tout le monde regarda cette perte comme si chascun y eut eu un interest particulier. Le Roy en fut touché tres sensiblement; & apres l'avoir regreté *Preuues page 833.* autant qu'une si grande perte le meritoit, il dit à ceux qui estoient à l'entour de luy qu'il avoit fait une perte irreparable, & qu'il falloit plusieurs siecles pour produire un Capitaine aussi excellent. Il ne s'arresta pas à ne luy donner que des paroles. Il ordonna luy-mesme sa pompe funebre. On fit donc porter son corps en l'abbaye de S. Denis en France, où le Roy luy fit faire un service solemnel. Il luy en fit faire encore un autre à Nostre Dame de Paris, où toutes les Cours souveraines furent mandées. Ce service fut si beau & si magnifique que quand mesme ç'auroit esté pour quelque personne de la maison royale, on n'y auroit pas fait plus de despense. M. de Harlay Archevesque de Paris fit l'office.

Sa famille luy a fait eslever à S. Denis un tres beau mausolée. Ceux qui seront curieux d'en voir la description la trouveront dans l'histoire de cette abbaye composée avec beaucoup de soin & d'elegance par le R. P. Felibien.

Quicquid ex Turenio amavimus, quicquid mirati sumus, manet, mansurumque est in animis hominum, in aeternitate temporum, fama rerum. *Tacit. in vita Agricola.*

MANCINI.
*Efcartelé. Au 1.
& 4. d'azur à
deux brochets
d'argent poſez
en pal. Au 3. &
4. d'azur à une
hache d'armes
d'argent poſée
en pal entamée
d'un faiſſeau de
verges d'argent
& une faſce
de gueules bro-
chant ſur le tout
chargée de trois
eſtoilles d'or.*

Godefroy Maurice de la Tour ſouverain Duc de Bouillon, Duc d'Albret & de Chaſteau-Thierry, Comte d'Auvergne & d'Evreux, Vicomte de Turenne, Gouverneur du haut & bas Auvergne.

CHAPITRE XVI.

Preuves pag.
835.

Enfans de Godefroy Maurice Duc de Bouillon & de Marie Anne Mancini ſa femme.

LOUIS DE LA TOUR Prince de Turenne, qui aura ſon cha-pitre.

EMMANUEL THEODOSE DE LA TOUR Duc d'Albret, qui aura auſſi ſon chapitre.

FRIDERIC JULES DE LA TOUR Chevalier de Malthe.

HENRY LOÜIS DE LA TOUR Comte d'Evreux, Colonel general de la cavalerie legere de France.

MARIE ELISABETH DE LA TOUR.

LOÜISE JULIE DE LA TOUR Princeſſe de Montbaſon.

Preuves page
837.

Emmanuel

D'AUVERGNE. LIV. V. 465

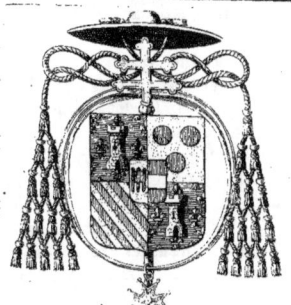

Emmanuel Theodose de la Tour Abbé de Tournus, de saint Oüen de Roüen, de saint Waast d'Arras, de saint Martin de Pontoise, de Vicogne, & de Clugny, Cardinal Evesque d'Ostie, Doyen du sacré College, Grand Aumosnier de France.

Preuves page 838.

CHAPITRE XVII.

VENTA-DOUR. *Escartelé. Au 1. d'or & de gueules de six pieces. Au 2. d'or à trois chevrons de sable. Au 3. de gueules à trois estoiles d'or. Au 4. d'argent au lyon de gueules. Sur le tout, eschiqueté d'or & de gueules, qui est Ventadour.*

Loüis de la Tour Prince de Turenne, Grand Chambellan de France.

CHAPITRE XVIII.

CE Prince nasquit à Paris au mois de Fevrier MDCLXIV. & fut tenu sur les fonts de baptesme par le Roy & par la Reyne mere, qui le nommerent Loüis. Il porta d'abord le nom de Comte d'Evreux, nom qu'on changea depuis en celuy de Prince de Turenne apres la mort de son grand oncle, qui l'avoit rendu celebre & respectable dans toute l'Europe. Ses premieres années ne donnerent pas une grande idée de son esprit, defaut qu'on a remarqué en beaucoup de grands personnages tant anciens que modernes. Mais il com-

mença à se descouvrir à l'aage de dix ans. Il reussit en suite merveilleusement dans le cours de ses estudes, qu'il fit à Paris au College des Reverends Peres Jesuites, où il fut mis sous la conduite du R. P. Gaillard,
devenu depuis l'un des plus grands predicateurs de nostre temps. Il y
soustint avec applaudissement des Theses publiques de Philosophie en
l'année MDCLXXIX. & les dedia au Roy. Il apprit en suite les Mathe-
matiques & le Droict civil, chose peu usitée parmy les gens de sa naissance.
Aussi cela parut il assez extraordinaire en ce temps là ; quoy que si on eut
reflesçhi sur un exemple qu'on avoit de grande consideration, c'est à dire
sur feu M. le Prince de Condé, on ne s'en seroit pas tant estonné ; dautant plus que c'est la coustume de tous les Princes & Seigneurs tant d'Alemagne que des royaumes du Nord de faire apprendre le Droict à leurs
enfans.

Au commencement de l'année MDCLXXXII. le Roy luy accorda
la survivance de la charge de Grand Chambellan de France, laquelle
il exerça conjointement avec M. le Duc de Bouillon son pere ; & l'année
suivante, estant allé le quatriesme jour de Juillet prendre congé du Roy
pour aller voyager, sa Majesté luy donna une pension de trois mil escus.

D'abord qu'il parut à la Cour pour estre comme les autres Seigneurs
de son aage auprez de M. le Dauphin, il s'y fit distinguer par tant d'esprit, de prudence, & de politesse que M. le Duc de Montausier, personnage peu flateur & grand amateur de la verité, ne parloit jamais du
Prince de Turenne qu'avec eloge, jusques à dire au Roy qu'il n'estoit
point en peine de ce que faisoit M. le Dauphin quand il estoit avec luy.

Mais il faut avoüer que cette fleur de bonne reputation fut bientost
flestrie ; & soit que la superiorité de son esprit, ou que le goust que M.
le Dauphin tesmoignoit d'avoir pour luy, excitassent les jaloux & les envieux, il est certain que l'on se deschaisna terriblement à la Cour contre
luy, jusques à luy attribuer faussement tout ce à quoy l'esprit de la desbauche & du libertinage portoit la pluspart des jeunes gens de la Cour.
Cela obligea sa famille à le faire voyager dans un temps où le Roy venoit
de donner la paix à l'Europe par le traité de Nimegue. Il revint au premier bruit de guerre, & se trouva au siege de Luxembourg à la teste de
son regiment d'infanterie. La prise de cette place ramena la paix & les
plaisirs. Le Prince de Turenne, qui estoit de tout, recommença par une
conduite assez peu reglée à se faire des ennemis à la Cour. Il creut se mettre
à couvert de leurs mauvais offices en s'esloignant & faisant le voyage
d'Hongrie avec les Princes de Conty & de la Roche-Sur-Yon. Mais il se
trompa. Car on l'accusa d'avoir beaucoup contribué à la resolution qu'ils
prirent de faire ce voyage, qui ne fut pas approuvé de S. M. Outre qu'il
avoit demandé permission d'aller en Pologne ; & au lieu d'y aller, il les
accompagna en Hongrie, où il se signala devant Neuhausel & à la bataille
de Gran.

A son retour en France il receut une letre de cachet qui luy ordon-
noit de sortir du royaume. Il obeit. Et n'osant retourner en Hongrie de
peur de desplaire au Roy, il prit le party d'aller en Morée servir les Ve-

nitiens. Il se trouva aux sieges de Navarrin, de Modon, & d'Argos, & combattit sous les ordres de Konismarc General de l'armée. Il revint passer l'hyver à Venise. Cette Republique luy fit present d'une espée de diamants, & luy offrit de le faire Lieutenant general de ses armées. Mais il ne voulut pas s'engager au service des Princes estrangers, esperant de revenir en France au premier bruit de guerre qu'il y auroit, & continua de servir les Venitiens en qualité de volontaire.

La campagne de l'an MDCLXXXVII. en Morée luy fit beaucoup d'honeur, tous ceux qui l'avoient veu faire ayant hautement vanté son courage & son sçavoir faire. Au retour mesme de cette expedition il fit un coup de maistre. Car en retournant à Venise sur un vaisseau Venitien, & ayant rencontré un vaisseau François qui vouloit que le Venitien le saluat, ce que celuy cy refusoit de faire, le Prince passa sur le vaisseau François, & le Venitien fut obligé de rendre le salut au vaisseau François.

En l'année MDCLXXXVIII. il acquit encore plus de gloire par une blessure, quoyque legere, qu'il receut au siege de Negremont, où il eut plusieurs de ses domestiques tuez ou blessez à ses costez, & où il fut traité avec grande distinction par le Generalissime Morosini. Le R. P. Gaillard a parfaitement bien descrit cette rencontre dans la harangue funebre qu'il fit à son honeur.

En l'année MDCLXXXIX. apres la mort du Pape Innocent XI. il alla trouver à Rome le Cardinal de Bouillon son oncle. Le Cardinal Ottoboni ayant esté esleu Pape & pris le nom d'Alexandre VIII. le Prince de Turenne fut à son audience, & y fut traité comme on traite en cette Cour les enfans des Princes souverains, avec les mesmes honeurs que le Pape Urbain VIII. avoit faits à M. le Duc de Bouillon son grand pere. Le Pape ne s'en tint pas là. Il changea l'audience de ceremonie en une conversation de confiance, s'informant de luy de tout ce qui s'estoit passé dans la Morée; dont ce Prince luy rendit un compte si net & si exact que le Pape creut, comme il le dit en suite, avoir entendu sur ce sujet le grand Morosini, & donna au Prince les marques les plus singulieres de son estime & de sa bienveillance.

En l'année MDCXC. il servit sous M. de Catinat, que son merite & ses grands services esleverent en suite à la dignité de Marefchal de France, en l'armée que le Roy avoit en Italie. A la fin de la campagne il retourna à la Cour, rentra dans les fonctions de la charge de Grand Chambellan, & espousa Anne Geneviefve de Levis fille unique de Loüis Charles de Levis Duc de Ventadour. *Preuves page 846.*

En l'année MDCXCI. il suivit le Roy au siege de Mons, & fut son Ayde de camp. Il acheva la campagne sous le Marefchal de Luxembourg, & porta au Roy les estendars pris au combat de Leuse, où il s'estoit fort distingué.

L'année d'apres il fut encore Ayde de camp du Roy au siege de Namur; & ses services parurent alors si agreables à sa Majesté qu'elle luy fit l'honeur de dire en diverses occasions que quand il estoit de jour à la tranchée, il rendoit un si bon compte de toutes choses qu'on croyoit y avoir esté

468 HISTOIRE DE LA MAISON

preſent. Il fut bleſſé mortelement au combat de Steinkerque à l'aage de vinghuict ans, & mourut ſans poſterité. On peut voir dans la belle oraiſon funebre que le R. P. Gaillard Jeſuite fit de luy l'année MDCXCIII. à Clugny, où ſon corps fut enterré, qu'il n'auroit pas fait de honte à ſa maiſon, s'il avoit veſcu auſſi longtemps que le Vicomte de Turenne ſon grand oncle. Il avoit donné de bons indices de ſa gloire future. Mais Dieu en diſpoſa autrement.

Virgil. lib. VI.
Æneid.

Oſtendent terris hunc tantum fata, neque ultra
Eſſe ſinent.

LA TRI-
MOUILLE.
Eſcartelé. Au
1. & 4. d'Ar-
ragon Naples.
Au 2. & 3. de
France. Et ſur
le tout de la
Trimouille.

Preuves page
47.

Emmanuel Théodoſe de la Tour Duc d'Albret.

CHAPITRE XIX.

BERG-OP-
ZOM.
Eſcartelé. Au
1. & 4. eſcar-
telé d'argent &
de ſable. Au 2.
& 3. d'azur au
cerf d'or paſſant
ſur une terraſſe.
Sur le tout de
gueules à deux
ſceptres d'or
fleurdeliſez po-
ſez en ſautoir.

WASSE-
NARE.
Eſcartelé. Au
1. & 4. de
gueules à trois
croiſſants mon-
tants d'argent.
Au 2. & 3.
d'azur à la
faſce d'or.

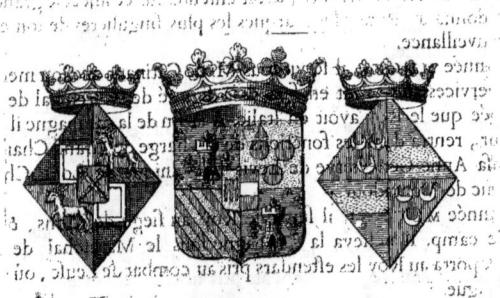

Preuves page
848.

Friderïc Maurice de la Tour Comte d'Auvergne, Colonel general
de la cavalerie, Gouverneur du Limouſin.

CHAPITRE XX.

Harangue de M. le Premier Prefident de Lamoignon à l'ouverture du Parlement apres la faint Martin de l'année MDCLXXV.

Eloge de M. de Turenne, tiré des œuvres de M. de S. Evremont.

Fragment du mefme M. de S. Evremont touchant le fervice que M. de Turenne rendit à Gien.

Harangue de M. le Premier Président de Lamoignon à l'ouverture du Parlement apres la saint Martin de l'année MDCLXXV.

Quelque profession que l'homme ait embrassée, quelques qualités qu'il ait receu du Ciel, toutes ses actions doivent tendre à l'avantage commun & à la gloire de son pays; & lorsqu'il pretend n'appliquer ces talens qu'à son utilité particuliere, on ne le doit considerer que comme l'usurpateur du bien public & l'ennemy declaré de la societé civile.

En effet nous ne sommes pas nés pour nous mesmes. Ce n'est qu'à condition de nous ayder reciproquement que nous recevons la vie. Cette dependence mutuele qui conserve l'union & la paix entre les hommes fait une des principales regles de la conduite. Il en est de mesme du corps universel de l'Estat que du corps naturel. Toutes les parties y doivent estre animées du mesme esprit & concourir sans cesse à l'accroissement & à la conservation de son estre.

Cette verité est encore plus constante dans des emplois comme les vostres tout devoüés au public. Les jeunes Advocats presumeroient trop de leur esprit, s'ils croyoient se pouvoir passer de l'assistance de leurs anciens; & les anciens se rendroient coupables d'une extreme dureté, s'ils refusoient à ceux qui leur succedent le mesme secours qu'ils ont eu de ceux qui les ont precedés.

Les Dieux (dit le sage Nestor dans Homere) ne nous donnent pas tous les biens ensemble. Je me suis veu jeune autrefois. Maintenant le poids de la veillesse m'accable. C'est aux jeunes gens qui se peuvent assurer dans leurs forces à manier les armes. Je ne laisseray pas pourtant de me trouver parmy eux; & ne pouvant les seconder de la main, j'auray soin de les ayder de mes conseils & de les animer par mes paroles, qui est le seul talent dont les Dieux ayent recompensé la veillesse.

Quelle ardeur doit estre la vostre dans cette penible carriere où vous avez entrepris de courir, lorsque vous estes conduits par les preceptes & animés par les applaudissemens de ceux qui l'ont si glorieusement achevée. Mais aussi quelle satisfaction pour eux de pouvoir former eux mesmes des images vivantes de leurs vertus, d'y respendre tout leur esprit, & de se voir renaistre en la personne de leurs successeurs.

Qu'ils prennent donc garde de ne rien faire qu'on ne doive imiter, servir d'exemple à tout le monde, estre suivi, creu, estimé, sçavoir ramener d'un mot, d'un clin d'œil toute une assemblée dans le bon party. S'estre mis en estat de ne pouvoir jamais estre ny prié ny soupçonné d'une injustice, c'est un plaisir plus sensible que toutes les voluptés de la jeunesse.

Mais cette creance universele, cette auctorité douce & legitime que la probité reconnuë s'establit insensiblement dans les esprits n'est pas toujours l'ouvrage du temps, ce n'est pas l'aage seul qui le donne. Si vous estes jeune, dit l'Escriture sainte, ne mettés pas toute vostre confiance en vos forces. Si vous estes vieux, ne vous glorifiez pas de vos cheveux blancs.

En vain pour dissimuler vos vices & vostre incapacité vous affectez un air venerable, un parler grave & fententieux. Rien n'eft fi mefprifable que la gravité fans merite. Il ne fuffit pas mefme d'avoir du merite dans voftre profeffion. Il faut que ce merite foit fouftenu d'un fçavoir profond, d'une vie fans reproche, & d'une fuite continuele de bonnes actions.

De quel front un homme diffamé par le defreglement de fes mœurs peut il s'eriger en arbitre du bien & de l'honeur des familles ? Se laiffera on conduire en des affaires importantes par un efprit qui s'eft toujours efcarté de la bonne voye ; & confierés vous le foin de voftre fortune à celuy qui a eflevé la fienne fur la ruine de tant d'autres ?

Quels maux ne caufent point à la juftice les faux raifonnemens de ces confultans mercenaires que l'efpoir de la recompenfe rend toujours prefts à flater les paffions d'un playdeur ? C'eft chercher le port fur des efcueils fameux en naufrages que de fe mettre en de fi dangereufes mains pour fe procurer quelque repos.

N'efperés point de confeils raifonnables de ces ennemis de l'ordre & de la paix. Fuyés ces fources impures & empoifonnées, qui ne feront qu'augmenter en vous une foif ardente de la chicane & vous engager en des procés immortels.

Que de tels Advocats, qu'un poëte a juftement nommés le poifon des loix, foient exclus à jamais de ce barreau. On y fuit des maximes bien contraires. Vous eftes trop jaloux d'y maintenir le defintereffement & la probité. Ces vertus ne l'ont pas moins rendu celebre par tout le monde que l'eloquence & le fçavoir. Il faut conferver & accroiftre, s'il eft poffible, ce pretieux heritage de vos peres, qui a paffé fans interruption jufques à vous. Les jeunes voyent en ce lieu de grands exemples à fuivre, & les anciens y trouvent des naturels riches à former.

Inftruire les autres eft le plus doux employ de ceux qui ont vieilli honorablement dans l'exercice de la parole, s'ils ont fceu d'eux mefmes s'impofer filence quand il eft temps & terminer leur courfe avant que leurs forces foient efpuifées, femblables, dit Quintilien, à un fage pilote qui ne veut plus expofer fa vie ny fa fortune à l'infidelité des ondes, & qui ne fonge plus qu'à joüir du fruit de fes longs travaux. Tranquille, mais non pas oifif, dans fon repos, il defcrit fur le rivage les mers qu'ils a couruës & apprend aux jeunes pilotes à connoiftre les vents & les rochers ; à prevoir le calme & la tempefte ; heureux, fi l'avarice & l'envie, qui font les vices ordinaires de la vieilleffe, ne le viennent point faifir fur fon declin & deshonorer fes dernieres années.

Un homme veritablement vertueux fait toute fa joye d'eftre utile à tout le monde. Il aime à proteger l'innocence, à maintenir la difcipline, à deftruire le menfonge & l'artifice. L'entrée de fa maifon eft frequentée comme celle des temples où l'on alloit confulter l'oracle, & l'on n'en fort jamais fans remporter des efclairciffemens fur fes doutes & du foulagement dans fes befoins. Une fi belle fin couronne toutes les actions de fa vie. En l'achevant de la forte, elle s'efteint infenfiblement comme la lumiere de ces aftres bienfaifans dont le couchant pur & fans nuage promet la ferenité.

Ainfi

D'AUVERGNE. Liv. V.

Ainsi ce Scipion, que l'on appelle le plus sage des Romains, fut jusques à sa mort l'oracle de la Republique; & le peuple luy fit bastir une maison au milieu de la ville pour l'y consulter plus commodement. Que Rome estoit une admirable escole pour la paix & pour la guerre! Ciceron (comme il le dit luy mesme) y instruisoit les jeunes Orateurs à l'eloquence, & les Scipions y donnoient des leçons de prudence & de valeur.

Il ne faut que deux de ces genies dans un siecle pour rendre tout un peuple sçavant & belliqueux. Socrate enflamma les Grecs de l'amour de la philosophie. Il s'esleva sous Alexandre une foule de Conquerans. Et ce grand homme dont la France pleure la perte encore toute recente, combien a il formé de Capitaines? Ce n'est pas à dessein de renouveller de si justes regrets & de faire voir icy l'extreme veneration que nous avons pour sa memoire que nous rappellons aujourdhuy la triste idée de cette perte. Nostre douleur particuliere fait place icy à des devoirs plus importans. Pendant que tout le monde parle de sa gloire, & que la voix publique fait par tout son eloge, ce lieu, où l'on sçait particulierement rendre au merite ce qui luy est deu, demeurera il dans le silence? M. DE TURENNE.

On ne doit pas trouver estrange si nous nous dispensons des regles ordinaires de ce discours en nous estendant sur les loüanges d'un homme qu'on ne peut jamais trop loüer. Tant de qualités heroïques esclaterent en sa personne, & sa vie est un modele si parfait, que parmy le grand nombre d'actions vertueuses dont elle est remplie chascun peut trouver des vertus à imiter.

Mais sur tout il eust au souverain degré le desinteressement, la probité, le zele pour le bien public & pour la gloire de son pays. Son cœur insensible au guain & aux recompenses n'aimoit qu'à rendre les autres heureux. Loin d'amasser des tresors dans le commandement des armées, il a souvent emprunté des sommes considerables pour les distribuer aux soldats, tandis qu'oubliant son interest particulier, il renonçoit à des droits que l'usage de la guerre a rendus legitimes.

Cependant sa moderation seule a peu fournir à ses bienfaits & luy donner moyen d'estre liberal sans commettre d'injustice ny de bassesse. L'histoire, qui ne laisse rien perdre des personnages illustres, dira de luy les mesmes choses que Plutarque rapporte de Scipion. Ce vainqueur de Carthage & de Numance, qui avoit enrichi Rome des despoüilles de l'Afrique, n'augmenta ny ne diminua son patrimoine, & ne laissa chez luy en mourant que trente trois marcs d'argent & deux marcs d'or. Le grand homme dont nous parlons n'a laissé precisement que la mesme somme en argent comptant.

Peut-on avoir un tesmoignage plus certain de son desinteressement, qualité rare en nos jours, & qui n'est point comme au temps de Scipion la vertu du siecle? Le nostre ne laissera pas de l'admirer. On luy donnera beaucoup d'eloges. Mais elle aura peu d'imitateurs, d'autant plus inimitable qu'elle venoit en luy d'une noblesse de cœur, & non pas d'un fond d'orgueil & d'une fausse magnanimité.

Tout estoit sincere dans ses mœurs, dans ses sentimens. L'aversion pour les flateries, le mespris mesme des veritables loüanges, plus difficile aux grands hommes que celuy des biens, furent encore son principal caractere. Il merita tous les honeurs sans les rechercher, toujours humble dans les plus grands evenemens, & comme importuné du bruit de son nom, ce nom fameux, la terreur de l'Empire & de l'Espagne, l'amour des soldats, & l'admiration de toute l'Europe.

Au retour de ces dernieres campagnes qui ont fait le comble de sa gloire, où il mena battant les Princes confederés depuis la Moselle jusques dans le fond du Nord, il fit repasser le Rhin à des nations formidables qui partageoient en idée les meilleures provinces de la France. Il rabaissoit luy mesme la grandeur de ses exploits. Ennemy de l'esclat en toutes choses, semblable en apparence aux personnes du moindre rang, il ne se distinguoit des autres Courtisans que par une extreme modestie.

Cette vertu, qui luy estoit si naturele, ne le quittoit pas mesme à la teste des armées. Il n'estoit fier qu'aux ennemis. Mais il monstroit une intrepidité sans faste au milieu du peril; & quand l'occasion le demandoit, jamais General n'a plus exposé sa personne, jamais Capitaine ne s'est monstré plus soldat.

Dans la plus grande chaleur d'une action il jugeoit à l'instant de l'evenement du combat, & par les differens mouvemens des combatans; & comme il voyoit tout de sang froid & d'un clin d'œil, il profitoit de tous les mouvemens & des moindres fautes que l'on faisoit devant luy.

Neantmoins ses resolutions ne partoient point d'une impetuosité temeraire ny d'une sagesse trop lente. Il ne faisoit ny ne disoit rien d'inutile, mais il n'oublioit rien de necessaire, & sa profonde intelligence paroissoit encore plus dans ses actions que dans ses discours. Ses ordres estoient clairs, toujours executez avec courage, & plustost par affection que par crainte, parcequ'il estoit exact sans estre rigoureux. Il sçavoit que l'amour des troupes envers leur Chef nourrit l'obeïssance, & la discipline conserve en elles la confiance & la valeur.

Aussi les soldats estoient tellement assurés de vaincre sous luy qu'ils ne consideroient ny le nombre des ennemis ny la force des lieux ny les dangers où ils s'exposoient, persuadés que leur Chef pourvoyoit à tout comme un pere de famille, qu'il ne se donnoit aucun repos sans assurer le leur, & que s'il se reservoit quelque avantage sur eux, c'estoit de prendre la principale part aux peines & aux perils.

Par de tels charmes il a sceu se faire obeïr & se faire aymer. Par cette sage œconomie avec une poignée de gens on l'a veu arrester & destruire plusieurs puissances conjurées, subsister longtemps en des pays ruinés, entretenir ses forces & les restablir. Il ne hazardoit rien aveuglement dans la bonne fortune; mais il ne desesperoit de rien dans la mauvaise, & trouvoit des ressources à tout en des conjonctures où l'on croyoit sa defaite assurée.

Contre des ennemis rusés il se menageoit avec une prudence qu'on ne pouvoit surprendre. S'il les falloit prevenir, il marchoit avec une rapidité prodigieuse. Lorsqu'il a voulu se derober d'eux, il a eschapé à leur vigilance, & les a laissés, pour ainsi dire, dans les filets qu'il luy avoient tendus, tirant de la difposition des lieux tout l'avantage qu'on en pouvoit tirer, & ne laiffant rien faire au hazard que ce que la prudence ne pouvoit faire.

Et certes pour fçavoir le nombre de fes victoires il ne faut que compter toutes les campagnes qu'il a faites. Les actions les plus heureufes & les plus connuës ne font pas toujours les plus admirables. Car il n'a pas moins vaincu lorfque les ennemis n'ont pas ofé fe prefenter devant luy que quand il les a desfaits en bataille rangée ; fi ce n'eft que cette façon de vaincre eft moins perilleufe & plus utile à l'Eftat.

Quelque ardeur qu'il euft pour fa gloire, il en regla tous les mouvemens par un attachement indifpenfable à fon devoir & par les maximes d'une folide pieté. Au lieu de fouhaiter la guerre pour accroiftre fa confideration, il ne defiroit rien tant que le repos public & la felicité des peuples. L'efprit infiniment eflevé au deffus des fentimens ordinaires, il fongeoit moins à rendre fon nom efclatant qu'à fervir folidement un Prince digne d'eftre fervi par de tels Heros & autant eflevé au deffus de tous les Roys de l'Univers que le grand homme dont nous parlons eftoit eflevé au deffus de leurs Capitaines.

Il y a fujet de s'eftonner que fa fanté ait peu refpondre toujours à la grandeur de fon courage. Car quelle jeuneffe a paru plus vigoureufe que fes dernieres années ? Quelquun dans la fleur de fon aage a il moins efpargné fa perfonne & fourni plus gayement aux fatigues d'une longue campagne ? On l'auroit creu comme infenfible à tous les travaux de la guerre, à toutes les injures des faifons, fi le foin continuel qu'il prenoit pour les efpargner aux autres n'euft fait voir qu'il les reffentoit.

N'a il pas donné des marques admirables de cette conftance à ce * Chef fameux des armées Imperiales, qui employoit contre luy toutes les rufes & les ftratagemes de l'art. Apres l'avoir pouffé peu à peu de defilé en defilé, à la fin content du pofte où il l'avoit comme renfermé & de la marche furprenante qu'il avoit faite, tout preft de recueillir les fruits d'une victoire qu'il avoit amenée de fi loing, luy qui ne fe flatoit jamais, il alloit, difoit il, chaffer les troupes de l'Empire bien loing de nos frontieres & peuteftre forcer les ennemis à demander la paix fous des conditions glorieufes à la France, lorfqu'un coup fatal trancha tous fes deffeins avec le cours d'une fi belle vie.

<small>* *Montecuculli.*</small>

Projects humains, efperances trompeufes, eft ce ainfy que vous vous diffipés & que la tefte la plus illuftre de mefme que la plus ordinaire eft fujecte aux atteintes de la mort ? Mais en ceffant de vivre ce grand homme ne ceffa pas de vaincre, fon efprit & fes ordres encore prefens aux yeux de toute l'armée cauferent le guain du combat qui preceda fes funerailles, & tous les foldats animés de la jufte douleur de fa perte firent des actions incroyables pour la vanger.

Si ce que vous venés d'entendre vous donne de la veneration pour ce grand homme & quelque amour pour les vertus extraordinaires, fouvenés vous que les mefmes fiecles qui ont produit les grands Capitaines ont produit ordinairement les grands Orateurs ; & dans un temps où l'on trouve des Scipions & des Alexandres, faites voir qu'on peut trouver aussi des Cicerons & des Demosthenes.

Eloge de Monsieur de Turenne tiré des œuvres de M. de S. Evremont.

JE ferois tort à la naissance de Monsieur de Turenne, si je songeois à instruire le public d'une maison aussi illustre & aussi considerable dans toute l'Europe que la sienne. Je ne m'amuseray point à dépeindre tous les traits de son visage. Les caracteres des grands hommes n'ont rien de commun avec les portraits des belles femmes. Mais je puis dire en gros qu'il avoit quelque chose d'auguste & d'agreable, quelque chose en sa physionomie qui faisoit concevoir je ne sçay quoy de grand en son ame & en son esprit. On pourroit juger à le voir que par une disposition particuliere la nature l'avoit preparé pour faire tout ce qu'il a fait.

Né d'un pere aussi auctorisé dans le parti Protestant que Monsieur de Bouillon l'estoit, il en prit les sentimens de religion sans zele indiscret pour la sienne, sans aversion pour celle des autres, precautionné contre une seduction secrete qui fait voir de la charité pour le prochain où il n'y a qu'un excés de complaisance pour son opinion.

Comme il n'y a rien de bas dans les employs de la guerre, il passa par les plus petits, par les mediocres, toujours jugé digne de plus grands que ceux qu'il avoit, toujours distingué par sa naissance. La seule distinction de ses services l'a fait monter par degrez au commandement des armées; & l'on peut dire sans exagerer que pour arriver aux postes qu'il a eus, jamais homme n'a tant dû à son merite & si peu à la fortune.

Je ne m'estendray point à parler de ses actions, me bornant à quelques particularitez peu connuës qui contribueront à former son caractere.

Tant qu'il a servi avec Monsieur le Prince en Alemagne, Monsieur le Prince luy a donné la principale gloire de tout ce qu'on y faisoit, & l'estime qu'il avoit pour luy alla si loing que s'entretenant avec quelqu'un de tous les Generaux de son temps, *Si j'avois à me changer*, dit il, *je voudrois estre changé en Monsieur de Turenne, & c'est le seul homme qui puisse me faire souhaiter ce changement là.* On ne sçauroit croire l'application qu'avoit Monsieur le Prince à l'observer, cherchant à profiter non seulement de ses actions, mais de ses discours.

Il me souvient qu'il luy demandoit un jour quelle conduite il voudroit tenir dans la guerre de Flandres. *Faire peu de sieges*, respondit Monsieur de Turenne, *& donner beaucoup de combats. Quand vous avez rendu vostre armée superieure à celle des ennemis par le nombre & par la bonté des troupes, (ce que vous avez presque fait par la bataille de Rocroy) quand vous estes bien maistre de la campagne, les villages vous vaudront des places. Mais on met son honeur à prendre une ville forte bien plus qu'aux moyens de conquerir aisément une province. Si le Roy d'Espagne avoit mis en troupes ce qu'il luy a cousté d'hommes & d'argent à faire des sieges & à fortifier des places, il seroit aujourdhuy le plus considerable de tous les Rois.*

La premiere maxime de Monsieur de Turenne pour la guerre est celle qu'on attribuë à Cæsar, qu'il ne falloit pas croire avoir rien fait tant qu'il

D'AUVERGNE. Liv. V. 477

restoit quelque chose à faire. A peine Philisbourg avoit capitulé qu'il se destacha avec ses troupes pour tomber sur le petit corps que Savelli & Coloredo commandoient. Il y tomba, il le desfit, il marcha à Spire, à Wormes, à Mayence, qui se rendirent ; & tout cela fut executé en six ou sept jours.

Il consideroit plus les actions par leurs suites que par elles mesmes. Il estimoit plus un General qui conservoit un pays apres avoir perdu une bataille que celuy qui l'avoit gagnée & n'avoit pas sçeu en profiter.

Venons à nos guerres civiles. C'est là qu'on a mieux connu Monsieur de Turenne, pour avoir esté plus exposé aux observations des Courtisans. On sçait qu'il a sauvé la Cour à Gergeau & qu'il l'a empeschée de tomber entre les mains de Monsieur le Prince à Gien. Il a conservé l'Estat quand on le croyoit perdu. Il en a augmenté la gloire & la grandeur lorsqu'à peine on osoit en esperer la conservation.

Un destail de ses services rendroit le caractere languissant. Un seul tiendra lieu de tous les autres.

Il trouva la Cour si abandonnée qu'aucune ville ne vouloit la recevoir. Les Parlemens s'estoient declarez contre elle ; & les peuples prevenus d'une fausse opinion de bien public s'attachoient aveuglement à leurs Declarations. Monsieur le Duc d'Orleans estoit à la teste des Parlemens, Monsieur le Prince à celle des troupes, Fuensaldagne s'estoit avancé jusqu'à Chauny avec vingt mille hommes, & Monsieur de Lorraine n'en estoit pas esloigné. Tel estoit l'estat de cette Cour malheureuse quand Monsieur de Turenne apres quelques sieges & quelques combats dont je laisse le recit aux historiens, quand Monsieur de Turenne, dis je, la ramena malgré elle à Paris, où le Roy ne fut pas sitost que son restablissement dans la Capitale fit reconnoistre son auctorité par tout le royaume. La seureté du Roy bien establie au dedans, Monsieur de Turenne fit sentir sa puissance au dehors, & reduisit l'Espagne à demander une paix qui fut son salut, ne pouvant continuer une guerre qui eust esté sa ruine.

Revenons des faits de Monsieur de Turenne à une observation plus particuliere de sa conduite, de ses qualitez, & de son genie. Aux bons succez il poussoit les avantages aussi loing qu'ils pouvoient estre poussez. Aux mauvais il trouvoit toutes les ressources qu'on pouvoit trouver. En toutes choses il preferoit la solidité à l'esclat, moins sensible à la gloire que ses actions luy pouvoient donner qu'à l'utilité que l'Estat en recevoit. Le bien des affaires alloit avant toutes choses. On luy a veu essuyer les mauvais offices de ses envieux, les injures de ses ennemis, les desgouts de ceux qu'il servoit, pour rendre un veritable service. Modeste en tout ce qu'il faisoit de plus glorieux, il rendoit les Ministres vains & fiers avec luy par les avantages qu'ils tiroient de ce qu'il avoit fait. Severe à luy mesme, il comptoit tous ses malheurs pour des fautes. Indulgent à ceux qui avoient failli, il faisoit passer leurs fautes pour des malheurs.

Il semble qu'il donnoit trop peu à la fortune pour les evenemens ; & le voulant convaincre par son propre exemple du pouvoir qu'elle a dans les occasions, on luy dit qu'il n'avoit peutestre jamais mieux fait qu'à Mariandal & à Rethel, cependant qu'il avoit perdu ces deux combats pour avoir esté malheureux. *Je suis content de moy*, respondit il, *dans l'action. Mais si je voulois me faire justice un peu severement, je dirois que l'affaire de Mariandal est arrivée pour m'estre laissé aller mal à propos à l'importunité des Alemands qui demandoient des quartiers ; & que celle de Rhetel est venuë pour m'estre trop fié à la lettre du Gouverneur, qui promettoit de tenir quatre jours le jour mesme qu'il se rendit.* A quoy il ajousta : *Quand un homme se vante de n'avoir point fait de faute à la guerre, il me persuade qu'il ne l'a pas faite longtemps.*

Il luy ressouvint toujours de cette importunité de Rosen à demander des quartiers, & de la facilité trop grande qu'il avoit euë à les accorder. Cette reflexion luy fit changer de conduite à l'esgard des Officiers. Il continua les bons traitemens qu'il avoit accoustumé de leur faire, mais il ne voulut plus se trouver en estat d'en estre gehenné pour le service.

Le premier embaras dont il se desfit fut celuy des disputes de l'infanterie. Cette vieille habitude fondée sur une apparence d'honeur estoit comme un droit que tous les corps vouloient se maintenir. L'opposition fut grande. Mais le General en vint à bout ; & Puysegur, le plus intelligent, mais le plus difficultueux des Officiers, Puysegur, ennemy de tous les Generaux qu'il ne gouvernoit pas, fut obligé de vendre son Regiment & de se retirer avec sa capacité incommode à sa maison. Le tour ordinaire des Officiers dans les destachemens, leur rang aux ordres de bataille ne furent plus observez. C'est ce qu'on vit à la bataille de Dunkerque, où Monsieur de Turenne choisit le Marquis de Crequy pour commander l'aisle opposée à Monsieur le Prince sans aucun esgard à l'ancienneté des Lieutenans generaux.

Apres avoir changé ces vieilles coustumes, il changea, pour ainsi dire, le genie des nations. Il fit prendre aux estrangers une activité qui ne leur estoit pas naturele. Il fit perdre aux François la legereté & l'impatience que leur nation avoit toujours euës. Il fit souffrir la fatigue sans murmurer. Il fit oublier la Cour aux Courtisans qui avoient de l'employ, comme s'il n'y avoit point eu d'autre mestier que la guerre.

Voila quelle fut la conduite de Monsieur de Turenne pour les Officiers. Voyons son procédé à l'esgard de Monsieur le Cardinal.

Dans le temps que Monsieur le Cardinal estoit le plus malheureux, que ses amys cherchoient des pretextes pour l'abandonner & ses ennemys des occasions pour le perdre, Monsieur de Turenne eut pour luy les mesmes deferences, les mesmes respects qu'on avoit eus dans sa plus haute fortune. Quand son Eminence eut restabli son pouvoir, qu'elle regnoit plustost qu'elle ne gouvernoit, il garda plus de dignité avec elle qu'il n'en avoit gardé dans ses malheurs. Ce fut le premier qui osa faire sa Cour au Roy, toutes les personnes considerables ayant leur application entiere à Monsieur le Cardinal.

Il ne sollicita point de graces, & les avantages qu'il obtint parurent des effets du service rendu à l'Estat sans attachement au ministere.

Jamais les vertus des particuliers n'ont esté si bien unies avec les qualitez des heros qu'en la perfonne de Monfieur de Turenne. Il eftoit facile dans le commerce, delicat dans la converfation, fidele dans l'amitié. On l'a accufé de ne s'employer pas affez fortement pour fes amys à la Cour. Mais il ne s'y employoit pas davantage pour luy mefme. Une gloire fecrete l'empefchoit de demander ce qu'il n'eftoit pas feur d'obtenir. Il faifoit tout le plaifir qu'il pouvoit faire par luy mefme. Les amys d'ordinaire penfent qu'on a plus de credit qu'on n'en a & qu'on leur doit plus qu'on ne leur doit.

Monfieur de Turenne n'eftoit pas incapable d'avoir de l'amour. Sa vertu n'eftoit point de ces vertus feches & dures qu'aucun fentiment de tendreffe n'adoucit. Il aimoit plus qu'il ne croyoit, fe cachant autant qu'il luy eftoit poffible une paffion qu'il laiffoit connoiftre aux autres.

Si les fingularitez font des efpeces de defauts dans la focieté, Monfieur de Turenne en avoit deux qu'on reproche à bien peu de gens, un defintereffement trop grand lorfqu'on voyoit regner un efprit d'intereft univerfel, & une probité trop pure dans une corruption generale.

Son changement de religion fut fenfible aux Proteftans. Ceux qui l'ont connu ne l'ont attribué ny à l'ambition ny à l'intereft. Dans tous les temps il avoit aimé à parler de religion, particulierement avec Monfieur d'Aubigny, difant toujours que les Reformez avoient la doctrine plus faine, mais qu'ils ne devoient pas fe feparer, pour la faire prendre infenfiblement aux Catholiques. Quand on avoüe qu'on a eu tort de fortir d'une Eglife, reprit Monfieur d'Aubigny, l'on eft bien prez d'y rentrer ; & fi je furvis à Madame de Turenne, je vous verray dans la noftre. Monfieur de Turenne foufrit, & ce foufris n'expliquoit pas affez fi c'eftoit pour fe moquer de la prediction de Monfieur d'Aubigny ou pour l'approuver. Dans l'une & dans l'autre religion il alloit toujours au bien. Huguenot, il n'avoit rien d'oppofé à l'intereft des Catholiques. Converti, il n'avoit point de zele prejudiciable à la feureté des Huguenots. Dans la deference qu'avoit le Roy pour fon grand fens, il eft à croire qu'il l'auroit fuivi, & que les Miniftres Huguenots n'auroient pas à fe plaindre de leur ruine, ny le Clergé catholique à fe repentir de fon zele.

Ceux qui l'ont fuivi dans fes dernieres campagnes difent qu'il avoit une vigueur plus vive qu'aux precedentes, qu'il eftoit plus hazardeux à entreprendre & à fe commettre qu'auparavant. Un coup de canon finit une vie fi glorieufe, mort defirable (puifqu'il faut mourir) à un fi grand homme.

Sa perte fut pleurée de tous les François, regretée de tous les indifferens ; fa perfonne loüée des ennemis, fa vertu admirée de tout le monde.

Le Roy, qu'il avoit fi bien fervi, voulut qu'il fut enterré à S. Denis avec les Roys fes predeceffeurs, fe croyant auffi obligé à celuy qui luy avoit confervé fon royaume qu'à ceux qui le luy avoient laiffé.

Fragment tiré du cinquiefme tome des œuvres de M. de S. Evremont.

UN des plus confiderables fervices que Monfieur de Turenne ait rendu a efté fans doute celuy qu'il rendit à Gien. La Cour y croyoit eftre dans la derniere feureté quand Monfieur le Prince, qui avoit traverfé une partye du royaume luy septiesme pour venir joindre Monsieur de Beaufort & Monsieur de Nemours, quand Monsieur le Prince ne les eust pas si tost joints qu'il marcha à Monsieur d'Hoquincourt, & tombant au milieu de ses quartiers, les enleva tous l'un apres l'autre. Vous ne sçauriez croire la consternation que cette malheureuse nouvelle mit à la Cour. On n'osoit demeurer dans la ville, on n'osoit s'en esloigner, ne voyant aucun lieu où l'on peut estre un peu surement. Toute la ressource estoit en Monsieur de Turenne, qui se trouvoit dans un aussi grand embarras. *Jamais*, a il dit depuis, *il ne s'est presenté tant de choses affreuses à l'imagination d'un homme qu'il s'en presenta à la mienne. Il n'y avoit pas longtemps que j'estois raccommodé avec la Cour & qu'on m'avoit donné le commandement de l'armée qui en devoit faire la seureté. Pour peu qu'on ait de consideration & de merite, on a des ennemis & des envieux. J'en avois qui disoient par tout que j'avois conservé une liaison secrete avec Monsieur le Prince. Monsieur le Cardinal ne le croyoit pas; mais au premier malheur qui me fut arrivé, peutestre auroit il eu le mesme soupçon qu'avoient les autres. Deplus, je connoissois Monsieur d'Hoquincourt, qui ne manqueroit pas de dire que je l'avois exposé & ne l'avois pas secouru. Toutes ces pensées estoient affligeantes; & le plus grand mal, c'est que Monsieur le Prince venoit à moy le plus fort & victorieux.*

Dans ce meschant estat que Monsieur de Turenne a depeint luy mesme, il rassembla ses quartiers le mieux qu'il peut, & marcha plus par conjecture que par connoissance du costé que Monsieur le Prince pouvoit venir. La nuit estoit extremement noire; & il n'avoit pour guides que des fuyards, plus capables d'effrayer ses troupes que de le conduire. Heureusement il se trouva le matin à la teste d'un defilé, qu'il falloit passer necessairement à Monsieur le Prince, s'il vouloit aller à Gien. Monsieur de Navailles proposa de jetter l'infanterie dans un bois qui bordoit le defilé. Monsieur de Turenne rejetta la proposition, sçachant bien que les ennemis, qui estoient les plus forts, l'en auroient chassée, & que dans le desordre où ils l'auroient mise, il luy eust fallu se retirer à Gien avec la seule cavalerie. Le party qu'il prit fut de mettre toutes ses troupes sur une ligne & de s'esloigner cinq ou six cens pas du defilé. Monsieur le Prince croyant qu'il se retiroit veritablement, fit passer quatorze escadrons, qui alloient estre suivis de l'armée entiere. Alors Monsieur de Turenne tournant avec toutes ses forces chargea, rompit, fit repasser le defilé à ces escadrons dans un desordre incroyable. Monsieur le Prince se voyant en cette posture creut le passage du defilé impratiquable, comme il l'estoit en effet; & on ne fit autre chose le reste de la journée que se canonner. Monsieur de Turenne fortifié du debris de l'armée de Monsieur d'Hoquincourt & de quelques gens frais, se retira le soir à Gien, où il receut les applaudissemens sinceres que donne une Cour qui n'est pas encore bien rasturée du peril qu'elle a couru.

TABLE

TABLE
DES ALLIANCES
DE LA MAISON D'AUVERGNE.

A

Abzac.	414
Agout.	410
Albret.	334
Alençon.	181
Amboise.	410. 419
Anjo.	171
Anjou.	40. 309
Antelminelli.	415
Apchier.	196
Apchon.	33. 175. 193. 227. 307. 396
Arles.	39
Arragon.	309
Avaugour.	415
Aubert.	218
Aubuffon.	293. 415
Aurillac.	306
Aurouze.	34. 225
Autefort.	399. 408
Aycelin Montaigu.	143. 306. 371

B

Affie.	103. 259. 368
Baviere.	456
Beaufort.	145. 318. 396
Beaujeu.	33. 167. 277. 398
Bellefaye.	34. 184
Bellenave.	228
Bergh.	444
Bergopzom.	468
Beziers.	267
Bidage.	381
Blaily.	346
Blois.	41
La Borne.	293
Bouillon.	443
Boulogne.	321
Bourbon.	47
Bourbon Montpencier.	211. 332
Bourbon Rouffillon.	349
Bourbon Vendofme.	350
Bourgogne.	12. 70. 133
Bouteillers de Senlis.	119
Brabant.	84
Bretagne.	42. 333
Brezé.	348
Broc.	32
Broffe.	314
Bueil.	207

C

Anillac.	196. 349
Carmaing.	349
Caftelnau.	415
Caumont-la Force.	461
Cerdagne.	48
Chabanes.	228. 343. 408
Chalencon.	185
Chalencon Polignac.	386
Chalmazel.	387
Chalon.	31
Chamaliere.	165
Chambon.	79
La Chambre en Savoye.	345
Champagne.	41. 309
Chaflus Entragues.	218
Chaftel le Perron.	216
Chaftillon en Bazois.	177
Chauvigny Chafteau-Roux.	209. 399
Chazeron.	233
Clairmont en Beauvoifis.	114. 141. 142
Clairmont de Lodeve.	325. 415
Comborn.	32. 264
Combronde.	216
Comminge.	146. 398
Cornillon.	410
Coulches-Montaigu.	725
Courtenay.	31
Coufan.	34
Crequy.	333
Crefpy en Valois.	56
La Cropte.	414
Cruffol.	410
Culant.	245. 407
Courton.	408

D

Auphiné d'Auvergne.	87. 118
Dauphiné de Viennois.	64
Dienne.	388
Dreux.	167. 277
Durfort de Duras.	442

E

Scosse-Stuart.	344. 353
Evreux.	130

F

Avole.	415
Fimarcon.	406
Flandres.	115

Tome I.   Ppp

TABLE DES ALLIANCES &c.

Flote Revel. 119
Foix. 309
La Force. 461
Forez. 32. 33. 44. 198
Frolois. 234

G

Geneve. 119
Gimel. 402
Givaudan. 43
Godet. 191
Grignaux. 407
Guenand. 34
Gouyon de la Mouſſaye. 442

I

Joigny. 181

L

Ladouze. 414
Lagarde. 320
Laſcaris. 430
Lavieu. 228
Lautrec. 399
Leſpinaſſe. 230
Levis Mirepoix. 308
Lorraine-Elbœuf. 456
Loumagne. 406

M

Malines. 86
La Marck. 415. 443
Maumont. 33. 217
Maymont. 368
Medicis. 351
Melgueil. 50
Meilet. 314
Mello. 167
Mercueur. 27. 65. 177. 279
Montaigu-Aycelin. 193. 306. 371
Montaigu Coulches. 325
Montal. 415
Montaut Muſſidan. 399
Montboiſſier. 171
Montferrand. 162
Montgaſcon. 107
Montlaur. 81. 319
Montmorency. 308. 349. 410. 429
Mont S. Jean. 104
Muſſidan. 399

N

Narbonne Taleran. 377
Naſſau. 440
Navarre. 130
Nevers. 67

O

Oliergues. 296
Orange. 440

P

Perigort. 309
Peſchin. 328
Poictiers. 4. 181. 398
Poictiers S. Vallier. 344
Polignac. 207. 233. 325. 349. 386
Pompadour. 407
Pons. 411
Puy en Vellay. 59

R

Hodez. 48. 298
Roche-Baron. 176. 410
La Rochefoucaud. 293. 442
La Roche en Renier. 298
Roche Savine. 292
Roger. 315. 318
Roquefeuil. 415
Rouſſillon. 171
Le Roy Chavigny. 426
Roye. 442

S

Sancerre. 234
Sardigny. 415
Savoye. 430
Severac. 193
Sicile. 309
Stuart. 344. 353
Suaube. 35
Sully. 309
Suze. 410

T

Talaru. 387
Taleran Narbonne. 377
Taleyran Perigord. 407
Tende. 430
Thiern. 29
Toulouſe. 281
La Tour du Pin. 72. 253
Tournon. 191. 424
La Trimouille. 336. 441. 468
Turenne. 143

V

Waſſenare. 468
Le Vayer de Coëſme. 398
Veauce. 192. 129
Vendat. 389
Ventadour. 119. 169. 284. 410. 467
Vienne. 207
Villemur. 189
Volore. 32

TABLE ALPHABETIQUE
DE L'HISTOIRE GENEALOGIQUE
DE LA MAISON D'AUVERGNE.

A

ACFRED I. Comte de Bourges & de Carcaſſonne.
Acfred II. Comte d'Auvergne, Duc d'Aquitaine. 13
Acfred Eveſque de Poictiers. 16. 18. 22
Adalaſie de Touloufe Vicomteſſe de Beziers. 268. 282. & ſeq. 17
Adalgarde ſœur de S. Odilon Abbé de Cluny. 27
Adalmodic Comteſſe de Toulouſe & de Barcelonne.
Adele, nom fort commun en France. 41
Adele Comteſſe de Champagne & Brie. 6
Adclelme Conneſtable de France. 263
Adelide Comteſſe de Clairmont. 51
Adelinde femme du Comte Acfred. 169
Ænor du Culant femme de Guichard Dauphin Grand Maiſtre de France. 7. 16
Aganon Eveſque d'Autun. 243. 245
Agne de Talaru ſeigneur de Chalmazel. 387. 392. 51
397
Agne de la Tour I. du nom ſeigneur d'Oliergues. 375
Agne de la Tour II. du nom ſeigneur d'Oliergues. 385
Agne de la Tour III. du nom ſeigneur d'Oliergues. 245. 389
Agne de la Tour IV. du nom ſeigneur d'Oliergues, Vicomte de Turenne. 398
Agne de la Tour Doyen de Carennac, Prieur de Creſpy & de Bort. 297
Agnes d'Auvergne Comteſſe de Rhodez. 67. 299
Agnes de Belleſaye petite niepce des Papes Clement VI. & Gregoire XI. 184. 314
Agnes de Perrigort Ducheſſe de Duras. 309
Agnon Vicomte d'Oliergues. 368
Alain Duc de Bretagne. 39
Alazie de Touloufe Dame de la Tour. 282
Alazie de Ventadour Dauphine d'Auvergne. 168. 286
Alberic Archeveſque de Bourges. 60
Alberic Comte de Maſcon. 6. & ſeq.
Aldefred Chapellain de la Comteſſe de Montferrand. 162
Alexandre Stuart Duc d'Albanie. 344
Alguaye de la Tour fille de Jean de la Tour ſeigneur d'Oliergues. 385
Alguayete de Rhodez Vicomteſſe de Narbonne. 377
Alienor de Beaufort Dame de Beanjeu. 398. 401
Alienor de Vichy Dame d'Abret. 389
Alix d'Anjou Comteſſe d'Arles. 40

Alix d'Anjou Comteſſe du Givaudan. 40
Alix Comteſſe de Champagne & Brie. 263
Alix Dame de la Tour ſur Marne. 263
Alix Dauphine Dame de Montboiſſier. 171
Alix de Dreux femme de Raoul de Clairmont Conneſtable de France. 116
Alix de Louvain ou du Brabant Comteſſe d'Auvergne. 84. 100
Alix de Neelle femme de Guillaume de Flandres ſeigneur de Dendermonde. 115
Alix de Tournon femme de Lambert de Godet. 191
Alix de Trainel Vicomteſſe de Polignac. 159. & ſeq.
Alix de Vendat Dame d'Oliergues. 229. 389
Alix de Ventadour Dauphine d'Auvergne. 168. 286
Alixent de Mercueur mariée à Ponce de Montlaur, puis avec Aymar de Poictiers, & enfin avec Robert III. Dauphin d'Auvergne. 81. 177. 186
Alixent Dame de Mercueur. 166. 168. & ſeq.
Almoux de Combronde femme de Robert Dauphin I. du nom ſeigneur de S. Ilpiſe. 33. 216
Alphonſe Comte de Poictiers & de Toulouſe. 172
Alphonſe Comte de Toulouſe fils de Raymond de S. Gilles. 384
Alphonſe de Portugal Comte de Boulogne. 93
Altarium redemptio. 261
Amanieu, nom propre à la maiſon d'Albret. 401
S. Amans, abbaye en Rouergue. 49
S. Amans, ville en Auvergne. 291
Amé Dauphin ſeigneur de Rochefort. 198. & ſeq. 219.
Amaury de Narbonne ſeigneur de Taleran. 300. 377
Amaury II. Baron de Taleran. 377
Amaury III. Baron de Taleran. 378
Amaury VI. Baron de Taleran. 378. 406
Amaury Comte de Montfort. 165. 273
Amaury II. Vicomte de Narbonne. 377
Amaury de Courcelles Conneſtable d'Auvergne. 165. & ſeq.
Amaury de Craon VI. du nom. 87. 115
Amaury de Severac Mareſchal de France. 195
Amblard Archeveſque de Lyon. 29
Amé Dauphin ſeigneur de Rochefort. 184
Amé de Talaru Cardinal. 387
Amiel de Raymond Eveſque de Touloufe. 50
André d'Eſpinay Archeveſque de Lyon. 387
André mary de Jeanne Reyne de Sicile. 122
Anne de Beaufort Canillac mariée à Godefroy de la Tour ſeigneur de Montgaſcon. 349

TABLE ALPHABETIQUE.

Anne de Bretagne Reyne de France. 327
Anne Dauphine d'Auvergne. 198. 204. 212
Anne de Loumagne Dame de Taleran. 378. 406
Anne de Montmorency Grand Maistre & Connestable de France. 424. 435
Anne de Nevers Comtesse d'Auvergne. 67
Anne de Poictiers Dauphine d'Auvergne. 181
Anne de la Tour Comtesse d'Auvergne & de Boulogne, Duchesse d'Albanie. 344. 352. & seq.
Anne de la Tour mariée à François de la Tour II. du nom Vicomte de Turenne. 349
Annet de la Pause mary de Jeanne de Bourbon. 351
Anpete d'Apchon Dame d'Oliergues. 396
Anniversaires fondez dans les Eglises. 270
Anselme d'Olby. 160
Antoine de Boulogne fils de Godefroy de Boulogne seigneur de Montgascon. 148. Tué à la bataille de Nicopoli. 119
Antoine de Luxembourg Mareschal de Bourgogne. 233. & seq.
S. Antoine de Padoüe. Translation de son corps. 123
Antoine de la Rochefoucaud seigneur de Barbefieux. 420. 424
Antoine de la Tour Vicomte de Turenne. 411
Antoinete de Pons Vicomtesse de Turenne. 411
Antoinete de Beaufort mariée au Mareschal de Boucicaut. 143. 399. & seq.
Antoinete de Chazeron Dame de Combronde. 233
Antoinete de Polignac Dame de Montgascon. 420
Antoinete de Polignac Dame de Combronde. 233
Antoinete de la Tour mariée à Jacques Aubert neveu du Pape Innocent VI. & au seigneur d'Aubigny. 167. 391. & seq.
Antoinete de la Tour Dame de Chavigni. 426
Apanages. Loy des apanages. 137
Apchier. Genealogie. 196
Aquin Roy de Norvvege. 189
Aquitaine premiere, Duché de Guillaume le Pieux. 10
Argilly chasteau du Duc de Bourgogne. 242
Arbert Aycelin Evesque de Clairmont. 110. 178. 306. 371
Arbert de la Tour seigneur de la Tour du Pin. 252. & seq.
Archambaud seigneur de Bourbon. 78
Archambaud Vicomte de Comborn. 264
Armand seigneur de Langeac. 224
Armand de Langeac Chanoine de Brioude. 224
Armand seigneur de la Roüe. 222
Armand Vicomte de Polignac. 29. 187. 222
Armoiries des Seigneurs de la Tour. 252
Arnaud Abbé de Manlieu. 372
Arnaud Evesque de Nismes. 272. & seq.
Arnaud Roger de Comminge Evesque de Clairmont. 217
Arnaud Vicomte de Talard. 189
Arnoul II. Comte de Guisnes. 91
Arnoul seigneur de Wesemale. 85
Artonne, Eglise collegiale en Auvergne par qui fondée. 31
Assalide d'Auvergne mariée à Beraud Sire de Mercueur. 64. & seq.

Astorg de la Roche Aymon. 78
Astorg Vicomte d'Auvergne. 24. & seq.
Attala fille de Raculphe Comte de Mascon. 6
Aubert de Puychalin favori de Jean II. Comte d'Auvergne. 147
Aubiere, terre mouvante du chasteau de Montrognon. 178
Aude de Clairmont Dame de Taleran. 377
Audebert Comte de la Marche. 45
Ave Abbesse sœur de Guillaume le Pieux. 7
Ausence baillée en doüaire à Pernelle du Chambon Comtesse d'Auvergne. 80
Auvergne. Estenduë ancienne de la Comté d'Auvergne. 3. Tenuë en hommage des Ducs de Guyenne. 45. Et neantmoins n'estoit pas de la Duché de Guyenne des Anglois. 69. 75. Erigée en Duché. 83
Aymar Abbé de S. Martial de Limoges. 51
Aymar de Poictiers II. du nom Comte de Valentinois. 177. 186
Aymar IV. du nom Comte de Valentinois. 189
Aymar Evesque du Puy. 51
Aymar Robert Cardinal. 316
Aymar seigneur d'Eschelles Vicomte du bas Limousin. 37
Aymedicu de Lestrac. 195
Aymery Abbé de Manzac. 83
Aymery Archevesque de Lyon. 73
Aymery de Chaslus Archidiacre de Tours. 258
Aymery Evesque de Clairmont. 57. 60. 62. 262
Aymery II. seigneur de la Rochefoucaud. 293
Aymery VIII. Vicomte de Narbonne. 198
Aymerigot Marchés Capitaine des pillards. 201. 289
Aynard Abbé d'Esbreule. 170

B

BAlançon Gouverneur de Bourgogne. 425
Bannasac, fief appartenant au Comte d'Auvergne. 78. Vendu à Imbaud du Peschin. 220
Barthelemy Prignani, appellé Urbain VI. Pape. 124
Barthelemy de Roye Chambrier de France. 165
Bataille d'Azincourt. 230. 244. & seq. 390. & seq. de Beaumont en Argonne. 439. de Bouvines. 95. de Courtray. 109. de Coutras. 437. de Fourmigny. 337. 348. de Montcassel. 131. de Mont en Pevele. 109. de Nicopoli. 207. 218. de Poictiers. 310. de Woeringhen ou Woronck. 87
Baudoüin de Crenon mary de Marie de Bueil. 207
Baudoüin fils du Comte de Flandres. 59
Beatrix de Bassie Dame d'Oliergues. 370
Beatrix de Beziers mariée à Raymond VI. Comte de Touloufe. 268. 376
Beatrix de Bourbon Reyne de Boheme. 376
Beatrix de Chalencon Dame d'Oliergues. 386
Beatrix de la Chambre Princesse de Stienhuse & de la Gruthuse. 346
Beatrix de Clairmont Comtesse d'Armagnac. 377
Beatrix Comtesse de Chalon. 35
Beatrix Dauphine mariée à Guillaume Flote. 193
Beatrix de Melgueil Comtesse de Provence. 50
Beatrix de Montgascon Comtesse d'Auvergne. 107. 110.

Beatrix

TABLE ALPHABETIQUE.

Beatrix d'Oliergues Dame de la Tour. 296. 370
Beatrix fille de Philippe de Suaute Empereur espouse Otton IV. Empereur. 95
Beatrix de Polignac Dame d'Oliergues. 185
Beatrix de Rhodez Dame de la Tour. 274. 298. 322
Beaufort. Genealogie. 398
Beaujeu. Origine de la maison de Beaujeu. 44
Beaumont en Argonne. Bataille. 439
Bellefaye maison noble en Limousin. 34
Belleperche assiegée. 146
Benassac, fief appartenant au Comte d'Auvergne. 78. Vendu à Imbaud du Peschin. 220
Beraud I. Dauphin d'Auvergne. 186
Beraud II. Dauphin d'Auvergne. 197
Beraud III. Dauphin d'Auvergne. 208
Beraud Dauphin I. du nom seigneur de S. Ilpise. 127
Beraud Dauphin II. du nom seigneur de S. Ilpise. 229
Beraud Dauphin III. du nom seigneur de S. Ilpise. 231
Beraud Dauphin IV. du nom seigneur de S. Ilpise. 232. & seq.
Beraud Dauphin seigneur de Rochefort. 184. 202. 314
Beraud de Mercueur Connestable de Champagne. 112. 181. 186. & seqq.
Berenger de Cerdagne Evesque de Gironne. 49
Berilon I. Vicomte de Vienne. 255
Berilon II. Vicomte de Vienne, aucteur de la branche des seigneurs de la Tour du Pin. 38. 251. 253. 259
Bernard Abbé de S. Victor de Marseille. 49
Bernard Archevesque de Tolede Legat du Saint Siege. 384
Bernard Aton Vicomte de Beziers. 267
Bernard Aton Vicomte de Nismes. 267
Bernard de Brancion Abbé de S. Martial de Limoges. 78
Bernard de Casillac Evesque d'Alby. 206
Bernard Dalmas seigneur d'Aubiere. 178
Bernard Plantepelue Comte d'Auvergne & de Mascon. 3
Bernard I. Comte d'Auvergne, tige de la maison de la Tour d'Auvergne. 19. 23
Bernard d'Auvergne II. du nom pere de Gerard de la Tour. 25
Bernard III. seigneur de la Tour. 260
Bernard IV. seigneur de la Tour. 265
Bernard V. seigneur de la Tour. 277
Bernard VI. seigneur de la Tour. 280
Bernard VII. seigneur de la Tour. 290
Bernard VIII. seigneur de la Tour. 298
Bernard de la Tour Cardinal. 305. 310
Bernard de la Tour Evesque de Langres. 224. 270. 305. 312. 322. 328
Bernard de Ventadour Archidiacre de Limoges. 172. 291
Bernard Vicomte de Comborn. 264
Bernard Vicomte de Turenne. 37
Berthe Comtesse d'Auvergne. 48. & seq.
Berthe Duchesse de Bretagne. 42
Berthe Reyne de France. 54
Bertrand de Born. Sa vie. 66
Bertrand Comte de l'Isle en Jourdain. 146
Bertrand de Chalencon Polignac Evesque de Rhodez. 394. 405
Bertrand Comte de Toulouse fils de Raymond de S. Gilles. 383
Bertrand de la Cropte Evesque de Sarlat. 414
Bertrand de Lager Cardinal. 272
Bertrand seigneur de Seneterre. 224
Bertrand I. seigneur de la Tour. 266
Bertrand II. seigneur de la Tour. 278
Bertrand III. seigneur de la Tour. 295
Bertrand IV. seigneur de la Tour. 308
Bertrand V. seigneur de la Tour. 321
Bertrand VI. seigneur de la Tour, Comte d'Auvergne & de Boulogne. 327
Bertrand VII. seigneur de la Tour, Comte d'Auvergne & de Boulogne. 335
Bertrand de la Tour Chanoine de Clairmont. 283. 296
Bertrand de la Tour Evesque de Toul & du Puy. 312. 386
Bertrand de la Tour I. du nom seigneur d'Oliergues. 297. 371
Bertrand de la Tour II. du nom seigneur d'Oliergues. 396
Besse ville en Auvergne appartenant à la maison de la Tour. 263. 281. 292
Bidage en Vivarez. 381
Blaise de Monluc Mareschal de France. 428
Blanche d'Apchier mariée à Renaud Vicomte de Murat. 196
Blanche de Castille Reyne de France. 45. 69
Blanche de Clairmont Comtesse d'Auvergne. 114
Blanche Dauphine Dame de S. Ilpise. 230. 232. & seq.
Blanche Dauphine Dame d'Apchier. 196
Blanche de Gimel Vicomtesse de Turenne. 390. 402
Blanche de Senlis Dame de Montgascon. 119. 328
Blanche de la Tour Abbesse de Cusset. 333
Blanche de Ventadour mariée à Loüis de Levis seigneur de la Voute. 188. 410
Blanchete sorciere. 147
Blesle abbaye en Auvergne. 5. 52
Bos-le-Duc assiegé. 444
Boson Roy de Bourgogne. 4
Boson fils de Guillaume le Pieux. 13
Bouchard d'Avesnes Professeur en loix à Orleans. 297
Bouchard de Montmorency seigneur de Marly. 274
Bouciquaut Mareschal de France. 143
Boulogne faite ville episcopale. 345
Boulogne. Comment la Comté de Boulogne est entrée en la maison d'Auvergne. 88
Boulogne baillée en eschange au Roy Loüis XI. pour la Comté de Lauraguez. 341. 351
Bourg sur la Garonne assiegée par le Duc d'Orleans. 209
Bourges capitale de l'Aquitaine. 10
Bourgogne Duché. La premiere branche des Ducs quand finie. 137
Boussac, Courreze, & Donzenac en Limousin. 336
Bretagne est de l'hommage du Roy. 141
Brigans envoyez en Espagne. 141
Brigues pour la papauté. 126
Brios ou Brious en Vermandois. 116. 140. 142
S. Brix. Conference de S. Brix. 436

Tome I. Qqq

TABLE ALPHABETIQUE.

Brunissend de Comborn Dame de Thiern. 32. & seq.
Brunissend de Foix Comtesse de Perigord. 309
Bureau de la Riviere Grand Maistre de France. 150. 152

C

CALLISTE II. Pape va à Rome. 58
S. Calminé Duc & Prince des Auvergnats. 52
Camus, epithete de Beraud II. Dauphin d'Auvergne. 197
Cardinaux de quels noms appellez jadis. 122
Caspe, chasteau en Arragon. 128
Caston de S. Nectaire Archidiacre de Clairmont. 291
Caston de la Tour Archevesque de Milan. 257
Catherine d'Amboise Vicomtesse de Turenne. 233
Catherine Aubert femme de Randon seigneur de Joyeuse. 218
Catherine des Boissieres Dame de S. Ilpise. 219. 228
Catherine Dauphine Dame de Beaujeu. 167. 277
Catherine Dauphine mariée à Marquis de Beaufort. 195
Catherine Dauphine mariée à Philippe de Savoye Prince d'Achaye. 115
Catherine de la Garde femme de Guillaume Roger Comte de Beaufort. 316
Catherine de Medicis Reyne de France. 352. 356. & seqq.
Catherine de Narbonne Dame d'Olicrgues. 378
Catherine de la Tour Dame de Chalmazel. 387
Catherine de la Tour Dame de Lauriere. 407
Catherine de Veauce femme de Robert Dauphin fils de Beraud I. Dauphin d'Auvergne. 192
Chalon, Comté tombé dans la maison des Vicomtes de Thiern. 31
Chamboune Comtesse d'Auvergne. 78
Chavigny. Genealogie. 427
Cecile de Baux mariée avec Amé IV. Comte de Savoye. 268. 290
Cecile de Rhodez Comtesse d'Armagnac. 301. & seq. 322
Charles d'Albret Connestable de France. 245
Charles Comte d'Alençon frere du Roy Philippe VI. 139. 188
Charles de Bourbon seigneur de Carency. 392
Charles Duc de Guyenne, frere du Roy Loüis XI. 338
Charles IV. Empereur couronné à Rome. 126
Charles d'Escars Evesque de Langres. 342
Charles d'Espagne Connestable de France. 124. 138
Charles de la Marck Comte de Maulevrier. 440
Charles de la Paix Roy de Sicile & d'Hongrie. 309
Charles de Poictiers Evesque de Langres. 328
Charles VII. de France va en Auvergne. 329. Meurt à Meung. 334
Charles II. Roy de Navarre. 124. 128
Charlote de la Marck heritiere de Sedan. 438. 440
Charlote Brabantine de Nassau Duchesse de Thouars. 443
Charole, ville capitale du Charolois. 377

Chartreuse de Neuville par qui fondée. 114
Chassus les Boissieres. 220
Chasteaudun Vicomté. 87
Chasteau-Guyon en Auvergne. 76
Chaveroche, chastellenie. 172
Chevaliers de l'Escu d'or. 311
Chevaliers de Nostre Dame par qui instituez. 205
Clairmont en Sicile. 55
Claude de Montaigu seigneur de Coulches. 325
Claude de la Tour Dame de Tournon. 424
Claudin bastard de Jaligny. 238
Clemence de Toulouse Reyne de Navarre. 268. 376
Clement VII. Pape de la maison des Comtes de Geneve, parent de Jeanne II. Comtesse d'Auvergne. 150
Clement VII. de la maison de Medicis va à Marseille. 361
Clugny, abbaye fondée par Guillaume le Pieux Duc d'Aquitaine. 9. 11
Colana fille de Raculphe Comte de Mascon. 6
College d'Autun fondé à Paris. 121
Colomiers. Eglise de Colomiers en Brie donnée à l'abbaye de Conques en Rouergue. 263
Combraille d'où relevoit. 99. Comment entrée en la maison des Comtes d'Auvergne. 78. Donnée au Cardinal de Boulogne dans le partage des biens de son pere. 126. Venduë à Pierre de Giac Chancelier de France. 144
Combronde, chasteau prez de Riom. 229
Commendare. Sa signification. 24
Commis des Secretaires du Roy font quelquefois des fautes. 271. & seqq.
Comps, abbaye en Auvergne. 169
Comtalia, place à Brioude. 161
Concile de Basle. 394
Concile de Constance. 393
Concile de Toulouse. 384
Conference de S. Brix. 436
Conrad Evesque de Porto Legat du saint siege. 161
Constance de Foix Dame de Mirepoix. 309
Constance Reyne de France. 39
Constance de Toulouse Reyne de Navarre. 268. 376
Constance de la Tour femme de Philibert de Lespinasse. 314
Constance de la Tour Dame de Montbru. 266
Constantin Ignace de la Tour Chevalier de Malthe. 455
Consul signifie Comte. 56
Cordeliers de Clairmont par qui fondez. 297
Cordeliers de Vic le Comte quand & par qui fondez. 339
Cordelieres, marque des femmes veuves. Leur origine. 327
Coutras. Bataille. 437
La Cropte. Genealogie. 414
Cros, famille illustre en Limousin. 390. 403
Culant. Genealogie. 246

D

DALMAS Archevesque de Narbonne. 49
Dalmas seigneur de Cousant. 368
Dauphin Comte de Clairmont. 64. 158
Dauphiné d'Auvergne tombé en la maison de Bourbon. 205
Dauphiné de Viennois transporté à la Couronne

TABLE ALPHABETIQUE.

de France. 72
Dauphinet, autrement appellé Jean, Dauphin d'Auvergne. 181
Dauphine d'Aurillac Dame de Castelnau en Givaudan. 306
Dauphine de Broc & du Chambon. 33
Dauphine de Canillac mariée à Guy III. seigneur de Severac. 195
Dauphine de Cros Dame de la Chaul. 390. 403
Dauphine de la Tour mariée avec Astorg d'Aurillac. 303. 305
Dauphine de la Tour Dame de la Borne. 290
Dauphine de la Tour Dame de Lagarde. 320
Dauphine de la Tour Vicomtesse de Ventadour. 283
Dauphine de Turenne Dame de Roquefeuil. 282. 300
Defensor monasterii.
Dent de la sainte Vierge à Vic le Comte. 37
Diane de Poictiers Duchesse de Valentinois. 331
Dinteville Evesque d'Auxerre. 344
Donné signifie quelquefois bastard. 356
Donzenac en Limousin. 152. 357
Seigneurs de Donzenac de la maison de Ventadour. 288
Douce de Provence Comtesse de Barcelonne. 194
Duché d'Auvergne quand erigée. 83
Durand Evesque de Clairmont. 51. & seq.

E

EBLES Comte de Poictiers. 11. 22. & seq.
Ebles VII. Vicomte de Ventadour. 292
Ebles de Ventadour seigneur d'Ussel. 304
Ecolana fille de Raculphe Comte de Mascon. 6
Edouard de Lavieu seigneur de Fougeroles. 228
Eleonor de Baffie Comtesse d'Auvergne. 103. 370
Eleonor de Besse Dame de Frazar. 316
Eleonor de Comminge Comtesse d'Auvergne. 146. 151
Eleonor de Montfort Comtesse de Vendosme. 295
Eleonor de Montmorency Vicomtesse de Turenne. 429
Elisabeth de Nassau Duchesse de Bouillon. 440
Elisabeth de la Tour Marquise de Duras. 442
Elisabeth de la Tour Duchesse d'Elbœuf. 456
Emmanuel Theodose de la Tour Cardinal. 465
Emmanuel Theodose de la Tour Duc d'Albret. 468
Emme fille de Roger Comte de Sicile. 54
Enguerran de Bournonville. 241
Eracle seigneur de Montlaur. 81
Eracle de S. Nectaire Prevost de l'Eglise de Brioude. 301
Erard Sire de saint Verain. 111
Eric Roy de Norvvege. 188
Ermengarde femme de Bernard Plantepeluë Comte d'Auvergne. 5. 52
Ermengarde d'Arles Comtesse d'Auvergne. 39. & seq.
Ermengarde d'Auvergne Comtesse de Blois. 41
Ermengarde Vicomtesse de Comborn. 264
L'Escluse. Le voyage de l'Escluse. 322
Esperance. Devise de Louis II. Duc de Bourbon. 205
Estienne d'Apchon seigneur de Combronde. 216
Estienne Aubert Evesque de Clairmont. 316
Estienne Aubert neveu du Pape Innocent VI. 118
Estienne de Chalon dit le sourd. 187
Estienne Comte d'Auvergne. 8
Estienne I. Comte de Givaudan. 40
Estienne II. Comte de Givaudan. 43
Estienne de Givaudan Evesque du Puy. 40
Estienne II. Evesque d'Auvergne & Abbé de Conques. 36. 38
Estienne III. fils de la Comtesse Humberge Evesque d'Auvergne. 28
Estienne V. surnommé de Mercueur Evesque de Clairmont. 28. 41. 46. 51. & seq. 63. 269
Estienne VI. Evesque de Clairmont. Ne l'a jamais esté. 57
Estienne de Thiern Evesque du Puy. 30
S. Estienne fils du seigneur de Thiern fondateur de l'Ordre de Grandmont. 31
Estienne de la Tour Prieur de Saucilhanges. 261
Eudes II. Comte de Blois & de Chartres. 41
Eudes Duc de Bourgogne. 76
Eustache Abbé de Mauzac. 58
Eustache seigneur de Montboissier. 178
Eustorge Vicomte d'Auvergne. 14. 26

F

FAUCON seigneur de Montgascon. 291
La Ferté Aleps. 104. & seq.
Fils naturel est celuy qui appartient au sang & à la nature. 382
S. Florent. Ses reliques refugiées en Auvergne. 18
Floridas Dauphin bastard de Robert Dauphin. 192
Florin. Sa valeur. 201
Fortunio Almoravid Chevalier Navarrois. 109. & seq.
Fouques le Bon Comte d'Anjou. 40
Foy Comtesse de Rhodez. 48
Franc d'or valant seize sols. 146
Francisque Sforce Duc de Milan. 360
François de Bourbon Comte d'Enguien. 428
François d'Escars seigneur de la Vauguyon. 392. 420
François de Godet fils d'Alix de Tournon. 192
François de Rochechouard seigneur de Champdenier. 346
François le Roy seigneur de Clinchamp. 426
François I. Roy de France fait prisonnier devant Pavie. 355
François de la Tour I. du nom Vicomte de Turenne. 409
François de la Tour II. du nom Vicomte de Turenne. 416
François de la Tour III. du nom Vicomte de Turenne. 428
Françoise d'Aurouze Dame de S. Ilpise. 223. 225
Françoise de Bretagne Dame d'Albret. 334
Françoise Dauphine Dame de Ravel. 233. 235
Françoise de la Tour Dame de Castelnau. 407
Françoise de la Tour Dame de Curton. 343
Frideric Maurice de la Tour Duc de Bouillon. 443
Frideric Maurice de la Tour Comte d'Auvergne. 468
Funerailles de François II. Vicomte de Turenne. 419

TABLE ALPHABETIQUE.

G

GAbriele de la Tour mariée à Loüis de Bourbon Comte de Montpencier. 212. 332
Gageure du Roy Charles VI. & du Duc de Touraine son frere. 203
Galliot de Genouillac seigneur d'Acier Grand Escuyer de France. 420
Gaucher de Chastillon seigneur de Montjay. 93
Gaucher de Chastillon Connestable de France. 109
Gaucher de Chastillon Grand Maistre de France. 134
Gaucher de Vienne Sire de Salins. 267
Gaucourt Gouverneur du Dauphiné. 325. Fait prisonnier à la prise d'Harfleur. 245
Gausberge fille de Berilon I. Vicomte de Vienne, femme de Geraud de la Tour Vicomte de Vienne. 250. 254. & seq.
Gausbert de Malafaide Abbé d'Userche. 264
Gautier seigneur de Vignorry. 187
Gelduin de Saumur. 49
S. Genevesve implorée par le Comte de Boulogne griefvement malade. 113
Genois trahissent les François devant Thunis. 203
Geoffroy de Germolles Gentilhomme du Masconnois. 223
Geoffroy Maleterre refuté. 54
Geoffroy Sire de Montmorin. 201
Geoffroy seigneur de Pompadour. 392
Geoffroy de Pons seigneur de Ribeyrac. 177
Geoffroy de Sully seigneur de Beaujeu. 192. 229
Geoffroy Teste noire se saisit du chasteau de Ventadour. 288
George de la Trimoüille Baron de Sully & de Craon. 153. Grand Chambellan de France. 336
Geraud des Boissieres seigneur de Chaslus & de Crest. 293
Geraud Comte de Lyon & de Forez. 44
Geraud de Cros Archevesque de Bourges. 161. 290
Geraud I. surnommé de la Tour, Vicomte de Vienne. 250
Geraud II. seigneur de la Tour. 261
Geraud de Roussillon seigneur d'Anjo. 171. & seq. 372.
Geraud de Ventadour seigneur de Donzenac. 153. 316
Gerberge Comtesse de Provence. 194
Gerfroy Comte de Nevers. 7
Geronce Archevesque de Bourges. 7
Gibault de Mello seigneur d'Espoisse. 224
Gilbert Comte de Millau & de Provence. 194
Gilles Aycelin Archevesque de Narbonne. 306. & seq. 372
Gilles Aycelin Cardinal Evesque de Frascati, Chancellier de France. 128. 307
Gilles Aycelin seigneur de Montaigu. 193
Gilles de la Tour Abbé de Vigeois. 405
Gilles de la Tour seigneur de Limeüil. 414
Gimel, bonne maison en Limousin. 402
Girard Sire de Raiz. 200
Gisleran Evesque de Carcassonne. 15
Givaudan. Comté du Givaudan où tombé. 44
Godefroy de Boulogne seigneur de Montgascon. 118
Godefroy seigneur de Montmorin. 377. & seq.
Godefroy de la Tour seigneur de Montgascon. 332. 348

Godefroy Maurice de la Tour Duc de Bouillon. 464
S. Gondon, prioré en Berry. 18
Gontier Col Secretaire du Roy. 240
Goulfier de las Tours Gentilhomme Limousin. 78. 385
Guerin d'Arcey Evesque de Chartres. 229
Guerin Comte d'Auvergne. 8
Guerin Evesque de Senlis, Chancellier de France. 165
Guerine de Canillac femme de Guillaume Roger seigneur de Rosiers. 316
Guy, nom affecté dans la maison de Severac. 194
Guy III. Comte d'Albon & de Vienne. 158
Guy d'Anjou Evesque du Puy. 40
Guy d'Aubusson seigneur de la Borne. 289
Guy d'Auvergne Archevesque de Vienne. 85
Guy d'Auvergne Evesque de Tournay & de Cambray. 104. 110. 121
Guy de Boulogne Cardinal. 118. 120. 189
Guy de Bourbon Sire de Clacy. 217
Guy de Chastillon Grand Bouteiller de France. 108
Guy seigneur de Chaumont en Masconnois. 139. 183. 198
Guy I. Comte d'Auvergne. 26. 36. & seq.
Guy II. Comte d'Auvergne. 32. 71. 74. 159. 279. 368
Guy Comptor seigneur d'Apchon. 307
Guy de Cousant. 379
Guy de Cousan grand Maistre de France. 34. 209. 319. 379
Guy de Dampierre seigneur de Bourbon. 77. 267
Guy Dauphin Chevalier de l'ordre du Temple. 173. & seq.
Guy Comte de Forez & de Nevers. 81. 103. 165
Guy de Levis Mareschal de France. 308. 310. Ses armoiries. 291
Guy de Thiern Comte de Chalon. 34
Guy dit Guyot seigneur de la Tour. 224. 317
Guy de la Tour Evesque de Clairmont. 170
Guy de la Tour seigneur de Milan. 251. 258
Guy de Tournon seigneur de Tournon. 298
Guy de la Trimoüille. 203
Guy V. du nom seigneur de la Trimoüille. 34
Guy de Villefrancon Gouverneur de Bourgogne. 375
Guibert Abbé de Nogent expliqué. 383
Guichard de Beaujeu seigneur de Montpencier. 167
Guichard de Beaujeu V. du nom. 110
Guichard Dauphin Grand Maistre des Arbalestriers. 235. 322
Guichard Dauphin Grand Maistre de France. 229. 239
Guifred Comte de Cerdagne. 48
Guifred de Cerdagne Archevesque de Narbonne. 48
Guigues III. Comte d'Albon. 64
Guigues seigneur de la Roche en Renier. 298
Guillaume le Pieux Comte d'Auvergne, Duc d'Aquitaine. 5. 8. 9
Guillaume II. Comte d'Auvergne, Duc d'Aquitaine. 20
Guillaume III. Comte d'Auvergne. 25
Guillaume IV. Comte d'Auvergne. 26. 38
Guillaume V. Comte d'Auvergne. 43
Guillaume VI. Comte d'Auvergne. 53. 57
Guillaume VII. Comte d'Auvergne. 61

Guillaume

TABLE·ALPHABETIQUE.

Guillaume VIII. Comte d'Auvergne. 66
Guillaume IX. Comte d'Auvergne. 73
Guillaume X. Comte d'Auvergne. 83
Guillaume XI. Comte d'Auvergne. 106
Guillaume XII. Comte d'Auvergne. 130
Guillaume d'Auvergne Archidiacre de Liege. 86
Guillaume Comte de Clairmont, Dauphin d'Auvergne. 164
Guillaume Comte de Forcalquier. 267
Guillaume Comte de Hainault. 131
Guilame Fierabras Comte de Poictiers. 16
Guillaume Teste d'estoupe Comte de Poictiers. 23. 25. & seq.
Guillaume Comte de Rhodez. 79. 80. 299
Guillaume d'Albuffac Evesque de Frejus. 317
Guillaume l'Amy Evesque de Chartres. 317
Guillaume seigneur de Baffie. 370
Guillaume de Baffie Evesque de Clairmont. 52. 259. 368
Guillaume des Barres seigneur de la Ferté Aleps. 104
Guillaume de Blesy tué à la bataille de Nicopoli. 218
Guillaume de Bourbon Sire de Dampierre. 187
Guillaume de Brosse Archevesque de Bourges & de Sens. 314
Guillaume de Cerdagne Evesque d'Urgel. 49
Guillaume de Chamaliere Evesque de Clairmont. 28. 52. 262.
Guillaume seigneur de Chastel Usson. 73
Guillaume de Chastillon Evesque de Laon. 178
Guillaume Comptor seigneur d'Apchon. 170
Guillaume de Dampierre seigneur de S. Disier. 187
Guillaume Dauphin Archidiacre de Tournay. 173
Guillaume Dauphin seigneur de Benassac. 220
Guillaume Dauphin seigneur de Montrognon. 179
Guillaume Evesque de Cahors. 84
Guillaume Flote Chancellier de France. 189
Guillaume Frazar Evesque de saint André en Escosse. 316
Guillaume Grimoard, Urbain V. Pape. 127
Guillaume seigneur de Montaigu le Blain. 236
Guillaume de Nogaret Chancellier de France. 196
Guillaume du Prat Evesque de Clairmont. 434
Guillaume Prince d'Orange. 440
Guillaume Roger frere du Pape Clement VI. 253
Guillaume Sudre Cardinal Evesque d'Ostie. 128
Guillaume de la Tour & Heliz Roger sa femme. 315.
Guillaume de la Tour Chanoine de Reims. 297
Guillaume de la Tour Doyen de Nostre Dame du Port à Clairmont & Chantre de Brioude. 269
Guillaume de la Tour Patriarche d'Antioche. 270. 391. 393
Guillaume de la Tour Prevost de Brioude. 269. 281
Guillaume de la Trimoüille. 150
Guillaume de Ventadour Abbé de S. Martial de Limoges. 288
Guillaume de Ventadour Evesque de Tournay. 373
Guillaume Vicomte de Narbonne. 324
Guillaume dit Armand Vicomte de Polignac. 233
Guillaume de Vienne seigneur de S. George. 207. 210
Guillot de la Tour bastard d'Oliergues. 375

Tome I.

Guimond Cardinal & Evesque d'Averse dans la Poüille. 53

H

Hadoüise Comtesse de Nantes. 42
Harfleur pris par les Anglois. 245
Hatuin frere du Roy de Norvvege. 188
Hecfrid Abbé de S. Florent lez Saumur. 17
Hector Evesque du Puy. 255
Helie de Ventadour Evesque de Padoüe & de Castres. 288
Helie de S. Yricix Cardinal. 311
Heliz d'Auvergne Vicomtesse de Turenne. 80
Heliz Roger niepce du Pape Clement VI. 315. & seq.
Heliz de Severac Vicomtesse de Turenne. 194
Henry I. Comte de Rhodez. 80
Henry II. Comte de Rhodez. 80. 181
Henry de Langeac seigneur de Cussé. 391. & seq.
Henry de Montaigu frere du Chancellier de France. 193. 223
Henry seigneur de Sully. 167
Henry de Sully Archevesque de Bourges. 71. 76
Henry de la Tour Duc de Bouillon. 433
Henry de la Tour Vicomte de Turenne. 457. 471
Henry Louis de la Tour Comte d'Evreux. 464
Henry de la Tour Evesque de Clairmont. 209. 314. 318. 321
Henriete Catherine de la Tour Marquise de la Moussaye. 442
Heric de Beaujeu Mareschal de France. 167
Hoël Comte de Nantes, Duc de Bretagne. 42
Honorat de Savoye Comte de Tende. 430
Hugues Archevesque de Lyon. 51
Hugues d'Arpajou seigneur de Severac. 193. 195
Hugues Aycelin dit de Billom Cardinal. 306. 372
Hugues de Bourbon seigneur de Montlaur. 183
Hugues Brunet Poëte Provençal. 159
Hugues de Cardaillac seigneur de Bioule. 190
Hugues seigneur de Chassus Lambron. 171
Hugues de Clairmont Prieur de Saucillanges. 368
Hugues I. Comte de Rhodez. 48
Hugues de Corso surnommé Gatcil. 264
Hugues Dalmas seigneur de Cousant, pere du Grand Maistre de France. 368. 379
Hugues Dauphin Chanoine de Clairmont & Prevost de Brioude. 179
Hugues Dauphin mary de Marquise de Godet. 191
Hugues de Dore Abbé d'Yssoire. 170
Hugues Evesque de Die Legat du saint siege. 28. 262
Hugues Evesque de Rhodez. 299
Hugues de la Jugie Evesque de Beziers. 306
Hugues de la Roche Mareschal de la Cour de Rome. 316
Hugues Roger Cardinal. 315
Hugues Roy d'Italie. 254
Hugues de la Tour Evesque de Clairmont. 281. 368
Huguete de Chamaliere Dauphine d'Auvergne. 162. 165. & seq.
Humberge Comtesse d'Auvergne. 38
Humphred, souche des seigneurs de Beaujeu. 44
Hutin seigneur de Vermeilles en Picardie. 192

Rrr

TABLE ALPHABETIQUE.

I

JACQUES Aubert seigneur de Montille degelé. 167. 243. 391
Jacques de Bourbon seigneur d'Aubigny & de Carency. 392
Jacques de Bourbon Comte de la Marche & de Castres. 204
Jacques de Chastillon Admiral de France. 245
Jacques de Chastillon grand Panetier de France. 230
Jacques Comte de Ventadour fait prisonnier à la bataille d'Azincourt. 390
Jacques de Helly Mareschal d'Aquitaine. 241
Jacques de Lagny seigneur de Dracy. 347
Jacques seigneur de Montberon, Comte de Maulevrier. 204
Jacques le Roy Archevesque de Bourges. 427
Jacques III. Roy d'Escosse. 344
Jacques IV. Roy d'Escosse tué en une bataille contre les Anglois. 353
Jacquette Dauphine Abbesse de S. Menoux. 207. 210
Jacquette du Peschin Comtesse d'Auvergne. 328
Iccius portus. 87
Ide Comtesse de Boulogne. 90
S. Jean Baptiste. Une de ses dents. 319
Jean d'Aigrefeüille Chevalier. 191
Jean seigneur d'Autefort Gouverneur du Perigord & du Limousin. 408
Jean Comte d'Armagnac. 317
Jean I. Comte d'Auvergne. 138
Jean II. Comte d'Auvergne. 144
Jean III. Comte d'Auvergne. 350
Jean Comte de Clairmont, Dauphin d'Auvergne. 181. 218
Jean II. surnommé le Bon Comte de Dreux & de Braine Chambrier de France. 167
Jean de Clairmont Comte de Moach. 55
Jean Comte d'Empouries. 148
Jean Comte de Joigny. 187
Jean III. Comte de Sancerre. 199. & seq.
Jean Duc de Berry fils du Roy Jean. 144. 150
Jean de Bourbon Comte de Clairmont. 404
Jean I. du nom Duc de Bourbon. 204
Jean de Bretagne I. du nom debouté de la Comté de Montfort. 138. Fait hommage au Roy pour le Duché de Bretagne. 141
Jean de Bretagne II. du nom Comte de Penthieure. 209
Jean Duc de Duras & Comte de Gravine. 309
Jean Duc de Gironne fils aisné du Roy d'Arragon. 148. 299. 378
Jean des Boissieres Cardinal. 220
Jean de Brosse Mareschal de France. 314
Jean de Bueil Admiral de France. 207
Jean de Bueil Grand Maistre des Arbalestriers. 238
Jean de Chalon seigneur d'Arlay. 241
Jean de Chalon seigneur de Rochefort. 187
Jean de Champagne Mareschal de Sicile & d'Anjou. 207
Jean seigneur de Chazeron. 233
Jean de Craon Archevesque de Reims. 129
Jean d'Escars Prince de Carency. 392
Jean Geoffroy Cardinal. 339

Jean Gouge se fait proclamer Roy de France. 221
Jean de la Grange Cardinal Abbé de Fescan. 126. 129
Jean de Langeac Seneschal d'Auvergne. 324
Jean Harpedanne seigneur de Belleville. 399
Jean de Lespinasse seigneur de Changy & de Maulevrier. 232
Jean de Levis Seneschal de Carcassonne & de Beziers. 310
Jean dit Lourdin seigneur de Saligny Connestable de Sicile. 204. 236
Jean de Mandevillain Evesque de Chaalons sur Marne. 121
Jean de Mello Evesque de Clairmont. 129. 142. 224. 317
Jean de Montaigu Archevesque de Sens. 240
Jean de Montaigu Grand Maistre de France. 208. 240. & seq.
Jean du Murol Cardinal. 124
Jean de Noailles seigneur de Chambres & de Montclar. 403
Jean Roger Archevesque de Roüen & de Narbonne. 270. 316
Jean Roland Evesque d'Amiens. 191
Jean Roy de Boheme. 376
Jean Stuart Duc d'Albanie. 353
Jean de Talaru Cardinal. 387
Jean de Talaru seigneur de Chalmazel. 387
Jean de Taleyran seigneur de Grignaux. 405. 407
Jean de la Tour Cardinal. 129. 311
Jean seigneur de la Tour, Comte d'Auvergne. 350
Jean de la Tour seigneur d'Oliergues. 381
Jean de Veyrac Evesque de Limoges. 84
Jean de Vienne Admiral de France. 207
Jean de Vienne Archevesque de Bezançon. 136
Jeanne d'Angleterre Reyne de Sicile, Comtesse de Toulouse. 182
Jeanne I. du nom Comtesse d'Auvergne, Reyne de France. 131. 133. & seq.
Jeanne II. du nom Comtesse d'Auvergne, Duchesse de Berry. 147. 149. 324
Jeanne de Beaujeu Comtesse de Dreux & de Braine. 167
Jeanne de Boulogne Dauphine d'Auvergne. 142. 199
Jeanne de Bourbon Comtesse d'Auvergne. 350
Jeanne de Brezé accordée avec Godefroy de la Tour seigneur de Montgascon. 348
Jeanne de Calabre Comtesse d'Auvergne. 63. & seq.
Jeanne de Chastillon Comtesse de Blois. 108
Jeanne de Clairmont Comtesse d'Auvergne. 114. 141. 378
Jeanne Dauphine d'Auvergne, Duchesse de Bourbon. 211
Jeanne Dauphine Dame de Roche-Baron. 176
Jeanne Dauphine Dame de Severac. 193
Jeanne de Dourette n'a pas esté femme de Bernard IV. seigneur de la Tour. 266
Jeanne d'Evreux veuve du Roy Charles le Bel. 126
Jeanne de Flandres Dame de Cuc. 116
Jeanne de Forez femme de Beraud II. Dauphin d'Auvergne. 198
Jeanne de Geneve Princesse d'Orange. 150
Jeanne de Joigny Comtesse d'Alençon. 139. 184. 188

TABLE ALPHABETIQUE.

Jeanne de Montfort Comtesse de Forez. 295
Jeanne II. du nom Reyne de Sicile. 204
Jeanne de Revel femme de François d'Aubifchecourt. 119
Jeanne fille de Gautier seigneur de Vignorry. 187
Jeanne de Touloufe Dame de la Tour. 282
Jeanne de la Tour Dauphine d'Auvergne. 208. 325
Jeanne de la Tour Dame de S. Vallier. 344
Jeanne de Ventadour femme de Godefroy de Boulogne. 118
Imbaud du Peschin favory du Duc de Berry. 223. & seq. 328
Imbert de Beaujeu Connestable de France. 33. 167
Ingelberge femme de Guillaume le Pieux Duc d'Aquitaine. 12
Ingelberge femme de Robert II. Vicomte d'Auvergne. 36
Jocelin de Cassagnes Chanoine de Narbonne. 190
Joseph Prevost de l'Eglise de Brioude. 24
Jourdain Evesque de Limoges. 45
Jourdaine de Bidage Dame d'Oliergues. 381
Joustes faites à Nancy pour le mariage de Marguerite de Sicile Reyne d'Angleterre. 329
Jouyne de Mussidan Dame de Belleville. 399
Isabeau d'Apchon Dame de S. Ilpise. 227
Isabeau d'Arragon Reyne de France. 101
Isabeau de Chastel le Perron Dame de S. Ilpise. 216
Isabeau de Chastillon Dauphine d'Auvergne. 107. 177
Isabeau Dauphine Dame de Chalencon. 185
Isabeau Dauphine Dame de Montaigu sur Champeix. 180
Isabeau de Flandres Dame de Brios. 116
Isabeau de Forez Dame de Mercueur. 187
Isabeau de France Dauphine de Viennois. 189
Isabeau de France Reyne de Castille. 308
Isabeau de Joigny accordée avec le frere du Roy de Norvvege. 188
Isabeau de Levis Dame de la Tour. 308. 311
Isabeau de Rhodez Dame de Ribeyrac. 177. 301. & seq.
Isabeau de Sancerre femme de Guichard Dauphin Grand Maistre des Arbalestriers. 236
Isabeau de la Tour mariée avec Amé Dauphin seigneur de Rochefort. 184. 314
Isabeau de la Tour Comtesse de Penthievre & Dame d'Orval. 333
Isabeau de la Tour Vicomtesse de Polignac. 325
Isabeau de la Tour Dame de Diene. 388
Isabeau de Vendat Comtesse de Ventadour. 288. 390
Isabeau de Ventadour Dame de Montgascon. 107
Issoire osté par le Roy au Dauphin d'Auvergne. 66. 75. 159. & seq.
Itier Evesque de Limoges. 45
Judith d'Auvergne mariée à Beraud IV. Sire de Mercueur. 68
Judith d'Auvergne accordée à Simon Comte de Crespy en Valois. 56
Judith d'Auvergne Comtesse du Puy. 59
Judith de Melgueil Comtesse d'Auvergne. 50. 54
Judith de Mercueur Dame de la Tour. 279. & seq.

L

LAïques joüissoient autresfois des revenus des Eglises. 261
Lambert de Godet Chevalier. 191
Lantaud Baron de Solignac. 222
Lavieu. Genealogie. 228
Laure de Montfort Comtesse de Comminge. 295
Laurens de Medecis Duc d'Urbin. 352. 354
Ledgarde Vicomtesse de Vienne. 36. 38
Leonore Catherine Febronie de Bergh Duchesse de Bouillon. 444. 455
S. Leotald Archevesque d'Auch. 29
Lespinasse, maison illustre en Auvergne. 232
Levis Mirepoix. Genealogie. 308. 310
Liegeois desfaits par le Duc de Bourgogne. 240
Lieudgarde femme de Bernard Plantepeluë Comte d'Auvergne. 4. & seq.
Lithuaniens appellez Sarrasins. 311
Livradois vendu à Morinot de Tourzel seigneur d'Alegre. 144. 329
Loüis de Beaujeu seigneur de Montferrand. 167
Loüis le Begue Roy d'Aquitaine. 8
Loüis de Bourbon Comte de Montpencier. 211. 332.
Loüis de Brosse seigneur de Boussac. 376
Loüis Comte de la Chambre, Vicomte de Maurienne. 345
Loüis Comte de Los. 84
Loüis Comte de Nevers. 179
Loüis Comte de Vendosme Grand Chambellan de France. 240
Loüis de Culant Admiral de France. 246
Loüis Dauphin fils de Beraud II. Dauphin d'Auvergne. 190
Loüis II. Duc de Bourbon. 199. 204
Loüis de Levis seigneur de la Voute. 288. 410
Loüis Louvet seigneur de Cauvisson. 196
Loüis de Male Comte de Flandres. 154
Loüis VIII. Roy de France mort à Montpencier. 271. & seq.
Loüis de Sancerre Connestable de France. 200. 237. 239. 241.
Loüis de la Tour Prince de Turenne. 465
Loüis de Crequy enterrée en l'abbaye du Bouschet. 333
Loüise Dauphine mariée à Pierre de Maumont. 218.
Loüise de la Tour mariée à Claude de Blaisy Vicomte d'Arnay. 346
Loüise de la Tour Dame de Couiches. 325
Loüise de la Tour Dame de Crequy 333
Loüise de la Tour Dame de Montlaur. 319
Loüise de la Tour Duchesse de Thouars. 442
Loüise Julie de la Tour Princesse de Montbason. 464
Loüise de la Trimoüille Comtesse d'Auvergne. 153. 336
Lourdin seigneur de Saligny Connestable de Sicile. 204. 236
Lugiac donné à l'Eglise de Brioude. 38. & à saint Honorat de Lerins. 28. 51
Lunel eschangé pour Usson. 74. 144

M

MAESTRICHT assiegée par le Duc de Bourgogne. 240
Magdelene de la Tour Comtesse de Tende. 430

TABLE ALPHABETIQUE.

Magdelene de la Tour Duchesse d'Urbin. 352
Magnus Roy de Suede. 189
Mahault Dauphine Dame d'Apchon. 175
Mahault d'Auvergne Dauphine d'Auvergne. 173
Mahault d'Auvergne Dame du Mont-Saint-Jean. 104
Mahault de Boulogne Comtesse de Savoye. 119
Mahault de Boulogne Duchesse de Brabant. 90. 93
Mahault de Bourgogne Comtesse d'Auvergne. 70
Mahault Comtesse de Nevers. 164
Mahault de Montgascon Dame de Tournon. 107
Mahault de Sicile Comtesse de Toulouse. 54. 384
Mainfroy Comte de Clairmont en Sicile. 55. 203
Mainfroy Roy de Sicile. 101
Maiol Vicomte de Narbonne. 6
Maillac, Prioré fondé par Guillaume le Pieux Duc d'Aquitaine. 12
Manasses Comte de Mascon. 7
Mareschal de la foy. 310
Marguerite d'Albret Dame de Mussidan. 400
Marguerite d'Auvergne Dame de Mont-laur. 81
Marguerite Aycelin de Montaigu Dame d'Oliergues. 371. 374
Marguerite de Bellefaye niepce du Pape Clement VI. 233
Marguerite de Beaufort Dame d'Oliergues. 396. 399. 401
Marguerite de Bomés Dame de Chasteauvillain & du Broc. 167
Marguerite de Bourbon Comtesse de Forcalquier. 267
Marguerite de Chauvigny Dauphine d'Auvergne. 209
Marguerite de Comminge Comtesse d'Armagnac. 146
Marguerite Dauphine mariée à Godefroy de Boulogne. 118. 185
Marguerite Dauphine mariée à Jean de Bueil. 207
Marguerite Dauphine Dame de Lavieu. 228
Marguerite de Duras Reyne de Sicile & d'Hongrie. 309
Marguerite d'Escosse mariée au Roy Loüis XI. 344
Marguerite de France Comtesse de Flandres. 308
Marguerite de Frolois femme de Guichard Dauphin Grand Maistre des Arbalestriers. 236
Marguerite de Galard Dame de Limeüil. 399
Marguerite de Lespinasse Abbesse de Cusset. 233
Marguerite de Murat mariée à Loüis Louvet. 196
Marguerite d'Oliergues Dame de Montboissier. 370
Marguerite de Sancerre Dauphine d'Auvergne. 199. & seq. 204
Marguerite de Solignac Vicomtesse de Polignac. 222
Marguerite de la Tour Dame de Clairmont de Lodeve. 415
Marguerite de la Tour femme de Guy de Cousan Grand Maistre de France. 319
Marguerite de la Tour Dame de Grignaux. 407
Marguerite de Volore Dame de Chazeron. 184
Marguerite d'Evreux Comtesse d'Auvergne. 130. & seqq.
Marie d'Antioche fille du grand Mareschal du royaume d'Antioche. 377
Marie d'Auvergne Dame de la Tour du Pin. 72
Marie d'Auvergne Dauphine d'Auvergne. 87
Marie d'Auvergne mariée à Wautier Berthoud seigneur de Malines. 86
Marie de Beaufort Dame d'Apchier. 196. 316
Marie de Boulogne Comtesse d'Auvergne. 119. 153. 321
Marie de Boulogne Comtesse de Beaufort. 399
Marie de Boulogne femme de Mathieu de Flandres. 89
Marie de Boulogne Vicomtesse de Turenne. 142. 143. 322. 324
Marie de Brabant Imperatrice. 94. & seqq.
Marie de Brabant Reyne de France. 61
Marie du Chambon mariée à Guillaume Roger seigneur de Rosiers. 316. 318
Marie de Champagne. Abbesse de Frontevraud. 169
Marie Dauphine Dame de S. George. 207
Marie fille du Roy Philippe Auguste Duchesse de Brabant. 94. 96
Marie de Flandres Comtesse d'Auvergne. 115. 117. 140
Marie de Mercueur Comtesse de Joigny. 181. 187. & seq.
Marie Roger Dame d'Apchier & de Cauvisson. 196. 316
Marie de Savoye Marquise de Rothelin. 347
Marie de la Tour Dame d'Autefort. 408
Marie de Villemur Dauphine d'Auvergne. 189
Marquise de Baux Comtesse de Rhodez. 177. 301
Marquise Dame de Busset. 32
Marquise de Godet femme d'Hugues Dauphin. 191
Marquise de Lesclache. 162
Martin Gouge Evesque de Clairmont. 242
Martin de la Tour martyr. 256
Mascaronne de Comminge Comtesse de Rhodez. 301
Mascaronne de la Tour Dame de Montaigu. 306
Matfroy, tige des Vicomtes de Thiern. 28
Mathe de Beaufort Dame de la Tour. 318. 321. 329
Mathe de Montault femme de Nicolas de Beaufort. 399
Matheline de Beziers Dame de la Tour. 267
Mathieu de Flandres Comte de Boulogne. 89
Mathieu Gibert Evesque de Verone. 355
Maure Dauphine Abbesse de Blesle. 218
Maurice Febronie de la Tour Duchesse de Baviere. 456
Maurzac abbaye. 51
Megemont, abbaye fondée par les Dauphins d'Auvergne. 211
Melgueil. Genealogie. 50
Mercueur pris par Merigot Marchés. 201
    Origine de la maison de Mercueur. 27
Merigot Marchés Chef des pillards. 289. 325
Michel de la Tour Cardinal. 258
Mirepoix. Genealogie. 308. 310
Modica, Moach. 55
Monnoye de Clairmont. 44
Mons Ruillonis. 233
Monferrand pris par les pillards. 202. 322
Montfort, Comté donnée à Jean de Boulogne seigneur de Montgascon. 138
Montfort. Genealogie. 295
Montgascon ressortissoit à la Prevosté de Pontchasteau. 109

Montrognon

TABLE ALPHABETIQUE.

Montrognon basti par le Comte Dauphin. 160
Mont S. Jean. Genealogie. 104
Morinot de Tourzel seigneur d'Alegre. 144. 202. 329
Mortaille ou Main morte. 110
La Mothe de Buvron. 237
Moulins en Bourbonnois estoit autresfois de la Comté d'Auvergne. 4

N

Nassal de Clauftre Dame de Mercueur. 64
Nassal de Clauftre de Ventadour. 65
Navarre royaume appartenant au Roy Philippe le Bel. 109
Nicolas de Beaufort seigneur de Limeüil. 399
Nicolas de Besse Cardinal. 316
Nicolas de la Jugie neveu du Pape Clement V I. 306. 309
Nicolas Roger Archevesque de Roüen. 315
Nicolas Tribun du peuple à Rome. 122
Norbert Evesque du Puy. 7
Nupta signifie quelquefois accordée ou fiancée. 92
Nutritus signifie quelquefois bastard. 185

O

Saint Odilon Abbé de Clugny. Sa genealogie. 27
Saint Odon Abbé de Clugny eslevé dans la maison de Guillaume le Pieux Duc d'Aquitaine. 11
Oliergues, ancienne maison. 368
Otton I V. Empereur. 94. & seq.
Oudard seigneur de Chazeron. 184. 233
Oudard de Montaigu Prince de la maison de Bourgogne. 111
Oyes, espece de rente fonciere en Auvergne. 165

P

Pantaleon de la Tour Chambellan du Roy de Sicile. 405
Pebrac abbaye. 53
Perdigon Poëte Provençal. 160
Pernelle du Chambon Comtesse d'Auvergne. 78
Perrot le Bearnois. 322
Petronille de la Tour Vicomtesse de Combornc. 263
Phelibert de Lespinasse Chevalier. 232. & seq.
Philippe d'Artevelle Flamand. 146
Philippe de Bourgogne Comte d'Auvergne. 133. 136
Philippe de la Chambre Cardinal, appellé le Cardinal de Boulogne. 345
Philippe de Cluys Escuyer dit le Compere. 346
Philippe de Crevecœur seigneur d'Esguerdes Mareschal de France. 234
Philippe de Culant Admiral de France. 246
Philippe de Lespinasse seigneur de Maulevrier. 233
Philippe de France Comte de Boulogne. 92. 276
Philippe fils de France Duc d'Orleans. 237
Philippe de Hainaut Marquis de Namur. 96. & seq.
Philippe I. Roy de France repudie sa femme. 54
Philippe III. Roy de France, dit le Hardy, se marie à Clairmont. 101. Sa moderation. 257
Philippe de Melun Evesque de Chaalons sur Marne. 189
Philippe de Montfort seigneur de la Ferté Aleps. 295
Philippe de Savoye Comte de Bresse. 338
Philippe de la Trimoüille seigneur de Fontmorand. 245
Philippie d'Auvergne Dame de Bourbon. 47
Philippie Dauphine d'Auvergne, femme de Robert de Courcelles. 166. 370
Philippie de Givaudan Comtesse d'Auvergne. 43. & seq.
Philippie de Veauce Dame de S. Ilpise. 229. 231. 243
Pierre d'Aigrefeüille Evesque de Clairmont. 125
Pierre Andrieu Evesque Noyon. 316
Pierre d'Auvergne Poëte Provençal. 159
Pierre Aycelin de Montaigu Cardinal, Chancellier de France. 307
Pierre de Beaufort Vicomte de Turenne. 399. 401. 402
Pierre Berenger Evesque de Rhodez. 49
Pierre Bermond seigneur d'Anduse. 268. 377
Pierre de Bertrand Cardinal. 121. 178
Pierre Cardinal Poëte Provençal. 369
Pierre de Chalencon Vicomte de Polignac. 185
S. Pierre de Chavaron fondateur de l'abbaye de Pebrac. 53
Pierre Comte d'Empuries fils de Jacques II. Roy d'Arragon. 309
Pierre Comte de Melgueil. 50
Pierre Evesque de Clairmont. 58
Pierre de Galard Maistre des Arbalestriers de France. 399
Pierre de Giac Chancellier de France. 144
Pierre de la Jugie Cardinal. 270
Pierre de Latilli Evesque de Chaalons. 104
Pierre de Lespinasse Abbé d'Esbreulle. 233
Pierre de Levis Evesque de Cambray. 113. 372
Pierre de Maumont seigneur de Chasteauneuf. 218
Pierre Maurice seigneur de Roche Savine. 110. 219. 292
Pierre de Monteru Cardinal. 128
Pierre de Mortemar Cardinal. 372
Pierre Nepveu Evesque d'Alby. 206
Pierre Raymond Comte de Comminge. 146
Pierre Roger, appellé Clement V I. Pape. 315
Pierre Roger, appellé Gregoire XI. Pape. 316
Pierre de Sortenac Cardinal. 129
Pierre de la Tour bastard d'Oliergues. 388
Ploton de Roche-Baron seigneur de Mont-Archer. 219. 293
Ponce Comte d'Auvergne. 46
Ponce Comte du Givaudan & de Forez. 43
Ponce de Melgueil Abbé de Clugny. 50
Ponce seigneur de Montlaur. 81
Ponce Vicomte de Polignac. 59. 159. 161
Poncet de Rochefort Evesque de S. Flour. 225
Portus Iccius. 87

R

Raculphe Comte de Mascon. 4. 6
Raiz. Genealogie. 200
Rambures Maistre des Arbalestriers. 245
Randon seigneur de Joyeuse. 218
Rapulphe II. Comte de Poictiers. 10

Tome I. Sss

TABLE ALPHABETIQUE.

Raoul Comte d'Eu Connestable de France. 139
Raoul de la Roche-Aymon Archevesque de Lyon. 79
Raoul Roy de Bourgogne usurpateur du royaume de France. 20
Rasez, Comté dans le diocese de Narbonne. 37
Ratburne Vicomte de Vienne. 254
Raymond de Beaufort Vicomte de Turenne. 143. 145. 322. 398.
Raymond de Canillac Cardinal. 193
Raymond de S. Gilles Comte de Toulouse. 53. & seq. 299. 383
Raymond II. Comte de Toulouse. 20. & seq.
Raymond VI. Comte de Toulouse. 268. 376
Raymond VII. Comte de Toulouse. 281
Raymond de Nogaret seigneur de Cauvisson. 196
Raymond Trincavel Vicomte de Beziers. 268
Raymond III. Vicomte de Turenne. 194
Raymond IV. Vicomte de Turenne. 81
Redemptiones altarium. 261
Regale de l'Evesché de Clairmont. 125
Renaud V. Vicomte d'Aubusson. 45
Renaud d'Aubusson seigneur de la Borne. 293
Renaud Comte de Dammartin & de Boulogne. 91
Renaud de Forez Archevesque de Lyon. 32. 77. 81
Renaud de Pons Vicomte de Carlat. 181
René Roy de Sicile, Duc de Lorraine. 329
Renée de la Tour Abbesse du Paraclit. 428
Rhodez. Genealogie. 48. 298
Richard Comte de Carlat. 299
Richarde Comtesse de Rhodez. 48
Rigaud de la Tour Abbé d'Userche. 420
Robert d'Angennes Gouverneur du Dauphiné. 242
Robert Archevesque de Cantorbery. 102
Robert d'Auvergne surnommé de Clairmont. 72
Robert d'Auvergne Evesque de Clairmont, & puis Archevesque de Lyon. 71. 75. 84. 166. 279. 281
Robert d'Auvergne seigneur de Chastel-Usson. 74
Robert Canole Capitaine Anglois. 198. 226
Robert de Chaslus seigneur d'Entraigues. 218
Robert de Clairmont seigneur d'Oliergues. 368
Robert de Courtenay Bouteiller de France. 273
Robert Duc de France usurpateur du royaume. 20
Robert I. Comte d'Auvergne. 39
Robert II. Comte d'Auvergne. 48. 299
Robert III. Comte d'Auvergne. 60
Robert IV. Comte d'Auvergne. 69
Robert V. Comte d'Auvergne. 99
Robert VI. Comte d'Auvergne. 107. 292
Robert VII. Comte d'Auvergne. 111
Robert I. Dauphin d'Auvergne. 168
Robert II. Dauphin d'Auvergne. 172. 291
Robert III. Dauphin d'Auvergne. 177
Robert Dauphin fils de Beraud I. Dauphin d'Auvergne. 192
Robert Dauphin I. du nom seigneur de saint Ilpise. 216
Robert Dauphin II. du nom seigneur de saint Ilpise. 219
Robert Dauphin III. du nom seigneur de saint Ilpise. 221

Robert Dauphin Evesque de Chartres & d'Alby. 206. 210. & seq.
Robert Dauphin seigneur de Chaslus. 228
Robert de Geneve Cardinal, puis Pape Clement VII. 120. 124
Robert de Lespinasse Abbé de saint Germain des Prez. 233
Robert surnommé de Bethune Comte de Nevers & de Flandres. 113
Robert V. Comte de Dreux. 372
Robert de Velaye. 369. & seq.
Robert I. Vicomte d'Auvergne. 27. 29. 36
Robert II. Vicomte d'Auvergne. 36
La Roche-Aymon. 78
La Roche Sermadoire. 202. 322
La Roche de Vandais. 227. 296. 323
Roger Comte de Sicile. 54
Roger de Loria Admiral de Sicile. 108
Roger Vicomte de Beziers. 283
Rogers. Genealogie. 315. 398
Roquefeüil. Genealogie. 300
Roseilles, monastere en la Marche. 45
Rosso Ridolphi Gentilhomme Florentin. 358
Rotberge de la Tour Dame de Bastie. 259

S

Salazuit appartenant au Vicomte de Polignac. 159
Samer abbaye dans le Boulenois. 108
Saucillanges, Prioré fondé par Guillaume le Pieux & par Acfred II. Ducs d'Aquitaine. 11. 22
Saure sœur d'Alphonse le Chaste Roy d'Arragon. 268
Sauvages bruslez en l'hostel du Roy Charles VI. 133
Sauviac, Prioré en Auvergne. 69
Sclarmonde de Foix Reyne de Maillorque. 301
Sedan eschangé avec le Roy. 455
Severac. Genealogie. 193
Simon Comte de Crespy religieux à S. Claude. 56
Simon Comte de Montfort. 308
Simon de Cramaud Patriarche d'Alexandrie. 314
Sobbo Archevesque de Vienne. 255
Souveraine Dame d'Aubusson. 288
Souveraine d'Aubusson mariée avec Helie de Comborn. 306
Sully, branche de la maison de Champagne. 309
Susanne de Blaisy mariée à Christophle de Rochechoüard. 346

T

Talaru, bonne maison dans le Lyonnois. 387
Teste noire se saisit du chasteau de Ventadour. 202
Tetborge Comtesse du Givaudan. 43
Thibaud Comte de Chalon. 31
Thibaud Comte de Meaux & de Champagne. 263
Thibaud de la Tour Evesque de Cisteron. 347
Thiern. Genealogie. 28
Thomas de Montmorin Escuyer. 183
Tone, c'est à dire Antoine. 171
La Tour sur Marne. 263
Tourniole, chasteau en Auvergne. 77
Tournon. Relation de la mort de Mademoiselle de

TABLE ALPHABETIQUE.

Tournon. 425
Tunis assiegée par le Duc de Bourbon. 203
Turriani, seigneurs de Milan, issus de la maison de la Tour d'Auvergne. 251. 256

V

VALBORGE de Rhodez femme de Guillaume de Randon. 300
Saint Valerie. Son corps est à Chambon. 78
Valpurge heritiere de la maison de Polignac. 185
Vandais, chasteau en Auvergne. 227. 296. 323
Vau-Dieu, abbaye. 169
Vauluisant, abbaye par qui fondée. 70
La Vayssi, abbaye fondée par les seigneurs de la Tour. 267. 302
Uceo, Usson en Auvergne. 67. 76
Velaie signifie le Vellay. 369
Vendac. Genealogie. 389
Ventadour. Genealogie. 284. 410
Ventadour saisi par Geoffroy Teste noire. 202
Veronique. Tableau à Monstreüil sur la mer. 114
Vichy. Genealogie. 390
Vienne. Genealogie des Vicomtes de Vienne. 255
Vironfosse. 139. 182

Uncia auri, qu'est ce que c'est en Cour de Rome. 12
Ursins affectionnez aux Roys & royaume de France. 355
Ussel en Bourbonnois. 187
Ussel dans la Duché de Ventadour. 289
Usson, en Latin Uceo. 67. 76. Eschangé pour Lunel. 74. 144

Y

YOLAND de Geneve Vicomtesse de Narbonne. 197. & seq.
Ysels Dame d'Oliergues. 369. & seq.
Yselt d'Oliergues Dame d'Anjo. 171
Yssoire pris sur le Dauphin d'Auvergne. 66. 75. 159. & seq.

W

WALERAN Abbé de S. Vannes. 49
VVillelmulus de Turre. 269
Saint Willemer, abbaye dans le Boulenois. 108
Willeran Evesque de Carcassonne. 15
Wissant, port dans le Boulenois. 87. 101. 112

FIN.

ERRATA.

Pag. 87. ligne 28. mettez, Woeringen ou Woronck
Pag. 151. ligne 17. corrigez, Marcel
Pag. 209. ligne 13. corrigez, Guy seigneur de Cousant.
Pag. 220. ligne 7. corrigez, MCCCLXXV.
Pag. 222. ligne 14. corrigez, Beffroymont Sire de

Pag. 238. ligne 31. corrigez, Guichard son frere en qualité
Pag. 254. ligne 12. corrigez, MDCXCVIII.
Pag. 294. ligne 13. corrigez, en un titre
Pag. 296. ligne 38. corrigez, luy donna un acte de reconnoissance.

LETRE

LETRE

DE

MONSIEVR BALVZE

Pour servir de responſe à divers escrits qu'on a semez dans Paris & à la Cour contre quelques anciens titres qui prouvent que Meſſieurs de Boüillon d'aujourd'huy deſcendent en ligne directe & masculine des anciens Ducs de Guyenne & Comtes d'Auvergne.

A PARIS

Chez THEODORE MVGVET
Imprimeur ordinaire du Roy.

MDCXCVIII.

CETTE letre n'avoit pas esté faite pour estre renduë publique. Mais parceque l'on voit que le silence qu'on a gardé jusqu'à present au suject de certains escrits qui ont esté semez à Paris & à la Cour contre quelques anciens titres qui prouvent que Messieurs de Boüillon d'aujourd'huy descendent en ligne directe & masculine des anciens Ducs de Guyenne & Comtes d'Auvergne peut porter prejudice à la verité, le monde se laissant facilement persuader qu'il faut bien qu'on n'ait rien de bon à respondre, puisque l'on ne respond pas, on a trouvé à propos de donner au public ce qui n'avoit esté fait que pour satisfaire la curiosité d'une personne de grande consideration.

Monsieur,

Apres avoir dit une fois mon sentiment, lorsque j'en ay esté requis, sur les anciens titres qui prouvent que Messieurs de Boüillon descendent par les masles en ligne directe des anciens Ducs de Guyenne & Comtes d'Auvergne, je n'avois pas dessein de m'appliquer davantage à l'examen de ces titres, n'ayant d'ailleurs aucun interest à le faire, & estant occupé à travailler à la nouvelle collection des Conciles que j'ay commencé de donner au public. Mais l'amour de la verité & l'indignation que j'ay conceuë en considerant la malignité avec laquelle on a affecté de descrier ces anciennes chartes par des escrits que l'on a fait courir dans Paris & à la Cour m'ont fait interrompre mes autres occupations pour examiner les objections que l'on a malicieusement faites contre ces titres. Puisque vous voulez sçavoir, Monsieur, ce que je pense de ces escrits, je vous le diray ingenument & le plus succinctement qu'il me sera possible. Je n'avanceray rien dont je n'aye les preuves en main. Neantmoins je ne les rapporteray pas toutes, parce qu'il faudroit faire un livre au lieu d'une letre. Mais je vous justifieray quand il vous plaira tous les faits que j'auray avancez. Il y a dans ces escrits plusieurs petites observations dont je ne parleray point, parce qu'elles ne meritent pas qu'on s'y arreste. Quant aux principales objections, je n'en laisseray passer aucune sans y respondre.

Mais avant que d'entrer en matiere, j'estime, Monsieur, qu'il est à propos de vous faire remarquer que dautant que les six feüillets destachez d'un ancien Cartulaire de l'Eglise de Brioude, qui prouvent incontestablement que les Seigneurs de la Tour descendent par masles des anciens Ducs de Guyenne & Comtes d'Auvergne, sont soustenus par les fragmens qui restent des tables d'un autre ancien Cartulaire de la mesme Eglise, par le Cartulaire de Saucillanges, par les letres du Roy saint Loüis données en faveur de Guillaume de la Tour Prevost de Brioude, qui se trouvent dans le petit Cartulaire de cette Eglise, & enfin par un ancien Obituaire de la mesme Eglise, l'aucteur de ces escrits, pour eluder la force de ces preuves, s'est avisé d'un bon expedient; qui est, de s'inscrire en faux contre tous ces anciens monumens, comme si pour les rendre nuls & de nulle valeur il suffisoit de les accuser de faux. Mais s'il vouloit ne plus cacher & se porter pour partie, & qu'on le fist sommer de declarer s'il veut se servir des moyens de faux qu'il a proposez, il n'oseroit les soustenir, de peur d'estre condamné aux despens & à l'amende ordonnée contre la temeraire inscription en faux.

Les principales objections qu'il fait contre les anciens titres dont il s'agit se peuvent reduire à ce qui a esté dit contre la charte tirée du petit Cartulaire de Brioude par laquelle le Roy saint Loüis confirme l'election de Guillaume de la Tour à la prevosté de Brioude, contre les six feüillets destachez d'un ancien Cartulaire de Brioude qui ne paroist plus, &

contre ce qu'on a allegué qu'ils avoient esté trouvez dans le cabinet de feu M. du Bouchet apres sa mort. A quoy on peut adjouter l'observation du temps auquel les surnoms ont commencé, & la plainte que l'on fait contre M. Justel d'avoir inferé dans ses extraits du Cartulaire de Saucillanges des mots essentiels qui ne se trouvent pas dans l'original.

Il dit contre la charte de la confirmation du Prevost de Brioude qu'au temps dont elle est datée saint Loüis n'avoit gueres qu'onze ans, que par consequent il n'avoit point encore d'enfans, & qu'il n'estoit pas mesme marié. D'où il pretend inferer que cette charte est fausse. Il adjoute que quand elle seroit veritable, saint Loüis à cet aage n'estoit pas capable de juger de l'antiquité de la race & de la noblesse de Guillaume de la Tour Prevost de Brioude, & que ce Prevost a suggeré au Chancelier ou Garde des seaux ou au Secretaire de ce Prince mineur tout ce qui luy a pleu. Que mesmes quelques gens mal intentionnez pourroient dire que ce Prevost de Brioude, qui se piquoit de grande maison, ou quelqu'autre de ses parents ou amis auroit pû faire mettre dans ce Cartulaire ce qui luy auroit esté avantageux. Que cette charte n'est point un jugement contradictoire entre des parties interessées, ny un privilege donné à une Maison ou à un particulier apres avoir veu & examiné ses titres. Qu'elle ne peut passer pour authentique, puisqu'elle ne se trouve signée ny du Chancelier ny des grands Officiers de la Couronne suivant la coustume du temps. Que supposé mesme qu'elle fut authentique, l'on n'en peut pas conclure que ce Guillaume de la Tour descendoit en ligne masculine des Ducs de Guyenne & Comtes d'Auvergne, attendu qu'il y est seulement marqué que ces Ducs & Comtes estoient les predecesseurs de ce Guillaume. Que Guillaume le Pieux fondateur de Clugny est mort sans enfans & a esté le dernier de sa Maison. Et enfin qu'il n'y a aucune preuve de la filiation de ce Guillaume Prevost de Brioude, qui peut aussi bien avoir esté de la Maison de la Tour en Dauphiné ou de quelqu'autre de mesme nom que de celle de la Tour d'Auvergne.

Toutes ces objections, Monsieur, sont ou captieuses, ou mal fondées, ou de peu de consequence.

Premierement ce n'est pas seulement sur cette charte qu'est fondée l'ancienneté de la Maison de Boüillon, mais sur plusieurs autres titres authentiques dont je parleray dans la suite, par lesquels il paroist que la Maison de la Tour d'Auvergne est issuë des anciens Ducs de Guyenne & Comtes d'Auvergne.

De plus, il est constant que le Cartulaire de Brioude où cette charte est inserée a esté escrit au temps mesme de saint Loüis ou au moins peu de temps apres, c'est à dire il y a environ quatre cens ans. Et par consequent il est incontestable qu'il y a au moins quatre cens ans que l'on a creu que la Maison de la Tour d'Auvergne estoit issuë de ces anciens Ducs & Comtes. Que sert il donc de contester la verité de cette charte, puisque le Cartulaire où elle se trouve n'est gueres moins ancien que la charte mesme? Que l'on en dise tout ce que l'on voudra, il en resultera toûjours qu'au siecle de saint Louis Guillaume Prevost de Brioude frere de Bernard III. Seigneur de la Tour d'Auvergne, dont Messieurs de Boüillon descendent en droite ligne, passoit pour estre de la Maison des Ducs de

Guyenne & Comtes d'Auvergne, puisque dans un Cartulaire authentique escrit au siecle de saint Louis il se trouve une charte qui le dit expressément.

Il n'est pas difficile de respondre à ce que ce Censeur objecte qu'en l'année 1226. date de cette charte saint Louis n'estoit pas encore marié, & que neantmoins il y recommande que l'on prie Dieu pour luy & pour ses enfans. A cela on pourroit respondre avec beaucoup de vraysemblance que ces letres ayant esté accordées à Guillaume de la Tour Prevost de Brioude dans le temps que le Roy Loüis VIII. pere de saint Loüis estoit en Auvergne, & n'ayant pû estre expediées à cause de sa maladie & de sa mort arrivée à Montpencier le septiesme jour de Novembre, on ne fit autre chose apres que son fils saint Loüis fut sacré & couronné, ce qui fut fait trois semaines apres sa mort, qu'y adjouter la date, sans faire beaucoup de reflexion si tout le contenu de ces letres convenoit aussi bien à saint Loüis qu'à son pere. Mais sans faire fort sur cette responce, il suffit de s'arrester à celle de nostre Censeur; qui sentant bien le foible de cette objection a pris soin d'y satisfaire luy mesme. On pourroit respondre, dit il, *que c'estoit une formule du stile de ce temps là*, & qu'on la mettoit dans les titres, soit que les Roys eussent déja des enfans, ou que n'en ayant point encore, ils esperassent d'en avoir. Mais adjoute il, *on deffie de produire aucun exemple veritable d'une semblable expression depuis cinq cens ans & encore moins auparavant.*

Quelle foy peut on adjouter aux autres choses que cet aucteur avance, puisque ce qu'il asseure icy avec tant de hardiesse, qu'il n'y a point *d'exemple veritable de cette formule* dans aucune charte de nos Roys, est manifestement contraire à la verité? Car ceux qui sont tant soit peu versez dans la lecture des anciens titres sçavent qu'au neufviesme siecle & aux siecles suivans rien n'est plus commun que cette formule dans les privileges accordez par nos Roys. On pourroit en produire une infinité d'exemples. Mais on se contentera d'en rapporter icy quelques uns.

Au neufviesme siecle dans une charte de l'Empereur Louis le Debonnaire de l'an 814. *pro nobis & conjuge proleque nostra & stabilitate totius imperii nostri Domini misericordiam exorare delectet.* Dans une autre de Charles le Chauve de l'année 845. *pro nobis, conjuge, prole, domo, atque totius regni à Deo nobis collati prosperitate jugiter Dei implorent misericordiam.* Dans trois autres chartes du mesme Prince de l'année 844. la mesme formule se trouve. Et il est à observer qu'en ces années Charles le Chauve n'avoit point encore d'enfans. Car son fils aisné Loüis le Begue ne nasquit pas avant l'année 846. ou tout au plus 845. comme on le peut aisément inferer de ce qu'ont escrit les aucteurs de ces temps là.

<small>Appendix Capitular. pag. 1405.</small>
<small>Hist. de saint Denys. pag. 778.</small>
<small>Appendix Capitular. pag. 1447. 1449. 1451.</small>

Au dixiesme siecle, dans une charte du Roy Hugues Capet de l'année 988. *& nostrum memoriale conjugisque meæ seu filii nostri Rotberti Regis & consortis regni nostri æternaliter fundendo pro nobis preces inibi habeatur.* Et dans une autre du Roy Robert son fils datée de la premiere année de son regne: *ut ipsa sancta congregatio pro nobis & filio nostro Hugone & omni nostra progenie & pro omni imperio nostro Domini misericordiam & ipsorum sanctorum valeant attentiùs exorare.*

<small>Mabillon. lib. v 1. de re diplom. pag. 576.</small>
<small>Hist. de saint Denys. pag. 814.</small>

Au siecle onziesme, dans une charte du Roy Henry I. de l'an 1060. *pro meæ necnon conjugis meæ & prolis salute & pace.*

<small>Hist. de S. Martins des Cahmps pag. 5.</small>

A iij

Hift. de S. Denys. pag. 851. Au douziesme siecle, dans une charte de Louis le Gros de l'année 1122. *ut proremedio animæ meæ, conjugis, & prolis, & salute prædecessorum meorum*
Ibid. p. 859. *&c.* Dans celle du mesme Roy de l'an 1129. *pro nobis & Regina nostra Adelayde & omni nostra prole & regni nostri stabilitate Domini misericordiam & ipsorum sanctorum valeant attentiùs exorare.* Dans une de Loüis le Jeune de l'an 1145.
Ibid. p. 870. *pro remedio animæ genitoris nostri serenissimi Regis Ludovici, regni administratione, conjugis & prolis conservatione.* Enfin dans un autre de ce mesme
Tom. XIII. Spicilegii pag. 318. Prince de l'an 1165. *pro nobis & conjuge proleque nostra ac totius regni à Deo nobis concessi Domini misericordiam alacriter exorare delectet.*

Doit on apres cela s'estonner qu'au commencement du treiziesme siecle on ait inseré dans les letres du Roy saint Louis cette mesme formule, qui estoit tellement du vieux stile que depuis quatre siecles on ne manquoit presque jamais de l'employer dans les privileges de nos Roys?

Pour donner plus de couleur à son objection nostre Censeur dit que si l'on destourne son imagination d'un siecle aussi esloigné de nous que l'est celuy de saint Louis & qu'on la transporte dans celuy-cy, l'on ne pourroit s'empescher de rire si un Prince d'onze ans accordoit quelque chose par acte public dans la confiance que l'on prieroit Dieu pour luy & pour ses enfans. Il est vray que cette formule ayant cessé d'estre en usage depuis plus de quatre cens ans, on n'auroit garde aujourdhuy de faire parler ainsi le Roy dans des letres expediées en son nom. Mais pour rendre à l'aucteur ses paroles, si l'on destourne son imagination de ce siecle & qu'on la transporte au siecle de saint Loüis, où cette formule estoit en usage depuis quatre cens ans, on cessera de trouver estrange qu'un Commis, qui a suivy son protocolle, l'ait inserée dans cette charte conformement à la coustume de ce temps-là.

Enfin, sans tant raisonner, voicy, Monsieur, un exemple decisif. Car ce sont les exemples, & non pas les raisonnemens, qui doivent decider la question. Quand le Roy Clovis II. dans la premiere année de son regne, comme saint Louis, accorda au monastere de saint Maur des Fossez le privilege qui est rapporté par le R. P. Du Breuil dans le supplement des antiquitez de Paris, il estoit bien plus jeune que saint Loüis. Car il n'avoit guere que quatre ans. Et par consequent il n'avoit encore, non plus que saint Louis, ny femme ny enfans. Et neantmoins il recommande dans ce privilege que l'on prie Dieu pour sa femme & pour ses enfans, *pro nobis ac genitrice nostra vel conjuge sive prolis necnon & totius regni statu Domini misericordiam devotiùs exorare delectet.* C'est à dire pour la femme & les enfans qu'il esperoit que Dieu luy donneroit un jour. Que peut dire le Censeur à cet exemple? Il dira peut-estre que le R. P. le Cointe a dit qu'il falloit effacer ces mots *pro conjuge sive prolis.* Mais on luy respondra que ce Pere, qui a aussi voulu oster du mesme privilege ces autres mots *sub regula sancti Benedicti*, n'a pas eu plus de raison en l'un qu'en l'autre, comme l'a monstré le R. P. Mabillon dans la preface du second siecle des actes des saints de l'Ordre de saint Benoist, & dans la preface de la seconde partye du troisiesme siecle. On luy respondra que le R. P. Du Breuil, qui a le premier rapporté ce titre, n'a fait aucune difficulté sur cet endroit, & que le P. le Cointe n'a esté suivy dans son sentiment par personne, non pas mesme par le R. P. Dubois son confrere & son bon amy.

On luy dira que Messieurs les Critiques s'en font trop accroire quand ils pretendent avoir droit d'oster sans preuve tout ce qui ne leur plait pas dans les anciens titres. En verité ces Messieurs sont admirables de vouloir reformer suivant leur caprice le langage de tout le monde & de tous les siecles. Il seroit à souhaiter, dit l'illustre M. de Marca, que les Critiques ne fussent pas si hardis pour rejetter tout ce qui ne leur plait pas sur un simple soupçon sans fondement, *sola falsi suspicione ultro excogitata*. Car, dit il, *admissa semel hac respondendi & præscribendi ratione adversùs scripta quæ stilo & vetustorum codicum editionumque fide veterumque auctorum testimonio muniuntur, cadit omnis de quæstionibus literariis disserendi ingeniorum delectatio.* C'est pourquoy, bien que nous eussions fait reflexion sur cette clause des letres de saint Louis lorsqu'on nous donna ces titres à examiner, & quoy que nous eussions bien preveu la difficulté que quelque mauvais Critique y pourroit faire, nous ne jugeasmes pas à propos de nous y arrester, cette charte estant d'ailleurs tres authentique & hors d'atteinte de tout soupçon.

<small>Marca in epist. ad Valef. c. 16.</small>

Il n'est pas necessaire, Monsieur, que je responde à ce que le Critique objecte, que saint Louis à cause de son bas aage estoit incapable de juger de l'ancienneté de la race de Guillaume de la Tour. Cette objection est ce qu'on appelle une pauvreté. Oseroit-on dire aujourd'huy que les letres de provision de la charge de Mareschal de France expediées pendant le bas aage du Roy qui regne aujourd'huy si sagement & si glorieusement, dans lesquelles on a marqué bien expressément & la noblesse du sang & les services rendus à cet Estat par ceux qui furent honorez pour lors de cette dignité & par leurs ancestres, sont suspectes de fausseté, parce que le Roy n'avoit pour lors que cinq, six, ou sept ans, & que par consequent il n'estoit pas en aage de juger de l'antiquité de la noblesse & des services de ces Messieurs? En verité il faut estre bien peu versé dans les affaires de la Chancelerie pour ignorer que ce ne sont pas les Roys qui dressent les letres qu'on expedie en leur nom. Ils laissent ce soin à leurs Ministres & à leurs Secretaires, qui les dressent & expedient au nom du Roy; & elles ont la mesme force & vigueur que si le Roy les avoit expediées luy mesme. Si cela n'estoit pas vray, il n'y a point d'Ordonnance publique, point de privilege accordé à des Communautez ou à des particuliers, point de Vidimus d'anciens titres qu'on ne destruisist par un semblable raisonnement.

Il n'est pas non plus necessaire, Monsieur, de respondre à ce que dit cet aucteur, que le Prevost de Brioude a pû suggerer au Chancelier tout ce qu'il luy a pleu, ou que ce Prevost, qui se piquoit de grande naissance, ou quelqu'autre de ses parens ou amys a peut-estre fait mettre dans ce Cartulaire ce qui luy a esté avantageux. Car si cette objection avoit lieu, il n'y a point de privileges accordez aux Eglises, aux grands Seigneurs, & à qui que ce soit, que l'on ne pût combattre sous pretexte que ceux qui avoient interest à ces privileges y ont pû mettre ou faire mettre ce qui leur estoit avantageux. Ce seroit là un moyen infaillible de ruiner l'auctorité des plus authentiques monumens de l'antiquité.

Mais que direz vous, Monsieur, de cette autre objection, que ce n'est point un jugement contradictoire entre des parties interessées, ny un privilege donné à une Maison ou à un particulier apres avoir veu & examiné ses titres? Tout cela est vray. C'est une pure concession du Prince, laquelle n'a besoin d'aucune de ces formalitez. On met ordinairement dans cette sorte de letres ce qui se presente de favorable & d'honorable pour la personne que le Roy veut honorer. Et c'est ainsi qu'on en a toujours usé & qu'on en use encore aujourd'huy. Je crois, Monsieur, que vous estes bien persuadé que lorsque les Roys Charles IX. & Henry III. erigerent la Comté de Penthievre & la Seigneurie de Piney en Duché & Pairie en faveur de Sebastien & de François de Luxembourg, tant en consideration de leur merite *que de leurs predecesseurs &) de la grandeur &) noblesse de leur Maison, leur ayant Dieu fait cette grace qu'ils sont descendus de l'une des plus nobles &) plus anciennes Maisons de l'Europe, asçavoir de la Maison de Luxembourg, de laquelle sont procedez infinis grands personnages, aucuns desquels sont parvenus à la Couronne imperiale,* ces Messieurs ne furent pas obligez de faire la preuve de ces faits, & ne firent appeller aucunes parties pour les contredire. Je dis la mesme chose des letres d'erection en Duché & Pairie de la Comté de Montbason & de la Vicomté de Rohan accordées par les Roys Henry III. & Henry IV. à Louis & Henry de Rohan, dans lesquelles il est parlé fort au long de l'ancienneté & de la noblesse de la Maison de Rohan, sans autre preuve que celle de l'enoncé, comme dans celles du Prevost de Brioude. J'adjouteray encore les letres d'erection de la Duché de Thouars en faveur de la Maison de la Tremoille; dans lesquelles il est parlé des grands & signalez services rendus à nos Roys & à l'Estat par les Seigneurs de cette Maison, sans autre preuve que celle de l'enoncé. On pourroit rapporter un grand nombre d'exemples semblables. Mais il ne faut pas vous ennuyer, Monsieur, par un trop long discours. Je me contenteray de remarquer encore sur ce sujet qu'il n'y a pas d'apparence que lorsque nos Roys ont erigé en Duché & Pairie les Seigneuries de Montmorency & de Damville en consideration de l'antiquité, de la grandeur, & de la noblesse des Seigneurs de Montmorency, il n'y a pas d'apparence, dis-je, que ces Seigneurs ayent fait appeller aucune partie pour contredire ce qui est enoncé dans les letres qui leur en ont esté expediées. On s'en tint, à l'esgard de tous ces Seigneurs, à la notorieté publique, parceque les Seigneurs de Luxembourg, de Rohan, de la Tremoille, & de Montmorency estoient connus en ces temps là, comme ils le sont encore aujourd'huy, pour estre descendus des illustres Maisons dont ils portoient le nom. On n'a pas coustume & il n'est pas necessaire d'entrer dans la preuve de ces faits, qui sont connus de tout le monde. Les Roys ne peuvent pas entrer dans ce destail. Ils ont bien d'autres occupations. Ils se rapportent de ces choses à leurs Ministres & à leurs Officiers; & ils n'ont aucune connoissance de la plus grande partie des letres qu'on expedie en Chancelerie, comme il est de notorieté publique, & comme l'a remarqué il y a trois cens ans un sçavant Canoniste François, Gilles de Bellemere Evesque du Puy & d'Avignon: *Quandoque ipsi Principes litteras signant quas non legunt neque tenores illarum sciunt.*

Adjoutez à cela, Monsieur, que Guillaume de la Tour n'ayant point de partie qui le pût contredire en une grace qui dependoit de la pure volonté du Roy, il ne devoit ny ne pouvoit faire appeller aucune partie pour voir confirmer contradictoirement le privilege que le Roy luy accordoit

Bellamera in cap. *Cum olim.* de dolo & contum.

& à son Eglise. Il est vray que lorsque dans un procez on veut avoir des copies authentiques de quelques actes, il est necessaire d'appeller les parties adverses pour les voir compulser. Mais ces formalitez ne sont pas requises dans les copies qui ont esté faites longtemps avant le procez, comme a tres-bien remarqué le R. P. Dom Jean Mabillon: *In exemplis quidem quæ fervente lite aliqua fiunt, partes adversas iis conferendis interesse æquum est. At in iis quæ ante hominum memoriam, longè ante litem facta sunt, hæc lex obtinere non potest.* Ce qui est si vray que tous les jours on compulse les Cartulaires comme des originaux, à cause que les titres s'y trouvent transcrits longtemps avant les procez qui ont donné lieu à les compulser. Lib. 3. de re diplom. cap. 5. nu°. 9.

A ce que l'on objecte que la charte qui confirme l'election du Prevost de Brioude ne peut pas passer pour authentique, parce qu'elle ne se trouve signée ny du Chancelier ny des grands Officiers de la Couronne suivant la coustume de ce temps-là, on respond premierement que celuy qui a fait cette objection n'est pas bien informé de la coustume des anciens temps. Car au treiziesme siecle le Chancelier ny les grands Officiers de la Couronne ne signoient guere les letres patentes des Roys. En second lieu on ne peut pas dire que cette charte n'est pas authentique parce que ces grands Officiers n'y sont pas nommez. Car on ne les nommoit pas dans toutes les letres qui s'expedioient au nom du Roy, principalement au siecle de saint Louis, auquel on a cessé d'en faire mention. Il y a plusieurs registres de Philippe Auguste, de Louis VIII. son fils, & de saint Louis, dans lesquels la pluspart des letres sont, quant à ce poinct, conformes à celles de Guillaume de la Tour Prevost de Brioude; & mesmes on en trouve peu où ces grands Officiers soient nommez en comparaison du grand nombre des letres où ils ne le sont pas. Entr'autres dans la fameuse constitution de saint Louis contre les heretiques faite en l'an 1228. qui commence *Cupientes in primis ætatis & regni nostri primordiis*, dans laquelle il semble qu'il estoit bien plus necessaire de parler des grands Officiers de la Couronne que dans une simple concession faite à un particulier ou à une Eglise, neantmoins il n'est fait aucune mention de ces grands Officiers ny dans les livres imprimez, ny dans le *Registrum curiæ Franciæ* & autres anciens registres, ny dans l'expedition qui en fut faite alors pour envoyer en Languedoc, où l'on la voit encore avec le seau original dans les archives de l'Archevesché de Narbonne. Et non seulement cette constitution, mais encore les belles Ordonnances que ce saint Roy fit en l'année 1254. apres son premier voyage d'Outremer sont datées simplement comme les letres accordées au Prevost de Brioude, sans qu'il y soit fait aucune mention des grands Officiers de la Couronne, non seulement dans les livres imprimez, mais encore dans les anciens registres manuscrits. Ainsi cette objection, n'en desplaise à nostre Censeur, est mal fondée.

Ce Censeur adjoute que supposé mesme que cette charte fut authentique, elle ne peut servir pour prouver que ce Guillaume de la Tour descendoit en ligne masculine des Ducs de Guyenne & Comtes d'Auvergne, attendu qu'il y est seulement marqué que ces Ducs & Comtes estoient ses *predecesseurs*, & qu'il se pourroit bien faire qu'il en descendoit par les femmes. Il faut avoir bien envie de chicaner pour faire une telle obje-

B

étion. Il est vray qu'il n'est pas dit dans cette charte que ce Guillaume descendoit en ligne directe & masculine de ces Ducs & Comtes. Mais aussi n'y est il pas dit qu'il en descendoit par les femmes. Et il est bien plus naturel de l'interpreter des hommes que des femmes, comme l'on a toujours fait en semblables occasions. Croyez vous, Monsieur, que lors que le Roy François I. erigea la Comté de Guise en Duché & Pairie en consideration des services que Claude de Lorraine Comte de Guise & ses *predecesseurs* luy avoient fait & à ses predecesseurs Roys de France, il ait entendu par le mot *predecesseurs* les femmes desquelles ce Seigneur descendoit ? Croyez-vous que lorsque le Roy Charles IX. erigea la Comté de Penthieure en Duché & Pairie en faveur de Sebastien de Luxembourg Comte de Penthieure, lors qu'il dit qu'il le fait tant en consideration de son merite que de ses *predecesseurs*, il ait entendu parler des femmes desquelles Sebastien de Luxembourg estoit issu ? Croyez-vous aussi que lors que le Roy Henry II. erigea la Baronnie de Montmorency en Duché & Pairie en faveur d'Anne de Montmorency, & le Roy Henry IV. la Seigneurie de Damville en faveur de Charles de Montmorency, *en consideration de l'antiquité, grandeur, & noblesse de la Maison des Seigneurs de Montmorency*, & lorsque le mesme Roy Henry IV. fit Admiral de France François de Montmorency Seigneur de Damville, & que dans les letres patentes expediées en faveur de ces Seigneurs ils font mention des grands & memorables services de leurs *predecesseurs*, ils n'ayent pas plustost, & mesme uniquement, entendu parler des services rendus à la Couronne par les Seigneurs de Montmorency que de ceux qui avoient esté rendus par les Dames dont ces trois Seigneurs estoient descendus ? Croyez-vous enfin, Monsieur, que lorsque le feu Roy Louis XIII. de glorieuse memoire erigea la Comté de la Rochefoucault en Duché & Pairie pour reconnoistre l'affection, la fidelité, & le courage de François Comte de la Rochefoucault, qu'il avoit fait paroistre en diverses occasions importantes au service du Roy & de l'Estat, *perseverant en la vertu & en l'inclination que ses predecesseurs ont toujours eu à l'accroissement de cette Couronne*, croyez-vous, dis-je, Monsieur, que par le mot *predecesseurs* il ait entendu parler des Dames de la Rochefoucault ? Il n'y a aucune apparence. Mais de plus, le Roy s'en explique nettement. Car destaillant les grandes & memorables actions des predecesseurs de ce Comte, il ne nomme que les hommes, & ne fait aucune mention des femmes.

La preuve que dans ces occasions nos Roys n'ont entendu parler que des masles est encore dans les letres d'erection des Duchez de Montmorency & de Damville, dans lesquelles ces deux Roys disent qu'ils ont mis en consideration l'antiquité, grandeur, & noblesse de la Maison des Seigneurs de Montmorency & les magnanimes & vertueux personnages qui en sont issus. La mesme preuve est dans les letres d'erection de la Duché de Vantadour, faite en consideration de la noblesse, grandeur, & antiquité de la Maison de Ventadour, & des hauts, grands, vertueux, & excellents personnages qui successivement en sont issus.

Donc le mot *prædecessores*, qui est dans la charte qui confirme l'election du Prevost de Brioude, & le mot *predecesseurs*[1], qui est dans les letres accordées à ces grands Seigneurs, doivent avoir tous le mesme sens, &

signifient icy ce que le mot *majores* signifioit chez les Romains. Or ceux-cy appelloient *majores* tout ce qui est au dessus du pere, du grand pere, du bisayeul, & du trisayeul. L'auctorité en est expresse dans le Digeste, où il est dit en termes formels : *Parentes usque ad tritavum apud Romanos proprio vocabulo nominantur. Ceteri, quia non habent speciale nomen, majores appellantur.*

L. 10. §. Parentes. ff. de gradib. & affin.

Ainsi, puisque le mot *majores* se doit entendre de ce qui est au dessus du trisayeul, il se trouvera que pour aller aux Ducs & Comtes predecesseurs de Guillaume de la Tour Prevost de Brioude mentionnez dans la charte qui confirme son election il faut necessairement remonter jusques aux Acfreds Ducs de Guyenne & Comtes d'Auvergne. Car si l'on prenoit le mot *prædecessores* de proche en proche, il ne seroit pas vray de dire que les predecesseurs de ce Prevost estoient Ducs de Guyenne & Comtes d'Auvergne, ses predecesseurs immediats, c'est à dire, son pere & les autres au delà mesme du trisayeul, n'ayant esté ny Ducs de Guyenne ny Comtes d'Auvergne.

De tout ce que l'on vient de dire il est aisé de conclure que le mot *prædecessores*, comme celuy de *majores*, se doit naturellement entendre des masles, & non pas des femelles, & que par consequent c'est une pure chicane de vouloir transporter aux femmes ce qui est dit des predecesseurs de Guillaume de la Tour Prevost de Brioude dans les letres du Roy saint Louis qui confirment son election.

Pour faire voir que ce Guillaume de la Tour ne pouvoit descendre des anciens Ducs de Guyenne & Comtes d'Auvergne, le Critique adjoute que Guillaume le Pieux fondateur de Clugny, qui estoit constament Duc de Guyenne & Comte d'Auvergne, est mort sans enfans, & a esté le dernier de sa Maison. La proposition est vraye. Mais on n'en peut pas tirer la consequence que le Censeur en a voulu tirer. Car il est evident par les titres nouvellement descouverts, par d'autres qui sont dans l'ancien Cartulaire de Brioude qui subsiste, & encore par un autre qui est dans le Cartulaire de Saucillanges qu'Adelinde sœur de ce Guillaume fut mariée à Acfred I. Duc de Guyenne & Comte d'Auvergne, lequel en eut un fils appellé Bernard. Or ce Bernard estoit certainement pere d'un autre Bernard, lequel estoit pere de Geraud de la Tour, duquel Messieurs de Boüillon descendent. Les preuves en sont si claires qu'à moins que de vouloir contredire seulement pour avoir le plaisir de contredire, on n'en peut pas disconvenir. Il est donc vray de dire que le Prevost de Brioude descendoit des anciens Ducs de Guyenne & Comtes d'Auvergne, non seulement par les femmes à cause d'Adelinde, mais encore par les masles à cause d'Acfred mary d'Adelinde & pere de Bernard aucteur de la branche des Seigneurs de la Tour. Et ainsi l'on a mis avec raison dans les letres du Roy saint Louis que Guillaume de la Tour Prevost de Brioude descendoit des anciens Ducs de Guyenne & Comtes d'Auvergne, puisqu'il descendoit des Acfreds Ducs de Guyenne & Comtes d'Auvergne.

Mais, dit nostre Censeur, des gens mal intentionnez, c'est à dire luymesme, pourroient dire que cela prouve bien que Geraud de la Tour descendoit des anciens Ducs de Guyenne, mais qu'il ne s'ensuit pas de là que Guillaume de la Tour Prevost de Brioude descendit de ce Geraud, n'y

B ij

ayant aucune preuve par titre de la filiation de ce Guillaume, & qu'il peut aussi bien avoir esté de quelqu'autre Maison de mesme nom que de celle de la Tour d'Auvergne. Ces gens mal intentionnez seroient mal fondez en leur objection. Car on pourroit fort raisonnablement leur respondre qu'il est bien plus naturel de dire qu'un Prevost de Brioude estoit d'Auvergne que d'aller chercher ailleurs. Mais voicy d'autres preuves qui doivent fermer la bouche à ces gens mal intentionnez. Par le testament de ce Guillaume de la Tour Prevost de Brioude fait en l'an 1245. (lequel testament est en original au Tresor des chartes du Roy) il paroist que ce Prevost de Brioude estoit oncle de Bernard Seigneur de la Tour d'Auvergne & de Bertrand son frere, qui a esté Chanoine de Clermont. *In primis* dit-il, *B. nepotem meum dominum de Turre in universis bonis meis heredem instituo.* Et plus bas: *Et rogo dilectos meos prædictum B. dominum de Turre & Bertrandum fratrem ejus nepotes meos &c.* lesquels sont ainsi nommez dans le testament de Bernard Seigneur de la Tour leur pere: *In primis facio & instituo mihi heredem meum Bernardum filium meum in omnibus bonis & rebus meis, exceptis hiis quæ aliis legavero vel in quibus eos heredes instituero. Et Bertrandum filium meum facio & instituo mihi heredem in villa sancti Sindulfi & pertinentiis suis &c.*

Il se trouve encore au mesme Tresor des chartes une quittance du Chapitre de l'Eglise cathedrale de Clermont de l'an 1284. donnée à Bertrand Seigneur de la Tour d'Auvergne comme heritier de quelques-uns de ses ancestres, & entr'autres, de Guillaume Prevost de Brioude, où on lit en termes exprez: *Item quinquaginta solidos reddituales quos Dominus Guillelmus de Turre quondam Præpositus Brivatensis & Canonicus Claromontensis legavit ipsi Ecclesiæ Claromontensi pro anniversario suo annuatim in dicta Ecclesia faciendo.* Ce qui s'accorde parfaitement avec la clause du testament de ce Prevost; dans lequel instituant, comme il a déja esté remarqué, son heritier son neveu Bernard pere de celuy auquel le Chapitre de Clermont donne quittance, il dit: *Item Ecclesiæ Claromontensi pro anniversario meo ibidem emendo & annuatim faciendo lego quinquaginta libras Claromontenses.* Et dans un ancien Obituaire de la mesme Eglise de Clermont: VI. *Non Martii. Ipso die obiit Vv. de Turre Præpositus Brivatensis, qui dedit Ecclesiæ L. solidos pro anniversario suo quolibet anno faciendo.* Dans un autre ancien Obituaire de la mesme Eglise on trouve ce qui suit. VI. *Non. Martii. Ipso die anniversarium Vv. de Turre Præpositi quondam Brivatensis & Canonici Claromontensis. Pro eo habet Capitulum quatuor libras apud sanctum Saturninum, videlicet pro horis suis* XXX. *solidos, & pro anniversario suo* L. *solidos, &* V. *solidos ad opus luminariæ ampliùs.*

Bertrand de la Tour Chanoine de Clermont, fils de Bernard frere de ce Prevost, & neveu, comme je vous l'ay déja dit, Monsieur, de ce mesme Prevost, le compte parmy ses oncles dans le testament qu'il fit en l'année 1280. *de clamoribus & legatis bonæ memoriæ nobilium virorum Domini Bernardi quondam Domini de Turre patris mei & Guillelmi & Bertrandi quondam avunculorum meorum.*

Enfin dans un titre de Nostre-Dame du Port à Clermont en date du mois de Decembre 1233. Bernard Seigneur de la Tour establissant le revenu necessaire pour l'anniversaire fondé par Guillaume de la Tour Doyen de cette Eglise son oncle, *Guillelmus de Turre quondam Decanus Portuensis avunculus sive patruus noster*, Guillaume de la Tour Prevost de Brioude intervient en cet acte, & promet qu'il fera de bonne foy observer inviolablement tout ce que Bernard avoit promis sur ce sujet au Chapitre de cette Eglise.

Il est donc incontestable que Guillaume de la Tour Prevost de Brioude estoit de la Maison de la Tour d'Auvergne & que les Seigneurs de la Tour d'Auvergne descendent des anciens Ducs de Guyenne & Comtes d'Auvergne. Cela estoit de notorieté publique lorsque les letres du Roy saint Louis furent expediées en faveur de ce Prevost. Autrement on n'auroit eu garde de mettre une clause si considerable dans ces letres; & il n'y a pas d'apparence que ce Prevost eust esté assez hardy pour oser mesmes le proposer. En ce temps-là il n'y avoit pas si long-temps que Geraud I. estoit mort qu'on ne pût bien sçavoir si ce Prevost estoit de sa race. Car supposant qu'il soit mort environ l'an mil, comme l'aucteur de ces escrits le dit, il se trouvera qu'il n'y avoit que deux cens vingt-six ans depuis sa mort jusques à l'année que ces letres ont esté expediées. Ce qui n'est pas un espace de temps assez considerable pour pouvoir imposer en une affaire de cette importance. De sorte qu'il faut necessairement conclure qu'il estoit alors notoire que les Seigneurs de la Tour d'Auvergne descendoient de ces anciens Ducs & Comtes qui estoient les ancestres de Geraud de la Tour & les predecesseurs du Prevost de Brioude.

Il falloit bien, Monsieur, que l'on en fut bien persuadé en ce temps-là, puisque presque dans le mesme temps que l'on traita & que l'on conclut le mariage d'un des freres de saint Louis avec la fille de Raymond VII. Comte de Toulouse, on donna en mariage la sœur de ce Comte à Bernard de la Tour frere de Guillaume Prevost de Brioude; auquel on n'auroit eu garde de donner une fille de cette qualité, s'il n'eust esté d'une Maison tres-distinguée par sa noblesse & par sa grandeur. Car outre qu'elle estoit fille de Raymond VI. Comte de Toulouse, ce qui suffit pour faire voir le grand rang qu'elle tenoit dans le royaume, elle estoit encore petite fille d'Henry II. & niepce de Richard & Jean Roys d'Angleterre, puisqu'elle estoit fille de Jeane mariée en premieres nopces à Guillaume II. Roy de Sicile, & ensuite à Raymond VI. Comte de Toulouse. Or cette Reyne Jeane estoit fille d'Henry II. & sœur de Richard & de Jean. Est-il croyable, Monsieur, qu'on eust voulu donner une fille de ce rang à un simple Gentilhomme Auvergnat? Il est encore à remarquer que ce mariage de Bernard avec la fille du Comte de Toulouse fust fait, comme je l'ay déja dit, presque en mesme temps que la fille de Raymond VII. fust destinée à Alfonse Comte de Poictiers frere de saint Louis. Car par le traité fait à Paris en l'année 1228. entre saint Louis & Raymond il est porté en premier lieu que ce Comte remettra ez mains du Roy sa fille Jeane pour estre mariée à l'un des freres du Roy: laquelle fut ensuite mariée à Alfonse, qui par là devint neveu de Bernard de la Tour.

Ainsi il ne faut pas s'estonner que dans le contresceel de Bernard de la Tour fils de Jeane l'on voye la croix pommetée des Comtes de Toulouse; *estant lors cette coustume ordinaire entre les Grands*, comme l'a remarqué M. Du Chesne, *d'embellir les revers de leurs seaux des* ARMES MATERNELES

Histoire de Montmorency.pag.20.25.

Histoire de Chastillon pag. 95. Hist. de Bethune pag. 229.

ou de celles des principales terres dont ils estoient heritiers. Ce qu'il prouve encore ailleurs par l'exemple de Robert surnommé de Bethune Comte de Nevers & de Flandres, lequel à cause de Mahault de Bethune sa mere portoit en son contreseel deux petits escussons des armes de Bethune. Il y a quelque chose de semblable dans la Maison de la Tour, y ayant un

Preuves de l'Hist. de la Maison d'Auvergne pag. 207.

seau de Bertrand de la Tour fils de Beatrix d'Oliergues où l'on voit deux petits escussons des armes d'Oliergues.

Il ne faut pas s'estonner, dis-je, de ce que l'on voit la croix pommetée des Comtes de Toulouse, non seulement dans le contreseel de Bernard de la Tour fils de Jeane dans un titre de la ville de Besse en Auvergne allegué par M. Justel, qui a conclu de là que la femme de Bernard qu'il

Ibid. pag. 172.

appelle cinquiesme du nom estoit de la Maison de Toulouse, mais encore dans un titre de Bertrand son petit fils de l'an 1280. qui est en original au Tresor des chartes du Roy, dans un autre de l'an 1286. qui est dans les archives de Messieurs les Comtes de Brioude, & dans deux autres des années 1317. & 1319. qui sont conservez au Tresor du Chasteau de Turenne.

De tout ce que je viens de dire on peut aisément voir que c'est avec beaucoup de raison que M. Justel a conclu du contreseel de Bernard de la Tour neveu du Prevost de Brioude que sa mere estoit de la Maison de Toulouse. Car les armoiries estrangeres mises au contreseel marquent ordinairement une alliance avec la Maison à laquelle ces armoiries appartiennent, comme il a esté déja remarqué. Il y en a encore un exemple dans un titre original de l'abbaye du Buzay en Bretagne du mois de May 1249. où la croix pommetée de Toulouse se voit au contreseel d'Alfonse Comte de Poictiers mary de Jeane de Toulouse. Mais de plus, Jeane elle-mesme, heritiere de la Maison de Toulouse, estant entrée par son mariage en une Maison estrangere, mettoit en son contreseel la croix pommetée de Toulouse pour marquer son origine, ainsi qu'on le voit en son testament, qui est au Tresor des chartes du Roy.

Par la mesme raison il ne faut pas s'estonner de ce que parmy les Chevaliers faits en l'an 1244. par Raymond VII. Comte de Toulouse on voit dans les premiers rangs & parmy les plus grands Seigneurs Bernard de la Tour. Voicy comme Guillaume de Puy-Laurens, qui estoit

Guill. de Podio Laur. cap. 47.

Chapelain ou Aumosnier de ce Comte, parle de cette promotion. *Anno Domini* MCCXLIV. *tempore autumni Comes Tolosanus reversus ad propria curiam tenuit magnam Tolosæ in natali Domini, accinctis cingulo militiæ novæ ducentis viris; inter quos fuere præcipui Comes Convenarum, Petrus Vicecomes Lautricensis, Guido de Severaco, Sicardus Alamanni, Jordanus de Insula,* BERNARDUS DE TURRE, *& plures alii.*

A cette observation, qui marque la grandeur de la Maison de la Tour d'Auvergne, on peut encore adjouter que quelques années avant que Jeane de Toulouse espousast Bernard de la Tour, le pere de cette Dame Raymond VI. Comte de Toulouse conclud le mariage de son fils Raymond frere de la Dame de la Tour avec une fille de Guy II. Comte d'Auvergne. Ce contract de mariage a esté imprimé parmy les preuves de l'Histoire de la Maison d'Auvergne pag. 45. & il se trouve en original au Tresor des chartes du Roy.

Vous voyez par ce que je viens de dire, Monsieur, la grande consideration en laquelle estoit pour lors la Maison de la Tour, puis qu'en moins de vingt ans on voit une fille du Comte d'Auvergne accordée avec le fils du Comte de Toulouse, & une fille du Comte de Toulouse mariée au Seigneur de la Tour, comme si le Comte d'Auvergne & le Seigneur de la Tour eussent marché du pair. Aussi trouve-on que ce Seigneur avoit le rang d'abord apres le Comte d'Auvergne par dessus tous les autres grands Seigneurs de la province, mesme sur les Dauphins d'Auvergne, quoy qu'issus des Comtes d'Auvergne. La preuve en est dans un titre de l'an 1307. qui est au Tresor des chartes du Roy; dans lequel le Roy Philippe le Bel faisant un eschange avec les heritiers d'Elie de Maumont Doyen de saint Irieys en Limousin, & leur donnant entre autres choses la terre & chastellenie de Chasteauneuf en Auvergne, il se reserve les hommages du Seigneur de la Tour & des autres grands Seigneurs du pays, au cas qu'ils eussent quelques fiefs mouvants de ladite chastellenie, & le Seigneur de la Tour y est nommé le premier. Voicy comme il y a dans cet acte. *Retentis ipsi Domino Regi & successoribus suis tantummodo homagiis seu fidelitatibus Comitis Boloniæ seu Alverniæ, Domini de Turre, Dalphini Alverniæ, Domini de Bellojoco, Domini de Mercorio, & aliorum consimilium Baronum magnorum, si qui infra dictam castellaniam ad mandamentum dicti Castrinovi terram seu feudum nunc habent.*

Mais pour retourner aux difficultez que le Critique a faites contre les titres dont Messieurs de Boüillon se servent pour prouver qu'ils descendent des anciens Ducs de Guyenne & Comtes d'Auvergne, c'est à dire, contre les six feüillets de parchemin destachez d'un ancien Cartulaire de l'Eglise de Brioude qui ne paroit plus, que cet aucteur pretend estre de faux titres & nouvellement fabriquez, voyons si ses raisons sont bonnes.

Avant que d'entrer dans cet examen, je vous supplie, Monsieur, de trouver bon que je vous fasse faire une observation qui ne contribuera pas peu à confirmer ce que nous avons deja dit Dom Jean Mabillon, Dom Thierry Ruinart, & moy, que les fragmens des tables qui restent & les deux actes qui y sont joints ont appartenu à un autre Cartulaire de l'Eglise de Brioude aussi ancien que celuy qui reste aujourd'huy, & que par consequent il y avoit à Brioude pour le moins deux Cartulaires semblables. Je dis *pour le moins*, parce qu'on ne vouloit pas exclurre ceux qui se pourroient descouvrir dans la suite des temps. Aussi semble-t'il qu'il y en avoit un troisiesme different de celuy qui subsiste encore aujourd'huy. Il est fait mention de ce troisiesme Cartulaire dans l'Inventaire des pieces & actes que Messieurs les Prevost & Doyen de l'Eglise de Brioude produisirent au Parlement de Paris le 16. Mars 1626. où il est dit que le titre de la fondation de cette Eglise fut trouvé dans un vieux grand livre escrit en parchemin, dans lequel estoient contenües plusieurs autres fondations & donations faites à la mesme Eglise, & mesme la donation que le Comte Guillaume surnommé le pieux luy fit de la ville & Comté de Brioude, qui ne se trouve pas dans le Cartulaire d'aujourd'huy, dont le dernier titre est le 454e. en nombre. Il est à observer que ce titre commence au feuillet 300. verso, & finit au feuillet 301. recto, que cette derniere page n'est pas si remplie que les autres, & qu'au verso il n'y a rien d'escrit. Ce qui fait voir que le titre 454ᵉ. eſtoit le dernier de ce Cartulaire. Or le Cartulaire dont il eſt fait mention dans l'Inventaire dont je viens de parler contenoit 467. titres, & eſtoit par conſequent different de celuy qui reſte encore. Ce nombre eſt auctoriſé par les fragments des tables imprimées, où l'on voit à la page 16. les numero CCCCLVIIII. CCCCLXI. CCCCLXII. & CCCCLXIII. du Cartulaire auquel ces tables ſe rapportent. De plus, on a recouvré depuis peu cinq feuillets de ces meſmes tables, de meſme parchemin, de meſme eſcriture, de meſme grandeur, & de meſme antiquité que ce qui en a eſté imprimé; & dans l'un de ces cinq feuillets on voit cité le numero CCCCLVI. du Cartulaire auquel ces tables appartenoient. Il n'y a veritablement rien dans ces cinq feuillets qui concerne la Maiſon de la Tour, mais ils ſervent neantmoins pour faire voir que c'eſt avec raiſon qu'on a avancé dans les Obſervations ſur les fragments imprimez que ces tables n'appartiennent point au Cartulaire de Brioude qui ſubſiſte encore, & que par conſequent il y avoit à Brioude au moins deux Cartulaires de meſme antiquité. Ce qui ſe verifie bien nettement par deux endroits des cinq feuillets nouvellement recouvrez; dans l'un deſquels au nuº. CCXCIII. (qui eſt CCCXCIII. dans le Cartulaire qui ſubſiſte) il eſt eſcrit : *Brocia manſū 1. noticiam cujus invenietis in ſubſequenti libro. Ebrardus Abas cedo.* Car la donation de cet Ebrard ſe trouve bien dans le Cartulaire d'aujourd'huy, mais non pas la Notice. Ce qui prouve clairement qu'il y avoit un autre Cartulaire où eſtoit la Notice, comme il eſt expreſſement marqué dans la table. Au nuº. CCCIIII. (qui eſt CCCCIIII. dans le Cartulaire d'aujourd'huy) on lit dans les cinq feuillets nouvellement recouvrez : *De hac re non debet fieri memoria.* Et dans le meſme Cartulaire : *Breve de xxx. ſolidis quos Robertus Comes Arvernorum dimiſit ſancto Juliano.* On ne peut pas deviner pourquoy celuy qui a eſcrit ces tables n'a pas jugé à propos de tranſcrire cet acte dans le Cartulaire pour lequel ces tables eſtoient faites. Mais il en reſulte toûjours que ces tables eſtoient pour un autre Cartulaire que celuy qui ſubſiſte aujourd'huy.

Pour revenir à noſtre principal ſujet, le Critique dit que ce ſeroit une eſpece de miracle que d'un grand Cartulaire il ne ſe fut conſervé preciſement que les ſeuls feuillets qui demonſtrent la haute & noble antiquité de la Maiſon de la Tour d'Auvergne. Il eſt vray que c'eſt un bonheur que ces feuillets eſtant deſtachez n'ayent paſ eſté perdus. Mais il ne s'enſuit pas de là que les titres qui y ſont tranſcrits ſoient faux. A moins que d'eſtre mal intentionné comme l'eſt noſtre Cenſeur, il n'y a perſonne qui ne les juge tres-veritables. D'ailleurs ils ſont ſouſtenus par l'auctorité des tables, qui en font une ſi claire mention en differents endroits qu'on ne peut nier que ces meſmes titres n'ayent eſté tranſcrits dans le Cartulaire auquel ces tables ont appartenu. Ces meſmes titres ſont auſſi auctoriſez par le Cartulaire de Brioude qui ſubſiſte encore & par celuy de Saucillanges, dont les extraits ſont rapportez par M. Juſtel. Au reſte, il n'eſt pas vray qu'il n'y ait preciſement dans ces ſix feuillets deſtachez que ce qui marque la grandeur & l'ancienneté de la Maiſon de la Tour d'Auvergne. Car il y a deux titres cotez CCCLVIIII. & CCCLXI. qui ne regardent en aucune maniere la genealogie de cette Maiſon ; qu'on a neantmoins fait imprimer avec ceux qui la prouvent, parce qu'ils ſe ſont trouvez eſcrits

Preuves de l'Hiſt. de la Maiſon d'Auvergne pag. 15. 16. 163. 164.

escrits de suite dans les mesmes feuillets. Ce sont des donations faites à l'Eglise de Brioude par des particuliers, lesquelles sont aussi cotées dans les tables sous les mesmes chifres pag. 9. 14. 16. de l'imprimé.

On dit que le parchemin de ces six feuillets est fort sale. Il l'est en effect en plusieurs endroits, comme le sont tres souvent les anciens titres. Il faut avoüer qu'il n'y a rien sur quoy la mesdisance ne puisse mordre. Si ces titres n'estoient pas sales, dez là ils sont supposez, diroit nostre Censeur. Car tous les anciens titres sont sales; & ils ne peuvent pas estre autrement, ayant esté longtemps parmy la poussiere. Maintenant il pretend qu'ils sont supposez parce qu'ils sont sales. Cela, dit-il, paroist avoir esté fait à dessein pour donner à ces titres un air d'antiquité. Mais quelle raison a-il de faire ce jugement? Il n'en a aucune. Et par consequent il fait un jugement temeraire, qui n'a pour fondement qu'une demangeaison de critiquer à tort & à travers. S'il y a quelque noirceur au parchemin, elle vient de ce que la chambre où estoient les titres de l'Eglise de Brioude fut bruslée il y a prez de cent quarante ans & qu'on jeta ceux que l'on pût sauver dans le cimetiere qui estoit joignant ladite chambre; *partie desquels papiers estoient à demy bruslez*, ainsi que porte le procez verbal de cet embrasement. Voila d'où vient la noirceur qui se trouve sur le feuillet qui contient le titre 365. qui est si endommagé du feu & de la fumée qu'on a eu bien de la peine à le deschifrer. Ce fait de l'incendie est si certain qu'outre le procez verbal qui en a esté dressé anciennement, Messieurs les Comtes de Brioude ont certifié ce faict comme constant, & ont declaré par acte public qu'une bonne partie de leurs titres a esté entierement bruslée, & que celle qui leur reste est à demy bruslée. Ils ont encore attesté qu'ils ont dans leurs archives plusieurs feuillets destachez de quelque Cartulaire, & qu'on a trouvé en divers endroits cent quinze feuillets destachez de quelques anciens Obituaires de l'Eglise de Brioude, autres que ceux qui y sont conservez encore aujourd'huy. Ce qui monstre manifestement la cause du desordre de leurs papiers arrivé par cet embrasement, & pourquoy l'on trouve quelques feuillets destachez du Cartulaire qui a esté bruslé.

Nostre mal intentionné Censeur adjoute que l'encre de ces six feuillets est plus blanche qu'elle ne l'est ordinairement dans les titres anciens, qu'elle a coulé en quelques endroits, que l'escriture a esté rechargée, & qu'elle y est plus grosse & plus mal formée. Mais je puis vous asseurer, Monsieur, que tout cela est entierement supposé. Lorsque Dom Jean Mabillon, Dom Thierry Ruinart, & moy avons examiné ces pieces, ce que nous avons fait avec beaucoup de soin & d'exactitude, nous n'y avons remarqué aucun de ces defauts. Au contraire, nous avons trouvé que l'escriture de ces six feuillets est continue, esgale, sans rature, & hors de tout soupçon. Et nous avons porté ce jugement de bonne foy, dans un temps non suspect, dans un temps auquel nous ne pensions pas que des gens mal intentionnez deussent critiquer ces titres comme le Censeur a fait.

Ce qu'il dit des poincts ronds & non pas quarrez, comme il pretend qu'ils sont dans les anciens manuscrits, fait voir qu'il y a dans son faict autant d'ignorance que de malice. Car les poincts quarrez ou pour mieux dire en losange se trouvent dans les anciennes inscriptions Romaines, mais

C

non pas dans les anciens manuscrits. Ce qu'il adjoute de la rogneure des marges ne merite pas que l'on s'arreste à le refuter. Car on sçait qu'il se trouve quantité d'anciens manuscrits dont les marges ont esté rognées sans autre dessein que de couper le parchemin blanc, dont on avoit besoin pour divers usages que l'on ne peut pas deviner.

 Enfin le Censeur avance que depuis qu'on a attaqué l'antiquité de ces six feuillets on est devenu plus difficile à les monstrer. Mais on peut asseurer que cela n'est pas veritable. Car pendant qu'ils ont esté en depost en l'Abbaye de saint Germain des Prez, où ils ont esté pendant un fort longtemps, on n'en a refusé la communication à personne. Et afin de fermer la bouche à nostre Censeur, je vous supplie, Monsieur, si par occasion vous entendez faire à quelqu'un cette sorte de plaintes, de dire à ceux qui les feront qu'on m'a confié ces anciens parchemins & que j'offre de les monstrer à tous ceux qui auront la curiosité de les voir. Ils n'auront qu'à prendre la peine de venir à mon logis, où l'on est asseuré de me trouver tous les matins.

 Il tasche d'infirmer l'auctorité des tables en disant qu'elles sont d'une escriture differente des feuillets destachez & d'un volume plus grand, & que l'on y remarque des traces d'une vieille escriture effacée, à laquelle on en a substitué une nouvelle. Pour le premier poinct, quand nous avons travaillé à l'examen de ces pieces, nous avons marqué dans nos Observations pag. 18. 19. 20. que ces six feuillets ne sont pas de la mesme escriture ny de la mesme grandeur que les tables. Et par consequent cette objection est inutile. A l'esgard du second poinct, on le nie positivement comme une chose malicieusement avancée contre la verité.

 Mais que repliquera le Censeur lors qu'on luy dira qu'on a une attestation en bonne & deuë forme qui prouve que lorsque le Cartulaire de Brioude qui subsiste encore aujourd'huy fut remis pour la derniere fois à M. Du Bouchet, il y avoit à la teste *une table ou repertoire des titres contenus en iceluy rompuë & deschirée en divers endroits?* Il est dit dans la mesme attestation que ce Cartulaire n'estoit pas relié en ce temps-là, *sa couverture ayant esté rompuë & deschirée par la longueur du temps*, & qu'il fust relié en l'estat qu'il est aujourd'huy pendant le temps qu'il estoit chez ledit sieur Du Bouchet. Il y a des gens dignes de foy à Paris qui peuvent certifier qu'ils l'ont veu dans ce premier estat chez ledit sieur Du Bouchet, & qu'ils l'ont veu aussi ensuite entre ses mains relié comme il est presentement. Que si les tables, telles qu'elles sont, ne s'y trouvent pas, il est à presumer qu'il ne voulut pas les y mettre parce qu'elles n'estoient pas entieres & qu'elles paroissoient avoir esté d'un autre Cartulaire ; quoy qu'on puisse recueillir du certificat dont j'ay parlé que Messieurs les Comtes de Brioude se servoient autresfois de ces tables, bien que tres-imparfaites, faute de meilleures. Et je vous avoüe, Monsieur, que je ne puis comprendre comment il y peut avoir des gens qui apres avoir veu ces tables, s'ils se connoissent tant soit peu en cette sorte de literature, osent dire qu'elles sont supposées & qu'elles ont esté faites & escrites en ces derniers temps. Il faut estre ou bien ignorant ou bien impudent pour avancer & soustenir une proposition si hardie & si fausse.

 Nostre Censeur se brouille dans la comparaison qu'il fait de l'acte 365.

du grand Cartulaire de Brioude en difant que dans les feuillets deftachez ce titre 365. eft imparfait dans le vray Cartulaire. On voit bien ce qu'il veut dire. Mais il s'explique mal. Il veut dire que le titre 365. des feuillets deftachez eft different de celuy qui eft fous la mefme cote dans le Cartulaire de Brioude qui fubfifte encore aujourd'huy, qu'il luy plait d'appeller le vray Cartulaire, & que ce qui refte de ce titre dans ce Cartulaire eft different de ce qui fe trouve dans les feuillets deftachez, quoy que les chifres conviennent jufques-là. Il eft vray que le commencement du titre 365. manque dans ce Cartulaire, comme il a efté deja remarqué à la page 20. de nos Obfervations. Mais cela ne prouve pas que l'acte 365. qui eft dans les feuillets deftachez foit faux. Cela fait voir feulement que les chifres n'eftoient pas femblables en cet endroit dans les deux Cartulaires, & que le titre qui fe trouve imparfait dans le Cartulaire qui fubfifte eftoit fous la cote 364. Ce qui eft fi vray que dans les tables par chifres pag. 9. cet acte eft marqué ainfi: CCCLXIIII. *Neirago in vicaria Brivatenfi manfum* 1. *cum curte & farinarium* 1. *Ebrardus cedo.*

Il fe trompe encore dans l'obfervation qu'il fait au fujet du chifre CCCLXIIII. qui fe trouve immediatement devant le chifre CCCLXV. au bas de la page 4. de l'imprimé. Il n'auroit pas fait cette beveuë, s'il euft pris garde que dans les Obfervations page 19. on a remarqué expreffement que le commencement du titre 363. eft perdu, mais qu'il eft indiqué par le chifre CCCLXIIII. qui eft au bas de la deuxiefme page de ce feuillet, & eft coté CCCLXII. dans la table par chifres. D'où il eft aifé de juger s'il eft vray de dire, comme ce Cenfeur mal intentionné a voulu faire accroire, que cette pretenduë precaution, d'avoir mis 364. fur le titre & 365. à la marge, au lieu de lever les doutes, les augmente confiderablement. Car on n'a pas mis le chifre CCCLXIIII. à la tefte de l'acte CCCLXV. mais au bas de l'acte 363.

Mais voicy une grande difficulté, qui paroift infurmontable à noftre Cenfeur. C'eft que dans les titres CCCLV. & CCCLX. Geraud fils de Bernard eft furnommé *de Turre*. Cependant, dit-il, il eft conftant que les Seigneurs particuliers n'ont point eu de furnoms avant la fin du dixiefme fiecle. Il y a quelque chofe de vray dans cette remarque. Car il eft certain que les furnoms n'eftoient pas ordinairement en ufage avant la fin du dixiefme fiecle. Mais il n'eft pas abfolument vray que les Seigneurs particuliers n'euffent point alors de furnoms. Dans le Cartulaire de l'Eglife de Tulle en Limoufin, qui eft d'une efcriture de cinq cens ans, il y a un titre d'un Seigneur appellé Robert de Avalena, qui eft une ancienne famille noble de ce pays-là, par lequel il donne à cette Eglife certains biens pour fon ame & pour celle de fa femme, *& pro anima patris mei Rainulfi de Avalena, & pro anima fratris mei Raini de Avalena.*. Ce titre eft ainfi daté: *Factum eft hoc donum in menfe Decembrio anno primo regnante Karlomando Rege*. On pourroit expliquer ce mot du Roy Charles le fimple, qui eft quelquefois appellé *Carlomannus*, comme dans la vie de faint Garnier Prevoft de l'Eglife de faint Eftienne de Dijon: *Ludovicus filius Karoli calvi biennio vix regno functus dimifit filium adhuc in cunis, & qui Karolus fimplex five Karlomannus dictus, cui proceres regni Francorum Odo-*

nem dederunt tutorem. Mais ce qui determine à l'expliquer de son frere Carloman, qui regna peu de temps, est que ce Prince est aussi appellé *Karlomandus* dans un titre de l'Eglise Cathedrale de Limoges daté de l'an 884. *indictione* 11. *anno primo quod Karlomandus Rex obiit.* Car cela marque qu'on appelloit ainsi Carloman dans le diocese de Limoges, où l'abbaye de Tulle estoit situeé. L'ancien aucteur des miracles de sainte Foy de Conques en Roüergue fait une honorable mention de la Maison de Avalena. Voicy comme il en parle : *Nobilis quidam nomine Adimarus de Avalena cognominatus. Est enim regio Lemovicensis pagi montuosa ita nuncupata.* Ce Robert de Avalena fit un autre don à l'Eglise de Tulle *in mense Aprilio anno* 111. *regnante Ludovico Rege*, c'est à dire, l'an 938. de Jesus-Christ, qui est la troisiesme du regne de Louis d'Outremer fils de Charles le simple. Rainaud de Avalena frere de Robert se trouve aussi avoir fait une donation à l'Eglise de Tulle *in mense Junio regnante Rodulfo Rege anno* VIII. *in manu domni Aimonis venerabilis Abbatis.* Ce qui revient à l'année de Jesus-Christ 931.

Dans la Chronique de Frodoard on trouve des surnoms des Seigneurs bien qualifiez comtemporains de Geraud de la Tour ez années 924. 925. 934. 943. & 976. sçavoir un *Hugo de Vienna*, qui est Hugues Comte de Vienne & depuis Roy d'Italie, un *Rodulfus de Gaugeio* ou *de Gaugiaco*, c'est à dire, comme il est vraysemblable, Seigneur du chasteau appellé depuis *Rupes Jalgeij* dans Orderic Vital pa. 478. 673. aujourd'huy la Roche d'Igé au pays du Perche, un *Arnulfus de Flandris*, c'est à dire, Arnoul Comte de Flandres, & un *Emmo de Longia.* On ne peut pas s'inscrire en faux contre cette Chronique de Frodoard. Car outre qu'on en a un tres ancien manuscrit, elle a esté imprimée il y a plus de cent ans par M. Pithou, dont le seul nom suffit pour l'auctoriser.

Dans le Cartulaire de l'Eglise de Tulle il y a encore une donation de Guitard de la Roche faite *in mense Maio regni Ludovici anno quinto, huic autem monasterio præsidente domno Abbate Adacio,* c'est à dire, l'an 940. qui estoit la cinquiesme année du regne de Louis d'Outremer, *testibus Ademaro Vicecomite, Immone de Caunaco, Odolrico Parapeiz.* Et dans une autre donation du mesme Guitard de la Roche : *in mense Martio anno* VIII. *regnante Ludovico Rege. S. Vvitardi de Rocha & uxoris suæ Girberganæ, qui elemosinariam istam fieri vel adfirmare rogaverunt. S. Rainoni de Avalena.*

Dans le Cartulaire de Saucillanges il y a une charte datée du temps de saint Maiol Abbé de Clugny & de Guy I. Comte d'Auvergne sous le regne de Lothaire, dans laquelle il est parlé d'un *Eustorgius de Copel.* Dans le testament de Pons Comte de Toulouse, qui est de l'an 960. selon le sentiment du R. P. Mabillon, qui l'a donné au public, il est dit en termes exprez : *Alio alode quod de Poncione acquisivi, quod Bernardus de Nante habet in feo sancti Salvatoris, ad ipso cœnobio remaneat.*

Ces preuves, Monsieur, ne peuvent pas estre rejettées ny accusées de faux. Elles sont auctorisées par l'antiquité des Cartulaires & des manuscrits d'où elles sont tirées, en sorte qu'on est bien fondé à croire qu'elles ne peuvent pas estre contredites. Et par consequent il n'est pas vray de dire que les surnoms n'ayent point esté en usage avant la fin du dixiesme siecle. Ce qui fait voir l'ignorance & en mesme temps la temerité du Censeur. Car s'il estoit aussi habile dans la science des temps qu'il nous l'a voulu faire accroire, il auroit trouvé des furnoms avant ce temps-là. Cependant, comme les ignorans font ordinairement decififs, cet homme ayant leu dans le livre du R. P. Mabillon *De re diplomatica* que les furnoms avoient commencé d'eftre plus communs vers la fin du dixiefme fiecle, ce qui eft vray, il en a hardiment fait une regle generale qu'avant ce temps là il n'y avoit point de furnoms. Ce que le R. P. Mabillon n'a point avancé. Il a bien dit que les furnoms avoient alors commencé à eftre plus communs. *Sub finem decimi feculi*, dit-il, *cognominum ufus frequentari cœpit*. Et fi le Cenfeur avoit fceu affez de Latin pour entendre ce paffage, ou qu'il euft eu affez de bonne foy pour le rapporter comme il eft, il n'en auroit pas fait la fauffe regle qu'il a donnée & fur laquelle il a fondé fa mauvaife objection. Au refte, noftre Cenfeur ayant declaré qu'apres qu'on luy auroit prouvé l'antiquité des furnoms & l'heredité des fiefs il recevroit fans peine les preuves que l'on produit aujourd'huy pour eftablir la genealogie de Geraud de la Tour iffu d'Acfred, le voila deformais obligé de les recevoir & à ne plus contefter. Car je feray voir dans la fuite de mes reflexions que l'heredité des fiefs ou terres nobles eftoit introduite longtemps avant Hugues Caper.

Le Cenfeur forme encore une difficulté fur ce que le furnom de Geraud de la Tour eft marqué, à ce qu'il dit, d'une maniere finguliere & affectée dans les feuillets deftachez; où Geraud de la Tour dit, *Geraldus qui vocor de Turre*, & dans un autre endroit fon pere parlant de luy dit, *filio meo Gerardo qui cognominatur de Turre*. Mais cette maniere de s'enoncer n'eft pas finguliere, puifqu'elle eftoit alors fort ufitée en Auvergne, comme il paroift par le Cartulaire de Saucillanges; où l'on trouve un titre de ce mefme Geraud de la Tour, dans lequel il y a efcrit comme dans les feuillets deftachez, *Gerardus qui nuncupor de Turre*, & deux de Bernard II. fils de Geraud II. où il eft auffi efcrit, *Bernardus qui de Turre vocor*. Et dans le mefme Cartulaire de Saucillanges on trouve en un endroit *Robertus qui vocor Tornacoppa*, dans un autre *Stephanus qui cognominatur Papabos*, dans un autre *Stephanus qui vocatur de Abulnaco*, & en d'autres *Euftorgius qui vocatur Catapanus*, *Bertrannus de Grangias vocatus*, *Bernardus qui vocor de Vcione*. Ces exemples prouvent pleinement que cette maniere de s'exprimer dans les titres n'eftoit pas extraordinaire en Auvergne. Elle ne l'eftoit pas mefme ailleurs. Car dans un acte de l'année 983. tiré des archives de l'Evefché du Luques en Tofcane imprimé par Dom Placide Puccinelli dans l'Hiftoire d'Hugues Prince de Tofcane on trouve ces mots: *mitto in poteftatem tuam Chunerado, & Vvitto vocatur, filio bonæ memoriæ item Chuneradi, quæ Vvitto vocabatur*. Ceux qui ont copié ce titre n'ont pas bien leu. Il faut lire: *Chunerado qui Vvitto vocatur, filio bonæ memoriæ item Chuneradi qui Vvitto vocabatur*. Surquoy il eft à remarquer que voila un furnom de famille eftably en Italie vers le milieu du dixiefme fiecle, & que l'on s'eft fervy dans cet acte de la mefme maniere de parler qui fe trouve dans le Cartulaire de Saucillanges & dans les feuillets deftachez. Le mefme Dom Placide Puccinelli dans l'Hiftoire qu'il a compofée de la grand Dame Willa rapporte un titre de l'abbaye de Florence daté de l'an 989. où la mefme maniere de parler eft employée: *Manifeftus fum ego Adavaldo quod Amizo vocatur, filio bonæ memoriæ Atriperti quod Azo vocabatur*.

Il y a encore faute en ces paroles, où il faut mettre *qui* au lieu de *quod*, & *Amizo* au lieu de *Azo* suivant toutes les apparences.

En voicy encore un autre exemple dans un temps à la verité un peu plus bas, mais neantmoins assez proche du temps de Geraud de la Tour. Il est tiré du Cartulaire de Casaure, qui est à la Bibliotheque du Roy. L'Empereur Conrad avoit ordonné en l'an 1028. au Comte Hugues de faire rentrer l'Abbé & le monastere de Casaure dans les biens qui leur avoient esté usurpez. Ce Comte le fit de l'avis des Evesques, des Seigneurs, & des prudhommes de ces quartiers-là ; parmy lesquels, & apres les Comtes & l'Evesque de Sinigaglia, est nommé *Guibertus qui appellabatur Comes*. C'estoit son surnom, & non pas une dignité. Car s'il avoit esté Comte, il auroit esté appellé Comte sans autre addition, & auroit esté nommé dans l'acte parmy les autres Comtes, & non pas hors de rang. Aussi dans les signatures, où les qualitez sont adjoutées, ce Guibert n'en a aucune, & son nom y est mis simplement. *Ugo Dux & Marchio subscripsi. Ego Adelbertus Episcopus Sinogalliæ ibi fui. Signum manus Attonis Comitis, qui ibi fuit. Signum manus Hugonis Comitis, qui ibi fuit. Signum manus Siulfi, qui ibi fuit. Signum manus Guiberti, qui ibi fuit. Signum manus Adamni, qui ibi fuit.*

<small>To. V. Spicilegii pag. 431.</small>

Voila des exemples qui prouvent sans difficulté que cette maniere de s'exprimer dans les titres n'estoit pas extraordinaire dans le dixiesme & onziesme siecle. D'où il est aisé de juger de la grande prudence & haute intelligence du Censeur, qui a esté assez hardy pour dire dans son premier escrit qu'il ne croit pas qu'on puisse donner des exemples de ces expressions, *qui vocor, qui cognominor, qui nuncupor*, ny dans le dixiesme ny dans l'onziesme siecle. La temerité n'est pas toujours heureuse.

Ce Censeur adjoute que tous les titres qui concernent l'origine de la Maison de la Tour d'Auvergne se trouvent ramassez ensemble & de suite dans les feuillets destachez ; & il en veut inferer que ce sont des pieces supposées, n'estant pas ordinaire, comme il le dit, de voir les choses si bien arrangées dans les Cartulaires. Il faut que ce Censeur n'ait guerre veu de Cartulaires. Car comme dans ces recueils on gardoit ordinairement quelque ordre, les uns mettoient au commencement les bulles des Papes, ensuite les privileges des Empereurs & des Roys, les concessions des Evesques & des grands Seigneurs, & enfin les donations des particuliers, les autres au contraire mettoient en premier lieu les letres qui regardoient les Eglises dependantes de leurs abbayes, les actes qui concernoient leur jurisdiction ecclesiastique & temporele, & enfin les bulles des Papes & les privileges des Roys & des Comtes. D'autres rangeoient ces titres selon les matieres, mettant ensemble tout ce qui regardoit le mesme sujet. D'autres suivoient seulement l'ordre des temps. Mais enfin il y a ordinairement de l'ordre dans ces recueils, bien loin qu'il soit vray de dire qu'il n'est pas ordinaire d'y voir les choses si bien arrangées.

Quant à ce qu'il dit que tous les titres qui regardent l'origine de la Maison de la Tour d'Auvergne se trouvent icy ramassez tous ensemble & de suite, quelle consequence en peut-il tirer contre la verité de ces titres ? Il est evident par l'inspection des tables pag. 9. 12. 16. de l'imprimé que les Seigneurs de la Tour ont fait à l'Eglise de Brioude les dons mentionnez dans les titres deſtachez, & ces titres ne ſe trouvent en aucun endroit du Cartulaire qui ſubſiſte aujourd'huy. Ils y eſtoient donc dans le meſme ordre que dans le Cartulaire d'où ces ſix feuillets ont eſté deſtachez. Et par ce moyen l'on remplit facilement le vuide qui eſt dans le Cartulaire qui ſubſiſte depuis le chiffre CCCLV. juſques au chifre CCCLXV.

En verité il faut bien manquer de bonnes raiſons quand on eſt reduit à chicaner ainſi. S'il eſtoit vray ſelon le raiſonnement de ce Critique qu'il fallut rejetter comme faux les titres qui regardent l'origine de la Maiſon de la Tour d'Auvergne parce qu'ils ſe trouvent ramaſſez de ſuite tous enſemble, il faudroit par la meſme raiſon rejetter comme faux quatre titres de Geraud & de Bernard de la Tour qui ſe trouvent tous enſemble & de ſuite dans le Cartulaire de Saucillanges, cinq des Vicomtes de Turenne qui ſont tous enſemble & de ſuite dans le Cartulaire de Tulle, dix des Comtes de Nevers, ſix des Comtes Palatins de Troyes, plus de vingt des Seigneurs de Veniſy, qui ſont tous enſemble & tout de ſuite dans le Cartulaire de l'abbaye de Pontigny, & enfin vingt-cinq des Seigneurs de Montmorency, qui ſont auſſi tous enſemble & de ſuite dans le Cartulaire de l'abbaye de ſaint Denys. On en pourroit alleguer encore d'autres exemples ſans ſe donner beaucoup de peine.

Voila, ce me ſemble, Monſieur, toutes les objections qu'on a faites contre les titres nouvellement deſcouverts. Venons preſentement à ce que le Critique dit de Meſſieurs du Bouchet & Juſtel au ſujet de ces meſmes titres, & voyons ſi ſon raiſonnement eſt juſte.

Il a eſté expreſſement remarqué dans le Procez verbal qui a eſté fait au ſujet de l'examen des ſix feuillets deſtachez qu'ils avoient eſté repreſentez par le ſieur de Bar, qui avoit travaillé longtemps avec feu M. Du Bouchet à la recherche des anciens titres & actes qui concernent l'Hiſtoire d'Auvergne. Voila ce que l'on nous a expoſé lorſque nous avons travaillé à l'examen de ces anciens titres. Depuis on a appris dudit ſieur de Bar qu'il les avoit trouvez parmy les papiers de M. Du Bouchet. C'eſt un fait dont perſonne ne peut ſi bien parler que ledit ſieur de Bar; & il ſemble qu'on l'en doit croire, puiſqu'on n'a pas de preuve au contraire, & que d'ailleurs cela ne fait rien pour ou contre ces titres.

Le Critique dans ſon troiſieſme eſcrit contre Meſſieurs de Bouillon fait là-deſſus des raiſonnemens à perte de veuë, mais fort inutiles. Car il s'agit d'un fait, comme je l'ay deja dit. Le Critique devoit prouver qu'il n'eſt pas vray que le ſieur de Bar ait trouvé ces titres parmy les papiers de M. Du Bouchet, & tous ſes raiſonnemens en l'air ne le prouvent point. Au fond, il importe peu pour la genealogie de la Maiſon de Bouillon qu'ils viennent de M. Du Bouchet ou d'ailleurs. Il ſuffit qu'ils ſoient anciens & veritables & qu'ils prouvent que Geraud de la Tour eſtoit arriere petit fils d'Acfred I. Duc de Guyenne, comme ils le prouvent ſans difficulté, quoy que le Cenſeur en veuille dire.

A l'eſgard de M. Juſtel, que le Cenſeur blaſme d'avoir inſeré dans ſes extraits du Cartulaire de Saucillanges des mots eſſentiels qui ne ſe trouvent pas dans l'original, il eſt ayſé de juſtifier cet auteur. Il n'avoit pas veu l'original de ce Cartulaire, & il ne l'a allegué que ſur la bonne foy de M. Charrier Advocat, comme il le dit luy-meſme. *Ladite charte*, dit-il, &

Hist. de la Maison d'Auvergne pag. 135. celles que nous rapporterons cy apres dudit monastere de Saucillanges concernant les Seigneurs de la Tour nous ont esté communiquées par M. Charrier Advocat en la Cour du Parlement de Paris, les ayant extraits sur les originaux. Et mesmes on peut dire que M. Charrier n'a rien fait contre la verité quand il a donné ces extraits tels qu'ils sont imprimez. Car il est constant que l'acte qui commence dans le Cartulaire de Saucillanges *Ego Bernardus considerans casus &c.* est veritablement de Bernard de la Tour, comme on le trouve marqué à la marge de cet acte d'une escriture aussi ancienne que le Cartulaire mesme. Et d'ailleurs il paroist par le texte que ce Bernard estoit fils de Geraud & de Gausberge & petit fils de Bernard. Ce qui ne peut convenir qu'à Bernard fils de Geraud de la Tour & de Gausberge.

Avant que de quitter cette matiere, il faut, Monsieur, dire un mot de ce que nostre mal intentionné Censeur a objecté dans son premier escrit contre le Cartulaire de Saucillanges. Il a dit que ce Cartulaire n'est pas un original. Cela est dit malicieusement pour affoiblir l'auctorité de ce Cartulaire, dans lequel il y a des titres qui prouvent incontestablement la verité des faits contenus dans les six feuillets destachez. Il est vray que les originaux des titres n'y sont pas, & n'y peuvent pas estre. C'est un registre où on a copié il y a plus de cinq cens ans, en un temps non suspect, sans aucun dessein de plaire à Messieurs de Boüillon, sans avoir pû prevoir les difficultez que l'on a faites sur leur genealogie, les anciens titres de ce monastere sur les originaux qui se trouvoient au temps qu'il a esté escrit. En ce sens ce Cartulaire n'est pas un original. Mais il est veritablement original en ce que c'est un ancien registre qui contient les titres de ce monastere copiez sur les originaux. C'est en ce sens que l'on a coustume de traiter d'originaux les anciens Cartulaires, dans lesquels on a transcrit plusieurs anciennes pieces originales qui ne subsistent plus que dans ces recueils. De là vient que dans quelques anciens originaux de l'Eglise de Brioude qui ont eschapé du feu & de l'injure du temps on voit escrit d'une tres ancienne escriture au dos *Translata*, pour marquer que ces actes estoient transcrits dans le Cartulaire, où ils se trouvent encore aujourd'huy.

Ces registres ou Cartulaires tienent lieu d'originaux, & jusques à present personne n'en a douté. Il ne faut que voir les ouvrages des sçavans hommes de ce siecle, qui ont accoustumé d'alleguer l'auctorité des Cartulaires comme une auctorité contre laquelle il n'y a rien à dire. Si cela n'estoit pas vray, il n'y a point de grande Maison au monde dont la genealogie pût estre justifiée par titres. Car il est certain qu'il n'y en a aucune qui ait conservé en original tous les titres de sa genealogie. Et c'est pour cette raison que les Genealogistes alleguent perpetuellement les Cartulaires des Eglises cathedrales & des abbayes. M. Du Chesne, l'un des plus habiles & des plus exacts Genealogistes qui ayent esté, auroit esté bien empesché à trouver & à prouver les filiations de la Maison de Dreux, toute royale qu'elle estoit, de celle de Luxembourg, quoy qu'elle ait esté, comme il le dit luy-mesme, l'une des plus illustres & des plus puissantes de l'Europe, & de celle de Montmorency, quelque grande & illustre qu'elle soit, s'il n'avoit eu recours aux Cartulaires anciens, comme il le reconnoist luy-mesme en plusieurs endroits. M. Guichenon n'auroit

pas

pas esté moins empesché dans la composition de l'Histoire genealogique de la royale maison de Savoye, s'il n'avoit esté aydé de diverses pieces qu'il a tirées des Cartulaires des pays voisins de la Savoye. Il en est de mesme de toutes les Histoires genealogiques. Et on peut asseurer en cet endroit sans estre trop hardy qu'il n'y a aucune de ces grandes Maisons dont l'origine & les filiations soient plus nettement prouvées que celles de la Maison de la Tour d'Auvergne.

Le Censeur dit qu'il est surprenant que M. Justel ayant veu & cité le Cartulaire de Brioude dans l'Histoire de la Maison d'Auvergne, il n'ait fait aucune mention des titres qu'on produit aujourd'huy, c'est à dire, de ceux qui sont contenus dans les six feuillets destachez & de ceux qui sont joints avec les fragments des tables. Mais en premier lieu M. Justel n'a jamais veu le Cartulaire de Brioude, mais seulement des extraits qui luy furent communiquez par M. du Bouchet, comme il le dit luy-mesme. Et ainsi le Censeur n'a pas eu raison de dire que M. Justel a veu le Cartulaire de Brioude. En second lieu ces six feuillets n'estoient pas dans le Cartulaire, & il y a beaucoup d'apparence qu'ils estoient inconnus à M. Justel. Il n'y a point de genealogies si exactement faites qu'on ne trouve de temps en temps de nouveaux titres pour les rendre plus entieres & plus completes. M. Du Chesne avoit dressé la genealogie des anciens Comtes de Soissons dans l'Histoire de la Maison de Chastillon. Depuis ayant eu de nouvelles lumieres & de nouveaux titres, il la corrigea, & l'envoya à un de ses amys, dont je n'ay pû descouvrir le nom, avec cette preface, qui devoit estre envoyée à quelque curieux amy de son amy. *J'ay communiqué vos chartes des Comtes de Soissons à M. Du Chesne ; lequel m'a dit que depuis l'impression de son Histoire de la Maison de Chastillon il a apprins de quelques Chroniques escrites à la main & de divers titres que l'ordre des Comtes de Soissons doit aller comme je vous l'envoye, l'ayant receu de luy à cet effect, le temps adjoustant toujours en telles matieres de nouvelles cognoissances aux precedentes.* En troisiesme lieu, peutestre que M. Du Bouchet n'avoit pas alors ces feuillets destachez, ou il ne sçavoit pas en ce temps-là qu'il les eust, ne s'estant pas donné la peine d'examiner exactement tous les vieux titres qui estoient dans son cabinet, & s'estant contenté de donner à M. Justel ce qu'il avoit trouvé dans le Cartulaire de Brioude qui subsiste encore. Quoy qu'il en soit, on ne sçauroit accuser en cela M. Justel d'aucune negligence. Si quelqu'un estoit à blasmer, ce seroit M. Du Bouchet. Et neantmoins on pourroit l'excuser par les raisons que je viens d'alleguer.

Histoire de la Maison d'Auvergne pag. 132.

Le Censeur a encore avancé que lorsque M. Du Bouchet travailloit à la genealogie des Seigneurs de la Tour, qu'il faisoit descendre des anciens Vicomtes d'Auvergne, Messieurs de Boüillon estoient fort contens de descendre de ces anciens Vicomtes, & que M. Justel fit imprimer l'Histoire genealogique de la Maison d'Auvergne *pour obeir à M. le Duc de Boüillon son maistre ;* le Censeur voulant par là insinuer que M. Justel s'estoit plus attaché à faire plaisir à M. de Boüillon qu'à rechercher la verité & à l'establir. Mais ce Critique a esté mal informé, ou il a malicieusement deguisé la verité ; & il est desmenty par M. Justel mesme dans l'epistre dedicatoire de cette Histoire genealogique. Voicy comme la chose s'est passée.

D

M. Juſtel s'eſtant mis à rechercher l'origine de la Maiſon de la Tour d'Auvergne, qu'il s'eſtoit, dit-il, propoſé ſeulement d'eſclaircir, il ſe trouva porté plus loïn par la dignité & par la grandeur de la matiere, y ayant trouvé *tant de luſtre & de grandeur que cela luy donna envie de penetrer plus avant & de ſonder juſques à la ſource, laquelle il trouva ſe deriver de l'ancienne Maiſon d'Auvergne & de Guyenne.* Ce ne fut pas le commandement de M. le Duc de Boüillon, comme dit le Cenſeur, qui l'engagea à faire ces recherches, mais *le luſtre & la grandeur* de la matiere. Les choſes demeurerent en cet eſtat ſans contradicteur juſques à ce que vingt ans apres c'eſt à dire en l'année 1665. M. Du Bouchet fit imprimer une Table genealogique des Comtes beneficiaires & hereditaires d'Auvergne ; dans laquelle il donne veritablement place aux Seigneurs de la Tour, mais il leur oſte l'origine que M. Juſtel leur avoit donnée, commençant leur genealogie par Bernard pere de Geraud I. ſans faire aucune mention des Acfreds. Mais enfin quelque temps avant ſon decez ayant donné à entendre à Meſſieurs de Boüillon qu'il avoit deſcouvert la ſource d'où leur Maiſon eſtoit ſortie, il leur fit paroiſtre tant de marques de ſincerité qu'ils s'abandonnerent à luy ; & ſans entrer plus avant en connoiſſance de cauſe, comme ils n'avoient en veuë que de trouver la veritable origine de leur Maiſon, ils conſentirent qu'il fit imprimer ce qu'il avoit recueilly ſur ce ſujet. Il commença par les Preuves, ſur leſquelles il faiſoit eſtat de compoſer ſon ouvrage. Mais il mourut avant qu'elles fuſſent achevées d'imprimer. De ſorte que la genealogie, ſans laquelle Meſſieurs de Boüillon ne pouvoient juger de la verité du ſyſteme de M. Du Bouchet, n'ayant point eſté compoſée, ils n'avoient garde de teſmoigner qu'ils en fuſſent contens. Au contraire, il paroit qu'ils n'en furent pas ſatisfaits, puiſqu'ils laiſſerent ſon ouvrage imparfait & n'en firent pas continuer l'impreſſion. Et ce ne fut pas ſans grande raiſon. Car comme l'on trouva par l'examen qu'on fit de ces Preuves que M. Du Bouchet ne prouvoit aucunement que les Seigneurs de la Tour deſcendiſſent des anciens Vicomtes d'Auvergne, & que d'ailleurs on remarqua qu'il avoit affecté de ſupprimer tout ce qui pouvoit ſervir pour prouver qu'ils deſcendoient des anciens Ducs de Guyenne & Comtes d'Auvergne, on jugea que non ſeulement il n'agiſſoit pas de bonne foy, ne prouvant pas ce qu'il avoit avancé, mais qu'il y avoit meſme de la malignité dans ſon procedé, puiſqu'il eſcrivoit contre la verité qui luy eſtoit connuë. Voicy, Monſieur, la preuve de ſa mauvaiſe foy. Il ne pouvoit pas ignorer que M. Juſtel avoit fait imprimer des titres tirez des anciens Cartulaires de Brioude & de Saucillanges qui font voir qu'Acfred II. Duc de Guyenne & Comte d'Auvergne avoit un frere appellé Bernard & que Geraud de la Tour deſcendoit de ce Bernard. Il ne pouvoit pas, dis-je, ignorer ces titres, puiſque c'eſtoit luy qui avoit fourni à M. Juſtel ceux qui ſont tirez du Cartulaire de Brioude, & qu'il avoit une copie de celuy de Saucillanges, d'où il a extrait beaucoup d'actes qu'il a fait imprimer dans les Preuves de ſon Hiſtoire d'Auvergne. Cependant il n'en fait aucune mention dans les Preuves qu'il a imprimées pour juſtifier la genealogie des Seigneurs de la Tour, qu'il fait deſcendre de Bertrand Vicomte d'Auvergne & de Bernard Vicomte pere de ce

Geraud, autre neantmoins que Bernard frere d'Acfred, auquel il donne une femme appellée Rotberge, se fondant sur quelques titres de Saucillanges où il est parlé des donations faites à ce monastere par Bernard mary de Rotberge, quoy qu'il ne paroisse en aucune maniere qu'il ait eu la qualité de Vicomte ny qu'il fut fils du Vicomte Bertrand, & mesmes quoy que le fils de ce Bernard & de Rotberge ne soit pas appellé Geraud, mais Gausbert. Outre cela il ne pouvoit pas ignorer les letres du Roy saint Louis qui confirment l'election de Guillaume de la Tour Prevost de Brioude, puisqu'il a eu longtemps en son pouvoir le petit Cartulaire de Brioude, où elles sont precisement au mesme endroit où sont copiez les actes qu'il a luy-mesme imprimez qui parlent de ce Prevost. Il a donc supprimé ces letres à dessein. Et ce ne peut estre pour autre raison que par ce qu'il y est dit que ce Prevost estoit issu des anciens Ducs de Guyenne & Comtes d'Auvergne. Ce qui renversoit son systeme.

Et certainement il y a dequoy s'estonner qu'ayant escrit dans la Table genealogique de la Maison de Scorraille imprimée en l'année 1681. que Bernard de la Tour mary de Beatrix de Rhodez estoit issu d'un puisné des Comtes hereditaires d'Auvergne, qui ne peut estre qu'un des descendans d'Acfred I. Comte d'Auvergne, il ait si tost apres tenu une autre route, faisant descendre Messieurs de la Tour, non des Comtes hereditaires d'Auvergne, comme il avoit fait dans cette Table, mais des Vicomtes.

Adjoutez à cela, Monsieur, que mettant dans ses Preuves Geraud I. & Bernard son fils apres son pretendu Bernard fils du Vicomte Bertrand, il ne les appelle pas de la Tour, comme ils sont nommez dans plusieurs anciens titres qui luy estoient connus, mais Seigneurs de la vallée de Tauves & de Plauzac, qualitez qui ne leur ont jamais esté données dans aucun titre ny par aucun Historien ancien ou moderne.

Cette conduite forme un violent soupçon contre luy au sujet des six feuillets destachez & donne lieu de croire qu'il les tenoit cachez exprez pour ne donner pas à Messieurs de Bouillon des armes contre luy-mesme. Apres cela, c'est un bonheur extraordinaire qu'estant si mal intentionné pour la Maison de Boüillon, il n'ait pas bruslé ces six feuillets & les fragments des tables.

Mais, Monsieur, dans le systeme mesme de M. Du Bouchet il seroit encore tres vraysemblable que Messieurs de Boüillon descendent des anciens Comtes d'Auvergne, puisque Bertrand Vicomte d'Auvergne, que M. Du Bouchet met pour tige de la branche de la Tour, estoit frere de Guy I. Comte d'Auvergne, qui selon toutes les apparences descendoit du Comte Bernard ayeul de Geraud I. de la Tour; lequel Bernard, comme l'on apprend par un ancien Obituaire de l'Eglise de Brioude, avoit deux fils, l'un appellé Bernard comme luy, & l'autre Eustorge. Voicy les propres termes de cet Obituaire. x. *Kal Januarii. Obiit uxor Bernardi Comitis, pro cujus anniversario Bernardus & Eustorgius filii ejus dimiserunt Capitulo* x x. *marchas argenti & scolæ* c c c. *solidos.* Bernard fut pere de Geraud I. de la Tour. Eustorge son frere, que M. Du Bouchet appelle Vicomte d'Auvergne, eut pour femme une Dame appellée Asendane, & fut pere de Robert Vicomte, que je trouve avoir vescu jusques à l'an-

D ij

née 962. Ce Robert eut deux femmes. La premiere fut Aldegarde mere de Guy I. Comte d'Auvergne & de Bertrand Vicomte d'Auvergne aucteur de la branche de la Tour suivant le systeme de M. Du Bouchet. D'où il est aysé de voir que mesme dans ce systeme Messieurs de Boüillon descendent des anciens Comtes d'Auvergne. Il est tres-facile de donner la preuve de ces faits. Je ne vous l'envoye pas neantmoins, Monsieur, parce que cette genealogie ne sert de rien à l'affaire que je traite. Aussi n'en ay-je parlé que pour vous faire remarquer que quelque precaution que ledit sieur Du Bouchet eut prise pour destourner la source de la branche de la Tour d'Auvergne, il n'avoit pû en venir à bout.

Avant que de quiter cette matiere, Monsieur, je diray encore un mot de l'aage de Geraud I. de la Tour. Le Censeur dit que ce Geraud estoit deja aagé & fort connu en son pays dez l'an 937. & qu'il n'est pas à presumer qu'il ait vescu jusques en l'an mil. A cette objection on respond que ce fait est avancé sans aucune preuve. Car où le Critique a-il trouvé que Geraud I. estoit déja aagé & fort connu en son pays dez l'an 937? Il n'y a de cette année-là qu'un seul titre, qui est dans les feuillets destachez. Dans ce titre il n'est fait aucune mention de son aage ny qu'il fut deja fort connu en son pays. C'est un acte de son pere, de luy, & de sa femme Gausberge, qui font une donation à l'Eglise de Brioude. D'où l'on ne peut inferer autre chose sinon que Geraud estoit fils de Bernard & qu'il estoit déja marié. Or il n'est pas extraordinaire qu'on marie un jeune Seigneur à l'aage de vingt ans. De sorte que supposant qu'il avoit cet aage en l'année 937. il n'y auroit rien de forcé quand bien on pretendroit qu'il a vescu jusques à l'an mil. Ainsi la raillerie que fait le Censeur qu'il faudroit donner à ce Geraud l'aage des anciens Patriarches est fort froide. D'ailleurs, supposé mesme qu'il fut encore plus aagé en ce temps-là, il n'y auroit pas encore dequoy se rescrier, y ayant en tous les siecles beaucoup d'exemples de gens qui ont vescu tres-longtemps. L'antiquité en fournit une infinité d'exemples. Mais sans sortir du siecle où nous sommes, Louis François de la Baume Evesque de Viviers mourut il y a peu de temps apres soixante-treize ans d'episcopat, & M. le Mareschal d'Estrée avoit au moins cent ans quand il est mort.

Apres avoir, ce me semble, suffisamment satisfait aux objections faites contre les titres nouvellement descouverts, il faut, Monsieur, respondre à ce que le Critique avance, que supposé mesme que ces titres fussent veritables, ils ne feroient rien en faveur de Messieurs de Boüillon, attendu, dit-il, que la descente de ces Messieurs en ligne masculine de Geraud de la Tour premier du nom n'est pas prouvée, & que ceux de cette Maison feroient eux-mesmes bien empeschez de la prouver par de bons titres. Il faut demeurer d'accord de l'observation de M. Du Chesne, qu'il est difficile de rencontrer assez de titres pour pleinement justifier dans une antiquité tres-esloignée toutes les filiations des familles. Mais pourlors il est permis de se servir d'autres preuves, pourveu qu'elles soient bien fondées, comme l'a tres-souvent fait M. Du Chesne. Ainsi, quand mesme l'on n'auroit pas d'aussi fortes preuves par titres que celles qu'ont Messieurs de Boüillon, il suffiroit pour establir cette filiation de faire voir qu'ils sont

Histoire des Chasteigners liv. 1. ch. 6.

de la race de Guillaume de la Tour Prevost de Brioude, puisque ce Prevost descendoit des anciens Ducs de Guyenne & Comtes d'Auvergne. Car dans la charte par laquelle le Roy saint Louis confirme l'election de ce Prevost il ne dit pas que ce Prevost se pretendoit issu de ces Ducs & Comtes, mais il en parle comme d'une chose notoire & dont on ne doutoit point alors. Or ce Prevost ne peut estre descendu de ces anciens Ducs & Comtes que par ce Geraud aucteur de la branche de la Tour, puisque dans son testament il se dit luy-mesme oncle de Bernard seigneur de la Tour. D'où il est aysé de conclure que quand bien on ne trouveroit pas de titres qui marquassent expressément la filiation de ce Prevost en ligne directe & masculine depuis Geraud, il est à presumer qu'il en descendoit, puisque Geraud estoit la tige des Seigneurs de la Tour issus des anciens Ducs de Guyenne & Comtes d'Auvergne. Et dessors on doit pareillement conclure que Messieurs de Boüillon d'aujourd'huy sont bien fondez à se pretendre issus de ces mesmes Ducs & de Geraud, puisqu'ils descendent sans difficulté de Bernard Seigneur de la Tour neveu du Prevost de Brioude.

Je pourrois, Monsieur, sans beaucoup de peine vous faire voir qu'ils sont bien fondez en cette pretention. Car quoy que mes estudes ne m'ayent pas ordinairement conduit à l'examen des genealogies & que je ne m'en sois guere meslé jusques à present, toutesfois voyant qu'un Censeur mal intentionné, malin, ignorant, & emporté s'opiniastroit à descrier ces anciens titres, que j'ay toujours creu & crois encore estre hors de tout soupçon, j'ay voulu pour ma propre satisfaction m'informer avec soin de la genealogie des Seigneurs de la Tour d'Auvergne, j'en ay recherché les preuves; & je crois pouvoir vous dire avec verité que j'en ay trouvé assez pour la prouver de masle en masle depuis Acfred jusques à present. Ainsi je n'aurois qu'à vous envoyer un abregé de ce que j'ay trouvé. Mais cette digression me meneroit trop loin. Il me suffira pour le present de vous dire que j'ay dequoy vous justifier quand il vous plaira que Messieurs de Boüillon d'aujourd'huy descendent de Geraud surnommé de la Tour, & que ce Geraud estoit arriere petit fils d'Acfred.

Cependant il est bon de remarquer icy la fausseté d'une proposition avancée par nostre Censeur, sçavoir que depuis le temps de saint Loüis jusques à Henry de la Tour premier Duc de Boüillon on ne sçauroit faire voir qu'aucun de la Maison de la Tour ait pretendu venir en ligne masculine de la Maison d'Auvergne; comme si les grands Seigneurs pour establir leurs genealogies estoient obligez de prouver que quelques-uns de leurs ancestres ayent dit de temps en temps qu'ils descendoient en ligne masculine de ceux qui en estoient les aucteurs, comme si, par exemple, Messieurs de Montmorency estoient obligez de prouver que quelques-uns de leurs predecesseurs ont dit qu'ils descendoient en ligne masculine de Bouchard I. Seigneur de Montmorency. Mais quand mesme cette maxime, qui est tres-fausse, seroit veritable, bien loin de prejudicier à Messieurs de Boüillon, elle leur seroit avantageuse. Car comme il est certain qu'ils descendent de Bernard Seigneur de la Tour, qui vivoit du temps de saint Louis, il leur suffiroit de faire voir qu'ils descendent de la race de Guillaume de la Tour Prevoſt de Brioude frere de ce Bernard, que ſaint Louis atteſte eſtre deſcendu des anciens Ducs de Guyenne & Comtes d'Auvergne, ſans avoir beſoin d'autres preuves pour en tirer leur origine. C'eſt pour cette raiſon que depuis trois cens cinquante ans au moins ils ſe faiſoient appeller *de la Tour d'Auvergne*, comme l'on voit en pluſieurs endroits. Dans la Chronique de Froiſſart *le Seigneur de la Tour d'Auvergne* eſt nommé parmy les Princes du ſang royal & autres grands Seigneurs du royaume qui furent envoyez pour oſtages en Angleterre *pour la redemption du Roy Jean* en l'année 1360. apres la paix de Bretigny. Dans un titre du Treſor des chartes du Roy de l'année 1387. eſcrit en langue Gaſconne Jean Comte d'Armagnac parlant du Seigneur de la Tour dit : *Noſtre car coſin Meſſ. Bertrant Seignur de la Tour d'Auvergne*. Dans l'Hiſtoire du Roy Charles VI. impreſſion du Louvre pag. 433. il eſt fait mention en l'année 1417. de *Bertrand de la Tour fils du Seigneur de la Tour d'Auvergne*, & à la page 443. en l'année 1422. du *Sire de la Tour d'Auvergne*. Au lict de Juſtice tenu à Vendoſme en l'année 1458. pour juger Jean II. Duc d'Alençon accuſé de crime de leze majeſté, *le Seigneur de la Tour d'Auvergne* y fut invité, & y tint un rang conſiderable. M. Juſtel dans les Preuves de l'Hiſtoire de la Maiſon d'Auvergne pag. 123. rapporte un titre de l'an 1510. où eſt nommée *generoſa & illuſtriſſima Anna de Bolonia filia primogenita illuſtris Bertrandi de Turre Alverniæ Comitis Alverniæ & Boloniæ*. Ces auctoritez font voir que de temps immemorial on a creu que Meſſieurs de la Tour d'Auvergne deſcendoient de la Maiſon d'Auvergne.

Il ne me reſte plus, Monſieur, qu'à reſpondre à une objection que le Critique fait au ſujet des fiefs, qu'il aſſeure poſitivement n'avoir point eſté rendus hereditaires & n'avoir point paſſé aux enfans ſans une grace particuliere du Prince avant le regne d'Hugues Capet. Comme cet homme ne parle pas fort juſte, il a ſans doute voulu dire que les Comtez ou Gouvernemens ne paſſoient pas du pere aux enfans ſans une grace particuliere du Prince avant le regne d'Hugues Capet. Ce qui eſt vray, mais non pas neantmoins ſi vray qu'il n'y ait des exemples au contraire, comme Meſſieurs de Sainte Marthe, Juſtel, & Beſly l'ont obſervé il y a longtemps. Et meſmes à l'eſgard du Limouſin, qui eſt voiſin de l'Auvergne, on voit qu'Aymar Seigneur d'Eſchelles Vicomte du bas Limouſin, qui eſtoit de la Maiſon de Turenne, eſtant mort ſans enfans legitimes environ l'an 940. la dignité de Vicomte paſſa à Bernard Seigneur de Turenne comme ſon proche parent, & que ce Bernard eſtant decedé ſans enfans maſles, le Seigneur de Comborn, qui avoit eſpouſé une de ſes filles, fut Vicomte apres luy, non de Turenne, qui n'avoit plus le titre de Vicomté, mais de Comborn. Il en eſt de meſme des Vicomtez de Limoges & d'Aubuſſon, qui furent d'abord hereditaires, comme on le peut aiſément juſtifier.

Mais pour les fiefs ou terres nobles, qu'on appelloit *alodes*, il eſt ſi clair qu'ils eſtoient hereditaires longtemps avant Hugues Capet que c'eſt une ignorance bien groſſiere d'en douter. Je ne m'engageray pas à en donner des preuves. Il ſuffit de renvoyer le Cenſeur au Gloſſaire Latin de M. Du Cange. Je diray ſeulement que lorſque j'ay dit *fiefs ou terres nobles*, je me

Froiſſart vol. 1. chap. 213.

Hiſt. de la Maiſon de France to. 1. pag. 321.
M. Juſtel pag. 133.
M. Beſly pag. 42.

de la race de Guillaume de la Tour Prevoſt de Brioude, puiſque ce Prevoſt deſcendoit des anciens Ducs de Guyenne & Comtes d'Auvergne. Car dans la charte par laquelle le Roy ſaint Louis confirme l'election de ce Prevoſt il ne dit pas que ce Prevoſt ſe pretendoit iſſu de ces Ducs & Comtes, mais il en parle comme d'une choſe notoire & dont on ne doutoit point alors. Or ce Prevoſt ne peut eſtre deſcendu de ces anciens Ducs & Comtes que par ce Geraud aucteur de la branche de la Tour, puiſque dans ſon teſtament il ſe dit luy-meſme oncle de Bernard ſeigneur de la Tour. D'où il eſt ayſé de conclure que quand bien on ne trouveroit pas de titres qui marquaſſent expreſſement la filiation de ce Prevoſt en ligne directe & maſculine depuis Geraud, il eſt à preſumer qu'il en deſcendoit, puiſque Geraud eſtoit la tige des Seigneurs de la Tour iſſus des anciens Ducs de Guyenne & Comtes d'Auvergne. Et deſlors on doit pareillement conclure que Meſſieurs de Boüillon d'aujourd'huy ſont bien fondez à ſe pretendre iſſus de ces meſmes Ducs & de Geraud, puiſqu'ils deſcendent ſans difficulté de Bernard Seigneur de la Tour neveu du Prevoſt de Brioude.

Je pourrois, Monſieur, ſans beaucoup de peine vous faire voir qu'ils ſont bien fondez en cette pretention. Car quoy que mes eſtudes ne m'ayent pas ordinairement conduit à l'examen des genealogies & que je ne m'en ſois guere meſlé juſques à preſent, toutesfois voyant qu'un Cenſeur mal intentionné, malin, ignorant, & emporté s'opiniaſtroit à deſcrier ces anciens titres, que j'ay toujours creu & crois encore eſtre hors de tout ſoupçon, j'ay voulu pour ma propre ſatisfaction m'informer avec ſoin de la genealogie des Seigneurs de la Tour d'Auvergne, j'en ay recherché les preuves; & je crois pouvoir vous dire avec verité que j'en ay trouvé aſſez pour la prouver de maſle en maſle depuis Acfred juſques à preſent. Ainſi je n'aurois qu'à vous envoyer un abregé de ce que j'ay trouvé. Mais cette digreſſion me meneroit trop loin. Il me ſuffira pour le preſent de vous dire que j'ay dequoy vous juſtifier quand il vous plaira que Meſſieurs de Boüillon d'aujourd'huy deſcendent de Geraud ſurnommé de la Tour, & que ce Geraud eſtoit arriere petit fils d'Acfred.

Cependant il eſt bon de remarquer icy la fauſſeté d'une propoſition avancée par noſtre Cenſeur, ſçavoir que depuis le temps de ſaint Loüis juſques à Henry de la Tour premier Duc de Boüillon on ne ſçauroit faire voir qu'aucun de la Maiſon de la Tour ait pretendu venir en ligne maſculine de la Maiſon d'Auvergne; comme ſi les grands Seigneurs pour eſtablir leurs genealogies eſtoient obligez de prouver que quelques-uns de leurs anceſtres ayent dit de temps en temps qu'ils deſcendoient en ligne maſculine de ceux qui en eſtoient les aucteurs, comme ſi, par exemple, Meſſieurs de Montmorency eſtoient obligez de prouver que quelques-uns de leurs predeceſſeurs ont dit qu'ils deſcendoient en ligne maſculine de Bouchard I. Seigneur de Montmorency. Mais quand meſme cette maxime, qui eſt tres-fauſſe, ſeroit veritable, bien loin de prejudicier à Meſſieurs de Boüillon, elle leur ſeroit avantageuſe. Car comme il eſt certain qu'ils deſcendent de Bernard Seigneur de la Tour, qui vivoit du temps de ſaint Louis, il leur ſuffiroit de faire voir qu'ils deſcendent de la race de Guillaume de la Tour Prevoſt de Brioude frere de ce Bernard, que ſaint Louis atteſte eſtre deſcendu des anciens Ducs de Guyenne & Comtes d'Auvergne, ſans avoir beſoin d'autres preuves pour en tirer leur origine. C'eſt pour cette raiſon que depuis trois cens cinquante ans au moins ils ſe faiſoient appeller *de la Tour d'Auvergne*, comme l'on voit en pluſieurs endroits. Dans la Chronique de Froiſſart *le Seigneur de la Tour d'Auvergne* eſt nommé parmy les Princes du ſang royal & autres grands Seigneurs du royaume qui furent envoyez pour oſtages en Angleterre *pour la redemption du Roy Jean* en l'année 1360. apres la paix de Bretigny. Dans un titre du Treſor des chartes du Roy de l'année 1387. eſcrit en langue Gaſconne Jean Comte d'Armagnac parlant du Seigneur de la Tour dit : *Noſtre car coſin Meſſ. Bertrant Seignur de la Tour d Auvergne*. Dans l'Hiſtoire du Roy Charles V I. impreſſion du Louvre pag. 433. il eſt fait mention en l'année 1417. de *Bertrand de la Tour fils du Seigneur de la Tour d'Auvergne*, & à la page 443. en l'année 1422. du *Sire de la Tour d'Auvergne*. Au lict de Juſtice tenu à Vendoſme en l'année 1458. pour juger Jean II. Duc d'Alençon accuſé de crime de leze majeſté, *le Seigneur de la Tour d'Auvergne* y fut invité, & y tint un rang conſiderable. M. Juſtel dans les Preuves de l'Hiſtoire de la Maiſon d'Auvergne pag. 123. rapporte un titre de l'an 1510. où eſt nommée *generoſa & illuſtriſſima Anna de Bolonia filia primogenita illuſtris Bertrandi de Turre Alverniæ Comitis Alverniæ & Boloniæ*. Ces auctoritez font voir que de temps immemorial on a creu que Meſſieurs de la Tour d'Auvergne deſcendoient de la Maiſon d'Auvergne.

Il ne me reſte plus, Monſieur, qu'à reſpondre à une objection que le Critique fait au ſujet des fiefs, qu'il aſſeure poſitivement n'avoir point eſté rendus hereditaires & n'avoir point paſſé aux enfans ſans une grace particuliere du Prince avant le regne d'Hugues Capet. Comme cet homme ne parle pas fort juſte, il a ſans doute voulu dire que les Comtez ou Gouvernemens ne paſſoient pas du pere aux enfans ſans une grace particuliere du Prince avant le regne d'Hugues Capet. Ce qui eſt vray, mais non pas neantmoins ſi vray qu'il n'y ait des exemples au contraire, comme Meſſieurs de Sainte Marthe, Juſtel, & Beſly l'ont obſervé il y a longtemps. Et meſmes à l'eſgard du Limouſin, qui eſt voiſin de l'Auvergne, on voit qu'Aymar Seigneur d'Eſchelles Vicomte du bas Limouſin, qui eſtoit de la Maiſon de Turenne, eſtant mort ſans enfans legitimes environ l'an 940. la dignité de Vicomte paſſa à Bernard Seigneur de Turenne comme ſon proche parent, & que ce Bernard eſtant decedé ſans enfans maſles, le Seigneur de Comborn, qui avoit eſpouſé une de ſes filles, fut Vicomte apres luy, non de Turenne, qui n'avoit plus le titre de Vicomté, mais de Comborn. Il en eſt de meſme des Vicomtez de Limoges & d'Aubuſſon, qui furent d'abord hereditaires, comme on le peut aiſément juſtifier.

Mais pour les fiefs ou terres nobles, qu'on appelloit *alodes*, il eſt ſi clair qu'ils eſtoient hereditaires longtemps avant Hugues Capet que c'eſt une ignorance bien groſſiere d'en douter. Je ne m'engageray pas à en donner des preuves. Il ſuffit de renvoyer le Cenſeur au Gloſſaire Latin de M. Du Cange. Je diray ſeulement que lorſque j'ay dit *fiefs ou terres nobles*, je me suis ainsi expliqué pour prevenir la chicane qu'on me pourroit faire en disant que les fiefs & les aleus sont differents. Ce qui est veritable en un sens. Mais il est pourtant vray de dire qu'il y avoit des biens hereditaires ou aleus qui tenoient de la nature des fiefs, parce qu'ils en avoient tous les droits honorifiques & ne relevoient de personne, comme estoit en ces anciens temps là selon toutes les apparences la terre de la Tour, qu'on ne trouve point avoir esté tenuë d'aucun Seigneur superieur ny avoir presté aucun hommage jusques à ce qu'enfin la pieté de Bertrand & de Guillaume Seigneurs de la Tour les porta à en faire hommage à l'Abbé de Clugny. Il y en a au Tresor des chartes du Roy une preuve authentique. Car il s'y trouve un titre de l'an 1262. où est compris un denombrement des fiefs tenus du Comte de Clermont par le Seigneur de la Tour, & parmy ces fiefs il n'y est fait aucune mention du Chasteau ny de la Baronnie de la Tour.

Il a esté bon de faire cette observation, parce que le Censeur dans les escrits qu'il a fait courir a donné à la terre de la Tour la qualité de fief, qu'il pouvoit appeller plus proprement un franc aleu. Car je ne puis estre de l'avis de M. Justel, qui pretend que la Seigneurie de la Tour estoit un membre principal de l'ancien domaine du Comté d'Auvergne & qu'elle fut baillée en apanage à Bernard pere de Geraud de la Tour. Cela est avancé sans preuve. Bernard fils d'Acfred n'a pas esté appellé de la Tour, ny son fils aussi ; & il est evident que le premier qui a porté ce nom est Geraud fils de Bernard petit fils d'Acfred. Je croirois plus volontiers que ce Geraud prit le nom de la terre que sa femme luy porta en mariage, comme c'estoit l'usage ancienement. M. Justel en rapporte plusieurs exemples à la page 134. de l'Histoire de la Maison d'Auvergne.

Voila, Monsieur, ce que j'avois à vous dire sur les titres de la genealogie de Messieurs de Boüillon. Je puis vous protester que je n'ay point eu d'autre veuë que de chercher la verité. Je n'ay pû voir sans indignation qu'on attaquat avec tant de violence & d'injustice que l'on a fait des titres tres anciens & tres veritables. Nous les avions jugez tels Dom Jean Mabillon, Dom Thierry Ruinart, & moy. J'ose vous dire, Monsieur, que jusques à present nous avons joüy d'une reputation saine & entiere d'estre sinceres & gens d'honeur, & que le public croit que nous sommes capables de porter nostre jugement sur des choses de cette nature, puisque Messieurs les Advocats generaux nous ont quelquefois fait l'honeur de nous faire commettre par Arrest pour donner nostre avis sur des titres de la validité desquels les parties ne convenoient pas. Nous n'avons jamais pretendu que nostre avis fut un jugement souverain, & nous n'avions pas besoin que le Censeur nous fit sur cela des remonstrances. Mais je voudrois bien sçavoir pourquoy il faudroit que nostre avis fut soufmis au jugement d'un homme aussi ignorant que celuy qui a composé & fait courir ces escrits contre la genealogie de Messieurs de Boüillon. Car quelque soin qu'il ait pris de se cacher, on sçait qui il est ; & la reputation qu'il a d'estre fort ignorant dans la connoissance des temps & des genealogies, où il veut pourtant passer pour habile homme, s'accorde parfaitement avec la mauvaise opinion qu'ont donné de luy les fautes grossieres dont se trouvent remplis ces efcrits qu'il a refpandu par tout à fa confufion. Car ils luy ont fait plus de tort qu'à ceux à qui il a pretendu nuire. J'efpere, Monfieur, qu'apres avoir leu cette refponfe à fes objections vous ferez perfuadé de la verité des titres dont il s'agit. J'efpere auffi que ceux à qui vous pourrez communiquer cette letre entreront dans les mefmes fentimens, à moins qu'ils ne foient deja prevenus contre la Maifon de Boüillon. Je fuis toujours avec refpect,

MONSIEUR,

Voftre tres-humble & tres-obeïffant
ferviteur BALVZE.

A Paris le 29. Aouft
1697.

PROCEZ

PROCEZ VERBAL.

CONTENANT l'examen & discussion de deux anciens Cartulaires & de l'Obituaire de l'Eglise de saint Julien de Brioude en Auvergne, de neuf anciens titres compris en sept feüillets de parchemin, & de dix autres anciens feüillets aussi en parchemin, contenant des fragmens de deux tables, l'une par ordre des chiffres, & l'autre par alphabet, lesquels ont esté destachez d'un ancien Cartulaire de la mesme Eglise. Le tout pour faire voir que GERAUD DE LA TOUR I. du nom descend en droite ligne D'ACFRED, I. du nom, Duc de Guyenne & Comte d'Auvergne, comme il paroist par la table genealogique qui suit.

ACFRED, I. du nom Duc de Guyenne & Comte d'Auvergne. —— ADELINDE.

ACFREDE, II. du nom Duc de Guyenne & Comte d'Auvergne.	GUILLAUME Duc de Guyenne & Comte d'Auvergne.	BERNARD, I. du nom Comte d'Auvergne : —— BLITSENDE.
		BERNARD, II. du nom : BERTHELDE.
		GERAUD de la Tour : —— GAUSBERGE.

OUS *souffignez Eſtienne Baluze Profeſſeur royal en Droit canon en l'Vniverſité de Paris, frere Iean Mabillon & frere Thierry Ruinart Preſtres & Religieux Benedictins de la Congregation de ſaint Maur, ayant eſté priez par Monſeigneur Godefroy François Frederic Maurice de la Tour d'Auvergne Souverain Duc de Boüillon, Vicomte de Turenne, Duc d'Albret & de Chaſteau-Thierry, Comte d'Auvergne, d'Evreux, & de Negrepeliſſe, Baron de la Tour &c. Pair & Grand Chambellan de France de nous aſſembler en l'Abbaye royale ſaint Germain des Prez pour examiner les pieces cy-deſſous tranſcrites à nous repreſentées par le ſieur Pierre Iean de Bar natif de la province d'Auvergne, qui a travaillé long-temps avec feu Monſieur du Bouchet natif du meſme pays à la recherche d'anciens titres & actes concernant l'Hiſtoire de ladite province, & d'en porter noſtre jugement, ayant veu en premier lieu les letres du Roy ſaint Loüis adreſſées au Chapitre de l'Egliſe de ſaint Iulien de Brioude en Auvergne en faveur de Guillaume de la Tour Prevoſt de ladite Egliſe trouvées au quatrieſ- me feüillet verſo du petit Cartulaire de ladite Egliſe & mentionnées en la ta- ble qui eſt au commencement dudit Cartulaire eſcrite de meſme main que le corps du livre, ledit Cartulaire contenant en tout cent douze feüillets tant eſcrits que blancs, qui nous a eſté repreſenté en original, veu en ſuite le grand Obituàire de la meſme Egliſe contenant en tout de compte fait trois cens vingt-deux feüillets tant eſcrits que blancs, au ſoixantieſme feüillet duquel eſt fait mention de la mort dudit Guillaume de la Tour, lequel Obituaire nous a auſſi eſté repreſenté en original, declarons que ledit Cartulaire eſt d'une eſ- criture d'environ quatre cens ans & l'Obituaire d'une eſcriture d'environ trois cens ans, & que leſdites letres, qui ſeront cy-deſſous tranſcrites, & l'extrait dudit Obituaire qui ſera mis en ſuite, en ont eſté copiez fidelement ſans aucune alteration, quelque qu'elle puiſſe eſtre.*

Littera directa Capitulo per Ludovicum Regem Francorum ſuper electione Guillelmi de Turre Præpoſiti Eccleſiæ Brivatenſis, & ſuper regalia quam ſibi & ſucceſſoribus ſuis vacante præpoſitura ejuſdem Eccleſiæ deberi intendit.

LUDOVICUS Dei gratia Francorum Rex venerabilibus fratribus in Eccleſia Bri- vatenſi canonicè degentibus ſalutem. Noveritis quòd defuncto Præpoſito veſtro, dilectus noſter Güillelmus de Turre ad noſtram accedens clementiam ſuggeſſit nobis quatinus omnes pari conſenſu ipſum ſuper vos elegiſſetis Præpoſitum. Cui facto, quia juſtum & rationabile nobis videbatur, aſſenſum præbere non diſtulimus, confiden- tes ut ſicut prædeceſſores ejuſdem Guillelmi Aquitaniæ Duces & Comites præfatam Eccleſiam donis multiplicibus honorare viſi ſunt, ejuſque ſemper & regni noſtri de- fenſores extiterunt, ita, & ille pro nobis liberiſque noſtris ejuſdemque regni noſtri ſtabilitate Deum exorare delectet. Et quia conſtat per cartam dñatois inclitæ recor- dationis Ludovici glorioſiſſimi Francorum Regis prædictam Eccleſiam, quæ quon- dam à Sarracenis deſtructa erat, ejuſdem munificentia ad priſtinum ſtatum fuiſſe reſtitutam, ideoque noſtrum eſſe alodem, & vacante ejuſdem præpoſitura ad nos pertinere regaliam, quam tamen ob Dei amorem & ad inſtantiam prædicti Præpoſi- ti aliorumque virorum illuſtrium deprecationem tantò libentius vobis concedimus quantò id ad noſtræ remunerationis præmium amplius profuturum perſpeximus. In cujus rei teſtimonium præſentibus litteris noſtrum fecimus apponi ſigillum. Actum & datum Pariſius anno incarnati Verbi M. CC. XX. ſexto, menſe Decembri.

Extrait de l'Obituaire.

XVI. Kal. Aprilis. Obiit venerabilis vir Guillelmus de Turre Præpositus Ecclesiæ Brivatensis, qui dimisit mille denarios & scolæ quinquaginta solidos, anno Domini M. CC. XLV.

On nous a aussi monstré six anciens feüillets de parchemin destachez, dans lesquels sont les actes transcrits cy-dessous, & dix feüillets de la table d'un Cartulaire de ladite Eglise de Brioude transcrits aussi cy-dessous, sur lesquels nous avons fait avec une meure & exacte deliberation les observations qui sont cy-dessous apres ladite table.

Copie des sept titres contenus dans les six feüillets destachez.

198.

sua manu propria tenens jam supradictas Æcclesias cum omni illorum integritate omnibusque rebus pr.... tis cum omni integritate ipsius sancti martiris don.... suorumque servorum perpetualiter reddidit, id e..... nosmet ipsi invicem ejus videntes nimiam in Domino dilectionem ferventemque in sancti martiris Juliani amorem & beneficia in posterum promerenda, auxiliante Domino Deo cedimus ipsi videlicet BERNARDO COMITI ipsa res suprascriptas, ut quamdiu vivit teneat atque possideat, & omnibus annis in Pascha in censum persolvat Canonicis sancti Juliani de vino optimo modios duos. Post suum ergo ex hac vita discessum præscriptæ res in communi victu Canonicorum ibidem Domino militantium absque ulla perturbatione ac tarditate remaneant. Ab hoc igitur ipse Domnus BERNARDUS providentia Dei suffultus, propter amorem Dei & remedium animæ suæ & patris sui ACFREDI COMITIS & matris suæ ADALENDIS, & pro FILIO SUO BERNARDO, & pro omnibus propinquis & amicis suis tam vivis quàm defunctis dedit Domino Deo & sancto Juliano in communia fratrum aliquid ex rebus proprietatis suæ, quæ illi ex hereditate parentum suorum obvenerunt. Sunt autem sitæ ipsæ res in comitatu Nonatense vicaria de Aurato, in villa cui vocabulum est sancto Fr.... cum omnibus suis adjacentiis quæ ibidem pertin....... lio loco in villa nomine Avezago quantum..... villa visus est habere vel possidere, & in vi.... Ambronensi, in villa quæ nuncupatur Fareyro...... anc villam transmitto & transfundo sine ul..... contradicente, & post suum discessum sancto Juliano remaneat cum omni sua integritate, & teneat Hebbo in obedientia ista omnia superiùs scripta, & post obitum suum sancto Juliano revertantur sine ulla contradictione. Si quis contra hanc cartam ullam calumpniam generare præsumpserit, quod petit non vindicet, & iram omnipotentis Dei & sanctorum omnium incurrat, & cum Dathan & Abiron retributionem accipiat, & cum hiis qui dixerunt Domino Deo Recede à nobis particeps sit in inferno, & peticio ejus nullum habeat effectum, insuper & cum Juda proditore indulgentiam accipiat. SIGNUM BERNARDO COMITE, SIGNUM BERNARDO FILIO suo, qui hanc cartam scribere vel firmare rogaverunt. Sig. Eldegerii. Sig. Achardi Presbyteri. Sig. Geraldi. Sig. Bertrandi Clerici. Facta fuit cessio ista feria III. in mense Marcio, anno sexto regnante Rodulpho Rege.

CCCLV.

SACROSANCTÆ Dei Ecclesiæ sancti Juliani martiris vico Brivate fundatæ, ubi inclitus martir Julianus toto corpore gloriosissimè requiescit, nècnon & sanctus Ilpidius martir & Arconcius gloriosus Christi confessor ad lævam & ad dextram digno honore requiescunt, & aliorum sanctorum reliquiæ eodem honore pariter conditæ sunt, in supradicto autem tempore videtur esse Guillelmus Comes, Dalmacius Abbas, Rotbertus Præpositus super ipsam catervam custodes præesse videntur, idcirco ego in Dei nomine GERALDUS QUI VOCOR DE TURRE considerans casum fragilitatis humanæ, ut pius & misericors Dominus de immanitate facinorum meorum aliquid relaxare dignetur, tam pro me ipso & uxore mea GAUSBERGA quàm pro genitore meo BERNARDO & genitrice mea BERTHELDE, sive pro AVO MEO BERNARDO COMITE & uxore sua BLITSENDE, nec non &

pro GUILLELMO & ACFREDO AQUITANIÆ QUONDAM DUCIBUS, & pro cunctis parentibus & amicis meis tam vivis quàm defunctis, cedo Deo & sancto Juliano in communia fratrum aliquid ex rebus proprietatis meæ, quæ michi legibus advenerunt, hoc est, mansum I. cum campis, pratis, pascuis, silvis, exiis & regressis, cum omnibus quæ ad ipsum mansum pertinent. Et sunt sitæ ipsæ res in pago Arvernico, in comitatu Talamitensi, in vicaria Messiacensi, in villa quæ vocatur Monteplano; & terminatur ipse mansus de uno latere terra STEPHANI FRATRIS MEI, de secundo latere terra Guitberti, de tertio latere terra de ipsa hereditate, & de quarto latere via publica. Tali namque ratione facio hanc donationem ut quamdiu ego vixero teneam atque possideam, & post obitum meum sancto Juliano remaneant sine ulla contradictione. Si quis vero hanc kartam calomniare præsumpserit, iram Dei omnipotentis & sanctorum omnium offensam incurrat, & cum Dathan & Abiron sit particeps in infernum. Facta cessione ista mense Aprili, anno sexto regnante Lothario Rege Franchorum.

CCCLVIIII. SACROSANCTÆ Dei Ecclesiæ sancti Juliani in loco qui nuncupatur Brivate, ubi inclitus martir Julianus venerabilem adeptus est sepulturam, ad dexteram Ilpidius & ad lævam Arconcius in propriis mausoleis requiescunt, in supradicto autem loco W. Comes vel Abbas sancti Juliani super ipsam casam Dei rector præesse dignoscitur, tempore Adalgisi Præpositi seu Anastasii Decani, qui & ipsi custodes præesse videntur. Ob hoc igitur ego in Dei nomine Octomarus Presbyter cedo ipsi casæ Dei & ad locum supradictum aliquid de rebus proprietatis meæ, quæ michi ex hereditate obvenerunt, pro remedio animæ meæ & patris mei Bertranni & matris meæ Guslanæ & aliorum parentum meorum, videlicet vineam 1. & mansum 1. cum appendiciis suis. Et sunt sitæ ipsæ res in pago Arvernico in villa quæ vocatur Maticara, in aize Catiracensi, in ipsa cultura. Et placuit michi voluntas ut diebus hiis quibus ego indignus peccator vixero prædictas res teneam & possideam, & post obitum meum sancto Juliano revertantur cum omni sua integritate sine ulla contradictione. Si quis, quod futurum minimè credo, ego ipse aut ullus ex parentibus meis vel aliqua emissa persona hanc kartam calumpniare præsumpserit, iram Dei omnipotentis & sanctorum offensam incurrat, & cum Dathan & Abiron particeps sit in infernum. Actum mense Octobris, anno XXII. regnante Karolo Rege Phrancorum & Aquitanorum.

CCCLX. SACROSANCTÆ Dei Ecclesiæ vico Brivate fundatæ, quæ dedicante Domino Christo consecrata est in honore martirum, scilicet almi martiris Juliani, qui ibi toto corpore integerrimè requiescit, Ilpidiique martiris ad dexteram, & gloriosi Christi confessoris Arconcii ad lævam honorantur mausoleis, & aliorum sanctorum reliquiæ quæ ibidem digno honore conditæ sunt, sub quo loco vel congregatione Dalmacius Abbas, Joseph Præpositus, Hictorque Decanus custodes præesse videntur. Idcirco ego in Dei nomine BERNARDUS unà cum uxore mea BERTHELDE & filio meo GERARDO QUI COGNOMINATUR DE TURRE, considerans casum fragilitatis humanæ, & mente pertractans quia reportabit unusquisque ante tribunal Christi arbitris propria corporis prout gessit sive bonum sive malum, quapropter magnopere expedit ut de caducis bonis quæ Domino largiente percipimus, si non totum, vel partem ad ejus obsequium delegare studeamus, ut pius & misericors Dominus sanctorum suorum meritis intervenientibus & pauperum precibus exoratus immanitatem facinorum nostrorum relaxare dignetur, cedo Deo vel ad supradictum locum in stipendia fratrum qui ibidem Deo famulantur cotidie aliquid ex rebus proprietatis meæ quæ michi ex hereditate obvenerunt, pro redemptione animarum nostrarum & genitoris mei BERNARDI COMITIS ac genitricis meæ BLYTSINDIS & avi mei ACFREDI COMITIS & uxoris suæ ADELINDIS, sive pro avunculis meis VILLELMO & HACFREDO AQUITANORUM DUCIBUS, & pro cunctis parentibus & amicis meis tam vivis quàm defunctis. Sunt autem sitæ ipsæ res in pago Arvernico, in vicaria Brivatensi, in villa quæ vocatur Bergnaco, quantumcumque ibi visus sum habere vel possidere, & in comitatu Talamitensi, in aize Messiacensi, in loco cui vocabulum est ad boscum, mansos II. cum omnibus appendiciis suis, scilicet cum campis, pratis, exiis & regressis, cum pascuis, silvis, aquis aquarumve decursibus, cultis & incultis, omnia & ex omnibus quæ ad ipsos mansos aspicit vel aspicere videntur, & habent fines de una parte terram GAUSBERGANÆ UXORIS SUPRADICTI FILII MEI, de secunda parte terram Rotberti Vicecomitis fratris W.¹ de tertia parte terram Hucberti Vicecomitis, & de quarta parte viam publicam. Tali namque ratione ista omnia cedo vel dimitto Deo sanctoque Juliano ut quamdiu ego & uxor mea vixerimus teneamus & possideamus, & annis singulis in censum duos sexratios de frumento persoluamus, & post obitum nostrum, qualiscumque ex nobis mortuus fuerit, ejus pars Domino Deo & sancto Juliano remaneat sine ulla contradictione. Sane si quis, quod absit, ego ipse vel ullus de heredibus meis, sive Abbas, sive Comes, aut aliqua emissa personna prædictas res de communi victu Canonicorum abstrahere voluerit, non ei liceat vindicare quod petit, sed iram Dei omnipotentis & omnium sanctorum offensam incurrat, & cum Dathan & Abiron & cum Juda proditore Domini in infernum demergatur, & insuper auri puri libras xx. coactus exsoluat, nisi ad satisfactionem & emendationem venerit. Facta fuit cessio ista feria sexta in mense Madio, anno secundo regnante Lodovico Rege Phrancorum & Aquitanorum. SIG. BERNARDI, SIG. BERTHELDIS, SIG. GIRARDI FILII SUI, qui cartam istam fieri vel firmare rogaverunt. Sig. Dalmacii Abbatis consobrini sui. Sig. Stephani Episcopi. Sig. Rotgerii Comitis.

CCCLXI.
LEGUM decrevit auctoritas & racio jure exposcit ut inter reliquas scripturas sola tantummodo cessio gestarum obtineat firmitatem. Quapropter ego in Dei nomine Dalmacius & uxor mea Isingarda cedimus Deo sanctoque Juliano in stipendia fratrum aliquid ex rebus proprietatis nostræ, quæ nobis legitimo jure obvenerunt, & sunt sitæ ipsæ res in patria Arvernica, in aice Brivatensi, in villa quæ dicitur Gisago, omnia quæ ibi sunt, & in comitatu Nonatensi in villa quæ vocatur Mizeriago in ipsa cultura mansum I. cum curte & horto, cum exio & regressio, cum campis & pratis, cum silvis & pascuis, cum terris cultis & incultis, omnia & ex omnibus quæ ad ipsum mansum pertinent. Et terminatur ipse mansus de uno latere terra Bernardi Levitæ, de secundo latere terra Guillelmi Presbyteri, de tertio latere terra de ipsa hereditate, & de quarto latere via publica. Tali namque ratione prædictas res cedimus Deo & sancto Juliano, ut quamdiu ego & uxor mea vixerimus teneamus & possideamus, & annis singulis in censum mod. . . . . .

363.
cum omni illorum integritate omn. . . . . præscriptis cum omni integritate ipsius sancti. . . . . Domino suorumque servorum perpetualiter redd. . . . . . Idcirco nosmet invicem ejus videntes nimia. . . . . Domino dilectionem ferventemque in sancti mé. . . . . Juliani amorem & beneficia in posterium pro. . . . . da auxiliante Domino cedimus ipsi videlicet BE. . . . . DO COMITI iis rebus suprascriptis, ut quam. . . . . vivit teneat possideat & ab omnibus anni. . . . . . in Pascha in censum persolvat Canonicis de v. . . . . . optimo mó. 1. Post suum ergo ex hac vita discessum præscriptas res in comuni victu Canonicorum ibidem Domino militantium absque ulla proturbatione ac tarditate remaneant. Ab hoc igitur ipse Domnus BERNARDUS providentia Dei sufultus propter amores Dei & remedium animæ suæ, patrem & matre sua, & avo suo, & omnibus parentibus suis cedit Deo, sancto Juliano & in communia fratrum aliquid ex rebus proprietatis suæ quæ illi ex rebus proprietatis obvenerunt. Sunt autem ipsæ res in comitatu Nonatense, & est Æcclesia. . . . .

ibidem pertinent, & in alio loco. . . . . . ine Curzago quantum in ipsa villa vi. . . . . . habere vel possidere, & in vicaria Iheriacense nomine Vuluigitis anc villam sine ullo con. . . . ente, post suum discessum sancti Julianus. . . . . . . at Hebbo in obedientia ista omnia supe. . . . . scripta sancti Juliani remaneant sine ullo. . . . . adicente Sign. BERNARDO COMITE. . . . . . hanc cartam scribere vel firmare rogavit. Sign. STEPHANO filio Bertrandi. Sign. Geraldi. Sign. Eldegerio. Sign. Teotardo. S. Achardo. Sign. BERNARDO FILIO EIUSDEM COMITIS. Si quis contra hanc cartam ullam calumpniam generare præsumpserit, quod petit non vindicet, & iram omnipotentis Dei incurrat, & cum Datan & Abiron retributionem accipiat, & cum his qui dixerunt Domino Deo Recede à nobis particeps sit in infernum, & peticio ejus nullum habeat effectum, insuper & cum Juda proditore indulgentiam accipiat. Regnante Radulpho Rege.

CCCLXIIII.

CCCLXV. SACROSANCTÆ Dei Ecclesiæ sancti Juliani martiris vico Brivate fundatæ, ubi martir venerabilem adeptus est sepulturam, in dextera ac læva Ar...... diique honoratur mau...... & aliorum sanctorum reliquiæ. Idcirco ego in...... BERNARDUS COMES cedo Deo sanctoque Juliano pro animæ meæ remedio & pro parentibus & amicis meis tam vivis quàm defunctis aliquid de..... proprietatis meæ, quæ michi legitimo jure advenerunt, censumque esse volo. Sunt autem ipsæ res in patria Arvernica, comitatu Brivatense, in loquo qui vocatur Fareyrolas, in ipsa villa....... no Æcclesiam quæ est fundata in honore sancti Juliani cum....... ritate, & in ipso aice mansos II. & in alio loco qui..... æ mansum unum. Hæc omnia præscripta cedo Deo & sancto Ju.... communia fratrum, ut habeant, teneant, atque possideant.... b⁹. quicquid facere voluerint faciant. Si autem aliquis...ve Abbas, sive Comes, aut Præpositus, aut aliqua emissa....... prædictas res de communi victu fratrum ullo ingenio abs...... re voluerit, non ei liceat vendicare, sed insuper iram... omnipotentis incurrat & sanctorum omnium offensam, & cum... tan & Abiron vivens in infernum demergatur, & ipsæ...... ad propinquos meos revertantur. Et ut hæc cartula à me.... cta firmior videatur, manu propria subter eam firmavi.... aliorum virorum manibus corroborari decrevi.... ctum est die sabbati, mense Decembrio, anno II. regnante Radulfo Rege Phrancorum.

Copie de ce qui reste des tables par chiffres consecutifs.

LXXXII.	Brennag in vicaria Brivatensi totam villam. Cedo Bertrannus.
LXXXIII.	Castellucio in vicaria Telendensi. Arsinda cedo.
LXXXIIII.	Chaucinogolo campum I. pratum I. in vicaria Brivatensi. Galfredus & Eldefredus cedimus.
LXXXV.	Beceria in vicaria Radicatensi mansum I. Boshet mansum I.
LXXXVI.	Burnunculo in vicaria Brivatensi VIII. campos. Aimenradus cedo.
LXXXVII.	Bassedugo in vicaria Nonatensi mansos duos. Brugeria in vicaria Ucionensi mansos duos. Giburgis cedo.
LXXXVIII.	Ecclesia sancti Victoris in vicaria Libratensi.
LXXXVIIII.	Intermontes in aice Brivatensi mansos II. & totam terram. Ferreolus cedo.
XC.	Vallilias in Vellaico I. mansum cum medietate nemoris.
XCI.	Lopiag in comitatu Arvernico mansum I. Stephana.
XCII.	Rouret in vicaria Brivatensi I. mansum. Bertrannus cedo.
XCIII.	Beceria in vicaria Brivatensi mansos II. Arsinda.
XCIIII.	Asinerias in vicaria de Aurato mansum I. appendariam I. Gi....
XCVII.	Severiaco in vicaria Brivatensi mansos II. apendariam I. Bergol...
XCVI.	Cersareda totam villam, & in casa appendariam I. Ada....
XCVII.	Montilio pratos duos, campos. V.
XCVIII.	Moren totam villam. BERNARDUS COMES cedo.
IC.	Adrencii medietatem unius mansi. Radulfus.
C.	Rennagag mansum. I. in vicaria Brivatensi. Odilo cedo.
CI.	Fronnago in aice Brivatensi Leccedoni vineam I. Seisanic.. in aice Brivatensi vineam I. Lamiago in aice Cantilanico III. GERALDUS cedo.
CII.	Mizeriaco in vicaria Bonorohense vineam unam. Girbernus cedo.
CIII.	Vinzella mansionem I. vineam I. in vicaria Nonatensi. Rainaldo cedo.
CIIII.	Marlago medietatem duorum mansorum.
CV.	Aggaurato in aice Tolornense omnia, & in aice Burnione mansum uunm.....
CVI.	Cricingo in vicaria Brivatensi campum I. Gir. . . . . . .
CVII.	Carta Ferreoli.
CVIII.	Sorzago clausum I. in vicaria Nonatensi I.,....
...IIII.	Lac in vicaria Brivatensi......
CX.	Casellas in vicaria Brivatensi mansum I. Sirnag. mansos II. Lantre mansum I. Vallilias totas, & quartam partem Ecclesiæ de villa. Ego Ebrardus cedo.
CXI.	Solimnago in vicaria Talamitensi cortilium I. pratum. I. clausum I. vineam I. campum I. Genesius cedo.
CXII.	Seveiriaco mansiones II. campum I. in vicaria Ambronensi. Buciaco totam. Orbaniaco mansos II. appendarias VI. Domaziago mansiones III. in loco qui vocatur Pauliaco mansos II. pratum I. . . . . . .
CXIII.	Condede in vicaria Nonatensi Roravus unam vineam cedo.

....ZII.   Crumiliacum in vicaria Cantilianico.
......   Buciaco in vicaria Ambronenfi cafam 1. cum omnibus appendiciis. Airaudus.
......   Illa Beceria in vicaria de Aurato ad Salque & Duno cum omnibus fuis adjacen-
                 tiis.
....   Ulnatis in aice Cumicenfe Cuinas manfos VI. apendarias 11.
..   .. d Cumbam manfum 1. in Alteriaco manfos 111. Maurincini.. cas manfos 111.
                 Solegias manfum 1. Roairolas manfos 11. Aurelias manfos 111. Ad illos comos man-
                 fos 11. Villam vineam 1. & aliam vineam fubteriorem. Gulfaldus clericus cedo.
....;   Caullago in vicaria Radicatenfi cafam unam cum brolio 1. & manfis omnibufque
                 appendariis. Bernardus cedo.
......   Monteto in vicaria Brivatenfi manfos 11. in vicaria Nonatenfi Caufiliacus man-
                 fiones meas, 1. orto, vineam 1. Ermengaudus cedo.
......,   Chiaffellas in vicaria Radicatenfi & Orfanirollas quantum in ipfis villis vifus fum
                 habere. Stephanus cedo.
....XI.   Valzella totam villam & in Altariago manfum 1. & in vicaria Tolornenfe vil-
                 lam quæ dicitur Geurado cum adjacentiis fuis. Albuinus cedo.
....XII.   Roiago in vicaria Brivatenfi quantum ibi habeo manfos, appendarias & omnia
                 cedo.
....   In vicaria Liciniaco Montilio , & cum Montilio unum molendinum. Rotber-
                 tus cedo.
....   Loberias in aize Brivatenfi manfos VIIII. appendarias XIIII. Stephanus cedo.
....   Montetum in comitatu Tolornenfe in vicaria Libratenfi appendarias 1111. Guir-
                 bernus.
......•   Lizinaco in vicaria Nonatenfi vineam unam. Chatberga cedo.
.... atkarra in vicaria Ambronenfi vineam 1. Gizatrudis cedo.
CCCCXVIII.   Luzio Ecclefiam cum omnibus fuis, & villam Fontanas cum omnibus fuis. Ste-
                 phanus Epifcopus Arvernicæ fedis cedo.
CCCCX VIIII.   Clais Poncius, Durannus, & Bertrannus.
CCCCXVIIII.   Cafolet Stephanus Bego dimitto mutonem unum.
CCCCXX.   Braciacus in vicaria Talamitenfi & Brivatenfi Ecclefiam beati Petri cum omnibus
                 fuis.
                 Caufiliacus in valle Nonatenfi quantum in ipfa villa viffum habere. Anglars in
                 comitatu Telamitenfi cum omnibus fuis appendiciis , & Ecclefiam fancti Petri quæ eft
                 ibi. Roculas cum Ecclefia & cum omnibus fuis adjacenciis. HACFREDUS CEDO.
CCCCXXI.   Solariol in vicaria Briuatenfi molinarium 1. pratum 1. campum 1. Rotgerius cedo.
CCCCXXII.   Airolas, quantum ad illam afpicit, alio loco Becia quantum viffus fum habere,
                 Valle Orferia manfum 1. fimiliter in vicaria Vcionenfi manfos qui dicitur Silva maura.
                 Murato in vicaria Ambronenfi vineam 1. Vitardus cedo.
CCCCXXIII.   Vallis in vicaria Ebredenfi in comitatu Telamitenfi cafam 1. cum curte, orto, &
                 Ecclefia quæ eft dedicata in honore fancti Stephani cum fuis appendiciis in ipfo aice.
                 Roca Urlanda omnia quæ ibi habeo. Solignacum manfum 1.
                 Rodmenfi manfum 1. Roculas manfum 1. Heldenodis cedo.
CCCCXIIII.   Sancti Germani manfionem 1. Oldaricus vendo fol. cc.
CCCCXXV.   Mercoriæ Ecclefiam in vicaria Radicatenfi fancti Stephani cum omnibus fuis, in
                 alia Mercoira quantum viffus fum habere. Rafcles manfum 1. Cogociago manfum 1.
                 Beceria manfum 1. Roariolas manfum 1. Maurlerias manfum 1. Fageto manfos III. ap-
                 pendariam unam. Loderias manfos VIIII. apendarias 111. Orfairolas manfos 111. Ca-
                 fellas medietatem de Ecclefia quæ eft fancti Laurencii, in ipfa villa manfos 111. Brui-
                 arolas quantum in ea vifus fum habere. Rialago quantum in ea vifus fum habere. In
                 vicaria de fancto Germano Caufliago quantum ibi vifus fum habere. Beraldus cedo.
                 Girberga.
CCCCXXVI.   Balciago Rivo Martino apendariam 1. Geraldus cedo.
CCCCXXVII.   Rialaco manfos 111. Solignaco partem meam. Artona hoc quod habeo. Poieto
                 quod habeo. Tanciago totam villam & Madronio & comandam de Braciago. Villel-
                 mus cedo.
CCCCXXVIII.   Mufearda Ecclefiam fancti Benedicti. Auxilia cedo.
CCCCXXVIIII.   Silvacomtal totum bofcum. Dáco & uxor mea & Gauzbertus cedimus.
CCCCXXX.   Luziag Ecclefiam fancti Jufti in honore fundatam cum omnibus fuis appendiciis.
                 Umberga cedo.
OCCCXXXI.   Ladiniaco in patria Rotanica capellam 1. fanctæ Mariæ & fancti Petri cum omni-
                                                                                                  bus

bus suis appendiciis. In aice Carlacensi scura quantum ibi visus sum habere. Ad locum qui dicitur Septemfontes mansos II. Bernarnus & uxor mea Magalendis cedimus.

CCCCXXXII. Marga mansum unum. Stephanus cedo.

CCCCXXXIII. Causiliaco quantum ibi visus sum habere. Braciaco Ecclesiam sancti Petri cum omnibus suis appendiciis. In comitatu Telamitensi Ecclesiam sancti Petri. Gabalitano comitatu Roculas cum Ecclesia sancti Johannis cum suis appendiciis ad ipsam curtem. ACPHREDUS AQUITANIORUM DUX.

CCCCXXXIIII. Liziniacus Ecclesias III. unam sancti Germani, alteram sancti Johannis Baptistæ, aliam sancti Clementis martiris, cum omnibus suis appendiciis. Stephanus Episcopus Arvernicæ sedis cedo.

CCCCXXXV. Cultoiole in aice Catiliniacensi Ecclesiam sancti Johannis cum omnibus suis appendiciis. Abo cedo.

CCCCXXXVI. Madriac mansum I. qui dicitur Casa. Poncius de Avoiro cedo.

CCCCXXXVII. Fontanas in vicaria Brivatensi Ecclesiam sanctæ Mariæ cum omnibus suis appendiciis. Bonafont cum omnibus suis apendiciis. Bernardus & Arlebaldus cedimus.

CCCCXXXVIII. Vesedoni in aice Brivatensi mansum I. Alcherius clericus cedo.

CCCCXXXVIIII. Maisonil in aice Brivatensi mansum I. Raingarda cedo.

CCCCXL. Arfolia Armandus Albuinus XII. denarios de censu post mortem meam totas apendarias cedo.

CCCCXLI. Rocheta mansum I. Stephana dimitto, quem antea habuerant Clerici sancti Juliani, & accepi ab heis solidos XXX. & pelliciam I.

CCCCXLII. Blanede in aice Nonatensi. Ecclesiam sancti Juliani consecratam invenietis in libri hujus epistola qualiter est ditata de honoribus sancti Juliani & de alienis. In ipsa Blaneta mansum I. adhærens Ecclesiæ, pratum I. vineam I. capo I. campos illos qui pertinebant Ecclesiæ sancti Sixti. In aice Bonorochensi mansionille I. quod dicitur Valilia, & decimæ ipsius Blanetæ, & decimæ de Ortas & de Bavosus medietatem decimarum. Grizilions duas partes decimarum. Porcaricias in aice Brivatensi duas partes decimarum. Vinecia duas partes decimarum.

CCCCXLIII. Langat Ecclesiam cum omnibus decimis. Favairolas in aice Gabalitano Ecclesiam cum omnibus decimis & apendiciis. In aice Brivatensi Colde cum omni integritate sua. Poncius Consul cedo.

CCCCXLIIII. Lodairedas in vicaria de Radicatensi mansum I. Rotbertus cedo.

CLXX....	.
CLXXXVII.	.
CLXXXVIII.	Bati
CLXXXIX.	Orib in pago
CXC.	Braciacus in comitatu To Rodavus, Stephanus. . . . . vineam unam.
CXCI.	Morennum in comitatu Talamitensi in aic. . . . . sancti Juliani cedunt Hildegardo ipsam vil.
CXCII.	Sallus in comitatu Brivatensi in eadem vicaria mansos III.
CXCIII.	Lupiago in vicaria Brivatensi mansum unum & appendariam I. cum campis & pratis. Ebradus cedo.
CXCIIII.	Mizeriago in comitatu Talamitense in vicaria Bonorot. . . . . & vineam unam pro anima Elizabet uxore sua. Cavallarius.
CXCV.	Condede in aice Nonatense mansum I. cum curte & orto. Anden.
CXCVI.	Curmilias in vicaria Brivatensi campos duos & pratum I. Cunabertus.
CXCVII.	Bergnias in vicaria de Cantilianico mansum unum. Cavallarius.
CXCVIII.	Avezago quantumcumque visus sum habere, & in vicaria Ambronense Fareyrolas, ipsam villam. BERNARDUS COMES CEDO.
CXCVIIII.	Boberias in urbe Arvernis, in vicaria Brivatensi, campos III. Odilus.
CC.	Ad illas cumbas in vicaria Billonense vineam I. & pratelum ad se adhærentem. Vivianus Levita cedo.
CCI.	Girondis in vicaria Ambronensi in cultura de Avajolo.
CCII.	Maseras in comitatu Telamitense in vicaria Ambronens......... appendariam unam cum curte & orto. Dado & uxor mea d......
CCIII.	Sallias in vicaria Radicatense mansum. I. Robertus c.....

8

CCIIIX. Prullanicas in vicaria Ambronenſe campum 1. Bertra......
CCVI. Campania in vicaria Brivatenſi vineam unam & campum ipſi vi...... tem. Daniel ſacerdos & Odo Levita......
CCVII. Caſtellucio manſos & appendarias in com......... in eadem vicaria. Salicus & uxor mea cedi.
.... andus cedo.
.... nſum unum. Eldebertus cedo.
.... rmantius cum uxore mea cedimus.
.... cato mas 1. Camalerias pratum 1.
.... nſos qui ad illas pertinent. Atigus cedo.
.... e Brivatenſi cum manſis & apendiciis. Hermengaudus & uxor mea cedimus.
.... in vicaria Brivatenſi manſos IIII. cum apendiciis ſuis & Eccleſiam.......... jecti prata duo ei adhærentes monachi Mauziacenſi dederunt.
.... em in vicaria Brivatenſi manſum 1. cum curte. Golfidus cedo.
.... ciaco in vicaria Nonatenſi manſiones quaſdam cum tribus vineis...... a vicaria in villa quæ dicitur Dalmacia vineas 11. & in villa Orbaniaco...... 1. cum apendariis v. Rotbertus Levita cedo.
.... atiniaco in vicaria Brivatenſi manſos & apendarias & omnia. Godrandus & uxor mea.
.... rdallo in vicaria Ambronenſi manſum 1. cum curte, in vicaria Brivatenſi Croſeto manſum 1............ eſtratus in comitatu Gabalitanenſi concambiaverunt Canonici ſancti Juliani.
.... ſaco manſiones 1111. cum omnibus apendiciis. Atebertus Levita cedo.
.... zas in vicaria Liberatenſi manſum 1. apendarias 111. Rotbertus & Lucrecia cedimus.
.... co in vicaria........ manſos 11. & vinea ſibi adhærente Geilus cedo.
.... in vicaria Ambronenſi vineam 1. Abo & Aimo & Eiradus cedimus.
.... in vicaria Brivatenſi manſos 11. apendariam unam. Vidianus cedo.
.... manſum 1. apendariam 1. in comitatu Brivatenſi. Odilo cedo.
.... ice Brivatenſi medietatem ipſius Eccleſiæ, apendarias IIII. Cabannas........... s mas 1. Miſeriaco Cumbrunas manſos 11. .... evita & Aimoinus ſacerdos cedimus.
.... tenſi manſos, apendarias, campos. Bertrannus Levita cedo.
CCCXXIIII. Contencioſa in vicaria Maiſiacenſi in comitatu Telamitenſi, hoc quod habeo. Aimuinus.
CCCXXV. Vallilias in vicaria Moiſiacenſi manſos 11. in comitatu Telamitenſi, Euſtorgius & Andraldus, necnon & Rigaldus, Utbertus, & Gaucelmus cedimus.
CCCXXVI. Cauſiliaco in vicaria Nonatenſi manſionem cum curte & clauſum 1. Villelmus cedo.
CCCXXVII. Beceria in vicaria Brivatenſi manſum unum cum curte & omnibus ſuis. Ingalfredus Presbyter, Rainerius, Rainus, Ebrardus cedimus.
CCCXXVIII. Nozariolas in aice Cantilanico omnia quæ ibi ſunt. Ricoinus cedo.
CCCXXVIIII. Nozariolas in vicaria de Moiſiace manſos 111. cum campis. Guido & Audberta cedimus.
CCCXXX. Cauſiliaco in vicaria Conatenſi vineam unam. Galfredus cedo.
CCCXXXI. Fontanas & Coſiago in vicaria Brivatenſi manſum 1. Hadalradus cedo.
CCCXXXII. Bognogo in aice Brivatenſi omnia quæ ibi habeo. Eutorgius Levita,
CCCXXXIII. Victoriacus in vicaria Brivatenſi omnia, Montilio ſimul omnia. Gauraceus ſacerdos.
CCCXXXIIII. Monzios in vicaria de ſancto Germano vineas ipſas. Bladinus cedo.
CCCXXXV. Batuſiaco in aice Brivatenſi manſis cum campis, pratis, cultum & incultum. Bertrannus & uxor mea cedimus.
CCCXXXVI. Montecellenſi in aice Nonatenſi manſum unum, Kariſſima cedo.
CCCXXXVII. Criſpiago in aice Brivatenſi manſum unum cum curte. Leoterius cedo.
CCCXXXVIII. Avezago in aice Ambronenſi vineam unam. Gocerandus cedo.

CCCXXXVIIII.	Monte in vicaria de civitate vetula manſos II Rodavus & uxor mea Agina.
CCCXL.	Crozeto in aice Brivatenſi manſum I. Geneſius & uxor mea cedimus.
CCCXLI.	Fontanilias in aice Brivatenſi manſum abſum cum curte. Geneſius & uxor mea.
CCCXLII.	Felgerias campum I. in aice Brivatenſi. Vendaia campum I. Petrus vaca.
CCCXLIII.	Cadarnac in vicaria Nonatenſi manſiones III. cum curtis & vineam eis adhærentem. Abo & conjux mea.
CCCXLIIII.	Vallilias in vicaria Brivatenſi manſum unum cum curte & cum omnibus. Iſimbertus ſacerdos, Ranulfus, Stephanus, Girbaldus cedimus.
CCCXLV.	Proliacus in comitatu Telamitenſi caſam I. cum vineis & aliis rebus. Caſaniolas aliam vineam quæ vocatur Mariſſa. Ugbertus ſacerdos. Vallilia in vicaria Nonatenſi vineam I. Sorciacus in vicaria Nonatenſi vineam I. & Plantadas.
CCCXLVI.	Alaretūs cum manſis, campis, pratis & omnibus adjacenciis. Eracleus & Iſinberga cedimus.
CCCXLVII.	Ermeto in vicaria Radicatenſi. Ermengardis uxor Akardi cedo omnia quæ habebat ibi Acardus.
CCCXLVIII.	Polione in vicaria Nonatenſi vineam I. Euſtorgius cedo.
CCCXVIIII.	Lauriac manſum I. cum campis, pratis & vineis. Adalgardis cedo.
CCCL.	Rivos in vicaria Brivatenſi cum omnibus ſuis appendiciis & quantum ad ipſam villam aſpicit. Et in compenſationem hujus rei dederunt Canonici ſancti Juliani in comitatu Tollornenſe partibus Aſterii & uxoris ſuæ Lucriciæ villam quæ dicitur Linogile cum manſis, campis, pratis & ſilvis. Aſterius & uxor ſua.
CCCLI.	Loberias in comitatu & vicaria Brivatenſi, in ipſo aice curtem indominicatam cum caſa indominicata & prato dominicato. Dalmacius & uxor mea Bertane.
CCCLII.	Fabricas in comitatu Telamitenſe in vicaria de Nova Eccleſia manſos cum campis, pratis, ſilvis, & brolio indominicato cum omnibus adjacenciis ſuis, & in vicaria Bonorocenſe in cultura de Vallilias vineam I. quam de Radoni conquiſtavi. Iſimbardus elemoſinarius.
CCCLIII	Paulac ma...... cum ſuis appendiciis. Ugo cedo.
CCCLIIII.	Niziaco in vicaria Cantilianico manſum I. cum farinariis & apendiculam I. & pratum indominicatum. Rado & germani mei W. & Abbo.
CCCLV.	Monteplano in vicaria Meſſiacenſi manſum I. GERALDUS DE TURRE.
CLCLVI.	Remnagas in vicaria Brivatenſi manſum I. cum curte & orto. JOSEPH PRÆPOSITUS.
CCCLVII.	Rairolas in comitatu Talamitenſe manſum I. ERMENALDUS PRESBYTER.
CCCLVIII.	Luzernanicas medium plantum Cauriaco & vineam ad ſe adhærentem. Stephanus ſacerdos.
CCCLVIIII.	Maticara in aice Catiracenſi vineam I. OCTOMARUS PRESBYTER.
CCCLX.	Bergnaco in vicaria Brivatenſi quantumcumque viſſus ſum habere, & in alio loco ad Boſcum manſos II. cum apendiciis ſuis. BERNARDUS & uxor mea BERTHELDIS.
CCCLXI.	Giſago in aice Brivatenſi, omnia quæ ibi ſunt. DALMACIUS & uxor mea ISINGARDA.
CCCLXII.	Curſago in comitatu Nonatenſe totam villam. BERNARDUS COMES & filius meus BERNARDUS.
CCCLXIII.	Fareyrolas in comitatu Brivatenſi Æccleſiam & manſos II. BERNARDUS COMES.
CCCLXIIII.	Neirago in vicaria Brivatenſi manſum I. cum curte & farinarium I. Ebrardus cedo.
CCCLXV.	Baurianicas in vicaria Brivatenſi manſum I. & in alio loco apſitatem I. quæ ſita eſt juxta villam Silviniacus. Stephanus cedo.
CCCLXVI.	Novacella campum I. Dalmacius cedo. Clerici ſancti Juliani dederunt alium campum cum farinario. Dalmacius.
CCCLXVII.	Roilago in aice Brivatenſi manſos IIII. & vineas XV. Armandus & uxor mea Bertildis.

B   *Copie de ce qui reſte des tables alphabetiques.*

XLV.	Bellomonti tertiam partem Eccleſiæ & manſos II. apendariam I. vineas III. Achelmus.
LXXIII.	Brennac in vicaria Nonatenſi manſum I. Villelmus.

LXXIIII.	Balciacus in comitatu Brivatenſi apendariam 1. Stephanus.
LXXXII.	Brennac in vicaria Brivatenſi totam villam. Bertrannus.
LXXXV.	Beceria in vicaria Radicatenſi manſum 1. Boſchet manſum 1.
LXXXVI.	Burnunculo in vicaria Brivatenſi campos VIII. Aimenradus.
LXXXIIII.	Baſſedugo in vicaria Nonatenſi manſos duos.
	Brugeria in vicaria Ucionenſi manſos duos. Girburgis.
XCIII.	Beceria in vicaria Brivatenſi manſos duos. Arſinda.
XVC.	Bergolde appendariam unam. Euſtorgius.
CV.	Burnione in aice Tolornenſi manſum 1. Adalberga. Girbertus.
CXII.	Buciago in vicaria Ambronenſi totam villam. Rotbertus Abbas.
CXV.	Buciago in vicaria Ambronenſi caſam unam cum omnibus ſuis. Airaudus.
CXVI.	Beceria in vicaria de Aurato totam villam. Atigus.
CXXXVII.	Blanzaco in vicaria Nonatenſi vineam 1. Bertrannus & uxor mea Seginildis.
CXXXVIII.	Blanede in vicaria Nonatenſi vineam 1. Petrus.
CXLI.	Beceria totum alodium. Ebrardus cedo.
CXLII.	Bregonna in vicaria Ambronenſi manſum duplum. Rotbertus Vicecomes, Bernardus.
CXLVIIII.	Blanzaco brolium 1. Eutorgius.
CXLVIII.	Boiſairolas in vicaria Brivatenſi man. IIII. Iſingarda.
CLXV.	Berlerias in vicaria Brivatenſi vineam 1. Ermengardis.
CLXVII.	Balciago in vicaria Brivatenſi manſos 11. & vineam 1. Artmandus.
CLXX.	Burnunculo vineam 1. campos 111. Uldarinus ſacerdos.
CLXXII.	Berlerias in vicaria Brivatenſi totam villam. Aimo & uxor mea.
CLXXXI.	Barrus in vicaria Brivatenſi vineas 11. Poncius.
CLXXXVIII.	Batuſaco in vicaria Brivatenſi caſaſam 1. araturiam 1. & treliam 1. vineas 11. Atebertus.
CXCVII.	Braciac in vicaria Bodilonenſe quantum ad ipſam villam aſpicit. Dalmacius, Rodaus, & Stephanus.
CCXXIII.	Batuſaco manſiones IIII. cum omnibus ſuis. Atebertus Levita.
CCXXIX.	Boberias manſum 1. Rado.
CCXXXI.	Baſſo in vicaria Radicatenſi terras & campos. Eldefredus Abbas.
CCXXXV.	Baricias in comitatu Brivatenſi medietatem de ipſa villa. Radulphus.
CCLXXI.	Bellomonte in vicaria Brivatenſi manſum 1. cum curte. Nicecius & uxor mea.
CCLXXIIII.	Brivate vineam 1. Bernardus ſacerdos.
CCLXXXV.	Burnunculus campos VIIII. & dimidium clauſum. Uldaricus ſacerdos.
CCLXXXIX.	Batuſaco in comitatu Brivatenſi ſextam partem de manſis. Eliſabeth, Bertrandus, & Eldebertus.
CCC.	Bunſag in vicaria Brivatenſi manſum 1. cum ſuis adjacenciis. Bernardus cedo.
CCCII.	Bociranicus in aice Bonorochenſe manſum unum. Ductrannus & uxor mea Giſaltrudis.
CCCXXVII.	Beceria in vicaria Brivatenſi manſum 1. Gauſna, Ingalfredus Preſbyter, & Rainerius.
CCCXXXII.	Brivate in eadem vicaria manſiones meas. Euſtorgius Levita.
CCCXXXV.	Batuſiaco in aice Brivatenſi manſos cum curtis & ortis & quidquid eſt ibi. Bertrandus & uxor mea.
CCCLX.	Bernago in vicaria Brivatenſi quantumcumque ibi viſus ſum habere, & in comitatu Talamitenſe ad boſcum manſos 11. cum appendiciis ſuis. BERNARDUS & uxor mea BERTHLIDIS.
CCCLXXIII.	Boberias in vicaria Cheriacenſi manſos, appendarias, & campos. Bernardus clericus.
CCCLXXVI.	Balciago in vicaria Brivatenſi manſum 1. cum curtis. Odo Levita.
CCCLXXVII.	Badaoni in aice Nonatenſi vineam 1. Gotrudis.
CCCLXXXV.	Balciaco in vicaria Brivatenſi manſum duplum, alium ſimplerium, appendarias 11. caſam 1. cum curte & viridario. 1. Hildebertus. Levita.
CCCLXXXIX.	Bonafont in aice Brivatenſi manſum 1. Bertildis.
CCCXCIII.	Brocia in aice Brivatenſi manſum 1. Ebrardus Abbas.
CCCC.	Bulciate in aice Ambronenſi manſum 1. cum curte & vinea ei adhærente. Andraldus & uxor mea.
CCCCV.	Bergolde manſum 1. in aice Brivatenſi. Bompar.
CCCCXX.	Braciacus in aice Talamitenſe vel Brivatenſi Æccleſiam ſancti Petri. Hacfredus.
CCCCCXXV.	Beceria manſum 1. Beraldus.

CCCCXXVI.	Bruiarolas quantum in ea habeo.
CCCXXVII.	Balciago in vicaria Brivatensi Rivo martino appendariam 1. Giraldus.
CCCCXXXIII.	Braciago comandam ego dimitto Villelmus.
	Braciago in aice Telamitensi Ecclesiam sancti Petri cum omnibus suis. ACFREDUS DUX AQUITANORUM.
CCCCXXXVII.	Bonafont in vicaria Brivatensi tota villam. Bernardus & Arlebaldus.
CCCCXLII.	Blanede in aice Nonatensi Ecclesiam sancti Juliani honore consecratam mansum
CCCCCXLII.	1. pratum 1. vineam 1. cum casale 1. & campo 1. Clerici sancti Juliani dederunt Heldefredo.
CCCCLI.	Bricoiole totam villam cum possessionibus suis in alodo beati Juliani fundatam.
CCCCLIII.	Brivatis reædificatio.

C

CLXXII.	Caucinogile in vicaria Brivatensi prata duo, campum 1. Nectardus & uxor mea Doctrada.
CLXXVII.	Cheir villa in vicaria de Cantilanico. Bertrannus.
CLXXXIII.	Cheirosa in vicaria de Cantilanico mansum 1. Guinabertus.
CLXXXV.	Calm in parrochia sancti Juliani mansum 1. cum campis & pratis. Stephanus.
CXCIIII.	Condede in vicaria Nonatensi mansum 1. vineas 11. Audendus.
CCIII.	Cadarnacus in comitatu Nonatense mansos tres. Guido sacerdos.
CCV.	Croseto in vicaria sancti Stephani pratum 1. & Diplanico mansos 11. Gersonidis.
CCVIII.	Campana in vicaria Brivatensi mansum 1. campum 1. Daniel sacerdos.
CCX.	Castellucio in vicaria Telamitensi omnia quæ ibi habemus. Salicus & uxor mea Ildia.
CCXI.	Calme in vicaria Brivatensi mansos, appendarias & omnia Girbertus.
CCXII.	Carminiaco in comitatu Brivatensi mansos VI. Armandus.
CCXV.	Camalerias pratum 1. & mansos 11. in vas de Aurato. Atigus cedo.
CCXXII.	Cabestratus in comitatu Gabalitanensi concambiaverunt Canonici sancti Juliani, habuerunt inde in Ardallo mansum 1. cum omnibus suis adjacentiis, & in loco qui vocatur ad illo Croseto in vicaria Brivatensi mansum 1. cum campis & pratis. Gaucelmus & uxor mea Gerburgis.
CCXXIX.	Cabannas mansum 1. in aice Brivatensi. Rado & germanus meus Rainaldus.
CCXXXII.	Clamoni totam villam & castrum de Cogoing. Dalmacius Abbas.
CCXLII.	Causiliaco in ipsa cultura campos 11. concambiavit Guiraudus cum Canonicis sancti Juliani, & inde accepit in cultura de villa Cambones campos 11.
CCXLIIII.	Correrios in vicaria Brivatensi casalem cum curte & orto, olcam 1. & vineam 1. Leotardus cedo.
CCXLVII.	Crispiago in aice Brivatensi mansos meos cum curte & orto. Adraldus sacerdos.
CCLII.	Causiliacus in vicaria Nonatensi vineam 1. Armandus, Rodberga, Adalbertus.
CCXIII.	Caucinogile in aice Brivatensi campum 1. cum pratis duobus. Auraldus, Gerbaldus, Astrildis.
CCLV.	Cheisac in vicaria Brivatensi vineam 1. Girbaldus.
CCLXXIII.	Cardedo in vicaria de Arlinco mansos 11. Eldegerius.
CCLXXIIII.	Cassanias in vicaria Bonorochense alodum sancto Petro remaneat & in Cassanias mansum 1. nepoti meo. Bernardus sacerdos.
CCLXXIX.	Casaleto in vicaria Brivatensi mansos 11. & in villa Lermo appendariam 1. Eustorgius.
CCLXXXV.	Caucinogilas in aice Brivatense mansos, campos, prata, & appendarias. Udalricus sacerdos.
CCLXXXVI.	Curtilias in vico Private terram meam. Irnardus.
CCLXXXVII.	Castellucio in vicaria Talamitense cedunt ad Saliconem amicum suum Canonici sancti Juliani mansum 1. & appendarias cum curtis & ortis.
CCXCII.	Crosancia in vicaria Radicatensi quidquid in ipsa villa habeo. Cunabertus Levita.
CCXCIII.	Cadernago in vicaria Nonatensi vineas meas. Rotbertus Levita.
CCXCV.	Cabrogallo in aice Brivatensi mansos 11. cum corodurias 11. & prata cum suis adjacentiis, & de molinis portionem suam, & in Cadignaco mansum 1. cum aradurias 11. & prata concambiaverunt Rodacus & uxor sua Emma, & in compensationem dederunt Canonici sancti Juliani partibus Rodavi Semenago villam.
CCXCVII.	Cadoveo in aice Talamitense campos suos. Folchrannus.
CCCII.	Cuminiacus in vicaria Brivatensi campum 1. per cartam quæ dicitur media plan-

taria Canonici sancti Juliani dederunt Rigaldo & uxori suæ Gausbergæ.

CCCVIII. Claverias in aice Calerinse Ecclesiam in honore sancti Marii ædificatam cum omnibus quæ ad ipsam Ecclesiam pertinent. Ostremundus & uxor mea Dademia.

CCCXI. Caucinogolo in comitatu Brivatensi campos IIII. Arnulfus & germana mea Eldegardis.

CCCXII. Cumbales in vicaria Libratense mansos II. & in vicaria de Valle Vallonica in villa Cubariolas mansos II. & appendariam I. Frodinus.

CCCXIII. Causiliago in vicaria Nonatensi vineam I. Guntarius clericus.

CCCXIIII. Curtilias in aice Brivatense vineam I. Eroigius & uxor mea Isemberga.

CCCXVI. Caucenogolo in vicaria Brivatensi campum I. & pratum I. Arnulphus.

CCCXVII. Criziniago in vicaria Brivatensi mansiones cum curtis. Girbernus.

CCCXIX. Cagilis in vicaria de Cantilanico mansiones cum curtis. Beraldus.

CCCXXV. Contenciosa in vicaria Nonciacense quantum ibi habeo. Aimuinus & uxor mea Adalaiz.

CCCXXVII. Causiliaco in vicaria Nonatense mansionem I. & clausum I. Willelmus.

CCCXXXI. Causiliaco in vicaria Nonatensi vineam I. dederunt Canonici sancti Juliani partibus Ingalfredi, & in compensationem hujus meriti dedit aliam vineam Ingalfredus.

CCCXXXVIII. Crispiago in comitatu Brivatensi mansum I. Leoterius.

CCCXLI. Crosso in vicaria Brivatensi mansum I. cum campis & pratis. Genesius & uxor mea Ermengardis.

CCCXLIIII. Cadarnac in vicaria Nonatense mansiones III. & vineam I. Abbo & uxor mea Aduis.

CCCXLVI. Cassaniolas in vicaria Ambronense vineas meas. Ugbertus sacerdos.

CCCLXIII. Cursago in comitatu Nonatense totam villam. BERNARDUS COMES & BERNARDUS FILIUS MEUS.

CCCLXIX. Caucenogilo in vicaria Brivatensi campos II. & prata II. Austraddus, Girbaldus, Teusberga.

CCCLXX. Cagilisita in comitatu Brivatense vineam I. Bligardis, Bergardus, Gausbertus.

CCCLXXIIII. Chausliago in vicaria Radicatensi mansos X. in Celsinginnas mansos III. ad illo Crosso mansum I. Galterio filiolo meo ego Hicterius relinquo.

F

XXX. Feliciago in aice Brivatensi mansum I. Arloinus Levita.

XL. Fabricas in aice Brivatensi in vicaria Cantilianico mansum I. accipio à Clericis sancti Juliani in censum Cunabertus.

LXXIIII. Frodgerias in vicaria Ambronensi mansos cum campis & pratis. Bertrandus & uxor mea.

LXXVIIII. Feruciago in aice Nonatense mansum I. cum curtis & ortis & vineam I. ad ipsum mansum adhærentem. Garibernus & uxor mea Vulfala.

CIII. Frennago in aice Brivatensi mansos II. Giraudus.

CVIII. Frannaldum seu Aldoinum mancipios commutaverunt Aganaldus & uxor sua Ermenberta cum Canonicis sancti Juliani, & in compensationem hujus meriti dederunt Canonici partibus dicti Aganaldi & uxoris suæ mancipium I. de ratione sancti Juliani qui vocatur Ingelbertus.

CXI. Ad illa Fontilia in vicaria Talamitense vineam I. Genesius sacerdos.

CLV. Fontenago in comitatu Brivatensi mansos II. Geraldus & uxor mea Agalmodis.

CLXVIII. Filciago in vicaria Brivatensi mans. I. & in alio loco mansum alium & appendariam I. & vineam I, Isnardus, Vinabertus.

CLXXXII. Fraissingas in vicaria Brivatensi in cultura de Fareyrolis mansionem I. & curtilium I. cum appendariis duabus, cum curtis & ortis & exiis. BERTHELDIS & FILIUS MEUS BERNARDUS.

CLXXXIIII. A Fontabbem vineam I. & campum I. quem ego Villelmus dimitto sancto Juliano.

CCX. Fontanicis in aize Salense colonicas IIII. dederunt per concambium Canonici sancti Juliani partibus Eldeberti.

CCXIIII. Fontanas in vicaria Brivatensi mansum I. cum curte & horto & exio. Armandus & uxor mea Bertildis.

CCXXIX. Faialdane & Iscuzis mansos X. dimitto sanctæ Mariæ. Dalmacius Abbas.

CCXLIII. Faido in vicaria Talaisago totum quod ibi visus sum habere. Bernardus clericus.

CCXXXVII. Fontanas in vicaria Brivatensi vineam I. Rodbertus, Ricardus, Eldegerius.

CCLV. Flagago in vicaria Cantilianico mansum I. & in alio loco mansum alium, & in Vagiles mansionem I. & vineas tres. Dalmacius, Gulfaldus, Gauradus.

CCLVIII.	Faiel manfos IIII. in Vilar manfos II. & medietatem. Stephanus Epifcopus.
CCCXXVIII.	Fontanas in aize Brivatenfi, Ecclefiam quæ eft fundata in honore fanctæ Mariæ, cum campis, pratis, vineis, filvis, Armandus & uxor mea Bertildis.
CCLVIIII.	Super Bonafonte in vicaria Brivatenfi vineam unam. Stephanus.
CCLXI.	Fragfineto in aice Brivatenfi manfos IIII. & pratum I. Dado & uxor mea Dida.
CCLXXII.	Ferrucigo in vicaria de fancto Germano curtilium I. & vineam I. Ingila cedo.
CCLXXVIII.	Fraxinum in comitatu Brivatenfi manfum I. dederunt Clerici fancti Juliani per concambium Eldeberto & uxori fuæ Emmani.
CCCXI.	Felgerias in aice Brivatenfi manfum I. dominicatum & vineam I. Eldebertus Presbyter.
CCCXV.	Frolias in vicaria Bonorochenfe manfos II. Eraldus & uxor mea.
CCLXXVIII.	Fonteniauro in aize Cantolianico villare qui dicitur Fonteniauro manfos, campos, prata, filvas, & omnia quæ ad ipfum apertinet. Ricoinus cedo.
CCCXXIX.	Fontanas in aice Brivatenfi manfum I. cum claufo ad fe adhærente. Hodalradus facerdos.
CCCXL.	Fontanilias in vicaria Brivatenfi manfum abfum cum curte & orto. Genefius & uxor mea.
CCCXLVII.	Felgerias in vicaria Brivatenfi campum I. Petrus Vaca.
CCCXLVIIII.	A Fonteabbo in vicaria Nonatenfe illas plantadas. Ugbertus facerdos.
CCCLIII.	Fabricas in vicaria de nova Ecclefia manfos cum campis & filvis. Ifimbardus.
CCCLXIIII.	Fareyrolas in comitatu Brivatenfi Ecclefiam & manfos II. BERNARDUS COMES.
CCCLXXIII.	Fornols in comitatu Talamitenfe manfos & appendarias. Bernardus Clericus.
CCCLXXVIII.	Ad illo Fageto in vicaria Radicatenfe manfos V. Hicterius cedo.
CCCLXXXII.	Fontenaco in vicaria Brivatenfi manfos cum curtis & ortis & exiis. Abbo Levita.
CCCLXXXVII.	Fontanas in vicaria Brivatenfi, Ecclefiam quæ eft fundata in honore fanctæ Mariæ cum omni fua integritate. Bertildis.
CCCXCII.	Felgerias in vicaria Brivatenfi manfum I. & quantum ad ipfum afpicit. Rodbertus cedo.
CCCCXIII.	Favairolas ipfam villam quam injuftè ego retinui remitto fancto Juliano & Kanonicis ejufdem. Poncius.
CCCCXV.	Fontanas in aice Brivatenfi Ecclefiam fundatam in honore fanctæ Mariæ & fancti Juliani cum omnibus quæ ad ipfam pertinent. Armandus Vicecomes & uxor mea.
CCCCXVIII.	Fontanas totam villam cum omnibus adjacentiis fuis. Stephanus Epifcopus.
CCCCXV.	In Fagetum in vicaria Radicatenfe manfos III. & appendariam I. Beraldus & uxor mea Girberga.
CCCCXXVI.	Ad illas Fontes campos II. Geraldus cedo.
CCCCXXXI.	Fontanas in vicaria Brivatenfi ipfam villam cum capella quæ eft ædificata in honore fanctæ Mariæ, cum omnibus quæ ad ipfam Ecclefiam apertinent. Bernardus & Arlebaldus.
CCCCXLIII.	Favairolas in comitatu Gabalitanenfe Ecclefiam cum omnibus quæ ad ipfam Ecclefiam appertinent. Poncius Comes Gabalitanenfis & Forenfis.
CCCCXLIIII.	Fraxeneto villa manfum I. Rotbertus cedo.
CCCCXLVIIII.	Feuvetulo in comitatu Brivatenfi Ecclefiam fancti Petri. Dalmacius Vicecomes.
XXXI.	Feliciago in aice Brivatenfe manfum I. Arloinus Levita.
XL.	Fabricas in aice Brivatenfi in vicaria Cantilianico manfum I. accipio à Clericis fancti Juliani & in cenfum folidos VIII. perfolvere faciam. Cunabertus.
LXXVI.	Frodgerias in vicaria Ambronenfi manfos cum campis & pratis. Bertrandus & uxor mea Emildis.
LXXIX.	Feruciago in aice Nonatenfe maf. I. cum curtis & ortis & vineam I. ad ipfum manfum adhærentem. Garibernus & uxor mea Walfalda.
CI.	Frennago in aice Brivatenfi manfos II. Giraudus.
CLIII.	Frontenago in comitatu Brivatenfi manfos II. Gerardus & uxor mea Agalmodis.
CLXVIII.	Filciago in comitatu Brivatenfi manfum I. in Icio manfum I. & appendariam I. & vineam I. Ifnardus Vinabertus Decanus.
CXCVIII.	Fareyrolas in comitatu Nonatenfe in vicaria Ambronenfe totam villam, & in alio loquo qui dicitur Avezago totum quod ibi habeo. BERNARDUS COMES.
CCXIII.	Fontanicis in aice Salenfe colonicas IIII. aput caput manfos III. & in Cafternago pratum indominicatum Clericis fancti Juliani per concambium. Eldebertus.
CCXIIII.	Fontanas in vicaria Brivatenfi manfum I. cum curte & orto Armandus & uxor mea.

CCXXXII.	Faiaaldane & Iscuzis mansos x. & castrum de Cogoin. Dalmacius Abbas.
CCXLVI.	Faido in vicaria Talaisago totum quod ibi habere videor. Bernardus clericus.
CCXLVIII.	Fontanas in vicaria Brivatensi vineam 1. quæ dicitur Rubia. Rodbertus & Ricardus sacerdos.
CCLVIII.	Flagago in vicaria Cantilianico mansum 1. cum curte & orto. Dalmacius, Gulfaldus, Gauradus.
CCLIX.	Flayel mansos IIII. in Vilar mansos II. & medietatem. Stephanus Episcopus.
CCLX.	Fontanas cartam consertoriam fecimus de rebus nostris quæ sunt in pago Brivate cum ipsa Ecclesia quæ est fundata in honore sanctæ Mariæ. Admandus & uxor mea Bertildis.
CCLXII.	Bonafonte in vicaria Brivatensi vineam 1. Stephanus cedo.
CCLXIIII.	Fragsineto in aice Brivatensi mansos IIII. & pratum indominicatum. Dado & Dida uxor mea.
CCLXXV.	Ferrucigo in vicaria de sancto Germano curtilium 1. Ingila filia Begoni.
CCXCV.	Frodegarias in aice Brivatensi casam dominicariam & aradurias III. & vineam & prata in concambium cum clericis sancti Juliani. Rodacus & uxor mea Emma.
CCCIX.	Felgerias in aice Brivatensi mansum dominicatum cum curte & orto. Eldebaldus Presbyter.
CCCXXXII.	Fontanas in aice Brivatensi mansum 1. Holdaradus Presbyter.
CCCXLII.	Fontanilias in vicaria Brivatensi mansum 1. cum curte. Genesius & uxor mea.
CCCXLIII.	Felgerias in vicaria Brivatensi campum 1. à Vendaia campum 1. infra muros sancti Juliani mansionem 1. Petrus Vaca.
CCCLIII.	Fabricas in comitatu Talamitense in vicaria de nova Ecclesia mansos cum campis & pratis, & in vicaria Bonorochense in cultura de Vallilias vineam 1. Isimbardus.
CCCLXIIII.	Fareyrolas in comitatu Brivatensi Ecclesiam in honore sancti Juliani & in ipso aice mansos II. BERNARDUS COMES.
CCCLXXIII.	Fornols in comitatu Talamitense mansos & appendarias. Bernardus clericus.
CCCLXXVIII.	Ad illo Fageto in vicaria Radicatensi mansos v. Hicterius.
CCCLXXXII.	Fontenaco in comitatu Brivatensi mansos cum curtis. Abo Levita.
CCCLXXXIX.	Fontanas in vicaria Brivatensi curte meum cum Ecclesia quæ est fundata in honore sanctæ Mariæ cum omni sua integritate. Bertildis.
CCCXCII.	Felgerias in vicaria Brivatensi totam meam partem de illo curtilio & mansum 1. & brolium indominicatum. Rodbertus cedo.
CCCCXII.	Favairolas Ecclesiam quam indebitè ego & uxor mea & filii mei retinueramus clericis sancti Juliani Poncius remitto.
CCCCXV.	Fontanas in aice Brivatensi Ecclesiam quæ est fundata in honore beatæ Mariæ & sancti Juliani cum omnibus quæ ad ipsam pertinent. Armandus Vicecomes & uxor mea Bertildis.
CCCCXVIII.	Fontanas ipsam villam cum omnibus adjacentiis suis. Stephanus Episcopus.
CCCCXXXI.	Ad septem fontes in aice Carlacense mansos II. cum capella. Bernardus & uxor mea Magalendis.
CCCCXXV.	Fageto mansos III. & appendariam 1. Beraldus & uxor mea Girberga.
CCCCXXXVII.	Fontanas in vicaria Brivatensi totam villam cum capella sanctæ Mariæ. Bernardus & Arlebaldus.
CCCCXLIII.	Favairolas in comitatu Gabalitanense Ecclesiam 1. Poncius Comes.

G

XIX.	Graisago in aice Brivatensi campum 1. Arlardus & uxor mea vendimus.
LXI.	Granago mansum 1. & appendarias III. Bertrandus & frater meus Villelmus.
LXXVII.	Gignaco in vicaria Ambronense vineam 1. Bonefacius.
CCXXX.	Genciado in vicaria Radicatensi mansos & appendarias. Bertrannus.
CCXXXIII.	Gizago in vicaria Brivatensi vineam 1. Sulpidius.
CCLXXXVIII.	Gisaco in comitatu Brivatensi mansos & terras accipio in censum à clericis. Stephanus.
CCCV.	Gazende in vicaria Brivatensi vineam 1. Amalris & Giraldus.
CCCXX.	Granago in vicaria Brivatensi partem nostram de mansis & de appendariis. Miro & uxor mea cedimus.
CCCLXI.	Gizago in aize Brivatensi omnia quæ ibi sunt. DALMACIUS & uxor mea ISINGARDA.

Monte

M

IIII.	Monte in comitatu Talamitense mansum 1. Aifredus, Airaudus, & Abbo.
V.	Mercoria casam 1. indominicatam, mansos III. appendarias sex. Gulfaudus.
X.	Montemoledon in vicaria Brivatensi vineam 1. Guitberga.
XII.	Montepauleno in vicaria Nonatensi clausum 1. & vineam 1. Rodgerius.
XVII.	Moden & de alio Moden medietates decimarum. Arnaldus Arvernorum Præsul.
XXXVIIII.	Mercoria in vicaria Radicatense Ecclesiam sancti Stephani cum mansis II. Mercoria alia mansos III. cum appendiciis suis. Hicterius & uxor mea Hersenda.
XLI.	Margalac in vicaria Canthilianensi mansos tres. Elidelindis.
XLIII.	Montaniago in vicaria Brivatensi mansum 1. Adalburgis.
XLVI.	Marminiacus in vicaria Cantilianico mansiones 11. & vineam 1. & pratum 1. & silvam ad se adhærentem. Asterius & Hicterius.
XLVIII.	Maiadas mansum 1. cum curtis & ortis. Salicon & uxor mea Ildiardis.
LIIII.	Mazerago in vicaria Brivatensi vineam 1. Asterius.
LVII.	Montilium in vicaria Radicatense mansos 11. & appendarias 11. Aimo & uxor mea Arsinda.
LVIIII.	Montilio in vicaria Brivatensi totum quod ibi habeo. Gulfaldus clericus.
LX.	Montebrione in vicaria Nonatensi campum 1. Hictor.
LXIII.	Masalo in vicaria Brivatensi totum quod ibi visus sum habere. Gancbertus, Bertrandus, Audebertus.
LXVIIII.	Molimart in vicaria Brivatensi mansum 1. qui vocatur Masbraidenc. Geraldus.
LXX.	Meseirag in vicaria Brivatensi appendariam 1. & vineas IIII. Ermengardis.
LXXII.	Mezeriacus in vicaria Bonorochense mansum 1. vineas 11. & appendarias III. cum curtibus & hortis & vineis III. Girbernus, Dodo, & Ragnibergane.
LXXXXVIIII.	Moren in aice Massiacense totam villam. BERNARDUS COMES & uxor mea LIEUDGARDIS.
CII.	Mizeriaco in vicaria Bonorochense vineam 1. optimam. Girbernus.
CIIII.	Marlago medietatem duorum mansorum. Bertrannus & Armandus.
CXVII.	Maurincianigas mansos III. Gulfaldus clericus.
CXVIIII.	Monteto in comitatu Brivatensi mansos II. Ermengaudus sacerdos.
CXXVI.	Montetum in comitatu Tollornense in vicaria Libratense appendarias IIII. Girbernus & uxor mea Rotberta.
CXXVIII.	Mathkarra in vicaria Ambronensi vineam unam. Gisatrudis, Amblardus, Adraldus.
CXLVIIII.	Madronio in vicaria Nonatensi mansos III. appendarias VI. Austorgius.
CL.	Monsteriole in vicaria Brivatensi mansionile meum. Eldefredus Præpositus.
CLV.	Montilio in vicaria Liziniaco molinum 1. campum 1. prata III. & viridarium 1. quæ sunt subtus Salairol. Rotbertus.
CLXXXVII.	Montemeiano in vicaria Brivatensi mansum 1. & appendariam 1. Dalmacius.
CXCII.	Mazellum in vicaria Brivatensi mansos II. & app. 1. Bertrandus & Bertildis.
CXCIIII.	Miseriago in vicaria Bonorochensi vineam 1. Cavallarius.
CCXIIII.	Maceriaco in vicaria Brivatensi mansos IIII. & vineam 1. cum aratriis dederunt Canonici beati Juliani BERNARDO COMITI & uxori suæ ERMENGARDI.
CCXV.	Montejovem in vicaria Brivatensi mansum 1. cum curtis. Golfidus.
CCXXVII.	Miseriaco in aice Brivatensi mansum 1. cum vineis. Rado & Rainaldus.
CCXVII.	Montesalia in aice Ucionensi vineam 1. Ranulfus & uxor mea Fradbalda.
CCXLV.	Montilio in vicaria Brivatensi mansos, campos, & omnia quæ ibi habeo. Gulfaldus clericus.
CCXLVIIII.	Montemeiano in vicaria Brivatensi mansum 1. Dalmacius & uxor mea Gaucberia.
CCLXVI.	Montiliis in vicaria Brivatensi mansos II. Rainulfus.
CCLXX.	Maiadas in vicaria Avalaiolo mansos duos cum curtis. Aiga femina & Garbertus.
CCLXXI.	Masellos in comitatu Brivatensi mansum 1. cum appendiciis suis. Nizezius & Waburgis.
CCLXXIIII.	Mauriago in vicaria Bonorochense mansionem 1. & vineam 1. Bernardus sacerdos.
CCLXXXI.	Mauntaniaco in vicaria Ambronensi mansionem 1. casellum 1. vineam 1. & campos II. ad se adhærentes. Witardus.
CCLXXXII.	Montilio per judicium.
CCXCIII.	Maceriaco in vicaria Cantilanico Ecclesiam sancti Petri cum terra ad ipsam Ecclesiam aspicientem dederunt Canonici sancti Juliani Ebrardo & uxori suæ Isingardæ.
CCXCVI.	Maiadas in vicaria de Avalogile mansum 1. Amblardus.

C

16

CCCIIII.	Mediano fagido in aice Bonorochenfe manfum 1. Ductrannus & uxor mea Gifaltrudis.
CCCXXXV.	Monzios in vicaria de fancto Germano vineas duas. Bladinus.
CCCXXXVII.	Montecellenfe in aice Nonatenfe manfum 1. Kariffima.
CCCXL.	Monte in vicaria de Civitate Vetula manfum unum. Rodanus & uxor mea.
CCCLV.	Monteplano in comitatu Talamitenfe in vicaria Meffiacenfe manfum 1. cum campis, pratis, & cum ommibus quæ ad ipfum manfum afpicit. GERALDUS DE TURRE.
CCCLVIIII.	Maticara in aice Caturcenfe vineam 1. OCTOMARUS PRESBYTER.
CCCLXVI.	Montilio in vicaria Brivatenfi manfos cum campis, & in vicaria de Cantilio apfitatem 1, quæ dicitur Baurianicas, & eft fita juxta villam Silviniacus. Stephanus.
CCCLXXV.	Maticarra in vicaria Ambronenfi vineam 1. Ermenricus.
CCCLXXVIII.	Maurlerias in vicaria Radicatenfe manfos 11. in Mercoria Ecclefiam in honore fancti Stephani fundatam, & in alia Mercoria manfos v 1. Hicterius.

P

CCXCI.	Proliacus in vicaria Ambronenfi manfum 1. & campos 111. Vcbertus Prefbyter.
CCCXV.	Pozols unum manfum quidam pro fuæ animæ remedio.
CCCXLVI.	Proliacus in comitatu Telamitenfi cafam 1. cum aliis rebus. Vcbertus Prefbyter.
CCCXLVIIII.	Polioni in vicaria Nonatenfi vineam unam quæ terminatur de duabus partibus vinea fancti Juliani. Hoftorgius.
CCCXCVI.	Pozallo in vicaria Ambronenfi vineam 1. per concambium. Oftorgius & Ugbertus.
CCCCXVI.	Pogeto in aize Brivatenfi cortilium unum & vineam 1. cum manfione & vinea 1. quam Aftorgius tenet. Petrus clericus & Canonicus.
CCCCXLII.	Porcarecias 11. partes decimarum. Adalardus Epifcopus.
CCCCXLVI.	Privilegium Karuli Regis fub tempore Frotarii Archiepifcopi.
CCCCLVIIII.	Privilegium Leobruni Papæ.
CCCCLXI.	Privilegium Papæ Benedicti.
CCCCLXIII.	Privilegium Karuli Regis.
CCCCLXII.	Privilegium Lodovici Regis de Cantologo.

R

XLII.	Rairolas in vicaria Brivatenfi terram & vineas. Ugo & uxor mea.
L.	Rocheta apendariam 1. & in alio loco in Cambarel vineam 1. Girardus.
LVIII.	Rofeirs in vicaria Brivatenfi manfos 11. in vicaria & araturias 11. Jofeph & Ida.
LXII.	Rignaco in vicaria Brivatenfi unum campellum. Ato cedo.
LXIIII.	Rofarios in vicaria Brivatenfi totam villam. Jofeph & uxor mea.
LXVIII.	Rialac in vicaria Brivatenfi mutos fex, porcos v 1. agnos v 1. de civada fextarios fex, gallinas v 1. Geraldus cedo.
XCII.	Rovereto in vicaria Brivatenfi manfum 1. Bertrannus.
C.	Remnagas in vicaria Brivatenfi manfum 1. Hodilus.
CXVII.	Roairolas in aice Cumicenfe manfos 11. & in Aurelias manfos 11. Gulfaldus clericus.
CLX.	Rogago in vicaria Brivatenfi vineam 1. Guido.
CLXVIIII.	Riniacus in vicaria Brivatenfi molinum 1. Stephanus.
CLXXXI.	Rovereto in vicaria Radicatenfe omnia. Aldiardis.
CCXXIIII.	Rivorias in vicaria Libratenfi manfum 1. & appendarias 111. Rodbertus & uxor mea.
CCXXVII.	Regnaco in vicaria Brivatenfi campos 11. Eldefredus & Canonici ipfi dederunt de rebus fancti Juliani per concambium. Eldefredus Prefbyter.
CCXXVIII.	Rennaias in vicaria Brivatenfi manfum unum & appendariam 1. Odilo cedo.
CCXLIII.	Roiago in vicaria Nonatenfe vineam 1. Rodbertus.
CCLXXII.	Rogago in aice Brivatenfe vineam 1. Abo clericus.
CCLXXIIII.	Roiago in ipfa villa vineam 1. quæ dicitur Aurofane. Bernardus facerdos.
CCXCII.	Rovereto in vicaria Radicatenfe clerici fancti Juliani dederunt Cunaberto Levitæ & Gaucerando clerico ipfam villam per concambium, & ipfe Cunabertus dedit ipfis clericis in eadem vicaria in villa quæ dicitur Crofancia quantumcumque ibi poffidebat.

CCCX.	Rugorias in comitatu Tolornense mansum unum, appendarias duas. Adalannus & uxor mea.
CCCXXIII.	Riailago in aice Cantilanico Ecclesiam sancti Privati. Adalardus & uxor mea Atille.
CCCXXIIII.	Rivum & pratellum sibi adhærentem in cultura Ruilacense. Addrebertus Presbyter.
CCCLI.	Rivos per concambium in vicaria Brivatensi cum omnibus pertinenciis suis. Asterius & uxor mea Lucricia.
CCCLVI.	Remnagas in vicaria Brivatensi mansum unum cum appendiciis suis. JOSEPH PRÆPOSITUS.
CCCLVII.	Roairolas in comitatu Talamitensi mansum unum. ERMENALDUS PRESBYTER.
CCCLVIII.	Rilago in vicaria Brivatensi mansos quatuor & vineas x v. Armandus & uxor mea Bertildis.
CCCLXXII.	Roorias in aice Libratensi mansos meos. Odo & Sagrana uxor mea.
CCCLXXXIII.	Rogago in comitatu Brivatensi medietatem ex hoc quod habeo ibi. Gerauldus clericus.
CCCLXXXVI.	Rovereto in vicaria Radicatense omnia per concambium. Bertradus & uxor mea Emilgardis.
CCCXCI.	Rogiacus in comitatu Brivatensi vineam unam quæ habet terminos. Odo & Leotgardis.
CCCXCIIII.	Radisco in vicaria Deheriacense mansos duos. Aruedus.
CCCCXIIII.	Roca in aice Brivatense mansum 1. qui est in villa Costa ante Roca. Ermengarda.
CCCCXVII.	Raillago in vicaria Ambronensi mansionile 1. cum curte & vinea 1. Eldebertus & uxor mea Raiamburgis.
CCCCXX.	Rocolas in comitatu Gabalitano curtem meam indominicatam cum Ecclesia sancti Johannis cum villis & villabus, cum mansis & pratis. ACFREDUS COMES.
CCCCXXIII.	Roca Urlanda in comitatu Tolornense in vicaria Ebredunense mansos cum campis & terris & pratis & exiis & regressis. Heldenodis.

Titres qui sont copiez dans un feüillet de parchemin joint aux tables.

CCCLVI.   Oportet unumquemque fidelem omni tempore de spe beatæ retributionis esse sollicitum, viamque pergendi ad æternam beatitudinem toto mentis desiderio sitire; iterque quo illuc graditur est exhibitio bonorum operum, & distributio temporalium facultatum. Quapropter ego Joseph indignus Præpositus Ecclesiæ Brivatensis, divina pulsante cor meum clementia, considerans casum fragilitatis humanæ, & simul perpendens sententiam Domini dicentis, Thesaurizate vobis thesauros in cælo, ut sitis filii patris mei qui in cælis est, cedo vel dono superdictæ Ecclesiæ, ubi inclitus martir Julianus toto corpore requiescit, ad dexteram Ilpidius martir & ad lævam Arconcius gloriosus Christi confessor propriis honorantur mausoleis, & aliorum sanctorum reliquiæ quæ ibidem digno honore conditæ sunt, aliquid de rebus proprietatis meæ quæ michi ex hereditate obvenerunt, hoc est mansum 1. cum omnibus appendiciis suis, scilicet cum campis, pratis, silvis, exiis & regressis, cum aquis aquarumve decursibus, totum & ab integrum quantum ad ipsum mansum aspicit vel aspicere videtur, & habet fines de uno latere terram BLITSINDIS COMITISSÆ consobrinæ meæ, de secundo latere terram Doctranni Presbyteri, de tertio latere terra Gulfaldi, de quarto latere terram de ipsa hereditate. Ista omnia dono vel transfundo ad prædictum locum pro redemptione animæ meæ & patris mei Odili & matris meæ Ildiardis & pro fratribus meis Stephano & Astorgio sive pro omnibus parentibus & amicis meis tam vivis quàm defunctis, tali namque ratione ut quamdiu ego vixero prædictas res teneam & possideam, & annis singulis in censum modios III. de vino optimo persolvam, & post obitum meum revertantur prædictæ Ecclesiæ & Canonicis ibidem Deo famulantibus sine ulla contradictione. Sanè si quis aut ullus de heredibus meis, sive Abbas, sive Comes, aut aliqua opposita persona prædictas res de communi victu Canonicorum abstrahere voluerit, iram dei omnipotentis & omnium sanctorum offensam incurrat, & cum Dathan & Abiron particeps sit in inferno, nisi ad emendationem venerit. Facta fuit hæc karta mense Marcio, anno 11. regnante Lodovico Rege Francorum. Sig. Joseph Præpositi, qui cartam istam fieri vel firmare rogavit. Sig. Stephani. Sig. Dalmacii.

CCCLVII.   SACROSANCTÆ Dei Ecclesiæ sancti Juliani martiris in vico Brivate fundatæ, ubi ipse sanctus martir toto corpore gloriosissimè requiescit, pariterque ad dexteram

Ilpidius quoque martir & ad lævam Arconcius Christi confessor digno honore requiescunt, in supradicto autem loco vel congregatione Dalmacius Abbas, Cunabertus Præpositus, Hictorque Decanus super ipsam casam Dei rectores præesse videntur, idcirco ego in Dei nomine Ermenaldus Presbyter considerans casum fragilitatis humanæ, simulque perpendens dum in hujus seculi vita laboriosa vivitur peregrinatione, interim dum licet dumque tempus acceptabile est atque dies salutis videtur instare, summopere debet omnis homo catolicus ex rebus quas possidet Dominum ac redemptorem suum ad misericordiam provocare, faciendo sibi debitores quos veraciter novit saluti animæ consulere posse, reddo Deo creatori omnium & sancto Juliano in communia fratrum ibidem Christo assiduè servientium aliquid de rebus proprietatis meæ, quæ michi ex hereditate parentum meorum legibus obvenerunt, pro remedio animæ meæ & genitoris mei Dalmacii & genitricis meæ Amalbergæ, tum verò sit oblatio eadem pro animabus BERNARDI COMITIS & uxoris suæ BLITSENDIS sive pro FRATRIBUS SUIS GUILLELMO & ACFREDO AQUITANORUM QUONDAM DUCIBUS, necnon pro cunctis propinquis & parentibus meis, amicis quoque & inimicis, atque fidelibus Christianis, hoc est, mansum 1. cum pertinentiis suis, & terminatur ex una parte terra Girberni, ex secunda parte terra Bertelaici, ex tertia parte terra Ermeneldis, & ex quarta parte via publica. Sunt autem sitæ ipsæ res in patria Arvernica in comitatu Talamitense.... villa quæ dicitur Roairolas, tali namque ratione ut quamdium ego vixero prædictas res teneam & possideam, & post obitum meum sancto Juliano remaneant sine ulla contradictione. Sanè si quis, ego ipse aut ullus ex heredibus meis, sive Comes, sive Abbas, aut aliqua emissa persona cessionem istam calumpniare aut infringere voluerit, iram Dei omnipotentis & sanctorum omnium offensam incurrat, & cum Dathan & Abiron in infernum demergatur, & insuper auri libras XII. coactus exsolvat. Facta donatio ista fuit die Martis in mense Novembrio, anno VIII. regnante Rodulpho Rege. Sig. Ermenaldi Presbyteri, qui donationem istam fieri vel firmare rogavit. Sig. Bernardi. Sig. Danielis. Sig. Rotberti.

Observations sur les six feüillets destachez & sur les dix feüillets de la table.

POUR pouvoir plus facilement & plus seurement juger d'où ces six feüillets & ces restes de tables ont esté destachez, Monseigneur le Duc de Boüillon ayant esté informé que lesdits titres concernoient sa Maison & qu'ils avoient esté autresfois tirez des archives de l'Eglise de Brioude, a jugé à propos de prier Messieurs les Comtes de Brioude de vouloir envoyer en cette ville de Paris leur grand Cartulaire; & lesdits sieurs Comtes desirant luy complaire, ont deputé par acte Capitulaire du 12. Mars dernier Messire Nicolas de Bragelongne Comte & Doyen dudit Brioude, qui est une des premieres & principales dignitez de ladite Eglise, & Prieur du prioré de Nostre-Dame de Luzignan au diocese de Poictiers, qui a porté ledit Cartulaire à l'abbaye saint Germain des prez, où nous nous sommes assemblez pendant plusieurs jours pour cet examen; & aprés avoir exactement comparé les feüillets destachez tant des actes que des tables avec ce Cartulaire, nous avons fait les observations suivantes.

1°. Il est constant par la comparaison des titres qui sont joints avec un feüillet des tables que ces tables n'appartiennent point à ce grand Cartulaire apporté par Monsieur l'Abbé de Bragelongne, parce qu'il y a environ quatre lignes de plus dans une page des actes qui sont joints à la table que dans les pages du Cartulaire, & que les lignes des tables sont un peu plus longues, plus serrées, & d'une escriture differente de celle dudit Cartulaire.

2°. Que les feuillets qui contiennent les tables sont d'une escriture differente de celle des cinq anciens feuillets destachez cotez CCCLV. CCCLVIIII.

CCCLX. CCCLXI. 363. (où le chiffre ancien manque, parce que le commencement de cette piece est perdu, mais il est indiqué par le chiffre CCCLXIIII. qui est au bas de la deuxiefme page de ce feuillet, & est coté CCCLXII. dans la table par chiffres) CCCLXV. & d'un fixiefme non coté anciennement, mais qu'on a trouvé eftre la fuite de la charte 198. comme il eft manifeftement prouvé par un des feuillets qui reftent des tables par chiffres, où il y a efcrit anciennement: CXCVIII. Avezago quantumcunque vifus fum habere; & in vicaria Ambronenfe Fareyrolas ipfam villam. Bernardus Comes cedo. Ce qui convient entierement au texte de la piece qui est efcrite au feuillet de parchemin qui n'a pas de chiffre ancien ny au commencement ny à la fin.

3°. Que lefdits fix feuillets destachez, où font compris les actes cy-deffus transcrits, ne femblent pas appartenir au fufdit grand Cartulaire, tant parce que dans tout le corps du Cartulaire apporté par Monfieur l'Abbé de Bragelongne les lettres initiales de chaque charte font efcrites en rouge, & font beaucoup plus grandes que les initiales defdits fix feuillets, lefquelles font en noir & beaucoup plus petites que celles du Cartulaire, que parce que l'efcriture defdits fix feuillets a un air different de celle du Cartulaire, quoique nous la jugions indubitablement estre du mefme fiecle, & que les pages & les lignes du Cartulaire & defdits feuillets destachez foient efgales à peu prez.

4°. Que lefdits fix feuillets destachez eftant comparez avec les tables paroiffent n'avoir pas esté tirez d'un mefme registre, tant parce qu'ils ne font pas de la mefme efcriture ny de la mefme grandeur, que parce que l'efcriture des tables & des titres qui y font joincts eft plus ferrée que celle defdits fix feuillets.

5°. Qu'il y a deux fortes de tables dans les feuillets qui en reftent, l'une par fuite de chapitres & de chiffres, & l'autre alphabetique. Que l'alphabetique eft relative à l'autre. Que chaque table contient des fommaires de la donation, du donateur, de la chofe donnée, & de fa fituation. Et enfin que ce qu'on a de la table qui eft par fuite de chapitres & de chiffres confifte en quatre feuillets, quoique non entiers, & ce qui refte de la table alphabetique confifte en fix feuillets, en ce non compris un feuillet attaché aufdites tables, dans lequel font les actes CCCLVI. CCCLVII. en la maniere qu'ils font transcrits cy-deffus.

6°. Que ces deux fortes de tables comparées avec le grand Cartulaire apporté par Monfieur l'Abbé de Bragelongne y conviennent parfaitement pour les noms & pour les fommaires, & que dans les endroits où les chiffres font differents, elles s'accordent neantmoins avec le Cartulaire, y ayant en plufieurs endroits dudit Cartulaire deux fortes de chiffres, dont l'un eft efcrit communement en rouge, & l'autre en noir; le rouge eftant relatif à la table par chapitres, & l'autre à la table alphabetique. Par exemple, la charte marquée en rouge CCVI. dans le Cartulaire eft ainfi enoncée dans la table par chiffres fous ce mefme chiffre: CCVI. Campania in vicaria Brivatenfi vineam unam & campum ipfi vi....... tem. Daniel facerdos & Odo Levita. Et dans la table alphabetique elle eft ainfi enoncée fous le chiffre CCVIIII. marqué en noir dans le Cartulaire: CCVIIII. Campana in vicaria Brivat. manf. 1. camp. 1. Daniel facerdos. La charte qui est dans le Cartulaire fous le chiffre CCVII. efcrit en rouge fe trouve enoncée ainfi dans la table par chiffres: CCVII. Caftellucio manf. & appendarias in com.......... in eadem vicaria. Salicus & uxor mea cedi.... Et dans la table alphabetique elle eft enoncée fous le chiffre CCX. comme au chiffre

voir du Cartulaire en cette maniere : CCX. Caſtellucio in vicaria Telamitenſi omnia quæ ibi habemus. Salicus & uxor mea Ildia.

7°. *Que ces deux chiffres differens ſont de meſme antiquité , & qu'il paroiſt par-là qu'ils avoient relation au moins à deux differents Cartulaires ,
c'eſt à dire , à celuy qui a eſté nouvellement apporté de Brioude par Monſieur
l'Abbé de Bragelongne , & à un autre de meſme antiquité auquel appartenoient
ces tables & les deux actes qui y ſont joints.*

8°. *Que la preuve qu'il y avoit pour le moins deux Cartulaires ſemblables
reſulte encore de ce que les chiffres rouges & noirs dans les endroits où ils ſont
doubles , ſont repetez , non ſeulement lorſqu'ils ſont differents , mais encore lors
qu'ils ſont les meſmes. Ce qui fait voir inconteſtablement qu'il y avoit differents Cartulaires , qui convenoient quant aux chiffres en certains endroits , &
differoient en d'autres. Par exemple , dez le commencement du grand Cartulaire
nouvellement apporté de Brioude juſques au chiffre* XXXV. *les deux chiffres
ſont les meſmes , & dans la ſuite ils ſont differents en beaucoup d'endroits.*

9°. *Continuant la comparaiſon dudit Cartulaire & des pieces & tables
cy-deſſus tranſcrites , nous jugeons que ledit Cartulaire a eſté tres-certaine-
ment eſcrit pour le pluſtoſt vers le milieu de l'onzieſme ſiecle & au plus
tard au commencement du douzieſme. Que les titres contenus dans les ſix
feüillets tranſcrits cy-deſſus ſont d'une eſcriture auſſi ancienne pour le moins
que celle du Cartulaire , que ladite eſcriture eſt continuë & eſgale , ſans
rature , ſans aucune addition ſur les lignes ny à la marge , & que nous les
jugeons eſtre hors de tout ſoupçon & tirez d'un ancien Cartulaire de l'Egliſe
de Brioude auſſi ancien que celuy qui a eſté apporté par Monſieur l'Abbé de Bragelongne. Et à l'eſgard des tables , qu'elles ont eſté pareillement eſcrites dans
le meſme temps que ledit Cartulaire a eſté eſcrit , quoy qu'elles ſoient d'une main
differente de celle qui a eſcrit les ſix feüillets deſtachez tirez d'un Cartulaire de
l'Egliſe de ſaint Julien de Brioude auſſi ancien & contenant ſans doute les
meſmes titres & chartes & dans le meſme ordre que les titres & chartes ſont
contenus dans le grand Cartulaire apporté par Monſieur l'Abbé de Bragelongne.*

10°. *Que dans le grand Cartulaire apporté par Monſieur l'Abbé de Bragelongne , qui eſt d'une reliure recente , il y a cinq endroits auſquels il manque pluſieurs titres , qui ont eſté ou oſtez par malice ou perdus par negligence , ledit Cartulaire ayant eſté tres-long-temps entre les mains de feu Monſieur
du Bouchet & en d'autres mains eſtrangeres , comme nous en avons connoiſſance par nous meſmes & par la declaration que Monſieur l'Abbé de Bragelongne nous a faite que le Chapitre de Brioude a retiré ce Cartulaire des mains
de la veufue dudit ſieur du Bouchet peu de temps apres ſa mort. Les Chartes
qui manquent dans ledit grand Cartulaire ſont la* CLXXI. CLXXXII.
CLXXXIII. *& le commencement de* CLXXXIV. *la fin de* CXCV. *les Chartres* CXCVI. CXCVII. CXCVIII. CXCIX. CC. CCI. CCII. CCIII.
CCIV. *&* CCV. *hormis quelques lignes de la fin , la fin de* CCLXXVIII.
& le commencement de CCLXXIX. *les Chartres* CCLXXXV. CCLXXXVI.
la fin de CCCLIV. *& les chartes* CCCLV. CCCLVI. CCCLVII.
CCCLVIII. CCCLIX. CCCLX. CCCLXI. CCCLXII. CCCLXIII.
CCCLXIV. *& le commencement de* CCCLXV.

11°. *On voit par les fragmens des tables tant alphabetique que par chiffres les
noms , les numero , & les ſommaires de preſque toutes les chartes qui manquent ,
par exemple , depuis le numero* CLXXXII. *juſques au numero* CLXXXV. *la*

moitié du numero CLXXXIIII. *s'eſtant conſervé dans le Cartulaire, depuis le numero* CXCV. *juſques à* CCV. *& depuis* CCCLIV. *juſques à* CCCLXV.

12°. *Comme au moyen des ſommaires contenus dans les tables on remplit entierement tous les vuides de ce Cartulaire nouvellement apporté de Brioude par Monſieur l'Abbé de Bragelongne, auſſi au moyen des titres cy-deſſus tranſcrits on remplit en partie deux des vuides qui ſe trouvent dans ledit Cartulaire, ſçavoir, le numero* CXCVIII. *dont on a la plus grande partie, & les numero* CCCLV. *& ſuivants, que l'on remplit au moyen des ſept pieces contenues dans leſdits feüillets deſtachez & au moyen des deux pieces qui ſont copiées dans le feüillet qui eſt attaché aux tables, leſquelles pieces ſont enoncées dans les tables ſuſdites.*

Apres toutes ces reflexions faites, nous avons encore examiné le grand Obituaire de ladite Egliſe de Brioude, dont il a eſté parlé au commencement, & y avons trouvé pluſieurs endroits qui peuvent ſervir d'eſclairciſſement pour les actes cy-deſſus tranſcrits, à cauſe qu'il y eſt parlé des anceſtres des Seigneurs de la Tour d'Auvergne, meſme du Duc Guillaume fondateur de Clugny, qui a eſté Abbé laïque de l'abbaye de Brioude, & y a eſté enterré. Et pour cette raiſon nous avons jugé à propos d'inſerer les extraits de cet Obituaire en ſuite de nos reflexions.

Fol. 167. II. Nonas Julii. Obiit Guillelmus pius Comes Pictavenſis Dux Aquitaniæ. Ordinatum eſt per Capitulum quòd librentur per bajulos panis & vinum Canonicis, & in proceſſione duo denarii Cnaonicis, & unũ denar. ſcolæ in dicta proceſſione in die obitus Guillelmi pii Comitis ſupradicti.

Fol. 292. IIII. Idus Novembris. Obiit uxor Guillelmi Comitis Arvernorum; pro cujus aniverſario nepos ejus BERNARDUS COMES & UXOR SUA BLYTSINDIS dimiſerunt Capitulo XII. marcas argenti, & ſcolæ ſolidos XXX. debitales in decima de Viverio & de Puteo Germaldi pro libratione panis & vini omnibus Canonicis.

Fol. 305. VIII. Kal. Decembris. Obiit GERALDUS DE TURRE Miles, qui dimiſit panem & vinum & ſex denarios pro quoquina in vicaria de Farrarola, quam habebat in pignore de P. de Vabres pro CCCC. ſol. & IX. ſext. vini al pot, quæ debentur Albuini in vineis de Laſſaleſſa & ſcolæ II. marxx argenti pro obitu ſuo & matris ſuæ BERTELDIS.

Fol. 326. XVII. Kal. Januarii. Obiit GUILLELMUS COMES ARVERNORUM; pro cujus obitu generali BERNARDUS COMES & ACFREDUS DUX AQUITANIÆ FRATRES EJUS dederunt Capitulo Brivatenſi XX. marchas argenti, & ſcolæ DC. ſolidos Turonenſes.

En foy de quoy nous avons ſigné les preſentes, apres avoir exactement & diligemment comparé la preſente copie des pieces & tables avec les originaux ſur leſquels elle a eſté faite ; declarans en avoir fait faire ſept copies ſemblables, l'une eſcrite à la main, & les autres ſix imprimées, que nous avons auſſi conferées tres-exactement avec les originaux, & les avons ſignées pour en certifier la verité, & y avons fait appoſer le ſeau de ladite abbaye ſaint Germain ; deſquelles copies celle qui eſt eſcrite à la main & une des imprimées ſeront miſes entre les mains de Monſeigneur le Duc de Boüillon pour eſtre gardées avec les ſuſdits originaux dans le Treſor du Chaſteau de Turenne, une entre les mains de Meſſire Nicolas de Bragelongne Comte & Doyen de ſaint Julien de Brioude pour eſtre depoſée dans les archives de ladite Egliſe, une autre dans le Thresor de l'abbaye de Clugny, une autre dans les archives de ladite abbaye saint Germain, une autre entre les mains de Monseigneur Frederic Maurice de la Tour d'Auvergne Comte d'Auvergne Colonel general de la Cavalerie legere de France, & enfin une autre entre les mains de Monseigneur Emmanuel Theodose de la Tour d'Auvergne Cardinal de Boüillon Grand Aumosnier de France. Fait à Paris en l'abbaye saint Germain des Prez le vingt-troisiesme jour du mois de Juillet l'an de grace mil six cens quatre-vingt-quinze. Ainsi signez. BALVZE. Frere JEAN MABILLON. Frere THIERRY RVINART.

Excudebat THEODORUS MUGUET Regis Typographus, via Jacobea, ad insigne Velleris-aurei.

MDCXCV.

AVERTISSEMENT

AVERTISSEMENT.

En l'année MDCXCV. on fit imprimer des Fragmens d'une table d'un ancien Cartulaire de l'Eglise de Brioude en Auvergne. On en a trouvé encore depuis cinq autres Fragments, qu'on a jugé à propos de communiquer au Public.

Premier Fragment.

Il n'y a point de chifres à la marge de ce Fragment. Mais ayant esté remarqué que ces titres estoient cotez icy dans le mesme ordre qu'ils se trouvent transcrits dans le Cartulaire qui subsiste encore aujourd huy, on a estimé y devoir adjouter les chifres.

1. Sarazac in vicaria de Aurato.
2. Valdezella in vicaria Brivatensi. Alteirag in vic.......
3. Casainolis in vicaria Brivatensi.
4. Monte in vicaria Telamitensi.
5. {Cuinas ego Gulfaldus cedo IIII. mansos, & .... in Blaziac ..... cum vinea........ Cadannac in aize Nonatensi I. vinea, & in ipso Bla.... unam vineam in loco ...... catur plantearium, & in........... ria casam I. mansos III. apendarias VI.
6. Igurago in vicaria Brivatensi ego Disderius mansos II.
7. Casanias Rivo concambium.
8. Boniorn ego Ebraldus cedo mansum I. in vicaria......
9. Aurato ego Buvarinus & uxor mea mansum I.
10. Monte Molenon in vicaria Brivatensi ego Girberga.
11. Casanas in aice Joiacense ego Claudius cedo....... & apendarias decem.
12. Cauliago in vicaria Nonatensi....... in Monte Pa....... & I. vineam ad illo poguio mansion......
14. Seveirago in vicaria Nonatensi.......... cum duabus vineis ego Villelmus.
15. Oribo in vicaria Ambronensi........
16. Ad Oliazios in comitatu Brivatensi eg.........
17. Cu:..... goole omnia ista dat......... appendariæ I z I. in vicaria.......... vineam I. & omnem decim....... similiter decimam & de Mode.......... Moden similiter, & de Co........ & de alto Correnno............. & in Seveiraco sive Sor............ Brivatensi de Tropen......... Spinacia & Cabrogi......... caria Calariensi.......
18. .... go in pago Limanico II. mansum & araturia............... Nonatensi in monte Pauliacensi III. vineas.
20. .... in aize Ambatnensi Franco vineas meas....... pactione vel sacramento Abatum sive Præpositorum aut ceterorum.
21. Caminiago in comitatu Arvernico à Condat apendaria I. I. mansum Adalgarda.
23. Venosite in comitatu Telamitensi ego Gunena I. mansum.
24. Burzedis in comitatu.......ensi Jodo I. vineam.
25. Ardallo in aize Ambronensi Dado cessor hoc quod habeo.
26. Blaciago in pago Limanico Maceriaco.
27. Antonio in pago Talamitense Paxillo.
28. De Ill...............
29. Alvernago in vicaria Brivatense Beraldis & Petrus cortilium I. & vineas III.
30. Pineta in vicaria Ucionense II. mansos.
31. .... ciaco in aice Brivatensi I. mansum. Arluinus.
32. ......as Dalmatius totam villam in vicaria Brivatensi.......... e villam quæ dicitur Barro & aliam villam Vidrinas...... in pago Arvernico similiter casellas I. mansum.
33. .... icaria Brivatensi Egurago mansos III............. i Satiag apendariam

34.   1. Cros Maurel Carrergiam .... i pratum 1. Villars manfos III. Difderius cedo.
35.   . . . . aria Brivatenfi manfum 1. Rotbertus.
36.   . . . . cum curte & orto & vinea & campello ....
37.   . . . . eriense. Ego Benedictus totam villam.
38.   . . . . ius 1. manfum.
39.   . . . . Brivatenfi ego Bonetrudis 1. fol. ma ....
      . . . . Radicatenfi Æcclefia fancti Sthephani cum manfis
11.   . . . . fos III. in Canafco totum quod habeo
      . . . . ofile totum quod habeo.
      . . . . ico mafos v. cum cafa mea . . . . . .
      . . . . II. manfos. Ego Icterius cedo.
40.   . . . . alia villa Trintinia. aco.

Second Fragment.

Celuy qui a efcrit ce Fragment s'eftoit trompé d'abord aux chifres. C'eft pourquoy ils ont efté raturez il y a fort long-temps. On les a mis fuivant l'ordre qu'ils ont dans le Cartulaire en chifres ordinaires pour les diftinguer des chifres de ces tables, qui font en chifre Romain.

47.   Coiago in vicaria Brivatenfi ego Giraldus. . . . . . manfum 1. . . . . . edam . . . .
48.   Maiadas manfum 1. in villa Caffanienatenfi manfos 11. . . . vineas 111. in Condede & in Cancellos vineas IIII.
49.   Paulago.
50.   Rocheta apendariam 1. Cambarel vineam 1. Girardus cedo.
51.   Efpelenc Ecclefia fanctæ Mariæ in villa Caline in vicaria Chairiacenfe manfum 1. . . . cujus . . . . . .
52.   Seveirago in vicaria Nonatenfi manfionem 1. cum omnibus adjacentiis . . . . . .
53.   Campaniæ concambium.
54.   Maticara vineam 1. in vicaria Brivatenfi.
55.   Seveirago in vicaria Brivatenfi Bernardus manf. Prefbyter.
56.   Lauriag Ebraldus totam villam cedo in vicaria Brivatenfi.
57.   Vedrinas in vicaria Radicatenfe manfos II. ad illo eo . . . . . . manfum 1. in ipfo aice, ad Montilium manfos 11. apendariam 1 . . . . Caufiliago in vicaria Talamitenfi vineam 1. A . . . .
58.   Rofers manfos 11. & araturias II. in vicaria Brivatenfi. Jofeph & Ida.
59.   Veitrago Gulfaldus cedo omnia, & in Montilio fimiliter omnia in vicaria Brivatenfi.
60.   Sorziacus in vicaria Nonatenfi cafum 1. apenda . . . . . . claufum 1. nomine Gond . . . . o campum 1. in monte Brion . . . . . . in loco nomine Semi . . . . . . campum 1. Ictor . . . . . .

*****

69.   . . . . . . Ego Villelmus Frater fancti Rotberti cedo, & in Rialago multones VI. porcos VI. agnos VI. civada fextarios VI. gallinas VI.
LXX. Mafeirag in vicaria . . . . . tenfi apendariam 1. vineas IIII. Ermengardis cedo.
LXXI. Clamoni in vicaria Cheriacenfi. Ego Dalmatius manfos & apendarias.
LXXII. Meferiacus in vicaria Bonohorenfe manfum 1. vineas II. appendarias III. cum vineis III. Girbernus & Ifimbardus damus.
LXXIII. Brennag in vicaria Nonatenfi manfum 1. & in vicaria Radicatenfi Campanaco 1. manfum. Villelmus cedo.
74. ...XIIII. Balciac in comitatu Arvernico appendariam 1. Stephanus cedo.
75. ...XV. Caffellas.
76. ...VI. Frodgerias manfos & omnia in vicaria Ambronenfi manfos & appendarias, & in Seftiniaco manfos & appendarias. Bertrannus & uxor Emildis cedimus.
77. . . . . . . Gignag in vicaria Ambronenenfi vineam 1. Bonefatius cedo.
78. . . . . . Cloto in vicaria Brivatenfi ego Ifnardus cedo 1. manfum.
79. . . . . Solimiago Ecclefiam fancti Juliani in aice Nonatenfi. Ferruciago manfum 1. & campos V. Paciagas cum manfis. Garibernus cedo.

80	Ermetin vicaria Brivatenfi Bernardus Donnarel cedo 1. manfum.
81	...... ciaco manfum 1. e.. Bertrannus cedo.

Troifiefme Fragment.

CXXVIIII.	Caufiliaco in aice Nonatenfi campellos........
CXXX.	Caffanolas in aice Nonatenfi manfum 1. Jofeph Prefbyter.
CXXXI.	Roairolas manfum 1. in comitatu Talamite ...... cum appendiciis fuis. Ermenaldus Prefbyter cedo.
CXXXII.	...... cum appendariis 11. Ricardus cedo.
CXXXIII.	Lamiaco.
CXXXIIII.	Cagalis in vicaria Brivatenfi vineam 1. Girardus cedo.
CXXXV.	Senogallo campum in aice Brivatenfi. Mauringus P........
CXXXVI.	Condede vineam 1. Girbaldus cedo.
CXXXVII.	Blanzaco in vicaria Nonatenfi vineam 1. Bertrannus & uxor m......
CXXXVIII.	Blanede in vicaria Nonatenfi vineam 1.
CXXXVIIII.	Morennum in comitatu Telamitenfi. Aviciago villa vineam 1. El... cedo. Salmago villa manfum 1. cum curte, orto, & vineam in ipfa cultura. Caffaniolas...... Durbifca campos 11. Umbranicum villam cum manfis,campis,vineis,& decimis cedo.
CXL.	Criziniaco villa in vicaria Brivatenfi quantum in ea habeo. Cabrogilo villa totam........ pifturiam totam, furnos. Golfaldus cedo.
CXLI	Caliago villa in vicaria Brivatenfi totum alodium. Beceria villa totum alodium. Ebra..........
CXLII.	Bregonna in vicaria Ambronenfi manfum duplum 1. cum curt......
CXLIII.	Condado manfos 11. in vicaria Brivatenfi. Galburdis femina cedo.
CXLIIII.	Orbaniaco in Ambronenfi vineam 1. Gerardus cedo.
CXLV.	Domaziago villa in aize Ambronenfi 1. vineam in ipfa villa. Rotber......
CXLVI.	Arborenc villa in comitatu Arvernico manfum 1. Bernar.......
CXLVII.	Vilario villa in vicaria de Aurato manfos 11. apendarias 1111. curtil.......... Poio medietatem unius manfi.
CXLVIII.	Vernerias in comitatu Telamitenfi Mattixarra quantum in ea habeo..........
CXLVIIII.	Madronio villa in vicaria Nonatenfi manfos 111. apendarias v1. Blanz......brolium 1. Eftorgius cedo.
CL.	Nualiaco manfos 11. in vicaria Brivatenfi, Moneftrol cum omnibus fuis.......... cappum 1. Eldefredus Præpofitus cedo.
CLI.	Crizinolis in vicaria Ambronenfi manfum 1. cum curte, orto, &........
CLII.	Pozols totam villam & ecclefiam fancti Hioanis, & Ecclefiam aliam.......... afij. Tehotardus Epifcopus Anicienfis cedo.
153.	.... comitatu Brivatenfi manfos 11. Seifanicos vineam 1. Gerrardus cedo.
154.	Caufiliago in vicaria Nonatenfi vineam 1. Bernarnus. Gulfaldus.
155.	.. ontilio in vicaria Lizianico & 1. molinum, campum 1. prata..... viridarium unum.
157.	.... lada in vicaria Jordanenfi manfum 1. Johannes cedo.
158.	.... eto in vicaria de Cantoiole manfos 11. & vineam 1. & de filvã quartam partem in alia villa Boifairolas in vicaria Brivtenfi manfos 1111. Ifingarda.
159. ..... VIIII.	Ad illa Vernia in comitatu Cartelacenfi manfos v. Guirbernus, Bernarnus, Berno, Leotardus cedimus.
160. ..... LX.	Roguago in vicaria Brivatenfi vineam 1. Guido cedo.
161.	Jarrie in vicaria Avaloiolefi totam villam, Cambon totam villam. Geraldus Præpofitus.
162. ..... XII.	Vallilias in vicaria Brivatenfi totam villam. Teutbrandus Levita cedo.
163. ..... III.	Sortiago in vicaria Nonatenfi vineam 1. Galterius cedo.
164. ..... XIIII.	Culignago in vicaria & in aize Ambronenfi totam villam. Girbernus cedo.
165. ..... V.	Berlerias in vicaria Brivatenfi vineam 1. Ermengardis cedo.
166.	... rfolia in vicaria Maciacenfi cortilium 1. Romiofa vineam 1. Stephanus cedo.
167.	Balciago in comitatu Brivatenfi manfos 11. cum vinea 1, Armandus cedo.
168.	Silciago in comitatu Brivatenfi manfum 1. Icio manfum 1. apendariam, in valle

mansos 11. apendariam 1. & vineam 1. Isnardus & Vinabertus Decanus, & Leutaldus, Dagbertus, & Gatmars, & Johannes cedimus.

169. . . . . Riniacus molinum 1. in vicaria Brivatensi. Stephanus cedo.
170. . . . . Burnulculo vineam 1. campos 111. Vidrinas vineam 1. Uldarinus sacerdos cedo.
. . . . . Cultoiole in vicaria Camlarguensi mansum 1. Dalmacius Riculfus cedimus.
172. . . . . Berlerias in vicaria Brivatensi totam. Aimo & uxor mea cedimus.
174. . . . . . II. Caucinogile in vicaria Brivatensi prata 11. campum 1. Nectardus & uxor mea cedimus.
174. . . . . . III. Vinecia in vicaria Bonorochensi totum quod habemus in alio loco clausum 1. & vineas 11. in alio loco vineas 111. Ostorgius Vicecomes & uxor mea cedimus mansum 1.
175. . . . . . . V. Saciago in vicaria Brivatensi vineas 11. Plazidus cedo.
176. . . . . Blanciaco.
177. . . . . XVII. Albaniaco in uno manso ff. 1. de segle, in una apendaria carta 1. & alia multa quæ sunt. Ebraldus cedo.

Quatriesme Fragment.

Il y a apparence que celuy qui a escrit ce Fragment s'est trompé d'abord aux chifres, ayant mis CC. *pour* CCC. *& que par mesgarde il a continué dans cet erreur. Car cette correction estant une fois faite, les chifres s'accordent fort bien avec le Cartulaire qui subsiste, comme on verra par les chifres ordinaires adjoutez à la marge.*

Capellam mansum 1. qui sic vocatur, Capellam, & alias Speciolas similiter totas.
Fornolos in comitatu Telamitensi mansos, apendarias, & omnia quæ ibi sunt.
Vendecia villa in alio loco similiter totas, in alio loco mansum qui dicitur Apollo ad Poio Gatderio mas. 1.

374. CCLXXIIII. Kagilis in aice Brivatensi mas. 1. cum curte, orto. Anastasius Decanus cedo.
375. CCLXXV. Maticara in vicaria Ambronensi vineam 1. quæ dicitur Kairoso. Ermenricus cedo.
376. CCLXXVI. Balciago mansum 1. in aice Brivatensi. Odo Levita cedo.
377. CCLXXVII. Badaoni in aice Nonatensi vineam 1. Gotrudis cedo.
378. CCLXXVIII. Loderias in vicaria Radicatensi mansos VIIII.
Faigeto mansos v. Roirolas mas. 11. Marlerias 11.
Mercoria Æcclesiam sancti Stephani cum omnibus suis apendiciis. In alia Mercoria mas. VI. In Rascles mas. 1. Hicterius cedo.
379. CCLXXVIIII. Vincherias in comitatu Telamitensi totam villam cum sua integritate. Rotbertus & uxor mea Adalgarda.
380. CCLXXX. Espelenco in vicaria Heriacense mansos VIII. Ebrardus cedo.
381. CCLXXXI. Montilio in aice Cantilianico mas. II. Belieldis & Bertelaicus, Armandus, Autecus, & Cunabertus cedimus.
382. CCLXXXII. Fontenaco in vicaria Brivatensi omnia quæ ibi habeo, scilicet totam. Abo Levita. cedo
383. CCLXXXIII. Rogago in comitatu Brivatensi medietatem ex hoc quod ibi habeo, aliam sancto Marcellino. Sancto Juliano Gignaco mansionile 1. cum curte, orto & vineam 1. adhærentem. Geraldus clericus cedo.
384. CCLXXXIIII. Casiliago in vicaria Nonatense mansiones II. & in Monte Paulino vineas II. Guillelmus Levita.
385. CCLXXXV. Balciago in vicaria Brivatensi mas. 1. duplenum & alium simplex cum apendariis 11. casam 1. cum curte & viridario. Hildebertus Levita cedo.
386. CCLXXXVI. Rovereto in vicaria Radicatensi mansos, campos, pratos, & omnia alio loco. Valleta in vicaria Brivatensi mas. 1. & apendarias. Pro cambio isto dederunt Canonici Ecclesiam sancti Juliani in vicaria Brivate vetula.
387. CCLXXXVII. Silvignanicus in aice Cantoiolensi hanc villam cum suis apendiciis. Rocianus cedo.
388. CCLXXXVIII. Criziniacus in aice Brivatensi vineam 1. Girbernus cedo,
389. CCLXXXVIIII. Fontanas in vicaria Brivatensi Ecclesiam sanctæ Mariæ cum suis apendiciis. Bonafont mansum 1. Bertildis cedo.

390.	CCXC.	Caucinogole in aice Brivatensi campum 1. Airaldus & Girbaldus & Astrildis & Teotberga cedimus.
391.	CCXCI.	Rogiacus in comitatu Brivatensi vineam 1. Odo & Leotgardis.
392.	CCXCII.	Felgerias in aice Brivatensi mas. 1. brolium 1. roca, campos. Rotbertus.
393.	CCXCIII.	Brocia mansum 1. noticiam cujus invenietis in subsequenti libro. Ebrardus Abas cedo.
394.	CCXCIIII.	Clamoni in vicaria Cheriacensi mas. 1. in alio loco.
395.	CCXCV.	Radisco mas. 11. Arvedus cedo.
396.	CCXCVI.	Gauriaco in vicaria Brivatensi mansos, campos, & omnia. Guido cedo.
397.	CCXCVII.	Pozallo in vicaria Ambronensi vineam unam, istam dederunt, & hanc vineam acceperunt Pollioni & Ugberto ab Astorgio.
398.	CCXCVIII.	Luzernanicas Ecclesiam, & iste accepit à Canonicis sancti Juliani solidos c.
399.	CCXCXVIIII.	Vallo in aice Brivatensi mansum 1. Leotaldus cedo.
400.	CCC.	Colgorato in aice Brivatensi vineam 1. Leotardu.
401.	CCCI.	Bulciate vallis in aice Ambronensi mansum 1. cum curte, orto, & vinea ei adhærente. Andraldus & uxor ejus Adalgardis.
402.	CCCII.	Debirro in vicaria Brivatensi mansionille 1. cum vineis. Ebrardus sacerdos.
403.	CCCIII.	Criziniaco in comitatu Brivatensi totam villam. Golfaldus cedo.
404.	CCCIIII.	Cuniago vineam 1. aliam Bonafiliam nomine. Conradus Levita.
405.	CCCV.	De hac re non debet fieri memoria.
406.	CCCVI.	Bergolde mas. 1. Vorazac mas. 1. Vollandre medietatem unius mansi. Bompars cedo.
407.	CCCVII.	Salicia villa in vicaria de Avaloiole mas. 1. cum curte. Stephanus clericus cedo.
		Cantoiole in pago Arvernico Ecclesiam fundatam in honore sancti Johannis. Abo cedo.
408.	CCCVIII.	Alterac mansos 1111. A Cosiar, Cuinas, Salucio vineas. Rorannus Levita cedo.
409.	CCCVIIII.	Vasilloni in vicaria Bonorochense totam villam quæ sunt in ista valle Bonorochense in vicaria Ambronensi, & quidquid in villa istas Erisilona habere videmur. Guilelmus Comes & uxor mea.
410.	CCCX.	Cultoiole in comitatu Talamitensi Ecclesiam quæ est fundata in honore sancti Johannis cum omnibus quæ ad ipsam Ecclesiam pertinent. Abbo cedo.
411.	CCCXI.	Campo, totum quod ibi habemus. Poncius clericus & frater meus W. cedimus.
412.	CCCXII.	Favairolas Ecclesiam, quam injustè retinui post mortem Poncii avunculi mei, Poncius sancto Juliano reddo.
413.	CCCXIII.	Alareto in vicaria Cantoiole mas. 11. & vineam 1. & de bosco quartam partem. Isingarda.
414.	CCCXIIII.	Roca in aice Brivatensi mansum 1. Ermengarda cedo.
415.	CCCXV.	Fontanas in aice Brivatensi Ecclesiam sanctæ Mariæ cum suis apendiciis. Artmandus Vicecomes & Bertildis.
416.	CCCXVI.	Poigeto in aice Brivatensi cortillium 1. cum mansione & vinea 1. Petrus Canonicus.
417.	CCCXVII.	Raillago in vicaria Ambrononensi mansionem 1. cum curte & vinea. Eldebertus & Raiamburgis cedimus.

Cinquiesme Fragment.

A

Les commencemens de ce Fragment estant deschirez, & les chifres y manquant, on les a adjoutez en chifre ordinaire selon l'ordre du Cartulaire qui subsiste encore.

1
117.
.... ego Albuinus in vicaria Brivatense cedo sancto Juli .... ansum.
.... ria Brivatense Gulfaldus clericus mansos 111. ......
.... cedo omnem decimam.
25.
.... stannus hoc quod habebam cedo.
.... Ambronense ego Dado cesor cedo omnem terram.
219.
...... Ambronense ego Gaucelmus unum mansum..
.... mbronense Vivianus casas 11. & mansos..
.... in vicaria de Sentinnac vineas ad villas planas.
313.
.... mbronensi Beardis 1. vineam nomine Brialia .... cio 1. vineam.

6

..............bronenſi ego Bernardus cedo omnem terram.
..............tildis cedo in vicaria Brivatenſi cortilium 1. & vineas 111.
29. ....ria Brivatenſi ego Diſderius apendaria 1. & 1. pratum........
33. totam villam Canonici ſancti Juliani ſine ullo contradicente in diebus meis.
81. ....co in vicaria Radicatenſe ego Icterius manſos v.
89. ....g ego Bertrannus 1. manſum.
Antremonz in vicaria Brivatenſe ego Ferreolus cedo omnem terram.
94. Aſinerias in vicaria de Aurato ego Girbernus unum manſum & unam apendariam.
105. Agaurato in vicaria Telornenſe ego Alberga ſive Girbertus cedo omnia.
CCXXVIII. Adagemus in comitatu Tolornenſe in vicaria Bilonenſi Albuinus cedo omnia.
CXVII. Aurelias ego Gulfaldus manſos 111.
191. CCXXVIII. Aviciago in vicaria Ambronenſi. Eldægartus 1. vineam.
CCLVI. Arbocego in vicaria Arvernica Bernardus 1. manſum.
CXCVII. Aviezago in comitatu Nonatenſe ego Bernardus cedo cum Eccleſia ſancti Fregii cedo omnia quæcumque ibi viſſus ſum habere.
CCCXLVI. Alaraco ego Eracleus cedo omnia.
CLXVI. Arfolia in vicaria Maciacenſi ego Stephanus cortilium 1.
CLXXXVIIII. Arfolia in vicaria Maciacenſi Rainulfus 1. vineam.
CCCCXL. Arfolia in vicaria Maciacenſi ego Alb........
CCXXXII. Avenco ego Radulfus medietatem..........
CCLVIII. Avenco in aize Brivatenſe &............
CCLXXIIII. Artoſum in comitatu Telamit.......... ego Geneſius cedo cum o........
CCLXXXV. Armeto ego Armana............
CCXCVII. Avezenco à Maſcurell............ Gaucelmus cedo om.....
CCCII. Augniaco ego Ductr............
CCCXXXVIII. Avezago in vicaria...........
CCCCLVI. Avezago in vicaria...........
CCCCXX. Anglars in comitatu............. totam villam cum 1. Eccleſiam.........
CCCCXXXIII. Anglars alia carta.
CLXXIIII. Ad illas curtas in vicaria Bo............
CLXXVII. Albaniac ego Ebraldus cedo h..........
CCCCXXII. Airolas Vitardus cedo omnia.
CCCCXXVII. Artona. Ego Villelmus hoc quod habeo ce.....

B

VIII. Boniorn ego Ebraldus 1. manſum in vicaria Brivatenſi.
XVII. Betel. Becia.
XXIIII. Burzedis in comitatu Brivatenſi. Odo 1. vineam.
XXVI. Balciago in pago Limanico.
XXXII. Barro Dalmacius totam villam in vicaria Brivatenſi.

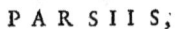

PARSIIS;

Excudebat THEDORUS MUGUET Regis Typographus.

MDCXCVIII.

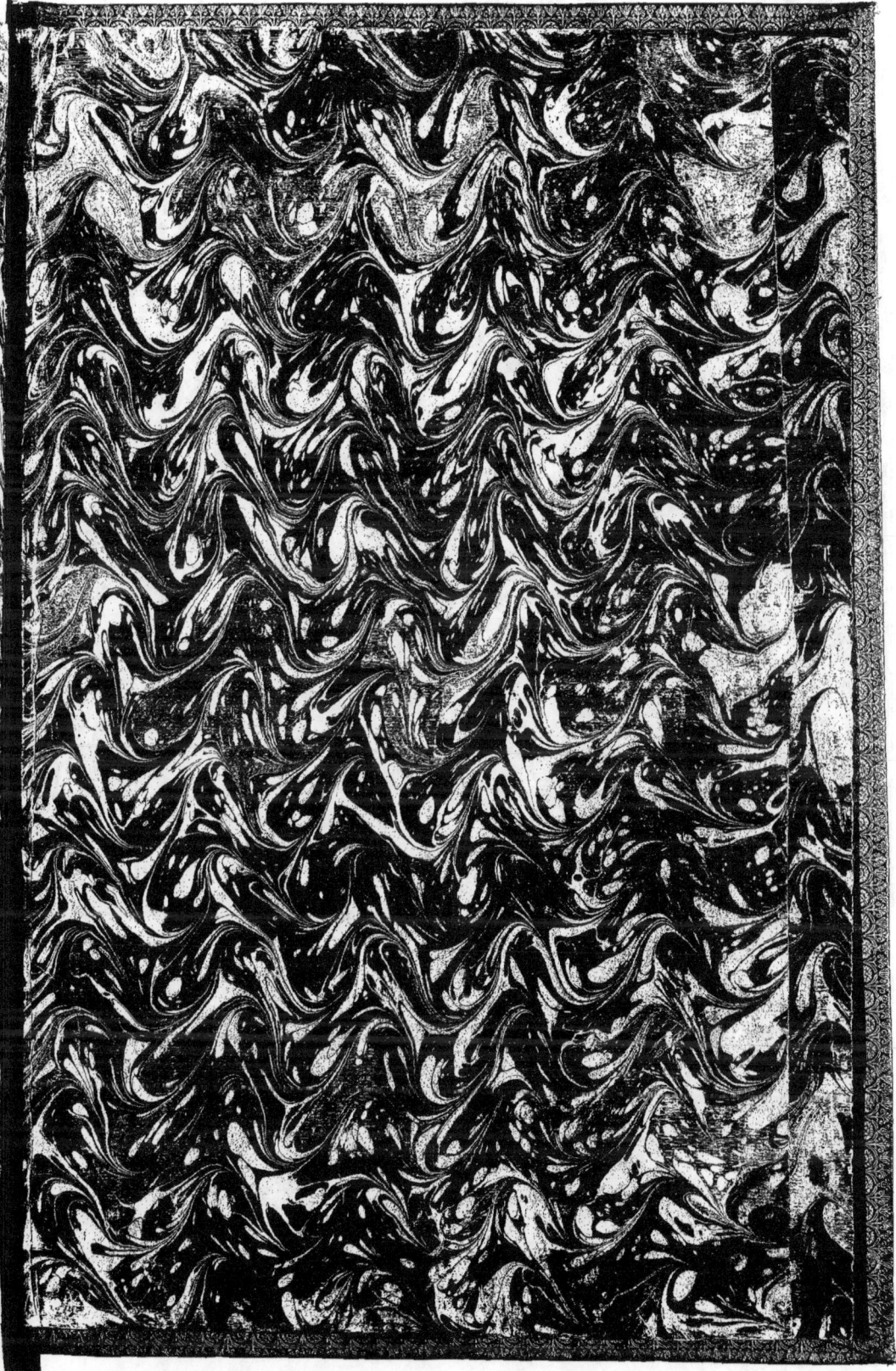

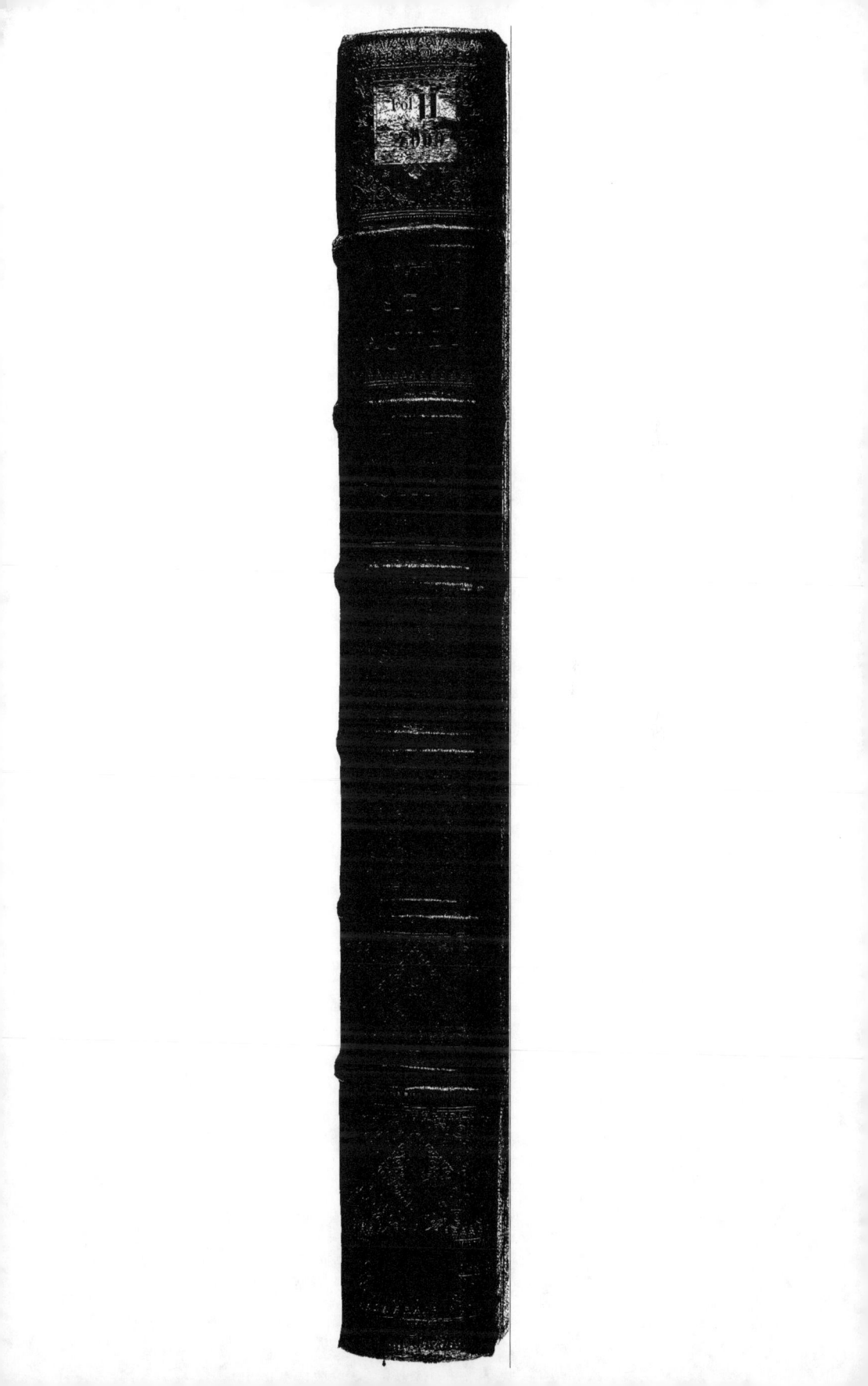

www.ingramcontent.com/pod-product-compliance
Lightning Source LLC
Chambersburg PA
CBHW050102230426
43664CB00010B/1412